최초의 주석 칠정사단론

이황과 기대승의 대토론

주석서

최초의 주석 칠정사단론

이황과 기대승의 대토론

주석서

김동원 역주

일러두기

이 책의 대본은 두 도서이다.
 1. 『증보퇴계전서』(全5冊), 성균관대학교 대동문화연구원 편, 1997.
 2. 『국역고봉집』(영인본, 全4冊), 민족문화추진회 편, 1988.
 이상 두 도서의 내용 중 칠정사단에 관한 토론과 그리고 「천명도」 및 「천명도설」에 관련된 내용을 추려서 주석하고 번역한 것이다.

이 책의 주석에 인용한 도서는 다음과 같다.
 3. 鄭之雲 原作, 「天命圖」・「天命圖解」, 萬曆六年六月 日, 綾城縣開刊, 고려대도서관 소장.
 4. 朱熹 撰, 『朱子全書』(共27冊), 上海古籍出版社, 安徽教育出版社, 2002. 그 중 『朱文公文集』(전6책), 『朱子語類』(전5책), 『大學・中庸或問』, 「太極圖說解」, 『通書注』, 『近思錄』, 『延平答問』 등을 인용했다.(쪽수도 위 책이며, 아래도 모두 같음)
 5. 程顥, 程頤 著, 『二程集』(上・下), 中華書局, 北京, 2004.
 6. 張載 撰, 『張載集』, 漢京文化事業有限公司, 臺北, 西元2004.
 7. 張栻 撰, 『南軒集』(上・下), 廣學社印書館, 臺北, 中華民國64년.
 8. 『周易, 附諺解』(全4冊), 학민문화사영인본, 大田, 1990.
 9. 『大學・中庸, 附諺解』(全), 학민문화사영인본, 大田, 1990.
 10. 『性理大全』(全5冊), 山東友誼書社, 학민문화사영인본, 大田, 1989.
 11. 『經書』(대학・논어・맹자・중용), 성균관대학교 대동문화연구원, 1968.
 12. 周敦頤 著, 『周敦頤集』, 岳麓書社, 長沙, 2002.
 13. 陸九淵 著, 『陸九淵集』, 中華書局, 北京, 2010.
 14. 羅欽順 原著, 『困知記全譯』, 閻韜 譯注, 巴蜀書社, 成都, 2000.

서문

주자학 및 칠정·사단 토론이 꼬여버린 이유

퇴계 이황(1501~1570)과 고봉 기대승(1527~1572)의 '칠정 사단에 관한 토론'은 당초 추만 정지운(1509~1561)이 1543년 그려 완성한 「천명도」에 관한 것이었다. 이 도형은 『중용』 "천명"과 「태극도설」 "태극의 유행"을 드러내고자 한 것으로, 그 본의는 "희노애락 미발·이발에서 치우침 없는 천명의 중·화를 이루면 세계를 새롭게 창의적으로 변화 육성할 수 있다"(『중용』) 함이다. 이는 사람 본연의 느낌 전후를 '자신의 공부'로 논한 것으로, 즉 칠정의 미발·이발 즈음이 바로 공부할 곳이다. 요점은 공부이다. 그런데 퇴계는 이 도형에 문제가 있다고 하면서 여기에 '이발의 단서에 치우친 사단'을 갑자기 새로 집어넣어 주장하기를 "리발이 사단이므로 칠정은 기발이 아니면 무엇인가"(상274)라고 한다. 결국 퇴계에 의해 이「천명도」는 『중용』 미발·이발의 "존양과 성찰 요령"으로서의 공부 중심이 아닌, 오히려 급히 이발인 '사단 위주'로 바뀌었고 그래서 "기발의 혈맥의 피는 반드시 리발의 순선의 피가 될 수 없다"(상25·254)는 강력한 주장이다.

더욱이 퇴계의 논변 요체는 "리·기가 직접 선후로 호발해서"(상246) 그 "리·기의 分 때문에 사단과 칠정이라는 다르게 부르는 이름(異名之)도 생긴 것"(상268)이라 함이다. 과연 사람에게 자연의 본연으로 있는 느낌 이전, 혹은 칠정과 사단이라는 "이름(名)"보다 먼저 리·기가 선후로 호발한다 함이 가능한가? 이와 같다면 사·맹의 설보다 '리기'가 먼저가 되고 만다. 이러한 퇴계의 논설로 우리는 중용과 맹자 본설의 종지, 주자학의 의의를 추적할 수 있는가? 결론부터 말하면 불가능하다. 왜냐하면 퇴계는 사람의 성정의 실제와 사맹의 설을 해석한 것이 아닌 먼저 "리기에 나아가서(就)"(상17) 그 '리·기의 발'로 논급하기 때문이다. 이는 자사와 맹자, 주희로서도 도저히 상상할 수 없는 일이다.

학자들의 주자학에 관한 근본적 오류는 '[리기] 우주론'을 먼저 말하고 여기에 인류의 지고한 '가치'인 태극의 리를 종속시켜 이것을 이치라고 주장한다는 점이다. 하지만 공자의 "역에는 태극이 있다(易有太極)"(『주역대전』)는 말의 의미는 리의 태극이 역(우주) 속에 있다 해도 그것은 스스로 우뚝 '실체로 자존한다'(상175) 함이다. 이를 주희는 "태극은 동정한다"(하198)고 하며 고봉도 "태극은 기에 섞이지 않는다"고 한 것이다. 이러한 태극이야말로 '역의 음양'을 아우르는 실체의 자존자로서 오히려 역을 포괄하여 형이상·하에 국한되지 않는 『중용』의 "무성무취"(하91)라고 주희는 「태극도설」에 주석을 붙인다. 결국 "태극의 동정"이야말로 '음양의 동정'을 포괄한다. 이것이 주돈이의 「태극도」가 우주론이 아닌 이유이며, 추만「천명도」도 바로 이를 계승한 것이다. 주희는 「태극도설해」에서 "태극의 동정은 천명의 유행이다"(하195~6)고 하는데 이 '천명의 유행'이 곧 추만의 「천명도」이다.

퇴계는 『중용』 "천명"을 드러낼 칠정에 대해 그것은 리기호발 중의 "중요하지 않은"(상206) 나쁜 '기발'로 여긴다. 그 이유는 "겸리기는 하늘과 사람의 원류"(상237)인데 다만 "사단이 치우친 리발이므로 칠정도 치우친 기발"이라는 것이다. 퇴계는 리기 우주론 속에 『중용』 및 『맹자』 본설의 종지까지도 종속시켜버리고 만 것이다. 결국 "천명의 유행" 및 인류 지고의 덕인 "중화"를 드러낼 칠정을 오히려 나쁜 "주기"(상281)로 바꾸었고, 그래서 "순임금, 공자의 칠정도 순선일 수 없으며, 자사와 정자도 나의 기발 소종래설을 쓰지 않은 것(不用)"(상282 · 274)이라 주장한다.

그런데 또 문제는, 율곡도 다음과 같이 말한다는 점이다. "기의 발에 리가 탄다. 발은 기이고 발할 수 있음(所以)은 리이니, 이 말은 성인이 다시 나와도 못 바꾼다." 이 역시 '우주론 속의 발'에 불과하며 퇴계의 '겸리기에 태극설을 종속'시킨 설을 그대로 이어받은 것이다. 퇴 · 율은 심성정 본연의 '실제' 그리고 공맹과 자사 및 정주의 칠 · 사 '설'을 구분하지 못한 것이다.

지금 우리나라의 '리기' 중의 "주리 · 주기" 논란이 바로 이 폐단이다. 칠사에 대한 리 · 기로의 해석은 얼마든지 가능하지만, 의미는 없다. 사람 느낌인 칠사는 진실로 이미 발현한 기이기 때문이다. 더욱이 "리기로의 발처의 즈음"은 자사와 맹자, 그리고 주희라도 함부로 단정할 수 없는 문제이다.(하118) 선유는 다만 성정 및 리기의 즈음을 자신으로 돌아보아 공부로 분석해서 논설함에 불과하다. 때문에 고봉은 주자학을 이미 이루어진 정답이 아닌 자신의 자득으로 이해할 것을 주문한다.(상50) 정답으로 여기면 나의 철학적 사유의 인식과 그 공부는 결국 빠지게 되고 만다는 것이다.

주희 사후 819년이 지난 지금, 과연 한 · 중 · 미 · 일 학자들은 정주학의 기본적 개념이나마 제대로 파악하는가? 전혀 그렇지 못하다. 예를 몇 가지만 들어보자. 학자들은 "기에 섞이지 않는 혼연태극", "기질지성의 설의 온전함" 등을 '2급 본질' '섞인 리'로 여기고, '본성'만을 리라고 한다. 또 학자들은 주희의 평생 대지인 「이발미발설」의 '정자의 이발'과 '주희의 미발'을 혼용하며, 이천과 명도의 가장 중요한 저술인 「호학론」의 '칠정' 및 '공부', 「정성서」의 '심' '성' 등을 서로 분간하지 못한다. 심지어 『중용, 수장』 "미발, 신독"을 일용철학으로 이해하지 못하며, 『대학, 경1장』 "신민, 평천하"를 소통의 창조장이 아닌 치통의 제왕학으로 이해한다. 필자는 이러한 심각한 오류의 문제에 대해 본 서문에서 먼저 간략히 요약하고자 한다.

왜 450년간 칠 · 사 주석서가 없는가?

퇴계와 고봉의 '칠정과 사단에 관한 논변'이 한국철학사 최고 원전이라는 것은 누구나 잘 안다. 이 토론에서 율곡의 학문이 나왔고, 또 인성과 물성의 동이논쟁(호락논쟁) 등 수많은 논변도 이로부터 파생된 것이다. 더욱이 이 토론은 유일하게 세계철학사의 한 부분으로 용인되는 우리의 중요한 사상이다. 이와 같음에도 무슨 이유로 주석서가 없단 말인가? 이 일은 일견 필자의 눈에는 황당함을 넘어 기이하기까지 하다.

주석서가 없는, 후대의 객관적 검증이 없는 학문은 별 의미가 없으며, 맹목적 추종에 가깝다. 한글 번역 역시 먼저 주석이 있음으로서 가능하다. 그 변설 본문 내용이 뚜렷하지 않고, 또 인용된 공자, 자사 등 선유 원전의 해명이 없다면 그 번역도 의미를 잃고 만다. 이는 주희의 장구주석이 없는 『사서』(대학, 중용, 논어, 맹자)는 그 의미를 상실함과 같은 심각한 문제이다. 주석이 없는 『사서장구』는 존재가치를 잃음과 같이, 주석이 빠진 퇴·고의 칠정사단 논변은 사상사적 의미가 결여되는 것이다. 따라서 번역보다 주석이 먼저 앞서야 하며 지금 한글번역에 오류가 심한 이유이다. 그간 한국 유학사는 이러한 오류해석으로 자신들의 논변 혹은 학파를 대변한다.

가령 퇴계는 『혹문』이라는 책명을 '혹자의 질문'으로 오독하고,(하204) 또 번역자들은 고봉의 "저로서는 도저히 저의 설이 '자상모순'(퇴계의 말임)됨을 모르겠습니다"(상148)를 '저도 제가 자상모순된다는 것을 몰랐습니다'로 해독하며, 고봉이 먼저 근거를 제시해 정밀히 논변한 "리도설", "리동설" 등을 적극적으로 퇴계 본설로 번역·해석해서 헌납한다.(하192·197) 참으로 어이없는 학문의 오류이며, 엉터리 번역이 아닐 수 없다.

퇴계가 논변에서 인용한 『사서장구』 및 두 정자, 주희 등 선유의 본설 총 '133개 조항'은 하나도 남김없이 '모두' 인용오류다.(고봉은 이를 하나하나 고찰해서 논증한다) 또 수많은 논설용어 및 글자 역시 선유의 학술용법과 완전히 다르다. 가령 퇴계는 "所就" "所發" "소종래" 등을 '리기에 나아간 근원의 리발·기발'이라 하는데, 고봉으로서는 참으로 황당한 일이다. 또 퇴계는 고봉의 본문을 원문 그대로 인용하지 않고 글자를 왜곡으로 고쳐서 이해한다. 예로 퇴계가 고봉 및 주희 본설을 요약한 "조열"(상227~232) "35개조"(하32)를 보면 즉시 확인 가능하다. 퇴계는 여기서 정·주 등의 설을 글자와 다르게 고쳐 인용하면서 말하기를 "나와 다르고, 따를 수 없다"(상232)고 하지만, 고봉은 "선생은 이 몇 조항마저 의혹하시지만, 주자의 말씀이다"(하68)고 한다.

이상의 간단한 문제부터 짚지 않으면 한국유학사는 본질과 먼 그야말로 마음대로 상상한 허구의 이야기가 되고 만다.

주희 사서장구 등을 대 혼란에 빠뜨림

퇴계는 스스로 말하여 주자는 천하 고금의 종사이며 나의 스승이라고 한다.(상45) 따라서 퇴계가 『사서장구』 및 『주자문집』 등을 인용했다면 당연히 여기에 의거해서 논변해야 한다. 하지만 그 인용문은 주희의 의미와 전혀 다르며 오히려 정 반대의 뜻으로 사용한다는 점이다.

가령 퇴계는 『중용』 천명·중화를 드러낸 희노애락을 기가 발한 "오로지 기"(상243) 혹은 "잡선"(상282)이라 하고, 또 『대학, 정심장』을 『중용』 희노애락장으로 인용한다.(상27) 그리고 『대학, 격물장』의 '지식설'을 "리가 스스로 나에게 다가옴"(하207)으로 해독하고, 「성의장」의 존양을 '성발의 정'과 혈맥이 다른 '심발의 잡리'인 악의 근원으로 이해한다.(상164) 또 『맹자』 사단설인 "확충하라"를 오히려 성선설인 '성선의 논증'으로 이해해서 이 두 설을 서로 구분하지 않는다.(상1) 그래서 공자와 주돈이의 "동정태극", "호학" 등을 사단의 순리와 상대되는 순수하지 못한 잡리로 오독하고, 또 공자와 자사의 도통을 이은 이천 「호학론」의 "성인의 도에 이르는 칠정"과 명도 「정성서」의 "성인의 희노"를 순선이 아닌, '기발'로서 도덕이 모자란 것으로 간주한다.(상289) 결국 퇴계는 이러한 성현의 사유로서의 도통에 대해 오히려 "나의 宗旨"(상240)와 다르며, 이들 자사와 정자는 "나의 기발 소종래설을 쓰지 않은 것(不用)"(상274)으로 간단히 평가 절하하고 만다.

이러한 극도의 오독은 어떻게 발생하게 되었는가? 그것은 바로 퇴계 자신이 새롭게 창조해 논한 '리기 선후 호발설'에 있는 것이다. 퇴계는 말하기를 "리기가 호발하니, 리가 발해서 사단이 되고 기가 발해서 칠정이 된다"(상246)고 주장한다. 이는 『주자어류』 "사단, 시리지발, 칠정, 시기지발"(상44)을 오독함에서 나온 결론이다. 퇴계는 주희의 말인지 질문자의 말인지 아니면 혹자의 질문인지도 불명한 이 기록(문답은 뒷줄에 있기 때문임)을 오히려 '리가 발하고 기가 발함'으로 여기지만, 그러나 이 기록은 사단과 칠정에 대한 하나의 "해석(뷴)"에 불과하다.

자사와 맹자는 사람에게 반드시 있는 심성정을 공부로 논했을 뿐, 그 발처를 선언하지 않았고 또 그럴 수도 없다. 더구나 발처라면 이는 사·맹 본설보다 『어류』 기록이 상위가 되고 만다. 리기 호발로 사단과 칠정이 된다는 인식은 그야말로 어불성설이다. 더욱이 두 설은 진실로 '리·기'로의 상대적 "대설"일 수도 없거니와,(상6. 하49·67) 이 기록에는 사맹 종지인 '공부' 논의가 일언반구도 없다. 그런데도 이이, 송시열 등은 이 기록을 '주희의 착각', '기록의 오류' 등으로 여기지만, 그렇다 할 수는 없다. 왜냐하면 사·칠 두 설에 대한 리발, 기발 '해석'은 얼마든지 가능하고, 오히려 반대로 칠정의 리발, 사단의 기발도 무한한 논의될 수 있기 때문이다.

학술용어의 끝없는 오독과 오용

퇴계의 "리기 호발에 나아간(就)" 논설은 『중용』, 『맹자』 등을 해설한 것이 아니다. 이러한 호발 인식은 주희 및 정자, 주돈이, 장횡거 등의 학설을 오독하는 결과를 초래하고 그래서 퇴계 스스로 주자설을 따르겠다는 말과도 자상모순에 빠지고 만다. "리·기의 선후 호발로, 즉 리·기의 分 때문에 사·칠이라는 다른 명칭으로 불린 것 (異名之)"(상246·264·268)이라 함은 사맹의 명칭을 어긴 것이다. 이러한 오독의 결과는 주희의 리의 일자, 실체, 형용, 찬탄, 공부, 리의 전체 및 체와 용, 리의 동정, 심의 체용, 그리고 노불의 허·무 등도 구분하지 못하게 되어, 결국 『대학』, 『중용』, 『맹자』, 그리고 정주 본설을 모두 '곤륜탄조'의 병통에 빠지게 하고 만다.

"골륜탄조(씨를 발라내지 않고 삼킴)"는 퇴계가 먼저 쓴 말이다. "그대는 리·기를 분리하지 않고 합쳐서 겸리기라고 하는데 이것이 옛말의 이른바 '곤륜탄조'이다."(상43) 즉 골륜은 '합리기의 혼륜(혼잡)'의 의미이다. 하지만 주희의 곤륜탄조 뜻은 선유 각설의 본의를 고찰하지 않고 모두 일률의 의미로 합치는 것을 이른다. 요컨대 『중용』, 『맹자』 등의 본설을 모두 합해 리기로 이해하는 것이 이 용어의 의미이다. 따라서 퇴계의 리·기 논의가 오히려 골륜탄조라 할 수 있으며, 고봉의 비판은 '왜 서로 전혀 다른 그 2설을 리기로 합하는가',(하153) 이점이다.

퇴계는 또 고봉의 논설을 "향별처주(별처를 향해 달려감)"라 하는데,(상310) 이 뜻 역시 퇴계 자신에게 적용된다. 추만은 「천명도설」에서 "리는 일자의 무대"(상173)라고 한다. 리는 하나일 뿐, 둘이 아니다.(하8) 반면 퇴계는 "'허이지만 실, 무이면서 유"(상301)라고 한다. 고봉은 이를 왕안석 아들의 말을 들어 "사슴 옆의 노루"라고 비판한다. 과연 리는 어느 것인가? 과연 저것(리)은 사슴인가 노루인가? 당초 고봉은 "리는 실체"(상175)라 했고, 퇴계는 이를 비판하여 "그대의 설은 '향별처주'이다"고 하지만 정자와 주희가 쓴 이 용어는 "장횡거의 '겸허실'은 향별처주이다"에서 나온 말이다. 따라서 퇴계의 '겸허실'이 곧 향별처주인 노불임이 스스로 증명된 것이다.

주희는 "단전밀부(한 사람에게만 은밀히 전해줌)"라는 용어를 매우 비판한다. 이 말은 불교 선종 용어이며 '성인의 학문에는 이런 말이 성립될 수 없다'는 것이다. 반면 퇴계는 "리발·기발은 보한경에게만 은밀히 전해준 단전밀부"(상293)라고 강력히 주장한다. 즉 기발의 칠정은 리발과 '전혀 다른 피'라는 주장인데, 그렇다면 주희의 천명·중화의 장구주석과, 「이발미발설」, 공자와 순임금의 리 본체의 칠정(상115. 하137)은 쓸데없는 나쁜 것이 되고 만다. 결국 퇴계에 의해 추만 「천명도」 "천명의 유행"은 마침내 기로 "추방(出)"(하 131·30)되고 만 것이다.

또 퇴계는 자신의 설을 "팔창영롱"(팔창의 영롱과 같이 완벽함)이라 스스로 칭송하는데,(상 291) 주희의 이 용어는 『대학』 "명덕"을 가리킨 말이다. 고봉은 "공자 대성전은 마치 팔창의 영롱과 같다"(「광주향교 대성전상량문」)고 비유한다. 또 퇴계 자신의 설인 "허이실, 무이유, 허이허, 리이허"(상314·300·310)에 대해 "전박불파,(아무리 깨도 깨지지 않음) 주편불의(두루 보편해서 치우치지 않음)"라고 자찬한다.(상304) 그러나 이 문장은 '주어'도 없다. 과연 무엇이 깨지지도 않고, 치우치지도 않는가?

기초적 한자 사용의 오류

유학의 철학적 토론은 기본적으로 언어와 문자에 의거한다. 더욱이 지금 논변은 말이 아닌 편지글이며 그리고 정주의 문자에 바탕을 둔 토론이다. 따라서 그 대화는 먼저 언어의 합의된 개념이 있어야 가능한 것이다. 하지만 퇴계와 고봉의 수많은 문자의 쓰임은 서로 전혀 다르다는 점이다.

비교적 짧은 논변인 「퇴계1서」로만 보겠다. 먼저 "所就"라는 글자이다. 고봉의 신조어인 이 단어는 "자사와 맹자는 '사람 느낌에 나아가 그 설명(所就以言之)'한 것이 달라서 칠·사라는 별칭도 있다"(상3)의 뜻이다. 이에 퇴계는 이 말을 "리·기에 나아가(所就)"(상 16·17) 그 리·기로의 "가리켜 말함이 달라서(所指而言)"(상20·23·24) "사·칠의 다른 이름(異名)도 있다"(상16)로 읽는다. 고봉은 '느낌에 나아감'이고 퇴계는 '리·기에 나아감'이다. 이러한 논변은 고봉 본설을 무단으로 왜곡 원용해 오히려 자신의 설로 바꾸어 사용한 것으로, 학술적으로 용납될 수 없는 일이다. 고봉의 "言"은 심·성·정·리·기 등의 '실제'이고, "言之"는 가령 사람의 정(言)을 리기로, 선악으로, 리로, 기로 등으로 '설명함'이다.(상60) 퇴계는 이 문법을 혼용하지만, 고봉의 모든 문장은 엄밀히 구분하며 심지어 『집주대전』의 "언"자를 "언지"로 고쳐 논하기도 한다.(상135) 안타깝게도 조선시대는 물론이거니와 지금 학자들 역시 이 문법을 구분하지 않는다.

주희의 "소종래"는 '선유의 설 유래'인데, 퇴계는 '근원의 리·기'이다. 또 고봉은 "그 선 (리)은 천명과 사단이 같은 하나"(상64)라 함인데 퇴계는 '사단과 칠정은 같은 하나'(상238·249. 하23·24)로 인용한다. 또 고봉의 신조어인 "선의 척발(뽑아냄)"에 대해 퇴계는 "후현의 척발"

(상258)로 인용한다. 또 정주의 "혼연, 혼륜"(상159)은 성 및 정의 '완전・온전'인데 퇴계는 '섞임・잡박'이고, "묘맥, 혈맥"(상5・160)은 리(선)가 '성정에 관통함'인데 퇴계는 '나쁜 기의 피'이다. 또『어류』"사단, 是理之發"의 是자는 '해석'이고 퇴계는 '리가 직접 발한다'이다. 또 퇴계의 "一物" "異物(二物)" "二者" "異義"(상17・41・29・239)에서의 '二(異)'자는 칠・사, 리・기, 사・맹, 정・주 중 어디를 의미하는 것인지의 구분이 없다. 이상은 간단한 예에 불과할 뿐, 모든 문장이 다 이러하다. 과연 퇴계는『사서장구』,『주자문집』등을 문자 그대로 읽은 것인가? 이와 같은 모호한 문자로는 대화가 진실로 불가능하다.

더욱 심각한 문제는 조선시대 이후 지금 학자들까지도 이와 다르지 않다는 점이다. 율곡과 송시열 등은 고봉의 학술을 "칠포사", "리기공발"이라 하고, 지금 학자들도 이를 용인해서 '사칠의 리기 불상리・불상잡' 등으로 읽는다. 리기 불상리・불상잡은 칠사 본설과 아무런 관련이 없다. 어찌 칠정의 설이 사단의 설을 '포함'하고 또 칠사 본설 위에서 먼저 리기 '공발을 논하는가? 설의 종지는 어디로 갔는가? 과연 사단이라는 도덕감정(혹은 태극)도 본래 겸리기의 우주에서 공발하고 혹은 호발해서 나오는가? 참으로 꿈같은 발상이 아닐 수 없다.

대학 성의장 공부가 중용 미발설이다

퇴계와 율곡의 경서 해석의 기초적 오류의 예는『대학, 성의장』(경1장, 전6장)에 있다.「성의장」을 주희는 죽기 직전까지 고쳤고, 주희의 평생 대지가 녹아있는 장으로, 스스로 왕에게 "나의 평생 학문은 성의・정심밖에 없다"고 할 정도였다. 그런데 퇴계 등 당시 대부분 학자들은 이 장을 "성발"과 대설로 삼아 "심이 발해서 意가 되니, 여기서 선악이 생긴다"(상164)로 이해하고, 율곡 역시 "정이 발한 이후 의도(意)를 갖게 되는 것"으로 오독한다.

이는 주희의 장구를 정 반대로 읽은 것이다.「성의장」"무자기(스스로 속임이 없음)와 신기독(홀로 있을 때 삼감)"에 대해 주희는 "홀로라 함은 다른 사람은 알지 못하고 나만 홀로 아는 지점"이라 한다. 즉 이곳은 나 홀로 아는 지점인, 외물과 만나지 않은 곳이다. 한편『중용』"희노애락 미발" 바로 앞 자가 곧 "신기독"이며 이를 장구에서는 "홀로라 함은 다른 사람은 알지 못하고 나만 홀로 아는 지점"이라 한데 이는 위「성의장」주석과 글자까지 정확히 일치한다. 주희는 이 지점을「이발이발설」(중화신설)에서 논하기를 "위에서 인용한 정자의 여러 설은 모두 사려가 일어나지 않고 외물이 마음에 이르지 않았을 때로서, 이곳은 희노애락 미발의 때이다"고 한다. 이곳이 바로 대학 성의장과 중용 미발장이다. 주희는 "미발의 중을 경으로 이루면 그 발현자도 반드시 중절한다"(「이발미발설」)고 하는데, 이 미발 지점이 곧 일용공부인 "쇄소응대"로서의 소학공부이다.

하지만 지금까지도 우리와 중・미・일 학자들도 이 의미에 대한 명확한 해석이 없으니 안타까운 일이 아닐 수 없다. 주희의 이른바 "도통"이 바로 이곳이기 때문이다. 과연 퇴계・율곡과 같이 「성의장」은 미발 및 순수한 선을 논한 장이 아닌가? 고봉이 원나라 유학자 호병문의 폐단을 인용해서(상164. 하102・107) 그간 권근과 이언적, 퇴계로 이어 내려오던 학술전승의 병폐를 바로잡고자 한 곳이 바로 '이 지점'이다.

유학의 창조성을 논한 대학 신민과 중용 화육

또 하나, 반드시 짚고 넘어가야 할 장이 있다. 이곳이 곧 정주 신유학의 '창조성' 의미이기 때문이다. 즉 주희의 『대학장구』 "신민"과 왕양명의 "친민"을 명확히 분석해야 한다는 점이다. 주희가 구본대학 "親民"을 정자의 설에 의거해서 "新民"으로 읽은 이유는 매우 중요하다. 『대학, 전1장』 "日新, 新民, 維新" 등의 신자는 장구에 의하면 "떨쳐 일으킨다(振起)"의 의미일 뿐, '治人'이라 할 수는 없다. 따라서 이 말은 감정(마음)으로서의 '백성에게 친밀히 함'이 아닌, '새롭게 창조함'의 의미인 것이다.

한편 『중용, 수장』은 "희노애락으로 중화를 이룩하면 만물이 육성(育)된다"고 하는데 이곳의 '육'자가 같은 곳 주석 "聖神功化의 지극함"의 '化'의 뜻과 같다. 요컨대 주희는 칠정 전후 공부로 치우침 없는 중화를 이룸으로써 세계 만물을 창조적으로 변화 육성할 수 있다고 해석한 것이다. 그것은 다름 아닌 희노애락이라는 실제의 감정을 통한 '이후'의 효용의 일이다.

때문에 정이천은 「호학론」에서 "성인의 도는 배워서 이를 수 있으니, 그 구체적 방법이 바로 희노애락애오욕이다"고 한다. 이어 말하기를 "이른바 '化之'라 함은 神의 자연으로서, 공자의 이른바 '마음의 하고자 하는 바를 따라도 법도에 어긋나지 않음'의 의미이다"고 한다. 이것이 바로 정명도 「정성서」의 "성인의 희노는 외물에 순응함"으로, 이러한 감정의 효용을 통해 최종 『중용』 "천지의 化育, 發育"(22, 27, 32장)을 이룬다. 따라서 이러한 창조로서의 화육의 "천명의 유행"(추만 「천명도」)에 급거 사단 확충설이 들어와 기발의 불순한 감정으로 매도되어서는 안 된다.

『대학』 "新"과 『중용』 "化育"은 유학의 창조장일 뿐, 왕이 아래 백성에게 일방의 사랑으로 '친밀(親)'(다산의 '목민'과 같이)히 해야 할, 즉 위정자의 하교 대상(맹자의 왕도정치)이 될 수는 없다. 인류의 보편적 성정의 인문학 발견이 장횡거 및 정주 신유학의 본질이다. '왕의 도리'로 논한 퇴계의 『성학십도』에서 '칠사는 리·기 혈맥이 각자 다름'이 문제가 되는 이유이다. 왕의 도리가 과연 순임금, 공자의 희노를 순선의 리발이 아닌 잡선인 '기발의 나쁜 피'로 몰아가는 것인가?(상274·282) 성정 본연의 교류와 소통을 논한 선유의 학설을 급거 혈맥의 피가 각자 리·기로 다름, 리발·기발이라는 "동인·서인"(하13) 간의 세력다툼으로 논할 수는 없는 일이다.

본성, 성선, 사단만 논하면 이치에 크게 해롭다

퇴계에 의하면 성은 인의예지이므로 그 사단도 성선의 리라는 주장이다. 지금 학자들역시 성을 "본성"이라 하고 본성만이 선하다고 한다. 하지만 주희에 의하면 이러한 주장은 "크게 이치에 해로운 것(大害理)"이다. 얼핏 보면 본성은 선이니 따라서 그 사단 역시 본선이라 함은 문제가 없을 듯하지만, 그러나 이러한 논변은 문제가 한 둘이 아니다. 성에 '본'자를 붙이면 이미 설명(言之)으로서의 설일 뿐이며, 실존(言)의 성이 아님이 되고 만다.

기본적 문제는 사단설과 성선설 2설을 학자들은 구분하지 못한다는 점이다. 주희 주석에 의하면 맹자 사단설은 "심의 체용"일 뿐, "성선"을 논함이 아니다. 이러함에도 불구하고 퇴계 등 지금 학자들까지도 사단을 곧바로 리로 여기고 본성이 선이므로 그 작용도 본래 선하다고 하면서, 사람은 '본성의 선 하나일 뿐'이라고 주장한다. 그래서 스스로 모순된 행동을 하고 '나의 마음은 본선이다', '사람의 성은 본성이다'로 여긴다는 점이다.

이러한 주장은 철학적 사고를 결여한, 독단적 인식이다. 주희는 「이발미발설」에서 사단의 단서는 미발 공부가 빠졌고 때문에 공부가 이미 늦다고 한다. 성선설에 대해서도 "그 감정(其情)으로 성선을 논증"한 것은 옳지만, 단 맹자의 '그 감정' 목적은 형이상의 성(무불선)을 논증하기 위한 구실에 불과한 것이라고 비판한다. 그러나 형이상의 성은 기질에서 성의 '자존자로 실증'해야 그 온전을 다한다. 주희는 성선설 주석에서 "기질지성의 설이 온전하며, 성선설은 치우쳤다. 성은 다만 기질에서 공부로 논해야 할 뿐이다"고 한다.

성의 "본성"과 사단의 단서를 "성선의 무불선"(상1)이라 함이 '이치에 크게 해로운' 이유는, 법칙을 먼저 말하고 이를 스스로 소유하려 함에 있다. 즉 스스로 나의 성을 소유하고자 하면서 여기서 자신의 도덕성을 논하려 한다는 것이다. 이는 타물과의 교류를 끊음과 같다. 유학의 성설은 나의 기질 및 마음(정)을 통한 공부로 이룩된 것이어야 하기 때문이다. 다만 고봉은 "맹자가 4단을 4덕과 나란히 든 이유는 그 단서가 기에 떨어짐을 우려한 것"(상11)이라 한다. 사단만 말하면 그것은 단서인 "기"(상112)에 불과하다.

도덕권력과 유통권력으로서의 리발, 기발설

퇴계가 호발 중의 리발을 강조한 이유는 리는 순선, 기는 불선이 섞인 것의 둘로 가르기 위함이다. 즉 리발은 지극히 좋으므로 그 상대인 기발은 나쁜 것이다. 때문에 퇴계는 리발의 사단과 성선을 굳게 믿고, 그 반대인 기발의 칠정을 강하게 불신하여 '소중하지 않은'(상206) 도덕력이 모자란 것으로 간주한다.

하지만 이 주장은 유아론적 오판이다. 사단이 리발임은 지당하지만 그러나 이는 일반론을 벗어나지 못한다. 칠정도 천명의 중화·달도이기 때문이다. 주희의 "성이 발하면 정이 됨" "심은 성정을 관통함" 등에 의하면 정은 모두 리발이다. 『역전』은 "마음의 외물에 대한 느낌은 억지가 아니어도 본래 통한다"고 하며, 모두 "자연의 이치"(상107)일 뿐 억지로 여기에 리가 개입해서 느끼고 통하게 하는 것은 아니다.

퇴계는 리라는 절대윤리를 일단 먼저 세워두고, 여기에 부합하지 않은 것은 모두 기에서 발한 것이라 하면서 "칠정은 본래 불선이 있으니" 그래서 기발로 몰아간 것이다. 그 목적은 바로 먼저 리발이라는 권위와 권력, 도덕윤리를 독점하고 이를 우뚝 세움으로써 상대의 기발의 섞인 리를 공격하기 위함이다.(상289) 이러한 일방적 윤리는 외물과 공유한 천하 공리로서의 소통을 논함이 아닌, 거부의 싸움을 논함이다. 결국 이러한 리발의 강조는 유통구조 맥락(호발) 속에서 그 흐름의 권력, 즉 소통 권력의 독점을 위함인 것이다.

율곡의 "기발인데 리가 탐" 역시 기의 발(발현현상)에서도 그 '주인은 리(주리)'라고 함이다. 고봉의 "주인과 종처럼 여겨서는 안 된다"(하122)고 함이 이곳에 대한 비판이다. 다시 말해 퇴계와 율곡의 요체는 리발·기발이 아닌 그 유통구조 속에서의 발 지점의 독점에 있었던 것이다. 이러한 폐단이 결국 훗날 다산의 "주인과 노비는 천·지와 같으니 사다리로 오르게 해서는 안 된다(君臣主奴, 斯有名分, 截若天地, 不可階升)"(『목민심서』「辨等」)는 부끄럼 없는 일방의 권력으로 나타난다.

퇴계는 "리발은 반드시 기발이 될 수 없고" "순임금과 공자의 희노"와 주돈이의 "동정태극"(공자의 태극 본설인 "역유태극")도 기필코 순리일 수 없으니(상282) 따라서 "칠정은 기발"로서 사단의 리발과는 반드시 "그 혈맥의 피가 다르다"(상254)고 주장한다. "기발이 어떻게 리발로 변환될 수 있겠는가?"(상25) 퇴계와 율곡은 이와 같이 칠정과 사단 본설 내용이 아닌 그 "리기에 나아간"(상17) 리·기라는 유통구조 속에서 발처의 세력다툼을 논한 것이다. 퇴계의 경우 호발에서의 '주리'라는 독점권력이고, 율곡의 경우 기발 속에서도 '주리'라는 주인권력이다. 고봉이 퇴계를 비판한 "동인·서인의 싸움"(하13) 우려가 그대로 사실의 권력으로 '만들어지고' 만 것이다. 이로써 공자 이래의 인문적 사유는 온데간데없이 소멸되어 결국 "배우고 익히니 즐겁지(칠정) 아니한가"는 '우리끼리 배우고 익히니 무한히(理) 즐겁지 아니한가'로 오염되고 만 것이다. '본성만이 성이다'고 주장하는 지금 학자들이 바로 이들이다. 그래서 결국 순임금과 공자의 즐거움(칠정)까지도 순수한 리발에서 제외되고 만 것이다.(하137)

인물성 동이 논쟁의 가벼움

칠정사단 토론은 퇴계와 고봉에서 시작됐고 율곡이 여기에 가세했는데, 인물성 동이논쟁은 서인에서 일어났다. 그런데 정작 이 문제는 퇴계의 본연지성과 기질지성(사단과 칠정)의 성은 같은가 다른가라는 점이다. 다시 말해 이 논쟁은 서인 자신이 아닌 퇴계의 논제를 증명해야 할 일이고, 결국 두 성(고봉은 2설)에 대한 해결능력의 부재에서 비롯된 것이다.

성이 하나인가 둘인가의 문제는 기본적으로 주희의 중용주석과 맹자본문 해석의 차이에서 기인한다. 주희는 『중용장구』'천명장'에서 "성즉리로서 인·물의 성은 같다" 했고, 『맹자집주』'생지위성'에 대해서는 "기가 다르므로 성도 전혀 다르다"고 한 것이다. 그렇다면 이 두 성은 같은가, 다른가? 한원진은 "다름"이고, 이간은 "같음"이다.

문제는, 『중용』은 '소통'이고, 『맹자』는 '가치'라는 점이다. 그렇다면 과연 소통의 교류가 중요한가, 아니면 인류의 가치가 중요한가? 하지만 이러한 소통과 가치는 하나로 합할 수 없는 두 설이며, 결코 혼합 이해해서는 안 된다. 만약 성이 하나(같음)라면 소통은 가능하나 개와 사람의 가치는 부정되고 만다. 하나라면 사람이 개의 성을 따라야 하는가? 만약 둘(다름)이라면 서로 소통은 불가함이 되고 만다.

『중용』과 『맹자』 집주로만 보면 이 둘은 소통과 가치의 문제를 함께 해결했다고 할 수 없다. 왜냐하면 『중용』은 사람과 개의 성이 같고, 『맹자』는 개와 사람은 소통이 불가하기 때문이다. 때문에 정자는 말하기를 "천명지위성과 솔성지위도는 일반론에 불과하다"고 한다. 왜냐하면 개도 천명의 성을 받지 않았다 할 수 없고 또 개가 개의 성을 따름을 도가 아니라고 할 수는 없기 때문이다. 이에 주희는 "고자와 맹자의 '생지위성'에 대한 토의는 이미 생으로 태어난 이후의 논의에 불과하다"고 한다. 결국 『중용』은 일반론을 벗어나지 못하고, 『맹자』 역시 태어난 이후의 논의에 불과하다.

정자는 이 문제에 해결책을 모색한다. 즉 『중용』 "솔성"의 '공부'가 중요하다. "솔성의 도"는 천하의 리가 같아서 교류가 가능하지만 다만 사람이 개의 성을 따르지는 않는다는 것이다. 그렇다고 해서 『맹자』의 "사람과 개의 성은 다름"이 사람의 성즉리를 침해하지는 않는다. 왜냐하면 사람의 성 및 솔성은 "성즉리"로서의 태극이기 때문이다. 요컨대 사람의 성은 천지(개)의 성과 동일하지만, 한편 사람은 사람의 성을 따른다.

문제는 우리나라 인물성 동이논쟁은 이 둘인 소통과 가치를 구분하지 않았고, 또 맹자는 단지 '이루어진 성을 논함에 그쳤다'는 사실을 냉철히 분석하지 못한다는 점이다. 이러한 중용의 리의 소통, 맹자의 성의 다름, 정자의 솔성공부, 주희의 맹자비판 등을 각자 나누어 분석하지 못하면 그 인성과 물성의 논쟁은 의미 없는 먼 이야기가 되고 만다. '같은가 다른가'의 문제는 그저 일반론에 불과하기 때문이다.

율곡 기발리승의 모순

퇴계의 관심은 "칠정의 중화"와 "사단의 확충"이라는 사·맹 본설 내용이 아닌, 그것이 오직 '리발인가 기발인가'에 둔다. 그래서 주희 문인의 기록인 『주자어류』만 그야말로 굳게 "믿고"(상45. 하110) "사단이 주리의 리발이니 그렇다면 칠정이 치우친 기발이 아니라면 무엇인가"(상274)라고 강력 주장한다. 그 이유는 다름 아닌 도덕성의 강조를 위함이고, 이를 위해 억지로 『어류』를 끌어들여 한쪽의 리발 권력을 굳게 움켜쥠으로써 그래서 기발을 억압하고 꺾기 위함이다. 하지만 이러한 도덕권력으로서의 치우친 주리의 "리발"은 결코 사단 본의도 아니거니와 더욱이 이 때문에 칠정의 천명·중화가 기발로 배척될 이유도 없다. 고봉은 이 문제에 대해 "칠정의 리(천명)를 사단이 빼앗아 버렸다"(하30·131)고 비판한다. 이로써 추만 「천명도」의 천명은 기발로 추방되고 만 것이다.

그렇다면 퇴계에게 직접 묻고 배운 율곡의 "기발에 리가 탄다"고 함은 과연 스승을 반대해서 비판한 것인가? 필자가 보기에 전혀 그렇지 않다. 왜냐하면 율곡의 "기발리승"

은 결코 '주기'가 아닌 주리로서의 '기에 대한 예속권력의 확보'에 있기 때문이다. 율곡의 주장은 "유형·유위의 주인이 되는 것은 리"(「답성호원」6)라는 곧 '기를 탄 것은 리'라 함이다. 다시 말해 기발이라는 발현에서도 그 예속권력은 '주리'이니 따라서 "발한 것은 기, 발의 소이는 리"라 함은 기 발현자 속의 '법칙'을 강조한 것이다. 결국 이 설은 '기의 발현자'를 강조함도 또 '리의 발동'을 주장함도 아닌, 리기 구조(기임) 속에서의 '리의 법칙'(예속력)을 강조한 것뿐이다. 하지만 법칙은 '기 속의 리'에 치우친 것으로, 그것은 '상하를 포괄한 보편적 리'가 아니며 또 '스스로의 생명력이 거세된 리'가 되고 만다.

주돈이와 주희가 공자의 "역에는 태극이 있음"을 해설해서 "태극은 동정이 있다"(하197)고 한 것은 태극은 형이상·하를 막론하여 어디든 '스스로 자존하고' 또 태극 자신은 '동정을 일으키는'(고봉의 해설임) 동력으로서의 리라 함이다. 그것은 동정을 일으키는 법칙, 혹은 기 속에 국한된 동정, 상자 속에 갇힌 작은 리에 국한되지 않는다. 만약 율곡과 같이 '기 속의 법칙'이라 하면 인류 지고의 "성리"로서의 형이상의 "태극"은 치우치고 만다. 그렇다면 인류의 가치 혹은 국가체계에서 정의의 옳음이라는 존재자는 생명력이 없거나 기라는 선악에 종속된 것이 되고 만다.

'주리'는 세계의 상하를 포용할 수 없거니와 결과로서의 현상(時中)에 치우친 리이다. 리기호발 역시 발현(기)의 장소이며, 또 주리 혹은 주기라 해도 그것은 마음의 미발 즈음인 발 이전이 빠진 모두 한쪽의 일방일 뿐이다. 때문에 고봉은 사람 본연의 감정에 대한 사맹의 두 설인 칠·사를 논변하면서도 이를 고찰하지 않고 오히려 리·기의 치우친 발로 강력히 주장하면서, 그래서 "양 편의 두 진영"으로 싸우도록 설정한 퇴계의 의도를 도저히 "이해하지 못하겠다"고 말한다.(하110~111) 율곡 역시 고봉의 설을 "칠포사", "리기 공발"로 인정하지만, 어찌 고봉이 중용설과 맹자설의 전혀 다른 종지의 2설에 대해 '포함한다' '공발한다'고 했겠는가? 참으로 꿈같은 왜곡이 아닐 수 없는 것이다.

태극도와 추만 천명도의 도통

퇴계의 학자적 존재는 추만이 1543년 그린 「천명도」를 10년 뒤 1553년 전혀 다른 방향으로 새롭게 고침으로써 학계에 알려졌고, 이후 성균관 대사성을 무려 세 번 역임한 1559년 이 「천명도」에 관해 고봉과 논쟁함으로써 자신의 위상을 확고히 증명한 것이다. 퇴계는 1553년 「천명도설, 후서」에서 "사단과 칠정"이라 했고, 고봉과의 처음 토론 전후에서 "사단, 무불선", "사단지발"이라 한다.(상1·4) 이렇게 "사단" 언급은 추만이 아닌 것이다. 퇴계의 요지를 한마디로 요약하면 '사단은 리발의 무불선이므로 천명의 칠정은 반드시 기발'이라는 강력한 주장이다.

당시 저명한 학자인 김안국, 김정국 형제에게 1519년부터 거의 24년여 동안 착실히 배우고 익힌 뒤 그린 추만 「천명도」는 매우 탁월하다. 그 이유는 다음과 같다. 주희는 「태극도설해」에서 "태극은 동정이 있으니 천명의 유행이 이것이다"(하195)고 하는데 이는 주희 자신의 언급과 같이 "형이상의 것으로서, 근사가 빠진 것"이다. 왜냐하면 천명의 유행은 희노애락의 칠정이 아니면 불가능하기 때문이다. 주희는 『중용장구』「수장」에서 "자사는 존양과 성찰의 요령을 말씀했고 이어 聖神功化의 지극을 말씀했다"고 하는데 이는 희노애락 전후의 '요령'을 통한 천명의 성을 유행하게 하는 방법이다. 정이천 「호학론」 역시 "칠정으로 성인의 도에 이르니, 이것이 바로 化之의 入神이다"고 한다. 이곳 '화지'가 바로 『중용』 "化育"의 창조성이며, 『대학』 "新民"도 이 뜻이다. 결국 중용설은 도통이며 이를 정자가 이은 것이다.

추만은 이 문제를 거론한 것이다. 추만은 「천명도」에 미발·이발 즈음의 공부요령인 "존양·성찰"을 넣었고 또 여기에 이 공부 전후 장소인 "희노애락애오욕"을 3회 표기했다. 그렇다면 과연 공자 "태극"과 주돈이의 "태극의 동정", 자사의 "천명·중화의 희노애락 공부" 그리고 주희의 "태극과 천명의 유행"을 이은 것은 무엇이며 누구인가? 반면 퇴계는 추만 「천명도」에 '기왕 발현한 사단'을 새로 집어넣어 사단 위주로 바꿨는데 이는 오히려 미발이 빠진 기왕의 이발에 불과하거니와 그 도통 핵심인 공부 논의가 '한마디'도 없다. 과연 「천명도」의 "천명" 근거를 맹자 '사단 위주'로 고쳐 그 칠정 공부를 기로 추방한 퇴계의 설은 정당한가?

맹자설은 모두 치우친다

퇴계는 어찌하여 추만이 도체의 체용·온전과 미발·이발의 '치우침 없는' 공부요령을 논한 「천명도」에 한갓 이발의 '단서'에 불과한 사단을 무단으로 끌어와서 결국 천명을 기발로 "내쫓고" 말았는가. 퇴계는 말하기를 "사단이 리발이니 따라서 칠정이 기발이 아니면 무엇인가"(상274)라 하고 또 스스로도 치우친(偏) "주리·주기"(상281)임을 강조한다. 퇴계는 맹자를 존중해서 「천명도」를 주리의 사단설(혹은 형이상에 치우친 성선설)로 대체하고자 하지만 그러나 정주에 의하면 맹자의 설은 철학적으로도 모두 치우친다. 왜인가?

주희의 사단설 본주에 의하면 사단은 "심의 체용"이며 "성정의 본연"이다. 그런데 공부로 보면 사단의 "확충은 이발에 불과하며, 미발의 존양공부가 빠진 것"(「이발미발설」)이라 한다. 맹자는 "사단은 누구나 있는데, 다만 확충하지 못하면 부모도 섬기지 못할 것"이라 하며, 그 예로 "양혜왕은 끌려가는 소는 측은해 했지만 자국의 백성은 사랑하지 않는다"고 한다. 때문에 공부에서 사단은 "이미 늦은" 것이다. "여민락(백성과 함께 즐김)"과 "인의가 있을 뿐이다"(주희 본주는 의를 '事之宜'라 하고, 『역전』·『중용』은 '義以方外'라 함)의 2설 역시 '外'의 기왕 '발현한 곳'일 뿐이다.

또 주희의 성선설 본주에 의하면 맹자는 "그 정(其情)"으로 "성선"을 논증하기는 했지만 그 본의는 형이상의 성을 논한 것뿐이다. 즉 맹자는 "그 정을 무불선의 성으로 여겼고" 따라서 그 정은 사실은 '형이상의 성선을 위한 정'일 뿐이다. 때문에 "기질지성이 성선설보다 정밀하며, 맹자는 공부를 논하지 않았다"고 지적한다.(모두 집주) 맹자 성선설은 불완하다는 것이다.

또 맹자는 고자와 "生之謂性(삶을 성이라 이름)"을 논했지만, 그러나 주희는 '보편성의 같은 색'(즉 백설의 백과 백옥의 백)을 논한 "고자가 완전하다"고 한다. 다만 맹자는 "사람의 성은 개의 성과 다르다"고 하는데, 이에 주희는 "맹자는 개와 사람의 성이 다른 이유를 논하지 않았다"고 하면서 또 "고자와 맹자는 모두 기왕의 탄생 이후를 논했을 뿐"이라 비판한다. 이 문제에 대해 정자는 "성을 따르는 것(솔성)이 곧 개와 사람이 다르다"고 하여 그 해결책을 모색한다. 맹자는 개는 '개의 기를 따름', '성의 가치', '사람의 솔성 공부' 등을 논하지 못했다는 것이다.

또 정자는 '왕도정치론'을 매우 비판한다. 정이천이 어린 황제에게 "막 자라나는 봄 나뭇가지를 이유 없이 꺾어서는 안 된다"고 한 것은 일이 일어나기 이전 미발공부(소학공부)를 말한 것이다. 그리고 정명도가 왕안석의 신법을 비판해서 "자신의 몸조차 다스리지 못하면서(如王安石, 其身猶不能自治)"라고 하면서 "왕안석은 공부가 없다(守約則未也)"(『정씨유서』 권2상, 30조)고 한 것도, 자신을 놔두고 왕 및 백성을 계도할 수는 없다 함이다. 『중용』 "희노애락으로 중화를 이루어 천지를 위육한다"고 함이 바로 '도학으로서의 정치' 방법이며, 즉 『대학』 "명덕을 [스스로] 밝힘"(明之)으로써 "창조적(新)" "평천하"를 이룰 수 있다 함이다. 천지의 창조적 화육은 왕의 일방적 사랑이 아닌, 공부의 소통으로 가능할 뿐이다. 이것이 정자가 왕권으로서의 권력의 정치를 반대한 이유이다. 우리나라 중종과 선조에 의한 도학자 조광조 및 의병장 김덕령의 죽음 등이 그 폐단의 예라 하겠다. 왕도가 아닌 만유 공통의 덕을 누구나 있는 희노애락을 통해 이룸으로써 치평의 도는 가능하다. 치평의 평천하를 위해서는 도의 유통이 우선되어야 하며, 그 유통의 소통은 권력이 아닌 도통의 도학으로써 가능할 뿐이다.

이상은 맹자학이 틀렸다 함은 아니다. 주희는 분명 사서에 『맹자』를 넣었고, 그 철학적 명분 역시 매우 중요하다. 가령 주희에 의하면 사단은 누구나 있는 사람의 도덕적 힘이고,(자연지리) 또 성선설에 대해 주희는 호상학의 스승인 호굉의 "성을 선으로 말할 수 없고, 선은 찬탄일 뿐이다"를 매우 맹렬히 비판한다. 다만 고봉은 '그 사단설(혹은 성선설)을 주로 삼아 공자, 자사 등의 설을 객으로 삼지 말라'(하12)는 것이다. 사단은 더없이 중요하다. 그렇다고 해서 공자의 동정태극과 자사의 천명칠정이 왜 기란 말인가?

퇴·고 칠사논변은 한자로 대략 3만 3천여 자이다. 퇴계는 공·맹, 정·주 등의 용어와 인명 및 설을 220개, 고봉은 291개 인용했다. 필자는 퇴·고가 인용한 선유의 원문을 1개 빼고(상88) 모두 찾아서 주석을 달았다. 여기에 필자의 공맹과 정주 등의 설 인용은 총 1433개, 주석은 2274개, 장구로 순서를 나열한 것은 상·하 합 545개이다. 주석과 장구는 주희의 『사서장구집주』 방법과 같다. 주희는 사서를 장구로 순서를 배열했고 그 경문 아래에 바로 주석을 붙였기 때문이다.

역주자의 당초 석사논문에서의 관심은 칠정과 사단이라는 인간 감정에 관한 것이고, 이러한 성정론이야말로 미학에 딱 들어맞는 분야가 아닌가하는 견해에서 출발한 것이었다. 하지만 연구기간 내내 수많은 의혹을 풀 수 없었으며, 그것은 비단 철학적인 문제뿐만은 아님을 느끼게 되었다. 그래서 논문을 제출하고(1999), 즉시 주희의 『주자전서』 및 두 정자의 『이정집』, 장횡거의 『장재집』, 육상산의 『육구연집』 등을 새로 구입해 읽으면서 그중 퇴·고의 토론에 관련된 내용을 하나하나 공책에 기록하고 또 컴퓨터에 저장하기 시작했다. 본서는 필자의 이러한 그간 20여년의 연구과정이다. 이 책은 결코 어느 계열 학파의 우열을 가리거나 혹은 특정 인물을 일방적으로 칭송하자는 의도도 아니다. 다만 필자의 보잘 것 없는 작은 소견이 한국철학사 내지 철학 전반에 관한 일말의 계기만이라도 되기를 소망할 뿐이며, 학자 제현과 한국철학에 관심을 두신 여러 독자 고명의 질정을 바라는 바이다.

2019년 11월 11일
우면산 아래 작은 연구실에서
김동원

차례

논쟁이 끝나고

도형 6개와 해설 _ 504

『최초의 주석 칠정사단론』 - 상

퇴계; 사우들을 통해 들었습니다[1]

(1) 又因士友間, 傳聞所論四端七情之說. 鄙意於此(고봉집 於此 없음)亦嘗自病其下語之未
穩, 逮得砭駁, 益知疎繆. 卽改之云, '四端之發, 純理故無不善, 七情之發, 兼氣故有善
惡.' 未知如此下語, 無病否? 己未正月初五日, 滉頓首. [下語하어; 사·칠 아래 붙인 말. 逮得체
득; 이르다. 미치다. 砭駁폄박; 잘못을 지적하여 고치게 함. 疎繆소무; 성글고 그릇됨. 착오가 있음. 純理순
리; 순수한 리.(기가 섞이지 않은 리. 고봉; 리는 순리와 겸기 둘이라 할 수 없음) 無不善무불선; 선하지 않
음이 없음.(성선에 대한 표현. 情善은 無往不善) 兼氣겸기; 기를 겸한 성.(퇴계; 기가 섞인 주기의 성. 고봉;
성이 기질에 있음을 言之한 성설. 기질지성) 有善惡유선악; 선악 혼재.(퇴계) 선도 불선도 있음.(고봉)(선의
표현·형용이 아님)]

사우들을 통해 공이 논한 사단칠정의 설을 전해 들었습니다.[2] 저 역시 일찍이 스스로
'그 下語'(추만이 아닌 퇴계의 하어)[3]의 온당치 못함을 병통으로 여겼는데,[4] 지적을 받고 더욱
소홀한 점이 있음을 알게 되었습니다.(고봉의 비판은 '그 하어'가 아닌 칠사는 '대설'일 수 없다는 것

---

1) 논변 제목은 『고봉집』은 「明彦拜問 奇正字宅」, 『퇴계전서』는 「與奇明彦」, 퇴계가 직접 편찬한 『자성록』은 「答奇正字明彦大升」, 『양
선생사칠리기왕복서』는 「退溪與高峯書」이다. 칠정 사단논변은 모두 본 편지에 붙인 '별자'이며 제목을 퇴·고가 직접 붙이지는 않았
다. 지금 제목은 역주자가 새로 붙였고, 아래도 모두 같다. 역주자는 『고봉집』(민족문화추진회 영인본, 1988)과 『증보퇴계전서』(성
균관대 대동문화연구원, 1997) 두 책을 대조 교감하고자 한다.

2) 이 기록은 없다. 퇴계는 6년 전, 계축년 臘平節(1553년 12월) 秋巒(鄭之雲) 원도인 「천명도」와 「천명도해」(1543년 작)를 대폭 "고
치고 교정"하고 「천명도설, 後敍」까지 써서 뒤에 붙었다.(이후도 계속 고침) 여기서 말하기를 "호남 士人인 이항이 정은 기권에 둘
수 없다"고 했는데 그것은 퇴계가 칠정을 급히 기로 바꿨기 때문이다. 이항의 지적은 '천명도는 사단 위주가 되어서는 안 된다'
함이다. 퇴계는 『중용』 "천명"을 그린 추만 「천명도」에 맹자 사단을 새롭게 들여와서 중화의 칠정을 "기로 내쫓고"(하30·131)
만 것이다. 이 지적을 "사우간을 통해 들은" 퇴계는 칠정은 '유선악'(혼재의 뜻)인데 그 "이유(故)"를 논하고자 함이다. 추만은 퇴
계가 고친 「천명도」 및 「도설」에 관해 고봉에게 의견을 물었고,(고봉연보, 1558년. 『국역고봉집』1책, 8쪽. 이하 『고봉집』으로 약
칭함) 고봉은 「도」와 「도설」에 차오가 많으니 正論이 될 수 없을 듯하다"고 했다. (기형섭의 「辨錄」. 『고봉집』3책, 313쪽) 퇴계는
"사우간을 통해 이 말을 전해 듣고" 고봉에게 이 논변을 쓴 것이다. 「천명도설·후서, 부도」(『증보퇴계전서』2책, 325∼6쪽. 이하
『퇴계전서』로 약칭함)에서의 「천명구도, 신도」의 "발어리, 발어기", "리지발, 기지발" 등은 「후서」 당시 도형이 아니다. 한편 고봉
은 1553년 서울에 있었다. "癸丑年間 과거 응시를 위해 都下에 있을 때 종형(작은아버지 기준의 아들 기대항으로, 50. 52. 54년
이조정랑)의 처소에서"(『고봉집』3책, 48쪽)라고 언급했다.

3) "그 하어"는 사단과 칠정 아래에 붙인 語인데, "그것(其)"이라 했으므로 '앞 설'이 있다. 그런데 퇴계는 앞 설의 '그 하어'가 무엇인
지 밝히지 않는다. 고봉은 그 하어를 "천명도에서 보았다"고 하면서 "四端, 發於理而無不善, 七情, 發於氣而有善惡"(상4·188.
하191)의 존부를 확인 요청했으나 퇴계는 답변하지 않는다. 고봉에 의하면 이 설이 먼저다. 따라서 퇴계가 언급한 추만의 "四端發
於理, 七情發於氣"(상14)의 하어는 추만인지 퇴계인지 불명하다. 추만 원도는 '발' "사단" 등의 對擧가 없으므로 '리발·기발'의
성립도 근본적으로 불가능하다. 고봉이 말한 이른바 "前說"(상5·129) "前語"(상71)는 추만을 고친 퇴계의 하어를 가리킨다. 이곳
"純理故無不善, 兼氣故有善惡"의 무불선·유선악 하어는 위 퇴계의 언급인 '발어리, 발어기"(하14)에서 나왔다고 할 수 없다. "순
리고, 겸기고'의 '故'자가 그 "무불선, 유선악' 이유에 관한 것이기 때문이다.

4) 퇴계는 이전 "그 하어의 온당치 못함"이 어떤 설인지 끝내 밝히지 않는다. 퇴계도 유선악이 '발어기'가 아님은 잘 안다. 다만 사단
이 "순선"(상14)이기 때문에 그 유선악의 칠정은 "순리"의 발이 아닌 '기발'라는 것이다. 반면 고봉은 '발' 문제에서, "칠정의 중화
가 왜 사단 때문에 갑자기 기발인가"(하62)와, 또 '사칠의 하어'가 아닌 칠·사의 "대거·호언"(상6)을 문제 삼으며, 정을 기권에
둘 수 없다 함도 아니다. 느낌인 칠·사는 기이므로 기권에 둘 수 있다.

임)5) 그래서 즉시 '사단으로의 발(처음으로 "발"을 언급함)6)은 순리(純理)이기 때문에 無不善이고,(사단의 소지와 발처를 구분하지 않음)7) 칠정으로의 발8)은 겸기(兼氣)이기 때문에 유선악이다'(겸기·잡기의 성은 없으며, 또 유선악은 선 표현이 될 수 없음)9)로 고쳤습니다.10) 모르겠으나 이와 같이 下語한다면 병통이 없을 지요?(퇴계의 하어는 그 근원을 둘로 갈라서 결국 감정의 소통을 거부한 것임)11) 1559년 1월 5일12) 황 돈수.

---

5) "지적을 받았다" 함은 '칠정은 기발이 아님'을 말한 듯하다. 퇴계도 기발만은 아님은 안다. 단 "사단도 無氣가 아니나 리지발, 칠정도 無理가 아니나 기지발"(상243)의 "리기 호발"(상246)이며, "사단이 리이니 칠정은 기가 아니면 무엇인가"(상274)이다. "소홀함이 있었다" 함은 "發於氣" 문제를 인정하고 "겸기"로 바꾸었다 함이다. 그런데 고봉은 무불선은 성일 뿐 정이 아니며, 발처는 리·기 각발일 수 없다고 한다. 더욱이 사맹 본설인 칠사는 "대설"이 아니며, 그 해석도 사맹을 넘어설 수 없다. 반면 퇴계는 사맹 본설을 "대거호언"(상6)하고 각자 "리·기가 호발한다"(상246)고 한다.

6) "四端之發"은 사단으로 발하는 '발처'이다. 본 토론에서 처음으로 "발"을 말한 것인데, 이는 '사단의 소지'로 논함이 아니다. 퇴계는 사단으로의 발은 순리라고 한다. 이 말은 당연하다. 문제는 '사단만 리발'이라 한 점이다. 맹자 사단은 기왕 발현자로서, 사람은 누구나 이러한 "心이 있다" 함이다. 또 문제는 그 단서를 "무불선"이라 한 점이다. 주희는 "發은 動과 같은 뜻"(상159)으로 정은 모두 리발·성동이라 한다. 性發하여 드러나면(發見) 이것이 '정'이다. 따라서 사단으로의 발만 리발이라 할 수는 없다. 고봉이 "四端之發"을 "四端之情"(상170)이라 한 것은 사단은 기왕 발현한 정인 맹자의 "名"(상56)이기 때문이다. 주희가 "소인도 도심이 없을 수 없으니 측은지심이 이것이다"(『주자어류』권78, 蓋卿194, 2665쪽)고 한 것은 사단은 누구나 '있다' 함이다. 퇴계는 맹자의 宗旨·所指로 '해석'하지 않고 곧바로 발처를 말하는데, 그러나 맹자도 '사단으로의 발'을 직접 말할 수 없고 단지 '누구나 있는 정'으로 논했을 뿐이다. "발"은 『중용』의 말이다. 퇴계는 맹자 "단"과 자사 "발"을 구별하지 않는다.

7) "발"은 성발이다. 성이 발해서 드러나면 정이며, 이 정을 사맹은 칠·사로 설했다. 퇴계는 사단이 무불선인 것은 순리의 발 때문이라 한다. 그러나 사단의 단서를 무불선이라 하면 사람 느낌이 성이 되고 만다. 고봉은 이를 "인욕을 천리로 여기는 것"(상171)이라 한다. 정의 선은 "無往不善"(상169)일 뿐이다. 퇴계는 사단이라는 '설'의 소지와 그 '발'의 발처를 구분하지 않은 것이다. 이곳은 정의 '발처' '사단설' '성선설' 3자가 합쳐서 구분이 없다. 이천은 "이미 단이니, 인이라 이를 수 없다"(『근사록』「도체」35)고 한다.

8) "칠정으로의 발"은 사단으로의 발과 다르다 함이다. 무불선이 아닌 '유선악'이므로 "겸기"이다. 퇴계는 불선을 '기 때문'으로 여긴 것이다. 하지만 고봉이 "그 즈음 과불급이 없을 수 없기 때문"(상8)이라 함은 기가 아닌, 나의 심 공부 때문이다. 퇴계는 불선을 '타자 때문'으로 돌린 것이다. 자사는 사람 본연의 느낌의 情을 자신의 의미로 언설했을 뿐, 그 정의 발처를 직접 말하지 않았다.

9) 칠정은 "유선악"인데 그것은 "겸기"의 발 때문이다. 퇴계의 "겸기"는 잡기이고, "유선악"은 선악 혼재이다. 반면 고봉이 말한 겸리기는 "성이 기에 있더라도 성은 스스로 성"(상84)이며, 유선악은 "有善, 有不善"(상166)이다. "겸기 때문에 유선악"이라 함은 유선악 이유를 자신의 '공부'로 논함이 아니다. 또 "무불선"은 성선 '형용'이지만 "유선악"은 선 형용이 아닌 '술어'이며, 때문에 무불선과 유선악은 대설·대대가 될 수 없다. 또 문제는, 발이 사단·칠정으로 각각 다르게 발하는가? 겸기 때문이라면 발하기 전 불선이 있는가? 유선악의 선은 사단과 다른 선인가?

10) "사단지발" "칠정지발"은 당초 추만 본설 내용과 전혀 다르다. 퇴계가 추만설이라 한 "四端發於理, 七情發於氣"(상14)는 情에 관한 두 설인 사·칠 소지를 구별하기 위함이며, 이 의미라면 문제가 없다. 하지만 퇴계는 그 발의 근원을 각각 二發로 다르다 하고, 또 무불선·유선악 이유를 서로 다른 "순리고, 겸기고"라 한다. 사실이 "모두 정이라면"(상16) 그 선(리)도 같아야 한다. 사맹의 소지·종지는 서로 다르지만, 모두 정의 '소통·교류를 논함'이기 때문이다. 사맹이 소통 불가를 논했을 리 없다. 더욱이 추만 본설은 "발" "사단" 등이 없으므로 따라서 퇴계는 「천명도」에 넣은 리발·기발 및 사단 등이 누구의 의견인지를 스스로 밝혀야 한다. 고봉의 의혹은 수많은 情說 중 왜 하필 사·칠 둘로만 대거호언해서 각발이라 하고 또 그 선악이 심 공부가 아닌 '순리·겸기 때문'이라 하는가에 있다.

11) 퇴계는 추만 「천명도」를 반대로 고쳤다. 추만은 『중용』 "천명의 중화"를 드러낸 도형인데 퇴계는 여기에 '맹자 사단'을 끌어와 중용 칠정과 "대설"로 만들어 오히려 "기발로 내쫓고"(하30·131) 만 것이다. 칠정의 유선악은 당연하나, 단 그 선은 사단과 다른 선일 수 없다. 퇴계는 그 유선악을 사단의 순선과 다른 "선악미정" 혹은 '잡선'이라 하고, 그 근원의 소종래를 겸기 혹은 '기의 발'로 여긴다. 그래서 결국 천명을 드러낼 「천명도」를 오히려 '사단 위주'로 바꾼 것이며, 이는 매우 불합리한 발상이다. 왜냐하면 주희 도통에 의하면 "중용에서 맹자의 선도 나왔기"(상96) 때문이다. 퇴계는 "이렇게 下語하면"이라 하지만 이 하어는 천명과 성선의 선을 그 근원에서부터 철저히 둘로 갈라서 사맹의 인류의 느낌의 소통 종지를 거부한 것이다.

12) 퇴계는 1558년 10월 성균관 대사성, 12월 공조참판으로 서울에 있었고, 고봉은 10월 문과에 합격하고 11월 광주에 내려간다. 퇴계의 첫 편지인 『奇先達前』에서 "어제(昨日) 찾아주어 만나고 싶던 소원을 이루었다. 내일(明日) 남행은 결정적인가?"(『고봉집』3책, 1쪽)로 보면 11월 쯤 만나고 이틀 뒤 남행한 것이다. 선달은 아직 직급이 없는 칭호이다. 본 1월 초5일("사우간서") 본제가 『奇正字宅』이므로 이즈음 비로소 승문원 부정자에 임명된 것이다. 퇴계는 본 편지(1559년 1월 5일)를 광주로 부치고 2월 도산에 내려간다. 이후 『고봉1서』는 서울에서, 「고봉2·3서」·「후설·총론」과 「퇴계1·2·[3]」서 등은 각각 광주와 도산에서 주고받은 글이다. 한편 고봉의 종형 기대항(1519~1564. 1519의 기묘사화로 죽은 작은아버지 기준의 아들)은 1557년 공조참의를 지내다가 58년 봄 춘천부사로 있었다.(『고봉집』1책, 340쪽)

고봉1서; 칠·사의 설을 리·기 두 편으로 가를 수는 없습니다[13]

(2) 子思曰, "喜怒哀樂之未發, 謂之中, 發而皆中節, 謂之和", 孟子曰, "惻隱之心, 仁之端也, 羞惡之心, 義之端也, 辭讓之心, 禮之端也, 是非之心, 智之端也." 此性情之說也, 而先儒 發明盡矣. [發明발명; 칠·사로 설해서 성정의 의미를 밝힘. 고봉의 최초 "칠·사 발명"(하153) 언급임.]

자사는 말하기를 "희노애락 미발을 中이라 이르고 발하여 모두 중절했음을 和라 이른 다"(고봉의 최초 "칠정 사단" 언급으로, 모두 공부로 논함. 호발의 발처를 찾아서는 안 됨)[14] 하고, 맹자는 말하기를 "측은지심은 인의 단서, 수오지심은 의의 단서, 사양지심은 예의 단서, 시비지 심은 지의 단서이다"(「공손추상」 '확충'으로, 「고자상」 '성선'이 아님. 본연의 '있음'을 설함)[15]고 합니다. 이것이 성·정에 관한 설이며 선유가 발명한 [칠정과 사단설] 모두입니다.(칠·사는 사맹의 언·론이며, 주희 해설도 여기를 벗어날 수 없음으로 먼저 단속한 것임)[16]

(3) 然竊嘗攷之, 子思之言, 所謂道其全者, 而孟子之論, 所謂剔撥出來者也. 蓋人心, 未

---

13) 『양선생사칠리기왕복서』 제목은 「高峯上退溪 四端七情說」이고, 『퇴계전서』는 「附奇明彦非四端七情分理氣辯」이며,(1책, 407쪽) 고봉이 직접 붙인 것은 아니다. 고봉은 '분리기'를 잘못으로 여기지 않는다. 고봉은 이곳 제목을 스스로 "子思曰云云"(상185)이라 한다. 역주자의 제목은 "자사왈, 맹자왈" "발어리·발어기" "리와 기로 쪼개짐"(상4) "대거호언"(상6) 등에 의거했다.

14) 『중용, 수장』. 사람은 누구나 '정'이 있는데 자사는 다만 "희노애락으로 이름"한 것이다. 자사는 심이 외물에 感하지 않았을 때를 '중덕', 외물과 합치한 감정을 '화덕'이라 한다. 이는 그 발처(리발·기발)를 논함이 아닌, 사람 본연의 느낌 전후에서 그 의미를 설했을 뿐이다. 중·화의 덕은 내가 공부로 이루어야 하며 따라서 모두 '공부론'이다. 단, 느낌은 모두 중절할 수 없으므로 "유불 선"이라 한 것이다. 자사는 미발에서 "愼獨" 공부라 하고 주희도 "事物未至의 愼獨工夫"(『문집』 권43, 「答林擇之」20, 1979쪽)라고 한다. 미발·이발은 "존양·성찰의 경" 공부이다.(『중용, 수장』) 주희는 "이발미발설"에서 "미발의 중은 본체가 스스로 그러하니 일부러 찾으려 해서는 안 되며, 단 이곳의 氣象을 敬으로 유지하면 이로부터 발한 것은 반드시 중절한다(未發之中, 本體自然不須 窮索, 但當此之時, 敬以持之, 使此氣象常存而不失, 則自此而發者, 其必中節矣)"(『주문공문집』 권67, 3268쪽)고 한다. 퇴계는 그 발 처에 대해 "리발·기발" 혹은 "리기호발"이라 하여 "알 수 있다"(상246)고 한다.

15) 『맹자, 공손추상』의 설이다. 이곳은 "확충하라(擴而充之)"로, 「고자상」 "성선"장이 아니다. 사람은 누구나 이러한 측은지심이 "있 으니(有)" 이를 "확충하면 족히 사해 인류의 옳음에 동참할 수 있다(苟能充之, 足以保四海)" 함이다. 이곳은 나의 측은지심을 성선 이라 함이 아니다. 사람 느낌을 성선의 불불선이라 하면 이는 외물과의 교류·소통을 끊음이 되고 만다. 이곳 확충장도 '공부'로 논했다. 주희 본주는 "확충하고 확충하지 못함은 나에게 달려 있다", "心은 性情을 統한다"이다. 주희는 "측은지심"의 '심'이라 한 이유에 대해 "맹자는 心上에서 심으로 말한 것이다(仁, 性也, 惻隱, 情也, 此是情上見得心)"(『주자어류』권5, 佐65, 226쪽)고 한다. 맹자는 심 공부로 논한 것이다. 반면 퇴계의 "사단의 발은 순선이므로 무불선"이라 함은 사람 느낌의 단서를 성선으로 여긴 것이 다. 하지만 맹자는 이런 마음이 "있다" 하지, 리의 발 혹은 성이라 함은 아니다.

16) 고봉이 최초 언급한 "칠정, 사단"이다. 토론의 맨 마지막 끝도 "칠정, 사단의 설은 각기 一義를 發明"(하153)한 것이라 한다. 아래 도 순서가 "자사, 맹자"(상3)이다. 고봉 자신의 논변은 '칠정 사단'이고, 다만 "사단, 칠정"이라 한 것은 퇴계에 대한 반박이기 때 문이다. 사람 느낌에 관한 선유의 설은 매우 많으며 이외 무수한 논의도 가능하다. 단 우리의 토론은 이 범위이므로 급히 먼저 "이것이 칠정 사단의 모두이다"로 단속한 것이다. 『어류』 "是理之發, 是氣之發"(상44)도 사맹 소지를 벗어날 수 없으며, '是'자가 해석의 뜻이다. 반면 퇴계는 "리기에 나아간"(상17) "리·기 호발"(상246)의 사실이라 하니 이는 사맹과 주희를 벗어난 것이다. 이 문제를 고봉은 지금 상상할 수 없다.

發則謂之性, 已發則謂之情, 而性則無不善, 情則有善惡, 此乃固然之理也. 但子思孟子, 所就以言之者不同, 故有四端七情之別耳, 非七情之外復有四端也. [攷之고지; 조사하다. 점검하다.(선유의 설을 考證·考察함이 아님) 言언; 자사의 말씀.(희노애락, 중·화 등 공자의 말씀을 인용한 말) 論론; 맹자의 인, 측은 등의 논술.(맹자는 정에 대해 '측은지심은 인지단'이라 논술한 것임. 누구나 있는 측은의 정으로 확충과 성선을 논증한 것임) 道도; 말하다. 이끌다.(導의 뜻) 全전; 모두. 다.(性, 中, 發, 和, 位育 등 모두를 포괄한 偏이 없는 '혼륜'의 정) 剔撥척발; 악을 빼고 선만 발라냄. 불선을 버리고 그 본연만 드러냄. 出來출래; 추려내다.(동사 뒤에 쓰여 동작이 완료되었거나 실현된 것을 나타냄) 固然고연; 확고한 모양. 所就以言之소취이언지; 사람 느낌에 나아가서의 설명. 정에 나아가 설명한 두 가지 방법.(言之는 '설명하다'의 뜻으로, 一情에 대한 사맹의 설명이 달라서 칠·사 異名이 있게 되었다는 것) 別별; 별칭.(소통의 느낌을 둘로 별칭한 것. 나눔(分)이 아님. 一性을 본연·기질로 別함과 같음. 별은 여럿이 가능함)]

　　그런데 제가 일찍이 점검[17]해 보니 자사의 말씀(言; 천명, 미발, 중화, 희노애락 등의 말씀. 아래 "맹자의 논" 이전임)은 이른바 '그 [정] 전체를 이끈 것'[18]이고, 맹자의 논(論; 인, 측은 등의 논술)은 이른바 '[정에서] 악을 제거하여 그 핵심만 추려낸 것'(도기전과 척발은 고봉의 신조어임)[19]이라 하겠습니다. 사람 마음에서, 未發은 성이라 이르고 已發은 정이라 이르며,[20] 성은 '무불선' 정은 '유선악'입니다.[21] 이는 고연한(확고한) 이치입니다.(사단은 무불선이 아님이 분명하다는 것)[22] 단, 자사와 맹자의 경우 '[사람 느낌에] 나아간 바에서의 그 설명(言之)한 것'(사람 감정에 대한 설명·목적이 달라서 그 異名도 있음)이 같지 않습니다.[23] 때문에 사단과 칠정이

---

17) "제가 일찍이 점검했다"고 함은 아래 "道其全"과 "剔撥出來"는 고봉 자신의 논이라 함이다. 이 '정'에 관한 두 용어는 선유의 인용문은 아니다. 아래 주희의 "맹자는 剔出하여 性의 本으로 言했다"(상86·10)의 척출은 정이 아닌 '성'이다.

18) 심은 감물의 정이 있고, 정은 선·악 없을 수 없다. 자사의 희노애락은 정 전체를 "渾淪言之"(상63·80)했다. '언지'는 자사의 설명이라 함이다. "전체를 이끈 것"이라 함은 감정의 미발, 이발, 선, 악, 화, 위육 등을 모두 포괄해서 '偏이 없이' 말씀한 것이라 함이다. "유선악"은 선악혼재가 아닌, 선도 악도 있다 함이다. 그 선이 곧 천명·중화의 리이다. "말씀(言)"은 "수장" 끝 "子思…入言" "子思引夫子之言"인 '공자의 말씀'까지 포함한다. "자사의 말씀"은 "맹자의 논" 이전이다.

19) 심은 감물이 있고, 감물이 둘이라면 소통은 불가하다. 느낌은 성 이외의 곳에서 따로 나오지 않는다. "측은지심"은 사람은 누구나 이러한 감정이 "있으므로" "확충해야 함을 알아야 한다(知皆擴而充之)"(「공손추상」6) 함이다. 그 '이름(名)'을 "측은"이라 한 것이다. "척발출래"는 정 중의 리·선만 뽑아 낸 것으로, 고봉의 신조어다. 주희는 성 본체를 "척출"(상10. 하185)이라 하고, 고봉은 정의 리·선을 "척발"(하189)이라 한 것이다. 이곳은 "四端之發"이 아닌 "四端之情"(상160)으로 맹자의 '목적'으로서의 정이다. 맹자는 정의 "擴而充之"(「공손추상」)와 성의 "性善"(「고자상」)의 2설로 논하여 '확충'과 '성선'을 논증한 것이다.

20) 심은 성과 정을 통합·통솔한다.(심통성정) "미발을 성"이라 한 것은 '감물 이전은 악이 없다' 함이다. 미발을 '中·靜'이 아닌 "성"이라 한 것은 "성이 발하여 정이 됨(性發爲情)"(하187)을 말하기 위함이다. "심에서, 미발의 성과 이발의 정"이라 한 것은 존양·성찰의 '심 공부'를 말함이다. "중·화"도 심 공부를 말함인데 그 소지는 "성·정의 덕"이다.(상94)

21) 성선은 '무불선'이라 칭한다. 정은 선·악이 있는 '유선·악'이다. 측은도 정이지만 단 맹자 소지는 "선의 척발"이다. 퇴계는 사단의 정을 "무불선"(상1)이라 하므로 이렇게 논박한 것이다.

22) 심은 미발은 성, 이발은 정이고, 성은 무불선, 정은 유선악이다. 이외의 심도 많지만 이렇게 간단히 언급한 이유는 성·정의 선 표현을 분명히 하기 위함이다. 미발은 정이 아니다. 이발도 성이 존재하나, 다만 정일뿐이다. 사람 감정을 성인 무불선이라 하거나 성선을 유선악이라 해서는 안 된다. 이는 "고연의 이치"이다. 반면 퇴계는 "사단의 정을 무불선"(상1)이라 하고 또 "성도 유선악"(상247)이라 한다. 고봉은 "在中은 天理로서의 性이지 情이 아니다. 未發은 오로지 理이다"(상111) 하고, 정명도도 "人生의 氣稟은 이치상 선악이 있다"(『정씨유서』권1, 56조, 『이정집』, 10쪽)고 한다.

23) 칠정 사단은 모두 一情인데, 그 일정에 대한 사·맹의 설명이 달라서 칠·사는 異名도 생겼다. 즉 "所就以言之者의 不同" 때

라는 별칭(別. 分이 아님)이 있을 뿐,24) [맹자도] 칠정(도통의 설임)의 밖에 다시 사단이 따로 있다고 했던 것은 결코 아닙니다.(칠포사가 아닌, 그 종지·목적이 서로 전혀 다름)25)

(4)今若以爲(퇴계집 謂) "四端, 發於理而無不善, 七情, 發於氣而有善惡", 則是理與氣, 判而爲兩物也, 是七情不出於性, 而四端不乘於氣也. 此語意之不能無病, 而後學之不能無疑也. [發於理발어리; 리에서 발함.(성은 리이므로 리발이라 한 것임. 본성·기품은 일성이므로 別은 가하나 離는 불가함. 본연지성은 발할 수 없는데 說일 뿐 實이 아니기 때문임) 發於氣발어기; 기에서 발함.(기질지성은 기가 아니며, 기질지성의 설이 발한다 할 수 없음) 判판; 분리되다. 헤어지다.]

그런데도 지금(퇴계의 앞 설)과 같이 "사단은 리에서 발하므로 무불선이고, 칠정은 기에서 발하므로 유선악이다"26)고 하신다면 그렇다면 사·칠은 리와 기로 각자 헤어져서 兩物이 되며,(리·기는 양 물이나, 두 정설 및 성설은 不離임)27) 그래서 칠정은 성에서 나오지 않게 되고 사단도 기를 탐이 없게 됩니다.(퇴계는 각자 리·기의 발이라 함인데, 이는 2설의 근원을 대립의 리·기 구조로 상정한 것임)28) 이렇게 語意에서 병통이 없지 않다면 후학 또한 의혹이 없을 수 없을 것입니다.(고봉은 지금 퇴계가 사맹 본설이 아닌, 리·기 발처로 논함을 전혀 상상하지 못함)29)

문에 "희노"와 "측은"이라는 다른 명칭의 說도 세워진 것이다. 이렇게 둘의 異名이 있는 이유는 사맹의 목적이 부동하기 때문이다. 자사는 "천명과 중화"를 위해 "희노애락"으로 말했고, 맹자는 "확충과 성선"을 위해 "측은·수오"로 논했다. 이는 사람 느낌에 대한 사·맹의 설명이 다를 뿐이다. 정은 무한히 논할 수 있다. 가령 「정심장」 "분치·공구"는 미발의 심에 "두어서는 안 됨"(상123)의 정이다. 반면 퇴계는 "리기 호발"(상246)로 사·칠이 '出'한다고 한다. 고봉의 "就"는 느낌에 나아감의 "就情"(상147·170. 하146)인데, 퇴계는 "就理氣"(상34·35·37)이다. 용어와 의미에서 완전히 어긋난 것이다.

24) 정에 대한 칠·사라는 異名의 "別" 이유는 사람 느낌에 관한 사맹의 설명(言之)이 다르기 때문이다. 칠·사는 사람 느낌을 각자 別稱한 것으로, 一情을 둘로 나눈(分) 것은 아니다. 고봉은 리·기는 "分",(상70·89·90) 칠·사 및 본성·기질성은 "別"(상10·79·82)이라 한다. 반면 퇴계는 "리·기의 分"(상17·254)은 "사·칠의 分"(상21)과 같다고 주장한다.

25) "희노애락"은 정 전체를 이끌어 설명한 것이다. 자사의 정 범위는 미발, 중, 발, 중절, 화, 화육 등이다. 사단지심도 정이지만 자사와 소지가 다를 뿐이다. 칠·사 2설은 종지가 전혀 다르므로 "하나의 설로 합해서는 안 된다."(하53) 칠정에 사단이 포함된다(칠포사)고 할 수는 없다. 자사의 "천명·중화"와 맹자의 "확충·성선"은 전혀 다른 설이다.(상148)

26) 이 설에 대해 "대승이 일찍이 「천명도」에서 보았는데, 지금 재검해보니 단지 '사단발어리, 칠정발어기' 두 구절만 있고 '무불선, 유선악'의 말은 없다"(상188)고 하면서 이 설의 존부를 물었으나 퇴계는 답하지 않는다. 이 설이 없으면 "순선, 겸기"(상14·1)도 나올 수 없기 때문이다. 고봉은 발어기, 유선악 등을 잘못으로 여기지 않는다. 문제는 도통의 두 설이 하나는 리에서, 하나는 기에서 발할 수는 없다는 점이다. 또 칠사가 결코 리·기 대설이거나, 그 무불선(성)과 유선악 역시 對擧일 수 없다는 점이다.

27) 각자 '발어리' '발어기'라 하면 칠사는 리·기 兩物로 갈라지고 만다. 리·기가 양물임은 당연하다.(상88) 다만 지금 토론은 정이다. 칠·사는 수많은 정설 중의 2설일 뿐이고, 본성·기품 역시 수많은 성설 중의 2설일 뿐이다. 따라서 이를 각각 리·기라 하면 두 설은 갈라지고 만다. 사맹이 인류 소통의 감정을 서로 갈라서 설했을 리 없다. 주희는 "맹자 성설과 이천 성설은 不可離"(상86)라고 한다. 성 혹은 선이 둘이라면 사맹은 느낌의 소통을 불가능으로 논설함이 되기 때문이다. 더 큰 문제는, 퇴계는 "리기 호발"로 사칠이 나온다 한 점인데, 이는 사맹과 정주의 본설을 논함이 아닌 퇴계 자신의 새로운 '리·기 대립'의 설이다.

28) 자사와 맹자도 리발·기발로 선언할 수는 있다. 칠·사는 단지 사람 본연의 느낌에 대한 두 '설'에 불과하다. 사맹은 단지 자신의 공부로 논했을 뿐이다. 만약 사단만 "발어리"라 하면 심의 감물이 없게 되고 또 칠정을 "발어기"라 하면 성의 출구가 막히게 된다. 고봉의 "사단도 기를 탄다"(상111·112)고 함은 심의 '감물'이다. 리발·기발이라 하면 자사와 맹자는 도통으로 만날 수 없으며, 그 2설은 소통이 아닌 본질적으로 서로 싸우는 관계가 되고 만다.

29) "語意의 병통"이라 함은 사단을 "무불선"이라 하면 나의 느낌이 성이 되며, 칠정을 "발어기"라 하면 천명의 중화는 氣出이 되어

(5)若又以 "四端之發, 純理故無不善, 七情之發, 兼氣故有善惡"者而改之, 則雖似稍勝於 '前說', 而愚意亦恐未安. 盖性之乍發, 氣不用事, 本然之善得以直遂者, 正孟子所謂 '四端者'也. 此固 "純", 是天理所發, 然非能出於七情之外也, 乃七情中, "發而中節"者 之苗脉也. [似稍勝사초승; 조금 나은 듯하다. 乍發사발; 막 발하다. 用事용사; 기가 일을 내다.(리가 기를 통해 발함에 기의 방애로 리발을 막는 것. 가령 欲動情勝(「정심장」)과 같음) 善得선득; 성선의 상황. 정에서 성선이 드러나 획득된 정도. 본연의 성이 정에서 繼之한 상태. 直遂者직수자; 직접 성취하여 이룬 것. 발현하여 성선을 완전하게 이룬 것. 中節중절; 외부의 일과 딱 들어맞다. 나의 정과 사물 본연의 리가 딱 들어맞음. 苗脈묘맥; 성과 정의 같은 맥락. 같은 성의 싹과 줄기.]

만약 또 "사단으로의 발은 純理이기 때문에 무불선, 칠정으로의 발은 兼氣이기 때문에 유선악"[30]이라는 것으로 고치신다면 비록 '앞의 설'(앞 퇴계의 발어리)보다는 조금 나은듯하나 그러나 저의 생각에는 여전히 또한 안정되지 못합니다.(전설과 똑같이 발을 둘로 가름)[31] 성이 막 발함에 기의 가림이(미발에 감정을 먼저 두는 것) 없고[32] [성선] 본연의 선을 [정에서] 직접 완수한 것,[33] 이것이 바로 맹자의 이른바 '사단이라는 것'입니다.[34] 이 [사단의 정]은 진실로 "순수"(리가 아닌 정선이 순수하다는 것임)하며[35] 이는 바로 천리의 발현한 것입니다.[36] 그렇지만 칠정의 밖으로 나가서 따로 존재하는 것은 아닙니다.(나가면 사단은 도통이 성립되지 못함)[37] 결국 칠정 중의 "발하여 중절한 것"

중용 소통 논의는 불가함이 된다 함이다. 발어리, 발어기로의 '해석'은 잘못은 아니다. 문제는 퇴계는 사맹 본설인 칠사 2설을 대설로 여기며, 더 큰 문제는 사맹 본설을 해석하지 않고 리발ㆍ기발의 발처로 말한다는 점이다. 이는 어의 문제가 아니다. 고봉은 지금 퇴계의 논변이 사맹 본설 위에 있을 줄은 전혀 상상하지 못한다.

30) 앞 "사단, 발어리이무불선, 칠정, 발어기이유선악"(상4)을 지금 "순리, 겸기"로 고친 것을 말한다. 고친 이유는 발어리ㆍ발어기는 "分別이 지나치게 심하기"(상14) 때문이다. 하지만 리발ㆍ기발, 순리ㆍ겸기 해석은 문제가 없다. 문제는 사단의 리발이 칠정의 발과 다른가? 사단의 선이 천명의 선과 다른가? 사실이 리ㆍ기 대설인가? 그 선은 리발ㆍ기발의 다른 선인가? 퇴계는 "리ㆍ기의 근원(소종래)부터 다르다"(상274)고 주장한다.

31) "전설"은 "발어리, 발어기"이고 지금은 "순리, 겸기"이다. 이에 고봉은 위 전설과 똑같은 이유로 미안이라 한다. 천명ㆍ중화도 리발이기 때문이다. 퇴계는 여전히 "사단지발, 칠정지발" 둘로 정의 발처를 갈랐다. 또 유선악을 "겸기 때문"이라 함은 '자신의 공부'가 빠진 것이다.

32) "기의 가림이 없다" 함은 느낌 전 미발에 '먼저' 정을 두지 않음을 말한다. 『중용』은 이를 "신독"이라 하고, 『대학, 정심장』에서는 "하나라도 두어서는 안 된다.(상123) 두면 욕구가 動하여 이 情이 심의 느낌을 이기게 된다(欲動情勝)"고 한다. 외물에 느끼는 즈음, 이때 어떤 정도 두어서는 안 되며, 먼저 두면 이 정이 소통을 막게 된다.

33) "본연의 선을 직접 완수한 것"이라 함은 미발의 성이 이발인 정으로 발해서 그대로 완수된 것을 말한다. 즉 칠정의 중절자와 달도의 화이다. 이 정으로 "성선"을 논증할 수 있고, "천지ㆍ만물을 位ㆍ育"(『중용, 수장』)할 수 있다.

34) 맹자 "사단"의 정은 성이 외부로 '드러난' 것이다. 맹자는 이를 "확충하라" 하고, 또 "이 정으로 성선" 논증이 가능하다고 한다. 맹자는 사람 본연의 정을 이렇게 논설했을 뿐, 칠정과 다른 리발의 정만 따로 논한 것은 아니다.

35) 퇴계는 사단을 "純理"의 발이므로 순선이라 한다. 그러나 고봉은 반대로 논한다. 사단이 순리의 발임은 지당하나, 칠정 역시 순리의 발이다. 단 맹자는 "사람은 누구나 이러한 정이 있다" 하고, 또 '그 정의 선함'으로 "성선"을 논증했다. 고봉은 사단설에 대해 "맹자는 척발해 낸 것",(상3) 성선설에 대해 "맹자는 선 일변을 척출 지시한 것"(상10)이라 한다. 사단설, 성선설 모두 사람 '본연의 느낌에 인'해서 그 순수의 '정'과 '선'을 지시한 것이다.

36) 사단을 "순리"라 함은 당연하다. 단 칠정 역시 "천명지성"의 발로서 그 선은 순리이며 사단과 동일한 一善이다. "이것(是)은 천리의 발한 바(所)"라 함은 사단은 이미 발현한 것이라 함이다. 때문에 "있으니 확충하라"고 한 것이다.

37) 정은 '실제'이며, 그 발은 성발이다. 이 실제에 대해 사단은, 그 정은 성발이며 순선이라 함으로 가리켜 '설명'했고, 칠정 역시 성

(화와 달도)³⁸⁾과는 같은 묘맥(천명과 성선은 같은 묘맥임. 천하 묘맥이 같아서 인류는 소통이 가능함)의 선인 것입니다.³⁹⁾

(6) 然則以四端七情, 對擧互言, 而謂之 "純理·兼氣", 可乎? 論人心道心, 則或可如此說, 若四端七情, 則恐不得如此說. 蓋七情, 不可專以人心觀也. [對擧대거; 둘만 상대시켜 거론함. 互言호언; 상대로 들어 둘만으로 말함.]

그런데도 사단과 칠정을 [단지 둘로만 들어] '대거하고 호언'⁴⁰⁾해서 "순리이다", "겸기이다"(둘로만 대거 호언한 것이 문제라는 것)고 하면 가능하다 하겠습니까?⁴¹⁾ 인심과 도심으로 논한다면 혹 이같이 설할 수도 있겠지만,(인심·도심은 둘만으로 대거 호언한 것임)⁴²⁾ 사단과 칠정을 이같이 설할 수는 없습니다.(정은 2설 외 수많은 설이 있음)⁴³⁾ 그것은 칠정을 오로지 인심으로만 볼 수 없기 때문입니다.(칠정은 천명, 중화, 달도가 있음)⁴⁴⁾

(7) 夫理, 氣之主宰也, 氣, 理之材料也. 二者固有分矣. 而其 "在事物也, 則固混淪而不可

발의 선인데 다만 선도 악도 있음을 가리켜 '설명'했을 뿐이다. 자사의 천명·중화와 맹자의 확충·성선은 모두 사람 감정이며, 같은 一善·一理이다. 하나의 선이라 해도 그 종지는 서로 전혀 다르다. 종지는 다르지만 하나의 소통으로의 一善이므로 고봉은 "칠정 밖으로 따로 나가지 않는다"고 한 것이다. 밖으로 나가면 자사와 맹자는 도통은 성립되지 못한다.

38) "희노애락 미발은 중"이며, "발해서 모두 중절한 것은 화(發而皆中節, 謂之和)"이다. 따라서 중절한 것은 천명의 중에서 나온 것으로, 리이며 선이다. 자사는 미발의 "중은 천하의 대본이고, 화는 천하의 달도이다"고 한다.(모두 『중용, 수장』)

39) 칠정 미발은 천하의 대본이고, 그 중절자의 화는 천하의 달도이다. 만약 천하의 대본과 "천하의 달도"가 사단의 "사해의 확충"과 다르다면 인류는 소통·교류의 불가가 되고 만다. "묘맥이 같다" 함은 같은 교류의 성정이기 때문이다. 천하 인류는 성정으로 소통한다 함이 사맹의 2설이다. 단 소지 및 종지가 서로 다를 뿐이다.

40) 정은 둘만 있지 않고, 또 둘로만 논해서도 안 된다. 이외에도 수많은 설이 있고, 이외 수많은 새로운 정으로 논할 수 있다. 칠사는 그 설의 목적이 서로 전혀 다르며, 더욱이 상대적 대설일 수도 없다. 퇴계는 "사단이 리이므로 칠정이 기"(상274)라고 하지만, 사맹 본설을 이렇게 둘로만 나란히 들어 상대적으로 호언해서는 안 된다. 퇴계는 사·칠 둘만 들고 아를 리·기로 "대거 호언"한 것이다.

41) 고봉의 지적은 고친 "순리, 겸기"에 있지 않다는 것이다. 사칠을 순리, 겸기로 해석함은 아무 문제가 없다. 고봉도 사단은 리, 칠정은 겸기이기다. 문제는 사칠을 "대거 호언"해서 마치 순리와 겸기의 '선(리)'을 각자 다르게 나눈 곳'에 있다는 것이다. 칠정을 '기'라 해도 문제는 없다. 발현한 정이기 때문이다. 사맹은 결코 칠사를 대거 호언으로 언론하지 않았다.

42) 『서경』 "人心惟危, 道心惟微"는 지각의 심을 둘로 대거해 말한 것으로, 대거 호언이다. 『서경』은 인심·도심 둘만 말했다. 주희는 「중용장구서」에서 "인심 도심의 다름이 있음은, 혹은 形氣의 私에서 生하고 혹은 性命의 正에 근원(原)하는데 이는 知覺者가 不同하기 때문이다"고 한다. 주희도 인심·도심을 형기와 성명으로 대거 호언했다. 주희는 인심·도심에 대해 "天理의 公됨이 끝내 人欲의 私를 이길 수 없게 된다", "반드시 도심으로 하여금 一身의 主가 되도록 하고 인심으로 하여금 매양 聽命하도록 해야 한다"(「중용장구서」)고 하여 이 둘을 공적 도덕심과 개인의 사심 둘로 대거해 구분했다. 하지만 사단은 '이발'이고 칠정은 '미발 대본'이 있으므로 대거할 수는 없다.

43) 자사는 미발의 중과 중절의 화를 칠정을 통해 말했고, 맹자는 성선과 확충을 사단으로 논했다. 칠사는 그 소지·목적이 전혀 다르며, 상대적 의미도 없다. 一情은 이외 수많은 설이 있고 때문에 칠사를 대거 호언할 수는 없다. 인심은 '지각설'이지만, 칠정은 "미발 중덕"의 '공부설'이 그 종지이다.

44) 주희는 사단을 도심으로 여길 수 있다고 한다. "飢渴 寒暖을 아는 것이 인심이고, 惻隱 羞惡는 도심이다."(『어류』권78, 義剛197, 2666쪽) 측은지심을 천리의 公心인 도심으로 말할 수도 있다. 주희는 「중용장구서」에서 "반드시 도심으로 하여금 一身의 主를 삼게 하고 또 인심으로 하여금 매양 도심의 명령을 듣게(聽命) 해야 한다"고 한다. 하지만 이것을 사칠에 대입해 '칠정으로 하여금 사단의 명령을 듣게 해야 한다'고 함은 불가하다. 왜냐하면 "천명, 대본, 중화, 달도"는 사단과 동일한 선이며 묘맥이 성선과 같기 때문이다.

分開." [主宰주재; 기를 주재함. 材料재료; 리를 구성하는 자재. 混淪혼륜; 리기가 합체를 이룬 物.(渾淪을 고봉이 바꾼 것임) 分開분개; 나누어 열다.(開는 分을 강조한 것. 리·기는 分, 본성·기품은 別임)]

리는 기의 주재이고 기는 리의 재료입니다.[45] 이 둘은 진실로 分이 있습니다.(리·기는 반드시 分임)[46] 그러나 "사물(마음)에 있을 때의 [二物은] 진실로 혼륜하므로 分開(別의 뜻이 아님)할 수 없습니다."(주희)[47]

(8) 但, "理弱氣强", "理無朕而氣有跡", 故其流行發見之際, 不能無過不及之差. 此所以 "七情之發", 或善或惡, 而性之本體, 或有所不能全也. [無朕무짐; 짐작할 수 없음. 漠然함.(상139) 정의·계탁·조작에도 泰然自若함. 發見발현; 발하여 드러남.(발은 리발이고, 현은 나타난 리의 정을 가리킴) 無過不及무과불급; 지나치거나 미치지 못함이 없음. 외물과 나의 정이 중절로 딱 들어맞음.(이발의 중인 '時中'을 말함) 性之本體성지본체; 본래 그러한 성의 온전한 전체.(미발·이발과 체·용을 포괄한 성 본연의 전체)]

단, [리의 발처에서 보면(위는 物上에서 본 것임)][48] "리는 약한데 기는 강하고"(주희)[49] "리는 짐작할 수 없는데 기는 자취가 있는"(주희)[50] 까닭에 [리가 기를 통해] 그 유행하고 발현할

---

45) 리는 실체의 자존자나, 형적·조짐이 없으므로 알기 어렵다. 반면 기는 질료·재료이며 그 질료로 리를 담을 수 있다. 『어류』 "리는 무정의·무계탁·무조작하다"(하21) 아래에서 "리는 단지 淨潔 空闊의 세계로서 形迹이 없으며 그것은 造作할 줄 모른다. 기는 능히 醞釀하고 凝聚하여 만물이 生한다. 다만 이 기가 있으면 리는 곧바로 그 가운데 있을 뿐이다"(권1, 佩13, 116쪽)이 이를 말한다. 또 주희는 '심이 主宰하는가'라는 질문에 "심은 진실로 主宰의 뜻이다. 그렇지만 '주재자는 곧 리이다. 그러나 心 외에 별도로 理가 있거나 理 외에 별도로 心이 있는 것은 아니다"(권1, 蘷孫17, 117쪽)고 한다. 즉 리는 기를 주재한다. 기는 리를 담는 그릇일 뿐이기 때문이다. "심통성정"에서 '성정을 통어한다'고 할 때의 심은 공부 측면이다. 공부가 아니면 성정도 알 수가 없다.

46) 심, 성, 정에서의 리기는 분리될 수 없다. 심과 정은 모두 겸리기이고, 성은 기질이 아니면 의착하지 못한다. 하지만 리·기는 각각 分이다. 고봉은 "주자왈, '만물을 낳게 하는 것은 理이며, 그 生物者는 氣와 質이다'고 하는데, 이때 리·기를 分하면 진실로 一物이 스스로 一物 됨에 해롭지 않다"(상88)고 한다. 리·기는 分으로서 각자 二物이다.

47) 주희의 "이른바 리와 기는 결단코 二物이다. 다만 物上에서 보면 二物이 혼륜하니 각자 一處로 分開해서는 안 된다. 그러나 이때에도 二物이 각자 一物 됨에 해롭지 않다.(所謂理與氣, 此決是二物. 但在物上看, 則二物渾淪, 不可分開各在一處, 然不害二物之各爲一物也)"(『문집』 권46, 「答劉叔文」1, 2146쪽)를 인용했는데 고봉은 혼륜 앞의 '二物을 생략하고 또 '混淪'으로 바꿨다. 주희는 '物上'에서 리기합체를 논했으므로 고봉은 淪이 아닌 混淪이라 한 듯하다. 고봉의 뒤 "리기는 在物에는 混淪이나, 리·기는 각자 一物이다"(하45)로 볼 때 의도적으로 混淪으로 바꾼 것이다. 주희는 위 답유숙문 뒷줄에서 '理上에서' 다음과 같이 말한다. "만약 理上에서 본다면 物이 있지 않아도 이미 物의 理는 있다. 이때는 단지 리만 있을 뿐 物은 있지 않다." 즉 리·기는 결단코 二物이나, 物에서는 각자 一處로 分開할 수 없다. 그러나 物上이라 해도 리·기는 二物이며, 리는 氣의 物이 없어도 스스로 자존한다. 고봉은 리·기는 '分', 성의 본성·기품은 '別'(별칭)이라 한다. 퇴계는 이 둘을 혼용한다.(상17·21·40·245·246) 주희는 "리는 一個의 渾淪, 人과 天地는 混合無間"(『어류』 권95, 端蒙97, 3208쪽)이라 하여 渾淪와 混淪를 구분한다.

48) 주희의 설을 요약해 보자. 1)리와 기는 반드시 二物이다. 2)物上에서는 리기 혼륜이다. 3)혼륜이라도 리·기는 각자 二物이다. 4)理上에서 보면 物이 없어도 理는 있다. 고봉은 여기서 다시 '리의 발처'에서의 리기를 논하고자 한다. '性發爲情'이므로 그 발은 리발이다. 단 그 발처에서 보면 리발은 乘氣로 인하므로 기의 영향이 없을 수 없다.

49) 리기 관계가 리약기강이라 함이 아니다. 리는 기에 가린다 해도 스스로 자약으로 존재한다. 단, 리는 기를 타고 발하므로, 그 발의 즈음에서는 리약기강이다. 주희는 리약기강 이유를 다음과 같이 논한다. "기는 비록 리의 소생이지만 그러나 기왕 생출하고 나면 리는 관섭하지 못한다. 또 이 리가 기에 깃들어 있는 상태에서 그 일용간의 운용은 모두 이 기로 말미암으니, 따라서 단지 리약기강이라 할 뿐이다(氣, 雖是理之所生, 然旣生出, 則理管他不得. 如這理寓在氣了, 日用間運用, 都由這個氣, 只是氣强理弱)."(『어류』 권4, 時擧64, 200쪽) "氣强而理弱이니, 리는 管播할 수 없다. 마치 父子는 本是 一氣이고 子는 父의 所生이나, 父는 賢하고 子는 不肖라. 父는 관섭할 수 없다."(같은 곳)

50) 정이는 "沖漠無朕이나 萬象은 森然으로 이미 갖추었다"(『정씨유서』 권15, 78조, 153쪽)고 하는데 이는 미발에도 리는 이미 삼연히

즈음에는 과불급의 차오가 없을 수 없을 뿐입니다.(심의 느낌은 과불급이 없을 수 없음. 공부가 중요함)[51] 이것이 곧 "칠정의 발"(퇴계의 설)에 선 혹은 악이 있게 된 이유이며,[52] 그리고 성 본연의 체(체용의 전체)도 [그 과불급으로 인해] 혹 온전하지 못할 경우가 있는 이유입니다.[53]

(9)然其善者, 乃天命之本然, 惡者, 乃氣稟之過不及也, 則所謂四端七情者, 初非有二義也. [本然본연; 본래 그러한 모습.(성이 정에 있어도 본연의 모습 그대로임) 二義이의; 두 개의 옳음. 옳음이 둘.(선은 二意 이상으로 설할 수 있지만 '二義의 선'은 아님)]

그런데 그 [칠정의] '선'은 천명 본연의 모습인데,(이 선이 천지를 창조적으로 화육함)[54] 단 [칠정의] '악'은 기품의 과불급에 의해 [천명 본연이 가려졌기] 때문입니다.[55] 따라서 이른바 사단과 칠정은 애초 '둘의 옳음(二義)'(천하의 선이 둘일 수는 없음)으로 있지 않습니다.[56]

(무성히) 갖추고 있다 함이다. 주희의 "그 미묘로부터 보면 리는 충막 무짐하나, 동정·음양의 리는 이미 모두 그 가운데 갖추었다(自其微者而觀之, 則冲漠無胗, 而動情郡窪陽之理已悉具於其中矣)"(「태극도설해」, 78쪽)고 함은 미발의 리이다. 그런데 정이의 "지극히 미묘한 것은 리이고, 지극히 드러난 것은 상이다. 체와 용은 하나이고, 현과 미는 간극이 없다(至微者理也, 至著者象也, 體用一源, 顯微無間)"(『정씨문집』권8, 「易傳序」, 582쪽)고 할 때는 리 묘용을 象과 함께 논한다. "기는 자취가 있다"고 함은 곧 "기는 응결·조작이 있으나, 리는 정의·계탁·조작에도 변함이 없다(氣則能凝結造作, 理却無情意, 無計度, 無造作)"(『어류』권1, 儞13, 116쪽. 하121)의 기의 조작을 말한다. 리는 기의 응결·조작에 변함이 없다. 결국 리의 무짐은 用인 象으로 드러나는데, 리는 드러난다 해서 변질이 생기는 것은 아니다. 다만 발현 즈음은 조작의 기를 타야 하므로 여기서 과불급의 차오가 생긴다. 주희는 "理無胗"의 짐을 '形자로 말하기도 한다. "理無形 氣有象." "理無形, 氣有象, 太極無形."(『문집』권56, 「答鄭子上」14, 2686쪽) "若理, 則只是個淨潔空闊底世界, 無形迹, 他却不會造作."(『어류』권1, 儞13, 116쪽) "理無形 而氣却有迹."(『어류』권5, 賀孫20, 218쪽) "心意猶有痕跡, 如性則全無兆胗."(같은 곳, 砥83, 231쪽) 形이 있으면 변질이 생긴다. 그러나 형의 변질에도 리는 변함없는 자약이다.

51) 發見의 발은 리발이고 현은 리가 情으로 나타난 것이다. "유행하고 발현할 즈음"은 리가 기를 타고 발현해서 정으로 나타나는 즈음이다. 發이 아닌 '發見'이라 한 것은 리의 유행은 기를 타야하고, 따라서 이미 기를 타면 그것은 기왕의 발현한 정이기 때문이다. 정에 과불급이 생기는 것은 리 발현 즈음은 '심의 느낌(心感)'인 승기를 통하기 때문이다. 心感이므로 심 공부가 중요하다.

52) 퇴계는 "七情之發은 겸기 때문에 유선악"이라 했는데, 이는 고봉의 '겸기 유선악'과 다르지 않은듯하나 내용은 전혀 다르다. 퇴계는 '발처'지만, 고봉은 칠정을 '해석'한 것이기 때문이다. 선악은 심이 외물에 느끼는 즈음 공부에서 바뀐다. 기왕 선악이 있음은 칠정이고, 때문에 "칠정지발"은 七情之發見이라 해야 한다. 왜냐하면 "사단지발도 불중절"(상170)이 없을 수 없기 때문이다. 다시 말해 정 혹은 칠정이 유선악이지, '칠정의 발'만 유선악이 있다고 해서는 안 된다. 그런데도 퇴계의 "칠정지발"을 인용한 것은 그 당연함을 말하기 위함이다.

53) 과불급의 차오 때문에 성 본연의 전체도 가릴 수가 있다. 성선은 미발·이발에도 자약이므로 情(氣)에서 성선 논증이 가능하다. 맹자 "성선"은 미발의 본체로, 이 미발 본체를 이발의 작용으로 논증한 것이다. 성은 미발 본체만 논하면 이발 작용의 측면이 빠진 치우침이다. 이발까지 포함해야 온전하다. 이곳 "性之本體"는 미발·이발 및 체용을 포괄한 온전한 본연의 '전체'이다. "과불급 때문에 온전하지 못할 경우"라 함은 '이발의 성'에서 과불급이 생겨 그 성의 온전도 가릴 수 있다 함이다. 단, 가린다고 해서 그 본연이 변질되는 것은 아니다.

54) 칠정의 "유선악"은 선악의 미정·혼재가 아닌 유선·유악의 뜻이다. 이 칠정의 선은 성선과 동일한 천명지성의 본연이다. 때문에 자사는 그 선으로 "천지만물을 位育(化育)한다"고 한 것이다. 맹자도 이 선으로 성선을 논증했고 그 名을 '측은'이라 했다.

55) 칠정의 악은 기품의 과불급 때문이다. 성은 기의 영향을 받아도 자약이나 다만 기품의 가림을 받지 않을 수 없다. 그렇지만 악에도 성은 자존한다. 정자는 "악 역시 不可不 性이라 이른다"(『정씨유서』권1, 56, 10쪽)고 하는데 이는 악에도 性體는 자약이기 때문이다. 그 악은 "겸기 때문"(퇴계)이 아닌, 나의 공부로 인한다. 정자는 "성은 무불선이다. 그 치우치고 가린 것은 氣稟淸濁의 不齊로 말미암은 것이다"(『정씨수어』권2, 「심성편」42, 1256쪽)고 한다.

56) 성은 선이고, 정은 성발이며, 성·정은 단지 一善일 뿐이다. 일선이지만 여럿의 설이 가능하다. 사단의 선, 칠정의 선, 중절의 선, 정심의 선 등은 一情의 一善이나 그 가리킨 의미는 각자 다르다. 천명의 본연과 성선의 선은 성으로서의 무불선이다. 칠정의 화와 측은의 선은 동일의 일선이나 하나는 "달도" 하나는 "성선"을 가리킨다. 천하의 선은 "둘의 옳음(二義)"이 아닌, 하나의 선(一善)을 각자 다르게 가리킨 것뿐이다.

(10)近來學者, 不察孟子就善一邊, 剔出指示之意, 例以四端七情, 別而論之, 愚竊病焉.

[剔出척출; 발라내다. 정에서 선만 추려내다. 指示지시; 가리켜 제시하다. 지시하여 보여주다.(손가락으로 이 선이 바로 성선이라고 가리켜 제시함) 例례; 의례히. 관례적으로.]

근래 학자들[57]은 맹자가 [정에 있는] 선 일변에 나아가 "손가락으로 그 선만 추려내 가리켜"(척출. 주희의 '성선'을 가리킨 용어임)[58] ["성선"으로] 지시한 의미(종지)는 살피지 않은 채 의례히 사단과 칠정의 둘의 이름만으로 구별해서 논하니,(학자들은 사실 종지가 아닌 단순히 두 이름만 들고 리·기 둘로 나눔)[59] 저는 이것을 가만히 병통으로 여겼습니다.(지금 고봉의 상상 불가는 퇴계의 경우 '리·기의 발로 사·칠이 나온다' 한다는 점임)[60]

(11)朱子曰, "喜怒哀樂, 情也, 其未發, 則性也", 及論性情之際, 則每每以四德四端言之. 蓋恐人之不曉, 而以氣言性也, [性情之際성정지제; 성과 정의 바름으로 논하는 즈음. 성발의 성으로 정을 논하는 즈음.(정의 불선은 성으로 논급할 수 없다는 것) 及論급론; 논급하다.(상82) 每每매매; 항상. 언제나.]

주자는 말하기를 "희노애락은 정이고 그 미발은 성이다"(칠정의 선과 미발의 선은 같다는 것)[61]고 합니다. 그렇기 때문에 맹자와 주자는 성정의 즈음을 논급할 때마다 매번 4덕과 4단을 나란히 들어서 설명(言之)하는데,(퇴계와 같이 사단만 논하면 사단은 기가 된다는 것임)[62] 그

---

57) 사·칠 이름만의 둘만 묶어 리발·기발로 논하기 시작한 것은 권근의 『입학도설』부터이다. 권근은 사단을 "理之源", 칠정을 "氣之源"이라 하고 각각 "선"과 "악"으로 표시했다. 유숭조 역시 『대학강목잠』에서 "사단의 情은 理動氣挾이고, 칠정의 萌은 氣動理遁"라 한다. 문제는 리발·기발이 아니다. 고봉의 의혹은 사맹 종지가 있는 칠·사 본설을 왜 단지 리·기 둘의 대거로 分하며, 또 리발·기발의 出을 사·칠이라 하는가? 이점이다.

58) 주희의 "孟子是剔出而言性之本"(『어류』권4, 道夫48, 196쪽)을 인용했다.(상86. 하185) 즉 "성선설"은 성의 근본을 "척출"한 것이다. 맹자는 "그 정이라면 선으로 삼을 수 있다(其情, 則可以爲善矣)"(「고자상」)고 하는데 이는 "성의 용처로 성선의 본체를 논증"(상160)한 것이다. 단, 그 논증은 '형이상의 성선'일 뿐, 정을 논하고자 함이 아니다. 때문에 주희는 "性之本"이라 한 것이다. 고봉은 "성의 척출"은 성으로,(하185) "사단의 척발"(상3. 하189)은 정으로 구분한다.

59) 맹자가 사람 느낌에서 그 선 일변을 척출 지시한 것은 맹자의 목적이 있다. 맹자는 정으로 무엇을 논하려 하는가? 사람 느낌은 본연의 현상이다. 그 본연의 정에서 맹자는 "성선"(「고자상」)과 "확충해야 함"(「공손추상」)을 가리켜 설한 것이다. 학자들은 이점을 살피지 않고 의례히 사·칠 2名만을 들어 리·기로 나눈다. 매우 큰 문제는, 퇴계는 "리기에 나아가"(상34) 그 리·기의 호발을 사·칠이라 한다는 점이다.

60) 칠·사라는 설은 사맹의 "언·론"(상3)으로 세워졌다. 그럼에도 학자들은 이 둘의 이름만 들고 리·기 둘로 분속한다는 점이다. 맹자는 측은으로 "확충과 성선"을, 자사는 칠정으로 "천명의 중화"를 논설했다. 같은 정이며, 선이고, 리라 해도 사맹의 종지는 전혀 다르다. 그런데도 권근은 사칠 근원을 리·기라 하고, 유숭조도 사칠을 리동·기동이라 한다. 또 이 둘을 혼합해서 "칠포사" "기발리승일도"(율곡)라 하기도 한다. 고봉이 지금 상상하지 못하는 것은 퇴계는 "리·기 호발"로 사칠이 나온다고 한다는 점이다.

61) 『중용』 "喜怒哀樂之未發, 謂之中"(상2) 아래 주희 주석이다. 희노애락은 "미발의 성"이 "발"한 것이지만, 발해서 정이 되면 유선악이다. 자사는 희노애락을 偏이 없이 "全"(상3)으로 "渾論言之"(상63·80)했다. 정은 기이고 칠사도 기이다. 단 그 선은 성발이며 순선이다. 성이 둘, 선이 둘일 수 없다. 따라서 칠정의 선이 미발의 성과 같은 순선임을 논하기 위해 아래와 같이 맹자는 4단을 4덕과 나란히 든 것이다.

62) "성정의 즈음"은 성정의 '바름'으로 논할 때이다. 즈음은 바름으로 논해야 道에서 어긋나지 않는다. 만약 겸리기·유선악으로 논하면 성은 불선도 있게 되고 만다. 때문에 맹자는 성정의 즈음을 항상 4덕과 4단으로 나란히 언지한 것이다. 나란히 들지 않으면 그 4단은 기와 구별이 없게 되고 만다. 맹자가 "惻隱之心, 仁之端也"(「공손추상」6)의 '端'이라 한 것은 "그 정의 발로 인해서 성의 본연을 볼 수 있기"(주희주) 때문이고, "惻隱之心, 仁也"(「고자상」6)의 '仁'이라 한 것도 "용으로 그 본체를 드러냈기"(주희주) 때문이다. 맹자는 측은만 홀로 논하지 않고 항상 사덕과 나란히 들어서 측은이 곧 성의 본연이며 작용임을 논증했다. 그것은 "기로 성을 말할까

이유는 사람들이 [성과 기의 分을] 이해하지 못하고 오히려 '기로 성을 말할까' 염려했기 때문입니다.(4단은 기이므로 4덕과 함께 논해서 성이 기에 떨어짐을 방지한 것)[63]

(12)然學者須知, 理之不外於氣, 而氣之無過不及, 自然發見者, 乃理之本體然也. 而用其力焉, 則庶乎其不差矣. 己未三月. [須知수지; 당연히 알아야 할 것. 기본으로 알아야 함.(『童蒙須知』의 수지와 같음) 自然자연; 가손 없이 스스로 그러함. 스스로 그러한 본연의 모습.(성은 정에서도 자약임) 發見者발현자; 성이 발하여 정으로 드러난 것.(정은 성발이고, 見은 성이 정으로 드러난 것임) 本體然본체연; 본연 전체의 그러한 모습.(성 본연의 전체는 본래부터 그러한 모습임. 본체는 작용과 상대가 아닌, 작용에서도 그 본연 전체는 변함없음)]

그렇지만 학자들이 마땅히 알아야 할 것은,(리는 기에 있어야 한다는 것)[64] 리가 기를 벗어나지 않고 기의 과불급의 가림이 없이 [리] 스스로 그러한 모습으로 발현된 것,(리가 기에서 발현된 리 본연의 모습. 고봉의 '리도설'과 같음)[65] 이것은 결국 리 본연 전체의 그러한 모습이라는 점입니다.(중화의 덕은 칠정 공부로 가능함. 정주의 기질지성이 성선설보다 더 정밀한 이유임)[66] 성정을 논함에 있어 여기에 힘을 쓴다면 거의 착오가 없을 것입니다.[67] 1559년 3월.(1559년 8월 14일 별지임)[68]

염려" 때문이다. 주희는 "혼연의 성을 四破하면서 4단은 立하게 된 것"(상79)이라 한다. 4단이라는 '설'이 선 이유가 이것이다.

63) 맹자는 4단을 항상 4덕과 함께 거론하여 사단이 기에 빠짐을 막았는데, 이렇게 함께 든 이유는 "기로 성을 말할까 염려" 때문이다. 이는 성정의 실제가 아닌 '설'로서의 "언지"이다. 즉 사단은 '실제의 기'지만 이 기를 성으로 논하기 위해 사덕과 나란히 든 것이다. 반면 퇴계의 "사단지발"은 "실제의 성정"(상128)이며, 또 사단만 홀로 들었다. 사단만 홀로 들면 기가 되고 만다. 주희가 "기를 性命으로 삼을 수 없다(非以氣爲性命也)"(『문집』권56, 「答鄭子上」14, 2688쪽)고 한 것도 기와 리를 구분하기 위함이다.

64) 위 "성정의 즈음"은 기로 논할 수 없다 함이다. "미발은 성"이라 함은 성은 잡리가 아니라 함이고, "4덕과 4단으로 언지했다" 함은 사단만 말하면 기이기 때문이다. 이는 성・기 불잡으로 논한 것이다. 그런데 이곳은 '리는 기에 있어야 함'을 논함이다. 단, 성이 기를 타고 발현되지만 리 본연은 불변의 자약이다. 불변이므로 기에서 성 논증이 가능한 것이다.

65) "리는 기를 벗어나지 않는다"고 함은 심의 感物을 말함이다. 정은 감물이 있어야 하고, 그 감은 심의 일이다. 주희는 "感於物은 性之欲이고, 性之欲이 이른바 情이다"(상107)고 한다. 감물은 심의 교감이며, 감물로 발하는 것은 성의 욕구이다. 때문에 리의 발은 "기를 벗어나지 않는다." 乘氣(상112)로 기가 아닌 리가 발한다. "기의 과불급 없이"라 함은 기에서 과불급이 생기기 때문이다. 과불급이 없음은 기가 리발을 가리지 않음이다. "自然 發見者"는 리의 자연이 그대로 막힘없이 드러난 것이다. 이것이 성정의 본연이다. 리는 발현자가 되어도 스스로는 가손이 없으며, 어디에 있어도 자약 그대로이다. 이곳은 리용을 논한 것으로, 『통서』 "발미불가견"의 "리도설"과 같다.(하92)

66) "리 본연의 그러한 모습"은 리가 기에 있어도 그 모습 그대로 자약이라 함이다. "리가 기를 벗어나지 않고, 또 기의 과불급의 가림이 없음"이 곧 리 본연 '천체'의 모습이다. 『중용』 "천명의 성"과 "중・화"의 덕은 "희노애락"이라는 실제의 공부를 통해 가능하다. 공부가 없으면 그 덕은 이룰 수 없다. 단 천명・중화는 스스로의 리일 뿐, 기에 섞이지 않는다. 주희가 '태극'에 대해 "이것이 성본연의 전체 모습이다(是性之本體然也)"(「태극도설해」, 73쪽)의 '전체'라 한 것은 '태극이 오행・음양에 있어도 자약'임을 포괄해야 하기 때문이다. 칠정의 과불급 없음이 곧 리의 작용이다. "須知(마땅히 기본으로 알아야 함)"해야 할 것은 성은 '기에서 논해야 비로소 온전한 전체의 성론이 된다는 점이다. '정・장의 기질지성이 맹자 성선설보다 더 정밀하다(爲密)"(「고자상」6)고 한 이유이다.

67) 퇴계의 "사단, 발어리이무불선, 칠정, 발어기이유선악"(상4)과 "사단지발, 순리고무불선, 칠정지발, 겸기고유선악"(상1・5)의 설이 "착오(差)"인 이유는 사칠을 리・기 대설의 2發로 여기고, 그 리의 선을 2善으로 여긴 점이다. 정은 성발이고, 칠사는 정에 대한 두 '설'이다. 다만, 맹자가 4덕・4단을 나란히 든 것은 "기로 성을 말할까 염려 때문"(상11)이다. 요점은 리・기가 不雜해 해도 리는 반드시 기에 있어야 한다는 점이다. 그것은 리가 기에 있음에 그 기의 과불급 없음이 곧 리 본연의 모습이기 때문이다. 이점을 가장 기본으로 숙지해야 한다. 반면 퇴계는 칠정의 천명・중화의 선을 사단의 선과 상대로 여겨 순선으로 여기지 않는다. 이로써 사맹 본지인 교류의 소통은 불가함이 되었고, 주희의 도통 계보도 어긋나고 만 것이다.

68) 칠사 논변인 '별지'는 날짜를 적지 않았다. 본지에 있기 때문이다. 이 "1559년 3월" 기록은 『四七理氣往復書』 편자가 붙인 것으로, 『양선생왕복서』로 보면 정확한 날짜는 "기미(1559) 3월 초5일"(3쪽)이다. 여기서 고봉은 "愚見을 述하여 左右께 求正하고자

3

퇴계1서; 각자 리발·기발로 사·칠이 나옵니다[69)]

(13)性情之辯(자성록 辨) 先儒發明詳矣. 惟四端七情之云, 但俱謂之 "情", 而未見有以 理氣分說者焉. (右第一節) [辯변; 논변하다. 토론하다. 辨변; 판별하다. 분변하다. 나누다.(칠·사 해석은 辯이고, 성·정의 分은 辨임) 發明발명; 그 의미를 드러내 밝히다.(고봉은 사맹이 '칠사로 성정의 의미를 발명했다 하고, 퇴계는 정주가 성·정을 발명했다고 함) 俱구; 모두. 다.]

성·정에 관한 논변은 선유(고봉은 사·맹, 퇴계는 정·주)의 발명이 상세합니다.[70)] 그렇지만 [사맹의] 사단과 칠정에 대해 [정주는] 단지 모두 "정이다"고만 했을 뿐,(정주의 '정이다' 주석은 사맹 종지를 밝히기 위함이며, 정주는 '단지'라 하지 않음)[71)] 리·기로의 분설(분설은 정주가 아닌 사맹임)이 있는 것은 보지 못했습니다.(선초부터 거의 모두 리·기로 분설함)[72)] (여기까지 1절)[73)]

했으나 紛忙中에 長在했으므로 再審할 겨를이 없었습니다. 또 우려한 것은 書에 筆之하면 쉽게 差謬가 날까하여 不敢했습니다",(3쪽) "단지 인편에 '謝狀만' 올렸는데, 軒車가 이미 남으로 향하여 편지가 그냥 되돌아 왔습니다"(8월 14일. 4쪽)로 보면 3월 5일은 아직 「고봉1서」를 쓰지 않았다. 고봉은 "4월 초"(4쪽) 서울에 왔다. "1559년 8월 14일" 편지에 "春時 左右께 未達한 鄙柬(간단한 편지. 3월 5일자)의 것과 아울러 '別紙에 錄在한 性情說'을 附上(함께 동봉)합니다"(5쪽)와 다음날 "8월 望(15)일"의 "감히 開口하여 性情의 理를 論했으니 不韙之罪(옳지 못한 죄)를 犯했다고 할 것입니다"(5쪽) 및 "감히 疏說로 先生께 求正하오니, 엎드려 先生의 敎之가 있으시기를 바랍니다"(6쪽)로 보면, 본 「고봉1서」는 '1559년 8월 14일의 별지'이다. 이때 총 4통을 보냈고, 퇴계는 "9월 10일 경"(7쪽) 받았다. 『사칠왕복서』 편자는 퇴계가 언급한 "8월 望間의 兩書(14·15일 양서) 및 追寄(되돌아온 것을 다시 보냄)의 3월 초5일 答書와, 아울러 저술한 바의 설 1篇(고봉1서)을 받았습니다"의 표현에서 '초5일의 답서(안부서)와 저술의 설(고봉1서)'을 같은 날로 본 듯하나, 그렇지 않다. 퇴계의 착각이다. 퇴계는 '8월의 양서 및 저술 1편'과,(총3편) '초5일의 답서'(외 1편)라고 언급했어야 한다.

69) 제목은 『퇴계전서』는 「答奇明彦, 論四端七情第一書」, 『사칠리기왕복서』의 편자는 「退溪答高峯, 四端七情分理氣辯」이라 한데 이는 고봉이 퇴계1서에 이름붙인 "四端七情分理氣辯一篇"에서 따온 것이다.(상48) 퇴계의 『자성록』은 「答奇明彦, 四端七情分理氣辨, 第一書」로 퇴계가 이후 편집하면서 붙였다. 辨자는 앞 분자와 그 뜻이 중복되므로 辯의 의미일 것이다. 뒤에서도 퇴계는 辯과 辨을 구별하지 않는다. 역주자의 제목은 "형기에서 出함"(상22) "칠정지발의 先動者는 형기",(상24) "독리, 독기"(상34·35) "리지발, 기지발"(상44) 등에 의거했다.

70) 고봉의 "이것이 성정의 說이며, 선유의 발명 모두이다"(상2)에 대한 답변이다. 고봉은 칠사설 범위를 말했다. 즉 『중용』과 『맹자』의 "희노애락" "미발", "측은지심" "인지단" 등과(상2) 이를 주석한 정주의 "성" "정" "四端言之"(상11) 등이 우리의 토론 범위라 함이다. 반면 퇴계의 "性情之辯(辨)"은 정주의 논변이고, "선유"도 정주이며, "상세하다"도 고봉의 "사맹 성정설 모두이다"와 다르다. 퇴계는 '성정의 변은 정주의 발명이 상세하다'의 뜻일 뿐, 사맹 언급이 없다. 그렇다면 반대로 사맹 칠·사를 오히려 정주가 말한 것이 되고 만다. 사람 본연의 정을 칠·사로 名하고 "중화" "성선" 등으로 언론한 것은 정주가 아닌 사맹이다. 고봉은 사맹 칠사설 범위인데, 퇴계는 사맹 본설과 정주 주석을 구분하지 않는다. 성정에 관한 '설' 및 '주석'은 상세하다고 해서는 안 된다. 계속 발명해야할 일이기 때문이다.

71) "사·칠에 대해 단지 정이라고만 했다"에서 '사칠'은 사맹, '정이라 함'은 정주이다. 그런데 정주는 사맹 칠사에 대해 "단지 정이라 함"이라 하지 않았다. 왜냐하면 정주가 "정"이라 주석한 이유는 사맹 '종지를 밝히기 위한' 것이기 때문이다. 사맹은 一情을 칠·사로 설해서 그 '정'이 어떤 역할을 하는지를 밝혔다. 정은 수많은 역할이 있고, 그중 칠·사는 단지 그 정의 두 부분일 뿐이다. "희노애락"(상2)과 "측은지심"(상2)으로 설해서 그 '情의 의미를 發明한 자는 자사와 맹자이다. 정주는 이를 "정이다(情也)"라고 주석해서 사맹은 '정을 논했다고 했을 뿐이다. "喜怒哀樂, 情也"(『중용장구, 수장』, 상11) "惻隱·羞惡·辭讓·是非, 情也",(『공손추상』6) 고봉도 "已發했다면 정이라 이른다"(상3)고 한다.

72) '分說'한 자는 자사와 맹자이다. 자사는 "희노애락의 중·화"(상2)로 맹자는 "측은지심은 仁之端也"(상2)라 하여, 一情을 칠·사로 각각 분설했다. 퇴계는 사칠에 대한 "리·기로의 분설은 보지 못했다"고 하지만 그러나 퇴계 이전 권근과 유숭조 등이 이미

(14)往年, 鄭生之作圖也, 有 "四端發於理·七情發於氣" 之說. 愚意亦恐其分別太甚, 或致爭端, 故改下 "純善·兼氣" 等語. 蓋欲相資以講明, 非謂其言之無疵也. (右第二節)

[爭端쟁단; 분쟁의 실마리. 改下개하; 고치다. 相資상자; 함께 돕다. 無疵무자; 흠이 없다. 완벽하다.]

지난날 정생(추만)74)이 「천명도」를 만들었는데 여기에는 "사단은 리에서 발하고 칠정은 기에서 발한다(四端發於理, 七情發於氣)"라는 설이 있었습니다.(추만 원도는 사단, 리기, 발 등이 없음)75) 저의 생각 또한 그 '분별이 너무 심해서'(사·칠 분별은 당연하고, 리·기 분별의 해석도 당연함)76) 혹 분쟁의 실마리에 이르지나 않을지 염려했던 것이고(이항의 지적을 수용) 그래서 "純善",(純理의 의미인데, 오히려 퇴계 본의가 '선'임을 알 수 있음) "兼氣" 등의 語로 고쳤던 것입니다.77)

리·기로 분설했다. 퇴계는 지금 성균관 대사성을 3회 역임했다. 정주가 칠사를 정이라 주석하고 또 사맹 분설에 대해 리기로 해석한 것은 지극히 당연하다. 칠사를 리기로 주석해서 밝히는 것은 학자의 자유이다. 문제는 퇴계는 왜 리·기로 각자 나누고자 하는가? 사맹 본설인 천명의 정, 중화의 정, 불중절의 정, 善의 정, 性의 정, 已發의 정, 旣發의 사·칠의 정, 확충의 정, 성선의 정 등을 왜 각각 리·기로 나누어야 하는가? 문제는 고봉의 지적과 같이 "사칠을 지나치게 리·기로 분설"(상92·144. 하64·117)한다는 점이다.

73) 절목 번호는 고봉이 직접 붙였다. 고봉은 퇴계의 논변을 "단락에 따라"(하191) 논평하기 위해 총 12개 항목으로 나눴다. 이미 추만에게 그렇게 하겠다고 했다.(하191)

74) 鄭之雲(1509~1561) 자는 靜而 호는 秋巒이다. 추만의 「천명도설서」에 의하면,(『고봉집』3책, 310쪽) 그는 10세 무렵(1519) 기묘사화로 인해 高峰(지금의 고양시 고봉산 인근인 듯)의 芒洞에 낙향해 있던 金正國 문하에 들어 29세 무렵(戊戌 1538)까지 수학했다.(19년간) 김정국(1541 졸)이 다시 조정에 들어간 후 추만은 주자의 설을 취하고 여러 설을 참조해 「천명도」를 만들고 이를 金安國(1543 졸)·正國 두 형제에게 물었다. 추만 본도인 「천명도」와 「천명도설」 및 「자서」는 '1543년 작이다. 그런데 두 분은 꾸짖지 않고 단지 "경술히 논할 수 없고 다만 후일을 기다리라"고 하면서도 이 도형을 여러 학자들에게 보이면서 세상에 알려지게 된다. 10년 뒤 1553년 무렵 퇴계가 이를 고친 것이다. 이후 추만의 「천명도설·서」는 "甲寅, 正月, 朔朝(1554년 1월 1일)"이고, 퇴계가 고친 「천명도설」은 "癸丑(1553) 十月"(「퇴계연보」)이며,("癸丑年間에 고치고, 乙卯(1555)에 다시 고침. 조목의 기록) 퇴계의 「천명도설, 후서」는 "癸丑. 臘平(1553년 12월)"이다.

75) 『퇴계전서』의 「천명구도」에 "四端發於理, 七情發於氣"(2책, 325쪽)가 추만 설이라 한다. 문제는 이 「구도」는 퇴계가 상하·좌우 등 방위를 바꾼 이후의 도형이라는 점이다. 「도설, 후서」(1553년 12월 작)에서 추만의 위치를 고친 것은 "황의 죄이다(滉之罪也)"(2책, 323쪽)고 한다. 또 문제는 「사우간서」 "四端之發, 純理故無不善"(상1·5)이 나오기 위해서는 그 이전 "四端發於理而無不善, 七情發於氣而有善惡"(상4. 하191)이 있어야 한다는 점이다. 왜냐하면 "純理故, 兼氣故"의 故자는 그 "무불선, 유선악" 이유에 관한 것이기 때문이다. 즉 순리고의 '고'자를 쓰기 위해서는 먼저 "무불선"이 반드시 있어야 한다. 때문에 고봉은 "사단지발" 이전을 "發於理而無不善, 發於氣而有善惡"으로 여기고 「고봉1서」(상4)와 「추만서」(하191)에서도 그대로 인용했다. 그럼에도 지금과 같이 "무불선, 유선악"을 생략하는데, 고봉은 뒤에서 이렇게 무불선 등이 떨어져 나간 이유에 대해 강력히 캐묻는다.(상188) 퇴계는 이 문제에 반드시 답변해야 하나, 응답하지 않는다. 더욱이 1553년 퇴계가 고치기 이전의 추만 원도의 「천명도」는 '리기, 발, 사단' 등이 전혀 없다는 점이다. 없으므로 "사단발어리", "사단리지발" 등의 사·칠 및 리·기 대설도 성립할 수 없다. 더 심각한 문제는 추만의 "발어리"라 해도 그것은 '사칠 해석'인 반면, 퇴계의 "발어리", "리지발"(상44) 등은 '리기 호발의 의미이다. 이상의 여러 문제를 명확히 하지 않으면 이 토론은 근본적으로 풀릴 수 없다.

76) "분별이 너무 심했다(分別太甚)"고 함은 사칠에 대한 리·기의 분별이 심했다 함이다. 그런데 칠사는 사맹의 언론이고, 이 2설은 당연히 분별이 太甚인 것이다. 사맹 본설은 당연히 분별이며, 각자 리와 기로의 해석도 진실로 가능하다. 반대로 사단의 기, 칠정의 리도 당연하며, 발어리, 발어기도 당연하다. 아무 문제가 없다. 고봉은 "사맹의 설이 不同해서 사·칠의 '별칭'이 있을 뿐"(상3)이라 한다. 문제는 "학자들은 사칠 2名만 들어 [리·기로] 나눈다"(상10)는 점이다. 분별의 태심이 없으면 칠·사의 별칭도 異名도 없다. 퇴계는 "분별 태심해서 순선, 겸기로 고쳤다"고 하지만 그러나 칠사는 순선·겸기의 뜻만 있지 않다. 따라서 순선·겸기, 분별태심은 의미가 없다. "리·기의 分別"(상88·89. 하45)도 지극히 당연하다.

77) 발어리, 발어기는 분별이 심했고, 분쟁이 될까 염려해서 "순선, 겸기"로 고쳤다. '순선' 본문은 "순리"(상1)이다. "순선"으로 고친 이유는 "사단 무불선"이 "순리 때문"이라 한다. 따라서 당초 '사우서'는 '선'의 무불선과 유선악에 대해 "순리 때문(故), 겸기 때문(故)"이라 했음이 분명하다. 문제는 "순선, 겸기 때문"이라 하면 사맹은 사람 본연의 느낌을 논함이 아닌, 먼저 선과 악을 상정함이 되고 만다. 공부도 빠졌다. 더 큰 문제는 이곳은 "리·기의 분설이 있음을 보지 못했다"(상13) "발어리, 발어기"라고 하여 갑자기 '선'에서 '리기'로 바뀌었다는 점이다. 지금 "순선"으로 보아도 퇴계의 당초 논변은 '선'(무불선)이었다. 때문에 고봉은 이 문제에 대해 "무불선, 유선악이 없어졌다"(상188)고 하여 논변 주제가 '선에서 리기'로 급거 바뀌었음을 황급히 묻는다. 고봉은 발어리와 발어기, 순리(순선)와 겸기 등을 반대하지 않는다. 전혀 문제가 없다. 칠·사 분별의 심함은 당연하다. 칠·사는 2설이

그것은 함께 토론하며 밝혀보자는 뜻이었지 나의 설명에 '하자가 없다'고 여긴 것은 아니었습니다.(퇴계는 하자는 없는데 주자의 본설을 쓴다 하므로, 이 말은 겸사임)[78] (여기까지 2절)

(15)今者, 蒙示辯說, 摘抉差謬, 開曉諄悉, 警益深矣. 然猶有所不能無惑者, 請試言之而取正焉. (右第三節) [蒙示몽시; 가르침을 받다. 摘抉적결; 발췌하여 가려내다. 諄悉순실; 간절하고 상세함. 譬경; 경계심을 가지다. 조심하다.]

이제 논변하신 가르침을 받고 보니, 잘못되고 어긋난 곳을 가려서 열어 밝혀주심이 간절하고 절실하여 경계하는 마음 더욱 깊게 됩니다. 그런데도 오히려 의혹이 없지 않는 바의 것은 시험 삼아 설명을 드리니 바로잡아주시기 바랍니다. (여기까지 3절)

(16)夫四端情也, 七情亦情也. 均是情也, 何以有四七之異名耶? 來喻所謂 "所就以言之者不同", 是也. [均균; 모두. 다.('같다'가 아님) 所就소취; 나아간 바.(고봉; 칠사의 가리킨 뜻. 퇴계; 리기에 나아가 리·기로 말함)]

사단은 정이며, 칠정 역시 정입니다.[79] 모두 정인데도 어째서 사·칠의 다른 이름[80]이 있게 된 것일까요?(고봉은 사맹, 퇴계는 리발·기발이 그 이유라 함)[81] 그것은 보내온 글에서도 가르쳐 주셨듯이 이른바 "나아간 바에서의 설명(言之)한 것이 같지 않기"(고봉의 就는 사람 느낌인데, 퇴계는 리·기임. 고봉 용어를 심하게 왜곡한 것임) 때문이라 함이 바로 이것입니다.(퇴계는

며, 이름도 종지도 전혀 다르기 때문이다. 퇴계의 문제는 "순선·겸기, 무불선·유선악"이 아닌 "대거 호언"(상6)에 있다. 퇴계는 정을 사·칠 둘만 들고, 그 發(사단지발·칠정지발)과 그 선(무불선·유선악)의 '근원(소종래)'을 리·기의 다름'으로 인식한다.

78) "발어리·발어기"를 "순리·겸기"로 고쳤지만 여기에도 "하자"는 있을 수 있다. 그것은 "감히 나의 소견이 반드시 옳고(必是) 의혹이 없다"(상44)고 할 수는 없기 때문이다. 이렇게 말한 이유는 고봉이 퇴계의 설을 믿지 않기 때문이다. 믿어주지 않으니 설사 그 설이 "반드시 옳다(必是)"고 해도 의심한다는 것이다. 퇴계는 『어류』를 본 뒤 "나의 견해는 큰 오류는 아님을 믿었고, 추만의 설도 병통이 없으니 고칠 필요 없음"(상45)이라 한다. 따라서 "하자 없음은 아니다"고 함은 이미 "주자의 本說"(상47)을 확인한 이후이므로 이 말은 '겸사'다. 퇴계 본설은 그릇된 이치가(舛理) 아니며, 다만 「천명도」에서는 주자의 설을 썼기 때문에 이 말은 이미 버렸다고 한다.(상272) 퇴계는 주자 본설을 "四端是理之發, 七情是氣之發"(상44)로 여기지만, 이 설은 의미도 없고, 그 본설도 사맹이다.

79) 고봉은 "미발은 성, 이발은 정이다"(상3)고 한다. 정주는 칠사를 "정이다"고 주석했다. 칠사는 모두 정이다. 희노애락은 정이고 측은지심도 정이며, 중절의 화도 정이고, 확충과 성선을 논증한 것도 정이다. 단, 사맹은 그 정으로 무엇을 논했는가? 자사는 "中·和"(성·정의 덕)(상80)를 맹자는 "성선"(「고자상」)과 "확충"(「공손추상」)을 논했으니, 토론은 이 문제이다.

80) "모두 정인데 사칠의 異名이 있다." 그 이름은 자사와 맹자의 "立名"(상76)이다. 따라서 그 이명이 붙은 이유를 알기 위해서는 사맹의 종지를 고찰해야 한다. 자사는 희노애락으로 중화를 논했고, 맹자는 측은지심으로 확충·성선을 논했다. "모두 정이지만" 그 종지가 다르고 그 名도 다르다. 유선악은 성선을 가리킬 수 없고, 성선이 중화라 할 수도 없다. 단지 "그 설명만 不同한 것은 아니며, 意 또한 각기 所主가 있다."(상78·79·82)

81) "사·칠이라는 異名이 있는 이유는 무엇인가?" 사맹의 이명 이유는 그 종지를 고찰해 보면 알 수 있다. 그런데 정주가 "정"이라 주석한 이유는 이와 다르다. 칠사를 "정이다"고 주석한 이유는 그것이 모두 "性出"(상4)이며 一情으로서의 "不可離"(상86)임을 말하기 위함이다. 반면 퇴계는 그 이유를 리발·기발에 나아가면 그 주리·주기가 곧 사·칠이라 한다.

'리·기가 달라서 사·칠의 다른 이름이 있음'으로 오해한 것임)[82]

(17)蓋理之與氣, 本相須以爲體, 相待以爲用. 固 '未有無理之氣, 亦未有無氣之理'. 然而 "所就而言之不同", 則亦不容無別. 從古聖賢, 有論及二者, 何嘗必滾合爲一說(고봉집 物), 而不分別言之耶? (右第四節) [相須상수; 둘이 상보해야 하는 관계. 서로 함께해야 함.(리기 혼륜으로 말한 것) 相待상대; 상대의 대대적 관계.(주리·주기로 말한 것) 二者이자; 리·기 혹은 사·칠 둘의 것.(퇴계는 리·기의 實, 사·칠의 說을 구분하지 않음) 滾合곤합; 하나로 혼합해 합침. 一物일물; 리·기, 사·칠을 하나의 物로 여김. 一說일설; 리·기, 사·칠을 하나의 說로 여김.]

왜냐하면, 리는 기와 더불어 본래 상수함(급거 리기 관계로 바뀜. 고봉설이라 함)을 체(혼륜의 사 칠)로 삼고, 상대함(리기의 상대적 관계. 퇴계설이라 함)을 용(주리·주기의 사·칠)으로 삼기 때문입 니다.[83] 진실로 '리 없는 기도 있지 않지만 또한 기 없는 리도 있지 않습니다.'(주희의 설인 데 "천하"의 사물에서 논함을 뺌. 퇴계는 이 설을 혼륜이라 하고 자사와 고봉설로 여김. 氣를 체로 삼음)[84] 그 렇지만 "나아간 바에서의 설명이 같지 않다"면 또한 "別"이 없을 수 없다는 것입니다.(고 봉설인데, 퇴계는 고봉 본설 용어를 급히 왜곡해서 자신의 주리·주기로 가로챈 것임)[85] 예로부터 성현들

---

82) 고봉은 "사맹은 그 느낌에 나아간 바의 설명이 달라서 사칠의 별이 있다(但子思孟子, 所就以言之者不同, 故有四端七情之別耳)" (상3)고 한다. 칠·사 별칭 이유는 '사람 느낌'에 나아간 바(所就)의 설명이 다르기 때문이다. 자사는 희노애락으로 중·화를, 맹 자는 측은지심으로 확충·성선 등을 논설했다. 반면 퇴계는 고봉의 "所就以言之者"를 인용하면서도 그 용법은 전혀 다르다. 퇴 계는 묻기를 "사칠의 異名 이유는 무엇인가"라고 하면서 고봉의 "소취가 다르기 때문"을 인용한다. 그래서 그 "소취"를 "리·기" 라 하고, 리·기가 달라서 그 이명도 있음으로 고봉 용어를 왜곡한 것이다. 때문에 고봉은 "同是 一語인데 피차의 主意는 각기 所在가 있으니, 살피지 않을 수 없다"(상77)고 비판한다. 이는 용어의 왜곡뿐만 아닌, 사맹의 칠사가 '리기에서 나왔다'는 이상한 말이 되고 만 것이다.

83) "리기의 相須(리기가 함께하는 관계)는 체이고, 리·기의 相待(리·기의 대대적 관계)는 용이다." 즉 체는 상수이고 용은 상대다. 리기 관계가 그렇다는 것으로, 정이 그렇다 함이 아니다. 위에서는 "사칠은 모두 정인데 그 異名 이유는 왜인가?"라 했고 따라서 지 금도 사칠의 異名 이유에 관함이다. 그런데 갑자기 그 이명 이유를 '리·기'라 한다. 고봉은 사칠의 이명 이유를 '所就以言之의 不同' 이라 했고 퇴계도 그렇다고 한다. 반면 이곳은 정의 '소취'가 아닌 '리기'이다. 과연 사맹은 '리기에 나아가서' 사칠을 설명하는가? 또 리기 상수는 체이고, 상대는 용인가? 체용이 리기인가? 상수가 체이면 체(주어)는 무엇인가? 상대가 사칠일 수 있는가? 혼륜이 체이 고, 사칠은 용인가? 사칠의 리기혼륜은 체이고, 주리·주기는 용인가? 퇴계는 뒤에서 '相須'에 대해 "칠정은 理氣의 渾淪言之이다".(상 37) "相須는 渾淪言之이다"(상246)고 한다. 그렇다면 칠정(혼륜)이 체가 되고 만다. 칠정은 유선악이므로 체로 삼을 수 없음은 명백 하다. 퇴계는 혼륜을 체라하며, 체는 주리·주기(사·칠)의 分 이전이다. 따라서 체는 칠정이 아님이 분명하다. 주기(칠정)도 용이 아님 이 분명한데, 주기를 악을 용으로 삼을 수는 없기 때문이다. 주희는 "그 相須를 用으로 삼아서 偏廢는 不可라는 뜻을 보였다"(『문집』 권67, 「屆禮三德兒」, 3261쪽)고 하는데 이때 주례 三德의 합을 相須의 用이라 한 것이다. 그리고 "體樂固必相須"(『문집』 권64, 「答或 人」3, 3132쪽)의 상수는 예·악 중 한쪽만 강조해서는 안 된다 한다. 이는 퇴계의 "상수의 체"라는 용법과 다르다.

84) 출처를 밝히지 않지만 주희의 "天下未有無理之氣, 亦未有無氣之理"(『어류』권1, 銖6, 114쪽)를 인용했다. 원문은 "天下"(상242)에 서 말한 것으로, 즉 物이 生한 '사물의 측면'(고봉의 事物. 상7)에서 논한 것이다. 自註의 "氣로서 形을 이룸에 理 역시 여기에 稟賦된다" 함이다. 반면 퇴계는 이 설을 "상수의 체"로 삼고, '주리·주기'로 나누기 이전 자사와 고봉의 사칠혼륜 혹은 칠정이 그렇다고 한다. 즉 "자사는 나의 소종래의 설을 쓰지 않음"(상274)이니 이는 혼륜인 상수의 체이다. 그렇다면 고봉이 말한 "칠정 혼륜"은 체용의 체인가? 또 주희의 리기 관계가 사칠 혼륜인가? 그렇다면 혼륜의 物(주희의 사물)인 氣가 오히려 체가 되고 만다.

85) 고봉은 "사맹은 사람 느낌에 就한 바의 부동으로 사칠의 '別'이 있다" 했고, 퇴계는 이 설을 자신의 주리·주기의 용으로 삼은 것이 다. 즉 "상수 혼륜의 체"가 곧 고봉의 사칠이고, "相待의 주리·주기의 용"이 나의 사·칠이다. 결국 고봉 본설인 "나아간 바의 부 동"을 퇴계는 자신의 '리기에 나아간 바의 주리·주기의 사·칠로 급히 둔갑시키고 만 것이다. 과연 사칠 혼륜이 체이고, 상대의 주기·주기가 용일 수 있는가? 그러나 '치우침의 주리·주기'가 용일 수는 없다. 퇴계는 고봉의 본설 용어를 심하게 왜곡해서 그대 는 혼륜의 체, 나의 "소취"(고봉 용어임)는 용이라 함으로써, 고봉의 용어를 퇴계 자신의 의미로 급히 가로채고 만 것이다.

은 두 개(리·기인지 사·칠인지가 불명함)의 것을 논급함에 있어86) 어찌 일찍이 반드시 혼합하여 一物(혹은 一說)로만 만들고,(고봉설이라는 것)87) 또 한편으로는 '분별하여 설명'(리·기 혹은 사·칠 분별은 지당함. 리·기는 分일 뿐 설명이라 할 수는 없음)하지는 않았던가요?(퇴계설이라는 것임)88)
(여기까지 4절)

(18)且以 '性'之一字言之. 子思所謂 "天命之性", 孟子所謂 "性善之性", 此二 '性'字, 所指而言者, 何在乎? 將非就理氣賦與之中, 而指此理源頭本然處言之乎? 由其所指者, 在理不在氣, 故可謂之 '純善無惡'耳. [且차; 게다가. 그 위에. 더욱이. 賦與부여; 임무나 사명을 부여받은 것. 또는 부여하다. 由유; ~로부터. ~에 말미암다.]

더욱이 '성'이라는 한 글자를 두고 설명(言之)하더라도 그렇습니다.89) 자사의 이른바 "천명의 성"(命의 성)90)과 맹자의 이른바 "성선의 성"(善의 성),91) 이 두 '성'자가 가리킨 바(所指)의 것은 어디에 있습니까?92) 그것은 '리·기의 부여'93)된 가운데 나아가서(就)(기질지성은 리기

---

86) 이곳의 "두 개(二者)"는 무엇을 가리키는지 불명하다. 윗줄 "상수와 상대"는 리기 관계이고, 아래 "소취이언지"는 퇴계의 경우 사칠과 리기이다. 아랫줄 "一說"과 "一物"도 어느 것이 오자인지 구분이 되지 않는다. 만약 二者가 사·칠이라면 "성현"은 자사와 맹자이다. 二者가 리기라면 리·기 분별은 정호·정이, 장재, 주희이다. 만약 二者가 사칠이고, 성현이 "리기에 나아가" 사칠을 논한 일이 없다면, 결국 퇴계 자신이 성현이 되고 만다. 퇴계는 성현의 중화·성선 등을 리기로 해석하지 않고 반대로 '리·기'(二者)로 '사·칠'(二者)을 나눈 것이다.

87) 리·기가 "一物"이 아님은 지당하다. 사맹 칠사가 "一說"이 아닌 二說임도 지당하다. 그런데 리기와 칠사는 그 뜻이 다르다. 리·기는 異物이나, 칠·사는 一情을 둘로 說한 것이다. 고봉은 "칠·사는 각기 一義를 發明한 二說이니, 滾合해서 一說로 삼으면 불가하다"(하153)고 하는데, 퇴계의 이곳 "一說"은 리기인지 사칠인지가 불명하다. 퇴계의 "힘써 一說로 合함은 곤륜탄조이다"(상43)는 칠사인지 리기인지, 또 一義, 一物, 一說인지도 불명하다.

88) "성현은 分別로 설명했다"의 分別은 무엇인지 불명하다. 리기는 物에서는 합의 一物이나, 리·기는 반드시 異物·二物이다. 칠·사도 一說이 아닌 반드시 2說이다. 리기, 칠사를 성현이 분하고 분설했다. 퇴계는 "일찍이 리·기로 分別한 것을 보지 못했다"(상13)고 하지만 그러나 칠사를 리·기로 分해서 해석한 것은 정주이다. 천명의 중화, 성선 등은 반드시 리이다. 누구라도 칠사를 리, 기로 분설, 분별로 해석할 수 있다. 단, 리·기는 언지가 아닌 二物의 實이다. 퇴계의 "분별언지"는 리·기(分)인지 사·칠(別·說)인지가 불명하다.

89) "성이라는 한 글자"라고 함은 성은 하나인데 그 설명이 다르다 함이다. 반면 퇴계의 문제는 이 一性을 리기의 一物 혹은 二物로 파악하고자 한다는 점이다. 그러나 성은 리일 뿐 기 혹은 합이 아니다. 리기는 '사물'에서는 합의 一物이지만 리와 기는 二物이다. 성은 二物·異物이 아니다. 성에 二說, 諸說이 있음은 지당하다.

90) 『중용, 수장』 "천명을 성이라 이른다(天命之謂性)"의 성이다. 천명지성은 하늘이 사람에게 "命令"(주희주)한 성으로, 이는 아래 "성선지성"인 '선'을 가리킨 『맹자』 "성선"과 다르다.

91) 『맹자』 「등문공상」1 "맹자는 성선을 말했다(孟子道性善)" 및 「고자상」6 "今曰, 性善" 등의 성이다. 맹자는 "그 정(其情)何可以爲善)"으로 성선을 '논증'했다. 따라서 위 천명지성의 '가리킴'과 전혀 다르다. 성선은 성의 '선'이고, 위는 '命'의 성이다.

92) "이 두 성자가 가리킨 것"에서 그 가리킴(指)을 퇴계는 '理'와 '純善'이라 한다. 퇴계는 사·맹 二說의 '분별'설을 그 '指의 분별'로 해석하지 않은 것이다. 윗줄 "성현은 [리·기로] 分別해서 설명했다"고 하며, 또 두 설을 "理氣 중의 理' 및 '순선무악'를 가리킨다(指)"고 한다. 하지만 기질지성 역시 순리이며 순선이다. "천명지성"은 하늘의 "命令"(주희주)이며, "성선지성"은 성의 '善'을 '가리킨(指)' 것이다.

93) "理氣 賦與의 中에 就했다." 여기서 "리기 賦與之中"이라 함은 '심에 리기가 부여된 가운데'의 뜻이다. 그런데 심에 리기가 부여되었다 할 수 있는가? '심'은 이미 합리기이다. '기에 리가 부여된 것은 기질지성이다. 리가 부여된 '곳'은 物이고, 物은 기이다. 物은 性이 아니다. 기질지성은 기질(기)이 아닌 성설이다. 주희는 '부여'에 대해 "만약 품부로 논하면 이 기가 있은 후에 리가 따라서 갖추어진다(若論稟賦, 則有是氣, 而後理隨以具)"(『문집』권59, 「答趙致道」1, 2863쪽)고 한다. 즉 부여는 '기에 리가 부여됨'의 뜻으로, 퇴계의 '리기의 부여된 가운데'와 다르다. 주희는 "기로 형을 이룸에 리 역시 여기에 부여되었다(氣以成形, 而理亦賦焉)"고 하면서 賦를 "命令과 같다(猶命令也)"고 한다.("천명지위성"에 대한 주희주) 따라서 부여된 곳은 '기'이며, '리기가 부여되었다'고 할 수는 없다.

합이 아님) 이 리의 원두 본연처를 가리켜(指) 설명한 것(천명·성선지성은 리기 중의 리가 아님)이 아닙니까?(사맹의 두 성설은 리기로 논할 수 있지만, 리기설은 아님)[94] 그 가리킨 바(所指)의 것이 리에 있고 기에 있지 않습니다.[95] 때문에 '순선무악'(기질지성의 선도 순선무악임)이라 이를 뿐입니다.[96]

(19)若以理氣不相離之故, 而欲 '兼氣'爲說, 則已不是性之本然矣. 夫以子思孟子洞見道體之全, 而立言如此者, 非知其一不知其二也. 誠以爲雜氣而言性, 則無以見性之本善故也. [不相離불상리; 서로 분리되지 않음.(퇴계; 리기의 관계. 고봉; 리는 기에 의착해야 함) 洞見통견; 명확히 알다. 정확히 간파하다. 道體之全도체지전; 도 전체의 온전함. 도체의 완전함.(퇴계; 천명지성이 도체의 온전임) 立言입언; 후세에 모범이 될 이론을 세움. 雜氣잡기; 리기가 섞임. 리에 기가 섞인 것.(퇴계) 기에 리가 부여됨.(고봉)]

만약 리기는 서로 떨어질 수 없기 때문에 '兼氣'로 설해야 한다고 하신다면,(퇴계는 性을 物로 논하고 만 것임)[97] 이는 이미 성의 본연이 아닙니다.(본연지성만 성의 본연으로 여김. 주희는 이를 비판함)[98] 자사와 맹자가 도체의 온전함을 명확히 간파하고서 세운 이론(천명지성·성선지성이 도체의 온전이라는 것임. 주희는 매우 반대함)이 이와 같거늘,[99] 그들도 "그 하나(리기 중의 리 측면)만

---

94) "리기 부여지중에 나아가 그 리의 본연처를 가리킴"이라 함은 '합리기 중의 리'의 뜻이다. 즉 리기 중의 리인데 천명지성과 성선지성이 이것이다. 퇴계는 천명지성도 본래는 합리기라 한다. 이 논변은 정주의 성론과 다르다. 성이 곧 리인데, 단 천명지성과 성선지성의 설은 성 본연의 측면을 가리키고, 기질지성의 설은 성이 기질 속에 있는 측면이다. 천명지성은 리기 중의 리가 아니고, 기질지성도 합리기의 성이 아니다.

95) 리기에 나아가면 그중 리만 가리킨 것을 천명·성선지성이라 함이다. 만약 그렇다면 천명·성선도 본래 기가 있음이 되고 만다. 더구나 "리기에 나아간다"고 하면 그것은 성즉리를 논함이 아님이 되고 만다.

96) "가리킴이 리에 있으므로 순선무악이다." 그렇다면 성이 순선무악이 아님도 있는가? 성은 모두 순선무악이다. 기질지성의 선도 순선무악이다. 단, 선을 설명하는 방식은 다르다. 성의 선은 "無不善",(상1·3) "純善",(상14) "全善",(상54) "未嘗不善"(하26) "渾然至善"(「등문공상1」) 등이며, 정(중절)의 선은 "無往不善"(상169)이다. "사단을 무불선이라 할 수는 없다."(상171) 퇴계는 性善과 情善을 분별하지 않은 것이다.

97) "리기 불상리이므로 겸기로 설해야 함"으로 주장한 것은 고봉이라는 뜻이다. "리기 불상리"는 윗줄에 이어진 논의이므로 '성'에 관한 것이다. 성을 고봉이 리기 不離로 여겼다 함이다. 그러나 고봉이 말한 성의 不離는 본연·기질지성의 2성설은 "不可離"(상86)라 함이고, 다만 "사물에 있을 때는 二物이 혼륜하니 分開할 수 없다"(상7)고 한은 성이 아닌 '物'이다. 퇴계의 "리기 불상리(一物의 겸기)"는 기질지성의 성설이 아닌 '物說'이다. 퇴계는 '성'을 오히려 '物'로 논한 것이다. 그런데 리기 관계는 '相'이지만, 물을 논한다면 '合·兼'일 뿐 相일 수 없다. 물은 리기의 불리·겸기·합리기이다. 주희는 기질지성을 "비록 기에 있어도 기는 기, 성은 성으로 不相雜"(상84)이라 하여 성·기의 관계를 相이라 한다. 만약 사칠, 칠, 사, 본성, 기질지성 등이 불리라면 모두 서로 (相) 떨어지지 않는 리기 혼합·잡탕이 되고 만다.

98) 고봉이 "리기 불상리의 겸기"만 주장한다 함이다. 그대의 주장은 "독리"(본연지성)와 "독기"(기질지성)가 아니다.(상34·35) 퇴계의 본연지성은 "리기 부여(겸기) 중의 리"이며, 부여의 중이므로 성과 본연지성도 본래는 겸기이다.(상247) 하지만 겸기는 성일 수 없고, 성은 겸리기 중의 리가 아니다.

99) "사·맹은 道體의 全을 통견했다." 그 도체의 全이 바로 천명지성과 성선지성이다. 그런데 "도체의 全"을 천명지성과 성선지성이라 할 수 있는가? 성과 도체는 같은 설이라 할 수 없다. 성의 본연, 천명지성, 성선지성, 도체의 온전 등은 가리킨 뜻이 각자 다르다. 성과 도는 다르다. 성은 리이지만,("性, 卽理也." "천명지위성"에 대한 주희주) 도는 성이 아니다. 자사는 "率性"을 '도'라 했을 뿐, 성을 도라 한 것은 아니다. 주희는 道를 "길과 같다(道, 猶路也)"고 하면서 "日用事物의 間에는 각기 當行의 路가 있지 않음이 없으니 이것이 이른바 道이다(其日用事物之間, 莫不各有當行之路, 是則所謂道也)"("솔성지위도"에 대한 주희주)고 한 것은 "천명지성"과 그 뜻이 다름을 말한 것이다. "도체의 온전"을 주희는 '도의 체용'으로 논한다. "大本"은 "道之體"고 "達道"는 "道之用"이다.("희노애락지미발"에 대한 주희주. 상94) 주희는 "天地의 化에 往者는 過하고 來者는 續하니 一息之停도 없음이 道體之本然이다"(「어류」권95, 銖25, 3187쪽)고 한다.

알고 그 둘(리기는 不離라는 측면)을 몰라서"가 아닙니다.[100] 진실로 '雜氣'로 성을 말한다면 그 렇다면 성의 本善을 볼(見은 知의 뜻임)[101] 수 없다고 여겼기 때문입니다.(고봉의 주장을 잡기로 여긴 것임)[102]

(20)至於後世程・張・諸子之出然後, 不得已而有 "氣質之性"之論, 亦非求多而立異也. 所指而言者, 在乎稟生之後, 則又不得純(고봉집 純 없음)以本然之性混稱之也. [稟生 之後품생지후; 사물이 생긴 뒤. 생 이후.('품'은 稟賦・稟受의 뜻으로 주희는 기에 '리가 품수됨'이라 함. 퇴계는 품을 '기의 뜻'으로 여김]

후세의 이정[103]과 장재[104] 등 諸子[105]들이 나온 연후에 부득이 "기질지성"의 논이 있 게 된 것 또한 더 많은 것을 구하거나 더 특이한(異) 이론을 세우기 위함이 아닙니다.(기 질지성을 퇴계와 같이 품생의 氣로 논하면 고자의 성이 되고 맘)[106] 그 가리킨 바(所指)로 말한 것이

---

[100] "知其一, 未知其二."는 『史記, 高祖本紀』에 나오는 말이다. 자사도 리기 불상리인 겸기를 모르면서 천명지성을 설한 것은 아니다. 문제는 천명지성은 리기 부여지중의 리인가? 퇴계의 "리기 불상리", "리기부여지중", "겸기" 등은 모두 '物'이며 성이라 할 수 없 다. 모든 성설은 리를 논한 것이다.

[101] 퇴계는 '見'과 '知'를 구분한다. "다름은 知 같음은 見",(상32・36・38) "주리・주기는 知 혼륜은 見",(상239) "불가리는 見 불상 잡은 知",(상277) "리발・기발은 知",(상268) "의리는 知 물아는 見"(상295)이다. '知'로 쓴 경우는 "다름은 知 같음도 知"(상 272)이다. 따라서 이곳은 불상리가 아닌 성의 本善이므로 '知'의 의미이다. 이정의 "道를 아는 자만 儒學이다(惟知道者, 乃儒學 也)"(『정씨유서』권6, 200, 95쪽)의 '知'를 말한 듯하다.

[102] "잡기로 성을 말하면 성의 본선을 볼 수 없다." 즉 잡성은 성의 본선이 아니다. 이와 같다면 기에 있는 성인 기질지성의 설은 본선이 아닌가? 천명지성은 성선을 논함인가? 기질지성은 성설이며 이 성도 본선이다. 성의 본연, 천명지성은 '선'의 설이 아니 다. 성선지성은 선의 설이지만, 단 이 설도 기(칠정)에서 논증해야 한다. 정주는 "[맹자 성선설]이 정밀하지 못하다", "기를 논하 지 않으면 不備하다"(『고자상』6 .『어류』권4, 㽦40・43・48・92조. 193~209쪽. 권59, 淳44. 1888쪽)고 한다.

[103] 북송의 程顥(1032~1085, 호는 明道)와 程頤(1033~1107, 호는 伊川) 형제이다. 형제는 어렸을 때 주돈이에게 배웠다. 장재와 의 토론문인 정호의 「정성서」는 "성은 內外로 말할 수 없음"의 글이다.(『정씨문집』권2, 460쪽) 정이는 성을 공자, 고자, 맹자로 구별하고 공자의 "性相近"을 기질지성이라 한다. "이는 단지 기질지성으로 말했을 뿐이다. 俗言에 '性急・性緩'의 류가 있다 하 는데, 성이 어찌 난・완(급함・느림)이 있겠는가? 이들의 성은 '生之謂性'(고자)이다."(『유서』권18, 103조, 207쪽) "맹자가 善으 로 말한 것은 極本 窮源의 성이다."(권3, 56조, 63쪽) 정주는 이를 종합해 "성을 논함에 氣를 논하지 않으면 不備, 氣를 논함 에 性을 논하지 않으면 不明이다"(권6, 20조, 81쪽)고 하여 맹자 '성설'을 비판한다.

[104] 북송의 張載(1020~1077, 호는 橫渠)이다. 이정 형제는 그의 외사촌이다. 그가 지은 『西銘』은 당시 학계에 큰 영향을 주었으며, 리일분수, 심통성정은 정주에 의해 표장되어 리기・성정의 관계가 분명해 졌다. 주희는 "횡거가 비로소 천지지성과 기질지성을 구분한 연후 諸子의 설이 안정되었다"(『성리대전』권31)고 하여 기질지성의 설이 이들에 와서 분명해졌다고 한다.

[105] 주희는 정・장이 기질지성을 논한 배경에 대해 다음과 같이 말한다. "렴계는 태극으로부터 음양오행의 가지런하지 못함이 있음을 말했는데, 이정은 그 설로 인하여 기질지성을 추출해 냈다."(『어류』권59, 淳44, 1888쪽) "周子(렴계)가 나오면서 …기질의 소종래 는 그 변화와 착종이 이와 같이 가지런하지 못함이 있음을 밝혔는데, 이에 정자는 장자와 더불어 기질지성의 설이 있음을 밝혔 다."(『맹자혹문』권11, 982쪽) "청・탁・편・정 등의 설은 본래 『正蒙』(장재의 書) 중의 말인데 여박사(呂大臨)는 『中庸詳說』에서 또 미루어 밝혔다."(『문집』권62, 「答李晦叔」7, 3016쪽) 따라서 '諸子'는 정・장과 그 제자인 여대임을 비롯한 염(주돈이)・락(이 정)・관(장재)・민(주희) 등을 말하며, 여기서 공맹의 기질지성이 논의된 것이다.

[106] 퇴계는 기질지성을 "생 이후"라고 하지만 생 이후는 고자의 "생지위성"이다. 문제는 정・장・주의 기질지성의 논이 나오면서 이 러한 여러 성설의 판별이 가능해졌다는 점이다. 공자의 "性相近", 고자의 "生之謂性", 맹자의 "性也, 命也"(상135) 소식의 "성3 품설" 등 각자 다른 성설 판별은 정장의 기질지성 논의에 이르러 비로소 가능해진 것이다. 고자의 생지위성은 '生'(기)에 치우쳤 고, 맹자의 성선지성은 '리'에 치우쳤다. 공자의 기질지성은 '상하를 함께' 말한 것으로, "兩端을 모두 다해야만 소蘊이 없다(兩端 竭盡, 無餘蘊矣)."(『논어, 자한』7) 만약 기질지성을 퇴계와 같이 "偏指氣(기만 가리킨 것)"(상135) "稟生의 뒤"(뒷줄)라 하면 고 자의 생 이후의 '합의 성'(기)이 되고 만다. 공자의 기질지성은 기에 타재한 성을 곧 리로 여긴 것이다.

생을 품수한 뒤에 있으므로,(고자의 성설과 같음)107) 그렇다면 그 순수한(純자는 지금 본문에 없어
야 함) "본연지성"과는 '혼칭'(混자는 뒤에서 뺌)할 수 없었기 때문입니다.(순수라 하면 맹자 성선과
같이 리에 치우친 성론임)108)

**(21)故愚嘗妄以爲, 情之有四端·七情之分, 猶性之有 "本性·氣禀"之異也. 然則其於性
也, 旣可以理·氣分言之, 至於情, 獨不可以理·氣分言之乎? (右第五節)** [旣기; 기왕.
이미. 벌써부터. 獨독; 오직. 유독. 그것만.]

　　때문에 저는 일찍이 망령되이 생각하기를,(퇴계의 '일찍이'는 겸기임)109) 정에 사단·칠정의
分(고봉은 別의 '별칭'인데, 퇴계는 '리·기' 分임)110)이 있음은 마치 성에 "본성·기품"의 다름(異)
이 있음과 같다고 여겼습니다.(모두 선유의 설인데, 퇴계 자의로 리·기로 分함)111) 그렇다면 그 성
에 있어서는 기왕 리와 기로 分해서 설명함이 가능한데,(당초는 겸기인데 여기는 갑자기 기임. 기
질지성의 성설은 기가 아닌 리임)112) 정에 있어서만 유독 리와 기로 分해서 설명함이 불가하다
하겠습니까?(처음 본성·기품의 성설은 리·기 분이 아닌데, 『어류』 정설을 본 후 리·기 분을 논함. 논리가
맞지 않음)113) (여기까지 5절)

---

107) 기질지성은 그 "가리킴이 품생 뒤에 있다." 문제는 성이 "품생의 뒤"라면 이는 고자의 성설이고, 앞이라면 맹자 성선설과 같이
　　리에 치우치고 만다는 점이다. 만약 기질지성에 대해 '품생이라도 리를 가리킴'이라 하면 가능하다. 천명지성을 '품생 전'이라 해
　　도 주희와 다르다. 주희의 "物所受謂性, …以人物之所稟受於天言之, 故謂之性"(『어류』권95, 端蒙16, 3184쪽) "性者, 人所稟受之
　　實"(『문집』권56, 「答方賓王」3, 2656쪽)은 人物에 '품수한 성'이다.
108) "純"자는 『고봉집』에는 없다. 퇴계는 뒤 「개정본」에서 "구작에는 純자가 없는데 지금 넣고 대신 混자를 뺀다"(상198)고 한다.
　　따라서 지금 구작 본문은 "以本然之性混"이고, 뒤 「개정본」은 純以本然之性이다. 이곳은 '기질지성' 조항이기 때문이다. 즉 기
　　질지성은 "생을 품수한 뒤"이므로 따라서 '본연지성과 혼칭'(구작)할 수 없고, 또 '순수한 본연지성이라 창'(신작)할 수 없다. 그
　　렇다면 기질지성은 순수한 성이 아닌가? 또 기질지성의 설을 본연지성의 설과 혼창한 학자가 과연 있는가? 성은 모두 순수하다.
　　단 두 性說이 달라서 그 異名도 있으며, 이로써 본연지성의 성설도 분명해진 것이다. "[리의] 순수한 본연지성"이라 하면 맹자
　　성설과 같이 리에 치우침이 되고 만다.
109) 퇴계가 "일찍이 망령되이 생각"한 것은 사·칠의 分은 본성·기품의 異와 같다 함이다. 그런데 당초는 본성·기품과 사·칠은
　　"순리, 겸기"와 같으므로 '겸기'로 고쳤다.(상1) 그런데 이곳 "망령되이"는 이후 『주자어류』를 보고 "리발·기발의 分"으로 바뀐
　　다는 점이다. 즉 "우리의 설은 버리고 주자의 본설로 대신하자."(상47) 따라서 "일찍이"는 겸기이고, 이후가 '독기'이다.
110) 고봉의 "사단·칠정의 別"(상3·10)과 이곳 "사단·칠정의 分"은 서로 다르다. 고봉의 別은 정의 별칭인 '칠·사'이고, 퇴계의 分
　　은 '리·기'이다. 퇴계와 같다면 사단, 칠정, 正心의 정, 중화의 정 등은 리·기 二分이 되고 만다. 고봉은 이곳 '분'을 「추만서」에
　　서 四端七情之別(하179)의 '別'로 바꾼다.
111) "본성·기품의 異와 같이 사·칠도 分할 수 있다." 본연지성과 기질지성은 사맹 및 정주 '본설'이다. 기질지성의 "겸기"는 퇴계
　　도 인정하고 그래서 "칠정지발은 겸기"(상1)로 고쳤다. 그런데 『어류』를 본 후 급거 기질지성을 "기"로 바꾼다. 결국 어류의 情
　　설을 본 후 선유의 性설이 '기'가 되고 만 것이다.
112) 여기서 갑자기 기질지성의 성설이 '기'로 바뀐 것이다. 윗줄 "기품은 칠정과 같음"은 겸기이다. 그런데 이곳 "성을 리·기로 分
　　함"에서 기질지성은 '기'이다. 이는 『어류』 "칠정 기지발"을 본 후인데, 그렇다면 어류 사·칠이 먼저고 성의 본성·기품은 뒤이
　　다. 문제는 칠정(발현자)의 기는 인정되지만, 기질지성의 설은 기일 수는 없다는 점이다. 퇴계는 기질지성은 "순수한 본연지성이
　　아니기 때문"이라 하는데 그렇다면 '겸기'이다.
113) "유독 정만 리·기로 分함이 불가한가?" 그렇다면 선유는 '본성·기품을 리·기로 分'했는가? 퇴계는 그렇다 하고, 정도 분이 가
　　능하다고 한 것이다. 하지만 퇴계도 스스로 기질지성을 겸기라 했고 때문에 "칠정은 겸기"(상1)로 고친 것이다. 퇴계는 『어류』
　　"칠정, 시기지발"을 본 후 칠정을 '기발'이라 했을 뿐, 일찍이 본성·기품을 리·기로 분할 수 있다고 한 것은 아니다. 기질지성
　　은 기가 아닌 '성설'이나, 칠정은 정인 '기'이다. 따라서 기질지성이 기이므로 칠정이 기라 함은 논리가 성립되지 않는다.

(22) "惻隱羞惡辭讓是非", 何從而 "發"乎? 發於 "仁義禮智"之性焉爾. "喜怒哀懼愛惡欲",

何從而 "發"乎? 外物觸其形而動於中, 緣境而出焉爾. [何從하종; 무엇을 따라. 어디를 좇아.

(리·기 근원을 따라. 고봉; 심감으로 리발함) 觸촉; 접촉하다. 부딪치다.(고봉; 심이 외물과 접촉함) 緣境

연경; 장소, 환경, 배경, 상황에 연유하여.(緣은 위 從의 뜻으로 氣를 '따라'의 뜻. 境은 '환경, 장소, 일이

이러난 곳'을 말함)]

"측은·수오·사양·시비"(『맹자』)는 무엇을 따라 "發"(『중용』)합니까?(맹·사의 '설'에 관한 논

변이 아닌, 퇴계의 자의임)[114] "인의예지"의 성에서 발(發은 端이라 해야 함. 인은 설이며, 설이 발할 수는

없음)할 뿐입니다.[115] "희노애구애오욕"은 무엇을 따라 "發"합니까?[116] '외물이 그 형기에

접촉하면 中에서 動하고'(「호학론」의 설임)[117] 환경을 따라 나올(出) 뿐입니다.(퇴계는 자사와 정

자의 설을 해석함이 아닌 그 발처를 직접 말한 것임. 성현도 발처는 말하기 어려운 곳임)[118]

(23) 四端之發, 孟子旣謂之 "心", 則心固理氣之合也. 然而所指而言者, 則主於理, 何也?

---

114) "측은 수오는 무엇을 따라 발하는가?" "측은·수오"는 맹자의 설이고 "發"은 자사의 설이다. '說'은 기왕 선유의 학설이다. 맹자
는 "사단"의 설을 발표했고, 자사는 "발"의 설을 발표했다. 고봉은 "이것이 성정의 說이며 先儒의 발명 모두이다"(상2)라 하고
"자사의 言, 맹자의 論"(상3)이라 한다. "측은·수오"의 설과 "발"의 설은 전혀 다른 선유의 2설인데 퇴계는 합해서 논했다. "측
은·수오"는 "仁之端", "발"은 "未發, 謂之中, 發而"이다. 따라서 '인의 발'이라 할 수 없고 또 '발의 측은·수오'라 할 수도 없다.
그 설의 목적·종지가 다르기 때문이다. 사맹은 사람의 느낌을 논했을 뿐, 그것이 어디서 무엇이 발하는가에 대해 말하지 않았
다. 정은 심의 자연스런 일이며 이 현상은 마음으로 알 수 없기 때문이다. 반면 퇴계는 그 발을 말한 것이다. 때문에 고봉은 "이
는 실로 선생의 自得이십니다"(상62)라고 엄중히 비판한다.

115) "측은·수오는 인·의의 성에서 발한다." 이 논변은 그렇다고 인정될 수 없다. 맹자는 인·의의 "端"을 측은·수오라 했을 뿐,
결코 인의에서 "발한다"고 하지 않았다. 정은 성발이고, 칠정과 측은도 성발이다. 그 성발을 맹자는 "단"으로 言之(설명)했고, 자
사는 "발"로 언지했다. 그런데 "인에서 발한다"고 하면 자사의 "中"은 仁이 되고 만다. 중은 인이라 할 수 없다. "인"은 맹자가
"성의 渾然之體를 넷으로 쪼갠 것"(상79) 가운데의 하나지만, "중"은 "性德의 상황(狀)"(상95)일 뿐이다. 더구나 分 이전을 "理
氣賦與之中"(상18)이라 하면 "仁"은 獨理가 아닌 잡리가 되고 만다. "인"은 설이며, 따라서 '설이 발한다'고 해서는 안 된다.

116) "칠정은 무엇이 발하는가?" 퇴계는 성발이 아니라 함이다. 하지만 자사 '미발의 중'은 천명의 성이다. 그런데 자사는 '희노애락
은 무엇·어디서 발한다'라고 말했는가? 그렇지 않다. "미발의 중"은 희노애락이 무엇·어디서 발한다 함이 아니다. 정(칠·사는
설발)의 발처는 心感의 性發 하나이다. 자사는 다만 "발"이라는 용어를 썼을 뿐 이는 사람 느낌을 논했을 뿐, 그것이 어디서 발한다
함은 아니다. 반면 퇴계는 그 발처를 직접 말한다. 이는 자사의 '설'을 뛰어넘은 '자득'(상62)의 발언이다. 주희의 "미발은 성이
고 偏倚 없음은 中이다"(상94)의 주석은 발처가 아닌 자사의 설을 해석한 것뿐이다. 한편 「정자호학론」은 "희노애락애오욕"(상
159)이고, 『예기』「예운」은 "희노애구애오욕"인데 퇴계는 구분하지 않는다. 권근도 "희노애구애오욕"(「천인심성합일지도」)이다.

117) 정이의 「顏子所好何學論」이다.(상103) "형기가 기왕 생겼고, 외물이 그 형기에 접촉하면 中에서 動한다. 그 中이 動하면 칠정은
出하니 이를 '희노애락애오욕'이라 한다(形旣生矣, 外物觸其形而動於中矣. 其中動而七情出焉, 曰喜怒哀樂愛惡欲)."(『정씨문집』권
8, 577쪽) 퇴계의 '中이 動하여 出한다'고 함은 칠정은 인의예지의 發이 아님을 말하기 위함이다. 퇴계의 端, 發, 動, 中, 出 등의
용어는 사·맹·정·주의 용법과 다르다. "端"은 『맹자』, "發·中"은 『중용』, "動·出"은 「호학론」의 설인데, 퇴계는 그 용어의
특수성을 고찰하지 않는다.

118) 「호학론」 "外物觸其形而動於中矣. 其中動而七情出焉"을 퇴계는 "外物觸其形而動於中, 緣境而出焉"으로 이해한 것이다. 즉 칠정
은 "형기에 감촉해서 중에서 동하지만"(「호학론」) 그 다음은 "환경에 따라 出한다"(퇴계)는 것이다. 사단은 인의예지의 발인데,
칠정의 경우는 中에서 動하지만 그 출구는 환경을 따른 出이다. 퇴계는 왜 '연경'이라는 글자를 추가하는가? "緣境"("緣氣" 상
287)은 기를 경유한다는 뜻이다. 그렇다면 사단은 '연경'이 아닌가? 또 문제는 사단은 "발", 칠정은 "出"인가? 발·出이 다른가?
퇴계는 발·出의 처에 대해 직접 말할 수 없다. 자신 본연의 일이므로 다만 해석만 가능할 뿐이다. 이천의 "中動으로 칠정은 出
한다"고 함은 직접 出을 말함이 아닌 '정은 이렇게 출현함'의 뜻, 즉 정에 대한 해석이다. 고봉이 "선생의 자득(상62)이라고
비판한 이유이다. 정자는 "人心緣境, 出入無時, 人亦不覺"(『유서』권2하, 20, 53쪽)이라 한데 퇴계의 '연경'은 여기서 나왔을 것이
다. "不覺"은 자연 본연의 일이다. 퇴계는 칠정을 인심·도심의 인심이라 하지만, 이곳 정자의 "인심"은 物我 혼용이다. 인심의
발처는 "前賢도 알기 어려운"(하118) 지점인데, 퇴계는 직접 말한 것이다.

仁義禮智之性, 粹然在中, 而四者其端緒也. [粹然수연; 순수한 모습.(주희는 渾然이라 함. 또 粹를 주희는 "純粹至善"의 善으로 말함. 성은 어느 경우든 순수임. 주희는 "材全德備의 渾然, 中正和樂, 粹然"(『논어, 헌문』13)이라 함. 在中재중; 중의 상황으로 있음. 端緒단서; 실마리. 仁이 端의 情으로 드러남.(주희는 端을 緒로 주석함)]

"사단의 발"(端임)[119]을 맹자는 이미 "심"(주희는 공부는 심, 측은은 정이라고 주석함)이라고 했습니다.[120] 심은 진실로 리기의 합입니다.(합이라면 확충・성선은 불가함이 되고 맘)[121] 그런데 가리킨 바(所指)로 말한 것이 '主理'라 함은 왜이겠습니까?(합리기의 物・氣 속의 주리이며, 고자의 성과 같음)[122] 인의예지의 성이 수연히 中에 있다가(在中),(재중은 『중용』설이며, 『맹자』는 찬연의 인・의임)[123] 넷의 것이 그 '단서'이기 때문입니다.(단서는 확충설임. 퇴계는 단서, 성선, 중화 3설을 혼용한 것임)[124]

---

119) "四端之發"을 퇴계는 "純理故無不善"(상1)의 성으로 여긴다. 그러나 맹자는 "측은지심, 仁之端也"(「공손추상」)의 '端'이라 한다. 「고자상」 "성선"은 '단'을 말하지 않았다. 맹자는 "端은 나에게 있으니 확충해야 한다"고 하여 나에게 "있음"을 논했을 뿐, 그 발처를 말하지 않았다. "端이 있다(有四端)" 함은 "四端在我"(주희주)일 뿐 '仁이 發한다' 함은 아니다. 주희의 "그 情之發로 因해서 성의 본연을 可得해서 볼 수 있다"고 주석한 것도 '有(在)'일 뿐이다. 따라서 "사단지발"은 "단(드러난 단서)"의 의미이다. 고봉은 "四端之發은 불중절이 있고, 四端之情은 무불선임",(상170) "四端之發은 확충하라는 뜻"(하149)으로 해석한다. 퇴계도 「심통성정도설」에서 "四端之情"으로 바꾼다.

120) 맹자는 사단을 "측은지심"의 '心'으로 표현했다.(「공손추상」・「고자상」) 주희에 의하면 사단지심의 '심'은 공부이다. "惻隱은 情이고, 仁은 性이다. 心은 性情을 統한 것이다."(「공손추상」 집주) "感物로 動에 이른 연후에 그 측은의 用이 見하여 인의예지의 端이 나타나니, 이른바 情이다. 心은 性情을 통섭한다.(至於感物而動, 然後見其惻隱…之用, 而仁義禮智之端於此形焉, 乃所謂情.…心則統乎性情者也)"(「문집」권56, 「答方賓王」3, 2659쪽) "이 장은 情上에서 心을 見得한 것이다.(此是情上見得心)"(「어류」권5, 僩65, 226쪽) '統'은 성・정은 심 공부이기 때문이다. 주희가 "정이다"고 한 이유는 외감의 느낌이기 때문이다. 반면 퇴계의 "심"은 공부가 아니다. 퇴계도 측은지심을 정이라 하면서도, 여기서만 합리기의 심이라 한다. 합리기라면 확충・성선을 논할 수 없다.

121) 퇴계는 "단"을 합리기라 한다. 만약 그렇다면 단을 확충해서는 안 되며, 또 확충 공부도 불가함이 되고 만다. 仁의 發(端)인 측은히 여기는 마음도 본래 합리기인가? 사람은 누구나 합리기의 측은지심이 있으며, 즉 아이의 入井에서 사람의 "眞心"(「공손추상」)이 합리기인가? 맹자 종지는 이와 전혀 다르다. 심은 합리기이고, 정도 합리기지만, 맹자 종지는 사람에게 眞心의 "不忍人之心(차마 못하는 사람 마음의 감정)"이 있다 함이다. 이는 심의 합리기를 말함이 아니다. 합리기로는 "성선"과 "확충"을 논할 수 없다. 합리기는 性의 善, 仁의 端을 가리킬 수 없다.

122) "사단지심은 그 所指가 主理이다." "인의 단"의 소지가 리임이 분명하다. 그런데 그 리가 합리기 중의 '주리'인가? 퇴계는 "리기 賦與之中"(상18) "리기에 나아가서"(상34)의 주리이다. 즉 리기 호발 중의 주리이며, 사단의 '리발'도 주리이다. 그렇다면 사단지심은 본선일 수 없다. 본래 합리기 때문이다. 맹자의 "진심"과 "측은지심"은 이미 맹자의 소지이다. 그것을 리기 중의 주리라 할 수 없다. 주희의 "事物에서의 리기는 分開할 수 없다"(상7)고 함은 '기'이다. 퇴계와 같다면 "사물 속의 주리가 되어, 고자의 성이 되고 만다.

123) "인의예지의 성이 수연히 중에 있다(在中)." 즉 미발에 인의예지의 성은 수연히 中에 있다. 하지만 주희의 "인의예지", "수연", "성", "在中"은 서로 다르다. 인・의・예・지는 "粲然"이고 성은 "渾然"이다.(「태극도설해」, 77쪽. 『문집』권58, 「答陳器之」2, 2779쪽. 상95) 성의 '渾然在中'과 '粹然在中'은 다르다. 자사의 혼연은 온전이고 수연은 순수하다는 뜻이다. "재중"은 『중용』에 관한 이천의 설이고, "인・의・예・지"(찬연)의 설과 가리킴이 다르다. 인의예지를 재중이라 할 수는 없다. 주희는 "재중"에 대해 "[이천의] 이른바 '在中之義는 희노애락 미발의 渾然在中을 말함이다. … '중'이라 한 것은 성의 체단에 대한 상황이다"(蓋所謂在中之義者, 言喜怒哀樂之未發, 渾然在中, …其謂之中者, 蓋所以狀性之體段也)(『문집』권31, 「答張敬夫」9, 1338쪽)고 한다. 즉 "재중"은 미발의 성이 '혼연의 중의 상황'으로 있는, 즉 '性德에 대한 상황'(상95)이다. '혼연 재중'은 인・의・예・지의 찬연이 아니고, 또 "재중"은 성이 중의 장소에 있다는 뜻도 아니다. 주희는 "粹를 天命之性, 純粹至善"(『중용혹문』상14, "희노애락" 조항, 558쪽)이라 하여 성의 善을 純・粹라 한다.

124) "인의예지의 단서"는 맹자설이고, "성의 혼연재중, 발"은 중용설이다. 따라서 재중의 성이 인의예지일 수는 없고, 중이 발해서 사단이 될 수도 없다. 재중도 설이고, 사단도 설이기 때문이다. "端"(「공손추상」)과 "성선"(「고자상」)도 종지가 서로 다르다. "여기서(성선) '단'을 말하지 않은 것은, 저기(단서)는 확충하고자 하고 여기는(성선) 用(인의 용)으로 因하여 그 본체를 드러낸 것이다. 말이 不同한 이유이다."(「고자상」, 주희주) 즉 "단서"는 성선이 아닌 "확충해야 함"이다.

(24)七情之發, 朱子謂 "本有當然之則", 則非無理也. 然而所指而言者, 則在乎氣, 何也? 外物之來, 易感而先動者, 莫如形氣, 而七者其苗脉也. [然而연이; 그런데도. 그렇다 하더라도.(위는 겸기의 혼륜, 여기는 주기임) 所指소지; 가리킨 것. 가리켜 말한 목적.(자사의 가리킨 목적. 자사는 '七情之發'을 가리킨 것은 아님) 在乎氣재호기; 기에 있다.(주기의 뜻) 苗脉묘맥; 싹과 줄기.(퇴계; 기의 묘맥. 기의 피. 주희; 심·성·정은 같은 리선의 묘맥)]

"칠정의 발"125)을 주자도 "본래 당연한 법칙이 있다"(이후 各有攸當으로 고침.『대학』5정 '수신장' 일이기 때문임)126)고 하니, 따라서 리도 없지 않습니다.(이후 겸리기로 고침)127) 그렇지만 가리킨 바(所指)로 말한 것이 '기에 있음(在乎氣)'은 왜이겠습니까?(당초 겸기를 주기로 바꿈. 퇴계는 알 수 없는 발처를 소지로 독단한 것임)128) 외물이 옴에 쉽게 느끼고(感) 먼저 움직이는(先動) 것은 '형기'만한 같음이 없으니,(주기 이유임. 고봉은 이언적 "선동"을 난데없는 설이라 함)129) 일곱의 것이 그(氣) '묘맥'이기 때문입니다.(묘맥 본의는 심성정은 같은 리선이라 함인데, 퇴계는 기의 피임)130)

---

125) "칠정으로의 발"을 퇴계는 "겸기 때문에 유선악이다"(상1)고 한다. 사단으로의 발(발처)과 다른 이유는 "환경을 따라 나오기"(상22) 때문이다. 하지만 자사는 희노애락 발처를 말하지 않았다. 왜냐하면 자사도 사람 자연감정의 현상을 공부로 논함에 불과하기 때문이다. 자사의 "발"은 '공부처'이다. "중·화"는 희노애락 미발·이발 즈음에서 공부로 이룬 성·정의 덕이다. 고봉은 "七情之發은 성찰 극치해야 함"(하150)이라 하고 "七情之情"(하51)를 기질지성과 같은 '설'이라 해석한다. 퇴계도 「심통성정도설」에서 "七情之情"으로 바꾼다.

126) "本有當然之則"은 『대학장구』제8장 「修身章」 주석이다. 주희는 여기서 "親愛·賤惡·畏敬·哀矜·敖惰의 五情을 '修'"이라 하고 이를 "五者在人, 本有當然之則. 然常人之情, 惟其所向而不加察焉, 則必陷於一偏, 而身不修矣(5정은 사람에 있고 본래 당연한 법칙이 있다. 그러나 상인의 정은 그 향하는 바에서 '살피지(察)' 않아 일편에 빠지고 그래서 身이 不修하게 된다)"고 주석한다. 5정 종지는 희노애락과 다르다. 『중용』 "희노애락"은 미발·이발의 '중·화'의 덕을, 『대학, 정심장』 "분치·공구" 4情은 '미발이 두어서는 안 되는 정'을, 이곳 『대학, 수신장』 "애친·천오" 5情은 '이발 성찰의 정'을 가리킨다. 따라서 이곳은 고봉이 인용한 『중용혹문』의 설(상95)을 본 후 "各有攸當"(상202)으로 고친다.

127) "非無理"는 뒤에서 "兼理氣"(상202)로 고친다. 겸리기라 해야만 '혼륜'이 된다. 이 겸리기에서 다시 기를 가리킨 것이 아래 "在乎氣"(주기)이다. "非無理"는 氣자가 없으므로 주기를 뽑을 수 없기 때문이다. 그리고 "비무리"는 '부정의 부정'인 곧 긍정이 되어 오히려 리를 강조함이 된다. 이에 고봉은 비무리는 "선유의 논과 합치 하지 않음이 없으므로"(하20) 고치지 않아도 된다고 한다. 칠정의 "중화"는 '리'이기 때문이다.

128) "칠정지발은 본래 겸리기인데 그 所指는 주기이다." 퇴계의 칠정은 겸기와 주기 둘이다. "칠정지발, 겸기고유선악"(상1)과 "혼륜언지"(상37)는 겸기이다. 당초 "발어리·발어기는 분별이 심해 순선·겸기로 고쳤다"(상14)고 함은 기발(주기)을 '겸기'로 고쳤다 함이다. 여기서 또다시 겸기를 '기발(주기)'로 고쳤다. "偏指이나 獨言氣"(독기이나 독기)(상35)를 "兼指이나 主言氣"(겸기이나 주기)(상212)로 고친 것은 독기에서 주기이다. 즉 겸이 아닌, 『어류』 "기지발"의 주기·독기이다. 문제는 "칠정으로의 발"인 발처를 所指라 할 수 없다는 점이다. '발처'는 발하는 즈음이 動處이고, '소지'는 정에 대한 설이기 때문이다. 그러나 발처는 사람이 스스로 안다고 할 수는 없으며, 안다고 하면 공부가 빠진 독단이 되고 만다.

129) 칠정이 주인인 이유에 대해 「정자호학론」 "그 形에 觸感하면(觸其形)"의 '形'을 "쉽게 感해 先動하는 것은 形氣"로 해석하고, 이것을 주기라 한 것이다. 즉 「호학론」 "外物觸其形而動於中"(상22)의 '形·中'은 겸리기인데, 다시 그 '形'만 따로 논하면 이것이 주기이다. 퇴계는 이를 "中에서 動하고 境으로 出한다"(상22)고 한다. 과연 중용과 호학론은 주기인가? 호학론 본문은 "그 中이 動하여 칠정이 出한다"이고, 따라서 칠정은 "中動의 出이며, 性之欲者의 出"(상103)이다. 고봉은 "칠정을 규제해서 中에 합치하도록 해야 한다면 七情是氣之發로 여길 수 있다"(하134) "기의 흐름에 리가 가릴 수 있으니 성찰 극치해야 한다"(하150)고 하면 기발도 가능하다고 한다. 이는 사람 자연의 정에서 '자신의 공부로 논한 것'이다. 단, 자사 종지는 '중화'이고, 「호학론」은 "好學"인 배움으로 성인에 이르는 길(상103)이다. 고봉은 이언적의 "性先動, 心先動"의 '선동'을 '난데없는 설'이라 한다.(하107) 공부가 없고, 또 알 수 없는 일을 선동으로 독단하기 때문이다.

130) "칠정은 형기의 묘맥이다." 즉 기의 칠정은 "묘맥"이고, 인의예지의 사단은 "단서"이다. 퇴계의 단서와 묘맥은 리·기의 각자 다른 줄기(소종래)를 표시한다. 이는 주희의 용어와 전혀 불합치하다. 고봉은 "사단은 천리의 所發이고, 이는 칠정 중의 '發而中節者'와 같은 묘맥이다."(상5. 하24) "이른바 善者는 血脉이 [칠사에] 관통한다"(상160)고 한다. 즉 성, 리, 선 등은 동일한 묘맥·혈맥이다. 주희는 "인의예지 넉자는 각기 분별이 있다. …일에 따라 발현함에 각기 '묘맥'이 있어서 서로 어지럽지 않으니, 이른바 정이다(只仁義禮智四字, 於中各有分別. …隨事發見, 各有苗脈, 不相殽亂, 所謂情也)"(『문집』권74, 「옥산강의」, 3589쪽)고 하

(25)安有在中爲純理, 而才發爲雜氣, 外感則形氣, 而其發爲理之本體耶! [在中재중; 성의 덕이며, 성덕의 상황.(정주) 순리가 중이라는 곳에 있음.(퇴계) 才發재발; 비로소 발함.(고봉; 중의 성덕으로 있다가 외감으로 발하여 정이 됨) 雜氣잡기; 리기가 섞인 것.(고봉; 겸리기) 外感외감; 외물에 심이 느낌. (외는 외물, 感은 나의 심)]

어찌 在中(퇴계는 장소, 정주는 성덕)에 있을 때는 '순리'인데131) 비로소 발한다고 '잡기'로 변환 되겠습니까.(퇴계는 '미발신독' 공부를 논하지 않음)132) 어찌 외물에 느끼는 것은 '형기'인데133) 그 발이 '리 본체'로 변환 되겠습니까!(천명·중화는 반드시 기라는 것임. 천명도를 '기도'로 바꾼 것임)134)

(26)四端皆善也. 故曰 "無四者之心, 非人也." 而曰 "乃若其情則可以爲善矣." [乃若내약; 발어사.(주희) 若은 順의 뜻.(『이정집』 291쪽) 其情則可以爲善기정즉가이위선; 그 정이라면 선으로 삼을 수 있음. 그 정의 順으로 성선을 삼음.(정자의 이 설을 채택하지 않음. 공부가 있어야 하기 때문임)]

사단은 모두 선합니다.(「공손추상」과 「고자상」을 합친 말임)135) 때문에 맹자는 말하기를 "이 넷의 마음이 없으면 사람이 아니다"(「공손추상」 "확충" 조항이며, 「고자상」 "성선" 조항이 아님)136)고

여 仁과 측은을 묘맥이라 한다. 주희의 "神妙, 묘합, 묘맥, 묘용" 등의 '妙'자는 리(태극)이다. 반면 퇴계의 "혈맥"(상254)은 칠정은 형기의 묘맥, 사단은 사덕의 단서라고 한다. 용어의 혼란이다.

131) "在中에 있을 때는 순리이다." 즉 인의예지가 중에 있다가 사단으로 발한다. 그렇다면 『중용』 "중"은 '장소'가 된다. 정주의 "재중"은 이와 다르다. "喜怒哀樂之未發, 謂之中"의 '중'은 장소가 아니다. 주희는 재중의 중을 性德을 상황하며 도의 체"이고 "혼연재중하며 편의가 없어서 중이라 이른다"고 한다.(상95) 퇴계는 "재중에는 純理"이므로 "사단지발은 순리"(상1)라 한다. 또 "혼연"을 "겸리기"인 잡기리·합리기라 한다. 이러한 재중, 혼연은 정주의 용법과 다르다. 주희는 "사단 미발은 渾然全體이고, 聲臭로 말할 수 없고 形象으로 볼 수 없으나, 粲然히 조리는 있다"(『문집』권58, 「答陳器之」2. 권74, 「옥산강의」, 2779·3589쪽)고 한다. 중은 성의 덕이며, 미발에서 혼연히 중의 덕으로 있다.

132) 즉 "중에 있는 순리"는 막 발한다고 잡기로 변환되지 않는다. 퇴계의 이른바 '리·기 혈롱'으로, 피가 본래 다르다. 하지만 이 논변은 『중용』 "愼獨"의 "戒愼·恐懼"의 공부를 논하지 않은 것이다. 정자의 "在中"은 중용설이며 "中"은 신독으로 이룬 性體이다. 주희는 "미발의 중" 공부를 "이발미발설"에서 '도통'으로 삼는다. 고봉은 "성이 막 발(乍發)함에 기가 용사하지 않아 본연의 선을 직수한 것, 이것이 맹자의 사단이다"(상5)고 하며, 기의 용사는 공부이다. 때문에 고봉은 "生知의 성인이 아니라면 그 소발의 사단은 수연한 천리를 보장할 수 없으며, 기품의 가림이 없을 수 없다"(하97)고 한다.

133) "外感은 形氣이다"는 위 "외물에 易感하여 先動하는 것은 형기이다"의 뜻이다. 즉 "그 感을 담당하는 것은 氣"(상279)이다. 그렇다면 사단은 외감이 아닌가? 고봉은 정은 심의 '감물로 리발한다고 한다. "中間에 이 리가 있음으로 말미암아 서로 계합하며, 리 없는 감·동은 없다."(상108) 즉 형기의 감은 기가 하는 것이 아닌 "심의 感으로 性之欲이 出한다."(상103) "그 感物者는 사칠이 다름이 없다."(상109) 만약 칠정만 형기의 외감이라면 사단은 감물이 없게 되고 만다. 칠사는 감물 이후의 名일 뿐이다.

134) "외감하는 것은 형기이며, 형기의 발은 리 본체로 변환될 수 없다." 왜냐하면 "그 감은 기이니, 그 발에 이르는 것을 리라 할 수 없기"(상279) 때문이다. 이와 같다면 "中間에 리가 없음"(상108) 혹은 "리 없는 기"(상29)가 되고 만다. 사단도 형기의 "감물"(상109)로 인한다. "乘氣로 行하는 것"(상112)은 리이며, 그 발현한 것은 정이다. "心之感"으로 "리 본체"(상115·116)는 발한다. 퇴계는 "爲理之本體耶"를 뒤에서 "顧爲理不爲氣耶(다만 리만 되고 기는 되지 못하랴)"(상203)로 고친다. 칠정을 기로 여길 수 있다는 것이다. 문제는 칠정은 정인 기인데, 그 종지는 중·화의 리라는 점이다. 퇴계는 칠정은 '반드시 리일 수 없음'에 대해 분명하게 논한 것인데, 결국 「천명도」는 '사단도'로 바뀌어 '기도'가 되고 만 것이다.

135) "사단은 선함"은 「공손추상」 "단"과 「고자상」 "선"을 합친 말이다. 그렇다면 칠정은 선하지 않는가? 자사는 "천명의 미발을 중"이라 했고, 그 발현자를 '희노애락'이라 한다. "중·화"를 위해 희노애락을 말했으므로 그 所指도 선이다.

136) 「공손추상」 "無惻隱之心, 非人也"이다. 주희는 "이것이 없으면 사람이라 할 수 없다. 그래서 반드시 있음을 밝힌 것이다"고 주석한다. 정자도 "사람은 모두 이런 마음이 있다. 오직 군자만이 능히 擴而充之한다"고 한다. 즉 "지금 갑자기 孺子 入井의 일을 본다면 모두 울컥 측은지심이 들게 마련이다." "진실로 능히 확충하면 족히 사해를 보호할 수 있다."(모두 「공손추상」) 단, 이

합니다. 그리고 말하기를 "그 정[137]으로 善을 삼을 수 있다"(「고자상」 성선설임. 맹자는 사단의 단이 아닌 '그 정'으로 선을 삼음. 사단은 그 정의 '설'임)[138]고 합니다.

(27) 七情善惡未定也. 故 "一有之而不能察", 則 "心不得其正." 而必發而中節然後, 乃謂 之 "和." [有之유지; 소유함. 가지고 있는 상태.(고봉; 미발의 심에 정을 미리 가지고 있는 상태. 그러 면 正心이 되지 못한다는 것) 不能察불능찰; 능히 살피지 못함.(발 즈음 심이 察해야 함)]

칠정은 선악 미정입니다.(사단 및 인의도 본래는 미정이라는 주장이 됨)[139] 때문에 "하나라도 마 음속에 가지고 있거나, 능히 살피지 않는다면"(「대학, 정심장」으로, 「중용」과 전혀 다름)[140] 마음 은 "그 바름을 얻지 못한다"(「대학」 "정심"의 일이며, 칠정의 일과 완전히 어긋남)[141]고 합니다. 그러 므로 반드시 "발하여 중절한 연후에야 결국 '화'라 이른다"(「중용, 수장」의 문자를 고침)[142]고

감정이 칠정과 다르다 함은 아니다. 맹자는 "있으니 확충해야 한다" 함이고, 자사는 "중화"의 덕을 논한 것이다. 「공손추상」 종 지는 "사단은 모두 선이다"가 아니다. 이 장은 "성선"(「고자상」)이 아닌 "확충"을 논한 장이다.

137) 퇴계는 맹자 "情, 可以爲善"을 사단만의 선이라 하지만, 고봉은 「중용」 "發而皆中節"과 같은 선이라고 한다. 때문에 "맹자의 설 은 자사에서 나왔다"(상119)고 한 것이다.

138) 「고자상」에서 공도자가 묻기를 "지금 선생은 '性善'이라 함인데 그렇다면 저들의 주장은 모두 틀렸습니까?" 맹자의 답변이다. "孟子曰, 乃若其情, 則可以爲善矣, 乃所謂善也(그 정으로 선을 삼을 수 있으니 나의 이른바 '선'이다)." 집주를 보자. "乃若은 발 어사이다. 情은 性의 動이다. 사람의 '정'은 단지 '선으로 삼을 수 있을 뿐 악으로 삼을 수 없다. 이로써 성의 '本善'("本然"은 "공손추상"임)을 알 수 있다." 情은 性의 動이다. 성선과 정선은 어떻게 이어지는가? 정자는 말한다. "맹자가 말한 '인성은 선하 다' 함이 이것이다. 이른바 '잇는 것이 선이다'고 함은 마치 물이 흘러 아래로 내려감과 같다(孟子言人性善是也, 夫所謂 '繼之者 善'也者, 猶水流而就下也)."(「유서」권1, 56조, 10쪽) 즉 性善과 情善의 연계는 「계사전」 "繼之者善"다. '선'이 성·정을 '잇는다 (繼之)'는 것이다. 반면 퇴계의 "其情"(성선)과 "사단의 확충"을 구별하지 않으며, 사칠의 선은 혈맥이 전혀 다르다고 주장한다. 주희는 "「고자상」은 端을 말하지 않았다. 이곳은 用에 因해서 그 본체를 드러낸 것이다"(「고자상」)고 하여 사단설과 성선설은 소지가 다르다고 한다. 고봉은 "그 정(其情)"을 선이라 함은 "「중용」에서 나왔다"(상96)고 한다. 한편 정자의 "若은 順의 뜻이 다"(「이정집」, 291쪽)를 주희는 "以若順者, 未是(若을 順으로 풀이한 것은 옳지 않다)"(「어류」권59, 무명42, 1884쪽)고 한다. 왜 냐하면 정을 順해서 정이 되면 곧 유선악이며, 때문에 고봉은 사단지발의 불중절을 논한 것이다. 미발 즈음 심 공부가 없는데도 모두 중절한다 할 수는 없다.

139) "善惡未定也"는 「개정본」에서 "本善而易流於惡(본선이나 쉽게 악으로 흐른다)"(상205)로 고친다. 미정은 "유선악"(상39) "잡기" (상25 · 19) "혼륜"(상37)이기 때문이다. 사실은 본래 혼륜(잡기)이며, 본래는 겸인데 주리 · 주기이므로, 사단 · 인의도 선악미정 이라 할 수 없다. 미정이라면 칠사 이전은 일종의 '명'한 상태가 되고 만다. 그러나 심의 감동 이전은 일용생활이며 여기가 미발 공부처다. 퇴계는 사람 본유의 마음을 논함이 아닌 스스로 어떤 상태를 가정하고, 또 중용 종지인 미발공부를 혼잡으로 여기 고 만 것이다.

140) 「대학, 正心章」 "하나라도 마음에 두거나 살피지 못하면 [미발에] 욕구가 동하고 정이 [發을] 이기게 되어 그 작용의 행함이 혹 그 바름을 잃지 않을 수 없을 것이다(一有之而不能察, 則欲動情勝, 而其用之所行, 或不能不失其正矣)"를 인용했다. 퇴계는 "하나 라도(一)"의 '一'을 「중용」 칠정이라 하고, 그 칠정은 선악 미정(혹은 쉽게 악으로 흐르는)의 것이므로 두어서는 안 된다고 한다. 하지만 정심장 종지는 퇴계의 해석과 전혀 다르다. 고봉은 뒤에서 「대학장구」,(하73) 「대학혹문」,(상124) 「대학장구, 소주」(하 74) 등을 인용해서 반박한다. 고봉은 이 4정은 "心之用이므로 없을 수 없다"(주희주, 상124) 하고, 다만 이 장의 종지는 "그 미 발의 心을 거울의 空, 저울의 平과 같게 해서 感物 즈음 그 應함이 모두 중절할 수 있게 하기 위함"(하76)의 뜻이라 한다.

141) 「대학, 정심」의 "이른바 修身이 그 心을 正함에 있다 함은 心에 忿懥함이 있으면 그 正을 얻지 못하고, 恐懼함이 있으면 그 正을 얻지 못하며, 好樂함이 있으면 그 正을 얻지 못하고, 憂患함이 있으면 그 正을 얻지 못한다(所謂修身, 在正其心者, 身有所忿懥, 則 不得其正, 有所恐懼, 則不得其正, 有所好樂, 則不得其正, 有所憂患, 則不得其正)"를 인용했다. 즉 이 4情인 분치·공구·호요·우 환을 미발일 때 심에 하나라도 두면 그 심은 "鑑空 · 衡平"의 至虛 · 至靜(虛明)이 되지 못한다. 반면 퇴계는 이 4정은 칠정이며 "그 마음을 바르게 못하는 것"으로 해독한다. 하지만 자사는 중화를 논하기 위해 희노애락을 말한 것이다. 정자는 "이 四情은 없 어야 한다 함이 아니다"(「정씨유서」권22상, 10조, 278쪽) 하고 주희도 "정은 심이 주재(공부)한다. 심이 주재하면 그 動도 중절한 다. 어찌 人欲이 있겠는가? 심이 주재하지 못하면 情은 自動하여 인욕에 흐르고 매번 不得其正이 된다"(「문집」권32, 「問張敬夫」6, 1395쪽)고 한다. 퇴계의 해석은 「정심장」 종지와 완전히 어긋나며, 또 "칠정과도 不相似"(상125)라고 고봉은 강력 비판한다.

했던 것입니다.(모두 『대학』 및 『중용』 종지와 완전히 정 반대됨)

(28)由是觀之, 二者雖曰皆不外乎理氣, 而因其所從來, 各指其所主與所重而言之, 則謂
之某爲理, 某爲氣, 何不可之有乎? (右第六節) [所從來소종래; 종래한 바.(퇴계; 리기 근원에
나아간 바. 고봉; 그 설이 나온 배경. 칠사설 유래) 所主소주; 주로 여긴 바.(퇴계; 그 主가 리인가,
기인가. 고봉; 그 설의 主된 점) 所重소중; 중점으로 여긴 것.(퇴계; 리·기. 고봉; 사단설의 중점과
칠정설의 중점)]

이로 말미암아 본다면 둘의 것(사·칠)이 비록 모두 '리기를 벗어나지는 않지만'(사칠은
본래 혼륜·겸기·미정이라는 것)143) 그러나 그 종래한 바(소종래인 미발의 리·기)144)에 因한다면
각기 '주된 바(所主)'와 '중요한 바(所重)'를 가리켜 설명할 수 있고,(사맹 본설에 인함이 아닌,
퇴계 스스로 미발에 나아가 알 수 있음으로 논한 것임)145) 그렇다면 어떤 것은 '리'라 하고 어떤 것
은 '기'라 한들 무엇이 불가함이 있겠습니까?(사칠 종지에 근거하지 않고, 리기에 나아가 추측으로
논함. 공부가 없음)146) (여기까지 6절)

---

142) 『중용, 수장』의 "發而皆中節, 謂之和"를 "發而中節然後, 乃謂之和"로 고쳐 인용했다. 「개정본」에서는 "發而中節者, 乃謂之和"로
바꾸지만 모두 『중용』 경문과 다르다. 퇴계는 칠정은 미정이므로 두어서는 안 되며, 때문에 자사도 "중절한 연후를 화라 했다"
고 한다. 그렇다면 두어서는 안 될 미정이 중절의 화로 변환되는가? 주희는 『대학혹문』에서 『대학, 정심장』과 『중용, 수장』을
다음과 같이 연계한다. "未感之時는 至虛·至靜하니 이른바 鑑空·衡平의 體이다. …及其야 感物之際에 應하는 바의 것은 또 모
두 中節하니 그 鑑空·衡平의 用이다. …이를 天下의 達道로 삼는다. 어찌 不得其正이 있겠는가?"(『혹문』하7, 534쪽) 즉 미발은
분치·호요 등 4정이 없음을 심의 체로 삼고, 중절자를 심의 용으로 삼으니 이것이 천하의 달도인 화이다. 주희가 "희노애락이
아니면 그 중절여부도 볼 수 없다"(『문집』권42, 「答胡廣仲5, 1901쪽)라 한 것은 칠정의 善者가 달의 화이기 때문이다. 만약
"선악미정"이므로 "중절한 연후에 화라 한다"면 칠정은 "쓸데없이 자란 무용지물"(상122)이 되고 만다.

143) "사칠 모두 본래 리기를 벗어나지 않는다." 모두 "리기부여자중,"(상18) "기 없는 리는 없음",(상17·29) "겸리기,"(상1) "혼륜,"
(상37) "잡기"(상19·25)이다. 따라서 사단·성선, 천명·중화도 본래 겸리기로 "선악미정"이다. 지금 퇴계는 사맹 종지로 논하
지 않는다. 자사의 소지를 "兼指면서 主氣"(상212)라 할 수는 없다.

144) "소종래"의 뜻을 퇴계는 "각각의 所發에 就해서 사칠의 소종래로 分함",(상247) "소종래가 본래 無異라면 그 言之者는 무엇을
取했겠는가",(상247) "사의 소종래가 理이니 칠의 소종래는 氣이다"(상274)의 의미로 사용한다. 즉 '리·기에 각각 就한 것'이 곧 소종
래이다. 이는 고봉의 "사맹은 그 所就以言之가 不同해서 사·칠의 別이 있음"(상3)의 '所就'를 오히려 리·기라 하고, 그 리·기
에 '나아간 것(就)'을 소종래라 한 것이다. 이는 주희와 고봉의 '소종래라는 용법'과 다르다. 고봉은 "주희의 사단 불중절의 설"에
대해 "그 설 역시 소종래가 있다"(하95)고 한다. 주희의 "天命을 아는 것이 그 소종래를 아는 것이다",(『어류』권23, 璃102, 816
쪽) "窮理·盡性의 소종래는 하나이다",(권77, 人傑22, 2612쪽) "[오봉(호굉)과 같이] '善은 性으로 말하기에 부족하다'고 하면
善의 소종래를 알지 못한 것이다"(권101, 升卿180, 3399쪽)라 한은 그 '설의 유래'에 관한 말이다.

145) "리·기 소종래로 보면 각자 리·기의 所主와 所重이 있다." 사칠이 아닌, 소종래인 '리·기'가 그 소주·소중이다. 퇴계는 사칠
을 사맹에 인하지 않고 스스로 리기에 나아갔고, 그 리·기의 소주·소중이다. 이것이 "성현의 종지"(상30)이다. 그러나 사맹은
리·기가 아닌, 사람 본연의 감정에서 자신의 목적(소주)으로 논한 것이다. 정은 무수한 소주로 논할 수 있다. 그중 각각 一說을
제시한 것이 칠·사다. 칠사는 리·기 의미만 있지 않다. "가리켜 설명할 수 있다"고 함도 사맹 소지가 아닌, 리·기이다.

146) 리기에 나아가면 "사단은 리 칠정은 기"이다. 즉 사칠은 모두 겸리기·혼륜의 "미정"이나, 리·기 소종래에 나아가면 리는 사단
기는 칠정이니, 이것이 리·기 소주·소중이다. 문제는 칠사 이전은 리기인가? 이전은 미정의 혼륜인가? 퇴계의 사칠 이유는 리
발·기발이다. 그러나 사맹은 반대로 사람 본연의 느낌을 칠사로 설했다. 느낌은 칠사 이외에도 무수히 논설할 수 있다. 퇴계의
주리·주기는 사맹 종지와 관계없이 그 근원을 리발·기발이라 하고 "이것이 성현의 종지(아래)라고 한다. 이는 자신의 느낌에
대한 공부도 없거니와, 또 리기에 나아감은 사람 본연의 감정을 논했다고 할 수 없다.

(29)竊詳來喩之意, 深有見於理氣之相循不離, 而主張其說甚力. 故以爲未有無理之氣, 亦未有無氣之理, 而謂四端七情, 非有異義. [相循상순; 서로 순환하다. 서로 따르다.(循은 순서·질서가 있는 모양임. 상순은 태극이 동정으로 순환 운행하는 道를 말함인데, 퇴계는 리기 '혼합·잡기'로 해석한 것임. 부정인 不相干은 도가 유행하지 못한 것) 不離불리; 분리되지 않음. 떨어지지 않음. 異義이의; 다른 옳음.(고봉의 '二義'를 오독 인용한 것임)]

그런데 가만히 보내오신 논변으로 공의 의도를 살펴보면,[147] 깊게 '리기는 서로 순환하므로 떨어지지 않는다'(주희는 易·道·神이라 함)[148]고 하시면서(퇴계는 道·理가 아닌 잡리기·혼잡으로 여김) 그 설에 대해 매우 힘써 주장하셨습니다.[149] 때문에 '리 없는 기도 없지만 기 없는 리도 없다'(주희 본설인데, 이 설을 혼잡의 골륜탄조로 여김)[150]고 여기시고,(그대는 사칠의 잡리기만 힘써 주장한다는 것) 결국 사단과 칠정은 "다른 옳음(고봉의 '二義'를 '異義'로 오독 인용한 것임)이 있는 것은 아니다"[151]라고 하셨습니다.

(30)此雖近是, 而揆以聖賢之旨, 恐有所未合也. (右第七節) [揆규; 헤아리다. 추측하다. 聖賢성

---

147) 위에서 퇴계는 1)사칠이 리기를 벋어나지 않지만, 2)소종래에 因한다면 소주·소종으로 가리킬 수 있으니, 3)따라서 사는 리, 칠은 기라고 했다. 아래는 고봉이 사칠을 리·기에 분속할 수 없다 한 이유에 대한 분석이다. 3가지이다. 즉, 그대는 1)리기를 상순·불리라 했고, 2)기 없는 리는 없다 하면서, 3)사칠은 異義가 없다고 했다. 이는 고봉의 논변과 전혀 다르다. 고봉은 사칠의 리기 해석을 불가로 여기지 않는다. 단 사맹의 종지로 해석해야 할 뿐이다.

148) 퇴계는 "상순·불리"를 리·기로 나누기 전 '혼합(잡리기)'(상17·18·19·24)의 "선악미정"(상27)으로 여긴다. 하지만 주희의 상순·불리는 리기 혼합이 아니다. "循"은 질서·순서의 조리이고, "不離"는 道의 상·하 또는 본성·기질성의 두 성설은 一性이라 한다. 주희는 "蓋天地之間, 只有動靜兩端, 循環不已, 更無餘事, 此之謂易",(『문집』권45, "答楊子直1, 2071쪽) "其所以一陰一陽, 循環而不已者, 乃道也",(『어류』권95, 淳83, 3205쪽. 권74, 銖110, 2522·3298쪽) "寒了又暑, 暑了又寒, 這道理, 只循環不已"(권77, 淳29, 2614쪽) "其一動一靜, 循環終始之際, 至神之妙"(『문집』권67, 「易精變神說」, 3256쪽)에서 '순환을 易을, 道, 神이라 한다. 정자의 "上天之載, 無聲無臭, 其體則謂之易, 其理則謂之道, 其用則謂之神"(『문집』권45, "答吳德夫」, 2071쪽)이라 함은 『중용』 "무성무취"를 易·道·神으로 여긴 것으로, 고봉의 "達道는 循性을 이른다"(상94)와 같다. "不離"에 대해 주희는 "맹자의 性之本과 이천의 兼氣質(기질지성)은 不可離"(상86)라 한다. 이는 정자의 "器亦道, 道亦器",(하89) "器가 있으면 理가 있고, 理가 있으면 器가 있다. 未嘗相離이다"(『어류』권95, 賀孫24, 3158쪽)의 '도·기는 분리될 수 없음'과 같다. 퇴계는 "상순, 불리"의 道를 순리가 아닌 잡리기로 여긴 것이다.

149) "그대는 리기의 상순과 불리를 힘써 주장했다." 즉 그대는 사단도 겸리기·혼잡, 칠정도 겸리기·혼잡만 주장한다. 왜냐하면 그대의 사칠은 '리·기로 分하기 전'이기 때문이다. 퇴계의 경우 사칠은 모두 겸리기·혼잡이나, 이를 分하면 리는 사단 기는 칠정이다. 문제는 '상순·불리(道)'는 잡리기가 아니라는 점이다. 고봉의 "사물에서는 二物이 混淪하므로 분개할 수 없다"(상7)고 함은 주희의 설이다. 이에 퇴계의 "그대는 리기 불리의 겸기로 설하고자 함"(상19)은 그대는 사칠을 모두 겸기·혼잡으로 여겼다 함이다. 이에 고봉은 "선생께서는 실언을 면치 못하셨다"(상129)고 강력 비판한다.

150) 앞서 인용한 주희의 설이다.(상17) 퇴계의 "리기의 相須를 體로 삼는다. 진실로 리 없는 기 없고 기 없는 리 없다"는 혼륜(혼잡)설이고, "리기의 相待를 用으로 삼는다. 그대도 '所就而言之의 不同'이라 했다"(모두 상17)는 분별설이다. 그렇다면 오히려 주희 본설은 혼잡설의 "골륜탄조",(상42) 고봉 본설의 "소취"는 분별설이 되고 만다. 퇴계는 "리기 불상리, 칠정 겸리기, 사단 겸리기, 기 없는 리 없음"을 "심통성정"(상234)이라 하며, 이는 혼잡설일 뿐 자신의 분석설과 다르다고 한다. 그러나 심통성정 역시 주희의 의미와 상반된다.

151) "非有異義"는 고봉의 "이른바 사단·칠정의 것은 당초 '二義'가 있지 않다(所謂四端七情者, 初非有二義也)"(상9)의 '二義'를 잘못 인용한 것이다. 고봉 본의은 칠사의 선은 모두 "천명의 본연"(상9)이므로 그 둘의 善者는 "二義가 아님"이라 한다. 이는 사칠이 천명의 본연라 함이 아닌, 그 '선'이다. 고봉은 "사맹의 所就以言之는 不同하고,(상3) 그 意 또한 각기 所主가 있다"(상77·78·79·82)고 한다. 반면 퇴계는 오히려 '異義'로 인용해 그대는 '사·칠을 異義가 없음으로 여겼다'고 한 것이다. 고봉은 '선'인데 퇴계는 '사·칠'이다. 이 문제에 대해 고봉은 "만약 제가 '無異義'라 했다면 이는 성현의 가리킴에 어긋나고 만다",(상130) "異義는 저의 본의가 잘못 와전된 것이다"(하23)고 하여 고봉2·3서에서 줄곧 비판하지만, 「퇴계2서」에서도 또다시 "非有異義"(상268)로 인용하고 만다.

현; 칠정의 자사와 사단의 맹자, 이를 리기로 논한 정주. 읍지; 종지. 요지.(고봉은 指의 가리킴으로 바꿈)]

이러한 주장(사칠은 혼륜·혼잡이라는 주장)은 비록 옳음에 가깝다 할지라도,(이곳을 고봉은 강력히 부정하고 비판함)[152] 그러나 성현의 종지(주리·주기가 성현 종지이며, 나의 宗旨라 함. 결국 퇴계가 성현이 됨. 고봉은 주리·주리는 偏指라 비판함)로 헤아려 보면 아마 합치되지 못한 바가 있을 것입니다.(순환 불리의 道를 리·기로 偏指한 것은 퇴계임. '치우침'이 종지일 수는 없음)[153] (여기까지 7절)

(31)大抵義理之學, 精微之致. 必須大著(고봉집 着)心胸, 高著(고봉집 着)眼目, 切勿先以一說爲主, 虛心平氣, 徐觀其義趣 [致치; 집중하다. 탐구하다. 必須필수; 반드시. 꼭. 기필코. 著착; 형용사 大·高의 뒤에 붙어 부탁이나 강조의 어기를 나타냄.(着과 동) 虛心平氣허심평기; 마음을 비워서 그 의취를 살핌.(퇴계; 겸손하라. 고봉; 자신의 선입으로 성현의 책을 읽지 말라) 義趣의취; 성현의 올바른 취지.]

무릇 의리의 학문은 정밀하고 미세하게 탐구해야 합니다.[154] 반드시 마음을 크게 열고 안목을 높게 가져, 절대 선입견으로 一說(혼륜·겸기)만을 위주로 삼지 말아야 하며,(사칠 및 리기를 1설이라 함인데, 이 말은 성립 불가함)[155] 마음을 비우고 기운을 화평하게 하여(허심평기) 그 올바른 취지를 찬찬히 살펴야 합니다.(주리·주기는 허심으로 중화·확충 의취를 살피지 않은, 퇴계의 자득임)[156]

---

152) "이러한 주장"이라 함은 위 그대는 "리기 상순·불리를 주장했다", "기 없는 리는 없음으로 여겼다", "사·칠을 異義가 없다고 했다"의 3조를 말한다. 즉 그대는 사단, 칠정, 사칠을 모두 혼잡의 겸기로 여겼다. 이에 고봉은 '상순·불리'를 "선생의 실언이다"(상129)고 하고, '리 없는 기 없음'은 주희의 설이며, '異義'에 대해서는 "甘心할 수 없으며, 至公에 루가 되신 것"(하85)이라 하여 위 3조를 모두 강력 부정한다. "옳음에 가깝다"고 함은 이 3조는 혼륜(혼잡)이라 함이다. 하지만 고봉은 결코 '사단' 및 '사·칠'을 혼륜이라 하지 않는다.

153) "그대의 혼잡 주장은 성현 종지에 합치될 수 없다." 왜냐하면 '리·기의 分이 곧 사·칠'이기 때문이다. "선유의 리·기 분설은 못 봤지만",(상13) 선유는 칠정을 "하나라도 두지 말라" 하고 "중절한 연후만을 和라 했으니"(상27) 이것이 바로 "종지"이다. 결국 "리기 소종래에 나아가면 사는 리이고 칠은 기이다."(상28) 하지만 이는 『맹자』, 『대학』, 『중용』 종지와 다르며, 모두 인용 오류이다. 퇴계는 사맹이 '리기에 나아갔다'고 하지만, 만약 사맹이 아닌 퇴계가 그런 것이라면 이른바 "성현의 종지"는 퇴계가 되고 만다. 퇴계도 "나의 宗旨"(상240)라고 한다. 고봉은 주리·주기를 "偶發, 偏指"(상154. 하80·81)라고 한다. 자사의 "희노"와 "중화"는 치우침 없음으로 설했기 때문이다. 더구나 "상순·불리"(상29)는 道·易·神일 뿐, 겸기의 혼잡이 아니다. 사실 본설을 "헤아려(揆)" 주리·주기로 '指'한 것은 퇴계의 "종지"일 뿐, 리·기 偏指를 "성현의 종지"라 할 수는 없다. 성현이 "偏"을 종지라 했을 리는 없다.

154) "의리의 학문은 정미하게 탐구해야 한다." 사실은 혼륜이 아닌 '리·기 分에 나아가서' 이해해야 한다. "성현의 종지를 헤아려(揆以聖賢之旨)"(상30) 보면 '리·기의 다름' 때문에 사·칠 "異名"(상268)도 있다. 문제는, 의리의 학문이 리·기 분속인가? 과연 사맹은 리기에 나아가서 分했고 또 소종래의 리·기가 사칠인가? 만약 그렇지 않다면 성현의 종지와 퇴계의 헤아림(揆)은 크게 어긋나며, 정미함이 될 수 없다. 만약 퇴계의 분속이 성현의 가리킴(指)과 다르고, 칠정설이 "道統"(「중용장구서」)이라면, 반대로 퇴계는 성현의 종지가 무엇인지 스스로 '정미하게 고찰해야' 한다. 주희는 "[칠정] 未發에 執의 일삼음이 없어야 하고 當發에 어찌 未發의 中을 執하겠는가? 이것이 '義理之根本'이며, 여기서 어긋나면 어긋나지 않은 곳이 없을 것"(「중용혹문」상18, 563쪽)이라 한다. 퇴계는 미발에서 리기호발이라 하므로, 이는 미발을 執한 것이다.

155) "一說만 爲主로 삼지 말아야 한다." 일설은 사칠 및 리기를 겸기·혼잡으로 여김이다. 주리·주기가 "의리의 학문"이다. 문제는 사맹 본설이 1설일 수는 없고, 리·기는 설이 아닌 실체이다. 따라서 '일설'이라는 말은 성립될 수 없다. 성선은 형이상의 獨理일 뿐 주리가 아니고, 중·화를 주기라 할 수도 없다. 고봉은 퇴계에게 "호병문의 語를 위주하셨다",(하105) "중용 및 호환론 등과, 호광중·호백봉 書를 위주해야 한다",(하109) "선생의 주리·주기의 설은 先入 위주의 루가 없다"(하111)고 비판한다.

156) "허심평기(겸손히)로 성현의 義趣를 살펴야 한다." 즉 사칠 및 리기는 혼잡의 일설이 아니며, 성현의 올바른 취지인 주리·주리를 찬찬히 살펴야 한다. 그렇다면 과연 퇴계는 『중용』과 『맹자』의 의취를 허심평기로 읽었는가? 칠사는 반드시 2설이므로 혼잡(혼

- 53 -

(32)就同中而知其有異, 就異中而見其有同. 分而爲二而不害其未嘗離, 合而爲一而實歸於 不相雜, 乃爲周悉而無偏也. (右第八節) [未嘗離미상리; 일찍이 분리되지 않음.(不可離와 같음. 퇴계는 '무엇'이 없음) 不相雜불상잡; 서로 섞이지 않음. 周悉無偏주실무편; 두루 포괄해서 치우침이 없음. 형이상·하를 모두 갖춤. 치우치지 않은 완벽한 이론.]

같음에 나아가도 그 다름이 있음을 알아야(知) 하고, 다름에 나아가도 그 같음이 있음을 보아야(見) 합니다.(사칠 소지가 이와 같다면 '사슴 옆의 노루'가 됨. 가리킴이 모호함)[157] 나뉘어 둘이 되어도 일찍이 떨어지지 않음에(未嘗離) 해롭지 않아야 하고,(二而一)[158] 합해서 하나가 되어도 실제로는 서로 섞이지 않음에(不相雜) 귀결되어야 합니다.(一而二)[159] 이렇게 해야 비로소 두루 다하여 치우침이 없게 됩니다.(퇴계는 리, 리기관계, 사 혹은 칠, 사칠관계가 불분명함)[160] (여기까지 8절)

(33)請復以聖賢之說, 明其必然.

다시 성현의 설로 반드시 그렇다는 것을 밝히겠습니다.(퇴계의 '리기에 나아감'은 성현 본설 고찰이 아님)[161]

륜)의 리기 1설이라는 말은 성립 불가하다. 중용의 천명·중화와 맹자의 사단·성선은 반드시 2설이며, 혼륜(혼잡)일 수 없다. 리·기는 설이 아닌 실체이다. 퇴계는 성현의 종지를 "허심평기로 그 의취를 찬찬히 살피지" 못한 것이다. 주희는 "觀書는 마땅히 허심평기로 義理의 所在를 徐觀해야 한다. 취할 것이 있다면 비록 世俗 庸人의 말이라도 不廢해야 한다",(『문집』권31, 「答張敬夫」11, 1342쪽) "독서와 문자를 봄에는 虛心하여 자기의 意로 先立해서는 안 된다"(『어류』권11, 擧23, 무명22, 泳26, 必大28, 敬仲29, 大雅30, 節33, 335~6쪽)고 한다. 퇴계의 "허심평기"는 책을 있는 그대로 보라 함이 아닌, "겸손하라"(상295·319)는 뜻이다.

157) "同中에 就해서도 有異를 知해야 한다." 겸리기·혼륜의 '같음'이라도 리·기의 '다름'을 알아야 한다. 사칠은 모두 겸기·혼잡이나, 그 혼잡에서도 각각 리·기를 知해야 한다. 또 리·기의 '異'라도 본래는 사칠이 '同의 혼잡임을 見해야 한다. 만약 기질지성 및 칠정 본설이 "兼指而主氣"(상212)라면 그 '指'는 혼륜인가, 주기인가? 더구나 사칠 및 사단도 본래 혼잡이라. 고봉은 퇴계의 "虛而實, 無而有"(상301)에 대해 "虛는 理이다"(하87)고 한다. 허의 소지는 리이다. 고봉은 퇴계의 이 설을 비판해 王元澤(1044~1076. 왕안석의 아들)의 "사슴 옆이 노루이고, 노루 옆이 사슴과 같은 모호함(鹿邊者是獐, 獐邊者是鹿)"(『고봉집』3책, 30·37·52쪽)의 '指'가 없는 것'이라 한다.(『어류』권130, 必大25, 4041쪽) "경문 해석(解經)"을 왕원택과 같이 몽롱하게 할 수는 없다 함이다.

158) "둘로 나뉘어도 떨어지지 않는다(未嘗離)." 즉 '둘이면서 하나다(二而一).' 리기는 둘이지만 분리되지 않는다. 사칠도 주리·주기지만 본래는 혼륜이다. 그렇다면 리도 一而二인가? 또 사단은 주리이나 혼륜, 칠정은 주기이나 혼륜인가? 사단도 본래 칠정과 분리되지 않는가? 사단은 리인데 겸리기인가? 고봉은 "맹자 성설과 이천 성설은 一性이므로 不可離"(상86)라 한다. 퇴계는 리, 기, 사단, 칠정 등의 소지를 분명히 하지 않은 것이다.

159) "一이나 서로 섞이지 않는다(不相雜)." 즉 '一而二'이다. 리기는 一인데 또 리는 리 기는 기다. '무엇'이 一인가? 고봉은 "物"(상7)에서는 一이라 한다. 리가 잡인데 일인가? 기는 일인데 잡인가? 퇴계는 사칠도 一의 혼잡인데 주리·주기라 한다. 칠정이 잡인데 기라면 중화의 指는 무엇인가? 측은(확충·성선)은 리인가 기인가? 사칠의 "不相雜"(상84)은 당연하다. 사맹 2설 종지는 雜이 아니기 때문이다. 또 사칠은 一情이므로 "不可離"(상86)이다. 퇴계의 "一이나 不相雜(一而二)은 사·칠 혹은 리·기에 관한 논설이 될 수 없다. 퇴계는 칠사 종지인 "중화"와 '성선'을 '리'로 분명히 하지 않은 것이다.

160) "주실무편"이기 위해서는 "불가리"와 "불상잡"의 조건을 갖추어야 한다. 즉 치우치지 않는 완벽한 이론을 세우기 위해서는 리·기를 떨어지지도 섞이지도 않게 해야 한다. 문제는 그 "주편"은 무엇을 말함인가? 무엇이 '주편'이어야 하는가? 고봉의 설을 보자. "物로 보면 리기는 분개할 수 없다."(상7) "도는 음양을 떠날 수 없다."(하90) "성의 본성·기품은 不可離이다."(상86) 단 "성이 기에 있어도 성·기는 不相雜이다."(상84) "리·기를 分하면 각각 一物이다."(상89) 이렇게 物, 道, 본성·기품, 사·칠의 '관계'로 논하면 不離지만, 리·기는 불상잡이다. 반면 퇴계의 "주편"은 그 논하는 대상이 없다. 만약 맹자 종지를 '一而二, 二而一'이라 하면 왕원택의 "사슴 옆의 노루"와 같이 사슴인지 노루인지의 '指'의 분간이 없게 되고 만다. 道를 善而惡이라 할 수는 없다. '무엇'이 불가리, 불상잡인가?

(34)昔者, 孔子有 "繼善·成性"之論, 周子有 "無極·太極"之說. 此皆就理氣相循之中, 剔撥而獨言理也. [相循상순; 서로 순환하다.(상순은 음양이 조리 있게 운행하는 양상인 '易'을 뜻하며 따라서 과불급으로 말할 수 없음) 剔撥척발; 리기 중 하나만 발췌하다. 리만 뽑아내다.(퇴계는 리·기 偏指이고, 고봉은 '善' 척발임)]

옛날, 공자의 "잇는 것은 선이고, 이룬 것은 성이다(繼善·成性)"의 論162)이 있고, 주자(주돈이)163)의 "무극이며 태극이다(無極·太極)"의 說(주돈이는 공자태극을 이렇게 독리로 해설했고, 퇴계는 리기 중의 치우친 독리로 여김)164)이 있습니다. 이것은 모두 리기가 서로 순환하는(相循) 가운데 나아가서(퇴계; 雜에 나아가서. 고봉; 道165) 뽑아내(剔撥) 단독으로 리(獨理)만 말한 것입니다.(리기 중의 치우친 독리로 여김. 퇴계는 공자 본설에 앞서 먼저 리기에 나아갔는데, 이는 해석이 아닌 공자와 다른 성·태극을 논한 것임. 雜에서 성·태극을 논할 수는 없음)166)

---

161) "성현의 설을 인용해서 그 필연을 밝히겠다." 성현의 설은 독리, 독기, 혼륜이 있다. 공자 계선의 독리, 공맹 상근의 독기, 자사와 정자의 혼륜이 이것이다.(상34·35·37) 그런데 퇴계가 논증한 그 "필연"은 공자, 맹자, 자사·정자의 설과 종지가 아니다. 종지는 선유 '본설에 나아가야(就) 하는데, 퇴계는 자신의 "就理氣"이다. 퇴계는 리기에 나아가 "相循, 相成, 相須"라 하며 이는 선유 '본설에 나아가(就) 고찰한 것이 아니다. 따라서 "성현의 필연"이라 할 수 없다.

162) 『주역』「계사상」"일음일양의 운행 양상을 道라 이른다. 잇는 것은 善이고, 이룬 것은 性이다(一陰一陽之謂道, 繼之者善也, 成之者性也)"를 인용했다. 도는 일음일양 '양상'을 이르고, 일음일양의 '所以(할 수 있음)'가 도와 理이다. 그 도를 잇는 것은 선이다. 맹자도 '잇는 선'으로 성선 논증할 수 있었다. "繼之者善은 吾心의 發用으로, 측은·수오의 類이다. 成之者性은 吾心의 리이며, 인의예지의 所以이다",(『어류』권74, 人傑116, 2524쪽) "그러므로 善으로 性을 말함은 그 發見의 단서로 卽해서 설명함에 불과하다."(『문집』권67,「명도론성설」, 3275쪽) "'계지자선'은 道의 出한 바이며, 善이 아님이 없다."(권72,「雜學辨」, 3466쪽) 도를 이루게 하는 것은 성이다. 성은 도의 형이상·하 모두에서 이루어 준다. "繼之, 成之"의 之자는 '사태·양상'을 가리키고, "善과 性은 道이다."(권74, 人傑124, 2525쪽) 단, "繼善·成性"의 설은 성이게 하는 '조건'을 논함인데, 퇴계는 반대로 독리(주리)로 인용한 것이다.

163) 북송의 周敦頤.(1017~1073) 호는 濂溪이다. 「태극도」,「태극도설」,「통서」등을 지었고, 주희가 표장하여 신유학의 비조가 되었다. 주돈이가 이정 형제에게 가르친 핵심은 "공자와 안연의 樂處"이며, 이천은 이를 이어받아 18세에「顏子所好何學論(안자의 좋아한은 어떤 배움인가의 논)」을 지었고, 명도도 "성인의 희노"를 논한「정성서」를 지었다. 주희는「中和舊說序」에서 "이연평(李侗) 선생에게 『중용』을 받고 희노애락 미발의 종지를 구하였다"고 했고,「이발미발설」에서 이러한 유학의 "도통"(「중용장구서」)을 언급했다.

164) 주돈이「태극도설」첫머리 "무극이며 태극이다. 태극이 動해서 陽은 생하고, 動이 극해서 靜하며, 靜하여 陰은 생한다(無極而太極. 太極動而生陽, 動極而靜, 靜而生陰)"를 인용했다. 렴계 자신의「太極圖」해설서이다. "무극"을 말한 이유를 주희는 "무극을 不言하면 태극이 一物에 同化되어 萬化의 근본이 되기에 不足하고, 태극을 不言하면 무극이 空寂에 빠져서 萬化의 근본이 되기에 不能하다"(상304. 하88)고 한다. 태극만 말하면 태극이 사물로 오인되고, 무극이라 하면 태극이 空寂으로 오인되나, 공자 태극을 이렇게 해설한 것이다.「태극도설」이므로 '설'이라 한 것이다. 주돈이는 공자 "태극"에 대해 "무극·태극"으로 해설했을 뿐인데, 퇴계는 오히려 주돈이의 '성설'로 인용한 것이다. 주돈이는 공자의 "易有太極"인 곧 "음양태극" 위에 다시 "무극태극"을 올려놓음으로써 태극을 '獨理'로서의 만화의 근본으로 해석했다. 반면 퇴계는 공자의 음양태극을 '주기, 독기, 기'로 여긴다.

165) "리기 상순 중에 나아갔다." 공자 계선·성성과 렴계 무극·태극의 설도 본래 '합의 혼잡'이다. 하지만 리기 상순은 이미 '도'이다. 퇴계는 공자와 렴계 본설을 그대로 "허심평기"로 해석하지 않은 것이다. 공자 "태극"을 렴계는 "무극"으로 해설했다. 이 2설은 그 '종지'가 있다. 이 종지를 다시 "리기 중에서"라 하면 이미 자신의 사견이 들어간 것이다. "繼之者善은 '天理'에 관한, 成之者性은 '此理'에 관한"(『어류』권74, 端蒙121, 2524쪽) 설이다. 천명지성과 기질지성은 '성설'이고, 칠정, 사단, 4정, 5정은 '정설'이다. 설은 무수한데 그중 각각 일설일 뿐이다. 이러한 설을 리기로 논할 수 있지만, 그 설의 종지를 넘어서는 안 된다. 퇴계는 해석이 아닌 반대로 '리기에 나아가서' 말한 것이다.

166) "리기 중에 나아가 [치우친] 리만 척발했다." 이것이 계선·성성, 무극·태극의 설이다. 하지만 리기 상순은 이미 '道'이다. 퇴계의 "리기 상순"은 이미 리기 혼잡이며, 여기서 "척발의 독리와 偏指의 독기"(상35)이다. 척발은 아래 "偏'과 같은 의미이다. 그러나 "계선·성성"과 "무극·태극"은 선유 '본설'이다. "계선·성성"은 선·성에 관한 일이고, 선이 '이어지고(繼之)' 성이 '이루어진(成之)' 것은 논이다. "무극이태극"은 태극이 獨理임을 논한 '해석설'이다. 만약 리기 중의 리 척발이 곧 성과 태극이라면 본래는 '잡'이 되고 만다. 주희는 "역에는 태극이 있음"을 해설해서 다음과 같이 말한다. "순환은 그침이 없으니 이외 다른 일이 없다. 이것을 '易'이라 이른다. 그 동·정에는 반드시 동정 소이의 理가 있다. 이것이 이른바 '태극'이다."(『문집』권45,「答楊子直」1, 2071쪽) 공자,

(35)孔子言 "相近・相遠之性", 孟子言 "耳目口鼻之性." 此皆就理氣相成之中, 偏指而獨
言氣也. [相成상성; "相近・相遠"의 相과 위 "成性"의 成을 조합해서 리기 '相成'이라 한 것임. 偏指편
지; 치우쳐 지칭함. 한 쪽만 가리킴. 獨言氣독언기; 단독으로 기만 말함.]

그런데 공자는 "서로 가깝고 서로 먼 성(相近・相遠之性)"167)을 말했고, 맹자는 "이목
구비의 성(耳目口鼻之性)"168)을 말했습니다.(모두 공・맹 기질지성의 성설임) 이는 모두 리기가
서로 이룬(相成) 가운데 나아가서(기질지성 본설을 해석함이 아닌, 그 이전 리기에 나아간 추측임)169)
한 쪽을 가리켜 단독으로 기(獨氣)만 말한 것입니다.(공맹의 성 본설을 단독의 氣로 바꿈. 성설이
독기가 됨)170)

(36)斯四者, 豈非就同中而知其有異乎?

이상 네 가지가 어찌 '같음'(겸리기의 見) 가운데 나아가서도(공・맹・렴 4성설을 성이 아닌 리・
기 소종래라 하므로, 근본적으로 同이 아님)171) 그 '다름'이 있음을 아는(독리・독기의 知) 것이 아닙
니까?(선유의 理一의 성 본설을 철저히 리・기로 갈라서 통합불가로 논한 것임)172)

렴계, 주희는 '순환'(相循)과 '동정'에서 태극을 논했을 뿐, 반대로 먼저 리기에 나아가서 태극과 순환・동정을 논한 것은 아니다.

167) 『논어, 양화』 "자왈; 성은 서로 가까우나 습관에 의해 서로 멀어진다(子曰, 性相近也, 習相遠也)." 주희는 주석에서 "여기의 성은
兼氣質이다"라 하고 정자를 인용해 "이는 '氣質之性'을 말한 것이고 '性之本'을 말함이 아니다"고 한다. 공자의 성은 기질지성일
뿐 본연지성을 논하지 않았다. 때문에 주희는 맹자 성선지성은 "不備"이고 정장 기질지성(공자의 성)이 "爲密"이라 한다.(「고자
상」6) 반면 퇴계는 겸리기가 아닌 獨氣라 한다.

168) 『맹자, 진심하』 "맹자왈; 입의 맛, 눈의 색, 귀의 소리, 코의 냄새, 사지의 안일은 성이나 여기에는 명이 있다. 그래서 군자는
성이라 이르지 않는다(孟子曰, 口之於味也, 目之於色也, 耳之於聲也, 鼻之於臭也, 四肢之安佚也, 性也, 有命焉, 君子不謂性也)."
주희는 "맹자 역시 기질지성을 말했는데 '입의 맛에 있어서'의 류가 이것이다"(『어류』 권61, 節17, 1979쪽)고 한다. 반면 퇴계는
겸리기가 아닌 獨氣이다. 퇴계의 기질지성은 '겸리기, 주기, 독기' 셋인데, 여기서는 공・맹 기질지성 본설을 '독기'라 한 것이다.
맹자는 "안일"을 성이라 이르지 않았을 뿐, 기질지성의 성설을 기로 여긴 것은 아니다.

169) "리기 相成"을 위 "리기 相循"과 상대로 논한 것이다. 퇴계는 "리기의 相循"(상29)에 就해서 독리라 한다. 그렇다면 독기 또한
"상순"에 就해서 말해야 한다. 그럼에도 이곳은 "리기 相成에 就해" 독기라 한다. "相成"은 "相近・相遠"의 '相과 '成之者性(成
性)"의 '成을 가리킨 듯하다. 상순의 독리와 상성의 독기인데, 그렇다면 반대로 독리의 "繼善"은 相成의 성이 아니고, 독기의
"相近"도 相循의 성이 아님이 되고 만다. 즉 繼善의 독리는 '循'에서 나오고, 相近의 독기는 '成'에서 나옴이 되고 만다. 이는 공
맹의 성설이 아닌 자신의 성설을 새롭게 논한 것이다. 퇴계는 공자의 두 성설을 "리기에 就"해서 '리・기로 서로 다른' 성을 논
하고, 그래서 결국 공자 리의 성설을 독기라 한 것이다.

170) "공맹의 상근, 이목의 성은 독기이다." 퇴계는 겸리기의 성, 독리의 성, 독기의 성으로 나눈다. 그러나 과연 독기의 성은 가능한
가? "義理의 學"(상31)이 독기인가? 퇴계는 상순의 독리와 상성의 독기를 상대로 들고, 두 성설을 서로 상반된 성으로 갈라놓았
다. 만약 성이 다르다면 인류는 통합과 소통이 봉쇄된다. 선유의 성 논의는 "一"로서의 통합 논의이다. 성즉리는 성은 어느 설을
막론하고 리 하나라 함이다. 고봉은 공맹의 "상근"과 "이목"의 두 성설을 모두 "性이 爲主"(상133)라 한다. 주희는 "기의 流行은
성이 爲主이다."(『문집』 권67, 「명도론성설」, 3275쪽) "성은 命의 理일 뿐이다"(『어류』 권4, 偏88, 207쪽)고 한다. 퇴계는 "偏指而
獨言氣"(편기이며 독기)를 「개정본」에서 "兼指而主言氣"(겸기이나 주기)(상212)로 고친다. 그렇다면 공자는 '겸기로 指'했는데
그 '言은 주기'가 되어, 다시 모순을 일으키고 만다.

171) "同中에 就함"은 공맹의 4성설은 모두 본래 "겸리기"(상247)라 함이다. 그 겸리기의 "同"인데도, 리・기는 "異"이므로 독리・독
기이다. 문제는 지금 논의는 겸리기의 리기가 아닌 '성설'이라는 점이다. 즉 지금 논의는 '理一'인 성설이다. 그럼에도 퇴계는 "리
와 기에 나아가서" 공맹의 성설을 그 리・기로 분리시켜 철저히 근원(소종래)의 피가 다르다고 주장한다. 결국 상순・상성의 공
맹 성설은 同中이 아님으로 갈라서고 만 것이다.

(37) 子思之論 "中和", 言 "喜怒哀樂", 而不及於四端, 程子之論 "好學", 言 "喜怒哀懼愛惡欲", 而亦不言四端. 是則就理氣相須之中, 而渾淪言之也. [論論; 논함.(중화의 론, 호학의 론) 相須상수; 서로를 필요로 함. 서로를 기다림.(퇴계; 혼륜·혼잡) 渾淪言之혼륜언지; 잡리기로 설명함. 相須의 互中.(퇴계) 정의 온전함, 치우치지 않음으로 설명함.(고봉)]

자사는 "中·和"를 논하면서 "희노애락"은 말했지만 사단은 언급하지 않았고,(종지가 다르므로 언급하지 않음은 당연함. 사단이 오히려 미발을 논하지 않음. 이곳은 갑자기 위 성론에서 정론으로 바뀜)173) 정자(정이)는 "好學"을 논하면서 "희노애구(락임)애오욕"은 말했지만 역시 사단은 말하지 않았습니다.(만약 정자호학이 성을 논함이 아니라면 공자와 안자는 호학하지 않은 인물이 됨)174) 이는 리기가 서로를 필요로 하는(相須) 가운데 나아가서(그 가운데서) 혼륜으로 설명한 것입니다.(공자, 자사, 정자는 독기·주기를 모른다 함이며, 사단도 본래 혼륜이라 함)175)

(38)斯二者, 豈非就異中, 而見其有同乎? (右第九節)

이상 두 가지가 어찌 '다름'(독리와 독기의 知) 가운데 나아가서도(사실은 정의 2설일 뿐이며, 반대로 리·기에는 사칠 의미가 없음)176) 그 같음이 있음을 본(사칠의 겸리기·혼륜의 見) 것이 아닙니

---

172) "다름"은 독리·독기이며 "이것을 알아야(知) 한다." "같음(同)"은 위 4성설 모두 겸리기이다. 문제는 겸리기는 성을 가리킴이 아니며, 독기도 성이 아니라는 점이다. 성즉리는 모든 성설 논의는 리라 함이다. 만약 "겸리기에 나아간 것"이라 하면 성은 "롱동"(상176)이 되고 만다. 리도 기도 아니기 때문이다. 결국 겸리기는 성이 아니고, 공맹의 성설도 리·기 둘로 갈라져서, 인류는 '하나의 성'이 아닌 통합불가가 되고 만 것이다.

173) 『중용, 수장』 "喜怒哀樂之未發, 謂之中, 發而皆中節, 謂之和"의 '희노애락'과 '중·화'이다. 따라서 자사는 천명의 중화인 리를 논한 것이다. 희노애락이 아니면 중화를 논하지 못하는데, 칠정 공부가 아니면 중화의 덕이 고립되기 때문이다. "자사는 사단은 언급하지 않음"은 당연하다. 종지가 전혀 다르기 때문이다. 주희의 "공문(자사 포함)에는 性善의 理가 밝았고, 맹자 때는 성을 不善이라 여겨서 사단설이 나왔다"(상79)고 함은 자사 이후 맹자이다. 맹자 "사단의 확충"이 오히려 '미발의 중'을 논하지 않았다. 따라서 맹자가 "사단을 언급하지 않았다"고 해서 칠정이 기일 수는 없는 것이다. 더욱이 사칠을 "대거 호언"해야 할 이유도 없다. 또 문제는 위 독리·독기는 선유의 성설인데, 이곳은 갑자기 정설을 논한다는 점이다.

174) 『顔子所好何學論』의 [공자는] 유독 안자만 칭해 好學이라 했다(獨稱顔子爲好學)", "그렇다면 안자가 유독 好한 바의 것은 어떤 學인가(然則顔子所獨好者, 何學也)", "외물이 형기에 접촉하면 中에서 動한다. 그 中이 動해 칠정이 出하니 희노애락애오욕이다(形旣生矣, 外物觸其形而動於中矣. 其中動而七情出焉, 曰喜怒哀樂愛惡欲)"(『정씨문집』 권8, 577쪽)의 '호학'과 '희노애락애오욕'이다. 이천은 이어 "覺者는 그 情을 제약해서 中에 合하도록 하고,(하134) 그 心을 바르게 해서 그 性을 길러야 한다(正其心, 養其性)"고 한다. "中"은 미발의 성덕이고, "호학"은 곧 미발의 "그 성을 기름"에 있다. 한편 맹자는 미발이 아닌 '이발의 사단'으로 "확충"과 "성선"을 논증했다. 맹자와 이천은 모두 '성'을 논했다. 만약 안자의 "所好(좋아함)"가 성을 기르고 사단을 확충함이 아니라면 결국 안자는 '호학하지 않은 인물'이 되고 만다.

175) 퇴계는 앞에서 "리기 相須를 體로, 相待를 用으로 삼는다"(상17)고 한다. 상수는 "리 없는 기는 없음"(상17. 주희)이고, 상대는 "所就而言之의 不同"이다.(상18. 고봉) 이는 "互中은 혼륜의 相須이고, 互發은 분별의 所主이다"(상246)와 같다. 요컨대 공자와 자사는 혼륜의 겸리기이고, 고봉의 "소취이언지"와 퇴계의 리발·기발은 상대의 독리·독기이다. 그렇다면 퇴계와 고봉은 독리·독기를 알고, 혼륜을 말한 공자와 자사는 모른다는 말인가? 자사와 이천을 "혼륜언지"라 함은 '치우침 없음의 논설'이다. 고봉의 혼륜은 잡이 아닌, 칠정의 완전함, 온전함, 치우침 없음이다. 중과 화는 무소편의와 무과불급이고, 칠정은 기질지성과 같이 "氣를 論하지 않으면 不明"(「고자상」6)이기 때문이다. "유선악"은 자사의 "戒懼·謹獨"(『중용, 수장』)과 이천의 "縱(방종)"(「호학론」)을 논하기 위함이다. 반면 퇴계는 사단도 혼륜(혼잡)이라 하며, 공자, 자사, 맹자, 정자, 고봉의 혼륜(혼잡)은 자신의 '독기·주기의 소종래 설을 쓰지 않은 것'(상274)으로 모두 '주기를 모른 것'이라 한다.

176) "異中에 就함"은 독리와 독기에 나아갔다 함이다. 리·기는 異이므로, 이 異에 나아가면 사·칠도 독리·독기임을 "알아야(知)"

까?(결론은 자사, 맹자, 정자 본설은 잡의 혼륜일 뿐 의리가 아니며, 퇴계의 독리·독기의 '知'가 의리의 학문이라는 것임. 또 문제는 독리·독기의 知는 성인데, 이곳의 見은 정임)[177] (여기까지 9절)

(39)今之所辯, 則異於是. 喜同而惡離, 樂渾全而厭剖析, 不究四端七情之所從來. 槪以爲兼理氣有善惡, 深以分別言之爲不可. [渾全혼전; 리기·선악의 잡의 합.(퇴계) 성 및 태극의 온전함.(고봉) 厭剖析염부석; 쪼개 분석함을 싫어함. 所從來소종래; 리·기를 좇아서 나온 바.(퇴계) 두 설의 유래한 바.(고봉) 槪개; 대략적으로. 크게 보아. 以爲이위; ~으로 여김. ~라고 생각함. 以…爲이위; ~을~으로 여기다.]

그런데 지금 공의 논변은 이와 다릅니다. 같음만 기뻐하고 분리함을 싫어하며,[178] 혼륜의 합체(고봉은 '온전'의 뜻)만 좋아하고 쪼개 분석하기를 싫증내어,(모두 주희 「태극도설해」의 공자의 혼륜과 맹자의 분석인데, 반면 퇴계는 공자를 혼잡과 독기로 여김)[179] 사단과 칠정이 종래한 바(소종래는 퇴·고 어법이 전혀 다름. 퇴계는 리·기 소종래이므로 사맹 본설을 부정한 것임)에 대해서는 궁구하지도 않으셨습니다.[180] 그리고는 대략 '리기를 겸하고 선악이 있다'(퇴계는 사칠이 혼잡의 겸이고, 고봉은 칠정이 혼륜임)[181]고 여김으로써 저의 깊게 '분별하여 설명'(사칠의 分別言之는

(상36) 한다. 하지만 사·맹·정은 진실로 리기에 나아가서 칠사를 설하지 않았다. 칠·사를 리기로 해석할 수는 있지만, 리기에는 칠사 의미가 없다.

177) 위에서 퇴계는 "의리의 학문"(상31)에 대해 논했고, 이곳이 그 결론이다. 異인 리·기에 나아가서도 혼륜을 見해야 한다. 독리·독기는 知, 혼륜은 見이다. 자사와 이천의 칠정은 혼륜인데, 사단 역시 본래 혼륜이다. 퇴계의 혼륜은 겸리기의 '잡의 뜻'이다. 사단칠정은 본래 혼륜의 잡이나, 퇴계는 "독리·독기를 知했다"(상36) 결국 자사·이천과 맹자는 見이고, 퇴계는 知이다. 큰 문제는 "의리의 학문"을 독리·독기라 한다는 점이다. 자사와 이천의 혼륜칠정, 맹자의 혼륜사단은 '의리의 학문'이 아니다. 하지만 주희는 칠정설을 "道統"(「중용장구서」)으로 여기고, 맹자의 사단은 '미발이 없고' 성선설은 "爲密하지 않다"(「고자상」6)고 한다. 또 문제는 독리·독기는 '知'의 성인데, 이곳 혼륜은 '見'의 정이라는 점이다.

178) "喜同而惡離"는 사칠의 同인 혼륜·겸리기만 기뻐하고 리·기의 異인 분리는 싫어한다 함이다. 사칠은 모두 겸리기의 同이나, 異는 독리·독기이다. 그대는 사칠을 '同(합동)'인 혼륜만 좋아하고 '離(분리)'인 리·기를 싫어한다. 하지만 칠사는 기왕 사·맹 "언·론"(상3)이며, 본래 異이며 離인 각자 2설이다. 따라서 퇴계는 칠사 2설을 '해석할 수 있을 뿐'이다. 퇴계는 사맹 2설에 따라 '同'하고 '離'한 것이 아닌 "리·기에 就해서" 同·離한 것이다. 주희는 道體의 숲(온전·전체)을 渾然과 粲然으로 나누고 그 관계에 대해 "합만 喜하고 離를 惡하면 매양 一偏에 빠져서 끝내 無星의 저울, 無寸의 자가 되니 어찌 그릇되지 않겠는가?(喜合惡離, 其論每陷於一偏, 卒爲無星之稱, 無寸之尺而已, 豈不誤哉)"(「태극도설해」, 77쪽)라고 한다. 도체의 전체에서 혼연의 '合'은 無星·無寸이나, 찬연의 '離'는 有星·有寸이다. 즉 공자의 성은 혼연 전체의 合이나, 맹자의 인·의·예·지는 찬연의 離이다.(상79) 단 공자의 性과 맹자의 인의는 "不可離"(상86)이다. 반면 퇴계는 同과 離를 '리기에 나아간 것'이라 하고, 이 리·기로 사칠을 나눈다. 결국 퇴계의 리기에 사맹의 칠사가 종속되고 만 것이다.

179) "혼전만 樂하고 부석을 厭했다." 즉 사칠 혼륜만 즐거워하고 독리·독기를 싫어했다. 하지만 위 주희의 「태극도설해」에 의하면 혼전은 "渾然太極之全體", "道體之全, 渾然一致"의 뜻이다. 즉 '樂渾全'은 공자의 성이고, '厭剖析'은 맹자의 인·의·예·지이다. 이 둘을 주희는 "未相離성은 둘이 아님"라 한다. 과연 고봉은 공자의 혼전만 좋아하고 맹자 인·의·예·지의 부석을 싫어했는가? 이 문제에 관해 고봉은 주희의 「옥산강의」를 인용한다. "성은 태극 渾然之體이다. 그런데 혼연 전체라 하면 無星의 저울과 無寸의 자가 되니, 그래서 넷의 인·의·예·지로 쪼개고 사단의 설도 여기서 立했다"(상79) 반면 퇴계는 공자를 리기 혼잡, 자신은 혼잡 중의 독리라 한다.

180) "사칠의 소종래를 궁구하지도 않았다." 즉 그대는 사칠 소종래인 리·기에 나아가지 않았다. 그렇다면 리·기가 사칠 소종래인가? "소종래"의 글자는 퇴고의 용법이 전혀 다르다. 퇴계는 '리·기에 就함'이고, 고봉은 "그 설은 소종래가 있다"(하95)는 뜻이다. 고봉의 사칠 본설 소종래는 '자사와 맹자'이다. 퇴계의 리·기 소종래는 사맹 본설의 유래를 부정한 것이다.

181) 「고봉1서」에 '겸리기·유선악' 표현은 없다. 다만 '성은 무불선, 정은 유선악'(상3)이다. 고봉은 뒤에서 '정은 感物이므로 겸리기이고, 선악은 여기서 나뉘니 유선악이다'(하145)고 한다. 즉 유선악은 기 때문이 아닌 심의 존양·성찰로 인하며, 자신 탓으로 여긴다. 퇴계는 그대는 "사칠을 모두 겸리기·유선악으로 여겼다"고 하며, 이는 퇴계 자신의 독리·독기 이전의 혼잡설이다. 이

사맹인데, 퇴계는 리·기에 나아가므로 사맹 본설을 부정한 것임)한 것을 불가함으로 여기셨습니다.[182]

(40)中間, 雖有 "理弱氣强, 理無朕氣有跡" 之云, 至於其末, 則乃以 "氣之自然發見, 爲理之本體然也." 是則遂以理氣爲一物, 而無所別矣. [無朕무짐; 조짐할 수 없음. 形으로 말할 수 없음.(實在로 있지만, 실재라 하면 氣가 되기 때문임. 理用인 象으로 논할 수 있음) 迹적; 밖으로 드러난 자취.(리가 情으로 나타난 象을 말함) 遂수; 마침내. 결과적으로.]

중간에, 비록 "리는 약하고 기는 강하며, 리는 조짐이 없지만 기는 자취가 있다"(주희의 설이며, 유행 즈음에서 논한 것임. 퇴계는 리·기 분으로 이해함)고 운운하여 [분별이 있는 듯하지만,][183] 그 끝에 가서는 결국 "기의 자연 발현을 리의 본체가 그런 것으로 여겼다"(고봉 본문과 다름. 퇴계는 리기 일물의 혼잡의 의미로 인용함)라고 하셨습니다.[184] 그렇다면 이는 마침내 리기를 一物로 여기고 분별할 것이 없다고 여기신 것입니다.(칠사 토론이 리·기 논쟁으로 변질됨. 뒤에서 '일물로 여긴 혐의가 있음'으로 고침. 하지만 고봉은 일물·이물이라는 말 자체도 없었다고 항변함)[185]

(41)近世羅整庵, 倡爲理氣 "非異(고봉집 二)物" 之說 至以朱子說爲非是. 滉尋常未達其

에 고봉은 "사칠의 소종래 및 사칠을 겸리기·유선악으로 여겼다는 말씀은 대승의 본의가 아닙니다"(하24)라고 한다.

182) 그대는 나의 사·칠의 分別인 리·기를 불가로 여겼다. 왜냐하면 그대는 사칠을 겸리기·유선악이라 했기 때문이다. 하지만 고봉은 사맹의 "言·論"(상3)은 본래 칠·사 2설은 分別言之라 함이다. 이에 퇴계는 "성현이 어찌 [리기를] 一物로 여기고 分別言之하지 않았겠는가?"(상17)라고 한다. 리·기가 分이니 사칠도 리·기의 分이다. 반면 고봉은 리·기가 아닌 "사맹의 所就以言之"(상3)인 곧 사맹이 본래 分別言之이다. 퇴계도 "소취이언지"(상17)를 인용해서 독리·독기라 하지만, 이에 고봉은 "말만 同一일 뿐 피차의 뜻은 다르다"(상77)고 비판한다. 만약 리·기의 분 때문에 사칠이 분이라면 이는 사맹의 언·론을 부정한 것이다.

183) 고봉이 인용한 주희의 "리약기강"과 "리무짐·기유적"(상8)을 퇴계는 리·기의 강·약과 짐·적으로 분별했다고 여긴 것이다. 하지만 주희의 뜻은 이와 다르다. "리약기강"은 리가 기를 타고 "유행·발현하는 즈음은 과불급의 차오가 없을 수 없음"(상8·139·171)이다. "리가 기에 깃든 상태에서, 그 일용간의 운용은 모두 기로 말미암으니, 따라서 단지 리약기강이라 할 뿐이다."(『어류』권4, 時擧64, 200쪽) 주희의 "리무짐·기유적"도 퇴계의 용법과 다르다. 주희의 "리는 충막 무짐하니, 동정·음양의 리도 이미 모두 그 가운데 갖추었다"(「태극도설해」, 73·78쪽)고 함은 리는 동정·유적에도 변함없는 무짐이라 함이다. 정이천의 "지극히 미묘한 것은 리이고, 지극히 드러난 것은 象이다"(『정씨문집』권8, 易傳序, 582쪽)도 리의 용을 象으로 말한 것이다. 리는 동작에도 변함없으나 기는 응결·조작이다. 때문에 리의 무짐을 用인 象으로 드러낼 수 있다. "강·약, 짐·적"은 리가 乘氣로 유행하는 즈음은 기의 '强'과 '有跡'에 의지할 수밖에 없고, 이 때문에 과불급이 생긴다 한다. 요컨대 "강약과 짐적"은 리·기 '분별'이 아닌 그 유행·발현 즈음의 리기의 '관계'인 "離合의 處"(상140)를 말함이다.

184) 고봉은 "리는 기에서 不外하며 기의 과불급 없이 리의 자연 발현한 것은 결국 리 본체의 그러함이다(理之不外於氣, 而氣之無過不及, 自然發見者, 乃理之本體然也)"고 했다.(상12) 리는 과불급이 없다. 과불급은 기가 리와 더불어 "유행하는 즈음"(상8)에 생기지만, 리는 도리어 자약일 뿐이다. 따라서 "기품의 과불급이 없는"(상9) 것은 "천명의 본연"(상9)이 기품 안에 존재하면서 스스로의 自若인 "자연 發見者"로 드러난 것이다. 반면 퇴계는 이 문구를 "以氣之自然發見, 爲理之本體然也"로 인용했다. 퇴계는 이를 둘로 이해한다. 지금은 '기의 자연발현을(以) 리의 본체로 여겼다(爲)' 함이고,(리기一物의 혼잡)(상217) 이후 기의 발현은 곧 리 본체가 "그러한 것(然也)"(상218. 독리)으로 고친다. 앞은 "錯看"(상227)이다. 즉 당시 그대의 독리를 나는 리기일물로 착각했다. 인용문이 착간이라면 "조열"(상226)과 "개정본"(상217)은 고봉의 원문대로 고쳐야 하나, 전혀 고치지 않는다.

185) 그대는 "기의 자연 발현(以)을 "리의 본체로 여겼(爲)"는데 이는 리기를 一物의 혼잡으로 여기고 리·기로 나누지 않았다. 이는 "然也"를 빼고 해석한 것으로, 스스로 "착간"(상227)이라 한다. 때문에 이를 다시 "기의 자연 발현을 그대는 리 본체가 '그러한 것(然也)'으로 여겼다"(상217)로 바꾸어 해석한다. 겸리기의 혼잡이 아닌 "리 본체가 그러하므로 연야 2자를 붙인 것"으로, 따라서 그대는 "리기를 일물로 여긴 것"이 아닌 '일물로 여긴 혐의가 있다' 함이다. 하지만 고봉은 "리기를 一物로 여겼거나, 또는 異物이 아니라 하지도 않았고, 이러한 意도 없었고, 또 이러한 語도 없었다"(상146)고 한다. "사단 칠정은 '別'이 있을 뿐이다"(상3)는 고봉이다. 퇴계는 칠사 토론을 '리·기 논쟁'으로 변경시켰다. 칠사 2설과 리기 2물은 전혀 다른 문제인데 퇴계는 구분하지 않은 것이다.

- 59 -

指, 不謂(퇴계집 意·謂)來喩之意, 亦似之也. (右第十節) [倡爲창위; 창도하여 말하다. 공
공연히 외치다. 非異物이물; 다른 물이 아니다.(리기를 同物이라 했다는 것임. 그러나 인성·물성을 同異
로 논할 수 있지만, 리기를 同異로 논할 수는 없음) 尋常심상; 항상. 언제나.]

최근 나정암(나흠순)[186]은 리기는 "異物이 아니다"(「정암집」, 「고봉집」 원문은 "二物")[187]라는
설을 창도하여 주자의 [二物]설을 옳지 않다 함에 이르렀습니다.(정암이 인용한 一物·二物,
所以, 上下, 渾然 등 용어는 정주 용법과 전혀 다른데, 퇴계는 살피지 않음)[188] 황은 항상 그 지적한 점
을 알 수 없었는데, 보내오신 글의 뜻으로는 직접 말하지 않았지만, 역시 비슷합니다.(주
희·고봉은 결코 리기를 一物로 여기지 않음. 인용문은 모두 정암·고봉과 다름)[189] (여기까지 10절)

(42)且來喩旣云, "子思孟子所就而言之者不同", 又以四端爲 "剔撥出來." 而反以四端七
情爲 '無異指', 不幾於自相矛盾乎? [自相矛盾자상모순; 자가 당착. 자체 모순.]

게다가 그대도 말하기를 "자사와 맹자는 나아간 바에서의('而'는 고봉의 '以'와 다르며, 뜻

---

186) 羅欽順(1465~1547) 明代 유학자로 호가 整庵이다. 퇴계는 1501년생이므로 정암이 36살 위이며 퇴계 46세에 정암은 죽은 것이
다. 그는 「困知記」(책명은 「중용」20장 "困而知之"에서 나옴. 「곤지기」 서문은 '1529년'이며, 퇴계의 이 글은 '1559년 10월'임)를
지어 정·주를 잇고자 했으며, 다만 정이와 주희의 理氣二物 설은 약간 미흡한 점이 있다고 한다. 퇴계는 「非理氣爲一物證」을,
고봉은 「論困知記」(1565년작)를 지어 정암을 비판한다. 퇴계는 花潭, 蓮老(화담의 제자) 정암의 설을 함께 인용해서 모두 '리기일
물설'이라 비판한다. 고봉은 「곤지기」의 설을 조목별로 인용하고 "정암의 리기일물설은 오히려 '작용이 성이다'와 '기를 리로 인식
한' 불씨의 소견에 불과하다"(「고봉집」1책, 232쪽)고 하며 그 설 스스로도 모순이 있음을 논증한다.

187) 「퇴계집」에는 「異物」로, 「고봉집」에는 「二物」로 수록되어 있다. 퇴계는 「개정본」에서도 「異」자를 그대로 쓴다.(「퇴계전서」1책,
407·413쪽) 그런데 「곤지기」 본문은 「理與氣, 決是二物」(이 말은 주희의 본문임. 아래 각주를 볼 것)이다. 퇴계는 「二」를 「異」로
해석했다고 볼 수도 있겠지만, 그러나 「異物」이라 하면 리·기는 별개의 異物이 되어 퇴계 자신의 '리기불상리'에도 어긋난다.
주희의 이른바 「二物」은 리·기는 각자 '두 개의 존재자'라는 뜻이다. 반면 퇴계의 「異物」은 존재·실체자가 아닌 '리기 관계'로
논한 것이므로 그 뜻은 주희 및 정암과 다르다. 인용의 잘못이다. 고봉의 "非異物이라 말한 적도 없다"(상146)로 보면 퇴계 원
문은 "異"자이다.

188) 「곤지기」상, 11장에서 나흠순은 정호의 "上下最分明"(하89) 및 "渾然之妙"를 찬성하고, 정이의 "所以"라는 두 글자는 반대한다.
그리고 주희의 다음 세 조항을 "약간 합치되지 못한 것(小有未合者)"이라 한다. "리와 기는 결단코 二物이다(理與氣, 決是二物)."
"기는 강하고 리는 약하다(氣强理弱)." "만약 이 기가 없다면 이 리는 어떻게 설 것인가(若無此氣, 則此理如何頓放)." 주희의 설
인데 "이러한 종류가 상당히 많다(似此類頗多)"는 것이다. 다만 주희의 "'일음일양이 왕래함에 쉼이 없는 것, 이것이 도의 전체
이다라고 한 이 말이 가장 정확하다(一陰一陽, 往來不息, 卽是道之全體, 此語最爲直截)"(「문집」 권39, 「答柯國材」4, 1733쪽)고
한다.(주희의 말인지 불명함. 왕래는 전체가 아니며, 또 이를 직절이라 할 수는 없음) 나흠순은 정호의 설을 "渾然之妙"(나흠순의
용법은 정호와 다름)라 하고, 정이 및 주희의 "所以二字"와 "理氣二物"(정주와 용법이 다름)을 반대한 것이다. 나흠순은 리기를
유행으로 논하는데, 고봉은 "리·기는 各自 一物"(상88·89)이라 한다. '物' 및 '道'는 리기 유행으로 논한 것이지만, 리·기는
유행이 아닌 실체적 존재자이다. 나흠순의 위 上下分明, 渾然, 理弱, 直截, 所以, 二物 등 용어는 정주 용법과 전혀 다르다.

189) 나흠순의 "리기 一物"과 고봉이 "리기를 一物로 여긴 것"(상40·17)은 서로 같다 함이다. 그런데 퇴계는 당초 고봉이 리기를 일
물로 여긴 이유를 "기의 자연 발현을 리의 본체로 여겼다"(상40)고 하여 "然也"를 빼고 이해했다. 즉 '기발은 리이다'로 "錯看했
다"(상227)고 하면서 「개정본」에서 "기발이 아닌 리발이 그런 것이다(然也)"의 의미가 아닌가, 라고 고친다. 하지만 고봉의 본의
는 사·칠의 "言之(설명)"(상3)와 리기의 "유행 즈음"(상8)을 구별했고, 단 유행에서 "기의 과불급 없음" 이것이 결국 "리 본체
의 그러함이다(然也)"(상12)라고 했다. 즉 고봉의 "연야"는 기의 유행에서 과불급이 없는 것, 여기서 '리 본체를 볼 수 있다' 함
이지, 리기를 일물로 여긴 것은 아니다. 고봉은 "리·기는 각자 일물이다"(상88·89) "나는 리기 離合處에서 말한 것이지, 결코
리기를 일물이라 하지 않음",(상140·146) "'物'에서는 리기 '混淪'(상9)이나, 리·기 二物은 각자 일물이다"(하45)라고 한다. 즉
유행에서의 리기는 분리할 수 없으나, 리·기는 결단코 二物이다.

도 전혀 다름) 설명한 것이 같지 않다"(고봉은 사람 본연의 느낌에, 퇴계는 리기에 就함)[190]고 했고, 또 사단은 "발췌해 낸 것"(고봉; 사람 느낌의 리·선. 퇴계; 리기에 나아간 리)[191]이라 했습니다.(고봉은 사맹 본설이 곧 別이라 함이고, 퇴계는 리·기에 나아가서 사·칠을 分함)[192] 그런데도 도리어 사단과 칠정은 '다른 가리킴이 없다(無異指)'고 주장한다면,(칠사 소지는 당연히 異指이며, 고봉도 異指를 주장한 것임)[193] 이는 거의 자상모순에 가깝지 않습니까?(모두 고봉 문자를 오용한 것임)[194]

(43)夫講學而惡分析, 務合爲一說 古人謂之 "鶻圇吞棗." 其病不少, 而如此不已, 不知·不覺之間, 駸駸然入於以氣論性之蔽(고봉집 獘), 而墮於認人欲作天理之患矣, 奚可哉? (右第十一節) [鶻圇吞棗골륜탄조; 흐리멍덩하게 씹지 않고 그대로 삼킴.(혼륜의 '온전'을 퇴계는 골륜의 '흐리멍덩'의 뜻으로 해석한 것임) 駸駸然침침연; 말이 내달리듯 순식간에. 獘폐; 폐단.(蔽는 '가림'의 뜻으로, 『퇴계집』 "獘"는 오자로 보임. 고봉의 獘와 蔽는 다르고,(상163·164) 퇴계도 마찬가지임(상311·312)) 墮타; 리가 기에 타재·존재함.(주희) 천리가 인욕으로 墮落·墜落함.(퇴계) 人欲인욕; 사람의 욕구.(퇴계는 부정의 욕심, 고봉은 긍정의 욕구로 봄. 고봉의 욕구는 겸리기로서 이때 성찰해야 천리가 드러남)]

무릇 학문을 강론함에 분석을 싫어해서 힘껏 一說(一義의 뜻임. 사맹 칠·사가 '설'임)[195]로

---

190) 고봉은 "子思孟子, 所就以言之者不同, 故有四端七情之別耳(사·맹의 [一情에] 나아간 바의 설명한 것이 부동해서 사·칠의 別이 있을 뿐이다)"라고 한다.(상3) 이에 퇴계는 "所就而言之"라 하여 '以'를 '而'라 한다. 고봉은 퇴계의 말을 때는 '而', 자신은 '以'로 인용한다.(상76·77·148) 고봉의 "子思就情上, 以兼理氣"(상147)의 '以'자는 情上이 곧 兼理氣라 함이지, 리기에 '나아가서(而)'라 함이 아니다. '而'라 하면 사람 느낌이 아닌 '리기에 나아감'이 되고, 또 나의 느낌 '공부가 없음'이 되고 만다. 퇴계는 "所就而言之"의 '소취'를 겸리기의 혼잡이라 하고, 이 혼잡에 나아가면 리와 기는 각자 다르다고 한 것이다. 고봉의 용어를 인용했지만 그 의미는 완전히 다르다. 고봉의 "以言之者"는 리기가 아닌 '칠사'이다.

191) 고봉은 "孟子之論, 所謂剔撥出來者也(맹자의 논은 이른바 '뽑아낸 것'이다)",(상3) "맹자는 善 一邊에 就해 剔出 指示했다"(상10)고 했다. 척발출래는 고봉을 인용한 것인데, 그 용법은 전혀 다르다. 퇴계는 척발출래를 '겸리기에 나아가서' 여기서 리만 뽑아낸 것이라 한다. 즉 사실은 모두 '리기에 就해서(而)'의 리·기이다. "就리기 相循지중",(상34) "就리기 相成지중"(상35) "就리기 相須지중"(상37) 등은 모두 리기 혼잡에서 '척발해 리를 獨言한 것'(상34)이라 한다. 반면 고봉의 '情中에서 善者를 척발(척출)한 것'(상147·10)이라 함은 리기에 就한 리 척발이 아닌, 사람 느낌은 리·선이 있는데 이를 맹자는 사단으로 논설했다 함이다. 퇴계와 같다면 맹자는 리기 중의(성선의 부정)의 리가 되고, 공부도 없게 되고 만다.

192) 두 인용문은 고봉의 말인데도 용법은 전혀 다르다. 고봉의 '所就以言之'는 一情에 대한 사맹의 목적·종지가 다르다 함이고, "剔撥"은 一情은 겸리기·유선악인데 다만 사단은 그 理·善을 가리킨 것이라 한다. 반면 퇴계의 "所就而言之"는 리기에 就해서(而) 리는 사단, 기는 칠정이라 함이고, "척발"도 리기에 就해서(而) 그 리만 추려낸 것이 사단이라 함이다. 그렇다면 사맹은 '리기에 나아가서' 각자 리·기로 '分'하고 '척발함'이 되고 만다. 이는 오히려 리기에 사칠이 있음이 되고 만 것이다.

193) "無異指"는 고봉의 표현에는 없다. 퇴계는 "그대는 사실을 '다르게 가리킨 것이 없음(無異指)'으로 주장했다"고 한 것이다. 퇴계의 이 지적은 부당하다. 사맹 종지는 당연히 異指이며 그 2설 소지도 전혀 다르다. 퇴계의 의미는 "소취의 부동"과 "척발"이 곧 異指라 함이고, 고봉의 경우 칠사의 '理·善은 동일하나 그 2설의 소지는 반드시 異指라 함이다. 즉 고봉은 "칠사 2설은 각자 一義를 발명한 것이므로 一說로 혼합해서는 안 된다"(하153) 함이다.

194) 퇴계가 본 고봉의 모순은 다음과 같다. 즉 "所就而言之가 不同이고" 때문에 그대도 "리의 척발이라 했다." 그런데도 그대는 "사·칠은 異指가 없다"고 하니 이는 자상모순이다. 이 지적은 고봉과 전혀 다르다. 고봉의 '所就'는 리기가 아닌 一情이고, 그 一情을 사맹이 둘로 "言之한 것"이 곧 異指이다. 따라서 고봉은 결코 사칠을 '無異指'라 하지 않았다.

195) "학문을 강론함에 一說로 합한다"의 일설은 '一義라 해야 한다. '설'은 자사의 칠정설, 맹자의 사단설, 주희의 「이발미발설」, 「악기동정설」, 「중용수장설」(모두 『문집』권67, 3163, 3164, 3166쪽) 등이다. 퇴계의 "一說"은 리기를 一物로 합함의 뜻이다. 칠·사는 각자 다른 설이다. 기존의 '설'을 일물로 합해서 설할 수는 없다. 퇴계의 뜻은 사실을 '一義로 합해서 논해서는 안 된다' 함이 되어

- 61 -

합치는 것을 옛 사람은 "골륜탄조(鶻圇呑棗)"[196]라고 합니다.(혼륜의 온전을 퇴계는 골륜의 잡리기로 해석함. 칠·사는 선유의 2설인데 퇴계가 혼합해 리기로 이해함. 주희의 이 용어 본의는 퇴계의 '리기로의 이해'가 곧 곤륜탄조임)[197] 그 병통이 적지 않은데도 이와 같음을 그치지 않는다면 부지·불각의 순간에 '기를 성으로 논하는'(고봉이 앞에서 한 말임) 폐단에 빠지게 되고,(퇴계가 기질지성의 성설을 독기라고 함)[198] '인욕을 용인하여 천리로 여기는 환란'(반대로 퇴계가 인욕인 사단의 정을 무불선의 천리로 여김. 고봉의 위 우려가 실제로 드러난 것임)[199]에 떨어지게 될 것이니 어찌 가능하다 하겠습니까?(퇴계는 자신의 공부를 논하지 않음)[200] (여기까지 11절)

야 한다. 리·기는 각자 二物이며, 칠·사 2설도 각자 二義가 있다. 따라서 칠·사 2설을 一義로 합해 해석해서는 안 된다. 고봉의 "[사맹] 칠·사 설은 각기 一義를 발명한 二說이니, 一說로 滾合해서는 안 된다"(하153)고 함은 칠·사는 전혀 다른 二說이라 함이다. 반면 퇴계의 "二者를 論及함에 滾合해 一說(고봉집 一物로 여김)(상17)의 二者, 一說 一物이 '리기'가 一義 一物, 一說인지 혹은 '사찰'이 그러한지가 불명하다.

196) 골륜은 囫圇(홀륜, 통째로)과 같다. "골륜탄조(鶻圇呑棗)"는 '대추를 씹지 않고 통째로 삼키다'의 뜻으로, 분석을 거치지 않고 기계적·무비판적으로 받아들임의 의미이다. 혹은 鶻圇를 새로 보고 '산비둘기가 대추를 통째로 삼키다'와 "鶻突(골돌, 흐리멍덩하게)"(상156·186·291. 하11. 『어류』권6, 藠83, 明作84, 255쪽)과 같다. 주희는 "지금 動이든 不動이든 곧바로 먼저 본말·정조에 二致가 없다고 설하신다면, 이것이 바로 골륜탄조이다(今動不動便先說個本末精粗無二致, 正是鶻圇呑棗)",(『문집』권39, 「答許順之」3, 1737쪽) "속담의 이른바 '鶻圇呑棗'라는 것이 이것이다. 어떻게 그 맛을 알겠는가?",(권59, 「答林正卿」2, 2807쪽) "伯恭(여조겸)은 講論을 심히 좋아하나 단 每事를 鶻圇의 一塊로 說作하고자 한다"(「答范伯崇」11, 1786쪽)고 한다. 퇴계는 고봉에게 "나는 事君 有方의 道가 이와 같이 鶻圇의 無分別이라 여기지 않는다"(『고봉집』3책, 126쪽)고 한다. 문제는 지금 퇴계의 "곤륜탄조"는 위 의미가 아니라는 점이다. 퇴계는 겸리기를 一物·혼륜으로 여겨 리·기로 사칠을 分하지 않음을 곤륜탄조라 한다.

197) 퇴계의 "一說을 爲主하지 말라"(상31)의 일설은 리기혼륜이고, 주리·주기는 분석이다. 이곳 "분석을 싫어하고 힘써 一說로 合한다"도 분석이 리·기이고 일설이 혼륜이다. 퇴계는 사칠을 리·기로 分하지 않은 '잡리기를 "혼륜"이라 하고 이를 "골륜탄조"라 한 것이다. 그러나 잡리기(혼륜)가 '일설'일 수 있는가? 칠·사는 이미 2설인데 누가 일설로 혼합하는가? 바로 퇴계가 리기 일설로 해석한 것이다. 고봉의 "혼륜"은 "골륜"의 뜻이 아니다. "方其未發, 渾然在中."(상95) "未發時, 則渾然."(『문집』권43, 「答林擇之」21, 1980쪽) "天命之謂性, 渾然全體."(「중용수장설」, 3264쪽) "仁字, 只是個渾淪底道理."(『어류』권6, 藠83, 255쪽) "這道理千變萬化, 隨所在無不渾淪."(권62, 淳132, 2044쪽) "此理處處皆渾淪."(권94, 淳37, 3126쪽) 주희의 혼륜·혼연은 성과 도리가 온전·완전함이라 함이다. 혼연은 성, 혼륜은 도리이며, 이는 퇴계의 혼륜·골륜의 용법과 다르다. 퇴계는 사맹의 전혀 다른 칠·사 2설을 오히려 '리기로 혼합' 해석하는데, 이것이 주희가 말한 이른바 "골륜탄조"이다.

198) "그 병통이 심하다"고 함은 사칠을 '리기 일물의 혼륜'으로 여긴다 함이다. 퇴계는 "기의 자연발현을 리 본체로 여김"(상40·12. 고봉 본문과 다름)은 "以氣論性의 폐단"이며, 이것이 리기일물의 '골륜탄조의 병통'이라 한다. 하지만 고봉이 말한 "以氣言性"(상11)은 '기로 성을 논하는 병통'을 막기 위함이다. 퇴계가 기질지성을 "獨言氣"(상35)라 함이 곧 '성을 기로 여긴 것'이다. 맹자와 주희가 "매번 4덕과 4단을 나란히 거론"(상11)한 이유는 사단이 기에 떨어짐을 막기 위한 장치이다. 다만 성은 기의 과불급 없음과, 인의 用인 측은지심으로 논할 수 있을 뿐이다. 고봉은 결코 "기를 성으로 논"하지 않으며, "以氣論性은 麗凨의 意가 아니다"(상149)라고 한다.

199) "그대의 기의 자연발현을 리 본체로 여김"은 곧 "인욕을 용인해서 천리로 여기는 환란이다(認人欲作天理之患)." 즉 그대의 '기발이 리발'이라 함은 인욕인 "기로 천리인 성을 논(以氣論性)"(윗글)한 폐단이며 환란이다. 왜냐하면 리발은 반드시 기발이 아니기 때문이다. 이에 고봉은 "認人欲作天理之蔽(인욕을 인식하여 천리를 가리는 것으로 여김)"(상149)의 '蔽'자로 답변한다. 인욕은 천리를 가리(蔽)기도 하지만, 반대로 천리를 드러낼 수도 있다. 때문에 인욕은 "마땅히 深察하고 克治之해야 할 뿐이다."(상149) 공부가 중요한 이유이다. 따라서 인욕인 "정을 무불선"이라 할 수는 없으니 "학자는 이점을 정밀히 살펴야 한다."(상171) 만약 사단의 정을 '무불선'이라 하면 "이것이야말로 '인욕을 인식하여 천리로 여김(認人欲而作天理者)'이며 결국 이루 말로 다할 수 없는"(상171) 폐단이 여기에 있다. 퇴계가 정인 사단을 성인 무불선과 구별하지 않았기 때문이다. 고봉이 우려한 "기로 성을 말하는(以氣言性)"(상11) 폐단이 퇴계에서 나타난 것이다.

200) 퇴계는 "인욕"을 기, "천리"를 리라 한다. 이 둘은 반드시 나누어야 하며 따라서 기발의 인욕을 리발의 천리라 하면 이는 "폐단이며 환란"이다. 반면 고봉은 "認人欲作天理之蔽(인욕이 천리를 가림으로 여기는 것)"라면 이는 미발·이발에서 '이발의 "深察과 克治之"의 '공부'의 일이라고 한다.(상149) '욕'은 『악기』 "性之欲"(상103·107·134·159. 하43)이다. 주희는 "인욕은 배고프면 欲食이 있음이니, 어찌 이를 危라 하리오?",(『어류』권78, 士毅190, 2663쪽) "人心을 人欲이라 하면 이 말은 병통이 있다. 비록 上智라도 인욕은 없을 수 없다"(같은 곳, 佐192, 2664쪽)고 하여 인욕은 성인도 있다 한다. "墮(떨어짐)"자도 문제다. 아마 '墜落'의 추 의미일 것이다. "墮在氣質"(상89·90. 하47)의 타는 기질 속에 리가 타재·실존한다는 뜻이지, 그 리가 추락·타락한다는 뜻은 아니다.

(44) 自承示喻, 卽欲獻愚, 而猶不敢自以其所見, 爲必是而無疑, 故久而未發, 近因看『朱子語類』, 論「孟子·四端」處末一條, 正論此事. 其說云, "四端是理之發, 七情是氣之發." [自字; ~에서부터.(일이 일어나는 시점을 말함. 뒤 自는 스스로, 자신) 是理시리; 사단은 리이다. 사단은 리로 해석된다.(고봉) 사단은 리의 발함이다. 리발이 사단이다.(퇴계)]

보내온 글을 받고 즉시 나의 의견을 드리고자 했으나, 감히 스스로의 소견을 반드시 옳으며 의심할 수 없다고 여길 수 없었기 때문에 오래도록 덮어두었던 것인데,(퇴계는 고봉 1서를 받고 1달 보름 만에 이 논변을 쓴 것임)201) 근래 『주자어류』「맹자사단」을 논한 곳 끝 한 조에서 바로 '이 일'을 논한 것을 보았습니다.(이 조항은 '확충'이며 '성선'이 아닌데, 퇴계는 오히려 성 '무불선의 善'으로 인용함)202) 그 설에서 말하기를 "사단은 리의 발이고 칠정은 기의 발이다 (四端是理之發, 七情是氣之發)"(어류는 사칠을 리기로 '해석'했는데, 퇴계는 반대로 '리기에 나아가서' 그 리의 발과 기의 발로 논한 것임)203)라고 합니다.

(45) 古人不云乎. 不敢自信而信其師. 朱子吾所師也, 亦天下古今之所宗師也. 得是說然後, 方信愚見不至於大謬. 而當初鹵莽說, 亦自爲無病, 似不須改也. [自信자신; 스스로를 자신하다. 方信방신; 비로소 자신하다. 不須; ~할 필요 없다.]

---

201) 「고봉1서」는 "1559년 8월 14일"이다. 퇴계의 「사우서」(동년 1월 5일)를 고봉은 광주에서 2월 18일 받고, 3월 5일 간단한 안부 편지를 보냈으나, 퇴계는 이미 2월 도산에 내려간 뒤였으므로 전달되지 못하고 다시 되돌아 왔다. 4월 초 광주를 출발한 고봉은 서울에서 7월 면신례를 치렀다. 고봉은 "1559년 8월 14일"자의 「고봉1서」와 함께 8월14일과 15일의 편지 두 통, 또 앞 3월 5일의 안부편지 등, 총 4통을 서울에서 도산으로 보냈다. 퇴계는 이 4통을 "9월 10일 경(前月旬時)"(『고봉집』3책, 7쪽) 받았다 고 했다. 본 「퇴계1서」는 "10월 24일"이다. 따라서 본 논변은 '한 달 보름' 만에 탈고한 것이다. "오래도록 덮어두었다(久而未發)"고 함은 이 기간이다.

202) 『주자어류』권53, 「맹자3, 公孫丑上之下」 "人皆有不忍人之心章", 廣82, 1776쪽. 輔廣(자는 漢卿)의 기록이다. 이 기록은 「공손추상」 "불인인지심" 조항이다. 이 조항 종지는 "사단은 나에게 있으니, 모두 '擴하여 充之할 것을 알면 마치 불이 처음 타오름과 같을 것이다"이다. 즉 '확충을 알아야 한다'가 이 장 종지이다. 한편 「고자상」은 '단'을 말하지 않았는데 그것은 "「공손추상」은 사단을 擴 而充之하고자 함이고, 「고자상」은 仁의 用으로 그 본체를 드러낸 것이니, 때문에 말이 不同하다."(「고자상」6) 요컨대 「공손추상」은 "확충"해야 함이고, 「고자상」은 '성선' 논중이다. 반면 퇴계는 '단서의 확충'을 '성선의 무불선'으로 인용한 것이다.

203) 보광 기록 전문 33자는 다음과 같다. "사단은 리의 발이고 칠정은 기의 발이다. 질문; 제가 헤아려 보건대, 아마 희노애오욕이라 면 인의에 근사할 듯합니다. 답변; 진실로 서로 흡사한 곳도 있겠다(四端是理之發, 七情是氣之發. 問, 看得來, 如喜怒愛惡欲却以 近仁義, 曰, 固有相似處)." 이 기록은 먼저 사·칠 둘을 대거해서 시리지발·시기지발로 '해석(是)'했다. 이어 질문자는 "칠정"과 "인의" 2설이 "근사"가 있는데 다만 하나는 "리발" 하나는 "기발"로 각자 해석함이 가능한가에 관해 물었다. 주희 답변은 "진실 로 상사처도 있겠다"는 단 '5자'이다. '같다(相似)'가 아닌 '같은 곳(相似處)도 있다'는 답변이다. 즉 질문이 "근사"를 긍정해서 "같은 곳도 있겠다"이다. 이는 '그대의 말도 일러는 있다' 함으로, 그렇지만 사실은 同說이 아닌 각자 전혀 다른 二說이라 함이 다. 2설은 각자 宗旨가 다르다. 사단 리발은 지당하고 칠정 기발도 당연하다. 칠사는 성발이고, 또 모두 발현자인 기이다. 단 이 곳은 리발·기발로 해석한 이유(곡절)가 나타나 있지 않다. 문제는, 퇴계는 사단을 '리기 중의 리발', 칠정은 '리기 중의 기발'이 라 한다는 점이다. 이는 위 문답 본문과 전혀 다르다. 문답은 2설의 '근사'인데, 퇴계는 반대로 '리기 근원(소종래)에 나아가서' 여기서 리기 호발을 사칠로 여긴다. 칠사는 기왕 사맹 본설이므로 주희도 해석만 가능할 뿐, 반대로 리기에 나아가서 논할 수는 없다. 그렇다면 사칠을 새로 논함이 되고 만다. 더구나 리발이 맹자 사단이므로 기발이 자사 칠정일 수도 없다. 이는 당초 "사 단, 발어리"(상14)인 사단 '해석'이 반대로 '리발의 사단'이 되고 만 것이다.

옛사람은 말하지 않습니까. 감히 스스로를 믿지 말고 스승을 믿으라고요.(퇴계는 주희를 믿음으로써 오히려 사맹 종지에서 어긋나고 맘)[204] 주자는 우리의 스승이며 또한 천하 고금의 종사입니다.(칠사 본설은 주희가 아닌 사맹임)[205] 나는 이 설을 본 후 비로소 나의 견해(당초 겸기의 혼잡을 기발로 고친 것임)[206]도 큰 오류에 이르지는 않았음을 믿게 되었습니다.(퇴계의 견해는 사칠 해석이 아닌 리발·기발이고, 어류는 사칠 해석임. 따라서 퇴계의 믿음은 근거가 없음)[207] 그리고 당초 추만의 설(추만의 발어리·발어기가 사칠 해석이라면 가능한데, 문제는 퇴계의 호발임)[208] 역시 스스로 병통이 없으므로 고칠 필요 없을 듯합니다.(고봉은 추만이 아닌 퇴계의 호발을 병통으로 여김. 고봉은 추만에게 퇴계를 따르지 말 것을 권고함)[209]

(46)乃敢粗述其區區以請敎焉. 不審於意云何.

이로써 감히 구구한 설을 조술하여 가르침을 청합니다.(퇴계는 사맹 해석이 아닌 리기에 나아

---

204) "자신을 믿지 말고 스승을 믿어야 한다." 만약 그렇다면 퇴계 자신은 사맹 본설인 "중화"와 "확충·성선"을 해설할 수 없다 함인가? 주희는 "희노애락 미발의 종지"에 대해 탐구하면서 "스스로를 믿고(自信) 또 정자의 "心은 모두 다 已發이다"(상151)를 믿었다가」(「중화구설서」) 이후 이 문제를 다시 고찰해서 「호남제공서」, 「이발미발설」 등을 통해 정자의 본의를 밝히고, 이전 "내가 自信한 것은 도리어 自誤일 뿐이었다"(「중화구설서」)고 한다. 주희는 처음 정자의 舊說이 자신의 뜻에 맞았고, 또 정자의 한 계통인 호남학을 장식에게 듣고 "나의 뜻과 합치하여 더욱 自信하게 되었다." 하지만 채원정(상151) 등과 토론하면서 결국 이 설은 정자의 본의가 아님을 알게 된다. 주희는 스승을 글자만 고수하지 않았다. 주희가 맹자 성선설보다 "정자의 [기질지성이] 정밀하다"(「고자상」6)고 한 것은 "吾心의 자득"(상50)인 爲己之學으로 탐구한 것이다. "다만 선유의 成說로 이치를 領會해서는 안 될"(상50) 뿐이다. 만약 "선유의 成說로만 고수하면 정자 문인들과 같이 어긋나고 말 것이다."(상51) 퇴계는 "어류의 언어를 지킴(守, 語)"(상154)으로써 사맹 종지에 어긋나게 되고 만 것이다.

205) "주자는 천하의 종사"지만, 그러나 칠사 본설은 사맹일 뿐 주희가 아니다. 고봉 역시 "후학은 주자를 '當師, '當遵, '當守'해야 한다"(상150·153·154)고 한다. 주희에 의하면 [정자가] 자신의 설을 스스로 잘못으로 여기고 또 마땅치 않아 바로잡은 것"(상152)까지 그대로 따라서는 안 된다고 한다. 만약 주희가 정자의 "심은 모두 다 已發이다"(상151)를 그대로 믿었다면 결국 심은 미발이 없는, 또 미발의 "中이 곧 성이다"(「이발미발설」)는 잘못을 그대로 따르게 되고 만다.

206) 처음 퇴계의 「사우서」는 "겸기고유선악"(상1·14)이다. "겸기"는 "혼륜(혼잡)", "선악미정",(상27) "기 없는 리는 없음"(상17) 등이다. 이를 고쳐 "형기가 발해서 리 본체가 되겠는가"(상25)라는 '독기의 발'이라 한다. 당초 "겸기"를 "독기, 기발, 주기"로 고쳤고, 겸기의 혼잡은 고봉의 설이라 하여 잘못으로 여긴 것이다.

207) "퇴계의 견해(愚見)"는 "四端之發, 純理故無不善, 七情之發, 兼氣故有善惡"(상1)이며, 그 이전은 "四端, 發於理而無不善, 七情, 發於氣而有善惡"(상4)이다. 이 견해도 『어류』를 본 후 "오류는 아님을 믿게" 되었다는 것이다. 퇴계는 "[추만의] 분별이 너무 심해서 순선(순리) 겸기 등으로 고쳤다."(상14) 분별이 심한 것은 '발어리, 발어기'이다. 그런데 『어류』를 보고 "독리·독기, '리지발, 기지발로 회귀한다. 즉 "겸기"는 혼륜의 잡기이므로 '독기의 기지발'로 돌아간 것이다. 반면 고봉은 칠사 해석인 리발, 기발을 문제 삼지 않는다. 문제는, 왜 하필 사맹 종지를 "대거 호언"해서 그것이 리발, 기발이어야 하는가? 퇴계의 "믿음"은 리발은 사단, 기발은 칠정이다. 이는 사맹 본설을 해석한 것이 아니며, 따라서 퇴계의 믿음은 결국 사맹 본설과 상관없는, 근거 없는 믿음이 되고 만 것이다. 주희도 사맹을 해석했을 뿐이기 때문이다.

208) "왕년 정생의 作圖에 '四端發於理, 七情發於氣'의 설이 있었다."(상14) 고봉은 이 설을 문제 삼지 않는다. 사칠을 발어리로 해석함은 지당하고, 또 사칠을 感物로 발한 기의 發見者라 해석함도 당연하다. 문제는 퇴계의 리기에 나아간, 리·기의 선후 호발에 있다.

209) "추만의 설도 고칠 필요 없다." 왜인가? 추만의 발어리·발어기도 리기 호발이기 때문이다. 문제는, 사맹 본설은 본래 2설이며, 분별도 당연하고, 리·기로의 해석도 지당하며, 순리·겸리도 당연하다는 점이다. 퇴계가 "고칠 필요 없다"고 한 이유는 추만의 설을 '각각 리에서 발하고 기에서 발한 것을 사칠'로 여기기 때문이다. 하지만 이는 추만 본의라고 할 수 없다. 추만은 사칠을 각각 '리·기로 해석한 것'일 수 있기 때문이다. 반대로 칠정의 리, 사단의 기 해석도 가능하다. 문제는 퇴계가 '리기에 就해서' 리기 호발이 곧 사칠이라 함에서 비롯된다. 때문에 고봉은 추만에게 "존장께서 단지 어류에 의거한 것은 필시 퇴옹의 설을 바꿀 수 없음으로 여기신 듯하다"(하178)고 하여 퇴계의 설을 따르지 말 것을 권고하고 이어 "[퇴계1서의] 단락에 맞추어 상세히 [반박]하겠다"(하191)고 알린다.

가서 사칠을 논하며, 모든 용어는 정주의 어법과 다름. 고봉은 이상 논변을 상상하지 못함)[210] 공의 뜻은 어떠실지 모르겠습니다.

(47)若以爲理雖如此, 名言之際, 眇忽有差, 不若用先儒舊說爲善, 則請以朱子本說代之, 而去吾輩之說, 便爲穩當矣. 如何如何? 己未陽月二十四日, 滉拜. (右第十二節) [名言之際명언지제; 이름붙이고 설명하는 즈음.(퇴계; 리·기로 사칠을 名하고 말할 때. 그러나 사칠은 사맹 본명, 본설임) 眇忽有差묘홀유차; 극히 작은 부분이라도 의견 차이가 생기면.(차이는 리·기 分의 사칠임) 吾輩之說오배지설; 우리의 설.(퇴계; 우리의 사칠 혼잡설. 고봉; 혼륜은 사칠이 아닌 칠정임)]

만약 '이치(理)'는 비록 이와 같다 해도(이치를 먼저 단정한 것임)[211] 여기에 이름붙이고 설명하는 즈음(직접 '즈음'을 名·言하고자 하나, 사맹의 사·칠 2설의 名·言은 즈음이 아닌 '공부'임. 느낌 즈음은 본연의 것임)[212]에서 극히 작은 부분이라도 서로 차이가 있다면(사맹 주희는 결코 즈음을 이치로 여길 수 없음)[213] 이는 선유의 구설에서 좋은 것을 씀만 같지 못합니다.(주희의 해석에서 이치를 구하고자 함. 표현이 불완함)[214] 그렇다면 주자의 본설(사칠 본설은 사맹이며, 주희는 해석함)로

---

210) 여기까지 퇴계의 논변이다. 리기 혹은 사칠은 "未嘗離·不相雜"(상32)이다. 미상리는 혼륜이고, 불상잡은 독리·독기이다. "一說의 [혼륜만] 위주하지 말고 성현의 義趣(상31)인 독리·독기를 살펴야 한다. "분석하지 않고 혼륜의 一說로 합하는 것은 곤륜탄조이다."(상43) 퇴계의 결론은 리발은 사단이고 칠정은 기발이며, 때문에 그대의 혼륜·일설·겸기 등은 모두 잘못이다. 하지만 이상의 미상리, 불상잡, 일설, 겸기, 분석, 혼륜의 곤륜탄조 등 인용된 모든 용어는 주희의 어법과 전혀 다르다. 고봉은 "物"(상7)에서의 리기는 不離, 리·기는 불잡, 칠정은 혼륜, 사·칠은 2설이라 한다. 사칠을 리기로 해석할 수 있고, 리·기는 "分"(상7)의 二物이다. 반면 퇴계는 리기·사칠도 본래 혼륜이라 하고, 다만 리·기 異物에 나아가면 여기에 사·칠이 있다고 한다. 고봉은 이러한 논변을 상상하지 못한다.

211) "理(이치)는 이와 같다." 퇴계의 "절대 [리기 혼잡의] 一說만 위주해서는 안 된다"(상31)고 함은 리기는 일물(일설)의 혼잡이 아니라 함이다. 『어류』는 리발·기발이라 하며 그래서 "나의 소견도 자신했고"(상44·45) "이치가 이와 같다"고 여겼다. 따라서 "우리의 [리기 혼잡의] 설은 버리자." 결국 독리·독기를 '이차'로 여긴 것이다. 이상 논변은 리·기의 실체로 사맹의 칠·사 2설을 나눈 것으로, 리기를 논함인지 사맹 2설을 논함인지 불명하다. 만약 그렇다면 도리는 유행하지 못하며, 칠사도 소통 및 도통도 될 수 없다. 주희는 호굉의 "仁을 행하고자 하면 반드시 仁의 體를 先識해야 한다"에 대해 "仁體를 先識할 필요는 없다(初不必使先識仁體也)"고 한다.(『문집』권73,「知言疑義」, 3561쪽) 仁體는 "기의 유행처에서 驗得"(상139)해야 하기 때문이다. 性, 仁 등은 혼연·혼륜이어야만 치우침 없이 도리는 유행한다. 퇴계는 리발·기발을 먼저 단정하고, 여기에 사칠이 있다고 한 것이다.

212) "名言之際"는 名하고 말하는 즈음이다. "이치"인 리발·기발의 그 "즈음을 名·言"한다는 것이다. 그러나 칠·사 二名은 사맹의 "立名의 異가 있음"(상76) 뿐이다. 사맹은 사람 '본연의 느낌'에 각자 다른 두 이름을 붙인 것이다. 자사도 이 느낌 전후에서 자신의 공부인 愼獨(『중용, 수장』)을 논했을 뿐이다. 주희의 "미발·이발에 대한 命名도 未嘗하고, 게다가 日用의 즈음 本領 '공부'에도 어긋났다",(「이발미발설」, 3266쪽) "심·성의 命名도 不當했고 日用 '공부'에도 온통 本領이 없었다"(「호남제공서」, 3130쪽)고 함은 미발·이발 '공부'를 논했을 뿐, 그 즈음에 대해 名命한 것은 아니다. 또 "비단 名言之失 뿐만은 아니었다",(「중화구설서」, 3635쪽) "호굉의 성·선에 대한 名言之失은 至善의 本然을 살피지 않고 善을 已發로 여긴데 있다"(『문집』권46,「答胡伯逢」4, 2151쪽)고 함도 그 심·성과 이발·미발에 대한 정자의 '명언'을 잘못 이해함으로써 그 즈음의 존양·성찰 '공부'가 어긋나고 말았다 함이다. 주희도 '즈음'을 名·言한 것은 아니다.

213) "서로의 차이"는 '리기 혼륜(혼잡)'이며, "천하 종사"인 주희의 리발·기발의 이치를 믿자. 하지만 칠사는 사맹의 본명, 본설이다. 더구나 사맹과 주희의 명언은 '공부'일 뿐 결코 이치를 논함이 아니다. 퇴계는 리기 호발 즈음을 '말'하며, 이는 공부가 없다. 사맹 및 주희는 결코 즈음을 이치로 여길 수 없다.

214) "선유 구설의 좋은 것"은 『어류』리발·기발이다. 따라서 우리의 사칠 혼륜은 버리고 대신 주희 구설인 리발·기발을 쓰자. 하지만 주희는 사맹 사칠을 리기로 '해석'했을 뿐이며, 그 해석은 "이치"라 할 수도 없거니와 더구나 '즈음을 명언'한 것도 아니다. 퇴계는 사맹 종지인 "중화" "확충"을 논하지 않고 리·기를 사·칠로 여긴다. 한편 정자는 "심 已發"의 구설을 "적자지심"(상152)으로 고쳤고, 주희도 자신 구설의 '已發'과 『중용』 "미발·이발"의 "어의를 착오했다."(상151) 때문에 주희는 "舊說의 誤를

대신하고 우리의 설은 버림이 온당할 것입니다.(사칠의 리기 혼잡설은 버리자는 것. 고봉은 칠·사 2설을 리기설로 혼합 이해서는 안 된다고 함)215) 어떻게 생각하십니까? 1559년 10월 24일, 황배.(1560년 2월 5일 부침)216) (여기까지 12절)

4

고봉2서; 언어의 용법이 서로 다릅니다217)

(48)伏蒙垂示,「四端七情分理氣辯」一篇. 其於性情理氣之際, 旁引曲譬, 反復發明, 可謂詳且盡也. 玩而復之, 思而繹之, 所感發者多矣. [垂示수시; 교시하다. 가르쳐주다. 旁引방인; 널리 인용함. 曲譬곡비; 자세히 비유함. 玩而復之완이복지; 반복하여 완상하다. 思而繹之사이역지; 연속하여 생각하다.]

가르쳐 주신「사단 칠정을 리·기로 나눈 논변」218) 한 편을 받아보았습니다. 그 '성정·리기의 즈음'(그 '즈음'은 사맹 사칠 '설'이 아니라는 것임. 풍간임)219)에 대해 널리 인용하고 자

守"(『문집』권42,「答胡廣仲 5, 1902쪽)해서는 안 된다 하고, 그래서 "熹의 前說의 失이며, …근래 이미 舊語를 改定했다",(위, 1903쪽) "[나의] 舊說은 甚히 綱領를 없다",(권32,「答張欽夫」15, 1418쪽)고 한다. 또 "此는 先儒(이천)의 舊說이다"(권42,「答吳晦叔」6, 1911쪽)고 하여 정자의 구설·신설, 자신의 구설·신설을 구별한다. 만약 "주희의 구설을 쓰자"고 한다면 주희가 구설, 퇴계가 발견한 리발·기발이 신설이 되고 만다. 퇴계의 "구설" 표현은 모호하다.

215) 주자 본설은 "리발·기발"이며 이는 "이치"이므로 우리의 칠사 리기혼륜(혼잡)설은 버리자. 하지만 어류는 사맹 본설에 대한 '해석'일 뿐이다. 사맹 종지는 "신독", "중화", "확충", "성선" 등이다. 오히려 칠정을 리발, 사단을 기발로의 해석도 가능하다. 리발·기발은 사맹 종지가 한마디도 없다. 더구나 칠사가 상대적 리발·기발일 수도 없다. 설사 리발·기발이 완전하다 해도 이 2설이 "천명"(「천명도」)과 어떻게 관계된 것인지는 고찰해 봐야 한다. 사단이 리발이라고 해서 "천명"이 기발일 수는 없는 일이다. 고봉은 "칠·사 2설을 [리기설로] 혼합해서는 안 된다"(하53)고 한다.

216) 본「퇴계1서」는 "기미(1559) 陽月(10월) 24일"(13쪽) 별지이다. 퇴계는「고봉1서」를 받은 날짜를 "지난달 열흘 무렵(前月旬時)"(7쪽)이라 하므로, 이 논변은 '1달 14일' 쯤 걸려 탈고했음을 알 수 있다. 그런데 본「퇴계1서」는 인편이 없어 겨울을 지나 "경신(1560) 2월 초5일"(14쪽) 안부편지와 함께 "子中 편에 서울의 추만에게 봉하지 않고 먼저 보이고,"(14쪽) 이후 자중이 고봉의 "친구(友)"(15쪽) 편에 광주로 보낸다. 따라서 부치지 못하고 봉하지 않은 기간은 '3달 11일'이다.

217) 제목을『고봉집』편자는「高峰答退溪 論四端七情書」로 달았고,『퇴계전서』는「附奇存齋論, 四端七情第二書」이다. 고봉은「퇴계1서」를 "四月 望後 받았다"(15쪽)고 했다. 본 논변은 "1560년 8월 8일"의 별지이며, 별지이므로 제목은 없다. "추만서」를 "1560년 5월 15일" 쓰고 2달 23일 뒤의 논변이다. 역주자의 제목은 "'所就以言之不同' 一句는 동시 一語인데 피차의 主意는 각기 소재가 있다"(상77)와 "非有二義, 同實異名"(상130) 등에 의거했다.

218) 고봉이 퇴계1서를「四端七情分理氣辯」으로 제목을 단 것이다. 즉 사칠을 리와 기로 分해서 논변하신 글이라 한다. 칠사를 리기로 分해 해석을 시도한 것은 정주이다. 반면 퇴계는 리·기 分으로 사·칠을 分한 것이다. 퇴계의 "사단은 리의 발이다"(어류 '是'는 '해석'인데, 퇴계는 빼고 함은 리가 먼저고, 그 리에 사단을 종속한 것이다. 즉 사칠을 리기에 분속함이 아닌, 리·기로 사칠을 分한 것이다. 고봉은 칠·사를 "별칭(別)"(상3)이라 할 뿐, 리·기 '分'이라 하지 않는다. 一情을 分하거나 더욱이 리·기로 分할 수는 없다. 따라서 이곳 "分理氣"라 함은 諫言이다.

219) "그 성정·리기의 즈음"이라 함은 사맹 사칠 본설에 대한 '해석'이 아니라 함이다. 즉「퇴계1서」내용은 사맹의 사칠설에 대한 고찰이 아니다. 퇴계1서는 "리기에 나아가서(就理氣)" 리발은 사단, 기발은 칠정이라 한다. 이는 '리기에 나아가서' 그 리기 즈음으로 성정을 논한 것이다. 역시 풍간이다.

세히 비유하여 반복으로 밝히심이 상세함을 다했다고 하겠습니다. 반복 완상하고 되풀이해 생각해보니 느껴지는 바가 많았습니다.

(49)而於其中, 亦有所不能無疑者, 豈非以義理難窮, 而人之所見, 或有異同而然耶. 此正講究體察, 以求至當之歸者. 敢因來辯逐條詳稟, 以冀先生之終有以教之也. 伏惟先生, 明賜證(퇴계집 訂)砭以惠後學, 千萬幸甚. [義理의리; 올바름.(사물에 올바로 處함은 義이고, 사물에 있는 것은 理임) 講究體察강구체찰; 서로 의논해 논구하고 몸으로 살핌. 逐條수조; 조항에 따름.]

그런데 그 중에도 또한 "의혹이 없지 않음이 있는 것"[220]은 어찌 의리는 궁구하기 어렵고 사람의 소견[221]은 혹 이동이 있어서 그런 것이 아니라 하겠습니까.[222] 이 문제는 서로 강구하고 스스로 살피면서 그 지당의 귀결을 찾아야 한다는 점입니다.(퇴계는 주희의 설을 이치라 했고, 고봉은 우리의 토론에서 찾아야 한다는 것임)[223] 이렇게 감히 보내주신 논변의 조항에 따라 상세히 여쭙는 것도 선생님께서 끝까지 가르침이 있으시기를 바라기 때문입니다. 엎드려 바라옵건대 선생님께서는 밝게 지적하여 고치게 해주셔서 후학에게 은혜를 베풀어 주신다면 천만 다행이겠습니다.

---

220) 퇴계의 "사단, 發於理而無不善, 칠정, 發於氣而有善惡"에 대해 「고봉1서」에서 "후학은 의혹이 없을 수 없다"(상4)고 했다. 그 의혹은 사칠의 무불선, 유선악이 아닌, 사칠을 "대거 호언"(상6)해서 리기로 논한 곳에 있다. 이곳 "의혹이 있음" 또한 퇴계는 "리지발, 기지발"에 대해 "리는 이와 같다"(상47)고 했지만, 그러나 고봉은 "義理는 궁구하기 어려우며"(뒷줄) 또 "주희의 설화만으로 그 理의 참됨은 이와 같다"(상50)고 할 수는 없다고 한다. 결국 사단이 리발임을 아는 것은 정을 통해서일 뿐, 리발이 곧 사단일 수는 없다. 단지 "성은 무불선, 정은 유선악이 결국 固然의 이치"(상3)라 할 수 밖에 없다.

221) 퇴계는 "감히 나의 소견이 반드시 옳다 할 수 없다"(상44) 하고 이후 『어류』를 보고 "나의 견해도 대류에 이르지 않았음을 믿었다"(상45)고 했다. 퇴계의 소견은 주희에 대한 믿음이다. 주희에게 이치가 있고 주희를 따르는 것이 믿음이다. 그러나 고봉의 "학자의 소견은 이동이 없을 수 없다",(상66) "참람을 헤아리지 못하고 문득 소견을 펼쳤다",(상75) "소견은 치우침이 없을 수 없다"(하9) 등의 '소견'은 토론 상의 '자신의 견해'이다. 리 혹은 기의 견해로 해석할 수 있다. 그런데 퇴계가 '믿은' 리의 발, 기의 발처는 사칠 해석이라 할 수 없다.

222) 「고봉1서」에서 "감히 스스로를 믿지 말고 스승을 믿어야 한다. 이치는 이와 같으니, 만약 우리의 논변에서 차오가 난다면 주자 본설로 대신하고 우리의 설은 버리자"(상45~47)고 했다. 퇴계는 주희의 설을 이치로 여기고, 우리의 소견 대신 주희의 설로 이치를 대신하자고 한다. 하지만 고봉의 "의혹은" 퇴계는 주희의 설을 이치로 여긴다는 점이다. 이치는 우리의 대화 속에 있으며, 대화는 그 소견에 이동이 없을 수 없다. 때문에 의리는 궁구하기 어려운 것이다. 정이천은 "그 時를 잃지 않는다면 이는 順理이고 合義이다. 在物해야만 理가 되고, 物에 處함이 義이다(不失其時, 則順理而合義. 在物爲理, 處物爲義)"(『周易程氏傳』권4, 99조, 968쪽)고 하여 그 理를 '時'로 논한다. 선유의 설에 의리가 있음은 분명하지만, 선유의 설로 리를 단정해서는 안 된다. 아래 "선유의 이루어진 설화에 의거해서 리의 참됨은 이 같음에 불과하다 해서는 안 된다"(상50)고 함이 이것이다.

223) "강구 체찰로 지당의 귀결을 구해야 한다." 라는 주희의 설에도 있다. 사단은 '리지발'이 분명하고, 칠정도 심의 外感이며 또 旣發의 정이므로 "기지발"도 당연하다. 그러나 리를 주희의 이루어진 말씀에서 찾을 수는 없다. 리발·기발은 단지 사맹 해석에 불과하기 때문이다. 칠사는 모두 '氣'이다. 기는 리가 아니다. 리를 찾기 어려운 것은 사람의 소견이 다르기 때문이다. 주희의 설은 그렇게 논한 합당한 이유가 있으나, 단 그것이 다른 사안에도 모두 합당하다 할 수는 없다. 따라서 "至當의 귀결은 愼思明辨으로"(상168) 혹은 "서로 切磋해서 至當의 귀결을 구해야 하며"(하9) 또 "虛心悉意로 그 귀결을 구해야할 뿐, 그 [주희의] 一言만 붙잡고 급거 정론으로 삼아서는 안 된다."(하82) 반면 퇴계는 "舛理가 아니다,"(상272) "當理의 언이다,"(상272) "正當한 本旨이다"(상307)고 하여 그 지당의 리는 이미 정해진 것처럼 말한다. 주희는 "서로 商論해서 지당의 귀결을 구해야 한다"(『문집』권42, 「答胡廣仲」5, 1905쪽)고 한다.

(50) 第一節 제1절

大升謂. 性情之說, 先儒論之, 固無餘蘊矣. 然亦或詳或略, 而不能盡同焉. 此在後之
學者, 但當因其所論之詳略, 反復究窮, 以求自得於吾心, 可也, 不可徒据見成說話,
略略領會, 而謂其理之眞, 不過於如是也. [餘蘊여온; 또 다른 나머지. 더 남겨놓은 뜻. 不能盡同
불능진동; 모두 같다고 할 수 없다. 모두 같은 의미의 논이라 할 수 없다. 自得자득; 스스로 터득하다.
스스로 판단하다.(선유가 논한 성정 본의를 자득함. 사안에 따라 리, 기, 심, 성, 정, 선·악 등으로 여길
지는 스스로 판단해야 함) 究窮구궁; 끝까지 궁구함. 徒도; 한갓. 겨우. 見成說話견성설화; 이미 견해로
이루어진 말씀.(설화는 說底話, 說底說의 뜻) 領會령회; 파악하다. 납득하다.]

대승은 말하겠습니다. 성정의 설은 선유의 논변이 '진실로 이보다 더 다른 나머지는
없다(固無餘蘊)'고 하겠습니다.(칠사는 이미 사맹 본설이라는 것)224) 그런데 선유 또한 혹은
"상세하게"(퇴계의 말임) 혹은 간략하게 말했고(상세하지 않음도 있다는 뜻. 어류 리발·기발은 중
화·확충 등을 논하지 않았기 때문임)225) 또 그 모두를 같은 의미로 논하지는 않았습니다.(성
을 심으로, 정을 성으로, 혹은 그 반대일 때는 그 의미를 다르게 논함)226) 이에 대해 뒤의 학자들은
그 선유가 논한 바의 상세와 간략에 따라 반복 궁구해서 나의 마음으로 자득227)을 구
함이 옳지,228) 한갓 이미 이루어진 설화에만 의거해(리발·기발을 이치라 할 수는 없음)229)

---

224) 「퇴계1서」에서 "성정의 논변은 선유의 발명이 상세(詳)하다"(상13)고 함은 「고봉1서」에서 "이것이 성정의 설이며, 사맹의 발명
모두이다"(상2)고 했기 때문이다. 이보다 더 "진실로 여온이 없다." 우리의 토론은 사맹의 칠사와 정주의 성정설 범위에서의 논
변이며, 이외 다른 것은 없다. 문제는 퇴계는 '리기에 나아가서' 사실을 논한다는 점이다. 리발·기발은 각기 리·기에 치우쳤다.
고봉은 "「악기동정설」은 그 성정의 설에 있어 餘蘊이 없다"(하44)고 한다. 주희의 『논어, 자한』7 「兩端竭盡, 無餘蘊矣. 若夫語
上而遺下, 語理而遺物, 則豈聖人之言哉"의 '무여온'은 형이상·하와 리·물을 포괄함이 빠뜨림 없이 설해야 한다 함이다.("固無
餘法"도 같은 뜻)「里仁」15) 또 "蓋天地之間에 단지 動靜兩端이 있어서 循環不已하여 更無餘事니, 이를 易라 이른다. 周子
는 또 圖以象之하여 그 所發明表著했으니 可謂無餘蘊矣",(『문집』권45,「答楊子直」1, 2071쪽) "聖學淵源, 幾無餘蘊矣"(『문집』
권37,「答范伯崇」5, 1778쪽)의 '무여사'와 '무여온'도 같은 의미이다.

225) 퇴계의 "선유의 발명이 상세(詳)하다"(상13)고 함은 성정 논변은 이미 선유들이 자세히 밝혀 놓았다는 뜻이다. 그러나 고봉은
"상세하지만 또 간략한 것도 있다"고 한다. 가령 "사단시리지발"은 사단을 리발로 해석했을 뿐 "확충"과 "성선"의 곡절이 없다.
따라서 이를 이치라 해서는 안 된다. "칠정시기지발"도 간략하다. 정은 모두 리발이기 때문이다. 우리 논쟁은 주희의 곡절이 상
세하지 않아서 발생한 문제이다. 단, 사맹의 사실을 간략이라 할 수는 없다. 그 종지가 분명하기 때문이다.

226) "선유의 성정설은 그 성·정을 모두 같은 의미로 논하지는 않았다." 맹자 "측은지심"의 心은 정이다. 그리고 "그 정"으로 맹자는
"성선"을 논증했다. 또 맹자의 "심"은 "인의 用"이며 이때는 성을 가리킨다. 정자의 "심의 已發"은 심은 '모두 이발' 혹은 『중용』
"이발"도 아닌, "적자지심"(상152)을 가리킨 것이다. 그러나 적자지심을 또 "모든 심의 이발"이라 해서도 안 된다. 때문에 주희는
"정자가 이미 고쳤다고 해서 제설을 모두 잘못으로 의심해서도 안 되고, 또 마땅하지 않다했다 해서 그 所指를 궁구하지 않아서
도 안 된다"(상152)고 한 것이다. 심을 정 혹은 성으로 논할 수 있고, 또 성을 심 혹은 정으로 논할 수도 있으며, 또 정을 심
혹은 성으로 논할 수도 있다. 장재 "심통성정"은 성정은 모두 심이라 함이다.

227) "자득"에 대해 정주는 "학은 不言으로 자득하는 것이 자득이다. 안배와 포치가 있는 것이라면 모두 자득이 아니다(程子曰, 學,
不言而自得者, 乃自得也, 有安排布置者, 皆非自得也",(『이정집』, 121쪽. 『맹자, 이루하』14. 『어류』권95, 侃149, 3222쪽) "자신에
서 돌이켜 구해서 자득해야 한다(反求諸身而自得之)"(『중용, 수장』)고 한다. 자득은 성·정 등의 義를 각각 안배하는 것이 아닌
그 전체로서의 道理를 마음으로 "자연스레 透熟해야"(위 『어류』) 하며, 그것은 심성정의 義를 모두 합해 "優游厭飫"(「이루하」
14)로 소화해 내야 한다. 하나의 사안에 대해 그것을 리 혹은 기로 논할지는 학자마다 다를 수 있으며, 오히려 선유의 설에서
찾아 리 혹은 기로 단정할 수는 없다. 퇴계는 "사단시리지발"을 '이치'라 했기 때문이다.

228) "선유의 상세와 간략에 인해서 자득해야 한다." 선유는 성정을 상·략으로 말했고, 그 성정을 모두 같은 뜻으로 논한 것은 아니
다. 정을 성으로, 심으로, 심의 체용으로, 성의 체용으로 논할 때의 의미는 서로 다르다. 선유의 본의를 파악하기 위해서는 그
논한 바에 따라 자세히 반복 궁구해 밝히되, 나의 자득으로 파악해야 한다. 반면 선유의 설을 궁구하지 않고 스스로의 자득으로,

대략 파악하고 '그 리의 참됨은 이 같음에 불과하다'고 해서는 안 됩니다.230)

(51) 朱子曰, "心·性·情之分, 自程子·張子合下見得定了, 便都不差. 如程子諸門人, 傳得他師見成說, 却一齊差却." 夫以程子門人, 傳得師說, 尙不免差却, 況後之學者乎? [合下합하; 당초. 본래. 근본적으로. 見得견득; 알다. 아는 정도.(자득의 뜻) 傳得전득; 전수해 듣다. 전수해 들은 정도. 成說성설; 완성된 설. 이미 견해로 이룩된 학설. 一齊일제; 일제히. 다같이. 差却차각; 어긋나버리다.(却이 동사 뒤에 있으면 동작의 완성이나 강조를 나타냄) 尙상; ~조차~한데. 그럼에도 불구하고.]

주자는 말하기를 "심·성·정의 구분은 정자 장자(장재)의 당초 앎이(見得. 自得) 안정되어 모두 어긋남이 없었다.231) 그런데 정자의 여러 문인들은 스승의 이미 이루어진 설만 전수해 들으면서 도리어 일제히 어긋나버렸다"232)고 합니다. 정자의 문인(주희가 비판한 사상채, 호오봉 등)들도 스승의 설을 직접 전수해 들었지만 그 어긋남을 면할 수 없었는데, 하물며 후세의 학자이겠습니까?(리발·기발에서 이치를 찾을 것이 아닌, 그 사맹 종지 및 자득으로 궁구해야 함)233)

혹은 선유의 문자로만 밝힌다면 이는 도통을 잇는 방식이 아니다.

229) "단지 선유의 설화에만 의거한다." 『어류』 "시리지발, 시기지발"을 문자 그대로 이해하면 사단은 리발, 칠정은 기발이다. 이는 문제가 없다. 단 사단은 리, 칠정은 기의 의미만 있지 않다. 더구나 주희의 설화를 이치로 이해한 점도 문제다. 이천은 "심, 정 등의 설은 성인이 事에 因해서 制名한 것인데, 후학들은 文에 隨해 義를 析해서 奇異의 설을 求한다"(『정씨유서』 권25, 19조, 318쪽)고 한다.

230) "주자의 설화에만 의거해서 이치의 참됨은 이와 같음에 불과하다 해서는 안 된다." 퇴계는 말하기를 "주자는 리발·기발이라 했다. 주자는 천하 고금의 종사다. 이치는 이와 같지만 우리의 의견이 다르다면 주자의 본설로 대신하고 우리의 설은 버리자"(상44~47)고 한다. 퇴계는 리발·기발을 이치라 하고, 사실을 리·기 둘로 대거했다. 주희는 "성현의 말씀은 대략 맹아만 발한 것도 많으므로, 후인들이 그 설을 추구할 때는 연역해 펴고 접촉해 넓혀야만 성현의 본의를 얻을 수 있다(大抵聖賢之言, 多是略發個萌芽, 更在後人推究, 演而伸, 觸而長, 然亦須得聖賢本意)"(『어류』 권62, 淳132, 2043쪽)고 한다. 사단이 성발의 정임은 분명하지만 그 소지·목적은 심·성일 수 있다. "확충"은 '심', "성선"은 '성'을 가리킨 것이다.

231) 정이는 性, 善, 道, 命, 天, 心, 情 등에 대해 "이 모두는 하나이다. 성인은 일에 因해서 이름을 붙였고 때문에 이 같은 不同이 있다. 이후 학자들은 文에 따라 義를 조개서 奇異의 설을 구하여 결국 성인의 의미에서 멀어진 것이다(凡此數者皆一也 聖人因事以制名, 故不同若此, 而後之學者, 隨文析義, 求奇異之說, 而去聖人之意遠矣)"(『정씨유서』 권25, 19조, 318쪽. 『孟子精義』 권11, 773쪽)고 한다. 모두 하나인데 성인은 성·명·심·정 등으로 이름붙인 것이다. 정도 하나인데 사맹은 칠·사로 이름 붙였다. 퇴계는 각각 리발·기발이라 한다. 이는 주희와 다른데 "리발, 기발"은 사맹 본설에 대한 일편의 해석일 뿐이기 때문이다. "맹자 성선의 본의를 伊·洛의 所傳에서는 고침이 없었다"(『문집』 권46, 「答胡伯逢」4, 2151쪽)고 함은, 그 어긋남이 이정의 제자인 사상채로부터 호백봉의 스승인 호굉의 호상학으로 이어진다는 비판이다.

232) 『어류』 권5, 僩79, 231쪽. "成說"은 본문은 "成底說"이다. 이어진 全文은 다음과 같다. "질문; 정자·장자는 스스로 자득했는데, 문인들은 단지 스승의 이미 이루어진 설에 대한 설을 들음에 불과했고 그래서 이후 일제히 어긋나게 된 이유입니다. 답변; 단지 그렇게 듣는 정도에서 벌써 어긋나버렸다(或問, 程子張子是他自見得, 門人不過只聽得他師見成說底說, 所以後來一向差. 曰, 只那聽得, 早差了也)." 또 "이천의 '性卽理也' 4자는 顚蹼不破이며, 이는 실로 自己上에서 見得出來(자득)한 것이다. 후의 제공들은 단지 그 설만 듣고 이해했으니, 이는 실로 自己上에서 見得함이 아니다. 때문에 어긋난 곳이 많다"(『어류』 권59, 道夫46, 1889쪽)고 한다. 차각 이유는 성정을 자득하지 않고 스승의 이미 이루어진 설에서 구했기 때문이다. '차각'은 "'미발은 태극이다'라 했으니 단지 이 구가 옳지 않다. 그래서 下文에서 일제히 差却된 것이다(以未發謂太極. 只此句便不是, 所以下文一向差却)"(『문집』 권48, 「答呂子約」15)과 같다. 이천의 "[佛說의 단지 本領이 옳지 않아서 一齊 差却되었을 뿐이다"(『정씨외서』 권12, 32조, 425쪽)와도 같다.

233) 정자의 문인들이 쉽게 어긋난 이유는, 스스로 자득하지 않고 스승의 설과 문자로만 성정을 이해했기 때문이다. 퇴계의 리·기 분속으로 사실을 이해한 것도 이와 같다는 것이다. 즉 사맹 칠사의 본의를 살피지 않고 급거 리·기로 이해함으로써 이러한 차오가 생겼다. 주희는 정자 문인 중 특히 謝上蔡를 비판하는데, 상채의 "'知仁·識仁' 이 말이 극히 병통이다"(『어류』 권41, 節87, 1476쪽)고 한다. 또 호굉의 『지언』은 상채의 실수가 이어졌음을 비판하고 "心性體用之云, 恐自上蔡謝子失之(오봉의 '심성 체용'운운은 상채로부터의 실수이다)"(『문집』 권73, 「胡子知言疑義」, 3562쪽)고 한다. 「지언의의」는 주희, 여조겸, 장식이 호굉의 설을 조목별로 들어 비판한 기록이다. 상채의 "지언"과 "식인", 호굉의 "심성을 체용으로 여긴 설" 등은 仁, 心, 性 등을 통합해 자득하지 않고 스승의 成說로 이해했기 때문이다. 퇴계가 『어류』 "리발·기발"을 이치로 여긴 것과 같다.

(52)竊 "詳", 今之所辨(퇴계집 辨), 於其大綱上, 雖若不至有碍, 而其曲折之際, 亦多有所未安, 政恐不能無毫釐之差也. [竊詳절상; 제가 상세히 고찰하겠다. 저의 의견으로 상세히 하겠다.(竊은 자신의 의견을 낮춘 말. 詳은 퇴계를 인용한 것임) 大綱대강; 큰 줄거리.(크게 그렇게 해석할 수 있으나, 종지는 아니라는 것) 曲折곡절; 본의. 그렇게 말한 이유. 政정; 바로. 마침. 막.(일의 진행이나 그 지속을 나타냄. 正恐의 正과 같음. 상66 · 68) 未安미안; 안정되지 못함.(고봉은 '未安處',(하18) 퇴계는 '죄송'(상292)의 뜻) 毫釐之差호리지차; 본원적인 종지에서의 차이. 일의 발단에서의 차이.(주로 부정에 쓰이며, 가령 유 · 불의 차이)]

저의 의견으로 "상세히" 살펴보면,234) 지금의 분별하신 바는 '큰 강령' 위에서 통합해 보면 비록 장애됨에 이르지는 않은 듯합니다.(사칠을 리 · 기 혹은 겸리기로의 해석은 지극히 당연함)235) 하지만 그 '곡절의 즈음'(사맹 본설과 주희의 논설 이유)으로 본다면 또한 매우 많은 곳에서 미안한 바가 있으니,(리 · 기로의 해석도 가능하나 사맹 · 주희의 곡절 · 본의가 있다는 것)236) 바로 이 곡절에서 "호리의 차이"(주희)는 없지 않은지 두렵다 하겠습니다.(사맹 종지로 보면 우리의 토론은 이미 호리의 차가 있는데, 그것은 유 · 불의 차이와 같음)237)

---

234) 퇴계는 "성정의 辨(자성록 辨)은 선유의 발명이 '詳한데, 다만 리 · 기로의 分說은 보지 못했다"(상13)고 했다. 이에 고봉은 "선유의 성정설은 여온이 없지만 그 '詳 · 略이 있다"(상50)고 하며 이곳 "제가 '詳해보겠다"고 함은 선유의 성 · 정설을 '자세히 살피겠다'는 뜻이다. 칠사는 사맹에서 벗어나서는 안 된다. 때문에 "여온이 없다." 사맹의 칠사와 그 성정설을 리기로 해석할 수 있다. 성과 정은 리, 기, 겸리기로 해석할 수 있고, 또 반대로 사단을 氣로 칠정을 理로의 "분설"도 가능하다. 단 선유의 설은 "상 · 략이 있다." 주희가 사단을 리, 칠정을 기로 논했다 해서 그것이 사실 전체는 아니다. 본 1절 끝 '詳察하셔야 함'(상67)까지가 '詳'에 대한 평이다.

235) "큰 강령으로는 장애가 없다." 즉 큰 강령으로는 사단을 '리' 혹은 '기' 혹은 '겸리기'라 해도 상관없다. 더욱이 사단을 기, 칠정을 리로의 해석도 가능하다. "추만의 '사단발어리, 칠정발어기'도 큰 강령에서는 진실로 옳다."(상144) "큰 강령에서 정의 '시리지발, 시기지발'을 성의 '천지지성 · 기질지성과 같다' 해도 불가하지 않다."(하31) 단 "사단이 리발이므로 칠정이 기발"(상274)일 수 없고, 또 둘을 대거해서 리발 · 기발일 수는 없다.

236) 리발, 기발도 진실로 가능하다. 하지만 "곡절에서는 미안이다."(상58 · 60 · 65 · 66 · 91. 하78) 사단은 리발이나 그 곡절이 있다. 또 사단의 기, 성, 성선도 가능하나 곡절이 있다. 칠정의 리, 성, 겸리기도 가능하나 곡절이 있다. 주희는 곡절에 대해 다음과 같이 말한다. "나의 '情亦天下之達道'라는 此句는 진실로 작은 曲折이나 그 本意는 却自分明하다. 지금 改云해 '情亦所以爲天下之達道也'라 하면 語意의 곡절이 備矣하다. …中和를 體用이라 한 것 또한 句中의 작은 곡절일 뿐이다."(『문집』권42, 「答胡廣仲」5, 1901 · 1903쪽) "성인의 말씀은 渾然하여 포함하지 않은 바가 없음으로 말씀했지만 학자는 오히려 그 中間의 곡절을 見得해야 한다."(권43, 「答林擇之」15, 1975쪽) "허다한 곡절이 있다."(「答林擇之」16, 1976쪽) "한스러운 것은 이선생(이동)이 말씀한 그 곡절을 기억할 수 없다는 점이다."(「答楊子直」20, 1979쪽) "그 곡절에 대해서는 계통에 설명했다."(권45, 「答楊子直」1, 2071쪽) "성현은 학자를 위해 곡절을 모두 설하고자 했다. 허다한 곡절을 분명히 看得해야 한다."(권51, 「答黃子耕」5, 2378쪽) "性卽理, 心卽仁" 이 말씀 역시 未瑩이다. 마땅히 다시 그 곡절을 보아야만 가능하다."(권40, 「答何叔京」12, 1824쪽) "細微曲折이 禮에 맞지 않음이 없어야만 그 盛德의 지극함이다."(『맹자』, 진심하)33) 가령 정의 사단을 리의 무불선이라 하면 반드시 곡절이 있다. 고봉의 "臆意로 논하면 미안한 부분이 많은데, 마땅히 감교를 자세히 하셔야만 고인에 어긋나지 않는다"(상155)와 주희의 "정자의 '中卽性也'의 此語는 極未安이다"(「이발미발설」)의 '未安'은 그 설이 안정을 잃고 편중되었다는 뜻이다. 마땅히 그 곡절을 살펴야 한다는 것이다.

237) 호리지차는 결코 있어서는 안 된다.(상66) 이곳이 유 · 불이 갈라지는 지점이다. 가령 '정(사단)을 무불선'이라 하면 이는 호리의 차인데, 나의 감정을 獨善으로 여겼기 때문이다. 고봉은 "[리기 호발이라 함은] 道理의 築底處(기둥뿌리)이니 어떤 호리차의 것도 불가하다. 여기서 差가 있으면 差가 나지 않은 곳이 없을 것이다"(하123)고 한다. 소통이 불가하기 때문이다. 주희는 말한다. "호리의 차가 千里를 어긋나게 한다."(『맹자, 양혜왕하』1. 『문집』권39, 「答許順之」4, 1737쪽. 「答陳齊仲」, 1756쪽) "학자는 호리지차에서 삼가서 천리의 어긋남을 두려워해야 한다."(권47, 「答呂子約」24, 2196쪽) "어떤 호리의 차도 불가하다."(「태극도설해」, 77쪽) "원래 이 일은 禪學과 매우 유사한데 서로의 논쟁은 毫末에 불과할 뿐이다. 하지만 이 호말이 도리어 매우 중요한 地位를 占한다."(『문집』, 속집』권5, 「答羅參議」, 4748쪽) "호리지차가 천리를 어긋나게 하니 그 폐단은 이루 다 말할 수 없을 것이다. 맹자는 배움에 의거할 수 없다."(『문집』권32, 「答張欽夫」15, 1420쪽) 『주역』 "差之毫釐"를 주희는 「壬午封事」, 「己酉封事」 등에서도 자주 인용한다.(『문집』권11 · 12. 572쪽, 619쪽)

(53)朱子曰, "諸儒論性不同, 非是於善惡上不明, 乃性字安頓不着." 愚意亦以爲今之所辨(퇴계집 辯), 非是於理氣上不明, 亦恐於心·性·情字, 安頓不着(퇴계집 著)而然也.

[不明불명; 밝지 못함. 밝지 않음.(성의 제설은 선악 문제가 아니라는 것) 安頓不着안돈불착; 제자리를 찾지 못함. 글자의 의미가 안착되지 못함.]

주자는 말하기를 "제유들의 성을 논함이 같지 않은 이유는 선·악에 밝지 못해서가 아닌(성설은 선악론이 아님. 퇴계가 선악으로 논함) 성이라는 글자가 '안착되지 못해서(安頓不着)'238) 그러하다"239)고 합니다.(퇴계는 기질지성의 성을 '독기'라 함) 제가 볼 때 지금 선생님의 분변 역시 리·기 上에 있어서의 不明 문제가 아닌(성정, 사칠은 리·기 문제가 아니라는 것)240) 심·성·정이라는 글자가 '안착되지 못해서' 그러할지 두렵다 하겠습니다.(퇴계는 기본적 심·성·정 개념에서 문제가 있음. 사칠보다 먼저 이것이 문제임)241)

(54)按, 『語類』中一條曰, "性纔發, 便是情. 情有善惡, 性則全善. 心又是一箇包總性情底." [순선전선; 온전히 선함. 온전한 선.(미발·이발 전체의 선을 순善이라 한 것임) 包總포총; 포괄하여 묶다.(성도 정도 심이라는 것)]

먼저 [심·성·정 글자부터] 상고하겠습니다.(사칠보다 우선 이곳부터 상고해야 함)242) 『어류』

---

238) "안돈불착"은 性設이 '각각 그 소지에 알맞게 설명되지 못함'의 뜻이다. 고봉은 "성설에 있어 '본성·기품'은 그 一性을 所在에 따라 分別言之한 것"(상89)이라 한다. 성설이 다른 이유는 성을 어디에 두고 설명하느냐의 차이일 뿐 선악 문제가 아니다. 악에도 성은 있지만, 악은 성이 아니다. 성은 선일뿐이다. 주희는 "선악은 단지 손을 앞뒤로 뒤집음과 같을 뿐이다. 뒤집혀 악이 됨은 다만 안돈불착일 뿐이며, 이것이 곧 불선이다(善惡但如反覆手耳. 翻─轉便是惡, 止安頓不着, 也便是不善)",(『어류』권95, 伯羽89, 3206쪽) "才에 안돈불착처가 있으면 곧 악이다"(권94, 人傑146, 3152쪽)고 한다. 안돈불착해서 악이 있을 뿐 성은 악이 아니다. 퇴계는 "공맹의 기질지성은 偏指의 獨氣이다"(상35)고 하니, 이 성론이 바로 그 폐단이다. 퇴계는 "유선악은 성 역시 그렇다"(상247)고 한다.

239) 『어류』권5, 砥18, 217쪽. 제유들의 성론이 잘못된 이유는 그 "性字의 안돈불착" 때문이다. 주희는 "聖人은 단지 性을 識得했을 뿐이다. 百家紛紛은 단지 性字를 不識했을 뿐이다. 揚子는 鶻鶻突突(혼란함)이고, 순자는 隔鞋爬癢(신발을 신고 가려움을 긁음)이다"(『어류』권5, 揚19, 217쪽)고 한다. "성은 성(性則性)"(『문집』권67, 「明道論性說」, 3275쪽)이며 善일뿐이다. 제유들은 性字를 '기' 혹은 '겸리기' 혹은 '감탄'(호굉) 등으로 논한다. 이는 性字의 안돈불착에서 생긴 문제이다. 기질지성은 기질에 있는 성을 설함이고, 천명지성은 천의 명을 설한 것이다. 정명도의 "善은 진실로 性이나, 惡 역시 性이라 이르지 않을 수 없다"(위와 같은 곳)고 함은 성은 어떤 경우든 성일뿐이라 함이다.

240) 위에서 "지금 선생의 所辨은 본령에서 호리의 차가 있다"(상52)고 했다. 즉 심·성·정에 대한 기본적 개념차가 있다는 뜻이다. 그것은 "리·기의 불명 문제가 아니다." 리기는 "리는 리, 기는 기"(상84)로서의 二物이다. 그런데 우리의 토론은 리기 문제가 아닌, 성 문제이다. 각 성설은 "一性을 그 所在에 따라 分別言之한 것"(상89)이다. 기질지성도 성의 리이다. 사·칠 등도 리기 문제가 아니다.

241) 고봉이 "두려운" 것은 "심·성·정이라는 '글자'가 안착되지 못했을까"에 있다. 이는 사칠 문제보다 더 근본적인 심각한 문제이다. "여기에서 호리의 차가 생기면 차가 나지 않는 곳이 없으며"(하123) 여기에서 차 생긴다면 우리의 토론은 그 해결점을 찾지 못할 수도 있다. 성의 독기는 진실로 불가하다. 또 정이 무불선이라면 사람 감정은 리가 되고 만다. "심·성·정의 分은 정자·장자의 見得에 차가 없다."(상51) 그런데 그 문도 및 후학들은 그 '글자'만으로 이해하면서 "差却"(상51)이 생긴 것이다. 사칠이 리발·기발이고 "리·기의 分"(상13·21·40·48)이라면, 이는 정은 성발인데 "사맹의 설명이 부동하다"(상3)에 정면으로 위배된다. 이는 성·정에 관한 근본적인 "호리의 차"이다. 아래 "이 3조로 보면 심·성·정의 '글자'에 대해 과반은 사료할 수 있음"(상57)까지가 이러한 성정의 근본적 개념에 대한 고찰이다. 사칠보다 먼저 이점이 문제라는 것이다.

242) 퇴계는 정의 사·칠을 리발·기발, 성의 본성·기품을 독리·독기라 했다. 고봉은 이를 "호리의 차가 있다"고 한다. 이는 기초

한 조에서 말하기를 "성이 막 발하면 곧 정이다. 정은 선·악이 있지만 성은 온전히 선하다.(성은 미발·이발에도 여전히 성이며 순선이라는 것) 심은 또 성·정을 하나로 포괄해 묶고 있다"(심은 미발의 성과 이발의 성정을 포괄한다는 것)243)고 합니다.(퇴계는 心感은 리가 아니며, 또 이발의 칠정은 理가 될 수 없다 했음)244)

(55) 又一條曰, "性情心, 惟孟子橫渠說得好. 仁是性, 惻隱是情, 須從心上發出來, 心統性情者也. 性只是合如此底, 只是理, 非有箇物事. 若是有底物事, 則旣有善, 亦必有惡. 惟其無此物, 只是理, 故無不善." [須從…發수종발; 반드시(틀림없이) ~을 따라 발한다.(리기를 따른 발출이 아닌, 심을 따른 발출이라는 것) 統통; 겸함. 통섭. 주재함. 통어함. 合如此底합여차저; 성이 심·정을 합해서 이렇게 있다 해도. 有底유저; 어떤(무슨) ~이 있음. 物事물사; 사물과 사태.(만약 심과 정의 물사라 해도 성은 實로 존재함)]

또 한 조에서 말하기를 "성·정·심은 맹자, 횡거(장재)245)의 설이 좋다.246) 인은 성이고 측은은 정이니 [성·정은] 반드시 심을 따라 發出하며,(퇴계는 사단을 심발이 아닌 리발·성발이라 했음)247) 심은 성정을 통섭한다(심통성정).(사단만 리발이라면 심의 통섭, 공부는 없

적 개념이 선유와 다르다 함이다. 칠정은 정일 뿐 성이 아니며, 기질지성은 성이며 기가 아니다. 이는 결코 리기 문제가 아니다. 아래 『어류』 3조를 예로 들겠다.

243) 『어류』권5, 大雅61, 225쪽. 이 설은 "백풍의 성론은 이발지성과 미발지성이 있다(伯豐論性, 有已發之性, 有未發之性)"는 질문에 대한 답변이다. 질문자는 이발·미발지성으로 질문했다. 주희는 선악과 심성정으로 답변한다. 이발지성이 있고 미발지성도 있음은 당연하다. 하지만 이렇게 논하면 '미발·이발'과 그리고 '성'이라는 각각의 의미가 모호해진다. 미발·이발의 '발'은 심의 '感'이다. "心은 已發·未發에 無間이다."(『어류』권5, 淳35, 220쪽) 感으로 성발하고, 發하면 '정'이 된다. 따라서 미발은 심의 未感일 뿐 성이 아니고, 이발도 심 已感인 정일 뿐 성이 아니다. 정자의 "'中卽性也', 此語는 極未安", "中과 性은 不合하다"고 함은 "性을 未發之中으로 삼거나"(「이발미발설」, 3266쪽) 中을 성으로 삼아서는 안 된다 함이다. 주희는 성과 정, 미발·이발의 구분을 분명히 하고자 한 것이다.

244) 성은 미발지성도 이발지성도 있다. 그런데 퇴계의 '리발·기발의 사·칠, 독리·독기의 본성·기품'은 미발·이발의 발과 그리고 성·정에 관한 분별이 없다. 미발·이발은 心感으로 구분되며, 감으로 발하면 정인데, 이 정도 심이다. 성은 심·정에 함께하고, 심은 성정을 통섭·주재(공부)한다. 퇴계는 "어찌 在中은 순리인데 才發한다고 雜氣가 되겠으며, 外感은 형기인데 그 발이 理之本體가 되겠는가?"(상25)라고 했다. 하지만 재중이 리가 아니고, 순리는 才發해도 리이며, 외감은 心感의 성발이고, 이발의 정이라 해도 리는 自若이다. 퇴계의 언술은 심·성·정 개념이 혼동된 것이다. 고봉이 『어류』를 고찰해서 "안돈불착(개념이 착지하지 못함)" "호리의 차가 있다(근본 개념에 차가 있음)"고 한 이유이다.

245) 張載(1020~1077) 호가 橫渠이다. 이정의 아저씨뻘 되는 친척으로, 정호 「정성서」는 장재와 나눈 편지글이다. 저서는 『正蒙』, 『橫渠易說』, 『經學理窟』, 『張子語錄』 등이 있다. 천하의 일자를 "태허", "기"로 논했고, "기질지성" "심통성정" 등은 주희가 계승했다. 『정몽』 중의 한편인 「西銘」에 대해 정자는 "맹자 이후 가장 뛰어나다"고 했고 정자는 여기서 "體用一源, 顯微無間"과 "理一分殊"의 뜻을 발명했으며 주희가 이를 대성함으로써 성정학의 주요 명제가 되었다. 주희는 「서명」을 주석해 「西銘解」를 지었다. 서경덕(화담)의 "태허" "기" 등의 설은 장재의 영향이며, 퇴계는 『성학십도』제2도에 「서명도」를 넣었다.

246) 주희는 心性은 一個 物事니 떨어지면 안 된다. 맹자설의 四端處가 가장 좋다. 측은은 情이고, 惻隱之心은 心이며, 仁은 性이니, 이 三者는 相因한다. 횡거 '심통성정, 이 설이 극히 좋다'(『어류』권5, 閩祖40, 1762쪽)고 한다. 퇴계는 사단을 리의 무불선이라 하는데, 그렇다면 사단은 정이 아닌 리의 성이 되고, 사단은 심 공부가 없게 되고, 사단은 心의 느낌이 아님이 되고 만다.

247) "성정은 반드시 심을 따라 발출한다." "인은 성이고 측은은 정이니, 이는 情上에서 심을 見得한 것이다."(『어류』권5, 僩65, 226쪽. 「공손추상」6) 심은 外感하면 性發해서 정이 된다. 인의 用인 측은지심은 심의 감물로 심을 따라 발출한 것이다. 다만 "中으로 말미암아 出한다"(상103)고 함은 심 미발의 중이 외감으로 출해서 정이 된다는 뜻으로, 이때의 중은 "기대거나 치우침(偏奇)"이 없는 "狀性"(성덕이 중의 상황으로 있음. 상95)일 뿐이다. 주희는 "心統性情, 性情皆因心而後見(정성은 모두 심에 의한 이후 드러난다)"(『어류』권98, 僩40, 3304쪽) "性情皆出於心, 故心能統之(성정은 모두 심에서 出한다. 때문에 심이 능히 통어한다)"(卓41, 같은

게 됨)248) 성은 이렇게 [심정에] 합해 있다 해도 그것은 단지 리일 뿐 하나의 物事로 있는 것은 아니다. 만약 어떤 물사가 있다면 기왕 선도 있게 되고 또 반드시 악도 있게 된다. 오직 이러한 物이 없는 단지 리일 뿐인 까닭에 '무불선'이라 한다"(사단은 物事이므로 무불선이라 할 수 없음. 퇴계는 물사의 사단을 무불선이라 함)249)고 합니다.

(56) 又一條曰, "性無不善. 心所發爲情, 或有不善. 說不善非是心, 亦不得却. 是心之 **本軆**, 本無不善, 其流爲不善者, 情之遷於物而然也. 性是理之總名, 仁義禮智, 皆 性中一理之名. 惻隱羞惡辭遜是非, 是情之所發之名, 此情之出於性而善者也." [所 發소발; 기왕 발한 바. 이미 발한 것.(심, 성, 리, 기 등으로 논할 수 있음) 遷於物천어물; 외물에 옮 아가다. 사물에 영합하다.(심이 외물을 살피지 못해 놓친 것) 總名총명; 총괄한 명칭. 一理일리; 각자 하나씩의 리.]

또 한 조에서 말하기를 "성은 무불선이다. 심의 所發을 정이라 하며 [그래서 심 의 정은] 혹 불선이 있다. 따라서 불선은 심이 아님으로 설해서는 안 된다.250) 심 본체는 본래 불선이 없으나251) 그 흘러 불선이 된 것은 정이 사물에 옮아가서 그런

쪽)라고 한다. 반면 퇴계는 "사단은 성에서 발하고, 칠정은 境에 緣하여 出한다"(상22)고 한다. 자신의 공부처를 뺀 것이다.

248) 맹자 "측은지심"과 장재 "심통성정"에 대해 주희는 "측은은 정이고 인은 성이며, 심은 성정을 통섭한다"(「공손추상」6)고 한다. 주희는 측은지심에 이미 통섭의 의미가 있다고 하면서 "惻隱之心, 以此言之, 則見得心可以統性情(측은지심은 심은 성정을 통섭 한다는 의미를 견득한 것이다)"(『어류』권98, 卓41, 3304쪽)이라 한다. 장재의 "심통성정"은 『張載集』「性理拾遺」8,(374쪽)에 나 온다. "張子曰, 心統性情者也, 有形則有軆, 有性則有情. 發於性則見于情, 發于情則見于色." 이중 "心統性情者也"만 뽑아내 주희와 여조겸이 『근사록』(권1, 「도체」50)에 수록했다. 통은 兼, 統攝, 統之, 統兵, 主之, 主宰 등의 뜻이다. "心統性情, 統猶兼也."(『어 류』권98, 升卿39, 3304쪽) "性情皆出於心, 故心能統之. 統, 如統兵之統 言有以主之也."(卓41, 같은 쪽) "統如何? 曰, 統是主宰, 如統百萬軍."(賀孫42, 같은 쪽) "心, 主宰之謂也, 心統攝性情."(권5, 端蒙72, 229쪽) 퇴계는 사단만 리발이라 하는데, 그렇다면 사 단의 정을 심이 주재·통섭·공부하는 의미가 없게 되고 만다.

249) 『어류』권5, 蓋卿69, 229쪽. 주희의 이 설은 『張子語錄』「後錄下」6에 그대로 실렸다.(339쪽) 성은 심·정과 합으로 논해도 그 본연은 변함없다. 만약 성이 물사가 있다면 그 물사는 선이 있게 되고, 또 반드시 악도 따르게 된다. 성은 물사에도 변함없는 단지 리뿐이므로 '무불선'이라 한다. 반면 퇴계는 사단의 정을 '무불선'이라 했다.(상1) 사단은 정이므로 물사가 있다. 때문에 사 단의 선을 "可以爲善"(상26·96·160·166) 혹은 "無往不善"(상160)이라 하겠지만, "無不善이라 해서는 안 된다."(상171) 단 그 情善이 '성을 가리킨' 경우라면 "無不善"(상170)이라 할 수 있다.

250) 심은 불선이 있다. 주희는 정자의 "심은 本善이나 思慮에서 發하면 善도 있고 不善도 있다"에 대해 "이 단락은 약간의 未穩處가 있다. 凡事는 심의 所爲가 아님이 없다. 비록 放僻邪侈라 해도 역시 심이 한다,"(『어류』권95, 伯羽89, 3206쪽) "방벽사치라도 此心 은 亦在하니, 非心이라 해서는 안 된다,"(권5, 淳35, 220쪽) "정자의 뜻은 그 발처에 미치면 선악은 없을 수 없다 함이다"(권95, 可 學91, 3207쪽)고 한다. 때문에 "심 본체는 일찍이 선하지 않음이 없으나, 도리어 악은 온전히 심이 아니라 設하면 不可하다,"(권5, 謙34, 220쪽) "측은은 선이나, 惻隱處에서 그 惻隱에 不當하면 卽惡이다"(권97, 必大38, 3269쪽)고 한다. 심은 정을 포괄하며, 정은 불선이 있으므로, 때문에 심은 불선이 없다 해서는 안 된다. 퇴계는 사단지심을 정과 심으로 설하지 않고 성인 무불선으로 설했다.

251) 주희는 '불선'에 대해 "진실로 심 본체는 아니지만 그러나 역시 심에서 나온다"(『어류』권5, 木之33, 220쪽)고 한다. 심의 불선은 氣出이 아닌 나의 심에 인한 것이다. "虛靈은 심 본체이나, 내가 능히 虛할 수 있는 것은 아니다."(佐39, 221쪽) 따라서 "진실로 本心은 원래 無不善이라 할 수 있다. 그렇지만 누가 너에게 지금 도리어 不善을 하게 조종했는가? 今人들은 外面으로 許多한 不 善을 하면서도 도리어 단지 나의 本心의 善은 自在라 設하니, [너는] 어떠한가?(蓋卿52, 223쪽)라고 말한다. 심 본체의 허령은 '黙識'할 수 있을 뿐, 스스로 허령을 자처하거나 스스로 본래 무불선이라 해서는 안 된다. 주희가 "심의 본체는 有善·無惡이나 그 發處는 선악이 없을 수 없다. …심은 不仁이 있으나, 心之本軆는 無不仁이다,"(권95, 端蒙91, 3207쪽) "人之本心은 無有不仁 이나, 다만 기왕 物欲에 빠져서 잃어버렸을 뿐이다. …맹자의 말(仁)은 진실로 渾然이나 그러나 人은 心이 없을 수 없는데, 혹 不仁에 이른 것은 단지 그 本心之妙를 잃어서 그러할 뿐이다"(『문집』권40, 「答何叔京」30, 1841쪽)고 함은 그 性의 仁을 無不仁

- 73 -

것이다.252) 성은 리를 총괄한 명칭이고, 인·의·예·지는 성 중의 一理로서의 명칭이다.(성은 혼연전체, 인·의는 찬연의 一理)253) 측은·수오·사손·시비는 정으로 所發한 명칭이고, 이 정은 성(一性)에서 出하여 선한 것이다"(인·의와 사단은 맹자의 名의 說이라는 것)254)라고 합니다.

(57)觀此三條, 則於心性情字, 可以思過半矣.

이상 3개 조항을 보면 심·성·정의 글자에 대해 과반은 사료할 수 있겠습니다.(우리의 논쟁은 리기 문제가 아닌 심성정에서 어긋났으며, 칠사는 이후 문제라는 것)255)

(58)以四端七情, 分理氣爲說者, 前此盖未之見, 今奉來辯, 乃引『語類』云云. 然則先儒已嘗言之矣, 特以孤陋之學, 未之見耳. 雖然, 所謂 "四端是理之發, 七情是氣之發"者, 亦恐不能無曲折也. [前此전차; 전에는. 이보다 앞서. 曲折곡절; 앞뒤의 사정. 그렇게 말한 이유.]

사단 칠정을 리·기로 分해서 설(해석)한 것을 전에는 보지 못했는데(사칠의 리·기 分은 당연하나, 그 리·기 分 때문에 사·칠의 別이 있는 것은 아님)256) 지금 보내오신 논변을 받아보니 『주자어류』를 인용해 운운하셨습니다. 그렇다면 선유도 이미 일찍이 설명했으나 저는 단지 학문

(無不善)이라 한 것뿐이다. 성인 리가 무불선이다.(상56) 퇴계는 정의 사단을 무불선이라 했다.

252) 심은 불선이 있다. 심은 정을 포괄하며, 따라서 흐른 불선은 심의 정으로 인한 것이다. 성은 다만 그 가운데 무불선으로 自在할 뿐이다. 심은 "感於物이 없을 수 없다." "감어물로 動하면 선악은 여기서 나뉘니, 때문에 정은 선악이 있는 것"(하143·145)이다. 고봉이 "정의 유선악은 固然의 理이다"(상3)고 한 이유이다.

253) "성은 太極渾然의 전체이고, 인·의·예·지는 그 性中의 綱理의 큰 것 넷"(상79)이라 함은 주희가 「옥산강의」에서 발명했다. 맹자 "사단설은 바로 여기서 세워"(상79)졌고, 성의 "渾然全體 중에서도 [넷의] 粲然의 條理가 있음이 이와 같음을 안다면 性의 善도 알 수 있다."(『문집』권58, 「答陳器之」2, 2779쪽) 즉 성은 渾然全體로서의 총괄의 명칭이고, 인·의·예·지는 그 性 중의 粲然의 條理로서의 一理의 명칭이다.

254) 『어류』권5, 謙68, 227쪽. 성은 태극혼연이고, 인·의·예·지는 그 성을 넷으로 나눈 찬연의 명칭이며, 사단은 "정으로 발한 바(所發)의 명칭"이고, "이 정은 性出한 선이다." 여기서 사단을 인의예지 넷의 所出이라 하지 않은 것은 사단은 칠정과 같은 性出임을 말하기 위함이다. 성을 넷이라 했지만 이 역시 성이고, 정을 사단이라 했지만 정은 하나이며, 정은 성출이다. 다만 4덕·4단을 나란히 든 것은 "기로 성을 말할 수 없기"(상11) 때문이며 "성선의 이치를 발명하기 위함"(상81)일 뿐이다. 따라서 사단도 정이고, 정은 性出로서의 선인 것이지, 사단만 성출이라 할 수는 없다.

255) 퇴계의 논변 잘못은 셋으로 요약된다. "[리발·기발은] 곡절 즈음이 미안이다."(상52) "[성정의 근본 개념인] 호리의 차가 없지 않다."(상52) "선악보다 심·성·정에서 안돈불착이 있다."(상53) "곡절"은 리기가 아닌 칠사 종지를 찾아야 하이고, "호리의 차"는 성정 개념에서 큰 문제가 있다 하며, "안돈불착"은 심·성·정이 구분되지 못했다 하다. 퇴계는 사단을 무불선, 사칠을 리발·기발이라 한다. 그 시비를 따지기 전 먼저 사맹의 종지, 심성정의 개념 문제부터 밝혀야 한다. 여기서 어긋나면 우리의 논쟁은 "同歸"(하6·8·14)할 수 없다.

256) 퇴계도 "리·기로 分說한 것은 보지 못했는데"(상13) "근래 이 일을 논한(분속한) 것"(상44)을 보았다고 했다. 주희가 사칠을 리·기로 분설, 분속했다는 것이다. 그러나 고봉도 사칠의 리기 해석, 리·기로 분속, 리발·기발을 불가라 하지 않는다. 당연하다. 문제는 사칠은 리·기 대설이 아니고, 사단이 리라 해서 칠정이 기일 수는 없다는 점이다. 사단은 리이고 칠정도 기이다. 단, 리이고 기인 이유가 상대적인 것은 아니다. 더욱 문제는 리·기의 分 때문에 사·칠의 分別이 있지는 않다는 점이다. 리기는 사맹 해석일 뿐이다. 반면 퇴계는 "리기 상순·상성·상수·상대에 나아가서"(상33·35·37·17)인 곧 '리기에 나아가서' 그 리·기의 분으로 사칠을 분별한다는 점이다.

이 고루하여 보지 못했을 뿐입니다.257) 비록 그렇지만 이른바 "사단은 리의 발이고 칠정은 기의 발이다"라는 것 또한 곡절이 없지 않을지 두렵습니다.(『중용』, 『맹자』 경문 아래에 붙인 본주가 아니며, 리발·기발은 성선 중화 등 곡절이 전혀 없음. 퇴계는 반대로 '리기에 나아가서' 사칠을 나눈 것임)258)

(59)來辯, 以爲 "情之有四端·七情之分, 猶性之有本性·氣稟之異也." 此言甚當, 正與朱子之言, 互相發明. 愚意亦未嘗不以爲然也. [發明발명; 본의를 드러내 밝힘.]

보내주신 논변에서 "정에 사단·칠정의 分(사·맹의 別임)이 있음은 마치 성에 본성·기품의 다름(異)이 있음과 같다"259)고 하셨습니다.(사·칠과 본성·기품의 설은 서로 연관이 전혀 없음) 이 말씀은 매우 타당하며, 바로 주자의 말(아래 專理言, 氣雜言之의 해석)과 더불어 상호 발명한 것입니다.(사·칠과 본성·기품에서 그 '專理言과 氣雜言之'의 해석 방식이 같다는 것임. 퇴계의 경우 리·기의 分은 사·칠의 分과 같다 함임)260) 저의 뜻 역시 일찍이 그렇다 하지 않음이 없습니다.261)

---

257) 리기로의 해석은 송대 정자 이후이다. 정주는 심성정, 칠사 등을 리기로 해석했다. 주희는 "천명지위성"과 "性善"장에서 "性卽理也"로 주석했고, "희노애락"장에서도 "天下之理"로 주석했다. 『어류』에서 사칠을 각각 "시리지발, 시기지발"이라 했는데 이는 사칠을 둘로 대비·대거한 것이 아닌 각각 리와 기로 '해석한 것'에 불과하다. 때문에 고봉은 "一說로 혼합할 수 없다"(하153)고 한다. 따라서 "보지 못했다(未之見)"고 함은 사칠을 리·기 둘로 '대거 해석한 설'을 보지 못했다 함이다.

258) '곡절이 있을까 두렵다'고 함은 '이렇게 해석한 이유'가 나타나 있지 않다 함이다. 이 설은 『중용』 및 『맹자』 경문에 대한 주석이 아니므로 그 의미가 불명하다. 사칠은 사맹 본설이다. 정은 수많은 설이 있는데, 사맹은 다만 "중화"와 "확충·성선"의 종지로 논한 것이다. 당연히 리발·기발로 해석할 수 있다. 그런데 어류의 본 해석은 사맹의 무엇을 해석한 것인지의 곡절이 없다. "성선" 해석이라면 당연히 리이다. "확충해야 함"도 리이다. 기를 성선이라 하거나, 기를 확충해야 한다고 할 수는 없다. "중화"도 당연히 리로 해석할 수 있다. 또 칠정은 정이므로 기로 해석할 수도 있다. "정자는 칠정을 논하면서 '그 정을 제약해야 한다'고 했으니 '是氣之發'이라 할 수"(하134) 있고, "칠정은 쉽게 악으로 흐르므로 '氣之發'이다"(하148)도 가능하다. 그렇지만 "시리지발, 시기지발"은 중화 혹은 성선·확충의 곡절이 없다. 이미 발현한 칠정 사단이라는 이름도 기발 혹은 리발이 당연이다. 더욱 문제는 퇴계의 경우 사칠 본설에 대한 해석이 아닌, 반대로 "리기에 나아가서" 이 리·기로 사칠을 分한다는 점이다. 이는 사맹 및 정주는 관계없는 사칠이다.

259) 퇴계의 설이다.(상21) 사칠은 사맹의 二說이므로 당연히 二分이다. 본성·기품의 二說도 그 異는 당연하다. 하지만 "사·칠 二分"이 곧 "본성·기품의 異"와 같다고 할 수는 없다. 왜냐하면 사단과 본연지성의 설, 칠정과 기질지성의 설은 전혀 다른 설이기 때문이다. 칠·사는 "중화" 및 "성선·확충"의 논이고, 본성·기품은 '성의 본연' 및 '성이 기에 있음'을 가리킨 설이다. 고봉은 다만 사·칠의 '리, 겸리기'가 본성·기품의 '리, 겸리기'와 같다고 한 것뿐이다. 따라서 정의 二分이 성의 二分과 같을 수는 없다. 고봉은 앞서 5월(지금은 8월) 「추만서」에서 '分'자를 '別'(하179. 상3)자로 바꿨는데, 칠·사는 정에 대한 두 '別稱'일 뿐 "리·기 分"(상89)이 아니기 때문이다.

260) 퇴계는 "사·칠의 分은 본성·기품의 異와 같다"고 했다. 이를 주희와 더불어 "互相發明"(『문집』권42, 「答胡廣仲」5, 1901쪽)했다고 한 것이다. 정의 칠·사 二說은 사맹이고, 성의 본성·기품 二說 분석은 정주이다. 정의 설은 매우 많으나 그중 二說일 뿐이고, 성의 설도 매우 많으나 그중 二說일 뿐이다. 정 二說과 성 二說을 리기로 해석하면 그 소지는 '독리와 겸리기'이다. 이것이 "같다" 함이다. 퇴계의 경우 이와 전혀 다르다. 퇴계는 "성을 리·기로 分할 수 있으므로 정도 리·기로 分할 수 있다"(상21)고 한다. 퇴계는 사맹과 정주의 설을 해석한 것이 아닌, 곧바로 "리·기 分에 나아가서(就)" 선유 본설을 리·기로 "分"한 것이다. 이는 고봉의 긍정과 전혀 다르다.

261) 퇴계는 "추만의 '사단발어리, 칠정발어기'의 설은 分別이 太甚하다"(상14)고 하면서 "순리, 겸기"(상1·14)로 고쳤다. 사·칠의 순선과 유선악의 유래(소종래)를 순리와 겸리기로 고친 것이다. 이러한 논설은 고봉의 질문과 어긋난다. 왜냐하면 고봉은 사칠 2善에 대한 '유래'가 아닌 그 二說에 대한 '所指'를 물었기 때문이다. 사칠의 소지는 무엇인가? 고봉은 사단의 소지는 "專指理言", 칠정의 소지는 "雜而言之"라 한다.(아래 상60) 이것이 곧 "성의 본성·기품의 異와 같다" 함이다. 반면 퇴계는 "리기에 나아가서" 그 리·기의 發로 사칠을 논했고, 또 리·기의 分으로 사·칠을 分했다. 그렇다면 이는 사·칠 및 본성·기품의 종지를 해석함이 아닌, 퇴계가 '새롭게 논설'한 것이 되고 만다.

(60) 然而朱子有曰, "論天地之性, 則專指理言, 論氣質之性, 則以理與氣雜而言之." 以是觀之, 所謂 "四端是理之發"者, 專指理言, 所謂 "七情是氣之發"者, 以理與氣雜而言之者也. 而 "是理之發"云者, 固不可易, "是氣之發"云者, 非專指氣也. 此所謂 '不能無曲折'者也. [言言; 언명함.(성·리는 說이 아니므로 '言'이라 함) 言之언지; 성을 설명하다.(잡·겸은 說이므로 '言之'라 함)]

그런데 주자는 이렇게 말하고 있습니다. "천지지성의 논은 오로지 리를 가리켜 言(언명)함이고, 기질지성의 논은 리기를 섞어 言之(설명)함이다."(주희의 이 설 본지는 '性은 기가 아니라'는 것임. 주희는 2성설을 '해석'한 것임)262) 이렇게 보면 이른바 "사단은 리의 발임"은 '오로지 리만 가리킨 말'이고, 이른바 "칠정은 기의 발임"은 '리기를 섞어 설명'함이라 하겠습니다.(퇴계의 '分과 異'가 바로 이 뜻이라는 것임)263) 때문에 "리의 발임(是理之發)"(어류) 운운은 진실로 바꿀 수 없지만,264) "기의 발임(是氣之發)"(어류) 운운은 "오로지 기만 가리킴(專指氣)"(퇴계)이 아닙니다.(주희는 칠정설과 기질지성의 설을 '해석'했는데, 퇴계는 직접 기발의 '氣'라 한 것임)265) 이것이 제가 말한 이른바 "곡절이 없지 않다"고 했던 이유입니다.(주희는 칠정을 '리가 있음'으로 해석했다는 것)266)

(61) 大抵來諭, 與鄙意所同者雖多, 而所異者亦不少. 況所異之處, 正是大節目, 於此旣不

---

262) 『문집』권56, 「答鄭子上」14, 2688쪽. 『어류』권4, 무명46, 196쪽. 전문은 다음과 같다. "기를 性命이라 이를 수 없다. 단 性命은 이 [기로] 因해 立할 뿐이다. 故로 ['論'부터 '言之'까지가 인용문] 기를 性命으로 삼아서는 안 된다." 이렇게 주희는 결코 '성을 기로 여길 수 없다'고 한다. 천지지성은 천·지에 공통한 리이므로 직접 '리의 言'이고, 기질지성은 그 성이 기질에 의착한 합리 기로의 설명이므로 '言之'이다. 천지지성은 기질에 있어도 기에 섞이지 않는 自存의 리이다. 기질지성 역시 자존의 리인데, 단 기질에 있는 측면을 가리키므로 '言之'이다. 퇴계는 "사·칠의 分은 본성·기품의 異와 같다" 함이므로 따라서 기질지성은 "理氣雜而言之"이며, 결국 칠정도 '겸리기'라 함이다.

263) 만약 "사·칠의 分이 본성·기품의 異와 같다"고 한다면 사칠의 分은 주희가 본성·기품을 "專指理言과 理與氣雜而言之"라 함이 되어야 한다. 또 『어류』에서 사·칠에 대해 "시리지발, 시기지발"이라 한 것 역시 專理와 雜言之가 되어야 한다. 주희는 이 설 앞뒤에서 분명히 "기를 성이라 이를 수 없다. 단 성은 기로 인해 설 수 있을 뿐이다"라 하고 또 재차 "기를 성으로 삼을 수 없다"고 한다. 기질지성은 '氣' '獨指氣'일 수 없다 함인데, 퇴계는 반대로 기질지성을 "偏指의 獨言氣"(상35)라 한다.

264) 어류는 사단을 "是理之發"로 해석했고 퇴계는 이를 '본연지성의 의미와 같다'고 한다. 주희도 본연지성을 "專指理"라 했고 따라서 주희와 퇴계는 같다. 하지만 퇴계의 경우 '리기 중의 리를 가리킨 것'이라 하여 성도 본래 합리라 한다. 그러나 성은 스스로 성일 뿐 合·兼·雜이라 할 수 없다.

265) 어류 "是氣之發"은 칠정 해석이다. 퇴계의 당초 "겸기"(상1)도 문제는 없지만, 단 그 의미를 '겸기의 발'이라 함은 문제가 있다. 퇴계는 칠정을 "기질지성의 의미와 같다"고 했다. 주희는 기질지성을 "理與氣雜而言之"라 했다. 그렇다면 퇴계는 "是氣之發"에 대해 "專指氣"라 해서는 안 된다. 왜냐하면 칠정은 반드시 '리'가 있고, 주희도 기질지성을 '겸리기로 언지'했기 때문이다. 퇴계는 兼理氣이나 그 소지는 主氣·專氣라 하여 기질지성을 '기'로 여긴다. 반면 주희는 "기를 성이라 이를 수 없다. 기를 성으로 삼아서는 안 된다"(위 주석)고 했는데, 주희의 우려가 바로 퇴계에서 나타난 것이다. 칠정은 정이므로 氣지만 자사 종지는 "중화"이다.

266) 사실을 리발·기발로 해석할 수 있다. 또 사칠은 一情의 實에 대한 二說이므로 二의 分別도 당연하다. 칠정을 기발로 해석할 수 있다. 단 그 중화는 '시기지발' 의미만 있지 않으므로 '곡절이 있을까 두렵다'(상52·58) 칠정의 중화는 많은 해석이 가능하며, 기발도 그 중 하나다. 그러나 기발의 偏이라 하면 "곡절이 없을 수 없는데", 중화는 기가 아니기 때문이다. 반면 퇴계는 사맹과 주희의 설을 해석한 것이 아닌, 리·기에 "나아가서(就)" 사·칠을 나눈 것이다.

能同, 則其他說之同異得失, 亦不須論. 必當於此處, 明辨(퇴계집 辯)篤信, 然後其他
說之同異得失, 有可得而言者矣. [大節目대절목; 일의 핵심. 일의 기초.(성·정의 개념) 其他說기
타설; 기타 외의 설.(성·정을 리, 기, 심 등으로 해석한 설) 同異得失동이득실; 같거나 다른 점, 혹은 좋
은 점과 잃은 점.(사단은 기, 리로 해석되나, 기로 해석하면 동·이 혹은 득·실이 있음. 칠정도 리, 기로
해석되나, 기로 해석하면 하면 동이·득실이 있게 됨) 不須불수; ~할 필요 없다. 明辨篤信명변독신;
성·정의 개념을 밝게 분변하고 독실히 믿음.]

대체로 보내오신 논변은 저의 뜻과 같은(同)것도 비록 많지만, 그러나 다른(異)것 또한
적지 않습니다.267) 하물며 다른 곳(一情·一性)은 바로 이 일의 '大節目'이니,268) 만약 이곳
에서 같지 못하다면 기타 설(一情을 심, 성, 리, 기 등으로 논할 때의 설)의 동이 득실도 논할 수
없게 됩니다.269) 반드시 마땅히 이곳(성은 성, 정은 정임)을 밝게 분변하고 독실한 믿음이 있
은270) 연후에야 비로소 기타 설의 동이 득실도 말할 수 있을 것입니다.(성·정의 개념·정의에
서 어긋나면, 그 이후는 모두 어긋남)271)

(62)盖來辯, 以爲 "四端, 發於仁義禮智之性. 故雖是理氣之合, 而所指而(퇴계집 以는 오
자)言者, 則主於理. 七情, 外物觸其形而動於中, 緣境而出. 故非無理也, 而所指以言
者, 則在乎氣. 是故四端, 在中爲純理, 而才發不雜於氣. 七情, 外感於形氣, 而其發非
理之本體. 而四端七情之所從來者不同." 此數語者, 實先生之所自得. 故一篇之中, 雖
縷縷多端, 而其大意, 仍不出乎是也. [自得자득; 나만 스스로 터득하다. 자신으로 만족하다.(사맹

---

267) "同"은 사칠의 分別과 사단의 리발·독리이다. "異"는 칠정은 기발·독기가 아니고, 정을 리·기 둘로 分해서는 안 되며, 성은
겸리기 혹은 기가 아니라는 점 등이다. 아래에서 그 동·이가 생긴 이유를 말하고자 함이다.

268) "대절목"은 사실은 '정'이며, 본성·기품은 '성'이라는 점이다. 고봉은 "성은 무불선, 정은 유선악이니, 이는 固然의 이치이다"(상
3)고 한다. 一情을 사맹은 칠·사로 언·론했고, 어류는 사·칠을 리발·기발로 해석했다. 사맹의 언론을 리·기로 해석함은 당
연하나, 단 "대절목"에서는 一情일 뿐이다. 만약 사단은 기, 칠정을 리라 해석해도 "소소한 여론"으로는 가능하다. 대절목에서의
一情은 유선·유악이다. 이 대절목에서 합치되면 소소한 여론은 다르게 해석해도 가능하다. 리발과 기발이라 해도 대절목의 有
理·有氣에 어긋나지 않는다. "同은 大節目이고, 末同은 [우리의] 小小 여론이다."(하6) "大處는 同이고, [우리의] 小小 節目만 未
契이다."(하13) "大가 同이면 그 小는 억지를 기다릴 것도 없다."(하142)

269) "대절목에서 不同이면 기타 설의 동이는 기약할 수 없다." 본성·기품은 성설이다. 성은 성일 뿐 겸리기 혹은 기가 아니다. 칠·
사는 정설이다. 정일 뿐 성이 아니다. 이것이 대절목이다. 여기서 부동이면 기타 설에서의 동이·득실은 논할 수 없게 된다. 성
을 리, 기, 심, 정 등으로 논할 수 있다. 정 역시 리, 기, 심, 성 등으로 논할 수 있다. 이것이 "기타" 설이다. 그런데 만약 대절목
에서 '성을 기', '정을 무불선'이라 하면, 기타 소절목의 리, 기, 심, 성, 정 등으로 논하는 일들은 모두 어긋나고 만다.

270) 퇴계는 어류 "리발·기발"에 대해 "스승을 믿어야 한다. 이 설을 얻은 후 나의 견해도 대류에 이르지 않았음을 믿게 되었다"(상
45)고 했다. 하지만 "리발·기발"은 사맹에 대한 '해석'일 뿐이다. 사맹 종지를 단지 리발·기발 뿐이라 할 수는 없다. 사맹도
一情을 논설했을 뿐이다. 정의 사단이 리발이면 칠정도 리발이고, 칠정이 기면 사단도 기다. 一偏인 리발·기발로의 해석도 가
능하다. 정의 겸리기는 리도 기도 있음일 뿐, 성인 무불선이라 할 수는 없다. 이곳에서 어긋나지 않아야 하며, 이곳의 믿음이
독실해야 한다. "明辨, 篤信"은 『중용』 "明辨之, 篤行之"(20장)에서 온 나온 말이다.

271) 성은 성이고, 정은 정임을 "明辨하고 篤信해야 한다. 그런 뒤라야 他說의 동이·득실의 논도 가능하다." 만약 여기서 明辨되지
못하면 결국 성·정의 "호리의 차"(상52)와 "안돈불착"(상53)이 발생하며, 그렇다면 우리의 논쟁은 매우 "두려운(恐)"(상52·53)
일이 되고 만다. 정은 성임을 명변·독신해야 한다. 이러한 명변·독신에서 기타 설의 同異·得失의 논도 가능하다. 사단도
기이고 칠정도 리라 할 수 있다. 이렇게 "학자의 소견"(상49·66)은 오히려 반대로 논할 수도 있다.

및 주희의 설을 해석함이 아니라는 뜻임) 縷縷루루; 끊임없이. 잇달아 끊이지 않고. 端단; 근거. 그 설에 대한 이유. 仍잉; 여전히. 거듭. 누차.]

왜냐하면 보내오신 논변에서 "사단은 인의예지의 성에서 발한다.272) 때문에 비록 리기의 합이라 하더라도273) 그러나 가리켜(指) 말한 것은 주리이다.274) 칠정은 외물이 그 형기에 접촉하여 '중'에서 동하지만 환경에 따라 나온다.275) 때문에 리가 없지는 않으나 그러나 가리켜(指) 말한 것은 기에 있다.276) 이 때문에 사단은 '중에 있으면(在中)' 순리이며, 방금 발한다 해서 기에 섞이지는 않는다.277) 칠정은 형기에서의 外感이므로 그 발은 리의 본체가 아니다.278) 그러므로 사단 칠정의 소종래의 것은 不同하다"(사맹 사·칠설 종지인 교류·소통에 근거한 논이 아님. 근본이 다르다면 사맹 종지와 정면으로 배치됨)279)고 하셨기 때문입니다. 이러한 몇 말씀은 실로 [사맹 및 주자의 설을 해석한 것이 아닌] 선생님의 '자득'이십니다.(사맹 용어를 인용하고도 오히려 리기에 나아가 논변했기 때문임)280) 때문에 또한 「一篇」(「퇴

---

272) 사단만 인의의 성에서 "발"(『중용』)함이 아닌, 칠정도 성발이다. 사단은 맹자의 情說이다. 情說은 사·칠 이외도 매우 많다. 측은지심은 정이며, 단 그 종지는 "성선"이므로 '무불선'이라 하겠지만, 그러나 대절목의 '정'임을 어겨서는 안 된다. 맹자도 "그 정"으로 "성선"을 논증했을 뿐이다.(「고자상」6)

273) 퇴계가 "리기의 합"(상234)이라 한 이유는 "측은지심"은 '심'이기 때문이다. 하지만 측은지심의 가리킴을 합리라 할 수는 없다. 퇴계의 "심·성·정 글자"는 정주와 다르다. 때문에 고봉은 "성정심은 맹자·횡거의 설이 좋다. 측은은 정이다"(상55)라고 한다.

274) 사단은 리기 중의 주리라 할 수 없다. 사단은 기왕 맹자의 "所指"로서, 리를 가리킨 것이다. 이는 리기 중의 리가 아닌, 스스로 리이다. 칠정 겸리기의 리도 스스로 리이다. 「퇴계1서」 "所指而言者"(상23)로 보면 『퇴계집』 "以"는 오자이다.

275) 정은 심의 외감이며 성발이다. 퇴계는, 칠정은 중에서 동하지만 "환경에 따라(緣境) 나온다고 한다. 이는 잘못은 아니다. 단 사단도 마찬가지이다. 만약 정이 두 갈래로 발한다면 도통이 성립되지 못하며, 감정의 소통도 불가함이 된다. 칠정은 자사와 이천의 설이다. 모두 사람 감정을 설했을 뿐, 스스로 리기의 발처를 언급하지 않았다. 주희의 해석도 마찬가지이다. 때문에 고봉은 퇴계를 '자득'이라 비판한다.

276) 칠정을 '주기'라 하면 '중화'도 기가 되고 만다. 희노애락은 겸리기지만, 중화는 리이다. 만약 퇴계와 같이 기라 하면, 이는 소소 여론이다. 칠정을 리, 기, 성, 선, 악 등으로 논할 수 있다. 이는 "기타 설의 동이 득실"(윗줄)이다. 때문에 고봉은 "큰 강령으로는 장애가 없다"(상52)고 한 것이다.

277) "在中"은 칠정에 대한 설명이지 사단의 설명이 아니다. 사단은 '인의의 단서'이지 중의 단서가 아니다. 칠정도 在中의 미발은 순선이다. 막 발하면 정이 되며, 칠정은 정 전체의 전후에서 공부로 논한 것이다. 사단도 막 발한 정이다. 따라서 사단도 "기에 섞이지 않는다"고 할 수는 없다. 자사도 그 정을 설명함에 불과할 뿐, 리기의 발처를 언급하지 않았다. 때문에 퇴계의 설은 자사 및 주희와 다른 '자득'인 것이다.

278) "칠정은 형기의 外感이므로 그 발은 리 본체가 아니다." 그러나 사단도 형기의 외감이며, 또 칠정의 발도 리 본체이다. 한편 칠정은 외감의 기일 뿐 리 본체가 아니라 할 수도 있다. 왜냐하면 칠정은 정인 기이며, 기이므로 리 본체인 성즉리가 아님도 당연하기 때문이다. 퇴계의 문제는 '자사는 사람 감정에 나아가 칠정으로 설한 것'이라는 대절목을 어겼다는 점이다.

279) "사칠의 소종래가 부동하다." 그런데 소종래라는 용법은 퇴·고가 다르다. 퇴계의 소종래는 리·기이다. 리·기로 다르게 사칠이 出한다 함이다. 고봉의 소종래는 사·맹이다. 사맹은 외물과 교류·소통하는 근거를 자신의 느낌에서 공부로 논설한 것이다. 이러한 사맹의 도통을 리·기의 근원(소종래)이 다르다고 해서는 안 된다. 만약 다르다면 소통의 교류는 원천적으로 불가함이 되고 만다. 이상이 퇴계가 "제6절"에서 논한 사칠의 리기에 분속 이유에 대한 요약이다.(상22~28) 퇴계는 사칠을 사맹에 근거해서 해석하지 않는다. 때문에 고봉은 "선생의 자득"이라 비판한 것이다. 고봉은 뒤에서 이 "제6절"을 다시 상세히 "辯曰" 6개, "來辯" 2개, "且一有", "則所謂" 등 총 10개 조항으로 나누고, 각 조항의 미안 이유에 대해 자세히 논평한다.(상100~128)

280) 여기서의 "자득"은 부정적 의미이며, 뒤 "자득을 구하십시오"(하21)의 의미와 다르다. 퇴계의 논변은 사맹 및 정주의 논설과 다르다. 퇴계는 사맹 및 정주의 설을 해석한 것이 아닌, 스스로 사칠의 발처와 그 의미를 리기에 나아가서 새롭게 논했다. 이를 고봉은 "[선생의] '사람의 一身은 리기의 合으로 生한다. 그러므로 이 둘은 상호 發인이 있고 그 發은 또 相須이다'라는 말씀이 실로 병통의 근원이다. 리기의 즈음은 알기도 설명하기도 어렵다"(하117·118)고 비판하는데, 퇴계의 자득이 바로 이것이다. 또

계1서) 가운데서도 비록 잇달아 많은 단서(근거)를 대셨기는 하지만, 그러나 그 大意는 여전히 이곳을 벗어나지 않습니다.[281]

(63)若大升之愚見, 則異於是. 盖人之情一也, 而其所以爲情者, 固 "兼理氣有善惡"也, 但孟子就理氣妙(퇴계집 妙는 오자)合之中, 專指其 "發於理而無不善"者言之, 四端是也. 子思就理氣妙合之中, 而 "渾淪言之", 則情固 "兼理氣有善惡"矣, 七情是也. 此正 "所就以言之不同"者也. [妙合묘합; 기의 바름과 리가 합한 상태.(기의 바름이 곧 리이며, 이것이 리기 묘합임. 악은 심에 인함. 정을 심으로 논하면 유선악임)]

하지만 대승의 어리석은 견해는 이와 다릅니다.(사맹 칠·사 본설로 해석하겠다는 것임) 사람의 정은 하나이며,(一情임)[282] 그 정이라고 하는 것은 진실로 "겸리·기, 유선·악"(정은 리, 기, 선, 악이 있으나, 성은 아니라는 것)입니다.(칠·사가 아닌 一情의 實情임)[283] 단, 맹자의 경우 리기 묘합 가운데 나아가서(사람 본연의 一情)[284] "發於理而無不善"(퇴계의 첫 논변임)의 것만 '오로지 가리켜 설명(專指言之)'(一情에 대한 맹자의 설명)했으니, 사단이 이것입니다.[285] 자사의 경우 리기 묘합 가운데 나아가서 "혼륜으로 설명(渾淪言之)"(一情에 대한 자사의 설명)했으며 정은 진실로 "겸리·기, 유선·악"이니, 칠정이 이것입니다.(자사도 직접 發處를 말하지 않고 설명함)[286] 이것이 바로 제가 말한 [사맹은 사람 감정에] "나아간 바의 설명이 부동하다(所就

지금 「고봉2서」에 동봉해서 퇴계에게 보낸 "答一齋書"의 "오로지 黙思로 自得하고자 해서는 안 된다", "오로지 黙思로 自得하고자 한다면 釋老의 見에 流入될 것이다"(『고봉집』1책, 28쪽)와 같은 뜻이다.

281) 「퇴계1서」의 전편은 "끊임없이 많은 근거를 대셨지만" 이는 사맹 및 정주의 종지와 다르며, 더구나 정·장·주의 "심·성·정의 글자"(상53)와도 다른 퇴계 자신의 리기의 "자득"에서 나온 것이다. 만약 이 문제가 "개념상의 호리의 차"와 "글자의 안돈불착"에 있다면 이 논쟁은 끝내 "두려운(恐)" 일이 되고 만다.(상52·53)

282) 심이 외물에 感하면 성이 발하는데, 그 발한 것이 '정'이다. 칠사는 "모두 정이다."(상3·13·16) 그런데 퇴계는 정의 發을 리·기 두 갈래로 나누고 "각각 리·기 소종래가 다르다"(상28·39)고 한다. "인·의에서 發함."(상22) "緣境으로 出함."(상22) 리·기에서 사·칠로 각자 發·出한다는 것이다. 즉 심은 겸리기인데, 사는 리에서, 칠은 기에서 發·出한다. 하지만 고봉은 사람 감정은 겸리기인데, 칠은 자사의 설이고, 사는 맹자의 설이라 한다.

283) 정은 하나이며, 이는 사맹 칠사설 이전의 實情으로, 겸리기이고 有善·有惡이다. 퇴계는 이와 다르다. "리와 기는 본래 相須한다."(상17) "혼합한 一物"(상17) "리기는 相循하며 不離하다."(상29) "리기는 相須한 가운데 혼륜이다."(상37) "선악 미정이다."(상27) 정은 리기, 선악이 혼잡하다는 것이다. 반면 고봉의 겸리기·유선악은 리, 기, 선, 악이 있음이다. 리선은 혼잡이 아닌 스스로의 리선이다. 이때의 '사람 감정(一情)'을 "명변 독신해야만 기타 설의 동이 득실을 논할 수 있다."(상61) 一情을 리, 기 혹은 악이라 해석할 수도 있다. 이는 동이 득실의 소소여론이다. 자사와 맹자도 이 "[一情에] 나아가 언지(所就以言之)"(상3)한 것이다.

284) "리기묘합지중"은 一情의 겸리기를 말함이다. 이 일정의 겸리기에 "나아가서(就)" 맹자는 리·선을 척발 지시한 것이다. 묘합은 리기 혼잡이 아닌, "리는 기를 벗어나지 않음"(상12)의 묘합이다. 주희는 "천명의 유행은 반드시 二氣·五行이 交感하여 凝聚한 것"(『문집』권67, 「明道論性說」, 3275쪽)이라 하는데, 이때는 유선악의 경우가 아니다. 또 "性情之妙는 사람으로 태어났다면 있는 것임"(『문집』권67, 「악기동정설」, 3263쪽)과 "中和之妙는 모두 조리가 있음"(권32, 「答張欽夫」15, 1419쪽) 등은 기의 바름이 곧 리인 경우이다. 때문에 묘이다. 맹자는 이 묘합에서 특별히 理·善(중·화와 같음)만 뽑아 '지시한' 것이다.

285) 퇴계는 "四端, 發於理而無不善"(상4)이라 하며 "그 가리킨 것이 리에 있고"(상18) "척발해 리를 獨言한 것"(상34)이라 한다. 그런데 고봉은 사단을 "사람 감정에 나아가 리만 척발한 것",(상3) 성선은 "선 일변을 척출 지시한 것"(상10)이라 한다. 반면 퇴계는 사람 감정이 아닌 "리기에 나아가서" 그 리를 가리킨 것이다.

286) 사람 감정은 心感으로 性發한 一情뿐이다. 이 일정은 "리기 妙合之中"인데, 단 발현된 것은 선과 악이 있다. 이 묘합과 선악의

以言之者不同)"라는 뜻입니다.(반면 퇴계는 리기에 나아감)[287]

(64)然而所謂七情者, 雖若涉乎氣者, 而理亦自在其中. 其 "發而中節"者, 乃 "天命之性", 本然之**體**, 而與孟子所謂 "四端"者, 同實而異名者也. 至於發不中節, 則乃氣稟物欲之所爲, 而非復性之本然也. 是故, 愚之前說, 以爲 "非七情之外復有四端"者, 正謂此也. 又以爲 "四端七情初非有二義"者, 亦謂此也. [涉섭; 성정의 유행. 마음과 외물의 접함. 自在자재; 성은 스스로 존재함. 本然之體본연지체; 본래 그러한 성의 체.(성은 칠정에 있어도 自若·自在의 실체임. 체용의 체가 아님) 同實동실; 칠사의 리·선은 동일한 하나의 實임. 本然본연; 성의 본래 그러한 모습.]

그런데 이른바 칠정이라는 것이 비록 기를 '건넌(涉)'(섭이 불교와 전혀 다른 곳임)[288] 것 같지만, 리 역시 그 가운데 스스로 自在합니다.(주희의 "도통"설임. 리가 없으면 소통이 불가함)[289] 그 "발하여 중절"[290]한 것은 결국 "천명지성"(『중용』)이며 [리] 본연의 실체이니,(도의 용이며, 천명의 본체가 작용으로 드러난 것임)[291] 이는 맹자 사단과 '알맹이는 같고 명칭만 다른(同實異名)' 것입니다.(선이 둘이라면 인류는 화합의 소통이 불가함)[292] 그런데 발하여 중절하지 못함에 이른

一情을 "명변 독신해야 기타 설의 동이 득실도 논할 수 있다."(상61) 一情은 리의 정, 기의 정, 선의 정, 악의 정 등으로 논할 수 있다. 사맹도 一情을 각자 다른 방법·목적으로 설했다. 자사는 一情을 겸리기, 유선악의 치우침 없음으로 논했는데 곧 "혼륜 언지인 정의 전체(道其全)"(상3·80)이다. 자사도 그 發處를 직접 말하지 않고 단지 사람 느낌을 설명했을 뿐이다.

287) 고봉은 "사맹은 사람 느낌에 나아간(所就) 그 설명이 不同하다. 이것이 사·칠의 別이다"(상3)고 한다. 칠·사라는 별칭은 그 一情에 대한 사맹의 목적이 부동하기 때문이다. 이 一情을 리, 기, 선, 악, 공부 등으로 논할 수 있고, 또 다른 논의도 가능하다. 자사는 천명·중화로, 맹자는 확충·성선으로 설했다. 주희도 리 혹은 기로 해석했다. 반면 퇴계의 "所就"는 "문자는 서로 같으나"(상77) 뜻은 고봉과 전혀 다르다. 퇴계의 "所就以(而)言之"(상16·17·42) "所指而言"(상18·20·23·24) "由其所指"(상18) "各指其所主"(상28)는 '情上에 就'한 것이 아닌 '理·氣上에 就'(상242)한 것이다. 이는 고봉의 '所就' 및 '指'자와 전혀 다르다.

288) 주희는 "涉"을 논하지 않으면 불교가 된다고 한다. "釋氏의 識神설은 섭의 관여가 없다. 석씨는 虛空寂滅을 宗으로 삼았고 때문에 識神을 生死의 根本으로 여긴 것이다. 吾儒의 식신은 心의 妙用이다. 다만 이(식신)를 성으로 삼으면 涉의 교류가 없을 뿐이다."(『문집』권58, 「答徐子融」3, 2768쪽) "思를 涉하면 이미 發·動한 것이다."(『어류』권62, 人傑116, 2038쪽) "性을 說한다면 즉시 이미 有生에 涉하고 기질을 兼한다", "이미 形氣가 있으면 이 理는 降하여 사람에 있으니 이를 性이라 이른다. 이미 氣를 涉했으니 超然히 理로만 專發할 수 없다."(권95, 銖45, 3196쪽) 吾儒는 涉의 정이 있고, 이 정으로 중화와 성선을 논할 수 있다. 반면 퇴계는 "섭"(상258)이므로 사단이 아니라 한다.

289) 리는 심, 기, 정에서도 스스로 自若·自在·自存한다. 리는 기, 칠정에 있어도 변질되지 않는다. 퇴계는 "外感은 形氣인데 그 발을 리 본체라 하겠는가"(상25)라고 한다. 형기의 발인 칠정은 리 본체가 될 수 없다는 것이다. 그러나 기를 '건넌(涉)'것은 정이며, 정주의 "道統"은 바로 涉인 『중용』 칠정에 있다. 칠정에 있는 리를 리 본체가 아닌 잡리라 할 수는 없다. 만약 잡리면 사람은 소통이 불가하고 사람 정체성이 붕괴된다.

290) "發而中節"은 『중용, 수장』 "未發謂之中, 發而皆中節謂之和"이다. "발하여 중절한 화"도 정이고, 중절하지 못한 것 역시 정이다. 중화는 "희노애락"의 실정을 통해 이룰 수 있으니, 따라서 "혼륜"은 정으로서의 요건을 모두 갖추었다는 뜻이다. "떨어지면 도라 할 수 없다." 미발의 중도 리이고, 중절의 화도 리이다. 퇴계는 "발하여 중절한 연후에야 화"(상27)라고 하는데 그렇다면 미발의 중은 리가 없음이 되고 만다.

291) 『중용, 수장』에서 주희는 "大本은 천명지성이고 道의 體이며, 達道는 성을 따름을 이르니 道의 用이다. 이는 道는 떨어질 수 없다는 뜻을 밝힌 것이다"(상94)고 주석한다. 달도의 화는 천명지성이 이발의 정으로 드러난 것으로 道의 用이다. 천명지성은 도의 체용 전체며, 리 본연의 실체이다. 일상에서 떨어지거나 작용을 빼면 치우친다. 주희는 "발하여 모두 중절한 것은 정의 바름이다(發皆中節, 情之正也)"(『중용, 수장』)고 주석하는데, 정의 바름이 곧 본체가 본연의 작용으로 드러난 것이다. 이는 칠정을 곧바로 천명지성·본연지체라 함은 아니다.

292) 정은 하나이며, 성, 선 등도 하나다. 만약 둘로 발한다면 소통의 화합은 원천적으로 불가하다. 사맹은 다만 사람 감정에서 성, 선 등으로 화합의 소통을 논한 것이다. 자사는 선을 중절의 "화"로, 맹자는 선으로 "성선"으로 논증했다. 一善이나 그 설명만

것은 결국 기품 물욕이 하는 바이며,293) 따라서 이는 다시는 성의 본연이 아닙니다.294) 때문에 저는 전설에서 "칠정 밖에 다시 사단이 있지 않다"(칠포사가 아닌, 소통의 중화와 확충은 동일한 리임)고 했으니, 바로 이를 말합니다.295) 또 "사단과 칠정은 처음부터 둘의 옳음(二義)으로 있지 않다"(리·선은 단지 하나이므로 소통이 가능함)고 했던 것 또한 이를 말합니다.296)

(65) 由是言之, 以 "四端主於理, 七情主於氣"而云云者, 其大綱雖同, 而 "曲折亦有所不同"者也. [大綱대강; 큰 줄거리.(대강은 사단의 기, 칠정의 리도 가능함)]

이로 말미암아 설명한다면 선생님의 "사단은 리가 주이고 칠정은 기가 주이다"(퇴계는 사맹의 소지가 아닌, 리발·기발을 주리·주기라 함)297)라고 운운하신 말씀은 그 큰 강령에서는 비록 저도 동의하지만,(사맹을 해석해서 대강 사단을 기, 칠정을 리라 해도 가능함)298) 그러나 "곡절(천명의 중화를 기발이라 하면 자사의 종지에 반드시 어긋남)에서는 또한 같지 아니한 바가 있다"는 것입니다.299)

___

다를 뿐이다. "[고자상] '可以爲善'자는 四端之情과 發而中節者이다. 성과 정은 미발·이발의 不同은 있으나 그 善者는 혈맥관통하여 不同이 없다."(상160) 선은 성·정에 관통한 一善이다. 칠정의 "화" 및 "사단"의 2名 이유는 그 一情·一善에 대한 설명·목적이 다르기 때문이다.

293) 발은 성발이나, 성발의 즈음 기품·물욕(공부)으로 인해 불중절로 흐른다. 정은 본선인데 이후 불선에 흐른다. 이천은 "먼저 선이 있고 이후 악이 있으며, …먼저 是가 있고 이후 非가 있다. …그 情의 不順에 至하면 천리를 悖하니, 흘러 惡에 至한다",(『정씨유서』권22상, 71조, 292·291쪽) "그 흘러 불선이 된 것은 정이 사물에 옮아가서 그런 것이다"(상56)고 한다. 때문에 고봉은 "天理가 막 발함에 선회하여 氣稟·物欲의 拘蔽한 바가 되면 곧 불중절이 있게 된다"(하29)고 한다. 기 스스로 그렇게 함이 아닌, 심의 존양·성찰 부족 때문이다.

294) 기품 물욕에 가린 것을 성의 본연이라 할 수는 없다. 고봉은 "유행 발현의 즈음은 과불급이 없을 수 없으며, 이때 성의 본체도 혹 온전하지 못할 경우가 있다"(상8)고 하는데, 이는 '유행 발현의 즈음'에서 결국 과불급이 생긴다는 뜻이다. 과불급이라 해도 성은 자약으로 존재한다. 다만 과불급의 것을 성의 본연이라 할 수 없을 뿐이다.

295) 고봉은 "사실 별칭은 一情에 대한 사맹의 言之가 부동해서일 뿐, 칠정 밖에 다시 사단이 있는 것은 아니다"(상3)고 한다. 이는 '칠정이 사단을 포함한다(칠포사)'고 함이 아니다. "중화"와 "성선"의 종지는 서로 관련이 없으며, 중화의 덕이 확충·성선을 포괄한다면 나의 덕을 성선이라 함이 되고 만다. 때문에 정주는 "중을 성이라 하면 극히 미안이다"(「이발미발설」)고 한다. 사맹은 소통을 논했으며, 따라서 그 리·선이 둘일 수는 없다. 중절자는 발 이후 중절한 것이 아닌, 본연의 성이 중절한 것이다. 퇴계는 리발·기발로 다르다고 한다.

296) 고봉은 "사칠의 [리·선은] 二義가 아니다. 학자들은 맹자가 선 일변만 척출 지시한 뜻을 살피지 않고 [그 선을] 사·칠 둘로 논한다"(상10)고 한다. 칠사 2설은 종지도 다르고 가리킴도 다르고 이름도 다르다. 퇴계는 "사칠이 異義가 없다면 성현의 종지에 未合하며",(상29·30) "사칠을 異指가 없다하면 자상모순이다"(상42)고 한다. 즉 사칠의 선·리는 반드시 다르다는 것이다. 반면 고봉은 사칠이 異義, 異指가 없다 함이 아닌 다만 "그 근원의 [리는] 兩個의 意思가 아니다"(상130)라 함으로, 칠사의 리·선은 하나일 뿐 둘의 義가 될 수 없다 함이다.

297) 퇴계는 "사단은 그 소지가 주리(主於理)이고, 칠정은 그 소지가 주기(在乎氣)이다"(상23·24)고 하지만 그 주리·주기의 곡절·이유는 제시하지 않는다. 사맹이 칠·사 二名으로 立해서 說한 이유는 "중화"와 "성선"에 있다. 이는 주기라 할 수 없다. 퇴계는 사맹의 宗旨·所指에 따라 주리·주기라 함이 아닌, 리발·기발 때문에 그렇다고 한다.

298) "큰 강령에서는 같다." 사단은 리, 기, 성, 정 등의 해석도 가능하다. 칠정도 리, 기, 성, 정 등으로 해석 가능하다. 이것은 큰 강령에서의 해석이다. 사칠을 어떻게 보는가에 따라 리 혹은 기로의 해석도 가능하다. 사단도 기일 수 있다. 따라서 사단의 주리, 칠정의 주기는 불가하지는 않다.

299) "곡절이 있다." 칠사 언론은 사맹이다. 사칠을 리발·기발로 해석한 것은 어류이다. 단 리발·기발을 사맹의 종지라 할 수는 없다. 사맹 종지는 중화와 확충·성선이다. 따라서 리발·기발의 偏指는 그 곡절이 없을 수 없는 것이다. 고봉은 "곡절이 미안이다",(상52) "주자의 '시리지발, 시기지발'도 곡절이 있지 않을까 두렵다"(상58)고 한다. "특히 곡절의 未安處가 칠정의 專指氣"

(66) 夫以朱子之言, 明白簡約, 而學者之所見, 不能無異同, 則豈非 "毫釐之差" 者乎? 然朱子所言, 解以先生之意, 則直截而易曉, 證以大升之見, 則 "曲折"而難通, 所謂 "毫釐之差" 者, 正(퇴계집 政)恐不在於先生, 而在於大升也. [毫釐之差호리지차; 근본적 차이. 直截직절; 단도직입적이다. 단순 명쾌하다.(퇴계는 해석을 이치로 여긴 것임)]

주자의 말씀이 명백 간략하고 학자의 소견도 이동이 없는 게 아니라면,[300] 그렇다면 우리의 토론이 어찌 "호리의 차이"라는 것이 아니겠습니까?(우리는 사맹의 도인데, 그런데도 차이가 있다면 유불 차이란 말인가?)[301] 그런데 주자의 말씀을 선생님의 뜻으로 풀이해 보면 단도직입적이어서 이해가 쉽지만,[302] 대승의 견해로 입증해 보면 "곡절이 있어서"(자사의 천명·중화가 어찌 기발인가?) 통하기가 어려우니,(칠사 종지가 어찌 서로 소통하지 못함을 논했겠는가?)[303] 이른바 "호리의 차이"라는 것이 바로 선생님께 있지 않고 대승인 저에게 있을까 두렵다고 하겠습니다.(중화가 기발이라면 고봉이 천명의 중화를 리발이라 한 것은 결국 노불인가?)[304]

(67) 但以 『中庸章句』・『或問』, 及朱子平生諸說考之, 而疑其爲如是耳. 伏乞 "詳"察, 如何如何.

다만 『중용장구』와 『혹문』 및 주자의 평생 제설로 상고해 보면 이와 같다고 여겨질

(상91)인데, 자사의 소지가 專氣라면 천명·중화를 부정한 것이다.

300) 사맹은 칠사를 "중화"와 "확충·성선" 등으로 논했다. 만약 주희가 이를 "명백 간략하게 리발·기발"이라 했다면 그렇다면 우리는 이동이 없어야 한다. 그런데도 우리는 이동이 있으니 그렇다면 우리의 토론은 "호리의 차이가 있는 것인가?" 그렇지 않음은 자명하다. 고봉이 말한 "의리는 궁구하기 어렵고 사람의 소견은 이동이 있어서 그렇다"(상49)고 함은 사맹과 주희의 종지가 아닌, 그 해석에 있어서의 우리의 이동이다. 우리의 토론은 "소소의 여론일 뿐"(하6)이다.

301) "호리의 차이"(상52)는 결코 있어서는 안 되며, "이 호리에서 차가 생기면 차가 생기지 않은 곳이 없을 것이다."(하123) 우리의 토론은 사맹과 주희에 근거하며, 여기에서 호리가 없어야 한다. 주희의 말씀이 명백한데도 우리의 토론이 차가 생겼다면 "호리의 차이"인 유·불의 차이인가?

302) "사단시리지발, 칠정시기지발"에 대해 퇴계는 리발의 사단, 기발의 칠정으로 풀이했다. 그렇다면 칠정과 사단이 서로 리로써 만나지 못한다는 말인가? 퇴계는 "스승을 믿어야 한다",(상45) "이치는 이와 같다"(상47)고 한다. 이렇게 리발·기발로 이해하면 "명백 간략해서 이해하기는 쉽지만" 그러나 교류의 소통을 논한 칠사 종지가 어찌 서로 만나지 못함으로 논했겠는가?

303) 사맹의 칠사를 퇴계는 리발·기발로 그 근원이 서로 전혀 다르다고 한다. 그러나 자사는 중화로써 천지의 위육을 논했고, 맹자는 누구나 확충할 수 있고 또 누구나 성선이라고 한다. 이 2설의 종지는 다르나 모두 소통의 교류와 인류의 화합을 논한 것이다. 만약 "천명·중화"가 리발과 상반된 "기발"이라면 자사는 사단·성선과 서로 불통으로 논했는가? 만약 '곡절이 없이' 천명이 "기발"이라면 결국 중용사상은 성선과 확충을 거부했다는 말인가?

304) 퇴계는 리발·기발의 칠사는 근원(소종래)이 서로 전혀 다르며, "이치가 이와 같다"(상47)고 단정했다. 퇴계의 말은 단호하다. 주희를 따라야 한다는 것이다. 이렇게 퇴계의 "直截"로 보면 "호리의 차는 고봉에게 있다." 과연 천명의 중화는 리발이 아니란 말인가? "그 호리가 대승에게 있을지 매우 두렵다"고 함은 나의 이러한 소통 주장은 결국 노불이 되어야 한다 함이다. 왜냐하면 퇴계의 직접인 리발·기발로 보면 고봉은 사맹과 주희의 본설과 다른 것이 되어야 하기 때문이다. 주희는 "자기만 옳고 상대는 그르다는 사심을 조금이라도 품었음을 긍정하지 않은 채 의리의 득실을 평가하려 한다면 비록 흑백으로 쉽게 판결할 수 있다 해도 오류를 면치 못할 것이다. 하물며 그 차이가 호리지간에 있다면 장차 누구에게 자기 마음을 바로잡아 어긋나지 않게 할 수 있겠는가?"(『문집』권36, 「答陸子靜」5, 1575쪽)라고 한다. 우리의 논쟁도 호리의 차이라면, 그것을 바로 잡는 방법은 무엇일까? 퇴계는 곧바로 이치로 말하기 때문에 고봉으로서는 "호리의 차가 나에게 있는 것일까요?"라고 반문한 것이다.

따름입니다.(주희의『중용』제설은 천명의 중화를 사단과 상대한 기발로 여기지 않음. 왜 추만「천명도」를 기발로 만드는가?)305) 바라옵건대 "상세히" 살피심이 어떠실 지요.306)

(68)第二節 제2절

"四端發於理, 七情發於氣", 此二句, 鄭丈著之於「圖」者, 正與朱子所言不殊. 若曉得時, 豈有病乎? 大升前日之所疑者, 正恐使曉不得者, 却生病痛也. [曉得효득; 알다. 이해하다.(이해한 정도를 말함. 부정은 뒤 曉不得) 却각; 도리어.(앞 구를 강조함)

"사단은 리에서 발하고 칠정은 기에서 발한다"307)는 두 구절은 정장(추만)이「천명도」에 나타낸 것이라 하셨는데, 이는 주자의 말한 바와 다르지 않거니와 [병통도 전혀 없습니다].308) 만약 이해하고 있을 때(사맹 종지와 주희의 곡절에 대해 해석한 것이라면)라면 어찌 병통이 있다 하겠습니까?309) 대승이 '전일'(「사우서」이전)310) 의심했던 바의 것은 [사맹의 종지를] 이해하지 못한 자들로 하여금 도리어 병통이 생기게 할까 두려웠기 때문이었습니다.(이 우려가 결국 '兩發'의 현실이 되었으며, 퇴계는 사맹·주희 본설이 아닌 사·칠 이름만으로 리발·기발이라 한 것임)311)

---

305) 「퇴계1서」1절 "선유의 사칠에 대한 리·기 분설은 보지 못했다"(상13)에 대한 마지막 논평이다. 퇴계는『어류』리발·기발에 대해 "이치는 이와 같다"(상47)고 한다. 그러나 주희가 "맹자 성선설은 중용에서 나왔다"(상3·96·119)고 한 것은 도통은 자사에서 맹자라 함이다. 추만「천명도」는 '중용도'이다. 어찌 맹자 때문에 천명이 갑자기 기발이겠는가(하30·131) 고봉은『중용』제설(하104)을『장구』,「혹문」,「장구소주」,「안자호학론」,「악기동정설」등(상93~97) 등이라 하고, 『어류』의 설은 참고해야 한다"(하109)고 한다.

306) 퇴계1서 제1절 "선유의 발명이 詳하다"에 대한 답변이다. 고봉은 "선유의 논은 상·략이 있다"고 하고 위와 같이 논변했다. 그리고 마지막으로 "상세히 고찰하셔야 한다"고 답변한 것이다. 어찌 맹자 사단인 '이발의 정' 때문에 미발·이발 공부와 도통을 논한 중용제설이 갑자기 기발이 되어야 하는가?

307) 고봉은「천명도」에 "사단, 發於理而無不善, 칠정, 發於氣而有善惡"(상4·188)의 설이 있었다고 했다. 그런데「퇴계1서」에서 "정생의 작도에는 '사단발어리, 칠정발어기'의 설이 있었다"(상14)고 하면서 이것을 추만의 설이라 한다. 고봉은 '무불선·유선악이 본래 있었다'고 했지만, 퇴계는 '발어리·발어기'가 추만의 본설이라 한다. 고봉은 리발·기발의 곡절인 '2선'의 표시가 본래 있었다 함인데, 퇴계는 그 2선에 대해 답변하지 않은 것이다. 퇴계가 추만「천명도」의 상하·좌우를 반대로 바꾼 것은 1553년「도설, 후서」의 기록과 같다. 추만의 원도는 發, 사단이 없으므로, 발어리, 발어기는 퇴계의 의견이 들어간 것이라 하겠다.

308) 퇴계의 언급을 그대로 수용한 것이다. '발어리, 발어기'와 "시리지발, 시기지발"은 모두 사·칠을 리발·기발로 해석한 것으로, 이는 전혀 문제가 없다. 모두 사맹 본설에 대한 리기 해석이기 때문이다. 단, 퇴계는 해석이 아닌 직접 '리기에 나아가서' 리발·기발이라 하므로, 이것이 문제다.

309) 리발·기발 해석은 전혀 문제가 없으나, 단 사칠은 리발, 기발 의미만 있지 않다. 리발·기발은 사맹의 설 중 일부일 뿐이며, 이것을 이해하고 있을 경우라면 병통은 전혀 없다.

310) '전일'은 퇴계가「사우서」를 보내기 전 고봉이 추만과 퇴계의 설을 문제 삼았던 때를 말한다. "발어리, 발어기"는「사우서」이전 "前說"(상5)이다. 이후「사우서」에서 "순리, 겸기"의 설을 보낸 것이다. 고봉에 의하면 퇴계는 '전일' 四端, 發於理而無不善, 七情, 發於氣而有善惡(상4)으로 下語했다.

311) 고봉이 전일「사우서」를 받기 전 의심했던 것은 사칠에 대한 리발·기발 해석은 사맹 종지의 일부일 뿐이라 한다. 왜냐하면 사칠은 기이지만 사단의 소지는 리이며, 칠정도 중화가 있으므로 따라서 사·칠을 리 혹은 기로 해석하는 문제는 "학자의 소견"(상66)에 달려있기 때문이다. 하지만 "後來"「사우서」는 "四端之發, 七情之發"의 兩發로 답변했다. 이는 고봉의 당초 우려가 현실이 된 것이다. 퇴계는 사맹·주희를 해석하지 않고 곧바로 사·칠의 이름만으로 리발·기발이라 한다. 한편 주희는 "이천이 水를 性으로 비유한 설은 본래 좋으나 도리어 曉得者들에게는 生病이 되게 했다",(『어류』권5, 學蒙45, 222쪽) "이것이 實理임을 안다면 心은 다하지 않음이 없고, 다한다면 모두 曉得일 뿐이다. 이 심을 다 曉得한 자만 그 성을 안다"(권5, 大雅59, 225쪽)

(69)蓋泛論四端七情, 而曰四者 ‘發於理’, 七者 ‘發於氣’, 固無不可矣. 今乃著之於「圖」, 而
以四端置理圈中, 而謂之 “發於理”, 以七情置氣圈中, 而謂之 “發於氣”. 雖寫成「圖」
本, 勢不得不然, 而位置之際, 似不免離析太甚. [泛論범론; 전체로 넓게 논하다.(사단을 기, 칠
정을 리로 넓게 논할 수도 있음) 圈권; 권역. 동그라미. 離析리석; 사칠을 나누어 분석함.(고봉) 리·기로
분리시켜 쪼갬.(퇴계) 位置위치; 칠사의 위치.(고봉) 리·기의 자리에 분배시킴.(퇴계)]

　　사단 칠정을 전체로 넓게 논하여 사의 것은 ‘發於理’, 칠의 것은 ‘發於氣’라 해도 진실로
불가함이 없습니다.(사칠은 진실로 리발, 기발로 해석할 수 있음)312) 그러나 지금 결국 「천명도」(중
용설)에 드러내서 사단(맹자설)을 리의 권역 중에 배치해서 “發於理”라 하고, 칠정(중용설)을
“기의 권역 중에 배치”313)해서 “發於氣”라고 하셨습니다.(퇴계는 사맹 해석이 아닌 반대로 리기에
나아가서 리발·기발이 곧 사·칠이라 한 것임. 그러나 추만 「천명도」는 천명의 ‘리발’임)314) 비록 「천명도」
에 간단히 써 넣자니 부득불 그렇다고는 하지만, 그러나 자리를 배치하는 즈음 “나뉘고 쪼
갬이 매우 심함”을 면치 못한다는 것입니다.(퇴계는 리·기 둘로 사칠을 쪼갠 것으로 고봉은 상상하지
못할 일임. 렴계 「태극도」가 공자의 태극을 드러낸 것과 같이, 추만 「천명도」도 ‘천명의 리도’이기 때문임)315)

(70)若後學見之, 指其已定之形, 而分理與氣二者, 別而論之, 則其爲惧(퇴계집 誤)人, 不
亦旣甚矣乎? [爲惧人위오인; 남을 잘못 생각하게 함. 사람들에게 선을 둘로 여기게 함.]

　　만약 후학들이 보고 그 이미 정해진 형상을 가리키며 리·기 둘로 [사칠을] 分해서 구
별해 논한다면,(「천명도」 ‘중화의 기발’은 불가함. 퇴계는 ‘리기에 나아가’ 칠정을 기발이라 하며, 고봉은 지금

고 한다. 심을 효득하면 그 심에 성이 있음을 알 수 있다. 마찬가지로 사칠을 효득하면 리발·기발도 그 사칠 속에 있음을 알
수 있다. 만약 晥不得하면 水를 性으로 여김 같이 사단을 성으로 여기는 병통을 낳는다.

312) “넓게 논함”은 사 혹은 칠에 대해 리, 기, 성, 선 등으로 각각 해석할 수 있다 함이다. 사단을 기, 칠정을 리로의 해석도 가능하
다. 사단을 리발, 칠정을 기발로 풀이할 수도 있다. “학자”가 사칠을 리기로 해석하면서 그것을 어디서 어떻게 보느냐의 “소견”
(상66)은 다를 수 있다.

313) 퇴계의 「천명도설, 후서」에 의하면 이항은 “정은 기권 중에 배치할 수 없다(情不可置氣圈中)”(『퇴계전서』2책, 321쪽)고 한다. 이
말은 고봉의 “七情은 氣圈中에 置함”과 다른데, 큰 틀에서 정(칠사 등)을 기권에 둠이 가능하다. 단 칠정의 중화를 기에 분속할
수 없고, 더욱이 사단이 리라 해서 천명·중화가 기가 될 수는 없다.

314) 「천명도」는 『중용』 “천명”을 그린 것으로, 자사는 천명인 “미발의 중”을 논했다. 고봉은 “사단이 칠정의 리 일변을 점유한 것”
(하30)이라 한다. 「천명도」에서 사칠을 “발어리, 발어기”로 주석해도 불가하지 않다. 문제는 퇴계와 같이 리기에 나아가면 그 리
발·기발로 사·칠이 된다고 한다는 점이다. 이는 사칠 해석이 아닌, 거꾸로 리기에 사칠이 있음이 되고 만다.

315) “천명”은 『중용』의 설이다. 「천명도」에 사단까지 넣음도 가능하다. 또 사칠을 리로 해석함도 가능하다. “사단발어리, 칠정발어
기”로 분주해서 해석할 수도 있다. 그런데 퇴계의 경우 이와 다른데, 퇴계는 “리기에 나아가서”(상17) 그 리발·기발이 곧 사·
칠이라 한다. 결국 리기로 해석함에 문제가 없는 추만의 설을 퇴계는 반대로 리기에 나아가서 리발·기발이라 한 것이다. 퇴계
는 “그대는 혼전을 좋아하고 剖析을 싫어해서 사칠의 소종래를 궁구하지 않았다”,(상39) “分析을 싫어함을 곤륜탄조라 한다”(상
43)고 하여 소종래인 리기에 나아가 사칠을 각각 리·기로 쪼개야 한다고 한다. 고봉은 지금 퇴계가 ‘사칠을 리·기로 쪼개겠다’
로 이해하지만, 퇴계의 경우 합리기에 나아가서 그 리발·기발이 곧 사·칠이라 한 점을 상상하지 못한다. 추만 「천명도」는 ‘천
명의 라’를 드러낸 것으로, 이는 「태극도」의 10개 동그라미가 모두 공자 “태극”의 리도인 것과 같다.

상상하지 못함)316) 사람들을 잘못 생각하게 함 또한 심하지 않겠습니까?(리·기 둘로 分하면 중화와 확충의 교류·소통은 원천 불가가 되며, 인류는 본래 다툼의 존재가 됨)317)

> (71)後來伏奉示喩改之, 以 "四端之發, 純理故無不善, 七情之發, 兼氣故有善惡"云云, 則視前語尤分曉, 而 "鄙意亦以爲未安"者. [視시; 처리하다. 간주하다. 尤分曉우분효; 더욱 분명하게 구분하다. 특별히 알 수 있게 분명히 나눔.]

'훗날' 고치신 설(「사우서」)에서도 마찬가지로 "사단으로의 발은 순리인 까닭에 무불선이고, 칠정으로의 발은 겸기인 까닭에 유선악이다"라고 운운하셨습니다.(사는 순선이고, 칠은 순선이 아니라 했다는 것. 퇴계는 그 二善이 서로 다른 이유를 논한 것임)318) 그렇다면 이는 '전날의 下語'(추만과 퇴계 당초의 설)319)보다 더욱 분명히 알 수 있도록 [兩發·二善으로 여겨 칠정은 순선이 아님으로] 분리시키신 것입니다.320) 이 때문에 "저의 뜻은 또한 미안이다"라고 했던 것입니다.321)

---

316) 고봉은 "후학들이 사칠을 리·기로 分해서 이해함"을 우려한다. 하지만 퇴계의 본의는 "리기에 나아가서" 그 리·기로 사칠을 分한다. 이 문제를 고봉은 지적하지 못하는데, 왜냐하면 리기에 나아간 사칠은 고봉으로서는 상상할 수 없는 일이기 때문이다. 또 고봉은 퇴계가 "리·기로 別論之"한 것으로 말하지만, 그러나 퇴계는 사칠을 리·기로 '別'해 論하지 않는다. 사칠을 리기로 別해서 논함은 문제가 없다. 퇴계는 '리기에 나아가서' 사칠을 분속했지, 사칠을 리기로 '論之'한 것은 아니다. 고봉은 이와 다르다. 사칠은 리기로 論之, 言之할 수 있다. "리기로의 분별"(상84)은 당연하다. 천지·기질지성은 "分別言之",(상89) 정의 "발어리, 발어기도 分而言之",(상90) "리기 성정의 즈음도 別而言之",(상82) 성의 인·의·예·지도 "別而言之"(상79)이다. 반면 퇴계의 경우 "리·기의 근원(소종래)"이 반드시 달라서 사칠의 다름도 있다고 한다. 만약 그렇다면 사맹 종지인 천명·중화와 확충·성선은 원래 리·기 별물이 되어, 원천적으로 소통·교류의 불가가 되고 만다. 사맹 종지는 인류의 소통이다.

317) 사칠을 "리·기 둘만으로 分해 논"하면 사칠 종지가 둘로 나뉘어 통합 불가가 된다. 사맹의 중화와 확충의 종지는 소통의 화육에 있다. 자사는 칠정으로 중화의 덕을 이루면 천지의 화육이 가능하다 함이고, 맹자는 사람은 누구나 성선이며 그 측은지심을 확충하면 천하의 올바름에 나도 동참할 수 있다 함이다. 만약 본래 리발·기발이라면 칠사는 소통이 불가하며, 인류는 본래 다툼으로 존재함이 되고 만다.

318) 퇴계는 처음 "사단, 發於理而無不善, 칠정, 發於氣而有善惡"(상4)이라 하고, 고봉의 비판을 받고 "훗날" 그 "무불선·유선악" 이유를 "순선, 겸기 때문"(상1·14)으로 고쳤다. "순선 때문"이라 함은 사단만 '순리의 발인 무불선'이라 함이고, "겸기 때문"은 칠정은 순리가 아닌 '겸기 때문에 유선악'이라 함이다. 고봉의 당초 지적은 이와 다르다. 칠정의 겸리기·유선악의 리·선은 순리·순선이며 이는 사단과 동실이명이다. 때문에 사칠을 "대거 호언"(상6)해서는 안 된다는 것이다. 그런데도 훗날 답변은 "사단지발·칠정지발, 순선·겸기 때문(故)"이라 하여 더욱 대거호언하면서 그 선이 서로 다른 "이유(故)"에 대해 논했다. 더구나 "四端之情이 무불선"(상170)이지 四端之發을 무불선이라 할 수는 없다. 여기까지가 고봉이 인식한 퇴계의 설이다. 하지만 퇴계의 본의는 사맹을 해석한 것이 아닌 "리기에 나아가서" 사·칠을 논한 것이다.

319) 퇴계는 "순리·겸기 때문으로 下語"(상1)하기 전 "나 또한 일찍이 그 下語의 未穩을 병통으로 여겼다"(상1)고 했다. 고봉은 고치기 전의 하어를 "발어리, 발어기" 뒤에 붙인 "무불선·유선악"(상4)이라 한다. 때문에 퇴계는 무불선·유선악 '이유(故)'를 "순선·겸기 때문"(상14)이라 한 것이다.

320) 당초 퇴계의 "사단, 발어리[이무불선], 칠정, 발어기[이유선악]"(상4·14)의 下語를 훗날 "사단지발, 순리고무불선, 칠정지발, 겸기고유선악"(상1)으로 고친 것은 그 무불·선유선악 "이유(故)"가 "순선·겸기"(상14) 때문이라 함이다. 즉 칠정의 겸선은 선악미정의 혼륜이므로, 따라서 사단 무불선인 순선과 그 소종래가 반드시 다름으로 논변했다. 때문에 "사단으로의 발, 칠정으로의 발"이라 하여 그 발원을 말했고, 결국 칠정 유선악은 순선이 아님을 더욱 분명히 알기 쉽도록 구분한 것이다. 퇴계의 "순리가 어찌 才發한다고 잡기가 되겠으며, 형기의 발이 어찌 리의 본체가 되겠는가?"(상25)는 그 발이 전혀 다름으로 논변한 것이다.

321) "순리·겸기 때문"에 대해 고봉은 "이는 前說보다 조금 낳은 듯하나 그러나 愚說로는 또한 未安이다"(상5)고 했다. 칠정의 중화와 사단의 확충은 그 이름만 다를 뿐 그 선·리는 같다.(동실이명) 반면 퇴계는 칠정은 순리의 발이 아닌 "겸기 때문"이라 한다. 이는 "칠정지발"의 리·선을 "사단지발"의 리·선과 다른 갈래(소종래)로 여긴 것이다. 때문에 "또 未安(안정되지 못함)"이라 했다.

(72)蓋以 "四端七情, 對擧互言", 而揭之於「圖」, 或謂之 "無不善", 或謂之 "有善惡", 則 人之見之也. 疑若有兩情. 且雖不疑於兩情, 而亦疑其情中有二善, 一 "發於理", 一 "發於氣"者, 爲未當也. [對擧互言대거호언; 칠사를 상대로 들고 상호로 말함. 揭之게지; 드러내 보이다. 게시하다. 未當미당; 마땅하지 않다. 틀리다.(未安은 '안정되지 않음'임)]

왜냐하면 "사단 칠정을 상대로 들고 상호로 말하여"(사람 감정은 칠·사 둘만 있지 않으므로 상대로 논할 수 없다는 것임)322) 이를 「천명도」에 게시해서 혹은 "무불선" 혹은 "유선악"이라 한다면, 그렇다면 사람들이 이것을 보고는 마치 '두 개의 정'(천명의 선은 사단과 다른 선인가?) 이 있는 듯 의혹할 수 있다고 여겼기 때문입니다.323) 게다가 비록 二情으로 의혹하지는 않는다 해도 또한 그 정 가운데는 '두 개의 선'(천명과 사단의 선은 二善인가?)이 있어서 하나는 "발어리" 하나는 "발어기"로 의혹하게 된다면,(실제로 퇴계는 리기에 나아가서 리발·기발이라 함)324) 이점이 '마땅하지 못하다(未當)'는 것입니다.(未安이 아닌 '틀리다'는 것)325)

(73)然大升向來所疑者, 猶在於是. 今詳來辯, 仍再撿(퇴계집 檢)「圖說」, 則其所可疑者, 不止於是也. 此雖未知眞是非之在此乎, 在彼乎, 而向來所疑, "使曉不得者, 生病痛" 云者, 亦非過計之憂也. [猶유; 여전히. 오히려. 아직. 仍잉; 누차. 거듭. 또다시. 撿검; 검토하다. 찾아보다. 不止부지; ~에 그치지 않다. ~뿐만 아니다. 過計과계; 지나치게 문제시하다. 너무 따지다.]

322) "발어리, 발어기"도 잘못이 아니다. 이렇게 리기로 해석할 수 있다. 또 사단을 무불선, 칠정을 유선악으로의 해석도 가능하다. 문제는 퇴계의 "대거 호언"(상6)에 있다. "대거"는 사실을 상대로 든 것이고 "호언"은 상호 상대적으로 말한 것이다. 사람 감정은 칠사 2설만 있지 않으며, 또 그 선이 각자 순선이고 잡선이라 할 수는 없다. 더욱이 리·기 각발일 수도 없다. 퇴계는 수많은 감정 중의 단지 2설을 리발·기발 둘로 나누고, 그 선도 각자 다름으로 논변한 것이다. 하지만 퇴계 본설은 리기 호발로 사칠이 된다 함인데, 고봉은 이점을 상상하지 못한다.

323) 정은 하나이고 그 선과 성도 하나이므로 서로 소통이 가능하다. 칠정의 천명과 사단의 선은 동일한 선이다. 다만 "사맹은 그 성정을 각자 사·칠로 다르게 설한 것"(상3)뿐이다. 이를 "발어리, 발어기" 혹은 "사단지발, 칠정지발"로 해석할 수 있다. 반면 퇴계는 하나는 리발, 하나는 기발이라 하며, 그렇다면 그 발의 근원이 둘이 되고 만다. 실제로 퇴계의 "사단지발, 칠정지발"은 리기에 나아가서의 각자 리발·기발이며 때문에(故) 무불선이고 유선악이라 한다. 이는 一情에 대한 2설인 사맹과 다르고, 주희의 사맹 해석과도 다르다.

324) 퇴계는 리발의 사단, 기발의 칠정이라 하며, 때문에 그 선은 각각 무불선과 유선악이라 한다. 사실을 무불선·유선악으로 해석함은 불가하지 않다. 하지만 "천명의 성"을 기발이라 하면 이는 사단과 별개의 다른 선이 되고 만다. 하나는 순리인 리발의 선, 하나는 기(겁기)에서 발한 선이 되고 만다는 것이다. 퇴계는 실제로 이렇게 논변한다. "어찌 순리가 발해서 잡기가 되고, 형기의 발이 어떻게 리 본체가 되겠는가?"(상25) 그 이유는 사단의 무불선과 칠정의 유선악은 그 소종래인 리·기가 다르기 때문이다. 이렇게 퇴계는 실제로 사칠의 선을 二善으로 여긴 것이다. 주희는 本然之善(性)이 있고, 또 善惡 相對之善(性)이 있다고 한다면 그렇다면 二性이 있게 된다. 하늘에서 얻은 것은 성이며, 행하여 선을 얻은 것 역시 성이다"(『어류』권101, 卓169, 3393쪽)고 하여 性善과 情善은 단지 一性(一善)일 뿐이라 한다.

325) 사단을 순선, 칠정을 유선악으로 나누면 "未安"(상5·71)이다. 왜냐하면 칠정과 사단의 선은 인류를 교통하게 하는 동일한 선이기 때문이다. "발어리, 발어기"도 잘못은 아니지만, 그 발처를 둘로 여겨서는 안 된다. 이는 未安이 아닌 未當이다. 사람 감정의 발처가 둘이면 통합의 소통이 불가하기 때문이다. 사맹 2설은 그 소지·종지가 다를 뿐이다. 주희는 "行에서 얻은 善 역시 性이다"(위 卓169) 하고, 정호도 "性中에 선·악이 兩物로 相對한 것은 아니다"(『정씨유서』권1, 10·11쪽)고 하며, 고봉도 "칠정의 善者는 천명의 본연이다"(상9)고 한다.

그런데 대승이 지난번(「사우서」 이전)까지 의혹했던 바는 아직 여기에 있었습니다.326) 그런데 지금 보내주신 논변(「사우서」 및 「퇴계1서」)을 상세히 살펴보고327) 또 거듭「천명도설」(추·퇴 합작)까지 재검해 보니328) 저의 의혹은 여기에만 그치지 않습니다.(당시 대거 호언을 문제 삼았는데, 실제로 퇴계는 兩發·二善이라 했다는 것)329) 비록 진정 그 시비를 가려야 할 대상이 '여기'(퇴계의 두 설)에 있을지 '저기'(합작인 「천명도」 및 「천명도설」)에 있을지는 모르겠지만,(당초 의혹은 「천명도」인데, 지금 보니 모두 그러하다는 것)330) 지난번 저의 의혹인 "[사맹을] 이해 못한 자들에게 병통을 낳게 할 것이다"라는 언급 또한 이 결과를 놓고 보면 결코 지나친 우려가 아니었습니다.(퇴계의 두 답변이 실제로 兩發·二善이라는 것. 그런데 고봉이 지금 상상하지 못하는 것은 퇴계는 '리기에 나아간' 리·기의 사칠이라는 점임)331)

(74)第三節 제3절

大升疎迂蹇淺學, 不知方其於性情理氣之說. 盖未嘗一日實下功(퇴계집 工)夫, 況有反身體驗之效耶? [疎迂蹇淺소우건천; 거칠고 우활하며 절룩거리고 얕음. 實下功夫실하공부; 사실 즈음에서 공부하다. 성정의 실제에서 노력하다.(실천을 포함한 공부를 말함) 反身體驗반신체험; 자신을 돌이켜 그 실제를 체험함.]

---

326) 윗줄 "대승의 前日 의혹"(상68)은 「사우서」를 받기 이전이고, "後來의 순리·겸기"는 「사우서」와 「퇴계1서」이다. 이곳 "向來(지난번)"는 「사우서」 이전이다. 고봉의 의혹은 "발어리, 발어기"가 아니었다. 사·칠을 리·기로 각각 해석함도 당연하기 때문이다. 고봉의 의혹은 사칠의 리·선은 동일한 하나의 리·선이며, 따라서 사칠을 "대거 호언"해서는 안 된다 함이었다. 사단이 리발이라 해서 칠정이 기발일 수 없고, 사단이 순선이므로 칠정이 순선이 아니라 해서도 안 된다. 만약 그렇다면 그 정은 "二情"으로 분리되고 그 선도 각자 "二善"이 되고 만다. 의혹은 여기에 있었다. 그런데 그 의혹은 「사우서」와 「퇴계1서」에 의해 현실로 드러났다.

327) 고봉의 당초 의혹은 정과 선은 각각 兩情·二善이 아니라 함이었다. 그런데 「사우서」는 오히려 "사단지발, 칠정지발"(상1·5)이라 하고, 「퇴계1서」에서도 "사단은 인의예지의 성발이고, 칠정은 形氣에서 外感하므로 그 발은 리가 아니다"(상62)고 했다. 이는 사·칠의 발은 각자 리발·기발이고, "때문에(故)" 그 선도 각각 다르다 함이다.

328) 「사우서」 및 「퇴계1서」는 그 발을 둘로 분리했고, 또 그 선도 不同으로 여겼다. 그래서 추·퇴 합작인 「천명도설」을 다시 검토해 보았다. 과연 여기서도 兩發·二善이라 했을까? 퇴계의 「천명도설, 후서」는 1553년 12월이다. 고봉은 지금 편지(1560.8.8.) 이전 이미 「추만서」를 써서(1560.5.15.) 보냈는데, 여기서 "「천명도설」 제6절에서 말하기를 '소위 五常은 순선 무악이다. 故로 그 所發의 사단 역시 無有不善이다. 소위 氣質은 본연지성이 아니다. 故로 그 所發의 칠정은 쉽게 사악에 흐른다'고 했음"(하188)을 그대로 기록해 보냈다. 이점이 고봉의 의혹이었다. 「천명도설」은 추만과 퇴계의 합작이다.

329) 고봉의 당초 의혹은 사칠의 "대거 호언"에 있었다. 왜 수많은 정설 중에서 단지 사칠 둘만 나란히 들고 또 그 선을 서로 상대로 호언하는가? 그런데 「사우서」 및 「퇴계1서」를 받고 이를 "상세히 살펴보니" 그 대거·호언의 문제 뿐만은 아니었다. 왜냐하면 퇴계는 「사우서」에서 사칠의 二善 "이유(故)"를 직접 "사단지발, 칠정지발"과 "순리·겸기 때문"이라 했기 때문이다.

330) 당초의 토론은 「천명도」의 분주에 있었다. 추만과 퇴계는 「천명도」에서 "발어리·발어기"라 했고, 「사우서」에서도 "사단지발·칠정지발"이라 했다. 그런데 「퇴계1서」도 "칠정은 形氣에서 外感하니 그 발은 리가 아니다"(상62)고 했고, 「천명도설」에서도 "五常의 所發인 사단은 無有不善이고, 氣質의 所發인 칠정"(하188)이라 했다. 누구의 설이든 모두 "퇴계의 소견과 동일하다."(하188) 따라서 당초 대거호언이 추만인지 퇴계인지는 지금 따질 필요는 없다. 문제는 대거호언에만 있지 않기 때문이다.

331) 고봉의 당초 의혹은 "사단발어리[이무불선], 칠정발어기[이유선악]"이라 하면, 사맹의 종지를 이해 못한 자들은 사칠을 각별로 여길 것이고, 또 그 선도 二善으로 나눌 것이다. 그렇지 않고 그 해석을 리발, 기발이라 하면 문제가 없다. 문제는 이러한 당시 우려가 「사우서」 및 「퇴계1서」에 그대로 드러났다는 점이다. 퇴계는 사단만 리발이라 하고 칠정은 리발이 아님으로 여긴다. 또 사단 무불선 이유를 리발이라 하고, 칠정 유선악 이유를 겸기 때문으로 여긴다. 이는 고봉의 당초 우려가 현실의 「사우서」와 「퇴계1서」에 나타난 것이다. 그래서 다시 이전 「천명도설」을 검토한 결과도 이 문제 그대로였다. 그렇다면 당시의 우려가 지나친 것이 아니었다. 그런데 고봉이 지금 상상하지 못하는 것은 퇴계의 논변은 "리기에 나아가면" 리·기 "호발"로 사칠이 된다고 한다는 점이다.

- 87 -

대승의 우활하고 천박한 학문으로는 그 성정·리기의 설에 대한 방도를 알지 못합니다. 일찍이 하루라도 그 실제에 대해 공부하지 못했거늘 하물며 자신을 돌이켜 체험한 효과에 있어서이겠습니까?(우리 토론은 사람 자연의 성정에 관한 논의일 뿐, 결코 성정 체험의 일이 아니라는 것)332)

(75) 如是, 而不揆狂僭, 輒申所見, 亦可謂 "犯不韙之罪, 而爲無證之言"者矣. 豈意先生不 賜譴斥, 而往復酬酢, 至於若是之惓惓耶? 此眞大升之所敬慕歎服, 而不能自己者. 幸 甚幸甚. [狂僭광참; 분별없고 참람함. 輒申첩신; 즉시 의견을 진술하다. 不韙之罪불위지죄; 옳지 못한 죄. 나쁜 죄. 無證之言무증지언; 입증할 수 없는 말. 譴斥견척; 꾸짖어 물리침. 酬酢수작; 응대하다. 惓惓 권권; 곡진하다. 간절하다. 自己자이; 여기로부터 그치다. 나로부터 그만두다.]

이러한데도 분별없고 참람함을 헤아리지 않은 채 [나의 생각만 믿고] 문득 소견을 펼 쳤다면 이는 또한 "옳지 못한 죄를 범했다 하겠고, 입증 할 수 없는 말을 했다"(주희)고 해야 할 것입니다.333) 그렇지만 선생님께서도 무슨 뜻으로 꾸짖어 물리치지 않으시고 왕복 응대하여 이 같은 간절함에 이르셨다고 하겠습니까?(선생도 왕복 토론으로 리를 드러낼 수 있다고 여겼기 때문이며, 참선은 개인의 일이기 때문임. "중화", "확충·성선"도 정·칠정으로 가능함)334) 이점 이야말로 참으로 대승이 경모하고 탄복하는 바이며, 저 또한 여기로부터 그쳐서도 안 된 다고 여겨지는 점이기도 합니다. 매우 다행입니다.335)

---

332) 성정은 사람 본연의 자연의 일이므로 공부로 논해야 한다. 성정·리기는 결코 체험의 일이 아니다. 가령 측은지심의 경우, 이는 사람에게 측은지심의 "있음"일 뿐 체험을 말함이 아니다. 측은지심을 체험하지 않았다고 그 성·정이 불선일 수는 없다. 가령 사람의 성은 선하므로 '선한 행위를 해야 한다'고 한다면, 그렇게 해야 한다고 명령하는 '주체'가 문제가 된다. "성선"과 "측은지 심"은 사실을 말할 뿐 명령 주체가 아니다. 성이 명령을 내리는 주체라면, 그 성은 어디 누구에게 명령을 내릴 것인가. 마음에 내린다면 이는 "심통성정"에 어긋난다. 심이 성을 포괄하고 통섭·주재하지, 성이 심을 통섭·주재할 수는 없기 때문이다. 우리 의 토론은 성정·리기의 효과와 체험을 논함이 아니다. 체험을 말한다면 불교의 참선과 다름없다. 이천이 "성은 단지 리일 뿐" 이라 한 이유이다. 고봉의 "리기의 즈음은 알기도 진실로 어렵거니와 설명 또한 어렵다. 전현들도 오히려 근심으로 여겼거늘 하 물며 후학이랴?",(하118) "대승은 이러한 道理에 대해 평소 정밀히 익히지 못했다"(하17)고 함이 이것이다.

333) "불위지죄, 무증지언"은 주희의 말이다. 주희는 「격물보전」을 지은 이유에 대해 "나는 일찍이 반복 고찰해서 반드시 그렇다는 것을 믿게 되었고, 이로써 그(증자, 정자) 뜻을 가만히 취하여 傳文의 빠진 부분을 보충하게 되었다. 그렇지 않다면 또 어떻게 감히 '옳지 못한 죄'를 범하고 '입증할 수도 없는 말'을 지어내서 성경·현전의 사이에 自託할 수 있겠는가?(愚嘗反覆考之, 而有 以信其必然, 是以竊取其意, 以補傳文之闕. 不然, 則又安敢犯不韙之罪, 爲無證之言, 以自託於聖經賢傳之間乎?)"(「대학혹문」하2, 526쪽)라고 한다. 「격물보전」은 주희 스스로 추측한 것이 아닌 성경·현전에 근거해서 그 사이에 보충해 넣었다는 것이다. 주희 는 또 "『지언』을 지난번 '문득' 의혹한 것(向輒疑之)은 이미 불위지죄를 범했음을 알겠다"(『문집』권46, 「答胡伯逢」4, 2150쪽)고 하면서도 호백봉·장식 등의 스승인 호굉의 『지언』을 비판해서 「胡子知言疑義」를 지었다.(『문집』권73, 3555쪽) 고봉의 지금 논 변 역시 스스로의 깨달음에서 나온 것이 아닌 그 근거가 있다. 이는 성정·리기의 즈음을 "체험"한 논변이 아니다. 「고봉1서」 본서에서도 "이와 같은데도 감히 입을 열어 성정의 리를 논했으니 불위지죄를 범했다고 하겠다"(『왕복서』권1, 5쪽)고 했고, 뒤 에서도 "이미 불위지죄를 범했다"(하18)고 한다.

334) "중·화"는 심의 외물과의 감촉 전후의 공부로 가능하다. 감물 즈음의 공부가 아니면 중화는 논할 수 없다. '리'도 마찬가지이다. 어디에나 존재한 리는 그 리의 自動으로 얻을 수는 없다. 리를 얻기 위해서는 스스로의 공부와 서로의 토론이 필요하다. 따라서 선생께서도 그 "성정과 리기에 대한 설"(위 상74)을 따지기 위해 이러한 "왕복 수작을 하지 않았을까?"(아랫줄) 만약 "체험"하고 깨닫기 위함이라면 혼자서도 가능하다. 주희가 주돈이의 "靜"을 "석·노에 들어간다"(하93)고 비판한 이유이다.

335) 제3절 "의혹이 있다면 설명을 청하여 바름을 취해야 한다"(상15)에 대한 답변이다. 논쟁은 의혹이 있기 때문이고, 바름은 그 가 운데 있다. "학자의 소견에 이동이 없을 수 없는 것"(상66)은 각자의 시각과 목적이 다르기 때문이다. 고봉이 탄복 경모하는 것

(76) 第四節 제4절

四端七情, 固 "均是情也." 而其 "立名有異"者, 豈非 "所就而言之不同"乎? 大升前說之意, 政是如此, 而來辯亦以爲 '然焉. [均균; 모두. 다. 立名입명; 이름을 세움.(칠·사라는 名으로 立하게 된 이유를 말함. 정은 實이며 名이 아님. 성은 命·實이며 名이 아님. 천명·기질지성과 칠·사가 名임)]

사단과 칠정은 진실로 "모두 정입니다."336) 그렇다면 그 "立名에 다름(異)이 있는 것"337)이 어찌 선생님의 인용 그대로 "나아간 바에서(而) 설명이 부동하기"(고봉의 以를 퇴계가 而로 바꾼 것임. 고봉은 사람 느낌의 설이 칠사인데, 퇴계는 리·기에 '나아가서' 사칠을 논함)338) 때문이 아니라 하겠습니까? 대승의 전설의 뜻도 바로 이와 같으며, 보내오신 논변 역시 '그렇다'고 하셨습니다.(고봉; 정에 칠·사 2설의 名이 있음. 퇴계; 리·기에 나아가면 사칠이 있음)339)

(77) 然其所謂 "所就以(퇴계집 而)言之不同"一句, 若通之以鄙說, 則不妨本是一情, 而 "言之者有不同." 若質之以來辯, 則 "四端七情, 各有所從來", 而非但 "言之者不同"也, 是則雖 "同"是 '一語', 而彼此 '主意', 各有所在, 不可不察也. [不妨불방; 무방하다. 괜찮다. 所在소재; 장소.(말하는 장소가 서로 다름)]

그런데 이른바 "나아간 바에서의 설명이 부동하다"는 한 글귀를 저의 본설로 통해 보면, 본시 一情인데 그 "설명한 것만 부동이 있다"는 뜻입니다.340) 하지만 선생님의 의미

도 이러한 "의혹을 토론을 통해 그 바름으로 취하려는" 방식이다. 고봉도 이 논쟁을 계속 잇는 이유이고, "여기서 그만두어서는" 안 되는 이유이다.

336) 퇴계도 "사단은 정이며 칠정 역시 정이니, 모두 정이다(均是情也)"(상16)고 했다. 고봉의 뜻이 이것이다. 一情인데, 사맹의 설이 다를 뿐이다. 반면 퇴계는 고봉과 전혀 다르다. 퇴계는 사·칠의 立名 이유를 '그 리기에 나아가면, 그 리·기가 異하기' 때문이라 한다.

337) 퇴계는 "사칠의 異名 이유는 무엇인가"(상16)라고 하면서 '리·기의 異' 때문이라고 한다. 반면 고봉이 말한 異名 이유는 '사맹의 설'이 다르기 때문이다. 즉 사람 느낌은 본연의 것인데, 그 異名 이유는 사맹의 "언·론"(상3)이 異하기 때문이다. 발한 것은 정일 뿐, 사칠이 아니다. 성은 사칠로 발하는 것이 아닌 '정'으로 발한다. 사맹은 그 정을 스스로의 목적에 알맞게 설명(言之)했고, 사칠 명칭은 이렇게 立한 것이다. 주희가 "別而言之함에서 四端之說은 立했다"(상79)고 함은 사단은 그 정에 대한 言之라 함이다. 즉 칠정의 "渾論言之" "중화언지",(상63·80) 사단의 "無不善者言之" "仁義禮智言之" "善者言之"(상63·81) 등이다. 한편 "중절자는 사단과 同實異名이다"(상130)의 異名은 사단자와 중절자이다. 즉 一善은 동실이나, 중절자와 사단자는 異名이다.

338) 고봉은 "사맹의 所就以言之者가 不同한 故로 사칠의 別이 있을 뿐"(상3)이라 했다. 퇴계도 "사칠의 異名이 있음은 그대의 이른바 '所就以言之의 不同'이 이것이다. '所就而言之의 不同'이라면 別이 없을 수 없다"(상16·17·42)고 하여 고봉을 '以', 자신을 '而'라 했다. 여기서 고봉은 퇴계의 "所就而言之"의 '而'로 인용한 것이다. 고봉의 "所就"는 사람 감정인데, 반면 퇴계는 '리기에 나아감'이다. 고봉은 사맹이 그 '一情에 就해서(以)' 사칠로 설명했다 함이고, 퇴계는 그 '리기에 就하면(而)' 리·기의 사칠이라 함이다. 퇴계와 같다면 사맹은 '리기에 나아가서' 그 리·기의 사칠이 되고 만다. 또 사칠은 名·說이 아닌 '리·기의 언지'가 되고 만다. 하지만 리·기는 언지가 아닌, 言이다.

339) 고봉은 "사맹의 所就以言之者의 不同으로 사칠의 別이 있다"(상3) 했고, 퇴계도 "그렇다(是也)"(상16)고 하면서 "所就而言之의 不同으로 그 別이 있다"(상16·17)고 하여 '以'를 '而'로 고쳐서 인용했다. 만약 퇴계가 "그렇다"고 인정한 것이라면 퇴고의 뜻은 같아야 한다. 하지만 고봉의 "所就의 以"는 一情에 就한 사맹 본설이고, 퇴계의 "所就의 而"는 '리기에 就해서' 그 리·기의 사칠이다.

340) 고봉의 "나아간 바에서의 설명이 부동하다(所就以言之不同)"고 함은 칠사는 一情인데 다만 사맹의 설명이 부동해서 "立名의 異가 있다"는 뜻이다. 반면 퇴계는 "所就而言之의 부동"(상17·42)이라 한다. 여기서 문제가 된 "所就以"와 "所就而"를 빼고 보

- 89 -

로 보면 "사단 칠정은 각기 소종래가 있다"(리·기 때문에 사칠이 있음이 되어, 그 의미가 완전히 뒤바뀌고 만 것임)341)고 하셨으니, 그렇다면 이는 단지 "설명한 것만 부동하다"고 함이 아니십니다.(고봉의 용법과 논제를 정 반대로 바꾸고 만 것임)342) 결국 "同"이라 함은 '한 단어'에 불과할 뿐,(퇴계는 "所就以[而]言之"의 단어만 '同'이고 그 의미는 "리·기 소종래"로 여긴 것임)343) 피차 논쟁의 '主된 意'는 각기 다른 所在가 있게 되고 말았으니,(피차의 주된 '뜻'이 불일치함) 저는 살피지 않을 수 없겠습니다.(토론이 사맹 '2설'에서 퇴계의 '리기'로 변질된 것임)344)

(78)而況 "子思孟子, 所言不同"者, 則非特其 '言'云爾, '意'亦各有所主也. [所主소주: 주로 말한 것. 그 주된 의미.(고봉; 사맹의 의미. 퇴계; 리와 기)]

하물며 제가 말한 "자사와 맹자(고봉의 '언지의 별칭'을 퇴계가 '언지의 성현'이라 하여 '고봉이 성현'이 되고 말았고, 때문에 "사맹"으로 명확히 한 것임)345)의 말한 바가 부동하다"고 함의 뜻은 비단 그 '말(言)' 뿐만이 아닌 그 '뜻(意)' 또한 각기 所主가 있다는 점입니다.(자사의 천명·중화와, 맹자의 사단·성선은 그 종지의 言·意가 반드시 다르다는 것임)346)

더라도, 고봉의 의미는 "言之者에 不同이 있다" 함이다. 즉 不同은 바로 '言之(논설, 설명)'이다. 반면 퇴계의 不同은 언지가 아닌 '리·기'이다. 그러나 리·기는 언지가 아닌, 言이다.

341) 사칠의 別 이유는 고봉의 경우 "言之者의 부동"이다. 반면 퇴계의 경우 "리기에 나아가서(就)"의 그 '리·기'이다. 리·기가 달라서 "사칠 異名이 있으며"(상16) 그 리·기의 다름이 곧 "소종래"이다. 「퇴계1서」에서 "소종래"를 2회 말했다. "사칠은 리기에서 不外하나, 그 소종래에 因한다면 각각 所主와 所重을 가리켜 言之할 수 있다."(상28) "그대는 사칠의 소종래를 궁구하지 않고 대강 겸리기·유선악이라 하여 分別로 言之함을 불가로 여겼다."(상39) 즉 "그 나아간 바(所就)"는 리·기이며, 그 리·기 소종래 때문에 사칠 異名이 있다. 결국 異名의 別은 사맹의 '설(言之)' 때문이 아닌 그 소종래인 '리·기'(言) 때문이다. 그래서 사칠 2설은 사맹이 아닌 반대로 퇴계의 '리·기 때문'으로 뒤바뀌고 만 것이다.

342) 퇴계의 "사칠은 각각 [리·기의] 소종래가 있다"고 함은 고봉의 "설명(언지)의 부동으로 사칠의 別이 있음"이 아니다. 퇴계는 고봉의 말인 "설명의 부동으로 사칠의 別이 있음"에 대해 "그렇다(是也)"(상16)고 하면서도 정작 그 의미는 "리·기 소종래 때문"이라 한다. 결국 고봉의 용법과 논제를 완전히 정 반대로 바꾸고 만 것이다. 퇴계의 소종래는 리기에 나아간 '리·기'의 사칠일 뿐 사맹의 논설(言之)이 아니다.

343) 퇴계는 "그대의 이른바 '所就以言之者의 부동'이라 함이 바로 이것이다"(상16)고 하여 고봉의 말을 완전히 동의했다. 그렇다면 "言之者의 부동"은 말 그대로 '설명이 부동해서 사칠의 別이 있음'이 되어야 한다. 하지만 퇴계는 이 말에 동의하면서도, 반대로 "사칠은 각각 [리·기의] 소종래가 있다"(상28·39)고 한다. 결국 "同은 말뿐이고, 그 뜻은 전혀 다르다."

344) 위와 같이 "언어(一語)"와 "의미(主意)"에서 불일치하니 고봉으로서는 "살피지 않을 수 없다." '언어'의 불일치는 고봉의 "所就以言之"는 '一情을 둘로 설명함'인데, 퇴계는 "리·기에 나아감"이다. '의미'의 불일치는 고봉의 소취(언지에 대해 퇴계는 "각기 리·기의 소종래가 있음"이다. 이렇게 서로의 언어는 그 "所在"가 각자 다르다. 대화가 사맹 '2설'(言之)에서 퇴계의 '리·기'(言)로 어긋나고 변질된 것이다.

345) 고봉은 "사맹의 所就以言之가 부동해서 사칠의 別이 있다"(상3)의 '사·칠의 별칭'이다. 반면 퇴계는 "所就而言之의 부동으로 別이 있다. 예로부터 '聖賢'이 이 二者(리·기)를 논급함에 어찌 一物(리기)로만 여기고 분별로 언지하지 않았겠는가?"(상17)라고 하여 곧바로 '리·기의 별칭'으로 변경시킨 것이다. 더구나 고봉은 '언지의 별칭'인데, 퇴계는 '언지의 성현'이라 함으로써 고봉의 '언지가 성현'이 되고 만 것이다. 때문에 칠·사 저자를 명확히 해서 처음의 "자사와 맹자"로 돌아간 것이다. 아래 "리기·성정의 즈음을 論及한 성현"(상82)은 사맹과 정주이다.

346) 윗줄에서 "우리의 토론은 '어의(語)'와 '주의(意)'에서 어긋났다"고 했다. 이어서 "사맹의 '말씀(言)'과 '뜻(意)'은 각기 소주가 다르다"고 한 것이다. 반면 퇴계는 "리기 소종래로 보면 리·기의 所主와 所重이 있다"(상28)고 하여 급거 '리기'로 변경시켰다. 고봉은 당초 "言之의 부동으로 사칠의 別이 있다"고 했는데, 또 이것만은 아니라고 한다. 자사는 희노애락 이름만이 아닌 그 '意'는 '성정의 덕인 중화의 언지'(상80)이고, 맹자도 측은의 이름만이 아닌 "성선의 인의예지로 언지한 것"(상81)이다. 이것이 "그 意 또한 각기 소주가 있음"이며, 즉 칠·사라는 별칭 이유이다. 주희의 "木仁·金義·火禮·水智, 各有所主,(『문집』권56, 「答方賓王」3, 2659쪽)

(79)嘗觀, 朱子「答陳器之」書曰, "性是太極渾然之體, 本不可以名字言. 但其中含具萬理, 而綱理之大者有四, 故名(원문은 命)之曰 '仁·義·禮·智.' 孔門未嘗備言, 至孟子而始備言之者. 盖孔子時, 性善之理素明, 雖不詳著其條, 而說自具. 至孟子時, 異端蜂起, 往往以性爲不善, 孟子懼是理之不明, 而思有以明之. 苟但曰渾然全體, 則恐其如無星之秤, 無寸之尺, 終不足以曉天下. 於是別而言之, 界爲四破, 而四端之說, 於是而立." 此豈非 "所就而言之者不同", 而 "意亦各有所主"乎? [渾然혼연; 온전함. 성이 상하를 온전히 갖춘 양상. 含具함구; 모두 갖추다. 綱理강리; 근본 된 하나의 이치. 名之명지; 맹자가 이름 붙임.(주희; 하늘이 사람에 命之로 부여함) 孔門공문; 공자와 그 문하.(증자 『대학』과 자사 『중용』 포함. 『맹자』는 아님) 不詳著불상저; 상세히 나타내지는 않음. 條조; 조리. 질서.(성 안의 조리인 각각의 인·의·예·지. 조는 '조리'의 性, 단은 '실마리'의 情) 異端이단; 실마리가 다르게 드러난 것.(맹자 당시 고자, 양주, 묵적 등 한쪽만 든 주장. 맹자의 성은 정으로 논증했으므로 상·하를 모두 갖춤) 星성; 저울대의 저울눈. 秤칭; 저울. 寸촌; 자의 촌. 치. 눈금. 尺척; 자. 別而言之별이언지; 성을 넷으로 분별하여 설명함. 四破사파; 넷으로 쪼갬. 1성의 혼연을 4덕으로 나눔.]

일찍이 보기에,(고봉은 일찍이 『주자문록』에 수록했음)[347] 주자는 「진기지에게 답한 글」(「옥산강의」에 관한 편지글)에서 말하기를 "성은 태극 혼연의 전체이니 본래 이름(名)이나 글자(字)로 말할 수 없다.[348] 다만 그중에는 만 가지 이치를 함구한 강리의 큰 것 넷이 있으니 이를 '名'(원문은 命)[349]하여 '인·의·예·지'라 했다. 공문(자사 포함)에서는 일찍이 갖추어 말하지 않았으나 맹자에 이르러 비로소 갖추어 설명한 것이다. 공자 때는 '성은 선하다'는 이치가 평소 밝아서 비록 그 조리(인·의·예·지)를 상세히 드러내지는 않았어도 그 설은 스스로 갖추었다.[350] 맹자 때에 이르러 이단의 설들이 봉기하여 왕왕 '성은 선하지 않다'는 주장이 나오자 맹자는 이치의 不明을 염려하고 깊이 생각하여 밝힘이 있

"各有攸主, 而不可亂也",(『대학혹문』하2, 527쪽) "칠정의 送用에도 각기 '攸主'가 있으니 이른바 和이다"(『문집』권32, 「答張欽夫」15, 1419쪽)의 '각유소주' '각유유주(攸·所는 같은 뜻)는 혼연의 성, 혼륜의 정이라 해도 성의 인·의·예·지와 정의 측은·수오의 主가 각각 있다는 뜻이다. 반면 퇴계의 "所主"(상28)는 '리와 기'일 뿐 사맹의 所主가 아니다.

347) "일찍이 보았다"고 함은 지금 본 것이 아님을 말함이다. 고봉은 일찍이(1557년 송정황 발문, 김윤제 출간) 『주자문록』상 14번째에 이 글을 수록했다.

348) 성은 혼연 태극의 상하 전체이다. 혼연태극의 전체이므로 명칭(名)이나 글자(字)로 묘사할 수 없다. 만약 명칭이나 글자로 말하면 즉시 하나의 모양이나 글자에 국한되고, 즉시 치우침을 면할 수 없다. 성을 '무불선'이라 한 이유이다. 주희는 「태극도설」에서 "혼연태극의 全體는 一物의 中에 각기 갖추지 않음이 없으니, 따라서 성은 不在한 바가 없다"(73쪽)고 한다. 성은 때나 장소에 관계없이 스스로 자존한다. 一物 중에 있어도 그대로 변함없는 혼연태극의 전체일 뿐이다.

349) 주희 원문은 '名'이 아닌 "命"이다. "命之謂仁義禮智"는 곧 "天命之謂性"과 같다. 天命을 성이라 하며, 따라서 성의 혼연은 하늘이 名之한 것이 아닌 하늘이 命之한 것이다. "命者는 하늘이 人物에 부여한 것(命者, 天之所以賦予乎人物也)"(『문집』권56, 「答鄭子上」14, 2688쪽)이며, "賦者는 命也"(『어류』권5, 寓4, 216쪽)이다. 단, 윗줄 "성의 혼연은 '名'자로 말할 수 없다"고 함은 '공자의 혼연'이고, 이곳은 '맹자의 찬연'이다. 맹자의 설인 인·의·예·지라는 '名'이므로 고봉은 "名"자로 바꾸었다고 하겠다. 즉 인·의는 맹자가 命한 것이 아닌, 맹자가 붙인 '이름'이다.

350) 공자 때는 '혼연 전체'라 해도 성의 선은 의심이 없었다. 즉 성의 혼연을 맹자와 같이 인·의·예·지라는 각각의 조서(조리)로 분별하지 않아도 성선의 이치는 스스로 밝혔다. 퇴계는 성도 본래는 合理氣(잡의 혼륜)이라 하지만,(상247) 성은 命이고 理이며 善일뿐이다.

게 된 것이다.351) 만일 단지 혼연 전체일 뿐이라 하면 그것은 마치 '눈금 없는 저울이나 단위 없는 자'352)와 같이 끝내 천하에 [성선을] 깨우치기에 부족할까 염려해서이다.(성선은 '작용인 측은'으로 논증해야 하므로 성을 4덕의 찬연으로 쪼개고, 4덕과 4단으로 나란히 거론함) 이렇게 해서 성을 구별하여 설명하고 또 경계를 나누어 넷(4덕)으로 쪼갰으니, 4단의 설은 여기서 세워지게 되었다"353)라고 합니다.354) 이것이 어찌 "나아간 바에서의 설명(언지)한 것이 부동함"(퇴계의 '설의 言之가 달라서 사·칠 二名이 있음'은 고봉과 같다. 그러나 퇴계 의미는 언지가 아닌 '리·기 소종래'이다)이 아니며,355) '뜻(意) 또한 각기 所主가 있음'(소종래가 아닌, 사맹의 소주가 달라서 칠·사 2설이 있음)이 아니라고 하겠습니까?356)

(80)盖子-思論性情之 '德', 以 "中和"言之, 而曰 "喜怒哀樂", 則情之 '兼理氣有善惡'者, 固 '渾淪言之', 所謂 "道其全"也. [渾淪혼륜; 정의 전체.(온통. 수의 뜻) 道도; 말함. 이끌다. 숫전; 전체. 온전함.(리기·선악이 있는 정 전체. 중화는 치우침 없음으로 논한 것이지만 칠정으로 보면 一偏임)]

자사는 성정의 '德'을 논하여 "중·화"로 설명했습니다.(칠정은 리가 있다는 뜻임)357) 그런

---

351) 이천은 "공자 때는 道가 비록 不明이라도 이단의 해로움은 심하지 않았다. 맹자 때는 道가 더욱 不明하여 이단의 해로움이 더욱 심해졌다"(『정씨유서』권21하, 275쪽)고 한다.

352) 주희는 "자로 말하면 無寸은 체지만 有寸은 체가 아닌 용이다. 또 저울에서 無星은 체지만 有星은 체가 아닌 용이다(如說尺時, 無寸底是體, 有寸底不是體, 便是用. 如秤, 無星底是體, 有星底不是體, 便是用)"(『어류』권6, 節23, 239쪽)고 한다. '尺·秤'은 전체(혼연)이고, 無寸·無星은 체, '有寸·有星'은 각각의 조리이며 용이다. 주희는 "도체의 온전은 '혼연'의 일치이나, 정조·본말과 내외·빈주의 분은 그 가운데 '찬연'하다. …슴만 기뻐하고 離를 싫어하면 그 논이 매번 일편에 빠져서 끝내 무성의 저울이나 무촌의 자가 될 뿐이다(夫道體之全, 渾然一致, 而精粗本末, 內外賓主之分, 粲然於其中. …喜合惡離, 其論每每陷於一偏, 卒爲無星之稱, 無寸之尺而已)"(「태극도설해」, 77쪽)고 한다. 성은 혼연태극이지만, 그 혼연태극의 성도 마치 눈금 없는 저울과 같지는 않다. 이는 「태극도」 10개 동그라미 중 둘째 혼연태극(전체) 아래 '8개 태극'(용)과 같다. 성의 혼연도 각각의 인·의·예·지로 찬연하다.

353) 『문집』권58, 「答陳器之, 問玉山講義」, 2778쪽. 주희는 이어서 "[맹자는] 혼연·전체 중에도 찬연의 조리가 있음이 이와 같음을 알게 해서 성의 선도 알 수 있게 했다(使知渾然全體之中, 而粲然有條若此, 則性之善可知矣)"고 한다.

354) 맹자 4단설은 성의 혼연을 넷으로 나누어 인·의·예·지로 "別而言之"함에서 立한 것이다. 성은 '혼연전체'일 뿐이다. 심, 정, 器, 미발, 이발의 偏으로 논해도 혼연일 뿐이다. 그런데 맹자 당시 이단들은 왕왕 "성을 불선"으로 여겼다. 「고자상」의 공도자가 인용한 '성 3설'이 이것이며, 고자의 "生之謂性"과 순자의 "性惡"도 마찬가지이다. 맹자가 찬연의 넷으로 나눈 이유는 "성선"을 밝히기 위함이다. 그런데 성선을 밝히기 위해서는 그 성을 구체적으로 입증해야 한다. 다만 그 입증은 '사람 실제(단서)'로 논증할 수밖에 없는데, 문제는 단서는 "생지위성"에 치우치고 만다는 점이다. 때문에 맹자는 성을 넷의 찬연으로 나누고, 그 찬연의 '넷'(4덕)과 단서의 '4단'을 함께 거론할 수밖에 없었다. 이것이 바로 고봉의 "4덕과 4단을 나란히 언지한 것은 기를 성으로 말할까 염려했기 때문"(상11)이라 함이다. 다시 말해 사단은 느낌인 '기'(상112)일 뿐이므로, 맹자는 '4덕과 4단'을 나란히 거론함으로써 그 형이상의 성선을 논증할 수 있었다. 때문에 주희는 "仁의 用으로 논했다"(「고자상」6, 因用)고 주석한 것이다.

355) 퇴계의 '而'자까지 그대로 인용해서 반박한 것이다. 퇴계는 고봉의 '以言之'가 아닌 "所就而言之者의 不同"(상17·42) 때문이라 했고, 그렇다면 고봉과 같이 그 '言之' 때문에 사·칠 2설도 있는 것이다. 즉 一情에 '나아간(就)' 자사의 渾淪言之와 맹자의 善者言之이다. 문제는 '言之라는 언어는 같은데, 뜻은 전혀 다르다는 점이다. 퇴계는 "리·기의 소종래"(상77) 때문이라 한다. 때문에 고봉은 주희의 설을 고찰해서 '맹자는 성 및 정을 言之해서 사단설을 立했다'고 한 것이다.

356) 퇴계는 "리·기의 소종래"(상39·77)인 리 기 근원이 달라서 사·칠 2名이 있다고 한다. 반면 고봉은 칠·사는 一情에 대한 "설명(言之)이 不同해서"라고 한다. 사맹은 리기에 나아가서 사칠을 설하지 않았다. 주희도 사칠을 리발, 기발로 '해석'했을 뿐이다. 사맹은 사람 '느낌(一情)에 나아가(就)' 칠·사로 설했는데 이것이 "사맹의 소주"이다. 자사는 사람의 정을 "칠정의 중화로 언지"했고, 맹자도 그 정을 "사단의 확충으로 언지"했다.

357) "희노애락"이 성정의 덕은 아니다. "미발의 中, 중절의 和"의 중화가 성정의 '덕'이다. "중"은 '無所偏奇'의 미발의 성덕이고,(성이 아님) "화"는 '無所乖戾'의 이발의 정덕이며 정의 바름이다.(상94·95) 자사는 성정의 덕을 "중·화로 言之"했는데 그것은

- 92 -

데 "희노애락"이라 함은 곧 정은 '리·기를 겸하고 선·악이 있다'는 것이니 이는 진실로 '혼륜으로의 설명'입니다.358) 저의 이른바 "[정의] 전체로 말함"이 이것입니다.(중화는 치우침 없음, 혼륜은 리기 전체이며, 따라서 희노의 소지는 전체임)359)

(81)孟子發明 "性善"之理, 以 "仁義禮智"言之, 而曰 "惻隱羞惡辭讓是非", 則只以情之善者言之, 所謂 "剔撥(퇴계집 發은 오자)出來"也. [發明발명; 밝혀서 증명해 냄.]

맹자는 "성이 선하다"는 이치를 발명하면서 "인·의·예·지"(공문의 혼연을 4덕의 찬연으로 쪼갬)로 설명했습니다.360) 그런데 "측은·수오·사양·시비"(찬연의 4덕에 맞추어 4단으로 나눔)라 함은 단지 '정의 선한 것으로의 설명'입니다.(칠정과 동일한 선이나, 맹자는 그 선으로 확충·성선을 논설함)361) 저의 이른바 "[선을] 척발해 냄"이 이것입니다.(사맹의 '선'은 동일하나 그 宗旨, 所指, 목적은 전혀 다름)362)

(82)古之 "聖賢", "論及"理氣·性情之際, 固有合而言之者, 亦有別而言之者, 其 "意亦各有所主", 在學者精以 "察之"耳. [論及논급; 논함에 미치다.(퇴계; 리기를 논급함. 고봉; 리기로 논급함) 在學者재학자; 성현을 배우고자 함에 있는 학자.(퇴계는 리기에 나아가 성현의 칠사 및 그 해석을 종속시켰기 때문에 우리는 학자일 뿐이라 한 것임)]

옛 "성현"(퇴계의 '從古성현'을 고친 것임)들이 [칠사 二者를] 리기·성정의 즈음으로 "논급"

"희노"라는 정으로 인해서 논한 것이다. 따라서 희노는 리가 있다.

358) "중화"는 성정의 덕이지만, "희노애락"은 덕이 아니다. 중화를 치우침(倚), 어그러짐(戾)까지 포함해서 논한 것은 아니다. 단 "희노애락"은 심의 外感과 發見者까지를 모두 포괄한 것으로 때문에 '겸리기·유선악'의 '혼륜언지'이다. 이는 미발의 존양, 이발의 성찰 등의 '공부'로 논한 것이다. 공부를 '완전하다'고 할 수는 없다.

359) 고봉은 "자사는 [정] 전체를 말한 것(道其全者)"(상3)이라 했다. "중화"는 성정의 덕이고, "희노애락"은 중화를 포함한 그 전체이다. 희노애락은 '리기를 겸하고 선도 악도 있음'을 말한 것으로, 즉 "혼륜언지"이다. 주희가 성을 "혼연 전체"(상79)라 한 것은 성은 기에 의착해야 하기 때문이다. 의착해도 성은 성일 뿐 잡기가 아니다. 칠정의 "혼륜"도 잡기가 아니다. 칠정은 '리·선'이 있고 그 리·선이 곧 중화이다. 희노애락은 리·기에 치우침 없음이고, 중·화 역시 "偏倚"와 "乖戾"가 없음으로 논했다. 단 겸리기로 보면 중화는 리 一偏이다.

360) 맹자는 性善을 발명했으나 그 목적은 情善이 아니다. 즉 공자·자사의 "태극혼연의 전체"를 맹자가 "인·의·예·지 四破인 찬연으로 別而言之"한 것은 성선을 발명하기 위함이다.(상79) 따라서 자사 "천명의 칠정"과 맹자 "찬연의 성선·사단"은 그 소지가 다르다.

361) "인·의·예·지"는 성이고 "측은·수오"는 정이다. 맹자는 측은지심으로 "확충"과 "성선"을 발명했다. 이것이 측은의 소지이며 종지이다. 성·정의 선은 동일한 "혈맥관통"(상160)이나, 단 희노로 "중화"를 논한 자사의 종지와는 전혀 다르다. 고봉은 단지 그 善을 "同實"(상64)이라 했을 뿐이다. 주희가 사단에 대해 "그 정의 발로 인해 성의 본연을 볼 수 있다(因其情之發, 而性之本然, 可得而見)"(「공손추상」6)고 한 것은 "확충하고자 함"이고, 또 이로써 "성의 본선을 알 수 있다(性之本善, 可知矣)"(「고자상」6)고 한 함은 "성선" 논증이다. 이러한 맹자의 2설은 중용 종지와 다르다.

362) 맹자가 "그 선 일변만 척출 지시"(상3·10)해서 성선을 논증한 것은 칠정의 善者와 "同實"이지만, 그 言之 및 종지·소지는 각자 다르다. 맹자는 성정을 인·의와 측은·수오의 넷으로 쪼개 성의 선을 발명했을 뿐이다.

함에는(퇴계는 리·기, 고봉은 칠·사임)363) 진실로 "합하여 설명한 것"364)도 있고 또한 "분별하여 설명한 것"365)도 있으며, 더구나 그 "뜻 또한 각기 주장한 바(所主)가 있으므로",(사맹 소주는 "중화"와 "확충·성선"이라 함으로, 총 3차 강조한 것임)366) 따라서 성현(사맹과 정주)을 배우고자 함에 있는 우리 학자들은 이를 정밀하게 "살펴야(察之)" 할 뿐이겠습니다.(성현이 칠사를 리기로 合·別했다면 학자는 이를 잘 살펴야 함. 퇴계는 자신이 리기를 합별함)367)

(83)第五節 제5절

此段所論, 皆極精密. 何敢更有擬議. 然亦有餘論, 可以相發者焉. [擬議의의; 제안하다. 입안하다. 餘論여론; 말하지 않은 다른 부분의 논의.(리기로의 해석은 그 일부라는 뜻임) 相發상발; 서로 드러내 밝히다.]

이 단락의 논한 바는 모두 극히 정밀합니다. 무엇으로 감히 다시 제안할 것이 있겠습니까.(너무 평범해서 다시 제안할 것이 없지만, 종지는 아님)368) 그러나 또한 그 나머지의 론도 있다

---

363) 퇴계의 "從古로부터 성현이 二者를 論及함"(상17)에 대한 답변이다. 퇴계의 "二者"는 곧 "리기의 相須, 相待"(상17)이다. 상수는 리기 혼륜(혼잡)이고, 상대는 독리·독기이다. 즉 '성현은 리기를 論함에 혼륜도 있고 독리·독기도 있다'는 것이다. 문제는, 그렇다면 과연 '예로부터 성현이 리·기 二者로 사칠을 논급'했는가? 고봉의 "二者"는 사맹의 '칠·사'이다. 지금 토론은 칠사에 관한 것이다. 따라서 만약 "從古로부터의 聖賢"이라 하면 '지금까지의 리기 二者로 논급한 퇴계가 성현이 되고 만다. 때문에 고봉은 "古之 聖賢"으로 바꾼 것이다. 칠사 "언·론"(상3)은 기왕 사맹이고, 지금 논란은 사맹에 관한 "리기·성정의 즈음"이며, 이 즈음 우리는 "在學者"이다. 학자가 '리기로' 사칠을 논할 수는 없다.

364) 퇴계의 "혼합해 一物로 여김(滾合爲一物"(상17)에 대한 답변이다. 퇴계의 "혼합 일물"은 합리기이다. 즉 성현은 리기를 합해서 논급하기도 했다 함이다. '무엇'을 합의 一物로 논했는가? 퇴계는 리기이다. 그렇다면 과연 리기는 一物이라 할 수 있는가? 고봉은 "物"(상7. 하45)에서는 合이지만, '리·기'는 각자 2물이라 한다. 리·기는 2물인데 物로서는 합인 '기'이다. 만약 사단을 리기·성정 즈음으로 논한다면 그 소지는 리이나, 정으로는 기이다. 퇴계의 "혼합 일물"은 '무엇'을 논함인지 불명하다. 이천은 "인의예지"에 대해 "合而言之도 모두 道이고, 別而言之 역시 모두 道이다"(『정씨유서』권25, 20조, 318쪽)고 한다.

365) 퇴계의 "성현은 二者를 分別言之했음"(상17)에 대한 답변이다. 문제는 '리·기의 二者'가 언지인가? 리와 기가 '설명(言之)'일 수는 없다. 고봉의 경우 "칠사에 대한 리·기로의 언지"이다. 즉 칠사를 성, 정, 리, 기 등으로 "別而言之"함이다. 반면 퇴계와 같이 "從古로부터 성현은 리·기 二者를 別而言之했다"고 하면 이는 성현이 퇴계 자신이 되고 만다. 주희는 태극에 대해 "合而言之는 統體 一太極이고, 別而言之는 各具 一太極이다"(「태극도설해」, 74쪽)고 하여 태극도 합·별로 논한다. 또 "心性은 一理이나 合而言處도 있고 析而言處도 있으니, 마땅히 析·合의 所以를 알아야 한다. 성을 심이라 하면 불가하고 심을 성이라 해도 불가하다"(『어류』권18, 僩82, 621쪽)고 한다.

366) 옛 성현은 성정·리기의 合·別로 칠사를 논설했지만, 단 이 의미만 있지 않다. 윗줄 "그 말뿐이 아닌 '뜻 또한 각기 소주가 있다"(상78·79·82) 함이다. 이 '所主'라는 말을 3차례 강조해 결론한 것이다. 자사의 소주는 "천명의 중화"이고, 맹자의 소주는 "확충·성선"이다.

367) 퇴계는 "從古로부터 성현은 [리기] 二者를 合과 分別言之했다"(상17)고 한다. 그러나 사맹은 리기를 논급하지 않았다. 리기를 합·별한 것은 퇴계 자신이다. 사맹은 칠사로 "언·론"했고, 정주는 이를 리기로 해석했다. 사맹·정주의 성현은 성정을 리기로 合·別해 논했고, 그 논도 각각 소주가 있다. 이는 너무 당연해서 의미가 없다. 그런데 퇴계의 경우 '무엇'이 없다. 리기의 "합"은 情이며 物일 뿐, 리·기가 아니다. 퇴계의 리기 합별은 "古之 성현"의 언지와 다른 자신의 합별이다. 學者는 성현의 합별의 설을 정밀히 살펴서 그 자득으로 자신의 주장을 펴야 한다. 윗줄 "살피지 않을 수 없다"(상77)에 대한 결론이다. 퇴계는 자신의 리기 합·별에 사맹 칠사를 종속시킨 것이다.

368) 퇴계는 천명지성과 성선지성은 "리의 원두 본연처를 가리켜 언지"한 "순선무악"이라 하고,(상18) 정·장의 기질지성은 "본연지성과 혼칭할 수 없다"(상20)고 한다. 이는 너무 평범하고 당연해서 여기에 "다시 제안할 말"은 없다. 하지만 이른바 천명지성, 성선지성, 본연지성, 기질지성 등의 본의는 그렇지 않다. 각각의 성설은 소지·소주가 있다. 퇴계의 문제는 각 성설의 종지를 고찰하지 않고 새롭게 리기에 나아가 그 리·기로 논함에서 발생한다.

면 서로 발명해 낼 수도 있을 것입니다.(각 성설의 본의는 밝혀야 함)[369]

(84)朱子曰, "未有此氣, 已有此性. 氣有不存, 而性却常在. 雖其方在氣中, 然氣自是氣, 性自是性, 亦不相夾雜."[夾雜협잡; 혼잡함. 뒤섞임.]

주자는 말하기를 "기가 있지 않아도 이미 성은 있다. 기가 존재하지 않음이 있더라도 성은 오히려 항상 존재한다. 비록 기 속에 존재한다 해도, 그러나 기는 스스로 기이고 성은 스스로 성이며, 서로 섞이지 않는다"(주희의 이 설은 겸·잡·합기의 성은 없다 함인데, 반대로 퇴계는 성을 '합기' 혹은 "독기"라 함)[370]고 합니다.[371]

(85)又曰, "天命之性, 非氣質, 則無所寓. 然人之氣稟, 有淸濁偏正之殊, 故天命之正, 亦有淺深厚薄之異, 要亦不可不謂之性."[寓우; 깃들다. 성은 기에 깃들어야 함. 氣稟기품; 기질에 품수된 성. 淸濁偏正청탁편정; 기품의 맑고 탁함, 치우침과 바름의 특수함(殊). 淺深厚薄천심후박; 얕고 깊고 두텁고 얇음의 다름(異).]

또 말하기를 "천명지성도 기질이 아니면 깃들일 바가 없다. 그런데 사람의 기품은 청·탁·편·정의 차이가 있기 때문에 천명의 바름 또한 천·심·후·박의 다름이 있다.(기질지성) 요점은 이 역시 성이라 이르지 않을 수 없다는 점이다"(기질지성도 스스로의 성일 뿐 잡기가 아니라는 것)[372]고 합니다.

---

369) 퇴계의 "리의 원두 본연처", "본연지성과 혼칭할 수 없음" 등에 관해서는 이의를 제기할 생각은 없으나, "나머지 론을 발명하겠다." '발명'은 그 본지를 밝히겠다 함이다. 그것은 퇴계가 여러 성설을 단순히 리기로만 논했기 때문이다. 뒤 "緖言과 餘論일 뿐 발명에 未備하다"(하106)고 한도 '그 본지가 있다' 함이다.

370) 『어류』권4, 무명46, 196쪽. 『문집』권46, 「答劉叔文」2, 2147쪽. 뒷줄은 "기의 精粗를 논하지 않아도 이 리는 있지 않음이 없다. 기의 精을 성, 성의 粗를 기로 삼아서도 안 된다. 어찌 리에 스스로 기도 있다 하거나 또 기와 합한 리가 있겠는가?"이다. 반면 퇴계는 "기 없는 리는 없다. 리는 기가 있다"(상29·242·245) 하고 또 "공맹의 기질지성은 독기"(상35)라 하는데 이는 주희의 설과 정 반대다.

371) 성이 기에 있어도 성은 자존자이며, 기와 섞이지 않는다. 퇴계는 "리기 賦與之中에서 이 리의 원두 본연처를 가리켰다"(상18)고 한다. '리기 부여지중'의 리라면 이미 리라고 할 수 없다. 혼재의 리는 없다. 위 「답유숙문」에 의하면 "리기 합으로 '형상을 이룬다. 그러나 리는 기가 있다 할 수 없고, 또 합리기의 리는 없다"(2147쪽)고 한다. 퇴계는 "리기 不離인 겸기는 성의 본연이 아니다"(상19)고 하는데, 고봉은 '리기 불리'를 기질지성이라 한다. 기질지성도 성인데, 단 기에 자존한 성을 가리킨다. 주희의 "不可離"(상86)는 본연·기질지성은 二性이 아니라 함이다. 성은 기에 의착해야 하지만, 그러나 기에 의착하기 위해서는 이미 성 스스로 자존해야 한다. 주희는 "맹자 성선은 已生之後에서 가리켰지만, 그러나 已生이라 해도 그 本體는 애초 不相雜이다"(『문집』권61, 「答嚴時亨」1·2, 2961·5쪽. 『어류』권74, 銖125, 2525쪽)고 한다.

372) 『어류』권4, 道夫48, 196쪽. '깃들이다(寓)'는 "無所附着"(상142)의 '부착'과 같고, '掛搭', '依附'의 뜻과 같다. 이곳은 "問, 氣質之性"에 대한 답변이다. 천명지성 역시 기질에 의착해야 한다. 천명의 正도 천·심·후·박이 있는데 이를 기질지성이라 한다. 기질지성도 천명지성과 하나로 같은 自性이다. 반면 퇴계는 "겸기라면 성의 본연이 아니다", "잡기로 성을 말하면 성의 본선을 볼 수 없다"고 한다.(상19) 잡기는 본연지성이 아니라는 것이다. 이 말은 당연하다. 잡기·합기는 성이 아니다. 그러나 성은 기에 의착해야 하고, 이 의착의 측면을 가리킨 성이 곧 기질지성의 설이다. 이 설은 잡기가 아니다. 기질지성도 자존의 성이며, 다만 천명지성과 그 가리킴이 다를 뿐이다.

(86) 又曰, "天命之謂性, 是極本窮源(퇴계집 原)之性." 又曰, "孟子是剔出而言性之本, 伊川是兼氣質而言, 要之不可離也." 又曰, "氣質之說, 起於程·張(『어류』張程)." [極本窮原之性극본궁원지성; 근본적 본원의 성. 극본으로서의 본원을 기질에서 궁리한 성.(이천 원문은 窮源) 剔出척출; 뽑아내다. 要之요지; 중요한 점은. 不可離불가리; 두 성설은 분리되지 않음. 맹자 성선지성과 이천 기질지성은 二性이 아님.]

또 말하기를 "天命之謂性은 극본 궁원의 성이다."(천명지성은 극본지성이며 맹자 성선지성과 동일함)373) 또 말하기를 "맹자는 척출해서 성의 본원(성선지성)으로 말했고, 이천은 겸기질(기질지성)로 말했는데, [둘의 소지는 다르나,] 요점은 두 성을 분리해서는 안 된다는 점이다.(성선지성과 기질지성은 하나의 일성임)"374) 또 말하기를 "기질(지질지성)의 설은 정자와 장재에서 나왔다"375)고 합니다.(기질지성이 성선설보다 완전하고 정밀한데, 퇴계는 반대로 '독기'라 함)

(87) 觀此數段, 則所謂天地之性與氣質之性者, 尤覺明白, 而思·孟·程·張所言之異同, 亦可見矣.

이상 몇 단락으로 보면 이른바 '천지지성'과 '기질지성'의 설에 대해 더욱 명백히 알

---

373) 『어류』권4, 浩58, 198쪽. 『어류』 본문은 다음과 같다 "질문; 천명지위성은 극본궁원의 성인가, 기질지성인가? 답변; 극본궁원의 성이다. 하늘의 명은 단지 일반일 뿐인데 기질의 부동에 따라 差殊가 있다. 맹자는 人身에서 하늘이 명한 바의 것을 도출해서 사람들에게 가르쳐줌을 분명히 했다. 요점은 本原이 모두 善임을 見得하게 함이다." 또 혹자는 맹자의 "性善", 이천의 "極本·窮原之性", 공자의 "性相近", 이천의 "氣質之性"을 들고, 이어 『중용』의 "天命之謂性"은 극본지성인가, 기질지성인가? 라고 질문했다. 이에 주희는 "성은 일반일 뿐이다. 天이 命한 바가 어찌 異가 있겠는가? 기질이 부동해서 不相似處가 있기 때문에 공자는 '相近'이라 했다. 맹자는 성을 不相似로 여길까 염려했다. 그래서 氣質 內에서 挑出해서 天의 命한 바의 것으로 알려 주고 성을 無不善이라 했는데, 이것이 자사의 이른바 '천명지위성'이다"(浩60, 199쪽)라고 한다. 성설은 공자, 자사, 맹자, 이정 등 많지만 모두 一性이다. 다만 천명지성과 성선지성은 극본·궁원지성이나 기질지성 역시 천명의 성이다. 이천은 "맹자의 善은 極本 窮原의 性이다. 고자의 '生之謂性'은 不然이라 할 수 없다. 다만 저들(고자·맹자)은 生之後의 受命을 성이라 이른 것뿐이다. 故로 不同이다"(『정씨유서』권3, 56조, 63쪽)고 한다. 부동의 뜻은 아래와 같다.

374) 『어류』권4, 道夫48, 196쪽. 이 기록은 "맹자의 성과 이천의 성(기질지성)은 무엇이 다른가?"에 대한 답변이다. 주희는 먼저 "不同"이라 한다. 부동은 그 一性을 논한 목적이 다르다는 뜻이다. 목적은 다르나 모두 一性에 대한 2설이므로 둘은 "불가리"이다. 이어 다음과 같이 말한다. "정자는 '성을 논함에 기를 논하지 않으면 不備이고, 기를 논함에 성을 논하지 않으면 不明이다'고 했다. 나(주희)도 『太極解』에서 '이른바 태극은 음양에서 분리하지 않고 말해야 하나 또한 음양과 섞지 않고 말해야 한다'고 했다." 단 "사리로 고찰하면 정자가 정밀하다(以事理考之, 程子爲密)."(「고자상」6) 맹자는 기를 논하지 않았으니 不明이고, 정자는 기와 함께 논(기질지성)했으니 맹자보다 정밀하다. 천명, 성선, 기질지성은 모두 성설이다. 성을 리, 겸기, 선 혹은 정으로 논할 수 있지만, 요점은 이러한 여러 성론은 모두 "불가리"라는 점이다. 퇴계는 기질지성을 겸기도 아닌 '독기'라 한다.

375) 『어류』권4, 時擧64, 199쪽. 『어류』는 '張·程'이다. 퇴계가 "후세 程·張"(상20)이라 했고, 또 정자가 극본지성과 기질지성의 관계를 명확히 했으므로 정자를 앞에 넣은 듯하다. 이어진 기록은 다음과 같다. "나(주희)는 장·정의 기질지성은 성문에의 공과 후학에게 도움 됨이 매우 크다고 여겼다. …일찍이 이렇게 설한 사람이 없었다. …맹자 성선설은 다만 本原處일 뿐 下面의 기질지성은 설하지 않았다. 때문에 변명하고 해명(分疏)하느라 힘을 낭비했다. 諸子들은 '性惡'과 '善惡混'를 설했는데, 장·정의 설이 早出했다면 이 같은 허다한 설화들은 분쟁할 필요가 없었을 것이다. 때문에 장·정의 설이 세워지자 諸子의 설은 없어져 버렸다."(200쪽) 또 주희는 말한다. "맹자는 일찍이 기질지성을 설하지 않았다. 정자의 성론이 名敎에 공이 있는 이유는 기질지성을 발명했기 때문이다. 기질로 논하면 성의 不同을 말한 것이 모두 얼음처럼 풀린다."(人傑63, 199쪽) "古人은 비록 설하지 않았지만 經典을 고찰해 보면 이러한 뜻이 있다."(『어류』권59, 謨43, 1887쪽) 퇴계는 "정장의 기질지성은 본연지성과 혼청할 수 없다"(상20)고 하지만, 그러나 주희는 기질지성을 완전할 설로 여긴다.

수 있으며,(여러 성설은 모두 一性의 리로서의 불가리이며, 리·기가 아님)376) 그리고 자사,(천명지성) 맹자,(성선지성) 정자와 장재(극본지성, 기질지성)가 설명한 바의 동이 역시 볼 수 있겠습니다.(모든 성설은 반드시 리이나 그 가리킴은 다름. 리·기로 나눌 수 없다는 것. 퇴계는 기질지성을 "기"라 함)377)

(88) 又朱子曰, "天地之所以生物者, 理也, 其生物者, 氣與質也. 人物得是氣質以成形, 而其理之在是者, 則謂之性也." 此就天地及人物上, 分別理與氣, 固不害一物之自爲一物也. [天地천지; 천지 및 우주만물. 生物생물; 만물로 생성되다. 생성된 만물. 天地·人物上천지인물상; 천·지 혹은 인·물로 논할 때.(심으로 논하기 이전) 分別분별; 분하고 별하다.(分은 리·기이고, 別은 名으로서의 별칭임. 때문에 고봉은 '分'으로 고침)]

또 주자는 말하기를 "천지에 있어 만물로 낳을 수 있는(소이) 것은 리이고, 그 만물로 낳은 것은 기와 질이다. 인물은 이 기질을 얻어 형상을 이루니, 그 리가 여기에 존재한 것을 성이라 이른다"378)고 합니다. 이는 천지(우와 주) 및 인물(인과 물) 위에 나아가 리와 기로 '分別'(뒤에서 分으로 바꿈. 리·기는 별칭이 아닌 실체임)379)한 것으로 이때는 진실로 一物이 스스로 一物 됨에 해롭지 않습니다.(리는 독리일 뿐, 합이라는 말은 성립 불가임)380)

(89) 若就性上論, 則所謂氣質之性者, 卽 "此理墮在氣質之中耳, 非別有一性也." 然則論性, 而曰 "本性", 曰 "氣稟"云者, 非如 '就天地及人物上, 分理氣而各自爲一物'也. 乃

---

376) 천명지성과 성선지성을 정주는 "극본·궁원지성"이라 하고 고봉은 이를 천지지성이라 한다. 기질지성은 성이 기질에 있는 측면의 설이다. 고봉은 성설을 천지지성과 기질지성 둘로 요약한 것이다. 천지지성도 기에 있으나, 단 그 극본을 기질에서 窮한 지칭이다. 따라서 극본은 리만 가리킨 것이나, 단 그 리는 상하에 두루 통한다. 때문에 리이다. 자사 천명지성은 미발·이발에 치우침이 없는 성이다. 한편 공자 "相近", 고자 "生之謂性", 정·장 "氣質" 등의 기질지성은 성이 '기질'에 있어야 함의 지칭이다. 여러 성설이 이렇게 다르지만, 단 모두 一性이므로 불가리이다. 반면 퇴계의 "리기 부여지중의 此理의 원두 本然處,"(상18) "본연지성은 기질지성과 混稱할 수 없음"(상20)은 본연지성과 기질지성을 각각 리·기의 分인, 리·기의 異性이라 한다. 때문에 고봉은 선유의 여러 성설을 고찰한 것이다.

377) 자사 "천명지성", 맹자 "성선", 정·장 "극본지성과 기질지성" 등은 모두 一性에 대한 각각의 성설이다. 이 여러 성설은 각자 所指와 異同이 있다. "천명"은 하늘의 명, "성선"은 성의 선, 정자의 "궁원지성"은 기질에서 窮한 극본의 자존의 성, 정장의 "기질지성"은 성이 기질에 의착해야 함의 설이다. 이외 성설도 매우 많다. 모두 성을 어떻게 논하는가의 목적에서 나온 성설이다. 이 의미를 "학자들은 정밀히 살펴야 한다."(상82) 반면 퇴계는 각 성설의 소지를 상고하지 않고 스스로 리·기로 나누어, 리와 기가 성현의 종지라고 한다.

378) 천지 만물은 합리기이다. 주희는 여기서 합리기를 말하고자 함이 아닌, 천지·만물의 구성 요소를 논하고자 함이다. 천지·만물은 리와 기 둘로 이루어져 있다. 인물은 합리기이고, 천지는 리와 기, 사람은 성과 기질로 이루어져 있다. 단, 리·기는 一物이 아닌 二物이다. 그런데 천지·인물을 이루기 위해서는 리와 기가 합해야만 그 온전을 이룬다. 온전이므로 "二物로 분개해서는 안 된다."(상7) 그 중 하나가 빠지면 온전을 이루지 못한다. 역주자는 이곳 "주자왈" 출처를 찾지 못했다.

379) 고봉은 "分別"을 뒤에서 "分"(상89. 하45)으로 고친다. 즉 "천지 上에 就해 리·기를 '分'하면 태극은 리이고 음양은 기이다." '分'은 리·기인 실체이고, '別'은 천지·기질지성, 사·칠의 說·名으로서의 별칭이기 때문이다.

380) 사물에서는 "二物이 혼륜하니 分開해서는 안 된다."(상7) 그런데 천지·인물을 이루는 구성 요소는 리·기 및 성·기질이다. 기질 혹은 성의 偏으로는 천지 및 인물을 이루지 못한다. "리·기는 分으로서의 각자 一物이다."(상89. 하45) 리·기는 각자 二物이며, 리가 합이라는 말은 성립될 수 없다.

以一性, 隨其所在, 而 '分別言之'耳. [性上성상; 一性.(성설로 논하기 전의 性) 墮在타재; 리가 기질 속에 떨어져 존재함.(반드시 그래야 함) 本性본성; 본연지성. 천지지성.(타재한 성에서 그 극본·궁원만 척출한 성) 氣稟기품; 기질지성. 기질에 품수(稟受)된 성. 所在소재; 성이 존재해 있는 장소.(성을 어느 지점에서 설명하는가의 뜻)]

그런데 性上(一性)에 나아가 논하자면, 이른바 기질지성은 "이 리가 기질 속에 타재함에 있을 뿐 또 다른 一性이 별도로 있지 않습니다."(혼연 전체의 성을 기질 속에서 논한 '성설'임. 주희)381) 따라서 성(一性)을 논하면서 성현이 "본성",(본연지성) "기품"(퇴계는 '氣'를 기질지성으로 여김)382)으로 운운한 것은 "천지 및 인물 위에 나아가 리·기로 나눈(分) 각자 一物이 됨"(윗줄)과 같지 않습니다.(리·기는 分, 성설은 모두 理로서의 언지임)383) 본성·기품은 一性에 대해 성현이 그 소재에 따라 '분별로 설명(分別言之)'했을 뿐이기 때문입니다.384)

(90) 至若論其情, 則緣本性墮在氣質然後, 發而爲情, 故謂之 '兼理氣有善惡.' 而其發見之際 自有 '發於理者, 亦有 '發於氣'者, 雖分而言之, 無所不可, 而子細秤停, 則亦似不能無碍.
[至若지약; ~으로 말하면.~에 관해서는.(화제를 바꾸어 제시함) 緣연; ~을 따르다. 인연하다. 관계를 맺다. 本性본성; 본래 그러한 성. 혼연의 一性(說·言之의 본연지성이 아님) 發見발현; 발하여 드러난 것.(발은 리발이고, 현은 리기로 드러난 정) 秤停칭정; 저울이 평형을 유지한 상태. 평의 저울로 사물을 잼. 碍애; 장애됨.]

더구나 그 정(一情)을 논하자면, 본성이 기질 속에 타재함을 관계한 연후에 발하여 정이 됩니다.385) 때문에 '겸리기·유선악'이라 이릅니다.(느낌인 一情이며, 자사 칠정의 言之가 아

---

381) 주희의 설이다. "論氣質之性, 則此全體墮在氣質之中耳, 非別有一性也."(『문집』권61, 「答嚴時亨」1·2, 2960·3쪽. 『어류』권94, 銖64, 3132쪽.) "氣質之性, 只是此性墮在氣質之中, 故遂氣質而自爲一性"(권58, 「答徐子融」3, 2768쪽) 주희는 "此全體墮在", "此性墮在"인데 고봉은 "此理墮在"이다. 성은 리인 一性 하나이다. 그 일성을 본연지성, 기질지성, 천명지성 등으로 別해 說한 것이다. "기질지성"도 一性인 리의 성이다. 다만 그 설이 다를 뿐이다. 기질지성은 "리 온전의 체인 一性이 기질에 있음 측면"에서의 설이다. 따라서 "다른 별도의 一性이 있다"고 해서는 안 된다. 정자는 "성을 논함에 기를 논하지 않으면 不備"(「고자상」6)라 하고 주희도 "성을 설함에는 마땅히 兼氣質로 설해야 方備이며"(『어류』권4, 端蒙43, 195쪽) "공자의 '性相近'은 겸기질"(砥49, 196쪽)이라 한다. 맹자 "성선"의 설이 不備인 이유이다. 기질지성의 설은 "태극 혼연의 全體"(상79)가 그 '기질에 존재함'을 가리킬 뿐이다. 본연지성도 하나의 설이다.

382) 퇴계는 "성은 본성·기품의 異가 있다"고 하면서 이를 "리·기로 分한 것"이라 한다.(상21) 그러나 본성·기품의 異는 기왕 성현의 설이고, 리기는 그 설에 대한 해석이다. 그 설을 리기로 해석함은 당연하다. 반면 퇴계는 리·기로 그 설을 分하는데, 이로써 반대로 '기'가 기질지성의 설이 되고 만 것이다.

383) 윗줄 주희의 "천지 및 인물상에 나아가 리·기를 分하면 리는 리, 기는 기이다"(상88)를 다시 인용한 것이다. "천지 및 인물 上"은 성정론이 아니다. 천지인물은 리기 합으로 이루어졌으므로 따라서 그 하나를 빼면 천지 및 인물을 이룰 수 없다. 리·기는 분이고, 성의 제설은 분이 아닌 언지이다. 따라서 성의 제설(言之)이 실체의 기(氣)일 수는 없다.

384) 성은 리(一性) 하나인데, "본연지성"과 "기질지성"의 제설은 그 일성을 공자, 자사, 맹자가 각자의 목적에 따라 분별로 언지(논설, 설명)한 것뿐이다. 반면 퇴계는 "성현은 본성·기품을 리·기로 分해 언지했다"(상21)고 한다. 퇴계 본의는 리·기는 分이므로, 따라서 성현의 본성·기품의 설도 리·기로 나뉜다고 한다. 이로써 선유의 기왕의 설(언지)이 퇴계에 의해 리·기의 실체(言)로 나뉘고 만 것이다.

385) 위 "性上"의 '一性'이고, 이곳 "情"도 '一情의 느낌이다. 느낌은 많은 說이 있다. 칠정, 사단, 正心 등은 사람 느낌의 實을 어떻게 논하는가에 따른 성현의 제설이다. 성인은 一情을 칠·사로 각각 別해 言之했고, 또 정주는 이 2설을 리기로 해석했다. 느낌은

님)386) 그래서 그 발현의 즈음387)을 스스로 '발어리'도 또 '발어기'(느낌이며, 추만의 설이 아님)도 있다고 논해서 비록 "나누어 설명해도(分而言之)"388) "불가할 바는 없겠으나",(느낌을 리발·기발, 심·성 등등으로 논함은 당연함)389) 그러나 자세히 칭정해 보면 또한 장애됨이 없지 않은 듯합니다.(느낌을 兩發로 나누어 논할 수는 있으나, 그러나 각각 한쪽으로 치우침. 치우치므로 교류·소통이 불가함)390)

(91)況以四端七情, 分屬理氣, 則七情, 非但專指氣而言者, 此處曲折, 殊覺未安爾. [曲折곡절; 그에 얽힌 본의. 자사·주희가 그렇게 논한 사정.]

하물며 [一情도 아닌] 사단 칠정을 각각 리·기로 '분속'하신다면,(추만이 아닌 퇴계가 리·기로 分한 것임)391) 칠정은 단지 "專指氣"(고봉의 우려인데, 퇴계는 이후 실제로 '오로지 기'라고 함)392)라

어떻게 發했는가? "본성이 기질에 타재한 연후 발한 것", 이것이 바로 정이다. 성은 기에 있어야 하며, 기에 있는 성리가 발해서 정이 된다. 고봉의 이곳 "본성"은 성 본연인 리를 강조한 것뿐, 본연지성의 '설'을 말함이 아니다.

386) "정은 심의 感於物이므로 겸리기이고, 선·악은 이 정에서 나뉘므로 유선·유악이다."(하145) 정은 "본성이 기질에 타재한 이후 발한 것"을 이른다. 이곳 "본성"은 본연지성을 말함이 아니다. "본연지성"은 설일 뿐이며, 따라서 설이 직접 발한다 할 수는 없다. "정의 유선악은 固然의 이치이다."(상3) 一情은 유선악인데, 이 유선악의 일정을 자사는 "희노애락"으로 설한 것이다. 따라서 자사의 '설'(언지)을 곧바로 느낌의 '실체'(언)라 할 수는 없다.

387) "發見之際"는 성의 실처와 정으로 發見한 전체로서의 즈음이다. 고봉의 "流行 發見의 즈음은 과불급의 차오가 없을 수 없다",(상8) "리가 氣中에 있고 乘氣로 發見함에, 이 유행의 즈음을 관섭하지 못하면",(상171) 또 "氣의 자연 發見者"(상144)에서의 발현은 모두 성발과 그 드러난 정을 포괄한 전체로서의 즈음이다. 所指는 아니다.

388) 一情을 발어리로 논함은 당연하다. 또 발어기도 가능한데, 심의 感物로 정은 발하기 때문이다. 리·기로 나누어 논해도 상관없다. 또 심으로, 성으로, 겸리기로 논해도 상관없다. 여기까지는 一情이며, 所指가 아니다. 소지는 느낌에 관해 가리켜 논한 '학자'가 있어야 한다. 사맹의 칠·사는 소지이다. 반면 퇴계의 분별은 이와 다르다. 퇴계는 리·기로의 "分別言之",(상17) "본성·기품의 理氣分言之, 정도 '理氣分言之' 할 수 있다"(상21)고 한다. 이는 매우 당연해서 의미가 없다. 그러나 사맹의 칠·사, 사맹정장의 본성·기품의 설은 모두 그 所指와 "所主가 있으므로 학자들은 정밀히 살펴야 한다."(상82) 칠사를 해석하기 위해서는 사맹의 소지에 의거해야 한다.

389) 추만과 퇴계의 "사·칠의 발어리, 발어기는 불가함이 없다."(상69·144) 一情을 발어리 혹은 발어기로 分해 言之해도 불가하지 않다. 맹자는 측은의 기로 성선을 논증했고, 자사도 칠정의 기를 통해 중화를 논했다. 따라서 사람 느낌을 맹자는 발어리, 자사는 발어기로 논했다 해도 전혀 불가하지 않다. 그 반대도 가능하다. 一情에 관해 심, 성, 리, 기 등으로 논하고 설하고 해석함은 지당한 일이다.

390) 一情을 발어리, 발어기로 논함은 가하나 그러나 "칭정하면 장애가 있다." 가능하나, 偏이다. 때문에 고봉은 "先動者를 형기, 外感을 형기라 하면 偏이 되니 다시 칭정해야 한다"(하22)고 한다. 각각 발어리, 발어기라 하면 "칠정은 性出이 아님이 되고 사단도 기를 타지 않게 된다."(상4) 왜냐하면 "기가 아니면 발어리는 불가하고, 발어기라 하면 리의 밖에 기가 있게 되기"(상144) 때문이다. 따라서 고봉은 다음과 같이 논한다. "정의 발은, 혹 理가 動하매 기가 함께하거나, 혹 氣가 感함에 리가 타고 있다."(하61) 칠사가 아닌 느낌의 발을 이렇게 둘로 '分而言之'할 수 있다는 것이다. 만약 리발·기발로 양분하면 감정의 본연 기능인 교류로서의 소통은 불가함이 되고 만다.

391) 「퇴계1서」에서 "分屬"이라는 말을 한 적은 없다. 다만 퇴계는 "사단발어리, 칠정발어기",(상14) "사단시리지발, 칠정시기지발"이라 하면서 "사·칠은 分이니, 리·기로 分이 가능하다"(상21)고 했다. 때문에 고봉은 이곳과 뒤에서 "리·기로 분속하고자 하셨다"(상99)고 비판한 것이다. 그런데 「퇴계2서」에서는 오히려 "주리·주기로 분속한들 무엇이 불가하리오?",(상239) "[리·기의] 所主에 따라 분속했을 뿐이다"(상254)고 하여 실제로 리·기로 분속한 것이다. 문제는 추만 "발어리, 발어기"와 「어류」 "시리지발, 시기지발"은 리기 분속이 아닌 사실 '해석'일 뿐이라는 점이다. 반면 퇴계는 사실 해석이 아닌, 리기에 나아간 주리·주기이다. 그렇지 않고 一情의 느낌을 리발, 기발로 '分而言之함은 불가하지 않다.(상90)

392) 역시 「퇴계1서」에서 칠정을 직접 '專指氣'라 한 적은 없다. 다만 "所指는 氣에 있다. 外感에 先動하는 것은 形氣이니 칠정이 그 묘맥이다",(상24) "外感은 形氣이다"(상25)고 했고, 또 공·맹의 기질지성을 "偏指而獨言氣"(상35)라고 했다. 때문에 고봉은 "專指氣가 아니다"(상60)고 한 것이다. 그런데 「퇴계2서」에서는 실제로 "指氣로 言之할 수 있다", "氣의 爲主이다",(상242) "專指氣이다"

말할 수는 없으니, 이곳의 '곡절'이 특히 미안으로 여겨질 뿐입니다.(천명·중화의 곡절이 어찌 '오로지 기'이겠는가? 「천명도」가 '기도'인가?)393)

(92) 第六節 제6절

按此數段, 極論四端七情之所以然, 正是一篇緊要處. 然太以理氣分開說去. 而所謂 "氣"者, 非復以理與氣雜而言之, 乃專指氣也, 故其說多倚於一偏. 今請先論七情之不 專是氣, 然後乃可逐段理會也. [所以然소이연; 그러할 수 있는 바탕. 그렇게 말한 요인.(사맹은 왜 희노 혹은 사단으로 말했는가? 퇴계는 왜 사·칠을 대거했는가?) 緊要處긴요처; 핵심 된 곳. 중요한 곳. 多다; 과다하게. 불필요하게. 倚於一偏의어일편; 한편으로 기움. 한쪽으로 치우치게 설함.]

이곳의 몇 단락은 사단 칠정에 대한 소이연을 극명하게 논했으니, 바로 이곳야말로 이번 논란의 가장 핵심 된 곳입니다.(제6절이 퇴계의 사칠 리기설의 핵심임)394) 그런데 지나치게 리·기로 분개해서 논설하셨습니다. 선생님께서 해석하신 이른바 "기"395)를 다시 리기로 섞어 설명하지 않으시고 결국 '專指氣'로 여기신 까닭에 그 설(칠정의 설)이 과다하게 '한편으로 치우치게 된 것'입니다.(칠정은 기이지만, 중용 종지가 어찌 기 한쪽이겠는가?)396) 지금부터는 먼저 칠정은 '專是氣'가 아님을 논하고, 연후에 선생님의 각 단락에 맞추어 이해할 수 있도록 청하겠습니다.(고봉은 지금 퇴계 논변을 사칠의 리·기 분속으로 이해하나, 퇴계 본의는 리·기로 사·칠을 分함)397)

(상243)고 한다. 우려가 현실이 되고 만 것이다. 아래에서 고봉은 칠정은 "專指氣·專是氣"(상92)가 아님에 대해 자세히 고찰한다.

393) 위에서 고봉은 "대강은 장애가 없으나 곡절이 미안이다",(상52) "주희의 '是氣之發'은 專指氣가 아니니, 곡절이 없을 수 없다"(상60)고 했다. 추만과 주희의 "발어기"와 "시기지발" 등은 잘못이 없다. '기발로 해석'할 수 있다. 칠정은 기이고, 一情의 칠사는 심의 外感으로 발하기 때문이다. 고봉은 "칠정은 기에 속한다",(하136) "是氣之發도 그러하다",(상134) "氣之發이라 이를 수 있다"(하148)고 한다. 단, 이는 자사의 所指·所主가 아니다. 때문에 "곡절이 있다"고 한 것이다. 더욱 문제는 퇴계의 "專指氣"이다. 만약 칠정을 '오로지 기'라고 한다면 이른바 "중화"는 무엇인가? "더욱 미안"인 이유이다. 퇴계는 추만 「천명도」의 천명·중화·공부 위주의 도형을 '기도'로 만들고 만 것이다.

394) "이번 논란의 가장 핵심 된 곳(一篇緊要處)"이라 함은 『중용, 수장』 "양씨(楊時)의 이른바 일편의 체요(一篇之體要)가 이것이다"와 같다. 양시는 「수장」을 『중용』의 핵심으로 삼았다. 고봉은 아래에서 『중용』 제설을 모두 인용한 뒤 "子思述傳立言"(상98)이라 하는데 이것이 중용 핵심이다. 이는 주희의 "子思述所傳之意以立言"(『장구, 수장』)을 인용한 것이다. 퇴계의 "사단칠정 분리 기변 일편"(상48)의 요체가 바로 '제6절'이다. 퇴계는 이 6절에서 리·기에 사칠을 분속할 수 있는 이유를 직접 밝혔고 때문에 고봉은 "일편의 긴요처"라 한 것이다.

395) "이른바 氣"는 一情이다. 정은 已發이며 기이다. 정의 기를 자사는 칠정으로, 맹자는 사단으로 설했다. 즉 이곳 기는 "리·기의 各自 一物"(상88·89)의 기가 아닌, 칠사설 이전 사람 자연의 實의 느낌이다.

396) 一情은 기이며 칠·사도 기이다. 희노는 자사의 설인데 기 혹은 리로 해석할 수 있다. 칠정을 논변하기 위해서는 자사의 소지에 의거해야 한다. 칠정을 기로 해석한다면 그 기인 이유를 제시해야 한다. 기로 성선을 논증할 수 있다면 그 근거를 밝혀야 한다. 그 "곡절"을 밝히면 一偏에 치우쳐도 가능하다. 맹자 "성선"설도 형이상의 偏이다. 단, 자사는 "성정의 덕을 중·화로 밝히면서 偏이 없게 했고"(상98) "無所偏倚로서의 中이라 했다."(상94·95) "희노·애락"도 偏이 없기 위해서는 겸리기로 言之해야 한다. 반면 퇴계의 "리·기 분속은 一偏에 치우친 것"(상99)이다. 퇴계는 "공·맹의 기질지성은 기를 편지·독언했다",(상35) "칠의 所指는 기이다. 先動者는 形氣이니, 칠정이 그 묘맥이다. 外感은 형기이다"(상24·25)고 한다. 이는 기질지성 및 칠정을 "專指氣"로 여긴 것으로, 偏 문제가 아닌, '잘못'이다.

397) 아래에서 먼저 칠정이 "專指氣" "專是氣"가 아님을 자사의 『중용』과 주희의 『중용장구』, 『중용혹문』 및 연평의 『중용장구소주』로 고찰하고, 이를 이천의 「안자호학론」과 주희의 「악기동정설」과 같은 의미임을 밝히겠다. 그 뒤 퇴계 제6절의 각 조목에 따라

(93)『中庸』曰, "喜怒哀樂之未發, 謂之中, 發而皆中節, 謂之和. 中也者, 天下之大本也, 和也者, 天下之達道也." [中중; 미발의 성을 형용한 것. 성덕. 和화; 발해서 외물과 중절한 정. 정덕. 大本대본; 치우침 없이 올바른 본연의 큰 근본. 達道달도; 달성된 道. 올바름으로 소통되는 道.(일반적 소통이 아닌 옳은 소통을 말함)]

『중용』에서 말하기를 "희노애락 미발을 中이라 이르고 발하여 모두 중절함을 和라 이른다. 中이라는 것은 천하의 대본(치우침 없는 본래 그러한 근본)이고 和라는 것은 천하의 달도(치우침 없는 올바른 도)이다"고 합니다.(자사 종지는 '치우침 없음으로 천지만물은 위육된다' 함임)[398]

(94)『章句』曰, "喜怒哀樂, 情也. 其未發, 則性也, 無所偏倚, 故謂之中. 發皆中節, 情之正也, 無所乖戾, 故謂之和. 大本者, 天命之性, 天下之理, 皆由此出, 道之體也. 達道者, 循性之謂, 天下古今之所共由, 道之用也. 此言性情之德, 以明道不可離之意." [偏倚편의; 치우침과 기댐.(미발의 中德이 그렇다는 것) 乖戾괴려; 어긋남과 괴벽함.(화인 情德이 그렇다는 것) 循순; 준수하다. 성 그대로 따름.(率性의 率과 같음) 由此出유차출; 여기(나의 中德)로부터 말미암아 나옴. 所共由소공유; 공통으로 말미암는 바.(천하고금은 화인 정덕으로 창조적 化育을 이룸)]

『중용장구』에서 말하기를 "희노애락은 정이다. 그 미발은 성이며, 치우침과 기댄 바가 없기 때문에 중(덕)이라 이른다. 발해서 모두 중절한 것은 정의 바름이며, 어긋남과 괴벽한 바가 없기 때문에 화(덕)라 이른다. 대본(중)이라는 것은 천명의 성이며, 천하의 리는 모두 여기(중덕)로 말미암아 나오니 도의 체이다.[399] 달도(화)라는 것은 循性(率性)을 이르며, 천하 고금(세상의 모든 일)이 공통(화덕)으로 말미암은 바이니 도의 용이다. 자사는 이렇게 성·정의 '덕'을 말하여 도(도의 체용)는 떨어질 수 없다는 뜻을 밝히신 것이다"라고 합

논평하겠다. 문제는, 지금 고봉은 퇴계가 "사칠을 리·기에 분속한 것"으로 이해하지만, 그러나 퇴계는 리·기 소종래(본원)에 나아가서 사·칠로 分한 것이다. 고봉은 지금 이 문제를 상상하지 못한다.

398) 『중용, 수장』. 주희는 "자사가 道學이 그 전함을 잃을까 걱정하여"("장구서") 지은 "공문의 전수한 심법"("수장")이라고 한다. 심은 어묵동정의 틈이 없는 체용 전체이며, 성정을 포괄·주재한다. 심이 외물에 未感했을 즈음이 "미발"이다. 심은 外感하면 성이 발하여 "희노애락"의 정이 된다. 다만 "희노애락"이라 한 것은 "存養(미발)·省察(이발)의 요령"("수장")을 말하고자 함이다. 즉 "미발은 존양이 요구되고 이발도 審察이 요구된다. 時에 따라 존양하고, 事에 따라 성찰해야 한다."(『어류』권62, 人傑 128, 2041쪽. 『중용혹문』상18, 563쪽) "수장"의 戒愼, 恐懼, 愼其獨"은 미발 공부를 강조한 것으로, 희노애락 이발보다는 미발 공부를 중시한 것이다. 공부로 "중"(성덕)과 "화"(정덕)를 이루면 "천지 만물은 위육된다." 다시 말해 중, 희노애락, 화, 대본, 달도 등은 모두 치우침 없음으로 말씀했고, 이러한 치우침 없음이어야만 곧 천지만물은 창조적으로 "化育"된다는 것이다.

399) 대본은 천명지성인 中德이며, 이 천명지성은 희노를 통해 出한다. 중은 '성의 상황(狀況)'이며 덕이다. 그런데 만약 道가 '中에서 나온다'고 한다면 "이는 마치 '方圓'이라는 상황"에서 道가 나옴"이 되고 만다.(『정씨문집』권9, 「與呂大臨論中書」, 606쪽. 주희가 「이발미발설」에서 인용함) 따라서 희노는 중이 아닌 중덕인 '천명지성'의 出이며, 결국 중절의 화덕 역시 천명지성이 드러난 천하의 리인 것이다. 반면 퇴계는 희노를 "발어기"의 "기발"이라 한다.

니다.(모두 공부를 논했는데, 퇴계는 발처를 직접 기발로 독단함)[400]

(95)『或問』曰, "盖天命之性, 萬理具焉, 喜怒哀樂 各有攸當. 方其未發, 渾然在中, 無所偏倚, 故謂之中. 及其發, 而皆得其當, 無所乖戾, 故謂之和. 謂之中者, 所以狀性之德, 道之體也, 以其天地萬物之理, 無所不該, 故曰天下之大本. 謂之和者, 所以著情之正, 道之用也, 以其古今人物之所共由, 故曰天下之達道. 盖天命之性, 純粹至善, 而具於人心者, 其體用之全. 本皆如此, 不以聖愚而有加損也." [攸當유당; 그에 합당한 정. 方其방기; 바야흐로 그곳.(성이 정으로 발하기 전 중의 상황으로 있음을 가리킴) 渾然혼연; 성이 안정을 이룬 모양.(천명지성의 완전함. 성의 온통 온전한 모양) 在中재중; 성이 중의 상황으로 존재함.(미발시 '성의 體段이 중덕의 상황으로 있음) 及其급기; 급기야 그 발함에 다다름.(성이 정으로 발한 것) 得其當득기당; 그 합당함을 얻은 정. 화덕. 狀性상성; 성의 상황. 성을 표상함.(미발의 중은 狀性, 이발의 중은 形道임) 無所不該무소불해; 완비되지 아니함이 없음. 두루 갖추지 않음이 없음. 著저; 드러내다. 나타내다. 所共由소공유; 공통으로 말미암은 바. 모두 和德으로 말미암음. 體用之全체용지전; 체용의 전체.(천명지성은 미발·이발, 도의 체용을 모두 갖춤)]

『중용혹문』에서 말하기를 "천명지성은 만리를 갖추었고, 희노애락은 각기 마땅한 바가 있다. 그 미발에 [성은] 혼연히 중(덕)으로 존재하니, [이때] 치우치고 기댄 바가 없기 때문에 중이라 이른다. 급기야 발해서 모두 그 마땅함을 얻으니, [이때] 어긋남과 괴벽한 바가 없기 때문에 화(덕)라 이른다. 中은 성의 상황(狀)[401]인 덕이며, 도의 체이다. 천지 만물의 리를 다하지 않음이 없기 때문에 천하의 대본이라 한 것이다. 화(화덕)는 정의 바름을 드러낸(著) 바이니,[402] 도의 용이다. 고금 인물이 공통으로 말미암기 때문에 천하의 달도라 한 것이다. 천명지성은 순수지선으로, 사람 마음에 갖춘 것은 그 체용(성의 체용) 전체이다. 본래 모두 이와 같으며 성인과 우인에 가손[403]이 있

---

400) 주희의 『중용장구, 수장』. 주희는 자사의 "미발의 중" "발개중절의 화" "대본" "달도"의 뜻에 대해 각각 설명하고, 이렇게 자사가 '성·정의 덕'을 말씀한 것이라고 한다. 성정의 덕을 말했을 뿐 직접 성·정의 實을 말함이 아니다. 자사는 덕인 중화를 말했고, 중·화를 이룬 道는 "物·時"(「수장」)에도 不可離임을 밝힌 것이다. 자사는 희노라는 미발·이발 전후 즈음의 공부를 통해 성정의 덕을 밝히고자 함이지 그것이 "어디(何從)에서 발하는가?"(상22)를 말하고자 함이 아니다. 반면, 퇴계는 "칠정의 발로 선 동하는 것"(상24)이라 하여 그 발처를 직접 '기발'이라 독단한다. 이는 자사가 사람의 자연 감정을 공부로 논한 것과 정 반대다.

401) 주희는 '이발미발설'에서 정자를 인용해 "中"을 둘로 나누어 해설한다.(『문집』권67, 3266쪽) 하나는 道, 하나는 性이다. "중은 즉 道다. 도는 들어맞지 않음이 없으니, 故로 중은 形道로 삼을 수 있다." 이는 '이발'의 중을 '形道(도의 형용)'라 함이다. 또 "中이라 함은 性狀의 體段이다." 이는 '미발'의 중을 '性狀(성의 상황)'이라 함이다.

402) "所以著情之正"의 著는 "和者, 所以語情之正而顯道之用(화를 통해 정의 바름을 말할 수 있고 도의 용을 드러낼 수 있다)"(『문집』권42, 「答胡廣仲」5, 1903쪽)고 함의 語·顯과 같은 뜻이다. 주희는 희노의 "中節"의 화를 '情之正'과 '道之用'으로 삼는다. 단 "중화를 [성의] 체용"으로 삼을 수는 없는데 왜냐하면 이는 마치 "方圓(상황)"을 천지로 삼는 것"과 같기 때문이다.(위 뒷줄) '중'은 성의 '상황'이며 '화'도 도와 성의 '형용'일 뿐 모두 實이 아니다. 즉 중화는 德의 狀·形일 뿐 성정의 實이 아니다. 칠정도 마찬가지로 說일 뿐 實情(상128)이 아니다.

403) 주희는 "천명지성은 성인·우인에 가손이 없다"고 한다. "미발의 前에도 聖과 愚가 同하며, …급기야 발해서도 衆人의 自然 中節處 역시 성인과 無異이다."(『문집』권57, 「答陳安卿」3, 2735쪽) 만약 다르다면 "고금 인물은 천하의 달도로 말미암을"(윗줄) 수 없고, 결국 인물은 소통이 불가능하게 된다. 다시 말해 나의 감정은 만물과 소통할 수 없고 또 나만의 고립된 정이 되고 만

- 102 -

지 않다"고 합니다.404)

(96) 「章句輯註」中, "延平李氏曰, 方其未發, 是所謂中也性也. 及其發, 而中節也, 則謂之
和. 其不中節也, 則有不和矣. 和不和之異, 皆旣發焉而後見之, 是情也, 非性也. 孟子
故 '曰性善', 又 '曰情可以爲善', 其說, 盖出於子思." [旣發기발; 기왕 발현한 정. 정으로 발
현된 것.(已發의 정은 겸리기, 旣發의 정은 유선악)]

「중용장구, 소주」405)에서 "연평이씨406)는 말하기를 그 미발은 이른바 中이며 性이다.
급기야 발하여 중절하면 화라 이른다. 중절하지 못하면 곧 不和가 있게 된다. 화와 불화
의 다름은 모두 기왕 발하고 난 이후 보이니, 이는 情이며 성은 아니다. 그러므로 맹자
는 '曰, 性善'이라 하면서 또 말하기를 '曰, 情으로 선을 삼을 수 있다'고 했다.407) 그 설
(성선설)은 자사(『중용』의 '희노애락')에서 나왔다"고 합니다.(맹자는 『중용』에서 도통을 얻음)408)

다. 이로써 만물과 소통하는 감정의 의미는 실종되고 만다. 반면 퇴계는 "칠정의 발은 기이며, 리 본체가 될 수 없다"(상24~25)
고 한다.

404) 『중용혹문』상14, "희노애락" 조항.(558쪽) 희노애락은 "각기 마땅한 바가 있다." 그 미발의 중을 "渾然在中"이라 하고, 발하여
"그 마땅함을 얻은 것"을 화라 한다. 이것이 도의 체용이다. 이는 "모두 人心에 갖춘 체용의 전체이며, 聖愚에 가손이 없다." 인
용구의 앞뒤 생략된 글은 다음과 같다. "그 시작의 發端과 끝의 至極은 모두 吾心에서 不外한다."(인용구 앞글) "그러나 靜(中)
에서는 보존됨을 알아야 하고, 動(發)에서도 절제함을 알아야 한다. 오직 군자만이 戒愼·恐懼한다." "이곳은 萬化의 本原, 一心
의 妙用, 聖神의 能事, 學問의 極功이다."(인용구 뒷글) 『중용장구, 수장』에서도 "처음에는 道의 本原이 하늘에서 나와 바뀔 수
없음과 그 實體는 자기와 不可離라는 것, 다음으로 존양·성찰의 요령을 말했고, 마지막으로 聖神·功化의 極을 말했다"라고 한
다. 즉 자사 희노애락의 "중화"에 대해 주희가 "도의 체용이며 모두 심"이라 한 것은 심으로 계신·공구하고 존양·성찰해서
"道에서 須臾라도 離하게 해서는 不可하다"("수장")는 '공부'를 논한 것이다.

405) 『장구輯註』는 『중용장구대전』 주희 集註아래 붙인 小註이다. 輯註는 明代 호광 등이 편찬(1415년)했고, 우리나라에는 세종 8년
(1426)에 들어왔다. 이 희노애락 조항 소주는 맨 앞에 주희의 스승인 연평이씨의 설을, 다음은 주희 설을, 차례로 北溪陳氏, 潛
室陳氏, 蒙齋袁氏, 雙峯饒氏와 끝으로 원대의 雲峯胡氏의 설을 실었다. 그런데 고봉은 "四書五經의 小註는 현저하게 잘못된 곳이
있습니다. 세종대왕께서도 만년에는 소주를 보지 않으셨습니다"(『논사록』상, 1569년 4월 29일 朝講, 404쪽)고 한다. 다만 고봉
은 이동의 설을 존중한 것이다.

406) 李侗(1093~1163) 연평선생이라 칭했다. 정자의 3전 제자로, 주희는 25~6세에 찾아가서 배웠다. 이동은 특히 『중용』을 중시
했는데, 주희는 「연평선생행장」에서 이동의 말을 인용하여 "이른바 '喜怒哀樂未發之中'은 『중용』 일편의 指要이니 반드시 몸에
체득하여 이 리를 실현해야 한다"(『연평답문』)고 하여 未發之中의 체인을 중시했다고 한다.(『문집』권97, 4519쪽) 또 주희는 "이
선생은 가르칠 때 靜中에서 대본을 체인토록 했는데, 未發時의 기상이 분명하면 事에 처하고 物에 응함이 자연스럽게 중절한다.
이것이 구산(양시)문하의 상전되는 요지이다(李先生教人, 大抵令於靜中體認大本, 未發時氣象分明, 卽處事應物, 自然中節. 此乃龜
山門下相傳指訣)"고 한다.(『문집』권40, 「答何叔京」2, 1802쪽) 이동의 종지는 『중용』 "희노애락"과 "應物" 및 특히 "미발" 공부
라 한다.

407) 『맹자, 고자상』6 "今日 '性善'이라 하시니 그렇다면 저들의 성설은 모두 그르다는 말씀입니까? 孟子曰; 나는 '그 정으로 선을 삼
을 수 있다(其情則可以爲善)'고 함이니, 이것이 내가 말한 선이다"를 말한다. 맹자는 "曰, 성선"을 곧 "曰, 그 정"으로 논증했다.
즉 정을 통해 성선의 존재를 논증한 것이다.

408) 『중용장구대전』, 『경서』, 774~5쪽. 이동은 '방기'의 미발과 '급기'의 이발로 성·정을 나누었다. '방기·급기'는 위 『중용혹문』
과 동일하다. 방기의 미발은 정이 아닌 중이며 성이다. 급기야 已發하여 旣發이 되면 화·불화가 있게 된다. 이동은 맹자는 "情
可以爲善"의 정으로 "성선"을 논증했음을 고찰했고, 또 성선설은 자사 "중화"설에서 나왔음을 고증한 것이다. 왜냐하면 자사는
중과 화를 둘이 아닌 하나의 "불가리"라 했고, 불가리인 정으로 맹자는 성선을 논했기 때문이다. 그러므로 주희는 다음과 같이
주석한다. "정은 性動이다. 사람의 정은 본래 善으로 삼을 수 있을 뿐이니 이로써 성의 本善을 알 수 있다."(「고자상」) "맹자는
성을 직접 성으로 설하지 않았다. 단지 '乃若其情, 則可以爲善'이라 했을 뿐이니, 情善을 통해 성선을 알 수 있다고 했다."(『어
류』권53, 賀孫47, 1765쪽) "질문: 맹자의 言性은 已發處의 言之입니까? 답변; 미발은 性이고, 이발은 善이다."(권55, 可學5,
1790쪽) "정은 성의 반대라 할 수 없다. 성의 發處일 뿐이다."(권59, 可學29, 1881쪽) "形이 없으면 성선도 부여할 바가 없다.

(97)愚謂. 七情之說, 若於此看得破, 則所謂七情者, 果非專指氣也決矣. 而況伊川「顏子好學論」, 朱子「樂記動靜說」, 與『中庸』之旨, 亦無不脗合者. [看得破간득파; 간파하다. 간파한 정도. 脗合문합; 부합하다. 꼭 들어맞다.]

저는 말하겠습니다. 칠정의 설을 이와 같이 간파한다면 이른바 칠정이라는 것은 과연 '專指氣가 아님'이 확실합니다.[409] 그리고 이천의 「안자호학론」[410]과 주자의 「악기동절설」[411] 역시 『중용』의 종지와 부합하지 않음이 없습니다.(중용 제설은 대부분 미발의 대본·신독 공부를 주로 하며, 맹자 성선설도 여기서 나옴. 따라서 오로지 현상의 기만 논함이 아님이 분명함)[412]

(98)夫以 "子思述傳立言", 以明 "性情之德", 其言豈有所偏? 而伊川·延平·晦庵(퇴계집 菴)諸先生之論, 亦皆如此, 則後學, 豈容別生異義耶? 然則七情, 豈非兼理氣·有善惡, 而四端者, 豈非七情中, 理也善也哉? [述傳술전; 전수된 공자의 말을 자사가 기술함.(『중용, 수장』을 가리킴) 立言입언; 후세에 모범을 세운 말씀. 異義이의; 다른 올바름. 새로운 진리.(이천, 연평, 주희의 설과 다른 새로운 옳음)]

"자사는 [공자로부터] 전수된 바를 기술하고 立言하여"(『중용, 수장』)[413] 이로써 "[중·화

때문에 성을 말함은 모두 氣質에 因해서 말한다."(『문집』권61, 「答林德久」6, 2945쪽) "맹씨는 이 書(중용)를 推明하여 先聖의 [道統을 이었다.(「중용장구서」) 한편 주희는 "주렴계의 이른바 '中'은 時中으로 言한 것"이라 하며, 때문에 이동의 "中은 未發이다"를 더 신뢰한 것이다.

409) 고봉은 위에서 "먼저 칠정이 專指氣가 아님을 논하겠다"(상92)고 했다. 이에 대한 논변이다. 즉 위 『중용』, 『중용장구』, 『중용혹문』, 「연평설」에서의 칠정은 모두 專氣만 指하지 않음이 명백하다.

410) 정이천의 「顏子所好何學論」(안자가 좋아한 바는 어떤 배움이었는가를 논함)이다. 이천은 이 「호학론」에서 "희노애락애오욕"의 칠정을 말했다. 퇴계는 제6절에서 「호학론」을 변용해서 칠정의 발은 "外物이 그 形에 觸되면 中에서 動하고 境에 緣해서 出한다"(상22)고 했다. 이에 고봉은 칠정은 "性之欲者의 出"(상103)이라 한다. 단 「호학론」에서 "정이 기왕 불길로 드세면 더욱 탕진되니(상159) 이 정을 심으로 제약해서 中에 합치되게 해야 한다"했으니, 그렇다면 "七情是氣之發도 가하다"(하134)고 한다.

411) 「악기」는 『중용』과 같은 『예기』 중의 한 편이다. 주희는 「악기동절설」을 지었다.(『문집』권67, 3263쪽) 주희는 "「호학론」은 「악기」의 설과 指意가 다르지 않다",(상159) "「호학론」 중에 이를 논함이 매우 자세하다"(『문집』권42, 「答胡廣仲」5, 1901쪽)고 한다. "단 『중용』과 「악기」의 설은 疏密의 차이가 있다. 중용은 철두철미 謹獨공부이고, 악기는 도리어 好惡 無節處에 대해 말했다."(『문집』권43, 「答林擇之」20, 1979쪽) 「호학론」의 "드세고 탕진되니 중에 합치되게 해야 한다"고 함이 바로 「악기」의 '無節處'와 같다는 것이다.

412) 「악기」 "人生의 靜함은 天의 性이고, 외물에 感하여 動한은 性의 欲이다"와 「호학론」 "형기가 기왕 生함에, 외물이 그 형기에 접촉하면 中에서 動하고, 그 中이 動하여 칠정이 나온다"(상103·159)고 함은 곧 『중용』의 "未發은 中이고, 發하여 모두 中節한 것을 和라 이른다"는 종지와 부합한다는 것이다. 주희는 "「호학론」은 「악기」의 설과 指意가 다르지 않다", "「악기」·「호학론」의 '動'자와 『중용』의 '發'자는 다름이 없다"고 한다.(상159) 칠정은 리발이며 또 반드시 리가 있다. 단 그 宗旨·所指·所主는 서로 다르다. 정은 一情 하나인데, 이를 성선으로 논증하고,(맹자) 중화로 논하고,(자사) 혹은 우려하고,(이천) 혹은 리·기로 논(주희)할 수 있다. 따라서 칠정은 오로지 드러난 현상의 기만 논함이 아님은 분명하다.

413) 주희가 「중용, 수장」에 관해 논한 "右는 제1장이다. 자사는 그 전수한 바의 뜻을 기술하여 이렇게 입언했다(右第一章. 子思述所傳之意, 以立言)"(『장구집주』)를 인용했다. 즉 「수장」은 자사가 공자에게 전수받은 바를 기술해 스스로 입언했다. 『중용』 총 33장 중 "2장부터 11장까지는 자사가 夫子의 말씀을 '인용'하여 이로써 이 수장의 義를 끝맺었다."(위와 같은 곳) 주희는 "맹씨는 이 書(중용)를 推明하여 先聖의 [道統을 이었다"고 하여 "도통"을 공자, 자사, 맹자로 말한다.(「중용장구서」) 이동의 "맹자는 자사에서 나왔다"(상96) 함이 이것이다.

로] 성정의 덕"414)을 밝히셨으니 그 말씀에 어찌 치우친 바가 있다고 하겠습니까?(중은 편의가 없고 화는 괴려가 없음. 공자 기질지성도 치우침 없음으로 설함)415) 그리고 이천(「호학론」), 연평(맹자는 자사에서 나왔다는 설), 회암(『중용장구』·『혹문』·「악기동정설」) 등 여러 선생들의 차례로 전한 논술 역시 모두 이와 같거늘, 후학(퇴계는 주희의 후학임을 자처했음)들이 어찌 별도의 '다른 올바름(異義)'(칠정이 독기·주기라는 새로운 義을 내겠습니까?416) 그렇다면(여러 선생들의 차례로 전한 논술이 이러한데도) 칠정이 어찌 겸리기·유선악이 아니겠으며, 사단이라는 것이 어찌 칠정 가운데의 리이며 선이 아니라 하겠습니까?(단 所指·所主의 목적은 각자 전혀 다름)417)

(99)如是, 而欲以四端七情分屬理氣, 而不相管, 亦可謂倚於一偏矣. [不相管불상관; 서로 관계되지 않음. 서로 상관이 없음.]

이와 같은데도 사단 칠정을 리·기에 분속시키고자 하신다면 [심 공부에서 성·기는] '서로 상관이 없게(不相管)' 되며,(性氣가 可離되면 심 공부에서 불상관이 되고 만다는 것)418) 또 [사단의 공부까지도] '한쪽으로 기댔다'고 하겠습니다.(문제는, 퇴계 본의는 '사칠의 리·기 분속'이 아

---

414) 자사가 공자를 '기술하고 스스로 '입언'한 장은 『중용, 수장』이다. 2장부터 11장까지는 공자의 말씀을 자사가 인용해서 논한 장이다. 주희는 『중용, 수장』 "희노애락" 조항은 "성정의 덕"을 말했다고 한다. 즉 "희노애락 조항은 성·정의 덕을 말했다",(상94) "자사는 성·정의 덕을 중·화로 설명했다"(상80)는 것이다.

415) 자사는 "희노애락"으로 성정의 덕을 밝히면서 그 성·정을 치우침 없음으로 설했다. "미발의 중"은 성덕이고, "중절의 화"는 정덕이다. "무소편의하니 중이고, 무소괴려하니 화이다."(『장구』. 상94) 이렇게 편의·괴려가 없는 성정의 덕을 밝힐 수 있었던 것은 그 희노애락을 因해서이다. 이발·화인 도의 用을 통해 "미발의 중"을 논했고, 미발·중인 도의 體를 통해 "중절의 화"가 도의 용임을 알 수 있다. 결국 도의 체용은 희노애락을 因한 것이다. 희노애락의 치우침으로 성정의 덕을 밝힐 수 없고, 희노애락의 독기로 도의 체용을 밝힐 수 없음도 자명하다. 공자의 이른바 "性相近"(상133)의 기질지성도 치우침 없음으로 설한 것이다.

416) 자사의 희노애락은 리가 있고, 이로써 성·정의 덕을 밝힌 것이니, 자사는 결코 희노애락을 치우침으로 설하지 않았다. 이천의 "中에서 動함", "그 中이 動함"은 곧 "性之欲者의 出"을 말한다.(상103) 이동의 "맹자 성선설은 자사의 희노애락의 설에서 나왔다"(상96)고 함은 칠정의 리가 바로 "성선"과 同이라 함이다. 주희의 『중용장구』, 『중용혹문』, 「악기동정설」 등도 중화 및 도의 체용을 정인 희노애락을 통해 논한 것이다. 그런데 정·주의 후학임을 자처하는 퇴계는 희노애락을 獨氣, 專指氣라 한다. 하지만 독기로는 성정의 덕을 밝힐 수 없고, 또 독기로 성선을 논할 수 없다. '전지기'는 자사 및 제선생의 의론과 "異義"이다. 다시 말해 중용 및 그 제설은 리가 있음으로 여겼는데, 퇴계가 독기로 여긴다면 이는 새로운 "異義"가 되고 만다.

417) 자사는 성정의 덕을 밝히면서 희노애락의 偏倚 없음으로 말했다. 편의 없음으로 성정의 덕을 밝힐 수 있었다. 즉 희노애락의 미발에서 性德인 중을, 희노애락의 이발에서 情德인 화를 논했다. 이는 희노에 리가 있기 때문에 가능하다. 맹자 "성선"은 "情, 可以爲善"의 情을 因한 것으로, 情善으로 性善을 논증한 것이다. 따라서 측은의 선은 칠정의 겸리기·유선악 중의 리·선과 "동실이명"이다. 단 칠정의 所指는 겸리기이고, 측은의 소지는 성선이다. 또 칠정의 宗旨는 중화이고, 측은의 종지는 성선·확충이다. 모두 一情이고 一善이나, 칠사의 소지·소주·종지는 각자 다르다.

418) 주희는 "感於物의 것은 心이다. 그 動者는 情이며, 정은 성에 根하며 심이 주재한다. 심이 주재하면 그 動 역시 중절하지 않음이 없다. 심이 주재하지 못하면 情는 그 正을 잃는다"(『문집』권32, 「問張敬夫」6, 1395쪽)고 한다. 심의 주재는 곧 『중용, 수장』 "계신·공구"의 心 工夫이다. "수장"의 "道는 잠시도 不可離니 可離면 非道이다. 그러므로 君子는 戒愼·恐懼한다"를 주희는 『혹문』에서 "군자의 由는 배움이니 그 不可離로 因해 持守한다. 日用의 사이 持守 공부가 至하지 않으면 이른바 不可離가 비록 나에게 있다 해도 人欲으로 틈이 생겨 判然히 二物이 되어 不相管이 된다"(『혹문』상10, 555쪽)고 한다. 불상관은 離 때문이며, 離는 持守 공부인 계신·공구를 못했기 때문이다. 중절·불중절은 계신·공구의 지수 공부에 있다. 주희는 "자사의 말씀은 '欲學者는 여기서 심을 識得해야 한다'고 함이니, 심은 그 성정의 덕을 妙히 한 것이다"(『문집』권32, 「答張敬夫問目」10, 1403쪽)라고 한다. '불상관'은 나와 도가 심공부에서 離가 생긴 것을 말한다. 만약 사칠이 독리·독기라면 성·기는 "離"가 되고, 道 또한 "離"가 되고 만다. 이는 중화 및 성선을 기·리로 분속시킴에서 발생한 것이다. "[칠정을] 形氣의 所爲라 하면 形氣와 性情은 不相干이 되고 만다"(상117)고 함이 이것이다.

닌 '리・기로 사칠을 分'한다는 점인데, 고봉은 지금 상상하지 못함)[419]

(100)辯曰, "惻隱羞惡, 止, 性焉爾."

주신 논변에서 "측은・수오・[사양・시비는 어디로부터 발하는가. 인・의・예・지의] 성에서 발할 뿐이다"(퇴계는 '發'과 '端'을 혼용함)[420]라고 하셨습니다.

(101)愚謂. 四端, 固發於仁義禮智之性, 而七情, 亦發於仁義禮智之性也. 不然, 朱子何以曰, "喜怒哀樂, 情也, 其未發, 則性也"乎? 又何以曰, "情是性之發"乎? [愚謂우위; 나는 말하겠다.(謂는 자신의 의견을 말하겠다는 뜻)]

저는 말하겠습니다. 사단은 진실로 인의예지의 성에서 발합니다. 그렇지만 칠정 역시 인의예지의 성에서 발합니다.(추만 「천명도」의 설인데, 퇴계가 급거 '기발'로 고침)[421] 그렇지 않다면 주자는 왜 "희노애락은 정이며, 그 미발은 성이다"(『중용, 수장』)[422]고 했겠으며, 또 왜 "정은 성의 발이다"(주희)[423]라고 했겠습니까?(칠・사는 一情에 대한 사맹의 2설이며, 정을 주희는 모두 성발로 여김. 그렇지 않으면 교류・소통의 설로 가능하지 않음)[424]

---

419) 고봉은 위에서 "칠정의 '專指氣'는 과다하게 일편에 치우쳤다"(상92)고 했다. 그런데 이곳의 "불상관"은 사단, 성, 심까지 모두 치우치고 "기댄 것(倚)"이라 한다. "倚"는 "中"의 "不倚"를 말함이다. 중이 치우치고 기대서 심 공부에서 道와 可離가 생긴 것이다. 칠정, 화, 사단 등은 모두 심으로서의 정이다. 중・화는 "심의 妙로서의 성정의 덕"을 논한 것으로 그 목적은 "계신・공구"의 심 공부에 있다. 공부에서 離되면 중・화, 성정의 덕, 도의 체용을 논할 수 없게 되고 만다. 이는 모두 사칠을 리・기로 분속함에서 생긴 문제이다. 뒤 "存・省 공부까지 모두 불가하다"(상128)고 함도 이것이다. 그런데 고봉의 상상 불가는, 퇴계는 '사칠의 리・기 분속'이 아닌 '리・기로 사・칠을 分'한다는 점이다.

420) 상22 논변이다. 고봉은 위에서 "먼저 칠정이 專指氣가 아님을 논증하고 이후 단락에 따라 이해할 수 있도록 하겠다"(상92)고 했는데, 여기부터 퇴계의 단락에 따라 논평하고자 한다. 퇴계는 측은의 "端"과 희노의 "發"을 혼용한 것이다.

421) 추만은 「천명도」에서 성을 "인의예지신"이라 한다. 반면 퇴계는 여기에 급거 "사단"을 끌어들여 오히려 칠정은 인의예지의 성발이 아닌 "겸기" 혹은 "기발"이라 하여 성발과 다름으로 가른 것이다.

422) 『중용장구, 수장』 "희노애락" 조항.(상11・94) 여기서 주희가 "미발은 성, 희노애락은 정이다"로 주석한 것은 미발의 성이 발해서 이발의 정이 되며(性發爲情), 성발해서 발현의 화가 된다 함이다. 一情을 사맹은 칠・사로 설했는데, 칠사는 모두 성발이다. 반면 퇴계는 '희노애구애오욕은 인의예지의 성에서 발하지 않는다'(상22)고 했다.

423) 정은 모두 성발이다. 칠사는 一情에 대한 2설일 뿐이다. "정은 性之發임"은 상식이기 때문에 오히려 주희의 언급은 많지 않다. "이른바 정이며, 성의 발이다(所謂情也, 性之發也)."(『문집』권32, 「答張欽夫」12, 1409쪽) "성은 발하여 정이 되며, 정은 성에 근원한다(性發爲情, 情根乎性)."(같은 곳. 1411쪽) "정은 성에 근원하나 심이 주재한다(情根乎性, 而宰乎心)."(권32, 「問張敬夫」6, 1395쪽) "정은 성의 발이다(情是性之發)."(『어류』권5, 寓82, 231쪽) "정은 성의 동이다(情者, 性之動)."(권5, 德明55, 224쪽. 『맹자, 고자상』6) "사단은 정이며, 성은 곧 리이다. 발한 것은 정이며, 그 근본은 성이다(四端情也, 性則理也, 發者情也, 其本則性也)."(권5, 力行58, 224쪽) 정이도 말한다. "희・노는 성에서 출한다(喜怒出於性)."(『유서』권18. 204쪽) "정은 성의 動이며 바름으로 귀결될 뿐 어찌 불선으로 이름 하리오?(情者, 性之動也, 要歸之正而已, 亦何得以不善名之?)."(『정씨수언』권2. 1257쪽)

424) 퇴계는 사단은 "인의예지의 단서"(상24)이고, 칠정은 "中에서 動하나 境에 緣해 出한다"고 한다. 이는 사칠을 一情의 '說'이 아닌 오히려 '實情'으로 여긴 것이다. 퇴계는 사・칠을 순선과 겸선이라 하고, 그것은 리・기 소종래가 다른, 다른 부류의 정이며 선이라 한다. 반면 고봉은 사람 느낌은 一情 하나인데 그 說만 다른 것이라 한다. 칠사는 一善, 一情, 一性이므로 교류와 소통이 가능하며, 이것이 사맹 종지이다. "성선"도 사람 선에 대한 맹자의 一說일 뿐이다. "그 정을 선으로 삼을 수 있음(其情可以爲善)"(상26・96)은 "성의 本善을 알 수 있음의 人之情 때문"(「고자상」6)이다. 요컨대 정에는 성선인 리가 있고, 맹자는 그 정선으

- 106 -

(102)辯曰, "喜怒哀懼, 止, 出焉爾."

주신 논변에서 "희노애구[애오욕은 어디로부터 발하는가. 외물이 그 형기에 접촉하여 중에서 동하고 환경에 따라] 나올 뿐이다"[425]라고 하셨습니다.

(103)愚按. "外物觸其形, 而動於中"一句, 出「好學論」. 然考(퇴계집 攷)本文曰, "形旣生矣, 外物觸其形, 而動於中矣, 其中動而七情出焉." 其曰 "動於中", 又曰 "其中動"云者, 卽心之感也. 心之感而 "性之欲者出焉, 乃所謂情也." 然則情見乎(퇴계집 于)外, 雖似 "緣境而出", 而(고봉집 而 없음)實則 "由中以出"也. [愚按우안, 저는 고찰하겠다.(按은 정주의 설을 직접 인용해서 고찰하겠다는 뜻) 由中以出유중이출; 중덕으로 말미암아 이로써 성이 나옴.(중은 '狀性(성의 상황)'이므로, 中出이 아닌 性出임. 중출이라 하면 상황이 출함이 되고 맘)]

저는 고찰하겠습니다. "외물이 그 형기에 접촉해 中에서 動한다"는 한 구절은 이천 「안자호학론」에 나옵니다.[426] 그런데 「호학론」 본문을 고찰해보면 "형기가 기왕 생겼고, 외물이 그 형기에 접촉하면 중에서 동한다. 그 중이 동해서 칠정이 나오니 [희노애락애오욕이라 한다]"[427]로 되어있습니다. 여기서 "중에서 동한다" 또 "그 중이 동한다"고 운운한 것은 곧 '마음의 느낌(心之感)'[428]을 말합니다. 마음이 [외물에] 느끼면 "성의 욕구라는 것이 나오는데(出)[429] 이것이 이른바 정입니다."(주희 「악

로 성선을 논증했으며, 그 논증한 정이 곧 측은의 설이다.

425) 상22 논변이다. 퇴계는 사단은 인의예지의 성에서 발하지만, 칠정은 인의예지의 성발이 아니라 한다. 칠정은 인의예지의 발이 아님은 당연하다. 단 퇴계가 칠정을 성발이 아니라 했으므로 고봉은 칠정도 성발임을 강조하기 위해 인의의 발임을 긍정한 것이다. '인의예지'는 맹자의 설이며, 맹자의 곡절과 종지가 있다. 따라서 그 종지인 인의에서 칠정이 발한다고 해서는 안 된다. 정은 '성발'이며 칠정은 성이 '발한 것'일 뿐이다.

426) "외물이 그 형기에 접촉하면 중에서 동한다"고 함은 이천 「안자호학론」에 나오는데, 퇴계는 이 설의 출처를 밝히지 않았다. 출처를 밝히지 않고 그 "動於中" 뒤에 또 "緣境而出焉耳"라는 말을 자의로 붙였다. 때문에 고봉은 이천의 본설을 상고한 것이다. 「호학론」은 "그 중이 동해서 칠정이 출함(其中動而七情出焉)"이고, 퇴계는 이를 "환경에 따라 출할 뿐이다"(緣境而出焉爾)고 해석했다. 정은 성발이다. 때문에 이천은 "[희·노는] 밖에서의 出이 아닌, 밖으로 감하면 중에서 발한다. 성이 없는데 어떻게 정이 있겠는가?(非出於外, 感於外而發於中也, 無性安得情也?)"(『유서』권18. 204쪽)라고 한다. 따라서 칠정은 性出일 뿐 境에서 갑자기 성이 생성해서 出하지는 않는다.

427) 『정씨문집』권8, 「顔子所好何學論」, 577쪽. 주희는 「답호백봉」에서 이 「호학론」을 인용하며 "이는 「악기」의 설과 다르지 않다. 성 없이 스스로 발할 수 없다. 이때의 動은 『중용』 '發'자와 같다"(상159)고 한다.

428) 주희는 "感於物의 것은 心이며, 그 動의 것은 情이다. 정은 性에서 根하며 心에서 主宰한다. 孺子入井을 乍見함은 '心之感'이다",(『문집』권32, 「問張敬夫」6, 1395쪽) "中和는 情·性으로 말한 것이고, 寂感은 心으로 말한 것"(『문집』권67, 「易寂感說」, 3258쪽)이라 한다. 고봉도 주희를 인용하여 "측은의 정은 心上을 따라 發出한다",(상55) "심의 所發은 정이다"(상56)고 한다. 도의 체용은 "모두 나의 심을 벗어나지 않으며(皆不外於吾心也)"(『혹문』14, 558쪽. "희노애락" 조항) 그래서 천명지성은 "人心에 갖춘 체용의 전체(혼연의 성)"(상95)라 한다. 결국 「동정설」의 "動於中" 其中動은 곧 '心之感'으로 인한 성발을 말한 것으로, 성발의 정으로 "중화" 및 "도의 체용"(상95)을 이룰 수 있다. 중, 화, 성, 정, 道 등은 모두 리기로 논하고 해설할 수 있지만, 반대로 리기가 심, 중, 화 등이라 할 수는 없다. 반면 퇴계는 리발·기발이 곧 사·칠이라 한다.

429) "出"은 주희의 "측은·수오는 정의 所發의 名이다. 此情은 성에서 出하여 善한 것이다. 모두 此心을 從하여 出하니, 故로 心統性

기동정설」)430) 그렇다면 정이 밖으로 발현됨이 비록 "환경에 따라 나오는(出)"(퇴계) 듯하나 사실은 "中으로 말미암아 이로써 [성의 욕구가] 나옵니다(出)."(이천. 칠정은 중출이 아닌 성출이라는 것. 퇴계는 기출이라 함)431)

(104)辯曰, "四端之發, 止, 其端緖也."

주신 논변에서 "사단의 발을 [맹자는 기왕 심이라 했다. 심은 진실로 리기의 합이다. 그런데 所指로 말한 것이 主理임은 왜인가. 인의예지의 성이 수연히 在中함에, 넷의 것이] 그 단서이기 때문이다"(사단지발, 사단지심, 합리기, 재중 등 어법이 주희와 전혀 다름)432)라고 하셨습니다.

(105)愚謂. 四端七情, 無非出於心者. 而心乃 "理氣之合", 則情固兼理氣也. 非別有一情, 但出於理, 而不兼乎氣也. 此處, 正要人分別得眞與妄爾. [正要정요; 바로 여기서~하려고 해야 한다.('須要; 반드시~해야 한다'와 같은 뜻) 分別得분별득; 분별한 정도. 진·망을 알 수 있는 정도.(識得과 같은 뜻)]

저는 말하겠습니다. 사단 칠정(四端之情, 七情之情)433)은 심이라는 것에서 '出'하지 않음이

情이라 한다"(『어류』권5, 謙68, 228쪽)(상56·55)와 같다. 즉 성은 심을 從하여 出한다.

430) 「악기동정설」의 "感於物로 동하면 곧 성의 욕구라는 것이 出하며, 선악은 여기서 나뉜다. 성의 욕구가 이른바 정이다(感於物而動, 則性之欲者出焉, 而善惡於是乎分矣. 性之欲, 卽所謂情也)"(『문집』권67, 3263쪽. 하143)를 인용했다. 심은 외물에 感하면 성의 욕구가 나오는데, 이것이 정이다. 또 주희는 "「호학론」의 '動於中하고 其中動하여 칠정이 出하니 희노애락애오욕이다'라고 한 은 '악기'의 설과 같다",(앞줄과 상159) "感物而動, 性之欲이라 함은 그 感이 있음을 言及한 것으로, 이것은 곧 '理之發'이다. 「호학론」 중에 이러한 論이 極詳하다"(『문집』권42, 「答胡廣仲5, 1901쪽) "感於物者는 心이며, 그 動者는 情이다. 情은 性에 根한다. …지금 막 아이가 우물에 빠지려는 것을 보았다면 이는 心之感이다"(『문집』권32, 「問張敬夫」6, 1395쪽)고 한다. 이는 정자의 "情者, 性之動也"(『정씨수언』권2, 53조, 1257쪽)와 같다.

431) "由中以出"은 정이와 呂大臨의 『중용』 "中"에 관한 토론이다. 이를 근거로 주희는 「이발미발설」을 썼다. 정이는 "中은 道이니, 道는 中에서 出할 수 없다고 한다. 대임은 "中으로 말미암아 나오는 것은 道가 아님이 없으니, 그러므로 道의 由出한 바라고 할 수 있다" 했고, 이에 정이는 "만약 道가 中에서 出한다 하면 이는 方圓을 天地로 삼는 것과 같다"고 한다.(『정씨문집』권9, 「與呂大臨論中書」, 606쪽) 이에 주희는 "中을 '道의 所自出'로 여긴 것은 여씨의 실수이다"(『문집』권43, 「答林擇之」17, 1977쪽)고 한다. "솔성지위도"의 솔성이 道일 뿐이며, 따라서 中에서 道가 나온다고 할 수는 없다. 또 정이는 "外에서 感하여 中에서 發한다"(『정씨유서』권18, 91조, 204쪽)고 하고 주희도 "때에 따른 알맞음은 모두 중으로 말미암아 나온다(因時制宜, 皆由中出也)"(「고자상」5)고 한다. 중은 덕이고, 그 알맞음은 덕이 있음으로서 出·發하며, 도는 상하를 관통한다.

432) 상23 논변이다. 그런데 "사단지발'은 '단의 발처와 성선인 '사단지정'의 구분이 없고, "리기의 합"을 사단의 所指라 할 수는 없으며, "수연재중"은 정주의 중용 혼연재중의 뜻이고, 또 "재중"은 인의예지의 재중이 아닌 혼연의 성이 미발 재중의 '상황'으로 있음을 이른다. 이렇게 퇴계의 용어는 맹자 및 정주의 용법과 전혀 다르다. 고봉은 이 용어 문제를 아래에서 직접 거론하지는 않는다.

433) 퇴계는 "四端之發을 맹자는 心이라 했다"(상23)고 한다. 그런데 주희는 집주에서 '심'을 "정"이라 주석한다. 만약 퇴계의 '심'이라면 그 단서는 '겸선악의 확충'이 되고 만다. 고봉의 이곳 "사단"은 측은의 정인 四端之情(상170)이다. 맹자 사단은 이미 그 '종지 및 소지'가 있기 때문이다. 즉 '사단지발'이 아닌 "사단·칠정"이라 한 것은 맹자의 "사단지정"의 言之와 자사의 "칠정지정"의 言之를 말함이다. 둘은 모두 一情이다. '발'은 兩發이라 할 수 없다.

없습니다.434) "심을 리기의 합"(퇴계)이라 하신다면 정도 진실로 겸리기라 하셔야 합니다.(겸이라 해야 치우침이 없음)435) [一情이 아닌] 또 다른 하나의 정(사단)이 있어서 단지 리에서만 "出"하고 기의 겸이 없다 할 수는 없습니다.436) 바로 이곳(發出의 情. 그 이전은 심이 볼 수 없음)에서 사람이 진과 망을 분별해야 할 뿐이겠습니다.(情의 眞이 바로 "和"와 "사단"이며, 이는 '心'으로 識得한 것임)437)

(106)辯曰, "七情之發, 止, 其苗脉也."

주신 논변에서 "칠정의 발을 [주자도 본래 당연한 법칙이 있다고 했으니, 그렇다면 여기에도 리가 없는 것은 아니다. 그렇지만 所指로 말한 것이 기에 있음은 왜인가. 외물이 옴에 易感하고 先動하는 것은 형기만한 같음이 없으니, 일곱의 것이] 그 [기의] 묘맥이기 때문이다"(발, 소지, 선동, 묘맥 등 용어가 정주와 전혀 다름)438)라고 하셨습니다.

---

434) 퇴계가 "사단지발"을 "謂之心"이라 한 것은 '발'이 아닌 사단지심의 "정"이다. 맹자 "사단지심"은 "心統性情"(「공손추상」6)의 뜻으로, 맹자는 정을 심 '공부'로 논했을 뿐이다. 발은 외물에 의한 心感으로 因한다. 주희는 「동정설」에서 "심은 感於物이 없을 수 없고, 感於物로 動하면 性之欲者가 '出'하니, 性之欲이 情이다"(상103)고 한다. 정은 심의 感物이지 정의 自感이 아니며, 또 심의 감물로 성의 욕구가 출한 것이지 성의 自動이 아니다. 때문에 주희는 "성정은 모두 심에서 出하며 심이 능히 통제한다.(상55) …인의예지도 심에 뿌리한다(性情皆出於心, 故心能統之. …仁義禮智根於心)",(「어류」권98, 卓41, 3304쪽) "성정은 모두 심에 因한 이후 見한다"(권98, 僴40, 3304쪽)고 한다. 또 "사단은 정이며 이는 심의 발현처이다. 넷의 싹은 모두 심에서 나왔다(四端更是情, 是心之發見處, 四者之萌皆出於心)",(권5, 道夫60, 225쪽) "측은수오, 희노애락은 진실로 心之發이다"(권5, 淳37, 220쪽)고 한다. 다만 주희는 "심은 본래 완전한 物이다. 그러나 '공부'가 없으면 그 본체의 妙함은 볼 수 없다"(「문집」권40, 「答何叔京」29, 1839쪽)고 하는데, '완전한 물'은 심 전체·체용이며, '공부'는 심의 미발·이발의 靜·動에 있다 한다.

435) 퇴계는 "심은 리기의 합이다"(상23)고 한다. "심통성정"(「공손추상」6)으로 보면 '측은지심'은 '정'을 말한 것이므로 따라서 심은 합리기가 분명하다. 그렇지만 측은지심의 소지는 리이다. 만약 맹자가 단지 측은지정만 말한 것이라면 심 중의 情 一偏만 말함이 되고, 그렇다면 이는 '정을 확충하라' 함이 되어 '심·성을 빼뜨린 것'이 되고 만다. 때문에 주희는 "측은은 정이고 인의는 성이니, 심통성정이다"라고 주석한다. 즉 '측은지심을 확충하라'고 함은 심성정의 뜻을 포괄한다 한다. "심"은, 측은인 仁端이 '반드시 있다' 함으로 맹자 종지이다. 그런데 고봉의 비판은 심이 이미 합리기라면, 맹자가 "심"을 '심'과 '統'으로 논한 것처럼 정도 합·통으로 논해야 한다는 것이다. 만약 심만 합·통으로 말하고 정은 기 혹은 리로 말하면 치우치고 만다. 맹자의 "심"은 공부이고, "仁之端"은 성단인 정의 확충. 심통성정이 이것이다. 주희가 측은을 '정'과 '심'이라 한 것은 "정자는 체용을 분별해 말했고 맹자는 체용을 겸해서 말했기(程子是分別體用而言, 孟子是兼體用而言)"(「어류」권20, 幹128, 704쪽) 때문이다.

436) 정은 一情 하나이고, 性出이다. 성출이지만 감물로 出한 '기왕의 정'이므로 겸리기·유선악이다. 반면 퇴계는 사단만 理發이라 한다. 만약 그렇다면 一情의 겸리기 이외의 정이 있음이 되고 만다. 때문에 고봉은 "칠정의 리 일변을 사단에게 빼앗겨서 그 유선악이 단지 기에서 出한 모양"(하30·131)이 되고 말았다고 비판한다. 사단은 一情을 맹자가 그 목적에 따라 리·선으로 언지한 것뿐이다. 사단은 一情 이외의 정이 아니다.

437) 그 정의 발처에서 "사단"과 "중화"를 識得할 수 있다. 주희는 "바로 이곳에서 진·망을 식득해야 한다"고 하며, 다만 그 진·망은 "평일 함양 공부를 통해 식득할 수 있을" 뿐이다.(상159) 심은 성·정을 주재하며 "오직 심이 주재하지 못하면 정은 自動하여 인욕으로 흘러서(惟心不宰而情自動, 是以流於人欲)"(「문집」권32, 「問張敬夫」6, 1395쪽) "그 사태에 미칠 수 없게 된다."(상159) "그 진망은 기왕 發見된 곳에 있으므로"(하120) 이곳이 "학자들이 정밀히 살펴야 할 지점이다. 만약 이 발현된 곳에서 진망을 식득하지 않고 먼저 선입견으로 '무불선'이라 한다면 이는 人欲을 天理로 여기는 것"(상171)이 되고 만다. 미발의 성은 이 발에서 "진망으로 나뉘고 갈리기"(상159) 때문이다. 문제는 그 진망을 "알기가 어렵다"(하118)는 점이며, 때문에 "默識"(「공손추상」6)할 수밖에 없다.

438) 상24 논변이다. 칠정지발, 所指, 先動, 묘맥 등은 칠정이 기에서 발하고, 그 기발이 자사의 칠정이라 함이다. 하지만 이 용어는 정주의 용법과 전혀 다르며, 또 자사와 정주는 一情을 칠정으로 '설'했을 뿐 그 발처를 말하지 않았다. 더구나 주희는 칠정을 기로 '해석'했을 뿐 반대로 기·기발을 칠정이라 한 것도 아니다.

(107)愚按. 「樂記」曰, "人生而靜, 天之性也, 感於物而動, 性之欲也", 朱子曰, "性之欲,
卽所謂情也." 然則情之感物而動者, 自然之理也. [人生인생; 사람으로 태어난 삶. 靜정; 고
요함.(心이 외물에 感하지 않았을 때의 靜의 상태) 感감; 느낌.(심의 외물에 대한 느낌) 動동; 움직임.
(心이 외물에 內感하여 性動으로 發한 것)]

저는 상고하겠습니다. 「악기」에서 말하기를 "사람의 生에 있어서의 靜함은 하늘의 성
이며, 외물에 느껴 動함은 성의 욕구(性之欲)이다"고 하는데, 이를 주자는 「악기동정설」
에서 "성의 욕구를 이른바 情이라 한다"[439]고 풀이합니다.[440] 따라서 情은 '외물에 느껴
서 動한 것(感物而動者)'으로, 이는 자연의 이치(自然之理)입니다.(心感의 情은 사람으로 태어나
서 있는 자연의 일이며, 성발도 당연의 일임)[441]

(108)蓋由其 "中"間實有是理, 故外邊所感, 便相契合, 非其 "中"間, 本無是理, 而 "外物
之來", 偶相湊着(퇴계집 著)而感動也. 然則 "外物之來, 易感而先動者, 莫如形氣"
一語, 恐道七情不著也. [中間중간; 중의 사이.(미발·이발에 성이 '상황' 및 '형도'로 있음) 契合계
합; 서로 부합하다. 외물과 합치함.(심의 리가 외물의 리와 합치됨) 偶우; 짝함. 둘이 만날 때.(심이 외
물에 感하면서 이때 리가 생김이 아니라는 것) 湊着주착; 끼어들어 합치하다. 모여 붙으면서 리가 생기
다. 不著불착; 들어맞지 않다. 道도; 인도하다. 이끌다.(導와 같음)]

왜냐하면 그 "中"(미발·이발의 중. 人生에는 中德을 누구나 받음)의 사이[442]에는 실로 이 理

---

439) 「악기」와 주희 「악기동정설」 해당 본문은 다음과 같다. "樂記曰, '人生而靜, 天之性也, 感於物而動, 性之欲也', 何也? 曰, 此言性情
之妙, 人之所生而有者也. 蓋人受天地之中以生, 其未感也, 純粹至善, 萬理具焉, 所謂性也. 然人有是性則卽有是形, 有是形則卽有是心,
而不能無感於物. 感於物而動, 則性之欲者出焉, 而善惡於是乎分矣. 性之欲, 卽所謂情也(『문집』권67, 「악기동정설」, 3263쪽. 하143)

440) 「악기」의 이른바 "靜"과 "動"을 주희는 「動靜說」로 풀이했다. "人生의 靜·動"을 주희는 "사람으로 태어나서 있는 바의 것"으로
풀이한다. 무엇이 있는가? 정과 동이 있다는 것인데, 이 동정은 人生이라면 心에 누구나 있다. 사람이 있으면 심도 있다. 동정은
심에 어떻게 있는가? 사람은 누구나 천지의 '中德'을 받았다. 그 '중'은 심의 동·정에도 있는데, 未感때는 '靜'에 있고 已感때는
'動'에 있다. 심은 感物이 반드시 있고, 감물하면 靜의 中에서 動한다. 이 動이 이른바 情이다. "진·망은 動에서 구분되며, 動자
는 『중용』의 發자와 같다."(상159) 정에 선·악이 있는 이유는 情은 靜이 아닌 動이기 때문이다. 주희는 「악기」의 설은 이천의
「호학론」과 같다고 한다.(상159)

441) 「악기동정설」에 의하면 情은 "감물로 動한 것"을 말한다. 심은 감물하면 "성의 욕구가 동하며, 이것이 이른바 정이다." 또 「동정
설」의 "심은 感於物이 없을 수 없다"(하143)고 함은 심의 感物은 사람은 반드시 있는 일이며, 따라서 性動의 情이 있음도 人生의
자연의 일이다. 심의 동정은 본래 있는 것이다. 주희는 "「악기」 '感物而動, 性之欲'이라 함은 곧 [心의 感이 있음을 언급한 것으로
이는 곧 '리지발'이다(感物而動, 性之欲者, 言及其有感, 便是此理之發也)"(『문집』권42, 「答胡廣仲」5, 1901쪽)고 한다. 感·動은 '리지
발'이다. 정자는 "사람의 희노애락이 있음은 그 性의 自然이다."(『정씨유서』권2상, 84조, 24쪽) 주희도 "아이의 入井에 그 心의 怵惕
은 眞心이며 天理의 自然이다."(「공손추상」6) "必動과 必靜者 역시 理이며, 一動一靜할 수 있음도 天理의 自然이다."(『문집』권57, 「
答陳安卿」3, 2736쪽) "성의 已發者는 情이며, 그 중절, 화, 천하의 달도는 모두 天理의 自然이다"(권67, 「太極說」, 3274쪽)고 한
다. 심은 동정이 있고, 動·發의 희노애락 및 측은은 '천리의 자연'이다. 이는 주희의 "무극이태극은 '억지로 하지 않아도 본래 함'
의 어세의 당연함"(하93)과 같다. 다만 "교분 및 명예를 구하기 위함이라면 이는 人欲의 사사로움"(「공손추상」6)일 뿐이다.

442) 주희는 『중용』의 "중"을 정자를 고찰해서 둘로 나눈다. 즉 "在中"과 "中之道" 둘이다. "정자는 '一個 中字인데 단지 用이 不同하
다'고 한다. '재중'은 희노애락 미발의 혼연재중의 뜻으로, 狀性의 體段이다. '中之道'는 卽事 卽物에서 스스로 恰好의 道理를 말
한 것으로, 形道의 實이다."(『문집』권31, 「答張敬夫」9, 1338쪽) 따라서 "中間"의 중은 미발·이발을 합한 온전의 중이다. 위 「

(공리)가 있기 때문에 외부로 느끼는 바가 곧바로 서로 합치되는 것이지,(心理와 物理가 합치됨) 그 "中"의 사이에 본래 이 理가 없다가 "외물이 [마음에] 올 때"(퇴계) 이때 서로 만나면서 [갑자기 리가 여기에] 끼어들어 感하고 動함은 아닐 것이기 때문입니다.[443] 따라서 "외물이 옴에 쉽게 感하고 먼저 動하는 것은 형기만한 같음이 없다"라는 한 마디 말씀은 칠정을 인도함에 들어맞지 못합니다.(어찌 성 없는 동정이 있겠는가? 기동이 화, 달도로 변환되는가?)[444]

(109)若以 "感物而動"言之, 則四端亦然. "赤子入井之事感, 則仁之理便應, 而惻隱之心, 於是乎形, 過廟過朝之事感, 則禮之理便應, 而恭敬之心, 於是乎形", 其感物者, 與七情不異也. [感物者감물자; 심이 외물에 느낀 것.(四端之情은 정의 善者를 척발한 것. 때문에 '것'이라고 함. '感物'은 심이고, '것'은 一情의 언지인 칠·사者임)

만약 "외물에 느껴서 動함(感物而動)"(「악기」의 '一情'임)으로 설명한다면 사단 역시 그러합니다.(사단도 感物이 있어야 함)[445] "어린아이가 우물에 빠지려는 일에 느끼면 [그 中의 사이에 있는] 인의 리가 곧바로 응하여 측은지심이 이에 드러나고, 종묘를 지나고 조정을 지나는 일에 느끼면 [그 中의 사이에 있는] 예의 리가 곧바로 응하여 공경지심이 이에

옥산강의」 "中間에 衆理 渾具"의 '중간과 같다.(상79 참조) 미발의 중은 성이 아닌 성의 상황이다. 만약 중을 성이라 하면 "발"은 '상황의 發'이 되고 만다. 사람의 生에 누구나 받은 中의 德이다. 천명의 공리를 받은 것이다.

443) 미발의 "中"은 성이 아닌, 성의 상황이다. 그런데 이발의 중도 있으므로, 때문에 곧바로 성 혹은 중이 아닌 "中間"이라 한 것이다. 心感에 공리가 있어서 외물의 리와 합치가 가능하다. 만약 공리가 없다면 그 합치는 불가하다. 외감의 때 비로소 리가 생겨서 서로 합치한다고 할 수는 없다. 주희는 "靜은 天의 性이지만, 動 역시 性의 欲이다. 감물로 동한은 성의 욕구이니, 그 중절이 어찌 性에서 분리되겠는가?(蓋人生而靜, 雖天之性, 感物而動, 亦性之欲. 若發而中節, 欲其可欲, 則豈嘗離夫性哉)",(「문집」권42, 「答胡廣仲」2, 1896쪽) "기쁘게 감상하는 것은 聖人의 하고자함이다(聖人之所欲也)"(권67, 「舜典象刑說」, 3258쪽)고 하여 發·動의 性之欲은 심의 자연스런 일이라 한다. 그런데 '감은 內感인가, 外感인가? 정이는 "感은 단지 內로부터의 感일 뿐, 外面에서 하나의 物이 와서 여기서 感하는 것은 아니다(感則只是自內感, 不是外面將一件物來感於此也)"(「정씨유서」권15, 87조, 154쪽)고 한다. 주희도 "저기로 感하면 여기서 應한다. 感으로만 말하면 感은 또 應의 뜻을 겸한다",(「어류」권95, 端蒙86, 3206쪽) "내감이라 할 수는 없는데, 外로부터의 感도 있다. 만약 사람이 外에서 자기를 부름이 있으면 단지 그 부르는 것만 外感으로 간주해야 하기 때문이다. 이렇게 보아야만 周遍으로 正正하다. 단지 내감일 뿐으로 간주하면 곧 偏頗가 되고 만다"(같은 쪽, 夔孫87)고 한다. 심의 내감과 외감은 그 사이에 성의 可欲이 있고, 이렇게 감응해서 서로 합치가 가능하다. 정을 겸리기라고 한 이유이다.

444) 퇴계는 "외물에 易感하고 先動하는 것은 形氣이니, 칠이 그 [기의 苗脈이다"(상24)고 한다. 즉 칠정의 발은 心感·內感이 아닌 形氣의 感이다. 이에 고봉은 정은 "감물로 動한 것이며, 그 動은 성의 욕구(感物而動, 性之欲也)"(「악기」, 상107)라고 한다. 이는 정이의 「호학론」,(칠정) 주희의 「악기동정설」,(一情) 「중용」,(칠정)이 모두 같다.(상97) 주희는 「악기」 動靜설은 "정이의 「호학론」이 극히 자세하며",(「문집」권42, 「答胡廣仲5, 1901쪽) "그 가리킨 뜻도 다르지 않다"(상159)고 한다. 「중용혹문」 "천명지성은 만리를 갖추었고 희노애락은 각기 마땅한 바가 있다"(상95)와, 「동정설」 "人生而靜은 天의 性이고 感物而動은 性의 欲이며 성의 욕이 이른바 정이다"(상107)고 함은 모두 천명지성이 感物해서 정으로 드러난 것을 말한다. 따라서 易感·先動은 "形氣"의 감이 아닌, 心感으로 因한 性의 發이다. 만약 感이 '형기'라면 이는 "사칠의 심은 不相管이 되고 일편에 치우치게 되며"(상99) 또 "칠정이 形氣의 所爲라면 형기·성정은 不相干"(상117)이 되고 만다.

445) 퇴계는 "易感·先動은 形氣이며 칠정이 그 묘맥이다"(상24)고 한다. 즉 '感'과 '動'은 형기이며 칠정은 그 형기인 감·동의 묘맥이다. 하지만 고봉은 사단도 "感物而動"이라 한다. 「악기」 "感於物而動은 性之欲이다"를 주희는 "이 '性之欲'이 이른바 정이며, '感物而動'은 자연의 이치이다"(상107)고 한다. 情은 感物而動이며, 따라서 칠사는 감물로 동한 것으로, 그 감물은 심의 자연의 이치이다. 주희는 "文定(호안국)도 「춘추전」에서 '聖人之心, 感物而動'이라 했으니, 성인도 無動은 아니다"(「문집」권42, 「答胡廣仲2, 1896쪽)고 한다. 주희는 호안국을 비판했지만, 그러나 호안국도 성인의 감물이라 했다 한다.

드러나니",(주희의 「옥산강의」임)[446] 따라서 '그 외물에 느낀 것'은 칠정과 다르지 않습니다. (칠사는 感物者인 설이며, 감동은 느낌의 一情임)[447]

(110)辯曰, 安有在中, 止, 爲理之本軆耶.

주신 논변에서 "어찌 '在中'에 있으면 [순리인데 막 발했다고 잡기가 되겠으며, 어찌 '外感'은 곧 형기인데 그 발이] 리 본체가 되겠는가"(재중, 감 등은 주희의 용법과 전혀 다름)[448] 라고 하셨습니다.

(111)愚謂. "在中"之時, 固純是天理. 然此時只可謂之性, 不可謂之情也. 若 "才發"則便是情, 而有和不和之異矣. 盖未發則專是理, 旣發則便乘氣以行也. [在中재중; 성이 중덕의 상황으로 있음.(재중의 중은 미발의 성의 상황임) 才發재발; 막 발한 것. 비로소 발한 것.(발하면 정이고, 발한 것을 언지한 것이 칠·사 2설임. 발에서 천리가 유행함)]

저는 말하겠습니다. "在中"(사단설이 아닌 중용설임)의 때는 진실로 순수한 천리입니다.[449] 그런데 이때는 단지 성이라 이를 뿐, 정이라 이를 수 없습니다.[450] 만약 "막 발했다(才

---

446) 『문집』권58, 「答陳器之, 問玉山講義」, 2778쪽. "於是而立"(상79)에 이어진 글이다. 다음과 같이 이어진다. "사단의 미발은 비록 寂然 不動이나 그 中에는 스스로 條理와 間架가 있어서 롱동의 一物도 없는 게 아니다. 외변에서 막 감하면 '中間'에서 곧바로 응한다. ("마치 어린아이가"부터가 인용문임) 그 '中間'에 衆理가 渾具하여 각각 分明함으로 말미암은 까닭에 외변에서 만나는 바는 感에 따라 應한다. 이것이 사단의 발이 각기 面貌가 부동한 이유이고, 이렇게 맹자는 쪼개 넷으로 만들어 학자들에게 보여준 것이다. 이는 혼연 전체의 중에도 찬연히 조리가 있음이 이와 같음을 알게 하여 결국 성선을 알 수 있게 했다(蓋四端之未發也, 雖寂然不動, 而其中自有條理, 自有間架, 不是儱侗都無一物, 所以外邊纔感, 中間便應. (인용문은 이 사이에 있음) 蓋由其中間衆理渾具, 各各分明, 故外邊所遇, 隨感而應, 所以四端之發各有面貌之不同, 是以孟子析而爲四, 以示學者, 使知渾然全體之中而粲然有條若此, 則性之善可知矣)." 이와 같이 사단 역시 감물이 없으면 발할 수 없다.

447) 퇴계는 "사단은 성의 단서"(상23)이고 칠정은 "외물에 감·동한 형기의 묘맥이다"(상24)라고 한다. 그런데 주희는 「악기」 "感物而動, 性之欲也"를 느낌인 "情"이라 했고, 고봉도 "정의 감·동은 [심의] 자연의 이치"(상107)라 한다. 심의 감물로 性動함은 심 자연의 일이다. 주희는 "事에 感하면 인의 리가 應하여 측은이 드러난다", "외변에 막 感하면 中間에서 곧바로 應한다", "외변에서 만나는 바는 隋感而應한다"(위 「문옥산강의」)고 한다. 또 「옥산강의」에서 사단의 묘맥에 대해 "일에 따라 발현함이 각기 묘맥이 있어 어지럽지 않으니 이른바 정이다(隨事發見, 各有苗脈, 不相殽亂, 所謂情也)"(『문집』권74, 3589쪽)라고 한다. '隨事發見'은 「공손추상」6의 "隨處發見", "隨見而發", "隨感而應"과 같고, 또 '各有苗脈'은 "단서"의 뜻과 같다. 따라서 칠정은 형기의 묘맥이 아닌 성의 묘맥이며, 사단도 "感物而動의 性之欲"(「악기」)이므로 감물은 칠사 모두 같다. 그런데 고봉이 "그 感物者"라고 한 것은 그 감물자인 一情에서 '그 선·리만 척발한 것'이 사단이기 때문이다. 발은 感動이지 感動者가 아니다. 사맹의 칠정지정과 사단지정이 기왕의 感動者이다. 느낌인 감물은 一情이고, 感物者는 칠사이다. 七四者는 정의 '言之'일 뿐이다.

448) 상25 논변이다. 퇴계는 사칠의 발처를 소종래의 둘로 나누어, 재중의 순리는 사단의 단서이고 외감의 형기는 칠정의 묘맥이라고 한다. 하지만 고봉은 발은 感物로 動한 것 하나인데, 단 사단자와 칠정자 2설은 사맹의 종지가 각각 다를 뿐이라 한다. 퇴계의 "재중", "외감" 등은 고봉의 "미발의 중", "심감" 등의 용법과 전혀 다르다.

449) 퇴계는 "在中은 純理"(상25)라 한다. 그런데 정주는 미발을 "재중"이라 한다. "중"은 하나이나 그 용법을 둘로 나누면 "在中"과 "中之道"(『문집』권31, 「答張敬夫」9, 1338쪽)이다. 이 둘을 주희는 "정자의 이른바 '在中'은 狀性의 體段이고, 이른바 '中卽道'는 形道로서의 率性之道와 時中이다"(『문집』권43, 「答林擇之」17, 1977쪽)라고 한다. "재중"의 중은 희노애락 미발의 "狀性"(상95)이다. 따라서 『중용』의 在中은 당연히 순리이다. 단 재중은 狀性일 뿐이며, 그 狀이 직접 발한다 할 수는 없다. 상황(네모지다, 동그랗다)일 뿐 實의 성은 아니기 때문이다.

450) 퇴계는 "在中은 순리이니 才發에 잡기가 되지 않는다"(상25)고 한다. 하지만 재중은 성이고, "재발은 정이다."(상54·166) 사단

發)"고 하신다면 이는 곧 정이며,(사단도 才發임)451) 여기서는 "和"(在中은 『중용』의 설이므로 "화"라 한 것임)와 不和의 다름이 있습니다.452) 왜냐하면 미발에는 오로지 리이지만, 기왕 발했다면 이는 [리가] 기를 타고 유행한 [천리의 발현자]이기 때문입니다.453)

(112)朱子「元亨利貞說」曰, "元亨利貞, 性也, 生長收藏, 情也", 又曰, "仁義禮智, 性也, 惻隱羞惡辭讓是非, 情也." 夫以生長收藏爲情, 便見乘氣以行之實, 而四端亦氣也.

> [元亨利貞원형이정; 生物의 始·通·遂·成으로서의 天道의 常.(『주역』) 生長收藏생장수장; 낳고, 자라고, 거두고, 저장함.(원형이정의 천도가 밖으로 드러난 것. 천지의 마음이 정으로 나타난 것) 行之實행지실; 유행으로서의 사실의 리.(리의 실재가 실제의 기로 드러난 것)]

주자는 「원형이정설」에서 "원형이정은 성이고 생장수장은 정이다"라 하고 또 "인의예지는 성이고 측은·수오·사양·시비는 정이다"고 합니다.454) 생장수장을 정으로 여겼으니 이는 곧 [원형이정] 기를 타고 유행한 [성의] 실제가 밖으로 드러난 것으로,455) 따라서 사단 역시 기입니다.456)

> 도 재발로서의 정이다. 주희는 "중화의 중은 오로지 성을 가리킴(中和之中, 專指性也)"(『문집』권51, 「答董叔重」6, 2362쪽)이라 한다. "희노애락은 정, 그 미발은 성"(상94)이며, 재발하면 칠사 등의 정이다. 단 사단의 所指는 리일 뿐이다.

451) 퇴계는 순리는 "才發해도 잡기가 되지 않는다"(상25)고 한다. 하지만 고봉은 사단은 재발로서의 정이라 한다. 재발하면 재중의 성이 아닌 겸리기의 정이다. 겸리기이므로 반드시 리가 있다. 그 리를 가리켜 설한 것이 바로 사단이다. 성발하면 정인데, 단 사단은 인의예지의 端·用으로 指해서 확충·성선을 논증한 것뿐이다.

452) 재중의 리는 발하면 겸리기의 정이 된다. 이 겸리기는 "화와 불화가 있다." 퇴계는 "在中의 순리는 才發한다고 해서 잡기가 되지 않는다"(상25)고 한다. "재중"은 『중용』에 대한 정·주의 설이며, 중용의 설이므로 "화"로 말한 것이다. 성은 心感으로 발·동하고, 才發하면 정이 된다.(상54·166) 연평은 "방기의 미발은 중이고 성이며, 급기야 발하여 중절하면 곧 화이다. 불중절이 곧 불화이다. 화·불화의 다름은 旣發 이후 보이며 이는 정이지 성이 아니다"(상96)라고 한다. 재발하면 정이며, 사단도 재발한 旣發의 정이다. 주희는 旣發의 "화"를 "정의 바름" "정의 덕" "도의 용"이라 한다.(상94·95) 반면 퇴계는 "그 外感을 어찌 리 본체라 하겠는가?"(상25)라 하지만 그렇다면 그 외감의 정에는 "화" 등이 없게 되어 확충·성선도 논증 불가가 되고 만다. 고봉은 "급기야 감물로 동하면 시비·진망이 이로부터 나뉘지만, 그러나 성이 아니면 스스로 발할 수는 없다"(상159)고 한다.

453) '미발 전지리'는 中和의 중이며, 時中의 중이 아니다. 중화의 중은 專性이나 시중의 중은 성·정을 겸한다. 주희는 "중용의 中字는 시중의 중(兼義)을 가리킨 것이지, …중화의 중인 '전지성'과 같지 않다(中庸之中字, 本是指時中之中而言. …非如中和之中專指性也)"(『문집』권51, 「答董叔重」6, 2362쪽)고 한다. 중화의 중은 "渾然在中, 未感於物"(권43, 「答林擇之」17, 1977쪽)이므로 이때의 재중은 미발의 천리일 뿐, 재발이 아니다. "감어물로 하늘의 성이 성의 욕구로 나오면 이것이 정이니,"(상107, 「악기」) 이때의 재발에도 천리는 自若이다. 때문에 주희는 "四時行, 百物生은 天理發見과 流行之實이 아님이 없다,"(『논어』, 양화」19) "入井의 惻隱者는 모두 天理之眞이며 流行發見이다"(『문집』권57, 「答陳安卿」3, 2736쪽) "善을 性으로 말한 것은 發見之端에 卽하여 言之함에 불과하다"(권67, 「明道論性說」, 3275쪽)고 한다. 이로써 "중" 및 "천리"는 체용을 갖춘다. 반면 퇴계는 "외감이므로 천리의 본체가 아니다"고 한다.

454) 『문집』권67, 「원형이정설」, 3254쪽. 여기서 주희는 "천지는, 만물을 낳음을 심으로 삼는다(天地以生物爲心)", "심은 성정의 주인이다(心者, 性情之主也)", "성은 심의 리이며, 정은 심의 용이다(性者, 心之理也, 情者, 心之用也)"라고 한다. 이는 "심통성정"의 뜻으로, 성·정은 심으로 파악해야 함을 말한 것이다. 인과 측은도 심의 성·정이며, 따라서 측은은 정으로서의 기이다.

455) 원형이정과 생장수장은 천지의 심이다. 천지의 심은 원형이정을 성으로 생장수장을 정으로 삼고, 그 성·정의 합과 주재하는 것도 심이다. 성은 정이 없으면 드러나지 못한다. 원형이정은 심의 외감을 통해 기를 타고 밖으로 드러나는데 이것이 정으로서의 용이다. 즉 기의 생장수장인 유행의 실이 있음으로써 그 리의 원형이정은 드러난다. 생장수장을 정이라 한 것은 그 정이 리 유행의 실제이기 때문이다.

456) 주희는 "만약 미발·이발을 나누지 않으면 무엇을 성이라 하고 무엇을 정이라 하겠는가?",(『문집』권40, 「答何叔京」18, 1830쪽) "漢 이래 愛를 仁이라 말한 폐단으로 이후 성·정의 구분을 살피지 않았고 마침내 정을 성으로 여기고 만 것이다(由漢以來, 以愛言仁之弊, 正爲不察性情之辨, 而遂以情爲性爾)"(『문집』권32, 「答張欽夫」12, 1421쪽)고 하여 성과 정을 엄밀히 나눈다. 단 "리

(113)朱子弟子問中亦曰, "如惻隱者, 氣也(고봉집 也 빠짐), 其所以能是惻隱者, 理也", 此語尤分曉. 但其氣順發出來, 非有翻騰紛擾之失爾. [分曉분효; 분명하게 알다. 出來출래; 밖으로 나옴.(동작이 안에서 밖으로 행해짐을 나타냄) 非有비유; [아직 흠이] 있는 게 아님. 翻騰紛擾之失번등분요지실; 어지럽거나 혼란스러운 잘못.]

주자는 제자(진순)[457]의 질문에 답변하여 말하기를 "측은의 것은 기이며, 그 능히 측은해 할 수 있는 것은 리이다"[458]고 하는데 이 말에서 [성·정의 구분에 대해] 더욱 분명히 알 수 있습니다.[459] 다만 [성이] 그 氣(才發의 情)로 순순히 발출하여 나올 때는 아직 어지럽거나 혼란스런 잘못이 있는 게 아닐 뿐입니다.(정은 본선인데, 발 즈음 심의 주재 여하로 선·악이 나뉨)[460]

(114)來辯, 以七情, 爲 "緣境而出", 爲 "形氣所感", 旣皆未安. 而至乃謂之 "外感於形氣而非理之本體", 則甚不可. 若然者, 七情是性外之物, 而子思之所謂 "和"者, 非也. [而이; 게다가. 또한.(而且의 뜻) 至乃지내; 마침내~에 이르다. 결국~한 결과에 달하다. 非也비야. 옳

(성)의 본체는 막연하여, 형상으로 볼 수 있는 것은 기의 유행처에서 험득함에 불과하다."(상139) 주희는 "맹자의 단서라 함은, 마치 物의 재중일 때는 볼 수 없지만 반드시 그 단서가 밖으로 발현한 연후 찾을 수 있음과 같다(謂之端者, 猶有物在中而不可見, 必因其端緒發見於外, 然後可得而尋也)"(『문집』권74, 「옥산강의」, 3589쪽)고 한다. 고봉이 사단을 기라 한 것은 성은 기를 통해 험득할 수 있는데, 만약 성과 기를 구분하지 않으면 그 성의 존재를 확인할 방법이 없기 때문이다. 사단은 성을 가리키지만 그러나 그 성을 확인할 수 있는 것은 기이므로, 이 기에서 성을 험득할 수 있다고 한 것이다. 험득하는 것은 심이다.

457) 아래 답변으로 보면 진순이다. 陳淳(1157~1223)은 자는 安卿 호는 北溪이다. 『문집』권57에 「답진안경」의 총 6통의 편지가 있다. 그의 저작인 『字義詳講』(번역본은 『性理字義』, 2005, 여강출판사)는 문제가 있다. 「情」 조항에서 "정의 중절은 本性을 따라 발했으니, 곧바로 선하며 다시 불선이 없다. 그 불중절은 물욕에 감해 動한 것으로 本性을 따라 발한 게 아니어서 곧바로 불선이 있다(情之中節, 是從本性發來, 便是善, 更無不善. 其不中節, 是感物欲而動, 不從本性發來, 便有箇不善)", "희노애락 및 정 등은 善惡을 合한 설이다(喜怒哀樂及情等, 是合善惡說)"고 하는데, 이는 스승 주희의 설과 전혀 합치되지 않는다. 진순은 정의 중절을 무불선으로 여겼고, 또 그 불선을 자신(工夫)의 심 혹은 본성의 從이 아니기 때문으로 여기고, 희노의 정을 합선악으로 여기니, 퇴계의 설과 같다. 주희는 중절의 선을 "무왕불선"(상121)이라 한다.

458) 『문집』권57, 「答陳安卿」3, 2736쪽. 같은 곳 "동정하는 것은 기이고, 그 능히 동정할 수 있는 것은 리이다(如動靜者, 氣也. 其所以能動靜者, 理也)"(같은 쪽)고 하는데 모두 진순의 문목에 답한 것이다. 또 "호오할 수 있는 것은 성이다(所以好惡者, 性也)", (『어류』권101, 寓176, 3398쪽) "음양은 기이다. 일음일양으로 순환하여 그침이 없는 것이 도이다(陰陽, 氣也, 其所以一陰一陽, 循環而不已者, 乃道也)"(권95, 淳83, 3205쪽)고 한다. 아래 "허령자는 기이고 그 소이 허령자는 리이다"(상178)와 같다.

459) 사단을 기라고 한 이유는 퇴계가 성·정을 구분하지 않았기 때문이다. 퇴계의 "在中은 순리인데 才發이라 하여 잡기가 될까?"(상25)라고 함은 재중의 리와 재발의 '기로서의 리'를 구분하지 않은 것이다. "외감은 형기인데 그 발이 리의 본체가 될까?"(상25) 또한 리 본체인 미발과 형기로서의 '이발의 리'를 구분하지 않은 것이다. 이발에서 성선을 논증한 것이므로 측은은 기지만 그 所指는 리이다. 기가 아니면 성선 논증은 불가하다.

460) "기의 순순히 발함(氣順發出來)"은 "기가 리를 순순히 하여 발함(氣之順理而發)"(하57·63)의 뜻으로 이는 氣發 혹은 理發도 아닌 "心上發出來"(상55)이다. 심의 발이므로 계근·공구의 敬이 필요하다. 리의 존재는 기의 順發에서 알 수 있다. "중절·불중절의 나뉨은 심의 주재·불주재에 달려있으니, 情의 병통이 아니다."(『문집』권32, 「問張敬夫」6, 1395쪽) "기의 순발출래"는 곧 "氣가 淸明을 얻으면 蔽固가 없으니 이것이 理順發出來이다"(『어류』권4, 端蒙43, 195쪽)와 같다. 고봉의 "사단도 기를 탄다"(상4)고 함도 사단이 기 위에 올라탄다는 의미가 아닌 사단도 感物이라 함이다. 정은 '感物而動'의 성의 욕구이며, 감물하여 성이 발출함은 자연의 이치이다.(상107) 발은 본래 선이다.(상121) 사단은 "생각하여 얻은 게 아니며 힘써서 들어맞은 것도 아닌 천리의 자연스러움이다(非思而得, 非勉而中, 天理之自然也)"(「공손추상」6)고 함도 "기의 자연 발현은 결국 리 본체가 그러한 것"(상12)이기 때문이다. 또 정주의 "視聽, 思慮, 動作을 말하면 모두 천리이다. 그 順發出來는 當然의 理가 아님이 없다."(『어류』권95, 端蒙150, 3223쪽) "먼저 선하고 이후 악이 된다(先善而後惡)",(『유서』권22상, 71조, 292쪽) "본래 모두 선한데 악으로 흘렀을 뿐이다"(『문집』권67, 「명도론성설」, 3275쪽)고 함도 모두 그 기의 순발출래를 악으로 여긴 것이 아니다.

지 않은 일이 되다. 비정상이 되다. 나쁜 것이 되다.(和가 천명이 아닌 '비정상'이 된다는 것)]

　　그럼에도 보내주신 논변에서는 칠정을 "환경에 따라 出한다"(주희; 中으로 말미암은 性出임)461)고 하셨고, 또 "형기가 느끼는 것이다"(주희; 感은 心이 함)462)고 하셨으니, 이는 모두 안정되지 못합니다.(不可가 아닌 치우쳤다는 것. 칠사는 설이므로 직접 出·感의 言이 아닌, 설명이라 해야 함)463) 게다가 마침내 "형기에서 外感하므로 리의 본체가 아니다"고 하셨으니, 이는 매우 불가합니다.(심의 외감으로 성발하므로, 정은 반드시 리가 있음)464) 만약 그렇다면 칠정은 '성 외의 사물'이 되고,465) 더구나 자사의 이른바 "和"도 '옳지 않음'(화는 천명이 아닌 기발의 비정상이 됨. 「천명도」는 중화의 '미발·이발 공부'를 드러낸 중용설인데, 퇴계는 맹자 '이발 단서'로 대체함)이 되고 맙니다.466)

(115)抑又有大不然者, "孟子之喜而不寐, 喜也, 舜之誅四凶, 怒也, 孔子之哭之慟, 哀也, 閔子子路冉有子貢, 侍側而子樂, 樂也", 茲豈 "非理之本體耶?" [抑又억우; 하물며. 더군다나.(況又, 況且와 같음) 大不然者대불연자; 대단히(매우) 그렇지 않은 것. 茲자; 지금의 것. 이것.]

---

461) 퇴계는 칠정을 "외물이 그 形에 觸하면 中에서 動하고 境에 緣하여 出한다"(상22)고 한다. 즉 칠정은 중에서 동하지만, 그러나 외부 형기에 감촉되어 환경에 연유하여 나온다는 것이다. 퇴계는 칠정은 선악미정, 혹은 그 발은 순선의 리발이 아닌 겸리기 중의 기발이며 주리라 한다. 이에 고봉은 出을 "심의 感으로 성의 欲者가 出하는데 이는 中으로 말미암아 出한다"(상103)고 한다. 이는 중출, 기출도 아닌 성출이라 함이다.

462) 퇴계는 칠정을 "외물이 그 형에 접촉한다"(상22)고 하면서 "외물이 옴에 易感하고 先動하는 것은 형기이다"(상24)고 한다. 심의 리기에서 氣가 感한다는 것이다. 하지만 고봉은 感은 심이고, 그 심의 感으로 성의 욕구가 出한다고 한다.(상103) 주희는 "寂感은 心으로 말한 것"(「문집」권67, 「易寂感說」, 3258쪽)이라 하고 또 "이 心이 있으면 感於物은 없을 수 없다"(같은 곳 「악기동정설」, 3263쪽)고 한다.

463) 퇴계는 "칠정은 환경에 따라 出한다"고 한다. 이에 고봉은 「중용」 칠정은 "中으로 말미암아 出"하므로 따라서 氣出은 '안정되지 못하다(未安)'고 한다. 퇴계는 "형기가 感하는 것"이라 한다. 그러나 정은 "心感의 性發"이므로 未安이다. "未安"은 잘못이 아닌 치우친 발언이라 함이다. 칠정은 심감으로 성발하며, 사단도 형기 혹은 환경의 영향으로 발하기 때문이다. 더구나 퇴계는 칠사라는 사맹 본설을 직접 "出" "感"으로 言하는데, 그렇다 할 수 없다. 一情은 出·感이나, 단 칠사는 그 '설이므로 이때는 출·감을 '言之(설명)'라 해야 한다. 자사의 中, 發, 和는 정에 대한 설명이며 그 출·감을 직접 말(言)한 것은 아니다. 「악기동정설」(상107)의 출·감은 "心感으로 性出함"의 뜻이다.

464) 퇴계는 "易感하고 先動하는 것은 형기이다",(상24) "外感은 형기이므로 리 본체가 될 수 없다"(상25)고 한다. 즉 외감·선동의 형기는 리 본체가 될 수 없는데 왜냐하면 "기가 발해서 그 발에 이른 것을 리라고 할 수 없기"(상279) 때문이다. 이에 고봉은 "심히 불가하다"고 한다. 정은 심의 감이다. 정은 心感으로 性動한 것으로, 이 심감·성동의 것은 심의 "자연스런 이치이다."(상107) 즉 심감의 성동은 사람 본연의 자연스런 일이다. 심의 감정은 누구나 있으며, 그 감정은 심의 外感으로 性發한 것으로, 따라서 정은 반드시 리 본체가 있는 것이다.

465) 퇴계는 "칠정은 기발이므로 리 본체가 아니다"고 한다. 형기의 감에서 리 본체가 나올 수 없다는 것이다. 고봉은 이와 다르다. 一情은 형기의 感으로 성발한 것인데, 다만 칠사는 그 일정을 소지의 목적에 따라 각각 설한 것뿐이다. 칠사는 성발한 느낌에 대한 각자의 설이고, 모두 성발이므로 리 본체가 반드시 있다. 반면 퇴계는 "칠정의 기발은 리 본체가 될 수 없다"고 한다. 결국 리발의 사단과 다른 별도의 "性外의 物"이 되고 만 것이다. 그러나 「중용」과 「호학론」 등 제설은 칠정을 中發, 性出이라 한다.

466) 「중용」 "천명지위성"은 미발과 이발에서 "희노"를 통해 그 온전을 다할 수 있다. 칠정의 "화"는 "천하의 달도"이고,(상93) "정의 바름으로 乖戾가 없는 것"(상94)인 "도의 용"(상94·95)이다. "정이 없으면 리도 설 수 없고(有理而無氣, 則理無所立)"(「어류」 94, 節77, 3135쪽) 또 "칠정의 和로 천지 만물은 위·육된다(致中和, 天地位焉, 萬物育焉)."(「중용」, 수장」) 만약 칠정이 성발과 성이 아니면 그 화 및 달도를 이루지 못한다. "만물을 발육함에 이른 것은 그 정이다(至發育萬物者, 卽其情也)."(「어류」권95, 人傑28, 3188쪽) 추만 「천명도」는 "천명"의 '미발·이발 공부'로서의 중·화를 드러낸 것인데, 퇴계는 단지 맹자 '이발 사단'으로 대체해서 기발로 바꾼 것이다.

더군다나 또 대단히 그렇지 않은 것이 있으니, "맹자의 기뻐서 잠들지 못함은 '희'이고,[467] 순임금의 넷 흉악을 토벌함은 '노'이며,[468] 공자의 곡하며 애통해 함은 '애'이고,[469] 민자·자로·염유·자공이 곁에서 모심에 공자께서 즐거워하심은 '락'인데",(모두 물아가 합치된 성인의 칠정임)[470] 이것을 어찌 "리의 본체가 아니라 하겠습니까?"(퇴계는 기발은 리 본체가 될 수 없다고 했는데, 정주는 성인의 감정은 물아에 간극이 없다고 함)[471]

(116) 且如尋常人, 亦自有天理發見時節. 如見其父母親戚, 則欣然而 '喜', 見人死喪疾痛, 則惻然而 '哀', 又豈 "非理之本體" 也? [自有자유; 자연히 있다. 응당 있다. 時節시절; 정이 적재적소에 딱 들어맞음.(時는 時中의 시, 節은 中節의 절을 말함. 모두 이발의 칠정임) 欣然而喜흔연이희; 흔연히 기뻐함.('희'는 정이고, '연'은 희의 모습) 惻然而哀측연이애; 측은히 애통해 함.(측은지심은 칠정의 哀라는 것임. 哀의 모습이 惻然임)]

하물며 평범한 사람 역시 천리 발현의 時中과 중절이 있습니다.(고봉은 미발이 아닌, 이발의 시중으로 논함. 미발 재중은 일상인은 어려운 임임)[472] 그 부모 친척을 보면 흔연히 '기뻐(喜)'하고,

---

467) 노나라에서 약정자에게 정사를 맡기려 하자 맹자가 말했다. "나는 그 말을 듣고 '기뻐서(喜)' 잠을 못 이뤘다."(『맹자, 고자하』13)

468) "순임금이 사흉을 토벌함은 노할 수 있는 것이 저기에 있었으니,(물과 합치됨) 자기(순)의 마음이 어찌 사사로이 간여했겠는가."(『논어, 옹야』2) 정자의 말이다.(『유서』권18, 114조, 210쪽) "옹야』는 공자가 '안자 好學'을 논한 편이다. 안자는 "不遷怒했다." (나의 사심으로 사물을 보지 않았다)(「옹야」2) 순은 사흉을 토벌함에 자신의 사사로운 노의 감정을 쓰지 않았다. 나의 私로 노를 쓰면 나와 외물의 노는 상대가 되고 만다. 때문에 정자는 "이는 마치 거울이 사물을 비춤과 같으니, 이는 사물에 따라 응할 뿐 무엇을 옳김이 있었는가"(같은 곳)라고 한다. 명도는 그래서 "성인의 희노는 마음에 繫하지 않고 物에 繫한다. 성인이 어찌 物에 應하지 않겠는가? 성인의 情은 萬事에 順應에서 無情하다. 外를 그르고 內를 옳다 하기 보다는 內外를 兩忘해야 한다"(『정씨문집』권2, 「答橫渠張子厚先生書」(정성서), 460쪽)고 한다. "안자의 簞瓢는 樂이 아닌 忘이다."(『정씨유서』권6, 88쪽) 순과 안자의 정은 兩忘의 정이다 "자신의 사사로움과 지혜를 쓴(自私而用智」(정성서) 정이 아니다. 때문에 퇴계의 "쉽게 발한 것은 노가 심하다"(상288)에 대해 고봉은 "이는 불중절의 것"(하77)이라 비판한다.

469) "안연이 죽자 공자께서 곡하며 애통해 하셨다. 종자가 애통이 지나치다 하자 공자는 말했다. 저 사람을 위해 애통해 하지 않으면 누구를 위해 애통해 하겠는가"라고 한다. 주희는 집주에서 "그의 죽음에 공자는 애석할 만했고 곡함도 애통할 만했다. 호씨는 '모두 情性의 바름(正)이다"라고 했다.(『논어, 선진』9)

470) "공자를 곁에서 모심에 민자는 온화한 모습으로 했고, 자로는 굳센 모습으로 했고, 염유와 자공은 강직한 모습으로 했는데, 공자께서 '즐거워(樂)'하셨다." 주희는 집주에서 "공자의 '樂'은 영재를 얻어 교육함을 즐거워하신 것이다"고 한다.(『논어, 선진』12)

471) 퇴계는 "칠정은 외감에 의한 형기의 발인데, 그 발(其發)이 어찌 리 본체가 되겠는가?"(상25)라고 했다. 퇴계는 칠정의 발처를 말했지만 그러나 고봉은 그 발을 一情으로 논해야 한다고 한다. 심에 정이 있음을 당연한 理의 일이기 때문이다. "심이 감하면 중으로 말미암아 성이 출하니, 이것이 정(一情)이다."(상103) 이 일정을 사맹은 칠·사로 설했다. 퇴계는 "어찌 리 본체가 되겠는가?"라고 한다. 이에 고봉은 "대단히 그렇지 않다"고 하면서 퇴계의 말을 인용해 "어찌 리 본체가 아니라 하리오?"라고 비판한다. "성인의 희노는 자기의 마음이 아닌 外物에 얽매인다. 성인은 당연히 외물에 응하며, 내외를 兩忘한다."(「정성서」) 즉 "自私의 用智"(「정성서」)가 아닌 物我의 합치, 이것이 바로 성인의 희노이다. 자사는 그 정을 "천명"(상9)과 "중화"(상95)로 논했고, 그 선은 "천명지성·본연지체로서 사단과 동실이명"(상64)이다. 만약 성인의 희노가 리 본체가 아니라면 "형기 성정은 不相干이 되어"(상117) 오히려 성인이 외물과의 소통을 막음이 되고 만다.

472) 고봉이 여기서 "시중의 중절(時節)"만 거론한 것은 일상인의 "미발 재중"은 어려운 일이기 때문이다. "일상인도 천리 發見者인 時中의 中節者가 있다"고 함은 자사의 "발하여 중절한 것을 화라 이른다"와 같다. 일상인의 시중도 중절의 화가 있으나, 다만 소인은 사욕의 기탄으로 인해 중절하지 못함이 있을 뿐이다. 『중용』 "君子의 時中"에 대해 주희는 "군자는 능히 時에 따라 中에 처하므로 時의 不中이 없으나, 소인은 肆欲妄行하여 忌憚이 없다"(제2장)고 주석한다. 또 "時中"에 대해 "處에 따라 宜를 얻으니, 조금의 乖戾도 없고 時로 不然함도 없음",(『문집』권51, 「答董叔重」6, 2362쪽) "時에 따라 變易하여 從道함은 마치 時中과 같다"(권39, 「答范伯崇」5, 1774쪽)고 한다. 시중하지 못하고 중절하지 못하는 이유는 소인의 妄行과 기탄 때문이다. "천명지성은 성·우에 가손이 없고",(『중용혹문』상14, 558쪽) 측은지심도 일상에서 일어나며, 누구라도 일어나지 않는 사람은 없다. 만약

사람의 죽음과 병고를 보면 측연히 '슬퍼(哀)'하니, 이것을 어찌 "리의 본체가 아니다"라고 하겠습니까?(미발·이발의 리는 성·우 혹은 요순과 일상인이 동일하므로 서로 소통함. 그렇지 않으면 추만 「천명도」는 부정되며, 퇴계의 설이 이와 같음)[473]

(117)是數者, 若皆形氣所爲, 則是形氣性情不相干也, 其可乎? [不相干불상간; 서로 간여 소통 되지 못함. 성과 칠정이 서로 간여가 없음. 其…乎기호; 어찌~하겠는가?(其는 어기를 강하게 하고 반문의 뜻을 나타냄)]

이러한 등의 일을 모두 형기의 소위라 하신다면 그렇다면 형기와 성정은 서로 간여 통섭되지 못하게 되니, 어찌 가능하다 하겠습니까?(그렇다면 성인은 외물과의 교통을 끊음이 됨. 결국 퇴계는 추만 「천명도」의 천명의 부정한 것임)[474]

(118)辯曰, "四端皆善. 止, 可以爲善矣."

주신 논변에서 "사단은 모두 선하다. [때문에 맹자는 '이 넷의 마음이 없으면 사람이 아니다'라 했고, 또 맹자는 '그 정은] 선으로 삼을 수 있다'고 했다"(퇴계는 『맹자』 「공손추상」 과 「고자상」 두 설 종지인 '확충'과 '성선'을 구분 없이 혼용함)[475]라고 하셨습니다.

시중 및 사단이 없다면 일상인과 성인은 감정 교류의 소통 불가가 되고 만다.

473) 평범한 사람도 천리 발현의 중절과 시중이 있다. "측은지심"은 일어나지 않은 사람이 없다. 성이 선하기 때문이다. 성은 성우에 가손이 없다. 다만 소인은 그 성을 스스로 가려서 중절하지 못한다. 존양·성찰과 근독하지 못해서 성이 가린다 해도 부모를 만나거나 불행한 사람의 병고를 보면 "희"와 "애"가 발동한다. "哀"의 모습이 惻然이다. 측연히 슬퍼함(哀)은 "측은지심"으로, 즉 "사람은 차마 하지 못하는 不忍人之心이 있다." "스스로 불능으로 여기는 자는 물욕이 가렸을 뿐"(모두 「공손추상」6)이다. 주희는 "미발의 전은 聖愚가 동일하다. …급기야 발하면 衆人의 自然 中節處 역시 宛然히 본연으로 形見하니, 성인과 다름없다. … 衆人도 미발에는 本然이 진실로 있다. 그러나 暝然히 不省하면 其發이 비록 中節과 時節이 있다 해도 不中節의 것도 많다"(「문집」권57, 「答陳安卿」3, 2735쪽)고 한다. 만약 자사의 희노가 聖愚에 부동하고 또 천리가 없는 것이라면 「중용」 「천명」에 근거한 「천명도」도 부정되고 만다. 주희는 "孟子道性善"(「등문공상」1) 주석에서 "古今의 聖과 愚는 一性이 本同이다" 하고, 이천도 "리는 요순으로부터 塗人(길 위의 사람)에 이르기까지 동일하다"(「유서」권18, 92조, 204쪽. 「고자상」6)고 한다.

474) 퇴계는 "외감은 형기이므로 그 발은 리 본체가 될 수 없다"(상24·25)고 한다. 즉 칠정은 기발이므로, 기발이 리의 본체로 변환될 수는 없다. 반면 고봉은 정은 心感으로 性發하므로, 칠정 역시 성발이라 한다. 자사는 미발을 중, 이발의 중절을 하라 한다. 만약 칠정이 기발이라면 형기인 정을 통해 리는 발현될 수 없다. 고봉은 뒤에서 "선생은 사실을 마치 상하 사방의 정해진 위치가 있는 듯 여겨서 도무지 혼륜 관철의 의미가 없게 하셨다"(하110)고 하는데, 이는 사칠을 각각 리발·기발로 나누어 결국 둘을 통합 통섭하려는 의지를 보이지 않았다 함이다. 퇴계는 답변에서도 "성인의 칠정이라 해도 氣發이므로 純일수 없다"(상282)고 한다. 정호는 "성인의 희노는 자기의 마음이 아닌 外物에 얽매인다. 성인은 당연히 외물에 응하며, 내외를 兩忘한다"(「정성서」)고 하는데, 만약 퇴계와 같다면 성인이 외물을 끊음이 되고 만다. 퇴계는 결국 추만 「천명도」의 "천명"을 부정한 것이다.

475) 상26 논변이다. "사단은 모두 선하다"는 당연하다. 단 사단은 정이므로, 정을 모두 선으로 여길 수는 없다. "이 넷의 마음이 없으면 사람이 아니다"는 『맹자, 공손추상』 「不忍人之心장」이고, 또 "그 정을 선으로 삼을 수 있다"는 『맹자, 고자상』 「無善無不善장」이다. 주희는 "앞은 '사단 확충'을 말함이고, 뒤는 '[인의] 용으로 본체를 드러낸' 것"이라 주석한다.(「고자상」6) 즉 앞은 '확충'이고 뒤는 '성선'으로, 따라서 이 두 장 종지는 각자 다르다. 하지만 퇴계는 두 설의 종지를 구분하지 않고 혼용한 것이다.

(119)愚謂. 此正延平先生, 所謂 "孟子之說, 出於子思" 者也.

저는 말하겠습니다. 이 말씀이 바로 연평선생의 이른바 "맹자의 설은 자사(『중용』의 중화설)에서 나왔다"라는 것입니다.(자사의 도통을 맹자가 이었다는 것)[476]

(120)辯曰, "七情善惡, 止, 乃謂之和."

주신 논변에서 "칠정은 선악 [미정이다. 때문에 하나라도 마음에 두거나 또는 살피지 않으면 마음은 그 바름을 얻지 못한다. 그러므로 반드시 발하여 중절한 연후에야] 和라 이른다"[477]라고 하셨습니다.(퇴계는 『대학』과 『중용』 두 설의 종지를 혼용하고, 또 반대로 해석함)

(121)愚按. 程子曰, "喜怒哀樂未發, 何嘗不善? 發而中節, 則無往而不善." 然則 "四端固皆善也", 而七情亦皆善也. 惟其發不中節, 則偏於一邊, 而爲惡矣. 豈有 "善惡未定" 者哉? [無往而不善무왕이불선; 발해서 불선이 없게 된 정선. 偏於一邊편어일변; 발 이후 한쪽으로 치우침.(본연의 모습이 아니라는 것)]

저는 상고하겠습니다. 정자(이천)는 말하기를 "희노애락 미발을 어찌 일찍이 불선이라 하겠는가? 발하여 중절했다면 곧 無往不善(발하여 불선이 없게 된 선)이다"[478]고 합니다.[479] "사단은 진실로 모두 선합니다."[480] 그렇지만 칠정 역시 모

---

476) 연평설은 다음과 같다. "방기의 미발은 중이고 성이며, 급기야 발하여 중절하면 화이다. 불중절하면 불화이다. 화·불화의 차이는 모두 旣發 이후 보이며, 이는 정이지 성이 아니다. 때문에 맹자는 '性善'이라 하면서 '정을 선으로 삼을 수 있다(情可以爲善)'고 했는데, 이 설은 자사(『중용』)에서 나왔다."(상96) 맹자 情可以爲善"의 "성선"설이 『중용』에서 나왔다는 것이다. 맹자는 "그 정(其情)"(「고자상」6)으로 "성선"을 논증했고, '그 정'은 곧 자사 "희노"의 '정'이다. 때문에 주희는 「중용장구서」에서 "맹씨는 이 책(『중용』)을 推明해서 先聖의 [道統을 이었다"고 한다.

477) 상27 논변이다. 이곳 "칠정은 선악 미정이다"고 함은 자사의 설과 다르다. 자사는 칠정을 설함에 결코 선악 미정이라 하지 않았다. "일유지이불능찰"과 "발이중절"은 각각 『대학, 정심장』과 『중용, 수장』의 설이다. 전자는 "存心·養性"(『문집』권73, 「胡子知言疑義」4, 3555쪽)의 일이고, 후자는 중절자인 和이다. 두 설은 각각 그 종지가 전혀 다른데, 퇴계는 구분하지 않은 것이다.

478) 『정씨유서』권22상, 71조, 292쪽. 주희는 「맹자, 등문공상」1 "孟子道性善" 조항에 이를 인용하면서 "發不中節然後, 爲不善"이라 하며 칠정이 선임을 명확히 한다. 고봉도 아래에서 "그 불중절은 一邊에 치우쳐서 악이 된 것"이라 한다. 주희는 "古今聖愚, 本同一性"(「등문공상」1)이라 하며, 따라서 칠정도 성발의 일성이다. 칠정의 '무왕불선'은 사단의 선과 "同實異名"(상130)이다. "無往不善"은 "無往不善의 善"(하58)의 뜻이다.(상160·169. 「진심상」9) 단 맹자 종지인 성선은 "무불선"이다.

479) 미발의 선은 '無不善', 발의 情善은 '無往不善'이다. 미발에는 선만 있을 뿐 불선이 없다. 성선은 "역전" "잇는 것이 선이다(繼之者善)"에 의해 情善으로 이어진다. "계지자선"은 성·정의 미발·이발을 이어주고 道의 체용인 중·화에 관통한다. 정호는 "악은 본래 악이 아니다. 단지 과·불급으로 이와 같이 있을 뿐이다. 본래 모두 선인데 악에 흘렀을 뿐이다"(『문집』권67, 「明道論性說」, 3275쪽. 『어류』권95, 偏42, 3195쪽) "정은 본래 自善이다. 그 發은 染汚가 있지 않으니, 어찌 不善이라 하겠는가?"(권59, 德明30, 1882쪽)라고 한다. 그런데 악도 심의 일이다. 주희는 "단지 심의 宰·不宰에 달려 있을 뿐 情의 병통이 아니다"(『문집』권32, 「問張敬夫」6, 1395쪽)라고 한다. 가령 "화만 알고 화하면 불중절이며(知和而和, 則不中節矣)", 또 "증명하지 못했는데 증명했다고 하면 스스로 속이는 것임(未證謂證, 是謂自欺)"(권41, 「答程允夫」4, 1865·6쪽)도 심의 일이다.

두 선합니다.481) 다만 그 "발하여 중절하지 못했다면 한쪽으로 치우쳐서 악이 된 것뿐입니다."(주희)482) 어찌 "선악 미정"이라는 것이 있겠습니까?(미발과 이발 사이 未定의 층차는 존재할 수 없음)483)

(122)今乃謂之 "善惡未定", 又謂之 "一有之而不能察, 則心不得其正, 而必發而中節然後, 乃謂之和", 則是七情者, 其爲冗長無用, 甚矣, 而反爲心之害矣.(고봉집 而…矣 7자 없음) 而況發未中節之前, 亦將以何者而名之耶? [冗長無用용장무용; 성가시게 자라나 쓸모가 없음. 쓸모없이 거추장스러운 것. 發未中節之前발미중절지전; 발하여 중절하기 이전의 정.(발은 정이고, 중절은 외물에 들어맞은 정인데, 중절 이전은 자연지리의 정임) 名之명지; 이름붙이다. 명분을 밝히다.]

그런데도 지금 칠정에 대해 "선악 미정"이라 하셨고,(천명의 중화를 부정한 것임)484) 또 "하나라도 마음속에 소유하거나 또는 살피지 않는다면 마음은 그 바름을 얻지 못하므로,(『대학 정심장』 주희주임. 퇴계는 칠정은 마음에 소유해서는 안 되고, 사단을 소유하라고 함)485) 반드시 발하여 중절

---

480) 퇴계의 "四端皆善也"(상26)를 인용해서 '매우'("固"를 넣어서) 긍정한 것이다. 사단의 선은 지당하다. 불선이라면 "확충"과 "성선"을 논할 수 없다. "사단은 스스로 리이며 선이다."(하27)

481) 주희는 "감물로 동에 이른 연후에 측은은 보이니, …곧 인의 단서가 여기에서 드러난 것으로 이른바 정이다(至於感物而動, 然後見其惻隱, …[仁]之端於此形焉, 乃所謂甫)"(『문집』권56, 「答方賓王」3, 2659쪽)라고 한다. 측은은 감물의 동 이후의 일이고, 감물의 동이 모두 선이므로 결국 측은도 보이는 것이다. 발하는 사이 불선이 끼어든다면 측은은 드러나지 못한다. "그 처음은 선만 있고 악은 없고, 천명만 있고 인욕은 없다."(『문집』권42, 「答胡廣仲」3, 1898쪽) 정이는 "정은 불선인가"의 질문에 "情은 성의 動이니, 요컨대 바름으로 귀결될 뿐이다. 어찌 불선이라 이름 붙이겠는가?"(『程氏粹言』권2, 53조, 1257쪽)라고 한다. 주희는 "심이 주재하면 그 동은 중절하지 않음이 없으니, 어찌 인욕이 있겠는가? 오직 심이 주재하지 못하면 情은 自動하여 人欲으로 흐른다", "정의 병통이 아니다", "중절할 수 있는 것은 심이다", "정의 動에서 급거 人欲이 있겠는가?"(모두 『문집』권32, 「問張敬夫」6, 1395쪽)라고 한다. 만약 정이 선악미정이라면 중화도 될 수 없거니와 측은도 드러날 수 없다.

482) 정이는 "먼저 선이고 뒤에 악이다(凡言善惡, 皆先善而後惡)"(『정씨유서』권22상, 71조, 292쪽)라고 한다. 주희는 '범언' 앞에 '발하여 불중절 연후 불선이 된다(發不中節然後, 爲不善, 故)'(『맹자, 등문공상』1)를 새로 넣어 정이의 앞뒤 문맥을 해설했고, 고봉도 다시 정주를 종합 해설한 것이다. 주희는 「性圖」 自註에서 "불선은 일변에 치우쳐서 악이 되었을 뿐(偏於一邊)"이라 한다.(상169) 발은 성의 욕구이므로 본선이다. 정의 불선은 심의 과·불급 때문이며, 정의 죄가 아니다. 정은 거울과 같이 사물을 그대로 비출 뿐이다. 그 불선은 존양·성찰하지 못해서이고, 결국 불중절은 정에서의 일이기 때문에 '유선악'이라 한다.

483) 미발은 무불선이고 발하여 중절한 정은 무왕불선이다. 만약 성이 발하면서 선악 미정이 있는 것이라면 和의 무왕불선도 있을 수 없다. 선악 미정에서 무왕불선의 和가 생길 수는 없다. 주희는 "寂·感은 심의 체용이다. 寂然은 미발의 중이고, 感通은 중절의 화이다. 다만 심이 不存하면 大本도 不立하고 達道도 不行하다"(『문집』권51, 「答董叔重」7, 2366쪽)고 한다. 중화를 이루지 못하는 이유는 심 공부 문제일 뿐이다. 정이의 "천지 사이는 단지 하나의 감과 응일 뿐, 다시 무슨 일이 있으리오?(天地之間, 只有一箇感與應而已, 更有甚事?)"(『정씨유서』권15, 152쪽)와 같이 그 감응은 틈이 없다. 감응에 성이 있다. 그 사이 '선악미정'이라는 층차는 존재하지 않는다. 주희는 "선을 좋아하고 악을 미워함은 정이다. 희노애오욕이 중절해서 無過한 것, 이것이 곧 성이다"(『어류』권98, 道夫44, 3305~6쪽)고 하여 情善을 성이라 한다.

484) 퇴계는 "선악 미정"을 "본선이나 쉽게 악으로 흐른다"(상205·228·287)로 고친다. 퇴계는 칠정을 '기발'이라 하고 또 "발하여 그 중절한 것만 화"(상205)라 한다. 칠정은 천명의 발이 아니라는 것이다. 이로써 기발의 선악미정이 중절의 화인 도의 체용이 되고, 또 "중"과 "화" 사이 선악미정의 칠정이 존재함이 되고 만 것이다. 퇴계는 사칠의 발은 본래 "겸리기 혼륜(혼잡의 뜻)"의 발로 여긴다. 그렇다면 사단도 본래 '혼잡의 겸리기의 발'이라 하며, 결국 사단의 발도 '혼잡의 발'인데 "주리"라는 말이 되고 만 것이다.

485) 『대학, 정심장』의 "하나라도 두거나 또는 살피지 않는다면"을 퇴계는 '칠정은 소유해서는 안 됨'의 일로 여겼다. 칠정은 선악미정이기 때문이다. 뒤에서도 "리발의 사단이라면 어찌 이런 병통이 있겠으며, 또 어찌 심에 측은함이 있으면 그 바름을 얻지 못한다 하겠는가?"(상287)로 해석한다. 이 해석은 주희의 「정심장」 주석과 다르다. 주희는 "存心 養性은 誠意·正心의 일"(『문집』

- 119 -

한 연후에야 결국 和라 이른다"(『중용』설임. 퇴계는 선악미정의 칠정은 중절을 거친 뒤 화이고, 그 천명의 화도 순선이 아님으로 여김)[486]고 하셨습니다. 그렇다면 칠정이라는 것은 거추장스럽게 자라난 쓸모없음이 됨이 심합니다.(결국 칠정으로 이루는 천명, 대본, 달도, 중·화가 모두 쓸모없음이 되고 맘)[487] 더구나 선생님께서는 칠정을 마음의 해로움으로 삼고 마셨습니다.(소유하면 바르지 못하므로 나쁜 것임. 나중에 뺌)[488] 하물며 발하여 '중절하기 이전의 정'(퇴계는 중절 이전을 나쁜 칠정으로 여김)은 또한 장차 어떤 것으로 명분을 붙이시겠습니까?(퇴계는 대학 정심공부, 중용 미발·이발공부 등을 분별없이 서로 반대로 인용함으로써, 자신의 공부도 빼먹고 정심공부와 칠정공부를 나쁜 것으로 여김)[489]

(123) 且 "一有之而不能察"云者, 乃『大學』第七章, 『章句』中語. 其意, 盖謂 "忿懥·恐懼·好樂·憂患四者, 只要從無處發出, 不可先有在心下也." [從종; ~로부터.(장소나 시간의 출발점을 나타냄) 無處發出무처발출; 장소·외물에 관계됨이 없이 발출한 정.(發出은 외물에 반응해 나오는데, 여기서는 외물에 관계없이 스스로 발출함을 뜻함. 自私의 정.]

게다가 "하나라도 두거나 능히 살피지 못하면"이라는 인용문은 『대학』제7장『장구』주자 주석입니다.[490] 그 뜻은 "노하거나(忿懥), 두려워하거나(恐懼), 즐거워하거나(好樂), 근

권73, 「胡子知言疑義」4, 3555쪽.『어류』권16, 寓160, 541쪽)이라 한다. 주희는 "不能察" 뒤에 "則欲動情勝(그렇게 가지고 있으면 욕구가 동하고 정이 심을 이겨서)하여 그 用의 所行이 그 바름을 잃지 않을 수 없다"고 한다. 즉 정 미발에 감정을 하나라도 먼저 두면 심의 外感에 그 둔 감정이 심을 이겨서 심은 바름을 얻지 못한다 한다.

486) 퇴계는 "칠정은 발하여 중절한 연후 화이다"고 한다. "發而中節"과 "和"는 『중용』설이다. 자사는 희노의 중절자를 화라 했다. 자사는 "희노"라는 공부로 "중·화"를 논했을 뿐, 그 희노 이후 중절을 말한 것은 아니다. 퇴계는 희노는 기발의 선악미정이므로 "중절한 이후 화"라고 하여 리발의 순선이 아니라고 한다. 퇴계는 『중용, 수장』과『대학, 정심장』 종지를 구분하지 않고, 그 뜻도『중용』및『대학』과 다르게 해석한 것이다. 결국 자신의 감정공부(존양·성찰)를 논하지 않고 또 자사의 "희노애락"을 나쁜 것으로 예단했으며, 더욱이『대학, 정심장』 미발 존양공부까지도『중용』의 일로 인용해서 "마음을 바르게 함(정심)"의 일을 부정하고 만 것이다.

487) 중용은 "천명지성"과 "미발 대본의 중", 이발 "달도의 화"를 논했다. 이를 모두 드러내기 위해서는 칠정 전후의 공부가 필요하다. 실제의 공부가 아니면 중화 등을 밝힐 수가 없다. 따라서 만약 칠정을 두어서는 안 되고 또 중절 이후 화라 하면 그 천명, 중화, 대본 등은 "쓸데없이 자란 무용지물"이 되고 만다. 칠정이 "두어서는 안 될 정"이라면 중화 및 도 체용도 어긋나게 되며, (상94·95) 또 중화의 道도 공백("可離" 상95)이 생겨 결국 道 없는 칠정이 있게 되고 만다.

488) "而反爲心之害矣" 7자는 본래 고봉 논변에 있었을 것이다. 「퇴계2서」에서 "而反爲心害矣"(상283)를 인용하기 때문이다. 고봉은 칠정이 "선악 미정"이고 "중절한 이후 화"라 하면 이는 "도리어 칠정은 心害가 되고 만다"고 했을 것인데, 이 말을 고봉은 이후 스스로 뺀 것이다. 왜냐하면「정심장」"일유지이불능찰"의 뜻은 오히려 '심의 바름을 얻지 못하는 이유'인 '심의 병통'(하75)을 논함이기 때문이다. 정이 발하기 전, 심에 먼저 이 정을 두면 심은 "그 바름을 얻을 수 없다" 함이「정심장」 종지이다. 퇴계는 이「정심장」의 정을『중용』 희노로 여긴다. 정 미발에 칠정을 두어서는 안 됨은 자명하다. 칠정은 심의 용이지만, 그러나 정심장 종지는 미발에 먼저 정을 두면 '심은 바름을 얻을 수 없다' 함이다. 따라서 고봉이 이 말을 뺀 것은「정심장」의 정(중용 칠정이 아님)은 실제로 심의 미발에 해로움이 되기 때문이다. 반면 퇴계는 중용 칠정을 심병·심해로 여긴 것이다.

489) "發하여 중절한 뒤에야 결국 화라 한다"면 그렇다면 "발"한 정인 "희노"는 과연 무엇이냐는 것이다. "발"한 정을 자사는 "희노"로 名했다. 이 정으로 "화"를 논한 것이다. 이 정이 아니면 "화"라는 정의 덕을 논할 수 없기 때문이다. 반면 퇴계는 "선악미정", "두어서는 안 됨", "중절 연후 화"라 한다. 만약 그렇다면 "희노"와 그 "화"는 서로 다른 정이 되고 만다. 미정이 화의 달도로 변환될 수는 없기 때문이다. 퇴계는 중용 미발(존양)·이발(성찰) 공부와 대학 정심(존양)공부를 서로 반대로 인용했고, 또 이러한 공부로서의 정심의 정(심용)과 칠정(중화)을 나쁜 심해·심병으로 여김으로써 결국 자신의 공부도 빼고 만 것이다.

490) 『대학장구』제7장(「정심장」) 주희 주석은 다음과 같다. "이 넷은 모두 심의 용으로 사람에게 없을 수 없는 것이다. 그런데 '하나라도 두거나 또는 능히 살피지 못하면' 欲이 動하고 情이 勝하게 되어 그 [심]용의 所行이 혹 그 바름을 잃지 않을 수 없다.(盖

심하는(憂患) 것 등 넷은 단지 장소와 관계없이 발출하니, 마음에 먼저 소유하고 있어서는 안 된다"(『어류』의 설이며, '一有之'를 해설한 곳임. 두면 심이 정에 의해 타동이 됨)고 함입니다.491)

(124)『或問』所謂 "喜怒憂懼, 隨感而應, 妍蚩俯仰, 因物賦形"者, 乃是 "心之用"也. 豈遽有 "不得其正者哉?" [妍蚩俯仰연치부앙; 예쁘고, 예쁘지 않고, 귀하고, 천하게 생김. 賦形부형; 형상 본연을 심에서 반영한 것.(照見의 뜻으로, 心의 거울에 외물 본모습이 그대로 反影된 것) 遽거; 황급히. 서둘러. 앞뒤를 생략한 채 급거.]

『대학혹문』(「정심장」 조항)의 이른바 "기뻐함(喜)·노함(怒)·근심함(憂)·두려워함(懼) 등은 [심이] 느낌에 따라 응한 것이고,(心之用임)492) 예쁘게 생긴 것, 밉게 생긴 것, 귀하게 생긴 것, 천하게 생긴 것 등은 사물에 형상이 품부된 것으로(이것이 正心임)493) [이는 心之 用으로서 없을 수 없는 것이다]"고 함은 결국 "마음의 작용입니다."494) [마음이 외물에 느껴 작용으로 드러남은 자연의 일이거늘] "어찌 [마음의 작용 때문에] 황급히 그 바름을 얻지 못한다고 말할 수 있겠습니까?"(주희가 『혹문』에서 '心之用'을 논한 곳임)495)

是四者, 皆心之用, 而人所不能無者. 然一有之而不能察, 則欲動情勝, 而其用之所行, 或不能不失其正矣)" 즉 "一有之"하면 '欲動情勝'하여 심은 그 바름을 잃게 되고, 또 "不能察"하면 그 心用의 所行도 바름을 잃는다는 것이다. 고봉은 아래에서 먼저 '一有之'에 대해, 다음 '心之用'에 대해, 그 다음은 '不能察'에 대해 각각 고찰한다.

491) 『어류』권16, 賀孫146, 538쪽 기록이다.(하74) '一有之'는 心感 이전 먼저 이 4정을 두어서는 안 된다 함이다. 이 장은 "심에 이 四者가 있음을 논함이 아닌(非謂心有是四者也)"(『문집』권43, 「答林擇之」23, 1982쪽) 반대로 "심의 병통"(하75)을 논함이다. 심 미감에 먼저 이 4정을 소유하면 "欲이 動하고 情이 勝하여 그 [心]用의 所行은 바름을 잃게 된다."(정심장) 즉 「정심장」 본문 "有所忿懥"의 "이른바 '有所'는 被他(4정)가 內에서 主가 되면 심은 도리어 他動이 된다"(『어류』권16, 道夫137, 535쪽)는 의미이다. 칠정 혹은 사단도 있어서는 안 된다. "심에 희노애락이 먼저 있으면 그 바름을 얻지 못한다."(권16, 端蒙133, 534쪽) "誠意장과 正心장은 存養을 말함"이다.(권16, 寓160, 541쪽) "만일 흉중에 하나라도 不誠함이 있으면 物의 未感에서 이 넷의 사사로움이 이미 內에서 主가 되어, 일이 이르면 이 넷이 動하여 항상 그 절도를 잃게 된다.(苟其胸中一有不誠, 則物之未感而四者之私, 已主於內, 事之已至而四者之動, 常失其節)"(『문집』권51, 「答黃子耕」7, 2379쪽)

492) 『대학혹문』 「정심장」 "희노우구"는 『대학, 정심장』 "분치·공구·효요·우환"을 주희가 줄인 말이다. 이 4정은 『중용』 "희노애락" 및 「악기」와 「호학론」 "희노애락애오욕"과 같은 정이다.(하144) 『대학혹문』 정심장 조항에서 주희는 一心을 체용으로 나누어 "湛然虛明이 마치 如鑑之空, 如衡之平이라 함은 眞體의 本然이고, 喜怒憂懼와 妍蚩俯仰은 그 用의 없을 수 없는 것이다. 未感의 至虛·至靜은 鑑空·衡平의 體이고, 感物의 所應者는 모두 中節하니 그 鑑空·衡平의 用이다"(534쪽)고 한다. 즉 미감의 지허·지정은 心之體이고, 감물로 응한 희노우구는 心之用이다. 심은 "본래 외물에 응한다(人之有心, 本以應物)."(위 『혹문』, 534쪽) 그러므로 "심지용인 이 넷은 없을 수 없다(心之用而人所不能無者)."(위 『대학장구』, 『혹문』, 534쪽) 이와 같이 주희는 희노우구를 심의 용이라 한다.

493) "妍蚩俯仰"에 대해 주희는 "연치고하는 사물에 따라 응한 것으로 모두 저들의 스스로 그러함일 뿐이니 내가 간여한 바가 없다(妍媸高下, 隨物以應, 皆因之彼之自爾, 而我無所與)."(『문집』권51, 「答黃子耕」7, 2379쪽) "연치고하는 사물에 따라 형상이 정해진 것으로 나의 간여가 없다. 이것이 바로 正心이다(妍媸高下, 隨物定形, 而我無與焉. 這便是正心)."(『어류』권16, 賀孫144, 537쪽) "人心은 거울과 같아서 먼저 一個의 影象도 없다가 사물이 오면 바야흐로 妍醜를 照見한다. 人心은 湛然·虛明한데 사물이 오면 느낌에 따라 자연히 高下輕重을 見得한다"(권16, 賀孫147, 538쪽)고 한다. 이 상태로 심감하면 외물의 본연을 있는 그대로 오차 없이 연치부앙(연치고하)으로 비춘다. 이는 정심이고 心之用이다. 吾心의 간여가 없으며, 정호의 "無心·無情"(「정성서」)과 같다.

494) 『대학혹문』하7, 정심장 조항, 534쪽. 고봉은 인용문 아래 "亦其用之所不能無者也"를 생략하고 그 4줄 뒤 "이는 心之用이다"(535쪽)로 인용했다. '심지용'이 명확한 표현이기 때문이다. 혹자는 묻기를 "심의 應物은 당연의 일인데 왜 희노우구가 심에 있음을 不得其正이라 하는가?" 주희는 심의 체용으로 답변한다. "담연허명은 체"이고(상177·178) "희노우구·연치부앙은 용"이다.

495) 위 인용문 뒷줄 『혹문』하7 정심장 "亦何 '不得其正'之有哉?"(534쪽)를 인용했다. 앞 문구는 다음과 같다. "급기야 感物의 즈음

- 121 -

(125)"惟(퇴계집 唯)其事物之來, 有所不察, 應之旣或不能無失. 且又不能不(퇴계집 無오자)與俱往, 則其喜怒憂懼, 必有動乎中, 而始有 '不得其正'耳." 此乃 "正心"之事, 引之以證七情, 殊不相似也. [且又차우; 게다가. 더욱이. 그 위에 또. 不能不불능불; 그렇게 하지 않을 수 없음. 꼭 그렇게 함.(不能無능무; 없을 수 없음. 꼭 있음) 與俱往여구왕; 심은 외물과 감촉하며 함께 왕래함. 심은 외물과 교류·감촉함의 일임. 此乃차내; 이곳은 결국. 이것은 바로. 殊수; 오히려. 전혀. 不相似불상사; 둘의 종지가 서로 전혀 다른 일임.]

[그런데 이어 『대학혹문』에서] "다만 그 사물이 다가옴에 '살피지 못한 바가 있으면'(심이 不能察하면) 응한 그 기왕의 정에서는 혹 실수가 없을 수 없을 것이다.(心用에서 부득기정이 생긴 것임)496) 게다가 마음은 사물과 함께 왕래하지 않음이 없으며,497) 때문에 희노우구가 반드시 中에서 動한498) [마음의 작용이지만, 다만 응함에 잘 살피지 못함으로 인하여] 여기서 비로소 '그 바름을 얻지 못함(부득기정)'이 있게 될 뿐이다"499)라고 합니다.(주희가 '不能察'을 해설한 곳임) 따라서 이곳은 결국 "정심"에 관한 일인데도 이를 '칠정'의 일로 인용해 논증하셨으니, 이는 칠정설과 전혀 부합되지 않습니다.(『중용』 "희노"와 『대학』 "정심"의 일은 완전히 반대의 다른 일임)500)

應하는 바는 또 모두 中節하니, 그 鑑空·衡平의 用은 流行 不滯하여 正大·光明하다. 이를 결국 천하의 達道로 삼으니, 어찌 '不得其正'이라 함이 있겠는가." 심의 용은 희노우구이고, 이 희노우구는 『중용』 "中節"의 '天下達道'의 情과 같다. 따라서 심의 용인 희노우구의 정을 곧바로 "不得其正"(「정심장」)이라 할 수는 없다. 다만 심의 未感에 먼저 두어서는 안 된다 한다.

496) 이어진 『대학혹문』이다. 이곳은 "一有之而不能察" 중의 '불능찰'에 대한 주희의 설명이다. "一有之"는 심 未感에 정을 두어서는 안 된다 함이고 "不能察"은 감물 즈음 吾心과 그 사물 본연을 잘 살펴야 한다 함이다. 감물 즈음 잘 살피지 못하면 심의 "應之"함은 실수가 없을 수 있다. 이때 心之用은 "不得其正"이 있게 된다.

497) 주희는 『대학혹문』 정심장 서두에서 "심은 본래 응물하는 것이다(人之有心, 本以應物)"라고 한다. 이 응물을 "與俱往(외물과 함께 가는 것)"이라 한 것이다. 심은 쉼 없이 외물과 감응하는 과정에 있는 活物이다. 외물에 응할 때는 "能察"해야 한다. 심은 "마른 나무나 불 꺼진 재와 같(槁木·死灰)"(「혹문」)은 것이 아니다. "失(심의 본연을 잃음)"은 "득실을 의논할 수 없음(固無得失之可議)"의 "체"가 아닌 "용"에서 보이는 것이므로,(모두 「혹문」, 534쪽) 따라서 "부득기정"은 심의 용인 "희노우구"에서 말할 수밖에 없다.

498) 고봉은 "中에서 動하고 그 중이 동하여 칠정이 出한다. 그 中動이라 함은 심의 感이며, 心感으로 성의 欲이 出하니 이것이 情이다"(상103. 하143)라고 한다. 이곳 "희노우구" 역시 『중용』 "희노"와 같은 정으로 中에서 性이 動한 것이다. 지금 『혹문』은 "隨感으로 應한 心의 用"(상124)으로 논한 것이다.

499) 『대학혹문』하7, 정심장 조항, 534쪽. 주희 본문은 "必有動乎中者, 而此心之用, 始有不得其正者耳(반드시 中動의 것이 있으니, 이는 心之用이다. 여기서 비로소 부득기정이 있을 뿐이다)"인데 이를 고봉은 "必有動乎中, 而始有不得其正耳"로 생략 인용했다. '者'자 둘과 '此之用'을 생략한 이유는 앞 '者'자는 動한 情인 심용이고, 뒤 '者'자는 동 이후 심의 부득기정이기 때문이다. 즉 앞은 심의 用이고, 뒤는 부득기정의 심의 失이다. 만약 주희와 같이 "此心의 用은 비로소 부득기정이 있게 된 것"이라 하면 심용과 심실 구분이 모호하게 된다. 심용이 곧 심실은 아니기 때문이다. 때문에 고봉은 "中動이 있어도 여기서 부득기정도 있게 된다"고 함으로써 그 부득기정의 失만 말한 것이다. 此心의 용에 부득기정이 생긴 원인은 심의 "불찰한 바가 있었기(有所不察)" 때문이다. "그 用은 진실로 本善이나 그러나 흘러서 不善으로 入한다."(『문집』권45, 「答游誠之」3, 2062쪽)

500) "不相似"라는 말은 『맹자, 공손추하』2 "(경자가 말하기를) 선생(맹자)의 예는 예로부터 내려오는 예법과 서로 부합하지 않은 듯하다"(『문집』권43, 「答林擇之」26, 1938쪽. 권45, 「答楊子直」1, 2072쪽. 권51, 「答黃子耕8, 別紙」, 2381쪽. 『어류』권41, 涵90, 1476쪽)의 불상사와 같다. 즉 이 설과 저 설은 같은 설이 아니다. 퇴계는 "칠정은 선악미정이므로 하나라도 소유하거나 능히 살피지 못하면 심은 그 바름을 얻지 못한다"(상27)고 했다. 칠정은 소유해서는 안 되고, 또 칠정은 살펴야 하며, 결국 칠정 때문에 심은 부득기정이 된다. 이렇게 퇴계는 『대학』 "부득기정의 일유지이불능찰"을 『중용』 "희노"의 일로 여겼고, 때문에 고봉은 이 두 설을 '불상사'로서 전혀 다른 일이라고 한 것이다. 주희는 「정심장」에서 "일유지이불능찰"이라 하고 이는 "未感之時와 感物之際"(『혹문』)에서 이 4정을 '두어서는 안 된다'고 한다. 이로써 심은 "부득기정"이 되어 심의 失이 되고 만다. 따라서 정심장

(126)夫以來辯之說, 反復剖析, 不啻詳矣, 而質以 "聖賢之旨", 其不同, 有如此者. [反復반복; 반복하다. 되풀이하다. 剖析부석; 나누어 분석하다. 不啻불시; 마치~와 같다. 다만~뿐만 아니다.]

논변하신 설은 반복으로 분석하심이 매우 자세한 듯하나, 그러나 "성현의 종지"(퇴계의 말을 그대로 인용함)[501]로 질정해 보면 그 부합하지 않음이 이와 같습니다.[502]

(127)則所謂 "因其所從來, 各指其所主與所重"者, 雖若可以擬議, 而其實恐皆未當也. 然則謂 "四端爲理", 謂 "七情爲氣"云者, 亦安得遽謂之 "無所不可"哉? [所從來소종래; 종래로 내려온 바의 설.(퇴계; 근원의 리·기) 擬議의의; 논의로 걸다. 기초로 입안해 의논하다. 安得안득; 어떻게~할 수 있는가?(그럴 수 없다는 것) 遽거; 황급히. 급거. 갑자기.]

또, 말씀하신 바의 "그 소종래에 인하여 각기 '소주'와 '소중'으로 가리켜 설명했다"(소종래라는 글자의 용법은 퇴·고가 전혀 다름)[503]고 하신 논변은 비록 논의해 볼 수는 있겠으나,(칠사의 소주·소중은 반드시 다르다는 것)[504] 그렇지만 [위 고찰과 같이 칠·사의] 실제 종지에 있어서는 모두 합당하지 못하다는 것입니다.(리·기는 정주 해석일 뿐 사맹의 소주·소중이라 할 수 없음)[505] 그런데도 선생님께서는 왜 "사단은 리가 되고 칠정은 기가 된다"고 단정하시고, 또 어떻게 급거 "불가할 바가 없다"라고 단언해서 말씀하십니까?(너무나 단순하게 리·기로 단

'心失'인 "부득기정"과, 그리고 칠정으로 이루는 "中和"(도의 체용)는 서로 전혀 다른 일로서 '상사'가 없다.

501) 퇴계는 "종고로 성현들은 이 둘(리·기)을 논급함에 일찍이 분별로 言之했다",(상17) "성현의 종지(旨)로 헤아려보면 합치되지 못한다",(상30) "성현의 설로 반드시 그렇다는 것을 밝히겠다"(상33)고 했다. 여기서의 성현은 공자, 자사, 맹자, 周子, 정자, 주자 등이다. 고봉은 칠정과 사단, 중화와 부득기정의 종지는 '불상사'라 하기 위해 퇴계의 이 말을 그대로 인용한 것이다.

502) 위에서 「정심장」의 정과 「중용, 수장」의 희노는 그 종지가 전혀 다름을 상고했다. 앞에서도 칠정의 설을 「중용」, 「악기」, 「연평설」, 「안자호학론」과 주희의 「중용혹문」, 「중용장구」, 「논어집주」, 그리고 주희의 「답진기지」, 「악기동정설」, 「원형이정설」 등을 인용해서 상고했다. 이렇게 볼 때 칠정은 심에 당연히 있는 심의 용이며 성의 욕구이므로, 따라서 이를 "두어서는 안 됨" 혹은 "선악미정"이라 해서는 안 된다.

503) 퇴계는 "二者(사·칠)는 비록 모두 리기를 벗어나지는 않지만, 그러나 그 소종래에 인한다면 각기 所主와 所重을 가리켜 설명할 수 있다. 그렇다면 사는 리, 칠은 기가 된다고 한들 무엇이 불가하리오!"(상28)라고 했다. 「개정본」에서 "與所重"은 뺀다.(상206) 사실은 모두 겸리기인데, 단 그 소종래인 '리·기에 나아간다'면 소주·소중이 있으니, 리는 사 기는 칠이다. 퇴계는 "사칠이 리기를 벗어나지는 않아도 그 소종래에 인한다면"이라 하여 '소종래'를 '리·기'라고 한다. 반면 고봉은 칠사 소종래는 리·기가 아닌 '사맹의 칠·사 본설'이라 한다.(상77·78)

504) 칠사 2설은 당연히 그 종래한 바가 있다. 2설은 자사와 맹자가 사람 자연의 감정을 각자 자신들의 논점으로 다르게 제시한 것이다. 따라서 칠사 논의는 사맹의 소주·종지를 벗어나서는 안 된다. 사맹의 소종래에 따라 논해야 한다. 사맹은 칠사를 리기로 논하지 않았으나 정주는 리기로 논했다. 고봉은 칠사는 "각각 소주가 있다"(상78)고 한다. 사·칠이 "본성·기품의 리기와 같다면 매우 합당하며"(상59) 이는 "천지지성은 전지리, 기질지성은 리기잡"(상60)의 의미이다. 사맹의 칠사에 각자 소주·소중의 소종래가 있음은 지당하다.

505) 칠사는 각자 그 "소주"가 다르다.(상78) 사맹의 다른 소주·목적에서 칠사 2설은 나왔다. 一情인데, 맹자는 "측은지심"이라는 이름으로 "성선, 확충"을, 자사는 "희노애락"이라는 이름으로 "천명, 중화"를 논했다. 반면 퇴계는 사맹의 소주·소중을 고찰하지 않는다. 리·기가 그 소주·소중이라 할 수는 없다. 왜냐하면 리기는 사맹의 소지에 대한 정주의 해석에 불과하기 때문이다. 더구나 「대학, 정심장」 4정은 「중용」 "희노."와도 '불상사'(상125)이다.

정함. 이렇게 단언하면 중화와 확충·성선에 대한 다른 해석은 불가함)[506]

(128)況此所辯, 非但 "名言之際", 有所 "不可", 抑恐其於性情之實, 存省之功, 皆有所 "不可"也. 如何如何. [存省存省; 존양과 성찰.(미감의 미발에는 존양, 감물 즈음에는 성찰해야 함)]

하물며 선생님의 논변은 비단 "이름(名) 붙여 설명할 즈음"(名은 사맹의 칠·사 본명이고, 즈음은 공부처인데, 퇴계는 '리·기'로 여김)[507]에서만 "불가"한 바가 있는 게 아니라,(퇴계는 리발·기발로 名해도 불가하지 않다고 하는데, 이는 용어에서 어긋남)[508] 더욱이 그 '성·정의 실제(實)'는 물론이거니와 그 '존양·성찰의 공부'에 있어서까지도 모두 "불가"한 바가 있습니다.(사맹 및 주희는 성정의 즈음을 심 공부로 논설했는데, 퇴계는 리발·기발을 名과 즈음이라 하여 이치로 삼았기 때문임)[509] 어떻게 생각하실 지요.

(129)第七節 제7절

　　大升非有所見者. 特因前說, 有 "四端乘於氣, 七情出於性"之意. 乃以 "有見於理氣

---

506) 퇴계는 "사는 리, 칠은 기가 된다 한들 무엇이 불가하겠는가?(某爲理, 某爲氣, 何不可之有乎?)"(상28)라고 한다. 이는 "사칠은 그 소종래에 因해 '소주'와 '소중'을 가리킬 수 있음"(상28)에 대한 결론이다. 즉 사맹의 소주·소중은 곧 리와 기이다. 고봉은 사칠을 리·기로 해석해도 "진실로 불가하지 않다"(상69·90)고 한다. 단, 정주의 해설일 뿐이 리·기가 갑자기 사칠의 소주·소중이 될 수는 없다. 칠사 소종래는 사맹이며, 그 해석은 단지 리·기 뿐만은 아니다. "중화"와 "성선·확충"에 관한 리기로의 해석은 학자의 자유이지만, 사맹을 넘어서는 안 된다. 만약 퇴계와 같이 리·기로 단정하면, 사단의 단은 기가 될 수 없고, 칠정의 중화도 리로 해석할 수 없게 되고 만다. 어찌 천명·중화·달도를 이룰 수 있는 칠정이 단순히 기일 뿐이겠는가?

507) 퇴계는 "이치는 비록 이와 같지만 '이름 붙여 설명할 즈음(名言之際)' 작은 차이라도 있다면 선유의 구설을 쓰자"(상47)고 했다. 퇴계는 『어류』 "사단시리지발, 칠정시기지발"이라는 "이치"의 설을 믿어야 한다고 하면서, 또 오히려 "名言之際"를 고봉과의 '논쟁'으로 여겼다. 우리의 명언에서 차이가 난다면 주희 구설인 "리발·기발"로 돌아가자. 하지만 명언지제는 '우리의 명언'이 아닌 사맹의 본명이고, 『어류』 "시리지발, 시기지발" 역시 사맹의 名(칠·사)를 리기로 '해석한 것뿐, 주희가 칠·사로 '名'한 것은 아니다. 어류 리발·기발의 해석은 "이치"로 여길 수 없다.

508) 퇴계는 "사는 리, 칠은 기라 해도 불가하지 않다"(상28) "名言之際에서 서로 차이가 나면 선유의 구설을 쓰자"(상47)고 했다. 리발·기발은 "이치"이고, 사칠을 리·기로 삼아도 "불가하지 않으며", 다만 우리의 "명언지제는 서로 차이가 있다"는 것이다. 하지만 "名"은 사맹 칠·사이고, "즈음(際)"은 심의 미발·이발 즈음 공부할 곳이며, "리기 해석"이 이칠일 수는 없다. 퇴계의 이른바 명, 즈음, 이치 등 용어는 사맹, 주희의 용법과 어긋난다. 용어에서 어긋나면 토론은 불가하다. 사맹 칠사는 공부를 위함이고, 고봉도 공부로 논한다. 사단 "확충"은 "心"이고, 칠정의 전후 應物 즈음은 "謹獨공부"이다. 고봉은 어류의 리발은 "확충하고자 함", 또 이천의 칠정설을 "그 情을 규제해서 中에 합치하고자 함"으로 해석한다.(하133·134)

509) "성·정의 실제"는 설이 아닌 '사실로서의 일'이다. 성은 심의 리이고, 정은 心感으로 性發한 감정이다. 이 성·정의 實를 논설한 것이 사맹의 칠·사 "명"과 정주의 리발·기발의 해설이다. 주희가 스스로 자신의 전설에 대해 "심·성의 實에 差가 있는 것은 아니나, 미발·이발의 命名이 未當하고 게다가 日用之際의 本領一段工夫도 欠却되었음을 알았다"(「이발미발설」, 3266쪽)고 한 것은 심·성의 實과 그리고 미발·이발의 존양·성찰 공부를 논한 것이다. 성도 심의 일이고 미발·이발도 심(공부)의 일이다. 다만 미발을 "중"이라 하고 이발을 "희노"라 한 것은 미발존양인 "본령공부"와 이발의 "성찰공부"를 논한이다. 미발존양이 없으면 마음은 치우쳐서 이발도 중절할 수 없고, 이발에 성찰이 없으면 "應하는 것도 실수가 없을 수 없다."(상125) 만약 정자와 같이 "심을 이발"(상151)로 여기면 미발존양인 본령공부가 빠지고 만다. 퇴계와 같이 사단만 "무불선이라 하여 확충하고자 하면 선을 밝힘에도 未盡하고 力行에도 差가 있을 것"(하97)이다. 또 칠정을 "선악미정", "두어서는 안 될 것"이라 하면 이는 주희의 말과 같이 미발·이발의 명명도 未當하고, 또 존양·성찰 공부도 없음이 되거니와, 「중용」 종지에도 어긋난다. 주희는 「호남제공서」에서 심을 이발로 여기면 호굉과 같이 "단지 端倪의 찰식"만 있고 그렇다면 "평일 함양공부가 궐각된다"고 한다.(3131쪽) 주희는 「중용」 미발·이발을 "심의 功夫處"(『어류』권5, 端蒙75, 230쪽)라고 한다. 즉 "未發之前은 敬으로 持養하고 旣發之後는 敬으로 察之해야 한다."(『문집』권46, 「答黃商伯3, 2131쪽) 퇴계는 이 즈음 공부를 논하지 않고, 칠·사 2설 종지를 고찰하지 않았으며, 단순히 리발·기발을 이치로 삼았다.

之相循不離"者, 許之. 大升固不敢當. 而鄙意亦不專在是也. 先生於此恐亦未免爲失言也. [乃以내이; 오히려. 결국 이로써. 許之허지; 이처럼 허여하다. 이렇게 이해하다. 不敢當불감당; 천만의 말씀이다. 감히 받들 수 없다.]

이곳 제7절은 대승의 소견이 아닙니다.[510] 저는 단지 선생님의 전설에 의거해서 "사단도 기를 타야하고 칠정도 성에서 나오니"[511] 따라서 [사칠을 리·기 兩物로 각각 분리시킬 수 없다는] 뜻으로 말씀드렸을 뿐입니다.[512] 그런데도 선생님께서는 오히려 저의 소견으로 추측하셔서 "리기는 서로 순환하며 떨어지지 않는다는 견해가 있었다"라는 것으로 이해하셨습니다.(리기의 상순·불리는 '道'와 '物'의 논으로, 칠사설과 다름. 퇴계는 고봉이 사칠을 잡리기로 여겼다고 오해함)[513] 대승으로서는 진실로 받아들일 수 없습니다.[514] 그리고 저의 비루한 뜻 또한 여기에 있었던 것이 아닙니다.[515] 선생님께서는 이점에 있어서도 또한 실언을 면치 못하신 듯합니다.(리기의 상순·불리는 사맹 칠사설과 전혀 관계가 없음. 만약 그렇다면 칠·사는 合善惡이 되며, 퇴계 스스로도 그렇다고 함)[516]

---

510) 제7절은 퇴계가 고봉의 설을 해석한 곳이다. 퇴계는 3조항으로 고봉을 해석했다. 1)"리기는 상순·분리하다는 의견을 보였다." 2)"리 없는 기 없고, 기 없는 리도 없다고 여겼다."(주희섬) 3)"사단 칠정은 異義가 없다고 했다." 이어서 "이는 성현의 종지로 헤아려 보면 未合하다"(상30)고 한다. 그러나 이 3조는 모두 고봉 본의와 다르고, 퇴계의 자의적 해석이며, 바로 퇴계 자신의 혼륜설일 뿐이다. 2)는 주희 본설(상17)이므로 아래에서 언급하지 않는다.

511) "前說"은 추만과 퇴계의 "사단, 發於理而無不善, 칠정, 發於氣而有善惡",(상4) "四端之發, 純理故無不善, 七情之發, 兼氣故有善惡"(상1·5) 등을 말한다. 이렇게 사맹 칠사설을 인식하신다면 "사람 느낌은 리·기로 조개져 兩物이 되고, 결국 칠정은 性出이 아니고 사단도 乘氣가 아님이 된다"(상4)고 했다. 퇴계는 발을 리발·기발로 나누었고, 또 사칠 2설을 각각 리·기 둘로 양분했다. 그런데 고봉 본의는 발의 정은 하나로 소통하는데, 사맹은 단지 둘의 의미로 다르게 설한 것뿐이다. 진실로 사단의 리발·주리, 칠정의 기발·주기 해석도 가능하다. 그러나 그 2설의 발처 근원이 각자 다르거나 또는 리·기의 다른 선일 수는 없다.

512) 「사우서」이전 고봉의 처음 비판은 '사단은 정이므로 무불선'이라 할 수 없고, 또 칠사의 발을 리·기로 나누면 정의 '근원'이 서로 다르게 되고 만다는 점이었다. 이는 추만과 퇴계의 "사는 發於理이므로 무불선, 칠은 發於氣이므로 유선악"(상4)에 대한 비평이다. 그렇다면 결국 "발은 양발이 되고, 사칠은 리·기 양물이 되며, 또 칠은 性出이 아니고 사도 乘氣가 아님이 되고 만다." 사맹 칠사는 一性·一情·一善일 뿐이다. 이후 「사우서」에서 "사단지발, 純理故無不善, 칠정지발, 兼氣故有善惡"(상1)으로 "고쳤지만 역시 未安인데"(상5) 이는 전설을 더욱 강조한 것이기 때문이다.

513) 퇴계는 "그대는 리기는 상순·不離라는 견해를 깊이 나타냈고, 그 설을 힘써 주장했으니"(상29) 이런 견해는 "기를 성으로, 인욕을 천리로 논하는 환란"(상43)이며, "혼륜의 同만 주장함"(상37·38)이다. 퇴계는 정을 혼륜(잡리기), 주리, 주기 셋으로 나누고, 고봉의 주장을 사칠 잡리기로 여긴다. 그대는 사칠을 잡리기의 상순·불리로 여겨 리·기로 分할 수 없다고 했다. 하지만 칠사는 정에 대한 각자 다른 2설일 뿐, 상순·불리라 해서는 안 된다. "상순"은 '도의 유행을 말하고, "불리"는 본연·기질지성 및 도·기는 '분리될 수 없음'이며, 리기 불리는 '物 논의이다. 만약 사칠이 不離라면 사단 혹은 사칠은 리기혼합의 잡탕이 되며 선악 혼재가 되고 만다.

514) 진실로 퇴계의 지적에 '따를 수 없다'는 완곡한 거부이다. 주희는 "희는 진실로 不敢當此이다. 때문에 區區의 鄙見을 감히 老兄을 위해 傾倒(나의 뜻을 모두 쏟아 부음. 하127)하지 않을 수 없겠다"(『문집』권36, 「答陸子靜」5, 1577쪽)고 하는데, 이는 육구연이 불필요하게 "下敎"하려 했기 때문이다.

515) "여기에 있지 않았다"고 함은 지금 우리의 토론은 사칠의 상순·불리를 말함이 아니라 함이다. 정은 외물의 心感이므로 겸리기지만, 사맹 종지는 진실로 상순·불리 및 겸리기가 아니다.

516) 고봉은 사칠을 묶어 상순·불리라 한 적이 없고, 또 사도 상순·불리, 칠도 상순·불리라 하지도 않았다. 하지만 퇴계는 "그대는 리기의 상순·분리를 힘써 주장하면서 리 없는 기 없고 기 없는 리도 없다고 했다"(상29)고 한다. 이는 고봉의 "사칠은 리·기로 분속할 수 없고", "사물에서의 리기는 진실로 혼륜하니 二物로 분개할 수 없다"(주희설임. 상7)에 대한 논평이다. 주희설은 리·기는 二物이나 사물에서는 분개할 수 없다 함이다. 이는 칠사설이 아니므로 고봉은 논쟁하지 않는다. "상순"은 도의 유행이다. "불리"는 형이상·하, 도·기, 본연·기질지성은 서로 떨어질 수 없다 함이다. 둘로 분리되면 性 道 등은 성립될 수 없다. 이러한 상순·불리는 칠사설과 관계가 없다. 모두 언어 소통에서 어긋난 것이다. 퇴계는 사칠은 리기혼륜, 사단도 리기혼륜이라 한다.(상260) 그러나 고봉은 사는 리, 칠은 겸리기의 指라 했을 뿐이다. 칠정의 겸리기가 不離라면 천명, 중화는 氣惡과 떨어질

(130)若 "四端七情, 初非有二義"云者, 盖謂四端, 旣與 "七情中, 發而中節者", 同實而異名. 則推其向上根源, 信 '非有兩箇意思也'云爾, 豈有直以爲元無 "異義"也? 若直謂之 '無異義', 則豈不戾於 "聖賢之指"(퇴계집 旨)乎? [盖개; 그렇게 말한 이유는.(앞을 이어 그 이유를 설명함) 同實而異名동실이이명; 一情의 實과 그 善은 같으나 그 명칭은 다름.(實은 정, 名은 칠(和)·사 명칭을 말함. 정은 實의 一善 하나지만 그 명칭은 수많음. 심, 칠정, 사단, 중절자, 불중절자, 正心, 和로서의 정 등등의 이름. 맹자는 측은의 '심'으로 논함. 대학의 "분치"는 정을 '심용'으로 논함) 無異義무이의; 다른 옳음이 없음.(화의 義와 사단의 義는 엄연히 다른데, 이는 一義를 둘로 설명한 것임. 인용 오류인데 고봉은 오류라 하지 않고 풀이한 것임) 豈不戾기불려; 어찌 어긋나지 않겠는가?]

제가 "사단과 칠정은 애초 '둘의 옳음(二義)'으로 있지 않다"(칠정의 선은 천명의 성이기 때문임)[517]고 운운했던 것은, 곧 사단은 기존(자사에서 맹자가 도통임) "칠정 중의 발해서 중절한 것"과는 그 '善의 實은 같으나 名만 다르다(同實異名)'라는 뜻이었습니다.(자사의 화와 맹자의 측은은 名은 다르나 같은 一善임)[518] 따라서 저는 그 근원의 정(一情)으로 보면 진실로 '두 개의 옳음으로 있는 게 아니다'고 운운했을 뿐이거늘, 제가 어찌 곧바로 [사칠 종지는] 원래 "다른 옳음이 없음(無異義)"(퇴계)으로 여겼겠습니까?(어찌 사맹 둘의 종지가 같겠는가?)[519] 만약 제가 곧바로 "다른 옳음이 없다(無異義)"고 했다면 이것이야말로 어찌 "성현(사맹과 정주)의 가리킴"(퇴계의 旨를 指로 바꾼 것임)[520]에 어긋난다 하지 않겠습니까?(사맹의 칠사는 그 소지와 종지가 전혀 다름)[521]

수 없음이 되고 만다.

517) 고봉은 "善者는 천명의 본연이고 惡者는 기품의 과불급이다. 따라서 四端 七情者는 당초 二義가 있는 것은 아니다. 근래 학자들은 맹자가 善 一邊에 나아가 척출 지시한 뜻을 살피지 않는다"(상9·10)고 했다. 二義가 없다 함은 '선이 같다' 함이다. 같은 선인데 각자 칠정의 선, 미발의 中의 선, 중절의 和의 선, 성선의 선 등의 異名을 가진 것이다.

518) 당초 "非有二義"라 한 것은 달도(화)의 선은 사단의 선과 '둘의 옳음(二義)'이 아니라 함이다. 善은 동일한데, 자사는 '달도'로 맹자는 '확충·성선'으로 논했고, 그 名은 "화"와 "측은"으로 다르다. "칠정의 善者는 천명의 본연"(상9)이다. "기존(旣)"이라 한 것은 '자사에서 맹자로 道統'이 이어지기 때문이다. 반면 퇴계의 "같은 정인데 왜 사·칠의 '異名'이 있겠는가"(상16)는 善이 아닌 사·칠 '명칭'이다. 사칠의 異名은 당연하다. 왜 異名이 있는가? 그것은 一情의 '實'에 대한 사맹 등의 說이 異하기 때문이다. 그 '설이 異'해서 名도 異할 뿐, 이는 결코 名이 異해서 그 설이 異한 것은 아니다. "同實"은 사람 느낌은 하나의 '실제'이고 그 善도 동일의 '實'이라 함이다. 그 實의 善과 情에 대한 설명이 달라서 '측은' '화' 등 '異名'이 있다.

519) 퇴계는 "그대는 사칠을 '非有異義'라 했다"(상29)고 했다. 이는 인용 오류이다. 고봉은 사칠의 '선'을 '非有二義'(상9)라 했을 뿐, 사칠을 '非有異義'라 하지 않았다. 사단의 선은 '中節者'의 선과 二義가 아니다. "二義"와 "異義"의 뜻은 다르다. 고봉의 二義는 사칠의 '實과 善은 같다 함이고, 퇴계는 '그대는 사칠은 異義가 아니다'고 했다 함이다. 사칠의 義는 당연히 異다. 성선의 선은 '성', 중절의 선은 '도의 용'을 가리키므로 그 義는 반드시 異다. 그런데 퇴계는 善이 아닌 사칠의 '名'의 異로 답한다. 사칠은 사맹의 名이므로 반드시 異다. 이 말은 아무 의미가 없다. 퇴계는 사칠의 名에 대해 '無異義'로 인용했다.

520) 퇴계는 "사칠을 '非有異義'라 하면 이는 '聖賢之旨'에 未合한다"(상29·30)고 하고 또 "사단 칠정을 '無異指'로 여기면 자상모순에 가깝다"(상42)고 한다. 一情을 맹자는 측은으로, 자사는 희노로 名했다. 사칠의 설은 '異指'가 있고 또 '異旨'도 있다. 칠사 2名은 一情의 實·善을 각각 다르게 설명하면서 생긴 것으로, 따라서 성선과 화의 선은 同實이나 異名이다. 퇴계는 이와 다르다. 퇴계는 사칠을 '非有異義', '無異指'라 하면 이는 "성현의 旨(宗旨)"가 아니라 한다. 그러나 사맹의 "종지(旨)"와 그 "가리킴(指)"은 뜻이 다르다. 종지는 성현의 '本義', 가리킴은 '說·설명'이다. 성선과 和 둘은 같은 종지가 아니다. 맹자의 종지는 "그 정(其情)으로 성선"을, 자사의 종지는 "중절자의 화는 도의 용"이다. 따라서 고봉이 '旨'를 '가리킴(指)'으로 바꾼 것은 사·칠로 '가리킴'은 그 종지를 위한 '설'이기 때문이다. 칠사는 종지를 위한 設로서의 "指"이지 칠사가 곧 "종지(旨)"는 아니다. 사맹의 '칠사'와 정주의 '리기 해석'은 반드시 指가 다르다.

521) 사맹의 칠사가 無異義·無異指라면 이는 반드시 성현의 "指"에 어긋난다. 사맹이 칠사로 "가리킨(指)" 것은 각각 그 "所主가 있

(131) 第八節 제8절

此段所論, 乃讀書窮理切要之言, 敢不眷眷(퇴계집 拳拳)服膺乎? 幸甚幸甚.

이 단락의 논하신 바는 독서와 궁리에 관한 긴요한 말씀이시니, 감히 가슴속에 간절히 담지 않을 수 있겠습니까?(고봉은 독서·궁리로 답변하지만, 퇴계 본의는 리기 관계임)[522] 심히 다행입니다.

(132) 第九節 제9절

凡此數段, 皆据先儒舊說, 固無可議. 但中間, "偏指而獨言氣"一節, 似覺未當. 盖旣謂之性, 則雖墮在氣質之中, 而不可專以氣目之也. [偏指편지; 편향되게 지칭하다. 한쪽만 가리키다. 獨言; 홀로 말하다. 단독으로 언명하다. 墮在타재; 성이 기 안에 떨어져 존재함. 目之목지; 조목하다. 지목하다.]

이곳 몇 단락은 모두 선유의 구설에 의거하셨으니 진실로 의논할 것이 없습니다.(퇴계는 성현의 성설을 리기로 해석했고, 이는 당연하다는 것임)[523] 단, 중간의 "한쪽만 가리켜(偏指) 단독의 기로 말했다"[524]의 1절은 타당하지 않습니다. 왜냐하면 기왕 성이라 이른다면 그 성이 비록 기질 가운데 떨어져 있다 해도 이를 오로지 기(專氣)로 지목해서는 안 되기 때문입니다.(모든 성설은 리일 뿐이며, 기질지성도 성설이며 기설이 아님)[525]

다." "자사는 중화를 말했고, 맹자는 그 정의 선만 척발해 확충·성선을 논했다."(상3·10) "자사는 성정의 덕을 중화로 말했는데, 단 희노애락은 정의 겸리기·유선악의 혼륜의 言之이다. 맹자는 성선의 리를 발명하기 위해 정의 善者로 言之했다. 따라서 그 意는 각각 '所主가 있다."(상78~82) 그런데도 "異義가 없다고 한다면 이는 사맹과 정주의 指에 어긋나고 만다."

522) 퇴계는 여기서, 학문은 일설을 위주하지 말고 허심평기로 살펴야 한다. 有異와 有同도 알아야 하고, 分해도 '未嘗離'하고 合해도 '不相雜'해야만 결국 그 설은 周悉無偏이 된다고 한다.(상32) 허심평기로 선유의 설을 보되, 그 선유의 설은 同·異도 있으니, 불상리·불상잡으로 논해야 주실무편이다. 고봉은 이 사항을 '독서·궁리'의 요체라 한다. 그런데 문제는 퇴계의 앞뒤 문맥 본의는 리기 관계에서 同·異와 離·雜을 논한 것이며 따라서 독서·궁리를 논한 것이 아니라는 점이다. 퇴계 본의는 "異"는 리·기,(상36) "同"은 리기혼륜,(상38·239) "미상리·불상잡"은 리기의 상순·상성·상수 관계,(상34·35·37·276·277) "주실무편"은 허이실(상304·301)이다. 때문에 고봉은 아래에서 이 설에 각각 답변한다. 결국 퇴계는 오히려 異·同, 離·雜, 주실무편의 독서법을 실천하지 않았고, 이로써 퇴계의 독서는 선유 본의에 어긋나거나 혹은 치우치게 읽고 만 것이다. "拳拳服膺"은 『정씨문집』권9, 607쪽.

523) 퇴계는 선유의 성설을 독리, 독기, 혼륜으로 분류했다. 공자의 "계선·성성"과 주돈이의 "무극·태극"은 독리, 공·맹의 "상근, 이목지성"은 독기, 자사와 정자의 "희노애락애오욕"은 리기혼륜이다.(이곳은 성설이 아님) 퇴계는 "리기에 나아가서" 공·맹과 자사·정자 등의 성·정설을 논했다. 이러한 제설을 리기로 해석함은 당연하다. 단, 퇴계의 해석은 공·맹 등의 종지와 다르다. 왜냐하면 "계선·성성", "상근" 등은 단지 리기 중의 리·기를 가리킨 것일 수 없기 때문이다. "계선"은 善을, "상근"은 性을 가리킨 것이다. "선유의 구설에 의거했다"고 함은 퇴계의 논변이 옳다 함이 아닌 정주와 같이 리기로 해석할 수 있다 함이다.

524) 퇴계는 "공자와 맹자는 리기 相成 가운데 就해서 기로 '偏指而獨'했다"(상35)고 한다. 즉 리기 同中에 就해서도 리·기의 有異를 알았다는 것이다. 퇴계는 혼륜이 아닌, 기만을 偏指한 성을 알았다. 즉 리기 혼륜에서도 기만 가리켜 "상근" "이목지성"이라 했다는 것이다. 과연 공맹은 '리기에 나아가서' 성을 논했고 또 기만 가리켰는가? 공맹의 성설은 '성'일 뿐, 리기가 먼저일 수는 없다. 주희는 공맹의 성설을 기질지성이라 하는데, 기질지성은 성일 뿐 氣 혹은 偏氣라 할 수는 없다.

525) 퇴계는 공맹의 기질지성을 "偏指而獨言의 氣"라 한다. 리기에 나아가 그 "오로지 기만 치우치게 가리킨" 것이 곧 기질지성이다. 고봉의 답변은 "기왕 성이라 이른 것", "성은 기질지중에 타재함", "專氣로 지목할 수 없음"이다. "기왕 성"이라 했으니, 성일 뿐 기가 아니다. 성을 어떤 방법으로 어떻게 설명하든 기는 아니다. "기질지중에 타재함"은 기질에 타재한 '성'이다. 성은 어떤

(133)按『論語』, 子曰, "性相近也, 習相遠也", 註曰, "此所謂性, 兼氣質"以言之. 然則性爲主, 而兼乎氣質也. [習습; 닦다. 공부하다.]

먼저 『논어』를 상고하겠습니다. 공자는 "성은 서로 가깝지만 습관(공부)에서 서로 멀어진다"(성을 '공부'로 논했으며, 성설이 완비됨)[526]고 하는데, 주자는 주석하기를 "이곳의 이른바 성은 기질을 겸(兼)해" '설명(言之)했다'라고 합니다.(주희의 언을 '언지'로 바꾼 것임)[527] 따라서 기질지성은 '성이 주가 되며(爲主) 기질을 겸(兼氣質)한 성'입니다.(공자, 정자의 기질지성이 맹자 성선설보다 더 정밀하며, 공부할 곳이 있기 때문임)[528]

(134)"孟子曰, 口之於味也, 目之於色也, 耳之於聲也, 鼻之於臭也, 四肢(퇴계집 支 오자)之於安佚也, 性也. 有命焉, 君子不謂性也", 註, "程子曰, 五者之欲, 性也. 然有分, 不能皆如其願, 則是命也." [分분; 본분. 직분. 소임. 願원; 욕구. 원하다.]

또, 맹자는 "입의 맛, 눈의 색, 귀의 소리, 코의 냄새, 사지의 안일에 있어서는 性이다. 그러나 여기에는 命이 있으므로 군자는 성이라 하지 않는다"(안일로 성을 얻거나 구하려 해서는 안 된다는 것)[529]고 하는데, 여기에 주자는 주석하기를 "정자는 말하기를 이 다섯의 욕구는 성이다. 그러나 맡은 소임이 있어서 모두 욕구하는 것만큼 할 수 없으니, 이것이 命이

경우든 "專氣로 지목할 수는 없다. 또 성을 리·기로 나눌 수도 없다. 성설은 매우 많다. 성선지성, 본연지성, 기질지성, 상원지성, 이목지성, 천명지성 등의 성설은 모두 성일 뿐 "專氣·偏氣"로 지목할 수는 없다.

526) 『논어, 양화』2. 공자의 "性相近"을 정주는 '기질지성'이라 주석한다. 공자의 성은 기질지성이다. 그런데 퇴계는 "공자의 相近之性은 偏指而獨言氣"(상35)라 하고 주희 주석을 고찰하지 않는다. 주희는 『논어, 學而時習之』의 '습'을 "習은 鳥數飛이니 學의 不已이다", "無時而不習(時로 習하지 않음이 없음)"이라고 하여 공부·學習으로 주석한다. "工夫는 間斷이 없이"(「이발미발설」) 미발·이발에 이어져야 하며, 일시에 치우쳐 공부해서는 안 된다. "說"의 '기쁨'은 일시일 수는 없다. 공자 성설이 완비된 이유이다.

527) 『논어집주』 위와 같은 곳. 주희는 "兼氣質而言"이라 했는데, 고봉은 "兼氣質以言之"로 인용해서 "兼氣質"까지만 취하고 이를 '언지'라 한다. '兼氣質'이 성의 '설명(言之)'임을 강조하기 위함이다. 고봉은 이미 「추만서」에서도 '언지'로 고쳤다.(하190) '타재한 성'이라 함은 그 성에 대한 설명이다. 때문에 성을 '言', 타재한 설명의 성을 '言之'라 한다.(상60) "孔子曰, '性相近也', 兼氣質而言"(『어류』권4, 砥49, 196쪽)의 '言'은 '겸기질로 말씀한 것'의 뜻이다. "性相近, 以氣質言." 間, 性相近, 曰, 是氣質之性"(권47, 祖道3, 節4, 1624쪽) 정자도 "性相近也는 生質之性이다"(『정씨유서』권8, 23, 102쪽)고 한다.

528) 성이 기질에 타재해 있어도 성의 본연은 변함이 없다. 다만 장재가 기질지성에 대해 "군자는 성이라 하지 않는다(君子有弗性者焉)"(「고자상」6)고 한 것은 기질의 "안일"을 성으로 삼아서는 안 되기 때문이다. "我性의 所有라 해서 반드시 得之로 求해서는 안 된다"(「진심하」24. 상134)가 이 뜻이다. 공자의 기질지성은 '공부'로 말했고 때문에 "정자의 [기질지성이 맹자 성선설보다] 더 정밀하며, 省察의 功(노력)이 없어서는 안 되기 때문"(「고자상」6)이다. 주희는 "性相近" 주석에서 "정자왈, 此는 기질지성을 말하며 性之本을 말함은 아니다. 그 本을 말한다면 곧 '性卽是理, 理無不善'이니, 맹자 '性善'이 이것이다"(「양화」2)고 한다. 단 "천지지성은 기질 속에 존재해 있다(天地之性, 存焉)." "비록 기질의 불선이라도 성의 본선에는 해로움이 없다(雖有不善, 而不害性之本善)."(모두 「고자상」6) 기질로 인한 불선이라도 성은 영향이 없다는 것이다. 기질지성은 성이 기질에 '타재한 곳에서' 설명했으니 성이 위주이며, 그 성의 장소를 알려주기 때문에 '겸기질의 언지'라 한 것이다.

529) 『맹자, 진심하』24. 주희는 "맹자 역시 기질지성을 말했으니 '口之於味也'의 類가 이것이다",(『어류』권61, 節17, 1979쪽) "질문; '四肢之於安佚'은 성이 아닌가? 답변; 어찌 성이 아니겠는가? 단 여기서 성을 구하면 안 된다. 그러므로 '君子不謂性也'라 했다"(같은 곳, 人傑18, 1979쪽)고 한다. '안일'로 "성을 얻거나 求하려 해서는 안 된다"(「진심하」24)는 것이다.

다"530)라고 합니다.531)

(135)但『輯註』, "朱子曰, 此性字, 指氣質而言, 此命字, 合理與氣而言", 此則可疑. 然考 『語類』有曰, 孟子謂「性也, 有命焉」, 此 "性"是兼氣禀食色言之. 然則凡言性者, 不 偏指氣, 可見矣. 今謂之 "偏指而獨言氣", 恐未然也. [輯註집주. 모음주.(주희 集註 아래 明 代에 작은 글자로 붙인 주석. 小註라 함) 可疑가의; 의아하게 여겨지다. 의혹할 수 있다. 有曰유왈; ~ 라 말하고 있다. 凡言性者범언성자; 모든 성을 말한 것. 성을 어떻게 말하든 상관없이.(정자의 "凡言心 者"와 같은 용법)]

다만 『소주』에서는 "주자는 말하기를 이곳의 性자는 기질을 가리켜 말했고, 이곳의 命자는 리와 기를 합해서 말했다"532)고 하는데, 이 기록은 의혹할 수 있겠습니다.533) 그 래서 저는 『주자어류』 '맹자의 「성인데 명이 있다」'는 조항을 모두 상고해 보았습니 다.534) 그랬더니 이곳 "성"을 다른 기록은 모두 '기품과 食色을 겸(兼)으로 설명'하고 있 었습니다.535) 그렇다면 모든 성(특히 공 · 맹의 기질지성)을 말한 것536)은 '기에 치우쳐 가리키

---

530) 『맹자집주』, 위와 같은 곳. 고봉은 기질지성의 "다섯의 욕구가 性임"을 말하기 위해 인용한 것이다. 「악기」의 "감물하여 動함은 性의 욕구이다"(상107)의 '욕구'와 같은 뜻이다. 안일의 성도 기가 아닌 성이다. 다만 이 '안일'을 '나의 성이라 하면 안 되니' 그것은 "命이 있기" 때문이다.

531) 기질지성과 본연지성은 일성을 둘로 言之한 性說이므로, 두 설은 반드시 別이다. 기질지성은 성이 기질에 타재한 곳에서 언지한 것이다. 따라서 기질지성은 "偏指 · 獨言"(상35)의 독기가 아니다. "구 · 목 · 이 · 비, 사지안일의 욕" 다섯은 모두 성이며 이는 고자 "生之謂性"의 성설과 같다. 주희는 "이것을 성의 本原이라 할 수는 없다. 다만 性中에는 리가 있기에 입의 반드시 맛보고자 함을 통해 자연스레 이와 같이 발출한다. 만약 본래 이 리가 없다면 입 · 귀로 맛보고 듣고자 하지 못했을 것이다(其實這已不是 性之本原. 惟性中有此理, 故口必欲味, …自然發出如此, 若本無此理, 口自不欲味)"(『어류』권61, 賀孫28, 1982쪽)고 한다. '하고자 함(欲)'은 성인데, 이 욕구를 통해 성의 본연은 외부로 드러난다. 기질지성은 성의 본연이 자재하므로 '氣만 偏指'해서는 안 된다. 한편 "四肢之於安佚也, 性也', 이 性字는 專指氣로 말했다. '聖人之於天道也, 命也', 이 命字는 專指氣로 말했다"는 질문에 주희 는 "이 설의 分得은 좋다"고 한다.(『문집』권51, 「答董叔重」7, 2365쪽) 단, 이는 주희가 아닌 질문자의 말이다.

532) 『맹자집주대전』(『경서』대동문화연구원, 746쪽) 이 '소주'는 본래 『어류』권61, 「口之於味也章」을 명대 『집주대전』에 편집 수록 한 것이다. "주자왈"은 『대전』 편집자가 넣었다. 『어류』 본문은 다음과 같다. "又問, 孟子謂 '性也, 有命焉, 此 '性'所指爲何? 曰, 此 '性'字指氣質而言, 如 '性相近'之類, 此 '命'字却合理與氣而言."(銖29, 1982쪽) 이곳의 이른바 성은 기질지성일 뿐 '기'라 할 수 없다. 수 기록은 성의 "指氣質"과 명의 "合理氣"인데, 이는 "兼氣質"과 "指理"가 되어야 한다.

533) 고봉은 이 소주를 의혹한다. 왜냐하면 맹자의 안일지성은 기질이 아닌 성을 가리키며, 따라서 퇴계와 같이 "氣로 偏指해 獨言했 음"(상35)은 불가하다. 주희는 집주에서 "정자는 五者의 欲은 性이다"고 한다. 퇴계의 인용문 "안일의 성"을 정주는 '성'이라 했 다. 이 성은 기질지성이다. 그런데 『집주』 아래 '소주'를 살펴보니 퇴계와 비슷한 주장이 있었다. 고봉은 이곳을 의혹한 것이다. 원문은 위 『어류』 "銖29"(1982쪽)의 기록이다.

534) 집주 아래 소주는 "주자왈"이다. 따라서 『주자어류』권61의 해당 조항을 살펴보았다. 해당 조항은 「口之於味也章」이며, 그 중에 서도 「性也, 有命焉」 조항이다. 여기에 소주에서 인용한 원문이 있다.

535) 『어류』권61, 「性也, 有命焉」 조항을 살펴보겠다 함이다.(1979쪽부터) 다음과 같다. "이곳의 性자는 기질을 兼해 말했다."(伯羽 23) "이곳의 性자는 物欲을 兼해 말했다."(燾24) "氣血을 兼해 설한 것도 있고, 온전히 리만 설한 것도 있다."(義剛30) "질문, '性相近也'는 기질을 兼해 말한 것인가? 답변, 그렇다."(같은 곳30) 이와 같이 "性也"의 性자는 모두 '기품을 兼해' 설명한다는 것이다. 따라서 銖기록 이외는 모두 "兼氣質"이다. 또 義剛30은 "有命焉"의 命자를 "指理"라 하는데, 오히려 銖29는 "命也, 有性 焉'의 '命'자를 "專指氣"로 기록했다. 유독 銖의 기록만 다르므로 고봉은 의혹한 것이다. 고봉이 "言"을 "言之"라 한 것은 모두 實(언)이 아닌 說(언지)이기 때문이다.

536) 주희는 "형이 없으면 성선도 부여할 바 없으니 때문에 모든 성을 말한 것은 모두 기질에 인해서 말한다(無形則性善無所賦, 故 凡言性者, 皆因氣質而言)"(『문집』권61, 「答林德久」6, 2945쪽)고 한다. "凡言性者"의 凡자는 정자의 "凡言心者(모든 심을 말한 것)"(상151)의 용법과 같다. 성은 공자, 자사, 맹자 등 제설이 있고 그 종지도 각자 다르다.

- 129 -

지 않았음'을 볼 수 있겠습니다. 그런데도 지금 "치우쳐 가리켜 단독으로 기를 말했다"라고 하시는데, 아마 그렇지 않을 것입니다.(특히 주희는 그렇게 말하지 않았음)537)

(136) 且辯曰, "子思之論中和, 是就理氣中, 渾淪言之." 則七情者, 豈非兼理氣乎? 來辯之說, 亦不能無 "出入"者, 如此. 幸更詳之, 如何?(퇴계집 何如) [不能無出入者불능무출입자; 들쭉날쭉한 것이 없지 않음. 앞뒤의 설이 서로 부합하지 않고 모순됨. 이랬다저랬다 함.]

게다가 선생님께서도 말씀하기를 "자사는 중화를 논하면서, [칠정은] 리기 가운데 나아가서 혼륜으로 설명했다"(고봉은 지금 퇴계의 '리기에 나아가면 사칠은 본래 혼륜'이라는 말을 전혀 상상하지 못함)538)고 하셨습니다. 그렇다면 이 말씀과 같이 칠정이라는 것이 어찌 '리기를 겸한 것(兼理氣)'이 아니라 하겠습니까?539) 보내오신 설 역시 "앞뒤가 서로 부합하지 않음(들쭉날쭉함. 서로 모순됨)"(「퇴계1서」 '본서'의 말을 역인용한 것임)이 이와 같습니다.540) 다시 상세히 고증하여 살피심이 어떻겠습니까?(선생도 칠정을 겸리기라 하셨는데, 왜 갑자기 독기로 주장하는가? 더 큰 근본적 문제는, 퇴계는 '리·기에 종속'된 사칠이고, 고봉은 칠사를 '리기로 해석'함. 토론이 크게 어긋난 것임)541)

(137) 第十節 제10절

"喜同惡離, 樂渾全厭剖析", 乃末學之常累. 然鄙意固未嘗以是自安也, 亦欲其一一

---

537) 위와 같이 상고할 때 주희는 일찍이 기질지성을 "偏指獨氣"라 하지 않았다. 기질지성은 '兼理氣' '兼氣質' '指理'이고, 본연지성은 '專理'이다. 퇴계는 기질지성을 "偏指而獨言氣"라 했다가 이후 "兼指而主言氣(겸지인데 주기로 말함)"(상212)로 고치지만 여전히 '主氣'이다. 이는 고봉의 "性是主而兼乎氣質(성이 주인데 기질을 겸함)"(상133)의 '主性'과 다르다.

538) 퇴계는 "자사의 희노애락과 정자의 희노애구애오욕은 리기 상수에 就해서 혼륜으로 언지했다"(상37)고 했다. 고봉은 이를 "선생도 칠정을 혼륜의 겸리기라 하셨다"로 이해한다. 문제는, 퇴계 본의는 "리기에 나아가면 본래 혼륜인데,(사칠은 혼륜이라는 것) 그중 리는 사단, 기는 칠정이다"고 한다는 점이다. 즉 본래 겸리기이니, 사칠도 본래 겸리기의 혼륜이다. 하지만 칠·사는 사맹 본설이다. 이 본설을 리기로 해석할 수는 있지만, 그러나 리기에 나아가면 리·기의 칠·사가 있다는 말은 성립이 불가하다. 다만 고봉은 선생도 칠정을 '혼륜의 겸리기로 여겼음'만 인정한 것이다. 고봉은 "리기에 나아가면 리·기의 사칠이 있다"는 말을 전혀 상상하지 못한다.

539) 퇴계는 "『중용』과 「호학론」은 사단을 말하지 않았으므로 혼륜의 겸리기"(상37)라고 한다. 어쨌든 칠정을 혼륜이라 한 것이다. 그런데 또 퇴계는 "사·칠의 分은 본성·기품의 異와 같다"(상21) 하면서 칠정을 '독기'(상35)이며 '기의 발이다'(상44)고 주장한다. 이를 고봉은 "칠정의 리를 사단이 빼앗은 것"(하131)이라 한다. 사단이 리라고 해서 칠정이 기일 수는 없다.

540) 「퇴계1서」 본서에서 "보여주신 四端七情說은 …出入 矛盾의 병통이 있음을 면할 수 없다"(『고봉집』3책, 「答奇正字明彦書」, 9쪽)고 했다. 이에 고봉도 "보내오신 설 '역시 그 出入의 것이 없지 않다'고 한 것이다. 퇴계는 칠정을 혼륜이나 기, 사단도 혼륜이나 리라고 한다. 고봉의 '칠정의 혼륜언지'는 리도 있고 또 기도 있음이다. 이미 칠정이 겸리기인데, 왜 갑자기 또 주기·독기인가? 때문에 "역시 출입이 있다"는 것이다. 그 겸리기가 '사단의 주리 때문에' 갑자기 주기로 바뀔 수는 없다. 그런데 퇴계의 "겸리기의 혼륜"은 고봉과 다른데, 퇴계는 合·雜으로서의 不離이다. 즉 리도 기도 아닌 잡으로서의 '미정'의 합리기이다.

541) 공맹의 기질지성은 '리가 主인 겸리기'이다. 반면 퇴계는 "한쪽의 홀로 기만 가리킴"이라 하고, 칠정도 그렇다고 한다. 그렇다면 퇴계는 기질지성과 칠정을 독기라 하는가? 그렇지 않다는 것이 매우 큰 문제이다. 퇴계는 기질지성을 독기로 해석한 것이 아닌, 반대로 독기를 기질지성이라 한다. 즉 선유의 기질지성을 해석하지 않고 퇴계의 리·기의 기가 기질지성이다. 겸리기에 나아가면, 독기는 기질지성이다. 고봉은 퇴계가 인용한 '공맹의 기질지성'의 설을 『집주』와 『어류』 등으로 고찰한 반면 퇴계는 "리기에 나아가서" 그 리·기에 종속된 '기의 성과 기의 칠정'이다. 이는 사맹의 설을 고찰한 것이 아니다. 토론이 크게 어긋난 것이다.

剖析爾. [渾全혼전; 성 혹은 정의 온전함.(고봉) 리기로 나누기 전의 골륜·혼잡.(퇴계) 乃내; 바로~ 이다. 결국. 末學말학; 말단의 학문. 분석에 미숙한 학자. 常累상루; 항상 있는 얽매임. 일상의 얽매임. (말학자는 혼전과 분석에 있어 치우치지 않음이 매우 어렵기 때문임) 未嘗…也미상…야; 일찍이~한 적 이 없다. 自安자안; 스스로 편안함으로 여김. 스스로 자위함.]

"합동만 좋아하고 분리를 미워하며, 혼전만 즐겨하고 분석을 싫어함"(주희의 말인데 퇴계의 용법은 전혀 다름. 혼전은 치우침이 없는 성인의 말씀임)[542]이라는 말씀은 결국 미숙한 학자의 일상 의 얽매임에 관한 지적이십니다.(이는 末學에 대한 지적일 뿐 칠사와 성정 문제가 아니라는 것)[543] 그 렇지만 저의 뜻도 진실로 일찍부터 이것(성·정의 혼전·혼륜)을 스스로 편안함으로 삼지 않 았거니와,(성인의 혼전으로 자처하지 않았다는 것임)[544] 저 역시 하나하나 분석(사맹 소지를 분석)하고 자 했을 뿐이었습니다.(칠사는 사맹 본설로 밝혀야 함. 아래에서 혼전과 분석 용어에 대해 고찰함)[545]

(138)"四端七情所從來", 及 "兼理氣有善惡"等語, 皆已詳稟於前段矣. [詳稟상품; 자세하게 보 고하다. 상세하게 청원하다.]

"그대는 사단 칠정의 소종래를 궁구하지도 않았다" 및 "그대는 [사칠을] 모두 겸리

---

542) 퇴계는 "그대의 논변은 '희동오리, 락혼전·염분석'해서 사칠의 소종래를 궁구하지 않고 모두 겸리기·유선악으로 여겨 分別 之를 불가로 여겼다"(상39)고 한다. 이곳 희동오리, 사칠의 소종래, 겸리기·유선악, 분별언지 등은 모두 고봉의 용법과 다르다. 퇴계의 소종래는 '리기에 나아감'이고, 이 리기에 나아간 사칠을 '모두 겸리기·유선악'이라 하며, 분별언지를 '리·기의 分'이라 한다. 모두 사맹 소지와 상관없는 '리기에 나아간' 리·기이다. "희동오리, 락혼전·염분석"도 사칠 논의와 다르다. 퇴계의 "同" 은 겸리기이고, "離"는 주리·주기이다. "락혼전, 염부석"도 겸리기와 리·기이다. "혼전"과 "부석"의 용어도 문제다. 주희의 "혼 전"은 '온전'이고, "부석"은 혼전에서 '찬연으로 別한 것'이다. 주희는 성의 혼연을 맹자가 '찬연'의 "인·의·예·지 넷으로 別했 다"(상79)고 한다.

543) 一性의 혼연과 그 혼연을 찬연으로 분석하는 일은 "말학의 학자로서는 항상 있는 얽매임"의 일이다. 同·혼연의 성과, 혼륜언지 의 칠정은 성·정에 관한 성현의 온전의 말씀이다. 이 는 치우침이 없다. "성현은 리기 성정의 즈음을 合而言之로 혹은 別而言 之하기도 한다. 따라서 배움에 있는 학자들은 이를 정밀히 살펴야 한다."(상82) 단 배움에 있는 말학으로서는 이를 구분하기가 쉽지 않다. 다시 말해 "離를 미워하고 부석을 싫어함"은 "말학의 항상된 얽매임"인데 그 구분이 쉽지 않다. 쉽지 않지만 고봉도 이를 분석하고자 했다.

544) "혼전만 좋아하고 분석을 싫어함"은 "말학의 항상된 얽매임"이다. 합동과 혼전은 성정의 치우침 없음이다. 그런데 학자로서 이 를 자처할 수는 없는 일이다. 여기에 공부가 있기 때문이다. 孔門의 혼전은 전체 체용으로서의 완전함이며, 분석은 그 의미를 다시 반복하기 위함이다. 이를 논하기 위해서는 "선유의 상략에 따라 반복 궁구해서 나의 마음의 자득으로 구해야"(상51) 한다. 맹자가 공자의 혼전을 인·의·예·지로 부석해서 사단설을 제시한 것도 공자 성선의 이치를 밝히기 위함이다. "리기의 즈음은 전현들도 근심으로 여겼다."(하118) 고봉도 성인의 "합동"과 "혼전"을 스스로 자처할 수는 없는 일이다. 혼전의 온전도 그 각각 의 '찬연'이 있다. 때문에 고봉은 '혼전'만 안정으로 삼지 않았다는 것이다.

545) 퇴계는 고봉이 "離를 미워하고 剖析을 싫어했다"고 한다. 그대는 리·기로 사칠을 분리·부석하지 않았다. 이는 고봉의 "분리, 부석" 용법과 다르다. 고봉은 사칠을 "합동" "혼전" "혼륜"이라 하지 않았다. 고봉의 "리"는 칠사는 一情의 不離라 함이고, "부 석"은 칠사는 각자 종지가 다르다 함이다. 또 "합동"은 칠사는 '同의 一情'이라 함이고, "혼전"은 성 혹은 정이 '온전하다' 함이 며, "혼륜"은 정의 '치우침 없음'이다. 반면 퇴계의 "혼전·혼륜"은 '리기 둘로 부석하기 전' '곤륜탄조'(상43)의 혼잡의 뜻이다. 따라서 "미워하고 싫어했다"는 지적은 고봉으로서는 수긍할 수 없는 것이다. 剖析(상126)은 "毫釐의 사이에도 剖判·分析하여 사람으로 하여금 克己復禮의 功에 下手處가 있게 했다"(『문집』권42, 「答胡廣仲3, 1898쪽)의 '공부처'이다. 부석하는 이유는 공 부의 하수처를 밝히기 위함으로, 즉 "察識端兒를 초기의 下手處로 삼으면 平日涵養의 一段功夫가 缺却된다"(「이발미발설」, 3268 쪽)와 같이 하수처의 功夫를 용이하게 하기 위함이다. 성의 혼연을 인·의·예·지 넷으로 "쪼개"(상79) 분석한 것도 하수처인 공부를 위함이다.

기·유선악으로 여겼다"546)는 등의 말씀에 대해서는 모두 이미 앞 단락에서 상세히 아뢰었습니다.(사칠 소종래는 리·기가 아닌 사맹이고, 사칠을 결코 혼잡의 겸리기로 여기지 않았다는 점)547)

(139)但所謂 "氣之自然發見, 乃理之本體然也"之語, 則亦有說焉. 盖 "理無朕而氣有跡", 則理之本體漠然, 無形象之可見, 不過於氣之流行處驗得也. 程子所謂 "善觀者, 却於已發之際觀之"者, 此也. [漠然막연; 형상으로 가늠할 수 없는 리의 큰 모양.(성 혼연과 같은 뜻) 驗得험득; 경험으로 검증할 수 있는 정도.(得은 가능이나 정도를 나타냄) 善觀者선관자; 선을 본다는 것. 却각; 바로. 오히려.(윗구를 강조함)]

단, 저의 이른바 "기의 자연 발현은 결국 리 본체의 그러함이다"라는 말 역시 그런 설이 있습니다.(리 혼전설임. 천명·중화도 칠정을 통해 드러남)548) 제가 "리는 조짐이 없지만 기는 자취가 있다"고 주자를 인용했던 것은 '理' 본체는 막연(혼연의 뜻)하여 형상으로 보지는 못하니 다만 기의 유행처에서 '험득'함에 불과할 뿐이라는 뜻입니다.(맹자 측은인 확충·성선이 이것임)549) 정자(이천)가 말한 이른바 "선을 본다는 것은 오히려 [희노애락] 已發 즈음에서 본다"(이천 원문은 '희노애락'이 있음)550)고 함이 바로 이것입니다.(이천 혼륜설임. 주희는 희노애락으로 '성선을 볼 수 있다'고 해석함)551)

---

546) 퇴계는 "그대는 사칠의 소종래를 궁구하지 않고 대략 겸리기·유선악으로 여겼다"(상39)고 했다. 즉 사칠의 소종래는 리·기이고, 리·기에 就해서 그 리·기로 분석하면 사칠은 각각 주리·주리이다. 소종래에 就해서 리·기로 분석하지 않음은 그대의 "혼륜"의 겸리기이다. 반면 고봉의 소종래, 혼륜, 분석의 뜻은 이와 전혀 다르다. 칠사 소종래는 사맹이고, 혼륜은 자사의 언지이며, 분석은 사맹 종지인 공부처일 뿐 리·기라 할 수 없다.

547) 퇴계의 사칠 소종래는 리·기이고, 주리·주기의 사칠이며, 혼륜은 사칠 겸리기이다. 반면 고봉의 소종래 및 혼륜은 이와 다르다. 사칠 소종래는 리기가 아닌 사맹이고, 혼륜은 사칠이 아닌 칠정이다. 때문에 "사칠의 소종래를 궁구하지 않았다"에 대해 고봉은 사칠 소종래는 "자사와 맹자의 所主"(상78·79·82)이고, "자사의 칠정이 혼륜의 겸리기·유선악"(상80)이라 한 것이다.

548) 고봉은 "리는 기를 벗어나지 않고 기의 과불급 없이 자연 발현한 것, 이는 리 본체의 그러함이다"(상12)고 했다. 리는 막연해서 그 형상으로 보이는 것은 다만 기를 통해서이다. 『중용』천명·중화도 희노애락을 통해 드러나고 밝힐 수 있다. 퇴계는 "그대는 기의 자연 발현을 리 본체가 그렇다고 했으니, 이는 리기를 일물로 여기고 분별하지 않음이다"(상40)고 하여 기발·리발로 分하지 않았다고 한다. 하지만 만약 리발·기발로 서로 다르다면 성정 및 칠사는 합치의 소통이 불가함이 되고 만다. 고봉은 위에서 "鄙意 또한 하나하나 분석하고자 했다" 하고 그 분석 내용을 아래에서 고찰해 밝히고자 한다. 기를 통해 리를 본다 함은 '理 혼전설이고, 리 본연의 분별은 '理' 분석설이다.

549) 고봉은 "리는 약하고 기는 강하며, 리는 무짐이나 기는 종적이 있다"(상8)고 했는데, 앞은 '情'에 악이 있는 이유이고 뒤는 기의 종적을 통해 '理'를 험득할 수 있다 함이다. 종적인 정은 유선·유악인데 "그 善者가 바로 천명의 본연이다."(상9) 리 본체는 정에서 볼 수 있다. 주희는 "성 본체는, 그 미발에는 막연하여 형상으로 볼 수 없고 급기야 발하여 작용이 되면 仁者는 측은이 된다(乃是性之本體, 方是未發, 漠然無形象之可見, 及其發而爲用, 則仁者爲惻隱),"(『문집』권74, 「옥산강의」, 3589쪽) "이른바 혼연 전체는 聲·臭로 볼 수도 없고 形·象으로 볼 수도 없다. …리의 징험은 리를 그대로 이어받은 발처에 나아가 험득할 수 있다. 맹자 성선이 이것이다(所謂渾然全體, 無聲臭之可言, 無形象之可見, …蓋是理之可驗, 乃依然就他發處驗得, …孟子之言性善)"(『문집』권58, 「答陳器之, 問玉山講義」, 2779쪽)고 한다. "학자는 이 [사단]에서 反求·黙識하여 擴充해야 한다"(「공손추상」6)도 같은 뜻이다.

550) 정이와 소계명의 토론 과정에서 나온 설이다. 정이는 "선을 본다 함은 이와 같지 않으니 오히려 희노애락 이발의 즈음에서 본다는 뜻이다(善觀者不如此, 却於喜怒哀樂已發之際觀之)"(『정씨유서』권18. 201쪽)고 하는데, 이를 주희가 "善觀者却於已發之際觀之"로 요약했다. 주희는 『중용혹문』"희노애락" 조항의 「程·呂문답」과, 그리고 「호남제공서」, 「이발미발설」, 「程子養觀說」(모두 『문집』권67) 등에서 이 말을 인용해서 성의 혼연은 이발의 情善을 통해 말할 수 있다고 한다.

551) 정이의 "선은 이발의 희노애락 즈음에서 본다"에 대해 주희는 이는 "이른바 '때에 들어맞지 않음이 없는 것'과 같다(所謂無時不

- 132 -

(140)副說, 當初分別得理氣, 各有界限, 不相淆雜, 至於所謂 "氣之自然發見, 乃理之本體然", 則正是 "離合處", 非 "以理氣爲一物"也. [分別得분별득; 분별한 정도. 界限계한; 한계. 경계. 淆雜효잡; 뒤섞여 복잡하다. 혼잡하고 어지럽다. 離合處리합처; 분리하고 혹은 합해서 말해야 할 곳. 분리하거나 혹은 합으로 말할 수 있는 장소.(도를 논하는 장소는 리기를 合 혹은 離로 논할 수도 있다는 것)]

저의 설은 당초부터 리·기를 분별했고 각기 경계도 있게 했거니와 또 서로 뒤섞지도 않았습니다.(고봉은 리·기를 반드시 分이라 했음)552) 다만 저의 "기의 자연 발현은 결국 리 본체의 그러함이다"553)고 함은 [道를 논함에 있어 그 리기에 대해] "분리하고 혹은 합해야할 장소(離合處)"(合은 혼륜이고 離는 분석임. 分이 아님. 공자 "一陰一陽之謂道"를 정주는 리·합으로 해설함)554)를 말함이지 결코 "리기를 一物로 여겼던 것"(一物은 '物' 논임)은 아니라는 점입니다.555)

(141)且 『論語』 「子在川上章」 集註曰, "天地之化, 往者過, 來者續, 無一息之停, 是乃道體之本然也." 此豈非於氣上識取乎? [識取식취; 인식하여 취득하다. 식별하여 얻다.]

中者"(『중용혹문』 상18, 정려문답, 562쪽)는 時中으로 답했고, 또 "미발의 전에 갖춘 것은 이발을 통해 진실로 묵식(험득)할 수 있다(其具於未發之前者, 固可黙識)"(「호남제공서」, 3131쪽)고 한다. 또 "성을 어찌 언어로 형용하겠는가. 때문에 선으로 성을 말한 것은 그 발현의 단서로 설명함에 불과하며, 이렇게 하여 성의 쌓인 것을 묵식할 수 있다. 맹자가 논한 사단이 이것이다(性則性而已矣, 何言語之可形容哉. 故善言性者, 不過卽其發見之端而言之, 而性之蘊因可黙識矣. 如孟子之論四端, 是也)"(『문집』 권67, 「명도론성설」, 3275쪽)고 한다. 퇴계는 "그대는 기발을 리 본체로 여겼다"(상40)고 하여 기를 리로 여겼다고 한다. 반면 고봉은 情善에서 성의 혼연과 성선을 험득할 수 있다고 한다. 정에서 성을 볼 수 있으니, 이러한 논의 不偏이다.

552) 퇴계의 "그대는 혼전을 즐거하고 분석을 싫어해서 리기를 일물로 여겼다"(상39·40)에 대한 답변이다. 「고봉1서」는 사실을 각각 리·기로 나눌 수 없음에 대한 비평일 뿐, 리기에 관한 논변이 아니다. 리기, 성정, 칠사는 그 의미가 다르다. 퇴계의 "리·기를 分하지 않고 일물로 여김"의 비판은 사·칠의 2설, 리·기의 分, 일물로서의 합을 혼동한 것이다. 고봉은 리·기의 '實', 본연·기질지성의 '說'에 관해 위에서 주희를 인용해 "不相雜, 不可離, 分理氣"(상84·86·88) 등으로 이미 고찰했다. 고봉은 "리·기는 진실로 分이다"(상7)고 했으므로 여기서는 "기에서의 리의 식취"만 논한 것이다. 주희의 "仁者는 惻隱이 있어서 '不相淆亂'하니 소위 情이다"(「옥산강의」, 3589쪽)의 불상혼란은 측은(기)은 인(성)의 단서라 한다. 또 "인·의·예·지 四者는 각기 一個의 도리로 있어서 '不相混雜'한다"(『문집』 권40, 「答何叔京」28, 1838쪽)도 인·의는 雜이 아니라 함이다. 고봉의 "不相雜"은 리·기 二物이다. 리기 一物은 '物'(상7) 논이다.

553) 고봉의 "氣之無過不及, 自然發見者, 乃理之本體然也"(상12)에 대해 퇴계가 "그대의 '以氣之自然發見, 爲理之本體然也(기발을 리발로 여김)'라 함은 곧 '以理氣, 爲一物(리기를 일물로 여김)'의 뜻이다"(상40)고 비판했다. 리기를 分하지 않았다 함인데, 이후 「개정본」에서는 그대의 "리 본체의 然也"로 보면 그대도 '리를 分'으로 여긴 것이 아닌가, 라고 한다.(상218) 이러한 퇴계의 비평은 고봉 문자와 전혀 다르다. 왜냐하면 사·칠은 '2說'로서 分別의 '離'이고, 리·기는 '반드시 分'이기 때문이다.

554) 고봉은 "옛 성현들은 리기·성정의 즈음을 論함에 合而言之者도 別而言之者도 있다"(상82)고 한다. 가령 사단을 리·기·성·정으로 각각 분리해도 가능하며, 기라 해도 가능하다. 주희는 리합처를 다음과 같이 말한다. "'일음일양을 도라 이른다'고 했으나, 음양이 어떻게 도이겠습니까? 답변; 마땅히 분리하거나 합으로 보아야 한다(一陰一陽之謂道, 陰陽何以謂之道 曰, 當離合看)."(『어류』 권74, 可學108, 2522쪽) "성현의 말씀은 혹 분리하고 혹 합하고, 혹 다르게 혹 같게 하니, 이를 도체의 전체로 여겼기 때문이다(聖賢之言, 所以或離或合, 或異或同, 而乃所以爲道體之全也)."(「태극도설해, 총론」, 77쪽) 요컨대, 성현은 도를 논할 때 '合' 혹은 '離'로 논하기도 하는데, 합하면 "일음일양"(합리기)이 도가 되고 離하면 일음일양은 기이고 그 "소이"는 도이다. 정자는 "도를 아는 자는 '動靜無端'을 合 혹은 離하더라도"(「태극도설해」, 73쪽) 그 도는 변함이 없다고 한다. 때문에 離를 '須著如此說', '合'을 '器亦道 道亦器'(모두 이천)라 한다.(하89)(「태극도설해, 총론」, 77쪽) "一陰一陽之謂道"(『대역』)를 정주는 "리합처"로 해설한 것이다.

555) 퇴계는 그대는 "以理氣, 爲一物"이라 했는데 그것은 "以氣之自然發見, 爲理之本體然也"가 그 증거라고 했다.(상40) 이는 리기가 一物, 二物, 異物인가를 문제 삼은 것이다. 반면 고봉의 "리가 기를 벗어나지 않고 기의 과불급 없이 자연 발현한 것은 결국 리 본체의 그러함이다"(상12)는 리기의 一物·異物이라 함이 아닌 "리 본체는 기의 유행처에서 험득할 수 있음"(상139)이다. 고봉은 리·기는 分인데, 단 "物에서는 分開할 수 없다"(상7)고 한다.

주희는 『논어』 「子在川上章」 집주에서 말하기를 "천지의 변화는 가는 것이 지나고 오는 것은 계속되어 한 순간의 쉼도 없다. 이것이 바로 도체의 본연이다"(공자 혼륜을 주희가 주석한 것임)556)라고 합니다.(주희는 성인 '天德'의 혼륜을 오히려 중용 미발인 '謹獨공부'로 분석함)557) 이것이 어찌 氣 위에서 理를 識取함이 아니라 하겠습니까?(정주는 이발공부에서 '善을 觀한다'고 하여 리를 기에서 분석한 것임. 근본은 미발공부임)558)

(142) 又 "或問, 理在氣中發見處, 如何? 朱子曰, 如陰陽五行錯綜, 不失條(퇴·고봉집 端)緖, 便是理. 若氣不結聚時, 理亦無所附着(퇴계집 著)." [錯綜착종; 음양오행이 왕래 순환하는 것.(往來, 循環不已와 같은 뜻) 不失條緖불실조서; 조리와 단서를 잃지 않은 것. 結聚결취; 일이 일어나서 맺어져 있는 곳. 사건이 일어난 곳. 附着부착; 틈 없이 착 붙어 있음.]

또 『어류』에서도 "혹자가 물었다. 리는 기 가운데 있으면서 그 발현처는 어떠한가? 주자는 답했다. 음양오행이 착종 순환함에 '그 조리와 단서를 잃지 않은 것'이 바로 리이다. 만약 기가 결취하지 않았을 때는 리 역시 부착할 바가 없다"559)고 합니다.560)

---

556) 『논어, 자한』16. "공자께서 냇가에서 말씀했다. 가는 것이 이와 같구나, 밤낮을 그치지 않는구나(子在川上曰, 逝者如斯夫, 不舍晝夜)"에 대한 주희 집주이다. 주희는 이를 "그 요점은 단지 謹獨에 있다"고 하는데, 『중용』도 "철두철미 謹獨工夫"(『문집』권43, 「答林擇之」20, 1979쪽)라 한다. 먼저 미발에 근독이 있어야 하며, 『중용』 "中節의 和"는 이발의 도의 용이다. 미발과 이발의 분석이다. 도체의 본연은 미발·이발 공부를 통해 봄이 가능하다. 공자는 도체의 전체인 미발의 在中과 이발의 中節者를 포괄한 혼륜으로 말한 것이다. 고봉은 道·理는 기에서 운행되고 식취할 수 있음을 고찰한 것이다. 아래에서 "發處"를 고찰한다.

557) 고봉은 '乃道體之本然也'의 乃자 앞에 '是'자를 붙여 '이것이' 도체의 본연임을 한층 강조했다. 공자는 도체를 기와 함께 혼륜으로 말했다. 주희는 이어서 정자를 인용해 "이것이 도체이니, 하늘의 운행은 그침이 없다. 이는 聖人之心의 순수함 역시 그침 없음을 보인 것으로 이것이 天德이다. 그 요점은 단지 근독에 있을 뿐이다(此道體也, 天運而不已. …此見聖人之心, 純亦不已也, 乃天德也. …其要只在謹獨)"(『근사록』권4, 「存養」41)고 한다. "순역불이"는 문왕의 덕이다. 주희는 "純은 無二·無雜이고, 不二는 間斷·先後가 없음이다"(『중용장구』26장)고 한다. 도체는 '天運'이고 성인의 '天德'이며, 그 천운·천덕은 곧 '근독'에 있다. 『중용, 수장』 "철두철미 근독공부(『中庸』, 微頭微尾說個謹獨工夫)"(위 주석)는 미발이고, "도의 체용"(상94·95)은 전체이다. 공자는 도체를 혼연으로 말했지만 정주는 미발을 뽑아내 분석한 것이다.

558) "기 위에서 리를 식취함"의 기는 곧 "기의 과불급 없음"(상12)으로 리를 식취함을 말한다. 때문에 정이는 "善의 觀은 이발 즈음에서 본다"고 한 것이다. 도체를 봄은 이발에 가능하다. 단 이발의 변화가 도가 아닌 그 '쉼 없음'이고 왕래가 도가 아닌 왕래에 "변함없음이 도이다. 군자는 변함없음을 통해 '自强不息'(『집주』)한다. 단 미발 근독이 근본이다. 이발에서도 "학자는 그 유행을 성찰하고 호발의 간단도 없게 하고자 한다(欲學者時時省察, 而無毫髮之間斷也)."(『집주』) 『중용, 수장』의 "도는 잠시도 離也가 없으니 離면 도가 아니다. 때문에 군자는 항상 계신하고 …공구한다"(道也者, 不可須臾離也, 可離, 非道也, 是故君子, 戒愼·恐懼) 하고, 주희의 "이렇게 천리의 본연은 보존되나 잠시도 離됨이 없게 해야 한다(所以存天理之本然, 而不使離於須臾之頃也)"고 함은 미발·이발의 공부로 말한 것이다. 공부로써 그 식취는 가능하다.

559) 『어류』권1, 祖道12, 116쪽. "착종"은 『주역, 계사상』 "參伍以變, 錯綜其數"의 설이다. 주희는 "錯者, 雜而互之也, 綜者, 條而理之也",(『문집』권67, 「參伍以變錯綜其數說」, 3257쪽) "錯, 是往來交錯之義. 綜, 如織底綜"(『어류』권75, 淵47, 2553쪽)이라 한다. 착은 상호 '교착의 뜻'이고, 종은 그 교착에 있어서의 '잉아줄(綜絲)'이다. "성이 위주지만 음양오행이 경위로 착종함(蓋性爲之主, 而陰陽五行爲之經緯錯綜)"(『태극도설해』, 74쪽)의 착종은 기이다. 부착은 "천명의 성은 기질이 아니면 '깃들일(寓)' 바가 없다", (상85) "리는 별도의 一物이 아닌 기 가운데 존재한다. 기가 없으면 리 또한 탈(掛搭) 곳이 없다(理又非別一物, 即存乎是氣之中. 無是氣, 則是理亦無掛搭處),"(『어류』권1, 人傑11, 115쪽) "理無事, 則無所依附(리는 事가 없으면 의부할 곳이 없다)"(권6, 節15, 238쪽)의 우, 괘탑, 의부와 같다. "陰陽五行이 循環錯綜하고 升降往來하여 人物의 萬殊가 生하고 天地의 大義가 立한다",(권98, 端蒙19, 3299쪽) "易者는 陰陽錯綜 交換代易함을 의미한다. 天地之間에 陰陽交錯하여 實理는 流行한다. 實理가 流行함에 '이것이 아니면 實理는 頓放할 바가 없다. 『집주』 '道體之本然也'가 이 뜻이다"(권95, 銖25, 3187쪽. 「通書注」, 誠上第一)고 함은 리는 기를 통한 발이며 기에서 식취할 수 있다 함이다.

560) 리의 발현처는 기에서 찾아야 한다. 고봉의 "기의 자연 발현은 리 본체의 그러함"은 기발 혹은 리발의 의미가 아니다. 기에서

(143) 然則 "氣之自然發見, 無過不及者, 豈非理之本體" 乎? 且如惻隱羞惡, 亦豈非 "氣之 自然發見" 者乎? 然其所以然者, 則理也. 是以謂之 "發於理"爾. [所以然소이연; 그러할 수 있음.(그러함의 이유가 아니며, 이유는 형이상만 됨)]

그렇다면 "기의 자연 발현에 있어 그 '과불급이 없는 것'(쉼 없음. 변함없음)이야말로 어찌 리의 본체"가 아니라고 하겠습니까?(공자는 리체를 혼륜으로 말함. 발처가 아닌, 발처의 '변함없음'이 리체임)561) 또 측은·수오 역시 "기의 자연 발현의 것"이 어찌 아니라고 하겠습니까?(기의 과불급 없음이 사단이며 도체임)562) 그런데 그 과불급 없음의 소이연의 것은 리입니다.563) 때문에 "리에서 발한다(發於理)"고 이를 뿐입니다.(성선은 정선의 척출이며, 그 선은 반드시 리에서 발한 것임)564)

(144) 夫以 "四端發於理, 七情發於氣", 大綱固無不是. 而(고봉집 而 없음)至於極論其所 以然, 則乃 "以七情之發, 爲非理之本體", 又 "以氣之自然發見者, 亦非理之本體", 則所謂 "發於理"者, 於何而見之, 而所謂 "發於氣"者, 在理之外矣. 此正太以理氣分 說之失, 不可不察也. [七情之發칠정지발; 칠정의 발. 희노애락의 발.(발처이며, 七情之情의 정이 아님) 乃내; 결국. 마침내. 於何어하; 어떻게. 어떤 방법으로. 見之현지; 드러남. 정으로 나타나다.(진행 형으로, 發見者(상12)가 아님)]

리를 봄이 가능하고, 리발은 기의 발현처에서 험득할 수 있다. 때문에 "선은 이발 즈음에서 본다",(상139) "기의 一息의 쉼 없음 이 도체의 본연이다",(상141) "음양 착종에 있어 그 조서를 잃지 않음이 곧 리이다"(윗줄)고 한 것이다. 리 본체는 기의 순환과 그침없음에서 "식취"(상141) "험득"(상139)할 수 있다. 퇴계의 "기발을 리발로 여기고 리기를 일물로 여겨 분별이 없다"의 이른 바 發, 一物, 分別 등 용법은 고봉과 전혀 다르다.

561) 고봉은 "기의 과불급 없는 자연 발현의 것은 리 본체의 그러함"(상12)이라 했고, 퇴계는 "그대는 기를 리로 여김"(상40)이라 하 여 리·기를 나누지 않고 일물로 여겼다고 비판했다. 이에 고봉은 "도체의 본연을 공자는 기 왕래의 '쉼 없음'으로 말했다"(상 141)고 고찰한다. 공자는 기 왕래를 도체로 여긴 것이 아닌, 그 기의 '쉼 없음, 변함없음'을 도체로 여긴 것이다. 단 공자는 혼 륜·온전으로 말했고, 정주와 고봉은 도체를 기에서 식취함의 분석으로 논한다. 혼륜은 전체이고, 식취는 기에서의 리이다. 식 취할 수 있음은 발처가 아니다. 발처는 기이고, 발처인 기에서 '변함없음'의 리를 식취할 수 있다.

562) 측은은 정이고, 정은 기이다. 맹자는 정인 측은을 통해, 즉 정의 과불급 없음으로 성선을 논증했다. 퇴계는 "그대는 기발을 리발 로 여겼다"(상40)고 비판하나, 고봉은 "기의 착종에 그 조서를 잃지 않은 것, 이것이 곧 리이다"(상142)고 한다. 측은을 "기의 자연 발현의 것"이라 함은 맹자의 소지가 '기발' 혹은 '기'라 함이 아니다. 맹자가 "4덕, 4단을 병렬한 것은 기를 성으로 말할까 염려해서"(상11)이다. 사단의 기로 논했지만 그 소지는 리이다.

563) "기의 과불급 없음"은 정의 바름이다. 고봉은 "기의 자연 발현자"(상12)를 통해 "도체의 본연"(상141)과 "리의 본체"(상139· 140)를 볼 수 있다고 한다. 도체와 리는 기의 과불급 없는 자연 발현자를 통할 수밖에 없다. "리는 무짐하고 기는 유적이며, 리 본체는 기의 유행처에서 험득"(상139)이 가능하다. "과불급 없음"인 리는 그 발현 즈음에서 "비로소 생겨난 것은 아니다."(상 108) 과불급 없음은 바로 리 때문이며, 따라서 "그 소이연이 리"라 한 것이다.

564) "사단발어리"(상4·14)는 지극히 당연하다. 사단은 정의 바름이다. 사단은 인의예지의 단서이며, 정이다. "맹자는 성선의 리를 발명하기 위해 인·의·예·지로 설명했고, 측은·수오는 정의 善者로 인지한 것이다."(상81) 맹자는 기를 통해 성선을 논증했 다. 기 발현의 "과불급 없음"이 리이며, 맹자의 가리킴도 리이다. 성선은 정의 "善者를 척출"(상10)한 것이므로 "발어리"는 당연 하다. 기가 아니면 "성선"과 중절의 "화"는 논증할 방법이 없다.

당초 [추만의] "사단은 발어리, 칠정은 발어기"(퇴계는 "분별이 너무 심함"이라 했으나, 리·기의 분별로 해석함은 당연함)를 큰 강령으로 해석하면 진실로 옳지 않음이 없습니다.565) 그런데 그 소이연(리발·기발로 논할 수 있는 근거)을 극론하면566) 선생님께서는 "칠정의 발은 리 본체가 아니다"567)고 하셨고, 또 "기의 자연 발현한 것 역시 리 본체가 아니다"568)고 하셨지만, 그렇다면 이른바 "발어리의 것"은 어떻게 드러나겠으며(발어리의 사단은 기를 통해 드러남)569) 게다가 이른바 "발어기의 것"도 리의 바깥에 놓이게 된다는 겁니다.(발어기로 리를 볼 수 있음)570) 이렇게 된 이유가 바로 선생님의 "지나치게 리와 기로 분개해서 설"(그러나 퇴계 본의는 분개가 아닌 '리기 호발'임)한 실수이니, 살피지 않을 수 없다는 것입니다.(퇴계는 리·기 호발을 사·칠이라 했고, 이것이 自得病임)571)

(145)羅整庵所論, 不曾見得, 不知如何, 若据此一句, 則其惧甚矣. [見得견득; 이해함. 알아본 정도. 살펴본 정도. 若据약거; 만일~에 의거할 것 같으면. 惧오; 잘못되다. 그릇되다.]

나정암의 논한 바는 일찍이 알아보지(見得)572) 않아서 어떤지는 모르겠지만,(정암의 설

---

565) 퇴계는 "'사단발어리, 칠정발어기'는 추만의 설인데 분별이 너무 심해서 '순선·겸기'로 고쳤다"(상14)고 했다. 그러나 고봉은 이 설은 잘못이 아니며, 그 분별도 당연하다고 한다. 사단은 리발이고, 칠정도 心感의 기발이다. 칠사는 기이며, 사맹 종지인 중화와 확충·성선은 당연히 분별이다. 『어류』 "리발·기발" 해석은 사실의 一偏일 뿐이며, 또 이 의미만 있지는 않다. "주리·주기도 大綱은 同이나 곡절은 不同이다."(상65) 중화와 확충·성선은 그 종지가 다르고, 그 해석도 "학자의 소견에 이동이 있기"(상66) 마련이다. 고봉은 "大綱上에서는 장애가 없다."(상52) "'발어리·발어기'는 주자와 다르지 않다",(상68) "泛論해서 '발어리·발어기'라 해도 불가하지 않다",(상69) "大綱 설하여 '시리지발·시기지발'이 마치 '천지지성·기질지성'의 설과 같다면 불가함이 없다"(하31)고 한다. 진실로 칠사를 리·기로 해석할 수 있다.

566) 윗줄 "측은·수오는 기의 자연 발현자이나 그 소이연자는 리이다"(상143)의 소이연은 '기 발현자의 근거'에 관한 것이다. 이곳 "그 소이연을 극론하면"은 퇴계가 "칠정의 발현은 리 본체가 아니다"고 했기 때문이다. 이에 고봉은 "발어리·발어기"에 대해 그 소이연을 극론하고자 한 것이다.

567) 퇴계는 七情之發을 리발이 아니라 했다. 그렇다면 천명의 중화는 성발이 아님이 되고 만다. 더욱이 퇴계는 "七情之發"이라 해서 자사의 칠정 '者'를 오히려 발처로 논했다. 그러나 고봉은 자사의 칠정자를 "七情之情"이라 한다. 왜냐하면 자사는 사람 감정을 그 소지와 목적으로 '설한 것'에 불과하기 때문이다.

568) 고봉의 "氣之自然發見者, 乃理之本體然也"를 퇴계는 "以氣之自然發見, 爲理之本體然也"(상40)로 인용해 비판했다. 기발을 리발로 여겼다는 것이다. 하지만 그 비판을 떠나 먼저 인용 오류가 있다. 고봉은 기를(以) 리로 여기지(爲) 않았기 때문이다. 고봉은 "기의 과불급 '없음'을 리 본체의 그러함"(상12)이라 했을 뿐, 기발을 리발이라 하지 않았다.

569) "발어리의 것"은 리에서 발한 정인 "화"와 "사단"이다. 그것을 볼 수 있는 '곳'은 기이다. 맹자는 사단을 리로 여겼고, 즉 측은의 기로 확충·성선을 논했다. 기를 통해 리발은 드러날(著見之) 수 있다. "정은 성의 소발이고(情者, 性之所發)"(『어류』권59, 節26, 1881쪽) 정은 "성의 발처이며(乃性之發處)"(같은 곳, 可學29, 1881쪽) 정의 "발로 인해 그 선은 보인다(因發以見其善)."(『문집』권56, 「答鄭子上」14, 2687쪽) "사단은 기를 타야 한다."(상4)

570) "발어기"도 당연하다. 정은 성발인데, 그 성발은 심감으로 인한다. 퇴계는 칠정지발과 기의 자연 발현자는 "리 본체가 아니다"(상62)고 한다. 그런데 고봉의 "기의 자연 발현자는 리 본체의 그러함"이라 함은 그 發者가 성이기 때문이다. 만약 "발어기의 것"에 리가 없으면 심감은 리 없음이 되며, 결국 발어기는 리 바깥에 따로 존재하고 만다. 그래서 "칠정은 성에서 나오지 않음"(상4)이 되고 만다. 리을 보는 곳은 다만 '선을 볼 수 있는 희노애락 이발 즈음'(상139)일 뿐이다.

571) 고봉은 "지나치게 리·기로 分開 說去해서 이른바 기를 專指氣로 여겨 그 설이 一偏에 치우쳤다"(상92·181)고 하지만, 퇴계 본의는 리기에 나아간 리·기 호발을 사·칠이라 함이다. "발어리, 발어기"는 잘못이 아니다. 만약 퇴계와 같다면 발어리는 사단의 기(단서)가 되지 못하고, 발어기도 '理之外'가 되고 만다. "선생은 '리·기 二者는 互有發用하고 相須한다' 하셨으니, 이것이 受病의 근원이다."(하17·64) 이는 추만이 아닌 퇴계의 "자득"(상62) 병이다. 리기 호발로 사칠이 發出한다 할 수는 없다. 칠사는 사람 본연의 느낌을 각자 다른 종지 및 공부로 논한 사맹 본설이기 때문이다.

은 잘못이므로 관심 둘 필요 없다는 뜻)573) 만일 인용하신 한 구절에 의한다면 정암의 그릇됨은 심합니다.574)

(146)若大升, 則固非 "以理氣爲一物", 而亦不謂 "理氣非異物"也. 鄙說初無是意, 亦無是語, 誠恐先生於鄙說, 見其有所不合, 遂以爲無可取者, 而更不之察也. 不然, 何以有是教耶? 伏乞, 更賜明訂. 何如(퇴계집 如何). [遂수; 마침내. 끝내. 更갱; 다시. 되풀이해서. 明訂명정; 명백히 정정하다. 분명하게 고치다.]

대승은 진실로 "리기를 一物로 여김"이라 하지도 않았거니와 또한 "리기는 異物이 아님"이라 한 적도 없습니다.(인용 오류를 지적한 것임)575) 저의 설은 애초부터 이런 의도도 없었거니와 또한 이런 언구도 없었습니다.576) 진실로 선생님께서는 저의 설이 선생님의 뜻과 합치하지 않음이 있음만 보시고 마침내 취할 것이 없음으로 여기셔서 다시는 살피시지 않으신 것입니다.577) 그렇지 않다면 어떻게 이러한 하교(인용의 오류)가 있으셨겠습니

---

572) "見得"의 뜻은 "대승이 당초 대략 견득한 意思는 이와 같다",(상186) "대승이 또 그간을 견득해 보니 저의 설에 미진한 곳이 있다",(하115) "추만의 「천명도」도 그 견득이 여기까지 이름이 쉽지 않을 것이다."(상155) "정자 장자의 당초 견득은 안정되어 착오가 없었다"(상51)와, 퇴계의 "점점 성현의 말씀을 견득할 수 있다"(상317)의 의미와 같다. 정주의 아래 의미와 같다. "지금의 학자는 친절히 견득하지 않는다."(『어류』권9, 佰76, 310쪽) "彼의 견득은 心을 空이라 하고, 此의 견득은 심이 비록 空이나 萬物이 咸備이다."(『문집』권56, 「答鄭子上」15, 2691쪽) "說得出, 又名得出, 方是見得分明."(『어류』권5, 德明55, 224쪽) "因盡情, 便見得這性."(같은 곳, 方子57, 224쪽) "見得個道理, 見得分曉, 見得親切."(권15, 子蒙36, 470쪽) "便見得隂陽往來循環不已之意."(권74, 銖110, 2522쪽) "又見得中字."(『문집』권31, 「答張敬夫」9, 1338쪽) "見得此理."(권32, 「答張欽夫」15, 1419쪽) "見得仁義, 見得分明, 見仁字."(권74, 「옥산강의」, 3589쪽) "不曾見得裏許眞實道理."(권59, 「答陳衛道」1, 2842쪽) "見得其不雜於此" "마땅히 스스로 견득해야 함."(권61, 「答嚴時亨」1, 2961쪽) "須見得下工夫."(권43, 「答林擇之」22, 1981쪽) "見得未發之理."(『중용혹문』상18, 程呂問答, 563쪽) "自見得."(『이정집』 251쪽) 따라서 "불증견득"의 뜻은 아래 「정암문목」의 "일찍이 그 병근을 엿보았다"로 보면 이는 '보지 못했다' 함이 아닌 '일찍이 관심두지 않았다' 함이다. 잘못된 설까지 굳이 관심 둘 필요는 없었기 때문이다.

573) 고봉은 퇴계의 「정암문목」에서 답변하기를 "정암이 '리기를 일물로 여겼다면' 그 견해는 심한 잘못입니다. 저는 일찍이 그 병근을 엿보았고, 그래서 『곤지기』를 구해서 그 잘못을 자세히 세정하고 싶지만 궁벽한 시골이라 구하지 못했으니 안타깝습니다(整菴 '以理氣爲一物, 其見甚乖. 某曾窺見其病源, 欲求『困知記』細訂其誤, 而村居僻隔, 求之不得, 可嘆也)"(『고봉집』1책, 「答先生(퇴계)問目」, 362쪽)고 한다. 이 문목은 노수신이 정암을 긍정하자, 퇴계가 고봉의 견해를 물은 조항이다. 이 답변은 노수신의 설에 관함이지 정암이 아니며 때문에 정암의 설을 자세히 논하지 않은 것이다. 「答金晦叔書」에서도 "지난번 퇴계선생께 그 오류를 바로잡아줄 것을 청했다", "나는 10년 전 『곤지기』를 우연히 얻어 한번 열람해 보았다"(같은 책, 350쪽. 아마 종형 기대항의 처소인 듯함)고 한은 「문목」이후의 언급으로 보이며, 이후 고봉은 「논곤지기」를 지어 정암 스스로도 모순됨을 조목별로 나누어 비판했다.(같은 책, 229쪽)

574) 퇴계는 말하기를 "정암은 '리기는 異物이 아니'라고 했는데, 그대의 의견 역시 비슷하다"(상41)고 했다. 그것은 "기의 발현을 리 본체로 여긴 것"(상40)이 그 증거라는 것이다. 하지만 리기 一物 혹은 異物 등은 리기 문제일 뿐, 사칠 리기 토론과 다르다. 고봉의 "기의 자연 발현자는 리 본체의 그러함"은 기에서 리를 봄이 가능하다는 말이며, 이는 리기의 일물·이물과 관계가 없다. 때문에 고봉은 다만 "정암의 그릇됨이 심하다"고만 한다.

575) 퇴계는 그대는 "리기를 一物로 여겼고"(상40) 그것은 "정암의 리기는 異物이 아니라는 설과 같다"(상41)고 했다. 하지만 이는 사실과 다르다. 정암의 설을 떠나, 고봉은 결코 "리기를 一物로 여긴 적도 없고" 또 "리기는 異物이 아니라고 말한 적도 없다"는 것이다.

576) 다시 이렇게 말한 적도 없고 또 이런 언구조차 없었음을 강조한 것이다. 고봉은 리기를 一物로 여기지도 않았고 또 리기는 異物이 아니라는 언급조차도 없었다. 인용 오류에 대한 지적이다. 고봉의 "기의 자연 발현자는 리 본체의 그러함"은 곧 기 발현자를 통해 리 본체의 그러함을 볼 수 있다는 離合處(상140)의 뜻이지, 이는 리기의 一物, 異物 혹은 二物을 말함도 아니다. "리·기의 각자 一物"(상88·89)은 당연하다.

577) 잘못 인용한 이유에 대한 진단이다. 즉, 고봉의 설은 퇴계의 뜻과 합치되지 않았을 것이다. 이렇게 합치되지 않자 마침내 고봉의 본의를 살피지 않았고, 때문에 이런 인용의 오류가 생긴 것이다. "선생의 뜻과 합치되지 않음만 보았다"고 함은 퇴계 자신의 설

까?578) 바라옵건대, 다시 명백히 정정해 주십시오.(이에 퇴계는 '혐의가 있다'고 답변함)579) 어떻게 생각하실 지요.

(147)第十一節 제11절

大升前者, 妄以鄙見撰說「一篇」當時. 以爲子思就情 '上', 以兼理氣有善惡者, 而渾淪言之, 故謂之 "道其全." 孟子就情 '中', 只擧其發於理, 而善者言之, 故謂之 "剔撥出來." [撰說一篇찬설일편; 한 편의 설을 씀. 上상; 一情의 전체 위에서. 中중; 一情의 겸리기 중에서.(칠정의 겸리기 중에서가 아님)]

대승이 전에 망령된 견해로 「한 편의 글」(고봉1서)을 설할 당시로 다시 돌아가서 말씀드리겠습니다.('所就以言之'라는 용어의 불합치 때문임)580) 자사의 경우 情 '위(上)'에 나아가서(一情에 나아가서)581) 겸리기·유선악의 것인 '혼륜으로 설명'했습니다.(一情을 혼륜인 희노애락으로 '언지'함) 때문에 저는 "그 정의 전체(全)이다"라고 말씀드렸습니다.582) 맹자의 경우 [一]情

을 먼저 主로 삼고 상대의 설을 客으로 삼았다 함이다. 고봉은 뒤에서 "이는 소견을 펼치려 하시다가 도리어 正氣에 누가 되신 것이다. 토론은 허심평기의 마음으로 각기 동의의 견해를 다하되 저로써 이를 폐하지 말고, 內로써 外를 의심하지 말며, 先人의 말을 주로 삼아 他人의 설을 객으로 삼아서는 안 된다"(하11·12)고 지적하고, 또 "선생께서는 남을 꾸짖음에 太迫하고 남을 대함에 不恕하다. 이는 뜻이 不平에 가까워 도리어 至公에 누가 되신 것이다"(하85)라고 비판한다. "一說을 爲主하지 말고 허심평기해야 한다"(상31)는 말은 퇴계가 먼저 했다.

578) "하교(敎)"는 퇴계가 고봉의 설을 "리기의 一物", "異物이 아님"이라 지적한 것을 말한다. 이렇게 잘못 인용해 하교한 이유는 퇴계 자신의 설을 위주로 하고 타인의 설을 객으로 삼아, 고봉의 설을 "취할 것이 없음으로 여겨 살피지 않았기 때문"이다. 그렇지 않다면 이러한 오류의 하교를 왜 했겠는가? 만약 고봉의 설을 취할 것이 없다고 여겼다면 이 토론은 계속할 필요가 없다. 그런데도 "견척을 내리지 않고 왕복 수작하셨으니, [고봉이] 경모 탄복"(상75)하는 이유이다.

579) 고봉의 원문 그대로 "명백히 정정(明訂)해주기를 요청"한 것이다. 고봉 본문은 "氣之無過不及, 自然發見者, 乃理之本體然也"(상12)이다. 이를 퇴계는 "以氣之自然發見, 爲理之本體然也, 是則豈以理氣爲一物"(상40)로 인용하면서 이는 "정암의 '異物이 아니다'는 설과 비슷하다"(상41)고 했다. 때문에 고봉은 "저는 리기를 一物로 여기지도 않았고 異物이 아니라 한 적도 없으며, 저의 설은 처음부터 이러한 의도도 없었고 이런 어구도 없었다"(상146)고 한 것이다. 퇴계는 뒤에서 "공의 語는 본래 병통이 없는데 황이 착간 망론한 것으로, 이미 고쳤다"(상227)고 하면서 이 조항을 고쳤다.(상218) 그런데 "리기를 一物로 여김"의 말은 그대로 두고 고치지 않았고, 다만 "然也라는 2자로 볼 때 그대도 리·기를 分別言之한 것이 아닌가?"라고 한다.(상218) 고봉의 말에는 '一物의 혐의가 있다'는 것이다.

580) 「고봉1서」를 다시 든 이유는 용어 사용의 불합치 때문이다. 퇴고의 용어 불합치는 이 논쟁의 '전체 모두'이다. 가장 근본적 불합치가 바로 고봉의 "所就以言之"(상3)라는 용어이다. 퇴계는 "所就以(而)言之"(상16·17·42)로 인용하며 말하기를 "사칠을 달리 가리킴이 없다고 한다면 이는 자상모순이며, 이러한 학문태도는 골륜탄조이다. 결국 기를 성으로 여기고 인욕을 천리로 여기는 환란에 떨어질 것이다"(상42·43)라고 했다. 이러한 극도의 오해가 바로 용어의 불합치이다. 때문에 고봉은 다시 처음으로 돌아가 이 용어를 설명하고자 한 것이다.

581) "情上에 나아가서"(상170)의 정은 一情으로, 아직 자사 "희노"설이 아니다. 一情을 '설한 것'이 곧 자사의 희노이다. 一情은 "정은 유선악이다",(상3) "모두 정이다",(상76·148) "本是 一情이다",(상77) "정의 발은 겸리기·유선악이다",(하130) "정의 겸리기·유선악 上에 나아감"(하146)의 정이다. 情上은 전체이다. 전체는 다시 칠정, 사단, 성선, 정심장 등 別就(언지)가 있다. 자사는 一情上의 전체에 나아가 '희노'로 '설'(언지)했을 뿐이다. 설 이전은 一情이지 칠정이 아니다. 就情上은 "就性上"(하46)과 같다. 사단은 一情에 포함될 뿐 '칠정에 포함된다'(율곡)고 할 수 없다. 사맹 종지는 서로 전혀 다른 '각자 一義의 설'(하153)이기 때문이다.

582) 고봉은 칠·사의 "別" 이유를 "사맹의 所就以言之의 不同 때문"(상3)이라 했다. 칠정의 別에 대해 고봉은 "자사는 그 전체를 말했다",(상3) "七情之發은 或善 或惡이다"(상8)고 했는데, 이를 다시 요약한 것이다. 칠정은 자사와 이천의 "희노애락[애오욕]"이다. 자사는 그 情上에 나아가 渾淪으로 언지했다. "渾淪"은 겸리기·유선악 전체의 뜻이다. 반면 퇴계는 "그대는 사칠을 無異指로 여겼다",(상42) "분석을 싫어해서 합하여 일설로 만들었다",(상43) "기를 성으로 논하고 인욕을 천리로 여기는 환란이다"(상

'가운데(中)'에 나아가서(일정의 겸리기 중에서. 칠정 중에서가 아님)583) 단지 그 發於理만 들어 '선한 것으로 설명'했습니다.(사람의 느낌 중에서 그 '리ㆍ선으로 언지'함. 도통은 사맹의 '선'이 같음임) 때문에 저는 "[리와 선을] 척발했다"라고 말씀드렸습니다.(퇴계는 '一情'이 아닌, 반대로 '리ㆍ기에 나아가서'라고 하기 때문임. 그렇다면 선의 다름이 되어, 소통이 원천으로 불가함)584)

(148)然則 "均是情也." 而曰四端, 曰七情者, 豈非 "以所就而言之者不同?" 而實則非有二情也. 是以其下再結之, 以爲 "四端七情, 初非有二義", 而 "不自知"其 "自相矛盾"也. 今承開諭(퇴계집 喩), 復自推詳, 而亦 "不覺"其然, 豈非暗於自知而然乎? [實실; 열매. 하나의 實로서의 情.(하나의 사과일 뿐 배가 아니라 함인데, 퇴계는 사과와 배로 다르다 함) 推詳 추상; 상세히 추구하다. 미루어 자세히 하다.]

그렇다면 [인정하신 바와 같이] "모두 정입니다."(느낌인 一情임)585) 그런데도 '사단'이라 하고 또 '칠정'이라 한 것이 어찌 "[그 一情에] 나아간 바의 설명이 부동해서"가 아니라고 하겠습니까?(퇴계는 이미 이 용어를 인정한 것임)586) 이는 [설만 다를 뿐] 그 알맹이(實. 실제의 정)가 둘의 근본의 다른 정으로 있는 것이 아닙니다.(사과, 배 같이 다른 종류가 아님)587) 때문에 저

---

43)라고 비판했다. 퇴계는 리ㆍ기 소지이고, 고봉은 자사의 소지이다.

583) "情中에 나아가서(就情中)"는 일정의 '겸리기'이다. 위 '情上'은 칠정, 사단 등으로 설하기 이전 '一情'이고, '情中'은 일정의 '겸리기ㆍ유선악'이다. 이 겸리기ㆍ유선악 "중" 善者만 척발해 '언지'한 것이 사단이다. 자사는 일정의 전체 '언지'다. "맹자 성선설은 자사에서 나왔다"(상96)고 함은 일정의 겸리기ㆍ유선악 중 맹자의 '리ㆍ선의 척출ㆍ척발'(상3ㆍ10)은 자사의 리ㆍ선과 '동일하다' 함으로, "道統"이다. 단 동일한 一善이나 所指ㆍ宗旨는 전혀 다르다.

584) 一情에 대한 '所就以言之가 不同해서 사ㆍ칠의 別이 있다."(상3) 퇴계도 사단이 "리를 척발한 것"임은 인정한다. 하지만 퇴계의 척발은 겸리기ㆍ유선악 중의 리ㆍ선이 아닌, 리ㆍ기에 就한 리이다. 고봉의 "就(나아가서)"는 就情(상147)인데 퇴계는 "就理氣"(상34ㆍ35ㆍ37)이다. 고봉의 "맹자는 선 일변에 就해 척발(척출) 지시했다",(상3ㆍ10) "성이 막 발해서 본연의 선을 직수한 것, 이는 천리의 소발이며"(상5) 다만 "사덕ㆍ사단은 기를 성으로 말할까봐"(상11)라고 함은 '情中에 就해서'의 사단으로서의 설명이다. 자사의 선과 맹자의 선은 동실이나, 그 종지는 전혀 다르다. 동실이므로 "도통"이다. 반면 퇴계의 경우 리ㆍ기의 소종래(근원)가 다르므로, 원천적으로 소통이 불가하다. 사맹의 천명 및 확충ㆍ성선을 근본적으로 부정한 것이다.

585) 퇴계도 "사단은 정이며 칠정 역시 정이니, 모두 정이다"(상16) 했고, 고봉도 "사단 칠정은 진실로 모두 정이며, 本是 一情이다"(상76ㆍ77)고 했다. 고봉이 이 말을 다시 강조한 이유는, 사람 느낌은 一情 하나인데 칠ㆍ사의 다른 이름이 있는 이유는 그 "一情을 설명하는 방식이 다르기(所就以言之者의 不同)" 때문임을 다시 상기하기 위함이다. 고봉은 앞에서 "同是 一語인데 彼此는 각기 所在가 있다"(상77)고 하여 용어의 불합치를 항변했다. 그런데 퇴계의 경우 '一情'에 대한 사맹의 설명 방식이 아닌, '理氣'가 一物ㆍ異物인가의 리기에 종속된 사실이다. 퇴계는 "就情"(상147ㆍ170. 하46)이 아닌, "소종래인 리ㆍ기"(상28ㆍ77)의 "就理氣"(상34ㆍ35ㆍ37)이다. 이는 사맹 칠사를 논함이 아닌 '리기에 나아간' 사실이다.

586) 자사는 "칠정", 맹자는 "사단"이라 한다. 이 2名은 "사맹의 所就以言之者의 不同으로 칠사의 別이 있을 뿐이다."(상3) 퇴계도 "사실 異名은 그대의 '所就而言之者의 不同'이라 함이 이것이다"(상16ㆍ42)고 하지만, 그 "소취"의 용법은 전혀 다르다. 퇴계의 "리기 상수는 체, 상대를 용으로 삼는다. 따라서 '所就而言之의 不同'의 別은 없을 수 없다"(상17)의 '所就'는 一情이 아닌 '리ㆍ기'이다. 퇴계는 고봉의 용어를 그대로 인용한 듯하나(상16) 사실은 "所指(就)而言"(상17ㆍ18ㆍ20ㆍ23ㆍ24ㆍ42)이라 하여 '指'자 '而'자로 바꾸어 표현한다. 즉 리기에 '就'해서 '그래서(而)' 그 리ㆍ기를 '指'했다 함이다. 고봉도 퇴계의 "以所就而言之"의 '而'자로 인정하지만, '以'자를 앞으로 옮겨 자신의 당초 의도를 유지한 것이다.

587) 만약 사람이 둘로 느낀다면 인류의 소통은 불가하다. "실"은 사람 느낌의 '實情이다. 사람은 "사단"과 같이 모두 같이 느끼는데, 그 說한 "것(者)"만 다르다. 칠ㆍ사 二名 이유다. 一情의 實을 자사는 '渾淪言之', 맹자는 '善者言之'했다. 實의 알맹이는 하나나 旨, 指, 名은 각자 다른데, 그중 2설이다. 이는 퇴계의 비판인 "달리 가리킴이 없다(無異指)(상42)고 함이 아니다. 예로 한 나무(性)에 열린 사과(實)인데, 다만 칠정은 '사과'(名)이고 사단은 '사과 씨'(名)와 같다. 이는 하나는 '사과'이고 하나는 '배'(異名)라 함이 아니다.

는 그 아래에서 다시 결론하기를 "사단 칠정은 애초 둘의 옳음(二義. 二善)으로 있는 것은 아니다"라고 했던 것입니다.(사람은 하나로 소통하므로 二義·二善이 아니나, 종지는 전혀 다름)588) 따라서 저로서는 저의 본설이 "자상모순" 된다는 것을 스스로 "알지 못하겠습니다."(퇴계의 "不知"를 역인용한 것임. 고봉은 '리·기에 나아간 사·칠'을 상상할 수 없음. 칠·사 2설, 리·기 2분은 당연해서 논할 가치가 없음)589) 더구나 지금 가르쳐주신 글을 받고 다시 스스로를 자세히 미루어 보았지만 그것이 '그렇다'(자상모순이 된다는 것)는 것 역시 "깨닫지 못하겠습니다."(퇴계의 "不覺"을 역인용한 것임)590) 어찌 스스로의 앎에 어두워서 그러한 것이 아니라 하겠습니까?(나로서는 진정 자상모순임을 알지 못하겠다는 뜻. 퇴계의 '리·기에 나아간 사칠'은 사맹, 정주도 상상할 수 없는 일임)591)

(149)"以氣論性", 亦非鄙說之意也. 若 "認人欲作天理之蔽"(퇴계집 樊), 則當 '深察而克治之'耳. [蔽폐; 덮다. 가리다.(弊端으로 말할 수 없다는 뜻임) 當당; ~에 해당하다. ~로 간주하다. ~라고 생각하다. 深察而克治之심찰이극치지; 깊이 살피고 극복하여 다스릴 功夫할 사항.(성·정의 名이 아닌 심 '공부'의 성찰의 일이라는 뜻)]

더욱이 "기를 성으로 논한다"(고봉은 弊·蔽자를 따지지 않고, 蔽를 뒤로 넣음)는 지적 또한 저의 설의 뜻이 아닙니다.(우리의 칠사 토론은 리기 一物, 혼잡, 異物의 일이 아님)592) 그리고 또 "인욕을

---

588) 칠·사 二名·二指의 別 이유는 느낌에 대한 사맹의 종지가 부동해서이다. 고봉은 "칠정의 善者는 천명의 본연이다. 사단 칠정 善者는 애초 二義가 아니다"(상9)고 한다. 칠·사라는 名은 다르나 그 實(알맹이, 소통의 사람 느낌)은 二善·二義가 아니다. 칠정의 善者와 사단의 善者는 同이나 그 종지는 전혀 달라서 二名도 있다. 종지는 중화와 성선이다. 반면 퇴계의 "그대는 사칠을 無異指로 여겼다"(상42)의 指는 '理·氣'이다. 그렇다면 인류의 교류는 불가하다.

589) 퇴계가 인식한 고봉의 "자상모순"은 다음과 같다. "그대는 [리·기에] 나아간 설명이 다르다 했고, 그래서 사단을 [리의] 척발이라 했다. 그런데 또다시 [리기는] 無異指라 하니, 이것이 자상모순이다."(상42) 즉 所就인 리·기가 다르므로 그대도 리의 척발이라 했다. 사단의 리는 당연히 異指인데 그대는 왜 또다시 사칠을 無異指라 하는가? 그대의 설은 자상모순이다. 이 비판은 고봉의 문자 및 본의와 전혀 다르다. 고봉의 "소취"는 리기가 아닌 '情'이다. 퇴계는 "이와 같음을 그치지 않는다면 不知·不覺의 사이에 기를 성으로 논하는 폐단에 들게 된다"(상43)고 한다. 자상모순의 설을 그치지 않으면 "스스로도 모르는(不自知)" 사이에 기를 성으로 여기게 된다. 이에 고봉은 자상모순 되는지를 도저히 "모르겠다(不知)"고 답변한 것이다. 자상모순이기 위해서는 고봉이 '사칠' 혹은 '리기'를 無異指라 했어야 하지만, 칠·사 2설, 리·기 2분은 당연해서 논할 가치도 없다. 고봉은 퇴계의 "리·기에 나아간 사칠"을 도저히 이해하거나 상상할 수 없는 일이다.

590) 퇴계의 자상모순이라는 지적을 받고 다시 자세히 자신의 본설을 살펴보았지만 그 자상모순 됨을 전혀 "깨닫지 못하겠다(不覺)"는 것이다. "불각"은 퇴계의 "不知·不覺의 사이에 기를 성으로 논하는 폐단에 들게 된다"(상43)의 '不覺'을 인용한 것이다. 즉 스스로 자신의 설을 돌이켜 보아도 그 모순됨을 도무지 알지 못하겠거니와, 더구나 이러한 지적을 받고 재차 자세히 살펴보아도 그 모순됨을 "역시 깨닫지 못하겠다"는 것이다.

591) 자신의 논변에 모순이 없다는 것을 나타낸 완곡한 표현이다. 고봉으로서는 퇴계의 "리기에 나아간 사칠"을 이해할 수도 상상할 수도 없는 일이다. 왜냐하면 우리의 토론은 사맹 본설에 관한 것이기 때문이다. 사람 느낌은 누구나 있는 자연의 일이며, 이것이 일정이다. 사맹은 이러한 본연의 사람 감정에 나아가서 칠·사라는 2설을 발표한 것이다. 반면 퇴계는 이 설을 고찰하고 해석한 것이 아닌, "리기에 나아가서" 사·칠을 말한 것이다. 이는 사맹, 정주도 도저히 상상하지 못할 일이다.

592) 퇴계는 "이 같음을 그치지 않는다면 불지·불각의 사이에 점점 '기를 성으로 논하는 가림(以氣論性之蔽)'(고봉집, 樊의 폐단)에 들게 된다"(상43)고 했다. 리기를 一物, 渾淪(혼잡)이라 하고, 그래서 異物·異指가 없다고 한다면 이는 '기를 성으로 논하는 폐단'이다. 그런데 고봉은 이미 다음과 같이 말했다. "맹자가 4덕과 4단을 나란히 든 것은 사람들이 '기를 성으로 말할까(以氣言性)' 염려했기 때문이다."(상11) 고봉은 성·정의 덕을 4덕·4단으로 논했을 뿐, 퇴계의 지적과 같이 잡리기, 일물, 혼잡으로 논하지 않았다. 반면 퇴계는 "그대는 사칠을 無異指로 여겼다"고 하여 리기 혼잡으로 여겼다고 비판한다. 그러나 고봉은 리·기를 "각자 일물"(상89)이라 하고, 또 칠·사 종지가 달라서 그 二名도 있다고 한다. "以氣論性之蔽"라는 말도 문제다. 때문에 고봉은

인식하여 천리를 '가리는(蔽)' 것으로 여겼다"(퇴계의 患자를 蔽자로 고침)고 하셨는데, 저는 다만 이 문제는 '깊이 성찰하여 능히 다스릴 공부의 일'(미발·이발 중 이발의 성찰공부라는 것)로 해당시켜야 할 뿐이라고 말씀드리겠습니다.(우리의 정에 관한 토론을 환란으로 여길 수는 없음)593)

(150) 第十二節 제12절

朱子固 "天下古今所宗師", 學者當謹守其言, 可也. 然其有異同處, 亦不可不仔(퇴계집 子)細消詳也. [守守; 지키다. 고수하다.(부정의 의미임) 可也가야; 좋다. 괜찮다.(동의를 나타냄) 異同處이동처; 하나에 일에도 동과 이의 곳이 있음.(가령 "이발"에도 心으로 말한 곳과 情으로 말한 곳의 동이가 있음) 仔細자세; 꼼꼼히 하다. 자세히 하다. 消詳소상; 이미 제거한 것과 이후 더욱 확실히 한 것.(消는 이미 지워 버린 것, 詳은 더 자세히 분명히 한 것. 消는 昭詳의 昭가 아님)]

주자는 진실로 "천하 고금의 宗師입니다."594) 따라서 학자는 마땅히 그 말씀을 삼가 지키는 것이 좋습니다.(리발·기발을 當守해야 하나 반드시 이것만 固守해서는 안 됨)595) 단, 주자는 한 개의 사안을 '동과 이로 논한 곳(異同處)'596)도 있으니, 그 지웠거나 더욱 분명히 한

蔽(가림)를 弊(폐단)로 고쳤을 것이며,(상43) 따라서 여기서는 "蔽"자를 언급하지 않고 아래에서 "患"을 "天理之蔽"의 蔽로 바꾸어 인용한다.

593) 퇴계는 "리기를 일물로 여겨 사칠을 無異指라 하면 이는 기를 성으로 논함이고 '인욕을 천리로 여기는 환란(認人欲作天理之患)'에 떨어지게(墮) 된다"(상43)고 한다. 이 논변은 문제가 크다. "墮"자는 아마 "墜落"의 의미일 것이다. "墮在氣質"(상90. 하47)의 墮는 성이 있는 '장소'를 말함이지 성의 추락·타락의 의미는 아니다. 고봉은 퇴계 본문인 "認人欲作天理之患"의 患을 "蔽(가림)'로 고쳤다. 심의 "인욕"은 반드시 있는 당연의 일이다. 『중용』 "發"과 "악기" "性之欲" 등은 인욕을 因한 천리 발현의 일이다. 지금 칠사는 인욕인 정에 관한 토론이다. 따라서 퇴계의 "인욕을 인식하여 천리로 간주함"은 고봉이 말한 '기를 因한 천리 인식'의 일이며, 당연히 '자상모순'이 될 수 없다. 때문에 고봉은 "蔽'자로 바꾼 것이다. 이렇게 바꾸어야 비로소 문장이 성립된다. 뒤 "기의 所流에서 리를 가림(蔽)이 있게 되니 七情之發을 '省察以克治之'해야 한다"(하150)고 함이 이것이다. 정에 관한 토론이 '환란(患)'일 수는 없다. 때문에 고봉은 認人欲作天理之蔽'로 바꾸고, 결국 이곳은 사칠의 名의 일이 아닌 미발·이발에 있어 "존양·성찰" 중의 "성찰"과 "극치지"의 功夫의 일로 분류한 것이다.(하150) 만약 '마음의 폐단(弊)'이라 하면 그 폐단에서 천리를 찾을 길이 없다. 더구나 퇴계와 같이 "사단의 무불선이야말로 認人欲作天理의 이루 말할 수도 없는"(상171) 폐단(弊)인 것이다.

594) 퇴계의 "주자는 우리의 스승이며 천하 고금의 종사이다"(상45)에 대한 답변이다. 이 토론은 자사와 맹자의 칠정설과 사단설에 관한 해석 논쟁이며, 또 그 리기 해석도 주희의 설을 따르는 것이 좋다. 단 그 리발·기발 해석이 사칠 모두일 수는 없다. 자사는 "謹獨"과 "중화"를 말했고, 맹자는 "확충"과 "성선"을 논했으니, 이 본설에 근거해서 주희의 설을 고찰해야 할 뿐이다.

595) 주희는 고금의 종사이며, 우리의 사칠 토론도 주희 해석을 토대로 한 것이다. 따라서 학자는 주희의 "말씀(言)"을 마땅히 지키는(當守) 것이 좋다. "후학은 그 所論의 상략에 因해 반복 궁구해서 吾心으로 自得해야 한다."(상50) 왜냐하면 리발·기발이 사맹 종지는 아니고, 더구나 그 성정의 실제를 단지 정주의 "설화에서 리의 참됨"(상50)으로 찾을 수는 없기 때문이다. 만약 리발 혹은 기발이라는 "그 一時의 偏指의 語를 當守"(상154)하면 그 偏指가 결국 사칠 정론이 되고 만다. 偏의 해석도 가능하나, 그것은 편일뿐이다. 퇴계는 사맹 종지를 리발·기발로 고수함으로써 결국 '편지를 따름'이 되고 만 것이다. 스승을 "守"의 잘못에 대해 주희는 이렇게 비판한다. "五峰却守其前說(오봉(호굉)은 도리어 그 전설만 고수했다)."(『어류』권101, 則166, 3392쪽) "[호광중은 舊說의 잘못을 必守했다."(『문집』권42, 「答胡廣仲5, 1902쪽) "後人의 守之가 太過했다."(「答胡廣仲2, 1896쪽) "종신 所守할 不可易의 定論은 아니다."(권46, 「答胡伯逢4, 2152쪽) 장재도 "학문의 귀함은 心悟일뿐 守舊는 功이 없다.(學貴心悟, 守舊無功)"(『理窟, 義理』, 26)

596) 一情이라 해도 "異同처가 있다." 一情을 자사는 '중·화'로, 맹자는 '성'을 논했다. 一情을 성 혹은 심의 '異'로 논할 수 있다. '同'으로 말하면 모두 심이며, 情이며, 선이다. 가령 "정자의 모든 심의 이발(凡言心, 已發)"(상151)에 관해 心으로, 情으로, 혹은 赤子之心으로 이해해도 가능하다. 이렇게 이해해도 "心性에 差가 있다고 할 수는 없다."(「이발미발설」, 3266쪽) 왜냐하면 '이발의 심'을 성 혹은 정이라 해도 되기 때문이다. 맹자의 "측은지심"을 주희는 심, 성, 정의 "심통성정"(「공손추상」6)으로 논했다. 따라서 어류 리발·기발도 "異同처가 있으므로" 단지 리발 혹은 기발로 '치우쳐' 고수해서는 안 된다.

곳에 대해서도 자세히 밝히지 않을 수 없습니다.(리발·기발은 진실로 사맹 종지일 수는 없음)597)

(151) "『中庸』未發·已發之義", 朱子嘗因 "程子凡言心者, 皆指已發而言", 以致 "錯認語意", 與南軒西山, 論辯甚力, 後乃大悟(퇴계집 晤).「與湖南諸公書」, 自言其失. [凡言心者범언심자; 모든 심을 말한 것.(측은지심, 적자지심, 미발·이발지심 등등을 포괄한 모든 심) 錯認착인; 오인하다. 잘못 알다. 大悟대오; 크게 깨닫다.]

"『중용』미발·이발의 뜻"(「이발미발설」의 말임)598)에 대해 주자도 일찍이 "정자(이천)의 모든 心을 말한 것은 모두 이발을 가리켜 말했다(凡言心者, 皆指已發而言)"599)는 [말씀에 따라 당초 이를 '중용의 發'(주희가 비판·지양한 호상학의 특징임)의 뜻으로 이해했던 것입니다.(스스로 '중화구설'이라 칭함)]600) 그런데 이후 스스로 그 "어의를 잘못 인식했다"고 하면서 친구인 남헌(장식)601) 및 서산(채원정)602) 등과 힘써 논변한 뒤 크게 깨닫게 됩니다.(기축지오

---

597) 정자는 자신의 "凡言心은 已發이다"를 이후 "적자지심"으로 바로잡았다.(상152) 주희도 당초 "범언심의 이발"을 "심의 流行之體"로 잘못 이해했는데 그렇다면 심은 이발만 있고 미발은 없게 되고 만다. 더구나 이는 『중용』미발·이발과도 합치하지 않는다는 점이다.(모두 「이발미발설」) 주희의 "말씀(言)을 지키는(守) 것이 좋지"(상150)만 지키기 위해서는 먼저 두 가지를 충족해야 한다. 하나는 주희의 "말씀(言)"에도 전후 "지웠거나 더욱 분명히 한 일이 있다(消詳)"는 점, 또 하나는 "언어(語)"(상154)로만 지키려(守) 해서는 안 된다는 점이다. 사단지심, 심통성정, 적자지심, 이발지심 등은 모두 一心이지만 그 가리킨 뜻은 전혀 다르다.

598) "중용 未發·已發之義"는 「與湖南諸公論中和第1書」와 「이발미발설」 첫 서두의 말이다. 주희는 이천 "이발"은 『중용』"미발·이발의 義"와 다르다는 것을 이천의 설을 고찰해서 밝힌다.

599) 정이와 呂大臨(1040~1092, 자는 與叔)이 '中'과 '미발·이발' 등에 관해 토론한 글 속에 나온다. "先生謂凡言心者, 皆指已發而言." "凡言心者, 指已發而言, 此固未當."(『정씨문집』권9,「與呂大臨論中書」, 608~9쪽) 주희의 編定에 의하면 "此書는 그 전체를 볼 수 없다. 지금은 여씨의 기록에 근거해 編之한다",(제목 밑에 붙인 주석) 또 "此書를 잃어버려서 그 글은 不完하다"(『중용혹문』상, 정여문답, 560쪽)고 한다. 不完하고 또 여씨의 기록이므로 정이의 본의는 학자 간 해석이 분분했다. 주희는 「여호남제공서」 및 「이발미발설」 등을 지어 토론 상대인 호남의 제공들에게 보냄으로써 그간 이 글의 논란을 완결하고자 했다. "凡言"은 "凡事, 莫非心之所爲"(『어류』권95, 伯羽89, 3206쪽)의 '모든 일과 같다.

600) 고봉이 주희의 이곳을 생략한 것은 이 말은 학자들은 모두 상식으로 아는 주자학의 핵심이기 때문이다. 주희는 「호남제공서」, 「이발미발설」, 「중화구설서」 등에서 자신이 처음 착인했던 일을 스스로 밝힌다. "『중용』미발·이발의 뜻에 대해 전에는 이를 '심체 유행'으로 인식했다.(自註해서 "중화구설"이라 함) 그래서 '정자가 모든 심을 말한 것은 모두 이발을 가리켰다'고 운운한 것에 따라 나도 마침내 '심은 이발, '성을 미발의 중'으로 지목하고 스스로 安으로 여겼다.(『中庸』未發·已發之義, 前此認得此心流行之體. 又因'程子凡言心者, 皆指已發'之云, 遂目心爲已發, 而以性爲未發之中, 自以爲安矣)"(『문집』권64. 권67) 주희는 호상학의 "심은 이발, 성은 미발"의 설을 자신도 직접 체인했던 "심체 유행"의 의미로 인식했지만, 그러나 이는 『중용』미발·이발의 命名과 未當했다."(「이발미발설」, 3266쪽) "발"은 심 외감의 일이나, 미감인 미발의 "中"(성덕) 역시 심이다. 심은 이발·미발을 포괄하기 때문이다. 결국 주희는 심체 유행을 '심 이발'로 이해했던 것을, 기축지오(즉 中和之悟) 이후 비로소 '심체 유행'과 그리고 『중용』의 '발'을 나누어 인식함으로써 『중용』과 정자의 학설을 자득하기 시작한 것이다.

601) 張栻(1133~1180) 자는 敬夫·欽夫, 호는 南軒이다. 父는 抗金 중신의 재상인 張浚으로 정이·소식의 再傳 재자다. 장식은 父命에 따라 이정을 받들고 호굉을 배우며 악록서원에서 호상학파를 중흥시켰다. 「中和舊說序」에 의하면, 주희는 이동에게 『중용』의 책을 받고 '희노애락 미발을 체인하도록' 가르침을 받았지만 미처 그 뜻을 알기도 전에 스승은 죽었고, 주희는 이 문제를 계속 탐구하다 장식에게 물었는데, 장식은 정자의 학설이 호굉으로 이어지는 호상(호남)학을 소개해 주었다. 내용은 호상학의 특징인 "先察識, 後涵養"의 설과 장식 자신의 '이발·미발의 견해였다. 이를 통해 주희는 "심은 모두 이발이다"를 '심체의 유행'으로 깨닫지만, 이후 이를 "중화구설"로 여기고 스스로 마땅하지 못하다고 했다.(『문집』권75, 3634쪽) 결국 주희는 이동의 '미발체인'과 호상학의 '선찰식후향양' 간의 차이를 발견하고 '중화를 논하여 호남제공에게 드리는 글」과 「이발미발설」 등을 발표함으로써 호상학을 지양하게 된다. 주희가 장식에게 보낸 편지는 『문집』권30에 9통, 권31에 21통, 권32에 15통이 각각 실려 있다.

602) 蔡元定.(1135~1198) 자는 季通, 호는 西山이다. 주희와 가장 친한 친구이자 문인이었고, 天文, 地理, 樂律, 曆數, 兵陣 등의 설에 정밀·박학했다. 주희의 『사서집주』, 『역학계몽』 등의 저술에 참여했으며, 특히 音律과 象數에 대해서는 주희에게 많은 영향을 주었다. 주요저작으로 『皇極經世指要』, 『洪範解』, 『律呂新書』, 『燕樂原辨』 등이 있다. 주희의 「중화구설서」에 의하면 "건도

또는 중화지오라 함)603) 그리고 「중화를 논하여 호남 제공에게 드리는 글」을 통해 스스로 그 실수를 밝히면서 다음과 같이 말합니다.(호상학의 이발·찰식설을 비판한 글임. 맹자 사단설도 미발이 아닌 '이발'이며, 공부가 이발에 치우침)604)

(152)而謂 "程子 '凡言心者, 皆指已發而言', 此乃指赤子之心而言. 而謂 '凡言心者', 則 (퇴계집 則 없음)其爲說之誤, 故又自以爲 '未當', 而復正之. 固不可(『문집』以 있음)執其已改之言, 而盡疑諸說之誤, 又不可遂以爲 '未當', 而不究其所指之殊也."

　　　[正之정지; 바로잡다.(바로잡는 행위를 뜻함)]

주자는 말하기를 "정자의 '모든 심을 말한 것은 다 已發을 가리켜 말했다(凡言心者, 皆指已發而言)'고 함은 결국 맹자 '赤子(갓난아이)의 마음'605)을 가리켜 말씀한 것이었다.(주희가 상고한 글임)606) 결국 정자 자신의 '모든 심을 말한 것(凡言心者)'이라 한 이 말은 [『중용』 본문과 합치하지 않는] 설의 잘못으로 여겼고, 때문에 또 스스로 '합당하지 못함(未當)'이라 하고 다시 바로잡으셨던 것이다.(정이가 스스로 바로잡은 것임)607) 하지만 이미 고친

　　기축년 봄, 친구인 채계통에게 이를 설명하며 또 묻고 분변하는 즈음 나는 홀연히 이러한 이치에 대해 스스로 의심하게 되었다(『문집』권75, 3634쪽)고 했는데, 여기서의 의심은 바로 "심은 이발이다"를 말한다. 이때 비로소 심 "유행의 체"는 "발"과 다르다는 즉, 『중용』의 "발"에 대해 새롭게 인식하기 시작한 것이다.

603) 호상학의 "심은 이발(心爲已發)"(『어류』권101, 方154, 3389쪽. 銦166, 3392쪽)은 胡宏이 지은 『知言』의 설이다. 이는 정이의 "심은 모두 이발이다"를 전수받은 것으로, 주희가 스스로 깨달은 "심체 유행"의 설과 같다. 그러나 주희는 "己丑년 봄" 장식 및 채원정과 토론하면서 "홀연히 이 설을 의심(予忽自疑)"(「중화구설서」, 3634쪽)하기 시작한다. 즉 정이의 "심은 모두 이발이다"고 함은 "정자의『문집』 및『유서』의 제설과 합치하지 않거니와, 또 심·성의 名命에도 부당하며 일용공부에도 본령이 없으니, 그 잃은 바의 것이 비단 文義 뿐만은 아니다."(「호남제공서」, 3130쪽) 더구나 정이 스스로도 "이 설은 '마땅하지 않다(상152)고 했는데 도리어 오봉(호굉)은 그 前說을 지켰다(後復曰, 此說未當, 五峰却守其前說)"(『어류』권101, 銦166, 3392쪽)는 것은. 주희가 이 일의 전후를 기록한 것이 바로 「중화구설서」, 「이발미발설」, 「중화를 논한 호남제공서」 등으로 이를 "기축지오' 혹은 '중화지오'라 한다. 이는 정이의 "이발"과 『중용』 "미발"의 義를 밝혀가는 과정이다. 때문에 주희는 미발·이발설이라 하지 않고 "이발미발설"로 이름붙인 것이다. 『중용』 "이발"과 호상학의 "察識端兒"의 설은 이견이 없기 때문이다.

604) 「與湖南諸公論中和第一書」는 胡宏(五峯)을 스승으로 삼은 湖相學派(이정-사량좌·양시-호안국(호굉의 父)-호굉·장식 등으로 이어진 학파)의 학자들에게 보낸 편지다. 대표 학자는 張栻, 胡廣仲, 胡伯逢, 吳晦叔 등이다. 주희는 처음 호상학의 "심은 이발"과 "先察識, 後涵養"에 영향을 받았는데, 기축·중화지오 이후 자신의 이전의 학설을 반성하고 「여호남제공서」를 발표하여 호상학을 지양한다. 호상학 스승인 호굉의 『지언』에 대해 장식, 呂祖謙, 주희 등 3인이 그 각 조목에 따라 비평해서 기록한 글이 『胡子知言疑義』이다.(『문집』권73, 3555쪽)

605) 맹자는 "대인은 적자지심을 잃지 않은 자이다"(「이루하」12)고 했고 주희는 "적자지심은 純一無僞일 뿐이며, 擴而充之해야 한다"고 주석한다. 정이가 적자지심을 "이발이라 했다"고 한 것은 당시 정이의 논변 내용이 적자지심이라 함이지, 적자지심이 '모두 이발'이라 함은 아니다. 주희는 "또한 未發時도 있지만, 맹자의 所論은 그 已發者를 가리켰을 뿐이다"(『어류』권57, 義剛12, 1831쪽) "적자지심도 未發時와 已發時도 있다"(銖13, 1831쪽) "적자지심은 이발이나 또한 未發時도 있다. 정자는 단지 一邊만 가리켜 설명했다"(義剛12, 1831쪽. 권18, 寓133, 638쪽)고 한다.

606) 정이는 "指已發"이 『중용』 "이발"과 다르기 때문에 "범언심자"를 잘못으로 여기고 "진실로 합당하지 않음(此固未當)"(「與呂大臨論中書」)이라 했다. "적자지심을 가리킨 것"이라 함은 여대임과의 문답에서 유추 가능하다. "심은 하나인데 체를 가리킨 것과 용을 가리킨 것이 있다(心一也, 有指體而言者, 有指用而言者)." "선생은 적자지심을 이발로 여겼다(先生以赤子之心爲已發)." "적자지심은 화라 할 수 있지만 중이라 할 수는 없다(赤子之心可謂之和, 不可謂之中)."(『정씨문집』권9, 608~9쪽)

607) 주희는 「이발미발설」에서 "정자는 중용 본문과 합치하지 않았기 때문에 '마땅하지 못함'이라 하고 다시 바로잡았다(然與中庸本文不合, 故以爲未當, 而復正之)"(3268쪽)고 상고한다. 주희는 당초 『중용』 미발·이발의 義를 찾고자 했고, 홀연 스스로 "心體流行"을 깨닫고 이것을 정이의 "凡言心, 已發"의 뜻으로 인식했으며, 호상학도 이러한 주장이었다. 하지만 이는 "정자의『문집』과

말씀만 고집해서 제설(혹은 論說)을 모두 그릇됨으로 의심하거나, 또는 마침내 '합당하지 못함'(혹은 합당함)이라 하셨다 해서 그 가리킨 바의 특수한 점(已發이라 했지만 未發도 있다는 것)[608]은 궁구하지 않아서도 안 될 것이다"[609]라고 합니다.(결국 정자의 "심 이발"만 믿으면 『중용』 "미발"은 없게 되고, 공부도 이발에 치우치게 됨. 마찬가지로『어류』"리발·기발"만 믿으면 사맹 종지에 어긋나며, 사단도 "이발의 확충"에 불과함)[610]

(153)此言, 至公至明, 後學所當師也. [至公至明지공지명; 지극히 公平하고 지극히 明哲함. 지극히 공적으로 치우침이 없고 지극히 총명하여 밝음.(一說이 아닌 철학적 마음가짐을 말함) 師사; 스승으로 삼다.]

이러한 말씀(정이와 주희의 반성의 말씀)이야말로 지극히 공평하고 지극히 명철합니다.[611] 후학들은 이점(리발·기발, 심의 已發, 적자지심 등의 '설'이 아닌, 이렇게 '반성한 말씀'과 '고친 글')을 마땅

『유서』에 맞지 않았고, 심·성의 실제와 미발·이발의 命名에도 타당하지 않았으며, 더구나 日用의 本領(미발)공부도 빠졌거니와, 『중용』 사물 사려의 교류라 할 수도 없었다(非謂事物思慮之交也)."(「이발미발설」, 3266·8쪽) 정이 스스로 "此固未當"이라 했다. 때문에 "程子正之"했으며, 다만 "적자지심을 가리킨 것뿐"임을 주희는 고찰한다. 주희도 스스로 "『중용』의 나의 설은 진실로 未當이 있다"(『문집』권42, 「答胡廣仲 5」, 1902쪽)고 한다.

608) 정이는 자신의 "凡言心者는 已發이다"를 여대임과의 논의과정에서 결국 "마땅하지 않다(未當)"고 했고, 이에 주희도 그 범언심자는 "적자지심을 가리킨 것"임을 고찰했다. 범언심자를 이발이라 함은 적자지심이며, 그 적자지심은 이발이다. 단, 이발이라 함도 "가리킨 바의 특수한 점"이다. 왜냐하면 적자지심이 이발이라 함은 다만 그 논의 내용에서의 '가리킨 것'일 뿐이기 때문이다. 주희는 "또한 未發時도 있지만, 맹자의 所論은 그 已發者를 가리켰을 뿐이다."(『어류』권57, 義剛12, 1831쪽) "적자지심도 未發時도 있고 已發時도 있다",(같은 곳, 銖13) "또한 未發時도 있지만, 정자는 그때 단지 一邊만 가리켜 설명했다"(권18, 寓133, 638쪽)고 한다.

609) 『문집』권64, 「與湖南諸公論中和第一書」, 3130쪽.(『주자문록』 기대승편, 15쪽) 같은 내용을 「이발미발설」에서는 "固不可執其已改之言, 而盡疑諸論之誤, 又不遂以爲當, 而不究其所指之殊也"라고 하여 "諸說"을 "諸論"으로, "未當"을 "當"으로 표현한다. '제설·논설'은 정이의 모든 설을 말한다. '未當'은 당초의 "심의 이발"을 미당이라 한 것이고, '當'은 이미 고친 설만 고수함을 말한다. 즉 정이가 "未當"으로 고쳤다 해도 "심 이발"이 "심 전체의 유행을 가리켜 말함"에는 변함이 없고, 또 이미 고쳤다 해서 정이의 다른 제설까지 모두 의심해서도 안 된다. 왜냐하면 심 이발을 적자지심이라 한 것은 당시 정이가 논한 심에 한정되기 때문이다. 주희 자신도 이미 이런 오류를 범했음을 「중화구설서」를 통해 반성하며 밝혔다. "정자의 말은 일체 오류가 없었다", "하지만 나는 나의 생각과 합치하지 못한 곳에 대해서는 정자의 少作으로 失傳했거나 혹은 믿음이 없을 때 지었기 때문"이라 여기고 결국 "내가 깨달은 것만 自信했다"고 반성한다.(『문집』권75, 3634·5쪽) 때문에 학자들에게 종전 자신과 같은 오류를 범하지 말 것을 경계하기 위해 「중화구설서」를 썼다는 것이다. "적자지심"은 이발, 미발, 확충의 의미도 있고, 그리고 "심 이발" 역시 心體流行, 정, 성, 확충 등의 의미로 해석할 수 있다.

610) 주희는 道南學派(이정·양시·나종언·이동·주희)의 종지인 '미발체인의 것'에 관해 이해하지 못한 상태에서 湖湘學에 영향을 받았다. 이는 자신이 스스로 깨우친 "사람의 탄생에서 죽을 때까지 이발이 아님이 없다"와 호상학의 "심은 모두 이발이다"가 서로 합치했기 때문이다. 이를 "題之曰, 中和舊說"로 스스로 이름붙이고, 이를 잘못이라 한 것이다. 「중화구설서」에 의하면 "기축년 봄 친구인 채계통과 묻고 분변할 즈음 홀연히 이 이치를 의심하게 되었다"고 한다. 이는 『중용』 "발"과 정이의 "심 이발"은 그 의미가 서로 다름을 정자의 『문집』과 『유서』를 상고해서 정자의 본의를 밝히고자 함이다. 그 연구물이 「이발미발설」과 「호남제공서」 등이다.

611) "말씀(言)"은 정주가 말한 "凡言心者를 未當으로 여기고 바로잡음"(상152)과 주희의 "그 실수를 스스로 말한 것",(상151) "그렇다고 해서 제설을 의심해서는 안 되고, 또 未當이라 했다 해서 그 소지의 특수한 점을 궁구하지 않아서는 안 된다"(상152)는 등을 말한다. "至公至明"은 자신을 반성하고 바름을 추구하려는 마음가짐이다. 이는 정주의 '언어로서의 설', 즉 "說話"(상50)를 두고 한 말이 아니다. 고봉은 "학자는 虛心悉意로 그 귀결을 찾아야 하며, 그 一만 고집해 급거 安定으로 삼아서는 안 된다"(정이의 이발설에 대한 주희의 논평)고 한 주희의 '말씀'을 "公且明"으로 삼는다.(하82) "뜻이 不平이 있음에 가까워 도리어 至公에 루가 되었다"(하85)는 비판은 정주의 설을 不平으로 읽었다 함이다. 「중화구설서」의 "스스로 내가 自信한 것은 결국 自誤였다", "그동안 辛苦로 겨우 得之한 것은 自誤일 뿐이었다", "그것은 비단 명언의 失 뿐만은 아니다"(모두 3635쪽)라는 주희의 '말씀'은 정이의 명제인 "凡言心者, 已發"을 한쪽만으로 해석한 주희 자신의 반성이다.

히 "스승으로 섬겨야 할 것(所當師)"입니다.(퇴계는 오히려 어류 리발·기발의 '한쪽의 치우침을 宗師해야 한다'고 했기 때문임)[612]

(154)然則謂 "是理之發, 是氣之發"者, 與其他前後所論, 更互參較, 則其異同曲折, 自可見也. 不知後學當遵前後備陳, 所周該之言乎? 抑當守其一時偶發, 所偏指之語乎? 此其從違亦不難決. 未委, 先生意以爲何如耶? [參較참교; 전후의 설과 참조하여 교감함. 異同이동; 다름도 있고 같음도 있음. 曲折곡절; 그렇게 설한 이유. 말한 배경. 自可見자가현; 스스로 드러날 수 있다.(설의 전후를 고찰해 보면 그 이유·곡절이 저절로 드러난다는 뜻) 備陳비진; 앞뒤를 두루 갖추어 진술함. 周該주해; 형이상·하를 두루 다함. 一時일시; 한 때.(때가 국한이 있는 것. 가령 1시, 2시, 밥 먹을 때 등과 같이 전체 포괄이 아닌 것) 偶發우발; 한쪽으로 발언하다. 때에 맞추어 언급함. (偶는 음, 양, 좌, 우, 한 짝의 뜻. 發은 發言의 뜻. 偶發과 一時는 같은 의미임) 偏指편지; 한쪽만 가리킨 것.(음, 양, 공부할 때, 밥 먹을 때만 가리킴. 잘못이 아닌 한쪽만 가리킨 것) 語어; 단어. 문자. 從違종위; 복종과 배반. 따름과 위반. 不難決불난결; 결정하기에 어려운 문제는 아님. 어렵게 결정할 문제는 아님. 未委미위; 아직 주희에 위임하지 못하신다면. 주희를 아직 따르지 못하겠다면. 아직 복종하지 않으신다면.]

그렇다면 이른바 "시리지발, 시기지발"(퇴계는 이 '해석설'을 宗師로 여김. 사맹 본설이 아님)[613]의 것도 기타 전후의 논한 바와 더불어 다시 상호 참조 교감해 본다면 그 이동과 곡절도 스스로 드러날 수 있을 것입니다.(어류에서 "리발, 기발"로 사맹을 해석한 그 이유·곡절을 찾아야 한다는 것임. 천명·중화가 기발일 수는 없음)[614] 모르겠지만 후학들은 이 해석설을 앞뒤를 모두 갖춘 두루 다한 바의 '말씀(言, 가르침)'으로 준수(遵)함이 마땅하겠습니까?(사맹 종지를 주희가 반드시 리발·기발의 치우침으로만 해석하지 않았을 것임. 이 해석은 이유·곡절이 없음)[615] 아니면 이 명

---

612) 퇴계의 "주자는 '사단시리지발, 칠정시기지발'이라 했다. 주자는 우리의 '師'이며 천하 고금의 '所宗師이다'(상44·45)에 대한 고봉의 답변은 "所當師也(마땅히 스승으로 섬겨야 할 바이다)"이다. 단 스승으로 섬길 "바(所)"의 대상은 "사단시리지발, 칠정시기지발'의 '說'이 결코 아니다. 즉 그 "所"는 곧 "至公至明"의 '말씀'이다. 그것은 왜인가? 주희는 정이의 "심은 이발이다"를 『중용』 "發"의 의미로 이해했지만, 그러나 이는 정이도 이미 고친 것이거니와 주희도 당시 이 설을 착각 인식했었다. 이 '已發'설은 심의 已發, 맹자의 적자지심, 중용의 已發, 어류의 사단시리지발, 칠정시리지발, 퇴계의 四端之發, 七情之發의 의미까지 내포한다. 다만 당시 논의는 "적자지심을 가리킨 것"일 뿐이다. 따라서 우리가 "所當師로 삼기 위해서는 정주의 "지공지명'의 마음가짐을 본받아야지, 주희의 一偏의 一說만 師로 삼아서는 안 된다. 만약 그렇다면 一說로 전체 "諸說을 이끌어"(하82) 해석함이 되기 때문이다.

613) 『어류』는 사맹 사칠을 "리발, 기발"로 해석했다. 사단의 리발, 칠정의 기발은 진실로 가능하다. 단, 사맹 종지가 리발, 기발 의미만 있지 않다. 중화의 칠정은 리발이고, 사단의 확충·성선도 기로 논증하고 확충함이기 때문이다. 더구나 이는 해석설이다. 즉 사맹 종지를 해설한 "說話"이다. 당연히 리발, 기발로 해석할 수 있지만, 단 리발·기발이 사맹 종지는 아니다. 따라서 퇴계의 "주희를 宗師해야 한다"(상45)고 함은 결국 一偏의 해석설을 宗師함이 되고 만다.

614) 정이의 "모든 심은 이발이다"에서 '모두'라 함은 未瑩이지만, 그 가리킴은 적자지심이었다. 그런데 "심 已發"은 각각 "심체의 유행",(주희) 『중용』의 已發", "맹자의 적자지심"(정이) 등 "異"로 논할 수 있고, 모두 "同"의 심이다. 사맹은 一情의 "同"을 그 소지의 "異"로 다르게 설했다. "시리지발, 시기지발"도 "동·이"가 있고, 同의 일정인 사칠을 리발, 기발로 해석이 가능하다. 단 사칠을 "대거 호언"(상6)해서는 안 된다. 하물며 리·기로의 대거 호언이 사맹 종지일 수는 없다. 사칠은 리·기 둘의 의미만 있지 않다. 리발·기발은 그 "곡절이 없을 수 없다."(상52·58·60·65·66) 특히 칠정의 "專指氣言은 곡절이 있어서 未安일 뿐"(상91·92)이다.

615) "리발, 기발" 해석은 당연하다. 단 자사의 종지는 "중화"이므로 주희도 단지 기발로 해석할 수는 없다. 만약 주희가 '기발'이라

제를 따로 '한때 한쪽만으로 發言'[616]한 치우쳐(偏)[617] 지칭한 바의 단어(語, 문자)로 지킴(守)이 마땅하겠습니까?(사맹 종지를 리발 혹은 기발의 문자로만 지킬 수는 없음)[618] 이는 주자를 따를지 위반할지에 관한 것으로, 역시 결정하기에 어려운 문제가 아닙니다.(주희가 사맹 종지·소지를 어겼을 리 없음)[619] 아직 주자의 의견에 위임하지 못하신다면(주희를 위임 복종하지 못하신다면) 선생님의 의견은 무엇으로 여겨야 할지요?(주희가 어찌 사맹을 어겼겠는가? 뒤 퇴계의 답변은 "주희에 복종하라"이다)[620]

(155)「天命圖」, 立象連類, 剖析該備, 所謂 "不易見得及此"者. 然以鄙意論之, 則其間, 似多有未安者, 須更契勘, 敎子細, 然後庶可不悖於 "古人"矣. [立象입상; 상을 세움. 말로는 뜻을 다할 수 없어서 그림으로 그림.(「천명도」를 가리킴) 該備해비; 전후 모두를 다 갖춤.(윗줄 "前後 備陳, 所周該"의 뜻임) 契勘계감; 校勘이 합치하다. 敎교; ~하도록 하다.]

했다면 이는 그 곡절이 있을 것이다. 가령 "그 정을 제약해야 한다"(하134)고 한다면 기발도 가능한데, 단 이 해석설은 곡절의 표시가 없다. 따라서 단순히 "리발·기발" 의미로만 "말씀(言)"했다고 이해해서는 안 된다. 이 해석설을 사단은 리발, 칠정은 기발로 '해석할 수 있음'으로 넓게 이해해야 한다. 그렇지 않으면 사맹 종지는 단지 각자 '리발·기발'만 있음이 되고 만다.

616) "一時(偶發)"과 "守"는 주희의 "내 생각에 이러한 등 그대의 말씀은 전배(호굉)의 『지언』에서 '한쪽만 제출한 '一時'만의 말씀이니, 종신토록 '守'할 바의 바꿀 수 없는 정론은 아니다(竊意此等, 偶出於前輩, 一時之言, 非其終身所守不可易之定論)"(『문집』권46, 「答胡伯逢」4, 2152쪽)와 같은 의미이다. 즉 호굉과 호백봉은 성인의 설을 각각 한쪽만으로 해석했으니 이를 정론으로 삼을 수 없다. "偶發"의 우를 '偶然'으로 말한 경우도 있다. 맹자의 "出語人曰"(「양혜왕상」6)를 주희는 "偶然設及"(『문집』권39, 「答許順之」9, 1742쪽)이라 하는데 이곳 '偶然'은 맹자가 양양왕을 비웃고 얕잖아 본 말이다. 즉 우연은, 必然이 없는 '관심 없다'는 표현이다. "偶至武夷(그 사람이 마침 여기 무이에 왔다)"(『문집』권36, 「答陸子美」3, 1563쪽)의 偶도 '때마침'의 뜻이다. 아래 "偶題(마침 보았다)"(상158)도 '우연히'가 아니다. 고봉의 詩 제목인 偶吟, 偶書, 偶成, 偶題 등은 모두 '한 시점(一時)'이다. '一時'라는 말을 주희는 "정자는 '心指已發'을 후서에서 '此固未當'이라 했다. 그렇다면 이는 '一時의 言語로, 後說을 결국 無病으로 삼은 것이다"(『문집』권56, 「答方賓王」1, 2654쪽)고 한다. 정론은 일시까지 모두 포괄해야 한다. 나누어 해석하면 각각 한쪽으로 치우치고 만다.

617) "치우침(偏)"은 잘못이라 함이 아닌 '한쪽만'이라는 뜻이다. 주희는 '이발미발설'에서 "靜으로 말하면 偏이다", "항상 動에 偏했다", "옛 성현의 기상이 없는 것은 所見의 偏으로 말미암아 그러할 뿐이다"고 하는데,(모두 3268쪽) 이는 주돈이의 靜, 호상학의 動, 주희 자신의 당초 已發 등을 잘못이라 함이 아니다. 다만 한쪽만의 설이므로 偏이라 한 것뿐이다.

618) 『어류』 해석은 옳다. 단, "리발, 기발"을 단순한 리발, 기발로 이해해서는 안 된다. 칠정은 중화가 있고, 사단도 이발의 기이기 때문이다. 만약 사단 리발, 칠정 기발의 "한쪽만의 발언"으로 이해하면 그것은 '치우침(偏)' 해석이다. 偏도 가능하나, 맹자 종지는 리발 一偏만 있지 않다. 따라서 어류 해석설을 이해하기 위해서는 그 "리발, 기발이다"고 해석한 그 "문자(語)"로 "지키고자(守)" 해서는 안 된다. "문자" 그대로 '리발, 기발'로 "지키면" 주희가 사맹 종지를 각자 리발·기발로만 여김이 되고 만다. 우리의 종사인 주희가 이렇게 偏으로 해석했을 리 없다. 주희의 "반드시 구설의 잘못만 지킴(而必守舊說之誤)", "금일의 所知만 지키고자 함(若但欲守今日之所知)", "반드시 이것만 지키고자 함(若必欲守此)"(『문집』권42, 「答胡廣仲」5, 1900·2쪽) 등의 "守"는 모두 부정적 의미이다.

619) 주희가 사맹 종지를 리발·기발로만 해석하지 않았음은 자명하다. 어찌 자사의 종지가 기발 一偏일 뿐이겠는가? 만약 리발·기발일 뿐이라면 사단은 정이 아니며 중화는 리가 아닌가? 주희가 이렇게 一時의 一偏으로 협소하게 해석했을 리 없다. 이는 주희의 설을 "따를지 혹은 위반할지"에 관한 간단한 것으로, 따를지 위반할지의 "결정 역시 어려운 문제가 아니다."(상161) 주희의 "원컨대 好高로 意를 삼지 말고 先入으로 主를 삼지 마셔서 日用之間에 그 事理의 實을 잘 살피신다면 그 得失과 從違를 보기 어렵지 않을 것이다(則其得失從違不難見矣)"(『문집』권42, 「答胡廣仲 3, 1898쪽)와 같은 뜻이다. 퇴계는 어류 해석설을 好高·先入함으로써 오히려 자사를 따르지 않았다. 주희를 "따르기(從)" 위해서는 주희가 사맹 종지에 어긋나지 않게 해석한 것으로 따라야 한다. 결코 자사는 사단이 리발이므로 칠정을 기발이라 하지 않았고, 더구나 맹자는 자사의 후인이다. 만약 '글자(語)'만 '守'한다면 결국 주희는 사맹을 "위반(違)"한 것이 되고 만다. 왜냐하면 사맹은 사실을 "대거 호언"하지 않았기 때문이다. 주희가 사맹을 어길 리 없고, 퇴계가 주희를 따를지 어길지의 판단도 매우 쉬운 일이다.

620) "未委"는 주희의 설에 위임하지 않았으니, 주희의 본의에 위임해 달라 함이다. 왜냐하면 주희가 사맹 종지를 각각 리발·기발이라는 一時의 偏旨로 해석했을 리 없기 때문이다. 사맹 종지가 리발·기발의 一偏에 국한될 수는 없다. 따라서 주희에 위임하기 위해서는 주희가 一時의 偏旨로 해석하지는 않았다고 해야 한다. 더구나 어류 해석설은 그 곡절이 표시되어 있지 않다. 이는 "따르거나 혹은 어기는 문제에 있어 어렵게 결정할 일이 아니다." 이에 퇴계의 답변은 오히려 "옳음을 들으면 곧 복종해야 한다"(상296. 『소학, 입교편』)고 하여 선생의 교육으로 충고한다.

- 146 -

「천명도」는 象을 세워 종류를 연결하고 또 이를 "분석"하여 전후를 두루 갖춤에 있어, 이른바 "그 견득이 여기에 이르기도 쉽지 않겠다"(주희)고 하겠습니다.621) 그러나 저의 뜻으로 논해 보건데, 그 사이 안정되지 못함(未安)이 많은 것은 마땅히 선유의 설에 의거해 다시 교감하셔서,(주희의 칠·사 두 설을 살펴보라 함임)622) 추만으로 하여금 이를 자세하게 한623) 연후라야 거의 "고인"(퇴계의 말임)에게도 어긋나지 않을 것입니다.(「천명도」의 칠정사단은 추만이 아닌, 퇴계가 '리기에 나아가' 리·기로 나눈 것임)624)

(156)若或以爲未然, 則「說」中立論, 以兼破此意(퇴계집 義), 可也, 不可謂 "用先儒舊說", 而只如此 "鶻突", 旣以 "自誤", 又將 "誤人"也. 如何如何? [立論입론; 론을 세움. (「천명도설」의 입론을 말함) 兼破겸파; 겸하여 명백히 하다. 겸하여 진상을 밝히다. 此意차의; 이러한 의미.(위에서 고봉이 고찰한 當師, 當遵, 當守) 鶻突골돌; 흐리멍덩함으로 만들다. 주희의 설을 두루 뭉술하게 얼버무리다.]

만약 혹 그렇지 않다고 여기신다면 「천명도설」 중에서 입론할 때라도 [주자의 道로서] 이러한 의미(當遵, 當守의 두 가지 의미)까지 겸하여 논파하셔야만 가능하지625) 그저 "선

---

621) 이 말은 주희의 "不易看得如此"(『문집』58, 「答鄧衛老」2, 2797쪽)와 같다. "立象·剖析"은 "此圖, 立象盡意, 剖析幽微"와 "周子立象於前, 爲說於後, 互相發明"(「태극도설해, 후기」, 79쪽. 『문집』권31, 「答張敬夫」10, 1341쪽)에서 나온 말이다. 모두 주돈이 「태극도」를 가리킨 말이다. 이곳은 "주자는 '시리지발·시기지발'이라 했으니, 나의 견해도 대류에 이르지는 않았고 당초 추만의 설 또한 무병이므로 고칠 필요 없다"(상45)에 대한 비평이다. "발어리, 발어기"는 추만 퇴계 합작 「천명도」 "分註"(상270)이다. 퇴계는 「천명도」 분주를 나도 分別 太甚으로 여겼다"(상14)고 하면서, 그대는 "剖析을 싫어했다",(상39) "分析을 미워했다"(상43)고 비판했다. 하지만 고봉의 당초 지적은 「천명도」가 잘못이 아닌, 퇴계의 리·기분속과 대거호언에 있었다. "'발어리, 발어기'는 진실로 불가하지 않거니와, 주자의 말과 다르지 않다."(상69·68·90) 문제는 "사칠을 리·기에 분속 해석하면, 일편에 기댄다"(상91·99)는 점이다. 결국 문제는 추만이 아닌 퇴계의 리기 호발에 있다.

622) "未安"은 퇴계의 대거와 호발설을 가리킨다. 고봉이 처음 "미안"이라 한 것은 "사단지발, 칠정지발은 愚意로는 또한 미안이다"(상5·71)이다. 이후 "지금의 所辨은 그 곡절의 즈음에서 또한 많은 미안한 바가 있다",(상52) "형기의 所感이라면 모두 미안이다"(상114) 등은 모두 퇴계의 대거와 호발에 대한 비판이다. "契勘"은 뒤 '칠정설, 사단설'에 대한 「답호광중」·「답호백봉」 두 논을 인용하고 퇴계에게 "미처 계감에 미치지 못한 듯하다(未及契勘)"(상161)고 함이다. 주희가 직접 논한 '칠·사 두 설'을 정확히 살펴보라 함이다.

623) 주희의 "만약 입언으로 훈시하고자 한다면 마땅히 교감을 자세히 하게 한 연후에야 거의 고인에 어긋나지 않을 것이다.(若欲立言示訓, 則須契勘敎子細, 庶不悖於古人)"(『어류』권5, 大雅61, 225쪽)와 같은 뜻이다. 이 말은 吳伯豐의 설에 관한 제자의 질문에 답한 것으로, 주희는 백풍으로 하여금 漢儒 등의 설을 교감해서 자세히 하게 해야만 고인에 어긋나지 않는다고 제자에게 訓한 것이다. 주희의 訓은 곧 "情有善惡, 性則全善"(상54)이다. "敎"는 "今先說一個心, 便敎人識得個性情底總腦, 敎人知得個道理存着處",(『어류』권5, 무명66, 227쪽) "看敎平闊, 四方八面都見",(권9, 方子67, 310쪽) "却敎當時人如何曉"(권11, 節33, 337쪽)과 같은 '하여금'의 의미이다.

624) 퇴계는 "古人은 곤륜탄조라 했다",(상43) "고인은 감히 스스로를 믿지 말고 그 스승을 믿으라 했다"(상45)고 한다. 즉 고인과 주희는 "리·기로 사·칠을 分했으므로 고인을 따라야 한다. 이에 고봉은 퇴계의 리·기 대거호언의 분속설은 자사, 맹자, 정주 등 "古人"에 모두 어긋난다 함이다. 리·기로의 分은 추만도 상상할 수 없는 일이다.

625) 「천명도」의 "발어리, 발어기"는 주희의 "시리지발, 시기지발"과 "다르지 않다."(상68) 단 이 두 설은 그 곡절이 나타나 있지 않고 단지 그 대강일 뿐이다. 큰 강령에서 사칠을 리발, 기발의 一偏으로 해석해도 불가하지 않다. 문제는 사칠은 리·기 一偏의 의미만 있지 않다는 점이다. 주희를 "當師"하기 위해서는 2가지 방법이 있다. 이른바 "當遵", "當守"이다.(상154) 당준은, 전후 비지의 말씀으로 따라야 한다 함이다. 당수는, 일시 한때로 나누어서 偏指로 지킴이다. 일편도 의미가 있다. 그러나 주희의 일편 해석이 사칠의 모든 의미라고 해서는 안 된다. "「천명도」에 넣자니 부득불 그렇다"(상69)고는 하지만, 그러나 그 「천명도설」에서라도 이러한 뜻을 함께 고찰해서 겸해 논파해야 한다. 그렇지 않으면 주희의 설을 모호한 "골돌로 만드는 것"이 되고 만다.

- 147 -

유의 舊說로 쓰자"('구설'은 주희의 용법과 다름)라고 말씀하시면 불가합니다.626) 단지 이렇게 주자의 설을 "골돌(흐리멍덩하게)"하게 얼버무리신다면(주희의 설을 當遵, 當守로 분석하지 않는다면)627) 기왕 "스스로(퇴계)도 그릇(自誤)"(주희의 말임)될 뿐만 아니라 또 앞으로 장차 "남(추만)까지도 그르치(誤人)"(주희의 말임)게 할 것입니다.628) 어떻게 생각하십니까.(퇴계의 말을 인용한 것임)629)

(157)區區鄙見, 已具逐條之下. 然其可與不可, 不敢自信, 姑以是取正於先生. 伏惟先生, 試詳察焉. 抑細看其間, 尙有未盡者, 敢復塵瀆, 幷祈亮采, 何如. [具逐구수; 낱낱이 드러내다. 모두 마치다. 取正취정; 바름을 얻다. 바름에 나아가다. 伏惟복유; 삼가 다만~일 뿐이다. 尙상; 아직. 여전히. 塵瀆진독; 번거롭게 심려를 끼치다. 亮采량채; 밝게 체납하다.(采는 採와 같음)]

지금까지 구구한 저의 견해를 이미 낱낱이 각 조항의 아래에 붙였습니다.630) 그 가부에 대해서는 감히 스스로 믿을 수는 없기에 우선 위와 같이 선생님께 바름을 얻고자 합니다.631) 저는 선생님께서 소상히 살펴 주시기를 삼가 바랄 뿐입니다. 그런데 그간을 다

---

626) 주희가 말한 이른바 "구설"은 「舊說」 「自誤」인 자신의 '잘못된 설'이라 함이다. 반면 퇴계의 "선유구설"은 『어류』 "시리지발, 시기지발"이다. 퇴계는 "우리의 名言에서 차가 있다면 선유의 구설을 쓸만 못하며, 주자의 본설로 대신하자"(상47)고 한다. 고봉은 그럴 수 없다고 한다. 왜냐하면 주희가 사맹 종지를 一偏의 리발·기발로 해석했다고 할 수는 없기 때문이다. 만약 "一時 偏旨로 當守"(상154)한다면 중화 종지는 빠지고 만다.

627) 퇴계는 "분석을 싫어해 힘써 일로에 합하는 것을 고인은 골륜탄조라 했다"(상43)고 하는데 그것은 그대가 "리·기 소종래에 就하지 않았기"(상39·35) 때문이다. "곤륜탄조"는 고봉이 리·기로 사칠을 分하지 않았다는 비판이다. 고봉의 "골돌"은 이와 다르다. 만약 어류 해석설을 단지 一偏으로 이해해서 "그대로 쓰자"고 하면 이것이 바로 주희의 설을 "골돌"로 만드는 일이다. 왜냐하면 리발·기발의 "語(단어)"로만 "當守"하면 이는 자사 중화와 맹자 확충의 단서(기)를 논하지 않음이 되기 때문이다.

628) 주희가 이렇게 해석한 곡절·배경·이유 등을 알기 위해서는 다른 설들과 교감해야 하고, 그래서 그 곡절이 있음으로써만 이 설은 유효하다. 칠정의 곡절을 "그 정을 제약해야 함"이라면 기발일 수 있고, "화"라면 그 가리킴은 리이다. 그 곡절이 없이 리·기로 "곧바로 끊어서(直截)"(상66) 이것을 "주자의 본설"(상47)이라 하면 이는 주희의 설을 오히려 "골돌"히 하는 일이다. 이동·곡절이 없이 골돌하게 하면 "名言之際에도 불가하고, 성정의 실상에도 불가하며, 또 존양·성찰의 공부에도 불가하다."(상128) "自誤"는 주희 자신에게 한 말이다. 「이발미발설」과 「호남제공서」에서 주희는 『중용』의 "발"과 자신의 "심 이발"의 차이를 발견하고 스스로 "자오"라 했다. 「중화구설서」에서도 "其無乃反自誤乎(이것이 어찌 도리어 자오가 아니겠는가)"와 "適足以自誤而已(족히 스스로를 그르칠 뿐이었다)"(『문집』권75, 3635쪽)고 한다. 퇴계의 리발·기발 이해는 『중용』 "발"과 전혀 다르고, 주희의 "심 이발"과도 완전히 다르다. "誤人"은 「答黃直卿」2의 "不可苟避譏笑, 却誤人也(진실로 비웃음을 피할 수 없게 되거니와 도리어 남을 그르치게 할 것이다)"(『문집』권46, 2155쪽)와 같은 뜻이다. 이렇게 주희의 설을 골돌로 이해하면 앞으로 추만을 포함한 후인들에게도 그르치게 할 것이다. "주자의 道로서"를 넣어 해석한 것은 뒤 "우리의 道로서(以) 老佛과 같은 허무의 논을 破해야 한다"(상182)와 같다. 육구연도 주희에게 "자신을 병통에 빠뜨리고(病己) 또 남까지 병통에 빠뜨린다(病人)"(『陸九淵集』권2, 「與朱元晦」, 30쪽)고 하고, 장식도 "근세 一種 학자들의 폐단은 스스로를 그르칠(自誤) 뿐 아닌 또한 남까지 그르친다(誤人)"(『南軒集』권26, 「答周允升」)고 한다.

629) 퇴계는 제12절 끝에서 "주자의 본설로 대신하고 우리의 설은 버림이 온당하다. 어떠실지?"(상47)라고 물었다. 고봉도 자신의 의견을 제시하고 같은 방법으로 물은 것이다. 즉 주희의 이동·곡절로 리발, 기발을 밝히려 하지 않고 먼저 대거·호발로 사칠을 이해하면 이는 주희의 설을 오히려 "골돌"로 얼버무리는 행위이다.

630) 고봉은 앞에서 "감히 來辯에 因해서 조항에 따라 자세히 여쭙겠다"(상49) 했고 이곳까지가 그 답변이다. 추만에게도 "마땅히 단락에 따라 상세히 여쭈어야 하겠지만 지금은 대략만 말씀드렸다"(하191)고 했다. 본 「고봉2서」를 퇴계는 한 달 뒤 받고 1560년 9월 1일 편지에서 "추만서 끝에서 '當條析以報之'라 하셨는데, 지금 그 답변을 받았다"(『고봉집』3책, 33쪽)고 한다.

631) 퇴계는 "감히 自信하지 말고 그 스승을 믿어야 한다"(상45)고 했다. 주희도 "스스로 自信했지만, 그러나 나의 자신은 결국 自誤였다"(「중화구설서」)고 한다. 고봉의 "감히 자신할 수 없다"고 함은 이러한 自誤를 방지하기 위함이다. 지금까지 칠사 의의는 합

시 자세히 살펴보니 '여전히 미진한 것이 있습니다.'(위는 단지 각 조항에 따라 여쭈었을 뿐이기 때문임. 주희의 말을 인용함)[632] 그래서 감히 번거롭게 다시 아뢰니, 아울러 채납해 주시기를 바랍니다.(위 조항에서 논하지 못한 7가지를 아래 후론으로 논하겠다는 것임)[633] 어떠하실 지요.

(158) 大升偶閱『朱子大全』, 見其中有論得此意甚分明者. [偶閱우열; 때마침 보다. 마침 검열하다.(偶는 상대가 있는 일에 대한 '때마침'의 뜻) 論得논득; 논한 정도.]

대승이 마침『주자대전』을 검열하면서 그 가운데 '이러한 뜻'(칠정설, 사단설 의미)에 대해 매우 분명하게 논함이 있는 것을 보았습니다.(주희는 칠정과 사단의 뜻을 분명하게 논했다는 것임)[634]

(159) 其 「答胡廣仲」(퇴계집 中은 오자)書曰, "伊川先生曰, 天地儲精, 得五行之秀者, 爲人, 其本也眞而靜. 其未發也, 五性具焉, 曰仁義禮智信. 形旣生矣, 外物觸其形, 而動於中矣, 其中動而七情出焉, 曰喜怒哀樂愛惡欲. 情旣熾, 而益蕩, 其性鑿矣. 熹(퇴계집 某)詳味此數語, 與 「樂記」之說, 指意不殊, 所謂靜者, 亦指未感時言爾. 當此之時, 心之所存, 渾是天理, 未有人欲之僞, 故曰天之性. 及其感物而動, 則是非眞妄, 自此分矣. 然非性, 則亦無自而發, 故曰性之欲. 動字與中庸發字無異. 而其是非眞妄, 特決於有節與無節, 中節與不中節之間耳. 來敎所謂正要此處識得眞妄, 是也. 然須是平日有涵養之功, 臨事, 方能識得, 若茫然都無主宰, 事至然後安排, 則已緩而不及於事矣." [儲精저정; 저장(비축)된 정기.(氣를 말함) 旣熾기치; 이미 불길이 세진 것. 기왕 왕성히 타오른 것. 益蕩익탕; 더욱 끓다. 탕진함을 더하다. 鑿착; 구멍이 뚫리다.(기왕 形氣化 하여 하나의 개념으로 고정되면 이때부터 변질됨을 뜻함) 僞위; 작위. 허위. 是非眞妄시비진망; 옳고 그름과, 참과 참에서 어

· 의되지 않았다. 때문에 토론이 필요하고, 이렇게 서로 궁구하여 그 "바름을 얻는다면(取正)" 더욱 그 의의에 가까울 수 있다. 퇴계는 "주자의 본설로 대신하고 우리의 설은 버리자"(상47)고 했는데 사실 定論이 주희의 설이라 함이다. 하지만 고봉은 리발·기발 해석은 그 곡절이 표시되지 않았고, 더구나 사맹 종지를 각각 리·기 一偏만으로 해석할 수는 없다고 한다.

632) 주희는 「答陸子靜」5에서 "熹已具此, 而細看其間, 亦尙有說未盡處(희는 이미 이렇게 갖추고 그간을 자세히 살피니 또한 설에 미진한 곳이 있다)"(『문집』권36, 1576쪽)고 하는데, 이는 위에서 육구연의 조항에 따라 답변하고 이후 나머지 후론을 논하기 위함이다. 후론에서 주희는 "老兄의 두 형은 此論을 함께 세웠으나 그러나 그 立論의 뜻은 不同하다"고 하여 그 형제간의 입론도 서로 부동함을 비판한다.

633) 위는 각 조항에 따른 논변이고, 이곳부터는 조항에 따르지 않고 의견을 말하겠다는 뜻이다. 퇴계는 이 조항을 "후론"(상297)이라 한다. 먼저 「답호광중서」(상159)를 통해 '칠정의 의미'을, 「답호백봉서」(상160)를 통해 '사단의 의미'를 상고한다. 이어 근세 명공 거인들의 '세속 된 설'의 예를 들고,(상162) 성과 정에 대한 '선의 표현'을 고증하면서,(상169) 사단도 '불중절이 있음'을 논한다.(상170) 또 「천명도설」의 "리허무대와 심지허령의 분속리기"(상173)의 두 조항에 대해, 마지막으로 「천명도」에 '무불선·유선악'(상185·188)을 과연 퇴계가 붙였는가의 진실에 관해 묻는다.

634) 『주자대전』을 보다가 "마침(偶) 칠정과 사단의 의미를 논한 주희의 분명한 설을 보았다"는 것이다. "이러한 뜻(此意)"은 주희의 "사단 칠정의 설"(상163)의 본의를 말한다. 고봉은 「답호광중서」를 통해서는 '이천 칠정'의 뜻을, 「답호백봉서」를 통해서는 '맹자 사단'의 뜻을 고찰한다. 칠정은 '유선·유불선'이고, 사단의 선과 칠정의 선은 '무왕불선' 하나이며, 성은 '무불선'이다. 또 맹자 종지는 성선의 무불선이나 단 '情善은 무불선이라 할 수 없음'과, 또 '악의 소종래'(상169)에 대해 고찰한다.

- 149 -

굿난 것. 正要정요; 바로(막) 여기서~하려 해야 한다. 平日평일; 일을 만나기 이전의 심. 일이 있기 전.(맹자 "平旦之氣"의 뜻. 이때『소학』쇄소응대를 실천함) 臨事임사; 일이 일어남. 일에 임함. 識得식득; 식별된 정도. 安排안배; 알맞은 위치에 자리 잡게 하다. 已緩이완; 이미 완화되다. 이미 풀어지다.]

「호광중에게 답한 글」(칠정설 고찰임)635)을 보면, "이천선생은 「안자호학론」에서 말하기를 '천지의 저장된 정기에 오행의 빼어남을 얻은 것이 사람이니 그 근본은 참(眞)되고 고요(靜)하다.(공부로는 靜에 치우침)636) 그 미발에 오성을 모두 갖추었으니 이를 인·의·예·지·신이라 한다.637) 형기로 기왕 생겼음에, 외물이 그 형기에 접촉하면 中에서 동하고, 그 중이 동해서 칠정으로 나오니 이를 희·노·애·락·애·오·욕이라 한다.(미발의 중에 존양공부가 있어야 그 발은 중절함)638) 情으로 기왕 타오름에, 더욱 끓게 되면 그 성도 뚫리게 된다'(이발의 정에 성찰공부가 없으면 불중절함)639)고 한다. 희(주희)가 이곳의 몇 마디 말씀을 상세히 음미해 보니 이는 「악기」의 설과 가리킨 뜻이 다르지 않았다.640) 이곳의 이른바 '고요함(靜)'이라 함은 외물에 感하지 않았을 때를 가리킨 말일뿐이다.(호상학 '이발 찰식'을 비판한 것임)641) 이 未感의 때 心에 보존된 바는 혼연한 천리이니, 아직 인욕의

635) 『문집』권42, 「答胡廣仲4, 1899쪽. 이곳은 주희가 이천 「호학론」(『정씨문집』권8, 577쪽)을 인용해 '칠정의 뜻'과 '악의 소종래'를 논한 곳이다. 호광중은 호굉의 조카인 胡實(1136~1173)이다. 주희는 나종언(양시의 문인)의 문인인 아버지 朱松(1097~1143)의 유언에 따라 1148년 진사에 합격하기 전 호굉의 큰 조카인 胡憲(1082~1162)에게 배웠다.

636) 아래에서 "靜은 未感物時를 가리켰을 뿐이다"라 하고, 이 편지 뒷부분에서 "이른바 '其本眞而靜'의 眞·靜 두 자는 不同하다. 眞은 본체를 가리켜 말했고, 靜은 단지 그 처음의 미감물을 말했을 뿐이다(蓋眞則指本體而言, 靜則但言其初未感物耳)"라 하고, 또 이 靜은 「악기」의 이른바 "人生而靜으로 단지 情의 미발일 뿐이니, 여기서 天性의 온전을 볼 수 있을 뿐이다(蓋 '人生而靜', 只是情之未發, 但於此可見天性之全)"고 한다. 이곳은 이른바 靜이다. 靜은 심의 感物 전인 情의 未發이다. 따라서 공부로 말하면 "靜은 本일 뿐이므로, 靜만 말하면 偏이다."(「이발미발설」) 또 "심은 已發"이라 하면 심 미발의 靜 공부가 없어서 역시 偏이다. 때문에 정자는 靜공부와 動공부를 합해서 "道敬(說敬)"(하92)이라 한 것이다.

637) 靜은 未感物時이다. 감물로 發하면 情이다. 미감의 미발에는 五性이 갖추어 있다. 靜은 性이 아니며, "다만 여기에서 천성의 온전을 볼 수 있을 뿐이다(但於此可見天性之全)."(이 편지 끝부분) 오성인 인·의·예·지·신은 맹자가 측은의 정에서 성선의 리를 발명하기 위해 "萬理"(상95)가 아닌 綱理의 큰 것만으로 命한 것이다.(상79·81)

638) 이미 형기가 있고, 그 형기는 외물과 접촉하면 중의 성은 칠정으로 발한다. 그런데 칠정으로 발하기 이전의 심은 미감물의 '靜'과 미발의 '五性'이 있다. "中에서 動한다"고 할 때의 中은 미발의 '渾然在中'의 성덕이며, 動은 發과 같다. 미발의 中은 성이 아닌 "성덕에 대한 상황(狀性之德)"(상95)이다. "心感해서 動으로 出한 것",(상103) 이것이 칠정이다. 퇴계는 칠정을 "緣境而出"(상22)이라 하는데 이를 비판한 것이다.

639) 위에서는 "형기가 기왕 생긴(形旣生矣) 곳에서 성은 발하며, 또 미발의 中德은 성의 상황임을 말했다. 여기서는 "정이 기왕 발생한(情旣熾) 이후이다. "그 성이 뚫린다(其性鑿)"는 「악기」 "천리가 멸한다(天理滅)"와 같다. 칠정은 성발이나, 기왕 발생해 타오르면 그 성을 뚫게 된다. 즉 "천리는 진실로 무대하다. 그런데 기왕 인욕이 있으면 천리도 부득불 그 인욕과 더불어 소장한다(天理固無對, 然旣有人欲, 卽天理更不得不與人欲爲消長)"(『문집』권42, 答胡廣仲3, 1898쪽)는 것이다. 주희는 성이 뚫리는 것을 心의 일이라 한다. "정은 성에 뿌리하지만 심이 주재한다. …다만 심이 주재하지 못하면 정이 自動하여 이로써 인욕에 흘러 매번 그 바름을 얻지 못하게 된다. …이를 정의 병통으로 돌려서는 안 된다(情根乎性而宰乎心. …惟心不幸而情自動, 是以流於人欲, 而每不得其正也. …而非情能爲之)."(권32, 「問張敬夫」6, 1395쪽) 때문에 "心主乎性"(권73, 「知言疑義」, 3555·6쪽) 또는 "心主乎性"(권32, 「答張敬夫·問目」10, 1398쪽)이라 한 것이다. 이 인용문 본문은 『정씨문집』권8, 「顏子所好何學論」이다.(상22·103. 하134)

640) 「악기」에서는 "1)人生에 있어 고요함(靜)은 하늘의 성이고, 2)사물에 느껴 動한 것이 성의 욕구(즉 칠정)이다. 3)능히 돌이키지 못하면 천리도 멸하게 된다(滅)"고 한다. 이를 주희는 「정자호학론」의 "1)爲人에 있어 그 근본은 眞되고 靜한데, 이 미발에 五性을 갖추었다. 2)외물이 형기에 觸하면 中에서 動하여 칠정이 나온다. 3)기왕 칠정으로 끓으면 그 성도 뚫린다"와 서로 일치한다고 한 것이다. 주희는 「정자호학론」이 「악기」에 근거했고, 이는 "『중용』의 종지와 합치한다"(상97)고 상고한 것이다.

641) 「호학론」 "靜"은 「악기」 "人生而靜"의 '靜'과 같다. 주희는 「악기동정설」에서 "사람은 천지의 中을 받아 태어났으니, 그 未感에

- 150 -

작위(僞)가 있지 않기 때문에 「악기」에서 '하늘의 성(天之性)'(땅의 성이 아님)이라 했던 것이다.(이 미감시의 공부가 찰식(단서)보다 중요함)642) 급기야 외물에 감하여 동(發)하면 옳고(是) 그름(非), 참됨(眞)과 망령됨(妄)은 여기로부터 비로소 나뉘게 된다.(칠정에 선악이 있는 이유임)643) 그러나 성이 아니라면 그 스스로의 발도 없기 때문에 「악기」에서 '성의 욕구'(性之欲이 정임. 七情者가 아님)라 했던 것이다.644) 「악기」 및 「호학론」의 '동'자는 『중용』의 '발'자와 다름이 없다.(칠정은 리발이라는 것)645) 그리고 그 '시·비, 진·망'도 단지 절도가 있느냐와 없느냐, 절도에 들어맞았느냐와 들어맞지 않았느냐의 사이에서 판가름 날뿐이다.(단지 발에서 알 수 있음. 성·정 문제가 아닌 심 공부 문제라는 것임)646) 가르쳐준 글(호광중의 글)에서의 이른바 '바로 이곳(성이 정으로 발하는 곳)에서 진·망을 식득(심이 식득함)하려 해야 한다'고 함이 이것이다.(호상학의 '이발 찰식'을 긍정)647) 그렇지만,(이래 말이 요지임) 마땅히 평상시(未感時 平旦之

는 순수지선이다"고 하는데 이 미감이 심의 感物 이전이다. 「이발미발설」에서 인용한 정자의 『문집』과 『유서』는 대부분 '미발의 靜'이다. "右의 제설(총 18조항)은 정자가 思慮未萌과 事物未至의 때를 희노애락의 未發로 여긴 것이다. 이때는 心體流行과 寂然不動의 處에 卽하였으며, 천명지성의 體段이 갖추어 있다." 주희의 「악기동정설」, 「이발미발설」, 「호남제공설」, 「중화구설」, 지금의 「二胡書」 등은 모두 희노애락 미발과 靜에 관한 고찰이다. 已發의 '察識'에 관한 장식, 호씨 등 호남학과의 토론은 먼저 이곳 '미발'에서 합의가 도출되어야 한다. 주희 요지는 未發의 靜에서 敬의 性德(中)을 이루면 已發에서 모두 中節한다 함이다.

642) 미감시인 미발에는 감물인 인욕의 작위가 없으므로 渾是天理, 天性이다. '靜'은 性이 아닌 '未感時를 가리켜 말'했을 뿐이다.(윗줄) 「악기」 "天之性"은 靜의 性일 뿐, 감물의 動의 性이 아니다. "性은 [동정] 모두에서 다하지 않음이 없고, 動靜의 理를 갖추었다. 만약 靜자로 性을 형용한다면 性자는 偏却된다. 「악기」에서 靜을 天性으로 여긴 것은 단지 未感物의 前으로, 私欲未萌으로 渾然한 天理라 했을 뿐, 靜자를 性之妙로 삼을 필요는 없다."(이 편지 뒷부분) 靜은 미감시일 뿐이다. 성은 "동정에도 다하지 않음이 없다." 따라서 靜만으로 성을 논하면 치우친다. 動인 情에도 성은 있다. 평일 미감시(사단의 단서가 아닌)의 공부가 주희의 요지이다. 단 정자의 "人生而靜 以上은 不容說"(「이발미발설」)이다.

643) "感物"의 감은 성감이 아닌 '심감'이다. 그런데 '動'은 심동이 아닌 '성동'이다. 즉 감물로 동하는 것은 심이 아닌 성이다. 때문에 發은 성발인 것이다. 만약 성발이 아닌 심발이라 하면 심은 이미 성정·동정 등을 포괄하므로 아무런 의미가 없다. 아직 미감이므로 靜이고, 미감의 靜은 성의 체를 갖추고 있다. "中·直·靜은 常體의 形容이다. 어찌 常體의 本然이 靜이 아니라 하리오?"(『문집』 권43, 「答林擇之」21, 1981쪽) 그러나 情으로 發하면 여기부터 시·비와 진·망으로 갈라진다. 때문에 유선이·유악이다. 시·진은 성 본연 그대로지만, 비·망은 성의 본연이 아니다. 비·망은 情의 잘못이 아니다. 정은 원래 외물을 그대로 비춘다. 비·망은 심의 함양·성찰에 인할 뿐이다.

644) 심의 外感 전에는 성의 靜으로 있다. 심이 감하면 靜으로 있는 성은 비로소 動(發)한다. 성발이라 한 것은, 미감에는 靜으로서의 性일 수밖에 없기 때문이다. 「악기」 "物에 感하여 動함은 성의 욕구이다"를 주희는 "성의 욕구가 바로(卽) 이른바 정이다"고 한다.(상107) 성의 욕구가 곧 정이며, 심감으로 性出해서 情이 된다. 단 칠정은 已發이며, 七情者는 既發로서의 겸리기·유선악으로 '言之한 것'을 말한다.

645) 「악기」 "감물로 동한 것은 성의 욕구이다"(상107)와 「호학론」 "중에서 동한다", "중이 동하여 칠정이 나온다"(상102·159)의 '動'자는 『중용』 "未發", "發而皆中節"의 '發'자와 같은 뜻이다. 즉 動은 성의 욕구, 中에서 動함, 未發과 發은 성의 동·발이다. 주희는 "성의 욕구가 이른바 情이다"(상107) 하고, 또 "「호학론」은 「악기」와 가리킨 뜻이 다르지 않다"(상159)고 한다. 성의 욕구, 중의 동이 곧 정이며, 따라서 칠정은 성발이다. 주희는 이어진 다음 편지에서 다시 "'人生而靜'은 未有感時이고, '感物而動'은 곧 此理之發이다"(『문집』 권42, 「答胡廣仲」5, 1901쪽)고 하여 칠정은 理發임을 분명히 하고 있다.

646) "시비"는 "절과 무절"의 일이고, "진망"도 "중절과 불중절"의 일이다. "시"는 심의 본연이고, "진"은 정의 본연이다. "비"와 "망"은 심과 정의 본연이 아니다. 다만 그 구분은 "절과 무절, 중절과 불중절의 사이"에 있을 뿐이다. 감물의 동 이전은 천리이며 성일뿐이다. 그런데 미발의 성만 논하면 이발의 성의 논이 없어서 치우친다. '眞'은 그 "本體를 가리켜 말한 것"(편지의 뒷부분)이며, 감물로 비로소 그 眞은 드러난다. 眞의 본체가 있어서 작용으로 드러난 것이며, 체용을 함께 논해야 眞은 안정을 이룬다. "節·中節"은 성의 본연이고, "무절·불중절"은 非·妄이다. 그러나 비·망 또한 천리가 아니라 할 수 없다. 비·망은 "다만 그 발의 지점이 제자리를 찾지 못했을 뿐이다(只是發得不當地頭)."(『어류』 권95, 端蒙150, 3223쪽) 이는 性·情 문제가 아닌 심의 존양·성찰 문제이다. 때문에 "妄은 私意다. 非禮處가 곧 私意다"(권95, 道夫151)고 한다. 망은 心의 私意가 그렇게 한 것이며, 성·정이 그렇게 한 것은 아니다.

647) "가르쳐준 글(來敎)"이라 함은 호상학 "이발 찰식"설을 말하며 주희도 이를 긍정한 것이다. 호광중의 "바로 이곳(此處)에서 진망을 식득해야 한다"(상105·159)고 함은 곧 "급기야 감물로 동하면 시비·진망은 이로부터 나뉜(상159)기 때문이다. 성선도 "바로 이곳(此處)"에서 "識取"(상141)한다. 감물은 심의 일이며 情의 중절·불중절 여부 또한 심의 일이다. "感物者는 심이며 그

- 151 -

氣의 良心.『소학』공부임) 함양공부가 있어야만 일에 임할 때 바야흐로 그 진망을 식득할 수 있지, 망연히 도무지 주재함도 없다가 일이 이른 뒤(이발 찰식 비판임)에야 안배하고자 한다면 이미 느슨해져서 일(당초 식득·찰식하고자 한 일)에 미칠 수 없게 될 것이다"(未感時가 良心의 존양공부이며, 쇄소응대의 소학공부임. 사단은 이발공부임)[648]라고 합니다.

(160) 「答胡伯逢」書日, "盖孟子所謂 '性善'者, 以其本體言之, 仁義禮智之未發者, 是也. 所謂 '可以爲善'者, 以其用處言之, 四端之情, 發而中節者, 是也. 盖性之與情, 雖有 未發已發之不同, 然其所謂 '善'者, 則血脉貫通, 初未嘗有不同也." 自註, "程子曰, '喜怒哀樂未發, 何嘗不善. 發而中節, 則無往而不善', 是也." [可以爲善가이위선; 이 정으로 선을 삼을 수 있음.(이발의 정으로 드러난 성선. 성선의 용처) 用處용처; 성선이 작용으로 드러난 장소. 性之與情성지여정; 성이 정과 더불어 함께함으로써 체용의 선으로 안정됨.(성선은 情善의 작용을 통해 인증됨) 血脈貫通혈맥관통; 성·정의 선은 혈맥 관통된 一善임. 何嘗하상; 어찌~라고 하겠는가?(미발의 성선은 得名으로 指目할 수 없기 때문임) 無往而不善무왕이불선; 성선이 정으로 발하여, 가서 불선이 없게 된 선.(작용의 성선을 말함. 무불선이 그 본체임)]

「호백봉에게 답한 글」(사단설, 성선설 고찰임)[649]을 보면, "맹자의 이른바 '性善'은 그 선의 본체로 言之했으니,(선 전체가 아님. 퇴계의 무불선은 본체에 치우친다는 것임) 인의예지 '미발의 선'이 이것이다.(「호학론」 미발의 靜과 같음)[650] 또 이른바 '선으로 삼을 수 있다(可以爲善)'고 함

動者도 심이다. 천리·인욕의 判, 중절·불중절의 分은 단지 심의 宰와 不宰에 달려있지 情의 병통은 아니다."(『문집』권32, 「問張敬夫」6, 1395쪽) 문제는 심 이발의 찰식도 중요하지만 심 미발의 존양이 더 중요하다는 점이다. 미발에서 존양하지 못하면 이미 늦은 일이 되고 만다.

648) "평일 함양공부"는 위 "이른바 靜者는 심의 未感時을 가리켜 말한 것"(상159)이다. 이는 호상학과의 논쟁에서 주희의 요지이다. 호상학은 "평일 함양공부가 闕却되었다"(「호남제공서」. 「이발미발설」)는 것이다. 미발의 심은 "혼연 천리이며 아직 인욕의 작위가 있지 않다."(상159) 아직 인욕의 작위가 있지 않지만 심은 '已發'("심체 유행)로서 "양심은 일찍이 발하지 않다(良心之未嘗不發矣)."(『문집』권30, 「與張欽夫」3, 1316쪽) 함양은 외물에 심이 '未感일 때' 해야 한다. '已感일 때'인 "已覺之後는 安排할 수 없으며"(「호남제공서」, 3131쪽) 여기서 안배하고자 하면 이미 늦게 된다. 주희는 "良心(「맹자)者는 본연의 善心이니 이른바 '仁義之心'이다. 平旦之氣(평일함양의 뜻)는 '接物하지 아니할 때의 淸明之氣'이다"(「고자상」8)라고 한다. "宰"는 未感時 靜에서의 심의 주재를 말한다. "情은 성에 뿌리하지만 심이 주재한다. 심이 주재하면 그 動도 불중절 없게 된다.(情根乎性而宰乎心. 心爲之宰, 則其動也無不中節矣)"(『문집』권32, 「問張敬夫」6, 1395쪽) 따라서 그 불중절은 靜에서 심이 주재하지 못하여 생기는 것이지 "외물과의 교류를 기다린 연후에 어그러지는 것은 아니다.(不待交物之引然後差也)"(권43, 「答林擇之」20, 1979쪽) 평일 함양공부는 바로 "灑掃·應對·進退之間이 곧 함양공부이다"(권43, 「答林擇之」21, 1980쪽) "쇄소·응대·진퇴가 곧 存養之事이다"(권32, 「答張欽夫」15, 1420쪽)의, 즉 『소학』공부이다.

649) 『문집』권46, 「答胡伯逢」4, 2150쪽. 고봉은 주희가 논한 사단설을 고찰하고자 함이다. 이 편지는 호굉『지언』의 "'성은 선악이 없다는 설'에 대해서는 전후의 논변에 대해 상세히 하지 않을 수 없다"(2151쪽)고 먼저 언급하고 논변한 글이다. 호굉도 "성을 불선으로 여긴 것은 아니나" 다만 그 성선에 대한 名言의 실수로 인해 도리어 그 성을 방종하고 잡박·불순의 지경에 빠뜨리고 말았음"(2151쪽)을 정자의 설과 비교 고찰한다. 고봉은 주희의 논변을 통해 성선을 본체의 無不善과 용처의 可以爲善으로 나누고, 퇴계의 "무불선"은 본체일 뿐이므로 치우친 것임을 논증하고자 함이다. 호백봉과 호광중은 호굉의 아들과 조카이며, 장식은 호굉의 수제자이다. 호굉을 이은 호상학을 대표하는 호남제공들이다.

650) 공도자는 성의 '선'에 대한 제설을 열거하고 마지막으로 맹자에게 "지금 선생은 '성선'이라 하시니 그렇다면 저 제설은 모두 틀리다는 것인가?"(「고자상」6)라고 질문했다. 답변은 '可以爲善'의 용처이다. 공도자의 물음은 성의 '선' 여부이다. "성선은 본체로 언지했다"의 선은 전체의 言이 아닌 본체로서의 言之이다. '언지'는 一善에 대한 설명이다. 주희는 自註하여 "정자는 '無可得而

은 그 선의 用處로 言之했으니,(전체와 본체가 아닌 작용·용처의 선) '四端之情과 발하여 중절한 선'(사단선, 중절선은 하나의 情善이나 모두 善의 용처임. 동실이명임)이 이것이다.651) 성이 정과 더불어 비록 미발·이발(체·용)의 부동은 있지만,652) 그렇지만 그 이른바 '선의 것(善者)'은 성·정에 혈맥으로 관통하여 애초 부동이 있는 것은 아니다"(이때의 善者가 선 전체의 言임)고 합니다.653) 여기에 주자는 스스로 주석하여 "정자(정이)가 말한 '희노애락 미발에 어찌 일찍이 불선이 있겠는가?(미발인 무불선의 性善. 본체언지) 발하여 중절했으니 無往不善의 선이다'(이발인 무왕불선의 情善. 용처언지)가 이것이다"(이렇게 체용으로 논해야 치우침이 없음)654)라고 합니다.

(161)觀此二書, 則此間所難, '不難決'也. 想先生必已看過, 但恐未及契勘. 故今並擧, 以求訂, 未知先生果以爲何如也. [已看過이간과; 이미 보았을 것이다.(過는 동작의 완료를 나타냄) 契勘계감; 교감이 주희의 설과 합치하다. 求訂구정; 정정할 것을 요청하다.]

이상의 두 편지(주희의 칠정설과 사단·성선설)를 살펴보신다면655) 이 사이에서 논변하신 바

名, 姑以至善目之(이름으로 부를 수 없어서 우선 至善으로 지목했다)'고 하고 또 '人之生也, 其本眞而靜. 其未發也, 五性具焉'이라 했다"고 한다.(『정씨유서』권15, 183조, 170쪽) 즉 성선의 선은 "未發", "靜", "天之性"(「답호광중」4, 「답호백봉」4의 내용임)인 본체이다. 이때는 "미발의 靜"(상159.「호학론」)이며 하늘의 성선이므로 이름으로 말할 수 없다. 즉 "본체로 언지"한 선인 "無不善"이다. 『집주』의 "이는 다만 用으로 인해서 그 본체를 드러냈을 뿐이다(此直因用以著其本體)"(「고자상」6)고 함은 그 본체의 성선은 작용으로 논증할 수밖에 없기 때문이다. 성선은 체용을 겸해서 논해야 치우침 없이 安定된다.

651) 공도자가 "성선"에 대해 묻자 맹자는 오히려 "情의 可以爲善"이라는 선의 용처로 답변한다. 제설은 모두 '성'의 선·불선 여부에 대해 말했는데, 맹자는 오히려 전체(혼연) 혹은 본체의 성선이 아닌 용처인 "情善"(『어류』권53, 賀孫47, 1756쪽)으로 언지한 것이다. 주희는 自註에서 정자를 인용해 "단지 이 道를 잇는 것은 선이 아님이 없다고 이를 뿐, 악이라 이를 수 없다(但謂繼斯道者莫非善也, 不可謂惡)" 하고, "可以爲善" 집주에서도 "사람의 情은 본래 단지 선으로 삼을 수 있을 뿐 악으로 삼을 수 없다. 이로써 성의 본선을 알 수 있다(人之情, 本但可以爲善, 而不可以爲惡, 則性之本善, 可知矣)"고 한다. 이 두 주석은 선의 用處로 '설명'한 것이다. 용처는 선이 드러난 '장소'이다. 본체는 "繼之者善"의 感物之前, 未發, 靜, 天之性의 선이다. 용처로 설명한 "가이위선"者는 맹자 "사단지정"者와 자사의 "발이중절"인 "무왕불선"과 "동실이명"이며, 성선인 "무불선"의 선이 아니다. 주희는 "이천은 '人性의 善者는 四端之情에서 볼 수 있다'고 한다"(『어류』권53, 去僞83, 1776쪽)고 하며, 즉 성선 논증은 四端之發의 발처가 아닌 기왕의 四端之情인 發見者라 함이다. 이는 "맹자의 性之善은 性之本이다. 이는 四端之情으로 보이니, 故로 맹자는 '可以爲善'이라 한다"(『정씨유서』권22상, 71조, 291쪽)의 체용을 나누어 논한 곳을 인용한 것이다.

652) 성선은 미발·이발의 체·용으로 分別言之할 수 있다. "一性이나 그 所在에 따라 分別言之할 수 있으니",(상89) 맹자 "가이위선"의 무왕불선은 용처언지이고 "성선"의 무불선은 본체언지이다. 성은 전체의 一善인데, 맹자는 이발의 정으로 미발의 성선을 논증한 것이다. 그 한쪽만 논하면 치우친다.

653) 미발의 중은 성이고 이발의 정에도 성이 있다. 성은 미발·이발에도 변함없는 善이며, 미발·이발에 혈맥으로 관통한 一善일뿐이다. "당초의 부동이 있지 않다." 이렇게 미발·이발에 관통한 善者가 곧 '전체로서의 선'이다. 미발의 성선은 "得名할 수 없어서 至善으로 우선 지목"(自註)할 수밖에 없고, 이발의 선도 이발의 정선에 치우쳤다. 체용을 겸비해야 치우침 없는 온전의 성선이다. 주희는 "這個道理, 自然血脉貫通(도리는 자연스레 혈맥으로 관통한다)"(『어류』권6, 端蒙10, 237쪽)고 하는데, 도리는 상하, 체용의 합이다.

654) "미발에 어찌 불선이라 하겠는가?"라고 함은 인의예지의 未發者로서 "우선 至善으로 指目"(주희 自註)한 것이며, 즉 其本眞而靜인 이 性善者는 本體言之이다. "發而中節은 곧 無往不善이다"고 함은 맹자 사단지정, 자사 發而中節者의 無往不善의 선으로(상121·169. 하58) 이 善者는 이발의 用處言之이다. 미발·이발은 혈맥 관통한 一善으로서의 체용이며, 이렇게 논해야 선은 치우치지 않는다. 고봉의 "四端者는 칠정 중의 發而中節한 것의 묘맥이다"(상5)고 함도 사단의 善者와 칠정의 發而中節의 善者는 모두 이발의 無往不善의 "동실이명"이라 함이다. 악은 이발에서 "한 쪽으로 치우쳐 중절하지 못한"(상121·169) 것일 뿐이다.

655) 고봉은 지금은 맹자 사단의 "확충설"(「공손추상」)과 선의 "성선설"(「고자상」) 2설을 구분하지 않으나, 다른 곳에서는 구분한다. 주희는 성선장 본주에서 "전편(「공손추상」)은 '단'이라 하고 여기(「고자상」)서는 단을 말하지 않은 것은, 저기는 [정을] '확충하고자 함'이고 이곳은 '[리]용으로 그 본체를 드러낸 것'이다"고 한다. "사단"은 '이발의 단서'이고, "성선"은 이발로 '미발의 성선을 논증'한 것이다. 따라서 사단 소지인 '이발'과 성선 소지인 '미발'은 그 가리킨 지점이 다르다. 때문에 고봉은 "맹자는 '사단은

의 선생님의 설(사·칠 및 선을 리·기로 분속하신 설. 그러나 퇴계 본설은 리기에 나아간 리·기 호발설임)
도 '그 결단은 어려운 문제가 아닙니다.'(주희는 위에서 칠정 미발을 천리라 하고, 그 선도 사단과 혈맥
관통이라 함)656) 선생님께서도 반드시 이미 보셨을 것으로 사료됩니다만 다만 미처 교
감657)하지 못하신 듯합니다. 때문에 지금 아울러 거론하였으니 이로써 정정할 것을 요
청합니다.(주희는 결코 칠정을 기·기발의 일편으로 해석하지 않았다는 것)658) 모르겠지만 선생님께서
는 과연 어떻게 여기실 지요.659)

(162)大升竊觀, 近世名公鉅人, 爲此學者, 亦不少, 雖其淺深疎密, 各有所就, 而議論之間,
多襲一軌意, 其俚俗相傳之語, 自有一種支節而然也. [淺深疎密천심소밀; 얕고 깊거나 성글
고 세밀하게 설함. 생각에 있어 각자의 밀도나 차이. 一軌意일궤의; 한 궤도의 뜻. 한 줄기 잘못된 해
석.(궤는 양사) 一種支節일종지절; 한 종류의 곁가지.(種은 양사. 支는 枝와 같음)]

대승이 보기에, 근세의 명공 거인들 중 이 학문을 하는 자들이 적지 않은데, 비록 그
얕고 깊거나 성글고 세밀한 곳에 있어 각자 나아간 바의 다른 해석도 있을 겁니다.660)
하지만 이를 '의론'(선을 성발과 심발로 나누고, 사칠을 양발로 나눈 설)하는 사이를 보면 대부분 한
궤도의 뜻만 답습하고 있으며,661) 또 그 '세속 상전되는 어구'들도 일종의 곁가지가 있어

나에게 본래 있으며 확충해야 할 것을 알아야 한다'고 함은 어류 '사단시리지발의 의미이다'(하33·149)고 하면서, "사단을 무
불선으로 여겨 확충하고자 한다면 선을 밝히기에도 미진하고 공부에도 착오가 될 것이다"(하97)고 한다.

656) 퇴계에 의하면 리발·기발의 호발이 곧 사·칠이라 하고, 때문에 그 선도 다르다고 한다. 하지만 호광중 書의 '칠정설'에 의하면
未感時는 靜인 혼연의 天理이며, 칠정은 性之欲의 理之發이다. 또 호백봉 書의 '사단·성선설'에 의하면 성선 전체는 未發者의 本
體言之와, 已發者인 可以爲善인 情善인 用處言之라 한다. 결국 칠정의 중절자와 사단지정은 모두 혈맥관통의 一善일 뿐이다. "결
단이 어렵지 않다"고 함은 위 [주자의 본지를] 따를지 어길지에 관한 문제이며, 결단도 어렵지 않음(不難決)(상154)을 다시 강조
한 것이다. 어렵지 않은 이유는, 주희가 사칠을 "一時 偶發의 偏指"(상154)인 각자 리발·기발로 따로 나누어 해석했다고 할 수는
없기 때문이다.

657) 위 "其間의 未安者는 다시 계감해야 한다"(상155)고 함은 추만의 설을 퇴계에게 교감하도록 함이고, 이곳 "此間은 계감에 미치
지 못한 듯하다"고 함은 주희의 칠사설로 퇴계의 사칠론을 교감하도록 요청한 것이다.

658) "지금 아울러 거론했다"고 함은 위 두 호씨에게 답변한 주희의 칠정설과 사단설을 아울러 든 것을 말하고, "정정할 것을 요청한
다"고 함은 어류의 리발·기발을 "偏指"가 아닌 "周該"로 볼 것을 요청한다는 뜻이다. 주희가 사칠에 대해 리발·기발의 "一時
의 偏指"(상154)로 해석하지 않았음은 명백하다. 칠정의 미감은 天之性이고, 칠정의 중절자는 사단의 선과 혈맥관통의 一善이므
로, 결코 주희는 칠정을 기·기발의 一偏으로 해석하지 않았다.

659) 여기까지가 『어류』 "시리지발, 시기지발" 곡절에 대한 고찰이다. "곡절"(상52·154)을 이렇게 고찰하고, 마지막으로 그 고찰에
대한 의견을 퇴계에게 물은 것이다. 이는 주희의 "愚意如此, 不審高名以爲如何(나의 뜻은 이와 같은데, 모르겠으나 고명은 어떻
게 여기실지?)"(『문집』권46, 「答王子充」, 2148쪽)와 같다. 아래는 잘못 관습된 궤도와 그리고 이속 상전의 설들을 나열해서 퇴
계의 잘못된 설의 소종래를 밝히고자 함이다.

660) "근세의 명공 거인"은 주희 이후 송·원·명대와 우리나라 유학자이다. 원대의 『성리대전』, 『사서대전』은 송원대 학자의 설이,
그리고 명대 왕양명의 설도 지금 퇴고의 칠사 토론에서 인용되었기 때문이다. 아래 북계진씨, 운봉호씨는 각각 송·원대 학자이
다. "천심소밀에 각기 나아간 바는 있다"고 함은 성현의 설에 대한 학자의 해석은 다를 수 있다 함이다. 칠정에 대해 기 혹은
리로의 치우친 해석도 가능하고, 이러한 해석도 존중되어야 한다. 주희는 "천천히 聖賢 立言 本意의 지향하는 바가 어떤지를 살
펴본 연후에 그 遠近淺深, 輕重緩急에 따라 설을 해야 한다"(『문집』권46, 「答胡伯逢」3, 2149쪽)고 하는데, 공자도 그 원근천심
으로 말씀했기 때문이다.

661) "議論"은 칠사와 그 '선'에 관한 의론이다. 근세 명공들도 성현의 설에 대한 천심·소밀의 해석은 각자 다름이 있을 것이다. 그

서 그러합니다.(학자 자신의 자득이 아닌, 선유의 설을 조합해서 이치를 구하는 예)662)

(163)如四端七情之說, 曾聞長者之言, 亦是分屬理氣之云. 鄙心以爲疑, 思欲質問, 而顧自
　　己, 元無工夫, 不敢容易發言, 以此嘿嘿悶瞀者, 有年矣. 今幸得遇先生, 以發狂瞽之
　　言, 雖僭妄之罪, 所不敢逃, 而亦庶幾其終祛蔽惑也, 幸甚幸甚. [嘿嘿悶瞀者묵묵민무자;
　　뜻을 얻지 못하여 답답하고 뒤숭숭한 것. 有年유년; 몇 수년이 되었다.(有자 앞뒤에 숫자를 생략하여
　　대략 여러 햇수가 흘렀음을 말한 것. 예로 十有四年은 14년으로 有가 없으면 40년이 됨) 狂瞽之言광고
　　지언; 분별없고 눈치 없는 말. 庶幾서기; 거의. 祛蔽惑也거폐혹야; 그동안 가려졌던 의혹을 정리할 수
　　있었음.(也는 결과적으로 그렇게 할 수 있었다는 단정의 의미임)]

　　사단 칠정설의 경우(추만이 아닌 퇴계의 兩發과 二善의 잘못을 지적하고자 함)663)도 일찍이 長者
들의 말씀을 들었는데, 역시 리·기로 분속해 운운하던 것이었습니다.(이것이 바로 선유의 해
석설을 단순 조합한 대표적 예임. 권근 계열에서 그렇게 한 것임)664) 하지만 저의 마음에는 의혹이 있
었고(그 선은 兩發의 다른 선이 아니라는 점)665) 그래서 생각 끝에 질문하고자 했지만, 그러나 자
신을 돌아보니 원래의 공부666)도 없거니와 또 감히 발언하기도 쉽지 않아 이렇게 답답

런데 그들 의론을 보면 대부분 일궤의 뜻만 답습한다. 일궤의 뜻도 옳고, 여기에도 의미는 있다. 가령 "운봉호씨"(상164)는 성발
을 "무불선", 심발을 "유선·유불선"으로 구별한다. 이는 각각으로 보면 의미는 있다. 다만 그 폐단이 결국 칠사를 兩發로 나누
고 또 그 정과 선을 "兩情"과 "二善"(상72)으로 여기고 만 것이다. 이러한 의론에 대한 폐단을 지적한 것이 "將入思議何如"(상
172)까지이다.

662) "의론의 한 궤도"는 "근세 성정을 논하는 자들의 병근은 운봉호씨에서 나온다"(상164)의 호병문의 "語"를 따르는 궤도이다. "일
종의 지절"이다. "이속 상전의 語"라 함은 호병문은 주희 본주를 '조합함'에 불과할 뿐, 자신의 견해의 '설'이 아니기 때문
이다. 여기에서 어긋나기 시작한다. 학자는 성정에 관해 선유의 학설을 참조해서 자신의 "자득"으로 구해야 하는데도 흔히 "성
현의 이미 이루어진 설을 조합해서 이치의 참됨이 이와 같음에 불과하다고 한다."(상50) "支節"은 주희가 '지언'을 비판한, "이
말은 語意가 迫切하여 許多한 枝節을 生出했다"(『문집』권42, 「答胡廣仲2, 1896쪽)의 枝節과 같은데, 호굉의 잘못이 그 지절을
낳았다 함이다.

663) 먼저 "의론의 사이를 보면 대부분 일궤의 意를 답습한다"는 그 예를 들고자 함이다. 칠사의 선을 兩發로 나누고 또 각각 다른
二善으로 여긴 잘못은 어디서 유래했는가? 칠사는 사맹 본설이고, 주희의 해석은 혈맥관통이지만, 이를 잘못 인식한 것은 후세
학자에 있기 때문이다.

664) 사칠의 리·기 분속은 권근 계열의 한편에서 유행된 설이다. 「천명도」에 '發'자를 넣은 것은 추만인지 퇴계인지 불명하나, 다만
추만 원도는 '발'이 없다. "발어리, 발어기"는 퇴계를 만난 이후로 추정된다. 퇴계를 만나기 전 김안국 계열의 추만과 김인후의
「천명도」는 '발'이나 '사단'이 없다. 추만의 원본 「천명도」는 1543년이고, 추만을 참조해서 그린 김인후의 「천명도」는 "1549년
8월"이며, 퇴계의 「천명도설, 후론」은 "1553년 12월"이다. "발어리·발어기"는 퇴계의 「천명도설, 후론」 무렵 혹은 이후일 것이
다. 이후 퇴계는 사칠을 "발어리·발어기" 혹은 '리·기 兩發로 여겨서' 각각 "무불선, 유선악"이라 했다.(상4) 고봉은 당시 학자
들에게 들은 설을 구체적으로 밝힌다. "묻기를, 정의 무불선은 사단이 그렇다 해도, 그런데 칠정은 왜 불선이 있는가? 웅자는
말하기를 '칠정은 발어기일 뿐이다'고 했다."(하103) 문제는 발어기가 아닌 칠정의 리선을 '兩發·兩情·二善'으로 여긴다는 점
이다.(상72) 왜 칠정의 천명·중화가 사단의 발과 다르단 말인가?

665) 칠정의 "유선·유불선"은 發於氣 때문이 아니다. 고봉의 의혹은 둘이다. "호씨의 설로 응해주자 대승은 마음으로 의혹했다"와
"웅자는 칠정은 발어기일 뿐이라 했으니, 대승은 더욱 의혹했다"이다.(하103) 하지만 칠정은 "中"의 성발이며, 그 선은 사단과
同實이다. "발하여 중절하지 못해 일변에 치우쳐서 악(불선)이 된 것"(상121·169. 하146)뿐이다. "感物로 動(發)하면 시비·진
망은 이로부터 나뉘며" 그 선·불선은 "발현한 이곳에서 진망을 식득하려 해야 한다"(상159)고 함이 고봉의 결론이다.

666) "원래의 工夫"라 함은 미발·이발 즈음을 묵식·찰식할 수 있는 심 工夫 문제에 어두움이다 함이다. 미발·이발의 즈음은 심 공부
를 통해 식득해야 한다. 가령 赤子는 미발·이발의 즈음의 공부를 알지 못한다. 한편 "功夫"는 격물치지 등 학습의 "노력"을 말
한다. 「이발미발설」, 「중용수장설」, 「호남제공서」 등의 "日用工夫"는 工夫이고, 「호남서」의 "莊敬涵養之功", 「이발미발설」의 "擴

- 155 -

하고 뒤숭숭한지 수 년이 지났습니다.667) 이제야 다행히 선생님을 만나 분별없는 말을 다하게 된 것입니다.(퇴계는 지금 교육·학술의 책임 위치에 있기 때문임)668) 비록 참람하고 망령된 죄를 피할 수는 없다 하더라도, 또한 그동안 제가 가졌던 '그 의혹'의 문제점을 끝내 거의 정리할 수 있게 되었으니 매우 다행이라 하겠습니다.(결국 퇴계의 발언을 통해 그간 리발·기발 인식의 문제점, 그리고 그 명공거인들의 폐단을 드디어 파악하게 됨)669)

(164)竊嘗考之, 近世論性情者, 其病根, 盖出於雲峯胡氏. 按『大學』經一章, 第四節輯 註, 胡氏曰, "性發爲情, 其初無有不善", "心發爲意, 便有善·有不善." 此數句, 本 解『章句』"所發"二字, 而其言之有獘, 遂使學者, 別生意見. [考之고지; 고찰하다. 상 고하는 행위를 하다.]

저는 일찍이 상고해 보았는데, 근세 성정을 논하는 자들에 있어 그 病根은 운봉호씨(호병문)670)에서 나옵니다.671) 『대학』경1장 제4절 소주672)에서 호씨는 말하기를 "性發하여 情이 되니 그 처음은 '無有不善'이다" 하고, 또 "心發하여 意가 되니 곧바로 '有善·有不善'이다"고 합니다.673) 이 몇 구절은 주자가 『대학장구』 두 곳에서 주석한 "所發"이라

充之功" "平日涵養一段功夫", 「정자양관설」의 '持敬之功', 「명도론성설」의 '澄治之功'(모두 『문집』권67) 등은 功夫이다.

667) 사칠의 리·기 분속 및 그 선은 결코 발어기가 아님을 의심한지 "수 년이 흘렸다(有年矣)." 고봉은 스스로 말하기를 "早歲에 독서·작문했고, 20세 후 성정의 설을 듣고 의심하기 시작했다"(하102·103)고 하는데, 지금 이 글을 쓴 날짜는 "1560년 8월 6일", 고봉 34세이다. 이때는 이미 宋庭篁의 후기를 붙여 金允宗(1501년생)이 출간한 고봉의 『주자문록』(1557.4.1)이 나온 지 3년 후이다. 고봉은 『문록』을 편찬함으로써 이미 주희사상의 대강을 보았다고 할 수 있다.

668) 의혹한지 벌써 수 년이 흘렀다. 그동안 고봉은 이 성정의 일을 계속 질문하고자 했지만 그렇게 할 수 없었다. "성정의 즈음을 스스로 자신할 수 없었"(하13)기 때문이다. 「고봉1서」 본서에서도 "대승의 평생 깊은 의혹이 바로 사칠에 있었다"(『왕복서』, 3쪽)고 한다. 퇴계가 「천명도」·「천명도설」 뒤에 「천명도설, 후서」를 붙인 것은 계축 납평(1553년 12월)이다. 고봉의 지금 글은 1560년이다. 고봉이 1557년 『주자문록』을 편찬한 것은 성정의 설을 알고자 함이다. 퇴계는 1559년 1월 5일 「사우서」를 통해 고봉과의 토론은 시작되었다. 퇴계에게 직접 질문한 이유는 퇴계가 추만 본설을 리발·기발로 인식했고, 그 선을 二發·二善으로 여겼으며, 따라서 퇴계는 이 문제에 대해 직접 해명해야 하거니와, 또한 성균관 대사성을 3회 역임한 학술·교육의 책임위치에 있었기 때문이다.

669) 고봉은 "20세 후 성현의 학문이 있음을 알고, 장자들에게 조금씩 이 설을 듣게 되면서 여기에 뜻을 두었다. 그래서 그 성정의 설에 대해 남에게 물은 것이다."(하102·103) 그 이유는 칠사를 "대설로 여기고 그것이 마치 상하 사방의 定位가 있는 것처럼 인식하여, 도무지 혼륜 관철의 뜻이 없었기 때문"(하10)이다. 결국 "「퇴계1서」와, 겸하여 『어류』로 논변하신 설을 얻고 전부터 의심했던 것을 모두 정리할 수 있어서"(하106) "매우 다행이다." 퇴계의 발언을 통해 드디어 그간 의혹했던 퇴계의 문제점, 그리고 당시까지 내려오던 "명공거인"(상162)들의 폐단을 끝내 거의 파악할 수 있었다는 것이다.

670) 元나라 유학자인 胡炳文(1250~1333)으로 호가 雲峯이다. 주희를 사숙했고 사서를 정밀히 연구했으며, 『四書通』은 그의 대표작이다. 그 외 『周易本義通釋』, 『書集傳』, 『春秋集傳』 등이 있다. 明대에 편찬한 『사서집주대전』은 『사서통』의 설이 매우 많이 수록되었는데, 고봉은 이곳 호씨설 등 소주를 문제 삼는다. 포은 정몽주의 설이 『사서통』의 설과 같았는데, 원나라에 가서 벼슬한 이색은 정몽주를 극찬하여 성균관 학관으로 임명하고, 이후 학자들은 東方理學의 시조로 높였다. 정도전과 권근도 이색의 문도였다.

671) 위에서 "그 의론하는 사이 대부분 일궤의 뜻을 답습한다"(상162)고 했는데, 그 일궤를 답습하는 근원을 『사서대전』의 호병문의 설로 본 것이다. 호씨 이전 성정의 '發'을 둘로 나눈 예가 없기 때문이다.

672) 세종 때 들어온 『사서집주대전』은 주희가 직접 주석한 『사서장구대전』은 '큰 글씨'로, 그 아래 주희를 포함한 원대까지의 설은 '작은 글씨'(소주)로 수록 편찬했다. 따라서 소주는 주희의 의도와 관계가 없다. 이 『장구대전』으로 학자들은 사서를 읽었기 때문에 우리나라 유학사에 매우 많은 영향을 끼쳤다. 하지만 소주는 명대 편집자가 경문 및 주희 집주 각 항목과 관련이 있다고 여겨지는 설을 단장취구해 실었고, 따라서 그 각 학자들의 본의라 할 수 없다. 때문에 고봉은 "현저하게 잘못된 곳이 있고, 또 선유의 론과 어긋난 곳이 심히 많아서 세종대왕도 만년에는 소주를 보지 않았다"(『논사록』, 1569년 4월 29일, 조강)고 한다.

는 두 글자를 호씨가 다시 조합한 것인데,(호병문은 『대학장구』 주희주 및 『중용장구』 경문 등을 그 본의에 상관없이 마구 조합한 것에 불과함)674) 그 설명에 폐단이 있어서 마침내 학자들로 하여금 별도의 의견을 낳도록 했던 것입니다.(정몽주, 권근 등이 호씨설과 같고, 퇴계도 '선유의 성발과 심발은 명백하다'고 함)675)

(165) 以爲情 '無不善', 而以四端當之, 則所謂七情者, 乃無所當. 而其中亦 '有不善', 似與 四端相反, 故又以七情爲 "發於氣", 歧而言之. [當之당지; 해당시키다. 해당시키는 행위를 하다. 當당; 해당하다. 歧기; 갈림길. 갈라지다.]

이들은 정을 '무불선'으로 여기고 이를 사단 [한쪽]에 해당시켰습니다.676) 그렇다면 이른바 칠정이라는 것은 결국 해당할 바가 없게 됩니다.677) 그런데 그 칠정 가운데는 또한 '불선도 있다'고 했으니678) 이는 사단의 [무불선과는] 상반된 듯합니다. 때문에 칠정을

---

673) 『대학장구대전』. 『대학장구』 8조목 조항의 주희집주 아래에 붙인 소주 중의 호씨설이다. 호병문은 선의 유래를 '성발'과 '심발' 둘로 나누었다. 그래서 성발은 "무유불선", 심발은 "유선·유불선"이라 한다. 불선 이유를 성발이 아닌 심발 때문으로 여긴 것이다.

674) 『대학장구』 경1장 주희 본주인 "所發"은 두 곳이다. 호씨도 "『장구』의 '所發' 두 자는 두 군데서 설명하고 있다"(소주)고 한다. 주희는 경1장 "明明德"에 주석하여 "因其所發而遂明之(그 所發에 因하여 마침내 밝혀야 한다)"라 하고, 또 경1장 "誠其意"에 주석하여 "意者, 心之所發也, 實其心之所發(意는 심의 所發이니, 그 심의 所發을 誠·實히 하여)"이라 한다. 이에 호씨는 "주자의 '因其所發而遂明之'라 함은 性發而爲情이기 때문이고, 또 주자의 '實其心之所發'라 함은 心發而爲意이기 때문이다"(『경서』 14쪽)로 조합한다. 그 이유를 "성발의 情은 무불선이니 마땅히 '明之'의 功을 加해야 하고, 심발의 意는 유선·유불선이니 '誠之'의 功을 加하지 않을 수 없다"고 함으로써 『대학장구』 경1장 주희주의 '明之'와 『중용장구』 20장 경문의 '誠之'를 이 두 곳에 각각 대입한 것이다. 이러한 "소발" 조합은 『중용, 수장』 "發"과도 맞지 않거니와 『대학』 "誠意"(성의장) 종지에도 어긋난다. 『중용』의 "발"은 '감정의 이발인 희노'이고, 「성의장」 "소발"은 심 이발인 '감정의 미발을 가리킨 것이기 때문이다.

675) 소주에서 호병문은 "『중용』 '誠身'의 신은 '身의 所爲가 實하다는 것'이고, 『대학』 '誠意'는 '欲心의 所發이 實하다는 것'이다"고 하여 誠身과 誠意를 '所爲'와 '所發'의 實로 해석한다. 이는 주희의 "성은 실의 뜻이다(誠, 實也)"(「대학, 경1장」)에 의거한 것이다. 이어 「경1장」 주석 "소발" 두 곳에 대해 호씨는, 앞은 "그 소발에 인하여(因其) '明之'해야 하니 性發의 情이기 때문이고" 뒤는 "그 심의 소발을 실하게(實其) 하는 것이니 心發의 意이기 때문이다"로 구분하여, 뒤 誠意의 소발을 『중용』 경문 "誠身"과 연결한다. 그리고 결론하기를 "성발의 情은 무불선이니 마땅히 '明之'의 功을 加해야 하고, 심발의 意는 유선·유불선이니 '誠之'의 공을 加하지 않을 수 없다"(모두 『경서』, 14쪽)고 한다. 이렇게 호씨는 『대학, 경1장』 주희주 "소발" 두 곳에 대해 하나는 『대학』 "明明德(明德을 明之함)"의 일로, 하나는 『중용』 "誠之者, 擇善而固執之者也(誠之는 선을 택해 고집해야 할 것)"(『중용』 20장)의 일로 잘못 해석했다. 그 결과 성발의 정은 '무불선'이므로 '明之'해야 하지만, 심발의 의는 '유선·유불선'이므로 택선·고집해서 '誠之'해야 할 일로 여긴 것이다. 이러한 호씨의 조합은 『대학장구』와 『중용장구』 종지와 전혀 다르다. 왜냐하면 『대학장구』 두 곳 주석 "소발"은 '심의 본체가 유행하는 즈음'이고, 『중용, 수장』 "발"은 심이 '감물하여 情으로 발한 것'이며, 또 『중용』 "誠之"도 所發과 관련이 없거니와 또 맹자 성선인 "무불선" 및 정의 "유선·유불선"의 가리킴과도 서로 관계가 없기 때문이다. 한편 권근의 「입학도설」도 心을 '情과 '意'로 구별하고, 情을 "性發爲情" "其初無有不善", 意를 "心發爲意" "其幾有善·有惡"(「心圖」)이라 한다. 이 설이 바로 호병문에서 나왔다는 것이다. 퇴계도 "선유는 性發과 心發로 分別之했으니, 이는 明白하여 의심할 곳이 없다"(「答李宏仲問目」. 『퇴계전서』 2책, 233쪽)고 하여 호씨와 권근의 설을 의심할 수 없다고 했고, 「천명도설, 후서」에서도 "성발위정, 심발위의"를 인용했다. 원나라에서 벼슬한 이색은 정몽주의 설이 호씨와 같음을 칭찬했고, 권근도 이색과 정몽주의 문인이다.

676) 이들은 선을 무불선과 유선악 두 종류(二善, 상72)로 여겼다. 맹자가 측은을 "성선" 및 "仁之端"이라 했으니 이를 성발의 순선인 무불선으로 여긴 것이다. 호씨도 "性發이므로 無有不善이다"(상164)고 했다. 그러나 사단은 '느낌이 있음을 설명한 것'에 불과하다. 느낌은 누구나 있는데, 그 설은 다양하다. "四端之情은 發於理인 성선의 무불선이라 함은 맹자의 소지로 인지한 것"(상170)에 불과하다. 一情을 이렇게 설명(言之)할 수 있다.

677) 사단만 성발로 삼으면 그렇다면 칠정은 성발이 아님이 되고 만다. 퇴계는 己發의 '情'과, 旣發의 '四·七者'를 구분하지 않는다. 사맹은 一情을 칠·사 둘로 說했다. 칠·사는 각자 종지가 다르고, 주희도 사맹을 해석했을 뿐이다. 그런데 근세 명공들은 사단만 성발의 무불선이라 함으로써 결국 칠정은 성발이 아님이 되고 말았다.

678) 주희는 "性無不善. 心所發爲情, 或有不善(성은 무불선이다. 심의 소발은 정이니 혹 불선도 있다)"(상56)이라 하고, 또 "사단은 情

"발어기(기에서 발한다)"로 여기고 다른 갈래로 갈라서 설명했던 것입니다.(권근 등이 그랬고, 퇴계도 이와 같음)[679]

(166) 夫豈知其性則無不善, 性纔發便是情, 而有善・有不善哉? 亦豈知其孟子所謂 "情可以爲善"者, 乃就 "善一邊剔出"哉? 以此紛紜舛錯, 至以爲 "各有所從來", 豈不惧哉?
[乃就내취; 결국 이 정을 가지고. 마침내 그 정에 나아가서. 紛紜분운; 말이 많고 어지럽다. 말이 뒤섞여 혼란하다. 舛錯천착; 들쭉날쭉하다.]

그렇다면 성은 '무불선'이고, 성이 막 발하면 곧바로 정이며, 정은 '유선・유불선'임을 어떻게 알겠습니까?(퇴계는 사단만 성발로 여겨, 결국 一情인 유선악 논변이 없게 되고 만 것임)[680] 또 맹자의 이른바 "그 정으로 선을 삼을 수 있다(可以爲善)"고 한 것은 결국 [一情의 선에서] 그 "선 일변을 척출"한 것(칠정이 아닌, 일정의 선을 척출한 것)임을 어떻게 알겠습니까?(맹자는 一情으로 성선을 논증한 것인데, 퇴계는 사단만 성발로 독단함)[681] 이와 같이 어지럽게 뒤섞여서 마침내 선생님에 이르러서는 "각기 소종래가 있다"(결국 이 주장까지 나오게 됨)고까지 하셨으니, 어떻게 착오가 아니라 하겠습니까?(문제는 퇴계의 소종래는 리・기, 고봉의 소종래는 사・맹임)[682]

의 所發之名이다. 此情은 出於性이어서 善者이다"(『어류』권5, 謙68, 228쪽)고 한다. 요컨대 성은 무불선, 정은 심의 소발이며, 정은 혹 불도이다. 사단도 심 혹은 정의 所發之名이며, 성발한 一情에 대한 名일 뿐이다. 心의 所發과 情의 所發은 같은 성의 소발이다. 그런데 명공들은 이를 두 갈래의 소발로 나누어 사단은 성 소발의 무불선, 칠정은 심 소발의 유선악이라 한 것이다.

679) 칠정의 유불선을 명공들은 성발이 아님으로 여겼다. 불선을 성발이라 할 수 없기 때문이다. 명공들은 사단만 성발이라 하여 무불선에 해당시켰고, 그래서 칠정을 성발이 아닌 "발어기"라 했다.(하103) 권근과 퇴계의 설이 이와 같다. 그러나 주희는 "性發爲情이며, 정은 性에 根한다. 無性의 情은 없다"(『문집』권32, 「答張欽夫, 又論仁說」12, 1411쪽)고 한다.

680) "성은 무불선이며"(상56) "성이 막 발하면 곧 정이고, 정은 선악이 있다."(상54・111) "이는 固然의 이치이다."(상3) 그런데 호씨와 같이 "性發爲情만 無有不善이라 하고" 또 "정을 무불선으로 여겨 사단에 해당시키면" 그렇다면 결국 才發의 一情은 "유선과 유불선"임을 어떻게 알겠는가? 일정은 유선악이다. 사・맹은 단지 그 일정을 무불선과 유선악의 둘로 設說했을 뿐이다. 반면 퇴계 등 근세 제공들은 사단만 성발의 무불선이라 한다. 이는 사단이라는 情說을 곧바로 성으로 여긴 것으로, 이로써 결국 一情이 없게 되고 만 것이다. 퇴계는 "四端之發, 純理故無不善"(상1)이라 하고 "순리는 재발한다고 잡기로 되지 않는다"(상25)고 하여 사단만 성발로 독단한 것이다.

681) "성선" 논증은 "그 정으로 선을 삼을 수 있었기(乃若其情, 則可以爲善)"(『고자상』6) 때문이다. "그 정(其情)"이 아니면 "今日性善"은 논증이 불가하다. "성선"은 "本體言之"이고 "其情"은 "用處言之"이다.(상160) 이렇게 "其情"은 재발의 정이며, 이미 정이므로 유선・유불선이다. 성선은 一情의 "유선"에서 그 '선'을 "척발(척출) 지시"(상3・10・81)한 것뿐이다. "결국 나아갔다(乃就)"고 함은 "선 일변에 나아감(就善一邊)",(상10) "나아간 바에서의 설명한 것이 부동함(所就而言之者不同)"(상148)의 뜻이다. 하지만 호씨는 "心發은 유선악"(상164)이라 하고, 퇴계도 "發於氣는 유선악"(상4) "겸기고유선악"(상1)이라 하며, 명공들도 "유불선을 發於氣"(상165)라 했다. 그렇다면 一情 이외의 '다른 선'이 있게 되고, 또 맹자의 성선 논증인 "그 정(其情)"도 성발이 아님이 되고 만다.

682) "어지럽게 뒤섞였다"고 함은, 성선과 정선은 一善이 아님이 되었고, 선은 성발과 심발로 다르게 되었으며, 정선의 무왕불선을 성선의 무불선으로 삼았고, 그래서 재발의 정으로 성선의 무불선을 논증할 수 없게 되고 말았다 함이다. 이 페단에서 결국 퇴계의 "각기 소종래가 있다"(상28・39)는 주장까지 이른다. 문제는 칠사 소종래는 '사・맹'인데, 퇴계의 소종래는 반대로 '리・기'라는 점이다. 사단 무불선은 맹자의 소지일 뿐이다. 연평이씨의 "맹자 성선은 자사에서 나왔다"(상96)고 함은 자사에서 맹자가 도통이며, 또 고봉의 "사단 불중절의 소종래"(하95)라 함은 그 설의 소종래는 주희라 함이다.

(167)夫謂之 "各有所從來"者, 謂其原頭發端之不同也. 四端七情, 俱發於性, 而謂之 "各
有所從來", 可乎? 若以四端七情之中節·不中節者, 爲各有所從來, 則或庶幾也. [原
頭發端원두발단; 정의 근원인 성의 발단. 발하는 근원.(퇴계는 원두 발단의 소종래를 각각 리·기라 함.
고봉의 발단은 性 및 中德임) 庶幾서기; 거의 가깝다.(공부는 완벽하다 할 수 없기 때문임)]

선생님의 "각기 소종래가 있다"는 말씀은 그 원두 발단이 부동하다 함을 이른 것입니
다.(만약 리·기로 각자 다르다면 공맹의 성정설은 서로 불통이 되고 맘)683) 사단 칠정은 모두 성에서
발합니다. 그런데도 "각기 소종래가 있다"고 하셨으니, 가능하다 하겠습니까?684) 만약
사단 칠정의 '중절했는가'(칠정의 중절자 및 사단의 중절자) '중절하지 않았는가'(칠정의 불선 및 사
단의 불중절)의 것으로 각기 소종래가 있음으로 여긴다면 혹 거의 가깝다고 하겠습니다.(중
절, 불중절의 소종래는 심 공부인 존양·성찰, 계신·공구, 심의 주재 여하로 바뀜. 리기, 성정 때문이 아님)685)

(168)凡此病根, 皆原於胡氏之失. 而後之學者, 不能 "愼思·明辨", 以求至當之歸, 良可
嘆也. 縱言及此, 僭越深矣. 然先生, 若不遂以爲罪, 而更加精察, 則恐不能無補於萬
分也. [愼思·明辨신사명변; 신중히 생각하고 밝게 변별함.(학문의 방법. 격물·궁리) 可嘆가탄; 탄식
할 만하다. 縱言종언; 거리낌 없는 말. 僭越참월; 분수에 지나치게 행동함. 不遂불수; ~라고 단정하지
않다.~로 치부하지 않다. 加精察가정찰; 정밀한 살핌을 가하다.(加하는 행위이며, 가능의 可가 아님)]

이러한 병근은 모두 호씨의 실수에서 근원합니다.(이색, 정몽주, 권근 등이 이를 따름)686) 그

---

683) 퇴계의 "그 소종래에 因하여 각기 그 所主를 지시했다",(상28) "그대는 사·칠의 소종래를 궁구하지 않았다"(상39)의 이른바 소
종래는 리·기이다. 퇴계의 "본연·기질지성, 사·칠을 理·氣로 分言之"(상21)는 본연·기질지성, 사맹의 소지·종지를 해석한
것이 아니다. 또 "천명지성과 성선지성은 리기 부여의 중에 취해서 이 리의 源頭 본연처를 가리켰다"(상18) 또한 사맹의 종지가
아니다. 만약 그렇다면 천명지성과 기질지성, 칠정과 사단의 근원은 각자 다름이 되어, 결국 공맹 및 선유의 성정설은 서로 관통
되고 소통되지 못함이 되고 만다.

684) 퇴고는 칠사는 모두 정임을 인정한다.(상16) 정은 "性發爲情" 하나이다. 단, 칠사는 一情에 대한 "所就以言之의 부동"(상3) 때문
이다. 반면 퇴계는 "사칠의 異名은 所就而言之의 부동"(상16)이라는 "一語만 인정하고",(상77) 그 "就"자를 '리·기의 소종래'라
한다. 그러나 사맹은 기리에 취해서 칠사를 설하지 않았다. 사맹은 사람 자연의 느낌을 각각 다른 목적으로 논설했을 뿐이다.
이외 정 논설도 무수하다.

685) 정으로의 발은 외물에 대한 心感이 있어야 하며, 단 그 感은 외물을 그대로 모두 반영한다고 할 수는 없다. 때문에 정은 중절과
불중절이 있다. 『중용, 수장』에서 "可離"와 "戒愼·恐懼"라 하고, 주희가 「호남제공서」와 「이발미발설」 등에서 심 "工夫(功夫)"로
논한 이유가 바로 이것이다. 호상학의 "심 已發의 단예를 功夫의 下手處로 삼는 것"은 당연하나 이는 "平日 함양의 一段공부가
궐각됐다." 공부는 심의 미발·이발에 모두 해야 한다. 퇴계의 "리발의 무불선"은 공부가 빠진 것이다. 고봉은 "성인이 아니라면
所發의 사단은 수연 천리를 보증할 수 없다"(하97)고 한다. 중절·불중절은 리·기 때문이 아니며, 더욱이 호씨와 같이 "성발·심
발로 인해서 무불선·유선악"(상164)이 생긴 것도 아니다. "중절"의 소종래는 "천명지성"이다. "악은 선에서 직출했다고 할 수 없
으며, 그 불선은 한편으로 치우쳐서 악이 된 것"(상169)이다. 불중절의 소종래는 미발의 "함양" 및 이발의 "성찰" '부족'으로 인한
것이다.(「이발미발설」) 주희의 "정은 성에 根하고 심이 宰한다. 심이 宰하면 그 動도 불중절이 없다. 중절·불중절의 分은 단지
심의 宰와 不宰에 달려있을 뿐 情의 병통이 아니다. 중절 所以의 것은 심이다"(『문집』권32, 「問張敬夫」6, 1395쪽)고 한다.

686) 고려 유학은 원나라에서 들어왔다. 원대에 편찬된 『사서대전』은 운봉호씨(호병문)의 설이 매우 많다. 원나라에 유학하고 벼슬한
이색은 고려에 돌아와 성균관 대사성을 지내면서 정몽주 등을 學官으로 임명했다. 이색은 정몽주의 학문을 칭양했으며, 정도전과
권근은 이색의 문인이다. 당시 유자들은 정몽주의 설이 호병문의 『四書通』과 들어맞았다고 했다. 권근의 『입학도설』 역시 무불선

런데도 뒤의 학자들은 학문을 함에 있어 "신중히 생각하고 밝게 변별함(愼思·明辨)"(성찰과 격물의 일임)687)을 통해 구하지 않고 반대로 '지극히 당연함으로 돌려야 할 것'(반대로 정답을 먼저 말한다는 것)688)만 먼저 구하고 있으니, 진실로 탄식할 만합니다.(퇴계는 리기 호발과, 리의 무불선을 먼저 말하고, 그 무불선·유선악을 리발·기발 때문이라 함)689) 거리낌 없는 말이 여기까지 이르니 매우 참람합니다. 그러나 선생님께서 만일 저를 죄로 치부하지 않고 다시 정밀한 살핌을 가하신다면(加精察) 아마 만분의 일이라도 보탬이 없지는 않을 것입니다.(옳고 그름은 토론 속에서 찾아야 하며, 먼저 지당을 말해서는 안 됨)690)

(169)且朱子「性圖」, 其曰 "性善"者, 謂性也. 故其自註曰, "性, 無不善." 其下兼列 "善"·"惡"者, 謂情也. 故 "善"下註曰, "發而中節, 無往不善." "惡"下註曰, "惡不可謂從善中直下來. 只是不能善, 則偏於一邊爲惡." 此圖, 見『性理大全』第二十九卷, 可檢看也. [無不善무불선; 선하지 않음이 없음.(성선의 선으로, 정선이 아님) 無往不善무왕불선; 외물과의 교류로 이발한, 결국 불선이 없게 된 선.(중절한 정선을 가리킴) 直下직하; 성선이 곧바로 내려와 정선이 됨.(一善이지만 그 소지는 다름)]

과 유선악을 "성발"과 "심발"로 삼았고 이는 호병문의 설과 같다. 때문에 고봉은 이러한 병근이 호씨에서 시작된다고 본 것이다.

687) 『중용』제20장 "博學之, 審問之, 愼思之, 明辨之, 篤行之"의 말이다. 주희는 주석하여 "이는 誠之의 조목이다. 학·문·사·변은 學하여 아는 것이고, 독행은 利하여 행함이다. 程子曰, 한 가지라도 폐하면 學이 아니다"고 한다. 주희는 학·문·사·변을 학으로 여겼고, 고봉이 그중 思·辨만 인용한 이유는 사변은 '이발의 살펴야(察)' 할 일이기 때문이다. 「이발미발설」의 "생각했다면 이발이다" "단예의 動을 살핌"은 '이발찰식'의 일이라 한다. 주희는 "의리가 未明이면 마땅히 反復 鑽硏하고 參互 考證한 연후야만 바름을 얻고 失이 없을 것이다. 古人의 이른바 '박학·심문·신사·명변'이 이를 말한다"(『문집』권40, 「答何叔京」22, 1834쪽) 하고, 또 "격물은 到處에서 구해야 한다. 박학지, 심문지, …이는 모두 格物을 이른 것이다"(『어류』권18, 浩119, 634쪽)고 한다. 의리, 격물은 學의 과정에서 구해야지 먼저 답을 말해서는 안 된다는 것이다.

688) 지당의 귀결은 심사·명변의 學으로 구해야 한다. 앞에서 "먼저 강구 체찰하고, 이후 지당으로 돌려야 할 것을 구해야 한다"(상49)고 한다. 지당은 강구체찰과 신사명변으로 구해야지, 반대로 지당의 정답을 먼저 말하고 이후 그 정답에 대해 변론해서는 안 된다. 뒤 "切磋로서 지당의 귀결을 구해야 한다"(하9), "허심 실의로서 그 귀결을 찾아야 한다"(하82)고 함도 먼저 지당을 말하고 이후 그 지당에 대해 변론해서는 안 된다 함이다. 반면 퇴계는 "리기의 호발"을 말하고, "義理의 학문은 정미하다", "그 義趣는 未嘗離·不相雜이다",(상31·32) "순리, 겸기, 이 말은 본래 舛理가 아닌 當理의 말이다"(상272)고 하여 의리를 먼저 말하며, 이는 강구체찰 신사명변으로 구한 것이 아니다.

689) "지당의 귀결을 구하기" 위해서는 먼저 "신사·명변"을 통해야 한다. 이미 정해진 이치는 없다. "의리를 궁구하기 어려운 것은 사람의 소견은 이동이 있기 때문이며, 이는 강구체찰로 그 귀결을 구해야 한다."(상49) "무불선"과 "유선악"은 정해놓은 답이 아니다. "순리 때문" "겸기 때문"이라 해서는 안 되며, 이는 무불선과 유선악을 미리 정해 두고 이후 귀결을 구함이다. "끝까지 절차탁마하여 지당의 귀결을 구하는 것이 대인군자의 처심이며",(하9) "虛心 悉意로 그 귀결을 찾아야 한다."(하82) 퇴계는 "사단 무불선, 칠정 유선악은 본래 어긋난 이치가 아니며, 당연의 이치이다"(상272)고 하여 무불선·유선악을 當理의 不易으로 선언한 것이다. 이러한 실수는 호씨로부터 근원한다. 호씨는 무불선과 유선악에 대해 "성발의 정은 무불선, 심발의 意는 유선·유불선"이라 한다. 그 잘못은 무불선·유선악을 성발·심발 때문이라 한 점이다. 호씨는 이치를 강구체찰로 '찾은 것'이 아닌 소발 이전 먼저 이런 이치가 있는 양 귀결시켰다.

690) 무불선·유선악은 "리발·겸기 때문(故)"(상1·4)이 아니다. 퇴계는 리발이므로 무불선, 겸기이므로 유선악이라 하지만, 그러나 의리를 미리 상정해서는 안 된다. 이러한 지적을 "죄로 치부한다"면 道는 밝혀질 수 없다. 옳고 그름은 대화와 토론 속에서 찾아야 하고 道는 일상인 氣에 있다. "끝까지 절차탁마하여 지당의 귀결을 구하는 것이 대인군자의 처심이다."(하9) 이점을 "정밀히 살피신다면 만분의 일이라도 보탬이 없지 않을 것"이다. '만분의 일'이라 한 것은 나의 생각을 상대에게 강요할 수 없기 때문이다. "인욕을 천리로 여김의 폐단은 深察의 克治之"(상149)의 일이며 "怒察",(상183) "在學者, 精以察之"(상82)도 격물의 일이다. 모두 "유행의 즈음에 학자가 精察할 지점"(상171)이며, "정의 겸리기(유선악)로 발한 이곳(此處)"(상105)으로, 이곳이 "진망을 식득해야 할 곳"(상105·159)이다. 「이발미발설」에서 '경'을 강조한 이유는 경은 미발·이발의 '마음공부' 일이고, '성찰'은 이발의 '격물치지' 일이기 때문이다. 호상학은 둘의 다른 점을 구분하지 않은 것이다.

또 주자의 「性圖」를 보겠습니다. 여기서 "性善"이라 함은 '성'을 이릅니다. 때문에 주자는 自註하여 "성은 無不善이다"고 했던 것입니다.(퇴계는 사단이라는 이발의 정을 무불선이라 함)[691] 아랫줄에 나란히 배열한 "선"과 "악"은 '정'을 이릅니다.[692] 때문에 "善"자 아래에 주석하여 "발하여 중절한 것으로, 즉 '無往不善'이다"고 합니다.[693] 그리고 "惡"자 아래에 주석하여 "악은 '善'(성선)에서 直下했다고 이를 수 없다. 다만 선하지 못한 것은 '일변에 치우쳐서' 악이 되었을 뿐이다"(제자리를 찾지 못한 것뿐임)[694]고 합니다. 이 도형은 『성리대전』제29권에 보이니 검간 할 수 있습니다.[695]

(170)夫以四端之情, 爲 "發於理而無不善"者, 本因孟子所指而言之也. 若泛就情上細論之, 則 "四端之發", 亦有不中節者, 固不可皆謂之善也. 有如尋常人, 或有羞惡, 其所不當羞惡者, 亦有是非, 其所不當是非者. [泛就情上범취정상; 넓게 느낌의 一情 위에 나아감.(자사의 천명·중화의 정, 맹자의 확충·성선의 정은 모두 一情에 나아가 각자 다르게 言之한 것임)]

사단의 정(四端之情. 아래 "四端之發"이 아님)에 대해 "發於理, 而無不善"(리에서 발했고 그래서 무불선이다. 퇴계를 인용함)으로 여긴 것은 본래 맹자의 가리킨 바(성선)에 인해서 '설명한 것'입

691) 주희는 "성선" 아래에 自註하여 "무불선"이라 했다. "성선"은 情善이 아니다. 맹자 성선은 그 선의 "本體言之"(상160)일 뿐이다. 주희는 선을 本體言之와 用處言之로 나누고, 성선의 본체언지를 "무불선"으로 표시한다. 즉 본체언지가 무불선의 성선이며 이는 용처언지인 "무왕불선"과 같은 선이지만, 표현은 다르다. "혈맥관통"(상160)의 같은 선이므로 용처로 본체를 논증할 수 있고, 표현이 다르므로 別而言之이다. 주희는 성선은 "無可得而名, 姑以至善日之(이름으로 부를 수 없어서 우선 至善으로 지목했다)라 하고 "天之性"(『문집』권46, 「답호백봉」4, 2151쪽. 「답호광중」4, 1899쪽)이라 한다. 이때는 天의 성이므로 이름으로 말할 수 없다. 반면 퇴계는 사단지발, 사단이라는 이발의 정을 성의 무불선이라 한다.

692) 주희는 "선"과 "악"을 "성선" 아랫줄에 나란히 배열했다. 윗줄은 성선이고, 아랫줄 둘의 "선"·"악"은 정이다. 정은 '유선·유악이라 함이다. 맹자는 아랫줄 情善인 용처로 윗줄 성선 본체를 논증함으로써 성이 선임을 입증했다. 고봉은 성선이 무불선일 뿐, 정인 사단은 무불선이 아님을 말하고자 한 것이다.

693) 사단은 정이며, 무불선이 아니다. 정의 선은 어떻게 표현하는가. 그것은 "無往不善"으로, 즉 정으로 발현해서 불선이 없는 선이다. 무왕불선은 칠정 중의 "發而中節"인 중절의 情善이다. 이는 七情者의 소지인 "유선악"이 아닌, 유선·유악 중 유선의 善者인 "무왕불선"이다. 정자의 이른바 "發而中節, 則無往不善"(상121)이다. 이 善者는 "칠정 중의 '중절자'로, 사단의 선과 동실이명"(상130·5·160. 하58)인데, 그 종지는 다르다. 여기서의 사단은 "四端之情"이며 "四端之發"이 아니다.(상170) 주희는 "發而中節은 思慮와 事物의 已交之際에 모두 그 理를 얻은 것"(『문집』권43, 「答林擇之」6, 1976쪽)이라 한다. 무왕불선의 표현은 "奉性之謂道는 無時而非道, 無適而非道",(『문집』권67, 「中庸首章說」, 3265쪽) "呂氏의 이 心으로 萬物之變에 응하니, 無往而非中이다",(『중용혹문』상1, 「名篇之義」, 548쪽) "無往而不見"(『어류』권15, 子蒙36, 470쪽)과 같다. 중절의 리, 솔성의 도, 화의 달도 및 時中 등의 道理는 체용에서의 용이다.

694) "성선" 아랫줄 "선"과 "악"을 주희는 '情'이라 한다. 악도 정이나, 다만 성선의 선이 직하한 것이 아닌 "一邊에 치우쳐서 악이 된 것"(상121)이다. "直下"의 정선은 성선과 동일한 "혈맥 관통"의 一善이다. 악은 성선이 치우친 것이다. 치우친 것을 선이라 할 수는 없다. 주희는 "선·악은 모두 천리이다. 악이라 이르는 것도 본래는 악이 아니다. 다만 혹 과하고 혹 불급하여 이와 같이 될 뿐이다. 천하에 성 외의 물은 없다. 본래 모두 선한데 악으로 흘렀을 뿐이다(善惡皆天理, 謂之惡者, 本非惡. 但或過或不及, 便如此, 蓋天下無性外之物, 本皆善而流於惡耳)"(『문집』권67, 「明道論性說」, 3275쪽)고 한다. 악은 사물 본연의 자리를 얻지 못한 것뿐이다.

695) 주희의 '성도'는 본래 『어류』권55, 무명10의 기록이다.(1792쪽) 『성리대전』의 '주자성도'는 이 『어류』에서 나온 것이다.(공자문화대전편집부, 중국 산동 1989, 영인본 3책, 1983쪽) 이 도형은 주희가 직접 그렸는지, 아니면 주희의 설명을 듣고 제자가 다시 그렸는지 불명하다.

니다.(「고자상」의 설임. 측은지정으로 성선을 논증해서 '설명'한 것)[696] 그렇지만 넓게 '情上에 나아가'(就情上의 一情임)[697] 세론한다면 "사단의 발"(퇴계의 四端之發)에는 또한 '불중절'의 것도 있으니, 진실로 사단 모두를 다 선이라 이를 수는 없습니다.[698] 예를 들어 일상인이라면 혹 그 마땅히 수오하지 않아야 할 바의 것에 수오할 경우도 있고, 그 마땅히 시비하지 않아야 할 바의 것에 시비할 경우도 있습니다.[699]

(171)盖理在氣中, 乘氣以發見, 理弱氣强, 管攝他不得, 其流行之際, 固宜有如此者. 烏可以爲情 "無有不善", 又烏可以爲四端 "無不善"耶? 此正學者精察之地. 若不分眞妄, 而但以爲 "無不善", 則其 "認人欲而作天理"者, 必有不可勝言者矣(퇴계집 矣 빠짐). 如何如何. [管攝他관섭타; 간섭하여 처리하다. 관여하여 일을 진행하다.(他는 어기사) 不得불득; ~하지 못하다. 固宜고의; 진실로~함이 당연하다. 당연히~하는 것이 옳다. 烏오; 어찌. 어떻게.(반문을 나타냄) 地지; 지점. 자리. 장소.(마음으로 그 정의 진망을 분별할 수 있는 자리를 말함) 認인; 인정하다. 용인하다. 作작; 만들다. 짓다. 간주하다.(억지로 그렇게 만든다는 뜻) 必有필유; 반드시~이 있게 된다. 틀림없이~을 남기게 된다.]

그것은 리는 기 가운데 있고[700] 기를 타고 발현함에 리는 약하고 기는 강하여 심이

---

696) 퇴계는 "고쳐서 '四端之發, 純理故無不善'이라 하겠다"(상1)고 했고, 고치기 전은 "四端, 發於理而無不善"(상4)이다. 고봉은 四端之發이 아닌 "四端之情의 發於理而無不善'이 맹자의 '所指에 인한 설명'이라 한다. 이는 「고자상」 "성선"의 일이다. 「고자상」은 성선이고 그 종지는 무불선이다. 맹자는 '측은의 정'으로 성선을 논증해 '언지'했다. 정이 아니면 성선의 논증은 불가하며, 그 정은 곧 사단지정이며 '발어리'임도 당연하다.(상63) 주희는 주석에서 "맹자는 그 '發於性'으로 專指해 설명했다. 때문에 才를 '무불선'으로 여긴 것"이다. 반면 정자는 氣에 품부된 것을 兼指해 설명했고 때문에 정자가 더 정밀하다"(「고자상」6)고 한다. 「고자상」의 '其情'은 發於性인 무불선의 측은지정이다. 이천은 "인성은 모두 선하니, 선이라 함은 四端之情에서 볼 수 있다"(『정씨유서』 권22상, 71조, 291쪽)고 한다.

697) 고봉의 '所就'.(상3) '就情上'의 '느낌'인 實은 情上이다. 칠·사 등으로 설하기 이전의 實情이다. 情上에서 다시 『중용』의 "희노", 「공손추상」 확충의 "측은지심", 「정심장」의 "분치", 「고자상」의 '其情'(사단지정) 등으로 言之했다. 實情에서 학자는 각각의 목적의 정으로 언지해 설했고, 측은지정도 그중 하나의 목적으로서의 정이다. 성선을 가리킴이 그 목적이다. 一情은 또 각각 리, 기, 선, 악, 겸리기, 유선악, 정의 이발, 미발의 분치(정심장) 등등으로 분별해 설명할 수 있다. 한편 '情中'이라 함은 겸리기·유선악의 중으로, 즉 "사단의 확충"(하133)은 "단지 그중 理의 善者만 척발 설명했을 뿐"(상147)이다.

698) "四端之情"은 「고자상」 "성선"의 정이다. 그런데 "四端之發"(상1)은 발처이며 맹자의 종지가 아니다. 발처를 무불선이라 할 수는 없다. "情上의 一情을 세론"하면 사단을 사단지정, 사단지발, 사단불중절의 정, 사단중절의 정 등으로 논할 수 있다. 사단을 각각 言之한 것이다. "성선", "확충"은 맹자가 언지한 사단이다. 맹자가 "사람은 누구나 측은지심이 있으니, 없으면 사람이 아니다"(「공손추상」의 "확충")고 한 것은 사람은 모두 이런 정이 "있다" 함이다. 사단만 리발이 아닌, 그 불중절도 본래는 리발이다. "사단지발"은 누구나 있지만 그 발처를 모두 중절로 삼을 수는 없다. 중절은 심의 존양·성찰로 가능할 뿐이다. 때문에 정주는 "맹자는 依據할 수가 없으니, 학자는 마땅히 안자를 배워야 한다", "맹자설은 거칠다. 안자의 說話라면 下手할 수 있다"(『어류』 권95, 端蒙120. 賀孫121. 淳122. 3215~6쪽)고 한다.

699) 맹자는 "사람은 측은지심이 있다"고 한다. "있다"고 함은 이러한 '정이 있다'는 뜻이지, 사람의 정은 '사단만 있다'고 함은 아니다. 맹자는 다만 그 '情上'에서 "사단이 있음"을 언지했는데 그것은 "情中"(유선악)의 有善의 "선을 척발한 것"이다. 만약 '언지'하고 '척발한 소지를 제외하면 '情上'에서 사단의 불중절도 논해야 한다. 정으로서의 수오·시비는 중절만 있고 또 모두 중절한다고 해서는 안 된다. 맹자는 사람은 "사단이 있으니" 확충하라 했을 뿐이다. 측은의 일은 외물에 있고, 그 측은지심은 나의 일이다. 따라서 "사단으로의 발"이 모두 외물을 그대로 반영한다고 해서는 안 된다.

700) "理在氣中"은 "겸리기"(하48)와 다르다. 리재기중은 리가 있는 '장소'를 말하고, 겸리기는 칠정에 대한 '설명'이다. "리가 기에 있음(理之在氣)'은 마치 日之在空에 그 光景은 萬古 常新과 같고, 리는 自若이다."(하19) "리가 그 가운데 있지만(理便在其中)' 리는 정의·계탁·조작에도 변함없다."(하121) 기에 있어도 리는 그대로 自若이다. 다만 기는 유행하므로, 그 유행에서는 불중

- 162 -

관섭하지 못하면(심의 공부처임. 심이 성정을 관섭함)[701] 그 유행의 즈음(즈음이 發이고 情임)은 진실로 불중절의 것이 있음도 당연합니다.[702] 어찌 그 '정'에 대하여 "어떠한 불선도 없다(無有不善)"(호병문, 권근, 추만·퇴계의 설임)[703]고 할 수 있겠으며, 또 어찌 그 '사단'에 대하여 "선하지 않음이 없다(無不善)"(퇴계의 설임)[704]고 할 수 있겠습니까?(둘 모두 성의 선이며, 정의 선은 無往不善임) 이곳은 바로 학자들이 마음으로 정밀하게 살펴야할 지점(심 이발인 '찰'의 공부할 지점)입니다.[705] 만약 이곳에서 그 진·망을 분간(공부)하지 않고 "사단은 단지 無不善일 뿐이다"고 여기신다면,(사단이 정임을 인정하지 않으신다면) 이러한 주장이야말로 오히려 선생님의 표현대로 "인욕을 인식하여 천리로 간주하는 것"(퇴계가 정을 리로 여긴 것임)[706]이 되고 마니, 이는 반드시 이루 말로 형용할 수 없음을 [폐단과 환란을 후세에] 남기게 될 것입니다.(공부처가 없게 되고, 나의 情을 聖人의 性으로 여김이 되고 맘. 사맹 및 주희의 성정설은 모두 공부처임)[707] 어떠하실 지요.

절이 일어날 수 있다. 불중절이라 해도 리는 언제나 自若이다.

701) "管攝他不得"(하148)은 『어류』 "기는 비록 리의 所生이나 기왕 生出하면 리는 管攝他不得이다", "氣强而理弱이니 理는 管攝他不得이다", "父는 賢이나 子는 不肖하니, 父는 管攝他不得이다"(『어류』권4, 時擧, 栁64, 200쪽)와, "性은 理로 말함이고, 情은 發하는 곳이며, 心은 管攝性情者이다"(권5, 端蒙73, 230쪽)와 같은 뜻이다. 관섭하는 것은 父, 心이다. 强은 氣, 子, 情이다. 부, 심은 기, 자, 성·정을 관섭하니, 관섭하지 못하면 불중절이 있게 된다. "천명 유행에 主宰 管攝할 수 있음을 리라 한 것은 곧 그 心이다."(권95, 人傑28, 3188쪽) "인의예지와 측은수오는 심이 관섭한 것이다."(咘30, 3189쪽) 심통성정의 심이 곧 "功夫處"(권5, 端蒙75, 230쪽)이다.

702) "유행 발현의 즈음"(상8)은 본래 선이다. 정은 "선만 할 수 있고 악은 할 수 없다."(「고자상」6) 不善은 심이 관섭하지 못해서이다. "유행 발현의 즈음에서 불중절이 없을 수 없음"도 심의 일이다. "유행 발현의 즈음은 과불급의 차오가 없을 수 없다."(상8) 유행의 즈음인 "四端之發"에서의 불중절은 곧 심의 존양·성찰 문제에서 발생한다. 그러나 리기의 즈음은 알기 어렵고, 다만 "기의 유행처에서 [善을] 험득함에 불과하다."(상139) 성선·확충 역시 그 즈음에서 험득한 것이다. "유행의 즈음"은 발로서의 정이며, 여기에 불중절의 "악이 있음은 固然의 이치이다.(상3)

703) 호병문은 "性發爲情, 其初無有不善"(상164)이라 했고, 이에 고봉은 "정을 무불선(성)으로 여겼다"(상165)고 비판한다. 권근도 "性發爲情이니 其初無有不善이다"(「심도」)고 한다. 추만과 퇴계의 「천명도설」에서도 "이른바 오상은 순선무악이므로 그 소발의 사단은 '無有不善'이다"(하188)고 한다.

704) 퇴계는 "四端之發, 純理故無不善"(상1)이라 하고, 그 이전 "四端, 發於理而無不善"(상4)이라 했다.

705) 정과 사단을 무유불선, 무불선이라 해서는 안 된다. 단, 정의 유행 즈음에서 성선 혹은 리를 '察'로 식득할 수 있다. 情善은 "無往而不善"(상160·169)이다. "학자들이 정밀히 살펴야할(察) 지점"은 바로 "그 유행의 즈음"이다. 그런데 그 즈음에서 식득 분별하기는 매우 어렵다. "至當의 귀결을 구함은 愼思明辨으로 가능하나,"(상168) "지당의 귀결을 구함은 강구체찰로 가능하나, 의리의 궁구는 어렵다."(상49) "그 시비·진망은 有節·無節, 中節·不中節의 사이에서 판별된다."(상159) 맹자도 "可以爲善"의 "선의 용처"로 성선을 논증했다.(상160) 따라서 유행 발현의 즈음인 "바로 이곳에서 진·망을 식득하려 해야 하며,"(상159) "이 지점이 바로 사람이 진·망을 분별해야 할 지점이다."(상105) 마음은 "理氣之合"(상105)의 리가 있어서 리의 식득이 가능하다. 고봉의 '察'은 모두 마음으로 살핀다 함이다.(상49·77·82. 상149·183·189. 하150)

706) 퇴계는 고봉에 대해 "以氣論性(고봉의 말임. 상11)의 獎에 入하게 되고, 認人欲·作天理의 患에 墮하게 된다"(상43)고 한다. 이는 고봉의 "기의 과·불급 없는 자연 발현의 것은 리 본체의 그러함이다"(상12)에 대한 비판이다. 하지만 퇴계가 인용한 "기의 자연 발현을 리 본체의 그러함으로 여김"(상40)은 고봉의 "無過不及"(리임)을 뺀 것으로, 고봉 문자와 다르다. 또 고봉의 "4덕·4단을 나란히 든 것은 '以氣論性'을 염려해서임"(상11)을 퇴계는 "기를 리로 여겼다"로 이해하고 "以氣論性"과 "認人欲·作天理"의 증거라 한다. 하지만 고봉은 반대로 퇴계의 "사단을 무불선이라 함" 이것이 바로 "이기론성"과 "인인욕·작천리"라 한다. 왜냐하면 퇴계는 인욕인 '정'과 천리인 '성선'을 구분하지 않았고, 정을 무불선의 성으로 여겼기 때문이다. 위에서도 "以氣論性은 비설의 意가 아니며, '認人欲·作天理의 蔽도 深察而克治의 일일 뿐이다"(상149)라고 항변했다.

707) "必有不可勝言者"는 생략된 말이 있다. 이는 퇴계의 "以氣論性의 獎에 들게 되고, 認人欲·作天理의 患에 떨어지게 된다"(상43)는 말에 대한 반론이기 때문이다. 이 문구는 "폐단(弊·獎)" "환란(患)" 두 글자를 생략했다. 고봉의 뒤 "이는 聖賢之言을 驅率하여 자기의 뜻을 따르게 하는 폐단으로, 반드시 不可勝言이 있을 것이다"(하82)에서도 알 수 있다. 주희의 예를 보면 "其弊必有不勝言者(그 폐단은 반드시 이루 말로 할 수 없음을 남기게 될 것)"(「태극도설해, 후기」, 79쪽) 또 "其弊有不可言者(그 폐단은 이루 말로 다하지 못하듯이 있을 것)"(『문집』권31, 「答張敬夫」8, 1338쪽)라고 한다. 만약 퇴계와 같이 사단의 情善을 性善과 동일

(172)然大升從(퇴계집 前)來所陳, 皆以四端爲理爲善, 而今又以爲 "四端之發, 亦有不中
節者", 其語自相矛盾, 想先生更以爲怪也. 然若究而言之, 則亦不妨有是理, 而自爲一
說也. 伏幸將入思議. 何如? [究而言之구이언지; 논구하여 설명함.(사단의 각설을 논구하여 설명
함) 自爲一說자위일설; 스스로 일설이 되다.(주희의 설에 이러한 一說이 있음. 고봉이 만든 '自爲說'이
아님) 入思議입사의; 생각하여 의논함으로 들임.(앞으로 이점까지 논의해야 함)]

그런데 대승이 종래까지 진술한 바는 모두 "사단은 리이고 선이다"라고 했는데,708) 지
금은 또 "사단의 발은 또한 불중절의 것이 있다"고 한다면, 이러한 말을 자상모순이라
하여 선생님께서는 다시 괴이함으로 여기시리라 사료됩니다.709) 하지만 만약 [넓게 四端
之發의 측면에서] 논구해 설명한다면 또한 이러한 이치가 있음에 해롭지 않으며, 스스로
또 하나의 [주자의] 一說입니다.(『어류』 "공손추상" 조항 주희의 설임)710) 엎드리건대, 장차 이
일설의 측면까지 함께 생각하여 논의해 주신다면 다행이겠습니다.(고봉은 사단설 총 4설을 제
시한 것임)711) 어떠하실 지요?

(173)且前書僭稟, 以 "理虛, 無對", "心之虛靈, 分屬理氣"等語, "爲未安." 乃蒙下喩, 以
求其說之所以, 其敢有所隱乎? 按此二條, 亦出近世之論, 恐非聖賢本 "旨"也. [本旨본

시하면서 四端之發을 "단지 무불선일 뿐"이라 한다면 이것이야말로 인욕을 천리와 동일시하는 폐단(환란)이 된다. 결국 마음으
로 그 진·망을 살필 자리가 없게 되고, 이로써 이루 말로 다할 수 없는 마음공부의 폐단과 환란을 후세에 남기게 될 것이다.

708) 고봉은 "맹자의 이른바 四端者는 진실로 순수하며, 이는 天理가 발한 바이다."(상5) "四端之情을 '發於理而無不善'으로 여긴 것
은 맹자의 所指에 인해서 설명한 것이다"(상170)라고 한다. "四端者는 칠정 중의 理也, 善也이다."(상98) "사단은 스스로 理也,
善也이다."(하27) 이 경우는 "四端之情"(상160·170)으로의 '설명'이다. 맹자의 "擴而充之"(「공손추상」)와 "性善"(「고자상」)은
곧 리·선을 논한 것이다. 맹자는 "情上(사람의 자연 감정)"에 나아가 측은의 성선·확충을 논한 것으로, 四端之情은 다만 理의
一說일 뿐이다. 단 四端之發은 정의 발처이므로 모두 중절한다 할 수는 없으며, 리·선만 있다고 해서는 안 된다.

709) 이제까지 사단을 '리·선'이라 했다가 또 '불중절도 있다'고 한다면 자칫 자상모순으로 보일 수도 있다. 하지만 이는 모순이 아니
다. 맹자의 "확충·성선"은 그 一情에 대한 설로서의 言之일 뿐이다. 칠정, 사단, 중절의 사단, 불중절의 사단 등은 그 情上(一
情)에서의 언지이다. 맹자는 一情을 사단으로 설했고, 이는 一情의 겸리기·유선악 中에서 그 리·선만 척출 지시한 것이다. 정
은 칠·사 2설 이외도 많다. 四端之情은 情上의 一說일 뿐이다. 고봉은 情上에서 또 다른 一說을 제시하고자 한다. "四端之發의
불중절"(상170·172)은 곧 "情上에 나아가 細論之"(상173) 함이다. 정상에서 측은을 세론하면 「고자상」 "성선"은 「四端之情」(상
160·170)이고, 「공손추상」 "확이충지"는 "四端之發에서 擴充을 體認해야 함"(하149)이며, 그리고 맹자는 논하지는 않았지만
주희의 "사단지발은 불중절이 있음"의 一說도 있다. 이 3설은 모두 각각의 "一說"이며 이는 "情上에서 細論"한 것이다.

710) 사단지발의 선은 누구나 있으며 이를 "擴而充之"해야 한다. 맹자의 一說이다. 또 맹자의 "性善은 본체언지, 可以爲善을 용처언
지"(상160)는 주희가 고찰한 "性善"의 一說이며, 이는 주희의 "또 일설이 있다(亦尚有一說)"(『문집』권46, 「答胡伯逢」4, 2151쪽)
고 한 '체용의 성선'이다. 그런데 또 하나 주희의 "一說"이 있다. "사단지발은 불중절이 있다"고 함이 이것이다. 이는 "사단지정"
인 성선에 불중절이 있다 함은 아니다. 퇴계의 "自爲說"(상317)이 아닌, 주희가 고찰한 "自爲一說"이다. 주희의 "사단 불중절"의
설은 『주자어류』권53「공손추상, 人皆有不忍人之心章」에 집중적으로 보인다.(하95 참조) 고봉의 "사단지발, 확이충지"(하149)도
「불인인지심장」 고찰. 모두 情上에서 細論한 각각의 "一說"이다.

711) 고봉이 "사단 불중절"을 논한 이유는 퇴계가 "사단을 무불선"이라 했기 때문이다. 이에 고봉은 사단의 여러 설들을 제시했다.
사단지정의 "성선"과 사단지발의 "확충"은 맹자의 본설 2설이다. 주희도 性善을 체용으로 나눈 "一說"을 제시했다. 고봉은 또
주희의 "사단 불중절"의 "一說"을 제시한 것이다. 이것까지 우리의 논의에 들여야 한다. 사단의 발은 중절만 있다고 해서는 안
되기 때문이다. 뒤에서도 "바라건대, 앞으로 이 도리에 대해 다시 생각하여 의론으로 들여야 한다(更入思議)"(하47)고 한다. 이
로써 고봉은 맹자의 "성선", "확충", 주희의 "성선의 체용", "사단 불중절" 등 총 4설을 제시한 것이다.

지; 본 종지. 가리킴(指)이 아닌, 성현의 宗旨.]

또한 저는 전서(「고봉1서」 본서)에서 외람되게 추만의 「천명도설」(추만 「천명도해」를 퇴계가 고친 것임) "리는 虛하여(理虛) 대립이 없음(無對)"(제5절)[712]과 "심의 허령을 리·기로 분속함(心之虛靈, 分屬理氣)"(제6절)[713] 등 2조에 대해 "안정되지 않다(未安)"고 여쭈었습니다.[714] 이에 선생님의 질문을 받고[715] 그 설의 의미를 찾아보았으니, 감히 무엇을 숨기겠습니까. 이 2조를 살피건대 또한 근세에 나온 논으로, 성현의 "본지"(퇴계의 질문임)는 아닙니다.[716]

(174) 朱子曰, "天下之理, 至虛之中, 有至實者存, 至無之中, 有至有者存." 然則理雖若虛, 而固不可謂之 "其體本虛" 也.

주자는 말하기를 "천하의 리는 至虛 중에서 至實의 것으로 존재하고, 至無 중에서 至有의 것으로 존재한다"(리는 실체의 實이라는 것)[717]고 합니다. 리가 비록 虛한 듯하지만, 그

---

712) "理虛, 無對"는 「천명도설」 제5절로, 본문은 다음과 같다. "理之爲理, 其體本虛. 虛故無對, 無對故在人在物, 固無加損而爲一焉."(이 곳은 추만 「天命圖解」와 같음. 『퇴계전서』3책, 142쪽) "理之爲理, 其體本虛(리의 리됨은 그 체가 본허이다)"는 '리는 허이다(理虛)'고 함이며, 이어 "허하기 때문에 무대하고, 무대하기 때문에 인과 물에 가손이 없다(無對)"고 한다. 고봉은 아래에서 먼저 "其體本虛(리허)"(상174)에 대해 "理實"(상175)로 비판하고, 그 아래에서 "虛故無對(무대)"(상176)에 대해 리가 노불의 "롱동황홀"(상176)이 되었다고 비판한다.

713) "제6절"의 설이다. 추만 「천명도해」와 추·퇴 「천명도설」은 약간의 변동이 있다. 「도해」는 "허·령" 아래에 自註하여 "虛(理也)而且靈(氣也)"인데, 「도설」은 也자가 없는 "(理)" "(氣)"이다. 그 아랫줄은 많이 고쳤다. 지금 고봉이 보고 있는 판본은 「도해」 "리야, 기야"가 아닌 「도설」 "리, 기"(상181)일 것이다. 고봉의 비판은 "若心之爲物"(상177)부터 "亦有所未然也"(상181)까지이다.

714) 퇴계는 "기미 陽月 24일"(1559.10.24) 편지에서(이 편지 "別幅"이 「퇴계1서」임) "'심의 허령을 리·기에 분속함(心之虛靈, 分屬理氣)'과 '리는 허하므로 상대가 없음(理虛無對)' 등에 대해 그대는 다만 '안정되지 못하다(未安)'고만 했을 뿐 그 미안 이유에 대해서는 언급하지 않으셨습니다. 모르겠지만 그 설은 어떤 종지(何旨)에서 나왔는지요? 때문에 조항에 따라 답변하지 않았으니, 아울러 알려주시어 나의 어리석음을 깨우쳐 주기기 바랍니다"(「고봉집」3책, 「答奇正字明彦書」, 12쪽)고 했다. 고봉은 뒤에서 "사칠설(「고봉1서」) 끝의 '리허무대' 等語의 一段은 저의 초본이 없으니 등사해 부쳐주시기 바랍니다"(위 책, 「前秋所賜書」, 52쪽)로 보면 「고봉1서」의 본서 끝에서 '따로' 이 문제를 제기한 것이다. 「천명도설」은 추만 원작이므로 사실 토론에서는 언급하지 않고 따로 물은 것이다. 지금 『퇴계집』, 『고봉집』에 이 원문은 보이지 않는다. 퇴계가 이 원본을 등사해서 부쳐주었는지는 알 수 없다. 뒤에서 고봉은 "선배(추만)의 설에 대해 망론했다"(상183)고 한다. 퇴계도 "허령을 리·기로 분주한 것은 정이(추만)의 본설이다"(상298)고 하지만, 추만 본설인데 퇴계가 고친 것인지는 밝히지 않는다. 고봉은 "리허·무대"(「도설」제5절)와 "허령을 리기에 분속함"(「도설」제6절)으로 그 순서를 바로잡은 것이다.

715) 퇴계는 "1559년 10월"(「퇴계1서 본서」) 편지 끝에서 "未安 所以의 故에 대해서는 언급하지 않으셨으니, 回稟의 설은 무슨 종지에서 出한 것인지요?"(12쪽)라고 물었다. 고봉은 이 2조는 「천명도설」 문제이므로 「고봉1서」에서 제기하지 않고 따로 본서(안부서) 말미에서 언급했다. 때문에 퇴계도 「퇴계1서」가 아닌 「본서」 끝에서 물었는데, 고봉도 사칠설 12절까지 답변하고 그 아래에서 따로 언급한 것이다. 고봉은 당초 자신이 제기한 원문을 복사해서 부쳐줄 것을 요청했으나, 현재 그 기록은 없다.

716) "두 조항(按此二條)"은 제5절과 제6절 2조이다. 뒤에서 "이 二條는 모두 世俗 口耳 相傳의 설이다"(상182)고 한다. "근세의 논에서 나온 것"은 정주 이후의 설이라 함이다. "성현의 本旨가 아니다"고 함은 공자, 자사, 맹자의 宗旨 및 정주의 本旨도 아니라 함이다. 퇴계의 "무슨 종지(何旨)에서 나왔는가?"(퇴계1서 본서)에 대한 답변이다. "종지(旨)"는 성현의 宗된 立言이고, "가리킴(指)"(뒷줄)은 宗旨에 대한 해석이다. 고봉은 "미안"에 대해, "리허"에 대해서는 理는 "實"이라 하고(상174) "무대"에 대해서는 노불의 "롱동황홀"(상176)이라 비판한다. "허령 분속"에 대해서는 주희의 설(상177)로 고찰하고, 이어 북계진씨(상179) 옥계노씨(상180)의 폐단을 인용해 논박한다.

717) 『어류』권13, 壯祖65 기록이다.(398쪽) 리는 至虛 중에 實로 존재한다. 리는 허라는 상태·찬탄의 중에서 實의 알맹이로 실존한

- 165 -

러나 진실로 「천명도설」(제5절)과 같이 "그 체는 本虛이다(其體本虛)"718)라고 이를 수는 없습니다.(는는 虛로 형용할 수 있음. 단 반드시 實體가 있어서 그 형용도 가능함)719)

(175)或問 "太虛." 程子曰, "亦無太虛. 遂指虛曰, 皆是理. 安得謂之虛? 天下無實於理者." 然則理本是實, 而今乃 '謂之虛', 可乎? [亦無역무; 이 역시~라 할 수는 없다.(亦자는 앞의 대화와 이어졌다는 뜻이고, 亦 아래는 보통 謂, 指 등의 글자로 이어지므로, 따라서 無는 『노자』 "無"의 뜻이 아님)]

혹자(사량좌)720)가 [장재의] "太虛"에 대해 물었습니다.721) 이에 정자(정이)는 말하기를, "'이 역시 太虛라 할 수는 없다'722)고 한다. 그리고 마침내 그 '虛723)를 지적(비판)해 말하

다. 허에는 實의 理가 있고, 따라서 리는 허가 아닌 실이다. 만약 리의 리됨을 허라 하면 리는 결국 無가 되고 만다. 주희는 "무극이태극"에 대해 "이는 無 중에 하나의 至極의 理가 있다 함이다(無極而太極, 是無之中, 有個至極之理)",(권94, 寓18, 3120쪽) "至無 중에 결국 至有가 존재한다(至無中, 乃至有存焉)", "태극은 단지 리일 뿐이다. 질문; 至無 중에도 결국 萬理는 至有라는 말씀이죠? 답변; 그렇다(太極只是個理, 曰, 至無之中, 乃萬理之至有也, 曰, 亦得)"(권94, 賀孫20, 3121쪽)고 한다. 또 "인의예지는 實理이다. 吾儒는 性을 實로 여기고, 釋氏는 性을 空으로 여긴다",(권4, 㽦39, 192쪽) "吾儒는 萬理를 모두 實이라 하고, 釋氏는 萬理를 空이라 한다",(권124, 㽦37, 3885쪽) "性을 비록 虛라 해도 모두 實理이다", "性本是無, 却是實理"(권6, 學蒙·方子45, 223쪽) "聖人之學, 則主虛而實實, 至無而實有, 有此物則有此理."(권13, 卓61, 397쪽) "소강절의 '性彖道之形體는 性彖는 人所稟受之實이라 함이다"(『문집』권56, 「答方賓王」3, 2656쪽)고 한다. 주희는 『중용, 수장』에서도 "모두 실학이다(皆實學也)"고 한다.

718) 「천명도해」·「천명도설」제5절에서 "理之爲理, 其體本虛"라 한다.(『퇴계전서』3책, 142쪽) 고봉은 먼저 "리허"의 잘못에 관해 주희의 설로 고찰한 것이다. 아래에서는 정자가 장재의 "태허"와 노장의 "허·무"에 대해 비판한 것을 고증한다.

719) 추만과 퇴계는 "리의 리됨에 그 체는 本虛다(理之爲理, 其體本虛)"고 한다. 이는 리의 '형용' '실' '공부'를 구분하지 않은 것이다. 리는 허로 형용할 수 있다. 단 리체를 허라 하면 그 체는 '無'가 되고 만다. 리는 실체이며, 주희는 "虛 중에서 리는 實로 實存한다"고 한다. 추만이 리를 허로 여긴 이유는, 허라고 해야만 "인과 물에 가손 없이 [허로] 하나가 된다"(상176) 함이다. 음양인 기에서 對가 있기 때문이다. "기에 이르러 비로소 음·양 대립의 상이 있어서 상호 그 뿌리가 된다(至於氣也, 則始有闔闢對立之象, 而互爲其根)."(제5절) 그런데 주희에 의하면 리도 대가 있다. "오직 심만 무대이다(惟心無對)."(『어류』권5, 方子22, 218쪽. 권98, 方子38, 3304쪽) "천리는 진실로 無對이다. 그러나 기왕 인욕이 있게 되면 천리도 곧바로 인욕과 더불어 부득불 消長한다. 善 역시 無對나 기왕 惡이 있으면 부득불 악과 더불어 盛衰한다."(『문집』권42, 「答胡廣仲」3, 1898쪽) "성의 선됨은 악과 對일 수 없으나, 끝내 無對라 하면 불가하다. 천리와 인욕도 비록 同時 並有之物은 아니나, 역시 대가 되지 않을 수 없다."(「答胡廣仲」5, 1902쪽) 천리도 인욕과 더불어 상대가 된다. 추만은 리를 높이려 하여 오히려 무대의 허라 한 것이다. 반대로 "허를 리로 여기면 심은 지당하고",(하87) 심은 "虛靈·虛明"이다(상177). 이러한 각각의 관계를 추만은 구별하지 않는 것이다. 허령은 심덕의 공부론이다.

720) 이 기록은 『정씨유서』권3, "謝顯道記憶平日語"로서 "伊川先生語"이다.(『이정집』, 59·67쪽) 기록자는 謝良佐(1050~1103)로 자는 顯道, 上蔡 사람이며 '상채선생'으로 불렸다. 정호·정이에게 배웠고, 사량좌-호안국-호굉-장식으로 이어지는 호상학 초기 선생이다. 주희는 중화신설 이전 호상학의 영향을 받았다. 사량좌의 "性體, 心用"과 호굉의 "미발·성, 이발·심"은 주희의 초기설과 같고, 이후 장재의 "心統性情"으로 이 2설을 비판했다. 주희의 성정설은 상채를 비판 대상으로 삼아 건립된 것이 많다. 특히 상채를 불교 수양법에 빠졌다고 비판한다.

721) 고봉이 거론한 장재의 설은 "太虛", "虛", "虛者 仁之原", "淸虛一大" 등 4설이다.(하92) 같은 장재의 허지만 가리킨 뜻은 각기 다르다. 고봉은 "그 설명에 支節이 있다"(하92)고 한다. 장재의 "태허"는 기의 본체, "허"는 虛實의 허, 仁之原으로서의 "虛者", "청허일대"는 유일자를 각각 가리킨다. 정자는 이를 각각 구별하여 비판한다.

722) 장재는 『정몽, 太和篇』에서 "太虛無形, 氣之本體"(2조) "萬物不能無散, 而爲太虛"(3조) "神者, 太虛妙應之目"(12조)이라 한다. 즉 태허는 기의 취산에 있어서의 그 본체다. 그 이유는 "기는 태허에서 취산하니 마치 얼음이 물(태허)에서 얼고 풀리는 것과 같다. 태허가 곧 氣임을 안다면 '無'라 해서는 안 된다"(8조) "虛能生氣라 하면 허는 無窮이되고 기는 有限이 되어 體用이 끊기게 된다. 이는 노자의 '有生於無'에 入하게 되어 결국 萬象은 太虛 중의 所見之物이 되고 物과 虛는 相資가 없게 된다"(5조)고 한다. 주희의 비판은 『어류』권99 「張子之書二」에 보인다.(3328쪽) "이천은 '過處는 『正蒙』에 있다'고 했다."(3) "이천은 '횡거에 過가 있는 것은 『정몽』이다'고 했다."(6) 『정몽』은 차오가 있다."(1) "『정몽』 중의 설은 病處가 있다."(2) "기왕 虛로 設하면 이는 實과 더불어 對가 되고 만다."(8) "질문; '太虛卽氣'에서 태허는 무엇을 가리킨 것인가? 답변; 그것 역시 理를 가리킨다. 다만 장재의 설은 分曉가 없을 뿐이다."(13) "理會하기 어렵다."(11) "難兌이다."(8) 이와 같이 볼 때 정·주는 장재의 태허를 "그렇게 말할 수 없다(亦無)"고 했음을 알 수 있다.

기를, '모두724) 理라 해야 한다. 어찌 虛라 이르겠는가?(謂之虛) 천하에 리보다 實한 것은 없다'"(장재의 태허, 허 등은 모두 리의 뜻이며, 천하 유일자는 '理'라는 것임)725)고 합니다. 이와 같이 정·주는 '리는 본시 實이다(理本是實)'726)고 하거늘 지금 추만과 같이 '虛라 이른다(謂之虛)'727)고 하면 가능하겠습니까?

(176) 其曰, "虛故無對, 無對故在人在物, 固無加損而爲一焉"者, 亦似 '說理字不出. 盖理之無加無損, 豈以"虛", 而"無對之故"乎? 若但以爲"無對故無加·損", 則恐所謂'理'者, 正在"儱侗恍惚"(퇴계집 忽)間也. [無對무대; 상대가 없다.(기의 陰陽에서 對立이 있다는 것) 無加損무가손; 리는 사람에게 더 있고 사물에게 덜 있지 않음. 爲一위일; 唯一이 됨.(리는 一이고 기는 二라 한 것. 理一分殊의 분수와 다른데, 정주의 분수는 기가 아닌 리이기 때문임) 不出불출; 리의 설명에 벗어나지 않음. 모두 리를 설한 것임. 儱侗恍惚롱동황홀; 흐리멍덩하고 황홀함. 황홀하고 몽환적임.(실체가 없는 깨달음의 경지를 가리킴)]

이어 「천명도설」(「천명도해」) 제5절의 "허한 까닭에 상대가 없고,(고봉은 허를 '리의 형용'과 '설명어'로 본 것임)728) 상대가 없는 까닭에 사람이든 사물이든 진실로 가손이 없는 유일이

---

723) "태허라 말할 수 없음(無太虛)"의 태허에 대한 비판이다. 장재의 "태허"는 형이상 혹은 형이하를 말함도 아니다. '無' '實' 혹은 虛實로서의 '虛'도 아니다. 주희는 "횡거가 '淸者라도 該虛이라 할 수 있고, 虛者라도 該實이라 할 수 있다'고 했으니 이는 '形而上者는 理, 形而下者는 器'를 알지 못한 것이다. 기왕 虛라 했다면 이는 곧 實과 對가 된다"(『어류』권99, 夔孫8, 3330쪽)고 한다. 이곳 '지적한 허(指虛)'라 함도 정이로서도 虛實의 허인지 혹은 太虛로서의 허인지가 불명하기 때문이다. 때문에 위에서 "태허"를 지적하고, 여기서는 그 태허를 포함해 "허를 지적해서"라고 한 것이다. 태허와 허실의 허가 불명하다는 것이다. 주희가 "難說"이라 한 이유이다.

724) 『정몽』에서 말한 "太和", "太虛", "虛", "虛空", "中虛"(아래 "淸虛"까지) 등을 '모두' 가리켜 리라 함이다.

725) 『유서』권3, 95조, 66쪽. 사량좌의 기록으로, 정이의 설이다. 전문은 다음과 같다. "사량좌가 일찍이 선생(이천)에게 묻기를 '그 앎의 근원이 있으니, 마땅히 稟得으로 갖춘 것입니다.' 선생이 말씀하기를 '일찍이 품득이 없었다면 어느 곳에서 외물과 직접 거래할 수 있겠는가?' 또 대화가 '태허'에 이르렀다. 선생은 말씀하기를 '이 역시 태허라 할 수 없다.' 마침내 '허'를 지적하며 말씀했다. '모두 리이다. 어찌 허라 이르겠는가? 천하에 리보다 실한 것은 없다.'(嘗問先生, 其有知之原, 當俱稟得, 先生謂, 不曾稟得, 何處交割得來? 又語及太虛, 曰亦無太虛. 遂指虛曰, 皆是理, 安得謂之虛? 天下無實於理者)' 즉 장재의 태허, 허 등은 모두 리를 가리킨 것일 뿐 허라 해서는 안 된다. 천하에 리보다 실한 것은 없기 때문이다. 정호는 "理者, 實也, 本也"(『유서』권11, 90조, 125쪽)라 하고, 또 "혹자는 오직 태허만 허라 했다. 선생은 말하기를 '리가 아님이 없다. 오직 리만 실이다'고 하셨다(或謂惟太虛爲虛. 子曰, 無非理也, 惟理爲實)"(『정씨수언』권1, 「論道篇」4, 1169쪽)고 하고, 주희도 "비록 無形이라 해도 도리어 理는 있다"(『어류』권99, 夔孫8, 3330쪽) "질문; 횡거는 '太虛卽氣'라 했는데, 태허는 무엇을 가리킨 것인가? 답변; 그것 역시 모두 理를 가리킨 것이다. 단지 그 說이 분명하지 않을 뿐이다"(可學13, 3331쪽) "[청허·허는] 모두 이 리에 있다. 淸濁·虛實도 모두 그 [理] 가운데에 있다"(可學39, 3336쪽) "모두 實理이다"(燾46, 3337쪽)고 하여 정주는 장재의 "태허", "허" 등을 모두 리라 한다. 요컨대 리는 허가 아니고, 허가 리이다.

726) "理本是實"은 추만과 퇴계가 "理之爲理, 其體本虛"(상174)라 했기 때문이다. 추·퇴는 理體의 本을 虛라 했고, 고봉은 정주의 설을 상고해서 '리는 본시 實'이라 한 것이다. 주희는 "性雖虛, 都是實理", "性本是無, 却是實理",(『어류』권5, 學蒙·方子45, 223쪽) "性是實理",(德明14, 216쪽) "知此實理"(大雅59, 225쪽) "性者, 人所稟受之實"(『문집』권56, 「答方賓王」3, 2656쪽)이라 한다.

727) 정이의 "安得謂之虛?(어찌 허라 이르리오)"는 장재의 唯一者는 '허'라 이를 수 없다 함이다. 이는 장재가 "安得遽謂之無?(어찌 급거 무라 이르리오)"(『정몽, 태화』7)라고 하여 『노자』의 '無'를 비판한 것과 같다. 장재의 "太虛가 곧 氣임을 안다면 無라 할 수 없다(知太虛卽氣, 則無無)"(「태화」8)고 함은 태허는 기에 있어도 스스로 태허일 뿐 무는 아니라 함이다. 이는 형이상·하 구분이 없다. 태허를 곧 기라 했기 때문이다. 주희도 "기왕 道라 했다면 이는 無가 아니다(不是無)"(『어류』권99, 可學13, 3331쪽)고 한다. 고봉은 "其體本虛"(상174)에 대해 정자를 인용해 리를 "허라 이를 수(謂之虛)" 없다고 하여 장재의 이른바 "허"는 리체가 될 수 없음을 비판한 것이다.

728) "허한 까닭에 상대가 없다"고 함은 곧 리를 허로 여기고, 그 '허 때문에 상대가 없다' 함이다. 리의 대립 없음은 '허 때문'이다.

된다(爲一)"729)고 하신 말씀 또한 理자를 '설'함에 지나지 않은 듯합니다.730) 리의 加도 없고 損도 없음이 어찌 "빔(虛)" 또는 "상대가 없음 때문(無對故)"(모두 리에 대한 형용임)이라 하겠습니까?731) 만약 단지 "상대가 없는 까닭에 가·손이 없다(無對故無加·損)"고 여기실 뿐이라면 그 이른바 '理'라는 것이 "롱동황홀"(장재·주희가 禪家를 비판한 용어임. 리는 설명·형용으로만 있음이 된다는 뜻임)의 사이에 놓이게 될까 두렵다고 하겠습니다.732)

(177)若心之爲物, 則其 "虛靈不昧" 者, 乃其本然之體也. 朱子於論心處, 每每言 "虛靈", 或言 "虛明", 或言 "神明", 此皆專指心之本體而言也. 未嘗以虛與靈者, 分屬理氣也. [物물; 실질. 활물.(물로 비기어 체용으로 논하기 위함임) 本然之體본연지체; 미발로서의 본연의 체. 본체.(체·용의 체이며, 純體에서의 그 본체임)]

그리고(「천명도설」제6절에 관한 것)733) 만약 心을 사물에 비긴다면 그 "허령불매"(『대학, 경1

하지만 주희는 "기왕 설하여 虛라 한다면 이는 實과 더불어 대립이 된다"(『어류』권99, 夔孫8)고 한다. 정자의 비판은 '指理가 아닌 指虛'(상175)이다. "허 때문"이라고 한은 리 때문이라 함이 아니다. 반면 고봉은 리는 실체인데, 다만 허로 형용할 수 있다고 한다. 따라서 허는 리이지만, 리를 곧 허라 해서는 안 된다. 정주는 '中'은 "마치 天圓地方과 같은" 상황(狀)이라 하며,(「이발미발설」) 이는 리를 '형용할 수 있음'과 같다.

729) 앞 "리의 리됨에 그 체는 本虛이다(理之爲理, 其體本虛)"(상174)를 생략하고 줄을 바꾸어 따로 "虛故" 이하만 인용한 이유는 앞 "리·허"(상173)는 리의 體와 本에 관한 일이기 때문이다.(「천명도설」제5절. 『퇴계전서』3책, 142쪽) 그런데 이곳은 "人과 物에 가손 없이 唯一이 되는" 이유에 관한 일이다. 그 이유가 곧 "虛故"와 "無對故"이다. 고봉은 '리체'와 '무대'(상173) 둘을 不同의 일로 여긴다. 왜냐하면 리체는 '實'의 문제, 무대는 '一者'의 문제이기 때문이다. 퇴계는 '리의 일자 이유를 "허, 무대 때문"이라 한 것이다.

730) 퇴계는 '一' 이유를 "허, 무대 때문에 가손 없이 一이 된다"고 한다. 그러나 一者가 '理'인데, 그 一者를 '無'라 할 수는 없다. 때문에 고봉은 一者의 리를 虛가 아닌 實이라 한 것이다. 그런데 "허, 무대 때문(故)"의 "때문"이라 함은 리 一者에 관한 "說"에 지나지 않는다. 虛, 無對, 無加損, 一 등은 리에 대한 '설'에 불과하다. 리를 허, 무대, 무가손, 일 등으로 설명할 수 있다. 또 리는 온전의 전체, 체·용, 혹은 "형용",(하94) "찬탄"(하91) 등으로 分, 謂, 說, 言之할 수 있다. 단 리는 一 하나일 뿐이다. 정자, 장재의 '理一分殊'가 이 뜻이다. 추만의 허, 무대, 무가손, 일 등은 '리일분수'와 다르다. 추만은 一의 원인(故)을 "허, 무대"라 하고, 또 '분수'를 리가 아닌 氣라 한다. 추만은 "一"에 이어 말하기를 "氣에 이르러 비로소 陰陽 對立의 象이 있다"고 하기 때문이다. 고봉의 '천명지 '성'은 체용의 전체로서 聖愚에 加損이 없다"(상95)고 함은 "日이 구름에 가려도 그 日은 損이 없이 自若하다"(하119)의 뜻이다. "不出"은 "大槪不出其中者, 更不復論(그 가운데의 논에서 不出하므로 다시 논하지 않겠다)"(『문집』권42, 「答胡廣仲」5, 1903쪽)과 같다.

731) 퇴계는 "虛, 無對 때문에 一이 됨"은 '理一' 이유가 허·무대 때문이라 함이다. 만약 그렇다면 리의 一者는 스스로의 유일자가 아닌 허·무대에 종속되고 만다. "一"은 정자의 "理一分殊"의 一과 같다. 理一이므로 인과 물, 분수에서도 가손이 없다. 반면 퇴계는 리의 가손 없음을 허·무대 때문이라고 한다. 결국 리의 '형용' 혹은 '설' 때문에 가손 없음이 되고 만 것이다. 이는 주희 자신의 잘못인 '以方圓爲天地'(『문집』권42, 「答胡廣仲」5)와 같다.

732) 위는 "허, 무대 때문에 理一이 가손 없음"에 대한 비판이고, 이곳은 "무대 때문에 理一이 가손 없음"에 대한 비판이다. 만약 "무대 때문"이라면 理一은 결국 노장 및 불교의 "황홀의 사이에 놓이게 될 것"이다. "無對"는 "유일하다(一)"와 같은 '형용'의 뜻이지 理一의 實을 말함이 아니다. 리는 실체이며, 그것은 "萬殊(分殊)"에서도 "가·손"이 없다. 즉 리의 "無不善"(하94)은 氣에 있어도 가·손이 생기지 않는다. 리의 가손이 없는 이유는 "무대" 때문이 아니다. 한편 理字를 형용할 때 "眞實無妄"(하94) 혹은 허자를 써서 "至虛而實"(하94)로 표현할 수 있다. 그러나 진실무망, 지허이실 '때문에' 理一이 가손이 없다 할 수는 없다. 주희는 "此理의 實은 禪家의 見解인 단지 '롱동황홀의 사이에 있는 것(在儱侗恍惚之間也)'과는 비교되지 않는다"(『문집』권59, 「答陳衛道」2, 2844쪽) 하고, 또 장재는 "이는 儒·佛·老·莊을 混然一塗로 삼은 것이다. 이로써 天道·性命이 恍惚·夢幻의 [불교에 걸리지 않는다면 노자의 '有生於無'의 窮高·極微의 론이 되고 만다"(『정몽, 태화』5)고 한다. 주희는 '롱동의 뜻을 '心은 性情을 統攝하니, [심이] 儱侗히 性情과 더불어 一物로 分別할 수 없다 함은 아니다.(『어류』권5, 端蒙72, 229쪽) "儒·釋의 구분은 虛·實일 뿐이다. 老氏의 '恍兮惚兮' 역시 虛이다. 吾道의 '寂然不動'은 粲然者로 存한다"(권124, 節35, 3884쪽)고 한다.

733) 여기부터는 "心之虛靈, 分屬理氣"(상173)에 대한 논평이다. 「천명도해」(「천명도설」)제6절에서 "故吾人之心, 虛 '理而且靈 '氣, 爲理

장』)는 그 '본연의 체'(심의 체·용의 체)입니다.734) 주자는 "심을 논한 곳에서 매번 虛靈, 혹은 虛明, 혹은 神明으로 말하는데, 이는 모두 오로지 심의 본체만 가리켜 말"(주희의 말임)735)한 것입니다. 주자는 일찍이 '허'와 '령'으로 나누어 리·기에 분속한 적이 없습니다.(허령은 심의 본체이므로, 본체를 리·기로 나눌 수는 없음)736)

(178)蓋其 "虛靈"者, 氣也, 其所以 "虛靈"者, 理也. 故論心者, 曰 "虛靈", 則專指 '體'言, 曰 "虛靈知覺", 則兼擧 '體用'而言也.

[허령을 리·기로 논하면] 그 "허령"(심의 명덕임)의 것은 기이며, 그 "허령"할 수 있는 것은 리입니다.(그 허령할 수 있는 리는 자신이 밝혀야 함)737) 때문에 심을 논하면서 "허령"이라 했다면 오로지 '체'만 가리켜 말함이고,738) "허령·지각"(「중용장구서」)이라 했다면 '체·용'

氣之舍"(상181)라 했다. 위 제5절 "虛·無對"(상173)와 다른 조항이다. 반면 퇴계의 뒤 답변은 이 2조를 합해서 "허"로 여겨 구별하지 않으며, 때문에 고봉은 "저의 본문은 '리허' 한 단락, '허령' 한 단락으로 각기 界限이 있는데, 선생은 合하였다"(하87)고 지적한다.

734) "심을 물로 비긴다면"은 심물을 체·용으로 논하기 위함이다. 심의 "허령불매(허령으로 어둡지 않음)"는 심의 체·용에서 '체'에 해당한다. 주희는 『대학장구, 경1장』에서 "명덕은 사람이 하늘에서 얻은 바로서 허령불매하며, …그 본체의 明은 일찍이 쉼이 없다(明德者, 人之所得乎天, 而虛靈不昧, …其本體之明, 則有未嘗息者)"고 한다. 허령은 심 본체의 明이며, 息이 없다. 이는 "湛然虛明은 마치 거울의 空, 저울의 平과 같으니 진체의 본연이다(湛然虛明, 如鑑之空, 如衡之平, 以爲一身之主者, 固其眞體之本然), 未感의 時는 空·平의 體이며, 感하여 中節한 것은 空·平의 用이다"(『대학혹문』하7, 534쪽)와 같다. 심 전체는 허령을 체로, 중절을 용으로 삼는다. 허령불매는 덕으로의 심의 체이지, 리인 "무불선"이 아니다. 그런데 퇴계는 "허령"에서 허자를 리,(상300) 령자를 기라 한다.

735) 『주문공속집』권10, 「答李述繼善問目」에 의하면 "夫心之爲物, 竊見大學或問中, 論心處每每言虛言靈, 或言虛明, 或言神明. 孟子盡心之云, '心, 人之神明', 竊以爲此等專指心之本體而言"(4804쪽)이라 한다. 또 허령, 신명 등을 다음과 같이 논한다. "심의 虛靈知覺은 하나일 뿐이다."(「중용장구서」) "人心의 體는 虛靈知覺일 뿐이다."(『문집』권51, 「答董叔重」6, 2361쪽) "心者는 사람의 神明으로, 具衆理而 應萬事할 수 있는 것이다."(「진심상」1) "심의 神明不測은 得失은 쉽고 保守는 어렵다. 平旦의 物과 接하지 아니할 때 湛然虛明의 氣象을 볼 수 있다."(「고자상」8) "사람의 심은 湛然虛明으로 一身의 主로 삼을 수 있으니 진실로 그 本體이다."(『문집』권51, 「答黃子耕」7, 2379쪽) "사람의 一心은 湛然虛明하여 마치 저울의 空과 같아서 진실로 그 眞體의 本然이다. 그 未感의 時는 至虛·至靜으로 鑑空의 體이다."(『대학혹문』하7, 534쪽) "그 體는 虛靈하여 天下의 理를 管攝한다."(하2, 528쪽) "渾然在中은 虛靈知覺으로 常昭昭로 不昧하며 生生이 그침이 없으니, 사람의 心이다."(『문집』권57, 「答陳安卿」3, 2739쪽) "物에 未感할 때 그 體는 廣大하고 虛明하여 毫髮의 偏倚도 없으니 이른바 天下之大本이다."(권67, 「舜典象形說」, 3258쪽) "聖人의 심은 瑩然虛明이다. 聖人의 心體는 廣大虛明이다."(「어류」권16, 賀孫155, 540·1쪽) 모두 未感의 "心體流行"으로, "日用之際의 本領工夫"로서의 "敬以持之"해야 할 곳이다.(모두 「이발미발설」)

736) 퇴계는 "吾人之心, 虛 '理而且靈 '氣', 爲理氣之舍"라 하여 허령을 "虛而且靈"으로 나누고 허를 '理', 령을 '氣'로 각자 분주했다. 하지만 주희는 허령을 나누거나 리·기로 각자 분주한 적이 없다. 허령, 허명, 신명 등은 모두 심 본체이기 때문이다. 심을 체·용으로 나누면 허령은 본체이고 지각은 작용이다. "심의 全體(온전)에서 [체는] 湛然虛明이다."(『어류』권5, 端蒙76, 230쪽) "靈處는 심이며 성이 아니다. 성은 리일 뿐이다."(淳23, 218쪽) 심 본체가 허령하지 않으면 그 感은 외물을 그대로 비추지 못한다.

737) 경문 "明德"을 주희는 "허령불매"라 하고, 이는 "중리를 갖추고 만사에 응하는 것(具衆理而應萬事者)"이며, "그 本體의 明은 일찍이 쉼이 없는 것"(『대학, 경1장』)이라 한다. 명덕은 "天之明命으로 至善의 所存이며, 이는 그 全體大用이니 때마다 日用의 사이에 發見되지 않음이 없다."(『대학혹문』상14, 516쪽) 즉 명덕의 허령불매는 심덕일 뿐 리가 아니다. 심을 체용이 아닌 리기로 논하면 그 "허령[불매]"는 중리를 갖춘 만사에 응하는 것으로서의 氣이다. 다만 허령의 명덕은 "自明(자기가 밝혀야 함)"(『대학, 전1장』)의 '일'("이 '明'의 3者는 모두 '自明之事'임』「어류」소제목. 권17, 589쪽)일 뿐이다. 때문에 「전1장」의 "顧(돌아봄의 공부)를 주희는 "常目在之면 그 때마다 不明이 없을 것이다"(「전1장」) 하고, 또 "天卽人이고 人卽天이다. 言語·動作·視聽은 모두 天이다. [그 天이] 照在目前(비춤이 눈앞에 있게 해야 한다)"(『어류』권17, 僩54, 590쪽)고 한 것이다. 허령은 언어·동작과 같은 기이다. 그러나 허령을 눈앞에 항상 있게 하는 소이의 것은 天인 理이다. 이것을 "윤택하게 하는 것은 사람 자신에게 달려 있다(若夫潤澤之, 則在君與子矣)."(「등문공상」3) 심에는 리가 있고, 그 리를 밝힘은 공부에 달려 있기 때문이다.

738) "허령"을 리·기로 논하면 '虛靈者'와 그 '所以者'로 나뉜다. "명덕은 허령불매하여 구중리·응만사할 수 있다"(『대학, 경1장』)고 함은 "허령은 마음의 본체임",(『어류』권5, 人杰39, 221쪽) "人心之靈은 知가 있지 않음이 없음"(「격물치지보망장」) "그 體의 虛

을 겸해서 말한 것입니다.739)

(179) 『大學輯註』, 北溪陳氏曰, "人生得天地之理, 又得天地之氣, 理與氣合, 所以虛靈." 此言, 簡切有味. 固未嘗以 '虛者屬理'而 '靈者屬氣'也. [簡切간절; 간단하게 자르다. 有味 유미; 맛이 있다. 재미있다. 흥미 있다.]

단, 『대학장구대전』 소주에서 북계진씨(진순)740)는 말하기를 "사람의 生은 천지의 리를 얻고 또 천지의 기를 얻었으며, 리와 기가 합하여 허령의 소이가 된다"(주희는 경문인 명덕에 주석했고, 진순은 주석인 허령에 주석한 것임. 明德을 잡·합이라 할 수는 없음)741)고 합니다. 이 말은 간단하게 끊었지만 재미는 있습니다.742) 하지만 여기까지는 진실로 '虛를 리'에 '靈을 기'에 분속하지는 않았습니다.743)

(180) 至玉溪盧氏, 乃以 "虛靈"二字分釋之, 以虛爲 '寂', 以靈爲 '感', 而以 "具衆理·應 萬事"分屬之. 此說, 經新巧之弊, 格以程朱之說, 亦恐未合也. 然盧氏之意, 只於 "虛

靈은 天下의 理를 管掌할 수 있음"(『대학혹문』하2, 528쪽)과 같다. "모두 스스로 밝혀야(皆自明也)" 할 일이다.(「전1장」)

739) 「중용장구서」의 "심의 虛靈·知覺은 하나일 뿐이다. 그런데 인심·도심의 다름이 있음으로 여긴 것은 知覺者를 不同으로 여긴 바이다"고 함은 곧 심체를 '허령'이라 하고 그 작용을 '지각'이라 한 것이다. 작용에서 인심·도심의 부동이 있다. "人心의 體는 虛明·知覺일 뿐인데, 단 지각은 人心·道心의 구별이 있음"(『문집』권51, 「答董叔重」6, 2361쪽)에서의 체는 허령·지각의 심 '전체'이다. 그런데 "知覺運用은 심의 所爲이며 動靜·語默에 틈이 없으니, 체용은 처음부터 떨어질 수 없다"(권32, 「答張欽夫」 15, 1419쪽)의 지각은 심의 용이다. 心用으로서의 지각은 도심·인심, 사단, 중절 등을 모두 포괄한다. 체용의 경우 다음과 같다. "심의 湛然虛明은 진실로 그 本體이고, 隨感而應者는 그 用의 없을 수 없는 것이다."(권51, 「答黃子耕」7, 2379쪽) "[심의] 虛靈·知覺은 항상 昭昭하여 不昧하니, 生生으로 그침이 없을 뿐이다. 그 체는 인의예지의 성이고 그 용은 측은·수오의 정이다."(권57, 「答陳安卿」3, 2739쪽) "寂·感은 심의 체용이다. 寂然은 미발의 中이고, 感通은 중절의 和이다."(권51, 「答董叔重」7, 2366쪽)

740) 陳淳(1157[8·9]~1223)으로 자는 安卿, 호는 北溪이다. 주희 만년제자다. 『문집』권57에 「答陳安卿」 총6편이 실려 있다. 저서는 『論孟學庸口義』, 『禮詩』, 『女學』, 『北溪文集』 등과, 제자들이 기록하고 그가 정리한 『四書性理字義』(즉 『北溪字義』)가 있다.

741) 『대학장구대전』 경1장 "明明德"에 대한 주희註인 "明德者, 人之所得乎天, 而虛靈不昧, 以具衆理而應萬事者也" 아래 수록된 진순의 小註이다. 고봉은 주희에게 직접 배운 제자부터 이미 주희 본지에서 어긋나고 있음을 지적하고자 함이다. 주희는 심의 "명덕"에 "허령"으로 주석했다. 하지만 진순은 "허령"이라는 글자에 주석을 붙였고, 더구나 진순의 리·기는 身인지 心인지도 불명하다. "천지의 리·기"는 심으로 논함이 아니다. 주희가 장재의 "太虛로 말미암아 天之名이 있고 氣化로 말미암아 道之名이 있다고 함은 總說이고, 虛와 氣가 합하여 性之名이 있고 性과 知覺이 合하여 心之名이 있다고 함은 人物上에 나아간 說이다"(『어류』권5, 蘷孫77, 230쪽. 하92)고 한 것은 '천지·인물을 포괄한 총설과 그리고 '인물'의 설을 각각 구별하기 위함이다. 때문에 고봉은 이 설을 "支節이 있다"(하92)고 한 것이다. 진순의 "리기합"은 천지·인물의 총설이고, "허령"은 심이다. 심이 합리라 해서 "허령"이 합리일 수는 없다. 경문 "明德"을 합리로 여겨 "明之"할 수는 없기 때문이다. 또 "리기의 합이 허령의 소이"라 할 수도 없다. 허령은 명덕인 심의 체이기 때문이다. "허령의 소이는 리"(상178)이고, 그 허령의 명덕은 心 공부 여하에 달려 있다.

742) 주희는 "明德者는 사람이 天에서 얻은 바이며 虛靈不昧하다"고 한다.("명덕" 주석) 이에 진순은 "明德은 天에서 得한"의 天을 "天地의 理"와 "天地의 氣"로 각각 나누고, 이 天地의 리·기를 "얻어서" "허령의 소이가 된다"고 한다. 이는 '명덕이 천에서 얻음'이 아닌 반대로 허령은 "리기의 합이고, 그 합이 허령의 소이"라고 한 것이다. 이는 주희의 주석과 전혀 다르다. 주희는 천에서 얻은 명덕을 허령불매라 했다. 만약 "天에서 得한 바"가 합리기라면 오히려 리기를 "明之"함이 되고 만다. 고봉은 "간단히 끊었지만 맛은 있다"(하93)고 논평하는데, 그것은 소이의 합리기는 "성현(주희)의 본지와 다르지만",(상173) "人生" 측면에서의 허령을 리기의 합이라 함도 나름의 의미는 있기 때문이다.

743) 주희 제자인 진순까지는 아직 허령을 리·기에 분속하지는 않았다. 그런데 진순은 벌써 경문 "명덕"이 아닌 주희 주석(해석)인 "허령"을 리기로 해석한다. 이는 "허령 2자를 분석"(아랫줄)한 것은 아니지만 허령을 리기로 논하기 시작한 시초이다.

靈"二字上, 分別得『章句』語意, 以爲 "虛故能具衆理, 靈故能應萬事"云爾, 亦未便 謂 "虛是理而靈是氣"也. [分釋之분석지; 나누어 해석함.(之는 해석 행위를 가리킴) 分屬之분속지; 분속시키다. 此說차설; 이와 같은 설.(위 진순의 "此言"과 대구로 한 말임. "說經"으로 붙여 읽으면 경을 내가 설함이 됨) 新巧신교; 신기하고 교묘히 함. 종지와 다른 새롭게 기교를 가함. 格격; 궁구하다. 나아가다.(窮, 至의 뜻)]

그런데 처음으로 옥계노씨는 결국 주자의 "허령" 2자를 나누어 해석해서 허를 '寂'으로 령을 '感'으로 여겼고,(처음으로 허령을 느낌 전후의 적·감으로 나눔) 또 "허령" 2자를 주자의 "具衆理(중리를 갖춤)"와 "應萬事(만사에 응함)"에 각각 분속시켰습니다.744) 이 설은 주자를 인용하여 공자의 「經1장」에 새로이 기교를 가한 폐단이며,745) 또한 [공자뿐만이 아닌] 정·주의 설로 궁구해 보아도 합당하지 못합니다.746) 그렇지만 노씨도 주자의 "허령" 2자 위에다 주자의 『대학장구』의 어의로 분별하여 "허한 까닭에 중리를 갖출 수 있고 령한 까닭에 만사에 응할 수 있음"으로 여겨(以爲) 운운했을 뿐입니다.(주희의 『장구』로 『장구』를 조합하고 해석한 것에 불과함)747) 따라서 여기까지도 선생님과 같이 곧바로 "허는 리이고,

---

744) 『대학장구대전』 위와 같은 곳. 주희가 경문 "明德"에 대해 "虛靈不昧, 以具衆理而應萬事者"로 주석한 조항 아래에 붙인 소주이다. 북계노씨, 黃氏 다음 8번째가 노씨의 소주이다.(『경서』, 11쪽) 전문은 다음과 같다. "옥계노씨는 말했다. 明德은 본심일 뿐이다. 허는 심의 寂이고, 령은 심의 感이다. 심은 거울과 같다. 虛는 거울의 空과 같고 明은 거울의 照와 같으니, 不昧는 그 明을 거듭 말한 것이다. 허하므로 明이 中에 보존 될 수 있고, 령하므로 明이 외부에 應할 수 있다. 오직 허한 까닭에 중리를 갖추고, 오직 령한 까닭에 만사에 응한다.(玉溪盧氏曰, 明德只是本心. 虛者心之寂, 靈者心之感. 心猶鑑也. 虛猶鑑之空, 明猶鑑之照, 不昧申言其明也. 虛則明存於中, 靈則明應於外. 惟虛故具衆理, 惟靈故應萬事)" 고봉이 뒷부분 허·령을 '구중리·응만사에 분속한 잘못만 예로 든 것은 퇴계도 「천명도설」에서 "허령"을 "리"와 "기"로 각각 분주했기 때문이다. 하지만 앞부분도 문제가 많다. 노씨는 허령을 각각 적과 감, 空과 照 하고, 또 中과 外로 나누었다. 이는 노씨 스스로의 사고로 자득한 것이 아닌 주의의 글자로 조합한 것으로, 모두 주의 본의와 다르다. 주희의 "허령불매"는 심의 "명덕"(德)에 대한 '상황(狀)'의 설명이다. 주희가 "中은 狀이니, 마치 天圓·地方과 같다"(「이발미발설」)고 하여 정을 고찰한 것은 '상황'(방·원)을 체용으로 삼을 수 없기 때문이다. 노씨는 심이 아닌, 德의 허령불매가 마치 직접 寂感, 空照, 中外할 수 있음으로 여겼다. 그렇다면 "명덕"은 내가 "밝혀야 함(明之)"(「전1장」 "自明(자기가 밝힘)")이 아닌 명덕 스스로 自動함이 되며, 또 허령불매의 상황이 직접 적·감함이 되고 만다.

745) "明明德"(『대학, 경1장』)은 공자의 말이다. 여기에 주희는 "明, 明之也. 明德者, 人之所得乎天, 而虛靈不昧, 以具衆理而應萬事者也. …學者當因其所發而遂明之"라고 주석했다. "명덕"을 주희는 "허령불매"라 주석했고, 명덕의 허령불매를 "明之"하는 것은 "學者"이다. 덕이 허령불매이고, 이는 그 덕이 직접 "적·감"하고 또 "구중리·응만사"할 수 있음이 아니다. "명덕을 밝힘(德을 明之함)"은 이 덕을 학자가 밝혀야 한다 함이다. 밝힘으로써 중리를 갖추었음을 알 수 있고, 또 그 덕으로 만사에 응하여 덕을 확충할(明之) 수 있다. 반면 노씨는 허를 寂, 령을 感, 또 허를 空, 明을 照라 하고, 또 虛하므로 明이 中에 있고 靈하므로 明이 외부에 應할 수 있다고 한다. 또 "명덕" 주석인 "허령"을 둘로 나누어 "구중리·응만사"에 분속시켰다. 그렇다면 그 덕은 각자 허·령 둘과 구중리와 응만사 둘로 나뉘고 만다. 노씨는 공자의 "명덕"을 자득하지 않고 단지 주희의 주석으로 공자의 경문을 나눔으로써, 결국 공자의 종지와 멀어져서 "經을 새롭고 교묘히 한 폐단"이 되고 만 것이다.

746) 공자의 "명덕"을 주희가 "허령불매"로 주석한 것은 그 덕의 '상황(狀)'이 그렇다 할 뿐, 그 허령불매가 직접 적·감하고 구중리·응만사 한다 함이 아니다. 적·감은 심의 일이다. 반면 노씨는 주희 주석으로 공자의 경문을 나누었고, 이는 정주의 본의와도 멀다. "中和는 性情의 德"(상94)이라 함과 같이 "허령불매"는 심·성·정 등의 實이 아닌 심덕일 뿐이다. 심덕의 허령불매를 갖추면 그 구중리·응만사의 적감은 반드시 중절한다. 반면 노씨는 "허하기 때문에 구중리이고, 령하기 때문에 응만사"라 하여 허·령이 직접 중리를 갖추고 만사에 응한다고 한 것이다.

747) 주희의 "虛靈不昧, 以具衆理而應萬事者也"를 노씨는 "惟虛故具衆理, 惟靈故應萬事"라 한다. 이는 장구 "허령 2자 위에다 다시 장구 어의로 그 허령을 분별"한 것에 불과하다. 즉 노씨는 다만 "장구"의 "허령"과 "以具衆理而應萬事者也"의 둘을 조합했을 뿐이다. 이를 고봉은 "以爲虛故能具衆理, 靈故能應萬事"라고 하여 '以爲, 能·能'의 4자를 넣어 이것이 '노씨의 의도'라 한다. 이러한 노씨의 의도는 경인 "명덕"을 "새롭고 교묘히 한 폐단"이며 또 정주의 "허령"과도 "다르다." 그러나 노씨도 『장구』 어의인 "허령, 구중리·응만사" 안에서의 분별과 조합일 뿐이다.

령은 기이다"라고 하지는 않았습니다.(노씨의 조합을 넘어, 공자의 명덕과 주희의 허령을 리·기로 나눈 것으로, 그 폐단은 노씨보다 심함)748)

(181) 今乃著爲「圖說」曰, "天之降命于人也, 非此氣, 無以寓此理也, 非此心, 無以寓此理氣也, 故吾人之心, 虛而且靈, 爲理氣之舍焉"云云. 而 "虛"字下註, 曰 "理", "靈"字下註, 曰 "氣", 則其爲分裂, 亦太甚矣. 而 "其理", 亦有所未然也. [降命강명; 천명을 내리다. 寓우; 묵다. 객사에 머물다. 虛而且靈허이차령; 허하면서도 게다가 령하다. 舍사; 집.(머무는 장소)]

그런데도 지금 선생님께서는 [진씨, 노씨의 잘못된 설을] 결국 「천명도설」 제6절에서 드러내 말씀하기를 "하늘이 사람에 강명함에 이 기가 아니면 이 리는 머물 수 없고, 이 심이 아니면 이 리·기는 머물 수 없다. 때문에 우리 사람의 심은 '허하며 게다가 령하여(虛而且靈)' 리기의 집이 된다"(퇴계는 심과 허령을 같이 합리기로 여김)749)라고 운운하셨습니다. 그러면서 "허"자 아래에 "리"로 주석을 내셨고 또 "령"자 아래에 "기"로 주석을 내셨으니,750) 그 [덕의] 분열됨이 또한 크게 심합니다.(허령의 덕을 리·기 둘로 분열시킴)751) 그리고 "그 리(其理)"라고 하신 것 또한 그렇지 않은 바가 있습니다.(추만은 허령을 리기로 해석했고, 퇴계는 오히려 리를 허로 여김. 이는 추만 본설과 크게 다르며, 추만 본설을 왜곡시킨 것임)752)

---

748) 퇴계는 『장구』 "허령"을 리·기로 分해서 "虛是理, 靈是氣"라 하여, 즉 "虛[리], 靈[기]"라 한 것이다. 이는 노씨의 "경을 새롭고 교묘히 한 폐단"을 넘어선 폐단이다. 왜냐하면 노씨의 경우 『장구』 안에서 글자를 조합한 것에 불과하기 때문이다. 퇴계는 "허령" 2자를 구중리·응만사에 분속함을 벗어나 아예 리·기로 각각 나누었다. 퇴계의 이러한 유래를 소주를 통해 살펴보면, 북계 진씨는 "리기의 슴이 虛靈의 所以"라 함에 불과하고, 옥계노씨의 "虛固能具衆理, 靈故能應萬事" 역시 『장구』 어의를 조합한 것에 불과하다. 허령을 리·기에 슴한 예는 "일찍이 없었고",(상177) 「천명도해」가 처음이며, 퇴계는 「천명도설」에서 더욱 명확히 리·기로 分했다. 이는 노씨의 조합의 폐단조차 넘어선 것이다.

749) 「천명도설」제6절.(『퇴계전서』3책, 143쪽) 『대학장구』의 "허령불매"는 경문 "명덕"에 대한 주의 주석이다. 허령불매는 심덕의 상황이며, 명덕과 허령불매는 리기의 의미가 없다. 심은 합리기라 하겠지만, 단 명덕의 허령은 천으로부터 얻은 것일 뿐이다. 진씨는 허령을 천지의 리기의 합이라 했고, 노씨도 허령을 적·감과 구중리·응만사로 나누었다. 이로부터 퇴계의 "이 심에 리기가 머문다", "허령이 리기의 집이다", "허령의 리기분속" 등이 나왔다는 것이다. 심은 겸리기일 뿐, "리기 강명" 이후 비로소 있다고 할 수 없다. 또 "허령이 리·기가 머무는 집"이라 할 수도 없는데 왜냐하면 주희는 "명덕"에 대해 "하늘에서 얻어서 허령불매하다"고 했기 때문이다. 리기가 머무는 집이 허령이라면, 결국 명덕이 합리기가 되고 따라서 명덕은 심의 합리기와 같음이 되고 만다. 한편 추만 「천명도해」는 "吾人之心, 虛理也而且靈氣也, 是乃理氣所聚. 故其理也通乎四德之理而爲四性, 其氣也連乎五行之氣而爲七情. 然則人之性情, 乃天之理氣也"이다. 이 설을 퇴계가 고친 것으로 보인다. 크게 바뀐 점은 추만은 허령 및 성정을 리기로 해석했는데, 퇴계의 경우 리기에 허령 및 성정을 종속시킨 점이다. 이는 추만과 크게 다르며, 정주 주석과도 본말이 전도된 것이다.

750) 추만 「도해」는 "虛理也而且靈氣也, 是乃理氣所聚"이고, 퇴계 「도설」은 "虛理而且靈氣, 爲理氣之舍"이다. 퇴계는 "虛靈字 아래에 理·氣 二字로 분주한 것은 靜而의 본설인데, 그 분석이 지나치게 번거로워 지우려 한 것이 몇 차례였지만 그 創新이 좋아 그만 두었다"(상298)고 한다. 퇴계는 추만의 리기 '해석을 결국 "허령은 리기의 집"인 '리기 위주로 고치고 또 "창신"이라 했음도 알 수 있다.

751) "분열됨 또한 크게 심하다"의 '또한'은 앞서 빌어리·빌어기는 離斷太甚이다,(상69) "太以理氣分說之失이다"(상144·92. 하64·117)와 같이 사실의 대거, 리·기 분속을 먼저 지적했기 때문이다. "또한" 마찬가지로 공자의 "명덕"에 주희가 "허령"으로 주석한 것을, 퇴계가 오히려 '리와 기'로 "크게 분열시켰다"는 것이다.

752) 심이 합리기라 해도 이를 리·기로 나누면 각각 치우친다. 치우친 해석도 가능하지만, 심의 일물이 리·기의 二體로 나뉠 수는 없다. 더구나 심덕인 "허령"이 리·기로 각각 나뉠 수는 없다. 더욱 큰 문제는, 퇴계는 "爲理氣之舍"라 하면서 "故, 其理則四德之理, 而爲五常(때문에 '그 리'는 사덕의 리이며 오상이 된다)"이라 하여 오히려 "그 리(其理)"가 사덕이고 오상이라 한 점이다. 그렇다면 결국 "그 리(其理)"가 사덕·오상일 뿐, 명덕의 허령을 리·기로 나눈 것이 아니다. 때문에 "그 리(其理) 또한 그렇지 않다"고 한 것이다. 이는 추만 본설과 다르며, 추만 본설을 크게 왜곡시킨 것이다. 추만은 허령을 리기로 해석함에 불과하기 때문이다.

(182) 凡此二條, 恐皆世俗口耳相傳之說. 雖或未至碍理, 然亦當論辨究極, 以破世俗鄙陋之見. 而乃反取爲成說, 以垂後來, 則將使學者, 胥爲 "虛·無"之論, 而淪於老佛之域矣, 其可乎哉? 此實鄙意之所 "未安"也(퇴계집 者 또는 也). 不審先生以爲何如耶? [論辨究極론변구극; 변별로 논하여 끝까지 궁구함.(辨은 판별, 분간, 식별의 뜻. 辯이 아님) 爲成說 위성설; 완성된 설로 용인하다. 胥서; 서로. 모두. 淪륜; 빠지다. 침몰하다. 떠돌다.]

이 '두 조항'(「천명도설」제5·6절)은 모두 세속에서 입과 귀로 상전되는 설입니다.[753] 비록 혹 이치의 장애됨에 이르지는 않았다 하더라도,(노·불로 보면 장애가 없을 수도 있다는 뜻) 그러나 선생님께서는 또한 마땅히 [우리의 道로] 변별해 논하고 끝까지 궁구함으로써 그 세속의 비루한 견해를 깨뜨려야 할 것입니다.[754] 그런데도 결국 도리어 취하시고 '완성된 설'(추만 본설에 나아가서 오히려 퇴계가 "리를 허로 여김")로 용인하셨습니다.[755] 만약 이러한 설로 후세에 보여준다면 장차 학자들로 하여금 서로 "허·무"(추만이 아닌, 퇴계가 리체 및 허령을 허로 여김)의 논을 일삼게 해서 "老·佛"의 영역에 빠지도록 인도할 것이니, 그것이 가하다 하겠습니까?[756] 여기까지가 실로 제가 전번에 "안정되지 않다(未安)"(퇴계가 고친 「천명도설」에 대해)고 여쭈었던 이유입니다.[757] 모르겠지만 선생님께서는 어떻게 여기실 지요?[758]

---

753) 「凡此二條」는 「천명도설」제5절 「理虛, 無對」와 제6절 "心之虛靈, 分屬理氣"(상173) 2조이다. 고봉은 "이 2조를 상고해 보니(按此二條) 이는 근세에 나온 논이다"(상173)고 했고, 지금까지 이 2조에 대해 논평했다. 퇴계는 추만 「천명도해」를 고쳐서 「천명도설」이라 했다. "세속 구이의 상전된 설"은 추만의 설을 가리키며, 아랫줄 "완성된 설로 용인했다"고 함은 퇴계가 이 설을 용인해서 「천명도설」로 고쳤음을 말한다. 지금 고봉이 보고 있는 설은 추만 본설이 아닌 퇴계가 고친 설이다. 세속의 설을 퇴계가 용인했다는 비판이다.

754) 위에서 고봉이 "鄙意로 논하면 其間는 未安의 곳이 많다. 따라서 마땅히 다시 契勘해 자세히 한 연후에야 거의 古人에 어긋나지 않을 것이다. 혹 그렇지 않다면 「도설」 중에서 立論할 때라도 우리의 道로서 此意까지 兼破해야 할 것이다"(상155·156)고 함은 「천명도」에 대한 논평이다. 이곳의 "이곳 二條"는 「천명도설」에 대한 논평이다. 추만과 퇴계는 "리체를 허"로 여겼다. 이는 노·불의 이치로는 혹 장애가 없을 수도 있다. 그러나 우리의 道로서 보면 리체가 "허·무가 되어 노·불의 논에 빠지게 한다."(상182) 「고봉2서」 본서에서 "하서선생이 갑자기 돌아가시니 斯道의 불행이 이보다 큼이 없다."(『고봉집』3책, 「答上退溪先生座前」, 19쪽) 퇴계의 "斯道를 發明함에 무익할 것이다"(상308) 및 亂道(상305)라 하는데, 이는 우리의 도를 '斯道'라 함이다.

755) 취해서 완성된 설로 용인했다(取爲成說)고 함은 斯道로 "論辨 究極"하지 않고 추만의 설을 용인했다는 뜻이다. 뒤에서 "단지 '虛' 一字만 들어 成說로 드러내셨다"(하92) 하고, 또 虛靜이라 하면 "석·노에 들어간다"(하93)고 비판한다. 퇴계는 추만의 설을 成說로 용인하고 「천명도설」로 고쳤다. 문제는, 추만은 허령에 대한 '리기 해석'에 불과한데 퇴계는 반대로 "허를 리로 여긴"(상302) 점이데, 이는 추만 본설을 매우 왜곡한 것이다.

756) 추만과 퇴계는 "리체를 本虛"라 했고, "허, 무대 때문에 인·물에 가손이 없다"고 했다.(상174·176) 또 "허령을 리·기로 분속했다."(상181) 이에 고봉은 리체를 허라 할 수 없고, 허·무대 때문에 리는 가손이 없다 할 수도 없으며, "그렇다면 리는 불교의 롱동황홀이 될 것이다"(상176)고 비판했다. 허령은 "명덕"인 "심 본체를 專指한 것"(상177)일 뿐, 리가 아니다. 문제는 추만은 허령을 리기로 해석했는데 퇴계는 오히려 "허를 리로 여긴" 점이다. 이는 우리의 斯道인 리체 및 허령을 불학의 허, 노자의 무의 논에 빠지게 한 것이다. 주희는 "虛無 二字는 佛者[老]之論과 같다"(『문집』권32, 「答張欽夫」15, 1420쪽)고 한다.

757) 고봉은 위에서 "저는 전의 편지에서 참람히 '리허, 무대'와 '심지허령, 분속리기'를 미안으로 여겼다. 이에 그 이유에 대해 질문을 받고 그 소이를 찾아보았으니, 감히 무엇을 숨기리오"(상173)라고 했다. 이는 퇴계가 「제1서」(본서)에서 "허령의 리기분속 등은 '미안'이라 했을 뿐 그 미안의 소이에 대해서는 알려주지 않았다"(『고봉집』, 12쪽)에 대한 답변이다. 이곳까지가 그 '미안' 이유에 대한 답변이다.

758) 「천명도해」는 추만 본설인데 퇴계가 「천명도설」로 고쳐서 용인해 주었다. 때문에 퇴계에게 질문한 것이다. 윗줄 "이 二條는 모두 세속의 구이 상전의 설이며, 마땅히 논변 극구해서 세속 비루의 견해를 깨뜨려야 하는데도 도리어 취하셔서 완성된 설로 용인하셨다"(상182)에 대한 재차 물음이다.

- 173 -

(183)猥(퇴계집 棍는 오자)以疎鹵之學, 妄論先輩, 固知僭率. 然若不言, 又何用講究耶? 以此失口盡言, 伏乞先生, 倂加恕察, 幸甚幸甚. [疎鹵之學소로지학; 거칠고 아직 영글지 못한 배움.(자신에 대한 겸사임) 僭率참솔; 함부로 분에 넘치고 경솔하게 행동함. 何用하용; 무엇을 가지고. 어떤 방법으로. 失口실구; 엉겁결에 말하다. 무망중에 말하다.]

외람되이 거칠고 구차한 배움으로 함부로 선배를 논했으니 진실로 참람하고 경솔한 짓임은 알겠습니다.759) 그러나 만약 말하지 않는다면 또 무슨 방법으로 강구하겠습니까? 이 때문에 무망중에 말씀을 다 올렸으니, 엎드려 바라옵건대 선생님께서는 아울러 살펴 주신다면 매우 다행이겠습니다.760)

(184)且此間疑憤山積, 所欲仰資質問者, 不可一二數, 而筆札所傳, 不盡言意. 惟(퇴계집 唯)有撫心長嘆, 東望殞(퇴계집 隕)涕而已. 奈何奈何. 伏惟垂諒. 大升謹頓首再拜言. [疑憤山積의분산적; 의심스럽고 번민할 점이 산더미처럼 쌓이다. 不盡言意불진언의; 말과 뜻을 다하지 못함.(『주역, 계사』의 말임) 殞涕운체; 눈물(콧물)을 떨어뜨리다. 奈何내하; 어찌할꼬.(반문으로, 어찌할 도리가 없음의 의미임) 垂諒수량; 생각하여 미루어 살펴주다. 심정을 양찰하여 주다.]

이 사이에는 의혹과 번민이 산처럼 쌓여 우러러 질문하고픈 것이 한둘이 아닙니다만 필찰로 전하기로는 '말과 뜻을 다하지 못하겠습니다(不盡言意).'761) 오직 가슴을 부여잡고 길게 탄식하며 선생님께서 계신 동쪽만 바라보며 눈물만 흘릴 뿐입니다. 어찌 하리오, 어찌 하리오. 엎드려 바라옵건대 부디 양찰하여 주십시오. 대승은 삼가 돈수재배하며 말씀드립니다.

(185)"四端七情說, '子思曰'云云." 此卽 「高峯上退溪, 四端七情說」也. 見第一板.

---

759) 앞에서 고봉은 "전서에서 참람히(僭) '리허, 무대', '심지허령, 분속리기' 등을 未安이라 여쭈었습니다"(상173)고 했는데, 다시 그 '참람함(僭)'에 대해 반복해 말한 것이다.

760) 고봉은 앞에서 "의리를 궁구하기 어려운 것은 사람의 소견은 혹 이동이 있어서 그렇다. 이것은 바로 '講究體察'로 지당의 귀결을 구해야 할 것이다"(상49)고 한다. "강론으로 궁구함(講究)"은 곧 "말을 통해서(言) 해야 한다. 때문에 "무망중에 말을 다하였다(失口盡言)"고 하는데, 즉 "不言이면 어떻게 講究하겠는가?"이다. "강구 체찰"은 학자의 일이다. "사단 무불선에 대한 일도 바로 학자들이 정밀히 살펴야(察) 할 지점이다."(상171) 사단 불중절의 설도 "궁구하여 설명한다면 이러한 이치가 있음에 해롭지 않다."(상172) 때문에 고봉은 이미 자신의 의견을 다하고 그 가부에 대해서는 "아울러 살펴달라(倂加恕察)" 하고, 위에서도 "자세히 살펴달라(試評察焉)"(상157)고 한 것이다.

761) '不盡言意'는 『주역, 계사』제12장 "子曰, 書不盡言, 言不盡意(공자는 말했다. 문자도 그 말을 모두 표현할 수 없고, 말도 그 의미 모두를 나타낼 수 없다)"(『어류』권75, 學履90, 2567쪽)를 줄인 말이다. 때문에 "象을 세워서 그 의미를 나타낸다(立象盡意)"(『주역』, 위와 같은 곳)는 것이다. 고봉은 "「천명도」로 상을 세웠다(天命圖, 立象)"(상155) 하고, 주희는 "주돈이는 「태극도」로 상을 세워 의미를 다했다(此圖, 立象盡意)",(「태극도설해, 후기」, 79쪽) 『문집』권31, 「答張敬夫」10, 1341쪽) "태극의 종지에 대해 周子는 앞에서 立象했고 뒤에서 爲說했다"(『문집』권42, 「答胡廣仲」5, 1901쪽)고 하는데 「태극도」와 「천명도」가 곧 '象'이다.

"사단 칠정설에 대해 논하면서 '자사왈'이라 운운한 곳"(「고봉1서」를 말함)에 대해. 이곳은 「고봉상퇴계, 사단칠정설」을 말한다. 제1판에 보이므로 [본문은 생략한다](*"此"* 이하는 『고봉집』 편자가 붙인 것임)762)

(186)右鄙說一篇, 欲見議論首末, 今併錄上. 盖大升當初略見得意思如此, 遂成鶻突之說, 褊淺誕妄, 固宜得罪於長者. [議論首末의론수말; 토론 내용의 시말. 그간 논의된 전말. 盖개; 그것은.(윗구의 이유를 말하겠다는 것) 見得견득; 내가 이해한 정도. 鶻突골돌; 흐리터분하다. 흐리명덩하다. 褊淺誕妄편천탄망; 마음이 좁고 생각이 천박하며 황당무계함.(마음 도량에 대한 스스로의 겸사임) 宜得의득; 마땅한 정도. 마땅할 것이다.(得은 뒷줄 記得과 같은 뜻)]

위 저의 설 1편(「고봉1서」를 말함)을 '다시 붙인 이유'는 그동안 우리의 토론 전말을 보이기 위함이며, 지금 기록해 올렸습니다.(고봉은 이 조항 위에 「고봉1서」를 복사해 붙여서, 이렇게 '선' 논변이 반드시 있었음을 증명한 것임)763) 그것은 대승이 당시 알아본 선생님 설의 의미가 바로 이와 같았음을 나타내기 위함입니다.764) 만약 당시 저의 골돌의 설(「고봉1서」)이 천박하고 황당무계한 스스로의 소견(고봉은 당시 퇴계의 설에 근거해서 논평했고, "무불선, 유선악"이라는 퇴계의 설을 근거 없이 인용하지 않았다는 것)으로만 이룬 것이라면 이는 진실로 長者(퇴계)께 죄가 됨도 마땅할 것입니다.765)

---

762) 고봉이 이 조항 제목을 "사단칠정설, 자사왈운운"으로 붙인 것으로 보이며, 「고봉1서」는 제목이 없기 때문이다. 『퇴계선생전서』에는 "子思曰, 喜怒哀樂之未發云云, 已見上"(『한국성리학정선』, 한국철학사연구회 1993, 217쪽)인데, 이렇게 '사단칠정설'이 없는 제목이 더 정확할 것이다. 다시 말해 '사단칠정설'이라는 말이 들어갈 필요는 없다. 칠정사단설은 사맹 본설이고, 지금 토론은 그 논변이다. 「고봉1서」 서두 첫머리는 "자사왈, 희노애락"(상2)이다. 고봉은 위에서 "퇴계1서" 각 조항에 따라 답변하고, 이어 "후론"을 붙였다. 그런데 이 모두를 읽어본 후 그동안의 「고봉1서」와 「퇴계1서」, 지금 「고봉2서」 간에 중대한 하나의 문제가 있음을 발견한 것이다. 즉 과연 "발어리, 발어기" 뒤에 퇴계는 "무불선, 유선악"이라는 下語를 붙였는가? 고봉은 퇴계가 붙였다고 여기고 고봉1·2서를 썼다. 더구나 「사우서」도 "무불선, 유선악"(상1)이 있고, 고봉의 「추만에게 답함」에서도 "무불선, 유선악"(하191)을 인용했으며 "추만도 이를 보고 꾸짖지 않았다."(상189) 그럼에도 「퇴계1서」는 '선'을 전혀 거론하지 않고 곧바로 "발어리, 발어기"(상14)만 언급한 것이다. 때문에 고봉은 급히 이 문제의 수말을 밝히고자 한 것이다. 즉 「고봉1서」에서 "사단, 발어리이무불선, 칠정, 발어기이유선악"(상4)을 이미 인용했음을 나타내기 위함이다. "此…板"은 『고봉집』 편자가 넣었다. 고봉은 본래 "운운" 아래에 「고봉1서」를 붙였는데, 편자는 "第一板에 보이므로" 생략한다고 한 것이다. 고봉은 붙였는데 편자가 뺀 것이다.

763) 본 조항 위에 「고봉1서」(지금은 「고봉2서」임)를 복사해서 삽입한 것이다. 「고봉1서」를 본 조항 위에 붙인 이유는 이 토론의 시말을 드러내서 "무불선, 유선악"이 있었음을 증명코자 함이다. 그것은 「고봉1서」와 그 답변인 「퇴계1서」는 그 의론이 서로 맞지 않는 부분이 있기 때문이다. 「퇴계1서」는 "왕년 정생의 작도에 '四端發於理, 七情發於氣'의 설이 있었다"(상14)고 하여 퇴계는 「고봉1서」에서 지적한 "사단, 發於理而無不善, 칠정, 發於氣而有善惡"(상4)에서의 '而無不善, 而有善惡'을 빼고 제시했다. 과연 「천명도」의 "이무불선"과 "이유선악"은 누가 붙였고, 또 과연 있었는가? 그런데 「퇴계1서」는 곧바로 추만 본설이라 하여 "발어리, 발어기"만 언급했고, 때문에 「고봉2서」에서는 "이무불선, 이유선악" 문제가 논의되지 못했다. 이 문제를 지금 발견한 것이다.

764) "대승이 당시 알아본 선생의 의미"라 함은 퇴계의 「사우서」와 그 이전 논변을 가리킨다. 퇴계는 추만의 설("사단발어리, 칠정발어리"인지는 불명)을 고쳐 "사단, 발어리이무불선, 칠정, 발어기이유선악"(상4)이라 했고, 이 설은 "사우"들의 비판을 받고 "사단지발, 순리고무불선, 칠정지발, 겸기고유선악"으로 "하어"했다.(모두 상1) 고친 "순리고, 겸기고"의 '고'는 그 "무불선, 유선악" 이유에 관한 것이다. 즉 "故"(상14)자 아래에는 반드시 "유선악"이 있어야 한다. 이는 고봉이 물은 "칠정은 왜 불선(유선악)이 있는가?"(하103)와 같다. 요컨대 '발어기'에서 곧바로 "칠정지발, 겸기고유선악"으로 이어지지는 않았음이 분명하다. "見得"은 아래 "宜得罪"와 "不曾見得"(상145) "見得其間"(하115) "不能詳細記得"(상188)의 得과 같고, 퇴계의 "僅得其髣髴(겨우 그 방불을 얻었다)"(상326)의 得과는 뜻이 다르다.

765) "골돌지설"은 「고봉1서」에 대한 겸사이고, "편천탄망"도 겸사이다. 「고봉1서」인 그 '골돌지설'이 바로 '편천탄망'의 스스로의 소

- 175 -

(187)然細看其間, 語雖未究, 而意似粗完, 意雖不切, 而理無太乖. 若虛心平氣, 仔(퇴계집子)細看過, 則亦恐不能無所助發也. 來牋所指摘者, 皆於逐條下陳之. 不審先生, 以爲何如也? [看過간과; 살펴보았다.(過는 동작의 완료를 나타냄) 助發조발; 도와서 그 본의를 밝히다. 서로 도와 발명함. 指摘지적; 지적해 발췌함. 지적해서 외부로 드러냄. 陳之진지; 말하여 펼치다. 진술하다.]

그런데 그간 저의 설(「고봉1서」)을 재차 자세히 살펴보니766) 언어(語)는 비록 궁구하지 못했다 해도 의미(意)는 대략 갖춘 듯하고, 의미는 비록 간절하지는 못했다 해도 이치(理)에는 크게 어긋남이 없었습니다.767) 만약 허심 평기의 마음으로 자세히 살피셨다면 (「고봉1서」) 또한 도와서 발명되는 바도 없지는 않으셨을 겁니다.768) 저는 다만 논변에서 지적해 주신 바의 것에 대해 그 해당 조항에 따라 진술했을 뿐입니다.769) 모르겠으나 선생님께서는 어떻게 여기실 지요?(과연 「사우서」 이전 "而무불선, 而유선악"의 말씀이 있었습니까?)770)

(188)但其謂 "四端, 發於理而無不善, 七情, 發於氣而有善惡" 者, 大升曾見 「天命圖」, 不能詳細記得. 只據大意, 以爲如是, 而著之於說. 今而再檢之, 則只有 "四端發於理,

견에서 나온 것이라면 이는 선생께 죄가 됨도 마땅하다. 하지만 당초 「고봉1서」는 고봉의 소견에서 근거 없이 나온 것이 아닌 "퇴계의 의사를 이와 같이 견득해서" 나왔다. 즉 「고봉1서」는 퇴계의 「사우서」 및 그 이전의 설에 근거한 논변일 뿐이다. 따라서 퇴계는 "발어리, 발어기"와 「사우서」의 "순리고무불선, 겸기고유선악" 사이의 설을 스스로 밝혀야 한다. 퇴계는 왜 갑자기 「퇴계1서」에서 "발어리, 발어기"(상14)만 언급하고 "이무불선, 이유선악"(상4)을 뺐는가? 이 문제를 밝혀야 한다. 추만의 설은 넓게 이해하면 문제없기 때문이다.

766) 위 "細看其間"(상157)은 「고봉2서」에 관함이고, 이곳 "細看其間"은 「고봉1서」에 관한 것이다.

767) 「고봉1서」에 대한 자평이다. 위 "不盡言意"(상184)와 연관해 말한 것이다. 고봉은 "語意"에 대해 "이는 語意에 병통이 없을 수 없다"(상4), "정이는 語意의 착각을 스스로 밝혔다"(상151), "「장구」의 語意를 분별했다"(상180)고 했는데 이는 언어(語)의 의미(意)를 말함이다. 즉 "語意"는 심·성·정에 관한 그 언어로서의 의미이다. 심성정은 어의로 盡言, 盡意할 수는 없지만, 그러나 어의로 논할 수밖에 없다. 고봉 자신의 어·의도 비록 "未究·不切"이라 하겠지만 그러나 의미는 "粗完"하고 이치도 "太乖지는 않았다." 이렇게 말한 이유는 퇴계가 성·정을 어의가 아닌 '이치'로 말했기 때문이다. 가령 四端之發을 "순리인 故로 무불선"이라 하는데, 이 어의는 치우친 것이다. 四端之情이 성선을 가리킨 "說"이라면 순리·무불선이라 하겠지만, 그러나 '발'이라는 語를 쓴다면 순리·무불선일 수는 없다. 퇴계의 語는 "四端之發"(상170)과 "四端之情"(상170·160)의 구별이 없다. "순리 때문에 무불선"이라 함은 먼저 이치를 단정함이고, 또 자신의 순리·겸기의 '설'에 대해 "舛理가 아니다", "當理의 말이다" 함도 '이치'로 말한 것이다.(상272)

768) "허심평기"는 독서법에 관한 것으로(하12·82) 주희의 "정씨의 설을 허심평기로 천천히 읽으니 數行에 미치지 않고 어름처럼 풀렸다"(「중화구설서」)와 같다. 퇴계도 이 표현을 썼고,(상31) 고봉은 오히려 이 표현으로 「고봉1서」를 허심으로 읽어줄 것을 요청한 것이다. 윗줄에서 "저의 語·意는 크게 어긋나지 않는다"고 했는데, 따라서 「고봉1서」의 어의를 자세히 살피셨다면 그 조발이 없지는 않았을 것이다. 앞서 「답호광중서」와 「답호백봉서」를 인용하고, "이 二書를 선생도 반드시 이미 보셨을 것으로 사료된다"(상161)의 '已看過'의 過자도 이미 본 이후의 일을 가리킨다. 이곳 看過의 過자도 「고봉1서」에 대해 퇴계가 당시 본 결과를 두고 한 말이다.

769) "來牋"과 "逐條"는 "敢因來牋, 逐條詳稟(감히 래변에 인해서 조항에 따라 자세히 여쭈었다)"(상49)와 같고, 또 "逐條下陳之"도 "區區鄙見, 已具逐條之下(저의 견해는 이미 조항에 따라 그 아래에 여쭈었다)"(상157)와 같다. 그런데 「고봉1서」를 다시 언급한 것은 그동안 미처 생각하지 못했던 문제를 「고봉2서」를 다 쓴 뒤 발견했기 때문이다. 즉 「사우서」 이전 「천명도」에 과연 "而무불선, 而유선악"의 下語가 있었는가? 「고봉1서」에서는 있었다고 인용했는데, 「퇴계1서」는 이를 거론하지 않고 곧바로 "발어리, 발어기"만 언급했다. 과연 퇴계는 「사우서」 이전 "발어리而무불선, 발어기而유선악"이라 했는가? 고봉이 당시 이 설을 인용했던 것도 "퇴계 논변의 설에 따라 그 해당 조항 아래에 진술했을 뿐"이기 때문이다.

770) "以爲何如也"도 「고봉1서」에 관한 물음이다. "以爲何如也"(상161) 및 "以爲何如耶"(상182)도 바로 앞 조항에 대한 물음이다. 과연 「사우서」 이전 "而無不善, 而有善惡"(상4)의 下語가 있었는가? "어떻게 생각하십니까?" 이 문제에 대한 퇴계의 답변은 없다.

七情發於氣" 二句, 而 '無不善', '有善惡' 等語則無之. 此是看書矗疎之病, 所謂 '不能
盡乎人言之意'者, 其病亦不少, 深可愧悚. [記得기득; 기억하고 있다. 암기하다.(반대어는 記
不得) 再檢之검지; 재검토하다. 다시 점검하다. 矗疎추소; 거칠고 소략함. 세심하지 않음. 可愧悚가괴송;
부끄럽고 두려울만하다.]

　　그 "사단은 發於理이니 無不善이고, 칠정은 發於氣이니 有善惡이다"(「천명도」속의 분
주)771)라는 설을 대승이 일찍이 「천명도」에서 보았는데 상세히 기억할 수는 없습니
다.772) 다만 대의에 의거한다 해도 선생님은 이와 같음으로 여겼기 때문에 그 '설'(「천명도
설」에서도 선·악 문제일 뿐, 리기 문제가 아니었다는 것)에서도 나타냈던 것입니다.773) 그런데 지금
「천명도」를 다시 검토해 보니 단지 "사단발어리, 칠정발어기" 두 구절만 있을 뿐 '무불
선, 유선악'(갑자기 선·악 문제가 빠지고 말았다는 것) 등의 단어가 없습니다.(처음 「천명도」를 고칠
무렵에서 「사우서」의 6년 사이 반드시 선·악이 있었으며, 이때의 선악설을 스스로 밝혀달라는 것)774) 이는
글을 거칠고 소략히 보는 병통이며 이른바 '남이 말한 뜻을 다하지 못했다'고 해야 할
것입니다.775) 그 병통 또한 적지 않으니 심히 부끄럽고 두려울 만합니다.(「사우서」까지의

---

771) 「고봉1서」에서 퇴계설로 인용했다.(상4) "성·정의 무불선·유선악"(상3)은 당연하고, 또 "사·칠의 무불선·유선악 또한 불가
하지 않다."(상5·8) 문제는 퇴계는 사단만 발어리이고 칠정은 발어기라 하면서, 발어리 때문에 무불선이고 발어기 때문에 유선
악이라 했다는 점이다. 그 증거가 바로 뒤 「사우서」의 "순리 故 무불선, 겸기 故 유선악"이다. 요컨대 「퇴계1서」는 사·칠의 二
善 언급이 급거 빠졌다. 발어기·발어기, 리지발·기지발은 문제가 없기 때문이다.

772) 고봉은 「천명도」에서 이 分註를 본 것으로 기억한다. 추만의 "作圖"(상14)인 「천명도」를 퇴계가 고쳤고, 그 속 "分註"(상270)에
서 퇴계는 '발어리, 발어기' 뒤에 "而無不善, 而有善惡"을 붙였을 것이다. "純理故無不善, 兼氣故有善惡"의 '故'도 그 '무불선·
유선악' 이유에 관한 것이기 때문이다. 퇴계는 처음 유선악을 '발어기 때문'이라 했다가 사우간의 '편박'(상1)과 스스로 '분별
太甚(리발·기발)을 깨닫고 '순리·겸기 때문'으로 改下"(상14)했다. 이에 고봉은 오히려 이것이 "前語보다 더욱 분명히 밝혔다"
(상71)고 한다. 즉 '겸기'가 앞의 '발어기'보다 '유선악 이유(故)'를 더욱 분명하게 했다. 고봉의 질문은 '발어기' 혹은 '겸기'가
아닌, "왜 유선악인가"(하103)이다. 그 이유(故)를 "발어기"와 "겸기"라 한 것이다. 고봉의 "所就以言之"(상3)도 리발·기발의 발
처가 아닌 사·칠의 '무불선·유선악의 言之(설명)'의 일이다. 그런데 「퇴계1서」의 "리·기 분설"(상13) 및 리·기 "소종래"(상
28·39) 등은 '言之' 문제가 아니다. 고봉도 「퇴계1서」에 대해 "그 조항에 따라 진술함으로써"(상49·187) 고봉의 '정의 言之'
논쟁에서 퇴계의 '근원(소종래)'의 '리기 문제'로 옮겨가게 되었다. 이점을 지적하고자 함이다.

773) "대의에 의거하면"은 「사우서」와 「퇴계1서」의 큰 줄거리는 사칠의 '무불선·유선악이 왜 있는가'에 관한 일이다. 당초는 리발
·기발이 아닌 그 '무불선·유선악 이유'였고 때문에 「사우서」에서도 "순리(순선)·겸기 '때문에' 무불선·유선악이다"고 한
것이다. 따라서 「고봉1서」의 "或善·或惡", "善者, 惡者", "就善一邊說出"(상8·9·10) '무불선·유선악'(상3·4) 등도 모두 선·
악 문제이다. 그런데 「퇴계1서」는 이 문제가 아닌 오히려 리발·기발, 리기호발의 소종래로 바뀐 것이다. 더욱이 「천명도설」의 "이
른바 오상은 순선무악이다. '때문에' 그 소발의 사단도 무유불선이다. 이른바 기질은 본연의 성이 아니다. '때문에' 그 소발의 칠정은
쉽게 악으로 흐른다(所謂五常者, 純善而無惡, '故'其所發之四端, 亦無有不善. 所謂氣質者, 非本然之性, '故'其所發之七情, 易流於邪
惡)"(「퇴계전서」3책, 143쪽. 하188)의 "때문(故)"도 사실의 선·악 문제이지 오상·기질, 사·칠, 리·기 문제가 아니었다.

774) 퇴계의 「천명도설후서, 附圖」에는 「천명구도」와 「천명신도」2도가 실려 있다.(「퇴계전서」2책, 325~326쪽) 퇴계에 의하면 「구도」
는 "사단발어리, 칠정발어기"이고,(퇴계의 주장임) 「신도」는 "사단리지발, 칠정기지발"이다. 그런데 그 사이에는 또 「사우서」의 "사
단지발, 순리고무불선, 칠정지발, 겸기고유선악"의 구도가 있다. 순서도 당연히 「구도」, 「사우서」, 「신도」이다. 「퇴계1서」의 "왕년
정생의 작도에 '사단발어리, 칠정발어기'(구도)의 설이 있었다.(상14) 剴說도 잘못은 없지만,(상45) 그러나 주자의 본설(신도)로 대신
하자"(상47)에서는 갑자기 '무불선·유선악'(「사우서」)이 빠졌다. 그런데 '발어리·발어기'와 '순리고, 겸기고' 사이에는 또 하나의
'구도'가 있다는 점이다. 왜냐하면 「사우서」(1559년작)에서 "나는 그 하어를 병통으로 여겼고, 또 그대의 편박을 받았다"(상1)고
하기 때문이다. 이른바 "그 하어"가 「사우서」 이전 "발어리이무불선, 발어기이유선악"(상4)이다. 퇴계는 추만 「천명도」의 "상하 좌
우의 위치"(퇴계는 "황의 죄"라고 했음)를 「후서」(1553년작)를 쓰기 전 고쳤다. 「후서」와 「사우서」 사이의 간격은 약 6년이다. 따
라서 「사우서」 이전은 온전히 추만의 도형과 도설이 아님은 자명하다. 그러나 퇴계는 이 일의 전말을 끝내 밝히지 않는다.

775) "남이 말한 뜻을 다하지 못했다"고 함은 그동안 퇴계가 "무불선·유선악"에서 "리·기의 발" 문제로 바뀌었음을 인지하지 못했

'선・악' 문제가 갑자기 「퇴계1서」에서는 '리발・기발'로 바뀌었고, 이 문제를 그간 지적하지 못했다는 자책임. 이 문제를 퇴계 스스로 밝힐 것을 요청한 것임)776)

(189)然攷之說中, 則其意本亦如是. 故秋巒親見鄙說, 亦不以此訶之也. 如何如何? 似恐觀者, 或有不察, 故並言之. 庚申八月初八日, 後學高峯奇大升, 謹頓首再拜. [攷之고지; 자세히 살펴보다.(상3) 訶之가지; 질책하다. 꾸짖다.]

그렇지만 선생님의 '설'(「천명도・설」, 「사우간서」, 「퇴계1서」) 가운데를 자세히 살펴보아도 그 뜻은 본래 역시 이와 같습니다.(당초는 분명 무불선・유선악 '이유'를 순리・겸기 '때문'이라 했다는 것)777) 때문에 추만도 제가 인용했던 설(「고봉1서」와 「답추만서」에서 인용했던 "이무불선・이유선악"의 설)을 친히 보고 역시 이에 대해 질책하지 않았던 것입니다.778) 어떻습니까?(이 설이 「천명도」에 있었는가, 없었는가는 스스로 밝히셔야 한다는 것) 보는 자들이 혹 '살피지 못함이 있을까' 염려되기 때문에 아울러 설명 드렸습니다.(이 글을 읽는 자들이 선・악 문제에서 급거 리・기 호발 문제로 변환되었음을 알지 못할까 염려됨)779) 1560년 8월 8일, 후학 고봉 기대승 삼가 돈수재배.780)

다 함이다. 위 "필찰로 전하기는 不盡言意이다"(상184) 함은 필찰은 심성정의 뜻을 다할 수 없다 함이고, 이곳 "不能盡乎人言之意"는 고봉의 논변이 퇴계의 의미를 따라가지 못했다 함이다. 「사우서」는 "무불선, 유선악"인데 「퇴계1서」는 갑자기 "리・기 소종래의 발"로 거론한 것이다. 이 문제를 그간 위 논변에서 살피지 못했다는 자책이다. 때문에 「고봉1서」를 복사해 보내면서 이 문제를 거론한 것이다.

776) 퇴계의 「사우서」와 그 이전은 사칠의 '선・악 문제'이다. 즉 "이무불선, 이유선악"(상4)과 "고무불선, 고유선악"(상1・5) '이유'는 "발어리・발어기" 혹은 "순리・겸기 때문"이다. 그런데 「퇴계1서」에서는 리발・기발과 그 소종래로 논점이 변했다. 이 문제를 지금까지 인지하지 못했음에 대한 자책이다. 자책한 것은 퇴계에게 "이무불선, 이유선악" 존재 여부와, 또 그렇게 바뀐 이유를 묻기 위함이다. 자책함으로써 당초 토론 주제인 '무불선・유선악 여부'를 퇴계가 직접 밝혀줄 것을 요구한 것이다. 자책하지 않으면 상대의 일방적 잘못이 되며, 이는 토론이라 할 수 없기 때문이다. 그 존부는 퇴계 스스로 밝혀야 하며, 간단하다. 밝히면 문제가 간단히 해결된다. 때문에 고봉은 위에서 "나는 선생의 해당 조항에 따라 진술했을 뿐이다"(상187)고 먼저 말한 것이다. 愧悚은 주희의 "尤切愧悚(더욱 부끄럽고 두려울 만하다)"(「문집」권46, 「答胡伯逢」4, 2151쪽)과 같은데, 주희도 바로 이어서 호백봉의 스승 호굉의 잘못을 조목조목 열거해 비판한다. 모두 선생(호굉)과 장자(퇴계)에 대한 비판은 '두려운 일'이라 함이다.

777) "이무불선, 이유선악"의 존재여부를 다시 물은 것이다. 사칠을 "무불선・유선악"으로 여긴 것은 「천명도설」, 「사우서」가 모두 같다. 「사우서」는 "무불선・유선악" 이유를 "純理故, 兼氣故"라 했고, 또 「퇴계1서」도 "순선, 겸기" "순선무악"이라 하고,(상14・18) 또 「천명도설」의 "때문에 그 소발의 사단은 무유불선이고, 그 소발의 칠정은 악으로 흐른다"(하188) 역시 선・악에 관한 논변이다. 이러한 등으로 본다면 퇴계는 당초 사칠을 무불선과 유선악으로 여겼고, 그 "이유(故)"를 발어리・발어기, 순선・겸기 때문이라 했다. 요컨대 퇴계는 사칠 이유를 순리・겸기 때문이라 함이 아닌, '무불선・유선악 이유를 리발・기발과 순선・겸기 때문이라 한 것이다. 그런데 「퇴계1서」에서는 갑자기 리발・기발의 호발이므로 사칠이라 함으로 바뀐 것이다.

778) 「고봉1서」 "四端, 發於理而無不善, 七情, 發於氣而有善惡"(상4)과, 「추만서」 "今乃以爲發於理而無不善, 發於氣而有善惡"(하191)은 퇴계의 설을 인용한 것이다. 고봉은 「추만서」(1560년 5월작)를 보내면서 「고봉1서」(1559년 8월작)도 함께 동봉했다. 추만은 "이무불선・이유선악"을 보고 질책하지 않았고, 퇴계도 이 문제에 대해 「퇴계1서」에서 문제 삼지 않았다. 과연 이 설은 「사우서」 이전 「천명도」에 있었는가, 없었는가? 만약 없었다면 「퇴계1서」에서 퇴계 자신의 설이 아님을 지적했어야 한다. 지금이라도 퇴계는 이 문제를 반드시 밝혀야 하며, 밝히는 것은 간단하다. 유무만 말하면 된다.

779) 당초 퇴계의 논점은 리기 혹은 사칠이 아닌 사칠의 '선・악 문제'였음은 「사우서」로 알 수 있다. 당시 논변은 무불선과 유선악이었고 때문에 「사우서」에서도 그 선・악 이유를 "純理故, 兼氣故"의 '고'라 한 것이다. 그런데 「퇴계1서」에서는 '리발・기발 때문에 사칠이 있음'으로 급거 바뀌었다. 즉 당초는 '선악 이유'를 "발어리・발어기", "순리・겸기 故"라 했는데, 「퇴계1서」에서는 '사칠 이유'를 "리발・기발"이라 하여 그 소종래인 '리기에 나아간 리・기 호발로 변경된 것이다. 이는 더 이상 선악 문제가 아니다. 이렇게 논변이 어긋난 곳에는 "이무불선・이유선악"의 존재 여부와 관련된다. 이 문제를 읽는 자들은 잘 살펴야 한다는 것이다.

5

퇴계2서; 주리·주기의 호발로 사·칠은 나옵니다[781]

(190)頃承 「第二書」誨諭, 知滉前書語有疎謬, 失秤停處, 謹已修改. 今將 「改本」, 寫在前面, 呈稟可否, 其後乃繼以 「第二書」. 伏乞明以回敎. [頃경; 방금. 최근. 疎謬소류; 거칠어 착오가 남.(謬는 繆(상1)와 같은 뜻) 秤停; 저울이 평형을 유지한 상태. 呈稟可否정품가부; 그 가부에 대해 묻다. 明以回敎명이회교; 밝혀서 가르쳐 주십시오.]

최근 「제2서」(「고봉2서」)의 가르침을 받고 황의 전서(「퇴계1서」)는 언어에 거친 부분이 있음을 알았고,[782] 그 균형[783]을 잃은 곳은 삼가 이미 고쳤습니다.[784] 그래서 고친 「개정본」을 전면에 붙여 그 가부를 묻고, 그 뒤에 저의 「제2서」를 잇겠습니다.[785] 엎드려 바라건대 회답하여 밝혀 가르쳐 주십시오.[786]

---

780) 논변 끝에 날짜를 기록하지는 않았지만, 본서인 「答上退溪先生座前」에 의하면 "庚申八月初八日(1560년 8월 8일)"이다.(『고봉집』3책, 19쪽)

781) 『퇴계집』제목은 "答奇明彦, 論四端七情, 第二書"이고, 『고봉집』편자는 "退溪答高峯非四端七情分理氣, 第一書改本"로 붙였다. 본제는 "明彦拜問, 耑正字文右"(『고봉집』3책, 38쪽)로 庚申至月初五日(1560년 11월 5일)이며, 본 「퇴계2서」는 그 '별지'이다. 퇴계의 "答上存齋契右"(1560년 9월 1일)에 의하면 "공이 보낸 사람이 오래 머무를 수 없어서 지금은 대충 답서만 보낸다"(『고봉집』3책, 34쪽)고 하므로 본 2서는 '2개월 4일' 만에 탈고한 것이다. 역주자의 제목은 "二者는 상호 發用하고, 互發은 각기 所主가 있음"(상246) "각자 所發에 나아가면 사단·칠정의 소종래로 나뉨"(상247)에 의거했다.

782) 퇴계는 "사우간서"에서 "폄박을 받고 더욱 疎繆함을 알고 즉시 고쳤다"(상1)고 하면서 그래서 "순리고, 겸기고"로 고친 이유는 "추만의 발어리, 발어기는 分別 太甚"(상14)이기 때문이라 했다. 그런데 「퇴계1서」에서는 "변론에서 差謬를 적결해 주셨다"(상15)고 하면서도 거꾸로 「어류」 "시리지발, 시기지발"을 쓰자고 했다. 이곳 "나의 1서에 疎謬가 있음을 알았다"고 함도 "칠정 專是氣" 등 "우4조"(상228)를 가리킨다. 즉 "순리·겸기"와 "리발·기발"은 소류가 없다는 것이다. 또 「개정본」 "기는 되지 못하겠는가(不爲氣)"(상203)로 보면 퇴계는 스스로 소류로 여기지 않는다. 칠정의 기·발발은 정당하다는 것이다. 반면 고봉의 지적은 리·기가 아닌, 사칠의 "대거호언"(상6)에 있다. 사칠의 리발·기발 및 리·기 해석은 문제가 없다.

783) 고봉이 "칭정을 잃었다"(상90)고 한 것은 사칠의 "대거호언"(상6)이 그렇다 함이다. 一情은 칠사 2설만 있지 않기 때문이다. 또 발어리·발어기라 하면 "칠정은 性出이 아님이 되고 사단도 氣乘이 없게 된다"(상4)는 것이었다. 그런데 퇴계의 "칭정을 고쳤다" 함은 "칠정의 專是氣"(상228)를 "겸리기"로 고쳤다 함이다. 때문에 고봉은 다시 이른바 "칭정"은 "對作(대설)"(하51)을 가리킨 것이라 한다. 고봉의 지적은 사칠의 리발·기발, 칠정의 기 혹은 겸리기가 아닌, 칠사를 리·기로 대거할 수 없다 함이다.

784) 퇴계가 "칭정을 잃은 것은 이미 고쳤다"(상228)고 한 것은 모두 4조항이며, 이는 모두 "本同으로 돌아갔고,"(상235) 그래서 아래 「개정본」에서도 "개수"했다. 사칠의 겸리기는 본동인데, 단 칠정은 主氣·專氣이다. 고봉의 지적은 이와 다르다. 사칠의 발어리·발어기, 리지발·기지발도 가능하다. 그렇지만 一情의 발현 즈음을 발어리·발어기라 함은 자세히 '秤停'해 보면 장애가 없지 않다."(상90) 요컨대 고봉의 비판은 一情은 리발·기발의 양발이라 할 수 없고, 더구나 사칠을 대거호언하면 사람 느낌은 둘만의 상대적 대설이 되고 만다는 것이다. 따라서 고친 것은 고봉이 지적한 본의와 다르다. 칠정에 대한 겸기, 기발, 기로의 설명이 불가함은 아니기 때문이다.

785) 「사우서」의 "순리, 겸기"를 퇴계는 "이치에 어긋나지 않다"(상272)고 한다. 퇴계는 4개 조항을 고치고, 이는 잘못이 아닌 "칭정을 잃었다"(상228)고 한다. 퇴계의 "칭정을 잃었음"은 '작은 실수'의 의미이다. 즉 칠정은 혼륜, 專氣, 主氣이다. 따라서 이렇게 고친 것은 실수가 아닌, 더 정밀히 한 것이다. 결국 여기서 "가부를 묻겠다"고 함의 본의는 스스로 고치고자 함이 아닌 자신의 정당성을 확보하기 위함이다. 퇴계 스스로 "第二書"(「퇴계2서」)로 이름 붙인 것이다.

786) "복걸, 명이회교"는 「1서개본」과 「퇴계2서」를 비평해 주라 함으로, 겸사이다. 겸사인 이유는 자신의 본설을 잘못으로 여기지 않기 때문이다. 고봉은 오히려 이 말을 근거로 「고봉3서」를 쓴다.(하18·51)

퇴계1서 개정본

(191)性情之辯, 先儒發明詳矣. 惟四端七情之云, 但俱謂之 '情', 而未見有以理氣分說者焉.

성·정에 대한 논변은 선유(고봉은 사·맹, 퇴계는 정·주)의 발명이 상세합니다. 그렇지만 [사맹의] 사단과 칠정에 대해 [정주는] 단지 모두 "정이다"고만 했을 뿐,(정주의 '정' 주석은 사맹의 종지를 밝히기 위함임) 리·기로의 분설(분설은 정주가 아닌 사맹임)이 있는 것은 보지 못했습니다.(선초부터 거의 모두 리·기로 분설함)

(192)往年, 鄭生之作圖也, 有 "四端發於理, 七情發於氣" 之說. 愚意亦恐其分別太甚, 或致爭端, 故改下 "純善·兼氣" 等語. 蓋欲相資以講明, 非謂其言之無疵也.

지난날 정생(추만)이 「천명도」를 만들었는데 여기에는 "사단은 리에서 발하고 칠정은 기에서 발한다(四端發於理, 七情發於氣)"라는 설이 있었습니다. 저의 생각 또한 그 '분별이 너무 심해서'(사·칠 분별은 당연하고, 리·기 분별 해석도 당연함) 혹 분쟁의 실마리에 이르지나 않을지 염려했던 것이고(이항이 정은 기권에 둘 수 없다고 함) 그래서 "순선",(순선은 '선' 문제인데, 지금 논변은 '리기' 문제임) "겸기" 등의 語로 고쳤던 것입니다. 그것은 함께 토론하며 밝혀보자는 뜻이었지 나의 설명에 '하자가 없다'고 여긴 것은 아니었습니다.(스스로 하자는 없다 하며, 또 주자 본설을 쓴다 하므로, 이 말은 겸사임)

(193)今者, 蒙示辯說, 摘抉差謬, 開曉諄悉, 警益深矣. 然猶有所不能無惑者, 請試言之而取正焉.

이제 논변하신 가르침을 받고 보니, 잘못되고 어긋난 곳을 가려서 열어 밝혀주심이 간절하고 절실하여 경계하는 마음 더욱 깊습니다. 그런데도 오히려 의혹이 없지 않은 것은 시험 삼아 설명을 드리니 바로잡아주시기 바랍니다.

(194)夫四端情也, 七情亦情也. 均是情也, 何以有四七之異名耶? 來喻所謂 "所就以言之者不同", 是也.

사단은 정이며, 칠정 역시 정입니다. 모두 정인데도 어째서 사·칠의 다른 이름이 있게 된 것일까요?(고봉은 사·맹인데, 퇴계는 리발·기발을 그 이유라 함) 그것은 보내온 글에서도 가르쳐 주셨듯이 이른바 "나아간(就) 바에서의 설명한 것이 같지 않기"(고봉의 就는 정인데 퇴계는 리·기로 이해함. 고봉의 용어를 크게 왜곡한 것임) 때문이라 함이 바로 이것입니다.

(195)蓋理之與氣, 本相須以爲體, 相待以爲用. 固未有無理之氣, 亦未有無氣之理. 然而 '所就而言之不同', 則亦不容無別. 從古聖賢, 有論及二者, 何嘗必滾合爲一物,(퇴계집 說) 而不分別言之耶?

왜냐하면, 리는 기와 더불어 본래 상수함(서로 함께 하는 관계. 고봉설로 여김)을 체(혼륜의 사칠)로 삼고, 상대함(상대적 관계. 퇴계설이라 함)을 용(주리·주기의 사·칠)으로 삼기 때문입니다. 진실로 '리 없는 기도 있지 않지만 또한 기 없는 리도 있지 않습니다.'(주희의 설인데 '천하의 사물'에서 논함을 뺌. 퇴계는 이 설을 혼륜의 체로 삼고, 자사와 고봉의 설이 그렇다고 함. 氣를 체로 삼음) 그렇지만 "나아간 바에서의 설명이 같지 않다"면 또한 "別"이 없을 수 없다는 것입니다.(고봉의 설임. 퇴계는 고봉 본설 용어를 왜곡해서 자신의 주리·주기의 의미로 가로챈 것임) 예로부터 성현들은 두 개(리기인지 사칠인지가 불명함)의 것을 논급함에 있어 어찌 일찍이 반드시 혼합하여 一物 (혹은 一說)로만 만들고,(고봉설이라는 것) 또 한편으로는 '분별하여 설명'(리·기 혹은 사·칠 분별은 지당함. 리·기는 分일 뿐 설명이라 할 수 없음)하지는 않았던가요?(퇴계설이라는 것임)

(196)且以 '性'之一字言之. 子思所謂 "天命之性", 孟子所謂 "性善之性", 此二 '性'字, 所指而言者, 何在乎? 將非就理氣賦與之中, 而指此理源頭本然處言之乎? 由其所指者, 在理不在氣, 故可謂之 '純善無惡'耳.

더욱이 '성'이라는 한 글자를 두고 설명(言之)하더라도 그렇습니다. 자사의 이른바 "천명의 성"(命의 성)과 맹자의 이른바 "성선의 성",(善의 성) 이 두 '성'자가 가리킨 바(所指)의 것은 어디에 있습니까? 그것은 '리·기의 부여'된 가운데 나아가서(就)(합리기라는 것임) 이리의 원두 본연처를 가리켜(指) 설명한 것(천명·성선지성은 합 중의 리가 아님)이 아닙니까?(사맹의 두 성설은 리기로 논할 수는 있지만, 리기에 나아간 설은 아님) 그 가리킨 바(所指)로 말미암은 것이 리에 있고 기에 있지 않습니다. 때문에 '순선무악'(그러나 기질지성의 선도 순선무악임)이라 이를 뿐입니다.

(197)若以理氣不相離之故, 而欲兼氣爲說, 則已不是性之本然矣. 夫以子思孟子洞見道體
之全, 而立言如此者, 非知其一, 不知其二也. 誠以爲雜氣而言性, 則無以見性之本善
故也.

만약 리기는 서로 떨어질 수 없기 때문에 '겸기'로 설해야 한다고 하신다면,(퇴계는 性을
'物'로 논하고 만 것임) 이는 이미 성의 본연이 아닙니다.(본연지성만 성의 본연으로 여김. 주희는 매우
비판함) 자사와 맹자가 도체의 온전함을 명확히 간파하고서 세운 이론(천명지성·성선지성이
도체의 온전이라는 것임. 주희는 매우 반대함)이 이와 같거늘, 그들도 "그 하나(리기 중의 리 측면)만
알고 그 둘(리기는 不離라는 측면)을 몰라서"가 아닙니다. 진실로 '잡기'로 성을 말한다면 그
렇다면 성의 본선을 볼(見은 知의 뜻임) 수 없다고 여겼기 때문입니다.

(198)至於後世, 程張諸子之出然後, 不得已而有 "氣質之性"之論, 亦非求多而立異也. 所
指而言者, 在乎稟生之後, 則又不得純以 "本然之性"{ "純以"以下, 舊作, "以本然之
性混", 今改}稱之也.

후세 이정과 장재 등 諸子들이 나온 연후에 부득이 "기질지성"의 논이 있게 된 것 또
한 더 많은 것을 구하거나 더 특이한(異) 이론을 세우기 위함이 아닙니다.(기질지성을 퇴계와
같이 품생의 기로 논하면 고자의 성이 되고 맘) 그 가리킨 바(所指)로 말한 것이 생을 품수한 뒤에
있으므로,(고자의 성설과 같음) 그렇다면 또 이를 순수한 "본연지성"이라 칭할 수 없었기 때
문입니다. {"순수한" 이하는 구작에서는 "본연지성으로 혼칭할" 이라 한 것을 지금은 고
쳤습니다.}787)

(199)故愚嘗妄, 以爲情之有四端七情之分, 猶性之有本性·氣稟之異也. 然則其於性, 也
旣可以理氣分言之, 至於情, 獨不可以理氣分言之乎?

---

787) "不得以本然之性混稱之也"를 "不得純以本然之性稱之也"라고 하여 '混'자를 빼고 '純'자를 넣었다. 즉 "본연지성과 혼칭할 수 없
다"를 "순수한 본연지성이라 칭할 수 없다"로 고쳤다. 순수한 본연지성이라 칭할 수 없기에 기질지성이라 한다는 것이다. 퇴계
는 기질지성은 합리기 혹은 獨氣, 본연지성은 獨理로 여긴다. 기질지성은 본연지성과 혼칭할 수 없음은 지당하다. 가리킴과 종지
가 각각 다른 2설이기 때문이다. 문제는 본연지성은 순리, 기질지성을 잡(혹은 독기)이라 한다는 점이다. "리 없는 기도 없지만
기 없는 리도 없다."(상195) 기질지성이 그렇다는 것이다. 하지만 雜은 성이라 할 수 없다. 더구나 주희의 위 설은 "天下"(상
242)의 '사물'에서 논한 것으로, 즉 氣를 논한 것이다. 성은 리이며, 기질지성도 리설이다. 기질지성의 설은 '성은 기질 속에 있
어야 함'을 가리키며, 따라서 잡리기가 아니다. 기질지성과 본연지성의 '칭이 다름'은 당연하나, 단 一性이므로 "不可離"(상86)일
뿐이다. 퇴계는 성설의 '異稱'(二名·二說)과 一性으로서의 '성'을 변별하지 않은 것이다.

때문에 저는 일찍이 망령되이 생각하기를, 정에 사단·칠정의 分(고봉은 別의 '별칭'이고, 퇴계는 '리·기' 分임)이 있음은 마치 성에 "본성·기품"의 다름(異)이 있음과 같다고 여겼습니다.(모두 선유의 본설인데, 퇴계가 리·기로 分함) 그렇다면 그 성에 있어서는 기왕 리·기로 分해서 설명함이 가능한데,(위는 겸기인데 여기는 갑자기 기임. 기질지성의 소지는 기가 아닌 리임) 정에 이르러서만 유독 리·기로 分해서 설명함이 불가하다 하겠습니까?(윗줄 본성·기품은 리·기 分이 아닌데, 이를 근거로 사칠의 리·기 分을 논함. 논리가 맞지 않음)

(200)惻隱羞惡辭讓是非, 何從而發乎? 發於仁義禮智之性焉爾. 喜怒哀懼愛惡欲, 何從而發乎? 外物觸其形, 而動於中, 緣境而出焉爾.

"측은·수오·사양·시비"(『맹자』)는 무엇을 따라 "발"(『중용』)합니까?(두 설의 고유 용어를 하나로 혼합한 것임) "인의예지"의 성에서 발(發은 端이라 해야 함)할 뿐입니다. "희노애구애오욕"은 무엇을 따라 "발"합니까? '외물이 그 형기에 접촉하면 중에서 동하고'(「호학론」 설임) 환경을 따라 나올(出)(고친다 했는데 고치지 않은 것임)788) 뿐입니다.(퇴계는 자사와 정자의 설을 해석한 것이 아닌, 오히려 직접 발처를 말한 것임. 성현도 발처는 말하기 어려운 곳임)

(201)四端之發, 孟子旣謂之 "心." 則心固理氣之合也. 然而所指而言者, 則主於理, 何也? 仁義禮智之性, 粹然在中, 而四者其端緒也.

"사단의 발"(端임)을 맹자는 기왕 "심"(주희는 '정'이라 주석함)이라 했습니다. 심은 진실로 리기의 합입니다.(합이라면 확충·성선도 공부도 불가함) 그런데 가리킨 바(所指)로 말한 것이 '主理'라 함은 왜이겠습니까?(리기 부여이므로 물·기에서의 주리이며, 고자의 성과 같음) 인의예지의 성이 순수한 모습으로 中에 있다가(在中),(재중은 『중용』 설이며, 주희는 인·의를 '찬연'이라 함) 넷의 것이 그 '단서'이기 때문입니다.("단서"는 성선, 중화도 아닌 '확충'설임)

(202)七情之發, 程子謂之 "動於中", 朱子謂之 "各有攸當", 則固亦兼理氣{"程子謂"以下, 舊作, "朱子謂本有當然之則, 則非無理", 今改}也. 然而所指而言者, 則在乎氣, 何也? 外物之來, 易感而先動者, 莫如形氣, 而七者其苗脉也.

---

788) 퇴계의 "칠정은 환경에 연해서 出한다(緣境而出焉爾)"(상22)를 고봉은 "비록 환경에 연하여 出하는 듯하나, 실은 中으로 말미암아 出한다"(상103)고 비평했다. 이에 퇴계는 "그대의 중으로 말미암아 出한다는 설"은 "이미 고쳤다"(상228)고 하는데, 하지만 이곳을 보면 고치지 않은 것이다.

"칠정의 발"을 정자(정이)도 「호학론」에서 "中에서 動한다"[789] 했고, 주자도 『중용혹문』에서 "각기 마땅한 바가 있다"(퇴계는 '리도 있음'으로 해석하나, 주희는 '칠정은 그에 맞는 마땅함이 있음'의 뜻임)[790]고 했으니, 그렇다면 진실로 역시 '겸리기'입니다.[791] {"정자도" 이하하는 구작에서 "주자도 본래 당연한 법칙이 있다고 했다. 따라서 리도 없지 않다"라고 했는데 지금은 고쳤습니다[792] 그렇지만 가리킨 바(所指)에서 말한 것이 '기에 있음(在乎氣)'(주기)은 왜이겠습니까?(발처를 소지라 할 수는 없음) 외물이 옴에 쉽게 느끼고(感) 먼저 움직이는(動) 것은 '형기'만한 같음이 없으니,(칠정이 주기인 이유) 일곱의 것은 그(氣) '묘맥'이기 때문입니다.(주희의 묘맥은 리인데, 퇴계는 기임)

(203)安有在中爲 "純理", 而才發爲雜氣, 外感則形氣, 而其發顧爲理不爲氣{ "顧爲理"以下, 舊作, "爲理之本體", 今改}耶? [在中재중; 성의 덕으로 있음. 중은 성덕의 상황임.(정주) 순리가 중이라는 곳에 있음.(퇴계)]

어찌 在中(퇴계는 장소, 정주는 성덕)에 있을 때는 "순리"인데 비로소 발한다고 '잡기'로 변환 되겠습니까.(퇴계는 미발의 '신독'공부를 논하지 않음) 어찌 외물에 감하는 것은 '형기'인데 그 발이 다만 리는 되고 기는 되지 못한다고 할 수 있겠습니까.(이발의 '성찰'공부를 논하지 않고,

---

789) "動於中"은 「퇴계1서」의 말인데,(상22) 고봉은 이 말은 정이의 「안자호학론」에 나오며" 따라서 "中에서 動하여 칠정이 出한다"고 고찰했다.(상103) 퇴계가 윗줄 "動於中"(상200)을 다시 여기에 인용해 고친 것은 칠정이 「안자호학론」의 정임을 분명히 한 것이다.

790) 『중용혹문』상14의 "천명지성은 만리를 갖추었고, 희노애락도 각각 마땅한 바가 있다(天命之性, 萬理具焉, 喜怒哀樂, 各有攸當)"(상95)를 말한다. 이곳은 『중용』 "희노애락"을 칠정으로 여긴 것으로, 당초 『대학, 8장』 "當然之則"(상24)을 바꾼 것이다. 하지만 퇴계의 "各有攸當"은 주희의 뜻과 전혀 다르다. 퇴계는 칠정도 '리가 있다' 하지만, 반면 정주의 뜻은 '희노애락은 각기 그에 마땅한 희노애락이 있다' 함이다. 정이의 "性也, 命也, 道也, 各有所當"(『정씨문집』권9,「與呂大臨論中書」, 606쪽)은 성, 명, 도는 각자 그 의미가 다르다 함이다. 주희의 "七情迭用, 各有攸主, 其謂之和"(『문집』권32, 「答張欽夫」15, 1419쪽) 역시 칠정은 각기 그에 마땅한 중절이 있다는 뜻이다. 인용한 '혹문'의 "各有攸當"도 뒷줄 "發而皆得其當(발해서 칠정이 그에 마땅한 중절을 얻음)"의 뜻이지, 이 "當"은 理의 뜻이 아니다. "二說雖殊, 各有所當",(「고자상」6) "隨感而應, 各有攸主, 而不可亂也",(『대학혹문』하2) "喜怒哀樂, 各有攸當"(『중용혹문』상18) "內外精粗, 各有攸當",(『중용혹문』하17) "然其名義, 各有攸當"(『문집』권36, 「答陸子靜」5, 1572쪽) 등도 리의 뜻이 아니다. 퇴계의 "횡설수설도 각기 攸當이 있다"(상317)가 바로 이 뜻이다.

791) 구작의 "非無理"를 "兼理氣"로 고친 것이다. 겸리기라 해야만 '칠정의 겸리기·혼륜'이 되기 때문이다. 이 겸리기에서 다시 기만 가리키면 아래 "在乎氣(주기)"이다. "非無理"는 氣자가 없으므로 主氣를 뽑을 수 없다. '겸리기'에서의 주기로, 이는 고봉의 "칠정은 겸리기이다"(상136)를 수용한 것이다. 퇴계는 결국 "진실로 兼理氣이나 所指로 言한 것은 在乎氣이다"로 고침으로써 자사의 '所指'를 주기라 한 것이다. 단 뒤 "칠정은 非無理"(상237·243)는 고치지 않는다. 요컨대 사실은 모두 겸리기이나, 주리는 사, 주기는 칠이다. 칠정도 겸리기이나 주기, 사단도 겸리기이나 주리이다. 그렇다면 맹자 단서도 본래 기·악을 겸하는가? 성도 본래 겸기인데 다만 주리·독기인가? 고봉은 "칠정의 비무리는 선유의 논과 합치되지 않음이 없다"(하20)고 한다.

792) 구작 "朱子謂本有當然之則, 則非無理也"를 "程子謂之動於中, 朱子謂之各有攸當, 則固亦兼理氣也"로 고쳤다. 즉 주희의 "本有當然之則"을 주희의 "各有攸當"으로 고치고, 또 정이의 "動於中"을 추가한 것이다. "各有攸當"은 『중용혹문』에 보이며, 『대학혹문』에는 보이지 않는다. 다만 "各有攸主"(『대학혹문』하2)라 하는데 이때의 '攸主'는 측은·수오는 각각 그에 마땅한 主인 중절이 있다는 의미이다. 고봉은 「고봉2서」에서 『중용혹문』의 "각유유당"(상95)과 「호학론」의 "동어중"(상103)을 인용해서 칠정을 고찰했다. 퇴계는 이를 받아들여 개정한 것이다. 고쳤지만 퇴계의 본의는 변함이 없다. 겸리기도 인정한다는 것이다. 칠정도 중에서 동하지만 "그러나 쉽게 감·동하는 것은 형기이며" 때문에 주기이다. 사단도 형기의 감·동이므로 본래는 겸리기지만, 다만 주리이다. 만약 그렇다면 칠정의 천명·중화는 주기가 되고, 사단의 단서도 본래는 악이 섞여 있음이 되고 만다.

천명·중화를 단순히 '기발'로 몰아간 것임)793) {"다만 리는 되고" 이하는 구작에서 "리의 본체로 변환 되겠는가"라고 했던 것을 지금은 고쳤습니다}794)

(204)四端皆善也. 故曰 "無四者之心, 非人也", 而曰 "乃若其情則可以爲善矣."

사단은 모두 선합니다.(「고자상」임) 때문에 맹자는 말하기를 "이 넷의 마음이 없으면 사람이 아니다"(「공손추상」 "확충" 조항이며, 「고자상」 "성선" 조항이 아님)고 합니다. 그리고 말하기를 "그 정으로 선을 삼을 수 있다"(「고자상」 성선설임. 맹자는 사단의 단이 아닌 '그 정'으로 선을 삼음. 사단은 그 정의 '설'임)고 합니다.

(205)七情本善, 而易流於惡. 故其 "發而中節者, 乃謂之和", "一有之而不能察", 則心已
    "不得其正矣."{"本善而" 以下, 舊作, "善惡未定也. 故一有之而不能察, 則心不得其
    正, 而必發而中節然後, 乃謂(고봉집 爲는 오자)之和", 今改.}

칠정도 본래 선이지만(기발인데 본선이라 한 것임)795) 그러나 쉽게 악으로 흐릅니다.(앞으로
흐른다고 추측 예단한 것임. 기발이기 때문이라는 것)796) 때문에 "발(퇴계는 七情之情이 아닌 七情之發로 독

---

793) 구작 "安有 …爲理之本體耶"를 "安有 …顧爲理不爲氣耶"로 고친 것이다. 뒤에서 "구작에서, 그 感은 氣인데 그 發에 이른 것을 理라 한다면, 어찌 이런 이치가 있겠는가라는 뜻이었는데, 이는 언어표현이 밝지 못하다"(상279)고 한다. 언어의 문제일 뿐 본의는 잘못이 없다. 언어의 문제는, 이곳은 칠정을 말한 곳인데 '리 본체'를 말했기 때문이다. '주기'일 뿐, 리 본체가 아니다. 때문에 칠정의 설로 고친 것이다. 그런데 고봉은 칠정도 "리 본체"(상114·280)라 한다. 이에 퇴계는 성인의 칠정이라도 "기발인데 리가 순수히 하면 리 본체도 渾全(순수가 아니라는 것)" 할 뿐, "純全"이 아니다.(상282) 순리가 아닌, 다만 "기(不爲氣耶)"로서의 "主氣"(상281)이다. 문제는, 만약 그렇다면 칠정의 "천명의 和"도 순수이 아님이 되고 만다. 더 큰 문제는, 퇴계 본의는 "리기 호발로 사실이 나온다"고 한다는 점이다. 이는 사맹의 칠사 고찰이 아닌, 그 이전 리·기의 발처이다. 이러한 논변은 자신의 공부가 빠진 것으로, 미발·이발 즈음의 공부도 없이 천명의 칠정을 단순히 기발로 몰아간 것이다.

794) 구작 "리 본체로 변환 되겠는가"는 기에서 리 본체는 나올 수 없다 함이다. "感한 것은 氣인데, 그 발한 것을 어찌 리라고 하겠는가?"(상279) 이는 "語에 未瑩이 있다."(같은 곳) 때문에 "리는 되고 기는 되지 못하겠는가?"로 고친 것이다. 왜냐하면 "其發, 爲理之本體"는 칠정의 주기 논술이 아닌, 리 본체인 사단 논술이기 때문이다. 칠정은 "겸리기"(상202)인데 단 "그 발"은 "리 본체의 純全"(상282)인 "순수한 본연지성"(상198)이 아닌, 리기 호발 중의 '주기'일 뿐이다. 퇴계는 철두철미 "각자 혈맥이 다름"으로 여긴 것이다. 문제는 자사는 그 혈맥이 아닌, 사람의 느낌에서 공부로 중화의 덕을 이룰 것을 논한다는 점이다. 중화를 이루어 인류를 소통시키고, 이로써 새로운 창조의 "화육"이 가능하다 함인데, 퇴계는 이 즈음 자신의 공부를 논하지 않은 것이다.

795) 구작 "선악미정"을 "본선이라도 쉽게 악으로 흐른다"로 고쳤다. 고봉은 칠정을 "모두 선"(상121)이라 했다. "중절 이전"(상122)은 선이고, 그 중절자는 和이며, 화는 사단의 선과 "同實異名"(상130)이다. 즉 미발의 "중"은 선이고, 발해서 "중절"한 선이 곧 화의 善이다. 단 중절하지 못해서 "한쪽으로 치우쳐 악이 되므로"(상121) 따라서 칠정은 "유선·악"(상3)이다. 만약 "선악미정"이라면 중절 이전은 선이 아님이 되며, 중절한 화도 그 근거를 잃고 만다. 선악미정에서 달도의 화로 변환될 수는 없다. 퇴계는 선악미정을 잡기·혼잡이라 하고, 이 미정에서 다시 주리·주기의 사·칠로 나눈다. 하지만 정은 성이 발한 것이고, 이 정을 자사는 희노로 설했다. 자사는 중절자를 "화"라 했고, 그 화가 바로 "천지만물을 位·育한다." 퇴계가 만약 칠정은 "기의 所發이므로 비록 本善이나 쉽게 악으로 흐른다"(상287)고 하기 위해서는, 기의 발이 왜 '본선'인지를 스스로 해명해야 한다.

796) 퇴계는 '칠정이 본선'임을 입증하지 못한다. 호발, 혹은 기발은 본선일 수 없기 때문이다. "쉽게 악으로 흐른다"고 함은 기발 때문인데, 문제는 주기의 기발 때문에 "쉽게 악으로 흐른다"고 추측하고 예단한 점이다. 지금은 흐르지는 않았지만, 장차 쉽게 흐른다. 왜냐 혈맥이 '기의 피'이기 때문이다. 본선이라도 그것은 '본래 주기'이며, 때문에 본래 악으로 쉽게 흐를 '가능성을 가진다.' 결국 퇴계는 천명인 미발의 중까지도 악의 가능성으로 의혹하고 만 것이다. 주희 「明道性善說」의 "天下는 性外의 物이

- 185 -

단함)하여 중절한 것만 화라 이른다"(『중용』)고 했으며,797) "하나라도 마음에 가지고 있거나(퇴계는 『대학』을 해독해서 '칠정을 두지 말 것'으로 여김) 능히 살피지 않는다면"(『대학, 정심장』)798) 마음은 이미 "그 바름을 얻지 못한다"(『대학』 "정심"의 일임. 반면 『중용』 칠정은 "천명·중화"와 "위육"을 논함)799)고 했던 것입니다. {"본래 선하지만" 이하는 구작에서 "선악 미정이다. 때문에 하나라도 마음속에 가지고 있거나 능히 살피지 않으면 마음은 그 바름을 얻지 못한다. 그러므로 반드시 발하여 중절한 연후에야 결국 화라 이른다 했다"를 지금은 고쳤습니다(모두 『대학』, 『중용』 종지와 정 반대의 해독을 한 것임)800)

(206) 由是觀之, 二者雖曰皆不外乎理氣, 而因其所從來, 各指其所主{此間, 舊有 "與所重" 三字, 今去之(去之는 고봉집 改)}而言之, 則謂之某爲理某爲氣, 何不可之有乎?

이로 말미암아 본다면 둘의 것(사·칠)이 비록 모두 '리기를 벗어나지는 않지만'(사칠은 모두 혼륜·겸기·미정이라는 것) 그러나 그 종래한 바(소종래인 리·기)에 인해 각기 그 '所主'(주된 것)801)를 가리켜 {이 사이 구작에는 "與所重" 3자가 있었는데 지금은 버렸습니다}(칠정은

없다. 本皆善이나 流於惡일 뿐이다"(『문집』권67, 3275쪽. 『어류』권95, 僩42, 3195)고 함은 정은 성발의 본선이나, 다만 심의 주재 여하에 의해 악으로 흐른다 함이다. 정이 본선이므로 "乃若其情, 則可以爲善矣"(「고자상」6)의 성선도 논증이 가능하다.

797) 구작 "發而中節然後, 乃謂之和"를 "發而中節者, 乃謂之和"로 고친 것이다. 구작도 『중용』 경문 "發而皆中節, 謂之和"와 다른데, 신작 역시 경문을 고친 것이다. 퇴계는 "七情之發"(상1·5)을 "겸기"의 '기발'로 여기고, 때문에 자사는 그 '중절만 화라 했다'고 해독한 것이다. 자사의 희노는 '선악미정'이거나 혹은 '쉽게 악으로 흐르기' 때문에 중절만 화라 했다. 만약 그렇다면 "미발의 중"은 잡선 혹은 잡리가 되고 만다. 자사는 "희노"를 "중절", "發" "和" 등으로 '설명(言之)'한 것에 불과하다. 만약 자사가 "중절한 것만 화라 했다면 "중절 이전은 무엇인가?"(상122) 퇴계는 중절 이전을 의미할 수 없는 미정의 것으로 여긴 것이다. 하지만 미발은 성이며 자사는 "중"(성덕)이라 했고, 또 희노는 심의 용으로 사람은 반드시 있다. 자사는 "희노"라는 "화"를 통해 "位·育"을 말하고자 했다. 만약 "두어서는 안 될" 칠정이라면 이는 심의 용을 "무용지물"(상122)로 여김이 되고 만다.

798) 구작 "칠정은 선악미정이므로 하나라도 두거나 살피지 않으면"을 신작에서 "발하여 중절한 것만 화라 이르므로 하나라도 두거나 살피지 않으면"으로 고쳤다. 즉 구작은, 선악 미정의 칠정을 두어서는 안 된다 함이고, 신작은, 칠정이 비록 본선이나 그 中節者만 화이므로 희노를 두어서는 안 된다 함이다. 하지만 "일유지이불능찰"은 『대학, 정심장』 주희의 설이다. 이 '정심장'은 미발의 심에 이 四情을 먼저 "두거나(有之)" 혹은 발처에서 "살피지 않아서는(不能察)" 안 된다는 뜻이다. 따라서 퇴계의 해독은 『중용』과도 다르고, 「정심장」 본의와도 전혀 다르다. 『대학』 "正心(마음을 바르게 함)"은 마음의 바름을 위해 미발·이발에 나의 감정을 먼저 두어서는 안 됨의 일이고, 『중용』 칠정은 이 감정으로 천명·중화를 이룰 수 있다 함이다. 만약 외감의 정을 두어서는 안 된다고 하면 이는 『중용』의 "중화"도 부정되고, 「정심장」 "심용"도 부정되고 만다.

799) "一有之而不能察하면 심은 그 바름을 얻지 못한다"는 고치지 않았다. 다만 『대학』 "不得其正"을 뒤로 빼고 『중용』 "中節者"를 앞으로 옮겨서, 『중용』 칠정은 "악으로 쉽게 흐르므로" "두거나 살피지 않아서는 안 된다"로 읽은 것이다. 결국 퇴계는 『중용』 희노와 『대학』 4情을 구분하지 않고 『중용』 희노를 두면 그 바름을 잃는다는 깊은 오류를 한 것이다. 『대학』 전문 "則不得其正"을 "則心己不得其正矣"라고 고친 것도 그 의도 여하와 관계없이 오류이다. 자사는 희노로 중화를 논했고 이것이 "천지를 位·育한다"고 한다.

800) 구작은 "語意가 先後를 잃어서의 병통"(상284)일 뿐이다. 그래서 순서를 위와 같이 바꾸었다. 고봉의 지적을 퇴계는 다음과 같이 이해한다. "나는 '一有之而不能察하면 심은 不得其正이므로 따라서 發而中節한 연후에야 和라 했다'고 했는데, 그대는 이를 칠정이 '용장무용의 心害가 된다'고 했다."(상283) 퇴계는 칠정을 "心害"와 "心之病"이라 한다.(상286·287) 다만 "일유지"와 "중절자"의 순서가 서로 바뀌어 병통이 생겼을 뿐이다. 칠정이 心害인 이유는 "氣의 所爲"(상287)이기 때문이다. 칠정이 본선이라 해도 그것은 "기발"이므로 쉽게 악으로 흐른다. 때문에 『중용』은 "중절한 것만 화라 했다." 자사는 중절한 것만 화라 했으니, 칠정은 본래 心害다. 이 답변은 고봉의 지적인 『중용』에서 『맹자』 성선설이 나왔다(상96)와 "一有는 『중용』 '희노'가 아닌 『대학』 '正心'의 일이다(상125)에 대해 전혀 고치지 않은 것이다. 心害는 「정심장」이고, 칠정의 화는 『중용』이다. 『중용』의 칠정은 심해가 아니다.

801) 퇴계는 "소종래 및 소주"에 대한 비판을 "끝까지 따를 수 없다"(상232)고 한다. 소주를 고봉이 반대했다고 여기기 때문이다. "소종래"

소중이 아닌, '나쁜 것'으로 여기고 버린 것임)802) 설명한다면 어떤 것은 '리'라 하고 어떤 것은 '기'라 한들 무엇이 불가함이 있겠습니까?(사·맹의 소종래가 아닌, 리·기 소종래로 추측하고, 기를 나쁜 것으로 내몬 것임. 자신의 공부가 없음)

(207)竊詳來喩之意, 深有見於理氣之相循不離, 而主張其說甚力. 故以爲未有無理之氣, 亦未有無氣之理, 而謂四端七情, 非有異義.

그런데 가만히 보내오신 논변으로 공의 의도를 살펴보면, 깊이 '리기는 相循·不離(주희는 易·道·神이라 함)라 하시면서(퇴계는 도·리가 아닌 잡기·혼잡으로 여김) 그 설에 대해 매우 힘써 주장하셨습니다.(고봉은 "선생의 실언"이라 했는데, 퇴계는 여전히 고치지 않음)803) 때문에 '리 없는 기도 없지만 기 없는 리도 없다'(주희 본설인데, 혼륜의 잡기로 여김)고 여기시고, 결국 사단과 칠정은 "다른 옳음(고봉은 二義가 異義로 오용되었음을 강력 비판했는데, 여전히 고치지 않음)이 있는 것은 아니다"804)라고 하셨습니다.

(208)此雖近是, 而揆以聖賢之旨, 恐有所未合也. [揆규; 헤아리다. 추측하다]

이러한 주장(사칠은 혼륜·혼잡이라는 주장)은 비록 옳음에 가깝다 할지라도, 그러나 '성현의 종지'(주리·주기의 치우침이 성현의 종지라는 것. 만약 그렇다면 퇴계가 성현이 됨)805)로 헤아려 보면 아

역시 고봉의 어법과 다르다. 고봉은 "소주"와 "소중"을 반대할 수 없다. 고봉도 "사·칠은 각기 소주가 있음"(상78·79·82)을 강조한다. 퇴계의 소주와 고봉의 소주는 "언어(語)만 같고 뜻(意)은 다르다."(상77) 퇴계는 리기(소종래)에 나아가 리·기로 사·칠을 나누었다. 이는 사맹의 사칠 고찰이 아닌, 퇴계 자신의 리·기의 사칠이다. 사맹도 사람 느낌에 대한 2설에 불과하다. 사람 감정에 나아가 "중화"와 "성선"을 논한 것이 사맹이다. 이것이 사맹 소주인데, 퇴계는 사맹 이전의 리·기이다.

802) 고봉은 "이른바 '그 소종래에 인하여 각기 그 所主와 所重을 가리켰다'고 한 설은 비록 擬議할 수는 있겠으나, 그 사칠설의 실제에 있어서는 마땅하지 못하다"(상127)고 한다. 이에 퇴계는 "그대의 '소종래와 소주의 설은 그르다'고 한 지적은 따를 수 없다"(상232)고 하면서, "소중"을 뺐다. 아마 "버린" 이유는 칠정은 '기발인 나쁜 心害'이므로, 따라서 '소중이 아니라는 의미일 것이다. 그런데 고봉은 "소주·소중"을 잘못으로 여길 수 없다. 소주와 소중은 사맹 본의이기 때문이다. 고봉의 비판은 '一有之'의 『대학장구』와 『중용』 "칠정"은 서로 상관없는 일이라 함이다. 그럼에도 퇴계는 『중용』 "희노"를 「정심장」의 "心害"라 했기 때문이다. 「정심장」 '一有之'는 '심해'이고, 『중용』 "희노"는 心感의 '심용'이다. 반면 퇴계는 칠정을 "心害" "心病"이라 하고, "사단의 리발은 이러한 병통이 없다"고 한다.(상286·287)

803) 고봉은 말하기를 "저의 설을 선생께서는 '理氣는 相循·不離로 주장했다'고 하시지만, 대승은 진실로 不敢當이며 저의 의미는 이것이 아니니, 선생께서는 실언을 면치 못하셨다"(상129)고 강력 부인했다. 고봉의 의미는 '리기 상순·불리'가 아님을 강력 부인했는데, 퇴계는 고봉의 주장으로 결국 확정시킨 것이다. 퇴계의 "상순·불리"는 겸리기·혼잡·잡기·미정의 의미로, 리기로 나누기 이전의 라 함이다. 그러나 주희의 "상순"은 리기의 질서 있게 운행하는 '道·易'이고, "불리"는 物의 리기는 '떨어질 수 없음'과 본연지성과 기질지성은 一性이므로 '異性일 수 없다' 함이다. 위 모든 용어는 고봉의 용법과 크게 다르다.

804) 고봉은 이곳도 자신의 말이 아님을 항변했다. 고봉은 "저는 '非有二義'라 했는데 선생께서는 저의 설을 '無異義'라 인용하셨다"(상130)고 하여 인용문을 본래대로 고쳐줄 것을 요구했다. 고봉의 "非有二義"(상9)는 사칠이 아닌, 사칠의 '선'이다. 그 설의 선은 '둘의 義'가 아니라 함이다. 고봉은 이미 '無異義'라 한 적이 없다 했고, 다만 "사맹의 사·칠은 각기 소주가 있다"(상78·79·82)고 했다. 퇴계는 이후 논변에서도 고치지 않는다.

805) 고봉은 비평하기를 "[선생이 이해한 칠정은 성현의 종지(旨)로 질정해 보면 그 부동함이 이와 같다"(상126)고 했고, 또 "만약 제가

- 187 -

마 합치되지 못한 바가 있을 것입니다.(리기 순환·불리의 道를 오히려 리·기로 偏指한 것은 퇴계임. 치우침을 종지라 할 수는 없음)

(209)大抵義理之學, 精微之致. 必須大著心胸, 高著眼目, 切勿先以一說爲主, 虛心平氣, 徐觀其義(퇴계집 意)趣.

무릇 의리의 학문은 정밀하고 미세하게 탐구해야 합니다. 반드시 마음을 크게 열고 안목을 높게 가져, 절대 선입견으로 一說(리기와 사칠의 혼륜)만을 위주로 삼지 말아야 하며,(퇴계의 설은 사맹이 아닌, 리·기임) 마음을 비우고 기운을 화평하게 하여 그 올바른 취지를 찬찬히 살펴야 합니다.(주리·주기는 허심으로 사맹의 중화·확충의 의의를 살피지 않은, 퇴계의 자득임)

(210)就同中而知其有異, 就異中而見其有同. 分而爲二而不害其未嘗離, 合而爲一而實歸於不相雜, 乃爲周悉而無偏也.

같음 중에 나아가도 그 다름이 있음을 알아야(知) 하고, 다름 중에 나아가도 그 같음이 있음을 보아야(見) 합니다.(사칠 소지가 이와 같다면 '사슴 옆의 노루'가 됨) 나뉘어 둘이 되어도 일찍이 떨어지지 않음에(未嘗離) 해롭지 않아야 하고,(二而一) 합해서 하나가 되어도 실제로는 서로 섞이지 않음에(不相雜) 귀결되어야 합니다.(一而二) 이렇게 해야 비로소 두루 다하여 치우침이 없게 됩니다.(퇴계는 리가 그런지, 혹은 리기의 관계, 혹은 사 혹은 사칠의 관계가 그런지 불명함)

(211)請復以聖賢之說, 明其必然. 昔者, 孔子有 "繼善·成性" 之論, 周子有 "無極太極" 之 說. 此皆就理氣相循之中, 剔撥而獨言理也.

다시 성현의 설로 반드시 그렇다는 것을 밝히겠습니다.(퇴계의 '리기에 나아감'은 성현 본설 고찰이 아님) 옛날, 공자의 "잇는 것은 선이고, 이룬 것은 성이다(繼善·成性)"의 論이 있고, 주자(주돈이)의 "무극이며 태극이다(無極·太極)"의 說이 있습니다. 이것은 모두 리기가 서로 순환하는(相循) 가운데 나아가서(퇴계; 雜에 나아가서. 고봉; 道) 뽑아내(剔撥) 단독으로

'無異義'라 했다면 이는 성현의 가리킴(指)과 어긋난 것이 되고 만다"(상130)고 지적했다. 고봉은 종지(旨)와 가리킴(指)를 구별한다. 퇴계의 사칠설은 성현의 종지와 다르다. 사맹의 所指와 所主는 당연하다. 반면 퇴계는 고봉의 설을 '사칠혼륜설'로 여기고, 이는 옳지만(퇴계와 같으므로) 그러나 이는 "성현의 종지"와 다르다 하여 본래의 말을 고치지 않는다. 주리·주기가 성현의 종지라는 것이다. 하지만 주리·주기는 이미 '치우침'을 인정한 것이고, 만약 주리·주기가 성현의 종지라면 퇴계의 치우침이 성현이 되고 만다.

리(獨理)만 말한 것입니다.(雜에서 성·태극을 논할 수는 없음. 퇴계는 공자의 설에 앞서 먼저 리기를 논한 것인데, 이는 해석이 아닌 공자와 다른 성·태극을 말한 것임)[806]

(212)孔子言 "相近相遠之性", 孟子言 "耳目口鼻之性." 此皆就理氣相成之中, 兼指而主言{"兼指" 以下, 舊作, "偏指而獨言", 今改}氣也. [指指; 공맹은 그렇게 가리켰다. 言言; 공맹은 그렇게 말씀했다.(겸기로 '가리켜' 기라고 '말'함. 指와 言이 모순됨)]

그런데 공자는 "相近·相遠의 성"을 말했고 맹자는 "이목구비의 성"을 말했습니다.(2설은 공·맹 기질지성의 리설임) 이는 모두 리기 相成 가운데 나아가서(기질지성의 성설을 해석함이 아닌, 먼저 리기에 나아간 추측임) '兼指지만 主氣로 말'(공맹은 '겸의 指'인데, 퇴계만 '기로 言했다'는 것임)한 것입니다.[807] {"겸지" 이하는 구작에는 "偏指하여 독기로 말했다"고 했는데 지금은 고쳤습니다.}(위는 독리인데, 여기는 독기가 아닌 주기임)[808]

(213)斯四者, 豈非就同中而知其有異乎?

이상 네 가지가 어찌 '같음'(겸리기의 見) 가운데 나아가서도(공·맹·렴 4성설도 본래는 겸리기임) 그 '다름'이 있음을 아는(독리·독기의 知) 것이 아닙니까?(선유의 4설 본설을 논하면서 또 다른 리·기를 논한 것임. 통합불가가 되고 만 것임)

---

806) 퇴계는 계선·성성과 무극·태극을 "리기 상순 가운데 나아가서, 리만 척발한 것"이라 한다. 고봉도 "척발하여 리만 단독으로 말했다"함을 이미 "이에 대해서는 의논할 게 없다"(상132)고 했다. 고봉은 "사단은 선 일변을 척출했다"(상10) "사단은 정의 善者로 言之했으니 이른바 '척발출래'이다",(상81) "천지지성은 '專指理' 사단도 '專指理'"(상60)라고 한다. 반면 퇴계는 "리기 상순 가운데"라 하고 또 "리 없고 기 없는 리 없다"(상17·29)고 하여 이미 兼氣 가운데서 논한다. 무극·태극, 사단, 본연지성, 기질지성과 칠정도 잡리기 중의 리·기이다. 퇴계는 본연지성과 사단을 리기 중의 "所主"(상28·232·254)의 '主理'(상201·239)라고 한다. 만약 그렇다면 태극, 사단도 '본래는 잡'이 되고 만다. 고봉의 논을 따른다면 이곳 "剔發而獨理"는 오히려 아래 "兼指而主言氣"(고친 설임. 상212)와 대구가 되어 '兼指而主言理'가 되어야 마땅하다. 고봉의 척발은 獨理지만, 퇴계의 척발은 "理發而氣隨之"(상255)인 兼指(兼氣)에서의 主理라 하기 때문이다.

807) 고봉은 비평하기를 "偏指而獨言氣는 未當하고"(상132) "未然하다"(상135)고 했다. 고봉은 『논어』 "性相近"은 "主性이며 겸기질이다"(상133) 하고, 『맹자』 "이목구비"의 성은 "兼氣稟食色言之"(상135)라고 한다. 두 성설의 곡절을 고찰한 것이다. 퇴계가 "偏指而獨言氣"를 "兼指而主言氣"로 고친 것은, 기질지성은 '兼指인데 主기'라 한다. 퇴계는 의도는 兼이 아닌 "偏指"이다. 兼 '指'이지만 主氣로 '言'했다. 그렇다면 공맹은 겸리기로 '指'했는데 말할 때는 기로 '言'했는가? 그렇다면 공맹은 '겸의 指'인데, 퇴계만 '기로 言'함이 되고 만다.

808) "偏指而獨言氣"를 "兼指而主言氣"로 고쳤다. "偏·獨 2자"(상266)를 '兼·主'로 바꾼 것이다. 공맹의 기질지성은 '기를 겸해 가리켰지만(指) 그러나 '주기로 말했다(言).' 이 논변은 문제가 있다. 공맹이 가리킨(指) 것이 兼인데 왜 또 그 말한(言) 것은 氣인가? 이는 '리를 겸했지만 다만 그 가리킴은 주기이다(兼理而指主氣)'고 해야 한다. 퇴계의 의도는 "所指"(상20·23·24)의 '各指其所主(각기 그 소주를 가리킴)'의 뜻으로 즉 兼指가 아닌 指氣이다. 그 所主가 指氣의 主氣이다. 그런데 "主氣"는 위 본연지성의 "독리"와 대구가 되지 못한다. 결국 퇴계 본의는 주리·주기가 아닌 독리·독기이다. 본연지성은 "독리"(상211) "순리"(상1. 상25)임이 분명하므로 기질지성도 '獨氣'라 함이다. 문제는 기질지성의 설이 '독기' '주기'인가? 퇴계는 독기 이유를 「어류」의 "氣之發"로 들고, 따라서 뒤에서도 "專指氣"(상243)라 한다. 그러나 情은 氣일 수 있으나, "性은 기일 수 없다."(상132·135)

- 189 -

(214) 子思之論 "中和", 言 "喜怒哀樂", 而不及於四端, 程子之論 "好學", 言 "喜怒哀懼愛惡欲", 而亦不言四端. 是則就理氣相須之中, 而渾淪言之也.

자사는 "中·和"를 논하면서 "희노애락"은 말했지만 사단은 언급하지 않았고,(종지가 다르므로 언급하지 않음은 당연함. 위는 성론인데, 갑자기 정론으로 바뀜) 정자는 "好學"을 논하면서 "희노애구(락)애오욕"은 말했지만 역시 사단은 말하지 않았습니다.(퇴계는 사·맹·정이 설한 종지·목적으로 해석하지 않음) 이는 리기가 서로를 필요로 하는(相須) 가운데 나아가서(겸기에서) 혼륜으로 설명한 것입니다.(자사와 정자는 독기·주기를 모른다 함이며, 사단도 본래 혼륜이라 함)

(215) 斯二者, 豈非就異中而見其有同乎?

이상 두 가지가 어찌 '다름'(독리·독기의 知) 가운데 나아가서도(사·칠은 一情의 2설일 뿐, 반대로 리·기에는 사칠의 의미가 없음) 그 같음이 있음을 본(사칠의 겸리기·혼륜의 見) 것이 아닙니까?(이와 같다면 사맹 본설은 의리의 학문이 아님이 됨)

(216) 今之所辯,(고봉집 辨) 則異於是. 喜同而惡離, 樂渾全而厭剖析, 不究四端七情之所從來. 概以爲兼理氣有善惡, 深以分別言之爲不可. [渾全혼전; 리기·선악을 모두 합한 것.(퇴계) 성·태극의 온전함.(고봉) 所從來소종래; 리와 기를 좇아서 나온 바.(퇴계) 두 설의 유래한 바.(고봉)]

그런데 지금 공의 논변은 이와 다릅니다. 같음만 기뻐하고 분리함을 싫어하며, 혼륜의 전체(고봉은 '온전'의 뜻)만 좋아하고 쪼개 분석하기를 싫증내어,(모두 주희 「태극도설해」를 인용한 것이나, 그 뜻은 전혀 다름) 사단과 칠정이 종래한 바(소종래는 퇴고 어법이 전혀 다름)에 대해서는 궁구하지도 않으셨습니다. 그리고는 대략적으로 '리기를 겸하고 선악이 있다'(퇴계는 사·칠도 본래 겸이라 함이고, 고봉은 사맹 종지를 고찰함)고 여김으로써 저의 깊게 '분별하여 설명'(사칠의 分別言之는 고봉의 요점이며, 사맹이 본래 分別한 것임)한 것을 불가함으로 여기셨습니다.

(217) 中間, 雖有 "理弱氣强, 理無朕·氣有跡(퇴계집 迹)"之云, 至於其末, 則乃 "以氣之自然發見, 爲理之本體然也." 是則似遂以理氣爲一物, 而無所分矣.

중간에, 비록 "리는 약하고 기는 강하며, 리는 조짐이 없지만 기는 자취가 있다"(주희의 설이며, 유행 즈음을 논한 것임. 퇴계는 리·기 분으로 이해함)라고 운운하여 [분별이 있는 듯하지만,] 그 끝에 가서는 결국 "기의 자연 발현은 리 본체가 그런 것"(퇴계는 리기 일물의 혼잡의 의미로 인용함)으로 여기셨습니다. 그렇다면 이는 마침내 리기를 一物로 여기고 分(別을 分으로 바꿈)할 것이 없다고 여기신 것입니다.(사칠 토론이 리·기 논쟁으로 변질됨. 고봉은 이미 자신은 일물·이물 이라는 말 자체도 없었다고 항변했음)809)

(218)若眞以爲一物而無所分, 則非滉之所敢知. 不然果亦以爲非一物而有所別, 故 "本體" 之下著 "然也"二字. 則何苦於「圖」獨以分別言之爲不可乎? { "似遂以"以下, 舊作, "遂以理氣爲一物, 而無所別矣. 近世羅整庵, 倡爲理氣非異(고봉집 二)物之說, 至以 朱子說爲非是. 滉尋常未達其指, 不謂來喩之云,(구본 意)810) 亦似之也", 今改} [似 遂…矣사수의; 마침내~같은 듯하다. 何苦하고; 무엇 때문에. 무엇이 안타까워서.]

만약 참으로 一物(퇴계는 리기, 고봉은 칠·사)이어서 나눌(分) 수 없다고 여기신다면 이는 황이 감히 알 바 아닙니다.(리기를 一物로 여긴 '혐의가 있다'는 것임)811) 그렇지 않고 과연 공 또한 '一物이 아니며 분별(別. 고봉은 이미 '別'이 아닌 반드시 "分"이라 했음)할 수 있다'고 여겼기 때문에 "본체"라는 글자 뒤에 "然也" 2자를 붙였던 것입니다.(이것이 리·기 異物 증거라 함인 데, 그러나 고봉은 반드시 리·기는 二物의 分이라 함)812) 그런데도 공은 무엇이 안타까워 「천명도」

---

809) "遂以" 앞에 "似"자를 추가했는데, 처음 보면 그렇게 보이나 '그렇지는 않은 듯하다'는 뜻이다. "마침내 리기를 일물로 여기고 別한 바가 없었다"를 "마침내 리기를 일물로 여겨서 分한 바가 없는 듯 보인다"로 고쳤다. 그것은 뒷줄 "그대가 본체 뒤에 然也 2자를 붙였던 것은 리기를 分할 수 있음으로 여겼기 때문"이라는 것이다. 하지만 이는 고봉 논변과 다르다. 고봉은 앞에서 "대 승은 리기를 一物, 非異物이라 하지도 않았고, 또 그런 의도도, 이런 말도 한 적이 없다"(상146)고 한다. 이 항변을 퇴계는 인정 하지 않는다. 퇴계는 그대로 '리기를 일물로 여긴 것은 아니었다'고는 하지만, 그 일물이 아닌 異物(혹은 二物)이라는 근거를 찾 지 못한다. 그 근거를 "然也" 2자라 하지만 고봉은 오히려 이런 의도조차 없었다고 한다. 퇴계는 그 근거를 '然야' 2자로 추측한 다. 따라서 "分한 바가 없는 듯하다(似)"고 함은 퇴계의 '책임 없는 말'이라고 해야 한다. "그대의 설도 정암설과 似之하다"(상 41)도 딱 그렇다 함이 아니다. 한편 고봉은 리·기는 "分", 사·칠 및 본성·기품의 說을 "別"이라 한다. 퇴계는 당초 리·기를 "別"(상40)이라 했고, 分과 別을 혼용한다.

810) 「퇴계1서」는 "不謂來喩之意"(상41)로, 다른 판본도 "不意來喩之意"(『한국성리학정선』. 不意의 意자는 오자)로 수록되어 있다. 그 런데 『퇴계집』 및 『고봉집』의 '개정본'은 모두 "不謂來喩之云"이라 하여 之意를 之云으로 고쳤는데, 퇴계는 구본 意자를 새로 '云'자로 고치겠다는 언급이 없다. 앞 不謂의 謂자와 云자는 의미가 중복된다.

811) 퇴계는 고봉이 리기를 一物로 여긴 것에 대한 증거를 찾지 못한다. 때문에 위에서도 "그런듯하다"고 회피한 것이다. "일물로 여 긴다면 내가 알 바 아니다." 그대가 리기를 일물로 여겼다면 나는 논쟁하지 않겠지만, 그러나 그대도 일물이 아닌 分할 수 있다 고 여겼기 때문에 나는 이 논쟁을 한다. 나는 그대가 정암과 같이 리기를 일물로 여겼다고 생각하지 않는다. 일물로 "여긴듯하 지만" 그러나 만약 "일물로 여겼다면" 이는 "내가 알 바 아니다." 그대도 일물이 아님으로 여겼을 것이다. 이렇게 퇴계는 고봉이 '일물로 여기지 않았음을 분명하게 확언하지 못한다. 하지만 고봉은 이미 "一物·異物 등의 말도 없었고 또 그런 의도도 없었 다"(상146)고 항변했다. 그런데도 퇴계는 그런 '혐의가 있다'고 한 것이다. '리기'는 一物인가, 二物(異物)인가? 문제는 고봉은 리 기가 아닌, 칠·사는 分別言之라 한다. 토론이 심하게 어긋난 것이다. 리·기의 二物, 異物의 分은 지당하다. 리·기는 言之 (설, 설명)가 아닌, 반드시 分으로서의 '실체'이다.

812) "본체" 뒤에 "然也 2자"를 붙인 것은 그대도 '理가 그렇다' 함이고, 이것이 리·기를 二物(異物)로 分한 증거이다. 이는 고봉 본 의와 전혀 다르다. 고봉은 "리는 기를 벗어나지 않고, 기의 과불급 없는 자연 발현의 것은 결국 리 본체의 그러하이다(然也)"(상

에서만 유독813) '분별로 설명함(分別言之)'814)을 불가함으로 여긴단 말씀입니까?(이 논술은 리기인지, 칠사의 별칭인지가 불명함. 「천명도」는 천명의 칠정설이며, 퇴계가 급거 사단 위주로 바꿈)815) {"마침내" 이하는 구작에서는 "마침내 리기를 일물로 여기고 別한 바가 없었다. 최근 나정암은 리기는 '異(二)物이 아니다'라는 설을 창도하여 주자의 [二物]설은 옳지 않다 함에 이르렀다. 황은 항상 그 지적한 점을 알 수 없었는데, 보내신 글의 뜻으로는 직접 말하지 않았지만 역시 비슷하다"고 했는데 지금은 고쳤습니다.}(그대의 "연야"로 보면 리·기 異物이며 따라서 그대의 논변은 모순이다. 즉 고봉의 모순을 드디어 퇴계가 발견했다는 것임. 그러나 퇴계의 리기의 별 및 언지, 사칠의 분 등은 용어의 대 혼란임. 「천명도」의 칠·사 토론이 리·기 토론으로 변질됨)816)

(219)且來喻既云, "子思孟子, 所就而言之者不同", 又 "以四端爲剔撥出來." 而反以四端

---

12)고 했다. 이를 퇴계는 해석하여 "공은 결국 기의 자연 발현을(以) 리 본체의 그러함으로 여겼으니(爲), 이는 리기를(以) 일물로 여기고(爲) 別하지 않은 것이다"(상40)고 한다. 그대는 리기를 혼잡·겸리기로 여겼다. 고봉은 이 문제를 매우 강력히 항변했다. 「고봉2서」의 "기의 자연 발현은 결국 리 본체의 그러함이다"(상139·140·143)(고봉이 퇴계의 해석대로 인용한 것임)고 함은 3가지 의미가 있다. 첫째 "기의 유행처에서 리를 험득함이다"(상139) 둘째 "분리하거나 합으로 논해야 할 곳이다"(상140) 셋째 "리는 기의 걸처가 아니면 부착할 바가 없다."(상142) 이렇게 고봉은 기발이 곧 리발이라 하지도 않았고 또 리기의 一物·異物의 언급도 없었다. 이에 퇴계는 또 고쳐서 이해하기를 "그대도 一物이 아닌 '別할 수 있다'고 여겼기 때문에 본체 아래 연야 2자를 붙였다." 이 해석 또한 문제다. 고봉은 "리기는 '物'에서는 분개할 수 없으나, 리·기는 반드시 分"(상7)의 二物이고, 또 "사단 칠정은 별이다"(상3)고 했다. 즉 리·기는 分이고, 칠·사는 別이다. 고봉은, 선생은 "리기는 '一物이다', '非異物'이라 인용하시지만, 그러나 대승은 이러한 뜻도 이런 말도 없었다"(상146)고 했다. 이렇게 고봉은 강력 항변했지만 퇴계는 또다시 그대는 "일물이 아닌 別할 수 있음으로 여겼다"고 함으로써 리기의 一物, 二物, 非異物 등으로 논쟁한 것이다.

813) 고봉의 반대는 '발어리, 발어기'가 아니다. 고봉은 추만을 퇴계가 해석한 "사단, 발어리이무불선"과 「사우서」 "사단지발, 순리고 무불선"을 반대할 뿐이다. 왜 사단이 「천명도」에 들어와서 결국 칠정이 기발이 되어야 하는가? 문제는 퇴계가 「천명도」에 대거호언해서 무불선, 유선악의 2선이라 함(상6·72)에 있다. 고봉은 "발어리, 발어기를 「천명도」에 드러낸 것을 불가"라 함이 아닌,(상68·69) 다만 "理圈中, 氣圈中에 배치한 것"(상69)을 반대할 뿐이다. 추만이 아닌 퇴계가 이렇게 한 것이다.

814) 퇴계의 '分別言之'는 사칠인지 리기인지 구별이 없다. 리기는 분별언지라 할 수 없는데, 리·기는 言之(설명)가 아닌 實(실체. 言)이기 때문이다. 퇴계는 리·기를 '분별언지'할 수 있다면 「천명도」에서도 리기를 '분별언지'할 수 있다고 한다. 리·기는 당연히 一物이 아닌 分이다. 고봉은 리·기는 '分'(상88. 하45)이고, 사·칠과 본성·기질지성을 "분별언지"(상89)라 한다. 고봉은 "옛 성현들이 리기·성정의 '즈음'을 論及함에 진실로 合而言之도 있고 또한 別而言之도 있다"(상82)고 한다. 또 "사맹의 所就以言之가 부동해서 사칠의 別이 있을 뿐"(상3)이라 함도 사칠의 '分別言之'이다. 리·기는 분별언지가 아닌 '分의 言'이다.

815) 리·기는 別이 가능한데, 왜 「천명도」에서만 유독 分別言之를 불가라 하는가? 즉 "可라면 모두 可하고, 不可라면 모두 不可이다. 어찌 「천명도」에서만 유독 불가라 하는가?"(상270) 퇴계의 이 논변은 리·기의 別이다. 그러나 리·기는 分이며, 칠·사가 別(별칭)이다. 칠사의 리기 해석은 분별언지이다. 그런데 고봉의 지적은 이와 다르다. 사칠 "對說이 불가"(하67)하며 사칠의 "대거 호언이 불가하다."(상6·72) 즉 대설로 해석한 퇴계의 인식이 불가이다. 퇴계에 의하면 리·기는 別이므로 리·기로 칠·사를 分할 수 있음이다. 사칠도 본래 겸리기이나, 리·기로 분할 수 있음이다. 하지만 고봉은 칠정만 겸리기의 언지이다. 퇴계의 리·기의 別, 리기의 一物, 사·칠의 分, 사칠에 대한 리·기의 別 등은 모두 용어의 혼란이다. 지금 리·기의 별, 리·기의 분, 사칠의 리·기로의 분별언지에 관한 것이다. 문제는 위 퇴계의 "然也"는 리기의 一物·異物에 관한 것이다. 퇴계의 논술은 리기에 관한 것인지, 사칠에 관한 것인지 불명하다. 퇴고 토론은 「천명도」이며, 이는 칠정 위주의 도형이다. 그런데 퇴계가 여기에 사단을 들여와 칠정과 대설로 만들어서 사단 위주로 바꾼 것이다.

816) 퇴계는 "이 조항은, 그대의 설은 본래 병통이 없는데 황이 착간 망론한 것으로, 이미 고쳤다"(상227)고 한다. 윗줄 "그대는 겸리기·유선악이라 하여 分別言之를 불가로 여김"(상216)은 그대의 설은 리기는 一物(합의 뜻)일 뿐이라 함이다. 단 그대의 "然也"를 보면 리·기는 "別"이라 함인데, 그런데도 "무슨 이유로 分別言之를 불가라 하는가"(상218) 이는 고봉설의 모순을 '자신이' 발견했다는 것으로, 따라서 이곳은 고봉의 모순일 뿐 퇴계의 잘못이 아니다. 즉 "고봉설에 병통이 없다"는 말은 사실은 "고봉설은 스스로 모순이 있다"(상219)는 뜻이다. 당초 퇴계는 "그대는 리기를 일물로 여겼고, 이는 정암의 일물설과 흡사하다"(상218)고 했다. 따라서 이곳을 고친 것은 고봉을 긍정함이 아닌, 반대로 그대의 모순을 내가 밝혔다 함이다. 퇴계 자신이 본 것은 결코 '착간 망론이 아니다.' 다만 고봉설을 일물설로 착각하여 정암설과 흡사하다 했지만, 그러나 그대의 설을 자세히 살펴보면 리·기를 "別"하고 있었기 때문에 따라서 고봉설은 "자상모순"이다. 퇴계의 이 말은 고봉의 본의와 전혀 다르다. 더구나 퇴계의 분별언지는 리·기이며, 또 사·칠의 別과 리·기의 分을 구분하지도 않는다. 리·기는 언지라 할 수 없다. 설명이 아니기 때문이다. 사맹의 사·칠 본설은 본래 別이다.

七情爲 ‘無異指’, 不幾於自相矛盾乎?

게다가 그대도 말씀하기를 “자사와 맹자는 나아간 바에서의(而는 고봉의 以와 다르며, 뜻도 전혀 다름) 설명한 것이 같지 않다”(고봉은 느낌에, 퇴계는 리기에 就함)고 하셨고, 또 사단은 “발췌해 낸 것”(고봉; 느낌의 리·선. 퇴계; 리기에 就해서의 리)이라 하셨습니다.(고봉은 사맹 본설이 곧 別이라 함이고, 퇴계는 리·기로 사·칠을 分함) 그런데도 도리어 사단과 칠정은 “다른 가리킴이 없다(無異指)”(고봉은 이렇게 말한 적이 없음을 강력 항변했으나, 고치지 않은 것임)[817]고 주장하신다면, 이는 거의 자상모순에 가깝지 않습니까?

(220)夫講學, 而惡分析務合爲一說, 古人謂之 “鶻圇呑棗.” 其病不少, 而如此不已, 不知不覺之間, 駸駸然入於以氣論性之蔽(獒의 오자임), 而墮於認人欲作天理之患矣, 奚可哉?

무릇 학문을 강론함에 분석을 싫어해서 힘껏 一說(一義의 뜻임. 사맹 칠·사가 ‘설’임)로 합치는 것을 옛 사람은 “골륜탄조(鶻圇呑棗)”라고 합니다.(혼륜의 온전함을 퇴계는 골륜의 잡리기로 해석함. 퇴계가 사맹 2설을 리기 혼합으로 이해함) 그 병통이 적지 않은데도 이와 같음을 그치지 않는다면 부지·불각의 순간에 ‘기로 성으로 논하는’(고봉의 말임) 폐단에 빠지게 되고,(퇴계가 바로 기질지성의 성설을 기로 논함) ‘인욕을 용인하여 천리로 여기는 환란’(반대로 퇴계가 인욕인 정을 무불선의 천리로 여김)에 떨어지게 될 것이니, 어찌 가능하다 하겠습니까?(퇴계가 공부로 논하지 않음)

(221)自承示喩, 卽欲獻愚, 而猶不敢自以其所見爲必是而無疑, 故久而未發. 近因看『朱子語類』, “論孟子四端處”末一條, 正論此事. 其說云, “四端是理之發, 七情是氣之發.”

보내온 글을 받고 즉시 나의 의견을 드리고자 했으나, 감히 스스로의 소견을 반드시 옳으며 의심할 수 없다고 여길 수 없었기 때문에 오래도록 덮어두었던 것인데, 근래『주자어류』「맹자사단」을 논한 곳 끝 한 조에서 바로 ‘이 일’을 논한 것을 보았습니다.(이 장은 ‘확충’이며 ‘성선’이 아닌데, 퇴계는 ‘무불선’의 성선으로 인용함) 그 설에서 말하기를 “사단은 리의

---

817) 고봉은 “대승은 진실로 리기를 ‘一物’이라 하지도 않았고, 또 리기를 ‘非異物’이라 하지도 않았으며, 나의 설은 이러한 意도 없었고 이러한 語도 없었다”(상146)고 했다. 또 “사맹의 不同은 비단 그 言 뿐만이 아닌 意 또한 각기 所主가 있다”(상78)고 했다. 즉 고봉은 리기를 一物, 異物이라는 말도 한 적이 없다는 것이다. 그럼에도 퇴계는 “그대는 사칠을 [리기의] ‘無異指로 여겼음’”을 고치지 않는다. 때문에 고봉은 뒤에서 다시 “선생은 나의 설을 ‘非有異義’, ‘無異指’라 하시지만, 이는 語意가 나의 설과 轉走了되고 말았다”(하23)라고 강력 비판한다.

발이고 칠정은 기의 발이다"(어류는 사칠을 리기로 '해석'했는데, 퇴계는 반대로 '리기에 나아가서' 사칠을 논함)라고 했습니다.

(222)古人不云乎? 不敢自信而信其師. 朱子吾所師也, 亦天下古今之所宗師也. 得是說然後, 方信愚見不至於大謬. 而當初鄭說, 亦自爲無病, 似不須改也.

옛 사람은 말하지 않았습니까. 감히 스스로를 믿지 말고 스승을 믿으라고요.(퇴계는 주희를 믿음으로써, 사맹 종지에 어긋나고 맘) 주자는 우리의 스승이며 천하 고금이 종사입니다.(칠사 본설은 주희가 아닌 사맹임) 나는 이 설을 얻은 후 비로소 나의 견해도 큰 오류에 이르지는 않았음을 믿게 되었습니다.(퇴계의 견해는 사칠 해석이 아닌 리발·기발이고, 어류는 사칠 해석임. 따라서 퇴계의 믿음은 근거가 없음) 그리고 당초 정설(추만의 발어리·발어기는 사칠 해석일 수 있음) 역시 스스로 병통이 없으므로 고칠 필요 없을 듯합니다.(고봉은 추만이 아닌 퇴계의 호발을 병통으로 여김)

(223)乃敢粗述其區區, 以請敎焉. 不審於意云何. 若以爲理雖如此, 名言之際, 眇忽有差, 不若用先儒舊說爲善, 則請以朱子本說代之, 而去吾輩之說, 便爲穩當矣. 如何如何?

이로써 감히 구구한 설을 조술하여 가르침을 청합니다.(퇴계는 사칠 해석이 아닌 리기에 나아가서 리·기로 사칠을 논한 것임. 위 모든 용어는 정주 및 고봉의 어법과 전혀 다름) 공의 뜻은 어떠실지 모르겠습니다. 만약 '이치(理)'는 비록 이와 같다 해도(이치를 먼저 단정한 것임) 여기에 이름 붙이고 설명하는 즈음(퇴계는 직접 '즈음'을 名·言하고자 함. 하지만 사맹의 名·言은 즈음이 아닌 '공부'임)에서 극히 작은 부분이라도 서로 차이가 있다면(사맹과 정주는 즈음을 이치로 여길 수 없음) 이는 선유의 구설에서 좋은 것을 씀만 같지 못합니다.(주희의 해석에서 이치를 말함. 표현이 불완함) 그렇다면 주자의 본설(사칠 본설은 사맹이며, 주희는 해설함)로 대신하고 우리의 설은 버림이 온당할 것입니다.(사칠의 리기 혼잡설은 버리자는 것. 하지만 주희는 칠·사 2설을 리기설로 혼합 해석해서는 안 된다고 함) 어떻게 생각하십니까?

퇴계의 제2서[818]

(224) 前者遠垂, 辱書副以論誨, 四端七情書一册. 其不棄愚妄, 諄諄開曉之意, 至深切矣. 會値小冗, 不克究心悉意於其間, 輒自徇便, 粗先作報, 付回使去後, 始伺疾病稍間, 得以玩讀思繹, 欲窺其緒論之一二. 則旨意淵深援引浩博, 馳辭騁辯, 不窮不測, 以老人衰耗精力, 許多義理, 包羅不得. 譬如決水於龍門, 而欲以一葦, 尋其源流, 其亦難矣. 然其積日沿泝之餘, 若或有得於涓流之末, 則旣有以見其前說之差. 又因以發其新知之益, 學之所資於講論者, 豈少哉. 幸甚幸甚. [會値회치; 잠시 만나다. 付回부회; 답장하다. 稍間초간; 조금 나아진 틈. 馳辭騁辯치사빙변; 언어와 논변이 말이 달리듯 재빠름. 包羅포라; 포괄하다. 망라하다. 沿泝之餘연소지여; 급물살을 따라 거슬러 오를 수 있는 틈. 涓流之末연류지말; 물살이 소강상태에 든 실마리.(조금이라도 이해할 수 있는 영역을 말함)]

전 번 멀리 저의 욕서에 덧붙여 논회하신 사단칠정서 한 부를 받았습니다. 어리석고 망령됨을 버리지 않으시고 정성으로 개효해 주신 뜻은 지극히 깊고 간절했습니다. 그간 저는 조금 번거로운 일을 만나 이 일에 대해 마음을 다하지 못했는데, 그래서 우선 돌아가는 인편에 간단히 답장을 부친 후 비로소 질병이 조금 나아짐을 기다려 그 내용을 찬찬히 읽고 생각하면서 하나 둘 그 단서를 엿보고자 했습니다. 하지만 그 旨意가 매우 심연하고 인용문 역시 심히 호박하여, 그 말 달리듯 한 질주를 궁구하고 헤아릴 수가 없었으니, 노인의 쇠모한 정력으로는 그 허다한 의리를 모두 포괄할 수가 없었습니다. 이는 마치 용문에 물을 터놓고 조각배로 그 원류를 찾고자 함과 같은 어려운 일이었습니다. 그러나 날로 물살을 거슬러 오르는 나머지 만약 혹 물살의 끝이라도 얻게 된다면 기왕 저와의 '전설의 의견 차이'[819]도 발견할 수 있을 것입니다. 또 이로 인하여 그 새롭게 알게 되는 유익함을 발명한다면 배움에 있어 서로의 강론에 도움 됨이 어찌 적다하겠습니까. 매우 다행입니다.

(225) 所謂 "說之差者", 謹已修改, 錄在前面, 以禀可否. 而所喩首末, 又欲逐一條對, 以見

---

818) 『고봉집』은 「退溪答高峯, 非四端七情分理氣辯, 第二書」으로, 편집자가 붙인 것이다. 『퇴계집』은 제목이 없고, 위 "如何如何"에 바로 연결된다. 「제2서」라 함은 「제1서개본」의 머릿말에서 "改本을 전면에 붙여 그 가부를 물은 후에 제2서를 잇겠다"(상190) 고 했기 때문이다. 퇴계 스스로 "제2서"라 한 것이다.

819) 「퇴계1서」에 대해 "기왕 前說의 差"라 하고 위 「개정본」과 같이 고쳤다. 퇴계는 「퇴계1서」를 잘못으로 여기지 않으며, 그 「개정본」도 퇴계1서의 주장을 더욱 강화한 것이다. 따라서 여기의 "差"는 퇴계 자신의 '差誤'를 말함이거나 혹은 주희와의 '해석의 差異'를 말함도 아니며, 오히려 고봉의 "연약"(상218)라는 모순을 발견했다고 주장한다. 퇴계는 주희의 설을 "이치"라 하며 고봉이 이를 따르지 않는다고 스승으로서 꾸짖는다. 한편 고봉은 「여류」 기록은 곡절이 있으므로 그 곡절을 고찰해서 해석해야 한다고 한 것이다.

區區之意, 第以前後諸說, 盤錯肯綮, 未易疏別. 若一一從本文次第, 而爲之說, 則其勢未免於散漫重複, 反至於霧昏而榛塞. 故謹就全篇, 每條撮其大要, 以類相從, 使略有倫敍. 因復揆之以愚見, 則其異同從違之際, 又有所難齊者焉. 蓋有來語本無病而混錯看(고봉집 有)妄論者, 有承誨而自覺己語有失稱停者, 有來誨與鄙聞本同而無異者, 有本同而趨異者, 有見異而終不能從者. [盤錯반착; 일이 뒤얽혀 복잡함. 肯綮긍계; 핵심. 요점. 疏別소별; 조리 있게 정리함. 霧昏而榛塞무혼이진색; 안개처럼 흐려지거나 덤불처럼 복잡해지다. 異同從違之際이동종위지제; 같은가 다른가, 찬성할 것인가 반대할 것인가를 판단해야 할 때.]

이른바 '설의 차이가 난 것'820)에 대해서는 삼가 이미 개수(「개정서」)하고 전면에 기록하여 그 가부를 여쭈었습니다.821) 다만 가르쳐주신 바의 '수말'(고봉의 "수말"은 「고봉1서」이며, 퇴계 논변에 '무불선·유선악'이 있었는가를 물었는데, 퇴계는 이를 답변하지 않고 「고봉2서」를 언급한 것임)822)에 대해 저도 그 각 조항에 따라 답변하여 저의 구구한 뜻을 나타내고자 했으나, 전후 제설들의 핵심이 이리저리 뒤얽혀서 조리있게 정리하기가 쉽지 않았습니다. 하나하나 본문 순서에 따라 설을 논하자니 그 모양이 산만으로 중복됨을 면치 못하고, 도리어 짜임이 없이 덤불처럼 복잡해질 것 같았습니다. 때문에 삼가 全篇에 나아가 매 조항마다 그 요점만 간추려 종류끼리 묶어서 대략이나마 순서가 있게 했습니다. 그래서 다시 나의 견해와 헤아려보니 다른 점과 같은 점, 찬동할 점과 찬동하지 못할 점의 즈음에 있어서도 또한 가지런히 하기에 어려움이 있었습니다. 공의 말은

---

820) 이른바 "說之差의 것"(상224)은 퇴고의 '의견차'를 말함이다. 퇴계의 "이치는 비록 이와 같으나 우리의 名言의 즈음 묘홀히 差가 있다면 선유의 구설을 쓰자",(상47) "나의 1절 4조의 差說",(상235) "見差處, 說差處"(상317) 등은 모두 서로의 의견 차이이다. 반면 고봉의 "差는 이와 다르다. "과불급의 差가 없을 수 없다."(상8) "거의 不差할 것이다."(상12) "정자·장자는 差가 없었는데, 정자의 문인에서 差却되었다. 선생의 辨은 그 곡절의 즈음에서 호리의 差가 없지 않다."(상51·52) 이러한 差는 모두 '差誤'의 뜻이다. 즉 "성정의 설"(상50) 및 "리"(상12)를 잘못 해석한 '차오'이다. 퇴계는 "호유 발용하고, 그 발은 상수이다"(하121)고 하는데, 고봉은 "이 말씀은 호리차도 없어야 하며, 여기에서 差가 있으면 差가 나지 않은 곳이 없을 것이다"(하123)고 한다. 퇴계의 호발설은 사맹 및 주희와 다른 스스로의 "자득"(상62)일 뿐이며 "병통의 근원"(하117)이다. 왜냐하면 고봉이 말한 "異同이 없을 수 없음이 호리의 差이다",(상66) "곡절에서는 통하기 어려우니, 이른바 호리의 差는 선생께 있지 않고 대승에게 있다"(상66)고 함은 곧 주희의 "설화만 보고 이치의 참됨은 이와 같음에 불과하다고 해서는 안 되기"(상50) 때문이다. 반면 퇴계는 주희의 설을 믿자 했고, 또 『어류』를 호발로 해독하고, 그 호발에 입각해서 고봉과의 "差"에 대해 아래에서 "17조항"(상230~232)의 조열로 나누어 논평한다.

821) 퇴계는 「개정본」 서두에서 "황의 전서에 語의 소류가 있거나 칭정을 잃은 곳은 삼가 이미 개수하여 먼저 그 가부를 묻겠다"(상190)고 했는데 이를 다시 말한 것이다. "이미 개수했다" 함은 자신의 잘못을 고쳤고, 따라서 고친 이후의 설은 잘못이 없다 함이다. 즉 '소류가 있고 칭정을 잃은 곳'은 이미 고쳤으므로 「퇴계1서」는 더 이상 잘못이 없다. 이곳 "이른바 說之差는 이미 개수했다"고 함도 우리의 '차'를 다 안다 함이다. 따라서 아래 17개 조항 답변은 고봉와의 '의견 차이'인데, 「고봉2서」는 그 차이를 논하므로 이를 해명하겠다는 뜻이다. 반면 고봉은 "리발·기발"은 사맹 및 주희 본설로 보면 곡절이 있다 함이고, 퇴계는 『어류』 '해석설'을 "이치"(상47)라 한다.

822) 고봉이 말한 "비설 1편의 수말"(상186)인 「고봉2서」에 대해 답변하겠다 함이다. 그런데 고봉이 말한 "수말" 본의는 「고봉1서」이다. 고봉은 퇴계의 「사우간서」 이전 「천명도」에 "사단, 발어리이무불선, 칠정, 발어기이유선악"(상4·188)이 있었는가의 존부를 물었다. 이렇게 물은 이유는 퇴계의 당초 논변은 "무불선, 유선악"이라는 사실의 '선' 문제였는데, 이후 「퇴계1서」는 "리기 소종래"인 '리기의 발' 문제로 급거 변경되었기 때문이다. 이는 본 토론에 있어 매우 중요한 문제이다. 퇴계는 당초 사맹 본설인 사실의 '선'을 논했는데, 이후 "리기에 나아가서" 여기서 사실이 '出'함으로 변경되었다. 이러한 심각한 문제를 물었던 것인데, 퇴계는 이 문제에 회답하지 않고 여전히 '리기'로 답변하고자 한 것이다.

본래 병통이 없는데 황이 착간 망론한 것도 있고,823) 가르침을 받고 나의 말이 칭정을 잃었음을 자각한 것도 있고,824) 그대와 나의 생각이 본래 같아 다름이 없는 것도 있었는데,825) 특히 근본은 같지만 의견이 다른 것,826) 견해가 달라서 끝내 따를 수 없는 것827)도 있었습니다.

(226)今以此五者, 彙分 '條列', 如左. [彙分휘분; 모아서 분류하다. 총괄하여 나누다.]

지금부터 이 5가지 것을 분류하여 '조열(條列)'828)하기를 아래와 같이 하겠습니다.

(227)第十節, 氣之自然發見, 乃理之本體然也. [來辯, 分滉前書, 爲十二節]
　　　右一條, 來語本無病, 滉錯看妄論者, 今(고봉집 已)改之.

제10절; 기의 자연 발현은 결국 리 본체의 그러함이다.(고봉 본문이 아닌 퇴계의 해석문임)829) 보내신 논변은 황의 前書를 12절로 나누셨습니다.830)

위 1조항은 공의 말에 본래 병통이 없는데 황이 착간 망론한 것으로, 이미 고쳤습니다.(고봉의 '리기 일물의 모순'을 새롭게 발견했다는 의미로, 이는 고봉 본설과 전혀 다르게 읽은 것임)831)

---

823) 이 조항에 대해서는 "右 1조는 來語에 병통이 없는데 황이 착간 망론한 것으로, 이미 고쳤다"(상227)고 한다.

824) 이 조항에 대해서는 "右 4조는 가르침을 받고 나의 말에 칭정을 잃었음을 깨닫고, 역시 이미 고쳤다"(상228) 하고, 또 "진실로 모두 本同의 류이다",(상233) "本同의 종지로 돌아갔다"(상235)고 한다.

825) 이 조항에 대해서는 "右 13조는 나와 本同이며 無異이다. 이상은 다시 논하지 않겠다"(상229)고 한다. 그 이유는 "이 13조는 리기의 불상리, 칠정의 겸리기, 리 없는 기 없고 기 없는 리 없다, 사단도 심으로 말하면 리기의 합으로 기가 없는 게 아니며,(상234) 사단도 非無氣, 칠정도 非無理(상237)이며, 또 "二者(사·칠)는 渾淪言之이니"(상239) 이는 고봉의 '리기혼륜'과 같다 함이다.

826) 이 조항에 대해서는 "右 8조는 本同이나 趣異(상230)이고, 때문에 뒤에서 논변하겠다"(상232)고 한다. 그 이유는 "同中에 나아가도 그 有異를 알아야 하기"(상239) 때문이다.

827) 이 조항에 대해서는 "右 9조는 견해가 달라서 끝까지 따를 수 없으며, 때문에 뒤에서 논변하겠다"(상232)고 한다. 그 이유는 "同中에 나아가도 그 有異를 알아야 하며, 二者(사·칠)는 所就而言하면 본래 주리·주기의 부동이 있기"(상239) 때문이다.

828) 「고봉3서」에서 '조열' 부분을 따로 분류 논평했고,(하32) 그 제목도 '조열'(하66)로 붙였다.

829) 고봉은 "리는 기를 벗어나지 않고, 기의 과불급 없이 자연 발현한 것은 결국 리 본체의 그러함이다"(상12)고 한다. 이에 퇴계는 "결국 기의 자연 발현을(以) 리 본체의 그러함으로 여기셨으니(爲), 이는 리기를 一物로 여기고 別함이 없다"(상40)고 한다. 이는 고봉 본문과 다른 퇴계의 해석문이다.(상217) 이미 고봉은 「고봉2서」에서 "자연발현자, 내리지본체연야"(상139)에 대해 여러 각도로 해명했다. 첫째, "기의 유행처에서 驗得함"을 말함이었다.(상139) 둘째, "바로 離合處"를 말함이었다.(상140) 셋째, "氣上에서 道體의 本然을 識取함이었다."(상141) 넷째, "음양오행이 착종하여 조서를 잃지 않음이 곧 리이다."(상142) 이어 말하기를 "대승은 진실로 리기를 '一物' 혹은 '非異物'이라 하지도 않았거니와, 이러한 의도도 없었고 이런 말도 없었다"(상146)고 했다. 이에 퇴계는 「개정본」에서 "그대의 '然也' 2자로 보면 그대도 [리기를] 分別言之했음을 알 수 있다"(상218)고 한다. 하지만 이 답변은 사실이 아닌, 리·기의 分이다. 고봉은 사실의 "所就以言之"로서의 '分別言之'는 당연하고, 하물며 그 '意 또한 所主가 있다."(상78·79·82) 또 "리·기의 分, 각자 一物(상88·89)도 지극히 당연하다고 한다.

830) "來論 分滉前書, 爲十二節"은 『고봉집』은 빠졌다. "제12절"이라 함은 고봉이 12절로 분류한 것에 따라 아래에서 답변하겠다는 뜻이다.

831) 퇴계는 「개정본」에서 고치기를 "그대는 리기를 一物로 여긴 듯하지만, 그러나 '然也' 2자를 보면 그대도 과연 一物로 여기지 않

(228)[1절]832)

第六節, 七情不專是氣之說.

同節中, 辯曰之二, 情雖緣境, 實由中出之說.

辯曰之七, 善惡未定之說.

第九節, 偏指而獨言氣之說.

右四條, 承誨, 覺己語失稱停者, 亦已改之.

제6절; 칠정은 오로지 기가 아니라는 설.(고봉설)833)

　　동절, 변왈의 2; 정이 비록 환경에 따라 나오는 듯하나 실제는 중으로 말미암
　　　　아 나온다는 설.(고봉설)834)

　　동절, 변왈의 7; 선악 미정의 설.(퇴계설)835)

제9절; 한 쪽을 가리켜 기만 독언했다는 설.(퇴계설)836)

고 別했다"(상217)고 한다. 그런데 고봉의 "기의 과불급이 없음은 리 본체의 그러함"이라 함은 "험득", "리합처", "식취", "조서를 잃지 않음"(상139·140·141·142) 등의 의미로 따라서 이는 리기의 '一物 혹은 '異物' 등의 뜻이 아니다. 그런데도 퇴계는 「개정본」에서 "그대도 一物로 여긴 것 같지는 않다. 그런데도 왜 유독 리·기의 分別言之를 불가라 했는가?"(상218)라고 한다. 요컨대 그대의 본문도 '리기의 別이 있는데, 왜 스스로 '리기 분별'을 불가라 하는가? 때문에 "그대는 자상모순이다."(상219) 이는 결국 퇴계가 고봉의 모순을 발견했다는 의미일 뿐, "그대의 설은 본래 병통이 없으며 황이 착간 망론한 것"이라 함이 아니다. 왜냐하면 퇴계가 볼 때 고봉의 논변은 모두 "리기 혼륜"이기 때문이다. 그러나 고봉은 리기를 일물·이물이라 한 적도 없고, 더구나 "리기는 분"(상7) "사칠은 별"(상3) 사실의 리기 "분"과 "분별언지"(상88·89)는 당연하다고 했다. 만약 고봉이 '리기는 二物이며 사칠 및 리기는 分別할 수 있다'고 한 것이라면 오히려 퇴계가 착간 망론한 것이 되고 만다. 따라서 "이미 고쳤다"고 함은 사실은 고친 것이 아닌, 자신의 본설을 강화한 것이며, 또 고봉의 모순을 발견했다는 의미이다. 즉 그대의 설을 자세히 보면 "리기 異物"인데 그것을 내가 발견했다.

832) "一截"이라는 말은 『퇴계집』과 『고봉집』에는 없다. 그런데 뒤 "四截, 二截",(상233) "一截 四條"(상235) 등으로 보면 퇴계는 一截, 二截, 三截, 四截로 나누었음을 볼 수 있다. 때문에 아래 4절까지 역주자가 붙인 것이다.

833) 「퇴계1서」는 "七情之發은 所指가 氣인데, 외물이 옴에 쉽게 感하고 先動하는 것은 형기만 같음이 없으니, 칠정이 그 묘맥이다"(상24)고 한다. 이에 고봉은 "먼저 칠정은 專是氣가 아님을 論하겠다"(상92)고 했다. 그런데 퇴계는 아래에서 "이미 고쳤다"(상228)고 하면서도 「개정본」해당 조항은 전혀 고친 것이 없다.(상202) 퇴계의 설은 사칠은 모두 겸리기이나, 다만 '주리'는 사단, '주기'는 칠정이다. 뒤에서도 "기질지성은 指氣而言이다",(상242) "氣 爲主다. 故로 氣에 就해서 말했을 뿐이다",(같은 곳) "氣發은 專指氣이다"(상243) "專指氣가 아니라면 주자는 '理之發'과 대거 병첩하지도 않았을 것이다"(같은 곳)고 한다. 따라서 퇴계는 고친 것이 없다.

834) 「퇴계1서」에서 "희노애구애오욕은 外物이 그 形에 觸하면 中에서 動하고 境에 緣하여 出한다"(상22·62)고 한다. 이에 고봉은 "情이 밖으로 見함이 비록 緣境으로 出한 듯하나, 실은 中으로 말미암아 出한다"(상103)고 한다. 퇴계는 아래에서 "이미 고쳤다"(상228)고 하지만 「개정본」해당 조항은 전혀 고친 것이 없다.(상200) 퇴계는 칠정은 겸리기이나 다만 주기이다. 즉 境과 中을 겸한 겸리기이나, 그 所指는 氣이다. 하지만 이는 발의 出과 所指를 구분하지 않은 것이다. 出은 情의 '發處'지만, 소지는 사맹의 '가리킴'이다. 정을 사맹이 각각 칠·사로 설했고, 그 정의 出은 모두 中·性이며, 그 종지는 중화와 성선·확충이다. 사맹 종지를 出이라 할 수는 없다. 퇴계는 이 조항을 "칠정을 잃어서 이미 고쳤다"(뒷줄)고 하나, 고치지 않았다.

835) 「퇴계1서」에서 "칠정은 선악 미정이다"(상27)고 한다. 이에 고봉은 "희노애락 미발에 어찌 불선이겠는가? 발하여 중절한 것은 무왕물선이다. 사단은 진실로 皆善인데 칠정 역시 皆善이다. 일변에 치우쳐서 악이 된다. 어찌 선악 미정이라는 것이 있겠는가?"(상121)라고 한다. 미발과 이발은 관통의 一善이다. 성선이 발하면 곧 정선이다. 그 사이 다른 선은 없다. 이에 퇴계는 「개정본」에서 "칠정은 本善이나 쉽게 악으로 흐른다"(상205)로 고쳤다. 그 이유는 "心害가 되는 것은 氣에 緣한 所發이기 때문이다. 비록 本善이나 쉽게 악으로 흐를 뿐이다. 사단의 理發이라면 어찌 이러한 병통이 있겠는가?"(상287)라고 한다. 칠정의 악과 心害는 기발 때문이다. 이는 자사의 칠정설을 해석한 것이 아닌, 퇴계의 자득설이다. "본선이나 악으로 쉽게 흐름", "기에 연한 소발", "心害" 등이 자사의 所主, 所指, 所就일 수는 없다. 사단도 "기에 연한 소발"이다. 퇴계는 "선악 미정"은 "칠정을 잃었다"하고 "본선이나 쉽게 악으로 흐른다"로 고쳤다. 문제는 퇴계는 자신에 비추어 공부를 논하지 않고, 그 불선 이유를 일방적으로 기 탓으로 돌렸으며, 또 자사의 칠정설 소지를 고찰하지 않는다는 점이다.

위 4조는 가르침을 받고 '나의 말에 칭정을 잃었음을 자각한 것'으로, 역시 이미 고쳤습니다.(퇴계는 위 4조를 전혀 고치지 않았고, 퇴계 본의를 더욱 강화함)[837]

(229)[2절]

　　第一節, 引『朱子語類』, 論心・性・情, 三條.

　　第四節, 引朱子「答陳潛室書」, 以明所就而言者不同.

　　第五節, 引朱子說, 第一條, 明氣與性不相雜.

　　　　　　　　　第二條, 明氣稟之殊, 天命亦異. 亦不可不謂之性.

　　　　　　　　　第三條, 天命之性, 極本窮源之性.

　　　　　　　　　第五條, 程張始言氣質.

　　第六節, 引『中庸』,

　　　　　　『章句』,

　　　　　　『或問』,

　　　　　　「延平說」,

　　　　　　「程子-好學論」,

　　　　　　「朱子-動靜說」, …皆明七情兼理氣.

　　右十三條, 與鄙聞本同無異, 以上不復論.

제1절; 『주자어류』를 인용하여 심・성・정을 논한 3개 조항.[838]

---

836) 「퇴계1서」에서 "공자의 상근, 맹자의 이목구비의 성은 리기 相成에 就해서 偏指해 기를 獨言했다"(상35)고 한다. 이에 고봉은 "偏指而獨言氣는 未當이다",(상132) "성이 비록 기질에 타재하나 오로지 氣로 지목할 수는 없다",(같은 곳) "성은 氣로 偏指할 수 없다. 偏指而獨言氣는 未然하다"(상135)고 한다. 이에 퇴계는 「개정본」에서 "兼指而主言氣"(상212)로 고쳤다. 퇴계는 아래에서 이 설은 "칭정을 잃었다"고 하면서도 "기질지성은 指氣로 言之할 수 있다",(상242) "氣發은 專指氣이다. 실로 專指氣가 아니라면 주희는 '理之發'과 대거 병첩하지 않았을 것이다"(상243)고 하여 여전히 專指氣를 고수한다. 고봉은 성은 기로 偏指할 수 없다 한다. 단 정은 기로 논할 수 있다. 정은 發見한 기이나, 성은 心・情이 아닌 '단지 리'이다. 고친 "兼指而主言氣"는 기질지성은 '兼指'의 겸리기이나 '주기(主言氣)'라 함이다. 그러나 그 指가 兼인데 말한 것은 氣라 할 수 있는가? 이미 兼으로 指한 것이 기질지성인데, 또 그 겸지를 言氣라 하면, 그렇다면 가리킨 것은 兼이고 말한 것은 氣가 되고 만다. 당초 "偏指而獨言氣"의 '편지'와 '독언기'는 같은 뜻이지만, "兼指而主言氣"의 '겸지'와 '주언기'는 서로 다르다.

837) 앞 2조는 고봉의 논평이고, 뒤 2조는 퇴계의 설이다. 퇴계는 "이 4조는 나의 말이 칭정을 잃은 것으로, 이미 고쳤다"고 한다. 앞 2조는 고봉의 논평이므로, 퇴계가 이를 "고쳤다"고 하기 위해서는 고봉의 논평을 긍정해야 한다. 하지만 퇴계는 칠정을 "所指는 기에 있다",(상202) "七者는 형기의 묘맥이다",(같은 곳) "환경에 연해 出한다"(상200)고 함을 그대로 두고 고치지 않았다. 또 "선악 미정"도 비록 "본선이나 쉽게 악으로 흐른다"(상205)로 고쳤으나 그 이유를 "쉽게 心害가 되기 때문이며 그것은 氣에 緣한 所發이기 때문"(상287)이라 한다. 또 "獨言氣"에 대해 "칭정을 잃은 것"이라 하여 "主言氣"(상212)로 고치지만, 그러나 퇴계 본의는 "指氣", "專指氣"(상242・243)라 하므로, 따라서 퇴계는 자신의 본의를 더욱 강화한 것이다.

838) 『주자어류』를 인용한 3개 조항(상54~56)에 대해 퇴계는 "本同無異"(상229)라 하면서 그 이유를 "성정을 통론하면 리 없는 기 없고 기 없는 리 없다. 사단을 논하면 심은 리기의 합이며, 칠정을 논하면 리가 없지 않다",(상234) "공은 사칠을 겸리기의 동실이병으로 여기겠다"(상238)고 한다. 이는 고봉이 『어류』 3개 조항을 인용한 이유와 전혀 어긋난다. 고봉이 인용한 이유는 "심・성・정이라는 글자의 안돈불착과 그 善에 관한"(상53) 고찰이기 때문이다. 퇴계의 언급은 심・성・정 각각의 지의와 그 善에 관한 것이 아

- 199 -

제4절; 주자의 「답진잠실서」를 인용하여 "所就而言者가 不同하다" 함을 밝혔음.(而는 以의 오자임)839)

제5절; 주자의 설을 인용한 제1조; "기와 성은 불상잡"임을 밝혔음.(주희는 성·기가 불상잡이고, 퇴계는 설이 불상잡임. 설이 불상잡이면 성이 둘이 됨)840)

제2조; "기품이 달라서 천명도 다름이 있지만, 역시 성이라 이르지 않을 수 없음"을 밝혔음.(퇴계는 성이 리·기로 다르다 함)841)

제3조; "천명지성은 극본 궁원의 성이다."(퇴계는 천명도 본래 '겸리기'라 하며, 또 천명지성을 '기'라 함)842)

제5조; "정자와 장자가 비로소 기질을 말했다."(퇴계 본의는 기질지성은 주기·독기임)843)

니다. 퇴계가 만약 이 3조의 설을 "본동무이"(주희·고봉에 완전히 동의함)라 하기 위해서는 주희의 심·성·정 각각의 의의를 긍정해야 한다. 『어류』의 설은 심·성·정이 합리기, 유선악이라 함은 아니기 때문이다.

839) 「답진잠실서」 인용문은 상79이다. 고봉은 이 설을 인용해서 당초 말한 "所就以言之의 부동" 이유를 고찰했다. "그 言만 不同한 것이 아닌 그 意 또한 각기 所主가 있다(意亦各有所主)"(상78·79·82)는 것이다. 즉 一情에 대한 사맹의 所就, 所主, 所指가 각각 달라서 칠·사 異名도 있다. 퇴계는 이를 "本同無異"(상229)라 한다. 그 이유는 "사칠은 본래 모두 겸리기의 동실이명이기 때문"(상238)이다. 이는 고봉이 이 설을 인용한 의도와 전혀 다르다. 사칠은 겸리기가 아니고, 그 '선이 동실인데 '명은 중화·성선'으로 다르다. 인용문도 고봉의 글자와 다르다. 고봉은 자신의 설을 "所就以言之",(상77) 퇴계의 설을 "所就而言之"(상76·79)로 구분한다. 인용한 "所就而言"은 퇴계 자신의 설이다.

840) 고봉이 주희설 총 5개를 인용해서 기, 성, 기질지성, 본연지성의 의의를 밝힌 것으로, 그중 첫 번째 인용문이다.(상84) 주희는 기와 성은 '불상협잡'이라 한다. "성이 기에 있어도 기는 기 성은 성이다." 이에 퇴계는 이 설을 "性在氣中에 就해도 성·기는 불상협잡이다"(상277)로 이해한다. 그러나 "성이 氣中에 있음에 취한다"고 함은 이미 氣中의 성이므로 곧 '기질지성'의 설이다. 따라서 기질지성의 설에서의 성·기를 불상잡일 뿐 기질지성과 본연지성 2설이 불상잡(서로 섞이지 않음)이라 할 수는 없다. 왜냐하면 기질지성과 본연지성은 一性인 '不可離'(상86)이기 때문이다.

841) 주희의 설 두 번째 인용문이다.(상85) 고봉은 이 설을 인용해서 '정의 不可分을 밝히려고'(하68) 한 것은 아니다. 이 조항은 '기질지성'에 대한 주희의 답변이다. 성은 기품의 다름(殊) 속에 존재하지만, 그 다름 속에 존재하는 성은 스스로의 성이다. 기질지성의 성이 기질에 있다 해도 변질이 없다. 천명지성도 기품이 다르다 해서 변질되지 않는다. 주희는 다만 기품이 다르므로 '천명의 바름(天命之正)'에 淺深이 있다 함이지, 그 性에 淺深이 있다는 뜻은 아니다. 천명의 正은 하나의 고정으로 있는 것은 아니다. 正은 성이 아니기 때문이다. 퇴계는 天命之正과 天命之性을 구분하지 않는다. 퇴계의 "본동무이"이기 위해서는 기질지성의 所指가 '겸리기'이며 '성임을 인정해야 한다. 반면 퇴계는 기질지성을 "主言氣"(상212) "專指氣"(상243)라 하므로, 결국 퇴계의 '本同無異'는 고봉과 전혀 다르다.

842) 주희의 설 세 번째 인용문이다.(상86) 퇴계가 이 설을 "나와 본동무이"라고 한 것은, '성은 모두 본래 겸리기'로 여기기 때문이다. 이 해석은 주희의 "극본궁원의 성"의 설과 다르다. 기질지성은 기질 안의 '성을 가리킴'이고, 천명지성은 기질 안의 성만 '척출 지시'한 것이다. 一性을 둘로 설한 것이다. 만약 퇴계와 같이 성은 '겸리기'인데 또 '주기'와 '극본'이 있다면 결국 그 각각의 성설 소지가 구분되지 못하게 되고 만다. 즉 兼이면서 또 주기(혹은 주리·극본)가 되어 곧 성이 '二而一'이 되고 만다. 퇴계는 추만 「천명도」의 칠정 근원을 천명지성이 아닌 '기'로 여긴다.

843) 주희의 설 다섯 번째 인용문이다.(상86) 주희가 "기질지성은 정·장에서 일어났다"고 한 것은 기질지성이 바로 성의 '치우침 없는 전체의 설'임을 발명하기 위함이다. 이 설이야말로 자사의 천명지성, 맹자의 성선지성, 공자의 상근지성 등 제설을 포괄할 수 있다. 성은 기질이 아니면 의착이 불가하기 때문이다. 반면 퇴계의 기질지성 해석은 이와 다르다. 퇴계는 「개정본」에서 "순수한 본연지성이라 칭할 수 없다",(상198) "主言氣"(상212)라 하고, 이어 "專指氣"(상243)라고 한다. 이는 정장 및 주희의 본의와 다르다. 고봉은 기질 속에 있는 성만 척출하면 이것이 본연지성이며, "본성·기품은 一性을 分別言之한 것"(상89)이라 한다. 따라서 퇴계가 "本同無異"라 하기 위해서는 이러한 정·장·주 및 고봉의 기질지성의 논에 동의해야 한다.

제6절; 『중용』,

　　　『중용장구』,

　　　『중용혹문』,

　　　「연평설」,

　　　「정자호학론」,

　　　「주자동정설」 등을 인용해 모두 "칠정은 겸리기"임을 밝혔음.(퇴계 본의는 모두 겸

　　　리기이지만 독기라 함)844)

위 13조는 저의 설과 '근본이 같고 다름도 없으므로(本同無異)', 이상은 다시 논하지

않겠습니다.(모두 정주 본설임. 퇴계의 본동무이는 본성·기품과 사·칠은 잡리기임. 반면 고봉은 겸리기일 뿐

專氣·主氣가 아니라 함)845)

(230)[3절]

　　　第一節, 天地之性, 專指理, 氣質之性, 理與氣雜. 是理之發, 固然, 是氣之發, 非專

　　　　　　指氣.

　　　第五節, 就天地人物上, 分別理氣, 不害. 就性上論, 理墮氣中. 若論情, 則性墮氣質,

　　　　　　兼理氣有善惡. 分屬未安.

　　　第六節, 辯曰之一, 七情亦發於仁義禮智.

　　　　　　辯曰之三, 非別有一情, 但出於理, 不出於氣.

　　　　　　辯曰之四, 非中無是理, 外物偶相, 感動. 感物而動, 四端亦然.

　　　　　　辯曰之五, 旣發, 便乘氣以行云云. 四端亦氣也.

　　　第七節, 推其向上根源, 元非有兩箇意思.

---

844) 고봉은 『중용』의 설.(상93) 『중용장구』의 설.(상94) 『중용혹문』의 설.(상95) 「연평의 설」(상96) 등 『중용』의 제설 등을 각각 인
　　용하고, 이어 정자의 「안자호학론」과 주희의 「악기동정설」은 "중용 종지와 합치한다"(상97)고 하면서 "이것이 어찌 칠정이 겸리
　　기가 아닙니까?"라고 했다.(상98) 이 제설을 인용한 이유는 "칠정은 專是氣가 아님"(상92)을 논증하기 위함이다. 이것을 증명하
　　기 위해 "지금 먼저 『중용』 제설을 인용하고, 연후에 선생의 각 단락을 논평하겠다"(상92)고 한 것이다. 칠정은 專指氣가 아니
　　다. 따라서 퇴계가 "겸리기"임을 인정하고 또 이 『중용』 제설에 동의하면 "본동무이"가 된다. 그러나 퇴계는 "본동무이"라 하면
　　서도 결국 자신 스스로의 설을 펼침으로써 '동의하지 못하겠다'고 한다는 점이다. 위 제설은 자사, 정자, 연평, 주의의 설이며,
　　이러한 제설은 칠정을 專指氣로 여기지 않았음은 분명하다. 그런데도 무슨 이유로 칠정을 專指氣라 하는가? 퇴계의 논변은 "출
　　입이 없을 수 없다"(상136)는 것이다.

845) 퇴계는 이상 총 13개 조를 "本同無異"라 한다. 모두 자사, 정자, 연평, 주희 본설이다. 1·2·3조는 『주자어류』, 4조는 주희의
　　「답진기지서」, 5·6·7·8조는 『주자어류』, 9조는 『중용장구』, 10조는 『중용혹문』, 11조는 「연평의 설」, 12조는 「정자호학론」,
　　13조는 「주자동정설」이다. 고봉이 이 제설을 인용한 이유는 퇴계가 칠정을 "전지기"라 했기 때문이다. 따라서 "본동무이"라면
　　퇴계는 칠정을 '겸리기'라 해야 한다. 만약 겸리기로 여겼다면 고봉은 이 제설을 인용하지 않았을 것이다. 문제는 퇴계는 '사·칠
　　이 모두 겸리기'이지만, '독기·주기'라 한다는 점이다. 사단도 본래 겸리기인데, 단 독리이다. 결국 퇴계는 위 정주의 설 13조를
　　따르지 않고, 자신의 설로 자사와 정주 등의 제설을 이끌고 만 것이다.

第九節, 凡言性, 不偏指氣云云. 七情, 亦兼理氣.

右八條, 本同而趍異.

제1절; 천지지성은 專指理이고, 기질지성은 리와 기의 雜이다.846) '是理之發'은 진실로 그러하나, '是氣之發'은 專指氣가 아니다.(퇴계는 주희의 이 2설을 "나와 다르다"고 함)847)

제5절; 천지·인물上에 나아가 리·기를 분별하면 해롭지 않다.(리·기는 分임) 性上에 나아가 논하면 리는 기 가운데에 타재한다.(퇴계는 '리·기 분'과 '성의 리설'을 구분하지 않음)848) 만약 정을 논하면 성은 기질에 타재하니, 겸리기·유선악이다.(고봉의 타재기질은 기질지성의 성론이고, 겸기·유악은 정론임. 성이 유악일 수는 없음)849) 분속은 未安이다.(고봉은 사칠의 리기 분속이고, 성은 분속 불가임. 퇴계는 리·기 분을 성 2설에 분속함)850)

제6절 변왈의 1; 칠정 역시 인의예지에서 발한다.(性자를 빼고 인용함. 중용·맹자를 혼용함)851)

---

846) 고봉은 주희의 「답정자상」을 다음과 같이 인용했다. "주자는 말하기를 '論天地之性, 則專指理言, 論氣質之性, 則以理與氣雜而言之'라 했다."(상60) 주희는 천지지성의 설을 '리의 言', 기질지성의 성설을 '리기의 잡으로 言之'했다. 이는 一性인 두 성설에 대한 해설로, 주희는 성 2설을 리기로 '논'했을 뿐, 곧바로 리·기라 한 것은 아니다. 리로서의 성은 설명이 아니므로 "言"이라 하고, 겸리기는 설명이므로 "言之"라 한 것이다. 다만 "언"의 성은 먼저 '기질 속에 있음'에서 논해야 하는데, 기질 속이라도 '성은 스스로 성'이라 함이다. 퇴계는 주희와 "추이"(상230)라 한다. 이는 주희의 설과 스스로 '다르다' 함이다. 퇴계의 답변은 상241·242이다.

847) 고봉은 "'是理之發'은 진실로 바꿀 수 없지만 '是氣之發'은 專指氣라 함이 아니다. 이것을 내가 이른바 '곡절이 없을 수 없는 것'(상58)이라 했던 이유이다"(상60)고 한다. "곡절이 있다" 함은 잘못이라 함이 아니다. 주희는 '理與氣雜而言之'라 했고 퇴계도 "잡리기·합리기"라 하는데 이 또한 당연하다. 퇴계도 "사칠의 別은 본성·기품의 異와 같다"(상21·59)고 했다. 고봉의 의혹은 "專指氣"이다. 기질지성은 성설이므로 기가 아님은 당연하며, 따라서 칠정도 '전지기'가 아님도 당연하다. 천명·중화가 있기 때문이다. 만약 칠정이 '氣'이기 위해서는 그 이유를 말해야 한다. 고봉은 「후설」과 「총론」에서 "「호학론」의 '정은 기왕 타오르면 그 성이 뚫린다' 했으니 그렇다면 是氣之發도 옳다",(하134) "칠정은 쉽게 악으로 흐르므로 氣之發이라 이른다"(하147·148)고 한다. 이것이 곧 "시기지발은 그 곡절이 있다" 함이다. 퇴계는 이상에 대해 "나와 다르다"고 하여 상242~3에서 답변한다.

848) 고봉은 "이른바 기질지성은 곧 리가 기질 중에 타재한 것으로 즉 '一性을 그 所在에 따라 分別言之한 것'이다. 따라서 본성·기품 운운은 리·기의 分이 아니다"(상89)고 한다. 따라서 퇴계의 "리는 기 중에 타재한다"고 함은 기질지성이다. 퇴계는 '리가 기 중에 타재함'의 기질지성의 논, 본연지성·기질지성의 分別, 리·기의 分을 각각 분석하지 않는다. 고봉은 성은 一性(리)인데 설에서는 '別의 言之'라 하고, 리·기는 '分의 言'이라 한다.

849) 고봉은 "정을 논하면, 본성이 기질에 타재함을 緣한 연후에 발하여 정이 된다"(상90)고 하는데 퇴계는 이를 요약하여 "정을 논하면 성은 기질에 타재한다"고 인용했다. 퇴계는 '정의 논'과 '기질지성의 논'을 구분하지 않는다. 정 논의는 "본성이 기질에 타재함을 緣한 연후"에 정으로 '발한 것'을 말한다. 기질지성은 '성을 논함(성론)'이고, 유선악은 '정을 논함'이다. 따라서 정을 논하면서 기질지성을 논할 수는 없다. "論性"은 본연지성과 기질지성 등으로 '분별언지'(상89) 함이고, 기질지성은 '리가 기질에 타재함'(상89)이다. 퇴계의 "성이 기질에 타재한다"고 함은 기질지성의 논이다. 따라서 논에서 정이 발한다 해서는 안 된다. 고봉의 "본성이 기질에 타재함을 연한 연후"라 함은 본연의 치우침 없는 '성'이 기질에 있음을 강조한 것으로, 성이 발해서 정이 된다는 뜻이다. 성은 '유선악'이라 할 수 없다.

850) 고봉은 "사칠을 리기에 분속하면 칠정은 專指氣가 아니니, 이곳의 곡절이 미안이다"(상91)고 한다. 사칠의 리·기 분속은 가능하나, 성설은 리이므로 분속 불가이다. 즉 고봉의 "미안"은 성설이 '기'가 아니고, 칠정이 '전지기가 아님'이다. 고봉은 一性을 '본성·기품'으로 "분별언지"(상89)할 수 있고 이는 "사·칠의 別'(상59)과 같다고 한다. 또 사칠의 "리기 분속은 불가하지 않다"(상52·69·90·144. 하31)고 한다. 반면 퇴계는 '리·기 분'이 곧 본성·기품, 사·칠이라 한다. 퇴계의 답변은 상245~247이다.

851) 고봉은 "칠정 역시 인의예지의 성에서 발한다"(상101)고 하는데, 퇴계는 "칠정 역시 인의예지에서 발한다"고 인용했다. 이는 중용설과 맹자설이 혼용된 것이다. 당초 퇴계는 사단만 "인의예지의 성에서 발한다"(상22)고 하여 칠정의 발과 '대거호언'(대설)으로 말했다. 때문에 고봉은 "정(一情)은 性之發"(상101)임을 밝히기 위해 칠정도 사단과 같은 인의예지의 '성'에서 발한다고 했던 것이다. 주희는 "인의예지는 맹자가 '성선의 리'를 밝히기 위해 넷으로 쪼개 '別而言之'했고 사단설도 이렇게 나온 것이며, 자사는 다만 '성을 혼연 전체'라 했을 뿐이다"(상79)고 했다. 그런데 퇴계와 같이 "칠정도 인의예지에서 발한다"고 해서 '性'자를 생략하면 "자사에서 맹자가 나온 것"(연평설. 상96)이 아닌 자사 이전 맹자의 인의예지가 먼저 있음이 되고 만다. 고봉의 "칠정 역시 인의예지의 '성'에서 발한다"고 함은 "性發爲情"(하187)의 의미이다. 퇴계의 답변은 상249이다.

변왈의 3; 별도의 하나의 정이 있어서, 단지 리에서만 나올 뿐 기에서 나오지 않는다 함은 아니다.(不兼乎氣를 不出於氣로 잘못 인용한 것임)[852]

변왈의 4; 中에 이 理가 없고, 외물에 짝하면서 서로 感하여 動하는 것은 아니다.(고봉은 理動이고, 퇴계는 感動의 兼으로 인용함)[853] 感物하여 動함은 사단 역시 그러하다.(言之를 빼고 인용함. 동은 겸리기라 함이 됨)[854]

변왈의 5; 기왕의 발이라면 곧 승기로 행했다고 운운하셨다. 사단 역시 기이다.(고봉은 乘氣處인 '발처'가 아닌 旣發者인 '정'임)[855]

제7절; 그 위를 향한 근원을 미루면 원래(信을 元으로 바꿈) 두 개의 意思가 있는 게 아니다.(고봉은 '2선'이 아니라 함이고, 퇴계는 '리·기'는 다르다 함임)[856]

---

852) 고봉은 "별도의 一情이 있어서 단지 出於理일 뿐 兼乎氣가 아니라 할 수는 없다"(상105)고 했다. 이에 퇴계는 "不兼乎氣(겸기가 아님)"를 "不出於氣(出氣가 아님)"로 바꾸어 인용한다. 뒤에서도 이와 같이 인용하므로(상250) 이는 단순한 착각이 아니다. 퇴계의 "별도의 一情이 있어서 出於理일 뿐 不出於氣는 아니다"의 '不出於氣가 아님'은 사단도 겸기의 出인 "호발"(상246)의 뜻이다. 고봉의 乘氣를 호발로 인용한 것이다. 고봉은 리의 발처를 승기라 함이고, 퇴계는 리발이 아닌 겸리기의 발이다. 이는 인용 오류인 동시에 퇴계의 뜻이다. 고봉은 사단도 "心感"(상103)의 "乘氣"(상112. 상4)로 "出"한다고 한다. 다만 "그 정의 겸리기"(상105)의 言之에서 "진·망을 분별하면"(같은 곳) 결국 사단은 리발이며 순선임을 알 수 있을 뿐이다. 하지만 퇴계의 이 인용문은 겸리기로 出한다 함이므로, 이는 인용의 잘못이다. 퇴계의 답변은 상251이다.

853) 고봉은 "그 중간에 본래 이 理가 없다가 外物이 옴에 이때 偶相 湊着에서 감동하는 것은 아니다"(상108)고 한다. 가령 손바닥의 마주침에서 감동함이 아닌, 그 중에 있는 '性'이 손바닥의 마주침(심이 외물에 감함)으로 말미암아 발한다. 감동은 성의 일이지 우상 주착의 일이 아니다. 반면 퇴계의 "외물만 우상 감동하는 것은 아니다"의 인용은 '그대는 외물의 우상만 감동함은 아니라고 하셨다'는 뜻이 되고 만 것이다. 즉 外物의 우상도 함께 감동한다는, 겸리기인 호발의 의미로 인용한 것이다. 뒤에서 퇴계는 "황 또한 칠정이 리의 干與 없이 외물만 偶相 湊著하여 감동한다 함은 아니다. 사단도 感物而動이다. 다만 理發而氣隨之이고, 氣發而理乘之이다"(상255)고 한다. 리발 혹은 기발도 모두 리기 간여가 있는 호발이다. 다만 주리·주기일 뿐이다. 즉 '리'가 감물로 발하는 것이 아닌, 기의 간여에 있다. 따라서 "외물만 우상 주착함은 아님"의 인용은 곧 "리기가 함께 호발한다"(하117)는 뜻이다. 퇴계는 당초 "易感 先動하는 것은 形氣이다"(상24)고 했고, 고봉은 위와 같이 반박했다. 하지만 고봉은 결코 감물의 형기에서, 혹은 우상의 형기에서, 혹은 외물·형기와 마주치면서, 혹은 성과 기가 만나면서, 라는 뜻이 아니다. 고봉의 뜻은 심이 외물에 감하면 '성이 발한다' 함이다.

854) 인용한 "感物而動, 四端亦然"도 고봉 의미와 다르다. 고봉의 "以感物而動言之, 則四端亦然"(상109)은 곧 사단도 정이므로 感物而動으로 '言之'한다면 마찬가지라는 뜻이다. 「악기」 "感於物而動, 性之欲也"(상107)를 주희가 "性之欲이 곧 이른바 情이다"고 한 것은 感物而動의 동은 성의 욕인 "自然之理"(같은 곳)라 함이지, 그 감·동은 형기가 하며 그 '형기 안에 리가 있다'는 뜻은 아니다. 퇴계의 경우 감동은 '겸리기'의 호발이며, 감물의 동이라는 兼은 사단도 마찬가지라고 인용했다. 하지만 고봉은 감물이동의 것으로 '설명(言之)'하면 사단도 마찬가지라 했고, 이때의 動은 리이다. 心感과 理動은 선후가 없다. 고봉의 "入井의 일에 感하면 仁의 理가 곧 應한다"(상109)에서 그 입정의 일에 느낌은 심이고, 그 동은 理이다. 기왕 감동한 정은 기이고, 동하는 것은 리이며, 사단은 이미 동한 정 중에서 그 善處를 지시해 언지한 것이다. "감물이동으로 설명하면"을 퇴계는 "감물이동은"으로 잘못 인용한 것이다. 퇴계의 답변은 상255이다.

855) 고봉의 "未發則專是理, 旣發則便乘氣以行也"(상111)라 함은 未發과 旣發을 각각 나누어 논한 것이다. 미발·기발 둘을 나눈 글자가 곧 "則"(그렇다면 이것은)이다. 이렇게 나눈 이유는 퇴계가 "在中, 才發, 外感의 其發과 理之本體"(상25)의 未發과 旣發을 각각 구분하지 않았기 때문이다. 在中의 未發은 理之本體의 性이지만, 才發 旣發은 情이다. 따라서 고봉은 "기왕 발(旣發)했다면 이는 승기로 행한 것임"이라 하여 기왕 발현한 정은 승기로 발한 情일뿐이라 한 것이다. 그런데 퇴계가 "則"자를 빼고 인용한 것은 그 未發과 旣發의 구분을 명확히 하고자 한 고봉의 지적을 오히려 모호하게 하고 만 것이다. 퇴계의 "旣發이 바로 乘氣로서의 行이다"라고 함은 오히려 '기왕 발현한 것이 바로 승기의 행이다'가 되고 만다. 이는 "사단은 기왕 발현한 정일뿐이다"와 다르다. "사단 역시 기이다"도 사단은 미발의 성이 아닌 기왕 발현한 정인 기임을 말한 것일 뿐, 퇴계의 인용대로 "乘氣處"(상258)를 말하고자 함이 아니다. 퇴계의 답변은 상257~262이다.

856) 고봉은 "저의 본의는 推其向上根源하면 '信非有兩箇意思'라고 운운했을 뿐이거늘, 제가 어떻게 곧바로 '元無異義'(상29)로 여겼겠습니까? 제가 만약 '無異義'라 했다면 이는 '성현의 指'(상30)에도 어긋납니다"(상130)고 했다. 그런데 퇴계의 인용문인 "元非有兩箇意思"는 '信'자를 '元'자로 바꾸고, 칠·사 혹은 리·기 소지는 다르다 함으로 인용한 것이다. 고봉의 이곳은 퇴계와 자신의 말이 서로 어긋났음을 바로잡기 위한 말이다. 그런데 퇴계의 이 인용문은 또다시 고봉의 말과 어긋난 것이다. 고봉의 "兩箇意思"는 善이지 사칠 혹은 리기가 아니다. 고봉은 칠사 '善은 둘이 아니라 함이지, 사칠의 '所指'가 원래 같다'가 아니다. 퇴계의 답변은 상264이다.

제9절; 모든 성을 말함에는 기로 치우쳐 가리키지 않는다. 칠정 역시 겸리기다.(고봉은 '어떤 성이라도 기가 아님, 칠정은 偏氣가 아님'인데, 퇴계는 '기를 가리킴, 편기임'의 뜻임)857)

위 8개 조항은 근본은 같지만 나의 뜻은 다릅니다(本同趨異).(8조는 본동의 '겸리기'인데, 나의 뜻은 '편기, 독기'라는 것임. 인용문은 모두 고봉 문자와 다름)858)

(231)[4절]

第一節, 同實異名. 非七情外復有四端. 四七非有異義.

第二節, 泛論無不可. 著圖離析太甚. 恐惧人.

　　或云無不善, 或云有善惡, 恐人疑有兩情, 有二善.

第三(四의 오자임)859)節, 如來辯, 則四七各有所從來, 非但言之者不同.

第五節, 引朱子說第四條, 孟子剔言, 伊川兼言, 要不可離.

제1절; 實은 같은데 名은 다르다.860) 칠정의 밖에 다시 사단이 있는 게 아니다.(고봉; 선이 같음. 퇴계; 사칠이 같음)861) 사·칠은 다른 뜻(異義)이 있지 않다.(異義는 인용 오류

---

857) 퇴계는 기질지성을 "偏指而獨言氣"(개정본에서 兼指而主言氣로 고침. 상212)라 했다. 때문에 고봉은 먼저 기질지성은 '기'가 아님을 고찰하고, 이어 "모든 성을 말한 것(凡言性者)은 기로 偏指하지 않았는데, 선생께서는 偏指의 獨言氣라 하셨다"(상135)고 비판했다. "凡言性者"는 공·맹·자사 등 모든 성설로, 모두 氣로 편지하지 않았다 함이다. 어떤 성설이라도 모두 '主氣'가 아닌 "主性"(상133)이다. 그런데 퇴계의 이 인용문인 "凡言性"의 凡자는 이와 다르다. 퇴계는 모든 성론을 본래 "겸리기"(상247·266)라 한다. 겸리기는 이미 기질지성이다. 만약 '凡'이 기질지성의 의미라면 고봉은 '氣質之性者는 氣를 偏指하지 않는다'고 바꾸어 말했을 것이다. 고봉은 이 문장 위에서 충분히 기질지성은 '겸기'(상133·135)임을 고찰했기 때문에 여기서는 말을 바꾸어 "그렇다면 [기질지성을 포함한] 모든 성을 말한 것은(然則凡言性者)"이라 하여 어떤 성도 '氣'일 수 없다고 한 것이다. 범언성자는 정자의 "凡言心者"(상151)와 같은 용법이다. 정자는 '모든 심을 已發로 여긴 것'을 스스로 잘못이라 하지만, 다만 凡이 아닌 심의 已發을 잘못으로 여긴 것은 아니었다. 또 퇴계의 偏指에 대해 고봉은 "그렇다면 七情者가 어찌 겸리기가 아닌가?"(상136)라고 하여 퇴계를 인용한 비판인데, 퇴계는 고봉의 말로 인용하고 있다. 뒤 "겸리기가 아닌가?"(상265)는 당초 고봉의 글자대로 인용한다. 퇴계의 답변은 상266이다.

858) '본동추이'는 "始同終異"(상238)의 뜻이다. 퇴계는 이 8개 조항을 "끝내 따를 수 없음으로 귀결되었다"(상233)고 하고, 그 이유는 "그대는 사·칠은 모두 겸리기이며 同實異名이므로 리기에 분속함을 불가로 여겼기 때문"(상238)이라 한다. 그러나 겸리기, 동실이명, 분속 등 용어는 고봉의 비평 및 문자와 전혀 다르다. 또 위 8개 조항의 인용문 모두도 고봉의 원문 문자와 다르다.

859) 『퇴계전서』 및 『고봉집』 모두 '三節'이라 하지만, 이 말은 고봉의 "第四節"(상77)에 있다. 퇴계의 착각이거나 편집의 잘못일 것이다.

860) 고봉은 "중절자는 천명지성이고 본연지체이니, 사단자와는 동실이명이다"(상64)고 한다. 그리고 다시 "사칠은 二義가 아니라 했던 이유는 사단은 칠정의 中節者와 동실이명이기 때문이다"(상130)고 한다. 동실이명이라 함은, 선의 實은 '同'인데 다만 그 측은의 선의 名과 和의 선의 名은 '異名'이라 함이다. 이는 결코 사칠의 동실이명이 아니다. "희노"의 和와 "측은"의 확충 二名은 一情에 대한 사맹의 所指가 반드시 다르다. 만약 퇴계가 "견해가 달라서 따를 수 없다"(상232)고 하기 위해서는 이 '동실이명'이라는 글자부터 서로 어긋나지 않아야 한다.

861) 고봉이 "당초 저의 전설에서 '칠정의 밖에 다시 사단이 있지 않다'(상3·5)고 했던 이유는 [리·선의] 四端者와 中節者는 동실이명이기 때문이었다"(상64)고 했다. 이렇게 "칠정의 밖에 사단이 없다"고 함은 「고봉1서」이며, 이 문제는 「고봉2서」에서 충분히 해명했다. 이는 결코 "사칠의 別"(상3)이 없다 함이 아니다. 사단자의 선과 중절자의 선은 동실이명이며, '중화의 리는 사단의 리와 같으므로',(상64) 때문에 고봉은 칠정 밖에 사단이 없다고 했으니 "바로 이것을 이른 것이었다."(같은 곳) 따라서 퇴계가 "견해가 달라서 끝내 따를 수 없다"(상232)고 하기 위해서는 「고봉1서」를 다시 해명한 「고봉2서」로 돌아가서 고봉의 본의를 살펴보고, 이후 '따를 수 없는 점'이 무엇인지를 구체적으로 밝혀야 한다. 하지만 퇴계는 이 문제를 해명하지 않은 채 또다시 「고봉1서」를 그대로 인용한 것이다.

이며, 고봉이 이미 강력 항의했는데도 다시 인용함)862)

제2절; 넓게 논하면 불가함이 없다.(고봉; 어떻게 논하든 선은 하나임. 퇴계; 반드시 피가 리·기로 다르다)863) 도형에 드러내면(「천명도」는 기도가 아니고, 「태극도」와 같이 모두 리도이기 때문임)864) 그 분리·분석이 너무 심하다.865) 남을 그르칠까 두렵다.(퇴계가 추만 「천명도」를 기발로 여기고, 사단과 피가 다르다고 한 것임)866)

혹은 무불선, 혹은 유선악이라 하면 사람들이 兩情이 있고 二善이 있다고 의혹할까 두렵다.(퇴계는 추만 본설의 선을 철저히 리·기 둘로 분리시킴)867)

제4절; 만일 래변과 같다면 사칠은 각기 [리·기의] 소종래가 다르다 하셨으니, 이는 비단 '설명한 것만 부동이다(言之者不同)' 함은 아니시다.(고봉은 '용어의 불합치'를

---

862) 「고봉1서」에서 "이른바 사단 칠정의 것은 당초의 二義가 있지 않다"(상9)고 했다. 그런데 「퇴계1서」에서는 "그대는 사칠을 '非有異義라 했다"(상29)고 인용한다. 때문에 「고봉2서」에서 "내가 사단칠정에 대해 '初非有二義'라고 한 것은 바로 이런 뜻이었다",(상64) "내가 사칠을 '初非有二義'라고 운운한 것은 사단과 중절자는 동실이명이므로 兩箇 意思가 아니라는 의미였지, 선생의 인용처럼 '元無異義'의 의미는 아니었다. 無異義라면 나는 성현의 가리킴에 어긋나고 만다",(상130) "내가 사칠을 '初非有二義'라고 한 것은 '非有二情의 뜻이었거늘, 따라서 저는 자상모순 됨을 알지 못하겠다"(상148)고 했다. 이와 같이 고봉은 이미 자신의 본문은 '二義일 뿐 '異義'가 아니라는 것을 충분히 해명하고 항의했다. 퇴계의 답변인 상267·268의 인용문 및 논변은 또다시 '異義'이다.

863) 고봉은 "사단칠정을 泛으로 論하여 '四者는 發於理이고 七者는 發於氣이다'고 해도 진실로 불가하지 않다"(상69)고 한다. 정은 사·칠 2설만 있지 않음, 이외 무수히 논할 수 있다. 사·칠 2정만 논한다 해도 사단의 리발, 칠정의 기발이 가능하다. 오히려 사단의 기, 칠정의 리발도 가능하다. 범론하면 진실로 불가하지 않다. 이에 퇴계는 이 범론을 "견해가 달라서 따를 수 없다"(상232)고 한다. 왜인가? "사단의 리는 칠정의 기와 그 발의 혈맥(피)(상254)이 전혀 다르기 때문이다. 그렇다면 「천명도」 "천명"은 기발인가? 만약 기발·리발이 서로 전혀 다른 선(리)이라면 인류는 본래 통합이 불가하다. 고봉은 리발, 기발이라 해도 선은 하나이며, 단지 '설'이 다를 뿐이라 한다.

864) 고봉의 비판은 "추만이 도형에 드러낸 것"(상68)이 아닌 도형을 퇴계가 "리석 태심"(상69)으로 이해한 곳에 있다. 이렇게 "리와 기 둘로 나눠(分理與氣二者)"면 "남을 그르게 한다(惧人)"(상70)는 것이다. 추만 「천명」도는 '칠정 전후 공부로 중화의 덕을 이룸'에 있기 때문이다. 마치 렴계 「태극도」의 '10개 동그라미'가 모두 공자의 "태극"인 것과 같이, 「천명도」도 모두 '천명의 리도'이다.

865) 고봉의 "그 위치의 즈음에서 리석 태심이다"(상69)고 함은 「천명도」의 사칠 '2선'은 각자 "리발·기발"이 아니라 함이다. 사단이 리발이라 해서 「천명도」의 중화가 기발일 수는 없다. 문제는 퇴계가 「천명도」에 사단을 들여와서 칠정을 기발로 바꾸고, 또 "무불선, 유선악"을 리·기의 "二善"으로 여긴 점이다.(상72) 무불선·유선악은 '前語인 [추만보다] 더욱 分曉한 것"(상71)으로 결국 퇴계의 의도는 "二善으로의 리석(분리시킴)'에 있었다. 그래서 "「천명도설」까지 再撿해 보니 실제 이렇게 분리했고, 따라서 나의 걱정도 지나친 것이 아니었다."(상73) 이렇게 고봉이 지적한 "도형의 리석 태심"은 추만 본설이 아닌 퇴계의 '이해'이다. 이를 퇴계는 "견해가 달라서 따를 수 없다"(상232)고 한다. 만약 "따를 수 없다"면 그 "리석 태심"이 추만 본설인지, 아니면 퇴계 자신의 해석설인지를 분명히 해야 한다. 고봉의 비판은 추만이 아닌, 퇴계의 리·기로 나눔에 있기 때문이다.

866) 고봉은 "만일 후학들이 리·기 둘로 分하고 별도로 논한다면 남을 그르침이 심할 것이다"(상70)고 한다. "恐惧人"의 恐자는 퇴계가 넣은 것이다. 고봉은 추만 「천명」도는 리발인데 여기에 퇴계가 사단을 무단히 들여와 그 선의 피가 천명의 선과 다르다 했다. 따라서 고봉이 "남을 그르친다"고 한 것은 추만의 '발어리, 발어기'가 아닌 이 설에 대한 '퇴계의 인식'이다. 「천명도설」도 재검"(상73)해 보니 역시 이와 같았다. 이것이 "惧人"이라 말한 이유이다. 그런데 퇴계는 "견해가 달라서 따를 수 없다"고 한다. 따를 수 없다고 하기 위해서는 먼저 고봉이 지적한 '오인'이라는 말에서 서로 합치되어야 한다. 그렇지 않으면 문제는 풀릴 수 없다. 퇴계가 말한 "오인"은 추만·주희의 '리발·기발' 본설이다. 반면 고봉이 말한 "오인"은 추만과 주희에 대한 '퇴계의 해석'이다. 고봉은 결코 '리발·기발'에 대해 '오인'이라 하지 않았다. 만약 리발·기발이 '남을 그르치게 한다'고 했다면 고봉은 주희에게 죄를 돌린 것이 되고 만다. 퇴계의 상270은 이 문제에 대한 답변이 아니다.

867) 고봉은 "고치신 '무불선·유선악'의 설은 前語보다 더욱 분명하게 [리발·기발로] 나타나 보이게 했다. 사칠을 대거 호언해 도형에 드러내서 혹 '無不善' 혹 '有善惡'이라 하면 사람들은 有兩情이라 하고, 또 情은 有二善이라 하여 하나는 發於理 하나는 發於氣로 여길 것이다"(상72)고 한다. 이는 대거호언 문제점이 현실로 드러난 것이다. 대거호언은 해석 문제에 불과하지만, 이로써 결국 二情, 二善이 되었고 그것을 또 리발·기발의 혈맥이라 함에 이르렀으니, 문제는 바로 이점이다. 문제는 추만에 대한 퇴계의 해석이다. 그 해석이 바로 "대거 호언"해서 下語한 "무불선·유선악"의 兩情·二善이다. 퇴계는 이를 "견해가 다르며 따를 수 없다"(상232) 하고 또 "무불선·유선악"은 문제없다고 한다.(상272) 만약 "따를 수 없다"고 한다면 그 무불선·유선악이 一情·一善일 뿐 兩發의 二善이 아님을 밝혀야만 가능하다. 퇴계의 상272의 답변은 兩情, 二善, 兩發에 대한 답변이 아니다.

- 205 -

지적했고, 퇴계는 '근원의 리·기'로 답변함)868)

제5절의 주자설을 인용한 제4조; 맹자는 척언했고 이천은 겸언했지만 중요한 점은 둘로 분리될 수는 없다는 점이다.(성은 '둘일 수 없다'는 주희 본설인데, 퇴계는 '따를 수 없다'고 함)869)

(232) 第六節, 辯曰之五, 來辯, 謂七情外感於形氣, 而非理之本體, 則甚不可. 若然者, 七情是性外之物云云. 孟子之喜而不寐, 止, 豈非理之本體耶.

辯曰之七, 一有之而不能察.

其末論, 所從來與所主之說之非.

第十二節, 朱子錯認, 心爲已發之語, 久後乃悟. 仍論理發氣發之語, 爲偶發而偏指.

右九條, 見異而終不能從. 以上, 皆有論辯在後.

제6절 변왈의 5; 래변에서 말씀했다. 칠정은 형기의 外感이므로 리 본체가 아니라 하셨으니, 이는 심히 불가하다. 만약 그렇다면 칠정은 性外의 사물이 된다. 맹자의 기뻐서 잠 못 이룸이 -생략- 어찌 리 본체가 아닌가.(퇴계는 「천명도」 천명의 "화" 및 공자의 "희노"까지도 리 본체가 아니라는 것임)870)

변왈의 7; 하나라도 소유하거나 능히 살피지 못하면.(주희 본설인데, 따를 수 없다고 함. 뒤 답변도 스스로 모순임)871)

---

868) 고봉은 "나의 말은 '一情인데 言之者만 不同하다' 함인데, 선생은 '사단칠정은 각기 소종래가 있다'고 하셨으니, 그렇다면 이는 '言之者의 不同'이라는 말씀이 아닌, 피차의 主意와 所在가 다르게 되고 말았다"(상77)고 한다. 고봉의 지적은 언어의 불합치이다. 고봉이 말한 "言之者의 不同"에 대해 "선생 역시 '그렇다'고 하셨다."(상77) 그렇다면 '言之者不同'이라는 말은 이미 합의된 것이다. 그런데 선생은 왜 또 리·기의 "각기 소종래가 다르다고 하시는가?" 이는 대화가 어긋난 것이다. 퇴계는 "견해가 다르며 따를 수 없다"(상232)고 한다. 그렇다면 무엇을 '따를 수 없다'는 것인가? 리·기의 '소종래가 다르다'고 하면 이는 고봉이 말한 '언지자의 부동'과 다르고, '언지자의 부동'에 대해 이미 "그렇다"고 했다면 "따를 수 없다"고 해서는 안 된다. 퇴계의 상274 답변 역시 고봉의 질문과 전혀 다르다.

869) 주희는 말하기를 "맹자는 性之本을 剔出而言했고, 이천은 兼氣質而言했지만, 要는 不可離라는 점이다"(상86)고 한다. 이곳은 퇴계의 "주자설을 인용해서"로 보더라도 분명 주희의 설이다. 그런데 퇴계는 "견해가 다르며 따를 수 없다"(상232)고 한다. 주희의 설도 따를 수 없다. 때문에 고봉은 "이는 주자의 말씀인데도 의심의 조항에 두시고 따를 수 없다 하셨다"(하68)고 한다. 퇴계의 상276 답변 역시 고봉의 질문과 전혀 다르다.

870) 고봉은 "선생은 '칠정은 形氣에서 外感하므로 리 본체가 아니다'라고 하셨으니, 이는 심히 불가하다"(상114)고 한다. 퇴계는 칠정은 리발이 아닌 기발이며, 기발에서 리의 순리는 나올 수 없음으로 여겼다. 이에 고봉은 "만약 그렇다면 칠정은 性外의 物이 되며, 자사의 이른바 화도 그릇됨이 된다"(상114)고 한다. 퇴계는 칠정은 기발이므로 천명의 화도 '純全'(상282)이 아니다 한다. 이에 고봉은 "크게 그렇지 않으니, 맹자의 희, 순의 노, 공자의 애·락이 어찌 리 본체가 아니겠는가"(상115)라고 한다. 퇴계는 공자의 희노애락도 순리가 아닌 '渾全'(상282)이라 한다. 더욱 큰 문제는, 퇴계는 '리기의 발처'인 호발로 논한다는 점이다. 이에 고봉은 "리기의 즈음은 알기도 설명하기도 어렵다"(하118)고 한다. 퇴계는 사맹의 사·칠설을 해석하고자 함이 아니다. 고봉은 자사의 칠정은 '겸리기의 언지'이며, 그 겸리기 중의 리가 곧 '리 본체'라 한다. 퇴계는 "견해가 다르고 따를 수 없다"(상232)고 한다. 퇴계의 상279~282 답변은 이러한 고봉의 질문에 응한 것이라고 할 수 없다.

871) 고봉은 "선생은 '一有之而不能察하면 곧 마음이 바름을 얻지 못하므로 [자사님 반드시 발하여 중절한 연후를 和라 했다'고 하시는데, 그렇다면 七情者는 용장무용이 되고 만다"(상122) "게다가 '一有之而不能察'이라 함은 『대학』, 정심장』의 말인데 선생은 칠정의 일로 인용 논증하셨으니, 不相似이다"(상123·125)고 한다. 즉 '칠정의 알'과 주희의 '일유지이불능찰'은 서로 정 반대의 일이며, 인

끝부분; 소종래와 소주의 설은 그르다.(토론의 문자 용법이 불일치함)[872]

제12절; 주자는 "심은 이발이다"(「이발미발설」 정주 본설인데, 퇴계는 의혹함)의 語를 착인했음을 오랜 뒤 깨우쳤다.(정주 『문집』인데, 글자를 고쳐서 인용함)[873] 주자의 "리발·기발"(『어류』 설임)을 논한 語는 偶發로 偏指한 것이다.(言을 語로 인용했고, 또 고봉은 '준수하자' 했는데 퇴계는 '비판했다'로 인용함. 위 모두 고봉 문자와 다름)[874]

위 9개 조항은 견해가 다르므로 끝내 따를 수 없습니다.(퇴계는 주희 본설까지 따를 수 없다고 한 것임. 문자와 용어도 다르게 인용하고 용법도 다름)[875] 이상의 조항(총 17개 조항)에 대해서는 모두 논변하여 뒤에 기록했습니다.

(233) 來喩, 雖縱橫變化, 往復百折, 約而言之, 除其 "錯看" 一條外, 類成四截. 而四截之中, 又約而言之, 不過爲二截而已. 何者, "承誨而覺失稱停者", 固皆 "本同" 之類也. "本同而趨異"者, 卒亦同歸於 "終不能從" 者矣. 請試詳之. [往復百折왕복백절; 되풀이해 수 없이 꺾음. 同歸동귀; 함께 귀결됨.(퇴계 자신의 불능종 조항으로 함께 돌아갔다는 뜻. 의견의 같음

용 오류다. 이에 퇴계는 "견해가 다르며 따를 수 없다"고 한다. 그렇다면 주희의 정심장 설은 칠정의 일인가? 퇴계의 답변(상284~289)은 "이는 정심처가 아닌 心之病을 說함이다"(상286)고 하는데, 고봉은 선생의 이 말씀이 바로 "正心之事"라고 한다.(하75)

872) 고봉은 "선생의 '소종래에 인하여 각기 그 所主와 소중을 가리겠다'고 함의 토의는 가능하겠으나 그 實은 모두 마땅하지 않다"(상127)고 한다. 문제는 퇴계의 이른바 "소종래"와 "소주·소중"(상28) 등은 고봉의 용법과 다르다는 점이다. 퇴계의 소종래는 리·기이고, 소주·소중도 주리·주기이다. 반면 고봉의 칠사 소종래는 사맹이지 리·기가 아니다. 칠사 소주도 천명·중화와 성선·확충이지 리·기가 아니다. 그런데 사실 소주가 주리·주기라 해도 "불가하지 않다."(상127) 칠사 본설은 "그 意에 각기 所主가 있다."(상78·79·82) 따라서 퇴계가 "견해가 다르며 따를 수 없다"고 하기 위해서는 소종래, 소주, 소중의 '용어'와 사맹 '본설'에서 먼저 합의되어야 한다. 그렇지 않으면 이 논쟁은 해결될 수 없다. 퇴계의 답변은 상291인데 이 문제는 "앞뒤에서 논했다" 하면서 다시 논하지 않는다.

873) 고봉은 "주자는 일찍이 정자의 '凡言心者, 皆指已發而言'에 대해 스스로 '錯認語意'라 했다"(상151)고 한다. 퇴계의 "心爲已發之語" 인용문은 고봉 본문과 다르다. 정이의 "凡言心者(모든 심을 말한 것)"의 문제는 '중용 미발이 빠졌다'는 점이다. 주희 본의는 "'심을 이발로 여기면(以心爲已發)' 未發時는 無心이 된다"(『문집』권42, 「答胡廣仲5」, 1902쪽)의 뜻이다. 따라서 퇴계가 "심을 이발로 여긴 語"를 "견해가 달라서 따를 수 없음"으로 여기기 위해서는 주희가 무엇을 잘못으로 여겼는지를 고찰해야 한다. 정이의 "이발을 가리킴"은 다만 '적자지심'(상152)이었을 뿐이다. 주희의 이 말은 「호남제공서」, 「이발미발설」 등의 설이다. 한편 주희 본문은 "已發"을 "言"이라 하고, "錯認"은 "語意"로 표현했다. 퇴계는 이러한 구분이 없다. 또 "久後乃悟"도 주희의 "後乃大悟"와 다르다. 주희는 '오랜 뒤 스스로'가 아닌 남헌·서산과 '논변한 뒤' 大悟했다. 이것이 바로 주희 평생 대지인 이른바 "중화신설(기축지오. 1169, 주희 40세)"이다. 퇴계의 논변 상293부터는 이 문제에 대한 고찰은 한마디도 없고, 또 이를 "정·주의 어록"(상293)이라 한다. '어록'(문인의 기록)이 아닌 정자의 『정씨문집』과 주희의 『문집』이다.

874) 이 인용문 역시 고봉 문장과 전혀 다르다. 고봉은 "어류 '시리지발, 시기지발'의 것도 기타 전후의 소론과 參較해 보면 그 同異 曲折이 스스로 보일 것이다. 후학은 前後 備陳한 周該한 바의 言으로 當遵해야 하겠는가? 아니면 그 一時 偶發의 偏指한 바의 語로 當守해야 하겠는가?"(상154)라고 했다. 고봉의 "일시 偶發의 偏指의 語로 지켜서는 안 된다"고 함은 리발과 기발로 각자 따로 나누어서 이러한 '語'로 주희의 설을 '守'하려 해서는 안 된다 함이다. 다시 말해 한쪽씩 리발·기발의 '語(단어)'로 지칠 것이 아닌, 사맹 사칠 본설에 의거한 주희의 '言(말씀)'으로 따라야 한다. 퇴계는 이를 "견해가 다르며 따를 수 없다"고 한다. 따를 수 없다면 고봉은 '한쪽씩 상대적으로 가리킬 수 있다'고 했는가? 전혀 그렇지 않다. 퇴계의 "우발 편지(치우친 우연의 語) 인용문은 고봉의 문자와 반대의 의미다. 고봉은 주희의 "말씀(言)을 마땅히 준수해야 한다"고 한 것이다. 퇴계의 답변인 상293~296은 "語類此語" "朱子此語"(294)의 語라 하고, 주희의 '言(말씀)'에 대한 고찰은 한마디도 없다.

875) 퇴계는 "위 9개 조항은 견해가 다르므로 따를 수 없다"고 한다. 그러나 퇴계의 위 9개 조항 인용문은 주희 본설도 있고, 또 고봉의 용법과도 전혀 다르다. 주희 본문은 "척언·겸언", "일유지이불능찰", "심 이발", "착인", "리발·기발" 등이다. 나머지 조항 모두도 고봉의 본문, 용법 및 문자가 다르게 인용됐고, 또 그 오류는 글자 뿐만은 아니다.

보내주신 논변은 비록 종횡으로 변화하고 왕복으로 수없는 논리를 펴셨지만, 제가 요약해 설명하자면 그 "착간" 1조(착간이 아닌 그대의 모순을 내가 발견했다는 뜻으로, 고봉은 이 문제를 이미 매우 비판했음)[876]를 제외하면 모두 4개 절로 분류됩니다.[877] 그런데 4개 절 중에서도 또 요약해 설명하면 2개 절에 불과할 뿐입니다.(본래 같은 것, 따를 수 없는 것, 총 2절로 요약됨)[878] 왜냐하면 "가르침을 받고 칭정을 잃었음을 느꼈음" 조항은 진실로 모두 "본동[무이]"의 종류이며,(고봉은 천만의 말씀이라고 함)[879] "본동추이" 조항 역시 "끝내 따를 수 없음" 조항으로 함께 돌아갔기 때문입니다.(뒤에서 논변할 절목임. 고봉은 이미 주희와 동인데 또 따를 수 없다 하면 이는 거짓이라고 함)[880] 청컨대 시험하여 상세히 살피겠습니다.

(234)夫理氣之 '不相離', 七情之 '兼理氣', 滉亦嘗與聞於先儒之說矣. 故前辯之中, 累累言之. 如統論性·情, 則曰 "未有無理之氣, 亦未有無氣之理", 如論四端, 則曰 "心固理氣之合", 論七情, 則曰 "非無理"也. 如此之類, 不一而足, 是鄙人所見, 何以異

---

876) 총 5개 절로 분류하면, 그 1절은 "황이 착간 망론한 것이며, 이미 고쳤다"(상227)고 했다. 퇴계는 당초 "그대는 리기를 一物로 여겨 別함이 없다"(상40)고 한다. 이 문제에 대해 고봉은 이미 "기의 과불급 없음은 리 본체의 그러함이다"고 함은 "험득", "리합처", "식취", "조서를 잃지 않음" 등의 뜻(상139·140·141·142)이라 했다. 이렇게 고봉은 리기 '一物' 혹은 '異物'의 의미가 아님을 자세히 항변했다. 하지만 퇴계는 또다시 「개정본」에서 "그대의 '然也' 2자로 보면 리기 일물이 아닌 別이 있다. 그런데도 왜 유독 리·기로 分別言之함을 불가라 했는가? 그대는 자상모순이다"(상218~219)고 하여 그대의 모순을 드디어 내가 발견했다고 한 것이다. 퇴계는 리·기의 '分', 칠사의 '別', '사칠의 분별언지' 문제를 혼동한 것이다. 만약 "황이 착간 망론한 것"이기 위해서는 고봉의 논변을 긍정함이 되어야 한다. 하지만 퇴계 본의는 '망론'이 아닌, 그대의 리기 일물·이물은 '그대 스스로 모순이다'의 의미이다. 그러나 고봉은 이미 "리기를 一物·異物이라 한 '意'도 이러한 '語'조차 한 적이 없고",(상146) 리·기 혹은 칠·사의 '분·분별언지'(상88·89)는 지극히 당연하다 했다.

877) 총 5개 절 중 "착간" 1절은 절의 항목에서 제외시킨 것이다. 왜냐하면 이는 '나의 착각'이기 때문이다. 그러나 퇴계는 나의 착각이 아닌, 고봉의 모순으로 여긴다. 즉 그대의 논변은 본래 모순이므로, 여기서 논변할 수 없다는 것이다.

878) 1개 절을 제외한 4개 절을 다시 2개 절로 요약한 것이다. 즉 "칭정을 잃음"과 "본동무이"를 1절로 합하고, "본동추이"와 "종불가종"을 1절로 합해, 총 2개 절로 요약했다. 그중 하나는 본동이고, 하나는 따를 수 없다.

879) "右 4조는 가르침을 받고 칭정을 잃었다고 느껴진 것으로, 이미 고쳤다"(상228)는 조항은 "가르침에 얻음이 있어서 본동의 종지로 돌아갔다"(상235)고 한다. 그런데 "가르침을 받고 얻음이 있었다"에 대해 고봉은 "이는 선생의 겸양으로 저를 사양(배척)하신 말씀이니, 대승은 천만의 말씀이라 하겠다"(하36)고 한다. 그리고 "고쳤다"(상228)고 하지만 그러나 4개 조항을 살펴보면 앞 1·2조항은 「개정본」에서도 고친 것이 없고, 3조항 "선악미정"을 "쉽게 악으로 흐른다"로 고친 것도 실제 내용은 '혼륜(혼잡)'이므로 고쳤다 할 수 없으며, 마지막 4조항 또한 실제 내용은 고친 것이 없다. 또 "본동무이"(상229)의 13개 조항 모두는 자사, 정자, 연평, 주희의 설이다. 더구나 "칭정을 잃은 조항이 본동무이의 종류"라고 하지만 내용은 모두 퇴계 자신의 '합리기의 혼잡'설이며, 이는 자사·정주 및 고봉 본의와 전혀 다르다.

880) "본동추이 조항은 불능종 조항으로 돌아갔다"고 한은 본동인데 나는 달라서 따를 수 없다 함이다. 이때의 "同"은 고봉의 의견과 '同하다'가 아닌, 퇴계 자신의 불능종 조항인 주리·주기로 '동귀했다' 함이다. 때문에 고봉은 "진실로 본동(주희의 겸리기)이라면, 그렇다면 어떻게 반드시 [선생의 주리·주기의] 불능종으로 함께 돌아갔다고 말할 수 있겠는가?"(하35)라고 비판한다. 왜냐하면 이미 겸리기라고 했다면, 그 주리·주기는 이미 퇴계의 '사견'이 되기 때문이다. 이미 본동이라 말했다면 "본동의 종류로 不歸한다고 해서는 안 된다."(하35) 만약 불귀라 하면 주희와 본동인 겸리기도 결국 불능종의 불귀가 되어야 하기 때문이다. 때문에 고봉은 "同異의 分辨조차 서로 맞지 않는다면 그 從違의 논의 또한 개괄하기 어려울 것이다"(하34)고 하여 그 "추이"와 "불능종"으로의 분류는 문제가 있다고 한다.

於第二截十三條之所論乎?

리·기의 '불상리',(物의 일임. 리·기는 實일 뿐 相의 관계일 수 없음)[881] 칠정의 '겸리기'는 황
또한 일찍이 선유의 설에서 들었습니다.(만약 칠정이 리기 겸이 아닌 불상리라면 칠정은 혼잡·잡
탕이 됨. 퇴계 자신은 "선유"와 다르다는 것임)[882] 때문에 나의 논변 중에서도 누누이 이를 설
명했습니다. 나는 성·정을 통론하면 "리 없는 기 없고 또 기 없는 리 없다"(성정 통론이
리기 不離라 할 수는 없음. 성은 리일 뿐임)[883]고 했고, 사단을 논하면서 "심은 진실로 리기의
합이다"(사단은 리일 뿐이며, 합리기라면 종지인 "확충"은 거짓이 됨)[884]라고 했으며, 칠정을 논하
면서 "리가 없는 것은 아니다"(「개정본」에서 이미 '겸리기'로 고쳤는데, 이곳은 고치지 않음)[885]라
고 했습니다. 이 같은 말은 한두 번 한 것이 아닌데,(모두 성·정, 사·칠의 所指라 할 수 없음)
그렇다면 이 사람의 소견이 "제2절 13조항"의 소론(고봉이 정주의 13조를 인용한 이유는 퇴계
가 심·성·정, 본성·기질, 사·칠 등의 본설을 왜곡으로 이해한다는 점이었는데, 퇴계는 또다시 모두 일괄
겸리기라 한 것임)과 무엇이 다릅니까?[886]

---

881) 퇴계는 "만약 리기는 不相離이므로 兼氣로 설하고자 하면 이는 성의 본연이라 할 수 없다",(상19) "그대는 리기의 상순 不離를
주장했다",(상29) "分해도 그 未相離는 해치지 않아야 하고, 合해도 不相雜에 實歸해야 한다"(상32)고 한다. 이는 리기 '관계'를
不相離라 함일 뿐, 리와 기 '자신'이 아니다. 주희의 "사물에서의 리기는 혼륜이며 분개할 수 없음"(상7)은 '物'에서의 리기 관계
이다. 고봉의 경우 "리·기는 각자 一物이고, 본연·기질지성은 불가리이며, 정은 발허리·발어기로 分而言之할 수 있고, 사칠도
리·기에 분속할 수 있으나, 단 칠정은 專指氣가 아닐 뿐이다"(상88~91)라고 함은 리·기는 實의 '分'이고, 性說, 칠·사는 리기
로의 '言之(설명)'이다. 반면 퇴계는 '리·기', 리기의 '관계', 정설과 성설의 리기로의 '설명' 등을 분석하지 않는다. 리·기는 각
자 一物로서, 相이라 할 수는 없다.

882) 퇴계는 "리기 불상리"의 곡절을 말하지 않는다. 곡절(내8)이 없으면 不相離는 아무 의미가 없다. 퇴계는 본래 사도 겸리기, 칠
도 겸리기, 사칠도 겸리기라 한다. 또 자사 칠정의 所指를 논하지 않는다. "리기 불상리"는 物에서의 리기 '관계'를 말함인데, 만
약 "칠정의 겸리기(유선악)"가 불리라면 칠정은 리기·선악의 잡탕이 되고 만다. 리도 아니고 기도 아닌, 선악미정이다. 반면 고
봉의 '칠정 겸리기'는 리도 기도 있음이다. 이는 혼잡이 아닌 "固然의 이치"(상3)이다. "선유의 설에서 들었다"고 함은 자신의
'리기 호발의 주리·주기'를 논하고자 함인데, 이는 결국 자신은 "선유의 설"과 다르다는 말이 되고 만다.

883) 퇴계는 "진실로 리 없는 기 없고, 기 없는 리도 없다"(상17·29)고 하는데, 주희 본설이다. 그러나 주희의 소지는 '사물'에서 논
한 것으로, 리기 잡탕이 아니다. 道의 운행은 기를 타야하고 기에는 반드시 리가 있음의 뜻이다. "성·정을 통론함"은 리기 不離
와 다르다. "심통성정"은 심이 主가 되어 성·정을 포괄하며, 심이 성·정을 주재(공부)한다는 뜻이다. 성·정은 모두 심이다.
성은 곧 리이며, 기질지성은 성일 뿐 기가 아니다. "리 없는 기 없고 기 없는 리 없다"고 함은 "리기 불상리"의 뜻이다. 따라서
퇴계의 "성정을 통론하면 리기는 불상리이다", 혹은 "성정을 통론하면 리 없는 기 없고 기 없는 리 없다"라는 말은 성립될 수
없다. 심·성·정은 각각의 뜻이 있다. "성정의 통론"은 '심'을, "리기 불상리"는 물에서의 리기 '관계'를, "기 없는 리 없음"은
'사물' 혹은 '도의 운행'에서 한 말이다.

884) 퇴계는 "四端之發을 맹자는 기왕 심이라 했으니, 심은 진실로 리기의 합이다"(상23)고 한다. 그러나 맹자 "측은지심"은 '심 공부'
를 말함이다. 주희는 "측은지심"의 심을 '정'이라 주석하는데 그것은 "누구나 있는 그 정을 확충하라"와 "정의 발로 因하여 성
의 본연을 볼 수 있음"(「공손추상」6)의 의미이다. 맹자 "측은지심"은 '합리기'의 심이 아닌 '성의 단서'(정)이면서 '확충해야할 공
부'의 의미이다. 만약 합리기라면 "확충"의 종지는 거짓이 되고 만다.

885) 퇴계는 칠정을 "非無理"(상24)라 했다가 「개정본」에서 "兼氣"(상202)로 고쳤다. 그런데 다시 이곳과 뒷줄에서 "칠정은 非無
理"(상237·243)라 한다. 고봉은 "칠정의 非無理는 선유의 논과 합치한다"(하20)고 하는데 이는 "겸리기·비무리"는 리가 있다
함이지 잡리기가 아니다. 칠정에 리가 있음은 선유의 논이며 이것이 겸리기의 의미이다. 칠정은 非無理, 겸리기, 합리기의 주리
일 뿐, 잡리기, 섞인 리, 주기라 할 수는 없다.

886) 13개 조항 모두는 정자, 연평, 주희의 설을 고봉이 인용한 것이다. 퇴계는 이 13개를 "나의 소견인 '리기 불상리, 사칠 겸리
기'와 같다"고 한다. 과연 정·주의 13개 조항이 리기 불상리, 사칠 겸리기인가? 그러나 그 가부 여하를 떠나 고봉의 인용 목
적은 이점이 아니다. 고봉이 13개를 인용한 이유는 퇴계의 "심·성·정이라는 글자가 안돈 불착이라는 점",(상53) 정주의 "천
지지성·기질지성"(상87)의 설을 퇴계가 잘못 이해한다는 점, "칠정은 전지기가 아니라는 점"(상91·92) 등이었다. 즉 퇴계의

(235)然而未免有第一截四條之差說者, 口耳之學, 無得於心, 而揣摩以爲言(고봉집 說), 所以失於稱停而有病痛, 此深可恐懼也. 惟公詳其所改之語, 則其有得於誨語, 而旋歸於本同之旨, 可知耳. 朱子謂, "孔穎達非不解撰法, 但爲之不熟, 故其言之易差", 此則君子恕人之論也. [揣摩췌마; 추측하다. 짐작하다. 稱停칭정; 균형.(퇴계; 자신의 語·說. 고봉; 칠·사) 旋歸선귀; 금방 되돌아오다. 旨지; 나의 합리기의 종지.(퇴계) 성현의 종지.(고봉) 撰法설법; 점칠 때 시초蓍草를 나누는 방법.]

그런데도 제1절 4개 조항의 어긋남(差說)을 면치 못한 것은, 口耳之學으로 마음의 터득함도 없이 이리저리 짐작해 말(설)을 만듦으로써 결국 칭정을 잃고 병통도 있게 되었으니,(퇴계는 자신의 논설을 칭정이라 하고, 고봉은 칠사가 칭정을 잃었다고 함)887) 이것은 심히 두려울 만합니다. 다만 공께서 내가 고친 바의 말들을 자세히 살피신다면 그 가르쳐주신 말씀(고봉은 이 언급을 거부함)888)으로 인하여 금방 '본동[무이]'(2절 13개 조항)의 종지(旨)로 돌아왔음을 알 수 있을 것입니다.(고봉은 이를 강력히 부정함. 자신의 본동을 '旨'라 할 수는 없음)889) 주자는 말하기를 '공영달890)이 점괘 푸는 법을 모르는 것은 아니나 단지 하는 것이 익숙하지 못한 까닭에 그 말이 쉽게 어긋났다(易差)'고 했는데, 이는 군자가 사람을 너그러이 이해해 주는 말입니다.(만약 퇴계와 같다면 천명, 중화, 리, 사단, 성선 등은 구분 없이 본래 잡탕이 됨. 선유 종지를 모두 거부함이 됨)891)

___

심·성·정, 본성·기질지성의 설, 칠정의 설 등은 정주의 소론과 다르다. 이는 불상리, 겸리기의 가부 여하를 떠나 고봉이 당초 이 13개를 인용한 본의가 아니다.

887) 퇴계는 "이 4개 조항은 가르침을 받고 내 말에 칭정을 잃었음을 느꼈고, 이미 고쳤다"(상228)고 했다. 하지만 총 4조 중 앞 2조는 고봉이 '퇴계를 비평한 말'인데 「개정본」에서도 고치지 않았다. 뒤 2조는 퇴계의 말이며 "선악미정"을 "본선이나 쉽게 악으로 흐른다"로 고친 듯하나 "偏指하여 獨言氣했다"고 하고 여전히 "指氣", "專指氣"(상242·243)라 하며 고치지 않는다. 퇴계의 "칭정"은 자신의 語·說이나, 고봉의 "칭정"(상90)은 사·칠이다.

888) "가르쳐준 말씀"이라 함은 위 4개 조항 고봉의 논평을 말한다. 퇴계는 이곳을 고쳤다고 하지만, 그러나 2조는 고치지 않았고, 나머지도 오히려 자신의 설을 강화했다. 때문에 고봉은 "알려주신 바의 '가르쳐 주신 말씀'이라는 운운은 선생의 겸양인 사양(거부)의 말씀이니, 대승은 진실로 천만의 말씀입니다"(하36)고 함으로써 퇴계의 말씀을 부정하며, 이렇게 말씀은 하셨지만 사실은 전혀 고친 것이 없음을 지적한다.

889) 제1절 4조의 "칭정을 잃은 差說"은 고봉의 가르쳐 준 말로 인해서 결국 "본동무이"의 13조 '겸리기'의 설로 돌아왔다 한다. 즉 "가르침을 받고 칭정을 잃었음을 안 조항(1절 4조)은 진실로 모두 본동의 류(2절 13조)이다."(상233) "가르쳐 준 말로 인해서"라 함은 고봉의 지적으로 칭정을 잃었음을 알았다 한다. 본동의 "종지(旨)"로 돌아온 4조는 심·성·정, 사·칠 모두 본래 "不相離, 겸리기"(상234·19)이다. 이는 고봉이 지적한 의도와 전혀 다른데, 왜냐하면 성·정, 사단, 칠정, 사칠이 리기 不離라면 모두 리도 기도 아닌 리기 혼합이 되어야 하기 때문이다. 당초 고봉의 비판도 퇴계의 이러한 때문이었다. 때문에 고봉은 다시 "이는 선생의 겸광의 말씀이며, 저로서는 천만의 말씀이다"(하36)고 한다. "旨(종지)"는 퇴계는 합리기이고, 고봉의 경우 사맹 종지의 본설이다.

890) 孔穎達.(574~648) 수·당 간의 유학자, 경학자이다. 당태조 때 國子博士, 國子司業, 國子祭酒 등을 역임했고, 이후 『五經正義』 170권을 완성 오경의 표준해석을 시도하여 과거시험의 교재로 사용했다. 송의 取士도 이에 따랐으며, 봉건사회 학술사상에 많은 영향을 끼쳤다.

891) 고봉의 지적을 받고 고친 4조항도 사실은 자신의 "구이지학으로 마음에서 터득하지 못하여" 생긴 잠시의 실수일 뿐이며, 따라서 이미 고친 것은 이제는 13조항의 '본동'으로 귀결되었다는 것이다. 뒷줄 "사단 非無氣, 칠정 非無理는 …하늘이 부여하고 사람이 받은 바의 원류맥락이 진실로 그러하다"(상237)고 한다. 공영달도 점괘 푸는 방법은 잘 모르지만 그 근본(리기는 불상리라는 것)

(236)若滉論學, 而易差如此者, 乃是心不能眞知之故, 正當以不知自處, 而閉口不談, 可也. 然旣不能無所異, 而不竟其說, 則又非講磨求益之道. 故其前二截 "同"者不論, 而於後二截者, 敢論其所以不得苟同之意焉. [不竟불경; 끝마치지 않다. 苟同구동; 분별없이 맞장구치다. 쓸데없이 동의함.]

만약 황이 학문을 논함에 '쉽게 어긋남(易差)'이 이와 같은 것이었다면(칭정을 잃고 병통이 있는 4조일 뿐이었다면)[892] 결국 이는 마음으로 '진정 알지(眞知)' 못한 까닭이므로,(그대의 잡리기도 나는 잘 아나, 다만 내가 '진정 안 것'은 주리·주기임) 바로 마땅히 그 알지 못함을 스스로 자처하여 입을 다물고 말하지 않아야 할 것입니다.(나의 專氣라도 불상리의 리가 있다는 것임. 퇴계는 사맹 본설과 성정 본의를 고찰하고자 함이 아님)[893] 그러나 기왕 '다른(異)' 바가 없지 않는데도 그 설을 마치지 않는다면 이는 또한 서로 강마하여 유익함을 구하는 도리가 아닙니다.(주리·주기의 이치를 말하겠다는 것)[894] 때문에 앞 2개 절 "본동"의 것은 논하지 않고, 다만 뒤 2개 절 ["추이"와 "불능종" 17개 조의] 것은 감히 구차히 뇌동할 수 없는 뜻을 논하겠습니다.[895]

은 알기 때문에 어긋나지 않았던 것과 마찬가지로 본래 '사단도 非無氣임'을 안다면 그 설명(언어)에서 간혹 틀리더라도 원류맥락은 통할 수 있다. 독리·독기라 해도 본래는 겸리기임을 알아야 하는데, 만물의 원류맥락이 모두 그렇기 때문이다. 그러나 만약 퇴계와 같다면 사람의 천명의 성, 중화, 성선, 사단의 리도 부정되어야 하며, 또 모두 본래 잡탕이 되고 만다. 더욱이 근본이 겸리기라면, 독리·독기는 퇴계 자신의 자득이 되고 만다. 고봉이 퇴계를 "너그러이 이해"할 수 없는 이유이다. "설법"은 '사맹의 설'을 해석하고자 함의 발언이라고 할 수 없다. 지금 토론은 사실을 새롭게 논하자 함은 아니기 때문이다.

892) 윗줄에서 "제1절 4조의 差說은 칭정을 잃고 병통이 있다"(상235)고 했고, 또 "공영달은 설법에 익숙하지 못해서 그 말이 쉽게 어긋났다(易差)"고 했다. 이곳 "易差"도 당초 1절 4조의 "칭정을 잃은 것"(상228)을 말함이다. 이 4조도 공영달과 같이 본래는 잘 알지만 단지 "익숙하지 못해서"일 뿐이다. 요컨대 專氣·主氣라 해도 그것은 리기 불상리이므로 리가 없지는 않다. 근본은 잘 알지만, 단 그 배치에 익숙하지 못해서 易差도 생긴 것이다. 이와 같다면 퇴계는 사맹 본설과 선유의 성정 본의를 고찰하고자 함이 아니다.

893) 공영달의 쉽게 어긋남은 근본을 몰라서가 아닌 그 배치에 익숙하지 못해서일 뿐이다. 퇴계 자신의 "4조의 差說"(상235·228)도 근본인 불상리를 "진정 알지 못한 것"이라면 입을 다물어야 할 것이다. 그러나 "알지 못함을 자처"할 수는 없다. "4조의 차설"은 비록 그대의 "承誨"(상228)를 통하기는 했지만 나 스스로 "나의 말이 칭정을 잃었음을 깨달은 것"이고, 또 "그대의 誨語에 얻음이 있어서 본동의 종지로 돌아오게"(상235) 됨으로써 결국 "본동무이"의 13조가 되었다. 따라서 본동무이는 사실, 성정의 "겸리기의 혼륜"일 뿐이며, 나의 "주리·주기의 이치"(상239)와는 다르다. "진정 안(眞知)" 조항이 바로 나의 '주리·주기의 이치'이다. 때문에 퇴계는 "입을 다물고 가만히 있을 수" 없다.

894) 4조 "차설"은 "본동무이"의 13조로 돌아왔다. 문제가 된 8조와 9조는 "趨異"(상230)와 "不能從"(상232)이다. "다름(異)이 없지 않다"의 異가 곧 後 17조의 "異"이다. 이렇게 17조의 "異"가 있는데도 그 내용을 말하지 않는다면 이는 "강마 구익의 도리가 아니다." 강마 구익은 고봉의 "講究 體察로 至當의 귀결을 求해야 할 것"(상49)과 "만약 말하지 않는다면 또 무엇으로 講究할 수 있겠는가?"(상183)와 같다. 뒤 고봉의 답변은 "오늘 우리가 서로 講磨하는 것도 처음부터 이기기를 求하거나 諸道를 헤아리지 말자고 함은 아니다"(하8) "감히 구차히 뇌동할 수 없는 것이라면 끝까지 切磋로서 至當의 귀결을 求하고자 해야 한다"(하9)이다.

895) "본동의 것"인 "차설"은 "본동인 나의 종지(旨)로 돌아왔다."(상235) 따라서 이는 다시 "논하지 않겠다." 앞으로 논해야 할 것은 "趨異" 8조와 "不能從" 9조 총 17조이다. 이는 "구차히 뇌동할 수 없음(不得苟同)"이다. 구차히 뇌동할 수 없음은 고봉이 말한 "진실로 사적인 마음을 품고 남이 꺼려하는 것을 회피하여 우선 상대의 설에 옮아가서는 안 된다"(하114)와 같다. 고봉은 "구동할 수 없는 것은 끝까지 절차로서 지당의 귀결을 구해야 할 것이다",(하9) "학자는 도리의 즈음을 강론함에 구차히 뇌동해서는 안 된다",(하18) "존장(추만)께서는 퇴옹의 설을 바꿀 수 없는 定論으로 여기신듯하나, 저로서는 감히 구동할 수 없다"(하178)고 한다.

(237)夫四端非無氣, 七情非無理, 非徒公言之, 滉亦言之. 非徒吾二人言之, 先儒已言之, 非先儒强而言之, 乃天所賦, 人所受之源流脉絡, 固然也. [非徒비도; 비단~뿐만 아님.]

사단이 '기가 없는 게 아니고(非無氣)' 칠정도 '리가 없는 게 아니다(非無理)'라고 함은 비단 공만의 설명이 아닌 황 또한 이렇게 설명했습니다.(고봉과 전혀 다름. 그렇다면 사단의 소지는 악도 있고, 사칠은 함께 잡탕이 되고 맘)896) 비단 우리 두 사람의 설명뿐만 아닌 선유도 이미 이렇게 설명했으며, 선유들도 억지로 설명한 게 아닌 결국 하늘이 부여한 바와 사람이 받은 바의 원류맥락이 진실로 그러합니다.(이는 태극, 천명, 성선설, 성즉리 등을 모두 부정한 논변임. 그렇다면 사람은 기를 이치로 부여받음이 됨)897)

(238)然其所見, 始同而終異者, 無他. 公意以謂(고봉집 爲)898)四端七情, 皆 "兼理氣", "同實異名", 不可以 "分屬理氣."

그런데도 우리의 소견899)이 "처음은 같은데 끝에서 다른 것(始同終異)"900)은 다른 이유에서가 아닙니다. 공의 뜻은 사단칠정은 모두 "겸리기"(고봉; 사·칠이 아닌 칠정이 겸리기임)901)이고, "同實異名"(고봉; 선의 리는 同實이나, 화·측은 異名임)902)이며, "리·기로의 분속"

---

896) 사단도 非無氣임을 고봉도 말했다고 하지만, 사실과 전혀 다르다. '사단 비무기'가 사단도 정인 "氣"(상112)의 의미라면 고봉도 당연하다. 단 사단을 '기'라 하기 위해서는 그에 합당한 곡절을 제시해야 한다. 사단은 情, 氣, 理, 心, 겸리기, 비무기, 불중절 등등으로 논할 수 있다. 그러나 맹자의 '사단 종지'는 결코 기 혹은 비무기일 수 없다. "단"의 측은은 '리'일 뿐이며, 리의 "확충"이 맹자 종지이다. 이 종지를 '非無氣'라 하면 그렇다면 사단도 악이 있고, 또 악이 있음이 "성선"(「고자상」)이며, 그 기·악을 "확충하라"(「공손추상」) 함인가? 퇴계는 "사단은 진실로 리기의 합이다"(상23) "기 없는 리는 없다"(상17·29·234·242), "겸리기·유선악은 성 역시 그렇다"(상247)고 한다. 하지만 "측은지심"은 '리의 정'을 말하며, 리기의 합은 '物'(상7)이다. 만약 사칠이 겸리기, 不離 合理氣라면 사맹 종지는 부정되고 결국 선유의 모든 설은 선악미정 혹은 잡리기의 잡탕이 되고 만다. 고봉의 "겸리기"는 섞인 잡리가 아니다.

897) 선유도 사단도 비무기, 칠정도 비무리라 했고, 이는 하늘이 부여하고 사람이 받은 바의 원류맥락이 진실로 그렇다. 퇴계는 사단, 칠정, 천명, 태극 등을 모두 본래 겸리기로 여기고, 이를 하늘이 부여한 바의 이치라고 한다. 이 논변은 본성·기품, 사·칠 혹은 이외 모든 성현 본설을 각각 분석하지 않고, 겸리기의 잡탕을 모든 이치의 원류 맥락으로 여긴 것이다. 하지만 태극, 천명, 본성·기품, 성선, 성즉리, 중화, 칠·사 등의 설은 그 각각의 義가 있다. 모두 심이지만, 그 名과 說은 각자 종지가 전혀 다르다. 성현 본설의 종지가 본래 모두 잡리기·불상리일 수는 없다. "하늘이 부여한 바(天所賦)"는 기에 "리를 부여(理亦賦焉)"(「중용, 수장」)함이지, 부여한 천명을 겸리기라 할 수 없다. 기를 부여했다면 성선설과 성즉리에 어긋난다. 불선은 심의 공부에서 생기며, 때문에 심으로 "계신·공구"인 미발·이발의 "존양·성찰"의 공부를 해야 한다.(「중용, 수장」)

898) 『퇴계』집 "公意以謂"의 謂는 『고봉집』에는 "爲"자이고, 또 고봉의 답변 두 곳도 "公意以爲云云者"(하38·25)로 인용한다. 아래 "滉意以謂"(상239)의 謂도 『고봉집』에는 "爲"자이다. 『퇴계집』의 "謂"자는 문맥이 통하지 않는다. 오자일 것이다. 고봉은 "이렇게 계속 '以爲'라 하시면 저로서는 선생의 귀에 달리 해명할 방법이 없겠다"(하25)고 강력 항의한다.

899) "所見"에 대해 퇴계는 위에서 "나의 소견이 그대의 13조와 무엇이 다른가?"(상234)라고 했다. 퇴계는 고봉과 견해·소견이 같음은 "見", 견해가 다른 자신의 설은 "知"로 구분한다.(상32·36·38·239·249·268·272·277·295) '見·知'를 구분하지 않은 경우도 있다.(상19·246) 아래에서 고봉과 퇴계의 혼륜설을 "見", 자신의 주리·주기설을 "知"로 구분하기 위해 여기서는 "우리의 소견은 처음은 같다"고 한 것이다.

900) "始同而終異"의 終異는 "見異而終不能從"(상232)의 '異·終'과 "本同趨異"(상230)의 '異'의 뜻이다. 나의 知는 그대의 見과 '다르다(異)' 함이다. 퇴계는 "본동추이의 것도 '終不能從'의 것으로 同歸했다"(상233)고 하므로 결국 '異·終'은 총 17조이며, 이를 아래에서 조목별로 논변한다. 퇴계는 위에서 '겸리기의 "見"을 "하늘이 부여하고 사람이 받은 바의 원류 맥락"(상237)이라 하는데 그렇다면 퇴계의 "異·終"인 "知"는 하늘이 부여한 원류 맥락이 아닌 '사견'이 되고 만다.

은 불가하다(고봉; 분속은 가한데, 퇴계의 리·기로의 대거호언이 불가함)[903]고 하셨습니다.(퇴계 자신도 본래는 겸리기라 하며, 다만 그 겸리기의 잘못을 모두 고봉 탓으로 돌려버린 것임)

(239)滉意以謂(고봉집 爲) "就異中而見其有同", 故二者, 固多有 "渾淪言之." "就同中而
　　知其有異", 則二者, "所就而言", 本自有主理主氣之 "不同" 分屬, 何不可之有斯理
　　也. [同동; 혼잡의 겸리기.(퇴계 자신의 同이며, 고봉은 부정함) 就취; 느낌에 나아감.(고봉) 리·기에
　　나아감.(퇴계) 言之언지; 칠사를 리기로 설명함. 言언; 리와 기를 言함.(언지, 言 용법이 퇴고가 다름)]

　　황의 뜻은 "다름 가운데 나아가도 그 같음이 있음(就異中有同)을 보았고(見)",[904] 때문
에 이 둘(이곳 '二者'는 사·칠이나, 앞 '見'의 二者는 자사·정자의 칠정임. 同과 見은 스스로 모순임)은 진실로
"혼륜으로 설명(渾淪言之)"할 수 있습니다.(퇴계는 사칠, 사맹, 리기, 정주의 二者 및 리·기·심·성 등
을 모두 본래 혼륜으로 여기고, 天의 원류 맥락이 그렇다고 함)[905] 그렇지만 저는 "같음 가운데 나아가
그 다름이 있음(就同中有異)을 알았고(知)",[906] 따라서 이 둘(리·기, 사·칠)을 "나아간 바에
서 말하면(所就而言)"(고봉; 칠사의 言之. 퇴계; 리·기의 言)[907] 본래 스스로 주리·주기의 "不同"

---

901) 퇴계는 "그대는 사단칠정을 모두 겸리기라 했다"로 인용하지만, 그러나 고봉은 결코 이렇게 말하지 않았다. 고봉은 "칠정이 겸
리기"(상80)일뿐 '사단의 겸리기' 혹은 '사칠은 모두 겸리기'가 아니다. 따라서 '本同'은 퇴계의 일방적 주장이다.

902) "사단칠정의 同實異名"은 퇴계 본설이며, 고봉과 전혀 다르다. 고봉은 "그 中節者는 천명지성이니 이는 四端者의 [선과] 동실이
명이다",(상64) "사단은, 칠정 중의 中節者(선)와 동실이명이다"(상130)일 뿐, 사칠을 동실이명이라 하지 않았다. 요컨대 칠·사
의 선·리는 同實이고, 자사의 "화"와 맹자의 "측은"이 異名이다.

903) 퇴계는 "사칠의 리·기 분속을 불가라 했다"로 인용하지만, 고봉은 이와 다르다. 고봉은 다만 "범론의 '발어리·발어기'는 불가
하지 않다",(상69) "대강은 同이나 곡절은 不同하다",(상65) "시리지발은 專指理言, 시기지발은 리·기로 雜而言之라 하면 가능
하나, 단 시기지발은 專指氣가 아닐 뿐이다"(상60·91·92)고 했다. 고봉은 다만 "사칠을 리·기에 분속하면 [사·칠은] 不相管
이 되며 각자 一偏에 치우치게 된다"(상99·92)고 한다. 대거 호언하면 사칠은 리·기에 각각 치우친다. 대거 호언하지 않으면
가능하다. 사단은 리, 칠정의 기는 당연하다. 고봉은 뒤 답변에서 "이렇게 계속 말씀하시면 저로서는 끝내 선생님의 귀에 나의
말을 펼칠 수 없습니다. 어떻게 말씀드려야 할까요! 어떻게 말씀드려야 할까요!"(하25·38)라고 강력 항의한다.

904) 퇴계의 당초 "有同을 見했다"(상38·32)고 함은 "자사는 희노애락을 말했으나 사단은 不及했고 정자는 희노애구애오욕을 말했
으나 또한 사단은 不言했다"(상37)의 자사와 정자의 "二者"(상38)인 칠정에 관한 논의었다. 즉 퇴계 스스로도 칠정은 '사단을 불
급·불언했다'고 하여 그 '有同의 見'은 사단이 아니라 했다. 따라서 "見"은 사단이 아닌데, 이곳 "二者"는 사칠이다. 고봉이 "출
입이 있다"(상136)고 한 이유이다. "同"은 퇴계 자신의 리기혼륜(혼잡)일 뿐, 고봉은 이를 강하게 부정한다.

905) 퇴계의 당초 "자사와 정자의 二者(칠정)는 사단을 말하지 않았으니, 이는 有同의 '見'인 渾淪言之이다"(상37·38)고 했다. 그런
데 이곳 앞뒤 "二者의 견"은 사·칠이다. "四端 非無氣, 七情 非無理",(상237) "사단칠정은 겸리기, 同實異名",(상238) "二者의
주리·주기와 혼륜언지",(상239) "同을 見한 二者는 혼륜언지"(상249) 등은 모두 사·칠 二者의 혼륜이다. 이는 칠정이 혼륜인
지, 사·칠이 혼륜인지, 사단이 혼륜인지, 혹은 리기가 혼륜인지도 불명하다. 퇴계는 사단, 칠정, 사·칠, 리, 기, 심, 성, 리기,
사맹, 정주도 본래는 모두 혼륜이라 하고, 이는 "하늘이 부여한 바의 원류 맥락"(상237)이라 한다. 반면 고봉은 사맹은 "설명이
부동하다",(상3) "사맹의 意는 각기 所主가 있다"(상78·79·82)고 한다. 고봉의 혼륜언지는 "칠정은 그 전체를 말한 것"(상3)
이다. 퇴계는 사칠이 二者인지, 사맹이 二者인지, 자사·정자가 二者인지, 리기가 二者인지의 구분도 없다.

906) 당초 "同에 나아가 異를 知함"(상36)의 同은 상근·이목의 성설이고, 異는 계선·태극의 설이었다. 이것을 "四者"라 했다. 앞 二
者인 상근·이목은 독기, 뒤 二者인 계선·태극은 독리이다. 그런데 "同에 나아가 異를 知함"이라 하면 독리·독기 二者도 본래
는 同의 혼륜이므로, 따라서 異의 계선·태극도 본래는 상근·이목이 되고 만다. "성도 본래는 겸리기·유선악이다."(상247) 결
국 상근·이목과 계선·태극도 본래 "혼륜"의 '見'이고, 또 "독기"와 "독기"의 '知'라 하므로, 결국 성 3품설이다. 설의 혼란이다.

907) 사칠 二者를 리기에 나아가 言하면 주리·주기라 함이다. 이 논변은 혼란이 크다. 사칠 二者는 기왕 사·맹의 설이다. 이를 다시
'리기에 나아간다'고 하면 이는 사맹 본설을 부정함이 되고 만다. 고봉의 '所就以言之'(상3)는 사람 느낌에 대한 사맹의 설이 부
동해서 그 칠·사 二名이 있다 함이다. 반면 퇴계의 '所就而言之',(상17·42) '所指而言'(상18·20·23·24)은 '리·기'이다.

(리·기의 부동. 리·기의 분)으로 분속시킬 수 있다 하겠으니, 이런 이치가 있음에 무엇이 불가

합니까.(주리·주기는 설명일 뿐 이치라 할 수 없음. 퇴계의 二者는 사칠, 리기, 사맹, 자사·정자인지가 불명함.

모두 사맹, 정주 본설의 종지를 왜곡시킴. 때문에 고봉은 "동이도 분별되지 못함"이라 비판함)[908]

(240)前日之言, 雖或有疵, 而其宗旨, 則實有所從來, 盛辯, 一皆詆斥, 無片言隻字之得完.
今雖更有論說, 以明其所以然之故, 恐其無益於取信, 而徒得嘵嘵之過也. [宗旨종지;
선유 설의 本旨. 성현의 종지.(자신의 말을 종지라 할 수는 없음. 퇴계는 위에서도 자신을 "旨"라 함)
詆斥저척; 꾸짖어 배척하다. 片言隻字편언척자; 한쪽의 말과 외짝의 글자. 일언반구.(片·隻은 양사) 嘵
嘵효효; 말로 아옹다옹 다투는 모양.]

전일의 말이 비록 혹 흠은 있더라도(독기를 흠이라 하면서도 고치지 않음)[909] 나의 종지(宗旨)
는 실로 소종래가 있었던 것인데,(퇴계는 리기에 就한 소종래의 독리·독기를 자신의 종지라 함. 성현의
종지를 부정한 것임)[910] 보내오신 논변에서는 하나같이 모두 꾸짖고 배척하여 한쪽의 말, 외
짝의 글자까지도 온전한 것이 없었습니다.[911] 지금 비록 또 다시 논설을 해서 그러할 수
있는 소이의 까닭을 밝힌들 아마 그것도 공에게 믿음을 취하기에는 무익할 것이며, 그래
서 한갓 아옹다옹하는 허물만 얻게 될까 두렵습니다.(퇴계의 '흠'은 말 실수일 뿐이며, 혼륜, 독리,
독기가 종지임. 그러나 성현의 종지는 천명·중화와 확충·성선일 뿐, '리기 소종래에 나아간 것'일 수는 없음)[912]

때문에 고봉은 "나는 一情의 언지에 不同이 있음의 뜻이었는데 선생은 리·기의 소종래이다"(상77)고 비판한다. 이는 칠·사의
"별칭"(상3)이 아닌 '리·기의 사·칠'이다. 퇴계는 사맹의 言之가 아닌 "리·기"의 "言"이다.

908) 리기에 나아가 言하면 주리·주기 부동의 사칠이 있다. 그렇다면 사맹이 一情을 사·칠로 說한 것이 아닌 리·기에 나아가서 言
했는가? 『어류』는 사칠을 리발·기발로 言之해 해석했다. 리와 기는 言之가 아닌 "言"이며 "實"이다. 고봉은 사맹은 "그 정을 설명
하는 방법이 부동하다(所就以言之者不同)"(상3)고 하는데 이는 리·기의 言의 實이 아니다. 퇴계는 "이런 이치가 있다"고 하나, 주
리·주기는 사칠에 관한 설명일 뿐이며, 이외의 설명도 무수하다. 사단의 종지는 확충·성선이나, 한편 기이기 때문이다. 퇴계의
"二者"는 사칠, 사맹, 리기, 자사·정자인지도 불명하다. 때문에 고봉은 "동이 문제도 가지런하지 못하다"(하34)고 비판한다.

909) "전일의 말에 흠이 있었다"고 함은 「퇴계1서」 "칭정을 잃은 것"을 말한다. 퇴계는 위 "조열"에서 "제1절 4조는 나의 말에 칭정
을 잃은 것을 깨달았고, 이미 고쳤다"(상228)고 했고 "이는 본동의 종지(旨)로 돌아갔다"(상233·235)고 했다. 또 13조를 "본동
무이"라 했고, 아래 17조의 "불능종"은 자신의 흠으로 여기지 않는다. 퇴계가 흠으로 여긴 4조 중 "專是氣"와 "獨言氣"(상228)
2조를 「개정본」에서 "兼指而主言氣"(상212)로 고쳤다. 이렇게 "흠"을 고쳤지만 퇴계는 여전히 "專指氣"(상243)라 하므로, 고친
것은 없다. 하지만 기질지성은 성설이므로 主氣, 專氣, 獨氣는 불가하다.

910) 퇴계는 "偏指而獨言氣"는 흠이 있어서 "兼指而主言氣"로 고쳤지만,(상212) 그러나 리·기 소종래에 나아간 獨言氣, 主言氣가 퇴
계 "종지"이다. 말에 흠이 있는 것은 "偏指"인데, 이후 "專指"(상243)는 그대로이며, 또 "주기"이다. 즉 혼륜의 겸리기이나, 리
·기 소종래에 나아가면 독리·독기(주리·주기)이다. 그렇다면 공자 기질지성과 자사 혼륜은 성현의 종지가 아닌가? "공문과
자사는 진실로 나의 소종래 설을 쓰지 않았다."(상274) 퇴계는 "리·기에 나아간" 독리·독기라 하는데, 만약 공자, 자사, 맹자
가 '리기에 나아간' 것이 아니라면 결국 퇴계가 성현의 宗旨가 되고 만다. 그런데 퇴계는 또 "혼륜은 하늘의 원류 맥락"(상237)
이라 하고 "본동의 종지(旨)로 돌아갔다"(상235) 하므로 그렇다면 퇴계는 혼륜도 하늘의 종지, 독리·독기도 자신의 종지이다.
퇴계는 성현의 본설이 아닌, "리기 소종래에 나아간" 혼륜, 독리, 독기를 스스로 자신의 "종지"로 삼고 만 것이다.

911) 나의 말은 리·기 소종래의 宗旨가 있다. 그 소종래의 종지의 말이므로 그대는 나를 배척할 수 없다. 왜냐하면 하늘의 원류 맥
락인 혼륜, 리기에 취한 독리·독기는 모두 이치이기 때문이다. 반면 고봉의 비판은 성현의 종지인 "중화" 및 "확충·성선"을
"대거 호언"하고 또 "리발·기발"의 兩發·二善으로 해석한 것을 문제 삼을 뿐이다.

912) "그러할 수 있는 소이의 까닭"은 위 "宗旨인 리·기 소종래"이다. 즉 종지인 리·기 소종래에 대해 또다시 해명한다 해도 그대
는 믿으려 하지 않을 것이다. 왜냐하면 "내가 분별로 말하면 그대는 혼륜으로 말하고, 내가 혼륜으로 말하면 그대는 분별로 공

제1조[913]

(241)辯誨曰, "天地之性, 專指理, 氣質之性, 理與氣雜. 是理之發, 固然, 是氣之發, 非專指氣."

변회에서, "천지지성은 專指理이고, 기질지성은 理氣雜이다. '是理之發'은 진실로 그러하지만, '是氣之發'은 專指氣가 아니다"고 하셨습니다.[914]

(242)滉謂. 天地之性, 固 "專指理." 不知, 此際只有理, 還無氣乎? "天下未有無氣之理", 則非只有理. 然猶可以 '專指理言', 則氣質之性, 雖雜理氣, 寧不可 '指氣'而言之乎? 一則理爲主, 故就理言, 一則氣爲主, 故就氣言耳. [還還; 역시. 과연.(어기를 강하게 함) 猶由; 마치 (오히려)~와 같다. 여전히. 寧寧; 이와 같이. 그렇게. 雜理氣잡리기; 리기가 잡으로 섞임.(합리기, 겸리기, 理與氣雜而言之와 다른 퇴계의 독자적 설임) 一일; 한 측면에서는. 한편으로는.(一性으로서의 一이 아님)]

황은 말하겠습니다.[915] 천지지성은 진실로 "專指理"(주희의 해설)입니다.[916] 그렇지만 모르겠으나 이 즈음에도 단지 리만 있고 과연 기는 없을까?(이는 '성즉리, 성선설'에 어긋남)[917] "천하에 기 없는 리는 없으며"[918] 따라서 단지 리만 있는 게 아닙니다.(모두 物일 뿐, 性이 아님) 그런데도 오히려 '專指理로 言'(당초의 전리를 고치지 않음)할 수 있습니다.[919] 그렇다면

격하기 때문"(상261)이다. "칭정을 잃은" 4조와 "본동무이"는 다만 "말에 칭정을 잃은 작은 흠"일 뿐이며, 나의 "추이"와 "불능종" 17조를 그대는 "알지(知)" 못한 것이다. 작은 흠도 '종지와 소종래가 있으므로' 잘못은 아니다. 그 종지는 "同中(혼륜)에서도 그 異(리・기)가 있음을 안 것으로, 이러한 이치가 있다."(상239) 하지만 이러한 혼륜, 소종래, 독리・독기, 이치 등은 성현 종지에 대한 해석이 아닌, 퇴계 자신의 '종지의 이치'이다.

913) "1조"부터 이하 "끝조(17조)"(상292)까지의 구분은 역주자가 붙였다. 퇴계는 번호를 붙이지 않았지만「고봉3서」는 각조에 번호를 붙여 답변하기 때문이다.

914) 고봉의 설은 상60이다. 이 인용문은 고봉 본문과 다르다. 천지지성과 기질지성 두 성설을 고봉이 '專指理와 理與氣雜이라 함이 아닌, 주희의 논은 "專指理로 言했고" "理與氣雜으로 言之했다"고 한다. 또 고봉이 '시기지발은 專指氣가 아님'이 아닌, "시기지발" 본문은 "專指氣로 해석한 것은 아님"이라 했다. 퇴계는 자사 본설과 주희 해설을 구분하지 않은 채 자신의 리기설 의미로 인용한 것이다. 고봉은 '氣之發은 불가'라 함이 아니다. 인용 잘못은 "조열" 각주를 참조할 것.(상230)

915) 고봉의 "大升謂"(상50)는 자신의 논변이고 "按"(상92)은 선유의 고찰이다. 퇴계는 모두 "황위"로 통일한다.

916) 주희의 "論天地之性, 則專指理言"(상60)을 긍정한 것이다. 단 "專指理" 인용문은 문제가 있다. 주희는 천지지성에 대해 論하면서 이를 '專指理의 言이라 할 수 있다'고 했을 뿐, 천지지성이 곧 전지리라 한 것은 아니다. 천지지성의 '설'에 대해 주희는 論했다. 주희가 "言"이라 한 것은 理・性은 설명(言之)이 아니기 때문이다. 만약 퇴계와 같이 천지지성만 專理라 하면 이외 기질지성 등 제설은 리가 아님이 되고 만다.

917) 천지지성도 본래는 혼륜의 잡이므로 '기가 있다.' 이는 주희의 논과 다르다. 주희는 천지지성을 論함에 '전지리의 言'이라 한다. 이는 論이며 言이다. 천지지성은 一性에 관한 제설 중 하나이다. 주희는 이 설을 論해서 리의 言이라 한다. 성은 잡리가 아니다. "성이 氣中에 있더라도 성은 스스로 성"(상84)인 성즉리이다. 만약 천지지성도 '기도 있다'고 하면 이는 '專理의 논'을 부정함이 되며, 결국 성즉리와 성선설도 부정되고 만다.

918) 주희의 설을 인용했는데 "천하"를 생략했다.(상17・29・234) 천하 만물・사물은 리기 합으로 이루어졌다. 이는 리 혹은 기를 말함이 아닌, '사물의 측면'이 그렇다 함이다. 성은 곧 리일 뿐, 리기의 合 혹은 雜이 아니다. 성의 천명・천지・본연지성, 정의 사단은 "專理의 言"(상60)일 뿐, 이 본설에 기가 합해있다 할 수는 없다.

기질지성이 비록 "雜理氣"(주희의 설인데, 퇴계는 주기 '이전' 잡성임)라 해도920) 이처럼 '기만 가리켜'(指氣는 主氣와 專指氣 둘임) 설명(言之)할 수는 없겠습니까?(성설의 리를 '氣'라 한 것임)921) 하나(천지지성의 설)는 리 위주인 까닭922)에 리에 나아가(就) 말했던 것이고, 하나(기질지성의 설)는 기 위주인 까닭에 기에 나아가(就) 말했던 것뿐입니다.(이는 공맹 천지지성과 기질지성 본설의 정의를 곧바로 무너뜨린 것임. 퇴계는 성의 實로서의 리,(言) 선유의 성 본설,(2설) 성설의 설명방법(言之) 등을 구별하지 않음)923)

(243)四端非無氣, 而但云 "理之發", 七情非無理, 而但云 "氣之發", 其義亦猶是也. 公於理發, 則以爲 "不可易", 氣發, 則以爲 "非專指氣", 將一樣語, 截作兩樣看, 何耶? 若實非專指氣, 而兼指理, 則朱子於此(朱子於此 고봉집 없음) 不應與 "理之發"者, 對擧而併疊言之矣. [將장; 가지다. 쥐다. 語어; 주희의 語.(是理之發과 是氣之發의 語. 이 語는 사맹의 語가 아니므로 곡절이 있음. 칠·사 사맹 본설을 語로 해석함)]

사단도 기가 없는 게 아닙니다.(사단 종지는 진실로 기가 없음)924) 그런데도 단지 "리지발"(是자를 뺀 것임)이라 합니다.925) 칠정도 리가 없는 게 아닌데도 단지 "기지발"(是자를 뺀 것임)이

---

919) 퇴계는 천지지성도 본래 기가 있다고 한다. 하지만 기왕 천지지성의 '설'에 또 기가 있다 할 수는 없다. 퇴계는 천지지성도 기가 없지 않으나 그런데도 專理라고 한다.("言"은 고봉의 말임) 그러나 천지지성은 성이 氣中에 있다 해도 '獨理임을 言'한 것으로, 이는 雜에서의 독리가 아니다.

920) 기질지성도 본래 잡리기라 함이다. 리·기 別(고봉은 分) '이전' 잡리기이다. 別하면 독기·주기이다. 퇴계의 기질지성은 잡리기, 독기, 전기, 주기 등이다. 하지만 주희가 논한 기질지성의 잡리기는 리의 성일 뿐 잡성이 아니다. 주희의 "雜而言之"는 성이 '기에 있음으로 설명'한 것이다.

921) 기질지성을 兼理氣와 專指氣로 나누었다. 그렇다면 정주는 기질지성이라는 '설'을 둘로 논했는가? 설의 가리킴이 모호해서는 안 된다. 정주는 공맹의 기질지성을 "雜而言之"(상60)라 했을 뿐이다. 퇴계는 당초 "偏指, 獨氣"(상35)라 했고, 「개정본」에서는 "兼指, 主氣"(상212)로 고치고 "偏·獨은 병통이 있다"(상266) 했는데, 여전히 지금도 "指氣" "專指氣"(상242·243)이다. 그런데 지금 "指氣"는 '主氣'인지 '專氣'인지 불명하다. 만약 主氣라면 위 천지지성도 '兼指'이나 '主理'가 되어야 하며, 따라서 천지지성의 '偏·獨'도 병통이 된다. 즉 본연지성의 "易發 獨理"(상211)와 사단의 "純善(純理)"(상1·14)도 병통이 되어 모두 '주리'로 고쳐야 한다. 더구나 퇴계는 기질지성의 성설을 '氣'라 한 것이다. 퇴계는 성의 '리(實), 성설의 '가리킴(宗旨), 그 '설명(言之)' 등을 구분하지 않는다.

922) 천지지성은 리기 중의 '주리'라 함이다. 이는 주희의 논과 다르다. 성즉리의 一性은 천지지성, 성선지성, 천명지성 등의 설이 있는데 이를 주희는 "專指의 言으로 指"(상60)했다. 성은 리일 뿐, 리기 중의 리가 아니다. 천지지성은 '主理인 까닭'이 아닌, 다만 주희는 천지지성을 '리로 해석'했을 뿐이다. 성을 '리인 까닭'이라 할 수는 없다.

923) 리와 기 위주인 까닭에 그 "리·기 중에 나아가" 리와 기로 말했다. 리·기가 먼저고 성이 뒤라는 것이다. 이와 같다면 기질지성과 천지지성은 공맹·정주의 '설'이 아님이 되고 만다. 두 설은 공맹과 자사의 성설이다. 이를 정주는 리기로 논한 것이다. 주희는 천지지성의 설을 專指의 言이라 하고, 기질지성의 설을 리기의 雜而言之라 한다. 이는 '리·기에 나아가서(就) 논한 것은 아니다. 만약 리·기에 나아간다 하면 지금 '자신(나)'의 성은 부정되고 만다. 퇴계는 천지지성과 기질지성의 종지를 넘어 새롭게 設한 것이다. 고봉의 "就"(상3)는 성현의 여러 性說에 '就해서' 정주가 각각 리기로 다르게 논한다 해석했다 함이다. 리와 기는 '實'일 뿐 言之가 아니며, 성은 '理'일 뿐 혹은 잡리가 아니며, 성 제설은 '設'일 뿐 리 혹은 기가 아니고, 성의 제설을 선유는 '言之'했을 뿐 言한 것은 아니다. 퇴계는 이를 분석하지 않은 것이다.

924) 사단은 기이나, 맹자 所指는 기가 아니다. 고봉의 "사단도 기를 탄다"(상4)고 한은 사단도 심 본연의 感物이라 함으로, 이는 '사단도 기가 있음'의 뜻이 아니다. 반면 퇴계의 "사단도 기가 없지 않다"고 함은 본래 '겸리기'지만 단지 主理·獨理라 함이다. 하지만 사단의 가리킴은 주리, 기, 겸리기라 할 수 없다. 사단은 "확충하라"와 "성선" 논증이며, '기가 있는 주리'로는 확충, 성선의 논증은 불가하다. 주리는 이미 기의 "納交, 要譽(남에게 보이기 위함)"(「공손추상」6)의 마음을 포함하기 때문이다.

925) 『어류』"是"자를 빼고 "理之發"로 인용한 것이다. 즉 겸리기 중의 리의 발이다. 그러나 맹자 사단은 고유의 종지가 있고, 학자는

라 하는데,926) 그 뜻(義) 또한 이(위 2성설의 전리·전기)와 같습니다.(사맹과 어류의 설을 해석하지 않고 직접 '리기에 나아가' 말한 것임. 추만 「천명도」를 퇴계가 임의로 리기에 나아가서 '기도'로 바꾼 것임)927) 그대는 '리발'에 대해서는 "바뀔 수 없다"고 하고서 '기발'에 대해서만 "專指氣가 아니다"(고봉이 전지기가 아니라 한 이유는 '천명·중화'가 있기 때문임)고 하니,928) 이렇게 한 모양의 말(사맹 본설 및 어류 해설을 퇴계가 임으로 둘로 가른 것임)을 잘라 두 모양으로 만들어 보는 것(하나는 가능, 하나는 불가능)은 왜입니까?929) 만약 칠정이 실로 '專指氣'(주기로 바꾸지 않음)가 아닌 兼指理라면(主氣가 아닌 '專氣'로 다시 돌아감. 퇴계 스스로 병통이 있다 한 것임)930) 주자도 여기에서 응당 "리지발"(분자를 뺌)과 더불어 대거·병첩해 설명하지도 않았을 것입니다.(사맹이 리기에 나아가서 리·기로 병첩했을 수는 없음. 퇴계가 리·기로 병첩해서, 추만 「천명도」를 '기 단독'으로 바꾼 것임)931)

제2조

(244)辯誨曰, "就天地人物上, 分理與氣, 不害. 就性上論, 理墮在氣中. 若論情, 則性墮在

다만 그 종지를 해석해야 할 뿐이다. "是"자가 '해석'임을 표시한 것인데 퇴계는 이를 생략하여 사단을 곧바로 '리에서 발함'으로 여긴 것이다.

926) 자사의 "희노"는 당연히 천명의 中·和가 있다. 『어류』 "是氣之發"은 단지 칠정의 '해석'일 뿐이다. 만약 "기의 발이다"고 한다면 칠정은 곧바로 '기에 치우치고' 만다. 또 문제는 "是"자를 빼면 이는 해석이 아닌 직접 '기가 발함'이 되고 만다. 퇴계는 "리기에 나아가서" 그 '기의 발'을 칠정이라 한다.

927) 퇴계는 "리기에 나아가면" 그 독리는 천지지성과 사단, 그 독기는 기질지성과 칠정이라 한 것이다. 그러나 천지·기질지성은 공맹의 성 본설이고, 사·칠도 사맹의 정 본설이다. 선유는 사람 고유의 성을 여러 성설로 논했고 또 사람 본연의 감정을 여러 설로 논했다. 성 및 느낌의 설은 무수하게 많다. 정주는 이를 리기로 해설한 것뿐이다. 따라서 주희가 "시리지발은 專指理言, 시기지발은 理與氣雜而言之"(상60)라고 한 것은 사맹 본설에 대한 해설에 불과하다. 그럼에도 퇴계는 "천명"의 칠정에 대해 정 반대로 '리기에 나아간 기발'로 바꾸어 결국 추만 「천명도」는 리기 중의 '기도'가 되고 만 것이다. "그 옳음(義) 또한 이와 같다"고 할 수는 없다.

928) "공은 리발을 불가역이라 하고 기발을 전지기가 아니라 했다"고 함은 고봉 본의와 다르다. 고봉은 "시리지발은 不可易이고 시기지발은 專指氣가 아니다"(상60)고 했다. 고봉은, 사실 해석인 "시리지발, 시기지발"을 퇴계가 말한 "分·異"에 따라 "천지지성은 專指理言, 기질지성은 理與氣雜而言之"(상60)임을 고찰했다. 즉 고봉은 주희가 해설한 사·칠과 본성·기품의 논에 의거해서 재해석한 것뿐이다. 반면 퇴계는 직접 '리기에 나아가서' 말한 것이다.

929) "한 모양의 말"은 『어류』 "시리지발, 시기지발"이라 함이고, "잘라 둘로 만들어 본다"고 함은 고봉이 한편으로는 "불가역" 한편으로는 "전지기가 아님"이라 했다 함이다.(상60) 즉 '리발·기발'에 대해 그대는 하나는 가하고 하나는 불가라 했다. 이 비판은 고봉 논변과 다른데, 왜냐하면 어류의 리발·기발은 사맹 본설 중 일편으로의 해석에 불과하기 때문이다. 희노의 중화는 리이므로 "시기지발"은 치우친 것이다. 기임도 지당하나 다만 "專指氣가 아니"라는 것이다. 퇴계가 오히려 사맹과 주희를 따르지 않는다. 퇴계는 "是"자를 빼고 리발·기발을 사·칠이라 하고 또 합리기 중의 전리·전기라 한다. 이는 사맹의 설, 주희의 논에 대한 해석이 아니다. 오히려 퇴계가 '리발·기발'을 '둘로 따로따로 잘라서' 치우친 리, 치우친 기라 한 것이다.

930) "칠정은 專氣의 指"일 뿐 兼理氣의 指가 아니라 하니 함이다. 과연 중화는 리가 아닌가? 퇴계는 어류 "시기지발"을 이치로 여긴다. "칠정도 리가 없지 않지만" 다만 "오로지 기"이다. 그렇다면 칠정에 리가 있음은 이치가 아닌가? 오로지 氣의 指만 이치인가? 이곳 "專氣"는 主氣가 아니다. 專氣, 獨氣만 칠정의 所指라면 主氣는 무엇인가? 퇴계는 "偏指, 獨氣"를 「개정본」에서 "兼指, 主氣"(상212)로 "고쳤고"(상228) 또 "偏·獨 2자는 과연 병통이 있다"(상266)고 하면서 이를 "本同으로 돌아갔다"(상233·235)고 했다. 그런데 여기서는 또다시 專氣이다.

931) 칠정은 겸리기가 아니다. 만약 자사, 주희가 겸리기로 여겼다면 "리지발"과 대거·병첩해서 "기지발"이라 하지도 않았을 것이다. 오로지 氣의 指이기 때문에 주희는 "기지발"로 대거·병첩했다. 하지만 주희는 다만 자사의 희노를 해설했을 뿐이며, 이 해설은 자사의 모두라 할 수는 없다. 자사는 희노로 천명의 중화를 논했기 때문이다. 사맹은 대거·병첩하지 않았고, 리·기로 병첩했을 리도 없거니와, 더욱이 리기에 나아가서 그 리발·기발이 곧 사칠이라 했을 리도 없다. 처음부터 퇴계가 리·기로 대거·병첩했을 뿐이다. 칠정의 편기·전기가 이치라고 하지만, 그렇다면 추만 「천명도」는 천명 및 중화가 없는 오로기 '기도'가 되고 만다.

氣質, 兼理氣有善惡. 分屬未安."

변회에서, "천지 인물상에 나아가 리와 기를 分하면 해롭지 않다. 성상에 나아가 논하면 리는 기 가운데에 타재한다. 만약 정을 논하면 성은 기질에 타재하니, 겸리기·유선악이다. 분속은 안정되지 않다"고 하셨습니다.(고봉 본문과 전혀 다르며, 오독임)[932]

(245)滉謂. 就天地人物上看, 亦非理在氣外, 猶可以分別言之. 則於性於情, 雖曰 "理在氣中", "性在氣質", 豈不可分別言之?

황은 말하겠습니다. 천지 인물상에 나아가 보더라도 또한 '리는 기의 밖에 있지(理在氣外)' 않습니다.(주희 獨理의 實을 곧바로 부정한 것임)[933] 그런데도 오히려 "분별로 설명함"(고봉의 '分'을 分別言之로 잘못 인용한 것임. 리·기는 分이며 言의 實일 뿐, 言之가 아님)[934]이 가합니다. 그렇다면 '성'이나 '정'에 있어서도 비록 "리가 기 중에 있고(理在氣中)"(고봉은 기질지성이라 함) "성이 기질에 있다(性在氣質)"(고봉은 '정'은 성발임을 논한 것임) 하더라도 어찌 [리·기] '분별로 설명함'이 불가하다 하겠습니까?(고봉은 분별은 지당하고, 정주도 리·기로 분별 해설한 것임)[935]

---

932) 이 인용문이 고봉 본문과 다름은 앞에서 지적했다.(상230 각주) 다시 말하면, 퇴계의 "性上에서 논하면 리는 氣中에 타재한다"고 함은 고봉의 "성상에서 논하면 기질지성은 리가 기질 中에 타재함을 이른다"(상89)이다. '리는 氣中에 타재한다'고 하면 이는 성을 논함에 기질지성 하나만 논함이 되고 만다. 또 "정을 논하면 성은 기질에 타재한다"고 함은 고봉의 "정을 논하면 본성이 기질에 타재한 연후에 발하여 정이 된다"(상90)이다. '성이 기질에 타재한다'고 하면 이는 기질지성이 되고, 기질지성에서 정이 발함이 되고 만다. 또 "분속미안"은 고봉의 "사실을 리·기에 분속하면 칠정은 전지기가 아니니, 이곳의 곡절이 미안이다"(상91)이다. 즉 분속이 미안이 아닌 '전지기가 미안'이다. 퇴계는 이 인용문을 "그대는 성론과 정론은 모두 겸리기·유선악으로 여기고, 분속은 미안으로 여겼다"(상247)로 읽은 것인데, 이는 심한 오독이다.

933) 고봉은 천지상의 "리·기는 分"이고 "스스로 一物이다"고 한다.(상88. 하45) 이에 퇴계는 "천지상에서도 리는 氣外에 있지 않다"고 반박한 것이다. 이 반박은 주희 및 고봉의 설과 전혀 다르며, 오히려 獨理의 실체를 정면으로 부정한 것이다. "성즉리"는 어떤 성설이라 해도 모두 독리라 함이다. 퇴계는 '성즉리'를 어기고 리의 독립성을 인정하지 않은 것이다. "리는 기 밖에 있지 않음"은 기질지성의 '論일 뿐, 리·기 二物의 '分'에 관한 것은 아니다. 만약 獨理가 아니라면 '기에 있는 리'는 그 근거를 잃게 되고 만다.

934) 고봉 본문은 "就天地及人物上, 分理與氣"(상88. 하45)이다. 천지 인물상의 리·기는 分이다. 리와 기는 '분별로 설명(言之)'함이 아닌, 分의 실체다. 퇴계는 "리·기는 분별로 설명할 수 있다(分別言之)"고 하지만 리와 기는 "각자 二物로서 스스로 一物이다."(상88) 리 및 기는 설명(言之)이 아닌 '실체'이므로 "言"(상60)이다. 본성·기품의 '說은 實이 아닌 一性을 둘로 분별해 "言之"(상60)한 것이다. 고봉의 "본성·기품은 一性을 그 所在에 따라 分別言之했을 뿐이다"(상89)고 함은 성의 2설을 리 혹은 겸리기의 분별로 '설명'한 것이다. 퇴계는 리·기 실체의 '분과 一性의 본성·기품의 '언지' 2설을 분석하지 않는다.

935) 본성·기품, 사단·칠정을 리·기로 分別言之할 수 있는 이유를 고봉을 인용해 말한 것이다. 성의 본성·기품, 정의 칠·사는 당연히 분별이고 또 리기로의 분별언지도 가능하다. 정주가 리기의 분별언지로 해설했다. 퇴계의 분별언지 이유는 고봉과 다르다. 고봉의 "기질지성은 此理가 氣質 중에 타재한다"(상89)고 함은 기질지성의 '설'에 관한 논변이다. 따라서 이 기질지성을 다시 리·기 둘로 分할 수는 없다. 또 고봉의 "정을 논하면, 본성이 기질에 타재한 연후 발해서 정이 된다"(상90)고 함은 정은 '성발'이라 함이다. 정으로의 발은 성이 기질에 타재한 연후의 일이며, 성발이다. 고봉의 "성재기질"은 성론일 뿐 정론이 아니다. 퇴계는 성 혹은 정도 '합리기에 나아가' 각각 리·기로 분할 수 있다 한다. 하지만 고봉의 "리재기중, 성재기질"의 합리기는 이미 기질지성의 성론일 뿐, 리·기 分이거나 혹은 리·기로 分할 수는 없다.

(246)盖人之一身, 理與氣合而生, 故二者互有發用, 而其發又相須也, 互發則各有所主可知, 相須則互在其中可知. 互在其中, 故渾淪言之者, 固有之, 各有所主, 故分別言之, 而無不可.

사람의 一身(一心과 같음)은 리와 기의 합으로 '生(탄생)'합니다.936) 때문에 이 둘 (리·기)은 상호 발용함(生은 리기 합이므로, 그 리기가 직접 호발한다는 것임)이 있고,(發을 성 발이 아닌 리기 호발이라 함. 그렇다면 맹자 성선은 부정됨)937) 그 發은 또 서로를 필요로(相須) 합니다.938) 호발(互發)에는 각기 '所主'(사칠 소주가 아닌, 리·기 소주임)가 있음을 알아야 하고,(퇴계의 호발·소주는 사칠이 아님)939) 상수(相須)하니 [리·기가] 상호 '그 가운데 있음(在中)'도 알아야 합니다.(정자는 이때는 알 수 없다고 하는데, 퇴계는 자신의 공부를 빼고 혼륜의 모호함으로 추측한 것임)940) 상호 그 가운데 있기(在中) 때문에 '혼륜으로 설명함'도 진실로 있지만,(중용의 미발 재중을 리기 혼잡이라 함. 그렇다면 미발은 中과 性이 아니며, 공부 없음이 됨)941) 각기 [리·기의] 所主가 있기 때문에 '분별해 설명함'도 불가함이 없습니다.(리·기는 설명이 아닌 실체임. 리·기 소주가 사칠일 수는 없음)942)

---

936) "一身은 리기의 합으로 生한다"고 함은 "心은 리기의 合"(상23·105·234)과 같다. 리기로 일신이 탄생한다. 하지만 이는 가정에 불과하다. 사람의 탄생 이전은 정으로는 알기 어렵고, 심으로 추론할 수밖에 없다. 만약 심의 탄생이 리기가 하는 것이라면 심 이전 심을 탄생시키는 무엇(리기)이 먼저가 된다. 심보다 리가 먼저 있어서, 리기 존재가 내 인생을 지배하게 되고 만다. 『중용』의 이른바 "발"은 심이 외물과의 "교류(交)"("이발미발설")인 정을 통한 천지의 "位·育"을 논했을 뿐, 리기가 심을 탄생시키는 리기호발의 일을 논함이 아니다.

937) 一身(一心)이 합리기의 生이므로, 느낌도 리기 二者가 호발한다. "리기의 相須는 체이고 相待는 용이다."(상17) 하지만 느낌의 발은 심 본연의 일이며, 심이 외물에 감촉하면 성이 발한다. 주희는 "感物로 動하는 것은 성의 欲이며, 그 욕이 곧 정이다"(상107)고 한다. 따라서 그 動(發)은 성일 뿐, 리기 호발일 수 없다. 퇴계는 리기가 호발해서 정(느낌)이 된다고 하지만, 그러나 발이 곧 느낌이며 심이다. 심은 정이 있고, 그 정은 심의 일이다. "심통성정"이다. 성의 발(동)과 느낌은 분리될 수 없다. 호발이라 하면 자사의 "중(덕)" 및 맹자 "사단(선단)"과 "성선(형이상)"은 부정되고 만다.

938) "그 發은 서로를 필요로(상수) 한다." 즉 호발은 단독의 발이 아닌 리기 상수이다. 과연 심이 아닌 리기가 직접 호발하는가? "발"은 『중용』 "未發, 發而"이다. 외물에 심이 감하여 성의 욕구는 발하며, 발이 곧 정이다. 심의 외감은 사람의 "自然之理"(상3·107. 하191)일 뿐이다. 퇴계는 "리기 相須는 체이고 相待는 용이다",(상17) "리기 相須는 渾淪言之이다"(상37)고 한다. 그렇다면 미발의 "상수"는 그 가리킴이 없는 선악미정의 "쓸데없이 자란 無用"(상122)이 되고 만다. 퇴계의 "혼륜언지"는 사·칠 혹은 본성·기질 등의 설을 '해석한 것(言之者)'이 아니며, 그래서 '발 이전은 리기혼잡이 되고 만 것이다.

939) "호발은 각기 所主가 있음"은 '리기 호발'과 '주리·주기의 소주'이다. 즉 심의 외감에 의한 성발이 아닌 리기 호발이고, 소주도 사칠이 아닌 주리·주기이다. 따라서 호발과 소주는 사·칠이 아니다. 주리의 발도 사단 독리의 발이 아니다. 리발·기발, 주리·주기는 그 근원(소종래)(상79)이 각각 다르다 함이다. 따라서 퇴계의 '호발' 및 '소주'는 스스로 치우침을 선언한 것이다. 고봉의 "소주"는 "意 역시 각기 所主가 있음"(상78·79·82)의 사맹 소지·종지를 말함이지, 리·기가 아니다.

940) "相須이므로 [리기는] 상호 그 가운데 있다." 즉 리발·기발도 그 속은 혼륜이다. 리기 호발도 본래 상수의 혼륜이고, 상수의 혼륜이라도 리발·기발의 소주가 있다. 이는 사칠의 소주를 논함이 아니다. 또 "상호 그 가운데 있음(互在其中)"의 '在中'도 정주 본설과 다르다. 정주의 "渾然在中"은 희노애락 미발로서의 "性之德의 상황(狀)"(상95)이다. 더구나 정자는 "人生에 있어 靜 以上은 不容說"(『정씨유서』권1, 56조, 10쪽)이라 하며 이는 미발의 靜을 쉽게 논할 수 없다 함이다. "리기 즈음은 알기도(知) 어렵고 言之(설명) 역시 어렵다."(하118) '已發'에서 묵식할 수밖에 없기 때문이다. 퇴계는 미발의 "재중"을 추측 독단한 것인데, 이로써 미발의 공부(중의 신독)도 없는 혼륜의 모호함이 되었고, 더구나 이 논변은 무엇(가령 칠사를 논함인지)도 불명하다.

941) 상수는 리기가 "상호 그 中에 있으므로 渾淪言之이다." 즉 호발도 그 在中에서는 상수의 혼륜이다. 퇴계는 리, 기, 리기, 사, 칠, 사칠 등도 본래는 혼륜이라 한다. 리 및 "성도 겸리기·유선악"(상247)이다. 퇴계는 미발, 발처, 旣發, 사단, 칠정의 소지를 구분하지 않는다. 사칠 혹은 리기도 "본래 혼륜이다"고 함은 공자, 자사, 맹자, 정·주의 '설'을 고찰함이 아니다. 심 미발은 性이며 中일 뿐, 리기 혼륜(잡)일 수 없다. 고봉의 혼륜언지는 칠정이다. 만약 재중이 잡이라면 공부도 잡이 되며, 더구나 퇴계는 재중을 공부로 논하지 않고 잡의 혼륜으로 추측한 것이다.

942) "所主가 있으므로 分別言之할 수 있다." 즉 혼륜(잡)도 그 소주가 있으므로 리·기로 분별할 수 있다. 소주는 사칠이 아닌,

(247)"論性", 而 "理在氣中", 思孟猶指出 '本然之性', 程張猶指論 '氣質之性'. "論情", 而 "性在氣質", 獨不可各就所發, 而分四端七情之所從來乎? 兼理氣・有善惡, 非但情爾, 性亦然矣. 然安得 '以是爲不可分'之驗耶? 從 "理在氣中"處言, 故云 "性亦然"矣. [指出출; 지적해 척출함. 가리켜 척발함. 指論지론; 가리켜 논함. 就所發취소발; 리・기가 발한 곳에 나아감.(정 이전, 리・기가 발해서 정이 된다고 한 것임) 以…爲; ~을~으로 여기다. 從종; ~로부터. 驗험; 증거.(퇴계) 體驗. 驗得.(고봉. 상74・139)]

　　이는 "성을 논"하면서 "리가 기 가운데 있다(理在氣中)"(고봉의 기질지성의 性論인데, 퇴계는 성론이 아닌 합리기의 '物'의 論임) 하더라도, 자사와 맹자는 여기서 오히려 '본연지성'을 指出했고[943] 정자와 장재는 여기서 오히려 '기질지성'을 指論한 것과 같습니다.(합리기에서의 '독기'라는 것임)[944] 따라서 "정을 논"하면서 "성이 기질에 있다(性在氣質)"(그렇다면 정은 성이 아닌 잡에서 나옴이 됨) 하더라도,[945] 유독 각기 그 '所發(리・기가 발한 바)'에 나아가서(就)' 그 사단 칠정의 소종래로 나눌 수는 없겠습니까?(리・기가 곧 사칠 소종래라는 것으로, 매우 불가함. 정은 사칠 둘만 있지 않음)[946] 겸리기・유선악은 비단 정 뿐만이 아닌 성 역시 그러합니다.(성도 기・악이라 한 것임. 고봉은 정은 유선악, 성의 무불선은 고연의 이치라 함)[947] 그런데도 어떻게 '이것(퇴계는 고봉의 성론・정론 및 사단・성선도 본래는 겸리기・유선악이라 했음으로 오독함)'으로 [리・기

　　미발상수 혼륜의 리기 중의 리・기이다. 퇴계는 리기에 나아간 그 리・기 소주로 사・칠을 分한다. 하지만 리・기는 당연히 分이고, 칠・사도 당연히 別이다. 칠사 소주는 사맹의 설이고, 그 소주의 설을 정주는 리기로 해설했다. 고봉이 말한 "소주"(상78・79・82)는 사맹 칠사는 각자 그 가리킴이 있다 함이다. 또 "別而言之, 分別言之할 수 있다"(상79・82. 상89)고 함도 성・정, 칠・사 등을 그 소주에 따라 나누어 설명함은 당연하다 함이다. 만약 "리・기를 분별언지할 수 있다"고 한다면 리와 기는 實(言)이 아닌 설명(言之)이 되고 만다. 리・기는 당연히 '분'(상7)이다.
943) 고봉은 "性上에 就해 논한다면 기질지성은 此理가 기질에 타재함이다",(상89) "論性에 본성・기품이라 함은 一性을 그 소재에 따라 分別言之한 것이다"(같은 곳)고 했다. 이는 一性에 대한 본연지성과 기질지성 2설의 의미를 '論'함이다. "분별언지"는 본연지성과 기질지성은 2설이라 하고, "理在氣中"은 기질지성 논이다. 퇴계의 "論性"은 이와 다르다. "理在氣中에서도 본연지성을 지출했다"의 리재기중은 이미 기질지성의 성론이며, 기질지성의 설에서 다시 본연지성의 설을 지출할 수는 없다.
944) 論性에 있어 본연지성과 기질지성은 "맹자는 성의 本을 剔出했고, 이천은 兼氣質이다."(상86) 맹자와 이천은 사람 고연의 성을 논했을 뿐, 리기에 나아가서 논한 것은 아니다. 선유의 성설은 매우 많으나 모두 '리'를 가리킨 것이다. 반면 퇴계의 "理在氣中"은 합리기이며, 합리기는 성이 아닌 "物"(氣)이다.(상7) 이 합리기에 '나아가서(就)' 그중 하나는 리, 하나는 기라 한다. 결국 합리기인 '기(물)'에서의 리와 기인 것이다. 더욱이 퇴계의 기질지성은 '리・성을 指論'한 것이 아닌 '독기'(상35)이다.
945) 고봉은 "그 정을 논한다면, 본성이 기질에 타재함(本性墮在氣質)을 따른 연후에 [성]발하여 정이 된다"(상90)고 한다. 그 발은 '성이 기질에 타재함'에 있은 연후에 性發해서 정이 된다. 반면 퇴계의 "性在氣質"은 '합리기'이다. 만약 그렇다면 합의 잡에서 성이 나옴이 되고 만다. 고봉은 "論情"인데, 퇴계는 "性在氣質"의 성론과 구분하지 않는다.
946) "각기 발한 바에 나아가서"의 '발한 바(所發)'는 리・기이며, 그 發에 '나아가서(就)' 사람 감정의 소종래로 논할 수 있다 함이다. 즉 감정 이전 그 '리발・기발'에 나아가면(就) 여기서 사・칠이 나온다. 그러나 고봉의 論情은 心感으로 '발한 연후'(상90)의 일이다. 따라서 퇴계와 같이 발하기 전 "리・기의 所發에 나아가서"라고 말할 수 없다. "사칠 소종래"는 자사와 맹자의 '설'에서 찾아야 할 뿐, 발하기 전 리・기에서 찾을 수는 없다. 사맹은 사람 본연의 심의 느낌을 설한 것뿐이다. 그 설은 사・칠 둘만이 아닌, 매우 많다.
947) 고봉은 "정은, 성이 기질에 타재한 연후 발하여 정이 되므로, 겸리기・유선악이다"(상90)고 한다. 반면 퇴계의 "성도 겸리기・유선악이다"고 함은 성론과 정론을 구분하지 않은 것이다. 위 "정을 논하면서 성이 기질에 있다"도 성론과 정론의 구분이 없다. "성도 유선악"이라 함은 성론을 곧바로 부정한 것이다. 성은 어느 설이든 "성즉리"일 뿐, 기론이 아니다. 기질지성 역시 "그 一性의 所在에 따른"(상89) '성설'이다. 기질지성과 본연지성은 성의 2설일 뿐, 여기에 기・악이 있다 할 수는 없다. 고봉은 "성은 무불선, 정은 유선악, 이는 固然之理이다"(상3)고 한다.

에 사칠을] 나누는 것은 불가하다'948)는 증거로 삼을 수 있겠습니까?(혼잡은 고봉이고, 퇴계는 칠정과 기질지성은 독기라는 주장임)949) "리가 기 가운데 있는(理在氣中)" 곳으로부터 말했기 때문에 "성 역시 그렇다"고 했습니다.(성즉리를 부정한 것으로, 리·기의 실체, 선유의 성설 고찰, 공부도 빠진 것임)950)

제3조

(248)辯誨曰, "七情亦發於仁義禮智."

변회에서, "칠정 역시 인의예지에서 발한다"고 하셨습니다.(고봉의 '성'자를 빼고 또 2설을 혼용함)951)

(249)滉謂. 此卽所謂 "就異而見同", 則二者可 "渾淪言之"者也. 然不可謂只 "有同" 而 '無異'耳. [二者이자; 사·칠 둘의 것. 리·기 둘의 것.(이 二者는 자사·정자,(상38) 리·기, (상17·246) 사·칠(상28)인지가 불명함)]

황은 말하겠습니다. 이것이 저의 이른바 "다름에 나아가도 같음이 있음(異中有同)을 본다"(사·칠은 전혀 다른 2설이고, 리·기도 반드시 分임)952)는 것으로, 즉 이 둘의 것은(을)953)

---

948) "이것(是)"은 위 퇴계의 고봉 인용문을 말한다. 퇴계는 고봉 본문을 "그대는 성과 정을 모두 리재기중이라 하고 또 정의 성재기질을 겸리기·유선악이라 하면서, [나의] 리·기 분속은 불가라 했다"(상244)로 오독했다. '리재기중'은 성을 리·기로 나누기 이전이 아니다. '성재기질'은 기질지성일 뿐 情論이 아니다. 성은 기에 타재한다 해도 리이다. 단 정은 기지만, 여기에는 천명·중화가 있으니(겸리기) "칠정은 전지기가 아니다."(상91·92) 고봉은 '분속 불가'가 아닌 퇴계의 주희 해석을 "미안"(상91)이라 했을 뿐이다.

949) "증거(驗로 삼을 수 없다"고 하기 위해서는 먼저 고봉이 "성론과 정론"을 "리재기중·성재기질로 여겨 모두 겸리기·유선악으로 여긴 것"이 되어야 한다. 하지만 이는 고봉과 전혀 다르며, 인용문도 다르다. 퇴계 주장은 고봉은 성론·정론 및 사단·성선·중화도 본래는 겸리기·유선악, 자신은 칠정과 기질지성은 '독기·편기'라 함이다.

950) 윗줄에서 퇴계는 "理在氣中이라도 분별언지할 수 있다",(상245) "理在氣中이라도 본연지성·기질지성을 指出·指論했고, 겸리기·유선악은 성 역시 그렇다"(상247)고 했다. 이는 리·기 둘로 나누기 이전 겸리기·유선악이다. 하지만 이는 모두 정주의 성론에 어긋난다. 성은 곧 리이고, 성을 본연·기품의 둘로 설해도 성즉리는 변함이 없다. 성을 "理在氣中"이라 하면 이미 기질지성의 설이다. 퇴계의 "성 역시 그렇다"고 함은 윗줄 "겸리기·유선악은 정 뿐만이 아닌 성도 그러하다"(상247)를 말한다. 그렇다면 나누기 이전의 성은 '겸리기·유선악이 되고 만다. 이는 옳지 않다. 사람의 성을 공맹은 여러 성으로 설했고, 정주는 이를 해설했을 뿐이다. 퇴계는 사람 고유의 성을 논하지 않고, 임의로 리기에 나아가서 리와 기로 성을 나누는 것이며, 이는 매우 불합리하다. 이렇게 논하면 공부도 없거니와, 선유의 성설 고찰도 아니며, 리·기는 실체일 뿐 성설일 수도 없다.

951) 고봉의 "칠정 역시 인의예지의 '性'에서 발한다"(상101)의 '성'자를 생략했다. 고봉이 인의예지의 '성'에서 발한다고 한 것은 칠정도 "性之發"이라는 뜻이지 '인의예지의 발'이라 함은 아니다. "인의예지"는 맹자 본설이며, 만약 칠정이 인의예지에서 발한다고 하면 이는 "자사에서 맹자"(상96)가 아닌 반대로 '맹자에서 자사'가 나옴이 되고 만다.

952) 퇴계는 "사단 칠정은 겸리기이며 동실이명이다"고 하며 이는 "異에 就해서 同을 見함"(상38·239)이다. 즉 겸리기 혼잡의 사실은 '동실'인데 이때는 '異中에도 同이 있음(異中有同)'이다. 사칠은 모두 상수의 혼륜언지라 함이다. 하지만 사칠을 겸리기의 혼잡이라 할 수는 없다. 칠정은 천명·중화가 종지고, 사단은 확충·성선이 종지이다. 이 2설은 그 가리킴이 전혀 다르다. 고봉의 "겸리기"는 칠정이고, "동실"은 "사단의 선과 중화의 선은 같음"(상9·64·130)이며, "이명"은 같은 선이라도 중화와 성선·

- 221 -

"혼륜으로 설명"할 수 있다는 것입니다.(퇴계의 혼륜은 리기인지 사칠인지가 불명함)954) 그렇지만 단지 "같음만 있고(有同)" '다름은 없다(無異)'고 해서는 안 될 뿐입니다.(퇴계는 사칠이 아닌 리기의 동이를 논함. 그러나 사·칠, 리·기는 본래 異임)955)

제4조

(250)辯誨曰, "非別有一情, 但出於理, 而不出於氣."

변회에서, "별도의 一情이 있어서 단지 리에서만 出할 뿐 '기에서 出하지 않음'(兼을 出로 잘못 인용한 것임)은 아니다"고 하셨습니다.956)

(251)滉謂. 四端之發, 固曰 "非無氣." 然孟子之所指, 實不在發於氣處. 若曰 '兼指氣', 則已非復四端之謂矣. 而辯誨, 又何得以 "四端是理之發者, 爲不可易"耶? [發발; 발함. 發處. 정으로 出함.(과정) 指지; 가리킴. 所指. 가리킨 것.(결과) 實실; 확실히. 실로. 실제로.]

황은 말하겠습니다. 사단의 발(四端之發)은 진실로 "기가 없는 것은 아니다"라고 저도 이미 말씀드렸습니다.(퇴계는 '發'과 '指'를 구별하지 않음)957) 그러나 맹자의 가리킨 바(所指)는

확충은 '이름은 다름'이다.

953) 퇴계의 "二者"는 사·칠, 리·기, 자사·정자인지가 불명하다. 윗줄 고봉을 인용한 "칠정도 인의예지의 성에서 발한다"로 보면 二者는 '칠정과 사단'이다. 그런데 또 퇴계의 "異에서 同을 본다면 二者는"의 二者는 리·기 혹은 사·칠이다. 뒷줄 "二者를 혼륜"의 二者도 불명하다. 고봉의 겸리기의 혼륜은 칠정이다. 퇴계의 "二者"를 보면 "從古로 성현들은 이자를 논급했음"(상17)은 리·기이다. "자사의 희노애락, 정자의 희노애구애오욕의 이 이자는"(상38)은 희노애락과 희노애구애오욕이다. "사단은 모두 선이고 칠정은 선악 미정이다. 이 이자는"(상28)은 사·칠이다. "異中에서 同을 보았다. 때문에 이자는"(상239)은 리·기인지 사·칠인지 불명하다. "사람의 一身은 리기의 합으로 生했다. 故로 이자는"(상246)은 리·기이다. 리·기의 혼륜과 겸리기라는 말은 성립될 수 없다. 혼륜의 겸리기는 설명(언지)일 뿐이기 때문이다.

954) 고봉의 "혼륜언지"는 칠정이다. 그런데 퇴계의 "리기 相須之中에 就해 혼륜언지했다"(상37)의 혼륜은 리기의 합이다. 이곳 "異에서도 同을 보았으니, 二者는(를) 혼륜언지할 수 있다"(상239)고 함은 사칠 혹은 리기이다. "할 수 있다(可)"고 함은 본래 혼륜이나 독기도 가능하다 함이다. 퇴계는 사맹의 所指가 아닌 '그 가능성'으로 논한 것이다. 퇴계의 요지는 리기가 一物인가 二物인가에 있다. 일물이면 리기는 혼륜이고, 이물이면 리·기이다. 문제는 리기 일물의 혼륜은 '무엇'이 없다는 점이다. 무엇이 일물의 혼륜인가? 퇴계는 리기 혹은 사칠은 본래 겸리기 혼륜이라 하나, 이 말은 성립될 수 없다. 리기가 혼륜(겸리기)이라면 리와 기는 스스로 설 수가 없다. "혼륜언지"의 언지는 무엇에 대한 '설명'인데, '무엇'이 없다. 리기 합은 物이며 氣이다.(상7)

955) "同"도 있지만 "異"도 있다. 무엇이 同이지만 異인가? 퇴계의 "同中이나 有異"(상36·239)와 "異中이나 有同"(상38)은 합리기는 同인데 독리·독기는 異라 함이다. 리기 "相循"은 同이고, 리기 "相成 중에서도 독기"의 異도 있다.(상34·35) 리기가 一物이면 同이고 二物이면 異다. 반면 고봉은 칠정과 사단의 동·이이다. 칠·사는 모두 정이므로 同이고, 사맹의 명칭 및 종지·소지는 다르므로 異이다. 사·칠, 본성·기품은 당연히 "각각 所主가 있다."(상78·79·82) 리기는 일물 혼륜의 동인가, 이물의 리·기인가? 당연히 리·기는 혼륜이 아닌, 二物·異物이다.

956) 고봉의 "不兼乎氣(겸기)"(상105)를 "不出於氣"로 잘못 인용한 것이다. 고봉의 비평은 '發處'인 此處(상105)에 있다. 四端之發의 發(出)은 "心感"(상103)의 "感物"(상109)이므로 "乘氣"(상4)로 性出한다 함이다. 사단은 승기로 出한 一情 중의 한 설이다. 반면 퇴계의 "사단도 出於氣임"은 사단도 겸리기의 出인 호발이라 함이며, 이는 인용의 잘못이며 또한 퇴계의 뜻이다. 그러나 사단을 포함한 一情은 모두 理出이지 합리기의 兼出이 아니다. 만약 "性之欲者의 出"(상103)이 '합의 출'이라면 사단은 性出이 아님이 된다.

957) "사단지발은 기도 있다." 퇴계는 "사단의 발을 맹자는 심이라 했으니, 심은 진실로 리기의 합이다."(상23·234) "사단의 非無氣

실로 '發於氣의 처'(所指를 發處라 함. 소지는 확충이나, 발처는 사칠이 모두 리발임)에 있지 않습니다.958) 만약 공과 같이 '기를 겸해 가리켰다'(고봉은 사단이 아닌 칠정이 겸리기임. 고봉은 指이고, 퇴계는 발처임)고 하신다면 그것은 이미 다시는 사단(맹자의 소지는 四端之情임)이라 이를 수 없습니다.959) 그런데도 "변회"에서는 또 어째서 "四端是理之發(어류의 '是'는 發處가 아닌 指의 해석임)의 것은 바꿀 수 없다"고 하셨습니까?960)

제5조

(252)辯誨曰, "非中無是理, 外物偶相, 感動. 感物而動, 四端亦然."

변회에서, "그 中에 이 理가 없는데, 외물에 짝하면서 이때 서로 感動하는 것은 아니다. 감물로 動함은 사단 역시 그러하다"고 하셨습니다.(고봉은 감물에서 '리가 새로 끼어들어 동할 수 없다'는 물음인데, 아래 답변은 리기 호발임)961)

(253)滉謂. 此說固然. 然此段所引「樂記」·朱子之說, 皆所謂渾淪言之者, 以是攻分別言之者, 不患無其說矣. 然而所謂分別言者, 亦非滉鑿空杜撰之論. 天地間, 元有此理, 古之人, 元有此說. 今必欲執一而廢一, 無乃偏乎? [鑿空착공; 견강부회하다. 요란하게 공론하다. 억지로 쥐어짜다. 杜撰두찬; 근거 없는 허구로 조작하다. 마음대로 덧붙이다. 無乃무내; 어찌~이 아니겠는가?]

는 비단 공만이 아닌 황 역시 설명했다"(상237·234)고 한다. 즉 사단지발도 심의 합리기인 겸기의 "호발"(상246)이므로 기도 있다. 이 논변은 사단의 발처, 소지, 종지를 구분하지 않은 것이다. 당연히 "사단지발"은 發處이므로 리가 기를 타고 발한다. 그러나 사단 종지는 기일 수 없고, 성선은 氣惡이 없다. 사단의 소지 및 종지는 "성선"과 "확충"이다. 사단지정의 소지는 결코 "비무기" "합리기"일 수 없다. 퇴계는 '發處'인 '사단지발'(상170·172)과 所指인 '사단지정'(상160·170)을 구별하지 않는다.

958) "맹자의 '소지'는 리의 '발처'에 있다." 퇴계는 '사단지발의 所指는 主理'(상23)라고 한다. 즉 사단의 발은 겸리기 중의 주리이며, 리발이다. 이곳도 '발처'와 '소지'의 구분이 없다. '발처'는 칠사 모두 리발이다. 一情은 승기의 리발이다. 단 맹자의 '소지'는 "성선"과 "확충"이다. 만약 "소지가 발처에 있다"고 하면 '발처'로는 "그 정으로 성선을 논증"(「고자상」6)할 수 없다.

959) "사단지발이 겸기의 指라면 사단이라 할 수 없다." 왜냐하면 사단은 겸리기의 호발인데, 그 소지는 리발처에 있기 때문이다. 즉 그대는 四端之發을 겸기라 하는데, 나도 본래 그렇다. 그러나 이 논술도 발처와 소지의 구분이 없다. 사단은 맹자 본설이며 여기에는 그 종지가 있다. 퇴계는 사단지발을 리기 호발 중의 리발이라 하지만, 그러나 칠정지발도 心感의 리발이다. 맹자는 사람의 자연 감정에서 "四端之情의 所指"(상170)로 성선을 논증했다. 퇴계는 발처와 소지, 사단지발과 사단지정을 구분하지 않은 것이다.

960) 고봉은 "'사단은 理之發이다'고 함은 진실로 바꿀 수 없다"고 했다.(상60) 확충·성선은 리발이 당연하다. 퇴계의 어류 해석은 이와 다르다. 퇴계는 심을 합리기라 하고 이 리기가 호발한다고 한다. 호발 중의 소지는 리발이다. 하지만 맹자는 사람 고연의 정을 '확충의 설'로 제시한 것에 불과하다. 어류도 사단을 "시리지발"로 해석함에 불과하다. "是(~이다)"가 바로 해석임을 가리킨다. 반면 퇴계는 "四端是理之發'의 '是'자를 빼고 곧바로 사단만 '리지발'이라 하고, 그것은 겸리기 중의 '리발'이라 한다. 그러나 맹자나 주희도 리발을 직접 선언할 수는 없다. 공부가 있기 때문이다. 맹자는 "인지단'을 '논증'했을 뿐 그 발처를 직접 말한 것은 아니다. 고봉은 '是'자를 '專指'(하189)의 '指'로 해석한다. 맹자는 '指'라는 목적으로 사단이라는 이름의 정을 논한 것이다.

961) 고봉의 논변은 상108~109이다. 인용 오류는 상230 각주에서 살폈다. 다시 요약하면, 고봉은 "외물이 올 때 서로 마주치면서 이때 없던 리가 새로 끼어들어 생겨서 感動함은 아니다"(상108) 했고, 퇴계는 이를 "외물만 感動함은 아니라 했다"는 "사단도 호발이다"로 잘못 인용한 것이다.

황은 말하겠습니다. 이 설은 진실로 그러합니다.(고봉; 발처에서 리가 생기지 않음. 퇴계; 발처에서 호발함)962) 그러나 공이 이 단락에서 인용한 「악기」 및 주자의 설(「악기동정설」)은 모두 이른바 '혼륜으로 설명(渾淪言之)'한 것입니다.(고봉은 발처인데 퇴계는 발처와 언지를 혼동함. 고봉의 '우상·주착' 물음과 다른 답변임)963) 이것으로 [리·기에 사·칠을] '분별로 설명(分別言之)'한 것을 공박한다면 그런 설이 없음에 근심할 것이 없습니다.(언지의 소주설임. 고봉은 言之가 아닌 發이 성발이라 함)964) 그리고 이른바 '분별로 말(分別言)'한 것 또한 황이 견강부회하며 근거 없이 조작한 이론이 아닙니다.965) 천지간에 원래 이러한 이치가 있고(자신의 소주설을 이치로 삼음)966) 고인(「악기」 및 주희 본설보다 고인을 더 신뢰한 것임. 고인은 불명함)들에게도 원래 이러한 설(사칠의 별이 아닌, 리·기의 분설)이 있습니다.967) 그런데도 지금 기필코 한쪽(퇴계의 리기 혼륜)만 고집해 다른 한 쪽(고인과 퇴계의 분별언지)을 없애려 하신다면,968) 어찌 치우침이 없

---

962) 고봉의 설을 '혼륜설'로 인정한다. 그러나 고봉은 "서로 마주치면서 리가 갑자기 끼어들어 動함이 아님"이라 했을 뿐이다. 고봉은 '본래의 리'가 외감으로 동한다 했고, 반면 퇴계는 '그대도 사실 모두 겸리기의 호발이다'로 인용한다. 만약 "호발"이라면 발처에서 리가 '발생함'이 된다. 이는 언어 및 토론이 심하게 어긋난 것이다.

963) 고봉이 「악기」와 「악기동정설」을 인용한 이유는 퇴계가 "七情之發의 先動者는 形氣이며, 칠정이 그 묘맥이다"(상24)고 했기 때문이다. 이에 고봉은 두 설을 인용해서 "정은 모두 感物而動으로서의 性之欲이며, 性之欲이 이른바 情이다"(상107)고 하여 一情은 感物의 性發의 '발'이라 한다. 한편 "感物而動으로 言之하면 사단 역시 그렇다"(상109)의 端은 '言之(설명)'이다. 즉 一情은 성발인데, 다만 감동으로 언지하면 사단도 그중 1설이다. 반면 퇴계의 "악기 및 악기동정설은 혼륜언지임"은 고봉 본의와 다르다. 퇴계는 발처와 언지를 구별하지 않는다. 一情은 성발이며, 사맹 2설은 그 所指의 분별언지이다. 더구나 이 답변은 고봉이 물은 "리가 갑자기 끼어들어 動하는 것은 아님"에 대한 내용도 아니다.

964) 퇴계는 「악기」 및 「악기동정설」을 혼륜언지라 하고, 이 혼륜언지로 자신의 "분별언지를 공박했다"고 여긴 것이다. 사, 칠, 사칠은 모두 리기 혼륜인데, 단 독리·독기로 분별언지할 수 있다. 하지만 고봉의 본 조항 지적은 정은 心感의 "性動"이라 함이다. 퇴계가 칠정만 "형기의 묘맥"이라 했기 때문이다. 고봉은 "본래 리가 있어서 칠정으로 발한다"고 한다. 이에 퇴계는 "리기의 분별언지"라 한 것이다. 더욱이 고봉은 "분별언지를 공박"한 적도 없고, 이 조항은 '발' 문제일 뿐, 언지(설명)를 문제 삼지 않았다.

965) 퇴계가 '분별언지'한 설은 "四端之發, 純理故無不善, 七情之發, 兼氣故有善惡"(상1)과 "四端, 發於理而無不善, 七情, 發於氣而有善惡"(상4) 등이다. 앞 설에 대해 퇴계는 "이 말은 본래 舛理(어그러진 이치)가 아니다. 어찌 錯認을 근심해 當理의 말을 폐하리오."(상272)라고 한다. 하지만 이 설은 '이치(理)'라 할 수 없다. 왜냐하면 이 설은 사맹 '사·칠 본설'을 퇴계가 해석한 것이기 때문이다. 해석은 무궁하며, 리·기 한쪽의 해석도 가능하다.

966) "천지간에 원래 이런 이치가 있다"고 함은 퇴계의 독리·독기 설이다. 퇴계는 위에서 겸리기·혼륜에 대해 "하늘이 부여한 원류 맥락이 진실로 그러하다"(상237)고 했다. 요컨대 겸리기의 혼륜과, 리·기 분은 모두 "하늘이 부여한 원류 맥락"이고 "천지간의 이치"이다. 하지만 사맹도 사람 본연의 느낌을 칠·사로 "언·론"(상3)함에는 이치가 아닌 단지 자신의 공부로 논설했을 뿐이다. 고봉은 "선유의 그 說話만 보고 이치의 참됨이 그 같음에 불과하다고 해서는 안 된다"(상50)고 한다. 사맹과 주희는 칠사를 논함에 스스로 이치로 단정하지 않았고, 후학들도 그 설화에서 이치를 찾아서는 안 된다. 퇴계는 선유 본설을 해석하면서 스스로 이치라 하지만, 자신의 해석 및 소견을 이치라 해서는 안 된다.

967) "고인에도 이런 설이 있다"의 고인은 불명하다. 리·기 분별은 고인이라 할 수 없다. 또 퇴계의 "從古의 성현은 二者(리·기)를 論及함에 滾合해 一物로 여기지 않고 分別言之함이 있었다"(상17)의 성현도 누구인지 불명하며, 성현의 리기 일물설은 없다. 리기설은 정주 이후의 일이다. 아마 성현은 "공·맹의 계선성성, 태극, 상근상원, 이목구비의 성",(상34·35) "정·장의 기질지성"(상20) 등일 것이다. 퇴계는 이 설들을 '리기 분별언지'라 한듯하다. 이 논리의 부당함은 위에서 살폈다. 퇴계는 "성현의 「악기」와 「악기동정설」은 혼륜언지"지만, 고인에게도 "分別言之가 있다"고 한다. 퇴계는 「악기」와 주희 "동정설"보다 "고인"을 더 신뢰한 것이다. 고인을 신뢰하기 위해서는 고인이 누구인지 밝혀야 하며, 만약 공맹이라면 공맹의 설이 '분별언지'임이 입증되어야 한다. 그러나 공맹은 리기로 분별언지하지 않았다. 리기로의 논은 정주의 해석일 뿐이기 때문이다. 정주의 본연·기질지성은 分別言之가 당연하나, 리·기가 분별언지일 수는 없다. 더구나 지금 조항 토론은 '리가 끼어듦에 관한 일이지, 설명(언지)에 관한 일도 아니다.

968) 「악기」 및 「동정설」의 '혼륜만 고집'하고 고인의 '分別을 폐지'하고자 한다. 이 논이 정당하기 위해서는 악기설이 혼륜언지이고 고인의 설이 분별언지여야 한다. 하지만 악기설은 칠정의 발처는 '성발'이라 했을 뿐, 혼륜의 '言之'가 아니다. 또 만약 '古人'이 공맹이라면 그 설이 리·기 분별언지여야 하지만, 공맹은 리기로 설하지 않았다. 분별언지는 一性에 대한 제설이며, 사·칠의 분별언지도 정의 2설이다. 더구나 분별언지는 발처가 아니다. 발처는 성의 出·動·發이다. 고봉은 악기설을 인용해 '발처'를 논했을 뿐 칠사의 '언지'를 논한 것은 아니다. 퇴계는 이를 구분하지 않는다. 리기의 설 및 해설은 정주 이후이지 고인이나 공맹의 일이 아니다.

다고 하겠습니까?(그러나 칠·사는 반드시 別이고, 리·기도 반드시 分이며, 칠사 및 리기로의 分別言之도 당연함. 리기 및 발처는 언지 및 혼륜일 수 없음. 퇴계는 이를 분석하지 않음)969)

(254)蓋渾淪而言, 則七情兼理氣, 不待多言而明矣. 若以七情對四端, 而各以其分言之, 七情之於氣, 猶四端之於理也. 其發各有血脉, 其名皆有所指, 故可隨其所主而分屬之耳. [猶유; 마치~와 같다. 可가; ~할 수 있다. 가능하다.]

혼륜으로 말(渾淪言. 고봉은 言之임)하면 '칠정의 겸리기'는 많은 말을 기다리지 않아도 자명합니다.(리기 혼륜이 먼저고 칠정이 뒤이므로, 칠정 해석이 아님)970) 그렇지만, 만약 칠정을 사단과 '상대'시켜 각각 나누어 설명(分言之)하면(퇴계는 상대시킬 수 있는 사맹의 소지를 밝히지 않음. 결코 사맹은 상대로 말하지 않음)971) 칠정의 기에 관계됨은 마치 사단의 리에 관계됨과 같습니다.972) 따라서 그 발(發·動·出處를 말함)은 각기 '혈맥'(리·기의 다른 피. 주희; 리 혈맥. 혈맥이 다른 리는 존재할 수 없음)973)이 있고, 그 명칭(리·기의 다른 피의 발로 사·칠이라는 다른 명칭이 생겼다는 것임) 또한 모두 '所指(사맹이 아닌 리·기)974)가 있습니다. 때문에 그 '所主(중화와 성선이 아닌 리·기)975)

---

969) 그대는 "혼륜언지로 분별언지를 공박"하여 분별언지 "일편을 페지하려" 하니 "치우쳤다(偏)." 위에서도 그대는 "혼륜만 보고 그 소종래인 리·기를 알지 못했다"(상239·246·247)고 한다. 그러나 고봉은 칠정 및 기질지성을 "專指氣"라 하면 "한쪽으로 치우친다(倚於一偏)"(상92·99·135. 하22·53·117·141)고 한다. 칠정 혹은 기질지성은 선유 본설이며, 이에 대한 리기로서의 해설은 언지이다. 칠정과 사단, 본연지성과 기질지성은 각자 설의 별칭이므로 이를 '리·기의 분'이라 할 수는 없다. 퇴계는 이러한 설의 별, 리기로의 분별언지, 리·기의 분 등을 분석하지 않은 것이다.

970) "혼륜으로 言하면 칠정의 겸리기는 자명하다"고 함이 만약 '칠정은 겸리기의 혼륜언지'의 의미라면 고봉과 같다. 하지만 먼저 "혼륜으로 언하면"이라 하고 뒤에 "칠정"이라 하면 리기 혼륜이 먼저고 칠정은 그 혼륜에 종속되고 만다. 즉 리기가 먼저고 그 리기에 칠정이 있음이 되고 만다. 퇴계의 "사람의 一身은 리기의 合으로 生하니, 故로 二者는 상호 發用이 있다. 상호 그 中에 있으므로 혼륜언지이고, 각기 所主가 있으므로 분별언지이다"(상246)고 함은 리기혼륜이 生(發)하고, 여기에 주리·주기의 소주의 分이 있다 함이다. 고봉은 이것을 "병통의 근원"(하117)이라 한다. 고봉은 이와 반대로 논한다. "혼륜언지"는 자사 '희노애락'(상80)에 대한 해설이다. 리기가 먼저고 이후 칠정이 있으면 이는 칠정에 대한 '언지'라 할 수 없다. 퇴계의 "所指而言",(상23·24) "所就而言의 주리·주기"(상239), "渾論言", "혼륜언지"(상253)의 뜻은 리기 소주와 혼륜이라 함이지, 칠정에 관해 혼륜언지라 함이 아니다.

971) "칠정을 사단과 상대시켜 둘로 나눈다"고 함은 문제가 있다. 사·칠은 종지가 전혀 다른 사맹 본설이며 따라서 분별은 당연하다. 퇴계가 사칠을 상대시키기 위해서는 사맹 종지에 의거해야 한다. 그 종지·소지에 따라 "상대시킴"도 가능하다. 一情은 사칠 외에도 무수하다. 그런데 하필 왜 리·기 둘로 사칠을 상대시키는가? 一情을 자사는 "중·화"로, 「정심장」의 정은 "심의 바름(正心)"으로, 「정자호학론」은 "그 정을 제약해서 中에 합치하도록",(하134) 맹자는 "성선과 확충"으로 설했다. 이러한 각각의 설은 리기로 논할 수 있다. 그러나 상대로 논하기 위해서는 그 종지·소지가 무엇인지 먼저 고찰해야 한다. 맹자는 결코 칠정과 상대로 설하지 않았다. "자사에서 맹자가 나왔고",(상96) 사맹의 "도통"(주희의 「중용서」·「맹자서」)은 결코 상대적일 수 없다.

972) "칠정이 기이므로 사단이 리이다." 그러나 칠정의 기는 분명하지만, 이 때문에 사단이 리일 수는 없다. 칠정은 발현된 정이므로 기지만 그 종지는 "천명"과 "중·화"의 리이다. 사단도 기지만 그 종지는 "성선"과 "확충"의 리이다. 칠·사의 "분별언지"는 지당하다. 고봉은 "자사가 칠정을 겸리기로 언지한 것을 왜 갑자기 맹자의 말 때문에 기 일변으로 바꾸는가?"(하62·30)라고 한다.

973) "그 發은 각기 血脉이 있다"고 함은 리발·기발을 말한다. 퇴계는 "형기가 칠정의 苗脉이다"(상24)고 한다. 이는 칠정의 言之, 發·動의 發處, 묘맥·혈맥의 리(선) 등을 각각 구별하지 않은 것이다. 고봉은 "性之欲이 情이다",(상107) "性之欲者가 出하니, 이른바 情이다"(상103)고 한다. 動·出은 發의 뜻이며, 性欲이 발하면 곧 정이다. 고봉의 "사단은 和와 같은 苗脉이다",(상5) "성선, 四端之情, 和의 善은 血脉貫通으로 不同이 없다"(상160)의 묘맥·혈맥은 리·선이다. 이는 "理는 自然으로 血脉이 貫通이다"(「어류」권6, 端蒙10, 237쪽)와 같다. "혈맥"은 리·선이고, "발"은 리발이며, "리·선" 혈맥은 칠·사에 관통한다. 만약 "발은 각기 혈맥이 있다"고 한다면 氣發은 리의 혈맥으로 관통하지 못하게 되고 만다.

974) "名은 所指가 있다"고 함은 당연하다. 하지만 퇴계의 "所指"는 리와 기이다.(상18·20·23·24. 상251·258) 윗줄 "칠정이 기에 관계됨은 사단의 리에 관계됨과 같다"가 이것이다. 칠·사, 본연·기품의 설의 명칭은 그 '설명(언지)에 소지가 있음'은 당연

- 225 -

에 따라 분속시킬 수 있을(可) 뿐입니다.(사맹이 아닌 퇴계 자신이 분속시켰다는 뜻이 됨. 스스로 모순임)

(255)雖滉亦非謂七情不干於理, "外物偶相湊著而感動"也. 且四端 "感物而動", 固不異於
七情. 但 '四則理發而氣隨之, 七則氣發而理乘之'耳. [不干불간; 상관되지 않음. 偶相湊著우
상주착; 짝하여 서로 마주치는 곳. 서로 마주치는 자리. 隨之수지; 뒤에 따르다. 乘之승지; 위에 타다.]

황 역시 칠정이 리와 상관없이(겸리의 호발임. 고봉; 호발에서 급거 리가 발생되는가?)976) "외물에
짝해 서로 마주치면서 [이때 홀로] 감동한다"(고봉; '본래' 理가 있어서 감동함. 퇴계; '발처'에서 겸리
기의 호발로 감동함. 문자가 어긋남)977)고 한 것은 아닙니다.978) 사단의 "感物로 動함"(고봉; 中의
동으로 '言之'함. 퇴계; '발처'는 호발에서 리·기가 선동함)은 진실로 "칠정과 다르지 않습니다."979)
다만 '사단은 리발이나 기가 따르고,(순리가 아닌 호발이며, 호발에서 리가 생성될 수 없다 함이 고봉
임. 맹자 종지인 확충·성선 언급이 전혀 없고, 공부도 없음)980) 칠정은 기발이나 리가 탄다'고 할 뿐

하다. 고봉은 "사맹은 '所就以言之者의 不同'으로 사·칠의 別이 있다"(상3)고 한다. "그 名에 소지가 있는" 이유는 사람 감정을
사맹이 각자 다르게 논설했기 때문이다. 이는 리·기의 소지가 부동해서가 아니다. 퇴계의 리·기의 "所指"(상62)는 사실 본설
에 의거하지 않은 "선생의 자득"(상62)일 뿐이다.

975) "그 所主에 따라 분속시켰다"고 함은 퇴계 '자신이' 그렇게 했다는 뜻이다. 하지만 퇴계가 이렇게 분속시킬 수는 없다. 사맹이
一情을 칠·사로 설했기 때문이다. 퇴계의 "각기 그 소주를 가리켰고, 사는 理 칠은 氣이다",(상28) "互發은 각기 소주가 있다",
"각기 소주가 있으므로 분별로 언지했다"(상246)고 함의 소주는 모두 리·기이며, 이렇게 소주의 리·기로 분속시킨 사람은 퇴
계다. 퇴계는 사려 본설을 논하면서 오히려 리기에 나아가서 "리·기의 발이 사실일 수 있다(可)"고 한다. 자상모순이다. 반면
고봉의 "사실은 비단 그 말 뿐이 아닌 뜻 또한 각기 所主가 있다(상78·79·82)라 함은 사맹의 소주다.

976) "칠정도 리와 상관없이 감동함은 아님"은 칠정지발도 '리기는 호발함'이다. 칠정은 기발이나 리도 있는 호발이다. 고봉의 비판은 칠
정은 '형기의 발'이 아닌 '심에 '中의 라가 있어서 서로 계합할 수 있다" 함이다. 즉 칠정의 발을 형기라 하면, 그 계합할 수 있는
'理'가 없게 된다는 뜻이었다. 퇴계는 '리기 호발의 발처'다. 그렇다면 호발의 발처에서 리가 급거 생성되는가? 고봉의 의희이다.

977) 퇴계의 "외물과 짝하여 서로(外物偶相) 마주치면서 감동함은 아님"은 고봉의 "外物之來"의 之來를 빼고 인용한 것이다. 고봉은
"심에 리가 있어서 외물과 서로 계합한다"고 하여 정은 理動이라 했다. 그런데 퇴계는 "외물의 기만 감동함은 아니다"로 인용하
고 여기에는 리발도 있다고 한다. 반면 고봉의 "감동"은 心感의 性動이며, 따라서 七情之發은 '외물과 만나는 곳에서 리가 생성
된다'고 할 수 없다. 고봉은 리동이고, 퇴계는 리기 호발이다. 대화가 어긋난 것이다. 호발은 발처에서 리가 생기됨이다.

978) "황도 칠정이 리와 상관없이 외물에 서로 짝하며 감동한다 함은 아니다"고 함은 문제가 있다. 퇴계는 칠정지발도 리기 호발로
여긴다. 퇴계는 "외물에 짝하여(外物偶)"를 외물의 "형기"로 여겼고, 또 그 '감·동'은 형기의 '기'와 더불어 '리'의 관여가 있다
고 한다. 이러한 '감동'은 고봉의 말과 전혀 다르다. 이는 고봉의 말인 "외물지래, 우상주착"과 퇴계 자신의 주장인 "리와 상관없
이"라는 말이 혼합되어 생긴 혼란이다. 고봉의 "우상주착"은 형기라는 말이 아닌데 이를 퇴계는 "리와 상관없이 외물, 우상주착"
이라 하여 오히려 '형기'로 여긴 것이다. 퇴계는 고봉의 心感을 "易感"의 형기라 하고 또 고봉의 性動을 "先動의 형기"라 한 것
이다. 이는 용어의 혼란이다. 퇴계는 처음 "七情之發은, 外物之來에 易感하고 先動하는 형기의 묘맥"(상24)이라 하여 감·동을
형기라 했다. 이에 고봉은 "이러한 一語는 칠정을 인도함에 들어맞지 않는다"(상108)고 한다. 왜냐하면 "七情之發" 역시 "심의
感物로 性之欲이 動·出하니, 性之欲이 이른바 情(상103·107)이기 때문이다. 즉 "七情之發은 '외물과 접촉한 곳'에서 이때
理動이 비로소 생기지는 않는다.

979) 퇴계의 "칠정지발은 易感 先動의 형기의 묘맥(상24)에 대해 고봉은 "만약 感物而動으로 '言之'하면 사단도 그러하다(若以感物
而動言之, 則四端亦然)"(상109)고 한다. 즉 고봉에 의하면 칠정지발은 형기·선동이 아니며, 더구나 외물이 오면서 여기서 리가
동한다고 할 수 없다. 감·동은 "心之感의 性之欲者"(상103)이기 때문이다. 따라서 퇴계가 "사단의 感物而動은 칠정과 다르지
않다"고 하기 위해서는 먼저 칠정이 사단과 같이 '心感·性動者'임을 인정해야 한다. 고봉은 '그 동을 언지하면 모두 성동이다'
고 한다. 퇴계는 "四端之發은 인의예지의 단서"(상23)라 하여 "易感·先動의 형기"(상24)의 칠정지발과 分했다. 때문에 고봉은
먼저 이감·선동은 선유의 용법과 다름을 고찰했고, 이어 사단도 "感物而動으로 言之(설명)"할 수 있다고 한 것이다. '言之'는
"감·동"인 '발처'가 아니다. 반면 퇴계의 "感物而動은 칠정과 다르지 않음"은 사실 모두 리기 호발의 '발처'이다.

980) "四, 理發而氣隨之"는 앞줄 "사단도 感物而動이다"(상109)의 '기발도 있다' 함이다. 사단의 리발도 감물의 기가 따르는 호발인데,
단 그 소주는 주리이다. 이렇게 고친 이유는 고봉이 「악기」를 인용해서 사단도 "감물이동"(상107)이라 했기 때문이다. 고봉은

입니다.(이 설은 '발처'와 '종지'를 구분하지 않았고, 천명의 중화 및 성인의 호학공부 언급도 없음. 추만 「천명도」가 왜 갑자기 기이며 기발인가?)981)

제6조

(256)辯誨曰, "旣發, 便乘氣以行"云云, "四端亦氣也."

변회에서, "기왕 발했다면 곧 기를 타고 행한 것이다"고 운운하셨고, "사단 역시 기이다"라고 하셨습니다.(고봉의 '旣發者는 정인 기이다'를 퇴계는 乘氣의 '발처'로 인용한 것임)982)

(257)滉謂. 四端亦氣, 前後屢言之, 此又引朱子弟子問之說. 固甚分曉. 然則公於孟子說四端處, 亦作氣之發看耶? 如作氣之發看, 則所謂 "仁之端・義之端", "仁・義・禮・智" 四字, 當如何看耶? 如以些兒氣參看, 則非純天理之本然, 若作純天理看, 則其所發之端, 定非和泥帶水底物事. [些兒사아; 조금. 약간. 所發之端소발지단; 발한 바의 실마리. 인이 發하여 측은이 된 端緒.(『중용』 "발"과 『맹자』 "단"을 섞어 논한 것임. 所端의 뜻이며, 발처가 아님) 和泥帶水底화니대수저; 흙과 물이 반죽된 상태.]

───────────

이와 다르다. 고봉이 인용한 "감물이동"은 一情의 '발처'이고, "사단도 감물이동의 言之임"(상109)은 칠사의 '설명'이다. 즉 정의 발처인 감물은 칠사가 같으므로 따라서 모두 '감물이동으로 언지'할 수 있다. 퇴계는 이와 다르다. 겸리기의 '호발'인데, 단 사단은 그 호발의 주리일 뿐이다. 그렇다면 사단의 "순리"(상1. 상257・258)는 독리의 발이 아님이 되고 만다. 퇴계는 "선을 척발해서 언지한 것"(사단 종지)을 오히려 '발처'로 말한다. "隨之(따르고 있는 상태)"가 이것이다. 더구나 '기가 따름(隨之)'이라면 사단 본설(언지)은 '기도 있음'이 되고 만다. '기가 따름'을 확충・성선이라 할 수는 없다. 더욱이 호발이라 하면 이미 유행으로서의 '氣・物'이며, 때문에 고봉의 비판은 리가 어찌 감물 즈음에서 급거 생성되겠는가? 이점이었다. 호발에서 리가 생겨나올 수는 없다는 것이었다. 퇴계의 이 설(논변)은 사단 소지・종지인 '言之(설명)'와 그 '발처'의 구분이 없고, 또 리발이 호발의 발처에서 급히 나왔으며, 또 맹자 종지인 "확충"(「공손추상」)과 "성선"(「고자상」)에 대한 한마디 언급도 없고, 맹자 종지인 '공부' 언급도 없다. 주희는 사단의 "단"을 비판해서 '미발공부'가 없는 단지 "이발 확충공부일 뿐"이라고 한다. 『중용』 "미발의 신독"이 '존양공부로서 근본이라는 것이다.(모두 「이발미발설」)

981) "七, 氣發而理乘之"는 앞줄 "칠정의 발도 리의 관섭이 없지 않다"고 한다. 칠정지발도 리기 호발인데 다만 그 소주는 주기이다. 과연 『중용』 "천명, 미발, 중화"와 『정자호학론』 "성인의 호학"이 기발인가? 칠정의 발처는 사단의 리발과 다른가? 발처의 다름을 나는 알고 독단할 수 있는가? 과연 자사는 천명의 미발과 중을 기발로 여겼는가? 퇴계는 자사 본설을 고찰하지 않고 곧바로 발처를 논한 것이다. 퇴계는 그 발처를 스스로 말할 수 없다. 왜냐하면 자사도 사람의 자연 감정을 논설한 것에 불과하기 때문이다. 『어류』 "시기지발" 역시 선유의 칠정설을 '해석(是)'한 것에 불과하다. 고봉은 "악기』 "感物而動"의 動은 칠사가 같은 리동이므로 따라서 모두 "감물이동으로 언지"할 수 있다고 한다. 반면 퇴계는 "易感・先動"은 형기이고, 칠정이 그 묘맥이다"(상24)고 하여 그 발처만 언급한 것이다. 칠정의 천명은 사단의 확충과 혈맥의 피가 다르다 한다. 이러한 논변은 정주의 "心感性動"(상103・107)과 다르다. 고봉은 "易感・先動은 형기가 아니며, 또 외물과 만남에 이때 리가 갑자기 끼어들어 感・動함은 아니"(상107・108・109)라고 한다. 퇴계의 "氣發"은 주희의 "理動"이고, "理乘之"는 주희의 "心感"이며, 또 그 감・동을 리기 호발이라 할 수 없다. 자사가 겸리기로 언지"한 것은 '발처'가 아니다. 퇴계의 용어는 정주의 용법과 다르다. 더욱이 이 설은 칠정의 "천명・중화와 화육" 및 "신독"(공부)에 관한 한마디 언급도 없다. 칠정 종지는 공부, 특히 미발공부에 있다. 퇴계는 알 수 없는 발처를 기발로 독단하고 그 공부도 논하지 않은 것이다. 『중용』 "희노애락"은 "신독"이 그 종지이고, 공자와 이천의 "호학"(「호학론」의 칠정)도 그 종지는 성인의 공부처이다. 이것이 바로 주희 「중용서」의 이른바 공부로서의 '도통설'이다.

982) 고봉의 상111・112의 논의다. 고봉의 뜻은, 旣發者는 乘氣를 거쳐 '행한 것'이라 함이다. 이는 승기의 발처가 아닌 '기왕 발현한 것'을 말함이다. 그런데 퇴계는 "則"자를 생략하여, 고봉이 '旣發者'와 '乘氣의 發處'를 명확히 구분하고자 한 본의를 오히려 모호하게 하고 만 것이다. 퇴계의 "旣發이 곧 乘氣이다"고 함은 오히려 '旣發者는 승기이다'가 되고 만다. "四端亦氣也"도 고봉 본의는 '기왕 발현한 사단은 기'라 함인데, 퇴계는 맹자 "所指"(상258)의 의미로 인용했다. 맹자 종지(소지)는 기일 수 없다.

황은 말하겠습니다. 사단 역시 기임을 전후에서 누차 설명하셨고, 여기에 또 주자 제자가 질문한 설까지 인용해서 매우 분명하게 밝히셨습니다.983) 그렇다면 공께서는 맹자설의 四端處까지 역시 氣之發로 간주하십니까?('발현된 것'에 대해 '발처'로 답변함. 맹자 종지는 확충임)984) 만약 氣之發로 간주한다면 이른바 "仁之端, 義之端"의 그 "인·의·예·지"라는 4자를 어떻게 보아야 할까요?(고봉은 4자를 言之라 했음)985) 만일 여기(仁之端의 發)에 약간이라도 기를 참여시켜 본다면 그것은 "순수한 천리"의 "본연"이 아닐 것이며,(퇴계가 오히려 리기 호발이라 함)986) 만약 "순수한 천리"(고봉은 在中을 순리라 함)로 간주하신다면 그 '所發의 단서'(『중용』"발"과 『맹자』"단"을 섞어 논함)도 정녕 잡탕의 '物事'987)는 아닐 것입니다.988)

(258)公意, 以仁義禮智, 是未發時名, 故爲純理, 四端是已發後名, 非氣不行, 故亦爲氣耳. 愚謂 四端雖云 "乘氣", 然(고봉집 然 없음)孟子所指, 不在乘氣處, 只在純理發處, 故曰 "仁之端·義

---

983) 고봉은 "感物而動으로 言之한다면 사단 역시 그렇다",(상109) "[一情은 乘氣로 行한 實이 見한 것이니, 사단 역시 기이다"(상112)고 했고, 또 주희설을 인용하여 "惻隱者는 기이나, 측은의 소이의 것은 리이다"(상113)라고 했다. 퇴계는 이를 '사의 단을 기로 간주했다'고 한 것이다. 하지만 고봉의 '사단의 기는 기왕 '발현한 정'이라 함이다. 고봉은 맹자의 所指, 乘氣의 發處를 논함이 아니다. 반면 아래 퇴계의 논은 이러한 각각을 구별하지 않는다. 고봉은 "在中"과 "未發"은 성·리이고 "才發"과 "旣發"은 "乘氣로서 行"한 情이므로,(상111) 따라서 사단도 情으로서의 기라 했을 뿐이다.

984) 고봉의 "사단 역시 기"는 기왕 발현된 측은의 정이며, 발처를 말함이 아니다. 발처는 "心感의 性動"(상103·107)으로 논해야 한다. 측은의 단서는 性動으로 발현된 정을 言之한 것이다. 고봉의 "所就而言之者가 不同해서 사칠의 別이 있다"(상3)가 이것이다. 그런데 퇴계의 "사단처가 氣之發이겠는가"라고 함은 곧 "仁之端"은 결코 "氣發"이 아니라 함이다. 그렇다면 "단"의 소지는 '리지발'일까? 그렇지 않다. "맹자 사단처"(상44)는 '단'으로 말한 "惻隱之心, 仁之端也"(「공손추상」6. 상44)이다. 즉 단서는 기왕 발현한 측은지심이며 때문에 맹자는 "사람은 누구나 사단이 있으니 확충해야 한다"고 한 것이다. 측은지심은 정을 언지한 것이며 그 목적은 端이 아닌 "확충"이다. 만약 리지발로 말한다면 중용 "천명"도 리지발이며, "화"도 리의 발현자다. 사단은 이미 발현된 것인 기이므로 "기지발"로 표현할 수도 있다. 퇴계는 '발처'인 리발과 '발현된 것'의 확충을 분별하지 않은 것이다.

985) "인·의·예·지" 4자는 성덕이며 기가 아니다. 맹자는 "단"을 氣之發이 아닌 '리지발'로 여겼음도 명백하다. 그런데 고봉이 "사단은 기"라 함은 사단은 느낌이기 때문이다. 느낌이 "무불선"(상1)의 리일 수는 없다. 고봉이 "在中은 성이고, 才發은 정이다"(상111)고 한 것은 성·정을 구분하기 위함이었다. 맹자 "仁之端"은 목적이 있다. "나에게 사단이 있으니 확충해야 한다"(「공손추상」6)는 것이다. 칠정 역시 "性動"이다. 고봉이 「악기」"性動"을 상고한 것도 정은 모두 '성발'이기 때문이다. 성동은 발처인데, 단 사맹은 그 정을 각자 다르게 言之을 했을 뿐이다. 맹자는 言之했을 뿐 發處를 말하지 않았다. 맹자 종지는 '단'이 아닌 "확충"이다.

986) "仁之端"은 순수한 천리의 본연이며 잡기가 아니다. 퇴계의 "만약 겸기로 설한다면 이미 성의 본연이 아니다"(상19)라고 함은 설로서의 확충과 성선을 말함이다. 문제는 "성의 본연"은 "본래 그러한" 성을 말하며 이는 "본연지성"(상20)이 아니다. 본연지성은 성을 言之한 '설'이기 때문이다. 마찬가지로 퇴계는 인의예지를 "순수한 천리의 본연"이라 하지만 그러나 맹자는 "혼연의 성을 넷으로 쪼개서(四破) 언지(始備言之·別而言之)"(상79)했을 뿐 성의 본연을 논함이 아니다. "인의예지"는 性德의 언지이고, "순수한 천리"는 성·리이며, "본연"은 본연지성이 아닌 미발·이발에도 변함없는 성의 '그러함이다. 따라서 인의예지, 인지단, 순수한 천리, 본연 등을 혼용할 수는 없다. 퇴계의 '리기에 나아가면 그 리기는 호발한다'고 함은 오히려 미발의 사덕을 순리로 여기지 않은 것이다.

987) 주희는 "성은 단지 리일 뿐 어떤 物事가 있는 것은 아니다. 만약 物事가 있는 것이라면 기왕 善이 있고 또 반드시 惡도 있게 된다. 物이 없는 단지 리일 뿐이기 때문에 無不善이다"(상55)고 한다. 고봉이 "성은 무불선, 정은 유선악"(상3)이라 한 이유이다. 사단도 무불선이라 할 수는 없다. 퇴계는 "그 所指은 잡탕의 물사가 아니다"고 하지만 그러나 정의 단서는 성이 아니며, 다만 정의 선은 "無往不善"(상160·169)이다.

988) 퇴계는 "在中의 純理는 才發에 雜氣가 되지 않는다",(상25) "仁之端, 義之端의 인·의·예·지 넉자는 氣之發이 아니다"고 한다. 고봉도 "在中之時는 진실로 순수한 천리"(상111)라고 한다. "인의 소발의 단서는 잡탕의 물사가 아님"은 당연하다. 그런데 고봉이 "재중의 순리"는 미발의 성이고,(상111) "단"은 旣發의 "사단"(상81)이라 한 것은, 미발의 '성'과 정의 사단은 '기'임을 구별하기 위함이다. 고봉도 그 소발의 사단을 겸리기의 물사로 여기지는 않지만, 다만 사단은 그 "情 중의 善者言之"(상81)일 뿐이다. 이는 성발의 정을 "仁之端, 義之端" 등으로 언지한 것이며, 그 목적은 "확충"에 있다. 따라서 "인지단"은 사단만 리발이라 함이 아닌 그 종지는 "확충"이다. "인의예지"(4덕) 4자도 '성발'의 뜻이 아닌 '언지'로서의 설일 뿐이다.

之端" 而後賢亦曰, "剔撥而言善一邊"爾. 必若道兼氣言, 時已涉於泥水, 此等語言, 皆著不得

矣. [道도; 이끌다.(導의 뜻) 泥水니수; 혼탁함. 다른 것과 섞인 상태.(위 '화니대수'를 말함)]

공의 뜻은 인의예지는 未發時의 명칭이어서 때문에 순리로 여겼고,(퇴계가 '발'과 '인·의의 언지'를 구별하지 않은 것임)989) 사단은 已發後의 명칭이며 기가 아니면 行(氣發의 뜻. 고봉은 理行임)할 수 없으므로 때문에 역시 기로 여겼을 뿐입니다.990) 나는 말하겠습니다. 사단도 비록 "기를 탄다(乘氣)"고 하겠으나(퇴계; 기가 기를 탐. 고봉; 리가 기를 탐)991) 그러나 맹자의 소지는 기를 탄 곳(乘氣處)에 있지 않고 단지 순리의 발처(리발처)에 있을 뿐입니다.(퇴계는 승기, 소지, 발처를 구별하지 않음. 중용 종지는 '순리의 발처'이고, 맹자 종지는 '확충 언지'임)992) 때문에 "인지단, 의지단"이라 했고 후현(척발은 고봉의 말임) 또한 "척발하여 선 일변을 말했다"고 했을 뿐입니다.(인지단의 단이 선 척발이면 인은 선악이 있게 됨. 고봉의 척발을 퇴계의 의미로 왜곡 사용함)993) 그런데도 만약 반드시 '겸기'(고봉; 리발은 乘氣이고, 겸기는 言之임. 발을 겸기라 하면 사단도 본래 잡탕임)994)로 이끌어 말해야 한다고 한다면 이때는 '이미 혼탁(잡탕)을 건넜다'

---

989) 고봉은 "인의예지를 미발시의 명칭"이라 하지 않았고 또 인의예지를 "순리"라 하지 않았다. 고봉은 "在中之時는 순수한 天理"(상111)라 했을 뿐 인의예지라 하지 않았고, 다만 "맹자는 성의 혼연 전체를 넷으로 쪼개 인·의·예·지로 別而言之했다"(상79)고 한다. 퇴계가 "인지단"의 단을 『중용』 "발"이라 한 것은 그 인·의를 "미발시의 명칭"이라 한 것이며, 또 퇴계가 "재중은 순리"(상25)라 하여 "혼전"(상282)과 구분한다. 주희는 "측은지심은 인이다"의 인을 "用으로 그 本體를 드러냈다"고 주석하는데 이는 측은의 "용"으로 "성선" 본체를 논증했다 함이고,(「고자상」) 한편 "仁之端"을 "心之體用"이라 하여 그 "條理를 默識해야 함"(「공손추상」6)으로 말한다. 따라서 주희와 고봉은 중용 "미발"과 맹자 "인의예지"의 2설을 혼합한 것은 아니다.

990) "사단은 기가 아니면 行(發)할 수 없으므로 기라 함"은 고봉의 말과 다르다. 고봉이 사단도 "乘氣로 行한다"(상4. 상111·112)고 한 것은 퇴계가 사단만 "發於理"이고 "四端之發, 純理"라고 했기 때문이다.(상4·1) 고봉은 "발"이라 하기 위해서는 사단도 外感·心感의 승기일 수밖에 없다고 한다. 또 고봉이 "사단을 기"라고 한 것도 '승기의 발처'가 아닌 "승기로 [理]行한 實이 나타난 것"(상112)이기 때문이다. "인의는 성이고 측은·수오는 정이므로, 사단은 기이다."(상112) 즉 사단은 느낌의 "物事"(상55)이므로 성이 아닌 기이다. 퇴계의 "사단은 기가 아니면 행할 수 없다"고 함은 "仁義는 승기의 發이 아니면 사단의 정이 될 수 없다"는 의미라 하겠다. 사단은 이미 기이므로 '기로 행한다'가 아닌, '리로 행한다'고 해야 한다. 성은 發로 인해 정으로 드러난다(性發爲情). 퇴계의 "行"은 '氣發'의 뜻이나 고봉은 '理行'이다.

991) 사단이 '기를 탄다'고 할 수는 없다. 고봉의 "사단은 기를 타지 않음이 됨"(상4)은 '사단도 승기한다'고 함이 아닌 사단(리)이라는 단서는 '승기로 인한 것'의 뜻이다. 때문에 "旣發은 승기로 행한 것",(상111) "측은·수오의 정은 승기로 [理]行한 實이 나타난 것"(상112)이라 한다. 만약 "사단도 기를 탄다"고 한다면 '기가 기를 탐'이 되고 만다.

992) "사단도 기를 탄다"와 "맹자의 所指는 乘氣處에 있지 않다"와 "다만 純理의 發處에 있다"의 승기·소지·발처 셋은 그 의미가 각자 다르다. "사단도 기를 탐"은 사단의 '리발은 기를 탐'의 뜻이다. "승기"는 心感이며 이는 '所指'가 아니다. "맹자의 소지"는 맹자의 목적을 말함이며 이는 승기와 리발처가 아니다. "순리의 발처"의 리발처는 "소지"와 다른 문제이다. 순리의 발처는 '중용 종지'이고, 맹자 종지(소지)는 "확충 언지"이다.

993) 퇴계의 "맹자 소지는 리발처에 있으므로 '仁之端'이라 했고, 후현도 '척발해 선 일변'으로 말했다"고 함은 문제가 있다. 맹자 '소지(목적)'는 인지단의 리발처가 아닌 '확충'이다. 一情(칠정 포함)은 모두 리발이기 때문이다. "척발"(상3)은 후현이 아닌 고봉의 말인데, 퇴계 자신의 의미로 왜곡 원용한 것이다. 퇴계는 "선 척발", "리기에 나아가서 리만 척발함",(상34) "사단은 리 일변의 척발이다"(상274)고 한다. 하지만 仁之端이 리 혹은 선 척발이라면 그 미발의 인은 겸리기·유선악이 되고 만다. 퇴계는 "사단과 성도 본래 겸리기·유선악이며"(상247) 그 발도 '리기 호발'(상246)이라 한다. 미발의 인을 겸리기·유선악이라 한 것이다.

994) 퇴계는 그 발은 본래 '겸기의 호발'인데, 다만 '맹자의 소지는 순리의 '발처'에 있다'고 한다. 즉 호발에서도 리발은 사단, 기발은 칠정이다. 이렇게 스스로 먼저 "겸기"의 발인데 그 소주는 리발·기발이라 한다. 그러나 만약 그 발처가 겸기라면 본래 겸리기·유선악이 되고 만다. 퇴계의 주장이 이것이다. 반면 고봉의 "겸리기"는 발처가 아닌 겸으로서의 '언지'이다. 한편 "사단도 乘氣"(상111·112)라 함은 '兼氣'가 아닌, 리발이 기를 타고 유행하는 즈음으로, 즉 '리의 발처'이다. 고봉의 겸기는 "言之"(칠정과 기질지성의 설명)일 뿐, 발처가 아니다.

(퇴계는 사단도 본래 겸기의 호발이므로, 그렇다면 仁도 본래 잡탕임)고 할 것이니,995) 이런 등의 언어로는 모두 사단의 의미를 드러낼 수 없습니다.(결국 「천명도」의 천명·중화는 본래 겸기의 혼탁인데, 퇴계의 뜻은 독기임)996)

(259)古人以 ‘人乘馬出入’, 比(고봉집 譬)理 "乘氣"而行, 正好. 盖人非馬不出入, 馬非人失軌途, 人馬相須不相離. [相須상수; 서로 필요로 함.]

옛사람은 ‘사람이 말을 타고(乘馬) 출입하는 것’(주희의 이 비유는 태극동정의 묘이며, 사칠 비유가 아님. 칠이 사를 태우고 갈 수는 없음)997)을 리가 "기를 타고(乘氣)" 행하는 것으로 비유했는데, 매우 좋은 비유입니다.(사칠은 승기 문제가 아님)998) 사람은 말이 아니면 출입하지 못하고 말도 사람이 아니면 궤도를 잃게 되니,(부정적 비유로 설정한 것임)999) 이는 사람과 말(人馬)은 서로를 필요로 하며(相須) 서로 분리되지 못하는(不相離) 관계와 같습니다.(이 비유는 인인 태극의 동정을 논함이며, 동정이 없다 해서 人이 없다 할 수는 없음. 이는 사칠과 다르며, 사칠이 불상리면 그

---

995) "사단의 소지는 리발처에 있다. 만약 겸기의 발처라면 혼탁(잡탕)을 건넜다." 퇴계의 경우 정의 발처는 겸기 호발이며, 따라서 사단도 본래는 겸기이다. 사단도 본래 호발이며, 그렇다면 사단의 발처는 겸리기의 ‘잡탕의 발’이 되고 결국 사단의 "주리"도 겸리기의 ‘잡탕에서의 주리’가 되고 만다. 더구나 "仁之端의 단이 선의 척출"이라면 仁도 유선악의 잡탕이며, 이 잡탕에서의 척출이 곧 리가 되고 만다. 퇴계의 이른바 "소지"는 맹자가 아닌 자신의 소지이다. 그리고 자신의 소지로 "리발처"를 말한 것이다.

996) 그 발은 겸기의 호발인데, 단 "사단의 소지는 순리의 발처에 있다." 맹자 "仁之端"도 리기 호발에서 리 "척출"이다. 이것이 퇴계의 "사단의 의미(愚謂)"이다. 하지만 맹자 측은의 종지는 "인지단"이 아닌 "확충"과 "성선"이다. 一情(칠정 포함)은 모두 리발이므로 사단만 리라 할 수 없다. 퇴계는 사단만 리 척발이라 함으로써 결국 추만 「천명도」의 천명·중화는 겸기의 혼탁인데, 퇴계의 "나의 뜻"은 "오로지 기"라 함이다. 이러한 등의 혼란은 오히려 퇴계의 "此等의 語言"에 있다.

997) 주돈이의 "태극·동정"을 주희가 人·馬에 비유한 일은 다음에 보인다. "태극은 人과 같고 동정은 馬와 같다. 馬는 人을 싣고 人은 馬를 타니, 馬의 출입에 人도 더불어 출입한다(太極猶人, 動靜猶馬. 馬所以載人, 人所以乘馬, 馬之一出一入, 人亦與之一出一入)."(『어류』권94, 銖50, 3129쪽) "리는 보이지 않고 음양에 인한 이후 알 수 있다. 리가 음양 위에 타고 있음은 마치 사람이 말을 타고 감과 같다(理不可見, 因劉陽而後知. 理搭在劉陽上, 如人跨馬相似)."(같은 곳, 謨41, 3126쪽) 이 기록은 주돈이 「태극도설」 "태극·동정"에 관한 주희의 설로, 즉 태극의 동정이다. 태극이 기를 타고 감이 아닌, ‘태극의 묘’이다. 더욱 문제는 이 비유가 사단과 칠정에 관한 것이 아니라는 점이다. 칠·사는 一情의 2설이며, 칠정이 사단을 태우고 갈 수는 없다.

998) 주희가 "태극과 동정"의 관계를 人·馬의 출입에 비유한 것은 리인 태극은 ‘동정’("動靜者, 所乘之機"(「圖說解」))으로 그 理의 출입이 있다 함이다. 여기서의 "출입"은 理의 行이다. 고봉의 "리가 乘氣로 行함"(상111·112)은 行이 곧 理行의 發이다. 리는 外感인 心感으로 발하고 행한다. 그런데 칠사는 "승기로 行하 實이 나타난 것"(상112)이다. 즉, 승기의 리행이 아닌 ‘승기를 통해 기왕 나타난 것’이 곧 칠사이다. 그 나타난 정인 칠사는 각각의 종지가 있다. 반면 퇴계의 "行"은 승기의 겸리기(호발), "馬"는 칠정, "人"은 사단이다. 그런데 주희는 태극이 아닌 리의 동정으로 말한다. 출입은 동정이며, 리의 동정이다. 이는 리는 동정이 없고 음양만 동정이 있다 함은 아니다. 주희는 "음양동정이 태극의 동정이 아니다. 단지 리는 동정이 있을 뿐이다",(『어류』권94, 謨41, 3126쪽) "동정은 태극의 동정인가, 음양의 동정인가? 답변; 리의 동정이다"(같은 곳, 可學43, 3127쪽)고 하여 동정이 태극이 아닌 그 동정에 리가 있고, 그 리가 동정한다 함이다. 이는 태극(리)의 동정에 관한 것이다. 따라서 퇴계와 같이 馬인 칠정이 人인 사단을 태우고 출입한다고 할 수 없다.

999) "人은 馬가 아니면 출입하지 못함"의 비유는 ‘리는 기가 아니면 출입하지 못함’과 같다. 이 주장은 馬의 출입과, 人의 탐을 分한 것이다. 반면 주희의 "출입"은 人인 ‘리의 출입’이다. 주돈이의 「태극도」 및 「태극도설」은 모두 "태극"에 관한 일이다. 동정할 수 있음(소이)은 태극이고, 태극은 동정으로 드러난다. 「태극도설」 "陰陽一太極也"와 "妙合而凝"이 이것이다. 퇴계의 "馬는 人이 아니면 궤도를 잃는다"는 비유도 인·마를 분리해서 ‘기는 리가 아니면 궤도를 잃는다’ 함이다. 퇴계는 인이 마를 조종하는 것으로 여긴다. 그러나 태극은 동정을 조종한다 할 수 없고, 더구나 사단이 칠정을 조종한다 할 수도 없다. "馬는 궤도를 잃음"을 퇴계는 "태극·동정"의 관계를 긍정이 아닌 ‘부정적’으로 설정한 것이다. 주희의 "馬는 人을 신고 人을 馬를 타니, 馬의 출입에 人도 더불어 출입한다"(銖50, 3129쪽)고 함은 ‘태극의 묘’이다. 이는 태극의 동정에 관한 ‘긍정’으로서의 비유이다. 비유를 부정하면 비유할 필요가 없어진다. 『태극도』의 동그라미 10개 태극은 모두 긍정으로서의 묘이다. 태극은 어디에도 있음이다. 똥오줌에도 있다. 거름은 이롭고 그 이로움이 태극이다.

종지는 잡탕이 됨. 더구나 퇴계는 바로 위에서 상수불리를 혼탁이라 했음)¹⁰⁰⁰⁾

(260) 人有指說此者, 或泛指而言其行, 則人馬皆在其中, 四七渾淪而言者, 是也. 或指言人行, 則不須並言馬, 而馬行在其中, 四端是也. 或指言馬行, 則不須並言人, 而人行在其中, 七情是也. [泛指범지; 일반적으로 넓게 가리키다.(앞뒤 指자는 所指의 本指가 아닌 並指로서의 泛·發·乘·行·혼륜·마행의 혼합의 뜻임. 하지만 指는 이 중 하나만 가리켜야 함) 言언; 말하다.(言之의 뜻. 사맹도 정을 칠·사로 설명한 것임) 不須불수; ~할 필요 없다.]

사람들은 이것을 가리켜 설할 때, 혹은 넓게 가리켜 그 '가는 것(行)'을 말하는데 그렇다면 人馬는 모두 그 가운데 있으니,(행·마는 동의어임)¹⁰⁰¹⁾ '사칠을 혼륜으로 말한 것(四七, 渾淪而言)'이 이것입니다.(퇴계는 사맹 본설로 고찰하지 않고 둘을 혼륜이라 함)¹⁰⁰²⁾ 혹은 '人行'만 가리켜 말하는데 그렇다면 馬를 병언하지 않아도 馬行은 그 가운데 있으니, 사단이 이것입니다.(퇴계는 사단 종지가 아닌 行인 발처로 논함)¹⁰⁰³⁾ 혹은 '馬行'만 가리켜 말하는데 그렇다면 人을 병언하지 않아도 人行은 그 가운데 있으니, 칠정이 이것입니다.(그렇다면 중화는 '기'가 됨. 자사 종지는 중화를 이루기 위한 '신독 공부'임)¹⁰⁰⁴⁾

1000) 주희의 "太極理也, 動靜氣也, 氣行則理亦行, 二者常相依而未嘗相離也(태극은 리이고 동정은 기이다. 기가 행하면 리도 행하니, 二者는 항상 서로 의존하면서 일찍이 서로 떨어지지 않는다)"(위 銖기록 윗줄)라 함은 태극의 동정이다. 동정은 태극의 동정이고, 태극은 동정 속의 태극이다. 人은 馬를 타고 馬는 人을 태운다. 이는 '馬가 없으면 人도 없는 관계'를 말함이 아니다. 왜냐하면 이 비유는 본래 '태극(人)의 동정'을 논한 것이기 때문이다. 태극이 없으면 동정도 말할 수는 없다. 태극이 있으므로 태극의 동정을 말할 수 있다. 마찬가지로 태극의 人이 있어서 동정의 馬도 있다. 문제는, 퇴계는 바로 위에서 "상수의 혼륜은 이미 혼탁이다"(상258)고 했다는 점이다. 퇴계는 사단의 리발은 독리라 했고, 겸기라면 잡탕이라고 했다. 그런데도 여기서는 "상수의 불상리"라 한 것이다. 또 퇴계는 태극과 동정을 사단 칠정과 같다고 한다. 칠사는 상수 불리의 관계도, 리기 관계도 아닌, 두 개의 종지가 있는 정의 2설일 뿐이다. 사단이 없다 해서 칠정이 없다 할 수는 없다. 사칠 2설이 不相離라면 그 종지는 잡탕이 되고 만다.

1001) '行을 말할 때 人馬는 그 가운데 있다'고 함은 人과 馬는 '그 行으로서는 같다'는 뜻이다. 이때 人行, 馬行은 그 행으로서는 같다. 그러나 이는 위 "리는 乘氣로 행함", "人馬는 不離임"(상259)과 다르다. 馬는 이미 行이다. 왜냐하면 위 "리는 승기로 행함"에서 승기(乘氣)가 바로 行이기 때문이다. 人馬 불리는 인·마 '관계'이다. 퇴계는 '승기를 행'이라 했다. 그런데 다시 行馬를 '행과 마' 둘로 나눈 것이다. 인은 馬로 行한다. 따라서 행과 마행을 둘로 나눌 수 없다. 퇴계는 乘馬를 乘(타는 것)과 馬(말이 가는 것)로 나누어 인식한 것이다. 그러나 行은 乘馬와 같은 뜻이므로 만약 "행으로 말하면 人·馬는 그 가운데 있다"고 하면 '행·마'는 분리되고 만다.

1002) 행으로 말하면 인행·마행은 그 가운데 있다. 즉 기가 있고, 리는 사단, 기는 칠정이다. 그러나 이미 행이라 했다면 곧 心感의 정이다. 사칠은 발처, 승기, 행처가 아닌 정에 대한 '2설'일 뿐이다. 퇴계는 "행"으로서의 사칠을 논하지만, 그러나 칠사라는 이름의 2설은 천명·중화와 확충·성선의 종지로 논해야 한다. 고봉은 "사칠 혼륜의 言"이 아닌 "칠정을 혼륜의 言之"라 한다. 주희는 리·기를 "言", 겸리기를 "言之"라 한다.(상60) 칠정에 대한 '겸리기'는 '설명(言之)'이다.

1003) 馬行도 그 가운데 있지만, 人行만 가리키면 이것이 사단이다. 행이 있고, 나누면 馬行과 人行이다. 인행이 사단의 소지라는 것이다. 그러나 사단 소지를 '행'이라 할 수 없다. 감물로 性動한 정을 언지한 것이 사단이며, 따라서 사단 종지를 心感의 발이라 할 수는 없다. 칠정도 '천명'의 성발이다. 더구나 퇴계는 "행 중의 인행을 가리킴"이라 하는데 그렇다면 인행도 행의 겸리기의 척출이 되어 결국 순리의 발이 아님이 된다. 더구나 윗줄에서 "사칠 혼륜"이라 하고 여기서는 "人行만 가리킴"이라 하면 사단은 '혼륜(칠정)'이면서 인행'이 되고 만다.

1004) 人行도 그 가운데 있지만, 馬行만 가리키면 이것이 칠정이다. 만약 그렇다면 『중용』 천명·중화는 기만 가리킴이 되고 만다. 자사는 "미발을 中"이라 한다. 자사 종지·소주는 "중·화"를 이루기 위한 "愼獨"공부이다.

(261)公(고봉집 今)見, 滉分別而言四七, 則每引渾淪言者以攻之, 是見, 人說人行馬行, 而力言人馬一也不可分說也. 見, 滉以氣發言七情, 則力言理發, 是見, 人說馬行, 而必曰人行也. 見, 滉以理發言四端, 則又力言氣發, 是見, 人說人行, 而必曰馬行也. [分別분별; 리·기로의 분.(퇴계) 사맹의 분별인 칠·사.(고봉) 人行인행; 사람이 감.(인이 행을 겸하면, 사단은 잡이 됨) 馬行마행; 말이 감.(마와 행은 동의어로, 칠정은 독기가 됨) 一也일야; 하나이다.(也는 어기사로 앞의 '一'을 강조하여 어기를 잠시 늦춤. 뒤 '也'는 단정의 뜻) 必曰필왈; 반드시~라고 말해야 함.]

지금 공의 견해는, 황이 사·칠을 '분별해서 말하면(分別而言)'(퇴계는 리·기로의 분임. 사맹은 본래 분별임) 공은 매양 '혼륜으로 말한(渾淪言)' 것을 인용해 이로써 공박하니,(리기 혹은 사칠은 혼륜일 수 없음. 고봉은 사칠이 아닌 칠정이 혼륜언지임)[1005] 이 견해는 사람들이(다른 사람이 아닌 퇴계임) '人行과 馬行'을 [분별해서] 설하면 힘써 '人馬는 하나이니 분설할 수 없다'(본래 사맹이 分說한 것임)고 함과 같습니다.(퇴계는 행과 마행을 分하지만, 동의어임)[1006] 또 공의 견해는, 황이 '기발'로 칠정을 말하면 공은 힘써 '리발'로 말하니, 이 견해는 사람들이 '馬行'을 설하면 기필코 '人行이라 말해야 한다'고 함과 같습니다.(마행과 인행은 2설이므로 반드시 별임)[1007] 또 공의 견해는, 황이 '리발'로 사단을 말하면 공은 또 힘써 '기발'로 말하니, 이 견해는 사람들이 '人行'을 설하면 기필코 '馬行을 말해야 한다'고 함과 같습니다.(퇴계의 人行은 이미 行이 있지만, 고봉은 단지 人일 뿐이라 함)[1008]

(262)此正朱子所謂與(고봉집 與 없음) "迷藏之戲"相似, 如何如何? [迷藏之戲미장지희; 숨바꼭질 놀이.]

이것은 바로 주자의 이른바 "숨바꼭질놀이"와 비슷합니다.(퇴계는 리기에 나아가서 혼륜, 독

1005) 고봉은 사칠의 "別이 있음"은 사맹의 "언·론"(상3)이 다르기 때문이라 한다. 따라서 퇴계의 "내가 사칠을 分別하면 그대는 '혼륜'으로 공박한다"고 함은 고봉의 논변과 전혀 다르다. 퇴계는 사·맹의 別인 사칠을 리·기로 分하고, 또 칠정 혼륜을 '사칠 혼륜'으로 인용한다. 퇴계의 주장은 다음과 같다. '내가 리행·기행으로 사·칠을 分하면 그대는 分하기 전 리기혼륜의 사칠로 공박한다.' 퇴계는 위에서 "行을 말하면 사칠은 渾淪이다. 人行을 말해도 馬行도 있으니 사단이다. 馬行을 말해도 人行도 있으니 칠정이다"(상260)고 한다. 그러나 리기 혹은 사칠은 혼륜일 수는 없다. 리·기는 반드시 分이고, 칠·사는 사맹이 別한 명칭이기 때문이다.

1006) "사람들이 인행·마행(사·칠)을 분별하면 그대는 사칠 혼륜으로 공박한다." '사람들(人)'은 바로 퇴계이다. 다른 사람들도 이렇게 말했다고 할 수 없다. 추만은 사칠을 혼륜으로 여기지 않는다. 칠·사는 본래 사맹의 별칭이다. 마행의 마·행은 동의어다. 따라서 칠정이 마와 행으로 나뉜다고 할 수는 없다.

1007) "내가 馬行(기발의 칠정)이라 하면 그대는 또 人行(리발의 사단)이라 반박한다." 그러나 칠정과 사단은 사맹 본설이다. 따라서 고봉은 칠정이 사단이라고 말할 수 없다. 칠정은 반드시 중화인 리가 있다. 때문에 고봉은 "겸리기 언지"라고 한 것이다. 칠사가 혼륜일 수는 없다. 칠·사는 본래 別이고 리·기도 반드시 分이다.

1008) "내가 인행이라 하면 그대는 마행으로 공박한다." 그러나 퇴계의 "人行(사단)"은 이미 혼륜(行)에서의 척발이며, 따라서 인행도 본래는 행의 혼륜이다. 반면 고봉은 사단을 人行이 아닌 人으로 '言'했고, 또 칠정을 마행이 아닌 人馬 겸으로 '言之'했다. 사단의 人과 칠정의 兼人馬는 '言과 言之'일 뿐 발처인 行이 아니다. 주희의 "태극이 리의 동정을 탐"을 '인행·마행'으로 가른 것은 퇴계 자신이다.

리, 독기라 하여 사맹을 고찰하지 않음. 또 行인 정의 발처, 사맹 본설의 別, 리·기의 分을 구분하지 않음)[1009] 어떻게 생각하십니까?

제7조

(263)辯誨曰, "推其向上根源, 元非有兩箇意思."

변회에서 말하기를, "그 위로의 근원을 미루면 원래(元)[1010] 두 개의 의미가 있는 것은 아니다"(고봉은 '진실로 2善이 아님'이고, 퇴계는 '그대는 사칠은 원래 둘이 아니라 했음'으로 오용함. 고봉이 이미 '인용오류'라고 강력 항변했는데, 또다시 오용함)고 하셨습니다.[1011]

(264)滉謂. 就同處論, 則 "非有兩箇"(고봉집 意思 있음)者, 似矣. 若二者對擧, 而 "推其向上根源", 則實有理氣之分. 安得謂 "非有異義"(고봉집 義 없음)耶? [似矣사의; 흡사하다.(矣는 추측을 나타냄. '긍정할 수 있다'는 뜻임. 그러나 善이므로 '단정(也)'이어야 함) 根源근원; 본원적인 하나의 것. 본질적인 것.(고봉은 善·理) 그 이유의 根源에 나아감.(퇴계는 리·기) 對擧대거; 둘로 나란히 거론함.(퇴계의 대거는 리·기이고, 고봉의 '대거 불가'는 사·칠임)]

황은 말하겠습니다. '같은 곳에 나아가(就同處)'(합리기의 혼륜)[1012] 논한다면 "두 개로 있

1009) 주희는 다음과 같이 상대방(여조겸)의 논변 태도를 비판한다. "이는 마치 아이들의 숨바꼭질 놀이와 같다. 네가 동쪽에서 오면 나는 서쪽으로 숨고, 네가 서쪽에서 오면 나는 또 동쪽으로 가서 피한다. 이렇게 찾고 숨는다면 어느 때 이 일이 합의되겠는가(此如小兒迷藏之戲, 你東邊來, 我卽西邊去閃, 你西邊來, 我又東邊去避, 如此出沒, 何時是了邪)"(『문집』권48, 2237쪽) 퇴계는 사맹 본설을 고찰하지 않고, "겸리기에 나아가면" 리기 혼륜은 사실이 모두 같은데, 리발은 사단, 기발은 칠정으로 나눈다. 이는 리·기의 分, 사맹 2설의 別, 칠사의 리기로의 분별언지 등을 구별하지 않은 것이다. 또 사단의 '리의 言'과 칠정의 '겸리기의 언지'를 분석하지 않는다. 결국 퇴계는 맹자 확충·성선과 자사 천명·중화의 종지 및 소지를 고찰하지 않은 것이다. 이는 고봉이 아닌 퇴계 자신 스스로의 숨바꼭질이다.

1010) 고봉이 "그 근원은 '信非有兩箇'이다"(상130)고 한 것은 칠사의 '선은 둘일 수 없음'이다. 이를 퇴계는 '元非有兩箇'의 '元'이라 하여 '사칠은 원래 둘이 아니다'로 인용한 것이다. 문제는 고봉이 "진실로 兩箇가 아니다"고 한 이유는 퇴계가 자신의 말을 오해했기 때문이다. 이에 고봉은 "제가 곧바로 [사칠이] '원래 이의가 없음(元無異義)'이라 했다면 이는 성현의 가리킴에 어긋나는데 어찌 제가 그렇게 말했겠는가"(상130)라고 했다. 고봉의 "信"자는 '진실로' '정말로'의 뜻이지만, 퇴계의 "元"자는 '근원적인' '기초적인'의 뜻이다. 즉 고봉의 '信'은 사·칠은 '진실로 2선이 아님'인데 퇴계의 '元'은 '사칠은 원래 둘의 義가 없다'가 되고 만 것이다. 앞에서도 "元"(상230)자로 오용했는데 여기서도 고치지 않은 것이다.

1011) 고봉 상130의 논변이다. 고봉은 "사단은 칠정 중의 '發而中節者'와 同實異名이므로, 따라서 그 향상근원을 미루면 사단과 中節者는 진실로 둘의 '선'일 수 없다"고 했다. 이를 퇴계는 '그대는 사칠은 원래(元) 같다 함'으로 오용한 것이다. 고봉의 말은 본래 퇴계와 자신의 문자가 어긋난 곳을 바로잡기 위함이었다. 그런데 이 인용문은 또다시 고봉의 말과 어긋난 것이다. 고봉의 "兩箇"는 '善'이지 사칠이 아니다. 때문에 고봉은 재차 "[사칠이] 원래(元) '異義가 없다'(상29)고 했다면 성현의 가리킴에 어긋나고 만다"(상130)고 하여 나는 '원래(元) 사칠이 無異義라고 하지 않았다'고 항변한 것이다. 아래도 잘못 인용하고, 또 문자의 다른 점을 구분하지도 않는다.

1012) 퇴계의 "同處에 취해서"의 동처는 다음과 같다. "異中에 就해서도 그 有同을 보면 二者(사칠, 리기)는 진실로 혼륜언지이다."(상239. 상38) "行으로 보면 人馬는 그 가운데 있으니, 사칠 혼륜이다."(상260) 즉 겸리기, 혼륜, 行으로 보면 '同處'이다. 이는 "리기 불상리"(상234)로서의 "기 없는 리 없음"(상17·29·234·242)이다. 퇴계는 '동처'를 합리기에서는 사칠은 불상리 함이다. 합리기의 동처로서 사칠혼륜이다. 이에 고봉은 "선생께서는 저를 '리기의 상순 분리'라 하셨으니, 저는 불감당이며 선생의

는 것은 아니다"(고봉은 善인데, 퇴계는 사칠도 아닌 리기혼륜으로 답변함)[1013]고 함도 흡사합니다. (고봉은 반드시 칠사는 二善일 수 없다 했고, 퇴계는 리기혼륜의 추측으로 답변함. 리기는 '一物일 수도 있다'는 것임)[1014] 하지만 만약 둘(리·기 혹은 사·칠)을 '상대로 들고(對擧)'[1015] 그래서 "그 위를 향한 근원을 미룬다면"(고봉의 근원은 1善인데, 퇴계는 리·기 둘로 답변함)[1016] 실제로 리·기의 分이 있습니다.(理·氣의 피가 다른 善으로 分함)[1017] 어떻게 "다른 뜻(퇴계의 異義는 리·기이고, 고봉의 二義는 善임. 고봉은 인용 오류에 대해 이미 극력 항변했음)이 있는 게 아니다"[1018]라고 하십니까?(사맹 사칠이 아닌, 발 이전 리·기에 나아간 것임. 위 모두는 인용문도 오류이고, 문자도 어긋남)[1019]

제8조

(265)辯誨曰, "凡言性者, 不偏指氣. 今謂偏指而獨言氣, 恐未然." 且辯曰, "子思之論中和, 渾淪言之. 則七情, 豈非兼理氣乎?"

失言이시다."(상129) 하지만 퇴계는 또다시 동처를 거론한 것이다.

1013) "非有兩簡"는 고봉의 "信非有兩簡"(상130)이다. 고봉의 "진실로 두 개가 아님"은 善이 둘이 아니라 한다. 리, 성, 정의 선은 하나인데, 단 측의 선은 "성선", 중절자의 선은 "화"를 가리킴이 다를 뿐이다. 고봉 본의는 "善者는 천명의 본연으로 四端·七情者에 二義가 없다"(상9)로 "사단과 중절자의 선은 동실이며, 그 근원은 진실로 兩簡가 없음"(상130)이다. 반면 퇴계의 "非有兩簡"는 리기혼륜의 一物이라 "할 수도 있다(似矣)" 함이다. 이는 "行으로 보면 人馬는 같다"(상260)와, 앞줄 "同處에 나아가면"의 리기혼륜이다. 인용문의 "元"(상263)자가 단순한 인용 오류가 아닌, 퇴계 자신의 의미로 왜곡 오용한 것이다.

1014) "흡사함(似矣)"은 리기에 就하면 리기는 一物이라 해도 '가능하다'는 뜻이다. 하지만 이곳은 "그 근원(善)은 兩簡가 있지 않음"(상263)에 대한 답변이다. 당초 퇴계는 "그대는 사칠을 '異義가 없다'고 하셨다"(상29)고 했고, 이에 고봉은 "저는 사칠의 善者는 兩簡가 아니라는 의미였지 사칠은 '異義가 없다'함이 아니었다"(상130)고 극력 항변했다. 사칠의 善은 같으나, 그 종지는 전혀 다르다. 퇴계의 답변은 리기 一物도 "흡사하다"이다. 이 답변은 고봉의 항변인 "非有兩簡也"(고봉의 '也'는 단정인데, 퇴계의 '似'는 추측임)를 인용한 것이지만, 오히려 고봉의 항변과 관련이 없는 퇴계의 리기 논변으로 변질된 것이다.

1015) 리와 기의 "對擧"는 앞 "주자는 기지발을 리지발과 對擧 併疊했다"(상243)의 뜻이다. 문제는 지금 토론은 '사칠'이라는 점이다. 처음 고봉은 "사·칠을 대거하셨다"(상6)고 비판했다. 리·기 및 인심·도심은 대거이나, 칠·사는 대거의 대설이 아니라는 것이다. '리기 대거'는 이 조항 토론인 '사칠의 선' 문제와 어긋난다.

1016) 고봉의 "推其向上根源"(상130)의 '근원'은 "진실로 兩簡가 없음"의 '선'이다. 즉 사단자든 중절자든 그 '善者'는 진실로 두 개의 善이 아니다. 반면 퇴계의 이 인용문은 전혀 다르다. 퇴계의 "이 '二者'를 대거해서 '推其向上根源한다면"은 곧 '리기(혹은 사칠)'을 대거해서 그 근원을 올라가면 리와 기가 다르다 한다. "그 근원"이 리·기이기 때문에 사칠은 독리·독기이다. 이는 고봉의 말을 인용한 것이나 그 뜻은 정 반대다. 고봉의 근원은 '선'인데, 퇴계의 근원은 '리·기'이다. 그 근원(소종래)의 피가 理善과 氣善으로 완전히 다르다는 것이다.

1017) 고봉의 "그 근원의 선이 두 개일 수 없다"에 대해 퇴계는 "실제로 리·기의 分이 있다"로 답변한 것이다. 리·기의 分은 지당하다. 문제는 고봉의 비판은 '리기'가 아닌, 사칠의 '善'이 둘이 아니라는 점이다. 퇴계는 理善과 氣善의 分이다. 결국 천명의 선과 사단의 선을 완전히 다른 두 종류의 피로 가른 것이다.

1018) 고봉은 당초 "사칠은 初非有二義"(상9·64, 하23)라 했고 또 "제가 '無異義'라 했다면 이는 성현(사맹)의 가리킴(指)에 어긋날 것인데, 어찌 제가 이렇게 말했겠습니까? 저는 '非有二義'라고 했습니다"(상130)라고 강력히 항변했다. 항변 이유는 퇴계가 "그대는 사칠을 '非有異義'라 했으니 이는 성현의 종지(旨)에 어긋난다"(상29·30)고 했기 때문이다. 고봉은 이미 '나의 문자는 非有異義가 아니다'라고 충분히 항변했다. 그런데 여기서 또 그 인용 오류를 반복한 것이다. 아래에서도 인용 오류는 계속된다.(상267·268)

1019) 퇴계의 "異義가 있음"은 '리·기의 分'이다. 리·기의 異義 및 分은 지당하다. 이 인용문의 잘못과 오류는 위에서 살폈다. 사칠의 "異義가 있음"도 지당하다. 사맹 종지가 전혀 다르기 때문이다. 그런데 고봉의 질문은 '선은 둘이 아님'이다. 이에 퇴계의 답변은 리·기가 달라서(異) 그 사·칠도 전혀 다르다 함이다. 이 답변은 '선'이 아니다. 그렇다면 사맹은 리·기가 달라서 사·칠도 다르다고 했는가? 이는 사맹 본설 이전에 "미룬(推)"(就함) 것으로, 결국 퇴계는 사맹 사칠이 아닌 그 이전 '리·기의 分'을 논하고 만 것이다.

변회에서 "모든 성을 말함은 기를 偏指할 수 없다. 그런데도 지금 '偏指해 기를 獨言할 수 있다'고 했으니 그렇지 않다"고 하셨습니다. 또 변회에서 "자사는 중화를 논하면서 [칠정을] '혼륜으로 설명했다'고 했으니 그렇다면 칠정이 어찌 겸리기가 아닌가?"라고 하셨습니다.[1020]

(266)滉謂. 言性, 非無指氣而言者. 但鄙說 "偏·獨"二字, 果似有病, 故依諭 "已改之"矣. 然與 "七情兼理氣·渾淪言"者, 所指本自不同. 今以是爲鄙說之 "不能無出入", 其實 非出入也. 指旣不同, 言不得不異耳. [指氣지기; 기를 가리킴. 所指소지; 퇴계가 가리킨 것. 내가 가리킨 바의 본지.(자사의 所指가 아님) 指지; 내가 가리킨 것.(성현의 指가 아님)]

황은 말하겠습니다. "성을 말함(言性)"에 '기를 가리켜서 말한(指氣而言) 것'도 없지 않습니다.(고봉; 어떤 성설이라도 오로지 氣일 수는 없음)[1021] 다만 나의 설에서 "한쪽으로(偏)"와 "단독으로(獨)"라는 두 자는 과연 병통이 있는 듯합니다. 때문에 가르쳐주신 의견에 의거해서 "이미 고쳤습니다."(독기를 주기로 고쳤는데, 또 專氣라고 함. 기질지성의 성설을 기로 고수함)[1022] 하지만 이는 "칠정은 겸리기이다" 및 "혼륜으로 말했다"는 것과는 그 所指(자사의 소지를 반대한 것임)가 본래 스스로 不同합니다.(자사의 혼륜과 다른 스스로 '주기'를 새롭게 주장함. 중화의 리를 거부함)[1023] 지금 나의 설을 "출입의 모순이 없지 않다"[1024]고 하셨지만, 그러나 사실을 알고 보면 출입의 모순이 있는 것이 아닙니다. 가리킴(指)(자사의 혼륜과 퇴계 자신의 專

1020) 고봉 논변은 상135·136이다. 고봉은 어떤 성설(천명·성선·천지·기질 등)이라도 氣로 偏指해 獨言할 수 없다고 한다. 퇴계가 공맹의 성을 "獨氣"(상35)라고 했기 때문이다. 또 고봉은 "선생께서도 칠정을 혼륜언자라 하셨으니 그렇다면 칠정을 겸리기로 여긴 것이 분명하다"고 했다. 퇴계도 칠정을 "渾淪言之"(상37)라 했다. 그렇다면 성을 논함에 '독기·주기'가 아니고, 자사 희노도 '혼륜언자'가 당연하다. 이미 퇴계도 이렇게 인정했다. 그런데도 "趨異"(상230)라 하여 리·기로 논변한다는 점이다. 독기·주기를 퇴계는 "有異를 知한 것"(상239)이라 한다. 인용 오류 문제는 상230(제9절) 각주를 볼 것.

1021) "성을 말함에 기를 가리켜 말할 수 있다." 이 논은 문제가 있다. 고봉은 이 조항에 대해 "어떤 성설이라도 指氣라 할 수 없다"(상135)고 한다. 퇴계는 여전히 "指氣"이다. 고봉은 기질지성의 설은 '기를 兼한 言之'인데, 다만 "主性"(상133)일 뿐이다. 때문에 고봉은 "기질지성의 성설은 '리가 기질에 있음의 설"(상89)이라 한다. 指氣의 성설·성론은 없으며, 더욱이 성이 '홀로 기(偏·獨·專)'일 수는 없다.

1022) "偏指而獨言氣(편인데 기만 독언했다)"(상35)를 「개정본」에서 "兼指而主言氣(겸이나 기만 主言했다)"로 고치고(상212) "이미 고쳤다"(상228)고 했다. '독기'를 '주기'로 고쳤다. 이는 "가르쳐준 의견에 따라" 고친 것은 결코 아닌, 자신의 설을 보완한 것이다. 퇴계는 자신의 "本同"(상229)의 혼륜설을 "誨語에서 얻음이 있었다"(상235)고 했는데, 고봉은 이를 거부하고 "이는 선생의 謙光의 말씀이다"(하36)라고 한다. 이곳 '가르쳐주었다' 함도 겸손의 말이다. "偏·獨 두 자는 과연 병통이 있다"고 하면서도 또 "기질지성은 指氣이다,"(상242) "氣發은 專指氣이다. 실로 專指氣가 아니라면 주희는 '理之發'과 대거 병첩하지 않았을 것이다"(상243)고 하여 여전히 專指氣를 고수한다. 또 "指인데 言했다"도 '이미 指'인데 다시 '言'이라 할 수는 없다.

1023) 고봉은 비판하기를 "중화를 혼륜이라 하시고 또 獨氣라 하셨으니, 출입이 있다"(상136)고 했다. 이에 퇴계는 "그 소지가 부동하다" 함인데, 이는 중화의 혼륜을 부정한 것이다. 퇴계의 "兼指而主氣"는 자사의 중화가 아닌 퇴계 자신의 "주기의 소지"이며 이를 "專指氣"(상243)라 한다. 결국 자사와 "그 소지가 부동하다", 즉 중화의 혼륜과 다르다는 것이다. 이는 자사의 소지인 중화의 리를 거부한 것이다.

1024) 당초 퇴계는 "사·칠의 分은 본성·기품의 異와 같다"(상21)고 했다. 이에 고봉은 "이 말은 심히 당연하다"(상59)고 하면서 이는 주희의 "기질지성은 겸리기"와 같이 "칠정도 겸리기"라고 한다. 반면 퇴계는 자사의 "그 所指는 기"(상24)라고 했다. 때문에 고봉은 "출입이 있다"(상136)고 한 것이다. 윗줄 "겸리기와는 그 所指가 부동하다"고 함도 主氣와 專指氣이다.

氣의 '指'는 다르다는 것)이 不同해서 말도 다르지 않을 수밖에 없었을 뿐입니다.(결국 자사 '중화
설'을 거부하고 새롭게 자신의 指인 '칠정 專氣설'을 주장한 것임)[1025]

제9조

(267)辯誨曰, "同實異名", "非七情外復有四端", "四七非有異義."

변회에서 "實(선)은 같지만 名(和와 측은)은 다르다"[1026]고 하셨고, "칠정의 밖에 다시 사단
이 있는 것은 아니다"(「고봉1서」 문제이며, 이미 고봉은 자세히 해명하고 항변했음)[1027]고 하셨으며, "사
단 칠정은 '다른 뜻(異義)'이 있는 것은 아니다"(고봉; 善은 '二義'가 아님. 퇴계; 사칠의 名은 '異義'가
없음. 고봉은 이 문제를 수차 강하게 항변했음)[1028]라고 하셨습니다.(선 토론이 사칠의 名과 리·기로 변질됨)

(268)滉謂. 就同中, 而知實有理發·氣發之分, 是以異名之耳. 若本無所異, 則安有 "異名" 乎?
　　　　故雖不可謂 "七情之外復有四端", 若遂以爲 "非有異義", 則恐不可. [實실; 사실. 실제로.
　　(고봉의 實은 善이라는 알맹이. 퇴계는 리·기) 異名之이명지; 다른 이름으로 부름. 異名이명; 다른 이름.]

황은 말하겠습니다. 同中에 나아갔다 해도,('善'의 同을 '리기혼륜의 同에 나아감'으로 답변함)[1029]

1025) "指가 부동해서 言도 다르다"의 '指'는 퇴계 자신의 주기 혹은 專指氣이다. 자사의 '중화혼륜'과, 퇴계의 '전기'는 그 '가리킴
(指)'이 서로 다르다는 것이다. 윗줄에서 "所指가 부동함"이라 했다. 자사의 "희노"는 中和를 포함한 '리를 兼指해 言之'한 것으
로 이는 혼륜언지이다. 하지만 퇴계의 "指가 부동함"은 자사가 아닌, 자신의 專氣의 指이다. 반면 고봉의 "혼륜언지"는 자사의
'所指'이다. "성현의 指에 어긋남"(상130)의 指도 자사의 所指이다. 퇴계의 경우 혼륜은 자사이고, 전기는 퇴계이다. 고봉은 당초
"선생은 칠정을 獨氣라 하고 또 渾論이라 하셨으니, 출입이 있다"(상136)고 했다. 출입이 없기 위해서는 퇴계는 자사의 소지와
자신의 소지를 일치시켜야 한다. 결국 "指가 부동해서 言도 다르다"고 함은 자사의 指를 거부한 것이다. 퇴계는 자사 '중화 본
설'을 거부하고 새롭게 자신의 '칠정 전기설'로 指해 言한 것이다.

1026) 고봉은 "그 中節者는 四端者와 同實이나 異名이다"(상64·130)고 했다. '同'은 '善者'(상9)이고, '名'은 그 善의 異名인 '和'와
'측은'이다. 이는 사칠의 동실이명이 아니다. 반면 퇴계의 "同"은 情, 사칠, 리기의 일물이고, '名'은 사·칠, 리·기이다. 토론
이 매우 어긋난 것이다. 자세한 각주는 상231(제1절)을 볼 것.

1027) 고봉이 "당초 나의 전설에서 '칠정의 밖에 다시 사단이 있지 않다'(상3·5) 함은 四端者와 中節者의 리·선은 동실이기 때문이
다"(상64)라고 항변했다. 즉 측은과 화는 '선'이 동실이고, 칠정의 리가 사단의 '리와 同'이므로,(상64) 때문에 고봉은 "칠정 밖
에 사단이 없다"고 했으니 "바로 이것을 이른 것이었다."(상64) 이 문제는 「고봉1서」이며, 이를 「고봉2서」에서 이미 자세히 해
명했다. 이는 결코 "사칠"(상3)이 아니다. 하지만 퇴계는 이 말을 다시 인용해서 사·칠의 '異名 이유'를 논하고자 한다. 그러나
칠·사 二名은 사맹 본설이고, 고봉은 善 문제이다.

1028) 「고봉1서」에서 "사칠의 [선은 二義가 아니다(非有二義)"(상9)고 했다. 이에 퇴계는 "사칠(名)은 非有異義라 하면 안 된다"(상
29·42. 상207·219)고 한다. 때문에 「고봉2서」에서 또다시 "저는 처음부터 '非有二義'라 했지 '無異義'라 하지 않았으니, 그
렇다면 나는 성현의 指에 어긋나고 만다"(상64·130·148)라고 수차 강력 항변했다. 그런데 여기서 또다시 "非有異義'로 인용
해서 '리기(사칠이 아님)는 일물이 아니다'고 한 것이다. 고봉은 '선은 二義가 아님'이고, 퇴계는 '사칠은 리·기의 異義가 없다'
하면 불가함이다. 인용 오류에 대한 각주는 상231(제1절)을 볼 것.

1029) 퇴계의 "同中에 就함"(상36)은 곧 "人馬 出入의 行"(상259)에서 "泛指 其行"(상260)인 '리기 혼륜의 겸리기에 나아감'의 뜻이다. 즉
"리기 상수의 不離"로 이는 "사칠은 모두 혼륜임"(상260)이다. 퇴계의 專理·專氣 이전 리기에 就한 합리기 혼륜의 "同中"이다. 그
런데 "동중"의 同은 고봉의 "同實"의 同과 다르다. 퇴계의 "동"은 합리기의 一物(사칠 혼륜)이고, 고봉의 "동"은 善의 同이다. 따
라서 퇴계의 "同中"은 '같은 善中에 就해도'가 되어야 하지만 오히려 '리기 中에 就해도'로 답변한 것이다. 문답이 어긋난 것이다.

그러나 실제로 리발·기발의 分이 있음을 알아야 하며,(一善에 대해 사실의 리·기 2分으로 답변함)[1030] 이 때문에 '다르게 부르는 이름(異名之)'도 있을 뿐입니다.(一善을 피의 혈맥이 전혀 다른 理善과 氣善으로 답변함)[1031] 만약 본래 [리·기의] 다름이 없다면 어떻게 "다른 이름(異名)"도 있겠습니까?(1선의 2名을 리·기 異名으로 답변함. 사람의 정이 아닌, 리·기에 종속된 정이며, 사맹의 2名이 아님. 토론 본말이 완전히 뒤바뀐 것임)[1032] 때문에 비록 "칠정의 밖에 다시 사단이 있지 않음"(고봉은 一善이라 함인데, 사칠혼륜으로 답변함)도 인정되지만 그러나 마침내 "다른 뜻(異義)이 없음"(고봉은 나는 '二義이다'고 수차 항변했는데, 또다시 '異義'로 오용함)으로 여기신다면 아마 불가할 것입니다.(사·칠 異義는 당연하며, 고봉이 이미 수차 해명함)[1033]

제10조

(269)辯誨曰, "泛論曰, '四端發於理, 七情發於氣', 固無不可. 著圖而置四於理圈, 置七於氣圈, 離析太甚, 惧人甚矣." [泛論범론; 넓게 연결해 논함.(추만설) 離析리석; 분리하고 분석함.(퇴계의 해석이 이렇다는 것임)]

변회에서 말하기를 "넓게 논해서 '사단은 발어리, 칠정은 발어기'(퇴계가 추만설이라 함)라

1030) "실제로 리발·기발의 分이다"고 함은 "同에 就해도 有異를 알아야 함"(상36·239)으로, '異는 발하기 전 리·기의 實이다. "리기 二者는 상호 互發하며"(상246) "그 發은 각기 혈맥이 다르기"(상254) 때문에 그래서 사·칠 異名도 있다는 것이다. 이 답변은 위 고봉의 "사칠의 선은 二義가 없다"고 함과 다르다. 고봉의 질문은 사칠의 '선은 同인가 異인가'이지 리·기가 아니다. 지금 토론은 一情에 대한 '사맹의 언·론' 문제인데, 퇴계는 사맹이 아닌, "실의 리·기에 나아가서"로 답변한 것이다. 사·칠 異名 이유는 '실의 리·기의 발이 다르기 때문이라 한다. 그러나 사맹이 리기에 나아간 "실제의" 리발·기발을 사·칠이라 했다 할 수는 없다.

1031) "다른 부름의 이름(異名之)"이 있는 이유는 "실의 리발·기발의 分" 때문이다. 리발은 사단이고 기발은 칠정이다. 이로써 理善과 氣善의 다름(異)이 있게 된 것이다. 이는 사맹의 설과 다르다. 자사는 "未發을 中"이라 하고, 맹자는 "그 정(其情)"으로 비로소 "성선"을 논증할 수 있었다.(「고자상」) 더구나 사맹은 그 '정'을 설명하는 방식에서 칠정과 사단을 "言·論"(상3)했을 뿐 그 '발처'를 말하지 않았다. 따라서 "異名之" 이유를 리·기 때문이라 할 수는 없다. 더구나 이 조항 토론은 사·칠을 "어떻게 명칭 했는가(名之)"에 있지 않다. 사맹의 명칭이기 때문이다. 고봉의 "同實"은 중절자와 사단자는 '그 實의 善이 같다' 함이고, "異名"은 '和'와 '측은'은 一善이나 異名이라 함이다. 만약 리발·기발 때문에 異名之가 생겼다면 천명의 화와 측은의 선은 혈맥의 피가 서로 완전히 다른 理善·氣善이 異善이 되며, 그럴 수 없다는 것이 고봉의 당초 의혹이다.(상64)

1032) "본래 所異가 있음"의 異는 리·기이며, 즉 리발·기발의 異發이 있는 이유이다. 사·칠 "異名"은 실제 리·기의 異發 때문이다. "본래 異가 없었다면 어떻게 異名도 있겠는가?" 이 답변은 고봉의 질문과 전혀 다르다. 퇴계는 리·기가 다르므로 그 善도 리선·기선의 사실 異名도 있다고 한다. 반면 고봉의 "立名有異"(상76)는 화와 사단의 '異名'이다. 이는 본래 사맹의 異名이며, 따라서 퇴계가 또다시 異名이라 해서는 안 된다. 퇴계의 二名은 사맹의 "言·論"이 아니라 함이다. 결국 퇴계의 情善은 "本然之善"(상5)과 "本然之情"(하189)의 선이 아닌 리·기에 종속된 선이고, 또 "사맹의 성·정"(상2)보다 '리·기가 먼저'가 되고 만다. 토론의 본말이 완전히 뒤바뀌고 만 것이다.

1033) 그대의 "사단이 칠정의 밖에 있지 않음"(사칠혼륜)도 인정되지만 그러나 "리·기 異義가 있지 않다"고 해서는 안 된다. 왜냐하면 "사실은 리기 혼륜이나 그 所主는 리·기"이기 때문이다. 반면 고봉의 "사단은 칠정 밖에 없다"고 한 것은 사칠의 '선은 하나'라 함이고, 또 고봉 원문은 "二義"(두 개의 선, 옳음)이다. 고봉은 진실로 사칠을 리기혼륜이라 할 수 없고, 또 사칠을 '異義가 없다'고 말할 수도 없다. 사칠 異義는 당연한데 단 二善이 아닐 뿐이다. 칠정은 "리가 자재(理亦自在)"(상64)하며, 사단과 同의 리·선이다. 사·칠은 "그 意에 所主가 있음"(상78)도 지당하고, "그 立名의 異가 있음"(상76)도 논할 것이 못되며, 사칠의 "異義 있음"도 말할 필요 없이 당연하다. 그렇지만 "非有二義"인 칠사의 "善者"(상9)는 二義가 아니다. 이러한 "異名" "異義" "無異義" 문제는 이미 「고봉2서」제7절에서 이미 자세히 해명했다.(상130) 따라서 퇴계의 "異義가 없다하면 불가함"은 결국 사칠은 '異義가 있음'의 뜻이므로 다시 논의할 것이 없거니와, 고봉도 해명이 이미 끝난 일이다.

해도 진실로 불가하지 않다. 그런데 「천명도」에 드러내 사를 리 권역에 배치하고 칠을 기 권역에 배치했는데 이는 분리·분석이 너무 심하다. 남을 그르침이 심할 것이다"라고 하셨습니다.(고봉; 추만 「천명도」에 왜 사단을 들여와 '천명을 기발'이라 하는가? 퇴계; 리기에 나아가면 칠정은 '오로지 기'이다)[1034]

(270)滉謂. 可則皆可, 不可則皆不可. 安有泛論, 則分二發而無不可, 著「圖」, 則分二置而獨爲不可乎? 況「圖」中四端七情, 實在同圈, 略有表裏, 而分註其旁云耳, 初非分置各圈也. [圈圈; 권역. 동그라미.(「천명도」 상·하 동그라미. 「천명도」 "천명"의 칠정설을 퇴계가 "사단" 위주로 바꿈. 「태극도」 10개 동그라미 모두는 태극이며, 기의 음양·만물도가 아님) 表裏표리; 겉과 속. 안쪽과 바깥쪽 동그라미.(퇴계가 안을 사단, 바깥을 칠정으로 그림)]

황은 말하겠습니다. 가하다면 모두 가하고(고봉; 리기로의 해석은 가함) 불가하다면 모두 불가합니다.(고봉은 퇴계의 사칠의 대거호언을 반대했는데, 퇴계는 리·기의 分을 가하다고 함)[1035] 어찌 범론해서 '二發로 分하면(分二發)' 불가함이 없는데,[1036] 「천명도」에 드러낼 때 '두 위치로 分한 것(分二置)'만 유독 불가하단 말입니까?(퇴계가 「천명도」 천명·중화를 '오로지 기'로 分해서, '기발'이므로 칠정이라 함)[1037] 하물며 「천명도」 중의 사단 칠정은 실제로 같은 권내(정권의 한 동그라미)에 있으며 약간의 표리(동그라미의 겉과 속)는 있지만, 단지 그 곁의 양쪽에 '分註'(리

1034) 고봉의 상69·70이다. 고봉의 비판은 추만설이라는 "발어리, 발어기"는 불가하지 않다 함이다. 사단의 리발은 당연하고, 사칠은 기왕의 정이므로 기발도 당연하다. 문제는 추만 「천명도」는 칠정의 "천명"을 그린 도형이라는 점이다. 그런데도 퇴계가 사칠을 "대거 호언"(상72)으로 이해하는데, 그렇다면 칠정의 리발이 사단에 의해 기발이 되고 만다.(하30·131) 또 추만 본설에 퇴계는 "무불선, 유선악" "사단지발, 칠정지발"(상1·4·14·71)을 붙여, 리·기로 分한다는 점이다. 이렇게 사칠을 대거해서 리·기로 分하면 추만 등 "남을 그르게 할 것"이다. 그런데 퇴계 본의는 이와 또 '전혀' 다르다. 퇴계는 사맹을 해석함이 아닌, 반대로 "리기에 나아가서"(상17) 그 리·기에 사칠을 분속한다. 고봉이 "저의 지금까지 의혹은 이것인데 「천명도설」까지 재검해 보니 그 의혹이 여기에서 그치지 않으며, 저의 지난 번 우려도 지나친 것이 아니었다"(상73)고 함은 토론 문자의 불일치이다. 자세한 주석은 상231(제2절)을 볼 것.

1035) 고봉의 "범론하면 불가함이 없다"(상69) 함은 추만도 '불가하지 않고' 또 이를 「천명도」에 드러내도 병통이 없으며, 주자의 말과도 다르지 않다"(상68)는 뜻이다. 사단 발어리는 지당하고, 칠정 발어기도 불가하지 않다. 사단도 정인 기이고 칠정의 기도 당연하다. 사·칠은 "사맹의 말한 바가 부동하며, 그 말 뿐이 아닌 그 意 역시 각기 所主가 있고, 때문에 別해 言之했다."(상78·82) 리·기로 각각 나누어 해석해도 불가하지 않다. 문제는 퇴계가 "대거 호언"(상72)해서 각자 리·기로 나누어 칠정의 중화를 '기'로 여긴 곳에 있다.

1036) 고봉의 "범론하면 발어리, 발어기도 가하다"(상69)를 퇴계는 '泛論하면 리·기 二發로 分해도 가하다'로 이해한 것이다. 이는 고봉과 전혀 다르다. 고봉의 "가함"은 '범론만 가함'이지 퇴계와 같이 "대거호언"(상6)과 "二發로 分해도 가하다" 함이 아니다. 고봉은 "리·기 분속(해석)도 가하나, 단 칠정은 專指氣가 아니며"(상90·91) 다만 "칠정도 性出이고 사단은 乘氣한다"(상4)고 한다.

1037) 퇴계는 「천명도」 情權에서 사칠을 '동그라미 둘로 중첩해 分置했고' 또 그 동그라미 좌우(혹은 아래)에 "발어리, 발어기"로 分註했다. 이를 퇴계는 "'발어리, 발어기'는 二發로 分한 것이고, 이것이 가능하면 「천명도」에 分註해도 불가하지 않다'고 한 것이다. 이는 고봉의 지적과 다르다. 고봉의 "범론의 가함"은 리발과 기발도 가함이고, "불가함"은 퇴계의 "대거 호언"(상72)이다. 칠·사는 사맹의 "別"(상3)설이며, 이를 리·기, 리발·기발로 해석할 수 있다. 그런데 퇴계의 대거호언은 情을 둘로만 들었고, 더구나 리·기로 대거하면 각각 하나는 리 하나는 기로 각자 치우치고 만다. 퇴계는 "실제로 리·기 分이 다름"으로 "分"하며(상268) 결국 리발·기발의 호발이 곧 사칠이라 함이다. 이는 사맹을 해석함이 아니다.

발·기발)해서 운운했을 뿐, 처음부터 각자 권역(성권과 정권)으로 나누어 배치한 것은 아니었습니다.(이미 '리기 호발'이라 함은 그 위치 문제를 떠나 '사·맹을 해석'함이 아님. 퇴계가 추만의 천명·중화를 급거 '기'로 바꾸어버림)[1038]

제11조

(271)辯誨曰, "或云無不善, 或云有善惡. 恐人疑若有兩情·二善."

변회에서, "혹은 무불선, 혹은 유선악이라 운운했다. 사람들이 마치 兩情이 있다거나 또는 二善이 있다고 의혹할까 두렵다"고 하셨습니다.(고봉의 질문은 '천하에 二善은 없다' 함이고, 퇴계의 아래 답변은 '나의 설은 當理이다'임)[1039]

(272)滉謂. "純理故無不善, 兼氣故有善惡", 此言本非舛理也. 知者, "就同而知異", 亦能 "因異而知同." 何患於不知者錯認, 而廢當理之言乎? 但今於 「圖」上, 只用朱子說 故此語 "已去之"耳. [舛理천리; 이치에 어긋나다. 이치에 등지다. 亦能역능; ~역시 ~이 가능하다. 因인; ~으로 인하여. ~때문에. 當理之言당리지언; 당연한, 마땅한 이치의 말.(자신의 說·言이 그렇다는 것. 고봉은 사맹의 '말씀') 去之거지; 지우다. 버리다.]

황은 말하겠습니다. "순리인 까닭에 무불선, 겸기인 까닭에 유선악"이라는 이 말은 본래 이치에 어긋난 게 아닙니다.(순리 때문에 성선일 수는 없고, 겸기 때문이라 하면 미발의 중은 순선이 아님이 되고 맘. 자신의 설을 '이치'라 한 것임)[1040] 知者는 "같음에 나아가서도 다름을 알

1038) 「구천명도」下 동그라미는 둘을 겹쳤는데 이것이 情圈이다. 안은 사단이고 바깥은 칠정이다. 그 동그라미 좌우(혹은 아래)에 "사단발어리, 칠정발어기"로 분주했다. 퇴계의 "그 곁에 분주했을 뿐 처음부터 각권에 분치한 것은 아님"은 상·하 동그라미 중 上은 性圈이고 下 情圈은 사·칠을 표리로 배치했는데, 이 사·칠이 上의 性圈에 있지 않다 함이다. 고봉은 리발, 기발 주석을 반대하지 않는다. 문제는 '리·기로 대거'함에 있다. 정권에 분주했지만 그 내용은 리발에 상대한 기발, 기발에 상대한 리발이다. 당초 고봉의 "사단을 리권에 배치해 발어리, 칠정을 기권에 배치해 발어기라 했음"(상69)은 사칠의 리·기 대거 비판이다. 따라서 퇴계는 "정권에 분주"해서 리·기로 대거한 것이다. 큰 문제는 "리기에 나아간" 리·기 호발이니, 즉 리발·기발이 곧 사·칠이라 함이다. 그러나 사맹도 직접 발처가 아닌 공부를 논했다. 리기로의 해석은 정주며, 사맹을 호발이라 할 수는 없다.

1039) 퇴계는 당초의 "발어리이무불선, 발어기이유선악"(상4)을 "순리고무불선. 겸기고유선악"(상1·5)으로 고쳤다. 이에 고봉은 "이는 전보다 더욱 분명하게 [二善임을] 나타나 보이게 했다. 사실을 대거호언해서 혹 無不善 혹 有善惡이라 하면 兩情·二善이 있다고 여길 것이다"(상72)라고 한다. "순리고, 겸기고"는 그 무불선·유선악의 양정·이선 '이유(故)'와 그 선이 '각자 다름'을 더욱 분명히 한 것이다. 퇴계가 반론을 제기하기 위해서는 『중용』과 『맹자』 설이 각자 리발·기발이 아니며 그 선도 二善이 아님을 입증해야 한다. 천하의 정 및 선이 둘이면 중화로서 인류의 소통이 불가하고, 사단·성선 또한 성우에 가손 있음이 되고 만다. 퇴계는 아래에서 "나의 설은 當理의 말이다", "주리·주기의 리발·기발이다"고 한다. 그렇다면 과연 當理는 二情·二善이어서 사맹은 천하의 소통을 거부했다는 말인가?

1040) 자신의 "四端之發, 純理故無不善, 七情之發, 兼氣故有善惡"(상1·5·71)의 설을 "이 말은 본래 이치에 어긋나지 않다"고 한 것이다. 고봉 또한 사단을 "순수한 天理의 所發"(상5)이며 "발어리, 무불선"(상63)이라 하고, 칠정도 "겸리기·유선악의 혼륜언지"(상63)라 한다. 또 "성은 무불선, 정은 유선악이니 이는 固然의 이치이다"(상3)고 한다. 문제는 사실을 둘로만 "대거 호언"(상6·72)하거나 또는 리·기 "二發로 分할 수는 없으며"(상270) "무불선"은 정이 아닌 '성'이라는 점이다. 칠사는 사맹 본설이

고",(혼륜에서 전리·전기를 知함. 자신이 지자임) 또 "다름에 인해서도 같음을 압니다."(주리·주기에서 혼륜을 見함. 성선 및 천명의 미발도 본래 합리기라는 것임)[1041] 어찌 不知者가 잘못 착각할까 걱정하여 당연한 '이치의 이 말'을 폐지할 수 있겠습니까?(고봉의 '사칠은 대설이 아님'에 대해 '주리·주기를 이치'라고 답변함. 이는 오히려 사단의 순리와 중화의 리를 當理가 아님을 스스로 선언한 것임)[1042] 다만 지금의 「천명도」에서는 단지 주자의 설을 쓴 까닭에 이 말은 "이미 버렸을" 뿐입니다.(자신의 '순리·독리의 이치의 말'을 버린 것임. 결국 사맹 본설보다 어류 해석설을 더 신뢰하고, 또 어류 본설까지도 주리·주기로 고침)[1043]

제12조

(273)辯誨曰, "如來辯, 則四七各有所從來, 非但言之者不同也(고봉집 也 없음)."

변회에서, "래변에서는 '사칠은 각각 [리·기의] 소종래가 있다'(퇴계의 설임)고 하셨으니, 그렇다면 이는 비단 '설명한 것만 부동할 뿐'(고봉; 사맹 본설이 부동함. 퇴계; 리·기 근원이 부동함)은 아님이 되었다"(고봉이 언어의 불일치를 강력 비판한 조항임)고 하셨습니다.[1044]

고 따라서 그 해석도 사맹에 의거해야 한다. 칠정은 중화가 있으며 따라서 중화가 순리의 발이 아니라 할 수는 없다. 또 "순리 때문"이라 하면 그 "무불선"의 성선을 '정으로 논증한 것이 아님이 되고 만다. 또 "겸기 때문"이라 함은 "미발의 中"을 '합리기'로 여김이 되고 만다. 퇴계는 "이치에 어긋나지 않다"고 하지만 이 논변의 문제는 한 둘이 아니다.

1041) "同에서도 異를 知해야 하고, 異에서도 同을 見해야 한다"에서의 異를 知함은 "주리·주기"(상36·239)이고 同을 見함은 리기 "혼륜언지"(상38·239)이다. 사단은 혼륜인데 주리이고, 칠정도 혼륜인데 주기이다. "知者"인 자신은 안다. "겸리기·유선악은 性 역시 그러하다."(상247) 결국 '순리고무불선'도 본래 혼륜에서 "異를 知한 것"이고, '겸기고유선악'도 그 "異로 因해서 同을 見한 것"이다. 이러한 동·이의 知·見은 사맹의 설이 아닌 퇴계 자신의 리기 소종래이다. 그러나 만약 "순리고무불선"이 혼륜에서 知한 것이라면 '미발의 천명은 순리'일 수 없고 "무불선"의 성선도 '순선이 아닌 주리'가 되고 만다.

1042) "不知者의 착각을 염려해 나의 當理의 이 말은 폐지할 수는 없다." 왜냐하면 "知者는 同에서도 異를 알기" 때문이다. 그런데 고봉 비판은 추만의 설을 퇴계가 "대거 호언"(상6·72)으로 여겼다 함이다. 그래서 "선생의 순리·겸기의 설은 前語보다 더욱 [二善으로] 나누었다."(상71) 前語는 "前說"(상5)인 추만과 퇴계의 '발어리[而無不善], 발어기[而有善惡]'(상4)이다. 지금이 전설보다 더 "무불선"과 "유선악" 이유를 알기 쉽게 나누었다는 것이다. 때문에 고봉은 "曉를 不得한 자들에게 병통이 생기게 한다'는 지금까지의 나의 의혹이 지나친 근심은 아니었다"(상73)고 결론한다. 고봉의 염려는 추만이 아닌 퇴계의 '대거 호언'이며 지금 "四端之發, 七情之發"은 더욱 알기 쉽게 '대거'한 것이다. 퇴계의 답변은 "나의 이 말(謂)은 當理의 言임"이다. 當理인 이유는 리기에 나아가면 同의 혼륜도 있지만 또 異의 주리·주기도 있기 때문이다. 이미 퇴계는 본연지성과 사단을 "독리" "리지발" "순리의 무불선"이라 했는데, 다시 "주리"를 당리라 한다. 그렇다면 사단은 순리·독리가 아니고 "중·화"도 '主氣'가 당리'이다. 더 큰 문제는 "당리의 언"을 사맹의 설 해석이 아닌 자신의 '주기·주기'로 선언하여 말한다는 점이다.

1043) 「퇴계1서」에서 "주자 본설로 대신하고 우리의 설은 버리자"(상47)고 했다. "당초 추만도 병통이 없고"(상45) "나의 '순리·겸기'도 본래 舛理는 아니나 다만 「천명도」는 주자의 설을 썼으므로 이미 버렸다." 퇴계는 결국 "순리"를 버리고 "同에서 異를 知한" '주리·주기'를 쓴 것이다. 그렇다면 『어류』 "리발·기발"은 주리·주기인가? 퇴계와 같다면 리발은 순리가 아닌 주리이고, 리발의 순리를 버린 것이다. 결국 「천명도」에 쓴 "주자 본설"은 퇴계 자신이 "안(知)" 주리·주기이다. 주자의 "리지발"은 "순리" 아님이기 때문이다. 이 토론은 사맹 본설을 퇴계가 "대거 호언"으로 여겨 "사단지발·칠정지발"의 兩發이라 했고, 이를 고봉은 "兩情, 二善이 된다"(상72)고 함에서 비롯된 것이다. 그런데 퇴계는 "兩情, 二善이 됨"의 우려에 답변하지 않고 오히려 자신의 "兩發"과 '주리·주기'로 답변한 것이다. 이로써 퇴계는 사맹 본설이 아닌 그 해석설인 『어류』를 더 신뢰했고, 또 주희를 믿고 썼다고 하면서도 정작 그 결과는 자신 스스로 "안(知)" 주리·주기로 변경된 것이다.

1044) 고봉 논변은 상77이다. 이곳 제4절은 '언어의 불일치'를 지적한 조항이다. 고봉의 "言之者의 不同"에 대해 "선생 역시 '그렇다'고 하셨다."(상76) 그렇다면 '言之者의 不同'이라는 말은 이미 합의된 것이다. 그런데 선생은 또 왜 "각기 [리·기] 소종래가 있다고 하시는가? 이는 '언지자부동'과 '소종래'에서 어긋난 것이며, 고봉은 이점을 지적했다. 여기에 퇴계가 답변하기 위해서는 '두 언어의 뜻이 무엇인지를 분명히 해야 한다. 고봉의 "언지자 부동"은 사맹 '언설의 부동'이고, 퇴계의 "소종래"는 '리기의

(274)滉謂: 雖同是情, 而不無 '所從來之異', 故昔之 "言之者", 有 "不同" 矣. 若所從來本無異,
則 "言之者", 何取而有 "不同" 耶? "孔門未備言", "子思道其全", 於此固不用所從來之說.
至孟子 "剔撥"而說四端時, 何可不謂指理發一邊而言之乎? 四之所從來, 旣是理, 七之所
從來, 非氣而何? [所從來소종래; 설이 나온 근거. 그 설의 유래.(고봉) 리·기 근원이 사칠임.(퇴계) 異이;
다름.(퇴계; 사칠 異名이 아닌 리·기의 異임) 昔석; 종전. 과거.("從古의 성현"(상17)의 종고의 뜻. 이전 사맹
부터 사칠을 말할 때) 取취; 리와 기를 取함. 旣기; 벌써부터. 기왕~한 바에는.]

황은 말하겠습니다. 비록 같은 정이라 해도 그 '소종래의 다름(異)'(사맹 '본설'보다 그 이전
'리·기의 異'로 논함. 사맹을 따르지 않음)이 없지 않기 때문에 과거부터 "설명한 것(言之者)"의
"부동(不同)"도 있었던 것입니다.(리·기의 異 때문에 사맹의 설명(言之)이 있다는 것임)[1045] 만약 소
종래의 본래 다름(異)이 없다면 그 "설명한 것(言之者)"도 무엇을 취해서 "부동(不同)"이
있다고 하겠습니까?(리·기 부동 때문에 사맹 사칠의 부동도 있다 함은 불가함)[1046] "공문에서는 갖
추어 말하지 않았다",(자사는 '성을 넷으로 쪼개지 않고' "천명"으로 설함)[1047] "자사는 그 전체로
말했다"(혼잡설이라는 것)[1048]고 하셨는데, [공문의 자사는] 진실로 소종래의 설을 쓰지 않
았습니다.(자사는 퇴계의 '주기·독기 소종래설'를 쓰지 않았다는 것. 중화 본설을 혼잡이라 하여 부정하고, 자
사도 퇴계를 따르지 않았다는 것임)[1049] 그런데 "맹자가 척발함"에 이르러 사단을 설할 때야말

근원'이다. 아래 답변도 용어의 용법이 전혀 다르다.

1045) "모두 정"임은 퇴고가 동의한다.(상16·76·77·148) 고봉은 "사칠의 異名"(상16) 이유가 그 一情에 대한 사맹의 "所就以言之
의 不同"(상3·16) 때문이라 했고, 퇴계도 "그렇다(以爲然)"(상77·16)고 동의했다. 이렇게 동의하면서도 선생은 또 "사칠은
각기 소종래가 있다고 하셨고"(상77)고 함이 이 조항 고봉의 지적이다. 즉, 진실로 "名에 異가 있는 것(立名의 有異者)"(상76)
은 "소취이언지의 부동" 때문임을 퇴계도 동의했다. 그런데도 또다시 "각기 '리·기의 소종래가 있다고 하시는 이는 '언지자의
부동'이라 하심이 아니시다."(상77) 이 문제는 이미 「고봉2서」에서 지적한 것이다. 그런데 또다시 "각기 소종래의 異가 있기
때문"임을 되풀이 주장한 것이다. 결국 "소종래의 異 때문에 그 설의 부동도 있는 것"이라면 이는 리·기의 異 때문이지 사맹
언지의 부동 때문이라 함이 아니시다. 그렇다면 결국 자사의 "정 전체"와 맹자의 "정의 선만 지시해 설명함"(상3·10·166)이
아니다. 만약 "소종래의 異"(상167)라면 퇴계는 위 사맹의 '전체 및 척발을 스스로 부정한 것이다. 왜냐하면 사맹은 사람 본연
의 느낌을 '그 소지로 언지한 것'에 불과하기 때문이다.

1046) "소종래인 [리·기의] 異가 없다면 무엇을 取해 言之者의 不同도 있겠는가?" 리·기의 異 때문에 사·칠도 있다. 결국 사맹이
그 一情에 "就해 言之한 것"을 퇴계는 부정한 것이다. 고봉의 의혹은 "선생은 '사칠은 [리·기] 소종래가 있다'고 하셨는데, 이
말씀은 저의 '言之者의 不同이 있다'와 다르다"(상77)이다. 왜냐하면 사칠은 사맹의 '언지가 부동'해서 그 異名이 있음을 퇴계는
이미 긍정했는데(상16·17) 퇴계는 오히려 '각각 리·기의 소종래 때문이다'고 했기 때문이다. 고봉의 "所就以言之"의 就는
"就情上, 就情中"(상147)의 의미인 '정에 나아갔다'는 뜻이다. 즉 사맹은 '一情에 就해서 사·칠로 "설명(言之)"했다. 반면 퇴계
는 '就情'을 오히려 '就理氣'로 오독하고, 사칠은 리·기의 '異를 取'한 것이라 한다. '리·기를 就·取해서 사·칠도 부동하
다. 이 논술은 잘못이 아닌, 불가하다. 고봉은 이를 "선생의 자득"(상62)이라 한다.

1047) 주희는 "孔門에서는 인의예지로 말하지 않았"는데 왜냐하면 공문인 자사는 "성은 태극혼연의 체이며, 본래 名字로 말할 수
없다"(상79) 함이기 때문이다. '성의 태극혼연의 체'는 자사의 '천명지성'이고, 이는 합리기의 성이 아니다. 반면 퇴계는 '합
리기·혼잡'의 성으로 답변한 것이다.

1048) 고봉은 "자사의 희노애락은 겸리기·유선악의 혼륜언지이니 이른바 '道其全'이다"(상80)고 했다. 이것이 자사 칠정의 소지이다.
반면 퇴계는 "리기에 就"한 혼륜과, "리·기를 取"한 소종래의 설 둘로 나눈 것이다. 즉 자사의 설은 '리·기에 就'한 혼잡설이
고, 퇴계는 리기에 就해 '기를 取'한 주기설이다.

1049) "자사는 소종래의 설을 쓰지 않았다." 즉 위 "자사의 천명지성은 성을 쪼개지 않음"과 "자사는 성정의 덕인 중화로 언지한" 칠
정설은 퇴계 자신의 소종래 설을 쓰지 않았다. 만약 자사가 소종래의 설을 쓰지 않았다면 그 소종래 설은 퇴계의 설이 되고
만다. 퇴계의 소종래 설은 '기를 取해서 기만 말함'이다. 과연 자사의 '중·화'는 기를 取해 말했는가? 고봉에 의하면 자사의 천
명지성은 "극본의 성"(상86)이고 중화는 "德의 言之"(상80)이다. 고봉의 당초 질문은 "저는 언지라 했으나 선생은 소종래라 하

로 어찌 '리발 한쪽만 가리켜 설명했다'(혼잡에서 뽑아냄. 그러나 리발은 '발처'일 뿐 척발인 '뽑아냄'이 아님)[1050]고 하지 않을 수 있겠습니까?[1051] 사의 소종래를 기왕 리라고 했으니, 칠의 소종래는 기가 아니면 무엇입니까?(도통순서인 칠·사에 어긋남. 퇴계는 사맹의 '천명·중화'와 '성선·확충' 본설을 자신의 '리·기 소종래설'에 종속시킨 것임)[1052]

제13조

(275)辯誨, 引朱子說 "孟子剔而言之, 伊川兼氣質言, 要不可離." [要요; 중요한 점은.(고봉) 그러나 요점은.(퇴계) 不可離불가리; 성은 둘일 수 없음.(고봉) 리기는 떨어지지 않음.(퇴계)]

변회에서, 주자의 설을 인용해 "맹자는 척출해 '설명했고'(言之는 인용 오류임) 이천은 기질을 겸해 '말(言)'했지만 그러나 요점은 분리될 수 없다"고 하셨습니다.(주희·고봉; 두 성설은 2성이 아님. 퇴계; 리기는 분리되지 않는 일물임)[1053]

(276)滉謂. 公之(고봉집 公之 없음)引此, 盖言性之 "不可離", 以明情之不可分耳. 然上文所引朱子說, 不日 "性雖其方在氣中, 然氣自是氣, 性自是性, 亦不相夾雜"云乎? [不可離불가리; 성·기는 분리되지 않음.(퇴계) 두 성설은 2성이 아님.(주희는 성선·기질지성의 뜻인데, 퇴계는 리·기의 不相離로 이해함) 不相夾雜불상협잡; 리·기는 서로 섞이지 않음.(주희; 성은 기라 할 수 없음. 퇴계는 리·기 관계로 이해함)]

시니, 이는 서로 말이 어긋난 것이다"(상77)이다. 이 문제에 대한 퇴계의 답변은 없다.

[1050] 고봉은 "맹자는 척발 출래했다"(상3·10·81) 하고, 퇴계도 "척발해 선 일변을 言했다"(상258)고 한다. 하지만 이곳 "리발 일변만 指해 言之했다"고 함은 위와 다르다. '선 일변'은 '성선설'이고, '리발 일변'은 '확충설'이다. '리발'은 발처일 뿐 설명(언지)이 아니다. 리는 言이고, 리로 논하면 言之이다. 문제는, 퇴계의 논변은 리기 호발 중의 리 척발이라는 점이다. 이는 언지(설명)도 아니고, 언(언명)도 아니며, 맹자의 소지(가리킨 의미)도 아니다.

[1051] 고봉의 당초 지적은 "맹자는 선만 척출했다" 함이며, 이는 "선생의 '각기 소종래가 있다'는 말과 서로 언어가 다르다"(상77)라는 불평이었다. 따라서 퇴계가 이 지적에 답변하기 위해서는 "각각 [리·기] 소종래가 있음"과 "리를 척발해 언지함"의 두 언어상의 문제를 해결해야 한다. 소종래는 '리·기'를 말함이고, 사단은 정에 관한 '설'이기 때문이다. 퇴계의 답변은 "사단은 척발해 리발 일변으로 언지했다"이다. 이는 "척발의 언지"와 "리의 소종래"가 합치되지 않는다. 그렇다면 "맹자의 언지"는 리발의 '발처'가 되고, 또 "리의 소종래"는 맹자보다 '앞'이 되고 만다. 고봉은 "맹자는 인의예지로 言之했고, 사단도 善者言之이니, 이것이 이른바 剔撥出來의 指示이다"(상81·10·3)고 한다. 이는 발처도, 소종래가 있다는 의미도 아니다.

[1052] "사단의 소종래를 맹자는 리라 했으므로 칠정의 소종래는 기이다." 이 주장은 매우 불합리하다. 퇴계의 주장은 사단과 칠정은 "리·기가 그 소종래(근원)이며" 그 "리기는 호발"한데 여기서 맹자는 리발 한쪽을 취했다 함이다. 이에 고봉은 말한다. "어찌 맹자의 말 때문에 자사의 언지가 급거 기 한쪽이 되어야 하는가?"(하62) 퇴계는 자신의 소종래설에 자사 "천명·중화"와 맹자 "확충·성선" 본설을 종속시킨 것이다. 자사 천명의 중화설은 사람 본연의 성정을 논한 것이며, 맹자도 사람 본연의 "그 정(其情)"(「고자상」)에서 "성선과 사단으로 언지"한 것에 불과하다. 이연평의 "맹자 성선설은 자사에서 나왔다"(상96)고 함은 칠정설에서 성선설이 나왔다 함이며, 주희가 「중용, 서문」에서 "道統"이라 한 이유이다.

[1053] "剔而言之" 원문은 "孟子是剔出而言性之本"(상86)으로 주희 본설이다. 따라서 "言之"는 인용 오류이다. "性之本"의 성은 '言'이다. 더구나 이를 "따를 수 없는(不能從)"(상232) 조항으로 분류한 것 또한 잘못이다. 또 주희 원문인 "要之不可離"의 '要之(중요한 점은)'를 '要(그렇지만 요점은)'로 인용했다. 주희의 경우 '맹자의 성과 이천의 성은 중요한 점은 두 성이 아님'의 뜻인데, 퇴계는 '리·기는 서로 떨어질 수 없음(理氣不相離)'의 의미로 잘못 인용한 것이다.

황은 말하겠습니다. 공이 주희의 이 설을 인용한 이유는 성은 [기와 서로] "떨어질 수 없다(不可離)"(두 성설의 不可離를, 퇴계는 리기 不相離로 잘못 이해함)고 말함으로써[1054] 결국 정도 [리·기로] '나눌 수 없음(不可分)'으로 밝혔을 뿐입니다.(一情에 대한 사·칠 別은 사맹임. 리·기의 分 해석은 주희임)[1055] 그런데 上文에서는 주자의 설을 인용해 "성이 비록 기 중에 있다 해도 그러나 기는 스스로 기이고 성은 스스로 성이므로 서로 섞이지 않는다(不相雜)"라고 운운하며 말하지 않았습니까?(사·칠의 別과 리·기 不相雜의 뜻은 전혀 다르다 함이 고봉의 당시 비평임)[1056]

(277) 妄意. 朱子就 "孟子剔言, 伊川兼言"處而言, 則曰 "要不可離", 卽滉所謂 "異中見其有同"也. 就 "性在氣中"而言, 則曰 "氣自氣, 性自性, 不相夾雜", 卽滉所謂 "同中知其有異"也. [卽즉; 곧~이다.(앞을 뒤와 같이 해석하겠다는 뜻)]

저의 의견은 이렇습니다. 주자는 "맹자는 [리를](주희는 선을) 척출해 말하고 이천은 [리 기를](주희는 기질을) 겸해서 말한"(두 성론은 一性이라는 뜻인데, 퇴계는 리·기로 인용함) 그곳(處)에 나아가(就) 말하면서도, 그렇지만 "요점은 떨어질 수 없다(不可離)"(퇴계는 리기 不相離의 뜻으로 오독함. 그렇다면 성선은 잡탕이 됨. 글자도 바꿈)라고 말씀했습니다.[1057] 이것은 황의 이른바

1054) 고봉이 주희의 "맹자의 성설과 이천의 성설은 不可離임"(상86)을 인용한 이유는 맹자와 이천은 설은 다르지만 모두 一性이라 함이다. 맹자 성선설과 이천 기질지성의 설은 一性을 각자 둘로 설했을 뿐이므로 不離이다. 반면 퇴계가 인용한 "불가리"는 주희의 뜻과 다르다. 퇴계는 성·기, 리·기 불리로서의 곧 리기 '不相離의 뜻이다. 불가리는 두 성설은 2성이 아니라 함이고, 불상리는 리기는 서로 떨어지지 않는다 함이다. 퇴계는 리기에 就해서 '혼륜 불리'의 뜻으로 인용한 것이다. 주희는 두 성설을 "不同"(『어류』권4, 道夫48)이라 하는데 그 소지의 목적이 각자 다르기 때문이다. 논한 목적이 '부동할 뿐, 둘은 一性이다. 고봉도 一性을 그 所在에 따라 分別言之했을 뿐'(상89)이라 한다. 고봉은 성설을 "불가리",(하69) 道를 "불가리",(상94) 성·기를 "불상잡"(상84, 하70)이라 한다. 퇴계는 아래 성·기의 '불상협잡'(상277)과 상대해서 불가리를 인용한 것이다.

1055) 퇴계는 "그대는 '[리기] 不可離의 설'을 인용해서 '정도 [리기로] 不可分'임을 논했다"고 해석한 것이다. 즉 그대는 리기는 떨어지지 않으므로 정도 떨어질 수 없다고 했다. 이는 주희 및 고봉의 말과 전혀 다르다. 주희는 두 성설은 一性이므로 不離라 했다. 이는 결코 리기 不離가 아니다. 고봉도 "이를 인용해서 정도 分할 수 없음을 논'하고자 함이 아니다. 칠·사 '別說은 자사와 맹자이다. 고봉이 "사맹은 사칠의 別이다",(상3) "사칠은 모두 정인데, 그 立名의 有異 이유는 그 言之의 부동 때문이다"(상76)고 한 것은 사칠의 別은 사맹이라 함이다. 퇴계는 사·칠의 分을 리·기라 하지만, 그러나 情은 무수한 논설이 있다.

1056) "그대는 성·기는 不可離이므로 정도 不可分이라 하지만, 그러나 上文 '성·기를 不相雜이라 했으니 그대도 성·기를 불가리로 여긴 것은 아니다." 즉 그대도 리·기를 不離가 아닌 不雜이라 했으니, 그렇다면 그대도 리·기를 異物이라 함이고, 따라서 그대는 '리·기로 정을 分할 수 있음을 스스로 인정한 것이다. 이 주장은 주희의 "불가리"와 "불상잡"을 인용한 것인데, 주희 본의와 전혀 다르다. 주희의 "불가리"(상86)는 2성설이고, "불상잡"(상84)은 성·기이다. 고봉은 주희의 이 설을 인용하고 이어 "리·기는 分이고",(상88·89) "본성·기품은 一性을 分別言之한 것"이며,(상89) "一情을 分而言之할 수 있지만 단 칠정은 專指氣가 아닐 뿐이다"(상90)고 했다. 고봉은 성설 및 정설을 분별언지이고, 사·칠 別은 사맹이며, 그 사칠을 리기로 分해서 해석한 것은 주희라고 한다. 퇴계는 주희의 '불가리' '불상잡'을 인용하면서도 주희와 전혀 다른 의미로 이해한다.

1057) 주희 본설에 "就", "處而言", "則曰"을 새로 넣어 주희와 전혀 다르게 해석했다. 퇴계는 다음과 같이 주희의 설을 이해한다. "맹자 척언"은 리기에 就한 주리이고 "이천 겸언"은 리기에 就한 겸리이다. 이렇게 "그곳(處)"에 "나아가(就)" 말했지만 "그렇지만 또 말하기를(則曰)" 성·기를 "不可離"라 했으니 이는 "리기에 就한 혼륜에서도 주리·주기를 取함"(상37·239·274) 이다. 즉 맹자도 겸리기에서 주리를, 이천도 그 겸리기의 혼륜을 말했는데, 그런데도 주희는 맹자와 이천의 성을 "성·기의 不可離와 不相離"이라 했다. 이상의 주장은 주희의 설과 전혀 다르다. 주희는 "맹자와 이천"의 설에서 리기에 "就"해 "그곳(處)" 에서 다시 "말(曰)"말하지 않았다. 왜냐하면 주희의 "맹자는 척언, 이천은 겸언이나 要는 불가리"라 함은 곧 一性에 대한 두 성설이라 함이지, 주희가 그 2성설에 나아가서 다시 그 설을 성·기로 해석한 것은 아니기 때문이다. "要之는 불가리임"은 '두

"다름 중에서도 그 같음이 있음을 본다"(모두 본래 리기 혼륜이라는 것. 주희는 一性의 2성설이라 함)라는 것입니다.1058) 또 주자는 "성이 기 중에 있음"에 나아가(就) 말하면서도 "기는 스스로 기이고 성은 스스로 성이므로 서로 뒤섞일 수 없다(不相雜)"라고 말씀했습니다.(기·성의 불잡을 성설로 잘못 오용했고, 글자도 심하게 바꿈)1059) 이것은 황의 이른바 "같음 중에서도 그 다름이 있음을 안다"라는 것입니다.(고봉의 성설 해석에 퇴계는 리·기 불상잡으로 답변한 것임. 모두 문자 및 용어의 용법이 불명하고 왜곡됨)1060)

제14조

(278)辯誨曰, "來辯, 謂七情外感於形氣, 而非理之本體, 則甚不可. 若然者, 七情是性外之物"云云, "孟子之喜而不寐, 止, 豈非理之本體耶!"

변회에서 "래변은 '칠정은 형기에서 外感하므로 리 본체가 아니다'라고 했는데, 이는 매우 불가하다. 만약 그렇다면 칠정은 性外의 物이 된다"고 운운하면서, "맹자의 기뻐하여 잠 못 이룸이 -생략- 어찌 리의 본체가 아닌가!"라고 하셨습니다.(고봉은 자사의 칠정은 리 본체인 천명의 중화가 있다 함이고, 퇴계는 따를 수 없다는 것임. 추만 「천명도」를 근본적으로 부정한 것임)1061)

성설은 一性일 뿐이라 함이지 '성·기는 불가리(不相離의 뜻)의 一物임'의 의미가 아니다. 주희는 성·기를 一物인 불가리(합성기)로 여긴 적이 없다. 고봉은 불가리의 의미를 "자사는 성·정의 덕을 말하면서 道는 불가리라 했다",(상94) "맹자의 척출은 하늘의 '달'이고 이천의 겸기질을 그 '달'을 가리킨 것'으로, 이것이 불가리의 뜻이다"(하69)고 하는데, 이는 성·기 관계(相)가 아닌 性 혹은 道는 상하 불가리라 함이다. 그런데 퇴계는 이를 "리기 不相離"(상19·29·34·234)로 이해하는데, 그렇다면 성선도 잡탕이 되고 만다.

1058) "주자는 '맹자는 척출처, 이천은 겸기처'로 말했지만 [성·기는] 불가리라 했다." 이는 "異中에도 同이 있음을 見함"(상32·38·239·249·272)이다. "異"는 리·기이고, "同"은 리기 不可離이다. 척출과 겸기라 했어도 주희는 불가리라 했는데 이는 "有同의 見"에 해당한다는 것이다. 그런데 퇴계의 "同"은 성이 아닌 리기의 同이다. 주희가 논한 척출·겸기는 異·同이 있음은 당연하다. 척출의 "性之本"과 겸기의 "기질지성"은 당연히 異이며, 그렇지만 "不可不 성이라 이름"(상85)은 同이다. 즉 성현은 一性을 여럿의 異로 설했지만 단 모두 同의 一性일 뿐이다. 이는 리·기를 同이라 함이 아니다. 리·기는 당연히 不相雜이나, 物에서는 不相離이다. 퇴계는 리기의 不相離, 一性의 不可離, 物의 不相離를 구분하지 않은 것이다.

1059) 주희의 "性, 雖其方在氣中, 然氣自是氣, 性自是性, 亦不相夾雜"(상84·276)에서 "雖其方, 然, 是, 亦"자를 빼고 "就性, 而言則曰"자를 새로 넣어 해석했다. 즉 주희도 성이 氣中에 있음에 나아가(就性) 말했으나(而言), 그렇지만 또 말하기를(則曰) 성·기는 불상잡이라 했다는 것이다. 이 또한 주희의 논과 전혀 다르다. 퇴계는 이미 "성에 나아가 말함"이라 했으므로 이는 "性在氣中"(상89)의 기질지성이다. "그런데도 또 말한다(則曰)"고 하면 기질지성이라 말하고 또 성·기를 말한다 함이 되고 만다. 주희 본의는 성이 설사 氣中에 있다 해도, 성은 스스로 성일 뿐 雜이 될 수 없다 함이다. 성은 氣中에 있어도 自若일 뿐 변질되지 않는다. 만약 기질지성의 성설에서도 성은 성이고 기는 기라면, 기질지성이라 '설'할 필요가 없다.

1060) 주희 본의는 성이 비록 氣中에 있어도 그 성은 변질이 없는 自若일 뿐이라 함이다. 기질지성의 성은 스스로 성일 뿐 기 혹은 잡기가 아니다. 성은 기가 아니다. 고봉은 퇴계가 공맹의 기질지성을 "偏指의 獨氣"(상35)라 했기 때문에 이렇게 반박한 것이다. 반면 퇴계의 "同中 有異"(상32·36·239·249·268·272)는 이 의미와 전혀 다르다. 퇴계의 "有同의 見"은 "리기 相須之中의 혼륜언지"(상37)이고, "有異의 知"는 "리기 相成之中의 獨言"(상34·35)이다. 이는 '성론이라 할 수 없다. 성선지성과 기질지성의 有異는 당연하고, 리·기 불상잡의 有異도 지당하다. 고봉의 이 조항 논의인 "맹자의 독언, 이천의 겸언, 불가리"는 각 성설에 관한 해석일 뿐이다. 퇴계는 이를 '리기의 불가리, 불상잡'으로 논했다. 퇴계는 성론과 리·기 불상잡을 구분하지 않았고, 언어 및 용어의 용법조차도 모두 불명하며, 주희 본의를 심히 왜곡한 것이다.

1061) 고봉 논변은 상114~116이다. 칠정은 자사 "희노애락"의 설이며 자사는 '중화로 말했다' 함이다. 따라서 퇴계의 답변도 자사에

- 244 -

(279)滉謂. 當初謬說, 謂 "安有外感則形氣, 而其發爲理之本體耶?"云者, 言當其感, 則是氣, 而至其發, 則是理, 安有此理耶? 但覺語有未瑩, 故 "已改之"矣. [謬說류설; 그릇된 설. 잘못된 설. 當당; ~에 해당하다. ~을 담당하다. 感감; 느끼다. 감동하다.(퇴계; 氣가 感함. 칠정은 氣感임. 고봉; 心感, 性發. 칠사는 모두 심의 일임)]

황은 말하겠습니다. 당초 나의 잘못된 설에서 "外感은 곧 형기인데 그 발이 어찌 리의 본체가 될 수 있겠는가?"(「개정본」에서 그 발은 "리도 되지만 기도 된다"는 호발로 고침)[1062]라고 운운했던 것은 '그 感을 담당한 것은 氣인데 그 發에 다다른 것을 理라 하면 어찌 이런 이치가 있겠는가?'라는 의미였습니다.[1063] 그렇지만 언어에서 분명하지 못함이 있음을 깨달았기 때문에 "이미 고쳤습니다."(단지 기발만이 아닌 '호발'이라는 것임. 반면 고봉은 자사의 '화를 해석'한 것임. 모두 천명·중화 및 공부가 빠짐)[1064]

(280)今來誨, 變其文直曰, "外感於形氣, 而非理之本體", 則旣與滉本意遠矣. 而其下詆之曰, "若然者, 七情是性外之物." 然則朱子謂 "七情是氣之發"者, 亦以七情爲性外之物耶?

그런데 지금 가르쳐주신 논변에서는 나의 문구를 변경하여 곧바로 "형기에서 外感했으므로 리의 본체가 아니라 했다"(고봉은 發이 아닌, 자사 논설은 리 본체가 '있다'고 함)[1065]라고 인

서 벗어나지 않아야 한다. 퇴계는 고봉의 지적을 "견해가 달라서 따를 수 없다"(상232) 하고 아래에서 그 이유를 논한다. 고봉은 "칠정을 형기의 所感이라 하면 未安이고", "형기의 外感이므로 理之本體가 아니라 하면 심히 不可하다"고 했다.(상114) 자사는 천명과 중화를 말했고 따라서 칠정은 '리 본체'가 있다. 퇴계는 아래에서 칠정은 '氣發'이며, 그 리도 純全이 아닌 '渾全'이라 한다. 그렇다면 이는 천명의 칠정이 아닌 퇴계의 자득인 새로운 칠정이다. 아울러 추만 「천명도」의 근본적 부정이다.

1062) 당초 "外感則形氣, 而其發爲理之本體耶"(상25)의 '爲理之本體'를 「개정본」에서 "顧理不爲氣耶"(상203)로 고쳤다. "잘못"은 '그 感이 형기인데 그 發은 리가 되겠는가'이다. 그래서 그 발은 "기도 되고 리도 된다"는 호발로 고쳤다. 아래 "七則, 氣發而理乘之" 역시 '발처'이다. 칠정의 발처는 '기발이나 리도 탄다.' 하지만 고봉의 질문인 "理之本體가 아니라 할 수 없음"(상114)의 "發見者"(상12)는 '발처'가 아닌 자사의 '言之는 리 본체가 있음'이다. 반면 퇴계는 '리기 호발이나 다만 기발이다'로 답변한 것이다. 자사의 '언지'를 퇴계 자신의 '호발의 발처'로 말한 것인데, 이는 자사와 관련이 없다.

1063) "外感은 곧 형기인데, 어찌 그 發이 리 본체로 되겠는가?"의 본의는 "감촉을 담당한 것은 기인데, 그 발에 다다른 것을 리라 하면, 이런 이치는 없다"는 뜻이었다. 즉 기발이 리발로 전환될 수는 없다. 이 설은 '잘못된 설(류설)'이고 때문에 고치기를 "형기"만의 단독의 발이 아닌 "그 발은 리도 되고 기도 된다"(상203)이다. 호발이나 주기의 발이다. 사단도 외감의 리기 호발이나 다만 주리의 발일 뿐이다. 이러한 퇴계의 답변은 사맹의 소지가 아닌 '발처'이다. 발처의 호발이다. 고봉의 질문은 이와 다르다. "理之本體가 아니라 하면 불가함"(상114)은 자사 칠정은 리 본체가 '있다' 함이다. 이는 '발처'가 아닌 자사의 '언지'이다. 자사의 칠정은 화인 리 본체가 있다. 고봉의 감은 心感이다. 외물에 感하는 것은 기가 아닌 心이며, 그 발은 성이고, 感·發하면 정이 된다. 따라서 "감물의 動은 사단도 마찬가지"(상109)이며, "칠정도 성발인 성의 욕구"(상101·103)이다. 고봉은 "선생의 성정설은 혼륜 관철의 의도가 없다"(하109·110) 하고 이는 "一心을 리·기가 분해 점거해서 서로 싸우는 모습"(하122)과 같다고 비판한다.

1064) 「개정본」에서 "外感의 形氣라도 그 발은 리도 되지만 기도 된다"(상203)의 호발로 고쳤다. "언어가 분명하지 못했다" 함은 단지 기발만은 아닌, 주기의 발이라도 리도 있는 호발이라 한다. 그래서 '外感의 발은 리도 되고 기도 된다'로 "이미 고쳤다."(상228) 즉 그 발처는 '기발이나 리의 탐도 있다'는 것이다. 이 답변은 자사의 '言之'에 대한 해석이 아닌, 퇴계 자신의 발처로 말한 것이다. 모두 자사의 종지인 천명·중화 및 신독공부를 논하지 않은 것으로, 자사도 스스로 호발을 말할 수 없다. 느낌은 사람 자연의 일이기 때문이다.

1065) 퇴계 본문은 "외감은 형기인데 그 발이 리 본체가 되겠는가?(外感則形氣, 而其發爲理之本體耶)"(상25)이다. 고봉은 이를 비판하

용하셨습니다. 그렇다면 이는 황의 본의와 멉니다.[1066] 그리고 그 아래에서 꾸짖어 말하기를 "만약 그렇다면 칠정의 [和는] 性外의 物이 된다"라고 하셨습니다.(고봉은 '화는 리'라 함인데, 퇴계는 기발일 뿐 순리가 아니라 함)[1067] 그렇다면 주자가 "七情, 是氣之發"이라 것 또한 칠정의 [화를] 性外의 物로 여겼을까요?(리발도 있는 '호발'이라는 것임. 퇴계는 자사의 발, 종지, 和의 性을 구별하지 않고, 또 자사 본설과 주자의 해석도 구분하지 않음)[1068]

(281) 大抵有 "理發而氣隨之"者, 則可主理而言耳, 非謂理外於氣, 四端是也. 有 "氣發而理乘之"者, 則可主氣而言耳, 非謂氣外於理, 七情是也. [大抵대저; 종합해 살펴건대. 대체로 보아. 무릇. 主理주리; 호발인데 주리임.(맹자의 '指'와 다름) 主氣주기; 호발인데 주기임.(자사의 천명·중화를 논하지 않음. 자사의 '指'와 다름)]

무릇 "리발인데 기가 따른다"(발처인 호발의 뜻임)고 함은 '주리'로 말했을 뿐[1069] 리가 기를 벗어남을 이름이 아니니[1070] 사단이 이것입니다.(사단의 발처 및 소주는 기도 있다 함으로, 발

여 "形氣에서 外感하므로 리 본체가 아니다'라고 하셨다"(상114)고 한다. 자사 칠정의 언지는 리 본체가 있다 한다. 이에 퇴계는 "나의 의도는 본래 '그 感의 담당은 기인데, 그 발에 다다름을 리라 하면 이런 이치는 없다'라는 뜻이었고, 이는 잘못이다"(상279)고 한다. 때문에 「개정본」에서 "그 발이 리만 되고 기는 되지 못하겠는가?(其發顧爲理不爲氣耶)"(상203)의 호발로 고쳤지만, 이 역시 고봉의 질문과 전혀 다르다. 고봉은 칠정의 발처가 아닌, 자사 논설은 '리 본체가 반드시 있다'는 질문이다.

1066) "황의 본의와 멀다"고 함은 "형기의 外感은 리 본체가 아니다"고 하지 않았다는 뜻이다. 따라서 고치기를 "氣感이나 그 발은 리도 되고 기도 된다"(상203)이다. 이것이 퇴계 본의이다. 하지만 이는 언어에도 문제가 있다. 퇴계의 氣感은 발인가, 감인가? 감하여 발이 되고 발하여 정이 되는가? 리도 기도 된다는 것은 발처인가, 발현인 정을 말함인가? 리도 기도 된 것은 곧 정이 아닌가? 칠정은 一情과 무엇이 다른가? 따라서 "나의 본의와 멀다"고 하기 위해서는 이러한 여러 문제가 해결되어야 한다. 고봉은 심감으로 성이 발하고, 성발하면 곧 정이며, 旣發의 정은 겸리기이고, 정은 칠·사의 설이 있으며, 리 본체는 바로 이 칠정에 있다는 것이다. 모두 心이다. 다시 말해 기, 감, 발, 정, 겸리기, 칠정, 사단, 리의 본체 등 모두는 '심통성정'의 심 하나로 "관철"(하110)된다.

1067) 고봉은 "그렇다면 칠정은 性外의 物이 되어 자사의 和도 그름이 되고 만다"(상114)고 했다. 그 이유는 퇴계가 "칠정은 리 본체가 아니다"(상25)고 했기 때문이다. 퇴계는 "그 발은 리도 되고 기도 된다"는 호발로 고쳤다. 그런데 고봉의 "칠정의 和도 性外의 物이 된다"는 비판은 발처가 아닌, 칠정의 "화"가 결국 '성이 아님'이 되고 말았다는 뜻이다. 퇴계가 "그 발은 理之本體가 아니다"(상25)고 했기 때문이다. 아래에서 퇴계는 칠정은 '순리'가 아니라고 하는데, 그렇다면 "칠정의 화"는 고봉의 우려대로 "성외의 물"이 되고 만 것이다.

1068) "七情是氣之發"이라 해도 주희는 "칠정을 性外의 物로 여기지 않았다" 함이다. 퇴계는 호발인데 단 '주기의 발'이라 한다. 고봉의 질문은 이와 다르며, 비판은 두 측면이다. 하나는 "칠정의 出은 形氣가 아닌"(상114) "中으로 말미암아 성이 出함"(상103)이고, 하나는 "七情者는 리 본체가 있음"(상114)이다. 전자는 정의 出·發 문제이고, 후자는 정으로 발현한 것이 칠정설 문제이다. 퇴계는 이 둘을 구분하지 않는다. 자사는 一情을 "그 所就"에 따라 중·화 등으로 "言之"(논설)했다. 고봉의 질문은 자사는 칠정으로 천명의 중화를 논했으니 성외의 물일 수 없다 함이다. 칠정이 氣發임은 당연하다. 정은 기이며 "惻隱者도 기"(상112)이다. 칠정은 기왕 겸리기의 언지이고, 그 겸리기 중의 리가 바로 화의 천명지성이다. 고봉의 질문은 칠정이 기발인가 리발인가에 있지 않다. 칠정은 一情의 언지이고, 一情은 리발이며, 단 그 "리기의 즈음은 알기가 어려울"(하118) 뿐이다. 반면 퇴계는 『어류』 "시기지발"은 '주기의 발처로 말했다'고 한다. 그러나 주희가 직접 자사의 설을 '기발이라 했다'고 할 수는 없다. 주희도 자사의 말씀을 해석한 것에 불과하기 때문이다.

1069) 사단도 "感物而動"인데 다만 "리발이나 기의 따름이 있다."(상255) 이는 '발처'를 논한 것으로, 그 발은 호발이지만 '주리'의 발이라는 뜻이다. 그렇다면 맹자 사단 소주는 발처인가? 맹자 소지는 "사단이 있음" 아닌가? 또 어류 리발은 "주리"의 발을 말함인가? 그러나 사단의 리발은 칠정과 다를 수 없으며, 단 맹자 종지는 "확충"과 "성선"일 뿐이다. 퇴계는 '발처'와 '소지(종지)'를 구분하지 않는다. 고봉이 말한 "사단도 기를 탄다"(상4)의 乘氣는 곧 感物이다. 만약 퇴계가 '사단의 리는 感物의 乘氣로 발함'의 뜻이라면 이는 고봉과 같다. 감물의 승기는 心의 일이며, 심의 감물로 심의 성리는 동한다. 반면 퇴계는 리발에도 기발이 있다고 한 것이다. 그렇다면 사단도 순리의 리발일 수 없다. 진실로 사단 종지는 약간의 기도 없음이다.

1070) "리발도 기를 벗어나지 않음"은 "천하에 기 없는 리는 없음"(상17·242)과 "천지·인물상에서 보더라도 리는 기의 밖에 있지

처와 소주를 구분하지 않음. 또 순리·순선의 발 및 추만의 독리도 부정함. 맹자 종지도 논하지 않음)[1071] "기발인데 리가 탄다"고 함은 '주기'로 말했을 뿐[1072] 기가 리를 벗어남을 이름이 아니니[1073] 칠정이 이것입니다.(칠정의 발처는 호발인데 주기라는 것. 하지만 자사의 所指·宗旨는 칠정자 중 천명·중화와 신독공부임. 추만의 「천명도」 및 「천명도설」을 모두 부정한 것임)[1074]

(282)"孟子之喜, 舜之怒, 孔子之哀與樂", 氣之順理而發, 無一毫有碍, 故 "理之本體" 渾全. "常人之見親而喜, 臨喪而哀", 亦是氣順理之發, 但因其氣不能齊, 故 "理之本體", 亦不能純全. 以此論之, 雖以七情爲 '氣之發', 亦何害於 "理之本體" 耶? 又焉有 "形氣性情不相干"之患乎? [順順; 순응하다. 거스르지 않다. 氣之順理之發기순리지발; 기가 리를 순응한 발. 氣之發인데 리를 거스르지 않은 것. 渾全혼전; 순수의 완전은 아님.(퇴계) 온통으로 완전함.(고봉) 不能純全불능순전; 순수하게 온전하지 않음. 순선무악의 순리는 아님.(상18·25) 氣之發기지발; 기의 발. 기가 발현함.(퇴계) 기로 발현한 것.(고봉)]

"맹자의 희, 순임금의 노, 공자의 애·락"(희노애락의 칠정)[1075]은 '기가 리를 순응하여 발'(공자도 리발이 아닌 기발이라는 것)[1076]함에 한 터럭만큼의 막힘도 없기 때문에

않음"(상245)이다. 리발도 순리의 발이 아니다. 퇴계는 "사실은 모두 겸리기의 혼륜언지"(상239)라 하고 심지어 "성도 그렇다"(상247)고 한다. "리발이기수지"는 호발인데 주리의 발이다. 그렇다면 "仁之端" "성선" 등도 주리일 뿐 "무불선(성)"의 리 본체인 "맹자 所指"가 아님이 되고 만다.(상170) 이는 추만 「천명도설」 "理, 無對"(상173)의 독리를 부정한 것이다.

1071) "理發而氣隨之는 주리이며, 이 리는 氣外가 아니니 사단이 이것이다." 즉 사단도 호발인데 주리이고, 주리이므로 기를 벗어나지 않으니, 맹자 사단이 이것이다. 이 논술은 서로 어긋난다. 리발은 發處이고, 소주는 言之이며, 氣外는 겸리기이고, 사단설은 맹자의 所指이기 때문이다. "而氣隨之"는 윗줄 "氣外의 理가 아님"의 뜻이다. 따라서 이 논변은 단독의 리발·순리·순선이 아니다. 하지만 "사단"은 맹자의 '언지'인 설이며, 종지는 "확충"과 "성선"이다. 이는 발처가 아니다. 퇴계는 발처로 말했고, 그 소지를 주리라 했으니, 이는 '발처'와 종지(소지)인 '설'의 구분이 없다. 고봉의 "기를 탄다"고 함은 승기로 '리가 발한다' 한다.

1072) 칠정은 "기발이나 리의 乘이 있다"(상255)고 함은 리기 호발인데 다만 '주기의 발'이라 함이다. 이는 고봉의 "칠정도 성에서 出한다"(상4)에 대한 답변이다. 고봉의 질문은 칠정은 자사 본설이며, 一情은 性出이므로, 따라서 칠정도 반드시 성출일 수밖에 없다 함이다. 자사는 사람 본연의 느낌을 그 목적에 따라 희노로 설하여 천명의 중화를 논했을 뿐, 그 발처를 말하지 않았다. 퇴계는 직접 '발처'를 말한 것이다. 더욱이 "주기"는 발처인지, 혹은 발처에 대한 설명(言之)인지, 혹은 자사의 종지를 해석한 것인지의 구별이 없다.

1073) "기도 리를 벗어나지 않음"은 윗줄 "리도 기를 벗어나지 않음"과 상대해서 말한 것이다. 즉 리기 호발이므로 기발이라 해도 리가 없지는 않다. "리 없는 기는 없는데"(상17) "다만 주기로 말할 뿐"이다. 하지만 만약 주기라면 자사의 所指인 "중화"는 부정되고 만다.

1074) "칠정은 氣發而理乘之라 함은 곧 호발의 주기이다." 이 논변은 '발처'와 '칠정자'의 구분이 없다. 기발이리승지는 '발처'이고, 주기는 '칠정자'이기 때문이다. "氣發"은 『어류』 "七情是氣之發"에서 나왔고 "而理乘之"는 고봉의 "칠정도 성에서 出함(七情出於性)"(상4)을 수용한 것이다. 고봉이 칠정도 性出이라 한 것은 모든 정은 성발이기 때문이다. 단 성발이 자사 소지는 아닌데 칠사는 모두 성발이기 때문이다. 고봉의 지적은 발처가 아니다. 퇴계는 단독의 기발은 아니라는 뜻에서 "而理乘之"라 하지만, 그러나 이는 발처일 뿐 칠정의 所指·所主·宗旨라 할 수 없다. 자사는 정을 전체로 言之(논설)했으니 칠정이 이것이다. 칠정의 言之는 전체이고, 그 所指·宗旨는 "미발의 신독"공부와 "천명의 중화"이다. 추만 「천명도」는 이를 드러내고자 함이다. 자사가 그 발처를 주리라 했거나, 발현자인 칠정을 주기라 했을 수 없다. 자사는 결코 '偏'으로 논설하지 않았다. 결국 퇴계는 추만 「천명도」의 "천명, 중화" 및 「천명도설」의 "독리"까지도 모두 부정한 것이다.

1075) 고봉은 "맹자의 기뻐함은 喜이고, 순임금의 사흉을 벤 怒이고, 공자의 애통해 함은 哀이고, 공자의 즐거워함은 樂이다. 이것이 어찌 리 본체가 아닌가"(상115)라고 했다. 이는 퇴계가 "그 발이 어찌 리 본체이겠는가?"(상25)라고 했기 때문이다. 퇴계는 아래에서 "기발"이므로 "순전"이 아닌 "혼전"이라 한다.

1076) 희노애락은 공자라 해도 "氣之順理而發(기가 순리하여 발함)"이다. 희노애락은 공자라도 '기발'이다. 퇴계는 어류 "시기지발"에

"리의 본체"도 渾全합니다.(純全이 아니라는 것임)1077) 한편 "일상인의 부모를 보고 기뻐함(喜), 초상에 임해서 슬퍼함(哀)"1078) 역시 '기가 리를 순응한 발'(기발이라는 것임)인데 다만 그 기의 가지런하지 못함 때문에 "리의 본체" 역시 純全할 수 없습니다.(공자의 성리를 본원에서 부정한 것임)1079) 이로써 논한다면 비록 칠정을 '氣之發'로 여긴다 하더라도 또한 어찌 "리의 본체에 해롭다"고 하겠습니까?(퇴계는 '해롭지 않다'고 하면서도 '순전이 아니라' 함. 자상모순임)1080) 또 어찌 "形氣와 性情이 서로 간여하지 못할" 근심이 있겠습니까?(혼전은 이미 순전이 아니므로 서로 간여하지 못한 것임. 공자도 순선이 아닌, 근본적 소통 불가로 답변한 것임)1081)

제15조

(283)辯誨曰, "來誨謂一有之而不能察, 則心不得其正, 而必發而中節然後, 乃謂之和, 則是七情者, 冗長無用, 甚矣. 而反爲心害矣." [心害심해; 심의 해로움. 發 즈음 있어서는 안 될 情. 심의 병통.(고봉; 자사 희노는 심해가 아님. 퇴계; 모든 칠정은 심해임. 주희; 미발에 情을 먼저 '有之'하면 안 됨)]

의거해서 기발이라고 하지만, 어류는 자사 해석이다. 즉 자사가 원본이다. 문제는 자사는 천명 및 중화를 논했다는 점이다. 만약 '기발'뿐이라면 천명·중화는 기가 발한 것인가?

1077) 고봉의 물음은 자사의 "희노는 리 본체가 있는가?"이다. 이는 '발처'를 물은 것이 아니다. 발처는 칠사가 같기 때문이다. 퇴계의 답변은 공맹의 희노애락도 '기발'이라 함이다. 즉 성인의 희노도 "氣發而理乘之"이며 "기가 리를 순응해서 발한다(氣之順理而發)"는 것이다. 결국 기발이므로 리 본체는 순전이 아닌 "혼전"이다. 즉 "同의 渾全"(상39)이다. 퇴계는 공자의 감정도 순선이 아닌, 그래서 공자는 타인과의 소통에 "형기·성정의 불상간이 되고"(상114·117) 만 것이다. 반면 고봉이 말한 "기의 과불급 없는 것은 리 본체의 그러함"(상12)은 과불급 없음이 곧 '리'이다. 퇴계의 "기의 순리로 발"해서 그 "막힘이 없는 것", 고봉은 "이것이 곧 '是理之發'이다"(하63)고 한다. 주희의 "未感物의 前은 渾是天理일 뿐이다", "情의 未發에서 天性의 全을 볼 수 있음"(『문집』권42, 「答胡廣仲」4, 1900쪽)의 '渾'과 '全'은 미발의 天理·天性이다. 이는 퇴계의 渾全과 다르다. 주희의 "渾"은 '온전함' '완전함'의 뜻일 뿐 잡이 아니다.

1078) 고봉은 "일반인 역시 천리 발현이 있다. 부모 친척을 보고 흔연히 기뻐하고, 사람의 죽음과 질통을 보고 측연히 슬퍼하니, 어찌 리 본체가 아닌가"(상116)라고 했다. 고봉의 질문은 칠정은 "리 본체가 있음"일 뿐 칠정이 '기발인가'가 아니다. 퇴계의 답변은 '기발'이며 그 리도 "純하지 못함"이다.

1079) 희노애락은 聖人 일반인 모두 "氣發而理乘之"인 곧 "기가 리를 순응한 발"인 '기발'이다. 그 "渾全"인 것도 "氣의 가지런하지 못함 때문"이며 따라서 "純全일 수 없다." 기발이므로 공자도 純全일 수 없다. 반면 고봉의 경우 "그 기의 順發에 失이 없는 것",(상113) 이것이 곧 '리'이고, "리가 기를 벗어나지 않고 기의 과불급 없는 것, 이것이 리 본체의 그러함이며",(상12) "이것이 곧 주희의 '是理之發'이다"(하63)이다. 만약 퇴계와 같이 리의 순전하지 못하는 이유가 기발 때문이라면 리기는 불상간이 되고, 성은 기에 의착할 수 없음이 되며, 그래서 성·리는 설 자리를 잃게 되고 만다.

1080) 퇴계는 "외감은 형기이므로 그 발은 리 본체가 될 수 없다"(상25)고 단언한다. 이에 고봉은 "形氣의 外感이므로 리 본체가 아니라 하면 심히 불가하다"(상114)고 한다. 즉 퇴계는 성인의 희노애락도 기발이므로 純全할 수 없다 하고, 고봉은 희노애락은 기의 발현자이며 순전의 리는 여기에 있다고 한다. 그런데 퇴계는 여기서 "칠정을 氣之發로 여겨도 리 본체는 해롭지 않다"고 한다. 퇴계는 이미 칠정은 聖人이라도 "리 본체는 혼전함", "그 리 본체는 순전할 수 없다"고 했다. 그런데 왜 또 "리 본체에 해롭지 않다"고 하는가? "해롭지 않다"면 '혼전'은 곧 "리의 본체"여야 한다.

1081) 고봉은 "공자의 희노애락을 모두 형기의 所爲라 하면 형기와 성정은 서로 상관이 없게 된다"(상117)고 했다. 희노는 정이고, 그 정은 성발이며, 성발이므로 리 본체가 있다. 만약 퇴계와 같이 희노가 기발이고 여기에 리 본체가 없다면, 이는 '性發爲情'이 되지 못해서 결국 형기와 성정은 불상간이 된다는 비판이었다. 그런데 퇴계는 "형기 성정의 불상간을 근심할 것이 없다"고 한다. 만약 '상간이 있음'이 되기 위해서는 공자의 渾全은 리발의 순전과 하나의 리여야 한다. 반면 퇴계는 기발이므로 리발과 다른 '순수하지 못한 리인 渾全'이라 한다. 결국 공자까지도 본원의 성정을 불상간으로 여기고 만 것이다.

변회에서, "래변에서는 하나라도 마음에 두거나 살피지 못하면 마음은 그 바름을 얻지 못하고, 반드시 발하여 중절한 연후에야 和라 했으니, 결국 칠정은 쓸모없이 자란 무용지물 됨이 심하다.[1082] 그렇다면 도리어 [칠정은] 마음의 해로움이 될 것이다"(퇴계는 『대학』과 『중용』을 혼합 인용해서 칠정은 '있어서는 안 된다' 했고, 고봉은 이를 비판한 것임)[1083]라고 하셨습니다.

(284) 滉謂. 此處前說, 語意失其先後, 故有病. 今謹已改之, 爲賜甚厚.

황은 말하겠습니다. 이곳 저의 전설은 語意에서 선후를 잃었기 때문에 병통이 있었던 것입니다.(고봉은 "『대학』은 『중용』의 일과 불상사"라고 했음)[1084] 지금은 삼가 이미 고쳤고 공께 깊은 후의를 입었습니다.("『중용』은 『대학』의 일임"으로 바꿈)[1085]

(285) 但來誨, 又斥 "一有之而不能察" 之語, 以爲 "此乃正心之事, 引之以證七情, 殊不相似." 此則似然, 而實不然也. [斥척; 꾸짖다. 배척하다. 殊수; 전혀. 오히려.]

그런데 래회에서는 또 주자의 "하나라도 두거나 살피지 못하면"이라는 말을 배척하면서(고봉은 주희 본설을 배척할 수 없음)[1086] "이곳은 결국 『대학, 7장』 '正心의 일(正心之事)'이거늘 이것

[1082] 고봉의 논변은 상122이다. 고봉은 "一有之而不能察" "心不得其正"은 『대학, 정심장』의 일이고, "發而中節"·"謂之和"는 『중용, 수장』의 일이므로, 이 둘은 "不相似"(상123·125)라고 했다. 때문에 만약 선생의 논변과 같다면 자사의 칠정은 "冗長無用"(상122)이 된다고 비판했다. 퇴계는 이 지적을 "따를 수 없다"(상232) 하고 아래에서 정심을 칠정의 일로 고찰한다. 고봉은 선생의 고찰이 바로 그 "正心之事"(하75)라고 한다.

[1083] "而反爲心害矣"는 고봉 제6절에 기록이 빠졌지만,(상122) 이곳을 보면 고봉은 당초 이렇게 말했음을 알 수 있다. 고봉이 뺀 이유는 「정심장」 "一有之而不能察"의 일은 곧 '心害'기 때문이다. 고봉의 당초 비판은 "七情은 무용"이 되어 그렇다면 "칠정은 心害가 된다"이다. 희노는 무용이 아니지만, 단 「정심장」의 일은 "心害"다. 칠정을 "두어서는 안 됨"이 곧 '심해'기 때문이다. 고봉 본의는 '발하여 중절한 이후에 화'라 하면 중절 前의 희노는 무용지물이며, 결국 희노는 심해가 된다고 했다. 문제는 지금 논쟁은 '칠정(희노)'이라는 점이다. 만약 칠정이 심해라면 중절의 화는 그 근거를 잃는다. 심해가 和로 될 수는 없기 때문이다. 또 문제는 정심장과 중용은 그 종지가 전혀 다른 "불상사"라는 점이다. 주희는 정심장 "분치"의 정을 둘로 주석했다. 즉 "心之用"과 '일유지이불능찰'이다. "분치(忿치)는 心用이나, 然이나 一有之而不能察하면 欲動情勝하여 그 用의 所行이 그 正을 잃지 않을 수 없다." 분치는 心用이므로 '심해'가 아니다. 단 미발에 이 분치를 "하나라도 두면" 심해인 "心病"(하75)이 된다. 이는 중용이 아닌 정심의 일이다. 정심의 일이므로 고봉은 '심해'를 뺀 것이다. 반면 퇴계는 칠정을 "心害"이므로 주희가 "두어서는 안 된다"고 했음으로 해독한다. 그러나 주희는 심병은 '一有之'하여 내가 만들고, 情은 病이 될 수 없다고 한다.

[1084] "선후를 잃었다"고 함은 『대학, 정심장』 "일유지이불능찰"과 『중용, 수장』 "중절의 화"의 선후가 서로 바뀌었다 함이다. 그래서 『대학』 "不得其正"를 뒤로 빼고 『중용』 "中節者"를 앞으로 옮겨서, 『중용』 희노는 "악으로 쉽게 흐르므로" 『대학』에서 "두거나 살피지 않아서는 안 된다"로 고쳤다. 왜냐하면 희노가 쉽게 악으로 흐르기 때문에 그것을 잘 살펴야 한다고 해야 하기 때문이다. 하지만 고봉의 당초 지적은 "正心의 일을 중용의 일로 증명하셨으니, 不相似이다"(상125)이다. 따라서 선후를 고친 것 또한 '칠정의 일로 정심의 일을 증명한 것'이 되며, 역시 '불상사'이다.

[1085] "후의를 입었다"고 함은 고봉의 "정심의 일을 희노의 일로 증명하셨다"는 지적에 후의를 입었다 함이다. 그래서 퇴계는 그 선후를 바꾸어 '희노의 일을 정심의 일로 증명할 수 있음'으로 고친 것이다. 그 의미를 퇴계는 "희노는 心病과 心害를 말한 것으로, 즉 희노우구를 心에 두지 말라는 뜻이므로 주자는 '一有之'라 했음"(상286)로 고쳐서 해석한다. 즉 희노는 심해이니 이것의 정심의 일이다. 이에 고봉은 "지금 선생의 말씀이 바로 정심의 일"(하75)이며, 중용의 일이 아니라고 한다.

[1086] 고봉은 주희의 "일유지"를 배척한 이유가 없다. 다만 주희의 "일유지"는 '心之病'을 논했을 뿐이다. 반면 퇴계는 "일유지"라는 "이 말을 [그대는] 배척했다"고 한다. 배척한 이유는 그대는 이 말을 '正心之事'로 여겼기 때문이다. 그대는 "일유지"를 정심의

- 249 -

을 인용하여 『중용, 수장』 칠정(희노)으로 증명하였으니, 서로 비슷하지도 않다"[1087])고 하셨습니다. 이 말은 그럴듯하나 사실은 그렇지 않습니다.(정심이 중용의 일이라는 것. 극심한 모순임)[1088]

(286)盖此雖「正心章」, 而此一節, 則以 "喜怒憂懼之(고봉집 之 없음)不可有諸心下", 說心之病, 使人知病而下藥耳, 非直說 "正心事"也.(고봉집은 "說心之病耳, 未說到 正心處也"임) [下藥하약; 약을 처방하다.(일유지가 그 처방전임) 直說직설; 곧바로 설하다. 正心事 정심사; 정심의 일.(고봉은 "一有之"가 「정심장」 일이라 하고, 퇴계는 정심이 아닌 '칠정病의 처방전'이라는 것임)]

왜냐하면 이 말이 비록 「정심장」에 있기는 하지만 그러나 이 1절은 "喜·怒·憂·懼 를 마음속에 소유해서는 안 된다"(고봉의 지적이 바로 이것임. 고봉도 심병이라 함)[1089]는 뜻이니, 이는 마음의 병통(心病)을 설해서 사람들에게 그 병통을 알게 해 약을 처방하려 한 것일 뿐,(고봉의 논변이 바로 이것인데, 퇴계는 오히려 중용의 일이 이것이라는 것임)[1090] 곧바로 "正心의 일" (고봉의 正心事는 심병인데, 퇴계는 『중용』이 심병이라는 것임)로 설한 것은 아니기 때문입니다.(이 문 장은 「고봉3서」를 본 이후 고친 것임)[1091] {이는 마음의 병통을 설한 것일 뿐, 正心處로 설한 것

일로 여겨 "칠정"의 일이 아니라 하고 이 둘을 "불상사"라 하여 "배척했다." 퇴계는 이 일유지를 '칠정을 두어서는 안 됨'의 일이라 한다. 이에 고봉은 이 "일유지"는 퇴계와 같이 '正心(마음을 바르게 함)의 일'인 심해의 뜻일 뿐, 중용의 일이 아니라 한다. 중용이 심해일 수는 없기 때문이다. 고봉은 "희노(칠정)"는 중용설이고, "일유지"는 미발에 정을 두어서는 안 될 심해이 므로, 이 둘을 불상사라 했다.

1087) 고봉 논변은 상125이다. 고봉은 "정심으로 중용을 논증한 것은 불상사"라 했다. 이를 퇴계는 "일유지는 중용의 일이며, 중용은 심병이다. 그럼에도 그대는 일유지를 정심의 일이라 했고, 그래서 그대는 일유지를 중용의 일로 여긴 나의 설에 대해 불상 사로 배척했다"고 한다. 다시 말해 일유지의 중용은 심해일 뿐, 정심의 일이 아니다. 그대는 일유지를 정심의 일이라 하여 중용 과 불상사라 하고, 결국 중용의 일유지가 심해가 아님으로 배척한 것이다. 이는 고봉의 고찰과 전혀 다르다. 일유지는 퇴계와 같은 정심이고, 정심은 심해·심병이다. 고봉은 중용을 심해라 하지 않았다.

1088) "사실은 그렇지 않다"고 함은 고봉의 비판인 "정심을 중용으로 여긴 것은 불상사"는 인정할 수 없다 한다. 일유지는 심병이고 중 용도 심병이다. 퇴계는 일유지의 심병은 정심장에 있지만 "正心事는 아니다"고 한다. 왜냐하면 "일유지"는 칠정이 있어서는 안 될 심병이기 때문이다. 이는 고봉과 완전히 다르다. "正心之事"가 바로 "일유지"이다. 주희의 「정심장」 주석인 "일유지"는 "분치·공구" 를 심해·심병으로 여긴 것이다. 반면 퇴계는 정심장 "분치·공구"는 중용일 뿐, 정심의 일이 아니라 한다. 이 말은 극심한 모순이다.

1089) 퇴계는 "일유지"를 "희노우구를 心下에 두어서는 안 된다"는 심병의 뜻이라 하며, 이것이 바로 고봉의 뜻이다.(상123. 하74) 고봉도 반드시 이 뜻이므로, 고봉이 一有之를 "배척"한 것이 아니다. 고봉은 "일유지이불능찰"을 상고해서 "一有之"는 "먼저 心下에 두어서는 안 된다"(상123) 함이고, "不能察"은 "사물이 옴에 不察한 바가 있으면 應之도 혹 失이 없을 수는 없다"(상 125. 『대학혹문』, 정심조항7)는 뜻이라 했다. 요컨대 이 희노우구를 먼저 미발의 심에 두지 말아야 하며, 또 사물이 올 때 심에 먼저 이 정이 있는지를 살펴야 한다. 이렇게 고봉도 "心下"에 두지 말고 또 살펴야 한다고 했다. 반면 퇴계는 "이 말은 「정심장」에 있지만 이는 '칠정을 두어서는 안 됨의 뜻이다'고 해독한다.

1090) 퇴계는 "일유지"의 뜻을 "희노우구을 心下에 두어서는 안 된다"는 의미라 하면서, 다시 부연하여 "그 뜻은 心之病을 알게 해서 약 을 처방한 것"이라 한다. 오히려 이것이 바로 고봉 본의이다. 고봉은 "이는 心之病을 說해서 사람에게 '察하여 正之'하게 하고자 함, 이것이 正心之事이다"(하75)고 한다. "一有之"는 正心의 事일 뿐 『중용』 희노애락의 일이 아니다. 반면 퇴계는 心之病을 중용의 일로 여기고, 칠정은 없어야 할 것이고, 이 "일유지"가 심의 '처방전'이라 해석한다. 그렇다면 『중용』은 심병이 되고 만다.

1091) 「정심장」의 주의 본주인 "一有之而不能察"을 퇴계는 '정심의 일이 아니다'고 한다. "일유지"는 칠정을 두지 말라는 뜻이며, "심 병"에 약을 처방한 것이다. '칠정을 두지 말 것'이 그 처방전이다. 하지만 「정심장」 "일유지"는 정심 본주일 뿐 『중용』 주석이 아니다. 주희는 정심을 위해 "희노우구(분치·공구)"를 미발의 심에 '두지 말아야 한다'고 한 것이다. 주희는 칠정, 희노우구 등 을 심의 "未感之時"와 "感物之際"에 먼저 두면 심의 "체(용)"를 이룰 수 없다고 한다.(『대학혹문』하7, 정심조항, 534쪽) "일유 지"의 '미발'과 '불능찰'의 '즈음(際)'이 바로 이것이다. 이는 正心之事의 '심병'일 뿐 七情之事인 '중화'의 일이 아니다. 한편 퇴

은 아니기 때문입니다.}(본 『고봉집』 기록이 원문임)1092)

(287)夫四者之所以易爲心病(고봉집 害)者, 正緣氣之所發, 雖 "本善而易流於惡", 故然耳. 若四端之理發, 則何遽有此病乎? 又何得謂 '心有所惻隱, 則不得其正, 心有所羞惡, 則不得其正'云爾耶? [心害심해; 마음의 해가 됨.(고봉) 칠정은 마음의 해가 됨.(퇴계) 心病심병; 심을 병들게 하는 것. 심의 병통.(퇴계는 칠정을 병이라 함. 따라서 퇴계는 心病이 아닌 칠정病임. 고봉은 미발에 정이 있으면 심해가 된다고 함) 緣氣연기; 기를 연유하다. 기에 의거하다. 所發소발; 발한 바. 발한 것.]

저 넷의 것(분치·공구·호요·우환 넷을 칠정으로 해석함)1093)이 쉽게 心病(원문 心害를 이후 바꾼 것임)이 되는 이유1094)는 바로 '기에 연유하여 발하는 바'1095)가 비록 "本善이라 해도 쉽게 악으로 흐르기" 때문에 그러할(然) 뿐입니다.(퇴계와 같다면 이는 情病임. 주희는 공부인 心病으로 논함)1096) 만약 사단의 리발(리발은 본 조항과 관련이 없음)이라면 어찌 급거 이러한 병통이

계는 『고봉집』 기록대로 당초 "正心處"의 '처'라고 했을 것이다. 때문에 고봉은 뒤에서 이 "處"라는 말을 반박해 "선생의 말씀이 바로 正心之事입니다. 그런데도 무슨 이유로 '正心處가 아니다'라고 이르시는 지요?"(하75)라고 한다. 이로써 보면 퇴계는 당초 "未說到正心處(정심처를 설한 것은 아니다)"라고 했다. 『고봉집』 기록이 원문이며, 바꾼 것을 고봉에게 알리지 않았기 때문에 고봉집은 원문이 남아있는 것이다.

1092) 『고봉집』 기록대로 퇴계는 본래 "說心之病耳, 未說到正心處也"라고 했을 것이다. 왜냐하면 「고봉3서」에서 비판하기를 "선생의 이 말씀이 바로 正心之事인데, 무슨 이유로 正心處를 說到한 곳이 아니라 하시는 지요?"(하75)라 하여 處를 반박하기 때문이다. 고봉은 퇴계의 논변이 곧 '正心之事'라고 한다. 때문에 「고봉3서」를 본 이후 "正心事"로 고친 듯하다. "正心處"라 하면 『대학』傳文 "在正其心者, 心有所忿懥"까지 포함하게 된다. 아래 "心害"(고봉의 말임)를 '心病'으로 고친 것도 이 이유에서이다. 심병이래야 약을 처방할 수 있기 때문이다.

1093) 퇴계는 "四者"인 『대학장구』 "분치·공구·호요·우환"을 주희 『대학혹문』의 "희노우구", 자사 『중용』의 "희노애락", 이천 「호학론」의 "희노애락애오욕", 명도 「정성서」의 "怒"까지 모두 칠정인 심병으로 여긴 것이다. 그러나 고봉은 「정심장」 분치는 "心病", 『중용』 희노는 "정의 전체", 「호학론」 칠정은 "그 정을 約해야 함", 「정성서」 怒는 "중절하지 못한 것"(하77)으로 그 소지가 각각 다르다고 한다. 퇴계는 心病과 情病을 구분하지 않는다. 퇴계의 의미는 심병이 아닌 정병이다. 칠정이 병이기 때문이다. 하지만 心病은 '일유지 아불능찰하지 못한 미발의 吾心 문제이고, 情病 역시 정 스스로의 죄가 아닌 미발·이발의 吾心이 그렇게 한 것이다.

1094) "心病이 됨"은 고봉이 말한 "도리어 [칠정이] 心害가 됨"(상283)을 인용한 반박이다. 고봉이 "심해"라고 비판한 것은 칠정을 퇴계와 같이 "일유지(두어서는 안 됨)"로 해석하면 칠정은 용장무용이 되니, 그렇다면 반대로 [칠정은] 心害가 되고 만다"(상283)는 뜻이다. 『중용』은 결코 심해라 할 수 없다. 이 비판에 퇴계는 칠정을 "심해"가 아닌 "심병"으로 답변한 것이다. 심병이라야 약을 처방할 수 있기 때문이다. 반면 고봉의 "심해"는 자사의 칠정은 결코 심해라 할 수 없다 함이다. 주희는 정심장의 희노우구를 "心之用"이라 하면서, 한편 "두면(有之)" 곧 심해라 한다. 퇴계는 "一有之는 정심장의 말이지만 그 뜻은 心下에 칠정을 '두지 말라'는 심병을 말함"(상286)으로 해독해서 정심장 '분치·공구'를 중용의 일로서의 심병이라 한다. 때문에 여기서 "쉽게 심병이 되는 이유"를 말한 것이다. 그러나 고봉은 결코 중용을 심해·심병이라 하거나 정심장을 중용의 일로 여기지 않았다. 퇴계는 "칠정 선악미정"을 "칠정 本善"으로 고쳤는데, 본선이라면 칠정은 自害일 수 없다. 自害라면 본선일 수 없으므로 퇴계는 "心害"를 "心病"으로 바꾼 것이다. 퇴계는 바꾼 것을 알리지는 않았으므로 고봉집은 "해"자 그대로다.

1095) "기에 연유하여 발하는 바(緣氣之所發)"는 "칠정은 境에 緣하여 出한다"(상22)를 고친 것이다. 당초는 "緣境"이고 여기서는 "緣氣"이다. 그런데 고봉은 "緣境으로 出한 듯하나 實은 中에 말미암아 出한다"(상103)고 한다. 즉 고봉은 "본성이 기질에 타재함을 緣한 연후 발하여 정이 된다"(상90)고 하여 '성이 기질에 연유'한 것이라 한다. 퇴계는 '緣氣'인데 고봉은 '由中'인 緣性이다. 퇴계는 緣境을 "緣氣"으로 고쳐 더욱 분명하게 '기발'이라 한 것이다. 또 "所發"은 '발한 것'이므로, 고봉으로 보면 一情者이다. 그런데 所發 앞뒤 "쉽게 심병이 되는 이유"나 "본선이나 쉽게 악으로 流함"로 보면 이는 발현자가 아닌 앞으로도 계속 '변할 수 있음'을 가리킨다. 따라서 "所發"은 "所流"(하150. 상56·205)의 뜻일 것이다.

1096) 퇴계는 "칠정, 선악미정"(상27)을 "七情本善, 而易流於惡"(상205)으로 고쳤다. 분치·공구 등 四者(자사 칠정으로 오해함)가 쉽게 心病이 되는 이유는 "기발" 때문이며, 또 비록 본선이나 "쉽게 악으로 흐르기" 때문이다. 퇴계는 「정심장」 "분치·공구"의 心病과 『중용』 "희노애락"의 心用을 구분하지 않는다. 고봉이 말한 분치·공구를 "두면(有之)" 심해인 것, 이것이 바로 주희의

있겠습니까?[1097] 또 어떻게 '마음에 측은한 바가(사단이) 있으면 그 바름을 얻지 못한다거나, 마음에 수오한 바가(사단이) 있으면 그 바름을 얻지 못한다'고 [정심장에서] 운운했겠습니까?(『정심장』 종지는 사단을 포함한 일체의 감정이 없어야 함의 뜻임)[1098]

(288) 「定性書」曰, "人之心(원문은 情)易發, 而難制者, 惟怒爲甚. 第能於怒時遽忘其怒, 而觀理之是非, 亦可見外誘之不足惡"云云. [易이; 쉽다. 容易하다. 외물에 順應함. 第제; 그런데. 다만. 能능; ~할 수 있다.('그렇게 할 수 있어야만'의 뜻) 觀관; 나타내 보이다. 觀賞하다.(觀心의 관이 아님) 外誘외유; 외물에 나의 심이 感하는 것.(고봉) 외물에 유혹된 나쁜 정.(퇴계)]

「정성서」[1099]에서 말하기를 "사람의 마음(원문은 '情'자임. 퇴계는 '심병'의 뜻으로 잘못 인용한 것임)은 용이하게 발하지만,[1100] 제어하기 어려운 것은 오직 화냄(怒)이 가장 심하다.[1101]

"정심지사"(상125. 하75)이다. "분치"는 스스로의 심병 혹은 악이 아니다. "心之用"이기 때문이다. 퇴계는 이와 전혀 다르다. 퇴계의 "있어서는 안 됨"은 칠정이다. 칠정은 "기발"이며 "쉽게 악으로 흐른다." 그렇다면 퇴계의 분치·공구(칠정)는 心病이 아닌 情病이다. 왜냐하면 없어야 할 것은 칠정이기 때문이다. 주희는 情病를 부정한다. 주희는 "四者는 심의 用"이라 하고, 다만 一有之하면 "그 (심의) 用의 所行이 혹 그 바름을 잃지 않을 수 없다"(「정심장」)고 하여 心害(心病)를 염려한 것이다. 이는 심에 내가 고의로 둔 정으로, 심 문제(공부)일 뿐이다. 한편 고봉도 칠정은 "쉽게 악으로 흐를 수 있으므로 '기지발'이라 할 수 있다"(하148)고 한다. 쉽게 악으로 흐르므로 吾心은 그 정의 발처를 살펴야 한다. 이는 「호학론」의 "約其情"으로, '心' 공부이며, 七情者를 말함이 아니다.

1097) "심병이 없는" 이유는 사단은 리발이기 때문이다. 칠정은 기발이므로 심병이다. 따라서 퇴계가 말하는 "病"은 칠정이지 심이 아니다. 고봉의 "심해"는 정 혹은 심을 害라 함이 아니다. 심·정을 害·病이라 하면 심·정은 없어야 한다. 주희의 "一有之而不能察"은 심 공부를 말한 것으로, 심 미발에 분치·공구의 있음을 심해라 한다. 반면 퇴계는 분치를 칠정으로 여겼고, 이 분치를 심병이라 하므로, 사실은 분치의 칠정을 병으로 여긴 것이다. "리발"은 지금의 논쟁인 「정심장」과 관련이 없다. 정심장은 '두어서는 안 됨'의 일이기 때문이다.

1098) 「정심장」 원문 "心有所忿懥, 則不得其正"의 분치를 사단으로 '고친' 것이다. 즉 '측은한 바가 있으면 그 바름을 얻지 못한다'고 말할 수 없다. 이는 해석이 아닌 고친 것으로, 「정심장」 종지와 전혀 다르다. '측은한 바를 두면' 그 바름을 얻을 수 없다 함이 「장심장」 종지이다. 느낌 이전 정을 먼저 "두면(有之)" 심은 그 바름을 얻지 못한다. 주희는 『대학혹문』하7(정심조항)에서 "사람의 一心은 湛然 虛明함이 마치 거울의 空 저울의 平과 같다"고 한이 "정심장" 종지라 한다. 미발의 심에 사단이 먼저 있으면 그 바름을 얻지 못한다. 더구나 주희는 다음과 같이 말한다. "자사·周子는 功夫處를 설했을 뿐, …일찍이 반드시 이 天命之性 無極之眞을 구해서 固守하라 한 것은 아니다."(『문집』권45, 「答廖子晦」18, 2111쪽)

1099) 장재의 물음에 정호가 답한 글로 「答橫渠張子厚先生書」혹은 「答橫渠先生定性書」라 하며,(『이정집』, 460쪽) 주희는 약해서 「정성서」라고 한다. 주희는 "定性"의 '性'자를 '心'자의 뜻이라 하는데, "此性字, 是個心字意"(『어류』권95, 淳101, 3209쪽) 이는 정호 본문이 아닌, 장재가 물은 "定性未能不動, 猶累於外物, 何也"(성의 定을 위해서는 不動에 능하지 못하면 오히려 외물에 얽매이게 된다. 나의 이 말은 어떠한가?)"의 "定性"자를 가리킨다.("何也"는 『정씨수어』권2「心性篇」104, 1262쪽 참조) 정호의 답변은 "定性" 2자가 없고, "定性" 2자는 장재의 말이다. 주희의 '心'자로 보면 장재는 "不動心"(『맹자, 공손추상』2)하지 못하면 오히려 심은 外物에 能動하게 된다고 질문했다. 즉 장재는 "外物을 絶해서 內를 定하게 하고자 한 意가 있었다."(『어류』권95, 端蒙104, 3210쪽) 不動心을 정호는 "性"으로 답변한다. 왜냐하면 심의 動을 "성"으로 보면 動靜에 "無內外"하기 때문이다. 그래서 정호는 "聖人의 희노는 心에 繫하지 않고 오히려 物에 繫한다"고 하면서 "自私" "用智"하지 않고 "無心" "無情"해야 한다고 한다. 이로써 심은 "物來而順應"함에 "能히 不動"할 수 있다. 마지막 구절의 "心之精微"는 "心統性情"의 뜻이며, 주희가 "定性"의 性자를 '心'자라고 한 것도 장재의 심을 정호는 성으로 답변했다 함이다. 노사광 진래 등은 정호 본문의 "性"을 心자로 해석하는데, 이는 잘못이다. 정호는 심을 성으로 답변했다. 심은 성정의 내·외가 있지만, 성은 "無內外"의 自若이기 때문이다. 外에서도 성은 自若의 不變이다.

1100) "심"자는 「정성서」 원문은 "情"자이다. "夫人之情易發." 퇴계는 情를 위 "心病"의 의미로 해독한 듯하다. 어쨌든 心자는 정호 본의와도 어긋난다. 정호가 怒를 "易發"인 情이라 하면서 또 "難制"라 한 것은 이 怒의 정은 "物來에 順應"하여 "應物"한 것이지만, 기왕 발한 '것'인 그 노는 제어하기 어려워서 남겨두어 뒤로 이어지고 만다 함이다. 안자의 "노를 남겨 다른 곳에 옮기지 않음(불천노)"이 이것이다. "제어하기 어렵다"는 것은 발처를 말함은 아니다, 역시 정이다. 고봉은 "이른바 '忘怒'는 不中節者를 가리켜 말한 것"(하77)이라 한다. 怒의 "發은 易"(心用)이고, "忘怒"는 외물과의 不中節者이다. 불중절이므로, 따라서 급거 "망노"해야만 "外物"의 모습을 "거울"처럼 "비추어서" 결국 "心"이 "外物"의 "怒"에 "順應"할 수 있다 함이다.

1101) "제어하기 어렵다(難制)"고 함은 旣發의 怒는 또다시 "자신의 지혜(自智)"가 부가되기 때문이다. 그러므로 이 怒를 "理의 是非"

- 252 -

다만 기왕 怒함에 있을 때 급거 [심에서] 그 노를 잊어야만 理의 是非를 볼 수 있으니,(잊어야만 심이 외물에 순응해 정으로 발할 수 있으니)1102) 이 역시 외물의 유혹(感物)은 족히 미워할 수 없음도 알 수 있다"1103)라고 운운합니다.(정호가 안자 호학인 "不遷怒"를 해석한 것임. 외물에 '순응하는 노'를 퇴계는 원래 나쁜 '기의 노'로 여김)1104)

(289)夫所謂 "易發而難制"者, 是爲理耶, 爲氣耶? 爲理則安有 "難制?" 惟是氣. 故決驟而難馭耳. 又況 "怒"是理發, 則安有 "忘怒而觀理?" 惟其氣發, 故云 "忘怒而觀理." 是乃以理御氣之謂也. 然則滉之引此語, "以證七情"之屬氣, 何爲而 "不相似"乎? [易發이발; 심 감하면 정은 용이하게 정확히 발함.(고봉) 심병인 기의 칠정은 급히 쉽게 발함.(퇴계) 難制난제; 발현 이후 그 노는 제어하기 어렵다.(고봉) 기발이므로 제어하기 어렵다.(퇴계) 決驟결취; 기발이므로 급히 질주함.(퇴계) 외물과의 교류가 끊어져 급히 질주함.(고봉) 難馭난어; 부리기 어렵다. 통제하기 어렵다. 御氣어기; 기를 어거함. 리로 기를 다스림.(고봉; 심이 기를 제약함)]

이른바 "쉽게 발하지만 제어하기 어려운 것"은 리일까요, 기일까요?(정호는 '순응의 리'이고, 퇴계는 '나쁜 기'임)1105) 리라 한다면 어찌 "제어하기에 어려움(難制)"이 있겠습니까?(정호

에 따라 "외물이 옴에 순응"할 수 있기 위해 心體의 "廓然大公"으로 회복하라는 뜻이다. 때문에 "그 노함을 급거 잊으라"고 한다. 易發의 怒는 기왕 발현하면 그 怒가 이미 이루어져서 곧 고정된 하나의 선입의 怒가 되고, "외물이 옴에 그대로 순응(物來而順應)"할 수 없게 되어, 결국 "제어하기 어려운 것"이 되고 만다. 따라서 "그 노함을 잊어야 한다"는 것이다. "마땅히 노할 일에 노함이 중절이다. 일이 지나가면 곧 소멸되니, 다시 쌓아놓아서는 안 된다."(『어류』권95, 淳115, 3214쪽) 반면 퇴계는 곧바로 '그 노(칠정)를 잊으라'고 해석한다. 노의 칠정은 "기발"이기 때문이다. 이 해석은 정호와 정 반대다.

1102) 주희는 "급거 그 노를 잊으라 함은 곧 위의 확연·대공하라 함이고, 리의 시비를 보라 함은 곧 위의 외물이 옴에 순응하라 함이다(遽忘其怒, 便是(是應)廓然大公, 觀理之是非, 便是(是應)物來順應)"(『어류』권95, 賀孫103, 淳112, 3210·3213쪽)의 뜻이라 한다. "확연이대공, 물래이순응"의 윗자는 "其情順萬事而無情(그 정은 만사에 순응해서 무정하다)"이다. 정호는 정의 '외유'를 두려워하거나 미워하지 말라고 한다. 그러나 퇴계는 정 반대로 '그 정인 노를 잊어라'고 해독한다.

1103) 『정씨문집』권2, 「答橫渠張子厚先生書」, 460쪽. "역시(亦)"라 함은 위에서 장재에게 "외유는 絶하거나 除할 수 없다"고 2회 말했기 때문에 다시 결론해서 3차 거듭 강조한 것이다. 즉 "定"은 [심의 외물에 응함에 얽매임이 되지(應物之爲累) 않는다. 얽매이면 定할 수 없다. 퇴계는 이와 반대로 '칠정은 외물의 유혹'으로 이해한 것이다.

1104) 「정성서」는 장재의 '심의 부동'을 위해서는 "외물에 얽매임(累於外物)", 즉 '외물을 끊어야 함'에 대한 정호의 반박설이다. 정호는 성인은 "物來하면 順應하고," "應物에 累가 되지 않으며", 오히려 "자신의 心에 얽매이지 않고 밖의 物에 얽매인다"고 한다. 만약 "內는 옳고 外는 그름으로 여기면" 성인의 희노를 볼 수 없다. 그 병폐는 심의 "自私와 用智"이다. 自私와 用智가 곧 "급거 그 怒를 잊어야 할" 고봉이 말하는 "불중절의 怒"(하77)이다. 自私의 노를 잊어야만 성인의 노를 볼 수 있다. 반면 퇴계는 이 "노"를 근원의 나쁜 "氣發"이라 하고 "쉽게 악으로 흐르는" 心(원문은 情)의 "病"이라 한 것이다. 이는 정호 본의와 반대다. 정호는 노를 둘로 논했다. 하나는 "物來 順應"의 '성인'의 노와, 하나는 기왕 발한 "忘怒"인 自私 用智의 노이다. 때문에 "自私인 망노"의 노로 "聖人의 노의 正을 보려 한다면 어찌하겠는가"이다. 그러므로 "급거 잊어서" 나의 마음을 "확연 대공하면 외물이 옴에 순응한다." 퇴계는 聖人의 "노," 불중절의 "노," 『대학, 정심장』의 "忿懥, 怒也," 『중용』의 "희노"의 노에 대한 각각 '다른' 종지를 분석하지 않고 모두 '나쁜 기'로 여긴다. 심지어 "성인의 노"까지도 '기발'이다. 「정성서」에 대한 『어류』기록은 권95 淳101부터 寅116까지 총 16조항이다.(3209~3214쪽) 정호는 공자의 顔回者好學, 不遷怒를 해석한 것으로, 주희는 "정자는 '안자의 怒는 物에 있었고 자기에 있지 않았다'고 한다"(『논어, 옹야』2)의 뜻이다.

1105) 정호의 "夫人之情(퇴계는 심)易發, 而難制者"를 퇴계는 칠정으로 여기고 기발의 "기"라 한 것이다. 주희가 "七情是氣之發"이라 했다 함이다. 퇴계는 "人之情(사람의 심병인 칠정)"은 "외물이 옴에 易感하고 先動하는 것은 形氣이고, 칠정이 기의 묘맥"(상24)이며 때문에 이 칠정은 "쉽게 악으로 흐른다"고 한다. 그러나 「정성서」 본문은 이와 다르다. 정호는 "성인은 외물의 노에 마땅히 노하며" 그것은 "심에 얽매이지 않고 오히려 외물에 얽매인다"는 것이다. 다만 심에 기왕의 노가 있으면, 급거 그 노를 "잊어야만 澄然히 無事하게 되어, 定이 된다." 이로써 "외물이 오면 그대로 거울과 같이 순응한다(物來而順應)." 반면 퇴

는 반대로 리를 두지 말고, 無心·無情을 요구함)[1106] 오직 기이기 때문에 급속히 질주하여 '제어하기에 어려울(難馭)' 뿐입니다.(정호는 제어하는 마음을 갖지 말라고 함)[1107] 또 하물며 "노함"이 리발이라면 어찌 "노를 잊고 리를 보라"(정호; 나의 사사로운 지혜의 노를 두지 말라. 퇴계; 나의 지혜를 두라. 외물과의 소통을 거부한 것임)고 함이 있었겠습니까?[1108] 오직 그것이 기발이기 때문에 "노를 잊고 리를 보라"고 운운했을 뿐입니다.[1109] 이는 결국 리로 '기를 어거해야 함(御氣)'을 이르는 말입니다.(정호는 외물을 막아서는 안 된다는 뜻임. 퇴계와 같다면 심 공부 외의 리·기 대리싸움이 됨. 고봉은 동인·서인의 싸움이라 함)[1110] 그렇다면 황이 '이 말'(『대학』, 정심장; "하나라도 두거나 살피지 못하면")을 인용하여 "칠정이 기에 속함을 증명"한 것을 어찌 "서로 비슷하지도 않다"고 할 수 있겠습니까?(퇴계는 『중용』, 『대학』, 「정성서」의 각자 다른 '노' 종지를 분별·분석하지 않음. 퇴계는 중용 및 정호의 종지를 부정한 것임)[1111]

계의 "기"는 사단의 리와는 상대적인 '제어하기 어려운 나쁜 의미'로서의 기이다. 이는 정호 종지와 정 반대이다.

1106) 퇴계는 "難制"의 정을 '氣'라 하고, 리가 아니므로 '制御'하기 어렵다'고 한 것이다. 그렇다면 리는 제어하기 쉬운가? 리는 제어하지 않아도 되는가? 그러나 정호는 심의 "無心·無情"을 요구한다. 리가 있어서는 안 된다는 것이다. 심에서 "怒를 잊고 無事(일삼음 없기를)하기를"를 요구한 것이다. 주희는 성선장인 「고자상」6 주석에서 "性이 비록 本善이나 省察과 矯揉의 功이 없어서는 안 된다"고 하며 또 미발에 "존양"이 있어야만 중절할 수 있다고 한다. 이곳 「정성서」도 "自私의 用智"하지 말아야 "物來에 順應"이 가능하다 했을 뿐이다.

1107) "오직 기이다(是氣)"고 함은 정호 본지와 다르다. 정호는 "성인은 物의 노에 마땅히 노한다"고 한다. 만약 마땅히 노해야 할 일에 먼저 나의 노를 두면 그 노는 중절하지 못한다. "어찌 나의 희노를 둔 상태에서 성인의 희노의 正을 볼 수 있겠는가?" 반면 퇴계는 기 때문에 "급속히 질주하여 제어하기 어렵다"고 한다. 그렇다면 사단은 급속히 질주하지 않는가? 맹자는 "지금 막 아이가 우물에 빠지려는 일을 보면 모두 출척 측은지심이 일어나니", "이 사단은 마치 불이 처음 타오르고 샘물이 처음 나옴과 같다"(「공손추상」6)고 한다. 정호는 "定"을 위해서는 "외물을 미워해서는 안 된다"고 한다. 정호의 요지는 "定"에 있었지 퇴계와 같이 '제어함(馭)' 혹은 '어거함(御)'에 있지 않다. 제어함이나 어거함이 바로 "自私와 용지"이며, 이로서는 "適道에 不能"하고, 또 이 마음으로는 "성인 희노의 正을 볼 수" 없다 한다.

1108) 정호의 "노했을 때 급거 그 노를 잊어야만 리의 시비를 볼 수 있다(能於怒時遽忘其怒, 而觀理之是非)"를 "忘怒而觀理"로 요약한 것이다. 즉 氣를 급거 잊고, 리만 보라. 이 해석은 정호와 정 반대다. 정호의 "怒時"의 '怒'는 일이 지나간 이후 마음에 남겨놓은 스스로의 "自私 用智의 怒"이다. 나의 用智여서 제어하기 어렵다. "성인의 희노는 외물에 마땅히 희노한 것"인데 사물이 지나가면 心은 "거울과 같이 空하다."(하76) 거울은 외물이 오면 그대로 비춘다. 반면 자사·용지의 怒는 외물이 지나가도 難制로 남아 있어서 외물을 비추지 못한다. 따라서 외물(리) 시비와 교류하기 위해서는 나의 自私의 怒를 급거 잊어야 한다. 반면 퇴계는 '리를 두라'고 해독한 것이다. 그렇다면 '나의 사사로운 마음으로 외물을 대하라'는 뜻이 되어 오히려 정호와 정 반대가 되고 만다. 퇴계는 외물과의 교류·소통을 스스로 막는 마음을 둔 것이다.

1109) 퇴계는 정호의 "노"를 氣發이라 한다. 하지만 정호 본의는 외물이 오기 전 급거 잊어야만 다른 외물을 그대로 비춤이 가능하다 함이다. 사단 역시 빨리 잊어야 한다. 반면 퇴계는 '리발을 두라'고 한다. 그러나 「정성서」는 심이 외물과 교류함에 "非外而內(외는 그르고 나만 옳다)"고 하면 이는 "性이 定"이 되지 못한다는 비판이다.

1110) "遽忘其怒, 而觀理之是非"를 퇴계는 '忘怒而觀理'로 해독하고 그 뜻을 '以理御氣'라고 한 것이다. 즉 "怒"는 氣發이니, 리로 '기를 부리고' 어거해야 한다. 마치 사람이 말을 부림과 같다. 이 논변 또한 정호와 정 반대다. 정호 요지는 "외물"을 "除"하고 "絕"하려 해서는 안 된다 함이다. 정호는 그 情이 아니면 성의 "定"을 이룰 수 없다고 한다. 따라서 '리로 기를 어거하라' 하면 이는 정호와 반대로 스스로의 "自私 用智"의 "應物의 累"가 되어 '소통을 없애라는 뜻'이 되고 만다. 주희는 "횡거는 '人能弘道는 心이 盡性한다 함이고, 非道弘人은 성은 檢心하지 못한다'고 했으니, 이 말은 秦·漢 이래 사람들이 말하지 못한 것이다"(『어류』권60, 僩45, 1942쪽)고 하여 심 공부를 강조하며, 반대로 性은 心을 검속할 수 없다고 한다. 따라서 만약 "리로 기를 어거하라"고 하면 이는 나의 '공부'가 없는, 공부 외의 리·기 '대리 싸움'이 되고 만다. 이를 고봉은 "동인과 서인의 싸움"(하15)과 같다고 한다.

1111) 퇴계는 『대학장구』 "일유지"인 심병·심해를 『중용』 칠정 중화로 인용했다.(상27) 이에 고봉은 "일유지는 대학장구 정심의 일인데 이를 인용해서 칠정으로 증명하셨으니, 서로 비슷하지 않다"(상123·125)고 했다. 왜냐하면 중용 칠정은 천명의 중화의 일이고, 대학 정심장은 "心下에 두어서는 안 됨"(상123)의 일이기 때문이다. 따라서 이 둘은 불상사다. 이 비판을 받고 퇴계는 다시 「정성서」 "怒"까지 칠정의 일로 인용한 것이다. 즉 정호도 칠정을 "잊어야 한다"고 했으니 이는 정심장 "일유지" 및 중용 "희노"의 과다 같다. 퇴계는 『중용』, 「정심장」, 「정성서」의 각자 다른 '怒의 의미'를 분석하지 않은 것이다. 퇴계와 같다면 「정성서」 '성인의 칠정'은 없어야 할 것, 『중용』 '천명·중화의 칠정'도 나쁜 심병이 되고 만다.

- 254 -

제16조

(290)同上節末段(고봉집 端), "論因其所從來, 各指其所主之說之非." 又云, "所辯, 非但
名言之際, 有所不可, 抑恐於性情之實, 存省之功, 皆有所不可."

같은 절 말단에서 "'그 소종래에 인하여 각기 그 所主를 가리켰다'는 설은 그르다"(고봉
은 그르다 함이 아닌, 소주는 당연하다 함)1112)고 하셨습니다. 또 운운하기를 "이러한 논변은 비
단 이름 붙여 말할 즈음(名言之際)만 불가한 바가 있는 게 아닌,1113) 그 성·정의 실제
(性情之實)와 존양·성찰의 공부(存省之功)에 있어서도 모두 불가한 바가 있다"(인용된 용
어는 고봉의 용법과 전혀 다름)1114)라고 하셨습니다.(지금 토론은 성정의 실체, 선유의 본설, 공부할 곳 등
에서 어긋나며, 용어도 서로 다름)

(291)滉謂. "所從來及所主之說", 因前後辯論而可明, 不必更論於此. 若其 "名言之際",
"性情之實", 毫忽未安處, 或因於承誨, 或得於自覺, 已謹以改之矣. 已而看得未安處
既去, 則義理昭徹, 分明歷落, 八(고봉집 入은 오자)窓玲瓏, 庶無有含糊鶻圖之病矣.
其於 "存省之功", 雖未敢僭云, 恐未至大不可也. [毫忽호홀; 약간의 부주의. 已而이이; 그

1112) 퇴계는 "그 소종래에 인해 각기 所主와 所重을 가리켜 설명했다"(상28)고 했고, 이에 고봉은 "이른바 '그 소종래로 인해 각기
所主와 所重을 가리켰다'고 함은 擬議는 可하나 그 實(내용)은 모두 未當하다"(상127)고 했다. 고봉은 "그 내용이 未當"이라
했을 뿐 소주·소중을 "그르다(非)" 하지 않았다. 사맹의 소종래에 따라 그 소주·소중으로 설명함은 당연하다. 문제는 "소종
래" "소주·소중" 등 '용어' 및 '내용'은 고봉과 전혀 다르다. 퇴계의 사칠 소종래는 리·기이고, 그 소주도 주리·주기이다.
반면 고봉의 소종래는 사·맹이지 리·기가 아니다. 사칠의 소주·소중도 "성선·확충"과 "중화"이지 리·기라 할 수 없다.
고봉은 "爲理·爲氣도 불가하지 않다",(상28·127) "사맹의 所言은 不同하다. 그 言 뿐만 아닌 意 역시 각기 所主가 있다"(상
78·79·82)고 한다. 이상의 문제가 해결되기 위해서는 먼저 그 '소종래, 소주·소중' 등 용어가 서로 일치해야 한다. 또 사
맹 종지인 "신독·중화", "확충·성선"이 퇴계의 소주와 일치해야 한다. 그렇지 않으면 이 논쟁은 해결될 수 없다. 하지만 퇴
계는 고봉이 "그르다" 했음으로 잘못 오해한 것이다.

1113) 퇴계는 "이치는 이러하나, 우리의 名言之際에 差가 있다면 선유의 구설을 쓰자"(상47)고 했다. 즉 지금 우리의 토론은 차가
있으니 주희의 "시리지발, 시기지발"의 이치의 설을 쓰자. 이에 고봉은 "선생의 所辯은 비단 名言之際에만 불가한 바가 아니
다"(상128)고 한다. 문제는 퇴계의 "명언지제"는 사맹의 사칠 본설과 주희의 해석설에 의거한 것이 아니라는 점이다. 또 퇴계
의 "소변"은 "중용』 희노, "맹자』 사단, "대학, 정심장』 등 설을 각각 구별하지 않는다. 이 3설은 그 소지·종지가 전혀 다르
다. 자사의 종지는 중화, 맹자의 종지는 확충·성선, 정심장의 종지는 두어서는 안 될 정이다. 칠사의 "立名"(상76)은 사맹이므
로 이를 문제 삼을 수 없고, 그 '소주가 있음'도 지당하다. 따라서 퇴계가 "명언지제"라 하고 "견해가 달라서 끝내 따를 수 없
다"(상232)고 하기 위해서는 위 3설의 소지에 어긋나지 않아야 한다. 그러나 아래 답변은 위 3설로 해명하지 않는다.

1114) 고봉은 "그 性·情의 實과 存·省의 공부 모두 불가하다"(상128)고 했다. 성은 심의 리이고, 정은 心感으로 性發한 감정이다.
모두 '實'이다. 이 성·정을 논설한 것이 사맹 및 정주의 칠·사와 리발·기발이다. 고봉은 칠사의 설에 대해 "자사의 희노애
락, 맹자의 惻隱之心 仁之端, 이것이 性情의 說이다"(상2·93)고 하면서 "未發은 성, 已發은 정인데, 성은 무불선, 정은 유선악,
이것이 固然의 理이다"(상3)라고 한다. "중용장구』의 "희노애락은 정이고, 그 미발은 성이다"(상94)와 "악기동정설』의 "感物而
動은 性之欲"이며, 性之欲이 이른바 情이다"(상107)고 함이 주희의 성정설이다. 그런데 퇴계는 "四端是理之發, 七情是氣之發"의
설을 "바꿀 수 없는(不可易)"(하178·179) 정론으로 삼았다. 고봉은 만약 사단을 "불선도 있다 하여 확충하고자 하면 선을 밝힘
에도 未盡하고 力行에도 差가 있을 것"(하97)이라 한다. 또 희노를 '선악미정' 혹은 '있어서는 안 될 정'이라 하면 이는 미발·
이발의 명덕도 未當하고, 또 미발의 존양과 이발의 성찰 공부도 불가함이 되거니와 "중용』 종지에도 어긋난다고 한다. 따라서
퇴계가 "성·정의 實, 존·성의 功"에 대한 반론을 제기하기 위해서는 위 "중용』 및 주희의 "악기동정설』 등을 상고해서 논변
을 펴야 한다. 하지만 아래 논변은 상고하지 않으며, 인용된 용어도 그 용법이 전혀 다르다.

뒤. 그렇게 한 뒤. 昭徹소철; 환하게 관통하다. 확연히 꿰뚫다. 歷落역락; 질서정연하다. 말끔하다. 八窓玲瓏팔창영롱; 사방 팔면이 모두 맑고 밝다. 심의 명덕이 허령불매하다.(明德을 형용한 말임) 含糊鶻圇之病함호골륜지병; 모호하고 흐리멍덩한 병통. 僭참; 분수에 지나치게 행동하다.]

황은 말하겠습니다. "소종래 및 所主의 설"은 전후 변론으로 인해서 밝혀질 수 있으므로 여기서 다시 거론할 필요는 없겠습니다.(퇴계는 자신의 리·기의 소종래, 소주를 사맹·정주의 본설보다 위에 둠)1115) 다만 "명언의 즈음"1116)과 "성정의 실제"(모두 공부론인데, 퇴계는 성·정의 實을 공부로 논하지 않고 모두 리·기로 갈라서 나눔)1117)에 있어 나의 약간 미안한 곳은 혹은 공의 가르침을 받고 혹은 스스로 깨닫기도 하여 삼가 이미 고쳤습니다. 그래서 그 미안한 곳을 기왕 제거하고 보니 의리가 환하게 관철되고, 그 분명하고 질서정연함이 마치 "팔창이 영롱"(주희는 "明德"을 팔창영롱이라 했는데, 퇴계는 '자신의 고친 설'이 그렇다 함)1118)한 것처럼 거의 모호하거나 흐리멍덩한 병통이 없습니다.(퇴계는 자신 설을 팔창영롱이라 하지만, 사맹·정주도 이렇게 말할 수는 없음)1119) 그 "존양·성찰의 공부"에 있어서도 비록 감히 참람히 운운하지는 못하겠으나 크게 불가하지는 않다고 하겠습니다.(퇴계는 존양·성찰을 '심 공부'로 논하지 않으며, 더구나 『중용』과 「정심장」 종지와 전혀 다른 답변임. 존·성은 미발·이발 공부이며 성인도 자신할 수 없음)1120)

1115) 퇴계의 "각기 所發에 나아가 사·칠 소종래로 나누었다"(상247)의 소종래는 '리·기'이다. 반면 고봉의 칠사 소종래는 사·맹이다. 또 퇴계의 "그 所主에 따라 분속했다"(상254)의 소주도 '주기·주리'이다. 반면 고봉의 소주는 사맹의 "그 意義 또한 각기 所主가 있다"(상78·79·82)이다. 퇴계의 "소종래" 및 "소주"는 사맹 및 주희의 설과 전혀 다르며, 용법도 다르다. 퇴계의 소종래와 소주는 '리기에 나아간' 리·기이다. 이는 사람 본연의 성정의 실과 사맹의 본설 및 정주의 논설보다 먼저 상정한 것이며, 결국 사람의 성정과 선유의 본설이 오히려 퇴계의 리·기 논변에 종속되고 만 것이다.

1116) 퇴계는 "名言之際는 이미 고쳤다"고 한다. 퇴계가 말한 "명언지제"(상47)는 "순리, 겸기", "일유지이불능찰",(상27) "緣境而出"(상22) 등이다. 이 즈음에서 "약간의 차오라도 있으면 주자의 본설을 쓰자"고 했다.(상47) 이에 고봉은 "선생의 所辭는 명언지제만 불가한 것이 아니다"(상128)고 한다. 왜냐하면 어류의 "시리지발, 시기지발"은 사맹의 名을 해석한 것이지 "이치"가 아니며 또 주희가 사칠을 名한 것도 아니기 때문이다. 사칠을 리 혹은 기로 설명함은 지당하지만 그것이 사칠 모두일 수는 없다. "확충·성선", "신독·중화"의 종지가 있기 때문이다. 퇴계는 칠정을 "악으로 쉽게 흐르므로" "두어서는 안 된다"(상205)로 그 순서를 바꾸지만, 여전히 『중용』과 「정심장」의 종지·소지를 구분하지 않은 것이다.

1117) 퇴계는 "性情의 實을 이미 고쳤다"고 하나 성·정의 實과 그 선유의 說을 구분하지 않는다. 주희가 말하는 성·정의 실은 미발·이발의 존양·성찰 공부이다. 성도 심의 일이고 미발·이발도 심의 일이다. 자사와 맹자도 마찬가지이다. 사맹이 一情의 '實'에 대해 칠·사로 說한 것은 그 종지가 있다. 자사의 "미발, 발", 맹자의 "확충" 등은 사람 느낌에서의 '심 공부'이다. 미발에 심 존양이 없으면 이발의 정은 중절하지 못하고, 이발에 심 성찰이 없으면 "應하는 것도 실수가 없을 수 있다."(상125) 자사의 "천명지성"과 "희노애락", 맹자의 "확충"과 "성선", 「대학」 "정심" 등의 성정은 모두 심 공부로 논한 것이다. 주희가 "성·정"으로 주석한 것도 모두 심 공부를 위함이다. 하지만 퇴계가 "고친 것"은 성·정의 實에서의 심 공부가 아닌, 모두 "리기에 나아가" 리·기로 나눈 것이다.

1118) "팔창영롱"은 주희의 말이다. "明德은 마치 八窓이 영롱한 것과 같다(明德, 如八窓玲瓏)."(『어류』권14, 椿19, 422쪽) 주희가 팔창영롱으로 형용·비유한 것은 『대학』 "在明明德"의 "明德者는 사람이 하늘에서 얻은 바이니 허령불매하다(明德者, 人之所得乎天而虛靈不昧)"(「경1장」)의 '明德'이다. 즉 명덕은 항상 팔창의 영롱과 같이 빛나서 허령불매하다. 반면 퇴계는 고친 '자신의 설'을 그렇다 한다. 한편 고봉은 "팔창이 영롱하여 數仞이 輝赫하다"(『고봉집』2책, 「光州鄕校大成殿上樑文」)고 하여 대성전을 '팔창영롱'으로 형용한다. 주희도 "認得이 熟하고 看得이 透하면 玲瓏이 穿穴하여 處마다 不通이 없게 된다"(『문집』권74, 「옥산강의」, 3590쪽)고 하여 맹자의 "仁"을 '영롱'으로 표현한다.

1119) 퇴계가 지금 조항에서 "미안한 곳을 고친 것"은 "외감은 형기인데 그 발이 理만 되고 氣는 되지 못하겠는가?"(상203)의 호발과 "칠정은 본선이나 쉽게 악으로 흐른다. 때문에 그 中節者만 화라 하고, 하나라도 두면 심은 그 바름을 얻지 못한다"(상205)이다. 이렇게 고치니 나의 설은 "의리가 소철하여 마치 팔창영롱과 같다"는 것이다. 하지만 위에서 살핀 바와 같이 퇴계의 이른바 소종래, 소주, 명언지제, 성정지실 등은 정주의 용어와 전혀 다르며 고봉의 용법과도 상반된다. 퇴계는 자신의 '리·기 혈맥'의 소종래로 사맹, 정주를 종속시킨 것이다. 사맹도 스스로 확충, 중화 등을 '팔창영롱'이라 말할 수 없다. 사맹의 종지는 공부처에 있기 때문이다.

끝조

(292) 辯誨謂, "朱子錯認, 心爲已發之語, 久而乃悟", 仍論, "理之發・氣之發一語, 爲偶發而偏指." [語語; 단어. 글로 기록된 말씀. 偶發우발; 한쪽으로 발언함. 때에 맞추어 언급함.(고봉) 우연히 발언한 것.(퇴계) 偏指편지; 한쪽만 가리킴.(고봉) 치우쳐 잘못되게 가리킴.(퇴계)]

변회에서 이르기를 "주자도 잘못 인식하여 '심을 已發'의 語(言인 '정자의 말씀'임)로 여겼다가 오랜 뒤에 깨달았다"고 하셨고,(心爲, 語, 久而는 모두 인용 오류임)[1121] 거듭 논하기를 "리지발・기지발의 一語를 우연히 發[言]한 치우친 가리킴으로 여겼다"(고봉은 "한쪽만으로 發言한 치우쳐 지칭한 語로 지킬 수는 없음"의 뜻임. 즉 사맹 종지를 '우발・편지의 문자로 지킬 수 없다'는 것임. 퇴계가 이렇게 해독하기 때문임)[1122]라고 하셨습니다.

(293) 滉謂. 觀公此段語意, 若以朱子此說, 爲未滿足, 此尤未安也. 夫程朱語錄, 固未免時有差悞, 乃在於衡晃鋪演, 義理肯綮處, 記者識見有未到, 或失其本旨者有之矣.(고봉집 矣 없음) 今此一段, 則數句簡約之語, 單傳密付之旨, 其記者輔漢卿也. 實朱門第一等人, 於此而失記, 則何足爲輔漢卿哉? [未安미안; 그렇지 않다. 미안한 말씀이다.(고봉은 '안정되지 못함'의 뜻) 差悞차오; 정주의 말씀과 오차가 남. 鋪演포연; 상세히 서술하다. 肯綮긍경; 살과 힘줄이 얽힌 곳. 핵심. 요점. 單傳단전; 스승이 그 학설을 한사람에게만 전함. 密付밀부; 비결을 넘겨주다.]

1120) 고봉이 "존양・성찰 공부에 불가함이 있다"(상128)고 한 것은 『중용』 칠정을 퇴계는 "이 칠정은 두어서는 안 되며 때문에 중절한 것만 화이다"고 했기 때문이다. 주희가 「이발미발설」과 「호남제공서」 등에서 밝힌 것은 이천의 "심 이발" 본지와 "중용 미발・이발의 義"를 밝히기 위한 심의 "日用工夫・功夫"에 관한 일이다. 따라서 퇴계가 중절의 화만 거론하고, 더구나 칠정을 두면 안 된다고 하면 이는 중용 및 이천의 종지와 정 반대의 義가 되고 만다. 퇴계는 「정심장」 "일유지어불능찰"을 중용의 일이며 칠정의 심병이라고 하나, 이는 중용 천명을 거부한 것이다. 퇴계는 "불가하지 않다"(也는 단정임. '矣'가 되어야 함)고 하지만, 모두 중용의 本旨, 정심의 本義 및 심의 존양・성찰의 일과 전혀 무관한 발언이다. 더우이 모두 공부론인데, 퇴계는 공부로 논하지 않는다.

1121) 고봉의 "凡言心者, 皆指已發而言('무릇 심을 말함은 모두 이발을 가리켰다'는 이천의 당초 말씀)"(상151)을 퇴계는 "心爲已發之語(심을 이발로 여긴 언어)"로 인용했다. 인용 오류이다. 이천의 말씀(言)은 결코 "모든 심은 이발이다"의 뜻이 아니다. 왜냐하면 심은 미발・이발, 성・정, 동・정 등을 모두 포괄해야 하기 때문이다. 따라서 주희가 잘못 "착인"(상151)한 것은 당초 "認得"한 "심을 이발로 여김"이 아닌, 이천의 말씀(言)인 "모든 심을 말한 것(凡言心者)"(상151・152)이다. 심은 이발로 말할 수 있는데 단 이발은 '모든 심(凡心)'이 아닐 뿐이다. 또 고봉의 "後乃大悟"(상151)를 퇴계는 "久而乃悟(久後乃悟)(상232)로 인용했다. 역시 인용 오류이다. 고봉은 남헌 및 서산과 논변한 후 깨달았다고 했을 뿐, 오랜 이후 깨달았다고 한 것은 아니다. '기축지오'는 주희 40세 일이며, 그때 당시 깨달은 것이다. 또 주희는 "已發"을 "言"이라 하고 "錯認"은 "語意"으로 표현했다. 퇴계는 이를 구분하지 않는다. 자세한 주석은 상232(제12절)를 볼 것.

1122) 고봉은 주희의 말씀을 "前後 備陳의 周該한 바의 言으로 當遵해야지, 그 一時 偶發의 偏指한 바의 語로 當守해서는 안 된다"(상154)의 '一時偶發, 所偏指之語'라 했다. 퇴계는 이를 '爲偶發而偏指'로 인용한 것이다. 고봉은 주희의 言(말씀)을 리발 한쪽 혹은 기발 한쪽의 語(문자)로 상대적으로 여겨 이를 주희 본지로 지키려(守) 해서는 안 된다고 한다. 퇴계가 이렇게 해독하기 때문이다. 이를 퇴계는 그대로 주희의 설을 '우연히 발언한 치우친 가리킴으로(잘못된 설로) 여겼다(爲)'는 뜻으로 받아들인 것이다. 즉 그대는 주자의 설을 '잘못된 설로 여겼다'고 하여 고봉의 말과 전혀 다른 의미로 받아들인 것이다. 語는 言을 잘못 인용한 것이다. 퇴계는 아래에서 "朱子此語"(상294)의 語라 하고, 주희의 "言(말씀)"에 대한 고찰은 한마디도 없다. 자세한 주석은 상232(제12절)를 볼 것.

황은 말하겠습니다. 공의 이 단락 어의를 보면 마치 주자의 이 설을 만족하지 못함으로 여긴 것 같으나,(고봉은 불만족이 아닌, 퇴계가 어류의 설을 一時·偏指로 해독했기 때문임)[1123] 이는 더욱 미안(고봉; 안정되지 못함)합니다.[1124] 물론 정·주의 어록(정자 『문집』, 주희 『문집』·『어류』임)[1125]도 진실로 때로 기록자의 차오(고봉은 '이천 스스로 이발을 착인했다' 하고, 어류를 기록자의 착오라 여기지 않음)[1126]가 있음을 면치 못한 경우도 있습니다.(고봉은 리발·기발을 각기 리·기 한쪽씩으로 해석해서는 안 된다 함임) 스승의 辭와 說을 서술함에 있어 의리의 핵심 된 곳에서는 기록자의 식견이 미치지 못할 수도 있고 혹 그 본지를 잃은 경우도 있겠습니다.(고봉; 어류를 퇴계가 각자 한쪽씩으로 해독함)[1127] 하지만 지금 이 일단은 몇 구의 간략한 단어(語. 言의 '말씀'의 뜻임. 고봉은 "語로 지킬 수는 없다"고 함)로서 "홀로 은밀히 전수받은(단전밀부)"의 종지(주희가 강력 비판한 불교용어임)[1128]이며 그 기록자도 보한경[1129]입니다.(사단의 이발 확충공부, 칠정의

[1123] 그대는 "주자의 설을 만족하지 않는다." 즉 그대는 주자의 "시리지발, 시기지발"을 불신해서 불만으로 여겼다. 하지만 고봉의 고찰은 이와 다르다. 고봉은 『어류』의 설을 "각각 리발·기발로 따로따로 一時의 단어로 인식해서는 안 된다"(상154)고 한다. 즉 "시리지발"이라는 '말씀(言)'을 '偏指의 문자(語)'로 독해해서는 안 된다. 사단은 "확충",(기) 칠정은 "중화"(리)도 있기 때문이다. 고봉은 "기록자의 식견을 의심"한 것도, 또 "기록의 실수"라 하지 않았다. 고봉은 반대로 어류의 설을 퇴계가 "一時, 偶發, 偏指의 語로 當守"해서 해독했다고 한 것이다.

[1124] "未安"은 앞줄 "주자의 설을 만족하지 않았다" 함으로, 즉 주희의 설을 불만으로 여긴다면 이는 '미안한 말씀'이라는 의미이다. 그러나 고봉의 "未安"은 '안정되지 못함'의 뜻이다. 고봉의 "그 곡절의 즈음에서 미안한 바가 있다",(상52) "그간 미안이 있는 것은 다시 교감해야 한다"(상155·5·71)고 함은 '해석이 치우쳤다'는 뜻인 "未安處"(하18)의 의미이다. 주희의 "以性爲未發之中, 自以爲安矣(성을 미발지중으로 삼고 스스로 安으로 여겼다)"(「이발미발설」)도 자신의 구설은 未安이라는 뜻이다.

[1125] 고봉의 이 단락 상고는 정자의 『정씨문집』, 주희의 「호남제공서」와 「이발미발설」, 『주자어류』 등이다. "凡言心"은 『정씨문집』과 「이발미발설」이고, "是理之發"은 『주자어류』이다. 문집은 정주의 직접 저술로, 제자의 기록이 아니다. 정자 문집은 『外書』, 『文集』, 『易傳』, 『經說』 등이고, 어록은 『程氏遺書』 25편이다. 『유서』는 이정 제자들이 기록한 어록으로, 후에 주희가 종합 편정하였다. 『주자어류』 140권은 97명 제자가 기록한 것으로, 주희 40세 이후의 말이다. 고봉은 정자 어록을 거론하지 않았고, "凡言心"도 기록자의 기록이 아닌 『정씨문집』이다. 다만 이천의 "심 이발" 설에 대해 주희는 "이 記錄은 前後가 差舛하여 모두 理會하기 어렵다", "記者는 無見·無聞을 未發로 여긴다면 不可라 여겼다"(『문집』권48, 「答呂子約」11, 2223쪽)고 하고, 또 "그 문답이 不完의 중에 이 書를 잃었다"(『중용혹문』상18, 561쪽)고 하면서 "이 書는 그 전체를 다시 볼 수 없다"(『정씨문집』권9, 「與呂大臨論中書」, 605쪽)고 주희가 주석을 달았다. 정이와 여대임이 직접 토론한 말씀인데, 기록이 완전하지 못하다는 것이다.

[1126] 고봉은 "정자는 스스로 '심 이발'을 미당으로 여겨 바로잡았다"(상152. 주희의 말임) 하고 또 "주자는 정자의 '심 이발'에 대해 어의를 착인했고 스스로 그 실수를 말씀했다"(상151)고 한다. 또 『어류』에 대해 "주자의 설은 전후의 두루 다한 말씀(言)으로 따라야지, 일시 한쪽씩만의 문자(語)로 지키려 해서는 안 된다"(상154)고 한다. 따라서 고봉은 "정주의 어록을 기록자의 差舛로 여긴 것은 아니다. 주희는 정자 문집을 결코 차오로 여기지 않고 다만 주희 스스로 "그 어의를 착인했다"(상151)고 하고 그 본지를 고찰해서 「이발미발설」을 썼다. 주희와 고봉은 정주 어록을 기록자의 잘못으로 여기지 않는다. 설사 기록에 잘못이 있다 해도 고찰은 그 기록에 의거해야 한다. 고봉은 결코 『주자어류』를 기록자의 잘못으로 여기지 않는다.

[1127] 퇴계는 고봉이 "시리지발, 시기지발"을 믿지 않는다고 비판한다. 그대는 『어류』의 설을 "爲偶發而偏指"(상292)라고 하여 "우연히 발언한 말"이며 "치우친 설로 여기고 "만족하지 않는다"는 것이다. 이는 고봉 본의와 전혀 다르다. 고봉의 "우발·편지"라 함은 주희의 "言"을 퇴계와 같이 偏指의 "語"(상154)로 해독해서는 안 된다 함이다. 퇴계가 『어류』의 '잘못 없는 설'을 오히려 "우발·편지로 守했다"는 것이었다.

[1128] 왕숙경의 "단전밀부"를 주희는 매우 비판한다. "그대는 「태극도」를 단전밀부의 三昧가 있음으로 여겼다", "그(주돈이) 말씀이 丁寧 反復으로 明白 切至하여 오직 사람들이 解키하지 못할까 걱정했을 뿐 어찌 무슨 까닭으로 不盡之言을 하여 학자들의 耳目을 어리석게 하고 반드시 그 단전밀부를 기다린 이후에 터득할 수 있다고 하는가?", "道體 精微의 妙와 聖賢 親切의 傳은 단전밀부를 기다리지 않아도 心目의 사이에 了然하다."(『문집』권59, 「答汪叔耕」2, 2814·5쪽) 이렇게 주희는 단전밀부, 삼매, "言外別傳", "忘心忘形"(같은 곳) 등 불교 용어를 매우 비판했음을 알 수 있다. 따라서 퇴계의 단전밀부는 유가 성현의 "종지"라 할 수 없다.

[1129] 보광輔廣은 자는 漢卿 호는 潛庵이다. 보광은 처음 呂祖謙(1137~1181)에게 배웠지만 주희 말년 1194년 주희의 문인이 되었다. 『문집』권48의 「答呂子約」18(여조겸 동생. 1196년 사망)에서 "정사의 제생들은 각기 이미 흩어졌는데, 금일 보한경이 갑자기 찾아왔다"고 함은 여자약에게 형 여조겸 문인인 보광이 스승 사망 이후 주희 자신을 찾았다는 보고이다. 권59, 「답보한경」의 편지 7통은 단문 쪽지와 안부의 내용일 뿐이다.(2839~2841쪽) 마지막 7번째 편지에서 주희는 직접 "정사에 남은 十 數人

미발과 천명·중화의 종지가 빠진 설을 밀부라 할 수는 없음)[1130] 이분은 실로 주자 문인(원래 여조겸 문인인데, 주희 말년에 주희 제자가 됨. 보한경에게 보낸 주희의 편지는 철학적 언술이 전혀 없고, 실망의 말이 있음)의 제 일등의 사람인데 여기에서 실수로 기록했다면 어떻게 보한경이라 하겠습니까?(고봉은 失記로 여기지 않았고, 퇴계가 고봉의 말을 잘못 이해한 것임)[1131]

(294)使吾友, 平時看『語類』見此語, 則必不置疑於其間. 今旣以鄙說爲非, 而力辯之, 而朱子此語, 乃滉所宗本, 則不得不並加指斥, 而後可以判鄙語之非, 而取信於人. 故連累至此, 此固滉僭援前言(고봉집 說)之罪. [宗本종본; 宗이 된 말씀.(퇴계는 주희, 고봉은 사·맹) 判判; 시비를 판별함. 판단함. 재판함.]

가령 우리 벗님께서 평시 『어류』를 보면서 이 語(고봉은 語로 지키지 말고, 言인 '말씀'으로 따르라 함)를 보았다면 반드시 여기에 의심을 두지 않았을 것입니다.(고봉; 사단은 '이발의 정'이고, 칠정은 '미발의 중'이 있음)[1132] 하지만 지금 기왕 나의 說을 그릇됨으로 여기고 힘써 논변(辯)(고봉은 뒤에서 '辨'자로 바꿈)[1133]하면서, 주자의 이 단어(語. 고봉은 '語로 固守하지 말라' 했음)[1134]가 황의 宗本이므로 부득이 아울러 배척을 가한 뒤에 나의 단어(語)의 그릇됨(非)

의 문자가 좋은데, 단 한쪽만 여기에 不同함이 恨스럽다"고 하여 학습을 정밀히 할 것을 권고한 것으로 보면 보광의 문자를 신뢰하지 않았음을 알 수 있다. 『어류』 보광 기록은 94년 이후의 400여 조목이다. 조정에서 공식 '僞學'으로 여긴 해는 1195년이고, 주희·여조겸·육구연 등에 위학의 금지령을 내린 이른바 '경원금학'은 1197년이다.

1130) 『어류』 "사단시리지발, 칠정시기지발" 12자를 "단전 밀부의 종지"라 한 것이다. 고봉은 이 기록을 잘못으로 여길 수 없다. 단이 기록을 퇴계와 같이 "一時, 偏指"로 해독해서는 안 된다는 것이다. 사단을 '是'理之發이라 한 것은 측은·수오를 '이렇게 해석한 것'일 뿐, 그 사단을 단지 '리발일 뿐'이라 함은 아니다. 『어류』는 사맹 본설을 리기로 '해석(是)'한 것에 불과하다. "단전밀부"라 하기 위해서는 "시리지발"이 측은·수오의 '의미와 정확히 일치'해야 한다. 맹자 종지를 리발 한쪽만으로 해석해서는 안 된다. 종지는 미발이 아닌 '이발의 확충 공부'이다. 따라서 "시리지발" 해석만으로는 맹자에서 주희, 주희에서 보한경으로의 단전밀부라 할 수는 없다. 더욱이 칠정의 "미발 신독"과 "천명의 중화"가 단지 '기발일 수 없음도 자명하다. 정주의 문집과 어류 등으로 보아도 사단의 확충, 칠정의 중화에 대한 수많은 해설이 있다. 사맹 종지가 아닌 그 해석인 리발·기발의 偏指를 오히려 단전밀부라 할 수는 없다.

1131) 고봉은 『어류』 기록을 "失記"로 여기지 않는다. 다만 이 기록을 "周該한 바의 言으로 따라야 하며, 偏指한 바의 語로 지키려 해서는 안 된다."(상154) 반면 퇴계는 "몇 구의 簡約之語"라 하여 '주희의 말씀(言)'이 아닌 '간략의 문자(語)'로 인용하고, 고봉이 "기록의 실수"로 여겼다고 이해한 것이다. 더구나 보한경은 원래 여조겸 문인으로, 여조겸 사후 주희 말년에 들어온 사람이다. 주희가 보한경에게 보낸 7통 편지는 짧은 단문(그중 3통은 1~2줄, 길어야 8줄임)의 안부편지일 뿐 철학적 언술이 없다. 따라서 보한경을 주희의 "일등 제자"라 할 수는 없다.

1132) 퇴계는 고봉이 "이 語를 불만하여 "의심했다"고 한다. 하지만 고봉은 이 설을 "주자의 말씀(言)"으로 따르려 해야지, 偏指의 단어(語)로 지켜서는 안 된다"(상154)고 했다. 사맹 본설에 대한 해석인 사단의 리발, 칠정의 기발은 당연하다. 그런데 주희의 '말씀(言)'이 아닌 단지 "語로만 지키면" 글자 그대로 사단은 리발, 칠정은 기발의 '偏指'로 고정되고 만다. 그렇다면 사맹 본설인 측은은 '이발의 정'이 아니고, 칠정은 '미발의 중'이 없는가?

1133) 고봉이 주희의 설을 "그름(非)"으로 여기고 힘껏 "배척(斥)"했다 함이다. 하지만 이 설은 사맹이 본설이고, 어류는 그 해석일 뿐이다. 더구나 각각 리발·기발이라 하면 사실 본설은 각자 一偏이 되고 만다. 때문에 고봉은 "치우쳤다(偏)"고 한다. 偏은 잘못이 아니다. 氣 한쪽의 의미도 있기 때문이다. 고봉은 "所指의 특수한 정도 궁구하지 않아서는 안 된다"(상152)고 한다. "力辯之"는 고봉이 자신의 주장을 '힘써 논변했음'의 의미다. 퇴계를 "그름(非)"으로 여겼기 때문에 力辯하여 그 그름을 판별(判)하고자 했다는 것이다. 즉 "그대의 '所辯'은 喜同 惡離로 사칠 소종래를 궁구하지 않고 모두 겸리기·유선악으로 여겼다."(상39) 자신의 논변을 '所辯' '力辯'의 논변이라 할 수 있다. 문제는 "그대가 나의 설을 非로 여기고 力辯之했다"고 함은 퇴계의 설을 조목조목 '判別(辨)'했다는 뜻이어야 한다는 점이다. 아랫줄 '可以判'(하84)도 그 '非'를 판별했다 함이다. 때문에 고봉은 뒤 답서에서 "力辯之"(하84)의 辨자로 바꾸어 인용한다.

을 판별(判)할 수 있다면,(사실 종본은 결코 주희가 될 수 없음)1135) 결국 남에게도 믿음을 취할 수 있으리라 여긴 것입니다.1136) 때문에 여기까지 연루시켰으니, 이는 진실로 황이 참람히 前言(고봉집 前說)을 원용한 죄입니다.(고봉은 어류를 배척하지 않음. 퇴계는 자신을 '言, 말씀', 주자를 '語, 단어'라 표현함. 고봉은 "語로 고수할 수 없다"고 함)1137)

(295)然滉於吾友此等處, 雖服其任道擔當之勇, 得無有不能虛心遜志之病乎? 如此不已, 無乃或至於 "驅率聖賢之言, 以從己意"之弊乎? 顔子 "有若無, 實若虛, 惟知義理之無窮, 不見物我之有間", 不知還有如此氣象否? [吾友오우; 퇴계; 우리 벗님. 증자. 공자의 일에 종사하는 동지인 안연.(증자가 안자를 칭한 말임.『논어, 태백』5) 任道임도; 도를 담당하다. 도를 자임하다.(주희는 대학, 중용, 맹자장구 서문에서 "道統(宗)"을 논했고, 도를 자임한 것은 아님. 주희는 도통을 자사의 중화설로 여겼고, 퇴계는 어류의 言(말씀)이 아닌 '語'(기록, 해석)인 리발·기발을 도통이라 한 것임) 得無득무; 어찌 전혀~없겠는가? 어찌 약간이라도~없겠는가? 無乃무내; 어떻게~이 아니라 하겠는가? 驅率구솔; 마음대로 이끌다. 경솔히 부리다. 還환; 과연. 역시. 氣象기상; 기개. 意氣.(퇴계는 '有若無'의 찬탄을 기상으로 해석한 것임)]

그러나 황은 우리 벗님의 이러한 등에서 비록 '道를 자임'하고 담당하려는 용기는 감

1134) 퇴계는 "시리지발, 시기지발"을 "語"라 하여 '言'과 구분하지 않으나 고봉은 구분한다. 고봉은 주희의 설을 "因說者而言之", "對說者而言之",(하67) "子思孟子所就以言之",(상3) "凡言心者皆指已發而言"(상151)이라 하여 정·주의 설을 言이라 하고, 주희 자신의 "錯認語意"(상151)라 할 때는 語라 한다. 하지만 퇴계는 "已發之語", "理發·氣發之語",(상232) "一語"(상292)라 하여 정·주의 설을 語라 한다. 퇴계는 "순리·겸기의 此言은 당리의 言이나, 此語는 버렸다"(상272)로 語·言을 구분하지 않는다. 고봉은 "周該之言으로 當遵할 것인가? 아니면 偏指之語로 當守할 것인가?"(상154)라고 하여 언어(語)를 지킬 게 아닌 말씀(言)으로 따라야 한다고 한다.

1135) "황의 宗本이다"고 함은 "스승을 믿자" "주자의 本說로 대신하자"(상45·47)의 뜻이다. 퇴계는 주희의 설을 "宗本"으로 삼는다. 그러나 이 말은 '종본'과 '해설'을 구분하지 못한 것이다. 사맹 종본에 대한 주희의 리기 해석은 그 종본의 종지를 모두 포괄했다고 할 수 없다. 고봉이 "곡절이 없을 수 없다"(상58·154)고 한 이유이다. 사단의 리발, 칠정의 기발을 "非"라 할 수는 없다. 그러나 어류를 종본으로 삼으면 오히려 사맹의 "言·論"(상3)이 종본이 아님이 되고 만다. 추만에게 보낸 편지에서 "존장께서는 어류에 의거해 [리발·기발]의 설을 만드셨으니, 생각건대 퇴옹의 설을 불가역으로 여기신 듯하다"(하178)고 한 것은 어류가 불가역의 종본이 될 수 없다는 비판이다.

1136) "남에게 믿음을 취할 수 있기(可)" 위해 먼저 퇴계의 종본인 주희의 설을 "指斥(가리켜 배척)"했다. 종본인 주희의 설을 잘못으로 말할 수 있으면 결국 퇴계의 설도 잘못으로 귀결된다. 그래서 그대는 "남에게 믿음을 얻기" 위해 먼저 주희의 종본설을 공격했다. 퇴계는 위에서 "공은 주자의 설을 만족하지 않는다"(상293)고 하면서 그러나 "이 간략의 語는 단전밀부의 종자(상293)라고 한다. 그대가 주희를 배척한 근거는 "그 一時의 偶發 偏指한 바의 語"(상154)이다. 이것이 "주자를 배척하고 공격한 말"이다. 퇴계 자신의 "순리·겸기는 當理의 言이지만, 주자의 설을 썼으므로 이미 이 語는 버렸고,"(상272) "추만도 병통이 없다."(상45) 그런데 고봉의 이 말은 주희를 배척한 것이 아니다. 퇴계는 이 말뜻을 '우발적으로 발언한 치우친 잘못된 가리킴'의 뜻으로 이해하고, 주희를 부정했다고 한다. 그러나 고봉의 의미는 이 言을 '한쪽 한쪽의 發과 그리고 偏指로 해석해서는 안 된다' 함이다. 이는 사칠의 논변이 아닌 언어에서 서로 어긋난 것이다.

1137) 퇴계는 자신의 "순리·겸기는 當理의 言",(상272) "주자의 간략의 語"(상293)라 한다. 이러한 당리의 言을 그대는 "그름(非)으로 여기기 위해" 우선 먼저 "주자의 이 語를 배척했다." 이로써 "當理의 言"을 그름으로 귀결시킬 수 있고, 결국 남에게도 믿음을 얻을 수 있을 것으로 여겼다. "주희의 語까지 연루시킨 이유"가 바로 이것이다. 결국 그대에 의해 주희의 설까지 배척당하게 되었으니 이는 내가 "주희의 說(言)'을 참람히 원용한 죄"이다. 이러한 퇴계의 주장이 정당하기 위해서는 둘의 조건이 충족되어야 한다. 1)고봉은 주희의 설을 배척했는가? 2)어류는 사맹의 "言·論"(상3)을 충분히 반영했는가? 그러나 고봉은 주희를 배척한 발언을 하지 않았고, 또 어류는 사맹 언·론을 그대로 반영하지 못한다. 사맹 언·론은 결코 리발·기발 의미만 있지 않기 때문이다.

복하지만,(주희는 道의 자임이 아닌, 칠정 感物의 공부로 "道統"을 논함)1138) 어찌 자신의 마음을 비우고 의지(志)를 겸손히 하지 못하는 병통은 없다고 하겠습니까?(자사의 중화 본설이 아닌, 오히려 해석인 어류 리발·기발을 믿어야 한다는 것임)1139) 이와 같음을 그치지 않는다면 혹 "성현의 말씀을 몰아서 자기의 의도(意)에 따르게 하는"(주희의 독서법임. 퇴계는 반대로 어류 해석을 자사 본설보다 상위에 둠) 폐단에 이르지는 않겠습니까?1140) 안자는 "有하되 마치 無한 듯했고, 實하되 마치 虛한 듯하여,(안자의 마음, 증자의 말임) 오직 의리의 무궁함만 알고 物我의 사이가 있음을 보지 않았"(주희의 주석인데, 퇴계의 해석은 주희 본의와 어긋남)1141)습니다.(주희가 육구연에게 이 말을 '自處하지 말라'고 비판하면서, 더 이상 토론할 수 없음을 선언한 말임) 모르겠으나 과연 안자에게도 이 같은 기상이 있었을까요?(증자는 안자를 찬탄했고, 퇴계는 이 찬탄을 고봉에게 요구한 것임. 결국 오히려 퇴계가 안자의 기상을 자처함이 됨)1142)

1138) 퇴계는 고봉이 『어류』를 배척하고 비판함으로써 스스로 "도를 자임"했다고 한 것이다. 하지만 이 발언은 문제다. 주희는 「중용장구서」(1189)에서 "吾道"의 "道統"을 4회 언급했다. 이는 당시 학자들의 큰 저항을 받았고, 장식, 여조겸, 주희, 육구연 등 '도학계열'을 반대하는 "경원당금"을 야기했으며, 심지어 육구연까지도 이 도통설을 비판했다. 주희는 감정의 미발·이발 공부를 공자와 자사의 도통으로 제시했다. 따라서 만약 퇴계가 도통을 논하기 위해서는 감정의 "工夫·功夫"("이발미발설")를 긍정해야 한다. 이른바 "도"는 공부이고, "도통"은 선유의 계보이다. 『어류』"리발·기발"이 도가 되기 위해서는 공부를 논해야 하지만, 이 설은 공부 논의가 없다. "도를 자임함(任道)"도 문제다. '도'를 자임하면 "絕物(남과 교류를 끊음)"(「이루상」7)이 되어 도가 될 수 없다. 칠정 종자는 사물(他物과 吾心의 感物)과의 교류이며, 이곳 공부에서 도를 논해야 한다.

1139) 그대의 도를 자임하고 담당하려는 용기는 좋다. 그러나 "마음을 비우고 뜻을 겸손히 해야만(虛心遜志) 그 도의 자임도 가능하다. 퇴계는 고봉이 주희의 도를 비판해서 스스로의 도에 자임했다고 여긴 것이다. 퇴계는 자사 본설이 아닌, 그 해석인 "是氣之發"을 오히려 정론으로 삼고, 주희를 믿어야 한다고 주장한다. 그러나 고봉은 주희를 비판하지 않는다. 고봉은 이에 대해 "선생의 가르침은 남을 꾸짖음에 太迫하고 待人에 不恕하다. 결국 뜻이 不平하여 至公에 累가 되신 것이다"(하85)고 비판한다. "得無"는 퇴계 「천명도설, 후서」 "在吾子責人之道, 得無險且隘耶(그대의 責人의 道가 어찌 險하고 좁음은 없다 할 수 있겠는가?)"와 같다.

1140) 그대는 주희의 설을 "만족하지 않았고" 『어류』를 "失記"로 여겨 "배척"했다.(상293·294) 그리고 스스로 "도를 자임"하는 용기를 가졌으니 이는 "허심·손지"의 병통이다. "주희의 말씀을 자기의 말에 따르게 하는 폐단"이라 함은 주희의 '『시경』 독서법'이다. "맹자의 소위 '意로서 志를 迎함'(「만장상」4)이 올바른 해석이다. 만약 곧바로 나의 선입의 설로 성인의 흉중을 어거한다면 이는 성현의 말씀을 몰아서 자기의 의도에 따르게 함이 되니, 설사 의리는 통할 수 있다 해도 이는 이미 私意와 穿鑿을 건넌 [본지를 잃은] 것이다.(如孟子所謂 '以意逆志'者, 庶乎可以得之. 若便以吾先入之說橫於胸次, 而驅率聖賢之言以從己意. 設使義理可通, 已涉私意穿鑿)(『문집』권46, 「答胡伯逢」3, 2149쪽) 이 윗줄 "독서는 모름지기 虛心 平氣로 優游 玩味하여 천천히 성현의 立言 本意의 지향한 바가 如何한지를 보아야 한다"고 한『논어』독서법이다. 요컨대 성현의 "一言"(하82)에 얽매이지 말고 "허심평기"(상187. 하12·35)로 그 의도를 살펴야 한다. 퇴계는 고봉이 '성현의 말씀을 그대의 意에 따르게 한다'고 하지만, 그러나 고봉은 이와 정 반대로 해석한다. 만약 퇴계와 같다면 주희의 言이 자사보다 상위가 되고 만다. "구솔성현지언"에 대한 고봉의 답변은 하82이다.

1141) 『논어, 태백』5의 "曾子曰, 能으로 不能에 물었고, 多로 寡에 물었다. 有하되 若無했고, 實하되 若虛했으며, 자신에게 犯해도 計校하지 않았으니, 昔者에 吾友(안연)가 일찍이 이렇게 종사했다"와 주희 주석인 "友를 馬氏는 顔淵이라 했으니, 옳다. 顔子의 心은 오직 義理의 無窮만 알고 物我의 有間을 알지 못했다. 故로 能히 此와 같이 했다"를 인용한 것이다. "有若無, 實若虛"는 증자의 말이고, "惟知義理" 이하는 주희 주석이다. 주희는 증자의 말로 육구연을 비판한다. 즉 "급거 안자로 自處해서는 안 된다"는 것이다. "顔子以能問於不能, 以多問於寡, 有若無, 實若虛, 犯而不校."(『문집』권36, 「答陸子靜」5, 1577쪽) 육구연은 이를 "自處"했고, 주희는 이렇게 "자처한다면 다시는 必同을 기대할 수 없겠다"는 강력한 비판이다.("無復"은 하103·128) 이러한 경지로 남을 "가르치려(下敎·見敎) 하면 熹는 진실로 감당할 수가 없다"(모두 위와 같은 쪽. 상129. 하36)는 것이다. 이와 같다면 더 이상 토의는 불가하다. 그런데 퇴계의 이 인용문은 주희의 본의와 정 반대이다. 안자는 결코 이 경지를 자처함이 아니라는 것이 주희의 논어주석이고 또 이것으로 육구연을 비판한다.

1142) 안자는 "有若無"했으니 고봉과 같은 "氣象"이 없었다. 이는 증자가 말한 안자 "有若無"의 본지와 다르다. 有若無는 증자가 안자를 '찬탄'한 말이고, 더구나 유약무의 찬탄은 '기상'이 아니다. "子曰; 나와 回는 종일 말했는데, 그 어김이 없음이 마치 어리석음 같았다."(「위정」9) "자왈; 非禮면 보지 말고, 非禮면 듣지 말고, 非禮면 말하지 말고, 非禮면 움직이지 말아야 한다. 안연왈; 回가 비록 불민하오나 이 말씀에 종사하겠습니다."(「안연」1) 이곳은 공자와 안자의 말이다. 그 뜻은 공자가 "호학"을 말한 곳의 "不遷怒"(「옹야」2)와 같다. 주희는 주석에서 "喜怒가 在事하면 리는 마땅히 희노한다. 거울이 物을 비춤에 妍媸는 在彼하

(296)朱先生剛勇, 百世一人. 然少覺己見有誤處, 己言有未安處, 無不樂聞而立改之. 雖至晚年道尊德盛之後, 猶然. 豈嘗纔發軔於聖途而已, 向吾無間然上坐在耶? 乃知眞剛眞勇, 不在於逞氣疆說, 而在於改過不吝, "聞義卽服"也. [立改之입개지; 즉시 고치다. 즉각 개정하다. 發軔발인; 일에 첫발을 내딛다. 向향; ～로부터.～을 향하여. 無間然무간연; 간연하다고 할 수는 없겠는가? 간격이 없다고 하겠는가? 逞氣疆說령기강설; 잘난 척 과시하고 억지 주장을 폄.(소인의 인욕을 말함)]

주 선생의 강직한 용기는 백 세대의 일인입니다. 그런데도 조금이라도 자기의 견해에 잘못된 곳이 있거나 자기의 말에 미안한 곳이 있음을 깨달았으면 즐겨 듣고 즉각 고치지 않음이 없었습니다.(주희가 己發의 '自誤'를 깨닫고 고친 것은 40세 전후임)1143) 비록 만년에 도가 높고 덕이 성대해진 뒤에 이르기까지도 여전히 그러하셨습니다.(주희의 '도통'론은 60세며, 이후 고친 것은 없음)1144) 어찌 겨우 성도에 막 발인했을 뿐인 우리로부터는 간격이 있는 상좌에 계시다고 할 수 없겠습니까?(사칠 본설은 사맹이며, 후학은 어류와 같이 리·기로 자유롭게 해석할 수 있음)1145) 참된 강직과 진정한 용기는 자기의 기질을 뽐내서 억지 주장을 폄에 있지 않으며,(퇴계가 반대로 리발·기발에 나아가 사·칠을 어거함)1146) 잘못을 고침에 인색하지 않고 "옳

고 [거울은 物을 따라 應할 뿐이니, 어찌 遷之가 있겠는가?"라고 한다. 즉 외물과 나는 循理에 거스르지 않는다. 그런데 "안자의 有若無, 實若虛"는 안자의 말이 아닌 증자의 말이다. "吾友가 일찍이 從事했다"는 것이다. 이 말이 안자의 말이라면 '有若無'는 僞善이 된다. 안자가 "어찌 一毫라도 自滿 自足으로 強詳과 取勝의 心이 있었겠는가?"(『문집』권36, 「答陸子靜」5, 1577쪽) 반면 퇴계는 고봉에게 "指斥하지 말고"(상294) "곧바로 복종해야 한다"(상296)고 한다. "안자는 이런 기상이 없었으니" 안자의 기상으로 주희를 따르라는 것이다. 그렇다면 오히려 그 '따르라'고 함은 퇴계의 말이 되고, 이는 퇴계 스스로 안자의 기상을 自處함이 된다. 이는 육구연의 자처와 같다. 더구나 "有若無"는 증자가 안자의 마음을 '찬탄'한 말이다. 찬탄의 말을 퇴계는 스스로 자처했고, 또 고봉에게 요구한 것이다.

1143) 자기의 잘못을 듣고 그 미안한 곳을 알았으면 즉시 고친 것, 이것이 주희의 진정한 용기이다. 그런데 오히려 '본 조항 고봉의 고찰'이 바로 이점이다. 주희는 당초 "심은 己發임을 스스로 "위연히 탄식'하며 '自信'했다. 그러나 이는 자신의 "自誤"임을 깨닫고 '중화신설'(기축년, 주희 40세)인 「이발미발설」과 「중화구설서」,(임진년, 주희 43세) 「호남제공서」 등을 쓴 것이다. 주희는 정자의 "凡言心者, 皆指己發"이라는 말을 고찰하여 정자 스스로 "說之誤"로 여겼음을 발견했다. 그렇다고 해서 그 "고친 말만 집착해서도 안 되며, 또 그 소지의 특수한 점을 궁구하지 않아서도 안 된다."(상152. 모두 『문집』권64·75, 3131·3635쪽) 마찬가지로 "시리지발, 시기지발"도 "그 語"(상154)만 집착하면 이것이 곧 "성현의 말씀을 자기의 意에 따르게 하는 병폐"(상295. 하82)이다. 반면 퇴계는 『어류』의 "語"를 글자 그대로 믿고, 고봉에게 주희를 "指斥"(상294)해서는 안 된다고 한다. 그러나 리발·기발은 사맹 본설이 아니며, 따라서 그 기록 "언어(語)"를 지키면 결국 사칠이 각자 리발과 기발로 치우치고 만다.

1144) 주희는 『중용장구서』를 "己酉年"(1189년, 60세)에 쓰고 여기서 "도통"을 말했으며, 이후는 대요를 고치지 않았다. 그 이전 논·맹 주석도 마쳤다. 도통을 논한 이후 10여 년 동안의 만년은 학계의 비판이 가열되었고, 주희는 이를 변론했다. 만약 만년 이후 대요를 고쳤다면 당시 도통설도 변동이 있어야 하며, 주희는 곧바로 이를 도학계에 알려야 한다. 주희가 『중화구설서』를 쓴 해는 "壬辰(1172년, 43세)"이며, 중화신설인 「이발미발설」도 3년 전(己丑) 썼다. 만약 만년까지 고쳤다면 퇴계는 그것이 무엇인지 논해야 하며 그렇지 않으면 퇴계의 이 말은 토론 상대에 대한 우월적 강요가 되고 만다.

1145) 평생 고치기를 반복한 주희는 이제 겨우 성도에 들어선 우리와는 간연한 상좌에 계시다. 상좌에 계신 주희의 말을 들으면 곧바로 따르는 것이 진정한 용기이다. 그러나 사실은 사맹 본설이며, 이 설을 후학은 『어류』와 같이 리기 등으로 자유롭게 해석할 수 있다. 만약 '주자는 상좌에 계시므로 우러를 수 있을 뿐이다'고 한다면 학자는 칠사를 해석할 수 없는가? 희노애락과 측은·수오는 사맹이 사람의 자연 감정을 자신의 공부로 논설한 것이다. 주희는 칠사를 한 측면의 "偏指"(상154)로 논할 수도 있다. 편의 해석도 가능하다. 그리고 당연히 "後學들은 주자를 當師, 當遵해야 한다."(상153·154) 그러나 위 퇴계가 주희를 인용한 말처럼 "성현의 말씀을 자기에 따라서 해서는 안 된다." 이제 막 성도에 들어선 후학이 상좌에 계신 주희를 따르기 위해서는 그 '곡절'을 정확히 파악해야 한다. 그 "語"(상154)는 사실이 아닌 사실에 대한 "해석(是)"일 뿐이기 때문이다.

1146) 『논어』 "小人은 驕하여 不泰하다"(「자로」26)에 주희는 "小人은 逞欲한다(소인은 잘난 척 욕망을 발산한다)"고 주석한다. '령'자

음을 들으면 즉시 복종함"(『소학, 立教篇』)에 있다는 것을 알아야 하겠습니다.(공리의 토론이 아
닌 선생으로서 충고한 것임. 고봉은 오히려 주희를 "따라야 한다"고 했음. 주희의 리발·기발은 결코 사맹 본설을
어거할 수 없음)1147)

後論   "후론"에 대하여

(297)竊觀辯誨之文, 紘(고봉집 悠은 오자)言大論, 疊見層出, 博識高見, 曠絕常情, 區區
不勝其 "望洋向若之歎." 而管窺所不能無疑者, 謹已具稟於前矣. "後論"餘誨, 砭藥
尤切, 益荷君子愛人無己之盛心也. [紘言횡언; 굉장한 말. 깊은 울림의 말씀. 疊見層出첩견층출;
연이어 첩첩이 끊임없이 나오다. 曠絕광절; 쓸데없이 높다. 속이 텅 빈 험준함. 管窺관규; 좁은 식견.
砭藥폄약; 침을 놓고 약을 처방함. 尤우; 특히. 더욱. 益荷익하; 한층 더~은혜를 입다.]

가만히 변회의 문장을 보건대, 굉장한 말씀과 엄청난 논변이 첩첩으로 끊임없이 이어
져 그 박식 고견이 일상의 常情을 단절했다고 하겠으니, 나의 구구한 몸으로는 "望洋向
若의 탄식"(儒者 자신의 도가 작다는 탄식의 말로, 『장자』의 말임)1148)을 금할 수가 없습니다.(고봉은

는 소인배의 일을 가리키며 "逞氣"와 같은 뜻이다. "彊說"은 주희가 호광중을 비난한 "이러한 強說로 心力을 枉費할 필요는 없
겠다"(『문집』권42, 「答胡廣仲5, 1901쪽)와 같은데, 주희 「小學題辭」의 "有順無彊(자연스러움이 있을 뿐 억지함이 없음)"의
'彊'의 뜻으로 말한 것이다. 퇴계는 고봉의 "偏旨"에 대해 이는 주희를 부정하고 "령기강설"을 펼쳤다고 본 것이다. 그대의 주
희 비난은 령기강설이다. 이 비판은 고봉 본의와 다르다. "偏旨"는 결코 주희를 부정함이 아니다. 단 "리발·기발"은 사맹 종지
를 모두 반영하지 못한다. "리발·기발"이 사맹 종지라면 오히려 퇴계의 주장이 령기강설이 되고 만다. 왜냐하면 어류는 다만
사·칠 해석일 뿐, 결코 리발·기발이 곧 사칠은 아니기 때문이다. 반면 퇴계는 '리·기 호발에 나아가서' 사·칠을 논하므로
이 주장이 오히려 령기강설이라 할 수 있다. 주희가 자신의 설로 사맹을 어겼을 리 없고, 더구나 주희는 결코 '리기에 나아가
서' 사칠을 논하지 않았다.
1147) 주희가 편차한 『소학』 「입교제1」9에서 "管子 弟子 직분 편에서 말하기를 선생이 가르침을 주시거든, …선으로 따르고, 의로
복무하고, 온유로 효제하며, 교만함으로 자기의 힘을 과시하지 말아야 한다.(弟子職曰, 先生施教, …見善從之, 聞義則服, 溫柔孝
弟, 毋驕恃力)"고 한다. 聞義則服은 여기서 나온 말이다. 제자가 선생에 따라야할 예의이다. 이 말이 『소학』을 인용했다는 것은
뒤 "服義 從善"(상319)에서 확인할 수 있다. 퇴계는 "주자의 설을 未滿足"(상293)해서는 안 된다고 하면서 『소학』의 말로 충고
한 것이다. "잘못을 알았으면 즉시 고쳐야 하고, 또 선생의 옳은 말씀은 즉시 복종해야 함"이 제자로서의 직분이다. 이 하교에
대해 고봉은 "이는 선생의 愛人 無己의 盛德이며, 제자로서 종신토록 佩服해야 할 직분"(하79)이라 한다. 단, 이 말씀은 "私愁
(개인적인 부탁)"(하79)이다. 왜냐하면 이는 공리의 토론이 아닌 '따르라는 선생으로서의 권고'이기 때문이다. 퇴계는 리발·기
발의 "義"에 "服務하라"는 하교의 사간을 한 것이다. 고봉은 이 같은 권고로는 이치를 드러낼 수 없다고 한다. "우리의 강마는
처음부터 이기기를 구하고자 함이 아니다."(하8) "의리는 窮하기 어렵고 사람의 소견은 혹 同異가 있으며"(상49) 따라서 "강습
에 大益이 되기 위해서는 각기 동의의 견해를 다하되 彼로서 此를 廢하지 말고 內로서 外를 疑하지 않아야"(하12) 한다. 때문
에 고봉은 "감히 甘心할 수 없다"(하85·86)고 한다. 맹자의 "善으로서는 남을 복종시킬 수 없고, 선으로 남을 길러준 연후에
천하를 복종시킬 수 있다"(「이루하」16)를 주희는 주석하여 "남을 복종시킴은 남에게 이기고자 함이니, 남을 길러줌으로서 善에
同歸할 수 있다"고 한다. 더구나 본 조항에서 고봉은 "리발·기발의 설을 前後 偏陳으로 當遵해야 할까? 아니면 一時 偏旨의
의미로 當守해야 할까?"(상154)라고 하여 '주희를 그대로 따라야 한다' 했고, 이에 대한 퇴계의 답변이므로, 퇴계의 이 하교는
문제가 있다. 고봉은 스승의 도인 "包蒙納婦"(『주역』)(하19)로 답변한다.
1148) 『장자, 추수편』에 나오는 이야기이다. 黃河의 신인 河佰은 비로소 얼굴을 돌리며 망연자실 北海의 신인 若을 향해 탄식하며
말했다. 세속의 말에 '도를 백 번 정도 들으면 나만 같은 사람은 없다고 스스로 뽐낸다'고 했는데, 이 어리석은 말이 바로 나를
두고 한 말이군요(河伯始旋其面目, 望羊向若而歎曰, 野語有之, 曰, '聞道百, 以爲莫己若者', 我之謂也) 세속에서는 '도를 얼마간
듣고는 이 정도면 나를 넘을 자가 없다'며 시세에 편승해 상대를 업신여긴다. 이는 聞道者인 '儒者 자신'을 꾸짖은 말이다. 퇴계
는 위에서 "참된 용기는 령기강설에 있지 않다"고 하고 또 "박식 고견이 상정을 단절했다"고 하며 이로써 고봉의 聞道를 꾸짖
고 '망양의 탄식'을 금할 수 없다고 한 것이다. 하지만 이 말은 儒者가 스스로의 도를 작음으로 탄식한 말이다.

- 263 -

반대로 상정인 칠정을 도통으로 여김. 퇴계가 오히려 '리를 허'로 여김)[1149] 그러나 작은 식견에도 의심이 없을 수 없는 것은 삼가 이미 앞에 갖추어 여쭈었습니다. "후론"의 가르침 또한 침을 놓고 약을 처방해 주심이 매우 간절하여 한층 더 군자의 愛人 無己의 성심을 입었다고 하겠습니다.("無己"는 위 『장자』 "望洋"편 말임)[1150]

(298)其中以 "理氣"二字, 分註 "虛靈"字下, 滉雖存靜而本說, 亦固疑其析(고봉집 所)[1151]之太瑣, 每看到此句, 濡毫欲抹者, 數矣. 尙喜其創新而止. 今得垂曉(고봉집 誨), 釋然於心, 亦當告靜而抹去矣. 但於其他諸說, 則亦未免有同有異, 不能以盡相從也. [太瑣태쇄; 너무 자질구레하다. 지나치게 번거롭다. 濡毫欲抹유호욕말; 붓에 먹을 찍어 문지르고자 함. 創新창신; 새롭게 생산함. 본래의 뜻을 새롭게 해석함. 釋然석연; 개운하다.(평소의 의심이 풀려 마음이 개운한 모양)]

그 중간에 "리·기" 두 자를 "허"자 "령"자 아래에 분주했던 것은 황이 비록 정이(추만)의 본설을 그대로 두긴 했지만,[1152] 나 역시 그 분석의 지나친 번거로움을 의심하여 매번 이 구절을 볼 때마다 붓에 먹을 찍어 문지르고자 한 것이 여러 번이었습니다.[1153] 그렇지만 오히려 그 창신을 기뻐하여 그만두었습니다.(고봉은 이미 '창신이 아님'을 예를 들어 증명했음)[1154] 지금은 이것을 깨달았고(고봉집; 가르침을 받고)[1155] 마음이 개운히 풀렸으니 마

1149) 『장자, 추수편』 "망양지탄"은 공자를 비판한 이야기이다. "백이는 양보(辭之)로서 명성을 얻었고 중니는 말(語之)로서 박식을 얻었다. 이것은 방금 그대가 황하의 물로서 자랑했던 것과 흡사하다." 망양지탄은 儒者인 하백의 말이다. 잠시 시세에 편승해 위세를 떨치던 하백 자신의 聞道는 북해약의 無爲의 體道者를 만나고 스스로의 卑小를 반성한다. 이 내용은 體道者의 무위를 찬양하고 공자의 聞道를 비판한 글이다. 공자의 세계는 인생계에 한정된 것으로 무위가 아니라는 것이다. 이 말은 윗줄 "그대의 박식 고견은 常情을 曠絶한 것이다"를 가리킨다. 즉 그대의 설은 인간 상정을 넘어선 무위의 "노장 허무의 설"(상305)인 북해약의 말과 같다. 하지만 고봉의 설은 이와 반대다. 고봉은 常情인 "희노애락"을 도통으로 여기기 때문이다. 칠정의 중·화가 "천지·만물을 位·育"(『중용·수장』)한다. 반면 퇴계는 칠정을 '중'이 아닌 '기발'이라 한다. 이는 중화의 도통을 부정한 것이며, 더구나 퇴계는 아래에서 리를 "허·무"(노불)로 여긴다.

1150) "無己"는 위 『장자, 추수편』 "망양지탄" 조항의 "道人不聞, 至德不得, 大人無己(도인은 명성에 연연함이 없고, 지덕은 은혜를 얻으려 하지 않으며, 대인은 스스로를 없앤다)"와 같다. 『장자, 소요유·붕도남』에서도 "至人無己, 神人無功, 聖人無名"이라 한다. 퇴계의 無己는 "誠心"이라 할 수 있고, 장자는 '無我'며, 그러나 고봉의 "無己"는 盛德(하79)을 가리킨다.

1151) 『고봉집』은 "其所"라 하고 다음 자를 "缺(빠짐, 글자가 깨짐)'이라 한다. 그런데 『퇴계집』은 "其析"으로 되어 있다. 고봉집 "所"자는 "析"자며, 所자 뒤도 빠진 글자는 없을 것이다.

1152) "천명도설" "吾人之心, 虛(理)而且靈(氣), 爲理氣之舍"(상181)는 추만의 본설이라 함이다.(『퇴계전서』3, 143쪽) 추만 "天命圖解"은 "理也", "氣也"로, 也가 있음이 추만 본설이나 고봉이 본 것은 也가 없는 퇴계본일 것이다. 고봉의 비판은 천명도설 제5절과 제6절 2조이다. 이에 퇴계는 그 잘못 이유를 물었다.(1559년 10월 24일, 「퇴계1서」 본서. 『고봉집』3책, 12쪽) 고봉은 "후론"에서 제5절 "理는 虛하기 때문에 無對하다"와 제6절 "心之虛靈, 分屬理氣等語"로 나누어 비교적 길게 논평했다.(상173)

1153) 고봉은 리·기 분주는 "그 분열됨이 너무 심하다(其爲分裂, 亦太甚)"(상181)고 했다. 퇴계도 "그 분석은 지나치게 번거롭다(其析之太瑣)", "나도 지워버리고자 한 것이 한 두 번이 아니었다", "지우겠다"고 한 것이다. 그러나 추만과 퇴계는 이후 지우지 않았고, 또 리·기 분속이 '왜 지나친 번거로움'인지 밝히지 않는다. 퇴계의 아래 답변은 "허는 리"(상300·302)라고 하는데, 결국 추만보다 더 복잡하게 번거로움을 자처한 것이다. 고봉이 "너무 심하다"고 한 이유는 "허령(德)의 '심덕'은 심의 "專指體"(상178) "心之本體"(상177)이기 때문이다. 퇴계가 이에 답하기 위해서는 허령이 심인지 덕인지를 분석해야 한다. 추만의 "吾人之心, 虛而且靈"은 심이다. 반면 퇴계의 아래 "허는 리이다"로 보면 '허'는 결국 추만의 허령 본설을 번거롭게 한 것은 바로 퇴계다. 퇴계는 허령이 심인지 덕인지 리인지를 분별하지 않은 것이다. 심은 명덕이 있지만, 심즉리로 여길 수는 없다.

1154) "그 創新을 기뻐했다"고 함은 '그 창신을 긍정했다'는 뜻이다. 기뻐했기 때문에 지우기를 "그친(止)" 것이다. 퇴계도 분속설을 일찍이 보지 못해서 창신이라 한다. 이는 고봉의 앞 지적과 다르다. '창신'이라 하지만, 그러나 고봉은 앞에서 북계진씨와 옥계

- 264 -

땅히 정이에게 알려서 문질러버리도록 하겠습니다.(추만·퇴계는 이후 지우지 않음. 아래서는 반대로 '허를 리'라 하면서 종본도 있다고 함)[1156] 다만 기타 여러 설들에 있어서는 의견이 같음도 있고 다름도 있으므로 모두 따를 수는 없습니다.(허령인지, 허인지, 리인지, 혹은 실체, 찬탄, 설명인지가 불명함)[1157]

(299) 其所引, 朱先生「答胡廣仲·胡伯逢書」及「性圖」三條, 皆不過明 "四端七情非有二之義." 此卽前所謂 "渾淪言之"者. 滉非不知此, 惟以七情對四端, 則不得不 '分而言之'耳. 前說已盡, 不煩重論.

인용하신 주 선생의 「호광중에게 답한 글」과 「호백봉에게 답한 글」 및 「性圖」 세 조항[1158]은 모두 "사단 칠정은 二義가 있는 것이 아님(非有二義)"을 밝힌 것에 불과합니다.(二義는 고봉은 '선', 퇴계는 '사칠 혼륜'임. 대화가 계속 어긋남)[1159] 이는 곧 앞의 이른바 "혼륜으

노씨가 어떻게 허령을 둘로 나누었는지를 인용 고찰했다. 진씨는 "리와 기가 합해서 허령이 된다",(상179) 노씨는 "허는 寂, 령은 感이다"(상180)고 한다. 이는 다른 곳도 아닌 『대학장구대전』 「경1장」 "明德" 조항 소주에 있으니, 성균관 대사성을 지낸 퇴계는 보지 못했다고 말할 수 없다. 고봉은 진씨와 노씨의 해석은 "經을 새롭고 교묘히 한 폐단이다"(상180)라고 이미 말했다. 왜냐하면 「경1장」 "明德"(德)에 붙인 주희주인 "허령"의 덕을 "합리기" '적·감'의 일이라 할 수는 없기 때문이다. 주희의 "忽近求遠, 厭常喜新(가까이를 忽하고 멀리서 求하여, 일상을 싫어하고 新만을 喜해서)"해서 그 폐단이 결국 여기까지 이른 것이다"고 함은 바로 "성현의 微旨를 허심평기로 읽지 못한"(모두 「중화구설서」) 스스로의 반성이다. 성현의 글을 새롭게 조작해서는 안 되고 있는 그대로 읽어야 한다. 오직 새로운 것은 "萬古 常新"(하119)의 '理일 뿐이다.(『문집』권47, "答呂子約」7, 2172쪽) 공자의 "述而不作"은 창신이 아닌 일상의 일일 뿐이다.

1155) 『퇴계집』은 "得垂曉"(깨달음을 주셨다)이고 『고봉집』은 "得垂誨"(가르침을 주셨다)이다. "깨달음(曉)"은 자기 자신의 일이고, "가르침(誨)"은 상대에게 받은 것이다. 앞자는 "得垂(베품을 받았다"이다. 따라서 퇴계의 의도는 '가르침을 받았다'는 '誨'의 의미일 것이다. "나도 지우고 싶었는데" 그대의 '誨'를 받고 이제는 지우겠다. '본래 나도 曉했었다'의 의미도 있겠지만, 이는 "得垂"와 어색하다.

1156) 퇴계는 "추만에게 알려서 문질러버리겠다(抹去)"고 하지만, 본 『퇴계집』은 지워지지 않고 그대로다. 추만이 거부했는지는 알 수 없다. "석연"은 그동안 마음이 거북했는데 이제 개운하게 풀렸다는 뜻이다. 이렇게 "풀린 것"이라면 퇴계는 허령의 허를 '리'라 해서는 안 된다. 하지만 아래 해명은 오히려 "허령의 허는 리"이며 "그 宗本도 있다"(상300·302)고 한다. 한편 고봉은 "허를 리로 여긴 설은 지당하다"(하87)고 한다. 퇴계는 주희·추만의 '심의 허령'과 장재의 '태허로서의 허'를 구분하지 않는다.

1157) 후론에서 "허령을 리·기에 분주한 것" 외의 다른 설을 말한다. 허령(심덕 조항)의 리·기 분주는 「천명도설」제6절이다. 그런데 고봉의 지적은 두 조항인 제5절과 제6절이다. 제5절은 "리허, 무대"(리체 조항. 상173)이다. 따라서 이 2조만으로 한정한다면 "기타 제설"이라 함은 제6절 이외 제5절(리체 조항)이라 할 것이다. 문제는 제5절과 제6절을 퇴계는 전혀 구분하지 않으며, 더구나 아래 답변에서 "허령처에서 허·리"라 한다는 점이다. 이는 '허령처'을 논함이지 기타 제설이 될 수 없다. 고봉은 "나는 두 조항인데, 선생은 합하셨다"(하87)고 지적한다. 뒷줄 "허령처에서 虛를 理로 여긴 설은 宗本이 있다"(상300)고 함은 어느 조인지 모호하다. 허령(심덕)인지, 허인지, 리인지, 또는 리 혹은 허에 대한 '실체'인지 '찬탄'인지 '설명'인지도 모호하다.

1158) 고봉이 인용한 「답호광중」(상159)은 이천의 칠정설, 「답호백봉」(상160)은 맹자 성선설, 「주자성도」(상169)는 선에 있어 성선은 '무불선'이고 정선은 '무왕불선'으로 표현된다고 한다. 즉 성·정은 각각 미발의 靜과 감물의 動으로 구분되지만 그 善은 一善이라 함을 고찰한 것이다. 이렇게 고찰한 이유는 퇴계가 아래와 같이 "사칠은 二義가 없다", 또 "사칠은 혼륜언지"라고 했기 때문이다. 퇴계의 이 주장 때문에 주희 3조를 제시한 것인데, 퇴계는 다시 그대로 반복 주장한 것이다.

1159) 고봉은 "칠사 선은 初非有二義"(상9·130)라 했고, 또 주희 3조를 인용한 이유도 "칠사 [선은] 二義가 없다"함이었다. 그런데 퇴계는 오히려 사칠의 '二義 없음의 혼륜설'이 바로 위 주희의 3조라 한다. 당초 퇴계는 말하기를 "그대는 사칠은 異義가 있는 게 아니라 했다"(상29)고 했다. 이에 고봉은 "나의 '非二義'는 중절자와 사단자의 一善을 말함이었고, 또 나는 '無異義'라 하지도 않았다"(상130)고 항변했다. 이에 퇴계는 "사칠은 異名이 있으니, 異義가 없다하면 불가하다"(상267·268)고 한다. 고봉이 이 3조를 인용한 이유도 '非有異義(二義)'라 하지 않았음을 항변하기 위함이다. 따라서 퇴계가 이 3조의 고찰에 답하기 위해서는 고봉이 극력 항변한 이른바 '二義(異義)'가 1선인지 2선인지를 분명히 밝혀야 한다. 그렇지 않으면 또다시 무의미한 논쟁이 되고 만다. 퇴계는 지금까지도 '사칠을 혼륜으로 여겨 二義(異義)가 없다 하면 불가하다'고 한다. 대화가 계속 어긋나고 있는

로 설명함(渾淪言之)"입니다.(고봉의 혼륜은 사칠이 아닌 칠정임. 사칠은 혼륜일 수 없음)[1160] 황도 이 3조의 의미를 모르는 것은 아니지만,[1161] 다만 칠정을 사단과 '상대(對)'시키자니(사맹 본설이 아닌, 퇴계가 리기에 나아가서 리·기로 상대시킨 것임)[1162] 부득이 [리·기로] '나누어 설명(分而言之)'하지 않을 수 없었을 뿐입니다.(사·칠 대설은 주희 3조와 다르다는 선언으로, 사맹 및 주희 논변의 공부처를 거부하고 리·기로 나눈 것임)[1163] 이는 前說에서 이미 설명을 다 했으므로 번거롭게 거듭 논하지 않겠습니다.(주희 3조는 리기 혼륜설이 아니라는 것임)[1164]

(300)至其論 "虛靈"處, "以虛爲理"之說, 則亦有所本. 恐未可以分註二字之非, 並與此非之也. [所本소본; 근본으로 여긴 것. 宗本으로 여긴 설.]

그 "허령"을 논한 곳[1165]에서 '허를 리로 여긴(以虛爲理)' 설이라면 또한 종본(허령의 '심'이 아닌 허리의 '허' 종본이라 한 것임. 허령 종본은 대학 明德임)한 바가 있습니다.(퇴계는 「천명도설」5·6조를 구분하지 않음. 고봉은 '虛·理는 지당하다'고 함)[1166] 따라서 [리·기로] "분주한 두 자"(虛는 理,

---

것이다.

1160) 주희의 설 3조 본설을 퇴계는 "사칠은 二義가 없는 리기 혼륜이다"로 여긴다. 이는 이미 고봉이 강력 항변한 내용이다. 고봉이 3조를 고찰한 이유는 퇴계가 '성·정'의 實과 '사·칠설'의 宗旨를 구분하지 않기 때문이다. 未發는 성이고, 感物로 칠정은 出한다. 未感時는 혼연 天理이고, 감물로 動하면 시비진망은 여기서 나뉜다. "성선"은 본체이고 '可以爲善'은 그 用處이다. 성선은 무불선이고, 정의 중절자와 사단자는 무왕불선이다. 이는 '사칠이 二義가 아니라'는 것도, '사칠이 혼륜'이라 함도 아니다. 고봉은 칠정이 혼륜이라 함이지, 결코 사칠 혹은 사단을 혼륜이라 한 것은 아니다.

1161) 퇴계의 "나도 그 의미를 안다"고 함은 주희 3조는 "사칠은 二義가 아닌 혼륜"이라 함이다. 그러나 주희의 3조는 퇴계와 다르다. 고봉은 고찰하기를 첫째, 이천의 칠정은 미발의 靜이고, 중이 동해서 칠정이 나온다는 것,(상159) 둘째, 맹자 성선을 주희는 본체와 작용으로 논했다는 것,(상160) 셋째, 성선은 무불선이고 정선은 무왕불선으로 표현되는데,(상169) 다만 그 선은 칠정과 성선이 혈맥으로 관통하는 하나의 선이라는 것 등을 논했다.(상160) 따라서 고봉은 사칠, 사단, 성선 등을 리기 혼륜이라 한 것은 아니다. 그런데 퇴계는 사칠은 모두 혼륜임을 '안다' 함인데, 모두 고봉이 3조를 인용 고찰한 의미와 다르다.

1162) 퇴계는 "칠정을 사단과 상대시키기 위해서"라고 한다. 칠을 사와 상대시키지 않으면 혼륜, 상대시키면 주리이다. 그 근거는 "리기에 나아가면" 리발은 사단 기발은 칠정이기 때문이다. 하지만 칠사는 사맹 본설이며, 사맹은 '사람 자연의 느낌에 나아가서' 논설한 것이다. 때문에 고봉은 묻기를 "맹자의 말 때문에 왜 자사 칠정이 급거 변경되어 기 일변이 되어야 하는가?"(하62)라고 반문한다. 주희의 이른바 도통은 "자사에서 맹자가 나옴"(상96)이다. 고봉이 "대거 호언"(상6)할 수 없다고 한 이유는 사람 느낌은 칠·사 둘만 있지 않기 때문이다. 그 많은 정설 중에서 하필 왜 칠정만 사단과 대거 호언하는가?

1163) 사칠을 "상대(對)"시키자니 부득이 리와 기로 "分而言之"할 수밖에 없었다는 것이다. 이 말은 사맹 및 주희의 언·론과 다르다. 퇴계는 "不得不" 分하기 위해 리·기로 "상대"시켰고, 또 "그렇게 하지 않을 수밖에 없었다"고 하지만 이는 자신의 임의적 선언에 불과하다. 이는 사맹이 사람 자연의 느낌에서 공부로 논설한 그 본지 및 주희의 해설을 거부한 것이며, 선유의 공부처를 찾지 않고 리·기로 나눈 것이다.

1164) 주희 3조는 모두 "사칠은 二義가 있지 않음"의 "사칠 혼륜"이라는 것이다. 이는 "근본이 같고 다름이 없으며(本同無異)"(상229) "異中에서도 同이 있는(異中有同)"(상38. 상231) 혼륜언지이다. 이곳은 리·기 "대설"이 아니고 또 앞에서도 해명했으므로 "다시 언급하지 않겠다."(상229) 다만 위에서 논변한 '17개 조는 모두 혼륜이 아니므로' 이를 적극 변론한 것이다. 하지만 퇴계의 '二義'는 고봉의 '선과 다르고, 고봉은 리발·기발을 불가라 하지 않았으며, 고봉은 칠정을 혼륜언지라 했고, 더구나 리기 혼륜의 사칠은 있을 수 없다.

1165) "허령을 논한 곳"은 「천명도설」제6절이다. 추만은 "'吾人之心, 虛而且靈'이라 하고 虛자 아래에 理, 靈자 아래에 氣로 분주"(상181)했다. 이곳은 고봉이 비판한 "此 2조(상173·182) 중 두 번째인 "心之虛靈, 分屬理氣"(심덕 조항. 상173)에 해당한다. 이는 고봉이 지적한 "리허, 무대"(리체 조항. 상173)와 다르며, 또 아래 "以虛爲理"와도 다르다. 이른바 "허령"은 「대학」 "明德"에 대한 주희 주석이다. 추만은 허령을 "吾人之心"의 '心'으로 논했다. 고봉의 비판 요지는 허령은 심 본체인 '明德이므로 이 심체의 덕을 둘로 나눌 수 없다 함이다. 고봉은 북계진씨와 옥계노씨의 예를 들어 허령을 둘로 나눈 '폐단'(상180)을 비판했는데, 퇴계는 아래에서 여전히 나누며, 더구나 허령의 심, 리허의 리, 허리의 허 등도 구분하지 않는다.

靈은 氣의 '그릇됨(非)' 때문에 아울러 '이것'(虛는 理다. 지금 새로 나온 설임)까지 그릇된다고 할 수는 없습니다.(퇴계는 추만의 "허령의 심"과 "리허의 리" 2조를 구분하지 않음. 고봉은 '허리의 허'를 정자설로 고찰함)1167)

(301) 今且就盛辯(퇴계집 盛辯 없음)所引數說而論之. 朱子謂 "至虛之中, 有至實者存", 則是謂 '虛而實'耳, 非謂 '無虛'也. 謂 "至無之中, 有至有者存", 則是謂 '無而有'耳, 非謂 '無無'也. [存存; 사실로 존재함. 실존함. 虛而實허이실; 허이면서 실임.(퇴계) 허라 해도 리는 실임.(고봉) 無虛무허; 무는 허임.(퇴계의 無虛는 리가 빠진 표현임. 아래 無無도 같음. 고봉; 리는 무나 허로 표현·찬탄해도 실임. 정자; 허라 할 수 없음) 無而有무이유; 무이면서 유임. 無無무무; 무는 무임. 무는 없는 것임.(고봉은 무는 없다 함이 아닌, 리를 무로 찬탄해도 유라 한 것임. 장재의 無無는 '무라 할 수 없음'의 뜻임. 퇴계와 같다면 리는 황홀이 됨)]

먼저 공이 인용한 바의 몇 설에 나아가 논하겠습니다. 주자의 "至虛 중에도 [리는] 至實의 것으로 존재함"(고봉은 리를 실이라 함. 퇴계는 리자를 빼고 '허이면서 실'로 인용함)1168)을 인용하셨는데, 이는 '虛이면서 實임(허이실)'을 의미할 뿐 '虛는 無임(虛無)'(리로 답변하지 않음. 퇴계는 '단순한 허 혹은 무만은 아님'으로 답변함. '무엇'이 없음)을 말함이 아닙니다.1169) 또 주자의 "至無

1166) "허령"을 논한 곳에서 "허를 리로 여긴(以虛爲理)" 설은 "종본이 있다." 그러나 이곳 '허령', '허리', '종본' 3者는 서로 일치되지 않는다. 또 이는 "명덕"의 "허령"에 대한 종본도 아니다. 「천명도설」제5절 "리허"(리체)와 제6절 "허령"(심덕)은 다른 조항이다. 퇴계는 이 2조를 구분하지 않으며, 더구나 "리허"와 "허리"도 구분하지 않는다. 퇴계의 종본은 뒷줄 "도는 태허이다", "형이상의 허는 혼연의 도리이다", "태허는 「태극도」맨 위의 원이다" 등이다.(상303) 그러나 이 '종본'은 "허령"(심덕. 제6절)과 아무 관계가 없으며, 또 "리허"(리체. 제5절) 조항도 아니다. 고봉은 퇴계가 "종본"한 3조 모두를 "치우쳐 거론한 폐단"(하88)이라 비판한다. 다만 고봉은 "허리"에 대해 "지극히 당연하다"(하87)고 한다. 정자는 "[장재의] 허를 가리켜 리라 했기"(상175) 때문이다. 퇴계는 아마 "허령"의 虛자를 理로 여기고자 한 듯하나, "허령"은 "명덕"에 대한 주희 주석이다. 퇴계는 심덕 본체인 "허령"의 '허'자만 따로 떼서 리라 한다. 그러나 고봉은 "허령"을 둘로 쪼갠 "북계진씨와 옥계노씨는 經을 새롭고 교묘히 한 폐단"(상180)이라 비판했다. 퇴계의 "리허"에 대한 논변은 상325이다.

1167) "허령의 리·기 분주는 잘못이나, 허령의 '허를 리로 여긴 것(以虛爲理)'은 종본이 있다." 퇴계는 허령이라는 心德 중, 그 허만 따로 리라 함이다. 이는 문제가 있다. 허령은 명덕이라는 덕으로서의 심체이기 때문이다. 덕이 둘로 갈라질 수는 없다. 더구나 퇴계는 "허령"(심)과 "허·리"(허)도 구분하지 않는다. 고봉은 '以虛爲理'를 '잘못'이 아닌 지당이라 한다. 정자는 "장재의 虛를 가리켜 理라 했다."(상175) 고봉의 비판은 추만의 '理虛'(상173. 제5절)이지 '虛理'가 아니다. 퇴계의 "허령 분주"와 "以虛爲理(虛理)"는 서로 관련이 없다. 추만 「천명도설」은 '虛理'를 논한 적이 없고, '虛理'(허 문제)는 지금 새로 나온 설이다. 고봉은 추만의 '理虛'를 잘못이라 했지 '虛理'를 잘못이라 하지 않는다.

1168) 고봉이 인용한 설은 "朱子曰, 天下之理, 至虛之中, 有至實者存(상174)이다. 이 설을 인용해서 "리"는 '實存者'임을 고찰한 것이다. 추만이 '理의 理됨은 그 體가 本虛이기 때문이다(理之爲虛, 其體本虛)'(상174)고 했기 때문이다. 반면 퇴계의 "至虛之中, 有至實者存"은 '리'를 뺀 것이다. 퇴계는 '허이면서 실(虛而實)'인데, 이는 고봉의 물음과 전혀 다르다. '무엇'이 허이실인가? 고봉은 '理'이며, 리는 '實'이라 함이다.

1169) 고봉은 "리를 비록 허로 형용·설할지라도 그것은 본래 실이다. 어찌 리체를 本虛라 하리오?"(상174·175)라고 했다. 리의 실체는 허가 아니며, 리를 허로 형용·설해도 그 체는 본시 實이다. 리는 실체인가 허체인가? 본래 '있음의 살'이므로 형용도 가능하다. 반면 퇴계는 주희 본설을 "허이면서 실(虛而實)"로 이해한다. 아래 "우리의 '허'를 虛而實이라 함은 저(노불)들의 虛가 아니다"(상314)고 함은 그 '허'를 허이실이라 함이다. 결국 무엇이 '虛而實'인가? 퇴계는 '허'이다. 허는 단순히 허 혹은 무가 아닌 '허이실'이다. 반면 고봉은 "군자의 덕(실)에 대해 그 妙를 찬탄해서 무성무취라 함"(하91)이라 한다. 리를 무로 찬탄·설명할 수 있고 또 "無로 說하고 有로 說할 수도 있다."(하91) 단 "리는 至實者·至有者로서의 存"(상174)인 '實存'이다. 고봉의 당초 비판은 "리는 진실로 '其體本虛'라 할 수 없음"(상174)이다. 만약 리가 허이실이라면 리는 '이러면서 저런 것'인 '롱동황홀"(상176)이 되고, 허가 허이실이라면 이는 고봉의 '리' 물음과 어긋난다. 추만의 "리허"(상173)는 '리'에 관한 일이다. 반면

- 267 -

중에도 [리는] 至有의 것으로 존재함"(퇴계는 리자를 빼고, 무는 '無而有'로 인용함)1170)을 인용하신 것도 '無이면서 有임(무이유)'을 의미할 뿐 '無는 無임(無無)'을 말함이 아닙니다.(모두 주희의 리자를 빼고, 무로 답변한 것임. 모두 허 혹은 무를 해명한 것임)1171)

(302)程子之答或人日, "亦無太虛", 而 "遂指虛爲理"者, 是亦欲其 '就虛而認實'耳, 非謂本 '無虛'而但 '有實'也. 故程張以來, '以虛言理'者, 故自不少. [無虛무허; 허만 있지 않다. 허만 있지 않고 실도 있음.(虛而有의 뜻. 퇴계) 허라고 말할 수 없음.(이천) 有實유실; 실만 있다. 실만 있지 않고 허도 있음.(實而虛의 뜻. 퇴계) 自不少자불소; 이로부터 적지 않다. 이후부터 많다.]

정자가 혹자에게 답한 "이 역시 태허라 할 수는 없다"(이천; 태허 역시 리임. 퇴계; 태허이면서 실임)1172)고 하면서 "마침내 허를 가리켜(비판해) 리로 여겼음"(장재; 일자는 허. 이천; 일자는 허가 아닌 리)1173)을 인용하신 것 또한 '그 虛에 나아가서도 實을 인식하고자' 했을 뿐이며,(퇴계; 그 '허'는 실도 있음. 퇴계는 일자가 없음)1174) 그것은 본래 '虛는 無이다(無虛)'(이천; 허라 할 수 없음)라거나 단지 '實만 있다(有實)'고 함도 아닙니다.(단독의 허가 아닌 虛而實이라는 것임. 퇴계는 '허'를 논한 것임)1175) 그러므로 정자와 장자 이래로 '虛를 理로 말한 것'(원의; 장재의 허는 리임. 정

퇴계의 "무허가 아님(非謂無虛)"의 무는 '무는 빔이 아님'이다. 그러나 이천의 "無太虛"(상175)는 '태허라 할 수는 없음'의 뜻이다. 퇴계의 용어는 고봉이 인용한 정주의 어법과 전혀 다르다.

1170) 주희는 "理는 至無之中, 有至有者存"(상174)이라 했고, 퇴계는 "理"를 뺏다. 고봉이 이 설을 인용한 이유도 "리"가 '實'임을 고찰하기 위함이다. 추만이 "리의 체를 本원"(상174)라 했기 때문이다. 고봉은 리는, 어디든 實有로 존재하지 않음이 없다고 한 것이다. 리는 무 혹은 허에도 반드시 자존한다. 반면 퇴계는 '무는 실도 있음'의 뜻으로 인용했고, 뒷글 "無而有일 뿐 無無가 아님"이라 한다. 이는 '무에 대한 논변일 뿐, 추만과 고봉의 "리"가 아니다.

1171) "無而有'일 뿐 '無無'를 말함이 아니다." 이는 주희의 "천하의 리"(상174)에 관한 것이 아니다. 주희는 "천하의 리는 至無 중이라 할지라도 至有로 實存한다"고 한다. 無에도 리는 實有·實存한다. 천하 일자의 실존자는 '리'이다. 반면 퇴계는 주희의 "무"는 '無而有(무이면서 유)'일 뿐 '無無(무는 없음)'의 의미가 아니라고 해석한 것이다. 이는 '무' 논변일 뿐, 고봉의 질문인 "리"가 아니다. 만약 리가 '無而有'라면 리는 '무이면서도 유'가 되어 '롱동황홀'(상176)이 되고 만다. 고봉의 당초 물음은 '理體'이다. 퇴계의 "非謂無無(무는 없음이 아님)"의 무무는 장재와도 전혀 다르다. 장재는 "安得遽謂之無?(어찌 급거 무라 이르리오?)"(『정몽』, 태화7)라고 하여 『노자』의 "無"를 비판한다. 장재는 "太虛가 곧 氣임을 안다면 無라 할 수는 없다(知太虛卽氣, 則無無)"(「태화」8)고 하여 태허는 무가 아니라고 한다. 이 태허를 이천은 천하의 일자는 "리보다 실한 것은 없다"고 한 것이다. 주희도 "기왕 道라 했다면 이는 無가 아니다(不是無)"(『어류』 권99, 可學13, 3331쪽)고 한다.

1172) 이천의 "亦無太虛(이 역시 태허라 할 수 없음)"에 대해 퇴계는 '이 또한 태허 단독이 아닌' 虛而實로 이해한 것이다. 이천은 장재 제자에게 장재의 "태허"를 비판해 그 태허는 곧 '리'의 뜻이라 했다. 즉 "태허"를 이천은 "태허라 할 수 없다(無太虛)"고 하면서 말하기를 "[장재의 허, 태허 등은] 모두 리이다. 어찌 虛라 하겠는가? 천하에 리보다 實한 것은 없다"(상175)고 한다. 천하 一者는 태허가 아닌 실리이다. 반면 퇴계는 "無太虛"를 태허이면서도 실(太虛而實)(虛而實)이라 한 것이다. 이는 이천의 용어와도, 고봉의 인용 의도와도 전혀 다르다.

1173) 이천 원문은 "遂指虛, 日皆是理(장재의 허를 비판해 모두 리라 했음)"(상175)이다. 윗줄은 "태허", 이곳은 "허"를 비판한 것이다. 이를 퇴계는 "遂指虛爲理(이천; 허를 가리켜 리로 여김. 퇴계; 허이지만 리도 있음)"로 해독한 것이다. 이천은 장재의 이른바 "허"는 곧 '리로 여겨야 한다'고 했다. 이천 본의는 "허" 뿐만 아닌 『정몽』에서 말한 "太和" "太虛" "虛空" "中虛" "淸虛" 등 모두는 다 '리'라 해야 한다 함이다. 이천은 "천하에 理보다 實한 것은 없다"(상175)고 하여 천하의 一者는 허가 아닌 리라 한다. 이를 퇴계는 '그 허는 허만이 아닌 虛而實이다'고 함인데 그렇다면 '일자는 무엇인가?

1174) "정자는 장재의 허를 비판해 말씀하기를 모두 리라고 했다"(상175)를 퇴계는 "그 허는 실도 있음"으로 해독한 것이다. 즉 장재의 "虛"는 "實도 있음'이라 했다는 것이다. 이 해석은 이천의 본의와, 그리고 고봉이 이 설을 인용한 의도와도 전혀 맞지 않는다. 이천은 장재의 "허"를 비판해서 그 의미를 '리'로 바꾸어야 한다 함이다. "천하에 리보다 실한 것은 없다"(상175)는 것이다.

자가 장재를 비판한 말임. 퇴계; 허는 리도 있음. 퇴계의 새로운 해석이며 주장임)이니 때문에 이로부터 이렇게 말한 사람이 적지 않았습니다.(이곳은 장재의 허·태허를 이천이 비판해 理라고 한 조항이며, 장재는 결코 虛理라 하지 않음)[1176]

(303)如程子曰, "道, 太虛也, 形而上也." 張子曰, "合虛與氣, 有性之名." 朱子曰, "形而上底虛, 渾是道理." 又曰, "太虛, 便是「太極圖」上面一圓圈", 如此之類, 不勝枚擧.

[不勝枚擧불승매거; 많아서 일일이 다 들 수도 없다.]

가령, 정자는 말하기를 "도는 태허이며 형이상이다"(理는 虛라는 것)[1177]라 했고, 장자(장재)는 말하기를 "虛와 氣가 합하여 性이라는 이름이 있다"(虛而理라는 것)[1178]고 했습니다. 또 주자는 말하기를 "형이상의 虛는 혼연한 道理이다"(虛는 理라는 것)[1179]라 했고, 또 말하기를

1175) "정자는 [태허 뿐만 아닌] 그 허까지 가리켜 말씀하여 모두 리라 하셨다"(상175)를 퇴계는 "이 말씀은 그 허가 본래 허만 있다거나, 혹은 그 실이 실만 있다 함은 아니다"고 이해한 것이다. 즉 이천의 말씀은 "虛에도 實이 있음을 인식한 것"으로, 따라서 "나의 허"는 '허만 있고 실은 없다'거나 '실만 있고 허는 없다' 함이 아니다. 결국 "우리의 허는 虛而實"(상301·314)이고 "우리의 무는 無而有"(상314)이다. 이러한 퇴계의 주장은 장재의 "허" 혹은 노자의 "무"를 말함인지, 이천의 "리"을 말함인지 불명하다. 이천은 장재의 "허"를 비판했을 뿐 '허에 나아가서' 말한 것은 아니다. 또 이천이 말한 "無太虛(태허라고 할 수 없음)"(상175)은 퇴계의 "無虛(허는 무임)"의 의미도 아니다. 추만은 「천명도해」에서 "리는 일자이며, 무대함"(제5절)이라 하여 천하 "유일자"를 "리"라 한다. 퇴계는 추만의 "理一"을 부정한 것이다.

1176) 고봉이 인용한 "이천은 장재의 태허에 대해 '이 역시 태허라 할 수 없다' 했고, 또 이천은 장재의 허를 가리켜 '모두 리라 했다'"(상175)는 조항은 추만 「천명도설」제5절 "리의 체는 本虛이다"(상173·174)에 대한 비판이었다. 이천은 장재의 "태허" "허" "太和" 등을 비판하여 "이 모두는 리를 가리킨 것뿐"이라 했다. 따라서 퇴계의 "정자 장재 이래 '虛를 理로 말했다(以虛言理)'"고 함은 이천과 고봉의 문자와 다르다. 장재는 결코 "허를 리로 말한 것"이 아니다. 장재는 一者를 태허, 허로 말했을 뿐이다. 이천은 당연히 "以虛爲理(장재의 허를 리로 여김)"라 했다. 반면 퇴계는 '이천과 장재는 그 허는 리도 있음으로 여김'의 의미로 해독한다. 이는 이천 및 장재와도 맞지 않는다. 만약 장재가 '허를 리로 여겼다'면 이천이 비난할 이유가 없다. "이렇게 말한 사람이 적지 않다"고 함은 누구인지가 없다. "정·장 이래"는 주희 등을 말함이겠지만, 주희는 장재의 태허, 허 등을 "難說"이라 한다.

1177) 『程氏粹言』권1. "음양을 떠나면 도는 없다. [그렇지만] 음양은 기이며 형이하이고, 도는 태허이며 형이상이다.(離卻陰陽則無道, 陰陽, 氣也, 形而下也, 道, 太虛也, 形而上也)"(「論道篇」107조, 1180쪽, 하90) "음양을 떠나면 도는 없다. 음양의 所以者가 도이다. 음양은 氣이다. 기는 形而下者이고, 도는 形而上者이다.(離却陰陽更無道, 所以陰陽者是道也, 陰陽, 氣也, 氣是形而下者, 道是形而上者)"(『정씨유서』권15. 137조, 162쪽) 이 설을 퇴계는 해독하여 "허를 리로 말한 것(허이면서 리임)"(상300·302)으로 곧 "虛而實"(상301)이라 한다. 즉 "道는 태허이다"를 퇴계는 '도이면서 허(道而虛)'로 읽은 것이다. 그러나 이는 고봉이 질문한 "리체를 허라 할 수는 없음"(상175)과 어긋난다. 정자의 "도는 태허이며 형이상"이라 함은 도·리를 말함이며 도를 허이실이라 할 수는 없다. 또 정자의 "道, 太虛"는 '도와 허'(순서가 理가됨)이지 "以虛爲理"(虛理)가 아니다. 퇴계는 리허와 허리를 구분하지 않고, 또 리가 '리이허'인지 虛가 '허이실'인지도 구분하지 않으며, 허 혹은 리를 허이실이며 실이허라 한다.

1178) 『정몽, 태화편1』11. "由太虛, 有天之名, 由氣化, 有道之名, 合虛與氣, 有性之名, 合性與知覺, 有心之名."(하92) 퇴계는 "虛와 氣가 합하여 性이라는 名이 있다"고 함을 '허이면서 성(虛而性)'으로 읽고 이는 "以虛爲理(허이지만 리도 됨)"(상300·302)라 한 것이다. 이 또한 고봉이 지적한 "리체는 허라 할 수 없음"과 어긋난다. 장재는 성을 허라 하지나 또는 태허를 리라 함도 아니다. 장재의 태허·허를 이천은 오히려 '리의 뜻'이라 했고, 이는 허가 곧 "理體"라 함이 아니다. 고봉 질문은 "리체는 本虛인가"(상174)이다. 퇴계는 장재의 "성은 합허기"이고 또 성은 '虛而性'이라 함이다. 이 답변은 이천이 장재의 "허"를 비판한 것을 인용한 고봉의 의미와 맞지 않는다. 주희는 "'合虛與氣, 有性之名'의 虛자는 곧 理를 說한 것이다",(『어류』권60, 植48, 1943쪽) "허는 단지 리일 뿐이다"(廣46, 1942쪽)고 하여 이천과 같이 장재의 虛자는 곧 理일 뿐이라 한다.

1179) 『주역, 계사상』"形而上者, 謂之道, 形而下者, 謂之器"(하89)에 대해 주희는 "形而上底虛, 渾是道理, 形而下底實, 便是器"(『어류』권75, 淵105, 2571쪽)라고 해설한다.(하90) 이 설은 『주역대전, 계사상』"形而上者謂之道, 形而下者謂之器" 조항 소주 8번째에 수록되었다. 계사상의 "道·器"를 주희가 "虛·實"로 논한 이유는 "형이상·형이하"를 구분하기 위함이다. 즉 "形而上이 道理이고, 形而下가 器이다." 『어류』의 이 기록 앞줄은 "故明道云, 惟此語截得上下最分明(정명도는 말하기를, 오직 「계사상」과 같이 말해야만 상·하를 가장 분명하게 마름했다고 할 수 있다)"(하89)이다. 반면 퇴계의 "形而上底虛, 渾是道理"는 형이상만 인용

"태허는 「태극도」 맨 위 동그라미이다"(虛는 理라는 것)1180)고 했으니, 이와 같은 유들은 너무 많아서 일일이 다 들 수도 없습니다.(퇴계는 리는 허이고 허는 리이며, 허는 虛而實이고, 리는 理而虛라 해석한 것임. 그러나 위 4설은 '형이상에 치우쳐 인용'된 것이며, 또 정주 본의와 전혀 다르게 이해함)1181)

(304) 至於朱子論 "無極而太極"處, 亦曰, "不言無極, 則太極同於一物, 而不足爲萬化之根, 不言太極, 則無極淪於空寂, 而不能爲萬化之根." 嗚呼! 若此之言, 可謂四方八面周徧不倚, "攧撲不破"矣. [同동; 동화됨. 氣인 사물과 함께 있음. 萬化만화; 만물의 변화 양상. 淪륜; 빠지다. 잠기다. 윤락하다. 周徧不倚주편불의; 두루 보편해서 치우침이 없음. 攧撲不破전박불파; 때리고 넘어뜨려도 깨지지 않는 완전한 학설.]

그리고 주자는 "무극이태극"(퇴계는 '無而理'로 해석함)을 논한 곳에서도 또 말하기를 "무극을 말하지 않으면 태극이 사물 속에 동화되어 만화의 근본이 되기에 부족하고, 태극을 말하지 않으면 무극이 空寂에 빠져서 만화의 근본이 되지 못한다"(無而理, 理而無라는 것. 그렇다면 '노자의 무극이면서 공자의 태극이다'라는 말이 됨)1182)라고 합니다. 아! 이 같은 말씀(위 6설)들

한 것으로, 정주에 의하면 이는 공자의 "도"를 치우치게 든 것이다. 더구나 퇴계는 이 '허'를 '허이면서 리(虛而理, 虛而實)'의 의미로 인용했다. 이는 공자, 정·주 등의 종지와도 다르며 고봉이 비판한 "리는 허라 할 수 없음"과도 엇나간 답변이다. 정명도가 상·하를 '분명하게 끊어서' 해석한 것은 그 상·하 구분을 '모호'(허이실)하게 하고자 함이 아니다.

1180) 『어류』의 기록이다. "질문, 태허는 「태극도」 上面 동그라미이며, 氣化는 동그라미 속의 [태극의] 陰靜·陽動이겠지요? 답변, 그렇다.(問, 太虛, 便是 「太極圖」上面底圓圈, 氣化 便是圓圈裏陰靜·陽動否? 曰, 然)"(권60, 徧45, 1942쪽) 이 기록을 퇴계는 앞 줄만 인용했다. 질문자는 태허는 「태극도」 上圓이고, 태극의 氣化는 그 아래 음양·동정의 圓이라 했다. 질문자의 잘못은 없다. 왜냐하면 질문자는 上圓과 그 아래 기화를 동시에 말했고, 결국 그 두 원은 하나의 태극이기 때문이다. 그런데 퇴계는 上圓 하나만 인용했다. 이는 질문자 및 주희의 뜻과 다르다. 이 기록은 장재의 "태허" 및 "氣化"에 대한 강의록이다. 주희는 "장재의 '기화는 陰陽造化와 寒暑晝夜'라 한다. 기화도 태허인데, 다만 이렇게 "雜한 것이 氣化說이다. 비록 氣化에 雜해도 太虛와는 不離."이어 질문자는 태허는 렴계의 上圓이고 기화는 次圓이라 질문했고, 주희는 "그렇다"고 답변한다. 이어 말하기를 장재의 "虛與氣"의 氣에는 도리가 그 안에 있으니, "이 氣가 없으면 道理의 安頓處도 없다"고 한다. 비유하면 "水中의 月과 같은데, 此水가 없으면 此月도 없다."(모두 같은 곳) 주희는 태허와 기화를 동시에 말해야 태극은 치우침이 없다고 한 것이다. 반면 퇴계는 상원만 들었고, 더구나 퇴계의 이 설을 인용한 의도 역시 주희 본지와 전혀 다르다. 퇴계는 "태허"를 허이면서 리(虛而理), 리이면서 허(理而虛), 허도 리이다(以虛爲理)로 이해한다. 이는 주희 본지도 아니고, 고봉 질문과도 다르다.

1181) 퇴계는 정자, 장재, 주희 등 4설을 "以虛爲理"(상300·302) "虛而實"(상301)로 해독한다. 즉 이 4설은 모두 단순한 허가 아닌 '허이나 실'이고 또 '虛而理'이며, 또 단순한 리만이 아닌 '理而虛'라 읽은 것이다. 그렇다면 정자는 공자의 "도"를 도이나 허, 장재의 "허"는 虛而實, 공자의 "형이상"은 虛而理, 또 주희는 렴계 "上圓"태극을 虛而理, 理而虛라 했는가? 이러한 퇴계의 해독은 정자, 장재, 주희의 종지와 전혀 다르다. 더구나 리가 허인지, 허가 리인지, 혹은 리가 理而虛인지, 허가 虛而實인지도 불명하다. 정, 장, 주 4설은 그 각각의 소지가 있는데 퇴계는 이를 고찰하지 않은 것이다. 또 원문 한쪽만 인용해서 이를 도 혹은 리라 함인데, 이는 도리의 안돈처를 상실한 것이다.

1182) 『문집』권36, 「答陸子美」1, 「答陸子靜」4, 1560·1569쪽. 無極而太極 토론은 육구연 형제가 제기한 "무극"의 필요성에 관한 논쟁이다. 과연 "태극"에 노자의 "무극" 용어가 필요한가? 주희는 다음과 같이 말한다. "사람들은 有를 설하면 實有라 말하고, 無를 설하면 眞無로 여겨서, 결국 偏見의 병통이 된다."(위 「답육자정」, 뒷줄) 주희는 태극만 말하고 무극을 말하지 않으면 태극이 '一物 속에 있게 되어' 태극의 독리가 분별되지 않는다고 한다. 「태극도」 "상원태극"인 "무극이태극"이 의미이다. 태극은 "음양동정"(두 번째 동그라미) 속에 있지만, 태극 스스로 자존한다. 주돈이는 무극을 말함으로써 태극이 만화 근본으로서의 독리임을 간파했다. 단 무극만 말하면 태극은 음양과 떨어진 존재가 되고 만다. 과연 주희의 해설은 퇴계와 같이 "虛而實, 無而有"(상301·314)의 뜻인가? 주희의 의미는 이와 전혀 다르다. 왜냐하면 주희는 '무극의 필요'를 말함으로써 그 '태극이 스스로 만화의 근본'임을 밝힌 것이기 때문이다. 즉 태극은 스스로 자존하는 독리임을 밝히기 위해 무극을 논했을 뿐, '태극은 무극'이며 혹은 '무극은 태극'임을 논하기 위함이 아니다. 만약 '무극이면서도 태극의 의미'라면 무극과 태극은 같은 의미가 되며, 결국 노자의 "무극"이 공자의 "태극"이라는 뜻이거나, 혹은 '노자의 무극이지만 공자의 태극'이라는 의미가 되고 만다. 더구나 퇴계의 "허이실, 무이유"는 허를 말함인지 혹은 리를 말함인지의 분별이 없다. 고봉은 "리의 一者"를 물었다. 주희와 육구연의 "무극

은 사방 팔면에 '두루 보편해서 치우침이 없으며'(퇴계는 위에서 이미 정주의 제설을 '치우치게 인용'했는데, 이를 '치우침이 없다'고 한 것임)[1183] "두들겨도 깨지지 않는 완전한 학설(攧撲不破)"(주희의 말임)이라 할 수 있습니다.(퇴계는 치우친 형이상만 거론하고 "無而理"라 하며 '완벽해서 깨질 수 없다'고 함. 虛而實, 理而虛 등은 주어가 없음. 만약 주어가 '理'라면 리는 황홀이 됨)[1184]

(305) 今徒欲明理之實, 而遂以理爲非虛, 則周・程・張・朱諸大儒之論, 皆可廢耶? 『大易』之 "形而上", 『中庸』之 "無聲無臭", 其與老莊 "虛無"之說, 同歸於亂道耶? [遂
수; 마침내. 결국. 끝내. 其…耶기야; 이것을 어떻게~하겠는가?(其는 반문과 추측을 나타냄) 同歸동귀;
한꺼번에~으로 돌리다. 함께 귀결시키다.]

그런데도 지금 공은 한갓 '리의 實만 밝히고자'[1185] 하셨고 그래서 끝내 '리를 虛가 아니다'라고 했으니,(퇴계는 추만의 '리 본체, 심의 허령' 2조를 구분하지 않고, 단지 '理而虛' 등이라 하지만, 이는 리 혹은 심을 논함인지가 불명함)[1186] 그렇다면 周子, 정자, 장자, 주자와 같은 여러 大儒의 논을 모두 폐기시키겠습니까?(대유는 虛而理, 實而虛라 했다는 것. 퇴계가 오히려 추만의 '리일'과 대유의 '독리'를 부정하고 폐한 것임)[1187] 그리고 『대역』의 "형이상"[1188]과 『중용』의 "무성무취"(문왕

<hr>

이태극" 논쟁은 태극의 리가 '허이면서도 실이다(虛而實)'고 함은 아니다.

1183) 주희는 "中者는 不偏不倚之名(中은 치우침이 없고 기댐도 없음의 名임)"(『중용수장』, 「이발미발설」)이라 하는데, "중"의 德은 미발 "在中"과 이발 "時中"을 포괄해야 하기 때문이다. 미발의 재중만 논하면 시중이 없어서 중은 치우친다. 문제는 퇴계는 위에서 정주의 설을 "형이상"만 인용했다는 점이다. 때문에 고봉은 "치우쳐 거론한 폐단으로 선유의 두루 보편한 종지라 할 수 없다"(하88)고 비판한다. 형이하가 아니면 도리의 형이상은 설 자리를 잃기 때문이다. 퇴계는 이미 정주 본설을 치우치게 거론하고 스스로 "주편불의"라고 한 것이다. 그런데 퇴계의 "周偏不倚" 본의는 도・리 및 허・태허는 곧 "無而有, 虛而實, 實而虛"의 의미이다. 이와 같다면 형이상만 거론한 치우친 도리가 또다시 '없으면서 있음'이 되어, 결국 치우친 도리는 또 '이것이면 저것'이 되고 만다.

1184) 주희는 "무극이태극"을 논하면서 "亙古亙今, 攧撲不破"(『문집』권36, 「答陸子美」1, 1560쪽)라 하고, 또 "禪學은, 태극이 천지만물의 本然之理이며 궁고궁금의 전박불파임을 알지 못한 것이다"(『문집』권36, 「答陸子靜」5, 1574쪽)고 한다. 또 주희는 "이천의 '性卽理也', 횡거의 '心統性情' 二句는 전박불파이다",(『어류』권5, 砥70, 229쪽) "이천의 '性卽理也' 四字는 전박불파이다. 이는 실로 자기 스스로 見得한 것이다. 그 후 제공들은 '그 설에서 見得한 것이어서 착오가 많다'(『어류』권59, 道夫46, 1889쪽)고 한다. "周偏不倚"도 같은 뜻이다. 이에 고봉은 무극이태극만 "주편불의 전박불파"이지, 그 외 인용문은 전박불파라 할 수 없다고 한다.(하88・89) 주희가 "성즉리",(이천) "심통성정",(장재) "무극이태극",(렴계) "氣亦道, 道亦氣"(이천)(하89) 등을 전박불파라 한 것은 그 말씀이 형이상・하에 치우침이 없기 때문이다. 반면 퇴계의 위 정주 인용문은 형이상만 거론했다. 마지막 주희의 "무극을 말하지 않으면 태극이 일물에 동화됨" 역시 퇴계의 해독과 같이 "허이면서 리", "허를 리로 여김"의 뜻이라 할 수 없다. 주희는 태극의 리를 논했는데, 퇴계의 '허이리'는 허를 논함인지 리를 논함인지도 불명하다. 만약 '무극을 태극으로 여김(以無極爲太極)'이라 한다면 '노자를 공자로 여김'이 되고 만다. 또 '虛而理'라면 태극의 "리는 롱동황홀"(상176)이 되고 만다.

1185) 추만은 "理之爲理, 其體本虛(리는 그 體가 本虛이다)"(상174)라 했고, 이에 고봉은 "장재의 태허・허를 정자는 모두 리라 했다. 천하에 리보다 실한 것은 없다"(상175)고 했다. 이에 퇴계는 그대는 "無而虛, 實而有"라 하지만 나는 "虛而實, 無而有"(상301・302)라 한다. 즉 "그대는 한갓 '理의 實(리이실)'만 밝히고자 한다"는 것이다. 그러나 퇴계의 "理而虛, 허이실, 무이유" 등은 '무엇(주어)'이 없다. 고봉은 '리의 일자'는 허가 아니라 한다.

1186) 그대는 "리를 허가 아니라고 하지만(以理爲非虛)" 나는 '理而虛'이다. 그대는 '리의 실(理而實)'만 밝히려 하지만 나는 '虛而理, 虛而實'이다.(상301) 퇴계의 이 설은 추만과도 다르다. 추만은 "리체"(제5절, 상173・174)와 "심의 허령"(제6절, 상173・177) 2조이다. 퇴계는 이 2조를 "각기 계한으로 구분하지 않고"(하87) 모두 理而虛, 虛而實, 無而有 등이라 한 것이다. 이 논변은 그 소지가 理인지 虛인지, 혹은 理인지 心인지도 불명하다.

1187) "주・정・장・주의 대유"는 렴계의 "無極而太極", 정자의 "道의 형이상", 장자의 "虛와 氣의 合", 주희의 "形而上의 虛"와 "太虛는 「태극도」의 上圈" 등이다. 퇴계는 이 모두를 '理而虛, 虛而理'로 여긴 것이다. 그렇다면 대유는 과연 '리이허, 허이리'라

덕의 형용·찬탄임)[1189]를 결국 노·장의 "허·무"(앞 無虛, 無無의 뜻)의 설과 더불어 도를 어지럽힘에 함께 귀결시키겠습니까?(이미 퇴계는 형이상만 치우치게 들고 '虛而實, 無而有'라 한 것임. 퇴계가 오히려 '태극의 독리' 및 추만의 '리 일자'의 실체를 실체없는 허무로 귀결시킴)[1190]

(306)公慮 '虛'字之弊, "將使學者, 胥爲虛無之論, 而淪於老佛之域." 滉亦慮不用虛字, 膠守實字, 又將使學者, 想像料度, 以爲實有無位眞人, 谷神酋長,(퇴계집 谷神酋長 없음) 閃閃爍爍地, 在那裏看也. [將使장사; 장차~으로 하여금~하게 하다. 胥서; 서로. 膠守교수; 고수하다. 고집하다. 料度료탁; 헤아려 짐작하다. 實有실유; 허나 무는 없고 실과 유만 있음. 閃閃爍爍地섬섬삭삭지; 번쩍번쩍 빛나는 경지.(실·유가 그렇다는 것) 那裏나리; 그 속. 그곳의 안.(그 경지를 말함)]

공은 '虛'자의 폐단을 우려하여(주희는 '허자의 폐단'이 아닌 "지허" "허령" 등으로 표현함)[1191] "장차 학자들로 하여금 서로 허무를 논하게 해서 결국 노·불의 영역에 빠지도록 유도했다"(「천명도설」 理·心 2조를 퇴계가 '용인했다'는 고봉의 비판인데, 퇴계는 이 2조를 구분하지 않고

했는가? 인용된 주·정·장·주 본설은 모두 퇴계의 인식과 전혀 다르다. "무극이태극(상원태극)"은 공자 태극을 독리로 여겼을 뿐 '無而有'라 할 수 없다. 또 대유의 설은 "태극의 형이상은 음양인 형이하에 있어야 함"(상90)이 그 종지이다. 퇴계는 형이상만 '치우치게 거론'(하88·90)하고 그 치우친 형이상을 "實而虛, 虛而理"라 한 것이다. 이는 대유의 종지를 부정하고 오히려 퇴계가 폐지한 것이다. 당초 추만은 "理一"을 "허 때문에 無對하다"고 했는데 이를 고봉은 "理字를 說함"(상176) "理字를 形容함"(하94)에 불과하다고 한다. 추만은 "리"의 설인데 퇴계는 "허이실"이다. "허이실, 리이허" 등은 '주어'도 없거니와 리의 '설' 혹은 리의 '형용'도 아니다. 결국 추만의 "리일"은 부정된 것이다.

1188) 『주역, 계사상』 "形而上者, 謂之道, 形而下者, 謂之器"(하89)에 대한 정·주 주석을 퇴계는 위에서 "程子曰, 道, 太虛也, 形而上也",(상303) "朱子曰, 形而上底處, 渾是道理"(상303)로 인용했다. 문제는 이 인용문 2조는 '形而上'만 들었다는 점이다. 이 형이상을 정주는 "太虛, 虛"라 했으니 따라서 도리는 "道而虛, 虛而理"임이 분명하다는 것이다. 그러나 두 정자는 위 『대역』에 대해 "공자가 상·하를 분명히 한 것", "마땅히 공자와 같이 이렇게 設해야 한다"(하89)고 한다. 반면 퇴계는 형이상만 치우치게 들고 그 형이상을 '허는 리도 있음(虛而理)', '도는 허도 있음(道而虛)'이라 하는데, 그렇다면 "도리"는 '이것이면서 저것'인 노불의 "황홀"(상176)이 되고 만다.

1189) 『중용, 종장』(33장) 맨 마지막 구 "詩云, 德輶如毛, 毛猶有倫, 上天之載, 無聲無臭, 至矣(『시경』에 '덕의 가볍기가 터럭과 같다'고 하는데 터럭도 오히려 질량이 있다. 『시경』 '上天의 일은 소리도 없고 냄새도 없다'고 함이 지극하다)"를 인용했다. "무극이태극"(독리)을 주희는 『중용』 "상천지재, 무성무취"라 한다.(「태극도설해」 '무극이태극'의 주) 퇴계는 『중용』 최종 구인 『시경』 "무성무취"를 '虛而實'이라 하지만 만약 그렇다면 문왕의 덕은 허도, 실도 아님이 되고 만다. 주희는 무성무취에 주석하여 "문왕의 덕인 '不顯'을 '篤恭'의 묘로 형용했다", "그 [문왕의 덕]의 묘를 찬탄해 무성무취라 했다"고 한다. 이는 문왕德의 妙를 "탄찬" "形容"(주희 주석은 '형용'자를 3회 말함)한 것이다. 實德이 없다면 찬탄·형용할 수도 없다. "虛而實"이라 하면 문왕의 실덕이 '허이면서 실'이 되어 털끝만큼의 질량도 없는 '독리'는 '모호함의 형용'이 되고 만다.

1190) 퇴계는 독리인 공자의 "태극", 주돈이의 "무극이태극", 중용 최종 덕인 "무성무취", 그리고 정주의 태극 주석인 "형이상과 형이하" 중 형이상만 치우치게 들고 이를 "理而虛, 虛而理, 虛而實, 無而有"라고 한다. 이는 "태극"과 "무성무취"를 독리의 '실체'로 여긴 것이 아니다. 퇴계는 자신은 "虛而實"인데 고봉은 "無而虛, 實而有"라 하며 그래서 고봉에 대해 "亂道에 同歸시키려 한다"고 한 것이다. 과연 "태극"과 "무성무취"는 '허이실로서 실체가 없는 것인가? 고봉은 이미 "리인 태극을 허라 하면" 노불 "롱동황홀의 사이에 놓이게 된다"(상176)고 말했다. 왜냐하면 태극과 무성무취는 '리라는 실체가 없거나' 혹은 '이러하면서도 저러하다'고 할 수는 없기 때문이다. 결국 퇴계는 정주의 "천하는 리보다 實한 것은 없음"(상175)을 어겼고, 또 추만의 "리일"의 일자를 "허무로 귀결"시킨 것이다. 허이실이라 하면 "리"라는 주어 혹은 실체도 없는 "황홀"이 되고 만다.

1191) 고봉은 '虛자의 폐단'을 지적한 적이 없다. 고봉의 비평은 추만 「천명도설」 두 조항이다. "리체는 本虛라 할 수 없음. 허라 하면 理本는 롱동황홀의 사이에 놓이게 됨."(상173·174·176) "심덕인 虛靈은 理와 氣로 분속할 수 없음."(상173·180·181) 즉 "理之體"의 '리'와, 그리고 "心之虛靈"의 '심' 두 조항이다. 이 2조는 '허자의 폐단'을 지적함이 아니다. 리체(리)를 주희는 "至虛"(상174)로 표현했고 또 명덕(심)을 "허령"(상177)이라 했다. 이렇게 주희는 리와 심을 허로 표현했고, '허자의 폐단'으로 말하지 않았다. "명덕"을 주희가 "허령"이라 주석한 것은 "심의 본체를 專指한 것"(상177)인데, 이 "허령"의 虛字를 심의 폐단이라 할 수는 없다.

'虛而理'라 함. 이는 '리 일자' 혹은 '심 본체'도 아닌, 주체가 없는 모호한 설임)[1192]라고 하셨습니다. 황 또한 虛자를 쓰지 않고 實자만 고수한다면(虛而理가 아닌, 實而理라 한다면. 모두 '주어'가 없음)[1193] 이 또한 장차 학자들로 하여금 마음대로 상상하고 미루어 짐작케 해서 無位眞人(노자의 實. 불교의 깨달은 자)과 谷神酋長(장자의 實. 불교의 깨달은 자)의[1194] 번쩍이는 경지(불교의 깨달음)[1195]로서의 '實'과 '有'만 그 속(경지)에 있다고 간주할까 우려된다고 하겠습니다.(정주는 이 말을 긍정했고, 다만 '공부처'로 비판했는데, 퇴계는 반대로 고봉에게 이 경지를 요구함. 퇴계의 "허이실"은 추만의 '리'도 '심'도 아니며, 또 논변 주체도 모호함)[1196]

1192) 고봉의 "선생의 추만설 용인은 학자들에게 노·불의 허무의 영역에 빠지도록 유도할 것이다"(상182)고 함은 추만 「천명도설」 제5절 '理虛'와 제6절 "心之虛靈 理氣分屬"를 퇴계가 용인해서 결국 '成說(완성된 설로 용인한 것)'로 삼은 것에 대한 비판이다. 추만은 리의 체를 '허'라 했고,(제5절) 또 심 본체인 명덕의 '허령'에서 허자를 '리'라 했는데,(제6절) 퇴계가 이를 成說로 용인해서 '노불의 허무에 빠지도록 유도했다' 함이었다. 문제는, 추만은 '리'(제5절) 및 '심'(제6절)을 리기로 해설한 것인데, 퇴계의 경우 추만의 2설을 구분하지 않고 모두 "허이리, 실이허"라 한다는 점이다. 이는 추만 본설과도 전혀 다르다. 과연 퇴계는 무엇을 "허이실, 리이허"라 하는가? 이는 추만의 "리의 일자"도 아니고 "심의 본체"도 아니다. "허이실"은 리, 심, 허도 아닌 그 주체가 모호하며, 이는 추만보다 더 심한 폐단이다.

1193) 퇴계는 위에서 "虛는 없고 단지 實만 있지는 않다"(상302)고 하면서 "虛而實"(상301)이라 한다. "허자를 쓰지 않고 實자만 고수했다"고 함도 나는 虛而實인데도 그대는 '實'만 고수했다 한다. 이는 고봉의 지적과 다르다. 고봉의 "리는 本是 實이다. 그런데도 허라 하면 가능하겠는가?"(상175)라 함은 추만이 '리체를 本虛'(상174)라 했기 때문이다. 고봉도 리를 '虛자를 써서 至虛而實이라 할 수 있다'(하94)고 한다. 단 이는 "理字의 形容"(하94)일 뿐이다. 따라서 "實자만 고수했다"고 함은 고봉의 말과 다른데, 리는 '실체'라 함이기 때문이다. 문제는 퇴계의 "虛而理, 虛而實"은 리도 심도 아닌, '주어'가 없다는 점이다.

1194) '무위진인' '곡신추장'은 廖子晦의 인용문을 주희가 재인용해 반박한 글에 나온다. "보내온 글을 살펴보면, 日用의 사이 별도의 一物이 있어서 光輝 閃爍하고 動盪 流轉이라 하고, 이것을 이른바 '無極之眞'과 이른바 '谷神不死'라 하셨다. 二語를 그대는 인용했다. 또 이른바 '無位眞人'은 석씨의 語인데 그대는 '谷神의 酋長의 뜻이라 하셨다."(「문집」권45, 「答廖子晦」18, 2110쪽) '無極之眞'은 주돈이 「태극도설」에 나오고, '谷神不死'에 대해 이천은 "老氏의 '곡신불사' 一章은 매우 좋다"(「유서」권3, 72조, 64쪽) 하고, "無位眞人"은 「臨濟慧照禪師語錄」(「大正新修大藏經」47책, 796쪽)의 임제의 말이다. 주희의 답변은 "일찍이 [자사와 주돈이]는 사람들에게 日用의 사이에 반드시 이러한 '천명지성'과 '무극지진'을 찾아 구해서 固守하라 하지는 않았다. 이 理의 自來한 바를 근원하면 비록 지극히 미묘하나 그러나 그 實은 단지 人心 가운데의 許多한 合當한 道理일 뿐이다. 人力으로 할 수 있는 바가 아니므로 '天命'이라 했고, 形象으로 가리킬 수 없으므로 '無極'이라 한 것뿐이다. 이는 별도 一段의 근원공부가 있거나 또는 講學應事의 바깥에 있다 함은 아니다"(2111쪽)이다. 주희의 의미는 무위진인, 곡신추장이 나쁘다는 것이 아닌, 다만 "工夫(功夫)處"는 인심에서 이루어야지 무위지진, 무위진인, 무극, 천명, 천명지성, 곡신추장, 곡신불사 등을 스스로 "固守"(퇴계는 '膠守'라 함)하려 해서는 안 된다는 뜻이다. 그런데 퇴계의 '虛而實'은 공부처가 아닌 반대로 그 '경지'를 고봉에게 요구한 것이다. 퇴계는 고봉에게 안자의 공부인 "有하나 無 같았고, 實이나 虛 같았다"(이 말은 증자가 안자를 찬탄한 말이며, 주희는 육구연에게 이를 자처하지 말라고 비판함)(상295)를 요구했다.

1195) '섬섬삭삭지'도 위 주희의 "그대는 日用之間에 별도의 一物이 있는 光輝 閃爍이라 함"의 섬삭의 뜻이다. 광휘와 섬삭은 빛이 번쩍번쩍하는 경지를 말하며, 한편 어물어물하고 모호함을 뜻하기도 한다. 「어류」의 '陽變陰合, 初生水火. 水火氣也, 流動閃爍, 其體尙虛, 其成形猶未定. 次生木金, 則確然有定形矣.(「태극도설」의 '陽變陰合'은 처음 수·화의 낳음이다. 수화는 氣이며, 流動으로 閃爍하지만 그 체는 오히려 虛하니 그 成形이 未定이다. 다음으로 목·금이 낳으니 여기서 확연한 定形이 있게 된다)'(권94, 德明57, 3130쪽)의 섬삭은 流動의 '작용'을 말함이다. 장식은 주희를 인용하여 "爲佛學者, 言人當常存此心, 令日用之間眼前, 常見光爍爍地(불학을 하는 자들은 사람들에게 마땅히 이 마음을 보존하라 하면서 日用之間의 눈앞에 항상 빛이 爍爍하는 경지를 보아야 한다고 말한다)"(「南軒集」권30, 「答朱元晦」)고 하여 삭삭을 불교의 '깨달음'으로 말한다. 퇴계는 리를 實로만 말하면 오히려 불교의 '깨달음' 혹은 '작용'을 성이라 함이 되고 만다고 지적한다. 그러나 고봉은 리 존재는 허상이 아닌 실체라 했다.

1196) 무위진인의 실, 곡신추장의 실, 섬섬삭삭의 깨달음의 實·有의 경지·작용만 있다고 할까 우려된다는 것이다. 공자와 자사, 대유는 반드시 '虛而實'이라 했다. 이는 고봉의 "허이무인 노·불의 영역에 빠지게 인도할 것이다"(상182)에 대한 반박이다. 정·주는 노·장·불의 이 말을 부정하지 않는다. 다만 스스로 자처해서는 안 된다는 것이다. 주희도 '류동섬삭'을 말했고, 렴계는 태극도설에서 '무극지진'이라 했으며, 이천은 "莊生(장자)의 道體를 형용한 語는 好處가 있고, 老氏의 곡신불사 一章은 最佳이다"(「유서」권3, 72조, 64쪽)라 하고, 주희도 '무위진인, 곡신추장'을 부정하지 않는다. 다만 천명지성, 무극지진, 곡신불사 등을 고수해서는 안 된다고 할 뿐이다. 이것을 고수하면 공부처가 없기 때문이다. 그런데 퇴계는 '허이실'이라 한다. 고봉의 질문은 "理體"이다. 리체는 허이실이라 할 수 없다. 리체가 이러면서 저럴 수는 없다. 더구나 이러한 설 혹은 경지를 자처하거나 혹은 남에게 요구할 수도 없다. 주희가 육구연을 비판한 이유다. 퇴계의 뒷줄 "리를 봄에 解吾處에 도달해야 하고, 리를 설함에도 極至處에 도달해야 한다",(상326) "이를 어찌 口舌로 다투겠는가?",(상327) "이는 理에 통달한 호학 군자가 아니면 불능하다"(상329)고 함은 '경지'이다. 이 경지를 아는 자는 리에 통달한 자이다. 그런데 고봉의 질문은, 리의 실체는 사실로 존재하며 이

(307) 且 "四端亦有不中節"之論, 雖甚新, 然亦非孟子本旨也. 孟子之意, 但指其粹然從仁義禮智上發出底說來, 以見性本善故情亦善之意而已. 今必欲舍此正當底本旨, 而拖拽下來, 就尋常人情發不中節處, 滾合說去. [也야: ~이다.(단정을 나타내는 구말어기사. 추측은 矣) 指지; 가리키다.(맹자는 사단을 指했다는 것. 그러나 맹자의 지는 확충과 성선임) 拖拽下來타예하래; 위에서 아래로 끌어당겨 내리다. 滾合…去곤합거; 굴러 떨어뜨려 다른 것에 합쳐버리다.]

게다가 "사단 또한 불중절이 있다"(고봉은 '사단지발'이라 했고, 다만 '사단지정'을 맹자 본지라 함)고 하신 논은 비록 심히 새롭지만[197] 그러나 이 역시 맹자 본지가 아닙니다.(맹자 본지는 '단서'가 아닌 "확충"과 "성선"임)[1198] 맹자의 뜻은 단지 그 수연히 인의예지를 따라 '發出한 것'만 가리켜 설한 것으로,(맹자의 뜻은 '발출한 것'이 아닌, 사람은 이러한 "정이 반드시 있다"는 것임)[1199] 이로써 '성이 본선인 까닭에 정(사단) 역시 선하다'는 뜻을 보였을 뿐입니다.(맹자는 반대로 정이 선해서 성선이라 함. 앞 '발출'과 이곳 '성선'은 맹자의 다른 2설이므로 혼합해 논할 수 없음)[1200] 그런데도 공은 기필코 이런 정당한 본지(만약 천명의 중화가 리발이라면 이 주장은 의미 없음이 됨)[1201]를

를 허라 할 수는 없다고 했다. 퇴계의 답변은 무위 및 섬석의 뜻과 상관없이 고봉의 질문과 어긋난다. "허이실"은 추만의 리도 심도 아니고, 정주의 공부도 아니며, 논변 주체도 모호하다.

1197) 고봉은 "四端之發은 또한 불중절의 것이다"(상170·172) 하고, 또 "四端之情을 發於理而無不善으로 삼은 것은 맹자의 所指에 因해 설명한 것이다"(상170)고 하여 四端之發과 四端之情을 각각 구별했다. 맹자가 측은·수오 등 넷을 "척출"해서 "情의 善者로 설명"(상81)한 것은 "성선의 리를 발명하기 위함"(상79·81)이다. 고봉의 '情上에 나아가 세론하면 '사단지발' 또한 불중절자가 있다'(상170)고 함은 '사단지정'이 아니다. 一情을 성인은 사단지정, 사단지발, 희노애락 중절의 화, 정심의 정 등으로 언지했다. 사람 감정인 사단은 심의 感物로 인한 것이다. 외물의 측은의 일에 심이 감물해서 정으로 발한다. 단 정은 외물의 측은을 그대로 반영한다 할 수는 없다. 심의 존양·성찰이 있어야 하기 때문이다. 때문에 고봉은 "사단지발"의 '발'을 불중절이 있다고 했을 뿐이다. 만약 사단을 곧바로 성선이라 하면 "인욕을 천리로 여김"(상171)이 되고 만다. 퇴계는 이러한 고봉의 "발"에 대해 "매우 새롭다"고 한다. 고봉은 주희가 논한 "사단 불중절의 설"을 뒤에서 고찰한다.(하95)

1198) 퇴계는 맹자 本旨를 "사단"이라 하면서도 그 종지인 "확충"과 "성선"을 논하지 않는다. 사단 불중절이 맹자 종지가 아님은 지당하다. 맹자 종지는 「공손추상」 "나에게 있는 사단을 擴而充之해야 함"과, 「고자상」 "그 情으로 [性]善을 삼을 수 있음(其情則可以爲善」 둘이다. 퇴계는 이 둘을 구분하지 않고, 더구나 이 둘이 아닌 「어류」 "理之發" 기록을 "맹자 본지"라 한다. 그러나 칠정도 리지발이다. 주의의 고찰에 의하면 "공문(공자·자사)의 혼연전체를 넷으로 쪼개면서 四端之說을 세웠다."(상79) 사단을 강요할 수는 없다. 단서는 사람 감정에 관한 논설이며, 단 맹자 종지를 단서에 있다고 할 수는 없다. 목적이 빠졌기 때문이다.

1199) 퇴계는 "맹자의 뜻은 인의예지의 發出底에서 설한 것"이라고 한다. 맹자가 인의예지를 설한 것은 당연하다. 하지만 퇴계는 맹자의 "인의예지"와 또 그 발출처인 "發出底"를 구분하지 않는다. 주희에 의하면 정은 모두 성발인데 다만 맹자는 그 성을 "넷으로 조겠고(四破)"(상79) 또 "측은·수오는 다만 情의 善者로 설명한 것"(상81)뿐이다. 인·의와 측은·수오는 맹자의 소지·목적에 의한 '설'이다. 맹자는 사람 마음은 이 사단의 정이 '반드시 있음을 언지'했을 뿐, 그 발출처라 할 수 없다. "칠정도 성에서 발"(상101)하기 때문이다.

1200) 퇴계는 "맹자는 성이 본선이므로 정 역시 선하다 했다"고 하지만 이는 맹자 본지와 다르다. 성의 본선 여부는 사람의 심으로 알기 어렵다. 심은 불선이 있기 때문이다. "默識"(「공손추상」6)만 가능하다. 맹자는 "성선"을 "그 情"(「고자상」6)으로 논증(言之)했을 뿐이다. 만약 성이 선하므로 정도 선하다면, 칠정도 선하다고 해야 한다. 칠정 역시 '성발위정'이기 때문이다. "정 역시"의 본의는 '인의예지가 본선이므로 그 사단 역시 선하다'는 의미일 것이다. 왜냐하면 "정 역시"의 정은 사단, 칠정, 正心의 정, 불중절의 정 등을 포괄해야 하기 때문이다. 맹자가 성선을 논한 이유는 "당시 이단에서 왕왕 성을 불선으로 여겼기"(상79) 때문이다. 맹자 성선 종지는 發이라는 '단서'가 아닌 사람 감정에서 '善者를 척발해 언지함'이다. 또 퇴계는 "인의예지의 발출"과 '성의 본선'을 합해서 논하지만, 맹자 소지는 각자 다르다. '발출'은 「공손추상」의 "확충"이고, '성선'은 「고자상」의 '정선'이다. 확충을 성선이라 할 수는 없다.

1201) '정당한 본지'라 함은 맹자·주희는 '리지발'이라 했다 함이다. 하지만 이는 맹자의 정당한 본지라 하기 어렵다. 만약 『중용』 "천명"의 정도 리지발이라면 맹자 본지는 의미 없음이 되고 만다. 맹자 종지는 "심의 확충"과, 정의 선자를 척발해 "성선의

버리고 사단을 아래로 끌어내려1202) 일상인의 정인 발하여 중절하지 못한 곳에 나아가 혼합해서 논설하고자 하셨습니다.(사람 본연의 일상 감정을 선유는 각자 다르게 공부로 논설함. 퇴계는 공부를 빼고 사단만 리발로 선언함으로써 공자 등 선유의 제설이 모두 기발이 되고 만 것임)1203)

(308)夫 "人羞惡其所不當羞惡, 是非其所不當是非", 皆其氣昏使然. 何可指此儳說, 以亂 於四端粹然天理之發乎? 如此議論, 非徒無益於發明斯道, 反恐有害於傳示後來也.

[使然사연; 그러한 일이 일어나도록 기가 시킴.(然자는 自然이 아닌, 기가 시킨 不自然의 일임) 指지; 가리키다.('사단 불중절'의 참설을 가리킴) 儳說참설; 어긋난 설. 가지런하지 못한 설. 갈팡질팡한 설. (주희의 사단 불중절의 설을 말함)]

공이 말한 "사람이 마땅히 수오하지 않아할 바에 수오하거나, 마땅히 시비하지 않아야 할 바에 시비하는 것"1204)은 모두 그 기의 혼매함이 '그렇게(然)' 하도록 시켰을 뿐입니다.(기가 시킨 부자연의 일. 그렇게 시킨 것이라면 이미 불중절을 긍정한 것임. 퇴계는 자신의 공부가 없이 불선을 기 탓으로 돌린 것임)1205) 어찌 이런 어긋난 설(주희의 사단 불중절 설이 참설이라는 것)을 지적

리를 발명하고자 함이다.

1202) "사단을 아래로 끌어내렸다"고 함은 수연한 리발의 사단을 기발의 불중절에 합했다 함이다. 사단은 리발일 뿐 기발이 아니라는 것이다. 이는 퇴계 자신의 공부를 빼고 논한 것이다. 맹자 본지는 "사단은 누구라도 있으니 확충해야 한다" 함으로서 '공부로' 논한 것이다. 맹자 종지는 리발이 아니다. 사단의 리발은 자명하나 그 단서는 정이며, 단 맹자는 측은인 "그 정"을 言之(설명)" 해서 성선을 논증했을 뿐이다. "그 정"도 일상의 정이다. 누구나 리발의 정이 있고, 그 일상의 정에는 성이 있으며, 맹자는 그 정선으로 성선을 논증한 것이다. 정선과 성선은 "혈맥관통"(상160)의 一善이기 때문이다. 따라서 "사단을 끌어내렸다"고 한다면 이 정으로는 성선을 논증할 수 없게 되고 만다.

1203) 그대는 "사단을 일상인의 정에 끌어내려 불중절의 정과 혼합해서" 설한다. 이는 고봉의 "四端之發도 불중절이 있음"에 대한 답변이다. 퇴계는 사단은 리의 발출이라 하면서 그 공부를 논하지 않는다. 맹자 사단은 "사람은 누구나 이러한 감정이 있으니 확충해야 한다" 함이다. 선유의 여러 설도 모두 사람 자연의 감정을 공부로 논한 것이다. 모두 사람 본연의 느낌인데 다만 그 소지인 언지가 다를 뿐이다. 사단이 인의예지의 발임은 지당하나, 단 사단지발을 성의 무불선으로 삼을 수는 없다. 퇴계는 사단만 성발로 여김으로써 결국 선유의 다양한 여러 설(예로 천명의 정) 등이 기발이 되고 만 것이다.

1204) 고봉은 "혹 수오해야 할 때 마땅히 수오하지 못할 바도 있고, 또 시비해야 할 때 마땅히 시비하지 못할 바도 있다"(상170)고 한다. 외물의 수오의 일에 心感으로 禮가 발한다. 그런데 사람 감정이 외물의 일에 그대로 거울처럼 반영한다고 해서는 안 된다. 발현의 즈음 미발·이발 공부가 있어야 하기 때문이다. 맹자는 다만 "이러한 사단의 감정은 누구나 있으므로 모두 확충해야 한다"고 하여 이발공부로 논한 것이다. 맹자 사단은 그 종지가 있으며, 그 종지의 가리킴이 아니라면 사람 감정을 모두 중절한다고 해서는 안 된다. 고봉의 "四端之發에 불중절이 있다"(상170)고 함은 그 '유행·발현의 즈음'이 그렇다는 것뿐 "四端之情인 맹자의 所指"(상170)가 그렇다 함은 아니다. 퇴계는 사단지정의 소지와 사단지발의 발처를 구분하지 않는다.

1205) 이곳 "然"자는 자연이 아닌 '부자연'의 일이다. "기의 혼매함이 그렇게 하도록 시켰다"고 함은 곧 기가 사단 불중절의 원인이라는 뜻이다. 사단 불중절의 소종래는 기이다. 이 말은 오히려 사단 불중절도 '있다' 함으로 이는 윗줄 "불중절이 있다는 논은 심히 새롭다"(상307)와 다르다. 심히 새롭지만, 다만 그것은 "기가 시킨 것"이므로 "맹자 본지는 아니라는 것"(상307)이다. 결국 맹자 본지는 아니지만 그 '사단 불중절은 있다' 함이다. 오히려 이것이 고봉의 본의이다. 왜냐하면 고봉은 맹자 '사단지정 소지'를 불중절이라 함은 아니기 때문이다. 문제는 "기가 그렇게 시켰다"고 한다면 그 불중절 원인은 '氣'일 뿐, 맹자 '소지'를 논함이 아니라는 점이다. 퇴계는 맹자 소지가 아닌 자신의 소지로 논한 것이며, 결국 "기로 인한 것"이라 하여 스스로 '사단 불중절을 논한 것'이다. 사단은 이미 기이고, 승기로 仁은 발한다. 만약 사단 불중절이 기 때문이라면 사단지정은 "승기를 통한 정으로서의 발현자"(상171)가 될 수 없다.(상4·111·112·129) 또 문제는 사단 불중절은 심 공부로 인할 뿐, 기 때문으로 여겨서는 안 된다는 점이다. 퇴계는 불중절을 자신의 공부로 논하지 않고 스스로 '심즉리'로 여겨, 결국 악을 상대인 기 탓으로 돌린 것이다. 퇴계는 스스로 "리의 해오처"(상326)와 "리에 통달한 호학군자"(상329)를 강조하여 '자신 공부'를 리로 여긴다. 이는 교류·소통으로서의 정 논의라 할 수 없다.

(指)1206)하여 이로써 '사단이라는 수연한 천리의 발'(맹자는 四端之發을 '확충하라' 한 것임. 사단을 강요할 수는 없음)을 어지럽힐 수 있겠습니까?1207) 이 같은 의론들은 한갓 우리의 도(斯道)를 밝히는데(퇴계는 사단 종지인 공부를 논하지 않음) 무익할 뿐만 아니라 도리어 "훗날까지 전해줌(垂後來)"(고봉의 이 말은 사단이 아닌 추만 「천명도설」 2조를 지적한 것임)에 해로움이 있을까 두렵다고 하겠습니다.(결국 주희의 불중절 설이 사도에 해로움이 된다는 것임)1208)

(309)滉前謂, "公所見有似於羅整菴 '理氣非二物'之說", 此則滉妄說也. 今竊覘公意, 非如整菴之誤. 但於四七之分, 則不過憂其位置之離析, 將使不知者, 認作二情. [覘간; 엿보다.]

황이 전에 말하기를 "공의 소견은 나정암의 '리기는 二物이 아님'의 설과 흡사함이 있다"1209)고 했는데 이것은 황의 망설입니다.(퇴계 본설이 곧 리기 1물과 2물이며, 고봉은 이런 언급조차 없었음을 강력 항변함)1210) 지금 가만히 공의 의도를 엿보니 정암의 오류와는 같지 않습니다.(고봉은 리·기는 반드시 分이라 하고, 리기 離合처를 논했음)1211) 단지 '사단과 칠정을 둘로 分

1206) "이런 어긋난 설을 지적(指)했다"고 함은 이미 이런 '설이 있기' 때문에 그것을 지적했다는 것이 된다. 이미 있는 설은 누구의 설인가? 퇴계는 '사단 불중절'의 설을 "참설"이라 하지만, 고봉은 "이 설의 소종래"(하95)는 『주자어류』(하98)임을 고증한다.

1207) "사단이라는 수연한 천리의 발"이라 함은 측은·수오의 "사단은 理之發"이라 함이다. 사단의 리발은 지당하나, 그러나 "인의예지"와 "측은·수오"라는 명칭의 '소종래'는 『어류』가 아닌 맹자다. 그 名은 목적이 있다. 그 목적은 사단만 리발이라 독단한 것이 아니다. 一情은 모두 리발인데, 성현이 이 일정을 각자 이름 붙인 희노, 중절자의 화, 정심, 측은, 칠정, 불중절 등은 모두 그 소지가 있다. 어류에서 칠정을 "시기지발"로 논한 것은 "그 정을 約하라"(하134)는 목적도 있다. "시리지발"도 곡절이 있는데, 만약 그 리발이 "확충하라"(하133)는 공부를 말함이라면 리발은 당연하다. 그러나 사단을 강요할 수는 없다. 퇴계의 "사단은 천리의 발이다"고 함은 '사단지발의 발처'이다. 이는 "성선"을 논함이 아니다. 성선을 확충하라 한다면 이는 나의 성선을 내가 자부함이 되며, 이는 "공부처(功)가 없다"는 것이 주희의 고찰이다.(「고자상」6) "사단은 천리의 발"이라 함은 성선 논증이 아니다. 고봉의 "四端之發은 불중절이 있다"(상170)고 함은 "四端之情"인 '성선'에 대해 불중절이 있다 함이 아니다.

1208) "사단 불중절의 설은 사도에 무익하다." 왜냐하면 맹자의 뜻은 인·의의 단서가 측은·수오라 함이기 때문이다. 고봉은 이를 부정할 수 없다. 단 '맹자 종지'를 인·의의 단서인 측은·수오라 할 수는 없다. 맹자는 "있음(有)"에서 '공부'를 논했을 뿐이다. 맹자 종지는 "확충해야 함"의 공부이며 때문에 "확충하지 못하는 사람도 있다"고 한 것이다. 퇴계는 맹자 종지인 공부를 고찰하지 않는다. 만약 자사의 희노가 "천명의 중"의 "성발"이라면 이 말은 '의미 없음'이 되고 만다. 사단 불중절은 주희의 설이며, 주희도 자신의 공부로 비추어 이 설을 논한 것이다. 사람 느낌의 단서를 모두 옳음으로 여기면 스스로 독단에 빠지고 만다. 주희의 설이 "사도를 밝히는데 무익하다"고 할 수는 없다. 더구나 고봉이 "垂後來(후세에 전해줌)"(상182)를 우려한 것은 추만 「천명도설」 "리의 본허"와 "심의 허령" 2조일 뿐, 사단 불중절의 설은 아니었다.

1209) 퇴계는 당초 "공은 정암의 '理氣一物'설과 흡사하다"(상41) 했고, 이후 "공도 '一物'이 아닌 분별이 있다고 여겼다"(상218)로 고쳤는데, 또 "공은 정암의 '一物說'과 흡사하지 않다"고 한다. 그렇다면 퇴계는 그 흡사하지 않은 이유를 밝혀야 한다. 왜냐하면 고봉은 이미 "저는 리기 一物 혹은 非異物이라 하지도 않았거니와, 이러한 意도 없었고 이 語조차도 없었다"(상146)고 강력 항변했기 때문이다. 더구나 정암은 리기 문제이고, 우리 토론은 사실 문제이다. 퇴계는 먼저 이 문제부터 구별해야 한다. 고봉의 경우 리기 일물은 '事物'이고, 리·기 二物의 '分'은 당연해서 논할 것도 없다.(상7)

1210) "황의 망설"은 그대로 리기 一物은 아니라 한다. 퇴계는 앞에서 "황의 착간 망론"(상227)이라 하고 "공도 一物이 아닌 別한 바가 있다"(상218)로 고쳤다. 즉 그대로 리기 一物이 아닌 異物(二物)이다. 그런데 고봉은 이미 "저는 리기 一物 혹은 異物이라 말한 적도 없다"(상146)고 했다. 고봉은 리·기는 2물, 칠·사도 2설이라 한다. 반면 퇴계는 리기 혼륜은 1물, 분석은 2물이므로, 따라서 1물은 퇴계 본설이다.

1211) "가만히 공의 의도를 엿보았다"고 함은 그대로 "然也 2자"로 보면 리기 一物설이 아니라 함이다. 하지만 고봉은 이미 "나는 이런 의도조차 없었다"(상146)고 말했다. "공의 의도를 엿봄"이라 하기 위해서는 고봉 본의를 파악해야 한다. 고봉의 "연야" 본의는 "도의 離合處이지 저는 리기 一物이라 함이 아니다."(상140) '합처'는 공자의 "一陰一陽之謂道"이고 '離'는 공자의 "形而上者謂之道, 形而下者謂之器"(하89)이다. 또 "정암의 오류와 같지 않다" 함은 일물설이 아니라 함인데, 그렇다면 퇴계는 먼저 '정암의 일물설'과 '고봉의 리합처'를 구분해서 말해야 한다. 하지만 퇴계는 여전히 리기 一物과 二物로 말한다. 고봉은 이미

하면(고봉은 사·칠 分別은 지극히 당연하다 함) 그 위치가 분리되고 쪼개져서(離析) 장차 그 의미를 모르는 자들로 하여금 二情으로 인식시킬까'(퇴계의 分, 離析, 二情 인용문은 고봉 문자와 다름. 리·기 및 사·칠 分은 너무 당연해서 아무 의미가 없음)1212) 우려함에 불과합니다.1213)

(310)"理虛"之論, 則不過憂其語涉於(고봉집 於 없음)空無, 將使不知者, "向別處走", 此語(고봉집 意)非不善矣. [空無공무; 아무것도 없는 무.(공으로서의 무. 虛無. 無有) 向別處走향별처주; 별도의 곳을 향해 질주함.(정자; 겸허실이 곧 딴 곳으로 질주함. 퇴계; 허이실이 아닌 空無라 하면 딴 곳으로 질주함)]

"리·허"의 논에 있어서도(퇴계의 "리허"는 리인지 허인지가 불명함)1214) '그 말씀'(고봉은 추만의 "리체"에 대해 '허라 할 수는 없음'이라 했음)1215)은 空無에 떨어져1216) 장차 그 의미를 모르는 자(추만의 "리허"를 퇴계는 '허이실'이라 한데, 이는 리도 허도 실도 공부도 아님)1217)들로 하여금 "엉뚱한 곳을 향해 달려가는 것(向別處走)"(정자의 이 용어는 兼虛實을 강력 비판한 말인데 퇴계는 이 용어로 虛而實을 주장함. 인용오류임)1218)에 대한 우려에 불과하니, 이러한 말(혹은 의미)이 나쁘다는 것

"리·기는 진실로 分이고, 界限도 있다"(상7·140)고 했다.

1212) 고봉은 「천명도」 분주를 다음과 같이 비판했다. "발어리, 발어기는 지나치게 리·기로 분석했다."(상144) "발어리, 발어기는 위치에서 離析됨이 심하다.(상69) "무불선·유선악의 兩情, 혹은 발어리·발어기의 二善으로 의혹할 것이다."(상72) 이를 퇴계는 "그대는 사칠을 '分'하면 그 '위치가 리석'되어 不知者가 '二情'으로 여김을 우려했다"고 요약한 것이다. 퇴계의 이 말은 아무 의미가 없다. 리·기의 분, 위치의 리석, 사칠의 二情 등은 너무 당연해서 논란이 될 수 없다. 칠·사는 사맹 別名이고, 리·기는 당연히 分이므로 따라서 리석됨을 우려할 이유도 없다. 단 고봉은 칠사를 각자 리발·기발이라 하면 그 발처 및 선의 근원이 둘이 되고, 또 리·기 2선이면 선유 종지인 소통·교류는 원천적으로 불가능하다 함이다.

1213) 퇴계를 요약하면, 그대는 리기 一物이 아닌, 다만 사칠을 分하면 그 위치가 리석되니, 二情으로 여기게 됨을 우려한 것뿐이다. 이러한 리기 一物, 사칠의 分, 천명도의 위치, 무불선·유선악의 二情 등 4조는 각자 다른 문제이다. 一物은 리기이고, 分은 사맹의 名이며, 위치는 주석이고, 二情은 善 문제이다. 만약 퇴계와 같이 합해서 논한다면 사칠, 名, 분주, 선 등이 모두 리기의 1物·2物 문제가 되고 만다. 때문에 고봉은 이미 "대승은 진실로 리기를 一物 혹은 異物이라 한 적도 없었고, 또 이러한 意도 이런 語도 없었다"(상146)고 했다.

1214) 고봉은 「천명도설」제5절 '理之爲理, 其體本虛'에 대해 리체는 "본허"라 할 수 없다고 했다.(상174) 즉 "정자는 장재의 태허·허를 리라 했으니, 리는 본시 實인데 虛라 하면 가하겠는가?"(상175) 따라서 퇴계는 그 리체가 허인지 실인지를 분명히 해야 한다. 하지만 퇴계는 "허령처의 허는 리이다"(상300·302)고 하여 '리체'와 '허령' 두 조항을 구분하지 않았다. 더구나 "虛而實, 無而有",(상301·314) "허리, 리허"(상302·305)는 리가 허인지 허가 리인지, 허이며 리인지 리이며 허인지, 리가 그런지 허가 그런지의 구분도 없다.

1215) "其語"는 고봉이 추만을 비판한 말이다. 고봉은 추만의 "리허"(「도설」제5절)에 대해 정주의 2설을 인용해서 비판했다. "주희는 '天下之理는 至實者로 自存한다' 했는데 따라서 리를 '本虛'라 할 수 없다.(상174) "정자는 장재의 태허에 대해 '태허라 할 수 없다'고 하면서 그 虛를 가리켜 理라 했다. 리는 本是 實이거늘 추만과 같이 '虛라 할 수 있겠는가?'(상175)

1216) "空無에 떨어짐"은 空而無가 아니라 함이다. '무엇'이 공무가 아닌가? 퇴계는 "虛而實일 뿐 無虛가 아니다."(상301) "나의 虛는 虛而實이지 저들의 허가 아니고, 나의 無는 無而有이지 저들의 무가 아니다"(상314)고 한다. 즉 虛而實일 뿐, 無虛·空無가 아니다. 그렇다면 '무엇'이 허이실인가? 만약 '理體'라면 리체는 '이러면서 저런 것'이 되고 만다. 만약 '나의 허, 나의 무'라면 고봉의 "리체"(상174) 질문과 어긋난다. "리는 허"라 함은 '리' 논의이며, 허 일이 아니다. 퇴계의 "공무"는 이러한 등의 구분이 없다.

1217) "그 의미를 모르는 자"는 '공무'로 여기고, 아는 자는 "허이실"이라 한다는 것이다. 아는 자는 '허이실'이다. 그렇다면 '무엇'이 허이실인가? 고봉은 리를 물었고, 퇴계는 리도 허도 아니다. 이곳 "리허 논에서의 不知者" 조항은 추만 「천명도설」제5절 "리체"이다. 결국 퇴계의 "虛而實"(상301·314)은 리도 허도 실도 공부도 아니다.

1218) 虛而實일 뿐 空無가 아니다. 그대의 우려는 虛而無인 노장의 "별처를 향해가는 것(向別處走)"일 뿐이다. 노장은 별처의 虛而無이며, 우리는 虛而實이다. 하지만 퇴계의 "향별처주"는 정자의 뜻과 정 반대의 의미이다. 고봉은 뒤에서 "횡거 '청허일대'의 설

이 아닙니다.(주희는 겸허실을 가장 불분명하다고 하며, 형이하라고 함. 퇴계의 이곳 주장은 '허이실'임)[1219]

(311)然而鄙見, 以爲凡建圖立說 固當(퇴계집 當 없음)爲知者而作, 不當爲不知者而廢也, 若爲不知者, 而慮其分析之弊, 則濂溪之「圖」, 不應挑出太極圈, 在陰陽之上矣. 旣有在上之太極, 不應復有在中之太極矣, 五行之圈, 又不應置在陰陽之下矣. [挑出도출; 끄집어내다. 在中之太極재중지태극; 음양 속에 있는 태극.(이천의 "在中"은 情 미발의 '中'이나, 퇴계는 위치의 '가운데'임)]

그런데 나의 견해로는 무릇 「도형」과 「도설」을 세울 때[1220]는 진실로 아는 자를 위해 지음이 마땅하지 모르는 자를 위해 폐지함은 마땅하지 않다고 여겨집니다.(고봉은 폐지를 거론하지 않고 퇴계의 해석을 문제 삼은 것임)[1221] 만약 모르는 자를 위해 그 분석의 폐단을 우려했다면(퇴계의 분석은 리·기인데, 추만 본설은 이와 전혀 다름)[1222] 렴계도 「태극도」에서 응당 태극의 동그라미(무극이태극 동그라미)를 음양권 위에 따로 두지도 않았을 것입니다.(퇴계는 무극이태극을 공자의 태극과 분석해서 '無而有'라 함. 그렇다면 공자태극은 '기' 혹은 '허·무가 됨)[1223] 그리고 기왕 맨 위 태극의 동그라미(무극이태극)를 두었다면 응당 음양 가운데에 다시 태극(음양태극의 동그라미)을 두지도 않았을 것이며,(퇴계는 음양태극인 공자태극을 '잡리기' 혹은 분석해서 '기'라 한 것임)1224) 또 응당 오행의 동그라미(5행의 5개 태극)를 또 음양권 아래에 각각 배치하지도 않았을 것입니다.(퇴계는 공자태극의 체, 오행태극의 용인 '태극의 체용'을 상원 무극태극과 나누어 분석함으로써 결국 '기'가 되고 만 것임)1225)

(312)慮其 "虛無"之弊, 則太極之 "眞實无妄", 濂溪不應曰 "無極"矣, 道與性與太極之 '實', 程張(고봉집 子)朱子, 不應皆以 '虛'言之矣. [眞實无妄진실무망; 참되고 실하여 망령됨이 없음.(태극이 아닌 태극의 妙로서의 '성인의 덕'임)]

또 그 "허·무"의 폐단을 우려했다면(고봉은 허무의 폐단이 아닌 '리의 허됨'을 우려함)1226) 태극의 "진실무망"(태극이 아닌 '성인의 덕'이며, 성인의 덕을 태극이라 할 수는 없음)1227)을 렴계는 응당 "무극"이라 하지도 않았을 것이며,(공자태극을 렴계가 무극이라 했다면 태극은 노자의 공적(허무)이 되고 맘)1228) 도와 성과 태극의 '實'을 정자, 장자, 주자는 응당 모두 '虛로 설명'하지도 않았을 것입니다.(퇴계는 결국 도, 성, 태극이 허 혹은 허이실이 되어 실체 없음의 노장이 되고 만 것임)1229)

1224) "음정·양동" 권역 안의 태극인 '공자태극'이다. 퇴계는 맨 위 무극이태극이 있는데 음양 권역에 다시 음양태극을 둔 이유를, 무극이태극과 음양태극을 리·기로 나누어 분석하기 위함이라 한다. 요컨대 공자태극은 본래는 리기혼륜의 '잡리기'이지만, 분석하면 '기'라 한다. 이로써 공자의 "역유태극"은 '기'가 되고 만 것이다.

1225) 오행권의 "수·화·금·목·토" 5개 동그라미 역시 태극이며, 오행이 각각 하나의 '공자태극'을 가진다 한다. 주희에 의하면 음양태극은 체, 오행태극 이하는 태극의 용이다. 추만은 그중 금·목태극 아래 "묘합태극"의 작용을 「천명도」로 드러낸 것이다. 반면 퇴계는 오행태극을 리·기로 분석해서 기라 하므로, 결국 태극의 작용이 '기'가 되고 만 것이다.

1226) "허무의 폐단을 우려함"은 고봉 본의와 다르다. 고봉은 허무를 우려해서 "리체는 실"이라 한 것은 아니다. 리체는 본허가 아니다. 만약 리체가 허라면 그 리는 "노불의 허무에 빠진다."(상182) 반면 퇴계는 그 허를 "虛而實"이라 하고 허무가 아니라 함인데, 이는 '허' 논의일 뿐 리 논의가 아니다.

1227) 『중용』20장 "誠" 주희 주석을 보자. "誠者는 진실무망을 이른다. 聖人의 德은 渾然의 天理이다. 진실무망하여 思勉을 不待해도 從容히 中道하니 天道이다." "誠者는 진실무망을 이르니, 陰陽合散은 實이 아님이 없다."(16장 주희주) 이천은 『주역』「无妄卦」에서 "无妄者는 至誠이며 至誠은 天道이다. 천이 만물을 化育함에 生生不窮으로 각기 그 性命을 正하니 이것이 무망이다. 사람이 무망의 道에 슝하면 천지와 더불어 그 德을 슝한다"(『周易程氏傳』권2, 822쪽)라고 주석한다. 진실무망은 천덕과 성인의 덕이며, 리의 태극을 말함이 아니다. 德을 태극이라 할 수는 없다. 성인의 마음가짐이기 때문이다. 단, 고봉은 "진실무망으로 理字를 형용할 수 있다"(하94)고 한다. 주희는 "所中의 節은 성인의 自爲가 아닌, 性의 故有한 바"(『문집』권73, 「胡子知言疑義」, 3560쪽)라고 하는데, 즉 성인의 행위로부터 리가 생기는 것이 아닌 리의 본래 그러함이다. 이는 "사단은 기",(상112) "허령은 기, 허령의 소이는 리"(상178)와 같이 성인의 천력인 진실무망의 无妄卦는 氣지만, 그 진실무망의 소이는 리이다. 『대역』 "易有太極(역은 태극이 있음)"은 역이 태극이 아닌, 64괘의 기에는 태극이 자존한다 함이다.

1228) 「태극도설」 "無極而太極"은 공자 '易有太極'(「계사전」)에 대한 '설'일 뿐이다. 역유태극은 곧 「태극도」 "음양태극"(주희의 「도해」 71쪽 끝말 "◎之謂也")이다. 렴계는 공자의 태극을 무극이라 한 것이 아닌, 무극이태극은 다만 설일 뿐이다. 태극이 곧 무극일 수는 없다. "眞實無妄"도 성인의 '德'일 뿐 태극이 아니다. 주희는 무극이태극은 "無 가운데 나아가 有를 說했고"(하91) 또 무성무취는 "그 묘함을 찬탄"(하91)한 것이라 한다. "무극"은 '설'이며 '찬탄'이다. 주희는 "태극을 말하지 않으면 그 무극은 空寂에 빠진다"(상304)고 하는데, 만약 태극이 무극이라면 태극은 노자의 '무'가 되고 만다.

1229) "도, 성, 태극의 實을 虛로 설명함"은 '實而虛'의 뜻이다. 반면 고봉이 '도, 성, 태극은 모두 實이다'고 한 것은 도·태극은 '있음(有)'이기 때문이다. 정·장·주의 이른바 "虛"는 마음의 공부, 찬탄, 설로 논했을 뿐 리의 실체가 아니다. 따라서 "허로 설명할

(313)後來諸儒, 果謗濂溪「圖」·「說」者, 紛紛而起, 向非朱子論著發明之力, 其廢而不行久矣. 試玩朱子「圖解」·「後論」, 定諸人辯詰處, 則可見不妨分析之意, 何必過憂於流 "俗" 之弊乎? [圖說도설; 렴계「태극도」와「태극도설」.("도설"은「태극도설」인데, 퇴계는 아래에서「도」및「도설」과 주희의「도해」및「후론」을 거론하므로,「도설」로 볼 수 없음) 向향; ~을 향하여. 試玩시완; 완상하다. 의미를 짚어보다. 辯詰處변힐처; 논변하며 꾸짖었던 내용.]

뒤에 제유들이 과연 렴계의 이「태극도」와「태극도설」[1230]을 비방함이 분분히 일어났는데,[1231] 주자의 이러한 논저[1232]와 이치를 밝혀낸 힘이 아니었다면 그것은 폐기되고 행해지지 못함도 이미 오래되었을 것입니다.[1233] 주자는「도해」와「후론」(「태극도설해」를 말한 듯함)[1234]을 씀으로써 사람들이 논변하며 꾸짖는 곳(辯詰處)[1235]을 진정시켰음을 음미해 본다면 분석도 해롭지 않다는 뜻(퇴계의 분석은 오히려 추만의 본문 2조를 합함)[1236]을 볼 수

수 있음"은 고봉과 같다. 문제는 퇴계가 정·장·주 본설을 그 본지와 전혀 다르게 인용한다는 점이다. 퇴계는 "리를 虛가 아니라 한다면 周·程·張·朱의 논을 모두 폐해야 할까요?"(상305)라고 하여 리를 허라 한다. 또 "도는 태허이다", "허·기가 합해 성의 이름이 있다", "형이상의 허는 혼연의 도리이다"(상303)를 모두 虛而實, 實而虛라는 한다는 점이다. 결국 도, 성, 태극은 허(허이실)의 실체 없음이 되어, 정주가 비판한 노장이 되고 만 것이다.

1230) 『주역, 계사전』은 "역에 태극이 있으니 여기에 양의는 생한다(易有太極, 是生兩儀)"고 한다. 렴계는「태극도」에서 태극 동그라미 10개를 그렸다. 무극이태극, 陰陽혼륜태극, 수·화·목·금·토태극, 妙合而無間태극, 남녀태극, 萬物化生태극 등 10개이다. 이 10개를 주희는「圖解」로 해설했는데, "무극이태극"은 상원, "易有太極"은 아래 혼륜태극, "수·화·목·금·토"는 五行태극, "妙合而無間"은 묘합태극, "氣化"는 남녀태극, "만물화생"은 形化태극이다. 렴계는「태극도」해설인「태극도설」을 지어 그 서두에서 "무극이태극"이라 했고, 주희는「태극도설해」에서 『중용』33장 말을 붙여 "上天之載는 無聲無臭니, 實로 造化의 樞紐이며 品彙의 根柢이다"라고 주석했다.(「태극도설해」, 72쪽)

1231) 당시 유학자들의「태극도」와「태극도설」비난은 다음과 같다.「태극도」는 도교의 도형이다. "무극"이라는 말은 유가에는 없고, "태극"으로도 모든 의미를 함축하므로 다시 무극을 덧붙인다면 옥상옥이 되어 결국 노장이 된다.「태극도설」은 렴계의 대표서인「통서」와 서로 합치되지 않는다. 이렇게 렴계와 주희에 반대한 대표자는 주희와 같은 도학 계열의 육구연이다.(『象山全集』권2,「與朱元晦」) 이들은 렴계, 정자 계통의 "道統說"을 반대했다. 이에 주희는「도해」,「태극도설해」를 발표하고 여기에「후기」를 붙여 렴계를 변론하고 반대자들을 반박했다.「태극도설해」"총론"에서는 당시 유학자들의 辯詰을 7개 조항으로 요약해 나눈 뒤 그 각각에 대해 논박한다. 그들의 변힐은 1)繼善成性을 음양으로 나누는 것은 부당하다. 2)태극음양을 道器로 나누는 것은 부당하다. 3)仁義中正을 체용으로 나누는 것은 부당하다.(나머지는 아래 주석을 볼 것)

1232)「태극도」와「태극도설」에 대한 주희 주석서는「圖解」,「태극도설해」,「후기」이다. 주희의 강의록인『주자어류』권94「周子之書, 太極圖」에는 112개 조가 수록되어 있다.

1233)「태극도설」에 주희는「태극도설해」를 붙여 그 뜻을 부각시켰다. 제유들의 비방이 있기 전 주희는 이미 이「설해」를「西銘解」와 함께 써 놓았던 것으로 보인다.「서명해」끝에서 "나는「태극도설해」와「서명해」를 썼지만 남에게 보여주지는 않았다. 그런데 근래 유자들이 두 글의 잘못에 대해 많이 의논하며, 혹 그 文義가 통하지 않는다고 하면서 함부로 꾸짖는 것을 보고 나는 속으로 안타까워했다"(146쪽)고 한다. 퇴계도 추만「천명도설」에 관한「天命圖說兒後叙」를 지었다.(『퇴계전서』2책, 321쪽)

1234)「후론」은「태극도설해」를 말함으로 보인다. 왜냐하면 주희는 태극도를 풀이한「도해」와 태극도설을 해설한「태극도설해」를 각각 썼고,「도해」에 대한 후론은 없기 때문이다.「後記」라는 제목은 뒤쪽에 따로 있다.(79쪽)

1235) 주희는「태극도설해」총론에서 당시 유학자들의 '변힐처'(주희는 "辯詰紛然"이라 함. 76쪽) 7가지를 스스로 정리하고 있다. 1)繼善成性을 음양으로 나눔은 부당하다. 2)태극음양을 道器로 나눔은 부당하다. 3)仁義中正을 체용으로 나눔은 부당하다. 4)一物마다 각기 하나의 태극을 갖춘다고 말함은 부당하다. 5)體用一源을 말함에, 體가 세워진 이후에 用이 행한다고 말할 수 없다. 6)仁을 統體라 했다면, 한쪽만 가리켜 陽動이라 할 수 없다. 7)仁義中正이 나뉜다 했다면, 그 류를 반대로 함은 부당하다. 주희는 제유들의 이 7개 조항도 이치는 있지만, 그러나 이 논의는 "한 쪽만 보고 둘은 빠뜨린 것"이라 하고 자신의 논변을 뒤에 붙여 반박한다.

1236) 주희는「태극도설해」총론에서 말한다. "내가 기왕 이 설을 만들자 독자들은 그 분열이 너무 심함으로 여기고 변힐을 분연히 하였다. …[그들의] 자기와 같은 것만 믿고 다른 것은 의심하며, 합동하기만 기뻐하고 분리하기를 미워한다." 퇴계는 이러한 주희의 예를 보더라도 하나하나 분석함도 해롭지 않다고 한 것이다. 그런데 문제는 고봉의 비판은 추만「천명도설」제5절과 제6절이라는 점이다. 추만은 제5절 "리체 본허"(상174)와 제6절 "심의 허령"(상177)이라 했는데 퇴계는 오히려 이 2조를 "합했다."(하87) 그리고 렴계, 장재, 정자, 주희의 설을 "虛而實"로 여긴다. 이는 '리체', '심 본체의 허령', '장재의 태허' 등을 각각

- 280 -

있는데, 하필 "세속"에 흐르는 폐단으로 지나치게 걱정하려 하십니까?(고봉은 추만의 세속을 비판했는데, 퇴계의 추만 분석은 그 본설인 '리의 체', '심의 허령' 2조를 구분하지도 않았고, 그 의미도 전혀 다르며, 모두 합해서 '허이실'이라 함)[1237]

(314)吾所謂虛, 虛而實, 非彼之虛, 吾所謂無, 無而有, 非彼之無, 何必過憂於異端之歸乎?

[虛而實허이실; 허이면서 실이다.(퇴계는 허를 兼虛實로 여기는데 장재는 스스로 "기"라 하고 정주도 '기'라 비판함)]

내가 말한 이른바 虛(고봉은 리의 실존자를 물음. 이곳 허는 추만설의 '리'인지 '심'인지의 구분이 없으며, 새로운 '허' 답변임)[1238]는 '허이면서 실이다(虛而實)'는 것으로 저들의 허가 아니며,(퇴계는 '무엇'이 허인가가 없음. 이곳은 추만 2조의 변론인데도 전혀 다름)[1239] 내가 말한 이른바 無[1240]는 '무이면서 유이다(無而有)'는 것으로 저들의 무가 아니니,(퇴계는 우리의 토론인 理가 아닌 반대로 저들의 허·무를 해명한 것임. 퇴계는 지금껏 '자신의 허·무를 제시한 적이 없음. 이언적의 "나의 허이유"와 같음)[1241] 하필 이단으로 귀속되는 것을 지나치게 우려하려 하십니까?(이곳은 이미 고봉이 비판한 그 허·무를 논함. '허이실, 무이유'는 일자가 아닌 모호함임. 정호의 비판이 이점임)[1242]

분석하지 않은 것이다. 분석은 그 각 설의 본의를 파악한 이후 가능하다. 「천명도설」에 대한 퇴계의 분석은 추만의 설을 구분하지도 않았거니와 그 의미도 전혀 다르다.

1237) 고봉은 "[천명도설 제5절과 제6절] 2조는 모두 세속의 口耳 相傳의 설이다. [선생께서는] 변별하여 세속의 비루한 견해를 타파해야 할 위치에 있는데도 결국 취하여서 成說로 삼으셨다"(상182)고 지적했다. 추만은 북계진씨, 옥계노씨 등 세속 상전의 설에 영향 받았다는 것이다. 그런데 퇴계는 추만의 "리체"와 "심의 허령" 2조항을 하나로 합해서 "나의 허는 허이실이다"고 한다. 이를 퇴계는 스스로 분석이라 하지만 그러나 그 분석은 선유의 본설 혹은 추만 본설 내용과도 전혀 다르다.

1238) "내가 말한 이른바 허"는 '虛而實'이다. 그런데 퇴계의 이른바 '허'는 일찍이 없었다. 이곳은 추만의 "理體本虛"(「천명도설」제5절)의 '리'와 그리고 "心之虛靈"(제6절)의 '심' 2설에 관한 변론이다. 즉 이곳은 추만의 '리'와 '심' 2설에 관한 일일 뿐, 스스로의 '허'를 논할 자리가 아니다. 그런데 오히려 이 2설을 합해서 "나의 허"라고 한 것이다. 이 답변은 새로 나온 것이다.

1239) 퇴계는 나의 허는 "虛而實일 뿐 無虛가 아니며"(상301) 또 "虛는 없고 단지 實만 있지 않다"(상302)고 했다. 여기서도 마찬가지로 그 허는 "허이면서 실이나" 저들 "老佛"(상182)의 "空無(공으로서의 무)"(상310) 혹은 "無虛(무로서의 허)"(상301)는 아니라고 한다. 나의 허는 단순한 허가 아닌 실도 있는 겸허실이다. 그렇다면 허의 정체는 무엇인가? 또 무엇을 허라 하는가? 장재는 세계의 '一者'를 허라 한다. 추만은 "리체"(상174)를 허라 하고 또 "심은 허·령하다"(상181)고 한다. 고봉은 "리는, 至虛 중에도 至實로 실존함"(상174)은 허 속에서의 '리의 실존'을 논한 것이다. 퇴계는 '무엇'이 없다. 허는 무엇이며, 무엇이 허이실인가?

1240) 퇴계의 "이른바 無"도 지금까지 말한 적이 없다. 추만은 "리는, 虛하기 때문에 無對"(상176)라 했고, 퇴계는 "주자의 '至無'는 無而有일 뿐 無無가 아니다"(상301)고 한다. 이곳은 퇴계 자신의 無가 아니다. 만약 "내가 말한 무"라고 하기 위해서는 그 '무'는 무엇에 대한 무인지, 혹은 '일자로서의 무를 말함인지를 밝혀야 한다. 고봉이 주희의 "리는, 至無·至無에도 자존한다"(상174)고 한 것은 '리'이고, 또 장재의 태허를 "정자는 리로 여겼다는 것"(상175)도 세계의 '一者'는 태허가 아닌 '리'라 함이다.

1241) 내가 말한 허는 "허이유"이고, 나의 무도 "無而有(무이면서 유)"이다. 문제는, 추만 「천명도설」은 無가 아닌 "리"와 "심"을 논했고, 또 주희의 "리는, 至無之中에도 至有로 실존함"(상174)도 '리'에 관한 것이라는 점이다. 그렇다면 노불의 "空無"(상310)가 아니라면 퇴계의 "내가 말한 무"는 리, 기, 심, 허, 공부 등에 관한 것인가, 아니면 추만의 "리", "심"에 관한 것인가. "나의 허, 무는 저들의 허·무가 아니다"고 함은 이미 '나 혹은 추만의 허, 무에 대한 해명'이다. 과연 추만은 허, 무를 논한 적이 있는가? 퇴계는 추만의 리, 심과 전혀 다른 새로운 설을 제시한 것이다. 이언적의 "此之虛, 虛而有, 彼之虛, 虛而無"(「答忘機堂」제2서)도 '우리의 허'라 하며, 이곳 "허의 허이유"는 퇴계와 동일하다.

1242) 고봉은 "추만의 세속을 선생은 도리어 成說로 삼으셨으니, 이로써 후세에 전한다면 장차 후학들로 하여금 '虛無를 논'하게 해서 老佛의 영역에 빠지게 할 것이다"(상182)고 했는데, 이는 추만 「천명도설」제5절과 제6절에 대한 비판이면서 퇴계가 이를 용인했다는 지적이었다. 따라서 "이단에 귀속되는 것을 우려함"을 고봉의 비판으로 보면 오히려 퇴계가 이 설을 '용인했음의 우려'이다. 지금은 퇴계와 고봉의 논쟁이기 때문이다. "이단에 귀속됨을 우려하지 않아도 된다"고 한다면 퇴계는 '무엇이 이단에 귀속된다'

(315) 是故, 在滉讀書之拙法. 凡聖賢言義理處, 顯則從其顯而求之, 不敢輕(고봉집 徑)索之於微. 微則從其微而究之, 不敢輕推之於顯. 淺則因其淺, 不敢鑿而深. 深則就其深, 不敢止於淺. [輕(徑)索之경색지; 경솔히(편하게) 탐색함. 輕推之경추지; 경솔히 추론함. 鑿착; 쓸데없이 뚫어 새롭게 함.]

이런 까닭에[1243] 황의 독서 방법은 다음과 같습니다.(이 독서법이 정당하기 위해서는 추만 2설인 "리" "심" 및 주희의 "리의 실"을 왜곡하지 않아야 하는데, 퇴계는 "나의 허, 무"로 답변함)[1244] 무릇 성현이 의리를 말한 곳을 볼 때는, 드러냈다면(顯) 그 드러남을 따라 구해야지 감히 은미함(微)으로 경솔히 탐색하지 않아야 합니다. 은미하다면(微) 그 은미함을 따라 구해야지 감히 드러남(顯)으로 경솔히 추론하지 않아야 합니다.(퇴계가 공자의 "도·기" 중 上만 든 것은 치우친 거론이며, 공부도 치우친 것임)[1245] 얕다면(淺) 그 얕음에 인하고(因) 감히 뚫거나 깊게(鑿而深) 하지 않아야 합니다. 깊다면(深) 그 깊음에 종사하고(從) 감히 얕음에서 그치지(止於淺) 않아야 합니다.(퇴계는 추만의 '리', '심' 2설을 구분하지 않았고, 주희의 '리'를 "나의 허, 무"라 하고, 또 『맹자』 '확충장'과 '성선장'을 분별하지 않음)[1246]

는 것인가? 고봉은 "리를 본허라 하면" 그렇다 한다. 반면 퇴계는 "나의 허·무"이라 하는데 그렇다면 이미 스스로 허·무를 논한 것이다. 더구나 "허이실, 무이유"는 이미 '一者'가 될 수 없다. 추만은 "理一의 무대"이고, 노장, 불, 장재 등은 세계의 일자를 허, 무, 공, 태허라 한다. 허이실, 무이유는 일자가 아닌 '설'과 '찬탄'일 뿐이다. 이는 노불로 흐르는 문제를 떠나, 결국 허 혹은 무라는 것이 '무엇인지'(無이면서 有이므로) 조차 모호하다. 퇴계는 "空無,(상310) "無虛(상301)조차 부정하기 때문이다. 주희와 고봉은 노불의 허, 무 일자를 부정한 것은 아니다. 정호는 장재의 "一大"(하92)로서의 "겸허실"을 극력 비판한다.

1243) "이 끼닭에(是故)"는 위 논변에 대한 결과를 말하고자 함이다. 위에서 고봉을 논박한 곳은 "理虛之論,(상310)부터이다. 즉 "空無에 건넘을 우려함,(상310) "분석의 폐단을 염려함,(상311) "허무의 폐단을 염려함,(상312) "流俗의 폐단을 우려함,(상313) "이단에 귀속됨을 우려함,(상314) 등이다. 모두 고봉의 독서 잘못으로 인한 우려일 뿐이다. 퇴계의 이러한 독서법이 정당하기 위해서는 이 말이 추만 및 주희의 설과 어긋나지 않아야 한다. 하지만 퇴계는 추만 2설과 주희 본설을 구분하지 않았고, 또 그 인용문도 추만 및 주희 문자와 다르다. 왜냐하면 추만의 "리체"와 주희의 "리의 실"에 대해 오히려 "나의 허, 무는 虛而實・無而有"라 하기 때문이다.

1244) 주희의 『시경』 독서법은 다음과 같다. "맹자의 소위 '意로서 志를 迎함'(「만장상」4)이 올바른 해석이다. 만약 곧바로 나의 선입의 설로 성인의 흉중을 어거한다면 이는 성현의 말씀을 몰아서 자기의 의도에 따르게 함이 되고, 설사 의리는 통할 수 있다 해도 이는 이미 私意와 穿鑿을 건넌 [성현의 본지를 잃은] 것이다."(「문집」권46,「答胡伯逢」3, 2149쪽) 그 윗줄은 『논어』 독서법이다. "독서는 모름지기 虛心 平氣로 優游 玩味하여 천천히 성현의 立言 本意의 지향한 바가 如何한지를 보아야 한다." 요컨대, 성현의 글자에 얽매이지 말고 "허심평기"(상187. 하12・35)로 그 의도를 살펴야 한다. 반면 퇴계의 "허이실"은 추만 2설 답변이 아니고, 또 주희의 문자와도 다르다. 추만이 "리는 허임"이라 했다면 그 '리'에 관해 논해야 하고, 추만이 "심의 허령"이라 했다면 그 '심'에 관해 논해야 한다. 퇴계는 오히려 이 2설을 합했고, 더구나 "나의 허, 무"라 함은 '리'도 '심'도 아니다.

1245) 현・미는 이천 『易傳序』 "聖人의 道"를 말한 "至微者理也, 至著者象也, 體用一源, 顯微無間"(「이정집」689쪽)을 인용한 듯하다. 『중용, 12장』 "鳶飛戾天, 魚躍于淵"에 주희는 "이는 道의 用이며" "중용수장에서 道는 不可離라는 뜻을 밝힌 것"과 같다고 한다. "희노・애락"의 "중・화"는 "도의 체용"을 말함이다.(상95) 만약 렴계와 같이 "主靜"(하93)만 논하면 공부는 미발에 치우친다. 현미무간은, 至微인 리는 至顯의 象에 있다는 곧 無間의 불가리의 뜻이다. 따라서 도를 논함에 체 혹은 용으로만 논하면 치우침이 되고 만다. 퇴계의 독서법은, 성현이 顯으로 말한 곳은 顯으로 읽고, 微로 말했다면 微로 읽어야 하니, 이로써 성현의 종지에 접근할 수 있다 함이다. 그러나 주희의 "理로부터 말하면 體에 卽해도 용은 그중에 있으니 이른바 一原이다. 象으로부터 말하면 顯에 卽해도 微는 능히 벗어날 수 없으니 이른바 無間이다"(「문집」권30,「答汪尚書」7, 1307쪽)로 보면 道의 현・미는 不可離의 一源이므로 결국 현 혹은 미로 일원을 탐색해야 한다. 퇴계는 "리를 虛(상305)라 했고, 또 '태극'을 "무극"과 "허"(상312)라 하면서 그 허는 "허이실"이라 하지만, 이는 성현이 리체를 實로 말함과 다르다. 더구나 퇴계의 인용문인 "정자는 도는 태허이며 형이상이라 함", "주자는 형이상의 혼연의 道理라고 함"(상303) 등은 모두 "道에 대해 "아래 一截을 빼먹은 偏擧"(하90)일 뿐이다. 결국 도도 치우쳤고, 공부도 치우치고 만 것이다.

1246) 성현이 얕음으로 말했다면 그대로 따라 읽고, 깊음으로 말했다면 그대로 종사해 읽어야 하며, 얕은 것을 깊이 읽고 깊은 것을 얕음으로 읽어서는 안 된다. 深을 淺으로 읽거나 淺을 深으로 읽으면 淺・深이 반대로 深・淺이 된다 함이다. 그렇지만 정작

(316)分開說處, 作分開看, 而不害有渾淪. 渾淪說處, 作渾淪看, 而不害有分開. 不以私意左牽右掣, 合分開而作渾淪, 離渾淪而作分開. [左牽右掣좌견우체; 좌로 끌고 우로 당김.]

[성현의] 분개해 설한 곳을 볼 때는, 분개로 보더라도 혼륜에 해로움이 있어서는 안 됩니다.[1247] 혼륜해 설한 곳을 볼 때도, 혼륜으로 보더라도 분개에 해로움이 있어서는 안 됩니다.(퇴계와 같다면 리 혹은 선은 '있으면서 없음'이 되고 맘)[1248] 그런데 이를 자기의 사사로운 뜻으로 좌로 끌고 우로 당겨서, [성현이] 분개한 것을 합하여 혼륜으로 만들거나, (그러나 공자 도의 上·下를 정자는 혼륜으로 논함. 퇴계는 上만 치우치게 듦)[1249] 또 혼륜한 것을 분리하여 분개로 만들어서도 안 됩니다.(퇴계가 성현의 혼륜과 분개를 그 각각의 본지로 읽지 않음)[1250]

(317)如此久久, 自然漸覰其有井井不容紊處, 漸見得聖賢之言橫說竪說, 各有攸當, 不相妨礙處. 其或以是自爲說, 則亦庶幾不戾於義理素定之本分. 如遇見差處說差處, 因人指點, 或自覺悟, 而隨手改定, 亦自快愜. [漸覰점처; 점차 보임. 井井정정; 질서정연함. 不容紊處불용문처; 혼란스러울 여지가 없음. 문란한 곳을 허용하지 않음. 漸見得점견득; 점차 알게 됨. 橫說竪說횡설수설; 이리저리 설득한 설. 횡으로도 설하고 수로도 설함.(주희; 갈피를 잡지 못한 설) 妨礙處방애처; 방해되는 곳. 장애된 곳. 快愜쾌협; 만족하다. 흐뭇하다.]

퇴계는 성현 본설 문자를 그대로 읽지 않는다. 『어류』 "리발·기발"은 맹자 성선장이 아닌 '확충장' 기록이고, 또 퇴계는 '리'를 "허"라 하고 '태극'을 "무극, 무, 허, 허이실"(상312)이라 하며, 또 공자의 道인 '형이상·하' 중 "하를 뺐다."(하90) 이는 성현의 글을 허심평기로 읽지 않은 증거이다. 또 퇴계는 추만의 "리" "심" 2설을 구분하지 않고 합했으며, 주희의 "허령"의 심덕 조항에서 "허는 리"라 한다. 고봉이 "허령의 덕을 둘로 나눈 것은 성인의 經을 새롭고 교묘히 한 폐단"(상180)이라 함은 추만 비판인데, 퇴계는 오히려 "나의 허, 무"라 하면서 "허이실"이라 한 것은 선유의 본설 및 추만의 설을 깊이 왜곡한 것이다.

1247) "분개해도 여기에는 혼륜이 있다"고 함은 허·실을 분개해 하라 해도 그 허는 허이실의 혼륜이라는 뜻이다. 분개는 허·실이고 혼륜은 겸허실이다. 예로 주희의 "至虛之中에도 至實은 실존함"(상301)은 실이라 해도 실이허이며, 따라서 "그 허는 無虛·空無가 아니며 또 實도 단지 실만 있지 않다."(상301·302·310) 이러한 주장은 고봉의 지적을 떠나 추만과도 다르다. 고봉은 리기 혹은 허실 관계가 아닌, '리체'는 실인가 허인가를 물었다. 추만의 "其體本虛"에 대해 고봉은 "리는 本是 실이며 허라 할 수 없다"(상175)고 한다. 리체가 허이고 또 허이실이라 할 수는 없다.

1248) "혼륜이라 해도 분개할 수 있다"고 함은 겸허실이라 해도 허·실로 분개할 수 있다 함이다. 허인데 허이실이고, 허이실인데 허·실이다. 따라서 "나의 허는 허이실이지 자들의 無虛가 아니며, 나의 무는 무이유이지 자들의 無無가 아니다."(상314·301·302) 이는 고봉의 질문과 다르다. 퇴계의 이른바 허와 실은 그 '가리킴'이 무엇인지가 없다. 만약 추만의 "리의 실체"(상374)가 허이실, 유이무라면 리는 '있고도 없는가' 혹은 '없으며 있음'이 되고 만다. 또 추만의 "삼"(상173·177) 혹은 "善"이 허이실이라면 그것은 '없으며 있음'이 되고 만다.

1249) 공자는 "형이상자는 謂之道, 형이하자는 謂之器"라 했고, 정자는 "그렇지만 器亦道, 道亦器"라 한다.(하89) 공자의 상·하 분개를 정자는 합의 도로 논한 것이다. 반면 퇴계는 "형이상자의 道"(상303)만 들었고, 때문에 고봉은 "上만 든 偏擧의 폐단"(하90)이라 비판한다. 공자와 정자의 도를 퇴계가 치우치게 거론한 것이다.

1250) 퇴계는 "주자의 「답호광중」, 「답호백봉」, 「주자성도」 3조"(상299)를 혼륜설이라 한다. 주희의 이 3설은 각각 칠정, 사단, 성설이다. 퇴계는 이 본설을 각각 그 종지로 읽지 않은 것이다. 주희의 "리는 至實로 존재함"의 '리의 實'을 퇴계는 "이는 虛而實일 뿐"(상301)으로 여긴다. 퇴계는 至實의 분석을 혼륜으로 읽은 것이다. 또 정자의 "太虛라 할 수 없음"의 '리 실체'를 퇴계는 "無虛도, 無無도, 有實도 아닌"(상301·302) '無而實'로 여긴다. 정자의 분석을 혼륜도 아닌 '모호함'으로 여긴 것이다. 성현은 때로는 분석으로 때로는 혼륜으로 말했는데, 이러한 분석과 혼륜을 퇴계는 고찰하지 않는다. 퇴계는 성현의 분석을 허이실로 여기고, 또 성현의 상·하를 상 한편으로 편거해 읽었다. 여기까지가 퇴계의 독서법이다. 이에 고봉은 "저는 선생의 분개·부석·편중을 근심했는데, 선생은 저를 골돌로 우려했다"고 하고 "나를 爲主하여 타인을 客으로 삼아서는 안 된다"고 하면서 고봉 자신의 독서법을 말한다.(하11·12)

이와 같음을 오래하면 자연히 그 질서 정연함은 문란한 곳을 허용하지 않는다는 것이 점차 보이게 되며, 성현이 말씀한 "횡설 수설"(주희; 갈피 없는 설)1251)도 각기 마땅한 바가 있어서 서로 방애되는 곳이 없음도 점차 알게 될 것입니다. 이렇게 하여 혹 이것으로 자신의 설1252)을 삼는다면 또한 의리의 평소 본래 정해진 본분(의리의 평소 본분은 매우 불가함)1253)에 거의 어긋남이 없을 것입니다. 만일 견해의 차이 난 곳과 설의 차이 난 곳을 만날 때는 남이 지적해준 지점으로 인하거나 혹은 스스로 깨닫기도 하면서 손수 개정해 나간다면 또한 스스로 흡족할 수 있을 것입니다.1254)

(318)何能一有所見, 遽執己意, 不容他人一喙耶? 又何得於聖賢之言, 同於己者, 則取之, 不同於己者, 則或强之以爲同, 或斥之以爲非耶? [何得하득; 어떻게.(得은 앞 '何能'의 何를 더욱 강조한 것임) 强之강지; 억지 부리다. 斥之척지; 배척하다. 喙훼; 주둥이. 부리.]

그런데도 어찌 하나라도 자기 소견이 있으면 급거 자신의 뜻으로 고집하고 타인의 한 마디의 입(주둥이)까지도 용납하지 않습니까?(고봉은 정주의 설을 고찰해서 반박했을 뿐, 고집한 것은 아님)1255) 또 어찌 성현의 말씀1256)에 대해 자기와 같은 것만 취하고, 자기와 같지 않은

1251) "횡설수설"을 퇴계는 '성현의 횡설수설도 각기 마땅한 바가 있다'고 하여 성현이 이리저리 설득한 설의 의미로 말한다. 그런데 주희의 "文定도 말하기를 '經을 풀기만 좋아하고 讀書를 기뻐하지 않는다'고 했는데, 大抵 모두 한 귀퉁이의 道理만 꼭 쥐고 문득(근거없이) 횡설수설해서 도무지 文理를 涵永하지 않으니 극히 說의 不行處가 있다(文定云, 好解經而不喜讀書, 大抵皆是捉住一個道理, 便橫說竪說, 都不曾涵永文理, 極有說不行處)"(『문집』권39, 「答范伯崇」11, 1786쪽)로 보면 이는 '스스로 아무렇게 잘못된 설을 주장한다'는 뜻이다. 즉 주희의 횡설수설 의미는 '설이 도무지 갈피가 없다' 함이다. 퇴계는 아마 "橫看則右陽而右陰, 竪看則上陽而下陰"(『어류』권94, 德明45, 3128쪽)의 '看'법을 말한 듯하다. 왜냐하면 說은 기왕 이룩된 학자의 주장이지만, 看은 사물을 보는 입장·방법이라 할 수 있기 때문이다. 고봉은 묻기를 성이 "獨理"가 아닌 "허이리"이며, 또 칠정의 불선은 자신의 일이 아닌 "발어기" 때문이란 말인가라고 묻고, 이에 대해 "한 글자로 가부를 보여달라"(하108)고 한다. 이렇게 물은 이유는 퇴계가 기질지성 및 칠정의 설을 '잡리기'인데 다시 '주기'라 하기 때문이다. 고봉이 보기에 성현 본설을 퇴계가 갈피없이 횡설수설해서 "출입이 없을 수 없다"(상136)는 것이다.

1252) 퇴계의 "自爲說"은 虛而理, 理而虛"(상300·305)이다. 반면 고봉의 "自爲一說"(상172)은 맹자의 "사단 확충설", "성선의 체용설"의 2설 이외 주희의 "四端之發의 불중절" 1설이다. 만약 성현의 횡설수설이 虛而理, 理而虛이고 이를 자신의 설로 삼는다면 리의 "확충" 및 "성선"은 실체 없음이 되고 만다.

1253) "의리의 평소 정해진 본분"이라 함은 성현이 말씀한 책 속에 '의리의 본분'이 있다 함이다. 하지만 이는 그렇다고 할 수 없다. 성현은 의리를 찾는 방법을 제시했을 뿐, 그 말씀을 의리라 할 수는 없다. 고봉은 "성현이 말씀한 그 所論의 詳略에 따라 나의 마음에서 自得해야지, 그 완성된 說話만 보고 그 理의 참됨이 이와 같음에 불과하다 해서는 안 된다"(상50)고 한다. 가령 "정자 문인들도 스승의 완성된 설에서 [리를 찾음으로써] 일제히 어긋나게 되고 말았다"(상51)는 것이다. 퇴계는 "虛而理",(상300) "虛而實",(상301) "理而虛"(상305)를 看理, 說理, 達理(상326·329)의 이치로 말하지만, 이러한 모호함이 의리일 수는 없으며, 또 의리가 본분으로 정해졌다 해서도 안 된다. 고봉의 "정자는 장재의 청허일대를 敬으로 말해야 한다 했음"(하92)은 진리를 단정하지 말고 그 찾는 방법을 자신으로 추구해야 한다 함이다. 장재는 청허일대를 미리 천하의 일자로 단정했기 때문이다.

1254) 여기까지 올바른 독서로 이룰 수 있는 효과를 말한 것이다. 퇴계 자신의 설에 대한 해명이다. 자신이 평소 이렇게 해왔다는 뜻이다. 퇴계는 "說의 差는 이미 고쳤다"(상225·190)고 하면서 이어 "황이 착간 망론한 것도 있고, 내 말에 청정을 잃었음을 自覺한 것도 있고, 본동도 있고, 본동 趣異도 있고, 끝내 따를 수 없는 것도 있다"(상225)고 하여 스스로 고쳐서 결국 흡족한 결과에 도달해 "의리가 팔창영롱"(상291)이 되었음을 자평한다. 고봉은 그렇지 못하다는 것이다. 아래에서 고봉의 그러한 태도를 직접 거론한다. 하지만 고봉은 이 말에 대해 "조열" 조항에서 상세히 반박한다.(하32~39)

1255) 고봉의 독서 태도를 비판한 말이다. "하나라도 자기 소견이 있다"고 함은 고봉의 어느 논변인지 밝혀지는 않으나 후론으로 보면 "리는 허가 아니라는 설"로 보인다. "타인의 입을 용납하지 않았다"고 함도 후론으로 보면 "리허"설을 고봉이 용납하지 않

것은 혹 억지로라도 같게 하거나 혹은 배척해서 잘못된 것으로 여깁니까?(퇴계의 "나의 허는 허이실, 나의 무는 무이유" 등이 오히려 정주의 '리'와 다른 논의임)1257)

(319)苟如此(고봉집 是), 雖使當時擧天下之人, 無能與我抗其是非者, 千萬世之下, 安知不有聖賢者出, 指出我瑕隙, 覻破我隱病乎? 此君子之所以汲汲然, 遜志察言, "服義從善", 而不敢爲一時蘄勝一人計也. [擧거; 온. 모든.(擧世皆濁의 거와 같음). 千萬世천만세; 천년 만년 뒤 세대.(주희 같은 현인은 쉽게 나오지 않으리라는 뜻으로, 퇴계가 이해한 주희의 설도 쉽게 바뀔 수 없다는 확신임) 瑕隙하극; 흠. 틈. 覻破처파; 간파하여 보다. 汲汲然급급연; 황망하게. 급박하게. 蘄勝기승; 이길 것을 기원함. 計계; 계략. 방책.]

만일 이와 같이해서 비록 당시에는 온 천하 사람들로 하여금 능히 나와 그 시비를 겨룰 자가 없게 하고자 하더라도, 천만 세대 뒤 어떤 성현이 나와서 나의 흠을 지적해 내고 나의 숨은 병통을 간파하지 못할지를 어찌 알겠습니까.1258) 이것이 군자가 황급히 뜻을 겸손히 하여 자신의 말을 살피고1259) "옳음에 복종하고 선을 좇아서",(『소학』 "제자의 직

았다 함으로 보인다. "자기의 소견"은 고봉의 소견인 "리는 本是 實이거늘 지금 허라 할 수 있겠는가"(상175)로 이 소견으로 "타인의 입을 용납하지 않았다"는 것이다. 만약 고봉이 '타인의 입을 용납하지 않았다'고 한다면 그것은 추만의 "리체의 본허"를 반대함이 될 것이다. 그러나 고봉은 주희와 정자의 설을 인용해서 "리체는 본허라 할 수 없음"(상174·175)으로 고찰했을 뿐이다. 고봉은 오히려 추만 「천명도설」 "리허"와 "허령" 2조를 퇴계가 "도리어 成說로 용인해서 取했음"(상182)을 비판했다. 고봉도 "哝"(주둥이)자를 써서 답변한다.(하40)

1256) 후론 "리허"와 "허령" 2조에서 고봉이 인용한 "성현의 말씀"은 "朱子曰, 리는 至虛之中에도 至實의 것으로 실존함",(상174) "程子曰, 장재의 허를 모두 리라 했음",(상175) "주자는 心을 虛靈, 虛明, 神明이라 했음",(상177) "주자는 심덕을 虛靈이라 하고 虛靈知覺이라 했음"(상178) 등이다. 모두 추만의 「천명도설」5조와 6조를 비평한 것인데, 퇴계는 오히려 이 성현의 말씀을 해석해서 "虛이며 虛而實"(상314)이라 했고 또 "그대는 虛字의 폐단을 우려했다"(상306)고 한다. 이 답변은 추만의 "리"와 "심" 2조와 다르고, 퇴계가 오히려 정주의 "허리", "리허", "허령" 등을 구분하지 않고 모두 "허이실"이라 한다.

1257) "같은 것만 취했다" 함은 성현의 '혼륜만 취했다' 함이다. "배척했다" 함은 "그대는 리를 實로만 여기고 虛가 아니라 하여 정·장·주를 모두 폐지하려 한다"(상305)고 함이다. "억지로 같게 했다" 함은 "주자는 리를, 至虛에도 至實로 실존한다고 함"(상174)을 억지로 實로만 여겼다 함이고, "잘못이라 했다" 함은 정주의 허이실을 실일 뿐 허가 아님으로 여겼다 함이다. 이상의 비판은 정주 본설과 전혀 다르며 고봉의 본의도 아니다. 고봉은 "성현의 말씀을 배척'하지 않았다. 오히려 퇴계가 정주의 "도는 태허이며 형이상임" 등 4조(상303·304)의 상하를 하 일절만 치우쳐 인용하면서 그 의미를 "리이허"라 한 것이다. 퇴계의 "나의 허는 虛而實, 나의 무는 無而有"(상314) 등이 오히려 정주의 "리"에 관한 논변이 아니다.

1258) 퇴계 자신의 설은 성현과 같지만 고봉은 다르다 함이다. 그대는 상대를 일시적으로 이기고자 하지만, 그러나 그대의 주장은 지금은 아니라도 후세에는 결국 그 시비가 가려질 것이다. "천만 세"라고 강조한 것은 주희와 같은 현인은 쉽게 나올 수 없는, 즉 주희의 설은 오류 없음을 강조한 것이다. 퇴계는 주희의 설을 이치로 여기고 그대로 따를 것을 강요하지만, 고봉은 주희의 설은 다만 '그 이치를 찾는 방법일 뿐'이라 한다. 『어류』의 이른바 '시리지발'은 이치가 아닌 맹자 본설에 대한 하나의 해석일 뿐이다. 만약 이치라면 어류 리발 '해석이 반대로 맹자 종지'가 되고 만다. 고봉은 "그 이치의 참됨은 내가 그 정주의 所論에 따라 자득해야지 정주의 成說에서 찾아서는 안 된다"(상50)고 한다. 고봉이 "리체를 실"이라 한 것은 리는 '실체로 존재'한다 함이지, 그 "리"가 허로 '비어'있거나 혹은 '찬탄'일 수는 없다 함이다. 또 "허령"은 심 본체의 '명덕'일 뿐 허령의 허만 따로 리라 하거나 혹은 그 허가 '허이실'이라 할 수도 없다.

1259) "군자가 뜻을 겸손히 하고 자신의 말을 살펴야 하는 이유"는 천만 세대 뒤라도 어떤 성현이 나와 나의 흠과 병통을 지적할 수 있기 때문이다. 퇴계의 이 말은 고봉 본의와 다르다. 군자가 뜻을 겸손히 하고 자신의 말을 살펴야 하는 이유는 남이 자기의 흠과 병통을 지적할 것을 염려해서가 아닌 바로 사물 및 상대와의 교류가 나로 인해 막힐까 염려해서이다. "성정"(상128. 하3·103·109·113)론은 외물과 吾心의 感物을 논한이다. 때문에 『중용』은 철두철미 "계신·공구"라 했을 뿐이다. 우리의 토론은 주희의 말씀을 믿는 문제가 아닌 그 성정의 즈음을 밝힘에 있다. 고봉이 "성정의 즈음에 대해 감히 몽매를 무릅쓰고 다 말씀 드렸던"(하113) 이유이다. 이치는 주희의 설화(말씀)에 있는 것이 아닌 공부처를 찾는 방법(토론)에 있다. 고봉이 리

분"을 인용해서 훈계한 것임)1260) 감히 일시적인 한 사람의 계략으로 상대를 이길 것만 기원해서는 안 되는 이유인 것입니다.(이곳은 추만 「천명도설」 두 조항에 관한 것이고, 따라서 퇴계가 이를 변론하기 위해서는 고봉을 훈계하기 전 먼저 추만 본설이 정주에 합치됨을 스스로 입증해야 함)1261)

(320)所云, "近世名公鉅人, 爲此學者, 未免多襲於俚俗相傳之語", 是則不可謂不然矣. [多襲다습; 많이 답습하다. 대부분 답습했다. 俚俗이속; 민간의 속됨. 통속적이며 비속함.]

운운하신 바의 "근세 명공 거인들로서 이 학문을 하는 자들 대부분은 이속 상전의 어구를 답습함을 면치 못했다"(고봉의 상전의 명공은 추만과 특히 퇴계라 함인데, 이 인용문은 퇴계와 관련이 없음으로 인용한 것임)1262)고 하셨으니, 이것은 그렇지 않다고 할 수 없겠습니다.(고봉은 퇴계가 추만 「천명도」와 「천명도설」을 고친 것을 거론함. 추만 원도는 중용 "천명의 유행" 및 「태극도」 '태극유행'을 칠정공부로 드러냈는데, 이를 퇴계가 급거 나쁜 '기발'로 바꾼 것임)1263)

는 허가 아닌 "至實로 실존한다"(상174)로 주희를 인용한 이유는 추만이 리체를 本虛라 했기 때문이다. 이 지적은 주희의 "리" 본의를 밝히기 위함이지 퇴계와의 논쟁에서 '이기기 위함'도 아니고 주희의 말을 '믿지 못해서도' 아니다. 위에서 퇴계는 고봉에게 虛心으로 遜志하지 못한 병통이 있다(상295)고 하는데 이 말은 "그대는 주자의 '리지발·기지발'을 만족하지 못했다"는 뜻이다. 이에 대해 고봉은 "이 말씀은 남을 꾸짖음에 太迫하고 남을 대함에 不恕하며, 또 뜻을 가까이 함에 不平하여 도리어 至公에 누가 되신 것이다"(하85)로 답변한다.

1260) "군자가 의에 복무하고 선을 좇는(服義從善) 이유"는 후세 성현이 나와서 나의 이런 흠과 병통을 지적할 수 있기 때문이다. 이 말도 위 "의를 들으면 즉시 복무해야 한다(聞義卽服)"(상296)는 『소학』 인용문과 같다. 주희의 『소학』「입교편」9는 "제자의 직분은 선생의 가르침이 있거든 제자는 본받아야 한다. 선을 보면 따르고 의를 들으면 곧 복무해야 한다(弟子職日, 先生施敎, 弟子是則. 見善從之, 聞義則服)"고 한다. 퇴계가 이곳 '善從·義服'을 재차 강조한 이유는 주희를 따를 것을 부탁한 것이며, 선생으로서의 훈계이다. 이 훈계에 대해 고봉은 "이 말씀은 선생의 愛人 無己의 盛德이며, 저로서도 마땅히 終身토록 佩服하고 감히 忽忘하지 않아야 할 일입니다. 그렇지만 이는 私懇(사사로운 가르침)입니다"(하79)라고 한다. 퇴계의 "服義從善"은 의리에 관한 논변 태도라고 할 수 없다. 고봉의 답변은 '교육'의 도인 '包蒙納婦'(『주역』)(하19)이다.

1261) "일시적인 계략으로 상대를 이길 것만 기원해서는 안 된다"고 함은 주희의 설을 따라야지 자신의 일시적인 사사로운 주장을 내세워서는 안 된다 함이다. 일시적 주장은 지금은 이길 수 있을지 몰라도 훗날 반드시 그 흠과 병통을 지적할 사람이 나올 것이다. 이 비판은 퇴계 자신의 설은 주희에 부합한 반면 고봉의 주장은 부합되지 않는다는 확신에서 한 말이다. 퇴계는 『소학』「입교편」9, 弟子職을 인용해 스승의 위치에서 고봉을 가르치고 충고한 것이다. 하지만 이곳 토론은 추만 「천명도설」제5절 "리허"(리)와 제6절 "허령"(심) 2조이다. 퇴계가 이 2조를 변호하고 논증하기 위해서는 고봉의 잘못을 지적하기에 앞서 먼저 추만 본설이 정주에 어긋나지 않음을 스스로 입증해야 한다. 퇴계와의 합작이기 때문이다. 고봉은 이미 "이 2조는 근세에 나온 논으로 성현의 본지가 아니다"(상173) 하고 정·주를 인용해 상고했다.

1262) 고봉이 후론에서 말한 "近世名公鉅人, 爲此學者, 亦不少. 雖用淺深疎密, 各有所就, 而議論之間, 多襲一軌意, 其俚俗相傳之語, 自有一種支節, 而然也"(상162)를 요약 인용했다. "일궤의 意"와 "일종의 지절"은 『대학장구대전』 소주인 운봉의 "소발 두 곳인 성발과 심발(상164)이고, "그 이속 상전의 語"는 추만 퇴계 등이다.(한편 고봉은 추만을 "世俗口耳相傳之說"(상182)이라 함) 이에 퇴계는 "근세 명공 거인들은 이속 상전의 어구를 답습했다"고 인용하는데, 그렇다면 오히려 '명공들이 그 상전의 어구를 답습함'이 된 것이다. 그러나 고봉은 추만과 퇴계가 명공거인이며, 그 설이 운봉을 답습한 것이라 한다. 그런데 퇴계는 오히려 명공 및 상전의 어구는 자신과 관련이 없다고 인용했다. 이는 고봉의 말과 다르다. 아래 "그대는 이속에서 나온 것으로 여기고 죄를 운봉에게 돌렸다"(상324)도 퇴계는 관련이 없다 함이다. 그러나 고봉이 말한 근세의 명공, 이속의 語, 퇴계와 추만은 같은 명공과 語이다. 고봉은 「천명도설」 "사단의 所發은 오상이고 칠정의 所發은 본연지성이 아님"(하188)에서 이곳 2개 '所發'이 곧 운봉의 '所發 두 곳"에서 나왔으며, 이는 "퇴계의 소견과 동일한 기괄이다"(하188)고 한다.

1263) 퇴계는 "근세 명공들이 이속의 어구를 답습한 것"은 "그렇다"고 인정한다. 하지만 고봉은 운봉의 "두 곳 所發"을 추만과 퇴계가 "所發"(하188)의 2발로 답습했다고 한다. 고봉이 말한 "근세 명공"과 "그 이속의 어구를 답습한 것"은 특히 퇴계를 가리킨다. 고봉이 비판한 그 이속 상전의 어구는 바로 "사칠을 리·기로 분속함"(상163) "그 병근은 호씨에서 나옴,"(상164·168) "정을 무불선으로 여겨 사단에 해당시킴"(상165) "칠정을 발어기라 함"(상165) "각기 소종래가 있음"(상166) 등으로 모두 퇴계의 설이다. 결국 퇴계가 추만 「천명도」 및 「천명도설」을 고쳤음을 고봉은 언급한 것으로, 이것이 곧 이속 상전의 어구로서 운봉을 답습한 것이지, 또 다른 명공들을 가리킨 것이 아니다. 추만 「천명도」 원도는 "칠정"(3회) "존양, 성찰"이 있고, 운봉의

(321)滉山野樸學, 於 "其相襲之說", 專未習聞. 往年忝國學, 見諸生所習, 率用其說試, 從
而廣求得之, 合衆說而觀之, 誠有不可曉處, 多有悶人意處. 錯看鑿認, 拘辭曲說, 其
弊有不可勝救者, 獨未見所謂四端七情, 分屬理氣之說. [樸學박학; 소박한 학문.(퇴계 자신
의 학문에 대한 겸사인데, 樸은 부정의 뜻은 아님) 專전; 특별하게. 오로지. 忝첨; 분에 넘치게. 황송하
게.(겸사임) 率솔; 대강. 대체로. 用용; 이로써.(以와 같은 뜻) 從而종이; 그래서. 그리하여. 錯看鑿認착간
착인; 잘못 보고 본의와 다르게 인식함.]

황은 산야의 소박한 학문1264)으로 "그 서로(相) 답습(襲)했다는 설"(고봉은 특히 퇴계 설이
그렇다 함)1265)에 대해서는 특별히 익히거나 들어보지 못했습니다.(퇴계는 당시 성균관 교재인
『대학장구대전』 "경1장 소주"를 보지 못했다고 할 수 없음)1266) 다만 지난날 국학을 맡고 있을
때1267) 제생(성균관 교수가 아닌 학생)들이 익히는 것들을 보고(퇴계는 1553년 추만 「천명도」를 고쳤
는데 이때 이미 2회째 성균관 대사성을 역임함)1268) 대강 그 설을 시험 삼아 널리 구해 얻어 여러
설들을 종합해 살펴보니, 진실로 분명하지 못한 곳도 있었고 또 사람의 뜻을 민망하게

"소발"의 2발 및 "사단"이 없으며, 퇴계가 고치기 이전 도형이다. 추만이 "중용" 공부를 강조한 「천명도」는 공자 "태극", 주돈
이 "태극도"의 "묘합태극", 주희 "천명의 유행" 대지를 드러낸 것이다.

1264) 스스로 "산야의 소박한 학문"이라 하지만 그러나 아래 "지난날 국학을 맡았다"로 보아도 국학의 책임자라 해야 한다. 퇴계는
지금(1560.11.5) 도산에 있지만 이미 성균관 대사성을 3회(1552년 7월. 1553년 4월. 1558년 10월. 58년 당시 스스로 "전에도
2번 임무를 맡았다" 했으나 임금은 제수함. 연보참조) 역임했다. "樸"은 樸實, 誠實·精誠의 뜻이 있으므로, 겸사의 뜻만은 아
니다. 52년 7월 고봉의 종형 기대항은 이조정랑이었다.

1265) 고봉의 "多襲一軌意, 其俚俗相傳之語"(상162)에서 襲과 相을 바꾸어 인용하고 '語'를 '說'로 고쳤다. 즉 "그 相襲의 설"을 퇴
계는 일찍이 듣지 못했다는 것이다. 하지만 고봉이 말한 "다습"과 "語"는 추만과 특히 퇴계의 설을 가리킨 것이다. 운봉의 "意"
를 특히 퇴계가 다습했는데, 그 이속 상전되는 "語"가 바로 그 증거라 함이다. 그러나 퇴계는 고봉의 "相傳"(추만과 퇴계)과
"多襲"(운봉을 답습)을 구분하지 않고 또 바꾸어 인용하면서, 이 "襲"과 "相"의 설을 일찍이 보지 못했다고 한다. 한편 고봉의
"2조의 相傳之說"(상182)의 '說'은 「천명도설」 "리허" "허령" 2조인데, 퇴계는 語와 說을 혼용한 것이다.

1266) 퇴계는 "相襲의 설을 보지 못했다"고 한다. 하지만 고봉의 말은 그 "다습된 상전의 語"가 바로 퇴계가 추만을 고친 설이라 함
이다. 고봉은 그 상전의 유래를 『대학장구대전』 "호씨"로 여겼다.(상164) 따라서 성균관 책임자인 대사성을 3회 역임한 퇴계는
성균관 교재인 『장구대전』 소주를 보지 못했다고 할 수 없다. 퇴계는 "數年을 생각한 이후 확정한 설"(상322)이라 하여 사칠의
리·기 분속(호발임)을 자신의 설이라 한다. 그러나 분속은 일찍이 선초 權近(1352~1409)과 또 퇴계보다 48년 위인 柳崇祖
(1453~1512. 대사성 역임)의 설에도 있다. 권근은 『입학도설』제1도인 「天人心性合一之圖」에서 "理之源"은 사단 "氣之源"은
칠정이라 했고, 유숭조 역시 "理發爲四端, 氣發爲七情"(『眞一齋遺集』上)이라 한다. 고봉은 이러한 설을 대사성을 역임한 책임
있는 학자로서 비판해주기를 바란 것인데, 퇴계는 보지 못했다고 한다. 칠·사는 사맹 본설이고, 사맹을 리기로 해석한 사람은
정주이다. 따라서 퇴계의 리·기설은 주희 보다 먼저 사맹 종지부터 고찰해야 한다. 어류의 리발·기발은 다만 해석일 뿐이다.
사단의 리·리발, 칠정의 기·기발 해석은 당연하다. 단 사맹은 칠사를 상대로 논하지 않았다.

1267) '퇴계연보'에 의하면 1553년(계축, 명종7) 4월 성균관 대사성에 임명되어 7월 병으로 사직,(10월 정지운의 「천명도」를 고침)
이후 1558년 윤7월 서울에 올라와 10월에 다시 대사성에 임명되었으나 11월 병으로 사면되었고,(10월 고봉은 문과에 합격해
11월 퇴계를 처음 만난 후 바로 남행함) 1559(기미)년 1월 5일 「士友間書」를 쓰고 2월 도산에 내려옴. 이 논변은 1560년 11
월 5일 도산에서 쓴 글이다.

1268) 고봉의 "일궤를 다습했다"고 함은 운봉의 설을 명공, 추만, 퇴계 등이 답습했다는 뜻이고, "그 이속 상전의 어구"는 추만과 퇴
계의 설을 가리킨 것이다. 하지만 퇴계는 그 "상·습"의 예를 성균관 제생들로 든다. 그러나 성균관 제생들은 근세 명공거인이
라 할 수 없거니와 그 상전의 어구 또한 제생의 어구를 가리킴이 아니었다. 고봉은 다만 당시 성균관 교재로 사용하던 세종
때 판각된 『사서장구대전』 "소주(輯註)"(상164)를 문제 삼았고, 여기에 수록된 호씨, 진씨, 노씨 등의 설을 검토할 것을 요구했
다. 所發은 "호씨에서 그 병근이 나오며",(상164) 허령 분속은 "진씨, 노씨"(상179·180)이기 때문이다. 퇴계는 1553년 10월
처음 추만 「천명도」를 고치기 이전 이미 2회 째 "국학을 역임한" 성균관 책임자였다. 책임자는 학생을 가르치는 '교수의 논설'
을 먼저 살펴야 한다.

하는 곳도 많았습니다. 이렇게 잘못 보거나 다르게 인식하고 단어(辭)를 구속시켜서 설들을 왜곡시킨다면 그 폐단은 이루 구제할 수도 없을 것입니다.(퇴계는 제생설, 교수설, 명공설, 상전설, 추만설, 자신의 설 등을 각각 구별하지 않음)1269) 하지만 유독 이른바 사단 칠정을 리와 기에 나누어 분속한 설은 보지 못했습니다.(고려말부터 퇴계 당시까지 학자들은 사칠 혹은 그 선을 대부분 리·기로 분속했음)1270)

(322) 今「圖」中分屬, 本出於靜而, 亦不知其所從受者, 其初頗亦以爲疑. 思索往來於心者, 數年而後乃定, 猶以未得先儒之說爲慊. 其後, 得朱子說爲證然後, 益以自信而已, 非得於 "相襲之說"也. [所從受소종수; 전수받은 바의 유래.(그러나 전수의 유래를 따진다면 이는 주희와 육구연의 "무극" 혹은 대학·중용 유래와 같이 진실공방에 빠지고 맘. 정주학은 훈고, 상수가 아닌 의리학이므로 소종수는 중요하지 않음) 爲慊위겸; 불만족스럽게 여김. 한스럽게 여김.]

지금 「천명도」 중의 분속은 본래 정이(추만)에서 나온 것인데,(그러나 「구도」 이전 추만 「천명도해」의 본도는 發, 사단, 리기 등이 없으므로, 대거·분속은 본래 불가함)1271) 나 역시 그 전수 받은 바의 것을 알지 못하여 처음에는 자못 의심으로 여겼습니다.(퇴계는 所從受를 주희로 여기나, 그러나 그 소종수는 사맹 본설임. 고봉은 퇴계의 사칠 '대거'를 의심할 뿐, 어류 및 추만의 리기 분속을 의심하지 않음)1272) 그리하여 마음에 사색을 오간지 수 년이 지난 이후 결국 결정(定) 했지만(퇴계의

1269) 성균관에 재직할 당시 在學 중의 諸生들이 익히던 설, 혹은 제생들의 설의 잘못에 대해 말한 것이다. 퇴계는 여러 설들을 직접 보았다고는 하나 그 설들이 무엇인지는 밝히지 않는다. "其說"과 "衆說"은 제생들의 설이거나 그들이 익히던 설이고, "曲한 說"은 아마 주희를 왜곡한 설을 말한 듯하다. 제생들의 '설'이 주희의 '설'을 왜곡시켰다는 뜻인 듯하다. 이곳 언급인 "其說" 및 "衆說"은 제생들이 스스로 지은 自說은 아닐 것이다. 왜냐하면 "제생들이 익히던 바(所習)"라 하기 때문이다. 그렇다면 그 익히던 바의 설은 "근세 명공거인들의 이속상전의 謬"라 할 수도 있지만 위에서는 명공들의 "相襲說을 익히거나 듣지 못했다"(상321)고 했다. 따라서 "其說과 "衆說"은 명공들의 설도 아니다. 이렇게 퇴계의 말에 일관성이 없는 것은 고봉의 말을 이해하지 못했기 때문이다. 고봉이 말한 "명공과 이속상전의 謬"는 "사칠 리·기 분속"이며,(상162) 또 "세속 상전의 說"은 "리허, 허령 2조이다."(상182) 퇴계는 이러한 語·說을 구분하지 않는다. 종래로 권근, 유숭조 등의 사칠 리·기 분속설이 있음은 주지의 사실인데, 퇴계는 보지 못했다고 한다. 그리고 이러한 등의 잘못을 지적하면서도 그 잘못된 어·설을 제시하지는 않는다.

1270) "사칠의 리·기 분속설은 보지 못했다"고 함은 그 분속이 근세 명공들의 상습의 설에서 나온 것이 아님을 말하고자 함이다. 퇴계는 "스스로 생각해서 정했다"(상322)고 한다. 하지만 고봉의 지적은 이와 다르다. 고봉의 "일찍이 長者의 言으로 들었는데, 역시 分屬理氣로 운운했다"(상163)로 보면 당시 분속설이 유행했음은 분명한 사실이라 할 것이다. 고려말 이색은 정몽주의 설이 호운봉의 설과 같다 했고, 선초 권근과 중기의 유숭조의 설이 사칠 혹은 그 선을 리·기에 각각 분속했다. 고봉은 추만과 퇴계의 분속설이 "대학장구대전" "호씨의 잘못에서 유래한 것"이라 했지만, 퇴계는 그 분속설을 보지 못했다고 한 것이다.

1271) 퇴계는 추만 「천명도」에 "사단發於理, 칠정發於氣"(상14·68가 있었다고 하지만 그러나 "발어리, 발어기"는 추만 본도를 퇴계가 고친 이후이다. 고치기 전 추만의 1543년 「天命圖解」의 「천명도」는 상하 방위가 바뀌지 않았고, 또 發, 사단, 氣質, 리기 등이 없으므로, 분속·대거는 원래 불가하다. 추만 본도를 약간 수정한 김인후 「천명도」(1549년 8월 추만 천명도를 보고 그림)를 보면 더욱 분명해진다. 퇴계는 1553년 12월 "천명도설·후서"에서 "상하를 바꾸었다" 했고, 또 『퇴계전서』의 「천명구도」는 "質陰·氣陽"과 "사단발어리, 칠정발어기"라 하여 質·氣를 음·양으로 분속하고 "사단·칠정" "발" "리·기" 등을 새로 넣어 리·기의 발에 사칠을 대거·분속했다.(유정동, 『동양철학의 기초적 연구』, 1995, 434·472쪽 참조) 퇴계는 "분속은 추만에서 나온 것"이라 하지만, 퇴계가 「후서」를 쓸 1553년 당시 이미 퇴계의 의도인 리기·호언이 있었던 것으로 보인다. 더구나 고봉이 문제 삼은 것은 '리·기 분속'이 아닌 오히려 사칠의 "대거 호언"(상6)이다. 결국 문제는 사단, 칠정, 발어리, 발어기, 리기, 발 등이 아닌, 그 사칠을 리·기로 대거해서 사단을 부각시키고, 그래서 "칠정의 리를 사단이 점유케 한"(하30·131) 퇴계의 설에 있다.

1272) "所從受를 알지 못했다"고 함은 추만 "발어리, 발어기"의 설이 처음 '어디서 나온 것'인지를 알지 못했다는 뜻이다.(퇴계의 이

- 288 -

결정은 퇴계1서 이전이라 하지만 그러나 추만 원도는 사단 혹은 리발·기발 및 그 '대거'가 없고 퇴계가 1553년 「후서」 무렵 이미 고쳤으므로, 사색 기간은 모호함)[1273] 그런데도 오히려 선유의 설을 얻지 못한 것을 한스럽게 여겼습니다.(사맹 본설을 주희는 대설로 '定'할 수 없음)[1274] 그 후 주자의 설을 얻어 증거로 삼은 연후에 한층 더 자신(自信)했을 뿐(어류는 사맹 종지를 단 하나도 밝힌 것이 없음)[1275] "서로 답습한 설"에서 얻은 것이 아닙니다.(답습의 설은 명공과 퇴계이며, 어류는 사칠 본설이 아닌 해석설임)[1276]

(323)而況胡雲峯之說, 止(고봉집 只)論 "性情·心意", 而非有理氣之分. 自與 '四七分理氣'者, 所指各殊, 定非劘說所從出也. [自與자여; 당연히(자체로) ~과는. 定정; 반드시. 결코. 所從出소종출; 좇아서 나온 바. 그 설의 근거. 也야; ~이다.(단정을 나타내는 구말어기사)]

___

른바 '소종래'는 리·기임) 결국 퇴계 자신의 "리지발, 기지발"의 所從受는 『어류』이며 따라서 "당초 劘說도 스스로 無病"(상45)이다. "처음에는 나도 의심으로 여기고" 추만의 발어리·발어기를 의심했으나 지금은 의심하지 않는다. 고봉도 추만의 설을 의심하지 않는다. 왜냐하면 발어리는 지당하며 발어기도 상식에 속하기 때문이다. 문제는 "칠정은 왜 有善惡이며, 發於氣인가?"이며 "대승은 이것을 의심으로 여겼다"는 것이다.(하103·165) 결국 퇴계가 사실을 "대거·호언"했으며, 이 폐단의 소종수는 곧 호운봉이다. 정주는 결코 자사의 중화를 사단과 '상대'한 기에서 발했다고 여기지 않기 때문이다. "소종수를 알지 못했다"고 함 또한 문제다. 만약 소종수를 묻는다면 렴계 「태극도」는 도가계열의 '도사'라 해야 하며, 「태극도설」의 이른바 "무극" 역시 '노자'가 되어야 한다. 또 『예기』 중의 『대학』과 『중용』 저자도 증자와 자사는 의혹된다. 다만 정주는 의리학을 취했을 뿐이다. 퇴계는 그 소종수를 묻기 전 먼저 추만의 설이 사·맹과 정·주의 종지 및 그 본의를 고찰해야 한다. 그렇지 않고 그 소종수를 따진다면 이는 누구도 알 수 없는 진실공방에 빠질 뿐이다.

1273) "사색의 수년 이후 결국 결정했다"고 함은 『어류』 "리발·기발"(상44)을 보기 전 '이미 대거했다' 함이다. 주희의 설을 보고 더욱 확신했다는 것이다. "수년"이라는 시점은 언제인가? "사색한지 수년 이후 결정"한 것이라면 사색의 기간이 있을 것이고, 그 결정도 '사색 이후'다. 퇴계는 1553년 「도설·후서」를 쓰고 이후 1559년 이전 "四端, 發於理而無不善"이라 하고, 이후 "四端之發, 純理故無不善"(59.1.5)이며, 또 이후 "四端理之發"(59.10.24)이다. '수년의 사색 기간은 어류를 보기 전인 '1559년 10월 이전'이다. 따라서 이른바 "결정했다"는 시점도 1559년 이전인데, 문제는 '사색의 기간'이다. 53년 「도설·후서」 이전 추만 「천명도해」 원도는 발, 사단, 기질, 리기 등이 없다. 이때는 사단이 없으므로 따라서 사칠, 리기 등의 대거도 불가하다. 53년 「후서」에서 "상하 방위를 바꾼 것은 황의 죄"라 했는데 이때 무엇이든 이미 퇴계의 의견이 들어간 것이다. 결국 "사색이 수년 지났다"고 함은 53년 이전 혹은 53년부터라 해야 한다. 만약 53년 '이후'라면 53년 상하를 바꿀 당시는 사단, 발, 리기 등을 사색하지 않았는가? 또 문제는 "리기 분설을 보지 못했는데, 추만 作圖에 '발어리, 발어기'의 설이 있었다"(상13·14)로 보면 분설은 추만이 먼저다. 그렇다면 퇴계의 "수년 사색"은 추만의 분설을 본 이후다. 퇴계의 「도설·후서」는 1553년이고, 추만의 「천명도해」 1543년은 대거의 사단, 발, 리기 등이 없다. 따라서 수년의 사색은 어느 지점이고, 추만의 분설은 퇴계의 의견이 들어갔는지, 또 후서를 쓰기 전 분설이 먼저 있었는지를 퇴계는 스스로 밝혀야 한다.

1274) 이미 결정했지만 아직 선유의 설은 얻지 못했다. 따라서 선유의 설만 얻으면 리발·기발이 정설인 것이다. 하지만 고봉은 추만과 주희의 설을 의심한 것이 아닌 퇴계의 "사칠 대거"를 비판했다. 어류는 사맹 본설을 리기로 해석했을 뿐이며 따라서 어류는 사칠 定說이 될 수 없다. 주희는 자사의 "희노애락"을 대설로 '定'할 수 없다. 더구나 자사도 미발, 중, 화를 '이치'로 여기지 않은 단지 그 정 전후의 공부와 가치·용도를 논했을 뿐이다. 추만 원도는 사단이 없으므로 대거가 불가하다.

1275) "주자의 설을 얻고 自信했다"고 함은 당초 자신의 '리·기 분속'이 주희의 분속과 동일했다는 뜻이다. 앞에서도 "감히 自信해서는 안 되고 그 스승을 믿어야 한다. 나는 『어류』의 설을 얻은 후 나의 견해도 대류는 없다고 믿었다"(상45)고 한다. 즉 주희의 설을 얻고 自信했다. 주희의 "시리지발, 시기지발"이 定說이므로 나의 설도 그르지 않으며 따라서 분속, 리발·기발, 대거, 호언 등도 옳다. 하지만 주희는 칠사를 대설로 '定'할 수 없다. 사맹은 결코 칠사를 대거 호언하지 않았다. 어류 "리발·기발"은 칠사를 리기로 해석했을 뿐, 결코 사맹 본설의 모두일 수는 없다. 리발·기발은 사맹의 "천명·중화" "확충·성선" 종지를 단 하나도 밝힌 것이 없다. 리발은 칠정도 마찬가지이기 때문이다.

1276) 리발·기발은 "相襲의 설에서 얻은 것은 아니다." 이는 고봉의 지적과 다르다. 고봉의 "근세 명공 거인들의 의론은 一軌의 意를 다습하니, 그 이속 상전의 語는 일종의 支節이 있다"(상162)에서 명공, 상전의 어, 다습은 명공과 퇴계이고, '일궤의 의' '일종의 지절'은 호병문의 語이다. "語"는 주희 본주의 부연·조합일 뿐 '설'이 아니라 함이다. 고봉이 말한 "상전의 語"는 추만을 고친 '퇴계의 설'이다. 반면 퇴계는 그 상습의 설(상전의 語)이 자신과 관련이 없다고 한다. 그렇다면 퇴계는 상습의 설이 과연 '무엇'인지, 그 상습설이 '사칠의 대거·호언·호발'이 아닌지, 사맹 '본설'과 리발·기발의 '해석설'을 스스로 구분해야 한다. 한편 고봉의 "이속 상전의 어"(상162)는 운봉과 관련된 사칠설이고, "세속 상전의 설"(상182)은 추만의 리허, 허령 2조인데, 퇴계는 '어'와 '설'을 구분하지 않은 것이다.

하물며 호운봉의 설은 단지 "性·情"과 "心·意"를 논했을 뿐,(운봉은 성정, 심의 등을 논한 것이 아닌, 주희 주석을 잘못 조합한 것에 불과함)1277) 리·기로의 分이 있는 것은 아닙니다.(운봉은 결코 주희 주석을 리·기로 分하지 않았고, 퇴계가 리·기 대설로 分함. 고봉은 퇴계의 이러한 폐단을 지적한 것임)1278) 이 설은 당연히 '사칠을 리·기로 나눈 것(分理氣)'과는 가리킨 바가 각기 다르며 따라서 결코 나의 설이 '이로부터 나온 것'(운봉이 아닌 주희에서 나왔다는 것임. 그러나 주희는 칠사를 리·기로 나눌 수 없음)은 아닙니다.(고봉의 의혹은 운봉이 아닌 반대로 퇴계의 '리·기 대거'임)1279)

(324)由是言之, 四七之分, 乃滉過信朱子說之故耳, 來誨, 乃以爲 "出於俚俗", 而歸罪於
雲峯. 竊恐不獨雲峯先生, 不甘引過, 而近世諸公, 亦必稱冤不已於斯也. [引過인과; 잘
못으로 끌어들이다. 稱冤칭원; 억울하게 여김.]

이로써 말한다면 '사·칠의 分'(사·칠 분별은 본래 사맹이고, 리·기 분도 지당함)1280)은 결국 황이 주자의 설을 과신한 까닭일 뿐이거늘,(고봉의 최초 비판은 『어류』이전이고, 그 비판도 分이 아닌 '대거'와 '二善'임)1281) 보낸 논변에서는 결국 "이속에서 나온 것"(고봉은 이속을 특히 퇴계설이라

1277) 고봉은 "근세 성정을 '논'하는 자들은 그 병근이 호씨에서 나온다. 그 '性發로 情이 되니 無不善이고, 心發로 意가 되니 善·不善이 있다'고 함은 단지 주자의 '所發' 2곳을 풀이했을 뿐"(상164)이라고 한다. 운봉은 성정·심의를 직접 논한 것이 아닌 주희주 '조합'일 뿐이며, "그 폐단"이 결국 "별도의 의견으로 生한다"(상164)는 것이다. 학자들의 성정과 사칠의 잘못된 논의가 바로 여기서 나온다. 주희의 "대학장구 所發 二字(두 곳)"에 대해 운봉은 "明之의 功"(대학, 경1장)과, "誠之의 功"(중용)으로 여기고, 이를 각각 性情의 무불선과 心意의 선·불선으로 나누었다. 心意는 『대학, 경1장』"欲正其心者, 先誠其意"와 주희주의 "意者心之所發"을 말하며, 이곳 소주인 운봉의 心意는 『대학, "誠意" 및 『중용』 "誠" 종지와 전혀 관련이 없다. 운봉은 성정·심의를 직접 설한 것이 아닌, 단지 주희의 주석으로 경문을 잘못 조합한 것에 불과하다.

1278) 퇴계는 운봉은 "리·기로의 分이 있지 않다"고 한다. 고봉도 전적으로 동의한다. 운봉은 주희 장구를 조합했을 뿐이며, 따라서 성정·심의를 리기로 論하거나, 리기로 分하거나, 리기로 해석한 것도 아니며, 또 자신의 설을 낸 것도 아니다. 왜냐하면 주희 주석 "所發" 2곳은 결코 리기 혹은 사칠에 관한 것이 아니기 때문이다. 반면 퇴계는 사칠을 리·기 대설로 分한 것이다. 고봉의 비판이 바로 이전이다. 퇴계의 "운봉은 리·기의 分이 없다"고 함은 곧 운봉은 分하지 않았는데, 퇴계 자신이 分한다는 점이다. 이 말은 운봉과도 맞지 않고, 고봉의 논쟁 의도도 아니거니와, 주희가 "소발" 2자를 주석한 의미와도 어긋난다.

1279) 운봉의 논은 分理氣가 아니므로 당연히 나의 分理氣와 다르며, 분리기는 주자에서 나온 것이다. 하지만 고봉의 비판은 이와 다르다. 운봉은 주희 주석을 리기로 해석하거나, 또 사칠을 리기로 分하지도 않았다. 운봉의 이른바 "성정·심의"는 주희 주석의 조합일 뿐 직접 성정·심의 공부를 설하지 않았다. 문제는 운봉도 사칠을 리기로 분하지 않았는데, 퇴계 '자신은 리·기로 사칠을 분한다'는 점이다. 하지만 리·기는 본래 分이고, 사칠의 리·기로의 분도 당연하다. 문제는 리기의 분이 아닌 '사칠 대거'에 있다. 고봉은 묻기를, 사칠을 "각기 [리기의] 소종래가 있다"고 하면서 리·기로 분하고 대거했으니 "이러한 어지럽게 천착된"(상166) 설이 과연 어디에서 나온 것인가? 칠사의 중화·확충이 "어떻게 [리·기] 소종래라는 말인가?"(상167) 고봉은 이러한 잘못 원인을, 주희주에 운봉이 조합한 "무불선, 유선악"(상164)을 다시 퇴계가 리·기의 "무불선, 유선악"(상1)으로 사칠을 分한 곳, 여기서 문제가 발생했다고 한다. 퇴계도 자신의 공부로서의 성정이 아닌, 선유의 설을 조합한 것에 불과하다.

1280) 고봉은 "사·칠은 別"(상3)이고 "리·기는 分"(상7)이다. 따라서 사·칠 및 리·기 분별은 "매우 당연"(상59)하다. 단 "사칠의 리·기 分屬은 가능하나 칠정은 오로지 기가 아니다."(상91) 문제는 퇴계의 "分別言之"(상245·246·253)는 '리·기'라는 점이다. 즉 "七을 四와 상대시켜 각기 分으로 言之하면 그 所主에 따라 分屬할 수 있다"(상254)고 함은 리·기 分에 나아간 사칠의 분과 분속이다. 반면 고봉은 "리·기는 分, 본성·기품 및 사·칠은 分別言之"(상88·89·90)라고 한다.

1281) "사칠의 分은 주자의 설을 과신했기 때문이다." 하지만 "발어리[이무불선], 발어기[이유선악]", "사단지발, 순리고무불선, 칠정지발, 겸기고유선악"은 『어류』를 보기 전이다. 따라서 "처음에는 의심했는데 수년 뒤 정했다"(상322)로 보면 『어류』를 보기 전에는 주희를 과신한 것은 아니다. 문제는 어류 및 주희는 사맹 사칠을 리기로 해석했을 뿐 "리기에 나아가서" 分하지 않았다는 점이다. 고봉이 운봉의 폐단을 인용한 이유도 '사칠' 혹은 '리기'가 아닌 그 '무불선과 유선악'이라는 '선' 문제였다. 즉 퇴계의 "사단의 무불선, 發於氣의 불선"(상165)과 『천명도』의 "발어리·발어기는 二善이 아니"(상72)라는 점이다. 요컨대 고봉의 최초 질문은 퇴계가 주희를 "과신"하기 이전이다. 더구나 사칠의 分·分別과 또 리·기로의 分而言之도 전혀 잘못이 아니다. 퇴계는

함)[1282]으로 여겼고, 그 죄를 운봉에게 돌렸습니다.[1283] 가만히 생각해보면 아마 유독 운봉선생만 잘못으로 끌어들인 것을 달갑게 받아들이지 않을 뿐만이 아닌,(운봉은 분리기가 아니라 함인데, 바로 이점이 곧 고봉의 지적임)[1284] 근세의 제공(명공)들 또한 반드시 억울하게 여김이 여기에 그치지 않을까 두렵습니다.(명공은 '분리기'가 아니므로 잘못인데, 고봉이 '이속에서 나왔다' 했으므로 '원망한다'는 것임. 퇴계의 이 말은 스스로 모순임)[1285]

(325)來誨, 又痛詆 "理虛故無對, 無對故無加損"之語. 今詳此語之病, 只在 "無對故"三字, 今當改之曰, '理虛, 故無對而無加無損,' 如此則似庶幾矣. [痛詆통저; 통렬하게 비판하다. 심하게 나무라다. 無對무대; 상대가 없는 유일(一)한 것.(추만은 "理一, 而氣萬不齊"라 하면서 "리를 爲一"이라 함. 반면 퇴계의 理而虛는 理一, 唯一이 없음)]

보내온 논변에서는 또[1286] "(퇴계; 리하면서 허하다. 때문에 상대가 없고, 상대가 없기 때문에 가손이 없다(理虛, 故無對, 無對, 故無加損)" [고봉; 허하기 때문에 무대하고, 무

"주희를 과신해서 分했다"고 하나, 고봉은 이를 잘못으로 여기지 않고 다만 퇴계의 "대거호언"(상6)을 비판할 뿐이다.

1282) 고봉이 말한 "그 俚俗 相傳之語는 一種의 支節이 있다"(상162)에서 '이속의 語는 명공과 퇴계의 설, '일종의 지절'은 호씨이다. 반면 퇴계의 "그대는 이속에서 나왔다고 했다"의 이속은 퇴계가 아니다. 고봉은 "그 이속의 語"는"이라 했는데 퇴계는 "이속에서 그 설이 나왔다"로 인용하여 그 이속을 명공의 설이라 한다. 퇴계는 "이속의 설"이 어떤 설인지 말하지 않지만 그러나 그 설을 말해야만 고봉의 비판과 퇴계의 답변은 구별이 가능하다. 지금 논쟁에 있는 '이속 상전의 語는 과연 어느 설인가? 고봉은 "사단은 성발의 무불선, 그 유불선을 發於氣로 여긴 설"(상165)이 바로 퇴계라고 한다. 추만은 "무불선, 유선악"이 없다.

1283) 고봉은 "근세 성정을 논하는 자들의 병근은 운봉에서 나온다"(상164)고 했다. 즉 퇴계를 포함한 근세 성정을 논하는 자들의 폐단이 바로 "사단은 무불선, 유선악은 發於氣"(상165)이다. 그런데 퇴계는 "사칠의 分은 내가 주자를 과신한 것이고, 이는 이속에서 나온 것도 아닌데 그대는 운봉에게 죄를 돌렸다"고 한다. 고봉은 사칠의 분, 이속의 리기의 분, 운봉의 사칠의 분을 말한 적이 없다. 왜냐하면 사맹의 칠·사 別은 당연하고, 리·기의 分도 지당하기 때문이다. 추만은 진실로 칠사를 '대거 호언'하지 않았고, 운봉도 칠사를 리기로 해석하지 않았다. 문제는 사칠을 리·기로 대거·호언하고 분한 것은 바로 퇴계라는 점이다.

1284) 사칠 리·기의 分은 운봉선생과 관련이 없으므로 따라서 이속의 잘못을 운봉의 원죄로 돌린 것을 달갑게 여기지 않을 것이다. 왜냐하면 "운봉은 性情과 心意만 있고 [사칠] 리·기의 分은 없기 때문"(상323)이다. 그렇다면 '리·기의 분'은 누구인가? 바로 퇴계 자신이므로 운봉과 관련이 없다는 것이다. 고봉의 질문이 바로 이점이다. 운봉, 명공, 추만은 사칠 대거 및 리기에 나아간 分이 아니다.

1285) "근세 제공(명공)들이 억울하게 여기"는 이유는 그들의 설은 "이속에서 나온 것"이 아니며 '사칠의 分'도 아니기 때문이다. 퇴계는 "주자를 과신"한 리기 분속설을 定說로 여긴다. 만약 운봉 및 명공들도 리·기에 分했다면 그들도 정설이 된다. "추만도 無病"(상45)인 이유이다. 운봉과 명공들은 분하지 않았고, 그런데도 분했음으로 말한다면 그들은 '원망'할 것이다. 그렇다면 분속한 것은 누구인가? 퇴계의 "과신"이며, 퇴계의 정설이다. 다시 말해 운봉과 명공들은 스스로 잘못인데, 그들이 '원망'하는 것은 그 잘못이 "이속에서 나온" 것이 결코 아닌 스스로의 잘못이기 때문이다. "명공들이 이속을 답습"(상320)한 것도 사실이지만, 그러나 그 잘못은 이속에서 나온 것이 아닌 '스스로의 잘못'일 뿐이다. 퇴계의 이 말은 문제가 있다. 이미 명공들은 리·기 분이 아니므로 스스로 잘못인데, 왜 다시 고봉을 '원망'하겠는가? 이미 잘못이라면 고봉의 말이 아니라도 잘못이다. 리·기의 분이 아닌 것은 이미 잘못인데, 왜 그 잘못이 고봉이 "이속에서 나왔다"고 했다 해서 다시 고봉을 '원망'하겠는가. 더구나 고봉은 "명공과 이속"을 퇴계라 한다. 퇴계의 리기의 분, 운봉, 제공, 이속, 죄, 원망 등은 고봉의 문자와 서로 맞지 않는다.

1286) 來誨에서 "또"는 고봉이 논박한 理虛 조항을 반박하겠다는 뜻이다. "리허"는 「천명도설」제5절이다. 고봉은 이 조항 "리허무대"(상173~176)에 대해 "주자는 리를, 至虛에도 至實로 실존한다", "정자는 장재의 허·태허를 리라 했다"(상174·175)고 논박했다. 이에 퇴계는 "주자의 實은 虛而實이다",(상301) "정자는 虛에서도 實을 인식했다(虛而實)"(상302)고 반박했다. 이 답변은 정주의 설과 다르고, 추만 본설 및 고봉과의 문답도 어긋난다. 왜냐하면 고봉은 '리체는 실존자이다'인데 퇴계는 '허이실'이기 때문이다. 퇴계는 '무엇'이 虛而實이라 함인가? 더구나 퇴계는 「천명도설」제5절 "리허"(리 문제)와 제6절 "허령"(심 문제) 2조를 구분하지 않는다. 퇴계의 "허령의 허를 리로 여긴 설(허리)"(상300)이라 함은 리허(리체)와 허령(심덕)을 혼합한 것이며, "허리"는 새로 나온 논제이다.

대하기 때문에 가손이 없다. 虛故無對, 無對故無加損)[1287]는 말에 대해 통렬히 꾸짖었습
니다.(퇴계의 이 인용문은 「천명도설」 문자와 다르고, 의미도 다름. 추만 본설을 깊이 왜곡한 것임)[1288] 지금
[추만의] 이 말의 병통을 자세히 살펴보니 다만 "無對故(상대가 없기 때문)"의 세 글자에
있으며,(퇴계는 무대를 "無無, 無虛"로 여겨 추만의 '리 무대의 유일자'를 부정한 것임. "무대"를 빼면 오히려
추만 본설인 "음양대립의 기"가 되고 맘. 퇴계는 추만 문자를 마음대로 고쳐서는 안 됨)[1289] 지금은 다음과
같이 고치겠습니다. '리하면서 허하다.(理而虛의 뜻임) 때문에 상대가 없으며 가도 없고 손
도 없다(理虛, 故無對而無加無損).' 이와 같이 고친다면 거의 가깝다고 하겠습니다.(추만은
'리 一者'를 무가손이라 한데, 퇴계는 '理而虛'라 하므로 결국 추만의 "理一"이 황홀의 '기'가 되고 만 것임. 퇴계는
추만 본설을 왜곡했고, 그 문자 및 문답도 다르며, 고친 것 역시 추만 본의와 완전히 상반됨)[1290]

(326)然公所詆, 不在語病, 而專以其語爲出於謬妄(고봉집 左)之見. 滉竊以爲(고봉집 以

爲 대신 謂)此乃看理到解悟處, 說理到極至處. 在滉, 則積十年之功, 僅得其髣髴,

1287) 「천명도설」 제5절 본문은 "理之爲理, 其體本虛, 虛故無對, 無對故在人在物, 固無加損而爲一焉"(『퇴계전서』3책, 142쪽)이다. 이를
고봉은 "虛故無對, 無對故在人在物, 固無加損而爲一焉"(상176)으로 인용했다. "虛故"부터 인용한 이유는 "其體本虛"(상174)는
앞줄에서 논평했기 때문이다. 반면 퇴계의 이곳 "理虛故無對"는 이러한 구분이 없다. 추만은 "리의 리됨은 그 체가 본허다. 허
하기 때문에"인데, 퇴계는 곧바로 "理는 虛하故"(理而虛의 뜻임) 때문에"로 인용한다. 이는 추만과 전혀 다르다. 추만은 '理體'
를 먼저 "本虛"라 하고 이어 그 체를 '설명'하여 "虛故"라 하지만, 퇴계는 곧바로 "理虛"라 하여 리의 '체'와 그 '설명'을 구분하
지 않는다. 고봉은 "其體本虛"에 대해 "理는 本是 實이다"(상175) 하고, "虛故無對"에 대해서는 "이는 理字를 設함에 不出하
다"(상176)고 하면서, 만약 "무대 때문에 [리개 가손이 없다면 리는 황홀이 된다"(상176)고 하여, 모두 3개로 나누어 논평했
다. 즉 "리의 리됨(理之爲理)"의 '理一'은 스스로 리일 뿐, "허 때문(虛故)"이라 할 수 없다. 추만은 '리체는 밤'의 뜻이고, 고봉
은 리체를 허인 '空'이라 할 수 없으며, 또 그 理一됨이 "허 때문(虛故)" 혹은 "무대 때문(無對故)"이라 하면 그 리일자는 '허,
무대에 종속'되는 비판이었다.

1288) 고봉은 추만을 1) "其體本虛", 2) "虛故無對", 3) "無加損" 3조로 나누어 논평했다.(상174~176) 1)에 대해서는 "리는 本是 實
하다" 하고, 2)에 대해서는 "理字를 設함"이라 하며, 3)에 대해서는 "리의 加損 없음이 어찌 虛 혹은 無對 때문이라 하겠는가?"
라고 비평했다. 이에 퇴계가 추만의 "理之爲理, 其體本虛, 虛故無對"를 "理虛故無對"로 줄인 것은 추만 본설을 왜곡한 것이다.
퇴계의 "리허"는 '理而虛'의 뜻으로, 추만의 "리일자"가 실체 없음이 되고 만 것이다. 때문에 고봉은 뒤에서 "理字를 形容한다
면", 또 "반드시 [리체에] 허자를 써야 한다면, 리의 체됨은 至虛하나 實하다"(하94)고 하여 추만 본설로 돌아간 것이다. 퇴계
의 이곳 "理虛"는 '리'에 관한 것이 아니다.

1289) 퇴계는 추만의 "理虛, 故無對, 無對, 故無加損"(추만설과 다르게 인용함)의 병통을 '無對故' 3자에 있다고 한다. 그러나 추만 원
문은 "虛故無對, 無對故在人在物, 固無加損"(상176)이며, 퇴계가 임의로 고쳐서는 안 된다. "리허" 의미도 추만과 전혀 다르다.
퇴계가 "無對故"를 잘못으로 여긴 이유는 '무대'는 "無無, 無虛"(상301·302)의 '無而虛'이기 때문이다. 결국 퇴계는 "無而有"
(상301)의 "理而虛"(상305)라 함인데, 고봉 논평은 이와 다르다. 고봉은 추만의 "허, 무대의 유일함을 "理의 說이다"(상176)고
한다. 리일을 이렇게 '설'할 수 있지만, 리일의 유일자가 '허·무대 때문'일 수는 없다. 추만은 "其體本虛" 앞에서 "天地之間
에 理는 一이나, …氣는 萬物에 分하여 각기 一氣이다. …氣에서 陰陽對立의 象이 있다"고 한다. 추만은 "理一"을 "무대"라 한
것이다. 단 추만의 "分"은 정주의 "理一分殊"와 다른데 정주의 분수는 '理'이다. 퇴계의 "理而虛"는 리일의 '무대'를 부정한 것
이다. 만약 "무대"를 빼면 "리"는 오히려 추만 본설인 "음양 대립의 기"가 되고 만다.

1290) 퇴계는 당초 "理虛, 故無對, 無對, 故無加損"(추만 문자와 다름)을 다시 "理虛, 故無對而無加無損"이라 하여 '無對故' 3자를 빼고
'而'자를 새로 넣었다. 理而虛 때문에 무대하고 무가손일 뿐, "無無, 無虛"(상301·302)의 '無而虛' 때문에 무가손이라 할 수는
없다 한다. 고봉이 "無對故無加損"이라 하면 [리는 롱동황홀이 된다"(상176)고 했기 때문이다. 고봉의 뜻은 1)理를 本虛라
할 수 없고, 2) "虛故 無對하다"고 함은 "理의 說"이며, 3)리의 무가손은 "虛 혹은 無對 때문이라 할 수는 없다"고 했다.(상
174~176) 요컨대 고봉은 "理一"이므로 無加損이지만 단 "虛 혹은 無對 때문"은 아니다. 추만 본설은 "리체는 本虛다"(원인)
"허한 故로 無對하다"(설명) "故로 加損이 없다"(결과)이다. 반면 퇴계가 고친 "理而虛 때문에 무대, 무가손이다"고 함은 그
무대 이유가 '리어허'이다. 그렇다면 '理 一者'가 무대가 아닌, 결국 '리이허'(고봉이 황홀이라 함)가 무대가 되고 만 것이며,
추만의 "리일"을 부정한 것이다. 추만은 "人·物"에 "理의 一"이 무가손이라 하며, "무대"가 아니라면 그것은 '기'라고 한다.
정주도 "횡거의 겸허실은 기"라 한다. 퇴계는 추만 본설을 논평한 것이 아닌 고쳤고, 문답도 추만과 다르고, 고친 것도 추만
본설과 완전히 상반된다.

而猶未能眞知, 故有語病如此. 在公, 則一筆句斷於立談之頃, 人之有智(고봉집 知)
無智(고봉집 知), 何止於三十里而已耶! [謬妄之見류망지견; 그릇되고 망령된 견해. 황당무계
한 견해. 到도; ~에 이르다.~을 해내다.(동작이 목적에 도달한 것을 나타냄) 解悟處해오처; 이해해서
깨달은 곳. 極至處극지처; 극히 지극한 곳. 僅근; 겨우. 가까스로. 髣髴방불; 유사함. 비슷함. 猶유; 여전
히. 아직. 一筆句斷일필구단; 단번에 단정해버리다. 立談之頃입담지경; 서서 말하는 시간. 말로 지나가
는 잠깐의 순간.(퇴계 자신은 語病일 뿐이고, 고봉의 경우는 立談, 口舌이라 한 것임)]

그런데 공의 꾸짖은 바[1291]는 말(語)의 병폐에 있는 게 아닌(나는 말의 병폐가 아닌, 지극
한 리를 10년 공부로 스스로 깨달았음)[1292] 오로지 그 말(語) 자체가 '그릇되고 망령된 견해
에서 나왔다'(이곳은 추만의 "리허" "허령" 2조와, 운봉의 "성발, 심발" 및 "사칠" 조항의 구분이 없음.
만약 '망령된 견해'가 위 "리허"라면 정주 2설 인용문은 망령이 되고 맘)고 함에 있었습니다.[1293] 황은
이렇게 말하겠습니다. 이 일은 결국 '리를 봄(看)'에는 이해해서 깨달은 곳에 도달
해야 하고, '리를 설(說理)'함에도 극히 지극한 곳에 도달해야 한다고요.(公理를 직접 말
하면 공리가 아님이 됨. 퇴계는 허이실을 리라 하지만, 정주에 의하면 기임)[1294] 황에 있어서는 10년
의 공부가 쌓여 겨우 그 방불함을 얻었으나,(10년 공부로 "무대고" 이전의 방불설을 얻었다 함
인데, 그러나 방불설 본설은 추만이며, 또 퇴계 방불설은 추만 본설과도 전혀 다름)[1295] 당시는 참되게

1291) "꾸짖었다(詆)" 함은 윗줄 "又痛詆"와 같은데 이는 퇴계의 "理虛, 故無對, 無對, 故無加損"(상325)을 꾸짖었다 함이다. 하지만
고봉의 비판은 추만 "천명도설" "理之爲理, 其體本虛, 虛故無對, 無對故在人在物, 固無加損而爲一焉"(상176)이지 위 퇴계의 인
용문이 아니다. 퇴계는 당초 추만의 "무대(퇴계는 무무, 無于虛) 때문에"를 "리이허 때문에 무대"로 고쳤고, 결국 추만의 "一"
을 "리이허"로 여겨 '理一'을 없애버리고 만 것이다.

1292) 퇴계는 자설인 "理虛, 故無對, 無對, 故無加損"에 대해 "이 語의 병폐는 無對故 3자"(윗줄)라고 한다. 즉 나의 병폐는 '어구'에
있는데도 그대는 나의 어구는 꾸짖지 않고 '타인의 망령된 견해에서 나왔다'고 한다는 것이다. 즉 자신은 "말의 폐단"일 뿐, 사
실은 "10년 공부로 스스로 깨달아서 지극한 리를 본 것"이다. 하지만 만약 추만의 "리일의 무대"가 병폐라면 오히려 '리 일자'
는 추만 본설과 같이 "음양대립의 氣"(리일 뒷줄)가 되고 만다.

1293) 고봉의 비판은 두 곳이다. 첫째 "俚俗 相傳之語"(상162)는 근세 명공인 퇴계 등의 '리발·기발의 무불선, 유선악'이고 그 "병근
은 호씨"(상164)이다. 둘째 "世俗 相傳之說"(상182)은 「천명도설」 "리허"(리)와 "허령"(심) 2조이다. 퇴계의 "그 語가 그릇되
고 망령된 견해에서 나왔음만 꾸짖었음"의 "망령된 견해"는 첫째(語) 둘째(說) 중 어느 곳인지 불명하다. 위 "리허, 고무대"는
「천명도설」제5절이다. 만약 망령된 견해에서 나왔음이 "리허"라면 고봉이 이 조항에서 인용한 "주자왈"(상174) "정자왈"(상
175) 2조는 망령된 견해가 되고 만다. 고봉은 정주 2설을 인용해서 "리는 허가 아님"이라 했다. 그런데 퇴계의 아래 "간리, 설
리"는 또 위 모두와 다른 답변이다.

1294) "看理에는 解悟處에 도달해야 하고 說理에도 極至處에 도달해야 한다"고 함은 문제가 크다. 간리와 설리는 스스로 말할 수 없
다. 더구나 리만 말하면 치우치고 만다. 리는 실체이고 또 설로 표현할 수 있지만, 스스로 '리를 보았다(看理)'고 할 수는 없다.
극지처에 도달한 사람만 '리를 설(說理)'할 수 있는 것은 아니다. 극지처에 도달해야만 간리와 설리라면 그것은 나 자신만의 사
사로운 극치일 뿐 천지의 公理가 되지 못한다. 중용에서 "신독"과 "미발, 이발" 공부를 강조한 이유이다. 고봉이 "自家道理는
自信할 수 없다",(하115) "혹 기품 물욕이 拘蔽되어도 리 본체는 自若하다"(하120)고 한 것도 도리는 자신에게는 안 되고 또
그 리는 어디에도 자존한다 하이다. 리는 해오처, 극지처에 도달하지 못한 상대방에게도 상존한다. 다만 실재한다고 설할 수
있을 뿐 그것을 보았다거나 혹은 극지처에 도달한 사람만 가능하다고 해서는 안 된다. 반면 퇴계는 자신의 "허이리, 실이허"는
看理의 해오처와 說理의 극지처에 도달한 사람만 가능하다고 한다. 그러나 만약 "理而虛"가 看理라면 퇴계는 '실체 없음'을 본
것이 되고 만다. 더구나 리이허, 허이실은 '기'일 뿐 리가 아니다.

1295) "10년 공부로 겨우 방불함을 얻었다"고 함은 '無對故'를 빼기 전 "理虛, 故無對, 無對, 故無加損"(상325)을 말한다. 뒷줄 "참으
로 알지 못해서 이 같은 語病이 있었다"와 앞줄 "그대의 꾸짖는 바는 語病에 있지 않았다"고 한은 '무대고'를 빼기 이전이다.
이 방불설을 그대는 "立談之頃"(뒷줄)에 비판했으니, 그러나 무대고를 빼지 않아도 그 어구는 방불하다. 단 "理虛, 故無對而無
加無損으로 고치니 거의 가깝다."(상325) 문제는 "방불설"은 그 본설이 추만이고, 그리고 방불설도 추만 문자와 전혀 다르다는

알지 못했던 까닭에 그와 같은 '말의 병폐'도 있었던 것입니다.(작은 실수는 언어이며, 직접 깨달은 것은 리이허임. 퇴계는 추만 본설을 고치고 스스로의 깨달음으로 자부한 것임)[1296] 그런데 공에 있어서는 [공부도 없이] 입담의 한 순간에서 끊어버리니,(이 답변은 추만 본설과 퇴계 자신의 방불설을 혼동한 것이며, 고봉은 다만 추만 본설을 비평했을 뿐임)[1297] 사람이 지혜가 있건 없건 어찌 삼십 리 길[1298]에서 그칠 뿐이겠습니까![1299]

(327)此何可復以口舌爭耶! 只當 "爾月斯征, 我日斯邁", 又積十餘年之功, 然後各以所造看, 如何? 彼此得失, 於此始可定耳. 若於此而又不能定, 則必當待後世之朱文公, 而後可判其是否? 如何?(퇴계집 '若於 …如何'까지 27자 없음)[1300] [口舌구설; 입과 혀. 입씨름. 只當지당; 틀림없이~라고 여기다. 爾이; 너. 그대. 功공; 노력. 학습의 공부. 所造소조; 조예가 깊어진 경지. 공부가 이루어진 곳. 必當필당; 당연히. 반드시. 可判가판; 판결이 가능함.]

하지만 이것(理而虛, 虛而實)을 어떻게 다시 입과 혀로 다툴 수 있겠습니까!('理而虛'이므로 논쟁이 불가한데, 나는 깨달아(解悟) 알았기 때문에 리를 보고, 리를 설할 수 있음. 퇴계는 추만 본설과 자신이 깨달은 설을 구분하지 않은 것임)[1301] 틀림없이 "그대도 달(月)로 이 일에 나아가고 나도 날(日)로

점이다. 추만 본설은 "理之爲理, 其體本虛, 虛故無對, 無對故在人在物, 固無加損而爲一焉"(상176)이며, 따라서 퇴계는 자신의 방불설과 추만 본설을 스스로 구분해야 한다. 본 논변은 "1560년 11월 5일"이다. 추만의 「天命圖解, 自序」는 "1543년 2월"이다. 퇴계는 "1553년 10월 정지운의 「천명도」를 고쳤고"(퇴계연보) 「천명도설, 후서」는 "1553년 12월"이다. 따라서 "10년 전"이라면 퇴계의 방불설은 「천명도설, 후서」를 쓰기 3년 전 1550년쯤이라 할 수 있다. 만약 그렇다면 이때 이미 추만 「천명도, 도설」을 퇴계는 고쳤는가?

[1296] 10년 전 "참되게 알지 못해서 그 같은 語病이 있었으나" 그러나 지금 "無對故"를 빼고 나니 "거의 가깝게 되었다." 문제는 "語病이 있는" 당초 방불설이 「천명도설」 본문 문자와 다르다는 점이다. 고봉의 비평은 추만 「천명도설」이지 퇴계의 "리허(理而虛)"설이 아니다. 퇴계는 추만 본설과 다른 스스로의 방불설에 대해 "무대고"를 빼고 "리이허"로 고치니 "거의 가깝다"고 하여 자신의 자설로 자부한 것이다.

[1297] 나는 10년 전 공부가 쌓여 방불설을 얻었는데, 그대는 공부의 쌓임도 없이 단지 일필 입담의 사이 "口舌"(상327)로 나를 끊어버린다. "무대고" 3자 "語病"을 빼니 나는 "거의" 완벽하다. 입담의 순간에 무엇을 끊었는가? 윗줄로 보면 "퇴계의 어구가 謬忘의 견해에서 나왔기 때문"이라 함이다. 이 말은 고봉의 논평과 다르다. 고봉은 주희와 정자의 2설(상174·175)을 들어 추만의 "理體本虛"를 비판했을 뿐 '퇴계의 설'을 거론하지 않았다. 고봉은 추만의 '虛故無對'는 "理의 說"이며, 단 "무대 때문에 無加損"이라 하면 "理는 롱동황홀이 된다"고 비판했다.(상176) 문제는, 퇴계의 이제까지의 답변은 추만의 2조인 '리'와 '심'의 구별이 없고, 또 '理虛'와 '虛理'의 구분도 없으며, 추만 본설과 퇴계 자신의 설도 혼동했고, 리의 '體'인가 '說'인가도 불명하며, 더구나 "리허"에 대한 '꾸짖음'이 「천명도설」인지 퇴계 자신의 설인지도 불명하다.

[1298] 후한 말, 曹操가 楊修와 함께 길을 가다 曹娥碑를 보고 양수는 그 글자의 내용을 즉시 알아차렸으나 조조는 그보다 30리나 더 지난 다음에 알게 되었다는 고사로, 자신의 우둔하고 재주 없음을 비유한 말이다. 「세설신어」 「첩오捷吾」.

[1299] 나는 10년 공부로 겨우 방불설이고, 이후 지금은 공부가 더 쌓여서 고치니 거의 완벽하다. 반대로 그대는 공부도 없이 입담의 사이에서 끊고 마니, 이러한 입담의 말은 30리 길 이상이라 하더라도 나로서는 이해하기 어렵다. 결국 "看理의 解悟處에 도달해야 하고, 說理의 極至處에 도달해야 한다." 문제는, 지금 퇴계의 답변은 "리허(理而虛)"인데, 이는 「천명도설」 "리체(리)와 "허령"(심) 2조와 다르다는 점이다. 대화가 심히 어긋난 것이다. 과연 퇴계는 천명도설 2조를 스스로 깨달았는가? 더욱이 추만 2조는 '공부'를 논한 조항도 아니다. 퇴계의 결론은 스스로 깨달은 "理而虛, 虛而實"이다. 이에 고봉은 '공부'에 관해 "愼思, 明辨으로 至當의 귀결을 구해야 한다"(상168)고 한다. 리는 볼 수 없고, 다만 구해야 한다. 퇴계의 지금까지의 답변은 주희설과 추만설을 구분하지 않았고, 리허와 허리의 구분, 그리고 추만 2조와 자신의 방불설도 구분하지 않으며, 더구나 리를 스스로 '보았다'고 한다. 「고봉집」 "左" "謂" "知" 등은 아마 당초 고봉에게 보낸 원문인데, 이후 퇴계가 고친 것으로 보인다.

[1300] 이곳 27자는 「퇴계전서」에는 빠졌고 「고봉집」에는 실려 있다. 「고봉3서」의 이곳에 대한 답변으로 보면 본래 있었음을 알 수 있다. 고봉의 답변은 하60이다.

이 일에 매진하여"(주희가 육구연의 토론 태도에 대해 분노한 말임)1302) 그래서 [그대도] 또 10여년의 공부(功)가 더 쌓여야 하니 그러한 연후에 각자 조예가 깊어진 곳에서 본다면 어떻겠습니까?(고봉에게 '10년' 이상의 공부를 더 하라고 훈계한 말임. 위 주희의 분노가 바로 "안자의 有若無"라는 점인데, 퇴계는 반대의 "복종하라"는 의미로 이 말을 인용한 것임. 자상모순임)1303) 피차의 득실은 여기서 비로소 정해질 수 있을 뿐이겠습니다.(결국 理而虛로 귀결된다는 것. '주어'가 없음. 반면 고봉은 "리"에 대해 實, 설, 형용, 찬탄 등으로 분석함)1304) 만약 여기(10여년 후)서도 또 정해지지 못한다면 반드시 후세의 주문공을 기다린 이후에야 그 옳음이 판결될 수 있지 않을까요? 어떻습니까?('만약 이하 27자는 「고봉3서」를 받은 이후 삭제함. '후세 주문공' '10년' 등은 나정암의 말인데, 퇴계는 정암을 비판하면서도 이 말은 인용함)1305)

1301) "이것은 입과 혀로 다툴 수 없다." '이것(此)'은 윗줄 고친 "理虛故無對"로 보면 '리이허'이다. 理而虛이며, 그 리이허는 解悟와 極至處에 도달한 사람만 아는데, 나는 解悟·看理로 알았다. '理而虛, 虛而理'이므로 "입씨름으로 다툴 수 없다." 퇴계는 理虛, 虛理 2설을 구분하지 않는다. 고봉은 리(옳음)는 '실체'이며, 또 리를 '허로 설할 수 있고, 허를 정주는 '리로 여겼다"고 한다. 모두 "리"에 관해 '설명'하고 '설'하고 '찬탄'한 것이다. 반면 퇴계는 '理而虛, 虛而實, 實而虛'이므로 "다툴 수 없다"고 하면서도 퇴계 자신은 오히려 "간리, 설리'했음을 자부한다. 퇴계의 논변은 리를 '설함'인지 리의 '실체'를 논함인지, '허'를 논함인지도 불명확하다. 만약 리가 "理而虛'라면 고봉의 표현대로 "그 리라는 것은 롱동황홀"(상176)이 되고 만다. 고봉은 정철에게 "性情之間은 至妙至微하니 見·聞으로 논할 바가 아니라 함은 儒家의 本色이 아니다"(「고봉집」1책, 368쪽)라고 하면서 "만약 不言한다면 또 어떻게 講究하겠는가?"(상183)라고 한다.

1302) 더 이상의 토론은 무익하다는 주희의 '분노 투'의 말을 인용한 것이다. 어원은 『시경』 "我日斯邁, 而月斯征, 夙興夜寐, 無忝爾所生(나는 날마다 매진하고 너도 달로 정진하며, 일찍 일어나고 밤늦게 잠들어 우리 부모님 욕됨이 없게 하리라)"(「小雅, 小宛」)에서 나왔다. "而"자를 주희는 爾로 주석했는데 퇴계도 爾자로 바꾼 것이다. 장재의 「서명」 "不愧屋漏爲無忝(방 귀퉁이에서도 부끄럽지 않음이 부모를 욕되게 하지 않음이다)"의 무첨도 여기서 나온 말이다. 주희는 육구연과 "無極而太極'을 논쟁하면서 "如日未然, 則「我日斯邁而月斯征」, 各尊所聞, 各行所知, 亦可矣. 無復可望於必同也(노형께서 만약 그렇지 않다고 다시 말씀하신다면, 이 문제는 '나도 날마다 매진하고 그대도 달로 정진하여'라는 말과 같이 각자 들은 바만 존중하고 각자 아는 바대로 행하는 것도 가할 것입니다. 그래서 다시는 반드시 같아야만 한다고 할 것까지는 없겠습니다"(「문집」권36, 「答陸子靜」5, 1577쪽)라고 한다. 육구연에게 보낸 마지막 편지 끝부분이다.

1303) 나는 일찍이 10년 공부를 쌓아 거의 방불한 설인 "理虛(理而虛), 故無對"을 얻었고, 다만 약간 언어의 병통인 "無對故 3자"를 빼니 지금은 "거의 가깝다."(상325) "理而虛"는 완벽해서 고칠 것이 없다. 그런데도 그대는 공부의 쌓임도 없이 단번에 '理而虛가 아니다'라고 단정해 버렸다. 따라서 그대는 나의 "10년"보다 더 "10여년" 이상을 공부해야 한다. 문제는 위 주희의 말이 바로 이 의미라는 점이다. 육구연은 스스로 "안자의 경지를 자처(以顏曾自處)"하고 안자의 "有若無, 實若虛"를 말했는데, 여기에 주희는 분노한 것이다.(위 「답육자정」, 같은 쪽) 올바른 토론태도가 아니라는 것이다. 퇴계 위에서 인용한 "안자의 유약무, 실약허"(상295)가 바로 "리이허(實而虛)"와 같다. 안자의 유약무인 실이허에 "즉각 복종하라"(상296)는 것이다. 주희가 육구연에 분노한 것이 바로 이전인데, 오히려 퇴계는 이 말을 인용한 것이다. 퇴계의 충고는 스스로 모순이다.

1304) "나는 10년 공부가 쌓여 겨우 방불설을 얻었고",(상326) 그 無對故 3자를 빼니 "거의 가깝다."(상325) 나는 이렇게 공부가 쌓여 깨달았는데, "그대는 입담의 한 순간에 끊어 버리고 만다."(상326) "피차 득실은 여기서 定해질 수 있을 것"이라 함은 그대는 "10여년의 공부를 더 쌓아 조예가 깊어져야 한다"는 의미이다. 나는 "허이실"이라는 '간리, 설리'를 깨달았는데 그대는 아직 이것을 깨닫지 못한다는 것이다. 그러나 정주는 "겸허실"을 '기'라 하고 고봉은 "황홀"(상176)이라 한다. 고봉은 "허의 리" "리의 허" 등을 불가라 하지 않는다. "허의 리"는 정주 본설이고,(하87) "리의 허"는 "리의 설"(상176)이기 때문이다. 퇴계는 '자신의 설'과 '천명도설' "리허"(리), '허령'(심), 리의 '실체', 허로서의 '설명', 리의 '찬탄'(하91) 리의 '형용'(하94) 등을 각각 분별·분석하지 않고, 단지 모두 '理而虛, 虛而實'이라 하여 고봉에게 "10여년의 공부에 매진하라"는 충고를 한 것이다.

1305) 만약 그대가 10여년의 공부를 쌓았는데도 또다시 나의 定案인 "實而虛'를 알지 못한다면 결국 후세 주문공만이 그대의 시비를 판결할 수 있을 것이다. 나의 "實而虛'은 주문공이 아니면 판결하지 못한다. 즉 그대는 주문공 같은 사람이 아니다. 나흠순은 『곤지기』에서 "주자는 종신토록 理氣를 二物로 인식했다. 나(나흠순)는 수 10년의 潛玩의 功을 쌓았다"고 하면서 주자 "氣强理弱"의 잘못을 "당시 주자에게 질문한 자가 없었으니, 우선 이렇게 기록해서 후세 주자의 운음을 기다리겠다"(「困知記卷下」, 제19장)고 한다. 퇴계의 '후세 주문공' 및 '10년의 공부' 등은 이곳 나흠순의 말을 참조했을 것이다. 왜냐하면 나흠순의 "리기 一物설"은 같은 제19장의 말이며 퇴계가 이 말을 인용했기 때문이다.(상41) 퇴계는 나흠순의 설을 비판하면서도 "10년" "후세 주문공" 등의 말은 인용한 것이다. 그러나 고봉은 리를 "허이실, 리이허"라 하면 "황홀의 기'가 되고 만다고 한다. 『퇴계집』에 이 27자가 없는 이유는 "후세 주문공을 기다려야 함"을 취소한 것으로 보이지만, 그러나 퇴계는 스스로 이 말을 취소하겠다는 말을 하지 않았다. 이곳에 기록이 남아있고, 「고봉3서」에 본 언급의 답변이 있으므로,(하60) 따라서 퇴계는 「고봉3서」를 본 이

- 295 -

(328)抑愚聞之, 道同則片言足以相符, 不同則多言適以害道. 吾二人所學, 不可謂不同矣. 乃不能相符於片言, 而多言至此, 誠恐未有以發明, 而反有所撓害也. [抑; 그렇지 않으면. 혹은. 聞之문지; 내가 듣기로는.(見聞之의 뜻) 道同도동; 우리가 배우는 儒道가 같음.(공맹, 정주의 도. 그러나 '도'는 서로 같을 수 없음) 相符상부; 둘이 서로 부절처럼 꼭 들어맞다. 둘이 하나인 것처럼 딱 맞다. 撓害뇨해; 일부러 어지럽히고 해침.]

내가 듣기에, 도(우리가 '강마'하는 도)가 같으면 한 마디 말로도 상부함에 넉넉하겠지만 만약 같지 않다면 무수한 그 말들이 오히려 도(공맹, 정주의 '확정'된 도 퇴계의 도)를 해침에 적용된다고 하겠습니다.(두 도의 용법이 다르며, 서로 모순됨)1306) 우리 두 사람이 배우는 바는 같지 않다고 할 수는 없습니다.(정주의 도통설은 확정된 설이 아닌 '공부'임)1307) 그럼에도 그대는 결국 한 마디 말조차 상부하려 들지 않아서 그 무수한 말들이 여기까지 이르렀으니,(퇴계가 오히려 정주가 논한 도를 '한쪽'만 치우치게 든 것임)1308) 이는 진실로 밝혀내고자 함이 있으면서도 오히려 어지럽히고 해침만 되는 것은 아닌지 두렵다고 하겠습니다.(고봉이 어지럽히고 해친다는 것임. 그러나 퇴계가 주희의 리·기의 偏으로의 해설을 오히려 전체의 도로 여긴 것임)1309)

후 고봉에게 알리지 않고 삭제한 것으로 보인다.

1306) "도가 같음(道同)"과 "도를 해침(害道)"의 두 '道'자의 용법이 다르다. 道同은 우리가 배우는 정주의 '도를 강마함이 같다' 함이고, 害道는 정주가 확정한 '도를 그대의 말이 해친다' 함이다. 강마는 노력해서 '밝혀야 할 도'지만, 확정된 도는 '따라야 할 도'이다. '따라야 할 도'는 확정된 도를 따르기만 하면 드러날 수 있다. 그런데 '강마 할 도'는 토론하고 노력해서 밝힐 도이다. 따라서 퇴계와 같이 "도가 같다면"의 도가 아래 "도를 해침"의 도와 같다면 결국 '같은 도가 도를 '해치는 도가 되고 만다. 우리의 도는 정주의 도인데 왜 이렇게 한 마디도 부합하지 않는가? 그 이유는 理而虛, 리발·기발 등 이치를 그대는 반대하기 때문이다. 퇴계는 자신의 설을 정주의 도로 여기고, 고봉에게 이 도에 따를 것을 스승으로서 요구한다. 이에 고봉은 "지금 우리의 강마는 이길 것을 구하거나 도리를 헤아리지 말자 함이 아니다. 도리는 허심평기로 각자 동이의 견해를 다해야 드러날 수 있다."(하8·12) 즉 도리는 일방의 주장으로 드러나지 않는다. 퇴계에 의하면 "道가 同이라면 不言으로도 相符하고 不同이라면 千言으로도 不論할 것이다. 公(고봉)은 況과 道가 不同이라 한다면 不可하다. 무릇 況의 所爲가 혹 道에 합치된다면 公의 見識과 意趣가 어찌 나의 區區한 輝歟(이리저리 비유한 설)를 기다린 이후에야 知引 것인가?"(『고봉집』3책, 127쪽. 1567년 9월)라고 하는데, 이 말은 그대가 나의 의중을 잘 알 것인데도 어찌 이렇게 나를 몰라주는 것인가라는 뜻이다. 이는 도를 찾는 토론의 태도라고 할 수 없다.

1307) 우리가 "배우는 바(所學)"는 정주의 도이다. 문제는, 윗줄 "道가 同이다(道同)"는 우리가 배우는 학문의 '길(道)'이 같다 함이며 따라서 이 학문의 길이 "道를 해친다(害道)"고 말할 수 없다는 점이다. 고봉이 말한 도는 정주가 논설한 확정된 도가 아닌, 정주의 '도를 찾는 방법'을 배우고자 함이다. 즉 "후학이 배워야 할 것은 [주자의] 至公至明"(상153)인 공명정대의 마음가짐일 뿐 "한갓 견해로 이루어진 說話"(상50)가 아니다. 고봉은 정주의 도에 대한 동의의 다툼이 아닌 그 학문의 옳음을 찾는 道("路" 『중용수장』)를 말함이다. 『중용』의 도는 '공부'이며 정주는 이를 "도통"으로 여긴 것이다.

1308) 윗줄에서 "도가 같다면 片言으로도 상부하고 같지 않으면 多言이 害道한다" 했고, 여기서도 "그대는 편언도 상부하려 들지 않는다"고 한다. 즉 우리는 도가 같은데도 그대는 오히려 한 마디도 긍정하지 않아서 害道가 되고 말았다. 퇴계의 이 말은 문제가 있다. 왜냐하면 우리가 정주의 도를 같이 배운다 해도 그 의견까지 상부할 필요는 없기 때문이다. 가령 칠정을 리, 기, 심, 성, 선·악, 동·정 등으로 자유롭게 논할 수 있다. 퇴계가 앞에서 "어찌 성현의 말씀 중에 자기와 같은 것은 취하고 자기와 다른 것은 억지로라도 같게 하거나 혹은 배척하여 그릇됨으로 삼는가?"(상318)라고 함은 이 논쟁의 잘못이 고봉에 있고 퇴계는 잘못이 없다 함이다. 또 퇴계는 "그대는 하나같이 片言 隻字까지도 모두 詆斥했다"(상240)고 한다. 하지만 고봉은 퇴계를 잘못으로 여긴 것이 아닌 정주가 논한 "도를 '한 쪽'만 치우치게 든 것을 비판했을 뿐이다.

1309) "밝힘은 있지 않고 도리어 요해가 되고 말았다" 함은 토론이 아닌 고봉의 논변 태도에 대한 비판이다. 왜냐하면 퇴계가 '확정한 도(간리, 설리, 달리인 虛而理의 도)는 잘못이 없기 때문이다. 퇴계는 "看理와 達理는 해오처와 극지처에 도달하지 않으면 안 된다. 이는 達理의 호학군자가 아니라면 불능하다"(상326·327)고 한다. 그럼에도 그대는 한마디 片言도 긍정하지 않아서 "주자의 설도 만족하지 않았고"(상293) 결국 "나의 설을 잘못으로 여기자니 주자의 말까지도 指斥했으며"(상294) 또 "그대는 하나같이 모두 詆斥하여 片言 隻字까지도 완전한 것이 없게 했다."(상240) 즉 그대는 "편언으로 상부할 수 있는 것까지도 모

- 296 -

(329)雖然, 亦有二焉. 其心求勝, 而不揆諸道者, 終無可合之理, 只待天下之公論而已. 志在明道, 而兩無私意者, 必有同歸之日. 此非達理好學之君子, 不能也. [同歸동귀; 같음으로 돌아감.(퇴계의 同은 道 및 學이 아님. 고봉의 동귀는 토론임) 志지; 지향. 의지. 達理달리; 이치에 통달함. 리가 달성됨.]

비록 그렇지만 [동귀에는] 두 가지 길이 있습니다.[1310] 그 마음에 '이길 것만 구하며 도를 헤아리지 않겠다는 것'(이길 것을 구하며 도를 헤아리지 않는다고 말할 수는 없음. 말이 모순임)[1311]이라면 끝내 합할 수 있는 이치가 없어져서 다만 천하의 공론을 기다려야 할 뿐이겠습니다. (퇴계는 고봉의 '태도'와 천하 '공론'을 구분하지 않음. 공론으로 도를 찾을 수는 없음. 공론은 리가 아님)[1312] 그 의지가 도를 밝힘에 있고 둘 사이 사사로운 뜻이 없는 것이라면 반드시 같음으로 돌아갈 (同歸) 날도 있을 것입니다.[1313] 이것은 理에 통달(達理)한 호학의 군자가 아니면 능할 수

두 반대해서 결국 "여기까지 이르렀으니" 이는 "발명하려 하다가 오히려 해침이 된 것"이다. 이에 고봉은 "선생의 답변 30여 조관에서 已同은 18조이고 未同은 17조인데, 已同은 대절목이고 未同은 소소한 여론일 뿐이다. 따라서 그 已同으로 未同을 확인한다면 그 未同者도 同에 귀결될 수 있을 것이다"(하6)고 하여 우리의 토론은 도를 어지럽히는 일이 아님이 스스로 증명된 것이라고 한다. 퇴계는 정주의 리의 형이상 및 사실의 리·기로의 偏 해설을 오히려 전체의 道로 여기고 만 것이다.

1310) 두 가지 길이 있다. 첫째, 천하의 공론을 기다리자. 둘째, 同歸를 위해서는 達理의 호학의 군자가 아니면 안 된다. 단 천하 공론은 논쟁으로는 불가한데 왜냐하면 그대와 같이 반대를 위한 반대인 "숨바꼭질"과 "상대의 말을 한 마디도 상부하려 하지 않고"(상328) "이기만 구하려는 자"가 있기 때문이다. 동귀를 위해서는 결국 나와 같은 「看理와 說理」(상326)의 達理의 호학군자로써 가능하다. 퇴계의 이러한 두 길은 토론으로서의 동귀의 방법이라 할 수 없다. 모두 현실적 대응이 아니기 때문이다. 도 혹은 리는 지금 여기에 없다 할 수는 없다. 퇴계의 문제는 '도리'와 '공부'를 구분하지 않아서 생긴 것이다. 고봉은 묻는다. "천명·중화는 주기인가?"(하39) "칠정의 화는 발어기인가?"(하58) "이것이 후세 주문공을 기다릴 일인가?"(하60) "이런 간단한 문제도 분별이 불가하단 말인가?"(「후설과 총론」 서문, 허태휘 조항)

1311) "求勝"은 맹자에게 고자가 이기기를 좋아했다 함으로, 주희의 말이다.(「고자상」4) 이는 "이기기를 취함(取勝)"과 같고, 아래 "同歸" 역시 주희의 말이다.(모두 「이루하」16) "이기기를 구한다" 함은 논쟁을 말함이고 "도를 헤아리지 않겠다" 함은 이 논쟁을 말함이 아니다. 이기고자 하여 논쟁에 임하면 이 토론은 이어갈 수 없다. 그런데 '이기기를 구함'은 이 논쟁 태도를 말한 것이지만, 반면 이기기를 구한다고 해서 도를 헤아리지 않는다고 말할 수는 없다. 따라서 만약 "도를 헤아림"이 '이김을 구하는 논쟁'의 일로 여기면 상대는 도를 헤아림이 없고 결국 자신만 도를 헤아림이 되고 만다. 퇴계의 이른바 '도'는 "斯道를 發明함"(상308)의 정주의 도이다. 따라서 "도를 헤아리지 않겠다"고 함은 그대는 '정주의 도를 헤아리지 않겠다'는 말이 되며, 이는 퇴계의 모순이다. "이기기를 추구함"은 곧 논쟁이며, "도를 헤아리지 않음"은 곧 논쟁을 하지 않겠다는 말이 된다. "도를 헤아리지 않겠다고 이기기를 추구하는"(하8) 사람은 없다.

1312) 同歸의 두 길 중 첫째 "천하 공론을 기다리는 일"이다. 공론을 기다려야 하는 이유는 그대가 이기기를 구하여 도를 헤아리지 않겠다는 마음가짐을 갖고 있기 때문이다. 이러한 태도로 그대는 "끝내 합치할 수 있는 이치를 없게 했다." 그대가 이기기를 구해서 "도를 헤아리지 않았기" 때문이다. 이기기를 구한 도의 잘못으로 편안도 상부하지 못했다. 결국 문제는 "천하의 공론"이 아닌 고봉의 '태도'이다. 공론은 천하 사람들이 판단줄 문제지만, 그러나 퇴계는 이미 고봉의 태도를 문제 삼았기 때문에 이는 천하 공론을 기다릴 문제는 아닌 것이다. 이에 고봉은 "도리는 천지간에 있고 본래 둘로 다다를 수 없다는 성현의 의론은 방책에 모두 갖추어 있다. 금일 서로 강마하는 것도 처음부터 이기기를 구하거나 도를 헤아리지 말자는 것은 아니다"(하8)라고 답변한다. 즉 고봉의 답변은 1) '합치될 이치가 없다'에 대해 "도리는 천지간에 있지" 마음가짐에 따라 없어지는 것은 아니다. 2) '이기기를 구하여 도를 헤아리지 않는 태도'에 대해 "금일 서로 강마하는 것은 이기기를 구하거나 도를 헤아리지 말자고 함은 아님"이다. 3) '공론을 기다리자'에 대해 "도리의 둘이 아님은 성현의 방책이다". 공론이 모두 옳은 판단이라 할 수는 없고, 단지 우리 모두가 지금까지 믿고 따르는 성현의 의론에서 斯道의 방법을 찾음이 마땅하다. 성현의 의론이 옳다고 여기므로 우리는 사도를 배우는 것이다. 성현에게서 리가 나온다 할 수는 없다.

1313) 同歸의 길 중 둘째, 志가 明道에 있고 둘이 私意가 없다면 必히 同歸의 日도 있다. 이에 고봉은 "결국 明道코자 하여 둘이 私意가 없는 것이라면 끝내 歸於同도 또 可必할 수 있음"(하8)은 당연하지만, 다만 자신의 소견을 펼치면서 한두 군데 합치되지 못한 곳도 있게 마련이다. 이때는 "비록 '나의 所見이므로 치우침이 없을 수는 없다'라고 말한다 하더라도 이는 작은 허물로 그치며, 감히 苟同할 수 없는 것이라면 끝까지 切磋로서 至當의 귀결을 구해야 할 것이다"(하9)고 한다. 즉 "必히 同歸의 日이 있기" 위해서는 자신의 소견이 치우칠 수 있음을 인정하고, 또 苟同할 수 없다면 끝까지 절차해야만 가능하다. 이는 퇴계가 同歸의 방법을 제시하지 않았기 때문이다.

없습니다.(퇴계는 토론으로 도를 찾음이 아닌, 먼저 이치를 상정한 것임. 두 길 모두 현실의 도가 아님)1314)

(330)滉老昏如此. 深懼, 學退私勝, 而妄爲無益之言, 以自外於 "切偲"之厚. 惟願, 恕其 僭, 而垂仁終幸焉. 謹拜, 庚申至月初五日, 滉. [深懼심구; 매우 두렵다. 自外자외; 스스로 외 면하다. 切偲절시; 붕우간에 서로 간곡하게 힘쓰는 것.("절절시시"의 뜻. 『논어, 자로』28) 垂仁수인; 어 짐을 남기다. 훌륭한 이름을 후세에 드리우다.]

황의 늙고 혼매함이 이와 같습니다.1315) 심히 두려운 것은 학문은 퇴보하고 사욕은 이 기는데도 망령되이 무익한 말을 함으로써 서로 "간곡하게 힘쓰자"(붕우의 일임. 『논어, 자로』) 는 그대의 후의를 내가 스스로 외면하는 일입니다.(답변을 더 이상 바라지는 않겠다는 뜻임)1316) 오직 바라건대 이 참람함을 용서하시고 어진 이름을 후세에 드리우신다면 끝내 다행이라 하겠습니다.(더 이상 억지주장을 펴지 말라는 뜻임)1317) 삼가 절하며, 1560년 11월 5일 황.1318)

1314) 同歸의 日를 위해서는 의지가 明道에 있고 둘이 私意가 없어야 하는데, 이는 達理의 好學君子가 아니라면 能할 수 없다. 이 말도 문제가 있다. 同歸는 양편이 있어야 가능하며, 따라서 스스로의 達理로서는 그 同歸는 불가하다. 고봉은 답하기를 "양편 의 無私意로서만 끝내 同으로 歸하며",(하8) "苟同할 수 없는 것은 切磋하고자 해야 하니, 이렇게 至當의 歸를 求함이야말로 결국 大人君子의 處心이 公正한 所爲이다."(하9) 즉 同歸는 양편이 있으며, 또 至當의 歸는 切磋로서 가능하지 혼자의 達理로 서는 불가하다. 達理는 默識할 수 있을 뿐, 호학군자라 해도 능하다고 할 수는 없다. 퇴계는 "同歸"의 양편이 있음과 그리고 "달리의 호학군자"의 개인의 일을 구별하지 않아서 문제가 생긴 것이다. 퇴계의 두 길인 "공론"과 "달리"는 모두 현실적 求道 방법이 아니다. 공론은 '후세의 일' 혹은 '나의 일'이 아니고, 達理는 '求道'라 할 수 없다. 고봉도 동귀의 조건을 둘로 든다. 첫 째, 두 사람이 노력해서 힘을 모아 일으키거나, 둘째, 그 사칠의 리・기 편중을 추이에 따라 마땅히 옮기는 것이다.(하14)

1315) 이제까지의 논변에 대한 스스로의 겸사만 그 본의는 사양이다. 위에서 고봉의 이기려는 폐단을 지적했고, 또 자신도 늙고 혼 매하다는 것을 말함으로써, 더 이상 이 토론을 계속하기 어렵다는 뜻을 나타낸 말이다. 이 말은 아랫줄 "서로 절절시시하자는 후의를 스스로 외면하는 것이며, 그 참람을 용서하고 인을 드리우라"의 의미이다. 즉 더 이상의 토론은 계속할 수 없다 함이다. 윗줄 "후세 공론을 기다림"과 또 "호학 군자가 아니면 불능하다"는 두 길도 그 본의는 사양이다.

1316) "망령되이 무익한 말을 했다"고 함은 이제까지의 논변에 대한 스스로의 겸사지만 그 본의는 토론을 그만 그치고자 한다. 스 스로 "무익했다"고 한다면 고봉이 듣기에 고봉의 잘못을 '공연히 무익하게 상대했다'는 뜻도 된다. '절시'는 공자의 말이다. "자 로가 묻기를 어떻게 해야 士라 이를 수 있습니까? 공자왈, 切切偲偲하고 怡怡如也하면 士라 이를 수 있다. 붕우간에는 절절시 시해야 하고 형제간에는 이이해야 한다."(「자로」28) 붕우간에는 "간곡하게 서로 힘써야 한다." "다만 두려운 것은 그대의 서로 간곡히 힘써야 한다는 후의를 내가 외면하는 일이다." 즉 서로 힘쓰자는 일을 '내가 외면하는 것'이니, 이것이 두렵다. 이로써 '답변을 더 이상 바라지 않겠다'는 뜻을 보인 것이다. 그러나 이 말은 앞의 "伏乞, 明以回敎(엎드려 빌건대, 밝혀서 회답하여 주세요)"(상190)와 어긋난다. 고봉은 "明以回敎"(하19・51)를 근거로 「고봉3서」를 쓴다.

1317) 끝내 다행(幸)으로 여기고, 또 바라는(願) 것은 자신의 참람을 용서함으로써 고봉의 어진 이름을 후세에 드리워야 한다는 것이 다. 즉 여기서 우리의 토론을 끝내는 것이 다행이며, 또 바라며, 그리고 그대는 '더 이상 억지 주장을 그만두어야만 후세에 잘 못을 하지 않고 垂仁할 수 있다'는 뜻이다. 고봉은 "垂仁(후세에 이름을 드리우라)" 이 말을 뒤에서 그대로 인용해 반박한 다.("垂仁終幸焉" 하17) 왜냐하면 퇴계는 "伏乞, 明以回敎"(상190)라 했기 때문이다. 즉 고봉은 "엎드려 바라는 것은 선생께서 끝내 가르쳐 줌이 있는 것인데",(하9) 이는 선생께서 "曰, 明以回敎"(하19)라 하셨기 때문이다.

1318) 본 「퇴계2서」는 「明彦拜間, 奇正字文右」의 별지이다.(『왕복서』권1. 『고봉집』3책, 38쪽) "庚申 至月 初五日(1560년 11월 5일)"이다.

『최초의 주석 칠정사단론』 - 하

6

고봉3서; 도리가 둘로 나오는 이치는 없습니다[1]

(1)年前, 伏因來辭, 僭修「論四端七情書」, 仰徹左右, "非敢自以爲是也." 亦欲歷陳鄙見, 以覬大君子俯以正之爾. [僭修참수; 참람히 다듬다. 仰徹앙철; 우러러 분명한 의견을 드리다. 歷陳력진; 빠짐없이 진술하다. 覬기; 바라다. 희망하다. 俯부; 굽어 살피다.(위 仰과 반대) 正之정지; 바로잡다.]

지난해(「고봉2서」를 썼던 일)[2] 보내주신 논변으로 인해서 선생님의 「론사단칠정서」(「퇴계1서」)를 제가 참람히 다듬고(고봉이 12절로 나눈 일)[3] 그래서 좌우께 우러러 분명히 하고자 한 것은 "감히 저 스스로를 옳다고 여겨서 그런 것은 아니었습니다."(정호의 말이며, 토론의 필요성을 강조한 말임. 퇴계가 이 논쟁을 끝낼 것을 선언했기 때문임)[4] 저 역시 저의 견해를 빠짐없이 진술함으로써 대군자께서 굽어보시고 바로잡아 주시기를 바란 것뿐이었습니다.[5]

(2)人回書至, 謹審不外之旨, 忻幸亡以喩. 但承條報之示, 擬在冬間, 尋常瞻跂之切, 與日俱積. 乃於十一月晦間, 伏承(퇴계집 奉)手札, 仍得拜領辯答書一通, 纖悉昭晰, 該盡同異, 伏以讀之, 盖累日不能已焉. [忻幸흔행; 기쁘고 다행스럽다.(忻은 欣과 통용) 亡무; ~할 수 없

---

1) 『증보퇴계전서』에 이 논변이 등재되지 않았다. 『퇴계선생전서』는 「附奇存齋答, 論四端七情書」로 뒷부분 일부를 빼고 수록했다.(『한국성리학정선』, 성균관대 한국철학사연구회, 1993. 233~238쪽) 『양선생사칠리기왕복서』 편자는 「高峯答退溪再論四端七情書」로 이름 붙였다. 이 논변은 「先生前上狀」의 별지(1561.4.10. 이때 부침)이며,(『국역고봉집』3책, 46쪽) 쓴 날짜는 "1561년 1월 16일"(299쪽)이다. 역주자는 『고봉집』과 『퇴계선생전서』 두 책을 대조 교감하고, 제목은 "道理가 천지간에 있음에 본래 둘로 다다름이 없음(無二致)"(하8)에 의거했다.

2) "지난해(年前)"는 작년 「고봉2서」를 썼던 "1560년 8월 8일"이다. 본 「고봉3서」는 "1561년 1월 16일"이다.(하123) 고봉2서에서 「퇴계1서」(1559.10.24)를 '12절로 나누어' 각각 논평했다. 아래에 의하면 「퇴계2서」(1560.11.5)를 "1560년 11월 30일" 받았고 이로부터 지금 "61년 1월 16일"까지 약 '1개월 16일'이 소요된 것이다.

3) 「퇴계1서」를 고봉이 "12절"로 나누고 또 "후론"으로 논평한 일을 말한다. 고봉은 「퇴계1서」 제목을 "論四端七情書"로 붙인 것이다. 퇴계도 「고봉2서」를 "四端七情書一冊"이라 한다.(상224)

4) 『정씨유서』권1, 44조. 『이정집』, 9쪽. "伯淳(정호)이 吳師禮와 介甫(왕안석)의 學의 錯處에 대해 談하면서 사례에게 말하기를 '나를 위해(爲我) 개보에게 盡達한 것이니, 나 역시 감히 스스로를 옳다고 여긴 것은 아니다'"에서 인용했다. 즉 爲我의 학문이라도 그 爲我를 스스로를 옳다고 여길 수는 없다는 뜻이다. 고봉은 뒤에서 "만약 여기에서 급거 그친다면 끝내 성정의 즈음을 믿을 수 없게 될까 두렵다"(하113)고 하면서 이곳 정호가 왕안석에 대해 말한 "有益于我"(하114)를 인용한다. 본지 끝에도 "王元澤은 介甫의 아들로 이름은 雱이다"(『고봉집』3책, 24쪽)라고 하여 왕안석을 언급한다. 요컨대 우리의 토론은 나는 옳고 선생은 그르다 함이 아니다. 이어진 정호의 말대로 "만약 설이 있다면 왕복해야 한다. 천하의 공리는 피아가 없기" 때문이다. 퇴계가 고봉에게 "나의 두려움은 그대를 외면하는 일이며, 더 이상 억지주장을 펴지 말고 垂仁을 행하라"(상330)고 했기 때문이다.

5) 여기까지 당시 「고봉2서」를 쓰게 된 동기를 먼저 밝힌 것이다. 이렇게 먼저 짧게 밝힌 이유는 「퇴계2서」 내용 모두 그렇지만 특히 마지막 부문 "看理에는 解悟處와 說理에도 極至處에 도달해야 함",(상326) "口舌로 다툴 수 없으니, 그대는 10여년의 공부를 더 쌓아야 하며, 후세 주문공만이 판결할 수 있음",(상327) "천하 공론을 기다려야 하며, 나와 같은 達理의 호학 군자만이 가능함"(상329)이라 하여 이 토론이 합의에 도출되지 못한 이유를 "일필의 입담으로 끊어버린"(상326) 고봉 탓으로 돌렸기 때문이다. "저 역시(亦)"라 함은 「퇴계1·2서」도 서로 토론해서 합의에 도출하기 위함이며, 고봉도 마찬가지라 함이다. 때문에 고봉은 "선생께서도 이를 자임하셨으니 대승이 무슨 마음으로 이를 감히 도외시 하겠습니까"(하9)라고 한다.

다.(無와 같은 뜻) 瞻跂之切첨기지절; 발뒤꿈치를 들고 멀리 우러러보는 간절함. 몹시 흠모하고 앙망하는 모양. 與日俱積여일구적; 날이 갈수록 쌓여가다. 仍得잉득; 여전히. 拜領배령; 삼가 수령하다. 纖悉섬실; 자세함을 다하다. 昭晰소석; 밝다.]

마침내 인편에 간단한 답서(『퇴계2서』이전의 편지)가 이르자6) 삼가 저를 도외시하지 않았다는 뜻을 살필 수 있었으니, 기쁘고 다행스런 마음 무엇으로 비유할 수 없었습니다.7) 다만 조목별로 답변해주시는 글은 아마 겨울께나 받아볼 수 있으리라 생각하여 늘 간절한 마음 날로 점점 쌓여갈 뿐이었습니다.8) 마침내 11월말쯤 친히 쓰신 서찰에다 또 변답서(『퇴계2서』) 한 통까지 삼가 아울러 받아보니9) 그 내용이 매우 자세하고 분명하며 또 서로의 같거나 다른 점까지도 모두 밝히셨으므로 엎드려 읽기를 여러 날 그칠 수 없었습니다.10)

(3)伏惟先生, 以盛德大度, 加之以日新之學, 其於性情之實, 聖賢之言, 固已洞澈(퇴계집徹)而無餘矣. [加之가지; 더하다. 洞澈통철; 물이 훤히 들여다보임. 철저하게 꿰뚫음. 無餘무여; 남겨놓은 것이 없다. 남은 것이 없다.]

삼가 생각건대 선생님께서는 높은 덕과 큰 도량으로 여기에 日新의 학문까지 더하셔서, 그 성정의 실제11)와 성현의 말씀에 대해 진실로 이미 통철하게 견해를 다 말씀하시

---

6) 「고봉2서」는 1560년 8월 8일이고, 퇴계는 이 2서를 받은 즉시 그 인편에 「答上存齋契右」(9월 1일)를 써서 보냈다. 이 편지를 받았음을 고봉은 언급한 것이다. 퇴계는 여기서 "공이 보낸 사람이 오래 머물 수 없어서 지금은 대충 답서만 보내고 辨目은 후일 柳太浩의 인편을 기다리겠다"(『고봉집』3책, 34쪽)고 했다.

7) 퇴계의 「答上存齋契右」의 내용은 비교적 길다. 여기서 퇴계는 "내가 무오년 서울에 갔을 때는 매우 낭패였으나 그래도 다행은 우리 명언을 만났기 때문이다", "공의 변석을 기다린 지 오래였다"(32・33쪽)로 볼 때 선생은 나의 논변을 반가이 받아들였음을 알 수 있었다 한다. 특히 "별지"에서도 "왕원택은 어떤 사람이고 어디에 그 말이 나오는가?", "주자 자경시인 '貪生葷豆'의 출처는 어디인가?"(37・38쪽)라고 물음으로써 학문을 교류할 수 있는 관계로 용인했고, 이로써 저를 도외시하지 않았음을 알 수 있었다 한다.

8) 「答上存齋契右」(1560.9.1)에서 "辨目은 후일 柳太浩의 인편을 기다리겠다"고 했으므로, 사실 논변은 아마 겨울쯤 받아보게 되리라 생각한 것이다. 다음 "1560년 11월 5일"(38쪽)의 답서가 「퇴계2서」이다. 고봉의 예상보다 일찍 「퇴계2서」를 받은 것이다.

9) 「퇴계2서」를 받은 날짜는 11월말쯤이다. 본제는 『明彦拜間 奇正字文右』이며, 이 속에는 「答示論太極書書」, 고봉이 부탁한 여러 서첩과 액자, 「九曲十絶」등과, 특히 여기에 사단칠정에 관해 논변한 「퇴계2서」도 들어 있었다는 것이다. 본지에서 "유태호 집의 인편 왕래를 헤아릴 수 없어 그 집안의 幹僕에게 인편이 있으면 부쳐달라 했는데, 언제 공의 책상에 전달될지 모르겠다"(『고봉집』3책, 38쪽)고 했다.

10) 「퇴계2서」(60.11.5)를 11월말쯤 받고, 지금 「고봉3서」는 1561년 1월 16일 글이다. 말일쯤 받고 "여러 날 동안 읽었다" 하므로, 「고봉3서」 탈고는 약 1개월 보름에서 "읽은 여러 날"을 뺀 기간이 된다.

11) 고봉은 "비단 名言의 즈음만 불가한 것이 아닌, 성정의 '實'과 존성의 '공부'에도 모두 불가하다"(상128)고 했는데 이때의 '성정의 실'은 사람 고연의 實性과 實情이다. "名言의 즈음"은 칠・사라는 명과 언으로 사맹의 언론인 '說'이다. "實"은 설이 아닌 성정의 실제에서의 '공부'를 말함이다. 즉 "성정의 실"이라 함은 윗줄 "날로 새롭게 한 배움(日新의 學)"을 말한 것으로, 이 말은 역으로 퇴계의 성정에 관한 논은 '실을 말함이 아니라'는 뜻이다. 왜냐하면 퇴계의 성정은 정주의 설에 관한 고찰이지, 정주가 성정을 설한 즈음의 '이유'에 관해 논한 것은 아니기 때문이다.

어 남김이 없으셨습니다.(이로써 토론이 가능하기 때문임)[12]

(4)然於鱔論之際, 常若不自足者, 不以己能而忽人之言, 不以己長而愧人之短. 虛己受人, 不吝
不厭, 一字之差, 必改而不掩, 一句之偏, 必陳而無隱, 旣有以自崇其知, 而又有以開牖乎人.

[愧괴; 무안해하다. 책망하다. 不掩불엄; 덮어버리지 않다. 開牖개유; 창문을 열어주다. 계몽하여 인도해주다.]

그래서 논변할 즈음에 있어서도 항상 스스로 만족함이 없는 듯 하심으로서 자기의 능
함으로 남의 말을 소홀히 하지 않으셨고 자기의 장점으로 남의 단점을 무안해하지 않으
셨습니다.[13] 자신을 겸허히 하여 남의 의견을 수용함에는 인색해 하지도 싫증냄도 없이
한 글자의 차오라도 반드시 고치시고 덮지 않았으며, 한 글귀의 치우침이라도 반드시 펼
쳐서 숨김이 없으셨습니다. 이렇게 함으로서 그 앎을 스스로 높이셨고 또 남의 창까지
열어주심이 있으셨습니다.[14]

(5)夫如是, 雖以大升之無似, 而亦庶乎涵浸薰陶, 洗濯刻礪, 有以不廢乎問學焉. 此誠古人之
所難能者, 而先生能之, 大升何幸 "於吾身親見之哉." 幸甚幸甚. [無似무사; 감당할 수 없다.

(無任의 뜻) 庶乎서호; 거의~라 하겠다. 涵浸薰陶함침훈도; 무젖듯이 훈도되다. 洗濯刻礪세탁각려; 더러움을

깨끗이 씻기 위해 고생을 참고 연마하다. 能之능지; 능히 실천하다. 親見之친현지; 직접 친히 글로 뵙다.]

이와 같음을 비록 대승으로서는 감당할 수 없다 하겠지만 그러나 또한 지속적으로 훈
도되어 구습을 씻고 각고면려한다면 이로써 학문을 포기하지 않을 수 있을 것입니다.[15]

---

12) 「퇴계2서」에서는 '성정의 실제'와 '성현의 말씀'에 관해 자신의 의견을 모두 말하여 남김이 없게 하셨다는 뜻이다. "實"은 성·정
이고, '名과 言'은 사맹의 '설'이다. 의견을 남김없이 개진해야만 우리의 토론은 가능하며 이로써 그 동이를 변별할 수 있기 때문
이다. "혹 그간 합치되지 못한 곳에는 나의 소견도 치우칠 수 있음으로 여긴다면 작은 허물에 그칠 뿐이고, 만약 구동할 수 없다
면 끝까지 절차탁마로 至當의 귀결을 구하는 것이 대인군자의 처심이다."(하9) 이러한 토론의 시발점은 바로 퇴계와 같이 자신의
의견을 남김없이 모두 밝혀야만 비로소 가능하다. 때문에 고봉은 "저도 사칠설에 대해 管見을 臚陳하여 남김없이(無餘) 말씀드린
것은 선생의 가르침을 받들어 참된 옳음을 구하려 했기 때문"(하127)이라 한다.

13) "자기의 能으로 남의 言을 소홀히 하지 않으셨고, 자기의 長으로 남의 短을 무안해 하지 않으셨다"고 함은 퇴계가 이 토론을 계
속해 주심에 대한 찬사이다. 이로써 "남의 창을 열어주셨고 [고봉에게] 학문을 廢하지 않게 해 주셨다"(뒷줄)는 뜻이다. 하지만
이는 고봉의 뒤 "彼로써 此를 廢하지 말며, 內로써 外를 疑하지 말아야 한다"(하12)는 비판과 다르다.

14) 이 논쟁의 태도에 대해 언급한 것이다. 첫째, 자기의 능함으로 남의 말을 소홀히 하지 않았다. 둘째, 한 글귀의 치우침이라도 반
드시 펼쳐서 숨기지 않았다. 셋째, 이렇게 해서 결국 남의 창문까지 열어 계몽해 주었다. 이런 마음가짐이 이 토론을 계속할 수
있게 했다는 뜻이다.

15) 비록 능력부족으로 따라갈 수 없다 하더라도 이로써 각고면려한다면 학문을 포기하지 않는 계기가 된다 함이다. 이 말은 퇴계가
본 토론을 마치려 했기 때문이다. 「퇴계2서」 끝에서 "그대는 10여년의 공부를 쌓아야 한다", "후세 주문공을 기다리자"(상327)고
하면서, 이어 '절절시시의 후의를 외면함은 아닌지 두렵다"(상330)고 했다. 이에 고봉은 "만약 여기서 급거 그친다면 끝내 성정의
즈음을 알지 못하게 될까 두려웠다. 그래서 감히 몽매를 무릅쓰고 그 설을 끝내게 된 것이다"(하113) 하고 이어 '총설'과 '후설'
로써 고봉의 설을 최종 마무리한다.

이는 진실로 고인들도 하기 어려운 결정이거늘 선생님께서 능히 실천하셔서 대승이 "제 몸으로 친히 뵙게 되었으니"(『맹자, 만장상』)16) 어찌 행운이라 하지 않겠습니까.(이 같은 퇴계의 실천을 통해 고봉이 평소 의문을 가졌던 성정의 즈음, 칠사의 설에 대해 의견을 밝힐 기회를 얻게 된 것을 행운으로 여긴 것임) 매우 다행입니다.17)

(6)竊詳辯答, 條款凡(고봉집 '几궤'는 오자)三十有幾, 而所 "已同"者十八條, 所 "未同" 者十七條. 而所 "已同"者, 皆大節目, 所 "未同"者, 或小小餘論也. 因其所 "已同", 而 核其所 "未同", 則其所 "未同"者, 亦將終歸於 "同"而已矣. [小小餘論소소여론; 소소한 나머 지 논. 정주 본설이 아닌 우리의 토론 중에 있는 논. 核核; 校核하다. 대조 검토하다. 비교 조사하다.]

변답을 자세히 살펴보면 모두 30여 조항이며, "이미 같다(已同)"한 것은 18개 조항, "같지 못하다(未同)"한 것은 17개 조항입니다.18) 그런데 [제가 보기에] "이미 같다"고 한 것은 모두 [정주의 본설인] 큰 절목이지만,(이 절목은 정주 본설이므로 서로 반대할 이유가 없음)19) "같지 못하다"고 한 것은 혹 [우리들의] 소소한 나머지 논이라 하겠습니다.(이 절목은 정주 본설이 아닌, 우리의 토론 과정 중에 있다는 것임)20) 따라서 "이미 같다"(정주의 설)고 한 조항에 의 거해서 "같지 못하다"(우리의 소소한 논의)고 한 곳을 대조 검토해 본다면, 그 "같지 못한" 것 역시 끝내 "같음"으로 귀결될 수 있을 뿐이라 하겠습니다.(정주의 본동으로 동귀 못할 이유가 없으며, 따라서 "나는 따르지 못하겠다" 할 이유가 없음)21)

---

16) 伊尹의 말을 인용했다. 탕왕이 이윤을 폐백으로 초빙하자 "나는 畎畝(밭이랑) 가운데서 요순의 도를 즐기겠다"고 거부한다. 세 번 초빙하자 말하기를 "견무 가운데서 요순의 도를 즐기기 보다는 이 군주로 하여금 요순의 군주로 만드는 것만 하겠으며, 또 이 백성으로 하여금 요순의 백성이 되게 하여 '내 몸으로 친히 도의 행함을 보는 것만 같겠는가(吾豈若於吾身, 親見之哉)'"(「만장상」7)라 하면서 탕왕에게 나아간다. 이윤은 "천하의 重任을 自任"(「만장상」7, 같은 곳)한 것이다. 아래에서 "선생께서는 이를 自任하셨다"(하9)고 한다.

17) "고인들도 하기 어렵다"고 함은 자신의 생각을 남김없이 드러내기는 쉬운 결정은 아니라는 뜻이다. 자신의 의견 모두를 드러낸 퇴계의 행위를 통해 고봉이 평소 마음속에 품었던 의문을 모두 밝힐 수 있는 기회를 얻게 되었음에 진정 다행이다. 고봉은 이로 써 자신이 평소 생각한 성정의 實과 칠사의 의견을 마무리하고자한 것이다.

18) 퇴계가 "조열"(상226)에서 고봉 논변을 분류한 것은 1+4+13+8+9, 총 "35개 조항"(하32)이다. 앞 1+4+13의 18개 조항 중 1개는 "황이 착각한 것으로 이미 고쳤보"(상227) 했고, 4개도 "말에 평형을 잃었으므로 역시 고쳤다"(상228)고 했으며, 또 13개도 "本同無異이다"(상229) 하면서 "이상은 다시 논하지 않겠다"(상229)고 했다. 다만 나머지 8+9의 17개 조항 중 8개는 "本同趣異",(상230) 9개는 "견해가 달라서 끝내 따를 수 없다"고 하면서 "이상은 뒤에서 論辯하겠다"(상232)고 했다. 퇴계가 논변할 것은 앞 18개가 아닌 뒤 17개이며, 이 17개 조항을 「퇴계2서」에서 논변한 것이다.

19) 18개 조항 중 퇴계가 "이미 고쳤다"(상227·228)고 한 1+4개를 뺀 나머지 13개 조항을 고봉은 정주의 "큰 절목"으로 다시 분류 한 것이다. 큰 절목 13개는 모두 정자, 주희, 연평의 설이기 때문이다. 퇴계는 이 13개 조항을 반대할 이유가 없다. 퇴계도 "이상 은 다시 논하지 않겠다"(상229)고 했다. 따라서 퇴·고는 이 13개의 대절목에 대해서는 진실로 異論이 없다. 고봉은 "큰 것이 기 왕 같다면 작은 것은 억지를 기다리지 않아도 반드시 동귀할 것"(하142)이라고 한다.

20) 정주 본설인 13개 대절목은 고봉도 진실로 異論이 없다. 문제는 퇴계가 논변한 17개 조항이다. 이 17개를 퇴계는 "本同이나 趣異 이다",(상230) "견해가 다르므로 따를 수 없다"(상232)고 한다. 그런데 고봉이 보기에 이 17개 조항은 정주 본설과 다른 "소소한 우리의 나머지 론"일 뿐이다. 이 17개가 바로 고봉과의 토론 과정 중에 있는 것이다.

21) 18개 중 13개는 정주 본설이고 17개는 지금 토론 중에 있는 여론이다. 따라서 우리의 여론을 정주 본설에 대조 검토해 본다면

(7)而況其間, 又有 "本同而趨異"者, 雖於下語之際, 或 "失秤停"而似 "覺趨異", 至其大

義所在, 則又未嘗不同乎? 幸甚幸甚. [下語하어; 언어로 표현함. 秤停칭정; 균형을 이룸.(秤은 稱

과 같은 뜻) 至지; ~으로 말하면. ~의 정도에 이른다면. 乎호; ~했겠지요?(반문을 나타내는 어기사)]

하물며 그간 또 [8개 조항의] "本同이나 趨異임"이라 하셨던 것도 [선생님 생각에] 비

록 언어로 표현하는 즈음 혹 "균형을 잃어서 다름으로 나아갔다(失秤停而趨異)"고 느껴

질 듯도 하겠으나,22) [그러나 선생님도] 그 대의의 소재에서는 역시 '일찍이 부동하지 않

다'라는 뜻으로 말씀하셨잖습니까?23) 때문에 매우 다행이라는 겁니다.24)

(8)道理在天地間, 本無二(퇴계집 異)致, 聖賢議論, 俱(퇴계집 具)在方策. 而今日所相講

劘者, 初非 "求勝而不揆諸道." 乃欲 "明道而兩無私意者," 其終 "歸於同"者, 又可必

也. [無二致무이치; 둘로 다다름이 없음. 이치는 둘이 아님.(二는 부정의 뜻임) 方策방책; 서적.(方册과 같

음) 講劘강마; 토론하며 갈고닦다. 학문을 연구하다.(상236 講磨와 같음) 可必가필; 필연적이라 하겠다. 반

드시 가능하다.]

도리가 천지간에 있음25)에 본래 '둘로 다다름이 없다(無二致)'26)는 성현의 의론은 모

"부동"의 17개 조항도 결국 "동"인 18개 조항으로 귀결될 수 있다. 퇴계는 "本同趨異도 끝내 不能從으로 同歸했다"(상233)고 하
지만, 고봉은 "큰 것이 같다면 작은 것은 억지를 기다리지 않아도 반드시 동귀할 것"(하142·14)이라 한다. 우리의 토론은 정주
의 본동에 관한 것이기 때문이다.

22) 퇴계는 8개 조항을 "本同而趨異(본래 같지만 다름으로 나아간 것)"(상230)라 한다. 고봉의 8개 조항은 모두 정주를 인용한 '下語'
인데, 퇴계는 이를 "본동이나 다르다" 한다. 하지만 정주와 본동이나 다만 "다르다(異)" 함은 퇴계의 생각과 '同'이 되지 못해서일
것이다. "다름"은 퇴계의 생각이기 때문이다. 즉 "추이"라 함은 "下語 즈음 혹 칭정을 잃어서 異로 느껴졌을 것"이다. 퇴계도 "균
형을 잃었다고 느낀 것(覺失稱停者)도 모두 본동의 종류(固皆本同之類也)"(상233)라고 했다. 이렇게 下語에서 칭정을 잃었다면 이
는 本同이라 해야 한다는 것이다.

23) 퇴계는 고봉의 8개를 "趨異"라 했다. 만약 "그 下語가 칭정을 잃어서 추이라고 느껴진 것"이라면 그렇다면 그 문제는 하어에 있
다. 즉 퇴계도 "本同而趨異"라 했다면 본래는 本同이며, 本同이라면 그 大義에 있어서는 "未嘗不同"이지 않느냐는 것이다.

24) 퇴계가 말한 "本同而趨異"에서 '본동'은 문제가 없고 다만 '추이'가 문제이다. 이 추이는 "하어" 문제일 뿐이다. 그런데 이 하어도
"칭정을 잃어서 추이라 느껴질 뿐" 사실 내용에 있어서는 "未嘗不同"이다. 왜냐하면 "본동이지만 추이"라 했기 때문이다. 따라서
"추이"도 사실은 本同이므로 "매우 다행"이라는 것이다. 그렇다면 그 8개도 문제가 되지 않는다. 여기까지 "본동이추이" 8개 조
항에 대한 답변이다.

25) "도리는 천지간에 있다"고 함은 도리는 천지 어디에나 있다는 뜻이다. 이 말은 퇴계의 "道를 헤아리지 않겠다는 것이라면 끝내
합치될 수 있는 이치(理)가 없고, 단지 천하 공론을 기다릴 뿐이다"(상329)에 대한 반박이다. 즉 '도를 헤아리지 않겠다'는 이러한
공부는 없고, 또 '합치될 이치'는 다른 데가 아닌 천지간 우리의 토론에 있을 뿐이며, 그리고 '천하 공론을 기다린다'고 해서 천지
간에 없는 도리가 비로소 생김은 아니라는 것이다.

26) 주희의 "惟密察於區別之中, 見其本無二致者, 然後上達之事可在其中矣(다만 구별의 중에서도 密察하여 그 본래 '둘로 다다름이 없
음'을 본 연후에 上達의 일도 그 중에 있게 된다)",(『문집』권39, 「答許順之」3, 1736쪽) "若眞看得破, 便成己成物更無二致, 內外本
末一以貫之(만약 참으로 간파한다면 자기도 이루고 외물도 이루어 다시 둘로 다다르지 않으며, 내외 본말도 하나로 관통한다"(「
答許順之」14, 1747쪽)의 無二致의 뜻이다. 무이치는 정자와 주희가 종종 쓴 말이다. "中庸乃高明之極耳, 非二致也."(『정씨수언』권
1, 116조. 1181쪽) "而謂得夫形而上者與吾聖人無二致, 可乎?"(『정씨수언』권2, 97조. 1262쪽) "孟子旣告世子以道無二致, 而復引此
三言以明之."(「등문공상」1) "聖人之心, 初無二致, 揖遜征伐, 時焉而已."(『문집』권31, 「與張敬夫論癸巳論語說」21, 1362쪽) "其曰,
天地之道, 聖人之德, 無二致焉."(『중용혹문』하26장, 600쪽) "천하에 어찌 二理가 있겠는가?"(『이정집』, 293쪽) 한편 『퇴계집』 "無

- 307 -

두 방책에 갖추어져 있습니다.(리는 기에 있으나 二理는 아니라는 것. 퇴계는 '합치될 理가 없을 것'이라 했기 때문임)27) 더구나 오늘 서로 강마(토론)하는 것에 대해 "처음부터 이기기를 구하여 도를 헤아리지 않겠다"(퇴계의 말인데, 말이 모순됨)고 말할 수는 없습니다.28) 결국 "도를 밝히고자 함(欲)에 양쪽이 사사로운 뜻이 없는 것이라면 끝내 같음으로 귀결되는 것 또한 필연"(퇴계의 말을 고친 것임)이라 할 것입니다.29)

(9)或於其間, 頗有一二處未合, 雖曰, '所見之不能無偏, 而自是小疵. 惟(퇴계집 唯) "不
    敢苟同", 而終欲切磋以求至當之歸者, 乃大人君子處心公正之所爲也. 先生旣以此自
    任, 大升亦何心, 而敢欲自外耶? 伏願, 先生終有以敎之也. [頗有파유; 자못 있다. 흔히 있다.
    自是자시; 이로부터. 당연히. 小疵소자; 작은 흠. 작은 결함. 苟同구동; 분별없이 맞장구치다. 사통하다. 處
    心처심; 마음가짐. 마음 씀.]

혹 그간 한두 곳에서 자못 합치되지 못함이 있다면30) 비록 나의 '소견(見識의 뜻)은 치우침이 없을 수는 없겠다'31)고 말한다 하더라도 이로부터는 작은 흠일 뿐이

異致"는 오자이거나 착각인 듯하다. 퇴계는 二자와 異자를 구분하지 않는데, 이는 잘못이다.

27) 여기부터 "견해가 달라서 끝내 따를 수 없다"(상232)는 9개 조항에 대한 답변이다. 만약 "끝내 따를 수 없다"고 하기 위해서는 고봉의 9개 조항이 정주의 설과 완전히 다른 것이어야 한다. 퇴계는 "우리 二人이 배운 바는 不同이라 할 수 없다"(상328)고 한다. 그런데 성현의 방책에 의하면 도리는 "둘로 나아감이 없다(無二致)." 따라서 우리 두 사람의 배운 바가 '다르지 않다면' 반드시 일치하는 날이 올 것이다. 설사 "견해가 다른 것"이 있다 해도 "끝내 따를 수 없다"고 해서는 안 된다. 퇴계는 9개를 "끝내 따를 수 없다"고 하면서도 "이상에 대해서는 논변하여 뒤에 붙이겠다"(상232)고 했기 때문이다.

28) 퇴계는 "그 마음에 '이기기를 구하여 도를 헤아리지 않겠다는 것'이라면 끝내 합치될 수 있는 이치가 없을 것이며 단지 천하 공론을 기다려야 할 뿐이다"(상329)라고 했다. 이곳 "이기기를 구하여 도를 헤아리지 않겠다는 것"이라는 말은 모순이다. 왜냐하면 '이기기를 구한다'고 함은 논쟁한다는 뜻이며, '도를 헤아리지 않겠다'고 함은 논쟁하지 않겠다는 말이기 때문이다. 이에 고봉은 "우리의 강마는 '이기기를 구하여 도를 헤아리지 않겠다'는 것은 아니다"라고 한다. 왜냐하면 "도리는 천지간 혹은 우리의 토론에도 반드시 있으며, 더구나 도를 헤아리지 않겠다는 뜻으로 강마하는 사람은 없기 때문이다.

29) "도를 헤아리지 않겠다"고 '강마'하는 사람은 없다. 퇴계는 "뜻이 明道에 있고 양쪽이 私意가 없는 것이라면 반드시 同歸의 날이 있을 것"(상329)이라 했는데, 이 말은 도를 헤아려 서로 강마함으로써 그 동귀를 바랄 수 있다는 뜻이다. 이에 고봉은 "뜻이 명도에 있다(志在明道)"를 "결국 명도하고자 한다면(乃欲明道)"으로 바꾸었는데, 그것은 명도에 있음은 당연한데 다만 명도 '하고자(欲) 하는 마음'이 중요함을 강조한 것이다. 또 퇴계는 "반드시 同歸의 날이 있을 것이다(必有同歸之日)"라고 하여 그 '有日'을 강조했는데 고봉은 "반드시 기필될 수 있다(歸於同者, 又何必也)"고 하여 '可必'을 강조함으로써 어느 날 노력으로 道가 나에게 나아옴이 아닌 '바로 여기에 도는 반드시 존재한다'고 답변한 것이다. "이치에 통달한 호학군자"(상329)가 아니라도 도리는 이 자리에 그대로 있고, 또 도리는 사의가 '없다'고 해서 존재하고 사의가 '있다'고 해서 없어지는 것도 아니다. "도리는 천지간에 있기" 때문이다. 이는 퇴계의 "끝내 따를 수 없다"(상232)는 말을 인용해서 "동귀는 필연이다"로 답변한 것이다.

30) 도를 밝힘에 양쪽이 사의가 없다면 동귀는 반드시 기필되겠지만, 그러나 혹 한두 군데서 끝내 합치되지 못할 수 있음도 당연하다. 퇴계는 17개 조항에서 합치되지 못한다 했다. 하지만 고봉이 볼 때 이 17개는 모두 "소소한 우리의 여론"(하6)일 뿐이며, 이를 "本同無異" 및 13개 정주의 설과 비교해보면 "끝내 같음으로 귀결 될 수 있다."(하6) 그런데도 합치되지 못한 곳이 있으면 아래와 같이 해야 한다는 것이다.

31) 자신의 소견(견해)이므로 "치우침이 없지는 않을 것"이라 스스로 인정해야 한다 함이다. "소견"이라는 말뜻은 퇴고가 서로 다르다. 퇴계의 "감히 스스로의 所見이 반드시 옳고 의심이 없을 수 없어서",(상44) "나의 所見이 그대의 13조 所論과 무엇이 다른가",(상234) "나의 所見이 처음은 같다가 끝에서 다른 것은"(상238)의 소견은 자신의 '주관적 所信'. 반면 고봉의 "의리는 궁구하기 어려우나 사람의 所見은 혹 同異가 있어서 그런 것",(상49) "학자의 所見은 異同이 있음",(상66) "狂僭을 헤아리지 못하고 문득 所見을 펼쳤으니 이 또한 不韙之罪와 無證之言이 되고 말았음"(상75)의 소견은 '객관적 소견'이다. 퇴계의 소견은 자신이 생각한 바의 '所信'이고, 고봉의 소견은 자신이 아는 바(所見)의 '見識'이다. 이곳 "소견은 치우칠 수 있음"의 소견도 見識, 識見, 見

겠습니다.32) 다만 "감히 苟同할 수 없다면"(퇴계의 말임)33) 끝까지 절차탁마함으로써 지극히 당연한 귀결을 구하고자 하는 것(欲)34)이야말로 결국 대인군자의 마음 씀의 공정한 소위라 할 것입니다.(퇴계는 達理의 호학군자만 道를 알 수 있다 했고, 고봉은 소견이 치우칠 수 있음을 인정함이 대인군자의 처심이라 한 것임. 호학을 대인으로 바꾼 것은 "호학"은 공자 자신의 말이기 때문임)35) 선생님께서도 기왕 이것으로 자임하셨는데36) 대승 역시 무슨 마음으로 감히 스스로 외면하려 하겠습니까?37) 엎드려 바라건대 선생님께서는 끝까지 가르침을 주소서.

(10)雖然, 此間亦有所可疑者, 不敢不仰稟焉.

비록 그렇지만 그간 또한 여전히 의심스런 바가 있는 것은 감히 우러러 여쭙지 않을 수 없습니다.38)

解의 뜻이다. 만약 퇴계와 같이 나의 소견(所信)이라 한다면 "불위지죄, 무증지언"이라 말해서는 안 된다. 소신은 믿음과 신념이기 때문이다. 때문에 고봉은 "解以先生之意"인 '意(의도함)'와 '證以大升之見'의 '見(견해)'이라 하여 구분한 것이다.(상66)

32) 한두 군데 합치되지 못한 곳은 나의 "소견(식견)은 치우칠 수도 있다"고 말한다면 이는 작은 흠이 될 뿐이다. 고봉은 "주자의 말이 명백·간략하지만 학자의 소견은 異同이 없을 수 없다"(상66)고 하는데 이때의 '所見'은 스스로의 신념이 아닌, 주희의 설에 대한 자신의 견해이다. 주희설이라도 학자의 견해는 다를 수 있다. 가령 사단의 리발을 '기발로 이해할 수도 있다. 리발은 주희의 해석일 뿐이기 때문이다. 리발을 맹자 宗旨라 할 수는 없다. 스스로의 견해는 치우칠 수 있음을 인정한다면 이는 작은 허물로 그친다. 퇴계의 "前日의 言이 비록 흠이 있다 해도 그러나 나의 宗旨는 실로 소종래가 있다"(상240)고 함은 나의 소신의 종지는 흠이 없다 함이다.

33) 퇴계는 "앞 2절(18개)은 논하지 않고 뒤 2절(17개)만 '감히 구동할 수 없는' 所以를 논하겠다"(상236)고 하여 그 17조항을 "감히 구동할 수 없다"고 했다.

34) 고봉은 "의리는 궁구하기 어렵고 사람의 소견은 혹 이동이 있으니, 이는 講究體察로 지당의 귀결을 구해야 할 것"(상49)이며, 또 "愼思明辨으로 지당의 귀결을 구해야 한다"(상168)고 한다. 지당의 귀결은 절차탁마, 강구체찰, 신사명변으로 구해야 한다. 한편 퇴계는 "'純理, 兼氣'는 舛理가 아닌 當理의 말이다",(상272) "맹자의 뜻은 性이 本善인 故로 情 역시 善하다 함이니, 이것이 正當한 本旨이다"(상307)고 하는데, 이 말은 절차탁마, 강구체찰로 지당의 귀결을 구했다 할 수 없다. 순리·겸기는 '설명'일 뿐 당리라 할 수 없고, 또 맹자는 "그 정"으로 성선을 논증했을 뿐 성선을 정보다 우선 제시하지는 않았기 때문이다.

35) 대인군자의 마음 씀은 1)未合한 곳에는 소견의 치우침도 인정하고, 2)苟同할 수 없다면 절차탁마로써 至當의 귀결을 구한다. 이것이 處心이 공정한 대인군자의 소위이다. 반면 퇴계에 의하면 "1)이기기를 구하여 도를 헤아리지 않겠다면 천하 공론을 기다려야 하고, 2)뜻이 明道에 있고 양쪽에 私意가 없다면 반드시 同歸의 날이 있을 것인데, 이것이 達理의 好學君子가 아니면 불능하다"고 한다.(상329) 즉 고봉은, 자신의 소견도 치우칠 수 있음을 인정하고 또 그 귀결을 '구하고자 노력하는 것(欲)'이 대인군자의 처심이라 함이다. 반면 퇴계는 "이치에 통달한 호학군자"로 자처한 것이다. 고봉이 "호학" 대신 "대인군자"라 한 것은 공자는 스스로를 "不如丘之好學也(나의 호학만 같지는 못하리라)"라 하기 때문이다.(「공야장」27)

36) 퇴계는 "기왕 所異가 있는데도 말하지 않는다면 이는 강마 구익의 도가 아니다. 때문에 구동할 수 없는 所以를 논하겠다",(상236) "明道는 同歸의 날이 있을 것인데, 이는 達理의 호학군자가 아니라면 불능하다"(상329)고 함으로써 강마 구익으로 도를 밝히기를 자임한 것이다. "자임"은 맹자의 말이다. "伊尹은 생각하기를, 천하의 필부필부에 요순의 은택을 입지 못한 자가 있으면 마치 자기가 그를 도랑 가운데로 밀어 넣은 것같이 여겼으니, 그 천하의 중임을 자임함(其自任以天下之重)이 이와 같았다."(「만장상」7)

37) "무슨 마음으로(何心)"는 반문이다. 선생께서 기왕 구동할 수 없는 소이를 강마로 밝히고자 하는데 자신이 무슨 마음으로 이를 외면할 수 있겠는가의 뜻이다. 절차탁마로 구동 못하는 이유를 서로 밝혀 지당의 귀결을 구하고자 함이 지금의 토론이다. 당초이 칠사논쟁도 고봉의 문제 제기에 의한 것이다.

38) "또"라 함은 지금까지 그 의혹이 풀리지 않았다는 뜻이다. 「고봉1서」의 "후학으로서 의혹이 없을 수 없다"(상4)와 「고봉2서」의 "그 가운데는 또한 의혹이 여전히 있으니, 그것은 의리는 궁구하기 어렵고 사람의 소견은 이동이 있어서 그런 것"(상49)이라 했는데, 이곳 「고봉3서」에서도 "역시, 또한" 그 의혹을 제거하지 못했다 함이다.

(11)蓋大升前日之所論, 憂盛辯之似涉分開, 而剖析或過於偏重, 先生今日之所論, 慮鄙說之反歸 "鶻突", 而提誨又至於太拘. 此等言論, 似皆欲申所見, 而反累正氣者, 亦不可不察也. [鶻突골돌; 흐리멍덩하게. 주희의 설을 두루뭉술하게 얼버무림. 提誨제회; 이끌어 가르치다. 제안하여 이끌어주다. 太拘태구; 너무 구속됨. 지나치게 붙잡음.(칠사를 단순하게 해석해서 사맹 종지를 구속시키고 말았다는 뜻) 所見소견; 나의 견해.(고봉) 나의 소신, 믿음.(퇴계) 正氣정기; 올바른 기. 정당한 기.(소통을 가능케 하는 스스로의 바른 기를 말함)]

　　왜냐하면, 대승이 전일 논했던 바는 선생님의 논변은 분개를 뛰어넘어(사칠 분개는 당연한데, 다만)39) 쪼개 분석함이 지나치게 [리·기에] 편중됐음을 우려했는데,40) 선생님의 금일 가르쳐준 바는 반대로 저의 설이 "골돌"(흐리멍덩. 당초 고봉의 비판임. 퇴계의 골돌은 사칠의 합리기임)41)로 돌아갈까 염려하셨으니,(고봉은 사칠의 리·기 편중 우려인데, 퇴계는 반대로 리기 슴을 염려함. 토론 주제가 완전히 어긋난 것임)42) 이는 이끌어 가르쳐주심이 또다시 지나치게 구속됨(골돌·협소)에 이르고 말았기 때문입니다.(퇴계는 사칠을 단지 리기의 골돌·협소로 해석함으로써 그 의미를 구속되게 함)43) 이러한 등의 언론은 모두 선생님의 소견(소신, 믿음)을 펼치려 하시다가 반대로 正氣에 루가 된 것(소통을 스스로 막은 것)인 듯하니,(리·기로 분속하려 하시다가 반대로 칠사가 골돌·협소가 되고 만 것임)44) 이 문제 또한 살피지 않을 수 없다

---

39) 고봉도 당연히 칠사를 분개해서 각각의 所主로 해석한다.(상3·78) 자사 칠정과 맹자 사단은 당연히 분개이고 그 소주도 당연한 일이다. "분개를 넘어섰다"고 함은 그 분개가 잘못이 아닌, 사칠의 "對擧"(상6) 및 "리·기로의 分說(분개)"(상144)이 잘못이라는 뜻이다.

40) 사칠의 "부석이 편중됐다"는 고봉의 우려는 다음과 같다. "위치의 즈음이 離析·太甚을 면치 못함."(상69) "리·기로 分開해 設해서 氣 一偏에 치우침."(상92·98·135) "사칠을 리·기에 분속하면 각각 일편에 치우침."(상99) "'偏指而獨言氣'는 마땅하지 않음."(상132) "리·기로 지나치게 분석한 잘못임."(상144) "나 역시 一一剖析했음."(상137) "천명도의 剖析 該備에 그 견득이 여기에 미치기도 쉽지 않음."(상155) 고봉은 사칠의 부석·분리의 불가가 아닌 그 부석과 분속이 '편중됐음'을 지적했다. 반면 퇴계의 "그대는 渾全만 좋아하고 剖析을 싫어함",(상39) "剖析을 싫어함을 골륜탄조라 함"(상43) 등은 사람 느낌의 칠사가 아닌 "리기에 나아가서" 리·기 호발로 사칠을 分한 것이다.

41) 고봉은 "주희의 설을 이렇게 '골돌(흐리멍덩)'로 해석하시면 스스로도 그르치고 남도 그르친다"(상156)고 한다. 왜냐하면 어류 리발·기발은 사맹 본설에 관한 해석일 뿐이기 때문이다. 리·기로의 해석은 당연하나 그것이 사맹의 종지 모두라 할 수는 없다. 때문에 고봉은 '흐리멍덩함으로 주희를 해석해서는 안 된다'고 한 것이다. 한편 퇴계의 "골륜탄조"(상43)는 '리·기로 剖析하지 않고 합리기로 여김'의 뜻이다. 요컨대 퇴계는 사칠의 '합리기'를 우려했고, 반면 고봉은 칠사는 '리·기의 의미만 있지 않다' 함이다. 고봉의 "주자의 말씀이 명백 간략하지만, 그러나 학자의 소견은 同異이 있다"(상66)고 함은 곧 주희 및 학자들의 칠사 해석은 각자 다를 수 있다 함이다.

42) 고봉이 말한 "골돌(흐리멍덩)"(상156)은 칠사를 리기로만 해석할 수 없다 함이다. 반면 퇴계는 리발·기발은 주희의 설이므로 믿어야 한다고 한다. 퇴계는 말한다. "공은 사칠은 兼理氣이며 同實異名이니 분속은 불가라 함."(상238) "사칠의 分은 그 위치가 離析되어 장차 모르는 자에게 二情으로 인식될까 우려함(憂)."(상309) "二者는 주리·주기의 不同이 있음."(상239) 퇴계는 대거해 리·기로 나누었고, 그래서 그 사칠이 同의 합리기에 귀결됨을 염려했다. 이러한 논쟁은 서로의 용어 및 주제가 심히 어긋난 것이다. 고봉은 사칠 해석에 관한 일인데, 퇴계는 리·기로 사칠을 분함의 일이다.

43) 퇴계는 리·기로 사칠을 分했고, 반면 고봉은 사칠 종지를 밝히려 했다. 퇴계는 사칠의 합리기를 우려하지만, 고봉은 사칠 합리기는 있을 수 없다. 퇴계의 우려는 사칠을 리기로 협소 해석한 "구속"에 지나지 않는다. 왜냐하면 사칠의 리기 해석은 사맹 종지 중 하나의 방법에 불과하기 때문이다. 퇴계의 가르침은 사·칠 각각의 의미를 밝힘이 아닌 오히려 그 의미를 골돌·협소로 구속함에 이르고 만 것이다.

44) 고봉에 의하면 "所見은 치우침이 없을 수 없음"(하9)을 스스로 인정해야 한다. "사람의 소견은 異同이 없을 수 없기 때문"(상49·66·75·129)이다. 이때의 소견은 '견해'의 뜻이다. 반면 퇴계의 "나의 所見이 반드시 옳아서 의심할 수 없음"(상44)의 소견은 '믿음·所信'의 뜻이다. 이렇게 퇴계는 자신의 소신·믿음을 펼치려 하다가 반대로 이 믿음 때문에 타자와 소통 가능한 자신의 '바른 기(정기)'를 막는 결과가 되었다는 것이다. 퇴계는 허심평기로 주희의 문장을 읽은 것이 아닌 모두 자신의 소신인

는 것입니다.(아래에서 두 가지 해결책을 제시함)[45]

(12) 此意, 固未知先生之謂何. 然若以愚度之, 不如虛心平氣, 各盡同異之見, 毋以彼而廢此, 毋以內而疑外, 毋以先入之言爲主, 無(퇴계집 毋)以他人之說爲客, 博以考之, 精以察之, 然後庶幾弗畔於 "古人", 而爲講習之大益也. [先生之謂선생지위; 선생께서 말하는 것. 庶幾서기; 거의~할 것이다. 弗畔불반; 어긋남이 없다.]

이러한 뜻(퇴계의 염려)은 진실로 선생님께서 무슨 의도로 말씀하려 하시는지(사칠을 리·기로 대립시키려는 의도를 이해할 수 없음)는 잘 모르겠습니다.[46] 그렇지만 제가 [그 독서 방법을] 헤아려 본다면,[47] 허심평기로 [사·맹과 정·주가 설한] 그 각각의 동이를 다해서 보되,[48] 저것으로 이것을 폐하지 말고,(주희로 사맹을 폐하지 말고) 內로써 外를 의혹하지 말며, 先入의 말을 主로 삼지 말고, 他人의 설을 客으로 삼지 말며, 넓게 고찰하고 정밀하게 살펴봄만 같지 못합니다.(대화가 서로 어긋난 이유임)[49] 그러한 연후에야

리·기에 종속시켰다. 고봉의 "학자들이 자기 見解에 빠져 망령되게 [성현의] 문자와 언어에 의심을 가질까 두렵다"(『고봉집』3책, 「答一齋書」, 28쪽)에서의 '見解'와, 같은 곳 "보내주신 글에 대해 극론하고자 한 것이 많으나 詞句가 太繫하여 정기에 누가 된 듯하기 때문에 단지 대략 설파했다"의 '正氣'의 뜻과 같다. 고봉은 이를 "意가 不平하여 반대로 至公에 累가 되었다"(하85)고 한다. 퇴계는 주희를 굳게 믿으려 하다가 반대로 사맹 종지를 리 혹은 기의 골돌·협소로 만들고 만 것이다.

45) "이 문제 또한 살피지 않을 수 없겠다"고 한 사실의 리·기 분설 문제뿐만 아닌 또한 서로의 '대화가 일치하지 않음'에 대한 지적이다. 즉 고봉은 주희의 설을 리기의 골돌로 편협하게 해석해서는 안 된다 함인데 퇴계는 반대로 고봉에게 골돌인 합리기를 염려했다. 이는 대화가 어긋났으니 살피지 않을 수 없다는 것이다. 아래에서는 어떻게 대화가 어긋났는지를 살펴보고 그 해결책을 제시한다. 해결책은 첫째, 대화는 자신의 소신으로 상대를 객으로 삼아서는 안 되고, 둘째, 一馬에 사칠 二情을 실은 예를 들어 우리의 토론이 나아갈 길을 제시한다. 한편 고봉의 "살피지 않을 수 없다(不可不察)"(상144. 하96·99·117·135·137)는 언급은 모두 사맹의 칠사 본설을 먼저 말하고, 이외 주희 등 다른 설도 있으니 또 살펴야 한다 함이다.

46) 퇴계는 리·기로 사칠을 각각 나누지 않았음을 염려했다. 하지만 사맹의 사칠을 리·기로 대립시켜야 할 이유는 없다. 설사 주희가 리·기로 해석했다 해서 리·기 대립의 '골돌'로 협소하게 나누어야 할 이유는 없다. 칠사는 리기 이외의 의미도 얼마든지 있기 때문이다. 고봉은 무슨 의도로 서로 대립시키려 하는지 이해하지 못하겠다 함이다.

47) 각자 리·기로 나눈 퇴계의 의도가 무엇인지 모르겠다. 왜냐하면 사맹과 정주의 칠사는 각각 그렇게 논한 곡절(이유)이 있고, 더구나 주희의 리·기 해석은 수많은 해석 중의 하나일 뿐이기 때문이다. 대거로 분속된 퇴계의 근거는 성현의 책을 읽는 독서법에 있다. 이른바 "황의 독서하는 拙法"(상315~319. 상31~32)이다. "성현이 의리를 말한 곳에서, 드러냈다면 그 드러냄에서 구해야지 미묘에서 輕索해서는 안 된다."(상315) "[성현이] 분개로 설한 곳은 분개로 보더라도 혼륜에 해가 없다."(상316) 이어 고봉에게 "자기의 뜻을 고집해 남의 입을 용납하지 않았다", "성현의 말씀 중에 자기와 같은 것만 취하고 자기와 다른 것은 배척해서 그르다 했다"(상318)고 했다. 즉 성현의 글을 읽을 때는 "허심평기"(상31)로 있는 그대로 읽어야 한다고 하면서 『소학』 "服義從善"(상319·296)의 '弟子'의 직분을 들어 훈계한 것이다. 하지만 퇴계의 독서는 문제가 있다. 왜냐하면 퇴계는 사맹의 '본설'과 정주의 '해설'을 구분하지 않았고, 또 정주의 글을 정주와 다르게 해석하기 때문이다.

48) 주희의 "程氏의 책을 다시 펴서 허심평기로 천천히 읽었다"(「中和舊說序」, 3635쪽)고 함은 독서법이다. 고봉의 "만약 허심평기로 자세히 看過해 본다면"(상187)도 나의 글을 허심으로 봐주라 함이다. 한편 퇴계의 "허심평기로 서서히 그 義趣를 보라"(상31)고 함은 독서법이 아닌 '虛心遜志'(상295·319)의 '겸손하라'는 의미이다. 이는 오히려 주희의 "성현의 말씀에서 스스로 말씀하지 않은 것은 학자는 虛心悉意로 그 귀결을 찾아야 한다"(하82)의 뜻이 되고 만 것이다. 주희의 이 말은 독서법이 아닌데 왜냐하면 '말씀하지 않은 것'이기 때문이다. 퇴계의 "그 의취를 보라" 함도 의취를 '헤아려 유추하라'는 뜻이지, 책을 허심으로 '있는 그대로 읽으라' 함은 아니다. 이곳 "각각 그 동이를 다해서 보라" 함은 어류 "시리지발, 시기지발"도 각각 그 동·이가 있다는 뜻이다. 同은 사실은 모두 리지발이고, 異로 보면 "시리지발, 시기지발"의 '分'는 사맹의 소지를 각각 해석한 것뿐이다.

49) 퇴계는 "시리지발"을 사단만 리발이라 하지만 고봉은 칠정 역시 리발이라 한다. 고봉은 사단의 리발은 분명하나, 그 사단의 리발 때문에 칠정이 리발임을 "폐지하지 말라"고 한다. 또 사단의 리발로 칠정이 리발임을 "의혹하지 말며", 칠정의 기발이라는 "선입을 주로 하여" 칠정이 리발이 아니라 해서도 안 되며, 맹자의 사단설 때문에 자사의 칠정설을 객으로 삼지 말고", 사·맹 본설과

거의 "고인"(사·맹과 정·주)에 어긋남이 없겠으며, 그래서 강습(講學. 講論)함에 있어서도 크게 유익함이 될 것입니다.(퇴계는 『소학』 제자의 직분으로 충고했고, 고봉은 주희의 허심평기의 독서법을 들어 퇴계의 강습법을 비판한 것임)[50]

---

(13) 又請, 以一事譬之. 有如兩人同驅一馬而有所載. 其所載之物, 不能無偏重, 行路搖搖, 左低右昂. 東邊一人, 慮其遂倒, 撑而起之, 則翻了西邊. 西邊一人, 慍其致翻, 乃復極力撑起, 則又倒了東邊. 如此不已, 終無得平之勢, 將至於傾側, 而顚仆矣. [搖搖요요; 휘청거리다. 건들거리는 모양. 低昂저앙; 높고 낮음. 遂倒수도; 마침내 자빠지다. 끝내 넘어지다. 撑起탱기; 지탱하여 일으킴. 떠받치어 일으킴. 翻了번료; 뒤집히다. 전복하다. 倒了도료; 반대로 뒤집히다. 거꾸로 되다. 無得무득; ~할 수 없음.~이 안 됨. 傾側경측; 경사진 곳. 측면으로 기운 곳.(칠사 이외의 정을 논할 때) 顚仆전부; 걸려 자빠지다. 모두 다 거꾸러지다.]

또, 청컨대 '하나의 일'로 비유하겠습니다.(도리는 一善 하나이며, 때문에 이 논쟁은 동귀할 수 있다는 것)[51] 두 사람이 물건(칠·사)을 실은 바 있는 한 마리의 말(一情. 인류 공유의 느낌)을 함께 몰고 있습니다.(지금 논쟁은 人·馬(리·기)가 아닌 一情인 '칠·사 논쟁'이라는 것)[52] 그런데 그 실은 바의 '물건'이 편중이 없지 않아서(칠사가 리 혹은 기로 편중되어서) 말의 행로가 휘청거려 결국 좌는 내려가고 우는 올라갔습니다.(칠사의 리·기 편중 때문에 一馬가 좌익·우익으로 치우친 것)[53]

정·주 해석설을 "넓게 고찰하고 정밀히 살펴야한다"고 한다. 퇴계의 리발·기발의 "소종래가 다르다"(상167)고 함은 사맹 및 정주를 해석한 것이 아니다. 고봉의 비판은 이와 같이 대화가 어긋났음에 있다. 퇴계는 "먼저 一說을 爲主하지 말아야 한다"(상31)고 했는데, 고봉은 "先入 爲主의 累가 없지 않다"(하11)고 한다.

50) 퇴계의 "고인은 곤륜탄조라 했음"(상43) "고인은 말하지 않았던가. 감히 스스로를 믿지 말고 그 스승을 믿으라고"(상45) "고인은 乘馬로 출입함을 리가 乘氣로 행함과 같다고 함"(상259) 등의 고인은 특정 인물 및 설을 지칭하지 않았다. 그런데 고봉의 "고인에 어긋남이 없을 것"의 고인은 '어긋남이 없는 설'을 가리키므로, 이는 사맹·정주임을 알 수 있다. 講習은 퇴계의 "講學에 분석을 싫어하고"(상43)와 "講論에 자뢰한 바의 것이 어찌 적겠는가?"(상224)의 강학·강론과 같다. 고봉은 사맹 및 정주의 글을 읽을 때 그 각각의 동이를 잘 살펴야지, 그 하나의 문구를 고집해서 그 나머지 설을 이끌어 해석해서는 안 된다고 한다. 이로써 "강습" 및 "강학"에 유익함이 된다는 것이다. 고봉은 묻기를 "사단은 주리라 하겠다. 그렇다고 왜 자사의 겸리기가 주기인가?"(하39)라고 하는데, 이는 퇴계가 "칠정을 사단에 상대시켜 각각 나누면 칠정의 기는 사단의 리와 같다"(상254)고 했기 때문이다. 이는 고인인 사맹과 정주를 고찰한 것이 아니다. 퇴계는 『소학』"服義從善"(상319·296)의 弟子의 직분을 들어 고봉을 훈계했고, 이에 고봉은 주희의 "허심평기"(상31)의 독서법을 들어 퇴계의 "강론·강학"을 비판한 것이다.

51) "一事"(하119)라 함은 우리의 토론은 二事·二情·二善이 아니며 "道理는 二致가 없음"(하8)의 뜻이다. 一事이므로 하나로 "同歸"(하6·8)가 가능하다. 칠·사는 一情(느낌)에 대한 "성현의 의론"(하8)이고, 그리고 一心은 리기·성정으로 논할 수 있다. 이 一事는 위 독서법에 대한 비유이다. 성현의 책을 읽을 때는 "허심평기로 그 글의 동이를 다해야 하며, 저기의 말로 여기를 폐지해서는 안 된다."(하12) 그렇지 못하면 "동귀"(하14)할 수 없다는 것이다.

52) 一馬의 좌우에 짐을 싣고 二人이 몰고 있다. 一馬는 一情(느낌)이고, 좌우에 실은 짐은 칠·사이며, 이렇게 실은 칠사를 二人이 몰면서 논쟁하고 있다. 一情은 수많은 성현의 설이 있고 그 논도 무수하다. 다만 지금 논쟁은 칠·사 둘일 뿐이다. 문제는 그 좌우에 실은 짐인 칠사가 편중이 생겼다는 점이다. 요컨대 지금 논쟁은 '리가 기를 타는 것'이 아닌 '一馬(情)에 실은 짐인 칠·사'에 관한 토론이다.

53) 一情(느낌)에 실은 짐은 칠·사이다. 그 칠·사의 짐이 각자 리·기로 편중되었다. 그래서 일마의 행로가 건들거리고 휘청거려서 결국 좌(맹자)는 리로 올라가고 우(자사)는 기로 내려가고 말았다. 一情이 리·기의 좌익·우익으로 치우친 것이다. 이러한 현상은 一情에 실은 짐인 칠사가 리·기에 편중되었기 때문이다. 그래서 一情인 一馬가 휘청거렸고, 결국 사단은 리에, 칠정은 기에 치우치고 만 것이다. 단, 맹자 성선은 정의 "선 한쪽만 척출 지시"(상10)한 것뿐이다. 그러나 이 때문에 다른 한 쪽을 "폐"하거나 "客"(하12)으로 삼아서는 안 된다.

이에 東人은 그것이 떨어질까 우려해(사단의 리발을 지키기 위해) 버티어 일으키면 서쪽이 뒤집힙니다.(칠정이 기발이 되고 맘) 西人도 그 뒤집힌 것을 성내어(칠정이 기발에 떨어진 것을 성내 리발이라 하면서) 다시 극력 버티어 일으키면 또 반대편 동쪽이 넘어집니다.(사단이 기발이 되고 맘)54) 이 같은 다툼을 그치지 않는다면 끝내 그 평형의 형세(칠사 본설의 의미)는 이룰 수 없게 되고,55) 더구나 장차 앞으로 경사짐(실제의 사람 감정을 실행해야 할 때)에라도 이르게 된다면 모두(『대학』의 一心 전체까지도 둘로 갈라짐) 다 거꾸러지고 맙니다.(그 분쟁으로 一心이 무너져서 좌·우로 서로 싸우게 됨)56)

(14)不如兩人協心齊力, 一時撑起, 或所載有偏重者, 亦須隨宜推移, 則庶無低昂·傾側之患, 而可以終踰絶險遠到, 而 "同歸" 矣. [撑起탱기; 지탱하여 일으킴. 떠받치어 일으킴. 推移추이; 헤아려 옮기다. 庶…矣서의; 거의~할 것이다.]

그러니 이는 [첫째,] 두 사람이 협심으로 힘을 모아 일시에 지탱해 일으키거나,(둘이 협심하여 사맹 종지를 밝히거나)57) 혹은 [둘째,] 그 실은 바의 편중이 있는 것이라도 그 마땅함에 따라 헤아려 옮기는 것(그것이 불가하다면 리발·기발 편중만이라도 바로잡는 것)만 같지 못합니다.(사맹 본의를 리발·기발로만 주장하여 서로 다투면 안 된다는 것)58) 이렇게 하면 거의 저앙(칠사에 대한

---

54) 한쪽만 논함도 가능하다. 맹자도 "그 정"의 선 한쪽만으로 "성선"을 논증했다. 그러나 성선 주장을 위해 천명·중화를 객으로 삼아 기발이라 해서는 안 된다. 즉 "나의 주장을 主로 삼고 상대의 주장을 客으로 삼은"(하12) 결과 저앙이 발생한 것이다. 이 때문에 칠정도 리·리발을 주장하지 않을 수 없다. 사단만 리를 주장하니, 칠정도 리가 있다 하고, 칠정도 리를 주장하니, 사단은 자기만의 "독리"로 여겨 "칠정의 리를 빼앗고자"(하30·131) 한다. 결국 "뒤집히고" "넘어진" 이유는 상대를 객으로 삼았기 때문이다. 고봉은 퇴계가 "사칠을 分理氣의 양쪽으로 설파함으로써 偏重되어 충돌로 뒤집히고 말았다"(하21)고 한다. 정명도는 '외물과의 느낌의 정' 문제를 다음과 같이 말한다. "성인의 情은 萬事에 順해서 無情하며 외물이 오면 그대로 順應한다. 그렇지 못해 만약 동쪽을 막으면 서쪽에서 일어날 것이다(見滅於東而生於西也)."(『정씨문집』권2, 「答橫渠張子厚先生書」, 460쪽)

55) "이렇게 다툼을 계속한다" 함은 칠정과 사단이 상대를 객으로 삼아 서로 리발·기발로 다툰다는 뜻이다. 사단의 리발은 분명하지만 이 때문에 칠정이 기발일 수는 없다. 이러한 주장을 계속한다면 사맹 칠·사 종지를 회복할 수 없다. 왜냐하면 사단도 발현된 기이고 칠정도 기인데도 칠사는 서로 상대를 객으로 삼아서 리발·기발만 강조하기 때문이다. 이럴 때는 사맹의 칠사 본설을 허심평기로 읽음만 못하다.

56) 지금 이미 평형한, 이미 확정된 설인 사맹 종지에서도 저앙의 다툼이 있다. 그 이유는 사맹 종지를 떠나 리발·기발만 되풀이하기 때문이다. 사단이 리발이면 칠정의 리발도 인정해야 하고, 칠정이 기라면 사단도 기임을 인정해야 한다. 리발만 주장하면 사단은 이발인 기가 아님이 되고, 기발만 주장하면 천명의 리가 없음이 되고 만다. 리발·기발로 定하면 사맹 종지는 결국 리·기의 협소로 고정되고 말며, 그 고정됨에서는 정작 그 종지의 본의인 "이발의 확충" 및 "미발의 중"이 빠지고 만다. 이로써 사람의 자연느낌은 리·기의 편협으로 고정되고, 결국 실제 사람느낌의 실행에서 둘의 발이 되어, 두 개의 다른 갈래의 피(혈맥)로 갈라져 서로 극심한 싸움이 일어나고 만다. "발"은 『중용』 설이고, 그 발은 심이다. 여기서 어긋나면 결국 『대학』 전체에 "삼강령, 팔조목"까지 어긋나게 된다. 퇴계가 『대학, 정심장』 "正心의 일을 칠정의 일로 논증"(상125)한 것이 그 증거이다.

57) 一情은 리·기 편중이 있다. 때문에 행로가 건들거려 저앙이 생긴 것이다. 저앙이 바로 사칠의 리발·기발이다. 이 저앙의 해결에는 두 가지 방법이 있다. 첫째, 一馬인 一情을 몰고 논쟁하는 두 사람이 협심으로 사맹을 고찰해서 그 종지를 회복해야 한다. "일시에 지탱해서 일으킨다"고 함은 리발·기발 싸움이 아닌 사맹 종지에 나아가 토론으로 힘을 합해 일으켜야 한다 함이다. 사단의 확충과 칠정의 중화는 어떻게 논해야 인류 소통의 화육을 이룰 수 있는가? 지금 나의 느낌은 어떻게 해야 상대에게 다가갈 수 있는가? 리발·기발 주장만 되풀이하면 이 논쟁은 끝이 없다. 칠사는 리발·기발 의미만 있지 않다. 고봉은 「후설」과 「총론」에서 사맹 종지와 정주 리발·기발 해석에 대해 그 대강을 논한다.

58) 해결 방안 중 두 번째, "편중이 있는 것만이라도 그 마땅함에 따라 옮기는 것"이다. 사맹 종지를 직접 밝히지 못한다면 그 편중

리·기의 치우침)과 경측(마음이 느낌으로 발현할 즈음의 심리 현상)의 재해가 없게 되고,[59] 그래서 끝내 험한 절벽을 넘어 멀리 도달하여 "같음으로 귀결(同歸)"될 것입니다.(우리의 토론은 사맹 칠사 종지를 통해 나 자신의 공부를 논함으로써 함께 동귀할 수 있음)[60]

(15)今段所爭, 頗亦類此, 伏乞, 以此意思, 看如何. 幸甚幸甚. [今段금단; 지금 우리가 토론하는 부분.(段은 양사이며, 一情에 대한 논의 중 한 단락일 뿐이라는) 如何여하; 어떠함과 같은가. 어떤 모양인지.(怎麼樣의 뜻)]

지금 우리의 논쟁 역시 이와 같습니다. 엎드려 바라건대 이러한 의미(一馬에 실은 짐인 사칠의 주리·주기의 편중 문제이지, 人馬·理氣 문제가 아니라는 점)로 생각하셔서 그 여하를 살펴보시기 바랍니다.(칠사 문제가 '理가 乘氣로 行함'이라면 사가 칠을 타고 감이 되고 만다는 것)[61] 그렇다면 매우 다행이겠습니다.

(16)辯答 "條列"中, 槩有鄙意所已同者, 亦有所未安者. 敢述管見, 仰承指敎. 伏幸不惜反復何如. [不惜불석; 의견을 아끼지 않다.]

변론하여 답변하신 "조열" 가운데는 대략 저의 의견과 이미 같아진 것도 있고 또 아직 '미안'으로 여겨지는 것도 있습니다.[62] 따라서 감히 저의 관견을 진술하여 우러러 가르침을 받

이라도 고쳐야 한다. 一情에 실은 짐인 칠사는 리·기 편중 때문에 그 논쟁(행로)이 좌·우로 각각 치우쳤다. 고봉은 이렇게 고친다. "칠정은 겸[리기]·유[선악]이고, 사단은 리발 일변일 뿐이다." 선생의 '動·乘'을 제가 고친다면 '[一情의 발은 혹 理動而氣俱, 혹 氣感而理乘'이다.(하61) 문제는 "맹자의 말 때문에 자사의 兼理氣言之가 갑자기 氣發 일변이 될 수는 없다"(하62)는 점이다.

59) "저양" 이유는 리발·기발 편중 때문이다. 편중으로 인해 좌·우 저양이 생겼다. 따라서 먼저 리발·기발 편중을 사맹 종지에 따라 "옮겨"야 한다. 이렇게 하면 편중으로 인한 저양과 치우침이 없게 된다. "경측"은 사람 마음이 느낌으로 발현될 즈음의 심리 현상을 말한다. 이 즈음 경측이 생긴다. 누구라도 자기의 공부 및 시선으로 외물에 느낄 수밖에 없다. 주희가 『중용, 수장』에서 "미발의 존양, 이발의 성찰"을 논한 이유이다.

60) 리발·기발만으로 토론하면 사맹 종지 혹은 우리 토론은 "同歸"하지 못한다. 사맹 본설은 대설일 수 없거니와 『어류』 "리발·기발"도 사맹에 관한 하나의 해석에 불과하다. 퇴계는 "리기는 상호 호발하며 리·기의 소주가 있다"(상246)고 하면서 이러함에 "同歸하기 위해서는 達理의 好學의 군자가 아니라면 불능하다"(상329)고 한다. 리발·기발은 사람 감정을 둘로 분리시킨 것이다. 그러나 사맹은 사람 본연의 느낌에서 자신의 공부를 논했을 뿐이다. 자사는 미발의 "신독"과 이발의 "화"라는 '공부'로서 "천지의 화육"을 말했고, 맹자는 "사단의 확충으로 사해 보존"을 논했다. 우리의 토론도 이러한 사맹 종지인 공부를 고찰하고 나의 공부로 논해야 한다. 우리의 논의는 이로써 동귀가 가능하다.

61) 퇴계는 "사람이 말을 타고 出入함은 리가 기를 타고 行함과 같다"(상259~261)고 한다. 리가 기를 타고 출입함에, 리의 행으로 말하면 主理의 사단이고, 기의 행으로 말하면 主氣의 칠정이며, 리기 동시의 행으로 말하면 혼륜의 사칠이다. 人·馬는 사·칠과 같고, 그 출입은 주리·주기이다. 반면 고봉은 우리 토론은 一馬에 실은 짐인 '칠·사' 문제라고 한다. 一馬는 一情이고, 일정은 칠·사 이외도 많다. 일정을 토론함에 리·기로 사칠을 分하면 편중이 없을 수 없으며, 그럴 수도 없다. 만약 퇴계와 같이 人·馬로 비유하면, 人이 리가 되고 馬가 기가 되고 만다. 더구나 "리가 기를 타고 行한다"고 하면 '사단인 리가 칠정인 기를 타고 가는 모양'이 되고 만다.

62) 퇴계가 변답한 "조열"(상226)은 총 35조이며, 고봉과 의견이 같은 것은 18조이고 다른 것은 17조라고 퇴계는 말했다.(하6) 고봉은 여기서 퇴계의 표현처럼 그 17조를 "다름으로 나아갔다"(상230) "견해가 달라서 끝내 따를 수 없다"(상232)고 하지 않고 "未安"으로 바꾸어 표현하는데, 다른 것은 피차 '견해의 차이'일 뿐임을 말하기 위해서이다. 즉 피차 견해차이로 인해 '미안'으로 느껴질 뿐, 정주의 뜻과 어긋나서 그런 것은 아니라는 것이다. 만약 "따를 수 없다"고 한다면 이 논쟁은 "동귀"할 수 없기 때문이다.

고자 합니다. 엎드리건대, 반복으로 그 어떠한지에 대한 의견을 아끼지 마시기를 바랍니다.

(17)但大升於 "此道理", 素未精熟, 而信口覶縷之際, 尤覺易致差謬. 非徒辭氣精神, 不能無所撓害而惴惴焉. 惟獲罪於左右, 是懼. 伏惟先生, 察其愚, 不錄其罪, "而垂仁終幸焉." [精熟정숙; 숙련되다. 훤히 잘 안다. 覶縷라루; 상세히 서술하다. 差謬차류; 차가 나고 어긋남.(상15) 辭氣사기; 말투. 精神정신; 활기. 기력. 정력. 撓害요해; 방해하다. 저해하다.(상328) 惴惴췌췌; 벌벌 떨다. 두려워 떠는 모양. 伏惟복유; 엎드려 생각하다. 가만히 속으로 생각하다. 不錄부록; 마음으로 기록하지 않음. 垂仁수인; 어짐을 남김. 훌륭한 이름을 후세에 드리움.(상330)]

단, 대승은 "이러한 도리"에 대해 평소 정밀히 숙지하지 못했습니다.63) 그래서 입만 믿고 상세히 서술할 즈음 [이 도리에서] 더욱 쉽게 차가 나고 어긋남(差謬)에 이른다는 것을 느낍니다.64) 하지만 저는 단지 말투와 정기에 의해 방해(撓害)되는 바가 없을까 해서 이것으로 두려워 떨 뿐만은 아닙니다.65) 저는 오직 좌우(퇴계)께 죄를 얻게 될까,(이 논쟁 때문에 죄를 얻는 것) 이것이 두려울 뿐입니다.(퇴계는 "그대로 인해 편언도 상부하지 못했고, 도리어 害道가 되고 말았다"고 했기 때문임)66) 엎드리건대 선생님께서는 저의 어리석음(저의 본의)을 살피시고 이를 죄로 치부하지 않으셔서 "어진 이름을 후세에 드리우신다면 끝내 다행이라 하겠습니다."(퇴계는, 토론을 이제 마쳐서 "어진 이름을 후세에 드리우면 끝내 다행"이라 했는데, 이 말을 그대로 역으로 인용한 것임)67)

---

63) 고봉은 "그 성정·리기의 설에 대한 방도를 알지 못하며, 일찍이 하루라도 실제에 대해 공부하지도 못했거늘 하물며 반신·체험의 효과이겠는가"(상74)라고 했다. 성정·리기의 설은 체험이 아닌 심의 공부(수양)에 관한 일이다. 도리를 스스로 안다고 할 수는 없다. 도리는 알기 어려우며, 안다고 하면 "自家道理"(하15)가 되고 만다. 그러나 "호리의 차이도 불가한 道理"(하123)는 있으며, 그것이 없다면 토론은 할 수 없는 것이다. 반면 퇴계는 "이는 看理의 解悟處와 說理의 極至處에 도달해야 한다",(상326) "이는 達理의 호학 군자가 아니면 不能하다"(상329)고 하여 스스로 체험하고 깨달은 도리를 말했다. 고봉의 비판은 이점이다.

64) 도리를 알지 못하거니와 그것을 서술할 때도 쉽게 '차류'에 이른다. 퇴계도 "나의 差謬를 가려 주셨다",(상15) 또 "眞知하지 못해 이 같은 語病도 있었지만 그러나 이를 어찌 口舌로 다투겠는가?"(상326·327)라고 한다. 도리를 설명함에 차류는 불가피하며, 또 설로 모두 표현할 수도 없다. 고봉은 "정자 문인들도 스승의 설을 전하면서 일제히 착오(差)가 났는데, 하물며 후학에 있어서랴"(상51)라고 한다. 고봉의 지적은 도리의 실제, 혹은 성정 본연에 대한 그 차류를 밝히기 위함이 아니다. 다만 성정의 본연을 밝히기 위한 과정에서 퇴계의 편중을 거론한 것뿐이다. 고봉의 "未安(안정되지 않음)"(상5·52·71)이라 함이 이것이다.

65) 도리를 서술하고 토론함에 차류도 생기는 것은 당연한 일이다. 다만 고봉이 "두려워 떠는 것"은 이 논쟁으로 퇴계에게 죄를 얻는 것, 이것이 두렵다는 것이다. 퇴계는 "도가 같다면 片言으로도 相符하고, 같지 않다면 多言이 도를 해칠 것", "[우리의 논쟁은] 그 發明은 있지 않고 도리어 '撓害'하는 바가 될까 두렵다"(상328)고 했는데 이는 고봉의 토론 태도에 대한 지적이다. 퇴계는 우리의 토론이 도를 해치고, 그것은 바로 고봉으로 인한 것이라고 한다. 이에 고봉은 토론은 무익하지 않다고 답변한 것이다. 도리가 정해진 것은 아니기 때문이다.

66) 고봉의 두려움은 도리를 서술함에 차류가 생김에 있지 않다. 다만 두려운 것은 이 논쟁 때문에 퇴계에게 죄를 얻게 될까, "이것이 두려울 뿐(是懼)"이다. 즉 퇴계가 이 논쟁 자체를 잘못으로 여길까, 이것이 두렵다. 그렇다면 "어진 이름을 후세에 드리울 수 없음"(뒷줄)이 되고 또 이 논쟁은 더 이상 "동귀"할 희망이 없게 되고 만다. 이러한 우려는 퇴계가 "우리의 도가 같지 않다면 多言이 害道에 적용된다. 우리는 지금 片言도 相符하지 못했으니, 이러한 우리의 多言이 오히려 도리를 해칠까 두렵다"(상328)고 했기 때문이다. 그래서 퇴계는 "그대는 10여 년의 공부가 쌓여야 한다", "후세 주문공을 기다려야 한다",(상327) "[나와 같은] 達理의 好學 군자만 가능하다"(상329)고 하여 고봉을 잘못으로 여겼다. 퇴계는 자신의 所見과 信念으로 도리를 논한 것이다.

67) 고봉의 본의를 헤아려서 이 토론을 죄로 치부해서는 안 된다. 지금 토론은 "이기기를 구하거나 도를 헤아리지 말자는 것은 아니

(18) 第一書改本 「제1서 개정본」에 대하여[68]

　　大升狂妄抵冒, 敢於前日之書, 仰稟來辯 "有未安處", 固已犯 "不韙之罪" 矣. 然鄙意所在, 則嘗竊以爲學者, 於講論道理之際, "不可苟且雷同", 故輒欲傾竭(퇴계집 渴)下懷, 以祈鐫譬爾, 非欲 "詆斥之", 以 "逞" 私見也. [狂妄광망; 방자하고 오만함. 분별없고 망령스러움. 抵冒저모; 대들다. 항거하다. 맞먹음을 무릅씀. 不韙之罪불위지죄; 옳지 못한 죄.(상75) 輒첩; 바로. 즉시. 傾竭경갈; 모두 쏟아 붓다. 下懷하회; 저의 심정. 제 생각. 祈기; 간절히 바라다. 간청하다. 부탁하다. 鐫譬전비; 새겨서 도리로 비유하다. 강론하여 비유하다.(도리는 선언이 아닌 講究體察로 비유할 수 있을 뿐이라는 뜻. 상49) 逞령; 과시하다. 뽐내다.(상296)]

　　만일 대승이 방자와 오만으로 대들면서 감히 전날의 글(「고봉2서」)을 통해 선생님의 논변(「퇴계1서」)에 "未安(안정되지 못함)한 곳이 있다"라고 여쭈었다면[69] 이는 진실로 이미 "옳지 못한 죄(不韙之罪)"(주희의 말임)를 범했다고 해야 할 것입니다.[70] 하지만 당시 제가 의도했던 所在('미안'이라 여쭌 본의)는 일찍이 [선생님 말씀과 같이] 학자가 도리를 강론하는 즈음에는 "구차히 뇌동해서는 안 된다"고 여김에 있었거니와,[71] 때문에 저도 즉시 제 생각을 모두 쏟아 부음으로써 '강론으로 도리를 비유(鐫譬)'[72]할 수 있기를 간청(祈)하고자

─────────

다."(하8) 퇴계는 문제가 된 17개 조항을 "끝내 따를 수 없고"(상232) 또 "끝내 따를 수 없음으로 동귀한 것"(상233)이라 했다. 이에 고봉은 이 17개는 모두 토론 중의 "소소한 여론"일 뿐이라 하고, 이 토론의 "동귀는 필연"(하8)이며, "도리는 둘로 다다름이 없기"(하8) 때문이라 한다. 오직 고봉이 두려운 것은 이 토론으로 퇴계에게 "죄를 얻게 되는 일"이며 "죄로 치부되는 것"이다. 이로써 우리의 토론은 "동귀"할 수 없고, 결국 퇴계 스스로의 말과 같이 "어진 이름을 후세에 드리울 수(垂仁)"(상330) 없게 되고 만다. 우리의 토론은 '죄를 입는 일'이거나 '죄로 치부되는' 이러한 일이 결코 아니다.

68) 퇴계가 「퇴계1서」(상13)를 스스로 고쳤던 「第1書改本」(상190)에 관해 논평하고자 함이다. 이 개정본 또한 고봉의 당초 비평 본의와 전혀 다르기 때문이다.

69) 고봉이 퇴계의 설을 "미안"이라 했던 곳은 다음과 같다. "사단, 發於理而無不善, 칠정, 發於氣而有善惡은 語意에 병통이 없을 수 없음."(상4) "사단지발, 純理故無不善, 칠정지발, 兼氣故有善惡 또한 未安임."(상5·71) "지금 辨한 바는 그 곡절의 즈음에서 미안임."(상52) "一情에 二善이 있어서 하나는 發於理, 하나는 發於氣라 하면 未當임."(상72) "칠정은 專指氣라 할 수 없으니 이곳이 특히 미안임."(상91) "칠정이 緣境으로 出하고 형기의 所感이라 하면 미안이며, 특히 리 본체가 아니라 하면 심히 불가함."(상114) 「천명도」는 미안이 많음."(상155) 또 추만에게도 퇴계의 설 3조를 인용하고 이를 "모두 미안"(하179·186)이라 한다. 이렇게 "미안"이라 한 것은 고봉의 소신으로 "방자와 오만으로 선생께 대들면서" 한 말이 아니라는 것이다. 본 조항(「제1서개본」)에서는 이렇게 당초 未安處라고 했던 부분을 다시 살피고자 함이다. 퇴계는 이 '미안처'를 개정본에서 전혀 고치지 않았다. 고봉은 "이 未安處만 고치면 그 '1서개본'의 분명함이 앞 「퇴계1서」와 비교되지 않을 것"(하21)이며, 그래서 사실 문제는 거의 "동귀할 수 있을"(하6·8) 것이라 한다.

70) "진실로 옳지 못한 죄를 범했다고 하겠다" 함은 진실로 옳지 못한 죄를 '범하지 않았다'는 뜻이다. '불위지죄'는 주희의 말이며, 고봉은 앞에서 이 말을 인용해 "이와 같은데도 狂僭을 헤아리지 못하고 문득 나의 所見만 펼쳤다면 또한 不韙之罪를 범했다고 할 것이다"(상75)고 했는데, 이는 고봉 스스로의 소신과 체험으로 퇴계의 설을 논평한 것이 아니라 함이다. 그렇다면 이는 "불위의 죄를 범했다" 하겠지만 그러나 고봉은 사맹과 정주에 의거해서 논변했을 뿐이라는 뜻이다.

71) 퇴계는 "기왕 다름이 있는데도 나의 설을 다하지 않는다면 이는 講磨·求益의 道가 아니다. 때문에 감히 그 苟同할 수 없는 소이를 논하겠다"(상236)고 했다. 이에 고봉도 "감히 苟同할 수 없다면 끝내 切磋로서 至當의 귀결을 구하고자 함이야말로 대인군자의 處心이 公正한 所爲이며, 선생께서도 기왕 이로써 自任하시는데 대승이 무슨 마음으로 감히 외면하려 하겠는가"(하9)라 했고, 이보다 먼저 추만에게도 "존장께서는 반드시 퇴옹의 설을 바꿀 수 없다고 여기시는 듯하나 저는 감히 苟同할 수 없는 管見을 진달하고자 한다"(하178)고 하여 구동하지 않음이 학자의 길임을 말한바 있다. 따라서 퇴계의 설에 미안의 곳이 있다고 여쭌 것 역시 강마·구익으로 도를 밝히기 위함이며, 감히 구동할 수 없는데도 여쭙지 않는다면 이는 학자의 길이 아니라 여겼을 뿐, 퇴계를 "꾸짖고 배척"하기 위함은 아니었다는 것이다.

72) "鐫譬(새겨 비유함)"는 "강구·체찰,"(상49) "切磋"(하9)와 퇴계의 "講磨·求益의 道"(상236. 하8)의 뜻과 같다. 즉 도리는 강구·체

했을 뿐,73) 선생님을 "꾸짖고 배척"함으로써 저의 사견(윗줄 '오만으로 대든' 私見)을 "뽐내고자(逞)" 한 것은 아니었습니다.74)

(19)伏蒙, 先生以 "包蒙納婦"之量, 非惟(퇴계집 唯)不以爲罪, 而乃復虛受之, 俯賜諄諄之答, 併於辯書本文, 多有 "修改", 以開迷惑之胸. 且誘之使言曰, "明以回敎", 此非盛德大度, 幾於無我者, 何以至是. 不勝幸甚. [伏蒙복몽; 삼가 가르침을 입다.(편지의 존경어) 包夢納婦포몽납부; 동몽을 포용하고 부인을 맞다.(지도자의 덕을 말함) 俯賜부사; 굽어 내려주다. 諄諄순순; 진지하고 자상히 말하는 모양. 迷惑之胸미혹지흉; 어수선하여 의혹했던 심경. 아리송했었던 마음. 헷갈렸던 가슴속. 誘之使言유지사언; 말할 수 있도록 유도해 주다. 不勝불승; 대단히. 매우.]

그런데 엎드려 받자오니(蒙), 선생님께서는 "포몽납부(包蒙納婦)"(『주역』. 퇴계가 고봉을 『소학』으로 훈계했기 때문임)75)의 도량으로 저를 죄로 삼지 않으시고 결국 또다시 겸허히 수용해주셨을 뿐만 아니라,76) 진지하고 자상한 답변(「퇴계2서」)을 내려주셨고 아울러 변답서의 본문까지 많은 부분을 "改修"(「퇴계1서 개본」)함이 있음으로서77) 당초 [왜 이런 말씀을 하셨는지] 그 아리송하게 의혹했던 저의 가슴속까지 열어주셨습니다.78) 게다가

찰로 절차하고 강마·구익으로 '새겨 비유'할 수 있을 뿐, 단지 "주자의 說話에 의거해"(상50) 도를 찾을 수는 없다는 것이다.

73) 학자는 도리를 강론함에 있어 구차히 뇌동할 수 없다면 즉시 자신의 의견을 제시해야 한다. 단 도리는 스스로 선언할 수는 없는 일이므로 따라서 서로 강론하면서 이로써 새겨 비유하여 밝힐 수밖에 없다. 뇌동할 수 없다고 해서 또 곧바로 자신의 소신을 내세운다면 이 또한 "옳지 못한 죄"가 되는데, 그것은 자신의 소신과 체험으로는 "無證之言"(상75)이 되기 때문이다. "의리는 궁구하기가 어렵고 소견은 이동이 있으니, 이것은 강구·체찰로 지당의 귀결을 구해야"(상49. 하9) 하는데, 그 강구·체찰을 고봉은 "鐫(세기다. 궁구하다)"이라 한 것이다. 즉 구차히 뇌동할 수 없는 자신의 생각을 모두 펼쳐서, 이렇게 서로 강구·체찰로 切磋함으로써 그 도리를 비유할 수 있게 되기를 퇴계에게 간청했을 뿐이라는 것이다.

74) 퇴계는 "眞剛과 眞勇은 逞氣强說(억지주장)에 있지 않다",(상296) "공의 논변은 하나같이 모두 꾸짖고 배척(詆斥)했다",(상240) "공이 꾸짖는(詆) 바는 語病에 있지 않았다"(상326)고 했는데, 이곳의 "령(과시하다. 뽐내다)"과 "저척(꾸짖고 배척했다)"에 대한 반박이다. 고봉은 퇴계의 설을 꾸짖거나 배척하고자 함이 아니며 더구나 억지주장으로 "사견을 뽐내고자" 함도 아니다. 만약 "私見"으로 퇴계의 설을 꾸짖고 배척한 것이라면 이는 "無證之言의 不韙之罪를 범함"(상75)이 되고 만다. 고봉 본의는 다만 "鐫礱(강구·체찰로 도리를 비유함)"에 있었을 뿐이라는 것이다.

75) 『주역』蒙卦 九二의 말이다. 몽괘는 동몽이 진심으로 가르침을 구했을 때 스승은 비로소 그에게 가르침을 준다는 뜻으로 '교육의 도'를 말한 괘이다. 九二의 "포몽납부"(원문은 "包蒙吉. 納婦吉. 子克家")는 지도자가 포용하면 그 덕을 사모하여 사람들이 모여든다는 뜻이다. 이렇게 몽괘인 '스승의 가르침'으로 답변한 것은 퇴계가 『소학』"服義從善"(상296·319)의 '제자 직분'으로 훈계했기 때문이다. 이유야 어쨌든 고봉은 퇴계의 이러한 "私懇(개인적인 부탁)"(하79)을 수용한 것이지만, 그러나 고봉은 아래에서 "細察을 받지 못했다(不蒙)"(하24)고 함으로써 선생님께서는 결국 '저를 살펴주지 않으셨다'고 한다.

76) 「1서개본」 및 「퇴계2서」를 보내준 것은 곧 고봉을 "죄로 여기지 않은" 증거이며, 또 이렇게 다시 토론해 준 것은 고봉을 "또다시 겸허히 수용해준 뜻"이라 한 것이다. 다시 말해 퇴계는 고봉과 "강구·체찰" 및 "절차"로서 "강마·구익의 도를 궁구하고 "서로 도와가며 講明하기"(상14) 위해 "왕복 수작"(상75)의 답서를 보내온 것이다. 이를 고봉은 윗줄에서 "鐫礱"(강론으로 도를 비유하기 위함)라 했는데 이는 고봉과 더불어 강구·체찰할 것을 수용한 것이다. 고봉은 이렇게 해석하지만, 그러나 퇴계는 이와 반대로 제자의 직분인 "服義從善(옳음에 복종하라)"(상296·319)으로 고봉을 훈계했고 결국 "그대는 어짐을 드리우라"(상330)고 충고함으로써 이 논쟁을 끝마치고자 했다.

77) "진지하고 자상한 답변"은 「퇴계2서」를 말하고, "아울러 변답서의 본문을 修改했다"고 함은 「1서개정본」을 말한다. 퇴계는 "삼가 修改해서 전면에 붙여 가부를 묻겠다"(상190·225)고 했다. 이를 "서로 도와가며 講明하자"(상14·224)는 뜻으로 해석한 것이다.

78) 고봉은 「퇴계1서」를 총 12절로 나누어 논평했지만 그러나 퇴계 본의는 자세히 알 수 없었다. 고봉은 다만 「퇴계1서」의 未安處만 논평했을 뿐이다. 고봉은 「퇴계1서」의 미안처를 지적함으로써 서로 의논하여 성정의 즈음과 사맹의 종지가 발명되기를 바랐다. "구차히 뇌동함은 도리를 강론(윗줄)하는 학자의 일이라 할 수 없기 때문이다. 고봉은 「퇴계1서」 이전부터 퇴계가 사칠을 "대저

- 317 -

저도 말할 수 있게 유도하여 "회답하여 밝혀주라(明以回教)"고까지 말씀하셨으니,79) 이는 그 성덕의 큰 도량이 거의 無我에 가까운 것이 아니라면 어찌 여기에 이를 수 있 겠습니까.80) [도리를 밝힘에 있어] 매우 "다행"이라 하겠습니다.81)

(20)謹詳辯中所論. 果如誨諭之云, "如統論性・情, 則曰未有無理之氣, 亦未有無氣之理", "如論四端, 則曰心固理氣之合", "論七情, 則曰非無理也"等語, 豈有不合於先儒之論 者哉 而眞所謂 "鄙意所同", 未有多於此段者也. [未有多미유다; ~보다 초과하지 않음.]

[우선 먼저] 삼가 변론 중(「1서개본」의 본의를 알기 위해 「퇴계2서」를 보겠다는 것임)의 논하신 바 를 상세히 보겠습니다.82) 과연 회유하여 운운하신 바와 같습니다.83) "성・정을(사칠을 성 정으로) 통론하면, 리 없는 기도 없지만 또 기 없는 리도 없다."84) "사단을(정으로 사단을) 논 하면, 심은 진실로 리기의 합이다."85) "칠정을 논하면, 리가 없는 것은 아니다."86) 이러

호언"한 이유를 알 수 없었는데, 그 답서를 통해 대거호언한 이유, 그동안 아리송했던 부분, 그리고 앞으로 토론으로 밝혀야 할 곳까지 비로소 명확히 인식하게 되었다 함이다.

79) 퇴계는 「1서개정본」 머리말에서 "엎드리건대 회답으로 밝혀주시기 바란다(伏乞, 明以回敎)"(상190)고 했다. 이를 고봉은 '답변을 바란다는 의도로 여긴 것이다. 그런데 사실은 퇴계가 개정본과 퇴계2서를 보낸 것은 퇴계의 설을 더욱 공고히 해서 확정하기 위 함일 뿐, 직접 회답을 바란 의도로 말한 것은 아니다. 「퇴계2서」 마지막 "그대의 절시의 후의를 외면하는 것"이라 함은 더 이상 토론은 "무익"하다는 의미로서 답변을 바라지 않겠다 함이다.(상330) 따라서 고봉이 여기서 "말을 할 수 있게 유도해 주었다(誘 之使言)"고 함은 사실은 「고봉3서」를 쓰기 위한 고봉의 해석인 것이다.

80) 퇴계는 제1서를 "改修하고, 그 改本을 제2서의 前面에 붙여서 그 可否를 물었다."(상190・225) 그 가부를 물었다는 것은 당초 퇴계의 말대로 "서로 도와가며 講明하자는"(상14・224) 것으로, 이것이 오히려 고봉의 의도이다. 선생께서는 이 마음을 보여주었 으니 이것이야말로 盛德大度의 無我이다. 이 성덕대도의 무아라야 '상대와 진정한 소통'이 가능하고 도리는 여기서 '피어날' 수 있 다. 정호는 "物로서 物을 待하며 己로서 物을 待하지 않으니 이것이 無我이다"(『정씨유서』권11, 91조, 125쪽) "毋我는 循理이며 己만 守하지 않는다"(같은 책, 권9, 29조, 108쪽) "각기 그 理를 循하니 어찌 己力을 勞하리오"(같은 책, 권11, 71조, 123쪽)라 함으로써 순리를 무아라 한다. 「중용수장」 "循性"(상94)이 이것이다.

81) 퇴계는 "배움에 있어 講論에서 도움 받은 바의 것이 어찌 적다하리오. 幸甚幸甚"(상224)이라 했다. 즉 고봉의 논평은 서로의 배움 에 도움이 될 것이므로 매우 다행이다. 고봉은 이 말을 더욱 강조하여 "不勝幸甚"이라 함으로써 도리를 밝힘에 있어 '진정 幸甚' 이라 한 것이다. 배움과 강론을 무아라 할 수는 없다.

82) 이곳은 "1서개본」(하18)에 대한 논평이다. 퇴계는 고봉이 지적한 "미안처"를 「퇴계1서, 개본」에서 고치지 않았고, 다만 자신의 미 비점만 "수개"했을 뿐이다. 때문에 고봉으로서는 퇴계의 본의를 알기 위해 「1서개본」이 아닌 「퇴계2서」를 상세히 살피지 않을 수 없다. "상세히 살폈다" 함은 「퇴계2서」를 가리킨다.

83) "회유로 운운했다"는 것은 「1서개본」을 가리키지 않는다. 「개본」은 이미 고쳐서 제시했으므로 회유라 할 수 없다.

84) "리 없는 기 없고, 기 없는 리도 없다"(상17・29)고 함은 「퇴계1서」에서 인용한 주희 본설인데, 「퇴계2서」에서 이 설 앞에 "如 統論性情則曰"(상234)을 붙여서 논했다. '통론성정'은 주희의 "心統性情"과 같다. 퇴계는 주희의 2설을 연결해 논했지만, 이는 주 희 본의와 다르다. 왜냐하면 성정을 통론한다 해서 성 및 정이 함께 겸리기(합리기)라 할 수는 없기 때문이다. 성은 독리이고, 정은 겸리기이다. 심은 성・정을 統할 수 있지만 반대로 정・성은 심을 統할 수 없다. 단 퇴계의 이 말을 긍정한 이유는 '사칠을 성정으로 통론하면' 사단은 성이면서 정이고, 칠정도 정이지만 성도 있다는 의미가 가능하기 때문이다. 즉 사칠은 곧 '정이라는 의미로' 수용한 것이다. 이러한 수용은 퇴계의 본의와 다르다. 왜냐하면 퇴계 "統論性情" 본의는 "리기 不離"(상234)의 의미인 (겸리기・합리기) "리 없는 기 없고 기 없는 리 없다"는 뜻이기 때문이다. 또 사맹의 칠사를 '통론성정하면 리기 불리와 같다'고 해도 이는 성・정 및 사맹의 뜻에 어긋난다. 그렇다면 성・정・심, 사단・칠정의 뜻은 강구할 필요가 없음이 되고 만다.

85) 「퇴계1서」에서 "사단을 맹자는 심이라 했으니 심은 진실로 합리기이다"(상23)고 했고 「퇴계2서」에서도 다시 인용했다.(상234) 고봉이 이 말을 허용한 이유는 "사단지심"의 심은 정이기 때문이다. 그러나 맹자 사단을 합리기라 하면 이는 명백한 잘못이다. "사단지심"은 정이지 합리기의 심일 수 없고, 또 그 정을 맹자는 "仁之端"이라 했기 때문이다. 고봉의 "사칠은 심에서 出하니, 심 은 합리기이며 정도 겸리기임"(상105)은 사단을 겸리기라 함이 결코 아니다. 고봉은 심의 합리기, 정의 겸리기를 인정했을 뿐, 사

한 등의 '語'(퇴계의 語인 위 3개 소견)가 어찌 '선유의 論'(고봉이 인용한 13개 정·주의 론)에 합치하지 않음이 있다 하겠습니까![87) 그래서 저도 참으로 "저의 뜻과 같다"[88]고 했으며, [그 13개 조항이] 이 단락(3개 조항)보다 더 초과한 것이 있다 함이 아닙니다.(단, 위 모두는 결코 사맹의 종지 및 소지는 아니므로, 우리의 토론 대상이 아니라는 것임)[89]

(21)但, 於其下, 乃以四端七情分理氣, 作對句子. 兩下說破, 則語勢似不能無偏重, 頗覺有撞翻了這坐子者, 故鄙意曾以爲 "疑." 今乃改其 "未安處", 則其分明歷落者, 又非前日之比也. 敢不更加精思, 以求自得之乎? [撞翻당번료; 충돌로 뒤집혔다. 부딪쳐서 전복되었다.(사맹 본의가 전복됨) 坐좌; 위치시킴. 앉힘. 子자; 묶음. 다발.('對句'와 '坐'를 명사화 함. 의자 탁자와 같음) 乃改내개; 결국(마침내. 드디어) 고치다.(고쳐달라는 주문으로, '改之'(고친 상태)가 아님) 歷落력락; 정연하게 됨. 말끔히 처리됨.(利落의 락과 같은 완료의 뜻으로 쓰임) 比비; 비교하다. 겨루다.(「퇴계1서」와 비교됨을 말함) 敢감; 감히. 외람되게도. 번거롭겠지만.(감히 청한다는 뜻)]

단, 그 아래에서는 결국 사단 칠정을 리·기로 각각 양분(分)해서 대구 형식의 묶음으로 만드신 점입니다.(왜 사칠을 리·기의 대설로 여기는가? 그런데 퇴계 본의는 사칠이 아닌 리·기임)[90] 이렇게 양 갈래로 설파한다면 어세에서 편중(리·기로 각각 편중)이 없을 수 없고,[91] 그래서

단의 소지를 합리기·겸리기로 인정한 것은 아니다.

86) 「퇴계1서」에서 칠정을 "非無理"(상24)라 하고 「개정본」에서는 "兼理氣"(상202)로 고쳤는데, 다시 「퇴계2서」에서는 "非無理"(상237·243)라 한다. 칠정의 兼理氣, 非無理는 고봉과 같다. 단 고봉의 질문은 자사의 "희노애락"이 비무리의 理가 있는데 어째서 다시 "주기"라 하는가 하는 점이다.

87) 퇴계는 "성정을 통론하면", "사단을 논하면", "칠정을 논하면"이라 하여 모두 '論'이라 했는데, 고봉이 이를 "語"라 한 것은 퇴계 스스로의 "소견"(상234·238)이라 했기 때문이다. "나의 所見이 그대의 13조의 所論과 무엇이 다른가"(상234) 퇴계의 3개 소견은 심으로 성정을 통론하면 사칠은 겸리기·합리기이다. 고봉도 이 3개는 정주의 13개 소론과 같다고 한다. 왜냐하면 맹자 사단은 독리지만, 한편 사단도 정이며 기이기 때문이다. 이는 "성현의 理氣, 性情之際의 論及은 合而言之도 있고 別而言之도 있다"(상82)의 슴의 言之와 같다. 하지만 퇴계의 3개는 사맹의 宗旨가 아니다. 맹자의 소지는 겸리기가 아니며, 자사의 소지도 리기가 섞인 합이 아니다.

88) 고봉은 "來諭은 '鄙意와 같은 바(鄙意所同)'의 것도 많다"(상61)고 했고, 또 "정을 논하면 본성이 기질에 타재한 연후 발하여 정이 되므로 겸리기·유선악이다"(상90)라고 한다. 칠사는 모두 정이다. 사단도 "心의 感"(상103)으로 인한 "所發의 情"(상56)이며, 기임도 분명하다. 다만 그 종지는 사·칠 모두 기가 아니다.

89) 퇴계는 "리기 不離, 칠정 兼理氣는 황도 선유의 설에서 들었다. 때문에 앞에서도 누누이 설명했다"고 하고 위 3개 소견을 예로 들면서 "이러한 나의 所見이 13조의 所論과 무엇이 다른가?"(상234)라고 한다. 심통성정으로 논하면 사단 혹은 칠정을 리, 기, 성, 정, 심, 겸리기 등으로 각각 논할 수 있음은 지극히 당연하다. 고봉도 "이 3개로 말한 것보다 더 초과함은 없다"고 한다. 단 정주의 13조 '소지'는 성정의 통론이 아니다. 소지가 아닌데도 문제 삼지 않겠다고 한 이유는 이 13개는 모두 심으로서의 성정·리기이기 때문이다. 이는 논쟁 대상이 아니다. 문제는 사맹 종지를 왜 왜 하필 리·기 둘로 대거하는가에 있다.

90) 사맹의 칠사는 그 종지가 분명하다. 문제는 퇴계의 경우 리기에 나아가서 그 리·기로 사칠을 "分"한다는 점이다. "分"(상88·89)은 리·기 둘이지만, "別"(상3)은 사·칠 이외도 많다. 고봉의 "사단지정과 칠정지정을 상대하여 一圖子로 만드셨다"(하51)의 일도자는 對句子와 같은 뜻이다. 퇴계는 "然而(그렇지만) 所就而言之不同이니 또한 분별이 없을 수 없다"(상17·195) "然而, 所指而言者는 主於理이다."(상23·201) "然而, 所指而言者는 在乎氣이다"(상24·202)고 하여 리기에 나아가면 그 주리·주기가 사칠이라고 한다. 고봉의 "所就以言之"(상3)와 "所指"는 사·맹인데, 퇴계는 리·기이다. 토론 주제가 서로 완전히 어긋난 것이다.

91) 퇴계는 리·기로 사·칠을 분해 설파했다. 이로써 一馬의 一情이 "리·기에 편중되어 一馬의 행로가 휘청거렸다."(하13) 행로가 흔들리지 않기 위해서는 좌·우로 편중되어서는 안 된다. 사단은 리로 쏠렸고, 칠정은 기로 쏠렸다. 이렇게 한쪽만 주장함으로써 이 논쟁은 시작된 것이다.

저는 그 [사·칠] 둘의 자리가 충돌하여 뒤집힘(리·기 둘이 싸워서 사맹 종지가 뒤집힘)이 있음을 자못 깨달았으며,92) 때문에 저는 일찍이 이를 "의혹"으로 여겼습니다.(사칠을 각각 리와 기로 여김으로써 사맹 종지가 결국 리·기 대리 싸움이 된 것임)93) 그러므로 지금 그 "미안으로 여쭌 곳"만 고치신다 해도 「1서개본」의 분명하고 말끔하게 정리되는 것 또한 전번 「제1서」와는 비교되지도 않을 겁니다.94) 외람되지만 [그 미안이라 여쭌 곳에] 다시 정밀히 생각을 더하셔서 '자득(自得之)'을 구하시지 않으시겠습니까?(사칠이 리·기로 편중되었음을 지적한 것이지만, 퇴계 본의는 리·기의 호발이 사칠임. 고봉은 상상하지 못할 일임)95)

(22)獨, "外物之來, 易感而先動者, 莫如形氣", 及 "外感則形氣"等語, 尙恐不能無偏. 敢用再稟, 幸乞 "秤停", 何如. [尙상; 여전히. 아직.(尙然과 같음) 再稟재품; 재차 청원하다. 재삼 요청하다. 秤停칭정; 칠·사 본의가 균형을 유지해서 치우치지 않음.(퇴계의 경우 자신의 語·說임)]

특히, "외물이 옴에 쉽게 느껴서 먼저 動하는 것은 형기만한 같음이 없다"96) 및 "외물에 느껴졌다면 곧 형기이다"97)는 등의 말씀은 [개수하지 않은 조항으로] 여전히 '치우침'(칠정의 動이 형기에 편중되고, 칠정이 기에 치우침)이 없지 않습니다.98) 감히 재차 요청 드

---

92) 사단을 리, 칠정을 기라 함으로써 각자 한쪽으로 편중되었고, 이렇게 두 갈래로 설치한 자리에서 서로 다투어 사맹의 종지가 충돌로 뒤집혔다. 이것을 나는 깨달았고, 이것이 바로 당초 "의혹"이었다. 사단은 리발이나, 이것 때문에 칠정이 기발일 수는 없다. 칠정을 기발이라 할 수도 있지만, 이것 때문에 사단이 리발일 수는 없다. 이는 사칠을 리·기 양 갈래로 설파함으로써 발생한 문제이다. 즉 좌우의 주리·주기가 자기 영역을 다툼으로써 결국 그 사맹의 종지가 뒤집힌 것이다. 사맹 종지는 중화, 근독, 확충, 성선 등이기 때문이다.

93) 고봉이 당초 "사칠을 대거 호언할 수 없다"(상6)고 한 것은 칠사는 대설이 아니라 함이었다. 그런데 퇴계 본의는 사칠 대설보다는 "리기에 나아간" 리·기로서의 사칠 대설이다. 더욱이 사맹의 칠사를 각각 리·기로 나누면 그 종지는 서로 충돌되고 만다는 점이다. 결국 퇴계의 논변은 리·기에 의한 사칠이고, 그 리·기 때문에 사칠의 다름이 있다는 것은 사맹 칠사가 리·기 대리 싸움이 되고 만 것이다. 단, 고봉은 지금 "리기에 나아간" 리·기로서의 사칠이라는 점을 상상하지 못할 뿐이다.

94) 고봉은 처음부터 사칠의 대거호언을 문제 삼았고, 이를 "미안"이라 표현했다. 위에서 "제가 오만으로 당시 선생의 논변을 '미안이 있다'고 한 것은 아니었다"(하18)고 했는데, 여기까지가 앞 "미안이 있다"고 한 조항에 대한 논변이다. 「1서개본」은 이 문제만 고친다면 고치기 전 「퇴계1서」와는 비교되지 않을 정도로 정리될 것이다.

95) 고봉의 "自得"은 두 가지 의미가 있다. "이곳은 실로 선생께서 자득하신 바이다"(상62)는 부정적 의미이며, "나의 마음에서 자득을 구해야 한다"(상50)는 긍정적 의미이다. 이곳 "생각을 더하셔서 자득을 구하라"고 함은 긍정적 의미이다. 정은 누구나 있고, 이렇게 나에게 있는 정의 뜻을 자득해야 한다. 칠사를 선유의 문자와 설로만 자득하고자 해서는 안 된다. "自得之"의 '之'는 정의 상황을 가리킨 것으로, 이는 자득의 자득이 아닌 實情을 자득해야 한다는 뜻이다. "反求諸身而自得之(자신에게 반구해서 자득해야 함)"(『중용』, 수장)과 같다. 문제는, 고봉은 사칠이 리·기에 편중되었음을 비판한 것인데, 퇴계는 리발·기발에 의한 사칠이라는 점이다. 이는 마음의 자득 문제가 아니며, 고봉으로서는 상상할 수 없는 일인 것이다.

96) 「퇴계1서」인데, 「1서개본」에서 고치지 않았다.(상24·202) 다만 「개본」에서는 "七情之發도 中於動이나, 다만 그 所指가 주기인 이유는 곧 '易感 先動하는 것은 形氣'이기 때문"(상202)이라 한다. 칠정이 주기인 이유는 형기의 所發이기 때문이다. 이미 고봉은 "外物之來, 易感而先動者, 莫如形氣'의 一語는 칠정을 이끎에 들어맞지 않는데, 왜냐하면 '感動'으로 설명하면 사단도 마찬가지이기 때문"(상108·109)이라 했다. 『악기』 및 주희에 의하면 "感物而動은 性의 욕구"(상107)이다.

97) 역시 「퇴계1서」의 설을 「1서개본」에서 고치지 않았다.(상25·203) 「개본」에서도 "그 發이 리만 되고 기는 되지 않겠는가?"(상203)라고 해서 '칠정의 발을 기'로 강조했다. 고봉은 "막 발했다면 곧바로 情이며, 그 旣發의 정은 곧 이 理가 [感物로] 乘氣하여 行한 것"(상111)이라 한다. 즉 旣發의 정은 이미 형기이며, 따라서 사단 칠정은 모두 "기"(상112)라 해야 한다는 것이다. 반면 퇴계는 칠정만 형기의 소발인 기라고 한다.

- 320 -

립니다. "秤停"(고봉의 칭정은 사맹의 칠사, 퇴계의 칭정은 자신의 語·說임)하시기를 바랍니다. 어떠실 지요.99)

(23)且, "四端七情, 非有異義", 及 "反以四端七情爲無異指"等語, 似非大升本意. 盖鄙說只作 "四端七情, 初非有二義." 而今日 "非有異義", 又日 "爲無異指", 則語意頗轉走了鄙說本意矣. [且차; 게다가. 그 위에. 더욱이. 頗파; 몹시. 완전히. 轉走了전주료; 뒤바뀌고 말았다. 반대의 뜻이 되고 맘]

게다가, "사단 칠정은 '異義'가 있는 게 아니다"(고봉 원문은 '二義'라는 항변임)100) 및 "도리어 사단 칠정을 '달리 가리킨(異指)' 것이 없다고 여겼다"(고봉은 '異指가 없다면 성현의 종지에 어긋난다'고 강력 항변했음)101)는 등의 인용문 또한 대승의 본의가 아닙니다. 저의 본문(「고봉1서」)은 다만 "사단 칠정은 처음부터 '二義'가 있는 것은 아니다"102)이며, [더구나 저는 「고봉2서」에서 이점을 분명히 수 차 항변했습니다.]103) 그런데도 선생님께서는 지금 그 "異義가 있는 게 아니다"를 [그대로 두셨고]104) 또 그 "'달리 가리킨(異指)' 것이 없음으로 여겼다"고 함 또한 [바꾸지 않으셨습니다.]105) 이와 같이 선생님의 語

---

98) 퇴계는 이 둘을 문제가 없다고 여기고 「1서개본」에서 고치지 않았다. 고봉이 이 둘을 문제 삼은 이유는 "치우침이 있기" 때문이다. 치우친 이유는 칠정의 겸리기를 왜 기발·기라 하는가이다. 칠정은 정이고, 정의 발은 "성의 動"(상107)이다. 사칠의 칠정은 '중·화'가 있고 따라서 형기이지만 리가 있다. 자사의 천명지성, 희노, 중·화는 치우침이 없음으로 논했다. 퇴계는 자사의 칠정을 기라 했으므로 기에 치우친 것이다.

99) 고봉의 "칭정을 잃었다"(상90)고 함은 "칠정은 專指氣가 아님"(상91)이며 그것은 "지나치게 리·기로 分說한 실수"(상144)라고 한다. 고봉의 "칭정"은 '사맹의 칠사가 균형을 잃었다' 함이고, 반면 퇴계의 "칭정"은 '자신의 語·說의 잘못된 점'을 가리킨다. 퇴계의 "右4條는 나의 語가 칭정을 잃을 것이다"(상225·228) "황의 전서의 語에 소류가 있고 칭정을 잃은 곳은 이미 개수했다",(상190) "4조의 差說은 口耳의 학이며 揣摩하여 說로 삼아서 칭정을 잃은 것"(상235)이라 함은 자신의 語와 說이다. 「1서개본」에서 고치지 않았기 때문에 "재차 요청드린다"고 한 것이다.

100) 「퇴계1서」의 인용문을 「1서개본」에서 여전히 바꾸지 않았다.(상29·207) 고봉 원문은 "非有二義"(상9)인데 퇴계는 "非有異義"로 잘못 인용한 것이다.

101) 「퇴계1서」의 설을 「1서개본」에서 역시 고치지 않았다.(상42·219) 고봉은 「퇴계1서」의 이 "異義"에 대해 "제가 '원래 異義가 없다고 했다면 성현의 指에 어긋나고 만다"(상130)고 함으로써 '이렇게 말한 적이 없음'을 강력 항변했으나, 「1서개본」는 고치지 않았다.

102) 「고봉1서」 원문 "所謂四端七情者, 初非有二義也"(상9)의 '二義'를 퇴계는 '異義'로 잘못 인용했다. '作'은 당초 그렇게 '지었었다'의 뜻이다.

103) 퇴계는 「고봉1서」 원문인 '二義'를 "異義"로 잘못 인용함으로써 그 본의가 와전되고 말았다. 이 문제는 「고봉2서」에서 몇 차례 분명히 항변했다. 「고봉2서」에서 "所謂四端七情者, 初非有二義也"(상64·130)를 2회 인용해 확인한 다음 또 강조해 말하기를 "제가 어떻게 곧바로 원래 '異義'가 없다고 했겠으며, 만약 곧바로 '異義'가 없다고 했다면 저는 성현의 가리킴에 어긋나고 맙니다"(상130·98)라고 강력 항의했다. 그리고 또다시 "저는 '初非有二義라 했으며, 저는 자상모순 되는지 도저히 모르겠습니다"(상148)고 하여 그 '異義'라는 문자는 고봉 자신의 본의와 전혀 다름을 강력 항변했다. 이 문제만 「고봉2서」에서 5회 이상 강변한 것이다.

104) 「고봉1서」 원문은 "初非有二義"(상9)인데 「퇴계1서」에서는 "非有異義"(상29)로 잘못 인용했다. 때문에 「고봉2서」에서 "나의 '初非有二義'는 元無異義나 無異義라는 뜻이 아니다"(상130·148)고 강력 항변했는데, 퇴계는 「1서개본」에서 고치지 않았다.(상207) 그리고 또 「퇴계2서」에서 여전히 "非有異義"(상231·267)로 인용하면서 오히려 "만약 '非有異義'라 하면 불가하다"(상268)라고 했다.

105) 당초 「고봉1서」 원문은 "初非有二義"(상9)인데 「퇴계1서」에서는 그대는 "爲無異指"(상42)라 했다고 했다. 때문에 「고봉2서」에서 "제가 '無異義'라 했다면 저는 성현의 指에 어긋난다"(상130)고 항변했고, 퇴계는 「1서개본」에서 "爲無異指"(상219)를 고치지 않았다. 고봉은 사·맹의 칠·사는 "각기 所主가 있다"(상78·79·82)고 했다.

- 321 -

意(퇴계의 인용문)는 제 설의 本意(고봉의 본문)와 완전히 뒤바뀌고만 것입니다.(고봉 원문과 완전히 거꾸로 인용한 것임)106)

(24) 又, "不究四端七情之所從來, 槪以爲兼理氣·有善惡"之語, 亦非大升本意. 盖鄙說, 以爲 "四端, 乃七情中, 發而中節者之苗脉." 而前書, 亦以爲 "四端, 與七情中, 發而中節者, 同實而異名." 則固非 "槪以爲兼理氣·有善惡"也, 今乃不蒙細察. [苗脉묘맥; 같은 善의 싹과 맥. 不蒙불몽; 가르침을 받지 못함.(蒙은 스승이 학생에게 내려주는 훈계를 말함. 『주역』 몽괘의 설. 하19) 細察세찰; 면밀한 살핌. 세심한 조사.(細按, 細查와 같음)]

또, "사단 칠정의 소종래는 궁구하지도 않고 [사칠을] 개괄하여 겸리기·유선악으로 여겼다"(퇴계; 사칠 소종래는 리·기, 사칠은 겸리기·유선악의 혼륜. 고봉; 사칠 소종래는 사·맹, 혼륜은 칠정)107)라는 말씀 역시 대승의 본의가 아닙니다.(소종래, 혼륜 등의 어법이 고봉과 전혀 다름)108) 저의 본설(「고봉1서」)을 보면 곧 "사단(선)은, 칠정 중 그 발하여 '중절한 것'(선)과는 같은 묘맥(같은 선)이다"109) 입니다.110) 때문에 저는 전서(「고봉2서」)를 통해 또다시 "사단은, 칠정 중 그 발하여 '중절한 것'과는 동실이명이다"111)라고 했던 것입니다.112) 이렇게 저는 처음부터 진실로 "[사칠 둘을] 개괄하여 모두 겸리기·유선악으

---

106) 퇴계의 인용문은 고봉 원문과 완전히 바뀌어 그 본의가 반대가 되고 만 것이다. 즉 「고봉1서」 본문인 "二義"를 퇴계는 「퇴계1서」와 「1서개본」 및 「퇴계2서」에서 연이어 "異義" 및 "異指"로 잘못 인용했고, 결국 퇴계는 "만약 '非有異義'라 하면 불가하다"(상268)고 했다. 이 인용문은 고봉 원문과 반대의 의미가 되고 만 것이며, 더욱이 사칠에 대해 "내가 無異義라 했다면 이는 성현(사맹)의 指에 전혀 어긋나게 되기"(상130) 때문에 이를 원문 그대로 고쳐줄 것을 강력히 요구한 것이다.

107) 「퇴계1서」에서 고봉을 비판한 말인데(상39) 고봉의 항변에도 「1서개본」은 고치지 않았다.(상216) 퇴계가 고치지 않은 이유는 그대는 "사칠의 소종래를 궁구하지 않았고 또 사칠 모두를 겸리기·유선악의 혼륜으로 여겼음"을 그대로 인정하겠다는 뜻이다. 그러나 고봉의 경우 사칠 소종래는 사·맹이고, 혼륜은 사칠이 아닌 칠정이다.(상80·81)

108) 「퇴계1서」에서 고봉의 설을 이와 같다 했고, 또 「1서개본」 및 「퇴계2서」에서 그대로 인정하고 고치지 않았다. 이에 「고봉2서」에서 자신은 이렇게 말한 적이 없음을 강력히 항변했다. 즉 "선생의 '사칠은 각기 소종래가 있다'는 말씀은 '言之者가 不同이라 함'의 의미가 아니고, 우리의 '言之者 不同'의 一語는 동일하나 그 主意는 서로 다르다"(상77)고 항변했다. 이어 "사칠 소종래는 사·맹이고, 사맹 2설은 각기 所主가 다르며, 칠정이 곧 겸리기·유선악의 혼륜언지이다"(상78·80·82)고 했다. 이렇게 퇴계의 소종래, 言之, 사칠의 겸리기·유선악, 혼륜 등은 고봉의 어법과 전혀 다르며, 그 뜻도 상반된다.

109) 「고봉1서」 원문을 다시 거론함으로써 퇴계의 인용문과 다름을 증명한 것이다. 원문은 다음과 같다. "이것이 맹자의 이른바 사단이다. 이는 진실로 순수한 천리의 소발이나 그러나 칠정의 밖으로 나가는 것은 아니니, 결국 칠정 중 발하여 중절한 것과 같은 묘맥이다."(상5) 이와 같이 고봉은 사단은 천리의 소발이고, 칠정의 중절자는 사단과 二善이 아니라 했다. 하지만 퇴계는, 그대는 사칠의 소종래를 궁구하지 않고 사칠을 혼륜으로 여겼다 한다. 이는 그 의미를 떠나 그 어법이 서로 전혀 다르다.

110) 퇴계는 고봉의 설을 다음과 같이 이해한다. 1)사칠의 소종래를 궁구하지 않았다. 2)사칠을 겸리기·유선악의 혼륜이라 했다. 3)사단도 겸리기·유선악이라 했다. 반면 고봉의 설은 다음과 같다. 1)사칠의 소종래는 사맹이다. 2)칠정은 겸리기·유선악의 혼륜이다. 3)사단은 독리·순선·천리이다.

111) 「고봉1서」는 결코 '사칠을 겸리기·유선악'이라 하지 않았다. 그런데 「퇴계1서」에서는 이와 같음으로 여겼고, 때문에 「고봉2서」에서 "사단과 중절자(칠정이 아님)는 동실이명이다"(상130)를 다시 인용해 나는 결코 "사칠을 겸리기·유선악"이라 하지 않았음을 증명한 것이다. 그 전에도 "그 중절한者는, 사단者와 동실이명者이다",(상64) "중절자는 無往不善이며, 사단도 善이고 칠정도 모두 善이다",(상121. 상160) "맹자의 이른바 '可以爲善'은 四端之情과 發而中節의 것이다",(상160) "'주자성도'의 情善은 發而中節의 無往不善이다"(상169)라고 했다.

112) 「고봉1서」에서 분명 "사칠을 겸리기·유선악이다"라고 한 적이 없다. 그런데도 「퇴계2서」에는 '그렇게 말했다'고 했다. 때문에

- 322 -

로 여긴 것"이 아님을 이미 수차례 말씀드렸습니다.113) 그럼에도 불구하고 지금 위
의 어설(「1서개본」과 「퇴계2서」)에서 여전히 고치지 않으셨으니, 그렇다면 저는 결국 선
생님의 세심한 살핌을 받지(蒙) 못한 것입니다.(『주역』「몽괘」, 스승의 도리인 "포몽"을 받지
못했다는 것. 퇴계가 『소학』으로 훈계했기 때문임)114)

(25)而誨諭又曰, "公意以爲四端七情, 皆兼理氣·有善惡, 同實異名, 不可以分屬"云云, 則
是大升之意, 終不能自伸於先生之崇聽也. 如之何! 如之何! [誨諭회유; 가르쳐 깨닫게 하다.
不能自伸불능자신; 능히 나로서는 달리 해명할 수가 없다. 능히 달리 진술할 방법이 없겠다.(自는 아
래 "선생"인 他者와 대비하여 '나로서는 달리, 별도로, 특별히'의 뜻임. 伸은 내가 펼쳐 진술하는 것)
崇聽숭청; 귀하의 받아들임.(崇은 聽의 존칭이며, 聽은 있는 그대로 받아들임을 뜻함) 是…也시야; 이
렇게 말하면~이다.]

이러한대도 회유(「퇴계2서」)에서 또 말씀하기를 "공의 뜻은, 사단 칠정은 모두 겸리기·
유선악이고, 동실이명이므로, [리·기로] 나누어 분속시킴을 불가함으로 여겼다"115)라고
다시 반복 운운하셨습니다.116) 이렇게 계속 말씀하신다면 '대승의 뜻'(앞 "공의 뜻"에 대한 답
변임)117)으로서는 끝내 선생님의 청취하심에 달리 해명할 수 있는 방법이 없겠습니다.(계

고봉은 또다시 「고봉2서」를 통해 '「고봉1서」에서 사칠을 겸리기·유선악이라 말한 적이 없음'을 증명하고, 또 처음부터 '사칠을 곧바로 동실이명이라 한 적이 없다'고 항변한 것이다.

113) 고봉은 「고봉1서」에서부터 "사칠을 함께 겸리기·유선악이다"라고 한 적이 없다. 더구나 이렇게 말한 적이 없다는 것을 「고봉2서」에서도 매우 분명히 수차례 거론해 지적했다. 그런데도 「1서개본」에서 "사단칠정의 소종래는 궁구하지도 않은 채 사칠을 개괄하여 겸리기·유선악으로 여겼었다"를 고치지 않았고, 또 「퇴계2서」에서도 여전히 이와 같다고 했다. 때문에 이 문제를 또다시 거론할 수밖에 없다는 것이다.

114) "세심한 살핌을 받지 못했다(不蒙)"고 함은 「고봉2서」에서 지적한 위 문제를 '퇴계가 면밀히 살펴주시지 않았음'을 강조한 것이다. 만약 고봉2서를 세심히 살폈더라면 이러한 연이은 계속된 오류는 발생하지는 않았을 것이다. "결국 不蒙했다"고 함은 '결국 스승의 보살핌을 얻지 못했다' 함이다. 이렇게 말한 이유는 앞에서 "伏蒙컨대, 선생께서는 包蒙納婦의 도량으로 수용해주셨다"(하19)고 하여 이 토론에 수작해 주기는 했지만, 그러나 결국 내용에서는 외면하고 말았다는 뜻이다. 앞서 퇴계는 고봉에게 제자로서의 직무인 『소학』 "服義從善"(상276·319)으로 훈계했다.

115) 「고봉1서」는 이렇게 말한 적이 없다. 그럼에도 「퇴계1서」에서는 이와 같이 인용했고, 때문에 「고봉2서」에서 이 문제를 극력 항변했다. 그런데 「1서개본」에서 이를 고치지 않았고, 더욱이 「퇴계2서」에서도 여전히 "공은 사칠을 겸리기·유선악의 동실이명"(상238)으로 인용하고 계시다는 것이다. 퇴계는 "그대는 사칠을 모두 개괄하여 '겸리기·유선악'으로 여겼다"(상39·216. 하24)고 했다. 하지만 고봉은 사칠을 겸리기·유선악이라 하지 않았고, 사칠을 동실이명이라 하지도 않았으며, 더구나 사칠을 리·기에 분속할 수 없다고 하지도 않았다.

116) 윗글에서 고봉은 "선생은 저에게 사칠의 소종래를 궁구하지 않고 개괄하여 겸리기·유선악으로 여겼다고 하셨지만", 그러나 "저는 칠정의 중절자는 사단과 동실이명이라 했을 뿐이며, 저는 진실로 사칠을 겸리기·유선악으로 여기기 않았다"(하24)고 했다. 「고봉2서」에서도 "칠정을 겸리기·유선악"(상3·90·98·105)이라 했고, "중절의 선은 사단의 선과 동실이명",(상130)이며, 사칠의 "二名은 사맹의 所就에 그 言之의 부동 때문"(상3·76)이고, "사칠의 리·기로의 分은 본성·기품으로 分而言之"(상59·90)할 수 있으며, "사칠을 리발·기발이라 할 수도 있다"(상144·154)고 이점을 누누이 항변했다.

117) 고봉은 위에서 "대승의 본의가 아닌"(하23·24) 퇴계의 3개 조항을 들었는데, 이 답변은 이미 「고봉2서」에서도 했다. 그럼에도 「1서개본」을 고치지 않았고, 더구나 「퇴계2서」에서 또다시 "공의 뜻은"이라 함으로써 고봉의 본의를 왜곡했다. 퇴계는 "공의 뜻은(公意)"이라 하고 또 "황의 뜻은(滉意)"이라 함으로써 고봉과의 의미를 구별했다. 이에 고봉도 '대승의 뜻'으로 답변한 것이다. 즉 퇴계가 말한 '공의 뜻'은 사실은 고봉의 뜻과 전혀 다르므로, 따라서 '대승의 뜻'으로는 더 이상 계속 답변 드릴 방법이 없겠다는 것이다. 앞 "是"(이는~이다)자와 뒤 "也"(이다. 단정)자가 이 의미를 명확히 한 것이다.

속 이렇게 왜곡해서 인용하시면 어떻게 토론을 이어나가겠는가?)[118] 어떻게 [설명 드려야] 좋겠는지요! 어떻게 [설명 드려야] 좋겠습니까![119]

(26) 抑, 大升前書, 以爲七情兼理氣·有善惡. 故其發而中節者, 乃根於理, 而未嘗不善者也, 其發不中節者, 則乃雜於氣, 而或流於惡矣. [抑억; 그렇지 않으면.(고봉2서에서 충분히 해명했지만, 또다시 해명한다면) 未嘗不善者미상불선자; 일찍이 불선이 없었던 것.(중절자의 선은 在中때부터 본래 선이었다는 것) 也야; ~이다.(단정을 나타냄. 분명히 그렇다는 뜻) 矣의; ~할 것이다.(추측을 나타냄. 악으로 흐를 수도 있다는 뜻. 정은 본래 선임)]

그래서 또다시 해명하자면, 대승은 전서(「고봉1·2서」)에서 '칠정'에 대해서만 겸리기·유선악이라 했을 뿐입니다.[120] 단지 저는 발하여 '중절한 것(中節者)'은 결국 리에 뿌리 했고 그래서 '일찍이 불선이 없었던 것(未嘗不善者)'이 그렇게 된 것이다.(미발의 선이 이발의 선으로 된 것임)[121] 그 발하여 '중절하지 못한 것(不中節者)'은 [리에 뿌리 했지만] 결국 기에 섞여[122] 혹 '악으로 흘러서(流於惡)' 그렇게 된 것이다.(악은 발 이후의 일이며, 심이 주재하지 못해서임)[123] 저는 이렇게 여겼습니다.(이 때문에

---

118) 「1서개본」에서 퇴계는 1) "易感으로 先動者는 形氣이며, 外感은 形氣임".(하22) 2) "사칠은 異義가 있지 않고 異指가 없다 했음",(하23) 3) "사칠의 소종래를 궁구하지 않고, 또 개괄하여 모두 겸리기·유선악이라 했음"(하24)으로 여겼다고 했다. 이에 고봉은 1)에 대해 "재차 요청 드리오니, 칭정하십시오"(하22)라 했고, 2)에 대해 "이는 제 설의 본의가 완전히 뒤바뀌고 만 것입니다"(하23)라고 했으며, 3)에 대해서는 "이 또한 대승의 본의가 아닙니다"(하24)라고 했는데, 이 모두는 「고봉2서」에서 이미 지적했다. 때문에 "이 모두는 선생님의 세심한 살핌을 받지 못한 것들입니다"(하24)라고 항변했다. 이렇게 이미 "대승의 본의가 아님"을 명확히 항변했음에도 불구하고 또다시 "공의 뜻으로" 반복하신다면 이는 결국 "대승의 뜻"을 밝힐 또 다른 특별한 방법이 없겠다 함이다.

119) 달리 더 이상 해명할 방법이 없음에 대한 강조이다. 또다시 해명할 수는 없다는 뜻인데, 왜냐하면 이 문제는 이미 수차 해명했기 때문이다. 고봉은 아래에서 이 문제를 또다시 진술하여 "제가 전후에서 누누이 설명 드렸던 것은 모두 이 뜻에서 벗어나지 않는다"(하27)고 한다.

120) 먼저 퇴계가 말한 "그대는 사칠을 겸리기·유선악이라 했음"(상238. 하25)에 대한 해명이다. 퇴계는 "二者(사칠)는 진실로 혼륜언지"(상239·249)라고 했다. 그러나 고봉은 처음부터 칠정만 겸리기·유선악이라 했다.

121) 칠정의 중절자(달도)는 선이며, 그 선은 氣發이 아님은 명백하다. 선은 성선에 근원한 것으로, 발하기 전 "일찍이 불선이 없었던 것(未嘗不善者)"이 결국 달도의 선이 된 것이다. 자사의 "희노애락"을 겸리기·유선악이라 한 것은 리·선과 기·악이 있다 함이다. 겸리기·유선악은 心으로서의 혼재가 아니다. 선도 있고 악도 있다. 자사는 "中節"을 말했는데 이 중절자가 '선'이며, 이는 "未發, 謂之中"에 있던 '일찍이 불선이 없었던 것(未嘗不善者)'(즉 在中의 선)이 결국 달도의 선으로 된 것이다. 이른바 "中"은 "성덕에 대한 상황"(상95)이며, 그 "在中"(상111)의 선이 곧 "未嘗不善"이다. 그 재중의 未嘗不善의 선이 "급기야 발하여 중절의 화"(상96)가 되니, 이는 "無往不善"(상121·160) 혹은 『맹자』"情可以爲善"(상96)과 同實의 선이다. 미발·이발 2선은 "혈맥이 관통해 不同이 없다."(상160) 반면 퇴계는 그 2선은 리발·기발의 소종래가 다르다 했으므로, 고봉은 "별도의 선이 따로 있다는 뜻인가"(상105·72)라고 반문했던 것이다. 여기서 고봉은 칠정 유선·유악에서 그 '善者'의 소종래를 중·화의 체·용으로 설명하고, 아래에서 그 '惡者'의 소종래를 설명한 것이다.

122) "기에 섞였다(雜於氣)"고 해서 불선은 아니다. 성은 기를 타고 발한다. "칠정이 비록 기를 건넜다 해도 리는 스스로 그 가운데 있다."(상64) 발하여 중절하지 못했다 해도 그 발의 뿌리는 在中의 성이다. 다만 성발의 승기에서, 심이 외물과 접촉하여 정으로 발하면서 불선이 생긴다. 그 이유는 정 때문이 아닌, 심의 존양·성찰 부족으로 인한다. 불선은 정 때문이 아닌 심의 공부로 인한 것이며, 그 정(칠정)을 본래 악으로 여긴 것도 아니다.

123) 주희는 「明道論性說」에서 "선악은 모두 天理이며 악이라 이르는 것도 본래 악이 아니다. 본래 모두 선인데 악으로 흘렀을 뿐이다(本皆善而流於惡耳)"(『문집』권67, 3275쪽)라고 한다. 따라서 악으로 흘렀다 해도 그 악은 본래 선이며, 기왕 정으로 발하여 악에 흐르므로 정에는 악이 있다. 주희는 "정은 성에 뿌리하고 심이 주재한다. 중절·불중절의 나뉨은 단지 심의 주재와 주재하지 못함에 달려있으니, 정의 병통이 아니다(情根乎性而宰乎心. …中節不中節之分, 特在乎心之宰與不宰, 而非情能病之)"(『문집』권

- 324 -

칠정은 유선·유악이라는 것)124)

(27)而四端, 自是理也善也. 故以爲 "與七情中, 發而中節者, 同實而異名"云云. 前後縷縷, 皆不出是意. [也야; ~이다.(단정)]

그렇지만 사단은 스스로 리이며 선입니다.(맹자 사단은 결코 겸리기·유선악이 아니라는 것. 퇴계가 사단도 겸리기·유선악의 혼륜이라 했기 때문임)125) 때문에 저는 "[사단의 선은] 칠정 중 발하여서 '중절한 것'(中節者인 화와 性善者는 一善임)과는 同實(선)이나 異名(일선이라도 '화'와 '사단은 二名임)이다"126)라고 운운했습니다.127) 제가 전후에서 누누이 설명 드렸던 것들 모두는 이 뜻에서 벗어나지 않습니다.(퇴계는 善이 아닌, 사·칠 二名을 동실이라 했기 때문임)128)

(28)而其間, 又有 "四端亦氣"之說者, 乃爲來辯, "安有在中爲純理, 而才發爲雜氣?"之語. 而發, 以明四端非無氣之實也. [而發이발; 발한 것이라면. 발에 있어서라면.(앞 '而才發'의 뜻임)]

그런데 그간 또 "사단 역시 기이다"129)라는 설이 있었던 것은, 주신 논변에서 "어찌

32, 「問張敬夫」6, 1395쪽)고 하여 그 악으로 흐른 불중절의 정은 심이 주재하지 못해 일어났을 뿐이라 한다. 반면 퇴계는 「정심장」의 情과, 칠정이 "쉽게 악으로 흐르는(易流於惡) 이유를 기의 所發때문"(상287·205)이라 한다.

124) 고봉은 처음부터 사칠 혹은 사단을 겸리기·유선악이라 한 적이 없다. '발'은 "方其未發의 中·性이 及其야 發"(상96)한 것이며, 이는 在中으로 있던 "未嘗不善"의 발이다. 그런데 "흘러 불선이 된 것은 정이 사물에 옮겨가서 그렇게 된 것으로,"(상56) "그것은 氣稟·物欲의 所爲로서 성의 본연이 아니다."(상64) 불중절은 "발한 이후의 일"(상96)이다. 정은 "그 기가 순순히 발함에 있어 그 자체는 스스로의 잘못이 없는데,"(상113) 다만 발하면 "더욱 끓어서 그 성이 뚫리고"(상159) 결국 "한쪽으로 치우쳐서 악이 된 것"(상121·169)뿐이다. 요컨대 그 중절자는 "在中"의 선이 그대로 이어진 것이고, 불중절자도 재중의 선이 정으로 발했지만 마음이 주재하지 못해서 결국 악으로 흐른 것이다. 때문에 칠정은 "악"(불중절자)이 있다는 것이다.

125) 퇴계는 "공은 사칠을 모두 겸리기·유선악이라 하여 동실이명으로 여겼다"(상238. 하25)고 하여 「퇴계1서」와 「1서개본」(상39)에서 고봉을 비판했다. 이는 퇴계 자신의 뜻인 "[사칠] 二者는 진실로 渾淪言之이다",(상239) "사단도 기가 있고"(상243·251) "성 또한 겸리기·유선악"(상247)과 같다. 반면 고봉은 결코 사단을 겸리기·유선악이라 하지 않았다. 고봉은 "四端之情도 無不善者라 함은 맹자 所指의 言이다",(상170) "四端者의 선은 칠정 중의 리선과 같다"(상98·172)고 한다.

126) 고봉은 "칠정은 리 역시 그 가운데 自在하니, 그 발하여 中節한 것은 맹자 四端者와는 同實이나 異名者이다"(상64·130)고 한다. 즉 '中節者'와 '四端者'는 그 '선'은 동실이나 단 그 선을 하나는 '화'로 하나는 '성선'의 異名者로 설명(言之)한 것이다.

127) 中節者와 四端者는 같은 一善이다. 단 중절자는 "和"의 선이고, 사단자는 "성선과 확충"의 선으로, 화와 성선은 一善이라도 二名이다. 고봉의 "맹자의 可以爲善은 四端之情으로 [칠정의] 中節者가 이것이다. 그 善者는 혈맥이 관통하여 不同이 없다"(상160)고 함은 그 '善'이 동실이라 함이지, 사·칠 '二名'이 동실이라 함은 결코 아니다.

128) 퇴계의 "그대는 사칠을 겸리기·유선악이며 동실이명으로 여겼다"(상238. 하25)고 함은 칠정도 겸리기, 사단도 겸리기, 사칠도 혼륜의 겸리기인데 이름만 다른 것으로 여겼다는 뜻이다. 이는 퇴계 자신의 주리·주기로 分하기 이전이다. 하지만 고봉의 "同實"은 '和'의 선과 '사단'의 선은 같다 함이고, "異名"도 사칠이 아닌 그 선인 '화'와 '사단'이 二名이라 함이다. 칠정이 "겸리기·유선악"일 뿐, 사단 혹은 사칠이 그렇다 함이 아니다. 그 정의 선을 "中節者(和)", "확충", "可以爲善(성선)"으로 각각 다르게(異) 설명했지만, 善은 모두 같다. 단, 정선은 "무왕불선,"(상160·169) 성선은 "무불선"(상169)으로의 異名이다.

129) 고봉의 "사단 역시 기이다"(상112)고 함은 "측은·수오·사양·시비는 정이고, 측은은 [리가] 기를 타고서 행한 실상이 나타나 보인 것이며,"(상112) "사단도 感物로 動한 것을 言之했을"(상109) 뿐이기 때문이다.

[미발의] 中으로 있을 때는 순리라 하다가 막 발(才發)했다고 잡기라 하겠는가?"130)라는 말씀이 있었기 때문이었습니다.(재발하면 성이 아닌 '정'이고, 맹자는 이발의 정을 '확충해야 한다'고 한 것임)131) 그래서 저는 그 '발'(四端之情이 아닌 四端之發을 말함)에 있어서라면 사단도 기의 실상이 없는 게 아님을 밝히기 위해 그렇게 말했던 것입니다.(사단지발은 결코 성이 아니라는 것)132)

(29) 又, 有 "四端不中節" 之說者, 盖常人之情, 不無氣稟物欲之累, 或天理 "纔發"而(퇴계 집 而 없음)旋, 爲氣稟物欲之所拘蔽, 則 "亦有不中節者"爾. 非固以 "四端亦兼理氣 有善惡"也. [旋선; 금방 선회하다. 금방 다른 길로 빠지다. 拘蔽구폐; 심이 구속되고 막히다.]

또, "사단 불중절"133)의 설도 있다고 했던 이유는 일상인의 情(일상인도 性發이지만, 聖人과 같이 중절하기는 쉽지 않음)134)이라면 기품과 물욕의 얽매임이 없지 않아서, 혹 천리로 "막 발한다(纔發, 才發)"135) 하더라도 금방 선회하여 기품물욕에 의해 [심이] 구속되고 막히는 바가 되면, 다만 이때 "또한 불중절의 것도 있다"(一情 중에서 그 불중절은 일설에 불과함)고 했

---

130) 「퇴계1서」에서 "在中의 순리는 사단으로 발함에 잡기가 되지 않는다"(상25) 했고, 고봉은 "이는 선생이 자득한 바이다"(상62)라고 한다. 이에 퇴계는 "仁之端"인 사단은 기를 탄다 해도 "순수한 천리의 본연"(상257)이라 한다. 문제는 "仁之端"("공손추상")은 "성선"(「고자상」)을 가리킴이 아닌, 맹자는 다만 "확충해야 함을 알아야 한다"(「공손추상」)고 했다는 점이다. "사단"의 단서는 성이 아닌 기왕 '이발'의 정이다. 때문에 고봉은 "[정을] 무불선이라 하면 인욕을 천리로 여김이 되되, 그 폐단은 이루 말로 할 수 없을 것"(상171·149·11)이라 한다. "才發"은 心感을 말함이고 따라서 이미 정일 뿐 성이 아니다. 고봉은 이발의 단서를 성인 무불선으로 여겨서는 안 된다 함이다.

131) 고봉이 "사단을 기"라 한 이유는 퇴계가 "재발한다고 잡기가 되지 않는다"(상25)고 했기 때문이다. 그러나 사단은 이미 발현한 단서이며, 리가 乘氣로 才發한 이후의 일이다. 단, 맹자는 이러한 이발의 정인 단서를 "설(言之)"해서 "확충해야 한다"고 했을 뿐이다. 사단은 사람 느낌에 대한 설일 뿐, 사단만 리발이라 할 수는 없다.

132) 퇴계의 "순리는 재발해서 잡기가 되지 않는다"고 함은 리발해서 리의 사단이 되기 때문이다. 그런데 고봉은 "才發"이라 하면 이미 정이고, 그 정에 칠·사 등의 '설이 있다고 한다. "而發"은 위 "而才發"의 뜻으로, 즉 而發은 '막 발한 상황'을 말한 것이다. '발의 상황'으로서의 정은 칠·사 이외에도 많은 논·설이 있다. 정은 무수한 설명이 가능하다. 사단도 그 정 중 하나의 설이다. 그 설을 고봉은 "四端之情"(상170)이라 한다. 한편 정으로서의 '단서'는 "實情이므로 성이 아닌 '승기로서의 유행 즈음"(상171)이다. 그 유행 즈음을 고봉은 "四端之發"(상170)이라고 한다. 고봉은 사단이라는 '설'과 단서로서의 '실정'을 구분한 것이다. 만약 단서를 '무불선의 성이라 한다면 이는 인욕을 천리로 여김'(상171)이 되고 만다. 성선설도 정인 기를 통한 논증일 뿐이다.

133) 고봉은 "情上에서 세론하면 四端之發 또한 불중절의 것이 있다"(상170·172)고 한다. 이는 "사단지발"에서 보면 '불중절의 설이 있다'고 했을 뿐, 맹자 "四端之情"(상170)을 불중절로 여긴 것이 아니다. 퇴계는 반박하기를 "이는 맹자의 본지가 아니다. 맹자는 성이 본선인 까닭에 정 역시 선하다는 뜻을 보였을 뿐이다. 수오·시비하지 못한 것은 기의 혼미함이 그렇게 시킨 것이다. 어찌 이러한 참으로 사단의 수연한 천리의 발을 어지럽히는가?"(상307·308)라고 한다. 문제는 칠정도 천리의 발이라는 점이다. 퇴계는 '사단 불중절은 기가 하는 것'이라 하는데,(기가 함은 불중절을 인정한 것임) 이는 그렇지 않다. 천리도 기를 타고 발한다. 맹자 종지는 오히려 "그 정"으로 "성선"을 논증함이고,(「고자상」) 또 사단의 정은 "누구나 있다"(「공손추상」6) 함이다. 맹자는 '사람의 정'을 "사단" 혹은 "성선"이라 했고, 이는 '一情에 대한 목적으로서 설을 제시한 것뿐이다.

134) "生知者"(하97)인 성인은 "在中의 덕"(상95)으로 중절하지만, "學知·困知者"(하97)는 혹 그렇지 못하다. 정은 성발이나, 그 성발이 모두 중절한다 할 수는 없다. 성인은 중덕을 유지하나, 일상인은 중덕의 공부를 이루기가 쉽지 않다. 다만 일상인도 "아이의 우물에 빠지려는"(상109) 일이나 "부모친척을 볼 경우"(상116) 본연의 성이 곧바로 발한다.

135) 퇴계의 "才發에 雜氣가 되지 않는다"(상25·62)에 대해 고봉은 "이는 실로 선생의 自得일 뿐이다"(상62)라고 비판한다. 왜냐하면 재발의 발은 乘氣(상111)로 가능하며, 또 막 발하면 기인 정이기 때문이다. 고봉은 "성이 纔發하면 정이 된다",(상54·166) "才發하면 곧 정이다"(상111)고 한다. 이곳 "天理 纔發"의 정은 칠사를 포괄한 모든 사람의 實情이다. 이 실정은 수많은 설이 있고, 또 다른 무수한 논의도 가능하다. 퇴계는 才發의 '情'에 대한 수많은 '說'을 구별하지 않고 곧바로 사단이라 했기 때문에 문제가 된 것이다.

을 뿐이었습니다.136) 더욱이 저는 진실로 "사단 또한 겸리기·유선악이다"라고 한 적도 없습니다.137)

(30)其曰, "不可分屬"云者, 則蓋鄙意, 以爲 "七情兼理氣有善惡"者, 前賢已有定論, 而今 乃與四端 "對擧互言", 以四端爲理, 七情爲氣, 則是七情理一邊, 反爲四端所占, 而 "有善惡"云者, 若但出於氣. [反반; 반대로. 거꾸로. 뒤집히다. 所占소점; 점유당한 바. 점령이 됨. 사단이 편취함. 칠정이 뺏긴 것. 出출; 출생함. 나옴.(고봉은 出이 아닌 '본래 있는 것'이라 함. 發은 심의 外感으로 情이 나타난 것임)]

또, 제가 "분속은 불가하다"(고봉은 불가 아닌, 대설일 수 없다는 뜻임)138)고 운운했던 이유는 저의 뜻은 "칠정을 겸리기·유선악"으로 여긴 것은 전현(정·주)들의 이미 정한 정론이 있거늘,139) 그런데도 지금 선생님께서는 결국 [그 칠정을] 사단과 더불어 "상대로 들고 상호로 말하면서(對擧互言)"140) 사단을 리, 칠정을 기라 하셨기 때문에 그렇게 말씀드렸던 겁니다.(사람의 정은 리·기와 같이 칠·사 2설만 있지 않기 때문임)141) 그렇다면 이는 칠정의 리 일변을 상대의 사단에게 빼앗겨서,142) 그래서 [전현들이] "유선악"이라 운운했던 것을 [선생님은] 마치 단지 '기에서 나온 것(出於氣)'처럼 만드셨다는 뜻이었습니다.(칠정의 리·선은

---

136) "사단은 수연한 천리의 발임"(상308)이 분명하지만 칠정 역시 수연한 천리의 발이다. 정은 모두 천리의 발이지만 단 心感의 乘氣이므로 따라서 聖人이 아니라면 그 心感에서 "기품 물욕의 拘蔽"(하120)가 없을 수 없다. 물욕의 영향으로 정은 불중절이 있게 되며, 사단지발 역시 마찬가지다. "기품 물욕의 累를 모두 제거"(하120)한 "四端之情"이 맹자의 종지인 "성선"과 "확충"이다. "사단 불중절"은 그 일정에 대한 一說일 뿐이다.

137) 퇴계는 "그대는 사칠을 겸리기·유선악이라 함",(상39) "공은 사칠을 겸리기, 동실이명으로 여김",(상238) "겸리기·유선악은 성 역시 그러함"(상247)이라 한다. 그러나 고봉은 결코 사단을 겸리기·유선악이라 하지 않았다.

138) 고봉은 "사칠을 리·기에 분속하면, 칠정은 다만 專指氣가 아닐 뿐이다"(상60·91·92·97)고 한다. "사칠을 리·기에 분속하면 서로 불상관이 되며 각각 일편에 치우친다"(상99·92)고 한다. 사칠은 사맹의 "言·論"(상3)이다. 사칠을 리기로 해석할 수 있다. 단 칠정은 중화가 있으므로 오로지 기일 수는 없다. 맹자 사단의 소지는 리이나, 칠정의 리와 상대일 수는 없다.

139) 칠정은 "자사의 말씀(言)"(상3)이고, 그 칠정을 '겸리기·유선악으로 여긴 것은 宋代 정자와 주희이다. 자사는 희노애락을 미발, 중, 대본, 달도, 화로 논했고, 선악 리기 등은 논하지 않았다. 자사는 모두 '치우침 없음'으로 말씀했다. 고봉1·2서에서 "칠정은 겸리기·유선악"(상3·8·54·56·63·80·90·98·105·147·166·169)이라 하고, 뒤에서도 "『중용장구』, 『혹문』 및 제설은 모두 칠정이 겸리기임을 밝힌 것"(하59)이라 한다.

140) 고봉은 사칠의 "對擧·互言"은 불가라고 한다.(상6·72) 사칠을 리기로 해석할 수는 있지만, 결코 상대설은 아니다. 문제는 퇴계가 단지 리·기 둘로 대거·호연함에서 생긴 것이다. 고봉은 "인심·도심이라면 둘의 대거도 가능"(상6)하지만, 그러나 一情은 칠·사 2설만 있지 않으므로 불가하며, 특히 '리·기 대설'은 매우 불가하다.

141) 고봉이 문제 삼은 이유는 一情은 사맹의 칠·사 2설만 있지 않기 때문이다. 2설 이외의 설도 많은데 왜 하필 리·기에 사칠을 대거호연하는가? 사·칠은 "그 所就·所指·所主가 부동"(상3·78·82)하다. 사칠의 所指 분별은 지당하나, 리·기로의 分은 불가하다. 사맹은 대설이 아니며, 맹자는 자사에 상대해서 사단을 論하지 않았다.

142) 칠정은 자사와 정주에 의하면 리·선이 자존한다. 그런데 퇴계는 사칠을 리·기로 대거호연해서 사단은 리, 칠정은 기라 했다. 퇴계는 '천명도'에 급거 '사단을 끌어들여' 결국 "칠정의 리를 사단에게 빼앗김"(하131)이 되고 말았다. 그래서 칠정의 "천명"에 사단이 침입해 그 리를 혼자 독식해 버렸다. 이연평은 "맹자 성선설은 자사에서 나왔다"(상96)고 하며 이는 칠정설 이후 사단설이 나왔다 함이다. 도통론은 자사 다음이 맹자이다. "七情者를 자사는 중화로 논했는데, 왜 맹자의 말 때문에 급거 바꾸어서 기 일변이라 하는가? 이런 의론은 급거 定으로 삼을 수 없다."(하62·63) 때문에 고봉은 "一馬에 실을 짐"으로 비유하고 사칠이 리·기에 이미 "편중"(하13)된 상태에서 "동인·서인으로 서로 싸운다"고 비판한다.(하13)

氣出이 아닌, 心에 본래 있는 性出이라는 것. 심이 공부할 곳임)[143]

(31)此於著「圖」立象之意, 似未爲盡耳, 非專以爲不可也. 不然, 只以大綱說 "是理之發", "是氣之發", 如所謂 "天地之性·氣質之性"之說, 則亦何有不可者乎? 伏乞明證(퇴계집 訂), 何如. [立象입상; 말로는 다할 수 없어서 도형으로 상을 세워 뜻을 다함. 未爲盡미위진; 그 천명의 의미를 다했다고 할 수 없음. 천명의 의미에 미진함. 大綱대강; 크게 보면. 큰 줄기로 설하면.(크게 보면 칠·사는 리도 되고 기도 됨. 문제는 그 所主와 곡절임)]

이는 단지 「천명도」에 드러내 상을 세운 뜻에 있어서만 미진으로 여겼을 뿐,(중용설인 천명도에 퇴계가 급거 사단을 들여와서 칠정이 氣出이 됨. 왜 갑자기 사단을 들여와 천명과 대립으로 삼는가?)[144] 모두 불가로 여긴 것은 아니었습니다.(사단의 리, 칠정의 기는 지당함)[145] 그렇지 않고(천명도의 천명의 의미가 아닌) 다만 큰 줄기(大綱)로 說해 "이것은 리의 발이고, 이것은 기의 발이다"(주희의 해석일 뿐, 實의 리·기·성·정이 아님)[146]라고 함이 이른바 "천지의 성, 기질의 성"의 '說'[147]과 같다 하면 또 무엇을 불가라 하겠습니까?(고봉은 선유 본설에 대한 리기 해석을 문제 삼지만, 퇴계는 리·기의 實에 사칠을 分함. 이는 모순이며 매우 불가한 일임)[148] 엎드려

---

143) 칠정은 리·선이 있다. 이연평, 「중용장구서」 및 「수장」, 「맹자서설」 등에 의하면 "도통" 순서는 '칠정설 이후 사단설'이다. 칠·사의 선은 一善이고, 선은 둘이 없다. 반면 퇴계는 리·기로 사·칠을 分해서 그 칠정의 선을 氣出로 삼았다. 즉 "칠정의 리를 사단이 점유해서 그 유선악을 出於氣로 여겼다."(하31) 사단만 리발이라 할 수 없고, 천명의 선이 기에서 出했다 할 수도 없다. 정은 心感으로 出하며, 악은 심이 주재(공부)하지 못해서 일어난다. 주희의 "측은은 心上에서 出한다",(상55) "심의 所發이 정이다"(상56)의 심은 '공부'이다. 중화의 리·선은 사단의 리·선과 다른 出일 수 없다. 『맹자』 "성선"에서 "인의예지는 밖에서 안으로 녹여 오는 것이 아닌, 나의 固有한 것"이라 한다.(「고자상」) 『중용, 수장』의 "天下之理는 모두 천명지성으로 말미암아 出한다"(상94)고 함은 心德인 "미발의 中"의 근거가 곧 리라 함이다.

144) "著圖"(상69)는 「천명도」에 "天命"의 '意'를 드러냄'을 말하고, "立象"은 「천명도」를 '만든 것'을 말한다. "다하지 못했다(未爲盡)"고 함은 그 천명의 意에 미진하다는 뜻이다. 추만 「천명도」는 『중용』 "天命"을 象으로 나타낸 도형이다. 퇴계는 칠정을 "발어기, 기지발"로 여겼다. 이는 「천명도」를 "사단이 점유해서 그것이 마치 氣出인 것"(하30)처럼 만든 것이다. 이러한 문제는 「천명도」에 사단을 들여와서 칠정과 대거해 리·기로 분속함에서 비롯되었다. 왜 「천명도」에 사단을 넣고, 또 사·칠 二情으로만 대거하는가? 퇴계는 「천명도」에 사칠을 리·기로 분속해서 分註했다. 「천명도」에 넣지 않고 다만 리발·기발이라 하면 문제되지 않는다. 이렇게 논할 수 있다. 그런데 왜 "천명", "미발의 중"이 있는 "희노"를 사단과 대립시켜 결국 기발이라 하는가? 주희는 "此圖, 立象盡矣",(「태극도설해, 후기」, 79쪽) "周子立象"(『문집』권42, 「答胡廣仲 5, 1901쪽)이라 한다.(상155)

145) 사단이 리발임은 지당하고, 칠정도 心感인 기로서의 발현자임도 당연하다. 따라서 이를 「천명도」에 드러내지 않고 큰 줄거리로 말한다면 전혀 불가하지 않다. 사단을 「천명도」에 넣은 것은 퇴계의 의견인지는 불명하나, 사실의 "대거·호언"은 추만이 아닌 퇴계임이 분명하다. 사단 무불선, 칠정 유선악의 대거호언은 퇴계설이다.(상1·4·72) 고봉은 「의정천명도」에서 사단칠정과 리·기의 발을 빼고 "心·性·情, 善·惡·意"를 넣었다.(하100)

146) "是理之發, 是氣之發"(상44)은 『어류』 해설이고, "理之發, 氣之發"은 「천명도」의 分註이다. 「천명도설」에는 이 분주설이 없다. 어류는 사실을 리발·기발로 '說할 수 있음(是)'인데, 퇴계는 반대로 '實'의 리발·기발이다. 리발, 기발로의 해설은 당연하다. 우리의 토론은 사맹의 "所主"(상78·79·82)와 『어류』의 리발·기발로 해설한 자세한 "곡절(그렇게 설한 이유)"(상52·60·65·66·91·154)인, 자사의 "신독" "중화"와, 맹자의 "확충" "성선"에 있어야 한다. 『어류』 "리발, 기발"은 사칠 본설도, 종지도 아니다.

147) 주희는 "천지지성은 專指理言이고 기질지성은 理與氣雜而言之"(상60)라고 한다. 고봉은 "사·칠 및 본성·기품"의 설을 리기로 '언지'함을 "심히 정당하다"(상59)고 한다. 선유의 '說'을 리기로 논하고 설명할 수 있다. 그런데 퇴계는 반대로 리·기의 實로 사칠의 설을 分함. 이는 사맹 및 주희의 설과 전혀 다른, 불가한 일이다.

148) 『어류』 "是理之發, 是氣之發"과 주희의 "천지지성은 專指理言, 기질지성은 理與氣雜而言之"는 모두 선유 본설에 대한 리기로의 해설이다. 선유의 설을 리기로 논함은 당연하다. 단 「천명도」에서는 불가하다. 왜냐하면 추만 「천명도」는 칠정(공부)으로 "천명"

밝게 논증해 주시기를 바랍니다.149) 어떠하실 지요.

(32)條列 조열하신 부분150)

竊詳詳答 "條列", 凡三十五條. 而所謂 "錯看者", 一條. "覺失秤停者", 四條. "本同無
異者", 十三條. "本同而趨異者", 八條. "見異而終不能從者", 九條. 其別亦有 "五"焉.

변답으로 "조열"하신 부분은 모두 35개 조항이었습니다. 이른바 "잘못 보았다"는 1개
조항, "칭정을 잃었음을 느꼈다"는 4개 조항, "근본이 같고 다름이 없음"의 13개 조항,
"근본은 같으나 다름으로 나아갔음"의 8개 조항, "견해가 달라서 끝까지 따를 수 없음"
의 9개 조항이라 하면서, 그 분별을 총 "5"절이라 하셨습니다.151)

(33)諭曰, "除錯看一條外, 類成四截. 而四截之中, 又約而言之, 不過爲二截而已." "而覺
失秤停者, 固皆本同之類. 而本同趨異者, 卒亦同歸於終不能從"云云.

그러면서 알려 주시기를 "잘못 본 1개 조항을 제외하면 4절이 되는데, 그 4절 중에도 또
요약해 설명하면 2절에 불과할 뿐이다"152)라고 하셨습니다. 그 이유에 대해 "칭정을 잃었
음을 느낀 것은 진실로 모두 本同의 종류이며,(논하지 않을 조항) 다만 본동이나 다름으로 나아
간 것은 끝내 또 따를 수없는 절목으로 동귀했다"(앞으로 논할 조항)153)고 운운하셨습니다.

과 "중화"를 드러냈고, 이로써 "천지의 화육"을 이룬다 함이기 때문이다. 문제는 퇴계가 여기에 '사단을 끌어와서 칠정을 기발로
바꾸었다는 점이다. 또 큰 문제는 퇴계는 리·기의 分으로 사·칠을 分한다는 점이다. 퇴계는 리·기(실)와 사칠(설)을 구분하
지 못하며, 또 사람 본연의 느낌을 사맹 본설인 칠사에 따라 리기로 해석하지 않는다. 고봉은 이 문제를 전혀 상상하지 못한다.

149) 『어류』 "시기지발"은 專指氣의 의미가 아닌 '겸리기로 言之'한 것이다. 왜냐하면 어류는 자사 본설에 대한 '해석'일 뿐이기 때문
이다. 이 의미를 밝혀서 논증해야 한다. 『퇴계집』 "訂"은 오자로 보인다. 이곳은 주희 2설의 합치 여부를 묻는 곳이므로 교정
(訂)이 아닌 논증(證)이라 함이 어법상 타당하다.

150) 「퇴계2서」에서 "지금 이것을 五者로 분류해서 '條列'하기를 左와 같이 하겠다"(상226)고 했다. 고봉은 이 "조열" 부분을 논평하
고자 한다.

151) 퇴계는 "우 1조는 황의 錯看 妄論이다",(상227·233) "우 4조는 秤停을 잃은 것이다",(상228·233) "우 13조는 本同無異이다",
(상229·233) "우 8조는 本同이나 趨異이다"(상230·233) "우 9조는 견해가 달라서 끝내 따를 수 없다"(상232·233)라 하고,
"이렇게 五者로 분류하여 조열하겠다"(상226)고 했다.

152) 상233. 퇴계는 총 5절 중, 그 1절은 "그대의 말에 본래 병통이 없는데 황이 착간·망론한 것이므로, 이미 고쳤다"(상227)고 했
으므로 결국 총 4절이다. 총 4절 중의 앞 2절에 대해 "칭정을 잃은 것은 또한 이미 고쳤고",(상228) "本同無異는 다시 논하지
않겠다"(상229)고 했다. 즉 이미 '고친 것'과 '논하지 않을 것' 2절과, '불능종으로 동귀한 것'과 '불능종의 것' 2절인데, 이를 다
시 요약하면 '논하지 않을 것'과 앞으로 '논할 것'인 곧 2절이다.

153) 상233. 퇴계는 총 4절이 다시 2절로 요약된 이유에 대해 설명했다. 총 4절 중, 앞 2절은 "칭정을 잃었"지만 "本同無異"와는 결
국 本同이므로 "다시 논하지 않겠다."(상229) 그렇다면 뒤 "本同而趨異"와 "끝내 따를 수 없다"는 2절이 남는다. 그 2절은 곧
8+9조이며, 따라서 앞으로 논할 조항은 17조항이다. 퇴계는 "이상은 모두 뒤에서 논변하겠다"(상232)고 했다.

(34) 夫 "同異" 之辨, 旣不能 "齊", 則 "從違" 之論, 亦難以槪者. 固其理勢之必至, 何足怪 哉? [從違종위; 찬성할지 반대할지. 槪개; 개괄. 요약. 갈피를 잡다. 理勢之리세지; 가지런해질 수 있는 이치의 형세. 必至필지; 반드시 그렇게 되다. 반드시 올 것이다.]

먼저 "무엇이 같고(同) 무엇이 다른지(異)"의 구별조차 기왕 "가지런하지" 못하다면,(먼저 동·이의 문제도 구별되지 않고 있다는 것)154) 그 "찬성할지 반대할지(從·違)"의 논변 역시 갈피잡기 어려울 것입니다.155) [먼저 이 문제부터 해결해야만] 진실로 그 가지런해지는 이치의 형세도 반드시 이르게 될 것이니,156) 우리의 논변이 무슨 괴이한 다른 일(노·불의 일)도 아니잖습니까?157)

(35) 雖然, 所謂 "覺失秤停者, 固皆本同之類", 則 "本同趨異者", 豈必 "同歸於終不能從者" 耶? 而況所謂 "終不能從者", 亦非如水火南北之相反, 特於毫釐之間, 有所未契耳. 若 虛心平氣, 從容反復, 則 "亦" 恐未必不歸於 "本同之類" 也. [同歸동귀; 퇴계 자신의 동으로 돌아감.(주희의 同으로 돌아감이 아님) 불능종으로 동귀함.(퇴계의 동귀는 이 토론이 합의와 옳음으로 돌아감이 아닌 퇴계 자신의 설로 돌아갔다는 비판임) 未契미계; 부합하지 못함. 일치하지 못함. 從容종용; 조용하고 침착하게. 여유 있게. 未必미필; 반드시 그렇다고 말할 수는 없다.]

비록 그러하나 제가 살피건대 선생님께서는 "칭정을 잃게 느껴진 것도 진실로 모두 本同의 종류이다"고 하셨으니,158) 그렇다면 "本同이나 다름으로 나아갔다는 것"도 어

---

154) 퇴계는 "나의 견해로 보면 그 異同과 從違의 즈음도 難齊한 바가 있었다"(상225)고 하면서, 그 동이와 종위 이유를 총 5절로 제시했다. 고봉은 먼저 동이가 구별되어야 뒤 종위 문제도 해결이 가능하다고 한다. 왜냐하면 퇴계의 "同"에 대해 고봉은 동의할 수 없고, "異"도 마찬가지기 때문이다. 가령 퇴계는 맹자 사단을 '겸리기'라고 하면서 "同"이라 하지만, 고봉의 경우 사단은 '專指理'이므로 同일 수 없다. "異"도 고봉은 異가 아니다. 가령 퇴계는 칠정을 "專指氣"라 하며 "趨異"라 하지만, 고봉은 동의할 수 없다. 칠정의 "기발"은 情을 '기'라 함일 뿐 專指氣일 수 없기 때문이다. 이렇게 먼저 同·異문제가 이러하므로, 고봉은 "그 동이의 판별도 가지런하지 않다"고 한 것이다.

155) 먼저 동이가 판별되어야만 그 종위의 선택도 가능하다. 퇴계는 "나의 견해로는 동이와 종위의 즈음도 가지런히(齊) 하기에 어려웠다"(상225)고 하면서 "총 5절로 조열"했다. 퇴계는 그 동이와 종위를 스스로의 "견해"로 판단했다. 그러나 고봉은 먼저 "동이"를 구분하고 이후 "종위"를 판단해야 한다고 한다. 왜냐하면 그 동이에서 서로 "가지런해지지 못하다면(難齊)" 그것을 "따를지 말지(從違)"는 의미가 없기 때문이다.

156) 먼저 그 동이부터 판별해야 하고, 그 동이가 판별되어야만 이후 그 종위도 판단이 가능하다. 이로써 가지런해지는 "이치의 형세(理勢之)는 도달할 수 있다." 그렇지만 지금 그 동이 문제도 서로 합의되지 못하고 있다. 따라서 "평평한 형세(勢)를 얻기"(하13. 상225) 위해서는 먼저 이 동이 문제부터 서로 합치되어야 한다.

157) 퇴계는 "끝내 따를 수 없다"고 하여 17개 조항의 논변을 펼쳤지만, 그러나 우리는 사맹의 언론과 정주의 설에 의거한 토론일 뿐 노·불로 따지자는 것은 아니다. 이로써 반드시 가지런해지는 형세도 다다를 수 있다. 아래 "남·북의 상반"(하35)이라 함은 노·불은 우리와 '정 반대'라는 뜻이다.

158) 상233. 퇴계는 "4개는 칭정을 잃은 것으로, 이미 고쳤다"(상228) 했고, "13개는 本同無異로, 이상은 다시 논하지 않겠다"(상229)고 했다. 즉 4개는 13개와 같이 "모두 本同의 종류이다."(상233) 그 이유는 이 모두는 "사실의 혼륜언지"(상239)이고, "사단도 非無氣이고 칠정도 非無理"(상237)이며, "사칠은 겸리기이며 동실이명"(상238)이기 때문이다. 이에 고봉은 "13개"는 정·주의 설이고, 칭정을 잃은 "4개" 중 "專氣" "獨氣"(상228)도 고쳤다면 결국 독기가 될 수 없다고 한다. 만약 정주의 "본동의 종지로

찌 반드시 "끝내 따를 수 없는 것으로 同歸했다"고 말할 수 있겠습니까?(정주의 본동에 동
귀함이 아닌, 반대로 퇴계 자신의 '사견에 동귀'한 것으로, 말이 모순이라는 뜻임)159) 하물며 이른바 "끝
내 따를 수 없다는 것" 또한 마치 물과 불, 남과 북처럼 서로 상반되거나160) 더욱이
호리의 사이(유와 노불과 같은)에서 합치되지 못한 바가 있는 것은 아닐 뿐이겠습니다.(우리
의 토론은 진실로 노불에 있는 것은 아님)161) 만약 "허심평기"의 독서로 침착 반복해 [주자를
읽으신다면,] 그렇다면 이 절목 "또한" 반드시 "본동의 종류"로 돌아갈 수 없다(不歸)
고 말할 수는 없을 것입니다.(퇴계의 사견인 주리·주기의 불귀가 어찌 주희의 본동으로 동귀할 수 없
다 하겠는가)162)

(36)所諭, "有得於誨語"之云, 則乃先生謙光之談也, 大升固不敢當. [謙光之談겸광지담; 겸양
　　함으로써 스스로 덕을 빛나게 하신 말씀. 겸손으로 거부하신 말씀. 也야; ~이다.(겸광지담을 강조한 것
　　임) 不敢當불감당; 별 말씀을 다하십니다. 천만의 말씀입니다.]

알려주신바 "가르쳐준 말에서 소득이 있었다"(퇴계는 오히려 칠정을 專氣, 主氣로 돌아갔다 하시
므로)163)는 운운은 결국 선생님의 겸양으로 저를 거부하신 말씀(고봉의 말을 통해 오히려 퇴계의

돌아왔다면"(상235) 나머지 "17개 조"도 "끝내" 정주의 본설로 돌아옴도 가능할 것이다.

159) 퇴계는 따를 수 없는 조항을 8+9의 총 "17개 조"라 했다. "8개 조는 本同趣異이고"(상230) "9개 조는 견해가 달라서 끝내 불능종
　　인데",(상232) 결국 "본동추이도 끝내 불능종으로 同歸했다."(상233) "終異" 이유는 "그대는 사실을 겸리기, 동실이명, 혼륜언저로
　　본 반면, 나는 二者의 주리·주기를 알았기 때문이다."(상238·239) 이 말은 문제가 많다. 퇴계의 "본동"은 정주의 설이 아닌 퇴
　　계 "나의(자신의)" 同이다. 따라서 "同歸"도 토론으로서의 동귀가 아닌 것이다. 결국 "추이"도 주리·주기인 퇴계 자신의 異와 趣
　　했을 뿐, 사맹과 정주의 종지에서 趣한 것이 아니다. "본동추이"이기 위해서는 먼저 본동이 인정되어야만 한다. 본동에서 다르면
　　그 추이도 인정될 수 없다. 하물며 그 "추이"가 또 "불능종으로 동귀함"이라 말한다면 퇴계의 추이는 정주의 본동으로 동귀할 수
　　없다. 왜냐하면 "不歸"는 퇴계의 주리·주기이고 "本同"은 주희의 설이라 했기 때문이다. "同歸"라는 글자도 문제다. 지금까지의
　　"동귀"는 논의과정에서의 귀일점이었다. 그런데 이곳의 "동귀"는 '퇴계의 견해'로 돌아간 것이다. 다시 말해 본동에서 결국 '추이
　　로 돌아간 것'은 오히려 토론으로 본동에 동귀함이 아닌 반대로 논쟁할 수 없는 곳인 퇴계의 '사견'으로 돌아가고 만 것이다.

160) 윗줄에서 고봉은 "우리의 논변은 무슨 괴이한 다른 일도 아니다"(하34)고 하여 우리의 토론은 노불로 논쟁함이 아니라 한다. 주
　　희의 「태극도」의 '成男·成女, 化生萬物에 이르기까지 이 無極之妙는 처음부터 여기에 있지 않음이 없다. 이는 노자의 '物生於
　　有, 有生於無'에서 造化를 '始終이 있음'으로 여긴 것과는 南北이다'(『문집』권45, 「答楊子直」1, 2072쪽)의 남북과 같이, 지금 우
　　리의 논쟁은 상반된 것이 아니라 한다.

161) 마지막으로 "끝내 따를 수 없다"(상232)는 9개 조에 대한 논평이다. 고봉은 "따를 수 없다"고 말할 수는 없다고 한다. 왜냐하면
　　우리의 논쟁은 "호리지차에 있지 않기" 때문이다. 호리지차는 결코 있어서는 안 된다.(상52·66) 사맹의 종지는 천명·중화, 확
　　충·성선이며 이점에서의 우리는 호리의 차도 없다. 『어류』도 '리발·기발'로 해석했지만 그것이 사맹의 종지에는 변함이 없다.
　　만약 "학자의 소견이 다른 곳에 있다면 이는 호리의 차이다."(상66) 우리의 해석은 사맹의 종지에 있을 뿐 진실로 노불로 논하
　　자는 것은 아니다.

162) 퇴계는 총 4절을 2절로 요약해, 1절 "칠정을 잃은 것은 본동의 종류"(상233)이고, 1절 "본동추이의 것 '또한(亦)' 불능종으로 동귀
　　한 것"(상233)이라 했다. 뒤 1절에 대해 고봉은 "본동인데 또 추이라 한다면 이는 본동이 아닌 것"이 되므로 따라서 "불능종으로
　　의 동귀라 말할 수 없다"(하35)고 한다. 또 이곳 "불능종"에 대해서도 이는 "남북과 같이 상반되거나 호리의 사이(유불)에 있는
　　것은 아니므로" "이 또한(亦)"(상233) "본동으로의 불귀라 말할 수 없다"고 한다. 왜냐하면 이미 주희와 본동이고, 주리·주기는
　　퇴계의 사견인데, 이를 "불귀"라 한다면 이는 주희의 본동에 퇴계가 불귀가 되기 때문이다. 본동에 불귀가 될 수는 없다. "허심
　　평기"(하12)는 독서법을 말한 것으로, 침착하게 본동인 주희를 읽으신다면 퇴계의 설은 반드시 주희의 설로 "歸"할 수 있다 한다.

163) 퇴계는 "4조는 칠정을 잃어 병통이 있었다. 다만 내가 고친 語를 살피면 공의 가르쳐준 語에서 소득이 있어 금방 [나의] 本同의
　　종지로 돌아왔음을 알 수 있다"(상235)고 한다. 즉 "본동인 4조"(상228)는 나의 "本同無異의 13조"(상229)로 돌아왔다. 이렇게

'리기 본설'을 더욱 강조했기 때문임)[164]이시니, 대승으로서도 진실로 천만의 말씀이라 하겠습니다.('소득이 있었다'는 말도 결국은 빈 말씀이라는 것)[165]

(37)至於 "所見始同而終異"之云, 則亦不敢不以爲稟焉.

그리고 "소견(見의 용법이 고봉과 다름)[166]이 처음은 같은데[167] 끝에서 다르다"[168]라고 운운함에 이른 것 또한 재차 감히 질문으로 여쭙지 않을 수 없겠습니다.(퇴계가 말한 '소견의 同·異'를 진실로 동의할 수 없다는 뜻임. 퇴계는 사실은 혼륜, 고봉은 칠정이 혼륜임)[169]

(38)其曰, "公意以爲"云云者, 適固已具稟於前段矣. [適적; 방금. 막. 마침. 具구; 갖추다. 충분히. 낱낱이.]

또 "공의 의견은 …라 여기고 있었다"(본 '조열 조항'에서 퇴계는 "以爲"라 했음)[170]라고 운운하

본동으로 돌아온 것은 "공의 말에 소득이 있어서" 결국 나의 설 4조를 '내가 고칠 수 있었다.' 따라서 이 4조는 고봉을 따른 것이 아닌, 칭정을 잃었음을 알고 '내가 스스로' 고친 것이다. 하지만 4조 중 앞 2항은 고봉의 논평이고, 뒤 2항은 퇴계의 설이다. 앞 2항은 「1서개본」에서 고치지 않았고, 뒤 2항은 고쳐 "칠정은 본선이나 쉽게 악으로 흐른다"(상205)와 "기질지성은 兼指이나 主氣이다"(상212)라고 했다. 이렇게 고친 것은 퇴계 자신의 "본동"이지 고봉과의 본동은 아니며, "동귀"(상233) 역시 퇴계 자신으로의 동귀일 뿐이다. 왜냐하면 "所指는 기에 있다", "七者는 형기의 묘맥이다",(상202) "환경에 연해 出한다",(상200) "指氣", "專指氣"(상242·243)라 하기 때문이다. 이렇게 고친 '칠정'(상228)은 고봉의 칭정인 '사맹 본설이 치우쳤다' 함과 다르다. 퇴계는 여전히 칠정을 專氣, 형기, 주기라 한다.

164) "'가르쳐준 말에 소득이 있었다'는 이 말씀은 결국 겸양으로 저를 거부하신 말씀이다." 왜냐하면 퇴계의 "4조"(상228)는 오히려 퇴계 본설인 '리·기의 의미'로 더욱 강조했기 때문이다. 따라서 "소득이 있었음"의 본의는 그 소득을 통해 자신의 본동으로 동귀했다는 뜻으로, 이는 결국 고봉의 비판을 '더욱 배척한 "겸양으로 고봉을 거부하신 말씀"'인 것이다.

165) 만약 진정 고봉에게 "소득이 있었다"고 말하기 위해서는 그 "4조"는 고봉의 의미를 반영해야 한다. 하지만 퇴계는 이 4조를 통해 반대로 자신의 '리기설'을 더욱 강화했다. 따라서 "소득이 있었음"의 본의는 다만 고봉의 말을 통해 "나의 말에 칭정을 잃었음을 스스로 느낀 것"(상228·235)뿐이며, 이는 결코 고봉에 동의한 것이 아니다. 퇴계는 이 말에 이어 [나의 본동의 종지로 금방 돌아왔음을 알 수 있다"(상235)]하지만 그러나 이때의 '본동'은 고봉과의 본동이 아닌 자신의 본동으로 돌아온 것뿐이다. 따라서 "소득이 있었다"는 말씀은 결국 "겸양으로서의 저를 거부하신 말씀"일 뿐이며, 때문에 고봉으로서는 "천만의 말씀이다."(불감당) "고봉2서]의 "선생은 저를 '리기 상순의 不離로 인용하셨지만, 대승은 진실로 不敢當이다. 나의 뜻은 여기에 있지도 않았으니 선생께서는 실언을 면치 못하신 것이다"(상129)의 '불감당'도 퇴계에 대한 간곡한 거부이다.

166) 퇴계의 이른바 "所見"에서의 '見'은 그대와 같다 한다.(상239) 사실의 겸리기(혼륜)의 '견'은 고봉과 같다는 것이다. 퇴계는 고봉과 다른 자신의 주리·주기를 '知'(상239)라 한다. 여기서 고봉이 "所見, 始同而終異"에서 앞 '소견'을 빼지 않고 인용한 이유는 이 '소견'이라는 글자의 의미가 고봉과 다르기 때문이다. 퇴계의 "나의 소견"(상238)은 '所信'의 뜻이다. 반면 고봉의 "사람의 소견은 혹 異同이 있다",(상49) "소견은 치우침이 없을 수 없다"(하9)의 소견은 '見解'의 뜻이다. 이곳 "소견이 처음은 같다" 함도 퇴계 자신의 所信이다. 고봉은 이렇게 "소견"의 의미가 다름을 나타내기 위해 이 말을 생략하지 않은 것이다.

167) "처음은 같다"고 함은 고봉의 설과 다르다. 퇴계의 경우 사실은 겸리기, 혼륜의 뜻이지만, 고봉은 칠정만 그렇다 한다. 따라서 '처음은 같다'고 할 수는 없다.

168) 퇴계는 "그 소견이 처음은 같은데 끝에서 다르다"(상238)고 하는데, 여기서 "끝이 다름"은 그대는 "사실이 겸리기, 혼륜"인데 나는 사실은 "주리·주기의 부동이 있다"는 뜻이다.(상239) 이는 고봉의 설과 다르다.

169) 퇴계가 말한 1) "소견", 2) "처음은 같다", 3) "끝은 다르다"고 함 모두는 고봉의 말과 다르다. '소견'의 글자는 퇴고의 용법이 서로 다르다. 고봉은 사단을 겸리기·유선악이라 하지 않았다. 고봉은 一情에 나아가 언론한 사맹의 종지는 각각 그 소주·소지가 있다고 한다. "또 감히 재차 질문으로 여쭙지 않을 수 없다"고 함은 이 문제는 모두 앞에서 거론했으므로 이곳 "조열" 조항에서는 그 부당함만 지적한 것이다.

170) 퇴계는 "조열 조항"에서 "그 소견이 처음은 같고 끝에서 다른 이유는 다름 아닌 '공의 뜻(公意)'은 사단칠정은 모두 겸리기이며 同實異名이므로 리기 분속은 불가함으로 '여겼다(以爲)'"(상238)고 했다. 이 문제는 앞 "公意以爲"(하25)에서 이미 "이렇게 계속

신 것에 대해서도 방금 앞 단락(앞 '제1서개본 조항')에서 이미 진실로 [그 부당함에 대해] 낱낱이 여쭈었습니다.(고봉은, 이렇게 잇달아 "以爲"라는 말씀만 계속 하시면 저로서는 달리 해명할 방법이 없겠다고 강력 항의했음)171)

(39)其曰, "二者所就而言, 本自有主理·主氣之不同"者, 則愚竊惑焉. 盖孟子剔撥, 而 '指'理一邊時, 固可謂之 "主理"而言矣. 若子思渾淪, 而兼理氣 '言'時, 亦可謂之 "主氣"而言乎? 此實大升之所未敢曉者, 伏乞更以指教, 何如.

또, "둘을 나아간 바에서 말한다면 본래 스스로 주리·주기의 부동이 있다"(퇴계 본의는 사맹과 반대로 '리기에 나아가' 그 리·기로 사칠을 分함. 이 논변은 있을 수 없는 일임)172)는 말씀에 대해 저는 줄곧 '가만히' 의혹이 있었습니다.(가만히 저는 의혹하기를, 과연 사맹은 미발에 나아가면 리·기가 있다고 했겠는가?)173) 맹자가 척발하여 리 일변을 '가리킨(指)' 때는 진실로 "주리"로 일러 말할 수 있겠습니다.174) 하지만 자사가 혼륜의 겸리기로 '말씀(言)'한 때에도 또한 "주기"로 일러 말할 수 있겠습니까?(자사 종지는 "신독"과 "중화"이며, 모두 '치우침 없음'으로 말씀했음)175) 이점이 실로 대승이 감히 이해할 수 없는 바의 것이니, 엎드려 바라건대 다시 지적하여 가르쳐주심이 어떠실 지요.(맹자의 논 때문에 왜 갑자기 자사

'以爲'라 하시면"이라 하여 강력 항변했다.

171) 이 문제는 앞 「제1서개본」에 대해서"(하18) 조항에서 이미 그 부당함에 대해 진실로 낱낱이 말씀 드렸다. 즉 퇴계의 "公意以爲"(하25)를 인용하여, "계속 이렇게 말씀하신다면 대승으로서는 끝내 선생님의 귀에 달리 해명할 수 있는 방법이 없겠습니다. 어떻게 말씀드려야 좋을까요 어떻게 설명드려야 좋을까요 그래서 또다시 말씀드리자면, 대승은 前書에서 칠정을 겸리기·유선 악이라 했습니다. …제가 말한 전말은 모두 이런 뜻에서 벗어나지 않습니다"(하25~27)라고 강력 항의했다. 여기서 또다시 이 문제를 거론한 이유는 이 말이 "조열 조항"(상238은 '조열 조항'임)에 있기 때문이다.

172) 퇴계는 "조열" 조항에서 "二者를 所就而言하면 본래 스스로 주리·주기의 不同이 있으니, 어찌 분속이 불가하리오"(상239)라고 했다. 퇴·고 "所就" 용법은 서로 다르다. 고봉의 "나아간 바(所就)"의 뜻은 자사와 맹자는 '一情에 나아가' 각자 그 목적의 사·칠을 설했다 함인데, 퇴계는 반대로 '리·기에 나아가'면 사·칠의 부동이 있다고 한다. 즉 고봉의 '소취'는 一情을 사맹이 각각 다르게 언론했다 함인 반면, 퇴계는 리기에 나아가면 주리·주기라 함이다. 퇴계는 미발과 이발을 구분하지 않는다. 『중용』의 "發"은 이발이고, "미발"은 "中"이다. 따라서 發이라 하면 이미 정이며, 때문에 "그 리·기에 나아가서"라는 말은 있을 수 없는 논변이다.

173) 간곡히 퇴계에게 다시 간언한 것이다. 칠정은 기이다. 기의 측면으로 보면 주기도 가능하다. 그렇지만 맹자 사단 때문에 자사의 칠정이 주기일 수는 없다. 고봉은 당초부터 "사맹은 사람 본연의 느낌에 나아가서 칠사로 언론했다"고 하는데, 퇴계의 경우 "리기에 나아가면 그 주리는 사단, 주기는 칠정이라는 부동이 있다" 함이다. 그렇다면 과연 사맹은 사람 본연의 감정, 즉 사람 본연의 느낌 이전에 나아가 그 '리와 기가 발한 것으로 사칠을 논설했는가? 고봉이 "가만히 의혹"한 이유이다.

174) 맹자는 다만 그 정을 논하면서 리 일변을 '가리켰(指)'을 뿐이다. 이는 四端之情의 사단이고, 이 사단지정이 바로 리 일변의 척발이며, 성선·확충의 '所指'이다. 따라서 사단지정은 당연히 주리이다. 고봉도 "주자의 '四端是理之發'者는 專指理言이다"(상60)고 한다. 사단의 종지·소지를 기·악까지 포함한다 할 수는 없다.

175) 퇴계는 칠정을 "주기"라 한다. 퇴계의 칠정 분류방식은 4가지이다. "칠정도 리가 없는 것은 아님"(상237)은 소지가 아니다. "사칠 二者는 혼륜언지임"(상239)은 겸리기의 칠정이다. "나아간 바에서 말하면 主氣임"(상239)은 '주기'의 칠정이다. "칠정은 오로지 기만 가리킴"(상243)은 '獨氣'의 칠정이다. 하지만 자사는 천명, 희노, 미발, 중, 발, 화, 대본, 달도를 "말씀"(상3)했다. 때문에 고봉은 '정의 전체'(상3)라 한 것이다. 자사 "희노" 종지는 "愼獨"(「수장」)이며, 신독공부로 덕의 "중·화"를 이룰 수 있다 함이다. 자사는 이 모두를 '치우침 없음'으로 말씀했다.

천명의 말씀이 주기·독기가 되어야 하는가?)[176]

(40)首條, 第二條. 제1조, 제2조.

今按, 此二條所論, 皆精深微密, 直窮到底, 疎迂之見, 無所復發其 "喙" 矣. [按안; 조사
하다. 선유의 설로 대조하다. 정주의 설로 상고하다. 直窮到底직궁도저; 곧바로 궁구함이 바닥까지 도달
했다. 곧바로 리를 말씀했다.(窮은 窮理, 到는 일의 결과를 가리킴. 즉 단도직입적으로 진리를 말해버렸
다는 부정적 의미임) 所復發발; 다시 나의 의견을 발할 수 있는 곳.(發은 소통·토론의 장소임) 疎迂之見
소우지견; 거칠고 우활한 견해. 喙훼; 부리. 입. 주둥이.(퇴계 상318)]

지금 선유의 설로 상고하겠습니다.[177] 이 두 조항의 가르침은 모두 정미하고 심밀하
게도 곧바로 그 궁리의 최저 경계까지 도달하시어 말씀하셨으니,(리·기의 분과 선유의 설을
분간하지 않고 직접 단도직입적으로 스스로의 이치로 말했다는 것)[178] 때문에 한갓 저의 거칠고 우활
한 견해를 가지고서는 그 "입(주둥이)"(퇴계의 말임)을 놀려 다시 發(토론)할 곳이 없다고 하
겠습니다.(정주설의 정의를 뛰어 넘어 '천지간의 이치'와 '하늘의 원류맥락'이라 하기 때문임)[179]

(41)蓋如曰, "非只有理, 然猶可以專指理言, 則氣質之性, 雖雜理氣, 寧不可指氣而言乎?"
又如曰, "就天地人物上看, 亦非理在氣外, 猶可以分別言之, 則於性於情, 雖曰理在氣
中, 性在氣質, 豈不可分別言之?" [寧녕; 그렇게. 이와 같이.]

---

176) 퇴계는 칠정은 겸리기인데, 다만 주기·독기라 한다. 자사의 所指는 주기·독기인가? 자사는 천명, 미발, 발, 중화를 '치우침 없
음'으로 말씀했다. '발현자'로 논하면 칠정도 기일 수 있다. 하지만 기라 하면 중·화는 논하지 않음이 되어, 치우친다. 퇴계는
"맹자 사단을 기왕 리라 했으니 자사의 칠정이 기가 아니면 무엇인가"(상274)라고 한다. 이에 고봉은 "자사는 이미 중화가 있
는 겸리기로 言之했는데, 그런데 왜 맹자의 말 때문에 급거 氣 一邊으로 변경시키십니까? 이러한 의론은 급거 정론으로 삼을 수
없습니다"(하62·63)라고 한다. 이렇게 자사의 말씀을 갑자기 주기로 바꾼 이유를 고봉은 "이해할 수 없다"(하77)는 것이다.

177) 퇴계의 설을 들어 주희의 설로 상고하겠다 하심이다. 고봉은 자신의 견해로 논할 때는 "大升謂",(하67) "竊詳"(하32·72) 등이
라 하고, 선유의 설로 상고할 때는 "按",(하65·73) "謹按"(하57·89) 등이라 한다. 퇴계는 「퇴계2서」 17조항 모두 "況謂"(상
242~293)로 통일했다.

178) "1조"는 '천지지성'과 '기질지성'에 대한 주희의 논이고,(상60) "2조"는 고봉이 리·기는 二物의 分이고, 본성·기질지성은 一性
을 分別言之한 것이며, 정의 발어리·발어기는 불가하지 않으나 장애가 있고, 사실을 리·기로 분속하면 다만 칠정이 專指氣가
아니라고 했다.(상88~91) 이에 퇴계는 "천지지성도 기가 없지 않고, 기질지성은 기를 가리켜 말한 것"(상242)이라 한다. 또 "天
地·人物上에서도 리는 기의 밖에 있지 않다. 성과 정이 理在氣中이라 해도 分別言之할 수 있다. 성 또한 겸리기·유선악이다"
(상245~247)라고 한다. 이를 고봉은 "이 두 조는 매우 정밀하게도 곧바로 리를 말함이 극도에 도달했다"고 비판한 것이다. 퇴
계는 리·기의 실, 성정의 즈음, 선유의 제설, 그 실 및 즈음과 선유 본설에 대한 설명(言之)과 상관없이 스스로 단도직입적으로
이치를 말한 것이다.

179) 퇴계와 같이 설한다면 고봉으로서는 어찌할 방법이 없다. 왜냐하면 이미 사맹과 정주의 설을 뛰어넘어 자신의 이치로 말하기
때문이다. 퇴계는 천지지성도 기가 있고, 기질지성을 기라 한다. 이는 이미 정주의 "定論"(하30)을 넘어선 것이다. 이와 같이 사
맹, 정주의 소지·종지와 다르게 자신의 이치로 말한다면 "저의 우활한 견해"로는 다시 드릴 말씀이 없다. 一情, 一性은 사맹과
정주의 언설 이외도 매우 많지만, 단 사·칠 및 본성·기품의 설은 사맹 및 정주의 소지를 뛰어넘어서는 안 된다. 때문에 고봉
으로서는 자신의 "주둥이를 놀려 또다시 토론할 만한 곳이 없다." 지금은 사맹·정주의 설에 대한 토론일 뿐, 새로운 성·정의
이치를 논하자 함은 아니기 때문이다. 퇴계는 사·칠, 본성·기질의 설도 본래 '혼륜'이라 하면서 "天地間 원래 이런 이치가 있
고"(상253) "天이 부여한 바의 원류 맥락이 진실로 그렇다"(상237)고 한다. "喙"도 퇴계가 쓴 표현이다.(상318)

그것은 다음과 같이 말씀하셨기 때문입니다. "[천지지성도] 단지 리만 있지 않다. 그런데도 오히려 專指理로 말할 수 있다면, 그렇다면 기질지성이 비록 雜理氣라 하더라도 그렇게 氣만 가리켜 말할 수는 없겠는가?"(퇴계는 주희의 두 성론의 정의·소지를 무너뜨린 것임)[180] 또 다음과 같이 말씀하셨습니다. "천지 및 인물상에 나아가 보더라도 역시 리는 기의 밖에 있지 않다.(주희의 설을 정면으로 부정한 것임)[181] 그런데도 오히려 분별로 설명할 수 있다면,(리·기는 實의 分일 뿐, 결코 설명이 아님)[182] 그렇다면 성이나 정에 있어서도 비록 '리가 기 중에 있고'[183] '성이 기질에 있다'(모두 기질지성의 설의 설명임)[184] 하더라도 어찌 분별하여 설명할 수 없겠는가?"[185] [이 두 조항입니다.][186]

(42) 云云者, 判得理氣界分, 以明分別之說, 可謂十分詳盡也. 雖然, 以愚意推之, 則亦似未免微有主張分別之說之意. 故於古人言句, 或有蹉過實意之偏也. [判得판득; 명확히 쪼갠 정도. 분명하게 판결한 결과나 정도. 界分계분; 경계로 나눔. 경계를 분명히 함. 微有미유; 은밀히~이 있다. 슬그머니 그런 의도가 있다. 蹉過차과; 미끄러져 넘어졌다. 꺼꾸러졌다.(蹉는 跌(질, 꺼꾸러짐)과 같고, 過는 過了의 뜻으로 그 넘어진 결과를 나타냄) 實意실의; 언·론의 실제의 뜻. 설의 실제적 의미. 정주설의 정의.]

---

180) 상242. "천지지성"과 "기질지성"의 설을 퇴계는 이렇게 말했다. "천지지성"은 전리라 해도 단지 리만 있지 않다. "기질지성"은 잡리기지만 기만 가리켜 말할 수 있다. 이러한 퇴계의 주장은 정주가 논한 천지지성과 기질지성의 定意·所指를 무너뜨린 것이다. 왜냐하면 정주는 一性의 '천지·기질지성'의 2설을 각각 설명하면서 하나는 專指理, 하나는 雜理氣라 했을 뿐이기 때문이다. 퇴계는 천지지성의 독리의 '指'와 기질지성의 잡리기의 '指'를 구별하지 않았고, 또 기질지성의 '性說을 氣'라 한 것이다.

181) 고봉은 주희의 설을 인용하면서 "이는 천지 및 인물상에 나아가 리·기를 '分'한 것으로, 진실로 一物이 스스로 一物이 된다"(상88)고 한다. 즉 리·기는 각자 실체로서의 二物인 分이다. 반면 퇴계의 "천지·인물상에서도 리는 기의 밖에 있지 않다"(상245)고 함은 리·기는 각자 2物의 分임을 정면으로 부정한 것이다. 왜냐하면 주희의 "生物의 소이는 리이고, 그 생물은 氣·質이다", 고봉의 "리·기는 分인 각자 일물이다"(상88·89)고 함은 리·기는 각각 分이라 함이지 리가 기에 있음으로서의 '설명'일 수는 없기 때문이다.

182) 퇴계의 리·기는 분별로 설명할 수 있다(分別言之)"고 함은 고봉의 말과 전혀 다르다. 고봉의 "리·기의 分은 스스로 일물이 됨", "리·기는 分으로서 각자 일물임"(상88·89)의 리·기는 결코 '설명(言之)'이 아니다. 리와 기는 실체이지, 설명이 아니다. 고봉은 一性에 대한 2설인 "본연지성"과 "기질지성"에 대해 "分別言之"(상89)의 설명이라 했을 뿐, 결코 리·기의 實을 분별언지라 하지 않았다.

183) 고봉은 "性上에 나아가 논하면 이른바 기질지성이라는 것은 이 리가 기질 중에 타재할 뿐이다"(상89)고 한다. 이는 기질지성을 '理在氣中'이라 했을 뿐, 퇴계와 같이 성 및 정을 '리재기중'이라 하지 않았다. 一性을 分別言之하면 본연지성과 기질지성 등의 설이 있다. 性 및 情을 理在氣中이라 할 수는 없다. 성·정은 심의 실체이지 설과 설명이 아니다.

184) 고봉은 "그 정을 논한다면 본성이 기질에 타재함을 따른 후에 발하여 정이 된다"(상90)고 한다. 여기서 "本性墮在氣質"의 의미는 '정의 發處'를 말함이다. 만약 퇴계의 인용과 같이 性在氣質(상89)이라 하면 이는 '기질지성'이라는 설의 의미가 되고 만다.

185) 상245. 퇴계의 "성이나 정이 '리재기중' '성재기질'이라 해도 분별언지할 수 있다"를 요약하면 '성 및 정은 분별로 설명할 수 있다' 함이다. 리재기중, 성재기질의 오류는 위에서 밝혔다. 성 및 정을 분별로 설명할 수 있음은 지극히 당연해서 아무 의미가 없다. 선유는 一性을 본연·기품, 一情을 칠·사로 "분별언지"(상89·90)했기 때문이다. 퇴계는 "어찌 분별로 설명할 수 없겠는가?"라고 하는데, 그렇다면 고봉은 분별로 설명할 수 없다 했는가? 퇴계의 뜻은 오히려 '성이나 정을 리·기로 분별언지할 수 있다'는 뜻이다. 이 말은 고봉의 의미와 전혀 다르다. 리·기는 각자 分이나, 성 및 정은 實로서의 심일 뿐 리·기 分과는 다른 문제이다.

186) 이 2조는 주희의 설과 고봉의 해석을 인용해서 퇴계가 새롭게 리기로 조합한 조항이다. 이를 고봉은 "선생은 정밀하게도 곧바로 이치로 말씀하셨으니, 저의 우활한 견해로서는 다시 주둥이를 놀려 토론할 곳이 없겠다"(하40)고 한다. 퇴계의 이 2개 조항은 주희 및 고봉 본문과 전혀 다르다. 때문에 고봉은 아래에서 비판하기를 "선생께서는 자신의 주장인 리·기의 분별을 관철하기 위해 슬그머니 주자의 설까지 외곡했다"(하42)고 한다.

이렇게 운운하신 말씀들은, [주희의 설을] 리·기의 계분으로 판결하여 이로써 [리·기] 분별의 설로 밝히신 것으로는[187] 가히 십분 상세함을 다했다고 하겠습니다.(퇴계의 왜곡이 대단하다는 것)[188] 비록 그러하나 저의 어리석은 뜻으로 미루어 보면, 이 또한 [주자의 설을 왜곡해서] 슬그머니 [리·기로의] 분별의 설로 주장하고자 한 의도가 있음을 면치 못하신 듯합니다.[189] 이런 의도의 말씀 때문에 고인의 언구(사맹, 정주의 언설)[190]가 혹 실제의 의미(천지·기질지성과 칠·사의 정의)에서 치우쳐서 미끄러져 넘어진 결과가 있게 된 것입니다.(사맹, 정주 본설을 모두 양편의 리·기 계분으로 판결함으로써 그 본의가 무너짐)[191]

(43)"請試詳之." 朱子曰, "天地之性, 則太極本然之妙, 萬殊之一本也. 氣質之性, 則二氣
　　　交運而生, 一本而萬殊也." "氣質之性, 卽此理墮在氣質之中耳, 非別有一性也."

청컨대 [저도] "시험 삼아 상세히 살피겠습니다."[192] 주자는 말하기를 "천지지성은 태극 본연의 묘함으로 만수의 일본(萬殊之一本)이고, 기질지성은 두 기(음양)가 교차 운행하

---

187) 퇴계는 천지지성을 "리만 있지 않다" 하고, 기질지성을 "기를 가리켜 말할 수 있다"고 하며, 성·정이 "性在氣質이라 해도 리·기로 分別言之할 수 있다"고 한다. 이러한 리·기 판결은 정주의 "천지·기질지성" 정의와, 사맹 "칠·사" 종지를 퇴계 스스로 무너뜨린 것이다. 이러한 의도는 사맹 및 정주의 설을 "리·기 계분으로 판결하여 리·기 분별을 논하고자" 함이다. 하지만 정주의 "천지·기질지성"의 정의와 사맹의 "칠·사"설 종지는 결코 리·기 계분이 아니다. 주희의 "仁字를 理會하면 의·예·지 3자는 通看되니, 바야흐로 界分이 分明함을 보아야만 血脈도 通貫된다"(『문집』권42, 「答胡廣仲」5, 1904쪽)의 계분은 인·의·예·지("性之德")의 경계를 분명히 해야 한다 함이다.
188) 퇴계는 정주의 "천지·기질지성"의 설을 리·기 계분으로 각각 판결했고, 또 사맹의 "사·칠"도 각각 리·기 계분으로 판단했다. 이는 사맹, 정주 언설의 정의를 왜곡한 것이며, 이 같은 왜곡이 "충분히 자세하다" 함이다.
189) 퇴계는 사맹의 칠·사, 정주의 천지·기질지성 본설의 定論을 리·기 계분으로 판결해서 슬그머니 리·기 분별로 주장하려는 의도이다. 퇴계는 "천지지성"을 "여기에도 기가 있다" 하고, "기질지성"도 "기를 가리켜 말할 수 있다"고 한다. 그 근거를 "천지·인물상에서도 리가 기의 밖에 있지 않다"고 하면서 그것은 "천하에 기 없는 리는 없기 때문"(상242)이고, 이는 "天이 부여한 원류맥락"(상237)이며 "천지간의 이치"(상253)라고 한다. 이는 사맹과 정주의 정의를 정면으로 어긴 것이다. 이렇게 주장하는 의도가 바로 "선유의 정론에 가만히 리·기 분별의 설로 주장하려는 의도"라는 것이다. 이는 선유의 설을 자신의 의도에 맞게 왜곡한 것이다.
190) "고인의 언구"는 사맹과 정주의 설과 언론을 말한다. 즉 "주자는 말하기를 천지지성을 논하면 專指理로의 言이고 기질지성을 논하면 理와 氣의 雜而言之라 했다."(상60) "주자는 말하기를 천지에 있어 만물을 낳는 소이는 리이고 그 만물로 낳아진 것은 기와 질이다. 인물이 이 기질을 얻어서 形을 이룸에 그 리가 여기에 있는 것을 이른바 성이라 한다."(상88) 퇴계는 이러한 등의 설을 모두 "리·기 계분으로 판결"해서 리·기로 나누었다. 학자는 사맹과 정주 등 고인의 글을 "허심평기"(하12)로 읽어야지 양편의 리·기 계분으로 왜곡해서는 안 된다 함이다.
191) "실제의 의미(實意)"는 정주가 이미 정해 놓은 "천지지성"과 "기질지성"의 실제 定意를 말한다. 이러한 주희의 정의를 퇴계는 "리·기로 판결"해서 자의적으로 새롭게 설했다. 이로써 정주의 "정의가 한쪽으로 치우쳐 결국 꺼꾸러져 넘어진 결과가 되고" 만 것이다. 왜냐하면 천지지성의 리설을 "단지 리만 있지 않다"고 하거나 기질지성의 성설에 대해 "기를 가리킴"이라고 하면 정주 2설 정론은 무너지기 때문이다.
192) "請試詳之"(상233)는 퇴계의 말이다. 퇴계는 착간한 1조를 빼고 나머지 4절을 요약해서 "본동"과 "불능종" 2절로 분류했다.(상233) 그리고 "청컨대 시험 삼아 상세히 살피겠다"고 했다. 즉 본동에 대해 "二者(사·칠. 천지·기질지성)는 겸리기, 혼륜언지"라 하고, 불능종에 대해 "二者의 주리·주기의 부동"이라 했다.(상239) 이 문제에 대해 고봉도 "상세히 살피겠다"는 것이다. 고봉은 먼저 정주 "천지지성과 기질지성" 정의에 대해 상세히 살피고, 이어 사맹의 "사단과 칠정"(하47)에 대한 어류 "시리지발, 시기지발"(하49)의 설을 고찰한 이후, 마지막으로 "천지지성·기질지성, 사단지정·칠정지정"을 퇴계가 "對作·對舉"(하49·51)로 인식한 잘못을 지적한다.

며 生한 일본이며 만수(一本而萬殊)이다"라 하고,(천지지성은 '독리'의 설이고, 기질지성도 독리인데 다만 '만수에 존재함'의 설임)193) 또 "기질지성은 이 '理가 기질 가운데 떨어져 존재함의 곳'에서 논했을 뿐 별도의 一性이 있는 것은 아니다"(기질지성도 리로서의 성설임)라고 합니다.(이것이 두 성설의 정의인데, 퇴계는 반대로 먼저 리기에 나아가 리・기 양편으로 分하고 이를 두 성설의 의미로 새롭게 주장함)194)

(44)愚謂. "天地之性", 是就天地上總說, "氣質之性", 是從人物稟受上說. "天地之性", 譬則天上之月也, "氣質之性", 譬則水中之月也. 月雖若有在天・在水之不同, 然其爲 '月', 則一而已矣. 今乃以爲天上之月, 是月, 水中之月, 是水, 則豈非所謂不能無碍者乎? [就天地취천지; 천・지에 나아가. 總說총설; 총괄한 설. 총괄해 어디에나 존재한 독리로 말한 설.(天・地・氣・氣質에서도 리는 독리라는 설) 從人物종인물; 인・물로부터. 인・물을 따라. 碍애; 장애가 되다. 지장을 주다.]

저는 말하겠습니다. "천지지성"(리)은 하늘(天・기)과 땅(地・기) 모두에 나아가(就) [리만] 총'설'한 것이고, "기질지성"(리)은 사람과 만물의 품수상을 좇아(從) [리가 인물에 존재함으로] '설'한 것입니다.(둘의 범위로 각각 '설'한 것임. 다른 범위의 설도 많음)195) "천지지성"을 비유하면 천상의 '달'(리)이고, "기질지성"을 비유하면 수중의 '달'(리)입니다.(둘의 범위로 설해도, 하나의 달임)196) 달이 비록 하늘에 존재하고 물에 존재함의 다름이 있는 듯하나, 그러

---

193) 『성리대전』권30, 「성리2, 기질지성」. "一本"과 "萬殊"에 대해 주희는 "'至誠無息'이라 함은 도의 체이며 萬殊에 대한 一本의 所以이고, '만물이 각기 그 장소를 얻은 것'이라 함은 도의 용이며 一本에 대한 萬殊의 所以이다"(『논어집주』「里仁」15)라 하고, "一統이나 萬殊하니, 비록 천하가 一家이고 중국이 一人이나 兼愛(묵자)의 蔽에 흐르지 않고, 萬殊이나 一貫하니, 비록 親疎異情하고 貴賤異等이나 爲我(양주)의 私에 빠지지 않는다"(「서명해, 후론」, 145쪽)고 한다. 일본・만수는 "理一而分殊"(같은 곳)의 뜻으로 2理가 아니다. 천지지성은 일본으로서의 독리이고, 기질지성도 일본이나 단 만수로서의 '二氣 交運의 生과 함께한 리'의 설이다. 하나는 천지의 리만 설함이고, 하나는 때 장소와 함께한 리의 설이다. 때문에 "기질지성의 설이 더 정밀하다."(「고자상」)

194) 『문집』권61, 「答嚴時亨1・2」, 2960・3쪽. 같은 책, 권58, 「答徐子融3」, 2768쪽. "별의 一性이 없다"(하46・140)고 함은 일본의 성 외 또 다른 성이 없다 함이다. 이른바 기질지성은 "이 리가 기질에 존재함"으로 설한 것이다. 기질에 있어도 리는 변질되지 않는다. 천지・기질지성은 一性에 대한 2說이고 2名이다. 반면 퇴계는 오히려 "리기에 나아가"(상34・35) 그 리・기로 2說을 각자 나누고 여기에 2名이 있다고 한다. 그렇다면 공맹의 성선・기질지성과 자사의 천명지성, 그리고 정주가 논설한 두 성설의 정의가 퇴계에 의해 반대로 뒤바뀌어, 퇴계가 두 성설 종지를 새로 세움이 되고 만 것이다.

195) 모두 '설'이다. 一性을 각각 "자사의 천명, 맹자의 성선, 정・장의 기질지성"(상87) 등 여러 의미로 설하지만, 모두 一리다. 천지지성은 하늘・땅, 인・물 어디든 존재한 리 자신만의 총설이다. 이 리는 기질에 존재한다 해도 변질이 없다. 다만 기질지성은 '인・물 속의 리설'일 뿐이다. 성은 인・물의 기질이 아니면 의착할 수 없다. 의착한 성설이 기질지성이며 성은 '기질을 떠날 수 없음'의 설이다. 공자의 성이 기질지성이고 또 퇴계도 인정함과 같이 "정・장에서 나온 기질지성"(상86)과 "이천의 兼氣質의 성"(상86)이다. 이것이 천지・기질 두 성설의 定意이다. 반면 퇴계는 기질지성을 독기・주기라 하는데 그렇다면 공맹과 정장의 기질지성이 '기'가 되고 만다. 더욱 문제는; 퇴계는 "소종래의 리・기에 나아가서" 이 2성설을 나눈다는 점인데, 이는 선유의 성설을 해석함이 아니다.

196) 천상의 달과 수중의 달은 '비유'일 뿐이다. 만약 천상만 진짜 달이고 수중의 달은 그림자인 물이라 하면 이는 비유를 잘못 오해한 것이다. 「퇴계3서」의 오해가 바로 이것이다.(하168) 달은 천상, 물, 돌, 풀 등 어디든 자존한다. 성은 없는 곳이 없다. 성의 여러 범위의 설이 있지만, 단지 둘의 범위로 설하자면 천지지성은 '오로지 달만 가리킴'이고, 기질지성도 천상의 달과 동일한 一月이나 다만 기질의 '물속에 존재한 달'을 가리킨 것뿐이다. 기질에 인함으로서 달은 비로소 스스로의 존재를 드러낸다. 반면 퇴계가 기질지성을 '독기, 주기, 물'이라 한 것은 달이 아니며, 이는 공맹, 정장의 기질지성 설의 定意에 어긋난다.

나 '달'(리)인 점에서는 단지 하나일 뿐입니다.197) 그런데 지금 [선생님과 같이] 결국 천상의 달만 '달'(리)이고 수중의 달은 '물'(기)이라 한다면 이 어찌 심각한 차질이 아니라 하겠습니까?(月은 실체이고, 天月·水月은 비유의 설임. 水는 기질이지 月이 아님. 더욱 심각한 차질은 퇴계는 '리기에 나아가서' 리·기로 선유의 2설을 나눈다는 점임)198)

(45) 至於 "就天地上, 分理氣", 則太極理也, 陰陽氣也, "就人物上, 分理氣", 則健順五常理也, 魂魄五臟氣也. 理氣在物, 雖曰, "混淪不可分開", 然不害二物之各爲一物也. 故曰, "就天地人物上, 分理與氣, 固不害一物之自爲一物也." [分; 나눔. 분리.(리·기는 分別 혹은 別이 아니라는 것) 在物재물; 사물에 리기가 존재함.(사물의 측면에서) 混淪혼륜; 리기 합체.(주희의 渾淪은 리 온전임)]

그런데 "하늘과 땅(우주) 위에 나아가 리·기를 分함"에 이른다면 태극은 리이고 음양은 기이며,199) "사람(心) 위에 나아가 리·기를 分함"에 이른다면 건순·오상(인성의 리, 옳음)200)은 리이고 혼백·오장201)은 기입니다.(리·기는 分이며 각자 실체라는 것)202) 리·기가 사

---

197) 달은 하나이다. 一月을 천상과 수중 둘로 別해 설했다. 가령 하나는 천상, 하나는 수중에 있다고 치자. 이렇게 논하면 달이 천상에도 뜨고 수중에도 떠서 마치 둘인 듯 보인다. 하나인데 왜 둘로 別해 설하는가? 그것은 유일한 하나의 달을 사람마다 자신의 용도와 처지에 알맞게 쓰기 위해서이다. 공자는 "상근"으로, 자사는 "천명"으로, 맹자는 "성선"으로 설했다. 이렇게 一月을 여럿으로 설함에 있어 천지지성과 기질지성은 그 여럿 중의 둘일 뿐이다. "다만 一性을 그 所在(처지)에 따라 分別言을 했을 뿐"(상89)이다. 주희는 이를 "月映萬川과 相似"(『어류』권94, 淳200, 3167쪽)라 하면서 "달은 在天의 단지 하나일 뿐이지만(只一而已), 江湖에 散在하면 處에 따라 드러나니 달이 分이라 할 수는 없다"(권94, 謨203, 3168쪽)고 한다.

198) 자연물로 본다면 天月은 진짜 달이고 水月은 그 그림자일 뿐이다. 이는 고봉의 "천지·인물상에 나아간"(상88) 것으로 달은 달, 물은 물이다. '달의 비유'는 이와 다르다. 一月(一性)이 있는 장소인 '하늘'과 '물'은 月이 아니다. 月은 성이고 天·水는 장소이다. 天月과 水月은 '설'일 뿐이다. 달을 자칫 天과 水에 둘로 있다고 여길 수도 있지만 그러나 달은 결코 둘일 수 없다. 반면 퇴계는 천지·기질지성의 설을 각각 "리·기에 나아가서 주리·주기로 말했다."(상242) 이는 설이 아니며, 더욱이 "기에 나아간" 기는 달도 아니다. 결국 퇴계에 의해 공맹의 '완전하여 치우침 없는' 기질지성의 성설은 '水'가 되고 만 것이다. 물은 달이 아니고, 달도 물이 아니다. 月·水는 二物이다. 一月은 '실체'이고, 兩月은 다만 비유의 '설'일 뿐이다. 퇴계는 설의 두 성설을 리·기라 하지만, 이는 성의 '실체'와 그 '설'의 구분이 없으니, 이는 "심각한 차질"이다. 더욱이 퇴계는 달(성)이 있기 전 그 '리·기에 나아가서(就)' 말하므로, 이점이 더욱 심각한 차질이다.

199) 고봉은 "[주자의 이 말은] 천·지 및 인·물상에 나아간 리·기 分"(상88)이라 하는데, 이는 주희의 "천지에 있어 만물을 낳은 소이의 것은 리이고, 그 만물로 낳은 것은 기와 질이다"를 해설한 것이다. 천지는 우주를 말한 것으로서, 우주의 '옳음'이 리이다. "성즉리"는 성이 우주의 리와 동일하다 함이다. "리·기 二者는 진실로 分이다."(상7) 리는 기가 아니고 기는 리가 아니며, 리·기는 결단코 二物이다. 고봉은 여기서 다시 "천지상에서 태극은 리, 음양은 기"라고 한다. 반면 퇴계는 "천지·인물상에서도 역시 리는 기의 밖에 있지 않다"(상245)고 하여 천지상에서도 리기는 혼륜이라고 한다. 하지만 태극은 음양이 아니고 음양은 태극이 아니다.

200) 健順·五常; 건·순은 『주역』 건·곤의 덕이고, 오상은 인·의·예·지·신의 五性의 덕이다. 乾卦의 '象傳에서 말하기를 天行이 健하니 군자는 이로써 自彊不息한다'고 한다. 이에 이천은 "乾은 健이다. 健하고 無息하니 乾이라 이른다", "그러므로 그 行健을 취할 뿐이며, 天行의 健을 法받는다"라고 한다.(『周易程氏傳』권1. 695·698쪽. 『근사록』권1, 「道體」, 4조) 坤卦 象傳에서 "지극하도다, 坤元이여. 만물이 資生한다. 하늘에 順承한다"고 한다. 이에 이천은 "坤은 乾의 對이다. 곤은 柔順하여 貞하다. 牝馬가 柔順하니 健行한다. 그러므로 그 象을 취하여 牝馬의 貞이라 한 것이다"라고 한다.(위와 같은 책. 706쪽) 건순·오상은 설명이 아닌 '사실'로서의 덕이며, 리로서의 인성의 '옳음'이다. 사람은 건순·오상의 덕인 리가 반드시 있는데, 다만 공부로서 얻을 수 있을 뿐이다.

201) "魂魄"은 정신, 情, 혼, 넋 등으로 모두 기이다. "五臟"도 사람의 여러 장기로, 기이다. 이는 사실의 사물에서 말한 것으로, 사물 자체는 기이다. 기에는 반드시 리가 있다.

202) 이렇게 말한 이유는 퇴계가 "천지·인물상에서 보더라도 리는 기의 밖에 있지 않다", "성 또한 기이다"(상245·247)고 했기 때

물 속에 있을 때(사물에서 볼 때)는 비록 "[二物이] 혼륜해서 분개할 수 없다"(주희의 渾淪을 '混淪'으로 고친 것임)203)고 하더라도, 그러나 二物이 각자 一物됨에 해롭지 않습니다.(리·기는 分, 사물은 혼륜임)204) 때문에 저는 앞에서 "천지 및 인물상에 나아가 리와 기를 '分'(分別을 分으로 고침)하면 진실로 一物이 스스로 一物됨에 해롭지 않다"(리·기는 分, 사·칠 및 본성·기품은 分別言之임)205)고 했던 것입니다.

(46)"若就性上論", 則正如 '天上之月與水中之月', 乃以一月, 隨其所在而 '分別言之'爾, 非更別有一月也. 今於天上之月, 則屬之月, 水中之月, 則屬之水, 亦無乃其言之有偏乎? [隨수; ~의 뒤를 따라서. 어디에 있는지를 따라가서. 無乃무내; 어찌~하지 않겠는가?]

그렇지만 "만약 성(성즉리의 一性이며, 천지지성이 아님)상에 나아가 논하면서"206) [정주가 그 一性을 二性으로 설해 定意하기를] 마치 '천상의 달과 수중의 달과 같다'(天月과 水月)고 비유했다면207) 이는 결국 한 개의 달을 그 [둘의] 소재에 따라 '분별로 설명(分別言之)'했

문이다. 따라서 당초 고봉 자신이 말했던 "천지 및 인물상에서 리·기를 分하면 진실로 一物이 스스로 一物이 된다"(상88)로 돌아가 다시 설명한 것이다. 고봉은 먼저 "천지상의 리·기의 分"을 말하고, 이어 "인물상의 리·기의 分"이라 하여 천지는 물론이고 인물에서도 리·기의 分은 당연하다고 한다. 리·기는 "分", 사·칠 및 천지·기질지성은 "別"이다. 심은 겸리기지심, 여기서도 리·기는 分이다.

203) 주희의 "[리기개] 사물 속일 때는 진실로 [二物이] 혼륜하여 분개는 불가하다"(상7)를 다시 인용했다. 이곳은 리·기의 분이 아닌 '사물'의 구성요소를 말한 것이다. 리·기는 分의 二物이나, 사물 구성에서는 리기 混淪이다. 주희의 渾淪(리의 온전)을 고봉이 고친 것이다. 주희의 혼륜은 '온전'이고, 고봉은 '함'의 의미이다.

204) 사물을 이룸에는 리기가 함께해야 하는 혼륜이나, 그러나 여기서도 리·기는 각자 二物이다. 이렇게 말한 이유는 퇴계가 "천지 인물상"의 '리·기의 分'과 그리고 '理在氣中'의 '기질지성의 성설'을 분석하지 않았기 때문이다.(상245) 리·기는 分의 실체이다. 단, 사물에서는 리기 混淪이다. 고봉은 '사물의 混淪'과 '리·기의 分'을 각각 분석한다. 반면 퇴계의 "그대는 리기를 一物로 여겨 別할 바가 없다고 했다"(상40)고 함은 사물로 말함인지, 리·기의 분인지, 천지·기질지성의 分別言之를 말함인지 불명하다. 리·기는 퇴계와 같이 一物이 아니다. 고봉은 "기가 있지 않아도 성은 있다. 비록 리가 기 중에 있다 해도 기는 기, 성은 성으로 서로 협잡하지 않는다"(상84)고 한다.

205) 고봉 스스로 "分別理與氣"(상88)를 '分理與氣'로 고쳤다. 리·기는 "分", (하45) 천지·기질지성 및 칠·사는 "別"(상89)이다. 아래 "性上에서 논하면 分別言之일 뿐 一月이 別有함은 아님"과 같은 '別'이다. 반면 퇴계는 사·칠의 "分"(하50·51)이다. 고봉이 자신의 말을 다시 인용한 것은, 리·기의 분과 사물의 혼륜을 분명히 하고자 함이다. 즉 "사물로는 混淪하며 분개할 수 없음"(상7)은 리·기 分이 아니다. 칠·사, 본성·기품은 分別言之이다.

206) 앞서 고봉이 말했던 "性上에서 논한다면, 이른바 기질지성은 이 리가 기질 가운데 타재할 뿐의 一性이 있지 않다. 성을 논함에 '본성·기품'은 '천지·인물상의 리·기 分'이 아닌 一性을 그 所在에 따라 둘로 '分別言之'했을 뿐이다"(상89)를 다시 설명하고자 함이다. 퇴계는 "천지지성도 단지 리만 있지 않고 기질지성도 雜理氣지만 指氣로 言之한 것이다",(상242) "性上에서 논하면 리는 기 가운데 타재한다"(상244)고 했다. 이는 고봉의 의도와 전혀 다른데 왜냐하면 고봉이 말한 "본성·기품"의 二性說은 정주의 定意이기 때문이다. 퇴계는 이러한 정주의 정의와 다르게 스스로의 정의를 세운 것이다. "性上"의 一性은 천지지성과 기질지성으로 '설하기 이전' '실체'의 성이다. 性上의 一性은 '본성·기품' 외에도 수많은 성설·성론이 있다.

207) 주희는 "이 氣가 아니면 道理는 안돈처가 없다. 마치 수중의 달과 같은데, 이 물이 있어야만 천상의 달을 비출 수 있음과 같다. 만약 이 물이 없으면 끝내 이 달도 없다"(『어류』권60, 僴45, 1942쪽)고 한다. 또 "반드시 거울이 있은 연후에 光이 있고, 반드시 물이 있은 연후에 光이 있다. 光은 性이고 거울과 물은 氣質이다. 만약 거울과 물이 없으면 光은 흩어진다"(『어류』권4, 昀40, 193쪽)고 하는데 이는 光의 성은 氣質이 있어야 한다 함이다. "거울은 心이고 그 光의 만물을 비추는 곳이 情이다. 能光의 所以가 性이다."(『어류』권95, 昀29, 3188쪽) "人은 거울과 같고, 仁은 거울의 光明과 같다. 거울에 티끌이 없으면 光明하니, 人도 一毫의 私欲이 없으면 곧 仁이다. 거울의 明은 밖으로부터 구해서는 안 되고, 단지 거울은 元來부터 스스로 이러한 光明이 있을 뿐이다."(『어류』권95, 端蒙158, 3226쪽) "明은 光의 體이고, 光은 明의 用이다."(『진심상』24) 즉 明은 性으로서의 情의 體이고, 光은 性의 用으로서의 情이다. 성을 하늘에서 찾아서는 안 된다. 사람이 없어도 천지의 리는 존재하나 철학(성)은 불가하다.

을 뿐, [정주는] 또다시 별개(別)의 다른 한 달이 있다고 했던 것이 아닙니다.208) 그런데도 지금 선생님 같이 천상의 달만 '달'에 분속시키고(月·性은 실체이지 천지지성의 설이 아님) 수중의 달은 '물'에 분속시킨다면,(달은 성이고, 물은 성이 아니며, 특히 기질지성은 물이 아님) 또한 어찌 그 설명(言之)에 치우침이 있는 것이 아니라 하겠습니까?(리·기는 실체이고, 성도 실체이며, 천지·기질지성은 두 성설임. 이 두 설이 치우쳤다는 것임)209)

(47)而況所謂 "四端七情"者, 乃 "理墮氣質"以後事, 恰似水中之月光. 而其光也, "七情"則有明有暗, "四端"則特其明者. 而 "七情"之有明暗者, 固因水之淸濁, 而 "四端之不中節"者, 則光雖明, 而未免有波浪之動者也. 伏乞將此道理, 更入思議. 何如? [月光월광; 달의 빛남. 달빛.(달은 성이고, 달빛은 정임) 水之淸濁수지청탁; 물의 청탁.(기질의 청탁을 말함. 성의 청탁이 아님) 波浪之動파랑지동; 물결의 움직임.(본연의 밝음인 일정에 다시 파도의 동요가 생김. 심은 활물이기 때문)]

더구나 이른바 "사단 칠정"210)이라는 것은 결국 "리가 기질 속에 떨어진" 이후의 일(성이 기질 속에 존재한 이후의 일)이며,211) 이는 흡사 수중의 달빛(물은 기질, 달은 성, 달빛은 정)과 같습니다.212) 그 빛(정)에 있어,(첫째 '一情'이라는 것)213) "칠정"(둘째 자사의 定意라는 것)은 곧 밝

---

208) 성에 있어 천지지성과 기질지성은 다만 一性에 대한 두 설일 뿐이다. 두 성설은 실체의 성이 아닌 一性에 대한 각각의 설이다. 一性은 "천명지성" "성선지성" "천지지성" "기질지성" 등 여럿의 설이 있다. 이러한 성설은 "별도의 一性으로 있지 않다."(하43) 기질지성은 '성이 기질에 있음'의 설이다. "달이 비록 在天 在水의 不同은 있더라도, 다만 一月일 뿐이다."(하44) 정주는 一月을 天月과 水月 둘로 설명한 것이다.

209) 천지, 인물상의 리·기는 二物의 '실체'지만, 이곳 두 성은 '설'이다. 천지지성을 천상의 달로, 기질지성을 수중의 달로 비유한 것, 이는 실체가 아닌 비유와 설일 뿐이다. 性·月은 실체이다. 두 성설은 실체가 아닌 실체의 성을 그 목적에 따라 '설명한 것'에 불과하다. 퇴계는 "하나는 리에 就한 주리이고, 하나는 기에 就한 주기이다"(상242)고 하지만 천지지성은 '주리'일 수 없고, 또 "리에 就해"라고 함도 불가하다. 리에 취한다면 성을 부정함이 되고 만다. 리·기에 就한다면 이미 '성에 대한 설명'이 아니다. 기질지성이 주기라면 성은 기가 되고 만다.

210) 고봉은 "리·기의 分"(상88·89)에 이어 "본성·기품의 분별언지"(상89)를 말하고, 세 번째로 "그 정을 논한다면"이라 했다. 이 세 번째의 "사단 칠정"(상91)에 대해 다시 논하겠다 한다. 왜냐하면 퇴계는 사맹이 사칠로 '언론한 종지'를 해석하지 않고 새롭게 리기로 논했기 때문이다. 퇴계의 "사단도 기가 없지는 않음", "칠정은 氣之發임", "기발은 專指氣임", "사칠을 대거 병첩함",(모두 상243) "사칠은 리기 호발함",(상246) "사칠은 渾淪言之임",(상249) "사칠은 각각 리·기의 所發임"(상247) 등은 모두 사맹이 논설한 소지에 어긋난다.

211) 고봉은 "정을 논한다면, 本性이 기질에 타재한 연후 발하여 정이 된다"(상90)고 한다. "성이 기질에 타재함은 기질지성을 가리키지만"(상89) 그러나 그 정이 기질지성의 발일 수는 없다. "기질지성"의 설은 성의 '설명'이기 때문이다. 정의 발이 "성이 기질에 타재한 이후의 일"이라 함은 정은 性發이라 함이다. 기질에 태재해도 성은 변질되는 않는다. 변질이 없는 '실체인 성·리'의 발이 곧 정이다. "일(事)"이라 함은 정은 외물에 感한 실체로서의 心의 사건'이기 때문이다. '이 일'을 사맹은 칠·사로 言·論한 것이다.

212) "수중의 달빛"에서 달은 성, 물은 기질, 수중의 月·性이 있는 장소, 달빛이 정이다. 정은 "리가 기질에 떨어진 이후의 일"이고, 이는 '月·性이 수중의 기질에서 빛남'과 같다. 이는 성의 빛남(月光)으로, 기질이 빛나는(水光) 것은 아니다. 또 기질지성(說) 혹은 본연지성(說)의 빛남도 아니다. 윗줄에서 고봉이 천지·기질지성을 "그 소재에 따라 分別言之한 것"이라 함은 "성을 논한 것"(하46. 상89·90)이다. '달빛'은 '논'이 아닌 '실체'이다. 수중에서 '달빛을 둘로 설명한 것이 칠정과 사단이다. 반면 퇴계의 "氣發은 專指氣임",(상243) "리기는 호발함"(상246) 등은 그 정으로서의 '성의 발' 및 '성의 빛남(月光)'이 아니고, 더구나 이는 '정의 발현자' 논의가 아닌 리기 논의이다.

213) "그 빛(其光也)"은 칠사가 아닌 一情이다. 그 一情은 수중의 기질에서 '빛'나고 있다. 그 빛나는 一情의 실체를 사맹은 그 목적에 따라 각각 칠·사로 설명한 것이다.

음도 있고 어둠도 있는데,[214] "사단"(셋째 一情 중 리·선만 척발한 것)은 곧 단지 그 밝은 것일 뿐입니다.[215] 그런데 "칠정"(자사)에 밝음과 어둠이 있는 것은 진실로 '물(성이 아닌 기질)의 청탁'으로 인한 것이지만,[216] "사단 불중절"의 것은 그 빛(一情. 사단이 아님)은 비록 밝게 빛나나(정은 본선이라는 것)[217] 이후 '파도의 움직임이 있음'을 면치 못한 것입니다.(기왕 정으로 밝으나, 여기에 다시 동요가 일어난 것임)[218] 엎드려 바라옵건대, 장차 이러한 도리로 다시 생각해서 논의해 주시기를 바랍니다. 어떠실 지요?[219]

　　(48) 又按. 首條曰, "不應與 '理之發' 者, 對擧而幷疊言之矣."

　　또 선유의 설로 상고하겠습니다. 1조에서 말씀하기를 "[주자는] 응당 '理之發'의 것과 더불어 대거로 병첩해 설명하지도 않았을 것이다"(리발이 사단이므로 기발이 칠정이라 함인데, 이 논설은 스스로 성립될 수 없는 발언임)[220]라고 하셨습니다.

---

214) 정의 "달빛"을 자사는 "희노애락"으로 名했고 이는 중·화도 있는 "전체로의 말씀(言)"이다.(상3) 그 빛나고 있는 一情의 "달빛"은 본선이다. '성이 발하여 정이 된 것(性發爲情)'인 성정 관계를 곧바로 '어긋난 것'으로 여길 수는 없다. 정은 심의 "感於物이므로 겸리기이고, 정에서 선악이 나뉘므로 유선악이다."(하145) 이는 자사의 定意이다. 반면 퇴계는 자사의 칠정을 기발의 "專指氣"(상243)라 한다.

215) "달빛"의 一情은 別의 칠·사 이전이다. 자사의 "희노의 言"(상3)은 정 전체이다. 一情에 대한 자사의 言之는 겸리기·유선악이고, 맹자는 그 一情 중에서 선·리만 척발해서 언지한 것이다. 그리고 "맹자의 '性善'인 情可以爲善은 자사에서 나온 것"(상96)뿐이다. "자사는 [중·화로] 性·情의 덕을 밝혔고",(상98) 맹자는 "그 정으로 성선을 논한 것(其情則可以爲善)"이다. 이곳 "성선장"에 주희는 주석하여 "사람의 정은 본래 단지 선으로 삼을 수 있고, 악으로 삼을 수는 없다. 이로써 성의 本善을 알 수 있다"(「고자상」6)고 한다. 성선을 논증한 "그 정"은 칠정의 중절자와 동실이명이다. 선·리는 兩善·兩理라 할 수 없기 때문이다. 반면 퇴계는 사단만 성발의 무불선이라 하고, 또 성의 '무불선'과 정의 '무왕불선'의 二名을 구분하지 않는다.

216) 윗줄에서 "정은 리가 기질에 타재한 이후의 일"이며 이는 "수중의 月光과 같다" 하고 이어 "칠정은 명·암이 있다"고 한다. 이 칠정에 명·암이 있는 이유를 다시 논한 것이다. 그것은 "리가 기질에 타재한 이후"의 일은 반드시 기질인 물의 영향을 받기 때문이다. 즉 心感은 外物이 있어야 하고, 外感에 의한 발이므로 따라서 기질의 영향을 받지 않을 수 없다. 기질의 청탁으로 인해 성은 가릴 수 있으며 이 때문에 "정은 선악"이 있게 된다.

217) "빛(光)"은 성(月)이 아닌 情이다. "밝다(明)"고 함은 '빛이 밝다(정이 본선이다)' 함이지 칠사가 밝다 함은 아니다. 정의 칠사는 본래 밝으나 그 설은 각기 다르다. 정은 실체이며, 실체는 심이다. 심은 정이 있고, 心感으로 情이 되니, 이는 心發이다. 사단 불중절도 심 문제이며, 심은 공부가 필요하고, 때문에 사단을 모두 중절이라 할 수는 없다. 그러므로 고봉은 "사단을 무불선으로 여겨서는 안 된다"(하97)고 한 것이다.

218) 맹자의 "인·의의 단서"라 함은 사람은 '이러한 情이 있다' 함이다. 그 밝은 정은 기질 속에서의 '밝음'이다. 이것을 맹자는 확충·성선으로 논했을 뿐이다. 정은 심이 주재하지 못하면 즉시 불중절로 흐른다. "파도와 물결의 영향을 받는다"고 함은 心感에서 심이 정을 주재해야 하기 때문이다. 정에 선악이 생기는 이유는 심의 감물 때문이고, 사단 불중절 이유는 사단이 있다 해도 그 端의 즈음 심이 주재하지 못하면 불중절로 흐르기 때문이다. 정이천의 "물이 없으면 어떻게 파랑도 있겠는가? 성이 없으면 어떻게 정도 있겠는가?"(『정씨유서』권18, 91조, 208쪽)는 정은 성발이고 성의 발현자이나 그것은 기인 파랑의 영향을 계속 받는다 함이다. 퇴계는 사단 불중절은 있을 수 없는 일이라 하는데, 이는 사단이 심이며 정임을 인정하지 않음과 같다. "사단 불중절"의 설은 뒤에서 논한다.(하95)

219) 리·기의 "分", 천지지성과 기질지성의 "分別言之", 일정의 "月光", 칠정의 "明暗", 사단 불중절의 "波浪"(하45·46·47) 등의 관계를 위와 같이 "다시(更入)" 생각하여 주시라고 한 것이다. 이 지적은 「고봉2서」에서도 이미 언급했다. 고봉은 "四端之情"과 "四端之發의 불중절"(상170·172)에 대해 설명하면서 "엎드리건대 장차 이러한 一說까지 생각하여 논의해 주시면 다행이겠습니다. 어떠실 지요?"(상172)라고 했다. 이렇게 '거듭 생각해 논의해 줄 것'을 강조한 이유는 퇴계는 리기, 성정, 칠사, 사단 중절·불중절 등의 관계를 분석하지 않았기 때문이다.

220) 퇴계는 "만약 專指氣가 아닌 兼指理였다면 주자는 '理之發'과 대거 병첩하지도 않았을 것"(상243)이라 했다. 즉 주희가 기질발을 리지발과 대거 병첩한 것은 칠정이 겸기가 아닌 專氣이기 때문이다. 그것은 "기에 就했기"(상242) 때문이다. 요컨대, 1)칠정은 오로지 기이다. 2)주희는 기발을 리발과 대거했다. 3)기발은 오로지 기이다. 4)기발과 오로지 기는 기에 나아가서 말했다. 퇴계

(49)大升以爲, 朱子謂 "四端是理之發, 七情是氣之發"者, 非對說也, 乃因說也. 盖對說者, 如說左右, 便是對待底, 因說者, 如說上下, 便是因仍底. 聖賢言·語, 固自有對說·因說之不同, 不可不察也. [對說대설; 앞과 상대의 설. 因說인설; 앞에 이어 말한 설. 也야; ~이다.(단정을 나타냄) 對待底대대저; 서로 기다리는 관계.(底는 구어체로 的과 같은 뜻. 하110) 因仍底인잉저; 앞과 같이. 앞에 연결되는 관계. 言語언어; 말씀과 기록된 글.]

대승은 주자의 설을 다음과 같이 해석하겠습니다. 주자의 "사단은 是理之發이고 칠정은 是氣之發이다"고 함은 사맹 본설을 對說(사맹은 대설일 수 없음. 큰 문제는 퇴계는 '리·기로 대거'한 점인데, 고봉은 상상하지 못함)[221]이 아닌 因說(一情에 因해서 사·칠 둘로 각자 '설'한 것)로 해석한 것입니다.(사칠은 一情에 '因한 설'이라는 것. 반면 퇴계는 '리·기 대설'로 삼음)[222] 대설이라 함은 마치 좌우로 설함과 같은 곧 '상대를 필요로 하는 관계로 말한다면(對待底)'의 뜻이고,(음·양과 같음. 사칠은 이런 관계가 아니라는 것임)[223] 인설이라 함

의 이 발언은 스스로 성립될 수 없다. 왜냐하면 자사는 '기에 나아간' 설이 아니고, 주희는 '오로지 기'라 한 적이 없으며, 기지발은 칠정 '해석'일 뿐이고, 더욱이 퇴계는 정의 발처, 자사의 설, 주희의 해설을 구분하지 않는다. 발처는 아래에서 따로 언급한다.

221) 처음 고봉이 "선생은 사칠을 대거·호언했다"(상6) 함은 『어류』가 아닌 퇴계의 "사단지발, 칠정지발"(상1·5·6)의 대거에 대한 비판이다. 이에 퇴계는 "칠정을 사단과 상대"(상299)로 여기고 "주희는 氣之發을 理之發의 것과 대거·병첩했다"(상243)고 하여 실제로 상대의 리·기로 사·칠을 대거했다. 고봉의 비판은 사칠의 대거·호언은 불가이며, 더구나 리·기에 분속하면 각자 치우친다 함이다. 즉 "맹자 때문에 왜 급거 자사 칠정이 기 일변이 되어야 하는가?"(하62) 주희는 사맹을 '해석'했을 뿐, 주희 자신의 사칠이 아니다. 사칠은 一情에 대한 매우 많은 설 중의 2설일 뿐이다. 먼저 사람 느낌이 있고, 그 느낌을 설한 것이 사·칠 등이다. 그런데 지금 고봉의 상상 불가는 퇴계는 "리기에 나아간" 이 리·기의 호발을 사·칠이라 한다는 점이다. 정주의 "대설" 언급은 다음과 같다. "五峰은 심을 이발, 성을 미발이라 하여 心性 두 자를 對說로 삼았다."(『어류』권101, 昫166, 3392쪽) "나는 일찍이 호굉을 지적하면서 '本然之性은 진실로 渾然至善이니 악과는 對할 수 없다'고 했다. 단, 하나의 선이 있으면 곧바로 하나의 불선도 있게 되니, 이때의 선·악은 對이다. 그렇지만 원래부터 하나의 악이 그 안에 있다고 할 수는 없다."(권101, 卓169, 3393쪽) "性善之善, 不與惡對."(『문집』권42, 「答胡廣仲」5, 1902쪽) "선·악이 性中에 있으면서 兩物로 상대해 각자 나온다 할 수는 없다."(『유서』권1, 11쪽) 요컨대 심·성,(인설) 성선·악, 성선·정선(인설)은 대설이 아니나, 선·악은 인설·대설이다. 단, 性中에 선·악이 상대함은 아니다. 인설은 性情, 心性情 등과 같고, 대설은 선악, 리기, 음양 등과 같다.

222) 고봉은 是氣之發을 반대할 수 없고, 반대할 이유도 없으며, 이 설은 지극히 당연하다. 주희는 결코 "사단이 리발이므로 칠정이 기발이라 한 것"(하62)은 아니며, 또 "칠정이 전지기이므로 주희가 그 리지발과 대거·병첩했다"(상243) 할 수도 없다. 퇴계는 "시기지발"의 잘못 없는 해석설을 임의로 "시리지발과 대거·병첩"으로 오독한 것이다. 이로써 결국 자사의 치우침 없음의 칠정설을 '주희가 치우쳐 기지발이라 했다'하고 만 것이다. '리지발, 기지발'을 "인설"이라 한 이유는, 사칠은 단지 '그 一情에 因한' 두 설일 뿐이기 때문이다. 주희의 "相因"은 곧 심성정은 '서로의 관계에 있다' 함이다. "측은은 情이고, 측은지심은 心이니, 인은 性이니, 三者는 相因이다. 횡거 '심통성정'의 설이 극히 좋다(惻隱是情, 惻隱之心是心, 仁是性, 三者相因. 橫渠云 '心統性情, 此說極好)."(『어류』권53, 閎祖40, 1762쪽) "因孟子所說惻隱之端, 可以識得仁意思, 因說羞惡之端, 可以識得義意思."(권53, 賀孫47, 1765쪽) "因說生之謂性曰."(『어류』권59, 閎祖15, 1878쪽) "因兒周子云."(권62, 蘷142, 2084쪽) "因說近思續錄曰."(권105, 昫33, 3451쪽) "因說微怒."(권95, 蘷141, 3221쪽) 퇴계의 "4는 리발이나 기가 따르고, 7은 기발에도 리가 탄다"(상255)에서 '4는' '7은'(대거·호언임)을 빼면 이것이 곧 인설이며, 이는 고봉의 "정이 발함에, 혹 理動이나 氣俱이고 혹 氣感이나 理乘이다"(하61)와 같다. 큰 문제는 퇴계는 리·기로 사칠을 대거한 점이다. 이는 사칠이 대설이라 함이 아닌, 리·기에 종속된 사칠이며, 퇴계의 새로운 作說이다.

223) 주희는 "음양은 순환으로 말한 것도 있고, 대대로 말한 것도 있다(大抵陰陽, 有以循環言者, 有以對待言者)"(『문집』권52, 「答吳伯豊」10, 2437쪽)고 하는데, 대대는 "태극도" "陰靜·陽動", "坤道成女·乾道成男"에서 '좌우로 살핀' 것과 같다. 고봉의 "음양, 강유는 對待가 있음"(하10)과 같다. 주돈이는 음양으로 '태극'을 말하기도 하지만 또한 태극을 '음양'으로 말하기도 한다. 사맹은 진실로 사칠을 대설하지 않았고, 더욱이 "시리지발, 시기지발"은 사칠설에 대한 해석일 뿐이다. 칠정은 정이므로 기이나, 사단이 독리라 해서 칠정이 독기일 수는 없다. 또 칠정이 기지발이므로 사단이 독리라 할 수도 없다. 사칠은 이런 관계가 아니다. 주희의 "대대"는 다음과 같다. "선악, 진망, 동정, 一先·一後, 一彼·一此는 모두 對待로 이름을 얻은 것이다."(『문집』권75, 「記論性答藁後」, 3636쪽) "혹 선악을 南北之分으로 여기거나 혹 陰陽之事로 여긴다. 이 두 일은 相對待이지만 陰陽之理가 아님이 없다."(『어류』권94, 謨148, 3152쪽) "[여여숙의] 「克己銘」에서 己와 物을 對說로 여긴 것은 합치되지 않는다."(『어류』권41, 謨92, 1477쪽)

은 마치 상하로 설함과 같은 곧 '앞과 연결되는 관계로 말한다면(因仍底)'의 뜻입니다.(태극음양, 성정과 같음)224) 성현의 言·語는 진실로 대설과 인설의 같지 않음이 있으니 [성현의 언어를 자세히] 살피지 않아서는 안 될 것입니다.225)

(50)次條曰, "獨不可各就所發, 而分四端七情之所從來乎?"

다음 2조에서 말씀하기를 "유독 각기 발한 바에 나아가서 사단 칠정의 소종래로 나눌(分) 수는 없겠는가?"('리기에 나아가서' 사람 감정을 말한 것으로, 퇴계는 사람 본유의 성정 및 선유의 사칠 본설을 논함이 아님)226)라고 하셨습니다.

(51)大升以爲, 四端七情, 同發於性, 則恐 "不可各就所發而分"之也. 伏惟先生, 以天地之性·氣質之性, 對作一圖子, 又以四端之情·七情之情, 對作一圖子. 參互 "秤停", 看如何, 然後 "明以回敎", "幸甚幸甚." [圖子도자; 도형. 그림.(子는 의자 탁자와 같은 용법) 參互 참호; 상호 참조하다. 서로 참고하다. 如何여하; 어떠한 모양인지.]

대승은 다음과 같이 말씀드리겠습니다. 사단 칠정은 같은 성에서의 발이기 때문에 "각기 발한 바에 나아가서 나누어서는(分之)"(퇴계의 分을 分之로 바꿈)227) 안 됩니다.(퇴계는

---

224) 『논어』 "因不失其親(이렇게 그 친밀을 잃지 않아야만)"(「학이」13)의 '因'자를 주희는 "依(이 사람을 통해)와 같다"고 하고 또 "因仍苟且"라고 주석하면서 "'인잉'과 '구차'는 같은 의미의 글자이다. 인잉은 '因循과 같고, 구차는 '이렇게 해야만(恁地做)'과 一般이다"(『어류』권22, 寓77, 769쪽)라고 한다. 또 『논어』 "仍舊貫(옛것을 그대로 이용함)"에 대해 주희는 "仍은 因의 뜻"(「선진」13)이라 하였다. 인잉은 "苟且雷同(남을 그대로 따름)"(하18·9·178, 상236)과 같은 의미이다. "因仍底이다"는 '앞에 이어서'의 뜻이다. 정은 一情 하나인데, 그 一情에 칠·사 등 여러 설이 있다. 이렇게 '一情에 因한 제설이므로 '인설'이다. 칠정의 기발도 당연하나, 사단이 리발이라고 해서 기발인 것은 아니다. '태극도' "陰靜·陽動", "坤道成女·乾道成男"은 대설이나, "무극이태극", "음정", "양동"은 인설이다. '태극도설' "太極動而生陽"과 주희의 "太極之有動靜"은 인설이나, "一動一靜, 互爲其根"은 대설이다.

225) 주희는 "천하 사물의 리는 亭當 均平하여 無對가 없으나, 오직 道만 무대하다. 형이상·하로 논하더라도 대가 있다. 이른바 '대'는 좌우, 상하, 전후, 다과로 말하기도 하고 혹 類로 혹은 反으로 對하기도 하니, 이를 반복해 미루어 가면 천지의 사이에는 참으로 一物만 兀然히 無對로 孤立된 것은 없다"(『문집』권42, 「答胡廣仲 5」, 1904쪽)고 하는데, 즉 천하는 모두 有對하나 오직 도만 無對하다. 주희는 같은 글에서 선을 '無對'와 '對'로 구별한다. "선의 得名은 악과 對로 말한 것이니, 맹자 '성선'도 결국 인욕에서 천리를 別한 것이다. 천리·인욕이 비록 同時 並有의 物은 아니지만, 그러나 스스로 선후, 공사, 사정의 반대로 설명하면 또한 부득불 對가 된다."(1902쪽) 성선은 무대지만, 이미 선이라는 말이 있기 위해서는 有對일 수밖에 없다. 선은 무대와 유대로 말할 수 있는데, 무대와 유대의 선은 一善이니 이는 인설이다. 『어류』 "[천하늬] 리 없는 기는 없고, 기 없는 리도 없다"(상17·29)에서 '리·기는 대설이나 '리는 기에 있어야 함'은 인설이다. 고봉의 "살피지 않아서는 안 된다"(하96·99·135·137)고 함은 성현의 言·語 선유의 설로 '고중'할 때 쓴 말이다.

226) 퇴계는 "정을 논함에도 性在氣質이나 유독 各就所發하여 사칠의 소종래로 分할 수는 없겠는가?"(상247)라고 했다. 즉 겸리기에 就하면 리발은 사단, 기발은 칠정이다. 이는 사람 본연의 성정을 논함이 아닌, 퇴계 스스로 "리기에 나아가서(就)" 그 리·기로 선유의 성설 2설과 사맹의 정설 2설을 말한 것이다. 결국 '사람의 성정'을 논하지 않았고, 또 선유의 성 및 정 '본설'을 논하지 않은 것이다.

227) 퇴계의 이른바 "各就所發"은 리·기에 나아간 '리·기의 發'이며, 그 '발한 바(所發)'의 사람 느낌이 아니다. 퇴계는 리발·기발이 곧 사칠이라 한 것이다. 반면 고봉의 "사단자는 천리의 소발이다"(상5), "심의 소발이 정이다"(상56) "사단은 정 소발의 명칭이다"(상56)의 소발은 旣發인 사람 느낌이다. 퇴계는 "리·기 분(分理氣)"(상88·89)으로 사·칠을 分했고, 때문에 고봉은 "리·기로 분하는 행위(之)를 할 수 없다"고 한 것이다.

리·기에 나아가서 사칠로 분하지만, 고봉은 사맹 소지로 논함)228) 엎드려 생각건대, 선생님께서는 천지지성과 기질지성 둘로만(많은 성설 중 단지 리·기 둘로만) 상대로 들어 하나의 도형으로 만드셨고,229) 또 四端之情과 七情之情의 둘로만(많은 정설 중 단지 리·기 둘로만) 상대로 들어 하나의 도형으로 만드셨습니다.(사맹 종지는 사칠이 아닌 중화, 성선·확충이며, 이는 상대설이 아님)230) 상호 참조하여 "칭정"(중화와 성선이 리·기 대설이라면 천명의 중화는 기가 되고 맘)해 주시고,231) 지금 어떤 모양을 이루었는지를 다시 살펴보신 연후에 "밝혀서 회교하여 주시면(明以回敎)" [도리를 밝힘에 있어] 매우 다행이겠습니다."(퇴계의 말을 역인용한 것임. 퇴계는 칠정을 사단과 리·기 대설로 여겨 결국 추만 「천명도」를 '기의 악도'로 만들고 만 것임)232)

(52)第三條. 제3조.

　　　互見上下條, 不煩重論.

　이 내용은 상호 위아래 조항에 중복되므로 번거롭게 거듭 논하지 않겠습니다.233)

---

228) 사단 칠정은 정이며, 정은 성이 발해서 외부로 드러난 것이다. 퇴계는 스스로 "각자 리·기가 발한 바에 나아가서 사·칠 소종래로 나누었다"고 한다. 문제는 1) '所發'은 기왕 발현한 것이고, 2) '각자 나아간다(各就)'고 함은 발하기 전의 리·기를 말하므로 정이 아니며, 3) '소종래'는 사맹 본설이 아닌 리·기이고, 4) '分'은 사칠은 본래 別일 뿐 학자가 억지로 나눈 것(分之)이 아니다. 퇴계는 리·기의 발로 사칠을 말하나, 고봉은 사맹의 소지로 해설한다.

229) 퇴계는 단지 '천지지성과 기질지성' 둘로만 상대로 들고 하나의 그림을 만들었다. 하지만 성에 대한 설은 매우 많다. 자사의 "천명지성", 맹자의 "성선지성", 이천의 "기질지성",(상86) 공자의 "계선·성성", 周子의 "무극태극",(상34) 공자의 "상근지성", 맹자의 "이목구비의 성"(상35) 등 제설은 모두 각자의 종지가 있다. 따라서 이 모두를 단순히 "계분의 리·기로 판결"(하42)해서는 안 된다.

230) 퇴계는 리·기 둘로만 사칠을 나누었다. 하지만 학자는 선유 본설인 자사의 "희노애락", 맹자의 "측은·수오",(상2) 『대학, 정심장』의 "분치·공구",(상123) 심의 용인 "희노우구"(상124) 등 제설을 그 종지 및 소지로 고찰해야 한다. 앞에서도 "선생은 사칠을 리·기로 分해서 對句子로 만들고 양쪽으로 설파했다"(하21)고 한다. 자사는 희노로 "신독"과 "중화"를 논했다. 맹자는 "사단지정"으로 "可以爲善"(상160)의 성선을 논했고 또 측은지심으로 정의 "확충"(하133)을 논했다. 주희는 "사단지발의 불중절"(상170)도 논했다. 이러한 각각의 소지를 단순히 리·기로 나누어서는 안 된다.

231) 고봉이 말한 칭정은 "발어리·발어기는 자세히 칭정하면 장애가 없을 수 없음",(상90) "사칠을 리·기로 分하면 편중이 없을 수 없음. 이를 칭정해야 함"(하21·22)의 의미이며 이는 "사칠을 지나치게 리·기로 分說한 실수"(상144)라 함이다. 반면 퇴계의 경우 "나의 前書는 칭정을 잃었음",(상190) "나의 말에 秤停을 잃은 곳은 이미 개수했음"(상228·190)은 자신의 논에 대한 칭정이다. 만약 사칠이 리·기 대설이라면 중화와 성선·확충은 대립되고 천명의 중화는 '기'가 되고 만다.

232) 퇴계는 "바라건대 명이회교해 주시라",(상190) "강론에 도움 된바가 어찌 적겠는가. 행심행심이다"(상224)라 했고, 이에 고봉도 "선생께서는 저에게 '명이회교'라 하셨으니, 저로서는 '행심'을 이기지 못하겠다"(하18)고 한다. 이렇게 "명이회교"와 "행심행심"(하7·15·5)을 인용 거듭 강조한 이유는 선생께서 명이회교를 말씀하셨고, 따라서 그 도리를 강론함에 있어 매우 다행이라는 뜻이다. 단, 사맹 본설 및 주희의 해설을 대설로 해석한 것이 "어떠한 모양인지를 살펴본 연후(看如何, 然後)"라야 "행심행심의 同歸"(하15·14)가 가능할 뿐이다. 퇴계는 리·기로 사칠을 나누고 또 사칠을 리·기 대설로 여김으로써 결국 추만 「천명도」를 '氣圖'의 '惡圖'로 만들고 만 것이다.

233) 퇴계의 3조는 "異에 就해도 同은 있음", "二者는 혼륜언지임", "단지 同만 있고 異는 없다 할 수는 없음"이다.(상249) 이는 고봉의 "칠정도 인의예지의 性에서 발한다"(상101)에 대한 답변이다. 퇴계의 논변은 매우 불명한데, 먼저 고봉 본문을 사실 그대로 인용하지 않았다. 고봉은 칠정도 성발이라 함이지, "맹자의 言之"(상79)인 '인·의'의 발이라 함은 아니다. 사맹 칠사는 一情에 대한 각각의 설명(言之)의 설이다. 따라서 情으로서는 '同'이나, 사맹의 所指는 '異'다. 고봉의 "혼륜언지"는 칠정이다. 반면 퇴계의 "二者"는 사칠, 리기, 인의예지와 칠정, 자사와 정자인지가 불명하다. 또 퇴계의 "二者는 혼륜임"은 사칠, 리기, 인의예지와 중화, 자사와 맹자, 정자와 자사의 설이 혼륜인지가 불명하다. 또 "同異가 있다"도 사맹의 동이인지도 불명하다. 사맹 칠사의 소지의 異는 지극히 당연하다. 이러한 오류는 상하에 중복된다는 것이다.

(53)第四條, 第六條. 제4조, 제6조.

按, 此二條, 本因來辯下語有偏重處, 故聊復云云, 以明四端非無氣之實焉. [因인; ~때문에. ~으로 인하여. 下語하어; 사맹 칠사 아래 설명하여 붙인 말. 聊復료복; 잠시, 우선 그대로 두다.]

저는 상고하겠습니다. 저의 이 두 조항(당초 고봉의 비평 두 조항)[234]은 본래 선생님이 논변하신 그 下語(사단지발과 칠정지발의 '발처')에 "편중"된 곳이 있음으로 인하여 말씀드렸던 것이었습니다.(당시는 '발처가 리·기에 편중됨'만 지적했다는 것)[235] 때문에 저는 우선 [그 사·칠 각각의 "所指" 문제에 대해서는] 그대로 놔둔 채 [그 '발처'만] 운운했던 것이었고,[236] 따라서 저는 당시 사단도 기의 "實"(유행)이 없지 않음에 대해서만 밝혔던 것입니다.(사단은 정임이 분명하며 따라서 그 '발처는 乘氣'로 유행한다는 것)[237]

(54)鄙意亦非以 "孟子所指者, 爲兼指氣"也. 鄙說固曰, "性之乍發, 氣不用事, 本然之善得以直遂者, 正孟子所謂四端者也." 蓋所謂四端者, 雖 "曰非無氣", 而其於發見之際, 天理本體, 粹然呈露, 無少欠闕, 恰似不見氣了. [乍發사발; 홀연 발하다. 막 발하다. 善得선득; 본연의 선이 정에서 繼之한 상태. 直遂직수; 곧바로 성취하다. 완전히 이루어지다.(성취된 결과) 粹然수연; 순수한 모양. 呈露정로; 노정되다. 리가 밖으로 드러나다.]

저 역시 "맹자의 가리킨 바(所指)의 것을 기를 겸해 가리켰다(兼指氣)"(퇴계)고 여긴 것은 결코 아닙니다.(퇴계는 '소지'와 '발처'를 구분하지 않음. 고봉은 사단의 소지는 결코 겸기일 수 없다는 것임)[238] 저의 설에서도 진실로 말하기를 "성이 막 발함에 기가 용사하지 않고 본연의 善

---

234) 퇴계의 답변 2조가 아닌 고봉의 당초 비평 2조를 말한다. 즉 「퇴계1서」 "사단지발, 칠정지발"(상23·24·104·106)의 '發處'는 편중되었다. 이것이 당초 비판이다. 그런데 퇴계는 오히려 발처가 아닌 "맹자의 所指"(상251), "孟子所指"(상258)로 답변한 것이다. 이는 토론이 어긋난 것이며, 더구나 퇴계는 칠정의 '發處' 및 '所指'에 대한 답변도 없다. 고봉의 비판은 사람 느낌은 모두 성발이며, 따라서 사단지발과 칠정지발로 나뉘어 발하지 않는다 함이다. 문제는 칠사의 '발처'와 맹자의 '소지'는 그 논점이 다르다는 점이다. 발처는 이미 답변했고, 사단의 '소지 문제'만 다시 아래에서 논한다.

235) 당초 고봉의 지적은 "사단지발과 칠정지발의 편중"이었는데 퇴계는 "맹자의 소지"로 답변한 것이다. 당시 퇴계의 편중은 다음과 같다. "四端之發은 인의예지가 在中이니, 사단은 그 단서이다."(상23) "七情之發은 외물 형기에 先動하며, 칠정이 그 묘맥이다."(상24) 이에 고봉은 "사칠은 出於心이며, 별도의 出於理일 수 없다"(상105) "感物而動은 사단도 그러하다. 그 感物者는 사칠이 다르지 않다"(상109)고 반박했다. "在中"(상95·111)은 중용설이며 당연히 칠정은 "性之欲者의 出"(상103)이다. 따라서 퇴계의 논은 "리·기에 偏重됨"(하13·14·21)이 당시 지적이었다.

236) 퇴계는 사단지발을 "인의예지"의 성발, 칠정지발을 "형기"라 했는데(상23·24) 이는 그 발처가 리·기로 편중된 것이다. 이는 '發處' 문제일 뿐, 사맹의 '所指' 문제는 아니었다. 따라서 고봉도 당시 "소지" 문제는 그대로 놔두고 그 '발처'에 대해서만 답변한 것이다. 그런데 퇴계의 답변은 "맹자의 所指는 發於氣의 處에 있지 않다",(상251) "맹자의 所指는 乘氣處에 있지 않다"(상258)고 하여 '소지'와 '발처'를 구분하지 않은 것이다.

237) 당시 고봉의 비판은 사단의 소지가 아닌, "측은·수오도 乘氣로서의 유행하는 실제(實)의 리가 나타난 것"(상112)이라 했다. 따라서 고봉의 "사단 역시 기" 의미는 사단의 '소지가 기'라 함이 아닌, 그 유행의 "實"로 보면 사단도 승기로 발현한 '情'일 뿐이라 했던 것이었다.(상112)

238) 퇴계의 말을 인용한 것이다. 퇴계는 "맹자 所指는 실로 發於氣 처에 있지 않다. 만약 '曰, 兼指氣'라 하면 이미 다시는 사단이

을 곧바로 완수한 것, 이것이 바로 맹자의 이른바 사단이다"(사단의 '소지'로 답변함)[239]라고 했습니다. 그것은, 이른바 사단이라는 것이 비록 "기가 없지는 않다(曰, 非無氣)"(퇴계의 말인데, 고봉이 완곡한 거부의 뜻으로 말 그대로 인용한 것임)[240]고 하더라도, 그러나 [사단은] 그 發見(리가 발하여 드러남)의 즈음에서 천리의 본체가 수연히 밖으로 노정됨에 조금의 흠궐도 없음이니,(사단의 소지는 겸기가 아닌, 반드시 천리의 본연임)[241] 이는 흡사 기가 보이지 않음과 같다고 하겠습니다.(확충·성선은 결코 겸기라 할 수는 없음)[242]

(55)譬如 '月映空潭.' 水旣淸澈, 月益明朗, 表裏通透, 疑若無水, 故可謂之 "發於理"也. 若或以 "氣參看", 則豈孟子之旨哉 [月映월영; 달이 물에 드러남. 달이 반영됨. 淸澈청철; 투명하다. 물이 깨끗하다. 明朗명랑; 분명하다. 뚜렷하다. 명백하다.(明情의 뜻) 通透통투; 관통하여 뚫리다. 통과해 투명되다.(달이 물을 관통하여 온전한 달로 보이는 것) 參看참간; 참여시켜 간주하다.(달은 달이므로, 물과 혼합자가 아니라는 것) 旨지; 종지. 의의. 목적.(가리킴(指)이 아님)]

[사단을] 비유하면 '달(性善)이 고요한 못에 반영됨(月映空潭. 月印千江과 비슷)'과 같습니다.[243] 물(성인의 정. 중용 신독공부로 중을 이루면)이 기왕 맑고 투명한 상태에 있다면 달(性)은

아니다",(상251) "사단도 비록 '云, 乘氣'라 하겠지만 맹자 所指는 乘氣處에 있지 않다"(상258)고 하여 '소지'와 '발처'를 구분하지 않았다. '曰' '云'은 고봉의 말이라 함인데, 이는 고봉과 다르다. 고봉의 이른바 "所指"(상170)는 사맹의 名인 칠정지정과 사단지정이다. 퇴계가 '曰'과 '云'으로 인용한 고봉의 "兼乎氣",(상105) "乘氣以行"(상111·112)은 '소지'가 아닌 '성의 발처'이다. "感物而動"(상109)은 칠사가 같다. 반면 퇴계는 성선의 "指示"(상10)와, 사단지발의 "乘氣而行"을 각각 구별하지 않고 고봉을 인용했다. 맹자 소지는 당연히 성이고, 그 발처는 감물인 승기로서의 성발이다.

239) 「고봉1서」(상5)를 인용했다. 이는 퇴계의 "맹자의 所指는 兼指氣가 아님"(상251)을 인정하고, 고봉 자신도 일찍이 이렇게 말했다 함이다. 맹자의 이른바 "四端者"는 그 본연의 선을 정에서 곧바로 완수한 것을 말하며, 따라서 맹자의 소지는 겸기가 아님은 당연하다.

240) "四端之發, 固曰, 非無氣"(상251)는 퇴계가 고봉의 말이라 한 것이지만, 고봉과 다르다. 고봉이 퇴계의 '曰'자까지 함께 인용한 것은 이 말이 '퇴계의 말임'을 강조하기 위함이다. 결코 나와 다르다는 완곡한 거부이다. 퇴계의 "四端非無氣"(상237·243)는 주희의 "천하에 기 없는 리는 없음"(상17·234·242)이다. 하지만 주희는 결코 사단의 소지를 '기도 있다'고 하지 않는다. "사단 非無氣"는 사단지정의 소지도, 사단지발의 발처도 아닌 모호한 표현이다. 그런데도 고봉이 이를 인용한 이유는 뒷줄 "그 발현의 즈음"을 논하기 위함이다. 즉 사단지발은 승기이며 따라서 '기가 없지 않다'(발처)는 뜻이지, 사단지정의 소지가 '왈, 기가 없지 않다'는 뜻으로 인용한 것은 아니다. 승기로 리발할 뿐 기와 함께 호발하는 것은 아니라 한다.

241) 고봉의 "기의 과불급 없이 자연 發見한 것은 결국 리 本體의 그러함이다",(상12) "리가, 氣中에 있으면서 乘氣로 發見함에"(상171)라고 함은 '리 발현의 즈음'이다. 기를 타고 '리가 드러난다'는 뜻이다. 리발은 승기를 통해야 하므로, 그 승기에서 리는 가릴 수도 있다. 천리의 본체가 승기를 통해 발현함에 기에 가리지 않고 천리의 본연이 그대로 노정된 것을 설한 것이 사단이다. 측은의 단은 천리의 본연이 정으로 '발현된 것'이다. 퇴계의 표현대로 사단도 정이므로 "曰, 非無氣"라 할 수도 있다. 단, 사단의 소지는 리일 뿐이다. 사단지정은 "기의 유행처"에서 "리의 본체"와 "도체의 본연"을 "험득한 것에 불과"하다.(상139·141) 결국 情에서 "사람이 眞과 妄을 분별"(상105)해야 한데 "정자의 이른바 '善觀者는 도리어 已發즈음에서 본다'고 함이 이것이다."(상139) 반면 퇴계의 "사단의 非無氣"는 성선도, 발처의 승기도, 사단의 소지도 아니다.

242) 사단을 정으로 논하면서 "기가 없는 게 아님(曰, 非無氣)"이라 말할(曰) 수도 있겠지만, 그러나 사단 소지는 결코 겸기가 아니다. 인의예지는 "實의 情"(상112)로 논할 수밖에 없고, 맹자의 "情可以爲善"(상96)도 기의 實로 "성선"을 논증한 것이다. 맹자는 진실로 "기가 보이지 않은 것"으로 "확충"과 "성선"을 논증한 것이다. 겸기의 것을 확충할 수는 없다.

243) 맹자 사단지정의 '가리킨 바(所指)'는 리의 "성선"이다. 성선은 '성'이 선하다 함이다. 맹자는 성선을 "그 정(其情)"으로 논증했다. "其情則可以爲善(그 정이라면 [성을] 선으로 삼을 수 있다)."(「고자상」6) "그 情"은 곧 물속의 달이다. 성은 달이고, 기질은 물이며, 정은 물속의 月光인데, 맹자는 물속의 月光으로 성선을 논증했다. 비유하면 "달이 맑은 못에 사실 그대로 반영된 것"과 같다. 달은 "기의 조작, 정의, 계탁에도 변함없기"(하121) 때문에 이를 아는 것은 그 '조작에도 변함없음'을 통해서이다. 성은 즉心

더욱 명백합니다.(월광이 밝아서 그 본연의 월이 매우 뚜렷함)²⁴⁴⁾ 이렇게 물의 표리를 관통하여 뚫으면 마치 '물이 없는 듯'(성인의 物我 없음과 같이, 中和의 德을 이룸)한 까닭에 "發於理"라 이를 수 있습니다.²⁴⁵⁾ 만약 여기에 혹 "氣(물)를 참여시켜 혼합으로 간주한다면"(퇴계의 겸기를 강력 반대한 것임)²⁴⁶⁾ 이것을 어찌 맹자의 종지라 하겠습니까!(사단은 결코 겸기가 아니라는 것. 퇴계는 사단의 소지 및 종지와, 발처를 구분하지 않음. 추만이 아닌 퇴계를 비판한 것임)²⁴⁷⁾

(56)所詢 "迷藏之戲", 雖非大升本意, 而辭氣之間, 不無如是之弊. 尋常所自悔懊, 而不能免者, 惟願先生指以警之爾. [辭氣사기; 말투. 悔懊회오; 후회하다. 뉘우치다. 고민하다. 不能免者 불능면자; 면하지 못한 것.]

꾸짖은 바의 "숨바꼭질 놀이" 비유는 비록 대승의 본의는 아니나, 그러나 저의 말투에도 이 같은 폐단이 없지 않습니다.²⁴⁸⁾ 항상 스스로 뉘우치는 바이지만 면하지 못한 것이

에 있지만, 吾心을 성이라 할 수는 없다. 하늘의 달을 알기 위해 하늘로 오를 수는 없고 그래서 수중(오심)의 月光으로 비유했다. 주돈이의 "一實萬分"(『通書, 理性命』)의 '分'자에 대해 주희는 "나뉘어 조각난 것이 아닌 단지 '달이 만천에 반영된 것(月映萬川)'과 相似이다"(『어류』권94, 淳200, 3167쪽)고 한다. 고봉이 주희의 "萬川"이 아닌 "空潭"이라 한 것은 萬川(千江)은 달이 드러나는 장소가 만, 천개가 되기 때문으로 보인다. 하늘의 一月은 '공담'(우리의 정)에서 月(성선)을 확인할 수 있다. 즉 그 성선은 천개 만개의 정보다는 한곳 한사람의 정에서 확인할 수 있음이 그 비유로 더 유익하다. 정자의 "理一分殊"의 '분수'도 리이다. 또 주희의 "月은 在天 하나일 뿐이나, 江湖에 散在하면 處에 따라 見하는데, 月을 分이라 할 수 없다"(권94, 誌203, 3168쪽)도 萬川의 月이다.

244) 月이 공담에서 잘 드러나기 위해서는 그 潭이 맑아야 한다. 그 潭이 '청철(투명함)'하면 月은 더욱 '명랑(명백하고 뚜렷함)'할 것이다. 이로써 성은 정으로 그대로 드러난다. 만약 달이 흐리다면 이는 달 혹은 월광 때문이 아닌 '물의 흐림(공부)' 때문이다. 월광은 달의 존재를 나타내 주며, 월광을 통해 달의 존재도 知·見할 수 있다. 성인의 심은 物我가 없는데 그것은 심 공부(德) 때문이다. 중용 "신독"(「수장」)공부가 이것이다. "중·화"는 공부로서 얻은 德이다. 퇴계는 하늘의 달만 진짜라 하면서, 그 달을 知·見할 수 있는 방법을 제시하지 않는다.

245) 마치 물이 없는 듯 달이 온전한 그대로 반영된 것이라면 이를 "發於理(리에서 발했다)"라 한다. 물속에서 달이 온전히 드러난 것은 결국 하늘(나에게 있는 천명)의 달(성선)이 있기 때문이다. 이는 "사단은 발어리이다"를 긍정한 것이다. 문제는 퇴계는 발어리를 발어기와 상대적으로 여겨 물속의 달을 "물(氣)에서 발했다(發於氣)"고 한다는 점이다. 水과 月은 전혀 다르다. 水가 발했다면, 水가 月이 되고 만다. 설사 "발어기"라 해도 물속(心)에는 '달(理)'이 반드시 존재한다. 고봉이 '대설'을 반대한 이유이다.

246) 퇴계는 "사단은 '氣之發'이 아니다. 만약 '기를 섞어 간주(氣參看)'한다면 이는 천리의 본연이 아니니, 사단은 和泥帶水(겸기)의 物事가 아니다"(상257)고 한다. 문제는 퇴계는 "인지단"의 仁과 端을 맹자의 '言之'라 하지 않고 '발처'로 여긴다는 점이다. 사단은 정이 월광이므로 그 단서는 수중에 있다. 그렇다고 물이 달은 아니며, 또 달(리·성)을 물과 합리라 해서도 안 된다. 퇴계는 사단만 '발어리'이며 "천리의 본연"이라 하는데, 이는 발어리의 '발처'와 천리의 본연을 설명한 '언지'를 구별하지 않은 것이다. 사단의 언지는 천리의 본연임이 당연하다. 단 맹자는 "그 정"으로 성선을 논증했으므로 이는 수중의 월광으로 그 달의 존재를 논증한 것뿐이다.

247) 맹자 소지는 결코 '달과 물의 혼합'(잡리기)이 아니다. 맹자는 성선을 "그 정(其情)"인 월광으로 논증했고, 이는 정의 겸리기에서 그 '리만 척출 언지'한 것이다. 주희는 "그 정의 발로 인하여 성의 본연을 볼 수 있고",(「공손추상」6) 또 "그 정을 선으로 삼을 수 있어서 성의 본선도 알 수 있다"(「고자상」6)고 한다. 이는 사단을 곧바로 성발이라 함이 아닌 반대로 그 사단의 결과를 '발어리'라 한다. 고봉이 사단을 "수중의 월광", "발어리", "기를 참간할 수 없음"이라 한 것은 추만의 '발어리'를 오히려 '리가 직접 발한다'로 해석한 퇴계를 비판한 말이다. 추만은 '언지'이고 퇴계는 '발처'이기 때문이다. 퇴계의 "맹자 소지는 發於氣의 處에 있지 않음",(상251) "맹자의 소지는 乘氣處가 아닌 純理의 發處에 있음"(상258)은 모두 발처, 언지, 소지를 각각 구분하지 않은 것이다.

248) 퇴계의 "미장지희"(상262) 비유는 "수見泥"에서 "馬行也"까지이다.(상261) 즉, 퇴계가 사실을 분별하면 그대는 혼륜으로 공격하고, 또 칠정을 기발이라 하면 그대는 리발이라 하며, 또 사단을 리발이라 하면 그대는 기발이라 하니, 이것은 숨바꼭질 놀이와 비슷하다는 것이다. 고봉은 우선 자신의 말투에도 이 같은 폐단이 없지 않음을 인정한다. 왜냐하면 사단의 리를 고봉은 기라 했고, 칠정의 기를 고봉은 리발 혹은 겸리라 했기 때문이다. 당초 고봉의 비판은 퇴계의 말이 치우쳤기 때문이다. 사단이 리발이

- 347 -

라면 오직 선생님께서 경계하여 지적해 주시기를 바랄 뿐이겠습니다.(토론이 이와 같아서는
안 된다는 뜻임)249)

(57)第五條, 第七條, 第九條, 第十二條, 第十四條. 제5조, 제7조, 제9조, 제12조, 제14조.
謹按, 此五條, 正是誨諭緊要處, 正是議論盤錯處, 故輒敢合而論之. 第五條曰, "其
發各有血脉, 其名皆有所指." 第七條曰, "推其向上根原, 則實有理氣之分." 第九條
曰, "實有理發氣發之分, 是以異名之." 第十二條曰, "四之所從來, 旣是理, 七之所
從來, 非氣而何." 第十四條曰, "孟子之喜, 舜之怒, 孔子之哀與樂, 氣之順理而發."
凡此云云, 皆是主張分別之說者. 大升亦不敢 "逞氣强說" 只當以誨諭之中之語明
之耳. [반착盤錯반착; 일이 복잡하게 뒤얽히다. 逞氣强說령기강설; 억지주장의 설. 지기 싫어하는
설. 잘난 체하는 설.]

삼가 상고하겠습니다. 이 다섯 조항은 가르침의 요점 된 곳이며, 본 논쟁의 의론이 복
잡하게 얽힌 곳입니다. 때문에 감히 합쳐서 논하겠습니다.

제5조, "그 발은 각기 혈맥이 있고, 그 명칭도 모두 所指가 있다."(퇴계는 리·기 '혈맥의
　　발'이 곧 사·칠이라 하여, 사맹 '본설의 소지'로 해석하지 않음)250)
제7조, "그 위를 향한 근원(선)을 미루면 실로 리·기의 分이 있다."(퇴계는 善을 리·기 '分'
　　으로 철저히 가름)251)
제9조, "실로 리발·기발의 分이 있기 때문에 다르게 명칭했다."(퇴계는 리·기에 나아가 사

면 칠정도 리발이고, 칠정이 기라면 사단도 기여야 한다. 그런데 퇴계는 사단만 리, 칠정만 기라 했다. 고봉이 자신의 어투 폐단
으로 인정한 것은, 퇴계를 이해시키지 못함에 대한 겸사다. 만약 진정 고봉 자신의 잘못으로 여긴다면 소지, 언지, 발처, 소종래
등 용어가 서로 일치되어야 하나, 위와 같이 서로 전혀 일치하지 않는다.

249) 퇴계는 "사단은 리발이다"고 했는데 고봉은 "사단도 기"라 했고, 퇴계는 "칠정은 기발이다"고 했는데 고봉은 "칠정 발처는 리
발", "칠정 소지는 혼륜"이라 했다. 고봉의 본의는 아니지만 결과적으로 그렇게 되었음을 인정한 것이다. 이는 반대를 위한 반대
가 될 수도 있다. 퇴계의 표현대로 "그대는 하나같이 모두 꾸짖어 한 글자도 온전한 것이 없으니, 이는 서로 믿음을 얻기에 무익
하고 단지 아옹다옹하는 허물만 얻게 될까 두렵다"(상240)고 함이 될 수도 있다. 이러한 퇴계의 지적을 수용하고 또 가르쳐주기
를 바란다고 한 것이다. 왜냐하면 토론은 주희의 "미장지희" 비유와 같이 서로 엇갈려서는 안 되기 때문이다. 하지만 이곳은 "講
磨 求益의 道가 아님"과 "감히 苟同할 수 없음"(상236. 하9·18)이라는 토론의 중요성을 말함이 아니다.

250) 상254. 퇴계는 리발·기발 혈맥이 곧 사칠이라 하면서 그 명칭도 각각 리·기의 소지라고 한다. 사실의 소지의 다름은 지당하
다. 그러나 리·기 혈맥이 달라서 사칠이 그 리·기의 소지라고 함은 사맹 언론과 전혀 다르다. 이는 사맹의 소지를 넘어선 것
이다. 사맹은 사람의 느낌 전후를 설했을 뿐, 먼저 리·기 혈맥에 나아가 논하지 않았다. "발" 혹은 "단"이라 함은 一情에 대한
사맹의 '설명'이다. 사람 본연의 감정을 "발"과 "단"이라 함에 불과하다. 고봉의 "미발·이발에 善은 혈맥 관통한다"(상160)고
함은 칠사는 一善이라 함이다.

251) 상264. 당초 고봉은 "사단과 중절자는 그 향상근원(善)이 둘이 아니다"(상130)고 했는데, 퇴계는 "사칠을 대거해 그 향상근원을
미루면 실로 리·기의 分이 있다"고 한다. 고봉의 "향상근원"은 이발의 사단 및 중절자는 같은 '一善이라 함인데, 퇴계는 미발
의 소종래에 나아간 리·기의 '分'이다. 선이 리선·기선으로 그 근원이 다르다는 것이다.

칠을 말함. 사·칠 '명칭'을 새로 '창조'함)252)

제12조, "사의 소종래를 기왕 리라 했다면 칠의 소종래가 기가 아니면 무엇인가?"(퇴계
는 사맹을 '따른 것'이 아닌, 자신의 리·기 소종래로 '사맹이 따르게' 함)253)

제14조, "맹자의 喜, 순임금의 怒, 공자의 哀·樂은 기가 리를 순순히 하여 발한 것이
다."(퇴계는 공맹의 칠정인 和의 道用를 리발과 피가 전혀 다른 '기발'로 여김)254)

이렇게 운운하신 것들은 모두 [리·기] 분별로 주장하신 설입니다.(퇴계는 리·기에 나아가
서 사·칠을 分함)255) 대승 역시 감히 "억지주장의 설(逞氣强說)"을 펼 수는 없으며,(퇴계의 말
을 역인용한 것임)256) 단지 '가르쳐주신 말씀'(위 5개 조항이 오히려 주희와 전혀 다른 '억지주장'임을 그
5개 조항을 인용해서 밝히겠다는 것임)으로 [주자의 본지를] 밝힐 뿐이겠습니다.257)

(58)敢問, 喜怒哀樂之發而 '中節者', 爲發於理耶, 爲發於氣耶? 而發而中節, '無往不善之善',
與 '四端之善', 同歟, 異歟? [無往不善무왕불선; 발현한 情인 '도의 용'이 된 선.(성선은 무불선임)]

감히 묻겠습니다. 희노애락의 발하여 '중절한 것'(중용의 "和", 도의 용)은 리에서 발
(發於理)한 것입니까, 기에서 발(發於氣)한 것입니까?(자사의 천명, 대본, 중화, 도의 작용 등

---

252) 상268. 고봉의 "동실이명", "칠정의 밖에 다시 사단이 없다", "사칠은 二義가 없다" 등은 칠사가 아닌 '화의 선'과 '사단의 선'은
一善이라 함이다. 반면 퇴계의 "리발·기발의 分"은 그 근원의 리·기에 나아감이다. 또 고봉의 "다르게 이름붙임(異名之)"은 사
맹의 칠·사 名이데, 퇴계는 오히려 리발·기발의 分 때문이라 하여, 퇴계 스스로 그 名의 '유래를 창조'한 것이다.

253) 상274. 고봉은 "사칠을 각기 '소종래가 있다'고 하면 이는 선생도 이미 인정한 '言之의 부동'이라는 말과 다르다"(상77·273)라고 비
판했다. 이에 퇴계는 "사의 소종래는 리인데 그렇다면 칠의 소종래가 기가 아니면 무엇인가?"라고 답변했다. 고봉은 사맹의 언지가
달라서 그 사칠 二名도 있다 함인데, 퇴계는 사칠 名의 소종래를 리·기라 한 것이다. 결국 소종래인 리기가 먼저고 사맹이 뒤가
되고 만 것이다. 더구나 맹자 때문에 자사 본설이 기일 수는 없다. 과연 맹자 사단 때문에 추만 「천명도」의 천명이 '기'일 수 있는가?

254) 상282. 고봉은 "성인의 희노애락은 리 본체"(상115)라 했고, 퇴계는 "성인도 그 희노애락은 기발"이라 한 것이다. 고봉은 칠정
의 '소지'를 논하는데, 퇴계는 '발처'로 말했다. 만약 기발이라면 공자의 천명·중화는 기에서 出함이 되고 만다. 주희는 중·화
를 "성정의 덕, 도의 체용"으로 논한다.(상94·95)

255) 위 5개 조항의 용어인 "其發", "血脈", "向上根原", "理氣·氣發之分", "所從來", "氣之順理而發" 등은 모두 기발을 칠정이라 함
이다. 기발이기 때문에 칠정의 '異名之'가 있다는 것이다. 퇴계는 "리기에 나아가서" 사칠을 리·기에 分한다. 이러한 주장은 사
맹 본설과 전혀 다르다. 자사 칠정이 사단과 다른 혈맥이며 기 소종래라 할 수는 없다. 고봉은 퇴계가 사칠을 리·기로 '分別한
것'이라 인식하지만, 퇴계는 리기에 나아가서 '리·기로 사칠을 分한 것'이다.

256) 퇴계는 "眞剛과 眞勇은 '억지의 주장의 설(逞氣强說)'을 폄에 있지 않고 허물을 고침에 인색하지 않으며 義를 들으면 즉시 복종
하는데 있다"(상296)고 했다. 퇴계는 『소학』 "제자 직분편"을 인용해서 주희 혹은 자신에게 즉시 복종해야 한다고 훈계한 것이
다. 고봉은 주희를 고증해서 "정자의 已發은 적자지심이다", "사단시리지발, 칠정시기지발"의 '곡절'을 밝히려 했는데,(상154)
퇴계는 이런 '령기강설'을 펴지 말라고 한 것이다. 퇴계의 이 말을 직접 인용한 것은 오히려 퇴계의 설이 주희와 다른 '억지 주
장임'을 고찰해 밝히고자 한다.

257) 위에서 인용한 퇴계의 5개 조항을 통해 오히려 주희의 본의를 고찰하겠다는 뜻이다. 그것은 퇴계가 고봉에 대해 "령기강설하지
말고 즉시 복종하라"고 했기 때문이다. 고봉은 '억지 주장'을 펴지 않고 주희를 그대로 '복종'할 것이며, 단 주희에 복종하기 위
해 위 5개 조항을 인용해서 오히려 퇴계의 설이 억지주장임을 밝히고자 한다.

이 본래 기에서 발했다는 말씀인가?)258) 그리고 발하여 중절한 '無往不善의 선'과 '四端의 선'은 같습니까, 다릅니까?(어찌 공자의 선이 기이고 기발이며, 도통의 선이 두 갈래로 나온다는 말씀인가?)259)

(59)若以爲發而中節者, 是 '發於理', 而其善無不同, 則凡五條云云者, 恐皆未可爲的確之論也. 若以爲發而中節者, 是 '發於氣', 而其善有不同, 則凡『中庸章句』『或問』及諸說, 皆明七情兼理氣者, 又何所著落? 而誨諭, 縷縷以七情爲兼理氣者, 亦虛語也. [無往不善무왕불선; 왕래함에 불선이 없는 선. 的確적확; 확실한. 딱 들어맞아 정확한. 何所하소: 어디. 어느 장소. 著落착락; 낙착하다. 귀속시키다. 縷縷루루; 끊임없이.]

만약 발하여 중절한 것(무왕불선)이 '發於理'이고(중절의 달도는 천명의 발현자임)260) 그 선도 [사단의 선과] '不同이 없음'(모두 一善이므로 도통임)인 것이라면,261) 위 5개 조항의 운운한 것들은 모두 적확한 논이 될 수 없습니다.(주희 도통론과 어긋나고 맘)262) 만약 발하여 중절한 것이 '發於氣'이며 그 선도 '不同이 있음'(氣出로서 피가 전혀 다른 선이라 주장함)으로 여기신다면,263) 『중용장구』와 『중용혹문』 및 제설(『중용』 제설은 자사에 대한 해설임)에서 모두 칠정이 '겸리기'(중용설은 리・선이 반드시 있다는 것)임을 밝힌 것들을 또 어디에 귀속시키겠습니까?(중

---

258) 자사는 "천명지성" "희노애락" "미발의 중" "화" "대본" "달도" 등을 치우침 없이 말씀했다. 과연 "중절의 화 및 달도"가 기에서 나왔는가? 기발 즈음에서 갑자기 리가 생성될 수는 없다.(상108) 만약 위 5개 논변과 같이 "그 발은 혈맥이 전혀 다름", "리발・기발의 分", "칠의 소종래는 기", "성인의 희노도 氣發이다"고 하면 "화"의 소종래는 "대본의 中"이 아닌 氣가 되고 만다. 만약 發於氣라면 "중의 천하의 大本과 화의 천하의 達道"(상93) "大本者는 天命之性이니 天下之理가 모두 이(대본)를 말미암아 나옴" 및 "도의 체용"(상94)의 '대본' '천명지성' '도의 체용' 등은 모두 기의 발이 되어야 한다.

259) 칠정의 "화"의 선은 "무왕불선"(상169・160・121)이라 칭한다. 성선은 '無不善'이다. 사단은 성선의 선이 아닌 情善이다. 주희는 "'性善者'는 그 본체의 言之이고, '可以爲善者'는 그 用處의 言之이니 '四端之情과 發而中節者'가 이것이다. 성정이 비록 미발・이발의 不同은 있으나 그 善者는 혈맥 관통해 처음부터 不同이 없다"(상160)고 하여 '사단과 중절의 선은 동일'하다고 한다. 연평도 "맹자 [성선은] 자사에서 나왔다"(상96)고 한다. 반면 퇴계는 중화의 선과 사단의 선은 리발・기발로 다른 二善이라 한데, 그렇다면 공자의 선도 기발이 되며, 주희의 도통도 어긋나게 되고 만다.

260) 퇴계는 "공자의 희노애락도 기에서 발"했으므로 "발하여 중절한 연후에 결국 화"(상27)라 했다고 하면서 그것은 "오직 기발이기 때문"(상289)이라 한다. 하지만 『중용』은 "和는 천하의 達道"(상93)라 하고 『장구』도 "大本者는 天命之性으로 天下之理가 皆由此出하니 道의 體이고, 達道者는 循性之謂이다"고 한다.(상94) 고봉은 無往不善者는 곧 '發而中節'者이고(상169) 그 중절자는 맹자 "可以爲善"이니(상160) 그것은 자사의 '發而中節'者에서 나왔다(상96・119)고 한다. 결국 중절자인 무왕불선은 '발어리'가 분명하다. 반면 퇴계는 화의 선을 發於氣라 한다.

261) '中節의 선'과 '사단의 선'은 부동이 아닌 一善이다. 반면 퇴계는 부동이라 한다. 그러나 선은 하나인데, 단 중절의 선은 "도의 작용"(상94・95)이며 맹자 "가이위선"의 선도 "그 정"으로 성선을 논증한 것이므로 "맹자의 설은 자사에서 나왔다"(상119・96)고 한다. 때문에 고봉은 "성정이 비록 미발・이발의 부동은 있으나 그 善者는 혈맥 관통해서 일찍이 부동이 없다"(상160)고 한다.

262) 자사 무왕불선의 선은 사단의 선과 동일한 一善이다. 그 1선이 리발・기발로 다르다 할 수는 없고, 선이 氣出일 수도 없다. 반면 퇴계는 리발・기발로 혈맥이 다르다 하여 위 5개 조항으로 논변했다. 그러나 사맹은 一情을 각자 목적에서 2설로 언론했고, 다만 一情・一善을 다른 이름으로 설했을 뿐이다. 만약 선이 둘이라면 위 5개 논은 모두 도통이 될 수 없다. 리발・기발이라면 "형기와 성정은 서로 간여하지 못하게 된다."(상117)

263) 퇴계는 위 5개 조항에서 "그 발은 각기 혈맥이 있고, 공자 희노애락도 氣之發"이라 한다. 퇴계는 화・달도의 선을 사단의 선과 피가 전혀 다른 기발의 氣善이라 하지만, 고봉은 성도 하나, 정도 하나, 그 선도 하나라고 한다. 단 그 說이 각자 다를 뿐이다.

용설을 모두 기발·기선으로 고쳐서 도통을 어겨야 할까요?)[264] 그렇다면 그간 가르쳐주신 논변에서도 누누이 '칠정을 겸리기로 여기신 것' 역시 빈말이 되고 맙니다.(기에서 발한다면 퇴계의 새로운 창작이 된다는 것)[265]

(60)詳此兩端, 其是非 "從違", 必有所歸一者, 未知, 先生果以爲何如也? "若於此而猶有所未判", 則正所謂 "必待後世之朱文公"者, 非大升之所敢知也. 伏幸精察. 如何如何.

[兩端양단; 두 단서. 둘로 나오는 갈래.(리발·기발의 선의 단서) 是非시비; 옳고 그름.(주희의 리발·기발설이 옳을지 그를지의 여부) 從違종위; 따르거나 어김.(주희의 설을 따를지 어길지의 여부)]

이러한 양 갈래(발어리와 발어기)를 상세히 하셔야만(사·칠의 선 일치여부)[266] 그것이 [주자에] 옳을지 그를지, 또 "따를지 어길지(從違)"의 여부도 반드시 하나로 귀일(歸一)될 바가 있게 될 것이니,[267] 모르겠지만 선생님께서는 과연 어떻게 여기실 지요? "만약 여기서도 여전히 판별되지 못한 바가 있다면"(퇴계의 말임) 그렇다면 그 이른바 "반드시 후세 주문공을 기다려야 한다"(퇴계의 말을 인용한 것임. 후세 주문공이 과연 천명·중화를 '기발'로 고치겠는가?)[268]고 하실지라도,(퇴계의 말을 역인용한 것임) 거기까지는 대승이 감히 알바 아닙니다.(후세

---

264) 주희의 『중용장구』, 『중용혹문』,(상94·95) 「악기동정설」, 「중용수장설」, 『문집』, 『어류』 등 제설과, 정자의 「안자호학론」, 연평설(상96·97·103) 등은 모두 "그 전체로 말한 것"(상3)이다. 모두 『중용』 희노애락과 중화에 대한 해설이다. 자사는 희노를 "천명" "중" "중절의 화"로 말씀했으니(상93) 따라서 리가 있는, 겸리기이다. 만약 퇴계와 같이 "기발"이라 하면, 그동안 주희, 정자, 연평 등 제설의 겸리기는 무엇이란 말인가? 이 제설을 이제 와서 기발인 별도의 선으로 바꾸어 주희 도통설을 어겨야 하겠는가?

265) 『중용』의 "희노"를 정자, 주희 등과 같이 퇴계도 이미 '겸리기'로 여겼다. 그런데 왜 또다시 "소종래의 기발"이라 하는가? 자사는 반드시 중화를 논했고 정·주 등 제설도 이와 같으며, 퇴계도 동의했다. 겸리기이므로 리 혹은 기로 논할 수 있지만, 단 독기일 수는 없다. 더욱이 그 '근원이 기'라면 결국 중용 제설은 부정되어 퇴계의 새로운 창작설이 되고 만다.

266) "兩端"은 위 "중절의 선이 발어리인가 발어기인가, 무왕불선의 선이 사단의 선과 같은가 다른가"의 두 선의 일치 여부를 말한다. 和의 무왕불선의 선은 발어리이고 사단의 선과 동일한 一善이다. 화의 선은 "도의 용"(상95)이고, 사단의 선은 "선의 용처"(상160)이다. 이 둘은 一善을 각자 다르게 설명한 것뿐이다. 반면 퇴계는 리발과 기발의 다른 혈맥이며 각자 다른 리선과 기선이라 한다. 고봉은 리발, 기발을 문제 삼지 않는다. 칠정은 심이 느낀 발현자인 氣이기 때문이다. 다만 칠정은 화인 리가 반드시 있으니 이것이 칠정 종지이며 도통이다. 이를 상세히 해야 한다. 一善이므로 성정도 "관철"(하110. 상117)이 가능하다.

267) 칠·사 및 본성·기품 등은 각자 다른 설이지만 그러나 심·성·정 및 그 '선'은 하나로 귀일되어야 하고 일치되어야 한다. "성현의 도리는 無二致"(하8)이기 때문이다. 천명, 칠정, 중화, 대본, 달도, 사단, 성선, 확충 등은 모두 一善이고 一情이다. 설과 설명은 각자 다르지만 선은 하나이다. 이것을 상세히 해야만 비로소 주희의 설에 대한 "是非와 從違"도 따질 수 있다. "만약 이러한 '同異'의 구별조차 혼동된다면 그 '從違'도 갈피 잡기 어려울 것이다."(하34) 퇴계는 칠정의 선을 '기의 발'이라 한다. 그렇다면 천명의 화는 리발과 다른 '기발'이 되어, "형기성정은 서로 간여하지 못함"(상117)이 되고 만다.

268) 퇴계의 "만약 여기서도 정해지지 못한다면 반드시 후세 주문공을 기다린 이후에야 그 옳음을 판결(判)할 수 있지 않겠는가? 어떤가?"(상327)를 인용한 반문이다. 퇴계는 "어찌 입과 혀로 다투겠는가? 마땅히 그대도 10여년 공부(功)를 쌓은 연후라야 피차 득실은 정해질 수 있다"(상327)고 하여 고봉의 '학습(功)'을 훈계했다. 고봉은 이와 다르다. 사단은 발은 누구나 있다. 맹자는 사람은 누구나 "사단이 있으니 확충하라"고 한다. 리발임을 아는 것은, 정의 사실을 통해 묵식이 가능하다. 때문에 맹자는 "나에게 있음을 알아야 한다" 하고 주희는 "학자는 反求로 默識해서 확충해야 한다"고 한 것이다.(모두 「공손추상」6) 중절자인 "무왕불선이 사단의 선과 같고" 또 "그 중절자가 발어리"(하58·59)임을 아는 것은 그 선 및 정이 하나이기 때문이다. 情善으로 성선 논증이 가능하다. 다시 말해 "오히려(猶) 그 중절자인 무왕불선의 선을 통해 그것이 리발임을 "판결(有判)"할 수 있으며, "여기서 오히려 未判된다면 후세 주문공을 기다려야 하겠지만, 이는 대승으로서는 알바 아니다." 어찌 후세 주문공이 선을 둘로 여기고 또 천명의 중화를 '기에서 발했다'고 하겠는가?

주문공이라도 결코 二善, 氣發로 여겨 '인류의 소통논의'를 거부하지 않을 것임)²⁶⁹) 엎드려 바라건대 [이 양 갈래를] 정밀히 살피십시오.(리지발, 기지발의 의미를 주희 및 추만과 다르게 해석하지 말라는 것)²⁷⁰) 어떠하실 지요.

---

(61) 且 "四則, 理發而氣隨之", "七則, 氣發而理乘之" 兩句, 亦甚精密, 然鄙意以爲此二箇 意思, '七情則兼有, 而四端則只有理發一邊爾.' 抑此兩句, 大升欲改之曰, '情之發也, 或理動而氣俱, 或氣感而理乘.' 如此下語, 又未知於先生意如何. [兼有겸유; 겸리기, 유선 악.(합리기·겸선악이 아님)]

게다가 "사는 리발이나 기가 따르고, 칠은 기발이나 리가 탄다"(사칠을 나란히 들어 호발의 발처로 말한 것으로, 사맹 종지인 중화와 성선 언급이 빠짐. 따라서 리발·기발은 의미가 없으며, 그 반대로 논설해도 가능함)²⁷¹)라는 양 구절 또한 매우 정밀합니다.²⁷²) 그러나 저의 뜻으로 이 둘의 의미(사맹 사칠의 소지)를 살펴보면 '칠정은 겸[리기] 위[선악]이나, 사단은 단지 리발 한쪽이 있을 뿐이다'라고 먼저 말씀드리겠습니다.(먼저 사맹 본설의 소지로 해석한 것임)²⁷³) 선생님의 ["動"과 "乘"을] 대승이 [발처로] 고친다면 '정으로의 發에는, 혹 理動에 기가 함께하고, 혹 氣感에 리가 탄다'고 하고자 합니다.(「악기」의 情을 발처로 해석하면서 性動과 心感으로 분별한 것임. 사칠을 구별하지 않고, 그 발처를 이렇게 분별해 논함도 가능하다는 것임)²⁷⁴) 이와 같이 下語한다면 또 선생님의 의견은 어떠실지 모

---

269) "대승이 감히 알바 아니다" 한은 후세 주문공이 아니어도 주희설의 "시비와 종위"는 판결이 가능하다 함이다. 즉 "무왕불선의 선이 사단의 선과 같은지 다른지의 판별이 있은(有判)" 이후 주희의 시비와 종위도 "판결 가능하다(可判)." 선은 一善이며, 후세 주자가 어찌 갑자기 자사 '천명·중화'를 기발이며 기선이라 하여 인류의 소통 논의를 부정하겠는가? 이런 간단한 것도 판결하지 못한다면 후세 주자의 일은 내가 알바 아니다.

270) '정밀히 살피라' 한은 위 "양단"을 자세히 살피라 함이다. "천명"의 "和"인 무왕불선의 선은 사단의 선과 같은가, 다른가? 和의 선이 과연 '기에서 발했는가? 一善은 리발이며 또 성정에 관통한다. 이러한 관계를 자세히 살펴야만 주희의 설도 하나로 귀일될 것이다. 주희와 추만은 결코 리 및 선을 두 갈래로 여기지 않았다.

271) 퇴계의 상255의 설이다. 퇴계는 먼저 "칠정도 리의 간섭 없이 '感動함은 아니다. 사단의 '感物而動'은 칠정과 다름이 없다"(상255)고 한다. 이는 사맹 칠사 본설을 대설로 삼고, 또 사맹도 상상치 못한 그 발처를 스스로 언급하면서, 그 발처를 리기의 선후 호발로 논한 것이다. 리기 선후 호발로 사칠은 出한다. 이러한 호발은 사맹이 사람 본연의 느낌을 칠사로 논설한 그 본설 내용을 언급하지 않은 것이다. 즉 이 논설은 사맹의 천명·중화와 성선·확충의 '所指와 宗旨'가 없는, 단지 발처만 있을 뿐이다. 종지·소지가 없으므로, 따라서 이는 오히려 칠정을 리발로 논해도 가능하다. 결국 이는 사맹 본설 내용이 빠졌고, 때문에 리·기 호발은 아무 의미가 없는 것이다. 천명의 중화를 '리발의 기수'로 논해도 가능하기 때문이다.

272) 「악기」"感物而動"(상107)에 근거해서 "감물"을 기발이라 하고 "동"을 리발이라 한 설은 매우 정밀하다 하겠다. 왜냐하면 "感物"을 乘氣의 기발로, "而動"을 性發의 리동으로 여기고 이를 "氣發而理乘之"와 "理發而氣隨之"라 함은 문제없기 때문이다. 문제는 사칠을 대설로 삼아 각각 리발·기발로 나눈 점이다. 퇴계의 의도는 "칠정을 사단과 상대"하면 "그 발은 각기 혈맥이 있음"(상254)이다. 퇴계는 "악기의 설은 渾淪言之"(상253)라 하고, 또 감물이동을 리발·기발로 각각 分한다. 그렇다면 「악기」"性之欲"(상107)이 겸리기의 호발이 되어, 결국 자사의 천명·중화가 기발이 되고 말 것이다.

273) 뒤를 말하기 전 '먼저 사·맹 소지'를 분명히 한 것이다. 자사 칠정은 정 전체로서 그 소지는 겸리기·유선악이다. 맹자 사단은 겸리기 중의 리 일변을 가리킨 것뿐이다. 이는 사맹 소지에 대한 '言之'이며, 정의 발처가 아니다. 아래는 「악기」"感物而動"으로 정의 '發處' 두 경우를 리기로 설명한다.

274) 고봉도 '발처'인 感物而動으로 퇴계의 "動"과 "乘"의 설을 고치고자 한다. 퇴계의 "리발"과 "기발"의 발은 『중용』"발"자이다. 주희는 「악기」'動'자는 『중용』'發'자와 같다"(상159) 했고 퇴계도 이견이 없으므로 "리발·기발"의 發은 動과 같은 뜻이

르겠습니다.(퇴계는 리기 호발 아래에 붙인 하어이고, 고봉은 악기의 설에 의거한 하어임)275)

(62)"子思道其全時, 固不用所從來之說," 則 "孟子剔撥而說四端時, 雖可謂之指理發一
　　邊," 而若七情者, "子思固已兼理氣言之"矣, 豈以孟子之言, 而遽變爲 '氣一邊'乎? [遽
　　變거변; 갑자기 변경시키다. 급거 근거도 없이 자사의 말을 기 하나로 바꾸어버리다.]

"자사가 그 전체로 말했을 때는 진실로 소종래의 설을 쓰지 않았다"(이 말은 자사는 퇴계의
소종래 설을 쓰지 않았다는 것으로, 스스로 모순임)276)고 하셨고, "맹자가 척발해 사단을 설할 때는
리발 한쪽만 가리켰다"(맹자 종지인 '있음'이 아닌 거꾸로 '소종래인 리발을 말했다'는 것임)277)고 하셨
습니다. 하지만 칠정이라는 것에 대해 "자사는 진실로 이미 겸리기로 설명했음"을 이미
인정하시고(자사는 소종래 설이 아님을 인정하셨는데)278) 어떻게 또다시 맹자의 말 때문에 칠정
을 갑자기 '기 한쪽으로' 바꿀 수 있다는 것입니까?(어찌 자사에게 '퇴계의 소종래 설을 따르라'고
할 수 있겠는가)279)

다. 情은 「악기」 "性之欲"이다(상107)이며 "性之欲이 出하면 情이 된다."(상103) 고봉이 "情之發也"(하130)라 한 것은 '一情'으로의
발은 '性之欲'이라는 뜻이다. "발"이라 한 것은 『중용』으로 해석하고자 함이다. 성이 발하여 정이 된다(性發爲情). "理動"과 "氣
感"은 「악기」의 설로 풀이한 것이며, 심에 있어서는 하나의 일이다. 그런데도 둘로 나눈 것은 이렇게 둘로 설명할 수도 있기 때
문이다. "혹 리동에 기가 함께한다"고 함은 리발에서의 乘氣의 의미이다. "혹 기감에 리가 탄다"의 氣感은 心感이다. "외물의 형
기에 접촉함"(상103)은 "심이 외물에 느낌"(상103)의 일이다. 이 心感에는 리가 없을 수 없다. 퇴계와 같이 굳이 리발·기발로
나누기 위해서는 이렇게 분별할 수도 있다는 것이다. 퇴계의 문제는 리발·기발로 사실을 나눈 점이고, 또 발처에서 「악기」의
"動"(성)과 "感"(심)을 구별하지 않는다는 점이다.

275) 이곳 "下語"는 사람의 자연 느낌인 '情之發也' 아래 붙인 「악기」 설에 의거한 하어이다. 퇴계는 "사단지발"과 "칠정지발"에 대
해 각각 '순리, 겸기'라 하면서 "이와 같이 下語하면 無病할지요?"(상1)라고 하는데 이때의 하어는 사맹 칠사를 대설로 삼고,
또 그 발처를 리·기로 여겨 하어한 것이다. 이는 사람 느낌의 발처인지 혹은 사맹 본설을 해석한 것인지가 불명하다. 고봉의
"'리의 체'를 이와 같이 下語하면 어떨지요?"(하94) "주자의 '시리지발'과 '시기지발'에 대해 察納을 받지 못한 것은 그 아래에
붙인 나의 하어가 不著해서 그렇다고 하겠습니다"(하139)라고 함은 선유의 설을 해석하여 하어한 것이다.

276) 퇴계의 "자사는 진실로 소종래 설을 쓰지 않았다"(상274)고 함은 자사는 퇴계의 소종래설을 쓰지 않았으니 결국 그 '소종래설'
은 자사 본설과 다르다 함이다. 문제는 자사의 "희노애락"은 '공부처'라는 점이다. 情인 칠정에서 공부가 가능하다. 고봉은 "사칠
이 각기 '소종래가 있다'는 말씀은 사맹의 '언지가 부동하다'는 말과 다르다"(상77·273)고 비판한다. 고봉의 소종래는 '리·기'
인데, 고봉의 언지는 사맹 '해석'이다. 따라서 "자사는 [나의] 소종래의 설을 쓰지 않았다"고 함은 마치 '자사는 퇴계의 소종래설
을 따르지 않았다'와 같은 자상모순이다.

277) 퇴계는 "맹자가 척발해 사단을 설했을 때는 리발 일변만 가리켜 설명했다. 사단의 소종래가 리이므로 칠정의 소종래는 기이다"
(상274)고 한다. 즉 맹자는 리발 일변만 사단의 소종래로 삼았다. 이와 같다면 맹자는 정을 사단으로 언지한 것이 아닌 그 '소종
래인 리에 나아가 말함'이 된다. 즉 사단이라는 사람 느낌을 논함이 아닌 리를 말함이다. 측은의 종지는 "확충"(「공손추상」)과
"성선"(「고자상」)이다. 이는 리발이라 함이 아닌, 리가 '있다(有)'(「공손추상」) 함이다. "맹자는 성선의 리를 발명하기 위해 정의
善者로 언지했으니, 이른바 척발출래이다."(상81) 맹자는 사단이라는 느낌이 '있음'을 논함이지, 퇴계와 같이 그 소종래인 리발을
논함이 아니다.

278) 퇴계는 "자사와 정자는 혼륜언지이다,"(상37) "혼륜으로 말한다면 칠정의 겸리기는 많은 말을 기다리지 않아도 자명하다"(상
253·254)고 한다. 이렇게 자사 칠정을 '渾淪言之'라 했는데도 왜 갑자기 '기'라 하느냐는 것이다. 칠정은 一情에 대한 설이며,
그 종지는 "愼獨" '중·화'이다. 퇴계는 칠정을 '혼륜'과 '주기' 둘로 나누어 혼륜은 자사이고, 자신은 소종래의 주기라 한다.
결국 "자사는 소종래의 설을 쓰지 않았다"면 자사가 퇴계를 따라야 한다.

279) 맹자의 말(孟子之言)은 "측은은 仁之端"이다(「공손추상」)이고, 고봉은 이를 "사단은 情의 善者言之이니, 이른바 척발출래이다"
(상81·3)라고 한다. 퇴계도 "맹자가 척발하여 사단을 설할 때는 리발 일변을 가리켰다"(윗줄)고 한다. 하지만 맹자는 사단이라
는 '정이 있음을 논함이지 결코 그 소종래인 '리 혹은 리발을 말하고자 함이 아니다. 맹자는 정의 善者를 척발해 그 종지인 확
충과 성선을 논했다. 맹자는 결코 사단을 논하기 위해 자사의 칠정을 기로 여기지 않았다. "자사에서 맹자가 나왔다"(상96·

(63)此等議論, 恐未可遽以爲定也. "氣之順理而發, 無一毫有碍"者, 便"是理之發"矣. 若 欲外此, 而更求 '理之發', 則吾恐其揣摩摸索, 愈甚而愈不可得矣. [定論: 안정되다. 定論. 揣摩摸索췌마모색; 헤아리고 추측하며 더듬어 찾다. 愈…愈유유; ~할수록 더욱~하다.]

이러한 등의 의론(인용한 5개 조항과 리발·기발의 소종래 설)은 급거 [사맹의 소지에 대한] 정론으로 삼을 수 없습니다.[280] "기가 리를 순순히(順理)[281] 하여 발함에 [리가] 한 티끌의 막힘도 없는 것,"(퇴계의 기발설임)[282] 이것이 바로 [어류의] "是理之發"입니다.(방애가 없는 '옳음'이 곧 어류의 리발임)[283] 만약 이를 외면하고 다시 '리지발'을 구하려 하신다면,(퇴계는 리지발을 사단에서 구함이 아닌 반대로 소종래의 '리에 나아가' 구함)[284] 제가 보기에 아마 헤아리고 모색함이 심하면 심할수록 더욱 터득하지 못하리라 여겨집니다.(도리는 기인 정에서 공부로 찾아야 한다는 것. 퇴계는 소종래인 리에 나아가 리를 찾음으로써, 국한되고 방종 잡박한 된 작은 리로 만들고 맘)[285]

119)는 연평의 말은 중화와 맹자의 '리·선'은 같다 함이다. 그런데도 퇴계는 "사의 소종래가 기왕 리인데, 그렇다면 칠의 소종래가 기가 아니면 무엇인가"(상274. 하57)라고 한다. 이는 퇴계가 맹자 본설을 소종래설로 왜곡하고 또 자사의 칠정을 "기 일변으로 급거 변경시킨 것"이다. 결국 맹자의 권위를 왜곡해서 '자사에게 퇴계의 소종래 설을 따르라'는 모순이 되고 만 것이다. 고봉은 이를 '칠정의 리를 사단에서 빼앗아 간 것'(하30)이라 한다.

280) 위 5개 조항 및 "四則, 理發而氣隨之, 七則, 氣發而理兼之" 등 의론은 사맹의 "定論'으로 삼을 수 없다. 퇴계는 사실의 발은 각각 리·기 혈맥이 있고, 공자의 느낌인 칠정도 기발이라 한다. 기발 이유는 "사단이 리발 일변이므로 따라서 칠정은 기발 일변"(상274. 하57)이다. 이러한 등은 사맹 및 주희 언론에 의거한 것이 아니다. 리기에 나아간 리발·기발은 사실 본설을 논함이 아니다. 리기 선후 소종래 설은 반대로 사맹이 퇴계를 따라야 함이다.

281) 퇴계의 "順理"는 "氣發而理乘之"(상281)의 理乘之의 뜻이다. 기발에 리가 순순히 탄다는 의미이다. 그러나 정주가 말한 순리의 뜻은 이와 다르다. "자연히 樂으로 循理한다. 성은 본선인데, 循理로 行하면 이것이 理의 일이다."(『정씨유서』권18, 25조, 188쪽) "順理로 行하면 이것이 義가 된다."(같은 곳, 101조, 206쪽) "마땅히 中에서 養하면 자연스레 言語는 順理한다."(같은 곳, 107조, 208쪽) "사현도는 順理를 率性의 일로 여겼다."(권12, 130조, 442쪽) "그 時를 잃지 않으면 順理하여 義에 합한다."(『주역정씨전』권4, 99조, 968쪽) "天의 循理를 樂해서 不順한 바가 없다."(『어류』권98, 文蔚97, 3319쪽) "성은 本善이다. 故로 順之하면 無不善이다."(「고자」3) 또 희노애락에 대해 "천지만물은 본래 나와 一體이다. 나의 氣가 順하면 천지의 氣 역시 順하다"(『중용, 수장』. 『중용혹문』상14, 「희노애락장」, 559쪽)고 한다.

282) 퇴계는 "聖人의 희노도 '氣가 順理로 發함에 一毫의 막힘도 없다'면 이는 리 본체의 渾全이다"(상282)고 하여 성인도 칠정은 氣之發이라 한다. 즉 칠정은 기발이며, 사단만 리발이다. 그 이유는 맹자는 사단을 "仁之端"이라 했기 때문이다. "사의 소종래가 리이므로, 칠정의 소종래가 기이다"(하57)라는 주장은 "맹자 때문에 자사의 칠정이 갑자기 기 일변으로 변경된 것"(하62)이다. 결국 맹자의 말 때문에 자사에게 '퇴계의 소종래 설을 따르라'는 말이 되고 만 것이다.

283) 어류의 "是理之發"은 지당하며 단 칠정도 리의 발이다. 정은 리발인데, 다만 그 리발임은 기인 정에서 알 수 있을 뿐이다. 퇴계가 말한 "기의 순리로 발함에 조금의 방애도 없는 것", 이것이 바로 어류 "시리지발"이다. 고봉은 "리가 기를 벗어나지 않고 기의 과불급 없이 자연 현현한 것, 이것이 리 본체의 그러함"(상12)이라 하고, 또 사단도 "성의 乍發에 기가 用事하지 않고 본연의 선을 곧바로 얻은 것",(상5) "사단은 氣의 順發出來에 번뇌의 失이 없는 것"(상113)이라 한다. 즉 '옳음'이 곧 "是理之發"이다.

284) 리발자를 "求'하기 위해서는 氣인 已發의 정에서 찾아야 한다. 정에서 리의 발임을 논증할 수 있다. 따라서 기의 정이 아니면 리발을 논증할 길이 없는 것이다. 반면 퇴계의 위 5개 조항은 "그 발은 각기 혈맥이 있다", "그 향상 근원은 실로 리·기의 分이 있다", "실로 리발·기발의 分이 있다", "사단 소종래는 리이다", "성인의 칠정도 기의 順理의 발이다"(모두 하57)라 하여 그 리지발을 정으로 발하기 전 소종래인 '리에 나아가' 구했다. 이는 칠사라는 정이 아닌 그 소종래인 리·기를 논함이다. 결국 퇴계는 리를 발하기 전 소종래인 리에서 구한 것이다. 퇴계의 "맹자의 所指는 乘氣處에 있지 않고 단지 純理의 發處에 있다"(상258)고 함은 미발 근원의 리이다.

285) "췌마모색"은 이치를 구하기 위해 이리 저리 쓸데없이 모색함을 이른다. 이치는 저기에만 있지 않고 여기에도 있다. 퇴계는 위 5개 조항과 같이 기지발과 다른 곳에서 따로 리지발을 "구했다." 이러한 주장은 헤아리면 헤아릴수록 더욱더 이치에서 멀어진다는 것이다. 퇴계는 정인 기에서 리를 구하지 않고 미발의 리에 나아가서 구했고, 이를 소종래의 리라 한다. 주희는 장재의 淸虛一大에 대해 "크게 하고자 하다가 결국 반대로 작게 만들고 말았다"(『어류』권99, 方40, 3336쪽) 하고, 또 호굉이 성론에서 善字를 제거한 것을 두고 "성을 高遠으로 말하여 도리어 방종하고 駁雜 不純의 경지에 빠뜨리고 말았다"(『문집』권46, 「答胡伯逢」4, 2151쪽)고 비판한다. 퇴계도 리를 소종래의 '리에 나아가' 찾음으로써 결국 한곳에 국한된 작은, 또 방종 잡박의 불순의 리로

(64)此正太以理氣分說之弊, 前書亦以爲稟, 而猶復云云焉. 苟曰未然, 則朱子所謂 "陰陽五行錯綜, 不失端緒, 便是理"者, 亦不可從也. 幸乞詳證. 何如? [錯綜착종; 종횡으로 섞임.]

위 5개 조항은 바로 [리기 소종래로 올라가서] 지나치게 리·기로 분설한 폐단이며,(고봉은 사칠을 리·기로 분개한 것으로 이해하나, 퇴계 본의는 반대로 리기 호발로 사칠이 된다 함임)[286] 이 문제는 전서(「고봉1·2서」)에서 역시 이미 여쭈었습니다만[287] 여전히 답서(「퇴계2서」)에서 다시 반복으로 운운하고 계십니다.[288] 만일 그렇지 않다고 하신다면 주자의 이른바 "음양오행이 종횡으로 섞였으되 그 端緒(條緒의 뜻)를 잃지 않음이 바로 리이다"[289]라는 것 역시 따를 수 없음이 되고 맙니다.[290] 상세히 논증하셔서 [리를 구하시기] 바랍니다.(퇴계의 호발은 미발에 치우친 작은 리이며, 주희가 말한 '방종 잡박 불순의 리'가 되고 맘)[291] 어떠하실 지요?

(65)第八條, 第十六條. 제8조, 제16조.

按, 鄙書所稟, "來辯之說, 不能無出入", 及 "存省之功, 有所不可"者, 乃率意妄肆之語,

만들고 말았다. 퇴계의 리는 본래 겸리기이다. 주희의 "대저 見道에 未明하여 揣摩로 求合했기 때문에 자연히 淚綻(오류)處가 있게 된 것이다"(「문집」권39, 「答許順之」1, 1735쪽)고 함은 도리는 그 '구하는 방법'에서 찾아야지 스스로 췌마해서는 안 된다 함이다. 고봉도 [선유의] 說話에만 의거해 그 이치가 이와 같다고 해서는 안 된다(상50)고 한다. 퇴계의 "마음에서 터득함도 없이 揣摩로 나의 설을 삼았기 때문에 稱停을 잃었다"(상235)도 같은 의미이다.

286) 퇴계의 위 5개 조항은 모두 정으로의 발 이전, 소종래인 리·기를 논한 것이며, 리·기에 사칠을 分한 것이다. "각기 혈맥이 있다", "리발·기발의 分이 있다", "사칠 소종래는 각각 리·기이다"(모두 하57) 등은 사맹의 사칠이 아닌 그 소종래인 리·기를 논함이다. 이를 고봉은 "지나치게 리·기로 分說한 실수이다",(상144) "지나치게 리·기로 分開해 설했다"(상92)고 반박하지만, 퇴계 본의는 사칠을 리기로 분설·분개한 것이 아닌, 리기 선후 호발을 곧 사칠이라 한 것이다. 고봉은 이를 상상하지 못한다.

287) 위 5개 조항은 이미 「고봉2서」에서 비판했는데, 퇴계는 이를 「퇴계2서」로 반박하면서 여전히 이 주장을 반복한 것이다. "각기 혈맥이 있다"에 대해 고봉은 "사단 역시 感物而動이다"(상109)고 했다. "리발·기발의 분이 있다"에 대해 고봉은 "七情者에는 리가 그 가운데 있으니, 그 中節者는 천명지성이다"(상64)고 했다. "사칠 소종래는 리·기이다"에 대해 고봉은 "선생의 소종래 설은 나의 '言之의 不同'이라는 말과 다르다"(상77)고 했다. 이러한 문제는 "지나치게 리·기로 分開하고 分說한 실수"(상92·144)에서 비롯된 것이다.

288) 위 5개 조항 '인용의 오류'는 각 조항 각주에서 밝혔다. 고봉은 사맹의 칠사는 리기로 분설, 분개, 분속이 가능하지만 "대거·호언"은 불가라고 했다. 이 문제가 「고봉1·2서」에서 비판한 주제이다. 그 중에서도 가장 중요하게 엇갈린 부분이 바로 위 5개 조항이다. 고봉은 위에서 "이것이 바로 가르쳐준 말씀의 緊要處이고, 바로 우리 의론의 盤錯處이다"(하57)고 한다. 그런데 「퇴계2서」는 이 주장을 반복했고, 그중 위 5개 조항이 "대거·호언"의 가장 핵심 된 곳이며, 그 결론이 "四則, 理發而氣隨之, 七則, 氣發而理乘之"이다.

289) 「고봉2서」의 주희의 설을 다시 인용했다. '리의 發見處'에 대한 질문에 주희는 "음양오행이 착종하여 그 條緖를 잃지 않음이 바로 리이다. 기가 結聚하지 않을 때는 리 역시 附着할 바가 없다"(상142)고 한다. 퇴계는 리를 리·기 호발의 소종래에 나아가서 구했고, 고봉은 칠사의 정의 "부착"처에서 구한다.

290) 만약 퇴계와 같이 리를 소종래인 리·기에 나아가서 구한다면 결국 주희의 "음양오행의 氣에서 그 조서를 잃지 않은 것이 理"라 함도 따를 수 없음이 되고 만다. 고봉은 "理 本體는 기의 流行處에서 驗得해야 하며",(상139) "道體의 本然도 氣上에서 識取하는 것"(상141)이라 한다. 리의 본체·도체는 단지 기의 유행처인 정을 통해 알 수 있을 뿐이다. 그러나 퇴계와 같이 "形氣인 氣發의 묘맥"(상202)과 "인의예지의 단서"(상201)로 각각 분설하면 결국 "發於理는 어떻게 드러나며 또 發於氣도 리의 밖에 있게 된다"(상144)는 것이다.

291) 위 5개 조항을 상세히 논증하라는 뜻이다. 이 5개에서 인용한 설은 고봉 본문과 다르며, 더구나 이 5개는 이미 고봉1·2서에서 언급된 내용이다. 그런데도 퇴계는 여전히 리발·기발로 나누었고 또 리를 리기 소종래에서 구했다. 그러나 주희는 "음양오행의 착종에 그 조서를 잃지 않은 것이 리"라고 하며, 따라서 사맹 종지와 주희의 설을 상세히 교감 논증해야 한다는 것이다. 퇴계의 리기 호발에 나아간 사실은 사람 이발의 자연 감정을 배제한 리이며, 사맹 본설 해석도 아닌, 미발에 국한 된 리이며, 공부도 빠진 리이다. 이는 미발에 치우친 작은 리이며, 현실의 리가 결여된, 결국 주희가 말한 "선이 없는, 방종 잡박 불순의 리"(위 주석)이다.

固可 "恐懼." 然當時下語, 亦有所指而發. [率意妄肆솔의망사; 자기 뜻대로 분별없이 멋대로 말함. 下語하어; 퇴계의 조항에 붙인 고봉의 말. 而發이발; 그러한 이유가 있어서 나의 말을 발출했다.]

저는 상고하겠습니다. 제가 선생님께 여쭌 "선생의 설은 들쭉날쭉함이 없지 않다"(겸기라 하고 또 독기라 하셨음)292) 및 "존양·성찰의 공부에도 불가한 바가 있다"(퇴계는 『중용』의 일을 『대학』의 일로 논증했음)293)고 한 것이 결국 저의 뜻대로 '이유 없이' 한 말이었다면 이는 진실로 "두렵고도 두렵다(恐懼)"고 해야 할 것입니다.(그렇게 말한 이유가 있었다는 것)294) 당시의 下語는 가리킨 조항(제9절과 제6절 조항)이 있어서 그에 따라 發出했을 뿐입니다.295)

(66)目今 "條列" 中, "七情不專是氣之說", "善惡未定之說", 猥蒙印可, 而 "第一書, 亦已修改", 則前日狂誕之言, 乃成虛說矣, 不須更以云云也. 伏惟垂亮. [不須불수; ~할 필요 없다. 垂亮수량; 생각을 분명하게 확정하다. 사상을 뚜렷하게 하다. 확실하게 다짐을 내리다.]

목록하신 "조열" 가운데서도 "칠정은 專是氣가 아니라는 설", "선악 미정이라는 설"이라 하시면서 외람되이 인가를 내려 주셨고,(이미 칠정의 기, 선악미정을 부정하셨다는 것)296) 그리

---

292) 고봉이 당초 "선생의 설은 出入(들쭉날쭉)이 없지 않다"(상136)고 한 이유는 "선생은 자사의 칠정을 혼륜언지의 겸리기라 하고"(상136·1·5) 또 "칠정을 氣發"(상4·44)이라 하기 때문이다. 이에 퇴계는 "실은 出入이 아닌, '指'가 不同해서 말도 부득불 달랐을 뿐"(상266)이라 하여 칠정을 渾淪과 獨氣(專氣·主氣)라 한다. 고봉은 당초 자사의 '所指'를 혼륜이라 했다. 그런데 퇴계의 '所指의 부동'은 "兼指而主言氣"(상212)이다. 이는 指와 言이 합치하지 않는다. 자사가 겸을 指했는데 이를 다시 主氣로 言했다 할 수는 없다.

293) 고봉은 당초 "이 [제6절의] 논변은 名言의 즈음, 성정의 실재, 存·省의 공부 모두 불가하다"(상128·290)고 했다. 존·성은 『중용』 미발·발에서의 심의 '존양(평상시의 미발)과 '성찰'(정의 이발) 공부이다. 이에 퇴계는 답하기를 "존성 공부에 있어서도 크게 불가하지 않다"(상291)고 한다. 주희가 「호남제공서」, 「이발미발설」 등에서 중용의 "義"를 밝힌 것은 다만 "日用之際"인 미발의 "함양공부"이다. 미발에 "敬으로 持之하면 이로부터 發한 것은 중절한다"는 것이다.(3268쪽) 퇴계는 칠정이라는 "심의 용"(『중용』의 일임. 상124)을 주희의 설과 반대로 "두어서는 안 된다"(『대학』의 일임. 상27)고 하는데 이는 심 공부를 하지 않겠다는 발언과 같다.

294) 퇴계에게 '이유 없이' 발언한 말이었다면 이는 진실로 "두렵고도 두려워(恐懼)"해야 할 일이다. "공구"는 『대학, 정심장』 傳文의 말이다. 주희는 "恐懼는 無處로 發出하니 心下에 먼저 두어서는 안 되는",(상123. 하74) 즉 未發에 두어서는 안 될 정이라 한다. 고봉이 "두렵고도 두렵다"고 말한 이유는 위 두 언급은 '가리킨 곳이 있어서이지 '無處로 발출(이유 없이)'한 말은 아니기 때문이다. 만약 퇴계에게 이유 없이 '선생의 말씀은 앞뒤가 맞지 않는다'거나 혹은 '선생은 존·성 공부를 더 하셔야 한다'고 했다면 이는 매우 도리에 어긋난 일이며, 그렇게 강요할 수도 없는 일이다. "출입이 있음", "존·성 공부에도 불가함"이라 함은 『중용』 "희노애락"과 주희가 『중용』의 "義"를 해설한 「호남제공서」 및 「이발미발설」 등을 고찰해 밝힌 일이었을 뿐, 퇴계에게 충고한 말이 아니다.

295) "下語"는 퇴계의 설 아래에 붙인 고봉의 비평이다. 당시 그 하어는 가리킨 바의 조항에 따라 나의 말을 發出했을 뿐, "그 處가 없이 발출(從無處發出)"(상123. 하74)한 것은 아니다. 만약 그 處가 없이 발출한 것이라면 "이는 나의 不忠 不信의 단서이며, 심히 공구해야 할 일이다."(하115) 왜냐하면 공구는 외물과 관계없이 심의 미발에 두어서는 안 될 자신의 일이며, 더구나 이를 타인(외물)에게 강요할 수도 없기 때문이다. "출입이 있다"(상136)고 했던 이유는 자사의 소지를 '혼륜'이라 하고 또 '독기·주기'라 했기 때문이다. 더구나 퇴계는 『대학』 正心의 일을 『중용』 七情의 일로 증명했으니"(상125) 이러한 등은 "존·성 공부에 모두 불가하다"(상128)는 뜻이었다. 이에 퇴계는 "나의 설은 출입이 없다",(상266) "나의 설은 존성 공부에도 불가하지 않다"(상291)고 했는데, 이 답변은 고봉의 질문과 다르다.

296) 퇴계는 "조열"에서 "'七情, 專是氣의 설'과 '善惡未定의 설'은 칠정을 잃은 것으로 이미 고쳤다"(상228)고 했다. 그렇다면 이는 고봉이 지적한 "칠정은 專是氣가 아님",(상91·92) "칠정은 專指氣가 아님",(상97) "칠정도 모두 선함. 어찌 선악 미정이 있겠는

고 "「제1서」 또한 이미 修改했다"고 하셨습니다.297) 그렇다면 저의 지난날 광탄했던 말들도 결국 虛說을 이루었다고 하겠으니,(그렇다면 이미 칠정은 혼륜의 겸리기가 되었으므로) 따라서 다시 운운할 필요는 없겠습니다.298) 확실히 [다짐해] 주시기를 바랍니다.(칠정에 천명이 있음을 분명하게 다짐해야 함. 오로지 기라 하면 천명·중화가 없게 되고, 미발의 존양공부를 부정함이 됨)299)

(67)第十條, 第十一條. 제10조, 제11조.

> 大升謂, "泛論則無不可"者, 以其 "因說"者而言之也, "著圖則有未安"者, 以其 "對說"者而言之也. 若必以對說者而言之, 則雖 "朱夫子(퇴계집 用朱子)本說", 恐未免錯認之病(퇴계집 也 있음). 如何如何! [泛論범론; 넓게 포괄해서 논하면.(칠정의 기발도 당연함) 言之언지; 사맹의 설을 後人이 인설·대설로 설명함. 錯認착인; 잘못 오인하다. 해석을 잘못하다.]

대승은 말하겠습니다.300) 제가 "넓게 논하면 불가함이 없다"(천명도가 아니면 가능함)301)고 했던 이유는 [주자와 추만이 사맹의 설을] "인설"로 해석했기 때문이고,(一情에 因해서 사맹, 주희, 추만과 같이 각각 다르게 '설'하고 '해석'할 수 있음)302) 단 "「천명도」에 드러냄에는 미안이 있

가?"(상121)에 대해 모두 인가하신 것이다.

297) 퇴계는 "칠정을 잃은 곳은 삼가 이미 개수했다"(상190)고 하면서 「제1서 개본」에서 고쳤다. 즉 "七情善惡未定"을 "七情本善"으로,(상205) 또 "偏指而獨言氣"를 "兼指而主言氣"로 고쳤다.(상212) 진위 여하를 떠나, 이로써 고봉이 지적한 "칠정 본선"과 "칠정겸리기"는 서로 이동이 없게 되었다 함이다.

298) "지난날 광탄했던 말"이라 함은 「고봉2서」 "名言之際, 性情之實, 存省之功에도 모두 불가한 바가 있다"(상128)와 "칠정을 兼理氣라 하면서도 또 專氣라 하셨으니 이는 출입이 없을 수 없다"(상136)를 말한다. 고봉은 자사의 칠정을 혼륜의 겸리기라 한다. 이에 퇴계는 "「제1서」는 이미 개수했다"(상190) 했고, 또 "사실은 출입이 있는 게 아니다",(상266) "명언지제, 성정지실, 존성지공을 이미 고치고 나니 …크게 불가함은 없는 듯하다"(상291)고 했다. 이 말은 고봉 본의와 전혀 다르지만, 이미 칠정이 혼륜의 겸리기임을 인가했다면 이는 "다시 운운할 필요 없다"는 것이다. "허설을 이루었다"고 함은 '이미 고쳤다면' 지난날 나의 말은 다시 거론하지 않아도 된다는 뜻이다. 주희가 「이발미발설」에서 정자 본의를 고찰한 이유도 칠정의 겸리기에 관한 공부 문제이다.

299) 퇴계는 분명하게 자사의 칠정을 "오로기 기는 아님", "선악미정이 아님"이라 했고 또 더불어 "제1서 또한 개수했다"고 했다. 이 문제는 확실히 다짐해야 한다. 칠정에 천명·중화가 없어서는 안 되고, 또 존양의 미발공부가 빠져서도 안 된다. 그럼에도 퇴계는 여전히 칠정을 사단과 대거해서 氣發, 主氣(獨氣·專氣)를 강력 주장한다. 때문에 고봉은 확실히 다짐받고자 한 것이다. 퇴계는 "칠정의 겸리기·혼륜은 나의 所指와는 不同하다"(상266)와 "존성공부 또한 불가하지 않다"(상291)고 하는데 이는 정주의 논의와 다르며, 자사의 종지와도 정 반대의 義이다. 퇴계가 "자사의 혼륜은 나의 소지와 부동하다"고 하면 이는 천명의 중화를 부정한 것이다. 주희가 「이발미발설」에서 정자의 "존·성 공부"를 고찰한 이유도 바로 칠정의 미발공부 때문이다.

300) "大升謂"는 퇴계의 제10조와 제11조의 "滉謂"(상170·172)에 대응한 답변이다. 滉謂에 대해 고봉은 大升謂라 한 것이다. 한편 고봉은 자신의 견해가 아닌 선유의 설로 고찰할 때는 "속按"(하40) "按"(하53·65) "謹按"(하57)이라 한다.

301) 추만 「천명도」는 중용 칠정을 드러낸 도형이므로 여기에 사단을 들여와서 칠정과 "대설"로 여겨 기발이라 해서는 안 된다. 그렇지 않고 "사칠을 泛論(전체적으로, 넓게)으로 해석해서 '四者 발어리, 七者 발어기'라 해도 진실로 불가함이 없다."(상69) 어류 "시리지발, 시기지발"도 이와 "다르지 않다."(상68) 오히려 칠정을 발어리, 사단을 발어기라 해도 불가하지 않다. 왜냐하면 사칠은 一情의 實에 因한 2설일 뿐이며, 2설은 일정으로 보면 "性動 혹은 心感"(하61)이라 할 수 있기 때문이다. 모두 같은 一情, 一理, 一善에 '因'한 2설이며, 이른바 '인설'이다. 그런데 퇴계의 "범론에서 '二發로 分'해도 가능하다"(상270)고 함은 고봉의 질문과 전혀 다르다. 고봉의 "범론"은 반대로 리·기의 '二發로 分'해서는 안 된다 함이다.

302) 사칠을 범론으로 해석해서 "발어리, 발어기"라 함은 진실로 불가하지 않다. 오히려 칠정을 발어리, 사단을 발어기라 해도 불가하지 않다. 가능하지만 性, 情, 善, 發 등은 하나이다. 일정에 因하면 칠사 이외의 설도 많다. 하나에 因한 것이므로 '因說'이다. 인설로 논하면 兩發은 一發이며 二善도 一善이다.(상72) 고봉은 '分發' 및 '分置'를 불가로 여기지 않는다. 그런데 퇴계의 "범론해 二發로 分해도 가하고, 「천명도」에서 二置로 分해도 가하다"(상270)고 함은 고봉의 질문과 어긋난다. 왜냐하면 고봉의 二發과 二置는 分說의 '說'이고, 퇴계는 리·기인 實의 '分'이기 때문이다. 一發, 一善을 "인설"로 보면 3발, 4발, 5치, 6치라 해도

다"(천명도는 중용의 설이며, 사단 때문에 천명이 기발일 수는 없음)303)고 했던 이유는 [선생님께서 오히려 천명설과 확충·성선설을] "대설"로 해석하셨기 때문입니다.(퇴계는 토론 이전부터 사칠을 대설로 삼았고, 더 큰 문제는 대설보다 더 리·기 호발이라 함)304) 만약 [천명과 확충·성선을] 반드시 대설로 해석하신다면,305) 비록 "朱夫子의 본설(어류는 사맹의 인설에 대한 해석설 기록임)을 썼다"306) 하실지라도 [선생님께서는] "잘못 오인한 병통"(사맹 본설을 주희는 대설로 삼을 수 없고, 퇴계가 대설로 오독한 것임. 맹자가 어찌 자사를 상대적으로 여겼겠는가?)307)을 면치 못합니다.308) 어떠합니까, 어떻습니까!

(68)第十三條, "孟子剔言, 伊川兼言."

大升引朱子說凡五條, 盖欲發明 "本性·氣質"之說, 所謂 "餘論相發者", 初非有意於 "引此以明情之不可分"也. 先生反以主張分別之意, 而乃併此條疑之, 置之於 "終不能從之類", 雖大升之愚陋, 在所不取, 而其如朱子之言, 何哉! 恐非明道無私之旨也. [發明발명; 말을 해서 그 본의를 밝혀냄. 드러내서 더욱 명확히 함.]

제13조 "맹자는 [선만] 뽑아 말했고 이천은 겸해서 말했다"는 조항에 대해.

가능한데, 단 "曉得일 때"(상68)만 가능하다. 一情에 대한 각자의 설과 해석은 자유이기 때문이다.

303) "未安"은 잘못이 아닌 '치우쳤다' 함이다. 주희와 추만의 해석은 잘못이 없고 다만 퇴계의 "대설"이 '치우쳤을' 뿐이다. 「천명도」는 『중용』 "天命"과 "칠정"에 관한 설이므로, 이 칠정이 사단과 대설이 되어 기발이라 할 수는 없다. 사실을 "대거·호언"한 것은 퇴계이다. 고봉은 "後來에 고치신 '사단지발, 칠정지발'은 前語보다도 더 分曉했다"(상71~72)고 하여 사칠의 2發·2分은 퇴계의 설임을 나타냈다. 그러나 퇴계는 여전히 "범론해서 二發로 分해도 불가하지 않고, 도형에 드러내 二發로 分해도 불가하지 않으며,"(상270) 이는 "舛理가 아닌" 當理의 말이다"(상272)라고 하는데, 이는 고봉의 질문과 전혀 다르다.

304) 천명의 칠정과 확충·성선의 사단은 대설일 수 없다. 하지만 퇴계는 사맹 본설을 대거 호언했고, 더구나 "리기에 나아간" 리·기의 선후 호발이라 한다. 퇴계의 "주자가 칠정을 兼氣로 여겼다면 주자는 '理之發'과 對擧·併疊하지 않았을 것이다"(상243. 하48)고 함은 사맹 본설을 대설 뿐만 아닌, 리·기 호발이다. 또 "사단발어리, 칠정발어기",(상4) "사단지발, 칠정지발"(상1·5. 상71) 등은 어류를 보기 전부터 이미 대거·병첩이며, 리·기 호발이다.

305) "사맹의 언·론"(상3)을 퇴계는 토론하기 전부터 이미 "대거·호언"(상6)했다. 이렇게 처음부터 사실을 대설로 삼고 이후 어류 "리발, 기발"을 보고 "주자의 본설로 대신하고 우리의 설은 버리자"(상47·272)고 했다. 퇴계는 처음부터 "천명"과 "확충·성선"을 대설로 삼고, 이후 이러한 대설로 사맹 및 주희 설을 언급한 것이다.

306) 『어류』 기록은 사맹 본설에 대한 해석설에 불과하다. 즉 『어류』 "시리지발, 시기지발"은 사맹 본설이 아니다. 퇴계는 "只用朱子說"(상272)이라 했는데, 고봉이 이보다 더 친밀한 "朱夫子"로 표현한 이유는 '주자 선생님'은 반드시 대설로 삼지 않았음을 강조하기 위함이다. 우리 "宗師"(상45)인 주자 선생님께서 어찌 '자사에서 맹자로 이어지는 도통'을 어기고 대설로 여겼겠는가? 어찌 맹자가 자사의 설을 사단과 상대적으로 여겼겠는가?

307) "錯認"은 퇴계의 말이고 "病"(병통)은 고봉의 말이다. 고봉은 "曉不得者로 하여금 도리어 病을 생기게 할까 두렵다"(상68) 했고, 이에 퇴계는 "어찌 不知者들이 錯認할까 걱정하여 當理의 言을 폐하겠는가?"(상272)라고 했다. 즉 고봉은 사맹과 주희를 옳게 해석하지 못하면 兩發로 여긴다는 우려인데, 퇴계는 자신의 양발설을 "當理의 言"이라 한 것이다. 결국 퇴계는 주희를 "不知하고" 실제로 "착인한 것"이다. 왜냐하면 사맹 본설에 주희가 결코 리·기 兩發, 분, 분치의 둘로만 해석했다고 할 수는 없기 때문이다.

308) 퇴계는 "지금 「천명도」는 주자의 설만 쓰고 나의 설은 버렸다"(상272)고 했다. 그런데 고봉은 사맹 본설에 대한 주희의 해석설을 잘못으로 여기지 않는다. "시리지발, 시기지발"은 범론으로 보면 지극히 당연하다. 퇴계는 "사맹의 언·론"(상3)을 주희설을 보기 전부터 이미 "대거·호언"(상6)으로 여겼다. 먼저 대설로 여기고 이후 어류를 보고 리발·기발로 삼은 것이다. 만약 사맹 칠사를 대설로 여기면 이것이 곧 "주희설을 잘못 인식한 병통을 면치 못한다." 이러한 잘못 인식한 병통으로 「천명도」에 주자설을 쓰자"고 해서는 안 된다. 왜냐하면 "주부자"께서는 결코 맹자 "확충·성선"을 자사 "천명·중화"와 상대적 리·기 대설(리·기 호발)로 여길 수 없기 때문이다.

- 358 -

대승이 '주자의 설' 5개 조항을 인용했던 이유는 "본성"과 "기질[지성]"에 대한 선유의 설을 발명하고자 했던 것으로,(퇴계가 이 설을 '리기의 불리, 불잡'으로 논했기 때문임)[309] 이른바 "여론이 있다면 서로 발명할 수 있다"[310]는 것입니다. 저는 당초부터 "이(주희의 설)를 인용해서 정은 分할 수 없음을 밝히고자"(퇴계의 말임)[311] 한 의도가 있었던 것은 아니었습니다.(사·칠 別은 당연하고, 리·기 分도 지당함. 주희의 설은 모두 아무 문제가 없음)[312] 그런데도 선생님께서는 도리어 [리·기의] 분별로 주장하시려는 의도로서 결국 아울러 이 조항(주희의 본설 5조)마저 의혹하셨고 그래서 "끝내 따를 수 없는 종류"로 취급하셨습니다.(퇴계는 주희 본설을 '따를 수 없는 조항'에 놓고 반박했음)[313] 비록 대승의 어리석고 비루함이라면 취하지 못할 바도 있으시겠지만, 그러나 그것이 '주자의 말씀'이라면 어찌하시겠습니까![314] 도를 밝힘(明道)에 있어 無私한 종지는 아닌 듯합니다.(퇴계는 자신의 사견으로 이천과 주희의 여러 성설을 각각 리·기로 分하고, 정주 본설도 따를 수 없다고 주장함)[315]

(69)若必欲就此言而窮究之, 則 "孟子剔出而言性之本"者, 似 '就水中而指言天上之月'也,

---

309) 고봉은 주희의 性說 '5개 조'를 인용해서 성·기는 "不雜", 맹자와 이천의 성설은 "不離"라 했음을 상고했다.(상84~87) 이는 주희가 논한 "천지지성, 기질지성"의 의미를 밝히고자 함이었다. 왜냐하면 퇴계는 "리기 賦與之中"(상18) "리기 불상리"(상19)로 성을 논하기 때문이다. '리기부여'와 '리기불상리'는 성론일 수 없다. 성은 스스로 성일 뿐 '리기가 함께함'은 아니다. 기질지성도 '성설'일 뿐 합리기가 아니다. 본연지성은 "리기부여중"이 아닌 단지 '리'일 뿐이다. 본성·기품의 성설이 "리기 不離"일 수는 없다. 더욱이 "기질지성은 순수한 본연지성과 혼칭할 수 없다"(상20)고 하면 이 2성설은 異性이 되고 만다. 때문에 고봉은 『어류』 5개 조를 인용해서 "이곳을 본다면 사·맹·정·장이 설명한 바의 異同을 볼 수 있다"(상87)고 한 것이다.

310) "여론이 있다"(상83)고 함은 다른 논의도 있다 함이다. 나머지 여론이 있다면 더 추가해서 밝힐 수도 있다. 퇴계의 "기질지성은 所指而言者가 稟生의 後에 있음",(상20) 천명·성선지성은 "此理의 원두 본연처"이며 "순선무악임"(상18)에 대해서는 "감히 擬議할 수 없다."(상83) 단 "여론이 있다." 퇴계는 본성·기질성의 관계를 리기 不離·不雜 관계로 여기고 이를 "理·氣로 分"(상21)했다. 성·기는 진실로 "不雜"(상84·276)이다. 그런데 "천명지성도 기질이 아니면 붙을 바가 없다"(상85)고 함을 퇴계는 "성·기의 不離·不雜(상277)으로 이해한다는 점이다. 고봉의 "불가리와 불잡"은 이와 다르다. 맹자와 이천의 두 성설은 "不可離"의 一性인데 그 所指는 "分別言之"(상89)이다. 반면 퇴계의 "리·기로 分하여 言之할 수 있음"(상21)은 성론이 아닌 성·기의 "불잡"이다.

311) 퇴계는 "그대는 맹자와 이천의 척언·겸언을 인용해서 성이 不可離이므로 정도 不可分임을 밝혔을 뿐이다"(상276)고 한다. 이는 고봉의 말과 전혀 다른데, 고봉은 두 성설은 '一性이므로 不離'라 했을 뿐이다. 퇴계는 不可離를 성·기(리·기) 관계로 오해한다. 고봉은 칠사는 "본시 一情인데 言之者가 不同"(상77)이라 하므로 그 '分別'은 당연하다. 一性의 분별도 당연하다.

312) 고봉은 주희의 "사·맹·정·장의 성설 5개 조항"(상87)을 인용해서 모두 일성의 "不可離"(상86)임을 밝혔다. 一性인데 그 '설'이 다를 뿐이다. 맹자와 이천의 "척언·겸언의 불가리"도 그 성설 중의 둘이다. 반면 퇴계는 이를 인용해서 "그대는 성이 [기와] 不可離이므로 정도 [리기로] 不可分임을 밝히고자 했다"(상276)고 오해한다. 하지만 고봉은 결코 '리기 不離'라 하지 않았고, 더구나 이를 인용해서 '정을 리·기로 分할 수 없다'고 하지 않았다. '리·기로 사칠을 分함'은 고봉의 말과 정 반대다.

313) 퇴계는 주희의 "척언·겸언 조항"을 "견해가 달라서 끝내 따를 수 없다"(상232)고 하면서 "제13조항"(상275)에서 반박했다. 퇴계는 주희의 "맹자는 척언, 이천은 겸언했지만, 중요한 점은 두 성은 不可離이다"(상86)라는 말을 "따를 수 없다"고 한 것이다.

314) "맹자는 척언, 이천은 겸언했을 뿐 이는 二性이 아니다"의 조항은 바로 주희의 말이다. 하지만 퇴계는 "따를 수 없다"고 했다. 퇴계는 성을 리·기로 分할 수 있다고 하면서 '척언을 리, 겸언을 기'에 각각 分해서, 결국 주희의 설을 "따를 수 없는 조항"에 분류했다.

315) 도를 밝히기 위해서는 자기의 사사로움을 없애야 한다. 퇴계는 주희의 설을 자신의 사견으로 읽고 결국 주희의 설을 "따를 수 없다"고 하면서 리기에 나아가서 리·기로 분했다. 성은 리 하나일 뿐이다. 또 성이 기가 아님도 당연하다. 하지만 퇴계는 주희의 설을 자신의 리·기로 分하고, 결국 맹자의 성을 리, 이천의 성을 기로 分했다. 이는 자신의 "분별을 주장하는 의도"로 주희의 설을 왜곡했으며, 이는 "명도 무사의 종지라 할 수 없다."

"伊川兼氣質而言"者, 則乃 '就水中而指其月'耳, 此所以爲 "不可離"也. [水中수중; 물

속.(성은 반드시 정 혹은 기질에 있어야 하기 때문임)]

　　만약 반드시 이 말씀(퇴계는 주희의 5조 중 척언·겸언 1조만 거론했으므로)에 나아가 제가 궁구
하고자 한다면316) "맹자는 척출해 성의 근본을 말했다"고 함은 흡사 '수중에 나아가 천
상의 달을 가리켜 말함(指言)'과 같고,(맹자는 一性의 혼연에서 단지 리만 指言해 설함)317) "이천은
기질을 겸해 말했다"고 함은 '수중에 나아가 그 달을 가리켰을(指)' 뿐입니다.(이천은 一性을
상·하 온전으로 설함. 이천이 맹자보다 정밀한 이유임)318) 이 두 설을 주자는 "不可離(모두 '一性에 관
한' 2설이므로 불리이며, 성설은 '기설이 아니'라는 것)"로 여긴 것입니다.(모두 水中에서 月을 설함. 퇴계는
月을 水라 함)319)

　　(70)若 "氣自是氣, 性自是性"之云, 則正如 '水自是水, 月自是月', 固 "不相夾雜"者也.

　　그런데 주자의 "기는 스스로 기이고 성은 스스로 성이다"320)라고 함은 마치 '물은 스
스로 물이고 달은 스스로 달이다'라 함과 같습니다.(모두 '성설'이 아니라는 것)321) 이는 진실
로 "不相夾雜"(물은 결코 달이 아니라는 것. 퇴계는 두 성설을 '리·기 分'으로 가름)인 것입니다.322)

---

316) 퇴계는 "이 조항은 견해가 달라서 끝내 따를 수 없다"(상232)고 했다. 때문에 고봉은 주희가 말한 "불가리"의 의미를 다시 해석
하고자 한 것이다. 퇴계의 "性의 不可離"(상276)는 리기 '관계(相)'를 말함이지만, 주희는 두 성설은 一性의 2別일 뿐이므로 "불
가리"라 한다. '반드시'라 한 것은 퇴계가 5조 중 '척언과 겸언의 1조'(상275)만 거론했기 때문인데, 따라서 고봉도 '반드시 이
조항만 거론하겠다'고 한 것이다.

317) 어떤 성설이라도 성은 "기질이 아니면 의착할 수 없다."(상85) 단 맹자 성선설은 성이 기질에 있다 해도 그 성의 극본만 척출해서
논증했을 뿐이다. '성선'은 情善을 논함이 아니다. 맹자는 정선으로 '성선'을 논증했고, 그 목적·소지는 바로 '형이상의 성'의 선이
다. 맹자는 기질에 존재한 성이 아닌, 기질에 나아갔어도 그 목적은 上의 성선에 있다. 주희가 "정자가 정밀하다"(「고자상」6)고
한 이유이다. 고봉의 "수중에 나아갔어도 그 指는 천상의 달이다"고 함도 그 소지는 "專指理言"(상60)이다. 성선지성은 一性이 기
질에 있다 해도 단지 '上의 리만 척출'해서 指한 것이다. 반면 퇴계는 맹자의 척언도 본래 '리기 不離'(상277)라 한다.

318) 이천의 설이 "기질을 겸"한 것은 '기질에 있는 一性의 측면'으로서 "理與氣雜而言之"(상60)이다. '겸'은 기에 있는 성이라 함이지,
슴이 아니다. 비유하면 수중의 '그 달을 가리킨 것이다. 달을 가리킨 것이지 물을 가리킴이 아니다. 一性은 반드시 기질에 있어
야 하고, 이천은 성을 상·하 온전으로 논했으니 "맹자보다 정밀하다." 그 一性을 논했으니 이는 맹자와 다른 성이 아니다. 반면
퇴계는 "성은 [리기] 不離"(상276·19)라 한인데 이는 성이 '합리기'가 된 것이다. 더구나 퇴계는 기질지성을 "土氣",(상24)
"偏指하여 기를 獨言함"(상35)이라 한다. 그렇다면 이천의 성은 주기, 독기, 합리기 등 여럿이 되고 만다.

319) 성은 하나이나 그 설은 무수하다. 맹자는 성선으로, 이천은 기질을 겸해 설했다. 주희는 이 두 성설을 "不可離"라 하는데 모두
一性이기 때문이다. 반면 퇴계는 이 2설을 리기 관계(相)로 여기고 이천의 성을 '기'라 한다. 퇴계는 맹자의 척출과 이천의 겸기
질을 "리기 不相離"(상19)라 하고 리·기 "不相雜"(상276·277)과 상대로 여기며, 이는 성설, 정설, 리기설과도 맞지 않는다. 리
기 불상리는 '事·物(氣)로 논함이다.(상7)

320) 주희는 "성이 비록 氣中에 있다 해도 氣自是氣이고 性自是性으로 不相夾雜이다"(상84)라고 한다. 성과 기는 不相雜이다. 이곳은 '설'이
아니다. 성은 기와 섞이지 않는 自性이며, 겸기·합기·잡기가 아니다. 한편 맹자의 성선과 이천의 성설은 自性인 一性을 각각 그 목
적에 알맞게 설한 것이다. 그런데 퇴계는 척언·겸언, 본성·기질성의 설을 '리·기 불상잡'이라고 한다. 성설이 기가 되고 만 것이다.

321) 주희의 "氣自是氣, 性自是性"은 성·기의 불잡을 말한 것으로, 이는 성선지성과 기질지성의 '설'의 관계를 말함이 아니다. 하지
만 퇴계는 이를 리·기로 分해서 '리'의 성선지성과 '기'의 기질지성의 불상잡으로 여긴 것이다. 그러나 기질지성의 성도 自性이
며, '성설'일 뿐이다.

322) 성·기는 서로 다른 "불상협잡"이다. 고봉의 "불상협잡"은 성선지성과 기질지성의 성설이 아닌, 성·기이다. 반면 퇴계는 "주희

- 360 -

(71)鄙見如是, 伏乞批鑿可否. 何如? [批鑿비착; 결재를 명확히 하다.(批는 상부기관에서 하부기관에게 결재나 허가해 줌을 말함. 鑿은 확실하고 뚜렷함의 뜻. "批海・鐫鑿"(하142)과 같은 뜻)]

저의 견해는 이와 같습니다.(성설의 2설과, 리・기의 分을 명확히 해야 함) 엎드려 바라옵건대 이에 대한 가부의 결재를 명확히 해주십시오.(척언・겸언은 一性의 두 '說'일 뿐, 결코 리・기 '分'이 아니라는 것)[323] 어떠하실 지요?

(72)第十五條, "一有之而不能察."

謹詳, 此條所論, 雖極反復, 而亦以 "强說"難通. 盖『章句』・『或問』之意, 本非如是, 而今乃云云. 不知, 先生何爲有此見解耶! 旣蒙提誨, 不敢不竭愚慮. [强說강설; 무리한 논설. 억지 주장. 提誨제회; 가르쳐서 지적해주다.]

제15조 "하나라도 소유하거나 능히 살피지 못하면" 조항에 대해.

삼가 이 조항을 다시 상세히 하겠습니다.(퇴계가 부정했으므로)[324] 이 조항의 가르쳐 주신 바는 비록 극히 반복으로 [正心의 일이 아님을] 설명하셨지만 그러나 역시 "억지 주장으로(强說)"(퇴계의 말을 역으로 인용한 것임) 통하기 어렵습니다.[325] 『대학장구』 및 『대학혹문』은 본래 이런 뜻이 아닌데도 지금 결국 이처럼 운운하고 계십니다.(퇴계는 '정심의 일이 아니라' 하여 이 조항을 강력 부정했음)[326] 모르겠으나 선생님께서는 어찌하여 이러한 견해를 갖게 되셨는지요! 기왕 가르침을 입었으니 감히 저의 어리석은 생각을 다해 [주자의 설로 다시 고증하지] 않을 수 없겠습니다.[327]

의 '기는 기, 성은 성으로 불상협잡'이라 함은 곧 나의 '同中의 有異'이다'(상277)라고 한다. "有異"가 곧 성선지성과 기질지성의 '리・기의 分'이라는 것이다. 이는 리・기(水・月)의 '分'과, 性(月)의 '說'을 구분하지 않은 것이다.

323) 주희의 "不可離"는 맹자척언과 이천겸언 2설은 '성은 둘이 아님'이고, "不相夾雜"은 성・기는 서로 섞이지 않는 '각자 二物이라 함이다. 즉 "불가리"는 척언과 겸언의 2설은 '一性'이고, '불상협잡'은 氣自氣와 性自性의 '兩分'이다. 반면 퇴계는 척언・겸언 2성설도 본래 "리기 불가리"와 "리・기 불상잡"이라 한다. 이는 '性의 2설과 '리・기의 分'을 구분하지 않은 것으로, 이를 명확히 할 것을 주문한 것이다.

324) "一有之而不能察"인 『대학』제7장 「정심장」의 설을 다시 상세히 살피겠다는 뜻이다. 왜냐하면 퇴계는 이 설을 "正心處를 說到한 것이 아니라"(상286)라고 했기 때문이다.

325) 퇴계는 "일유지이불능찰"은 "正心處를 說到한 것이 아니다"(상286) 하면서 『대학』7장 전문 "분치・공구" 등은 "氣에 緣한 所發"(상287)이고, 정호 『정성서』 "怒"에 대해 "그것은 氣發이다"(상289)고 하면서 "황이 '정심장'을 인용해 칠정이 기에 속함을 논증한 것이 어째서 불상사인가?"(상289)라고 했다. 이에 고봉은 이는 「정심장」 본의와 전혀 다른 "억지강설"이라 한다. 퇴계는 "眞剛과 眞勇은 逞氣 彊爲함에 있지 않다"(상296) 했고 고봉도 "대승 또한 감히 령기 강설하지 않겠다"(하57)는 것이다.

326) 주희의 『대학장구』 및 『대학혹문』으로 보면 "일유지이불능찰"은 반드시 '정심의 일'에 속한다. 반면 퇴계는 이를 "정심의 일이 아닌" 심의 병통(상286)인 칠정이 기에 속함(상289)의 일이라 했다.

327) 「고봉2서」에서 "『대학』제7장 장구 중의 말"(상123)인 그 "일유지이불능찰"에 대해 "이는 결국 正心의 일이거늘 인용하여 칠정으로 논증하셨으니 不相似이다"(상125)라고 했다. 이에 퇴계는 "이 말이 '정심장'에 있기는 하나 이 一節은 심의 병통을 설했을 뿐 정심처를 說到한 것이 아니며, 이는 칠정의 일이므로 불상사가 아니다"(상286・289)고 했다. 때문에 고봉은 다시 이 말이

(73)按, 『大學』傳文, "有所忿懥, 則不得其正"云云, 凡四 '有'字, 以愚觀之, 此有字, 非 '偶
有'之有, 乃 '故有'之有. 故 『章句』, 以爲 "一有之而不能察"云云, 而『輯註』, 又有 "期
待・留滯・偏繫"之云也, [忿懥분치; 분해하고 화내다.(주희는 '怒'로 해석함) 偶有우유; 짝으로 있
다. 심의 用으로 있다.(偶는 奇인 홀수와 상대한 짝수를 말함. 『주역』奇畫・偶畫의 말임) 故有고유; 나
에게 있는 것을 남겨둠. 고의로 둠. 지난 情이 남아 있음. 以爲이위; ~로 여기다.(주희가 "일유지…"로
여김) 輯註집주; 모음 주.(주희『장구집주』아래 明代에 편집해서 붙인『대학장구대전』. '소주'라 칭함)]

　　저는 상고하겠습니다.328) 『대학』傳文에서 "분치(주희는 '怒'로 해석)한 바가 있으면 그 바
름을 얻지 못한다"329)고 운운한 곳에는 모두 4번의 '有'자가 나오는데, 제가 보건데 이곳
의 '有'자는 '짝으로 있다'(心之用. 반드시 있음으로, 누구나 없을 수는 없는 심의 작용임)의 有자가 아
닌330) 반대로 '고의로 있다'(心之病. 나의 정을 외물을 만나기 이전 먼저 남겨두어서는 안 된다는 것. 있으
면 곧 심의 병통임)고 할 때의 有자입니다.331) 때문에 주자는 『장구』에서 "하나라도 [내가 고
의적으로] 소유했거나 능히 살피지 못하면"이라 해석해서 운운했던 것이고,(반드시 두어서는
안 된다는 것)332) 『장구대전(소주)』에서도 [주희 및 호병문은] "미리 기대함(期待), 머물러 남

───────────

　　'정심의 일'임을 증명하기 위해 『대학』 전문과 주희의 『대학장구』, 『주자어류』, 『대학혹문』, 그리고 明代『장구대전(소주)』까지
모두 인용해 고증하지 않을 수 없다는 것이다.

328) 퇴계는 이 조항을 정심의 일이 아닌 칠정의 병통의 일이라 했다. 때문에 고봉은 이 조항은 정심의 일임을 '선유의 설로 상고(按)'
해서 논증하겠다는 것이다.

329) 『대학』제7장 傳文은 다음과 같다. "所謂修身, 在正其心者, 身[心]有所忿懥, 則不得其正, 有所恐懼, 則不得其正, 有所好樂, 則不得
其正, 有所憂患, 則不得其正." 정이천은 다음과 같이 말한다. "물음; 『예기』에서 말하기를 '분치, 우환, 공구, 호요가 있으면(有)
심은 不得其正'이라 했는데, 어찌 이러한 數端이 없을 수 있겠습니까? 답변; 없다는 말이 아닌 단지 이 數端이 있으면(有) 正心할
수 없다는 말일 뿐이다."(『유서』권22상, 10조, 278쪽) 주희도 말한다. "심에 이 四者가 있다 함을 이르는 것이 아니다(非謂心有
是四者也)."(『문집』권43, 「答林擇之」23, 1982쪽)

330) 주희는 '有所忿懥'의 有자를 "一有之", '有期待'의 有자로 주석했다. 이 주석을 고봉은 "故有"의 有자로 해석한 것이다. 『대학』전
문 '有所忿懥'의 '有'자는 있으면 안 되는 "心之病"(상286)을 말하며, 心之用의 의미가 아니다. "偶有"의 偶는 『주역』의 기수와
우수, 홀수와 짝수의 "奇偶"의 우의 뜻이다. "奇畫", "偶畫"(『문집』권66, 「蓍卦考誤」, 3230쪽) "終始, 晦明, 奇偶之屬, 皆嘗歎所爲
之器"(『문집』권36, 「答陸子靜」5, 1573쪽) "大抵陰陽奇耦, 變化無窮"(『어류』권75, 제10장, 人傑48, 2554쪽) "立象盡意, 是觀奇偶
兩畫, 包含變化, 無有窮盡", "大抵易只是一個陰陽奇偶而已."(제12장, 學履90, 1567・8쪽) 善은 우연히 나온 것이 아니다. 우연은
없다. "一豪之善도 偶有하니, 此善心生也"(『어류』권13, 壽昌63, 398쪽) "今日偶有南豊便至道夫處(오늘 마침 남풍이 도부가 사는
곳에 왔다)."(『문집』권48, 「答呂子約」16, 2237쪽) "偶及病中(마침 나는 병중이다)."(권56, 「答鄭子上」9, 2679쪽) "心은 具衆理하
고 變化感通하며 生生不窮이다. 故로 謂之易."(권32, 「問張敬夫」5, 1395쪽) 易은 活物로서의 奇偶이다. 활물인 기우이므로 심은
항상 '已發'(상152)로서 외물과 감통한다. 심의 感物로 情은 발하니 "사람은 없을 수 없는 心之用(皆心之用而人所不能無者)"이다.
(『7장』집주) 心之用으로 보면 정은 반드시 "偶有"로 있지만, 단 미감의 正心을 위해서는 나의 정을 "故有"로 소유해서는 안 된다.
心感은 외물을 있는 그대로 비추는데, 만약 感 이전 먼저 나의 정을 남겨두면 결국 외물 사태를 그대로 반영하지 못한다. 『장구』
"일유지이불능찰하면 욕구가 동하고 [나의] 정이 [외물을] 이겨서 그 用의 所行도 혹 그 正을 잃지 않을 수 없다"고 함이 이것이
다. 『혹문』 "不能不與俱往(함께 가지 않을 수 없음)"(534쪽)도 심은 외물과 함께 왕래하며 '偶有'한다 함이다.

331) '일유지이불능찰' 앞 구는 다음과 같다. "이 四者는 心之用이며 사람이 없을 수 없는 바의 것이다." 즉 분치・공구의 정은 반드
시 있는 心之用이다. 그런데 「전7장」 '분치・공구' 등은 心之用이 아닌 반대로 퇴계의 말 그대로 "둠이 있어서는 안 되는 心之
病"(상286, 하75)이다. 전문 "심에 忿懥하는 바가 있으면 不得其正이다"고 함은 심에 분치의 정을 '먼저 두어서는 안 됨'의 뜻이
다. "故有"의 故는 『맹자』 "挾故而問, 皆所不答也",(「진심상」43) "天下之言性也, 則故而已矣"(「이루하」26)와 같이 둘의 뜻으로
쓰인다. 앞 "挾故"는 심에 사사로운 감정을 끼고 있음을, 뒤 "故而已矣"는 이미 드러난 성의 '흔적(已然之跡)'(『집주』)이다. 주희
는 "中節은 성인의 自爲인가, 아니면 '性의 有之'인가. 성인의 自爲라면 반드시 이 이치는 없었을 것이다. 성은 '故有'한 바이니,
따라서 성은 본선임이 확실하다(謂性所故有, 則性之本善也明矣)"(『문집』권73, 「胡子知言疑義」, 3560쪽)의 고유를 '성의 본선'으
로 말한다. 퇴계도 "一有之"의 '有'자를 "心之病"으로 본다. 문제는 "일유지"의 心之病을 "칠정"(상27)이라 한다는 점이다.

겨둠(留滯), 치우쳐 연계시킴(偏繫)"(반드시 나의 개인적인 감정을 두어서는 안 된다는 것)333)이라는 운운이 있었던 것입니다.

(74) 又『語類』曰, "只是這許多好樂・恐懼・忿懥・憂患, 只要從無處發出, 不可先有在心下. 看來非獨是這幾項如此. 凡是先安排要恁地, 便不得. 如人立心要恁地嚴毅把捉, 少間只管見這意思, 到不消恁地處也恁地, 便拘逼了. 有人立心要恁地慈祥(고봉집 詳은 오자)寬厚, 少間只管見這意思, 到不消恁地處也恁地, 便流入於姑息苟且."

[看來간래; 내가 이 전문을 보건대.(대학 전문을 해석한다면) 安排안배; 안배하다. 배분하다. 恁地임지; 이렇게. 그와 같이. 立心입심; 마음먹다. 결심하다. 嚴毅엄의; 빈틈없고 강직하게. 把捉파착; 붙잡다. 독차지하다. 少間소간; 잠깐 동안. 管見관견; 좁은 소견. 不消불소; ~할 필요 없다. 필요하지 않다. 拘逼구핍; 심이 구속되고 핍박된 것. 姑息고식; 우선 당장의 편안함. 일시의 안일을 구함. 苟且구차; 심의 군색스럽고 구구함.]

또 『주자어류』에서 말하기를 "다만 이러한 허다한 호요・공구・분치・우환 등은 단지 장소와 관계없이 발출하려 하니, 마음에 '먼저 두어서는(先有) 안 된다.'(여기까지는 앞 「고봉 2서」에서 '一有之'의 해설로 인용했음)334) 내(주희)가 이 전문을 해석해 보건대 유독 이러한 몇 항목만 이렇다는 게 아니다.(위는 주희의 '일유지'이고, 이어진 이곳은 주희의 '不能察'의 의미라는 것)335)

---

332) "有所忿懥"를 주희는 "一有之하거나 不能察하면"으로 주석했는데 이는 심 未感에 이 분치 등을 남겨두거나(故有) 혹은 그 발처를 살피지 못하면, "그렇다면 나 개인의 욕구가 동하고 나의 정이 외물을 이겨서(欲動情勝) 그 용의 所行이 혹 그 正을 잃지 않을 수가 없고" 결국 "心은 不得其正"이 된다 함이다. "사물이 옴에 이르면 그 마땅함에 따라 응접하는데, 기뻐해야 함에는 기뻐한다. 희노애락이 지나가면 이 심은 湛然하여 그 未發時와 一般이 된다."(『어류』권62, 銖133, 2044쪽) "심에 희노애락이 있으면 그 正을 얻지 못한다."(권16, 端蒙133, 534쪽) "심은 一豪도 偏倚가 있어서는 안 된다. 일호라도 편의가 있으면 이것이 곧 私意이다."(권16, 賀孫155, 540쪽) "誠意・正心은 存養입니까? 그렇다."(권16, 寓160, 541쪽) "意誠 연후 심의 체는 寂然不動함. 不誠이 一有하면 四者가 私가 됨."(『문집』권51, 「答黃子耕」7, 2379쪽) 이와 같이 「정심장」은 미발의 심에 나의 사적인 느낌을 먼저두면 심은 바름을 얻지 못한다는 뜻이다. 따라서 이는 『중용』 "희노"설과 전혀 불상사이다.

333) 「장구대전」 "부득기정" 소주에서 호병문은 "이 장은 스스로 존양・성찰공부가 있다. 忿懥・恐懼 등이 미발일 때에도 '기대(期待)'의 마음이 先有해서는 안 되지만, 그것이 장차 발해도 '치우쳐 연계하는(偏繫)' 마음이 一有해서도 안 되며, 그 已發에도 '남겨놓은(留滯)' 마음이 猶有해서도 안 된다.(雲峯胡氏曰, …此章, 正自有存養省察工夫. 忿懥恐懼等之未發也, 不可先有期待之心, 其將發也, 不可一有偏繫之心, 其已發也, 不可猶有留滯之心)"(『경서』, 30쪽)고 하여 有자를 '先有, 一有, 猶有'로 해석해서 '有해서는 안 된다'고 한다. 같은 곳에서 주희는 "期待, 留在, 偏重, 繫縛"(위의 책 29쪽)이라 하여 感物 이전 이 감정이 먼저 있어서는 안 된다고 한다. 또 주희는 "有所"를 해석해서 "사람이 죄가 있어 종아리 침이 끝나면 그 심은 平이 되어야 하니, 그렇지 않고 이 심이 항상 不平하다면 이것이 '有'이다", "이른바 '有所'는 被他(4정)가 內에서 主가 되면 심은 도리어 他動이 됨을 이른다"(29쪽)고 한다.

334) 「고봉2서」에서도 이미 "一有之而不能察"에 관한 뜻이라 했다.(상123) 다만 「2서」에서는 "마음에 먼저 있어서는 안 된다(不可先有在心下)"고 하여 그 '一有之' 방면만 고찰했는데, 『어류』 문장은 아래로 이어진다. 그래서 아래 '不能察'에 관한 내용까지 모두 인용한 것이다. 왜냐하면 퇴계는 "희노우구(칠정으로 해석)는 '심에 있어서는 안 된다(不可有諸心下)'는 心之病으로 設했을 뿐 正心處를 說到한 게 아니나"(상286)고 하기 때문이다. 즉 칠정은 心之病이고, 칠정은 심에 있어서는 안 되며, 또 주희의 '一有之'는 정심처의 설이 아니라는 것이다. 그렇다면 주희의 一有之는 정심처가 아닌 '칠정이 없어야 함'의 일인가? 그 불가함은 이미 「고봉2서와 또 위에서도 상고했다. 단 여기까지는 一有之의 뜻이고, 不能察은 아래의 뜻이라 함이다. 다시 말해 심 미감에 정이 "하나라도 있어서는(一有之) 안" 되지만, 한편 또 "사물이 옴에 察하지 못한 바가 있으면 應하는 것도 늘 失이 없을 수가 없다."(상125) 주희는 "未感之時"와 "感物之際"를 "체・용"(『혹문』, 534쪽)으로 여겨 "정심"처를 해설한 것이다.

335) 전문 "심에 분치가 있으면 그 바름을 얻지 못한다"고 함은 未感에 이러한 분치의 정을 "두어서는(一有之) 안 된다"는 뜻이다. 그런데 주희가 이 전문을 보기에 또 다른 의미도 있다는 것이다. 만약 그 미감・미발의 체만 말한다면 결국 그 체는 마음이 전

무릇 이렇게 해야겠다고 먼저 [심을] 안배하면 곧바로 [정심을] 얻지 못한다.336) 가령 사람이 꼭 이렇게 해야겠다고 엄중하게 立心했다가도 조금 있다가는 단지 그러한 생각은 좁은 소견에 불과할 뿐 이러한 경우는 그렇게 할 필요가 없다 함에 이른다면(개인적 사 감정이 들어간다면) 이 심은 구속되고 핍박된 것이다. 또 가령 사람이 자상하고 관후할 것을 立心했다가도 조금 있다가는 단지 그러한 생각은 좁은 소견에 불과할 뿐 이러한 경우는 그렇게 할 필요가 없다 함에 이른다면 이 心은 고식과 구차함에 흐른 것이다"('불능찰'에 대한 주희의 해설임. 미발은 물론이거니와 感物의 이발에도 敬의 주일무적을 이루라는 것)337)고 합니다.

(75)詳此數段, 恐非如先生所解也. 況 "說心之病, 使人察以正之"者, 乃是 '正心之事', 緣何更謂 "未說到正心處"耶? [緣何연하; 무슨 연유로. 무엇을 근거로 해서. 更갱; 또. 다시. 되풀이해서. 說到설도; 논설함에 이르다.]

이 몇 단락만 보더라도 선생님의 해석과는 전혀 다릅니다.(정심에 대한 주희의 해설은 이외에도 매우 많음)338) 하물며 [선생님께서도] "마음의 병통을 설해서 사람에게 살피게 해서

연 없는 "죽은 나무와 식은 재(枯木, 死灰)"(『혹문』, 534쪽)와 같아야 한다. 그런데 이때 심은 전혀 활동이 없을까? 미감에도 심은 있다. 「이발미발설」의 "日用之際" "平日" 등의 '未發'이 이곳이다. 주희는 정이천의 "善觀者는 己發의 즈음에서 본다"는 설에 대해 "내가 보기에(看來) 이 말씀은 성인의 止를 설한 것으로, 마치 '君은 인에 止한다' 함과 같다. 이는 未發時의 心이 아니므로 이천 스스로 '未當'으로 여겼다."(『어류』권62, 銖133, 2044쪽) "정자는 지난날 一邊만 가리켜 言之했다."(권18, 寓133, 638쪽) 결국 미감의 체에 정을 먼저 두어서는 안 되지만, 또 용에서도 아래 '안배하고자 하는 마음'을 가져서도 안 된다. 이것이 『장구』 심의 "불능찰"의 의미이다.

336) 미발에 정을 먼저 두지 않아야 하지만, 또한 이발에 안배가 있어서도 안 된다. 이 조항은 "정심·수신" 조항이다. "修身" 장구는 다음과 같다. "심의 不存이 있으면 그 身을 검속할 수 없다. 때문에 군자는 이곳을 必察해서 敬으로 直之해야 한다. 연후에 此心은 常存한다." 정심은 '성의'가 있어야 한다. 정심을 위해서는 미발에 정을 두어서도 안 되지만 또 感物 즈음 敬으로 直之함의 察도 있어야 한다. 즉 미발에도 敬 공부고, 이발에도 敬으로 察해야 한다. 주희는 "大人은 知覺·擴充의 功이 있고 巧僞·安排의 鑿이 없다. 때문에 赤子之心을 잃지 않는다"(『문집』권46, 「答胡伯逢」1, 2148쪽)고 하는데, 안배는 사태 이전 먼저 私心을 둠이다. 뒷줄에서 안배의 예인 "가령" "또 가령"의 둘을 든다.

337) 『어류』권16, 「전7장釋正心修身」, 賀孫146, 538쪽. 이 문장의 앞은 다음과 같다. "물음; 「정심장」에서 '사람의 심은 一物의 용납도 없어야 한다'고 했다. 답변; 이렇게 해석하기는 어렵다. 일물도 용납하지 않아야 한다고 해석하면 이는 '한 방향이 온통 없어야 함'의 말과 相似이다." 미발에 일물도 없어야 함은 옳지만, 그러나 이렇게 해석한다면 미발의 심은 아무것도 없는 死物이 되고 만다. 때문에 주희는 "내가 이 전문을 해석해 보면 그 이외의 뜻도 있다"고 한다. 심 미발은 活物이며, 平心이다. 이곳의 안배 '두 예'를 든 것이다. 예를 들어, 엄중하고 굳세게 立心했다가도 또 이를 '안배해서' 그럴 필요 없다고 여긴다면 이는 그 본래의 심이 그럴 필요 없음으로 구속된 것이다. 또 자상과 너그러움으로 立心했다가도 이를 '안배해서' 마음이 바뀌어 그럴 필요 없음으로 여기면 이는 자상과 너그러운 마음이 구차함으로 흐른 것이다. 『어류』 아랫줄은 다음으로 이어진다. "가령 심에 好名이 있다가 近名을 만나면 곧 더욱 좋아하게 된다. 가령 爲利가 심에 있다가 近利를 만나면 곧 탐욕이 된다." 이때 敬으로 直之하지 못하면 이것이 不得其正이다. 이 상태로 사물에 응하면 곧바로 치우치게 된다. 주희는 "敬은 主一無適을 이르니, 그 事를 敬으로 함"(『논어, 학이』5)이라 하는데 이는 '일을 처리함에 있어 마음을 다른데 두지 말아야 함의 뜻이다. 주희의 "측은이 많으면 姑息·柔懦(나약함)에 흐름",(『어류』권4, 㽦40, 193쪽) "仁之端이 본래 선이나, 過하면 姑息에 이름"(권97, 文蔚39, 3269쪽)이라 함은 주일무적을 하지 못한 것이다. 이곳은 심 이발 "불능찰" 조항이다.

338) 「정심장」에 주희는 "一有之而不能察"이라 주석했다. 이를 퇴계는 '칠정의 일'이라 했고, 때문에 고봉은 『장구대전』「정심장」소주와 『주자어류』등 해당 조목을 인용해서 이 조항은 칠정의 일이 아닌 '정심의 일'임을 상고한 것이다. "이 몇 조항만 보더라도"라고 함은 이 이외에도 정심의 일임을 상고할 조항은 매우 많다는 뜻이다. 『대학혹문』은 이미 인용했고,(상125) 『어류』「정심장」조항은 권16, 122조(532쪽)부터 161조(542쪽)까지 총39조이며, 『혹문』전7장에 대한 『어류』기록은 권18, 128조(637쪽)부터 132조(638쪽)까지 총 5조이다. 『문집』의 「정심장」에 대한 해설 또한 매우 많다. 주희는 「정심, 성의장」 주석을 죽기 3일 전까지 고친다.

바르게 하자"339)는 것으로 말씀하셨으니,(퇴계의 이 말이 곧 칠정사가 아닌, 정심사라는 것임)340) 이 말씀이야말로 결국 '정심의 일'이거늘 [선생님께서는] "무슨 연유로"341) 이를 또다시 "정심을 설한 곳이 아니다"라고 [스스로 부정]하십니까?(선생의 이 말씀이 바로 정심사인데, 왜 또 아니라고 스스로 부정하십니까?)342)

(76)且此「章」之旨, 本欲使人心 '得其正', "如鑑之空, 如衡之平, 而感物之際, 應之皆中 其節也." 若 '不當惻隱時, 先有惻隱之心, 不當羞惡時, 先有羞惡之心', 亦恐 "不得其 正"也.

게다가 이곳「정심장」종지는 본래 사람 마음으로 하여금 '그 바름을 얻기를(得其正)' "마치 거울의 空, 저울의 平과 같이 함으로써,(心之體. 感物의 前 미발에 空·平의 심을 유지함이 심의 체임) 마음이 외물에 感할 즈음 그 應함이 모두 절도에 들어맞게(中節) 하기 위함"입 니다.(心之用. 급기야 감물로 중절해서 공·평을 이룬 것이 심의 용임.『대학혹문』)343) 이와 같은데도 만

---

339) 「퇴계2서」의 "이 말이 비록 정심장에 있지만, 이 一節은 희노우구를 심에 두어서는 안 된다는 뜻으로, 이는 心之病을 설했을 뿐 正心處를 설한 것은 아니다"(상286)를 요약 비판한 것이다. 『퇴계집』 "이는 심지병을 설해서 사람들에게 그 病을 알게 해서 下 藥한 것일 뿐, 곧바로 正心事를 설한 것은 아니다"(『퇴계전서』1책, 420쪽)는 이후 고친 것이다. 고친 "정심사가 아니다"도 칠정 을 정심사로 여긴 것이다.

340) 『고봉집』 "說心之病耳, 未說到正心處也"(상286)를 퇴계는 본 논변을 받고 이후 "說心之病, 使人知病而下藥耳, 非直說正心事也"(『 퇴계전서』1책, 420쪽)로 고쳤다. 이렇게 고쳤다 해도 이는 주희의 "일유지이불능찰"을 心之病으로 해석한 것이다. 퇴계는 "正 心事(正心處)를 直說(說到) 함이 아닌" 칠정의 일인 '心之病의 일'로 여긴다. 그렇다면 心之病은 칠정의 일인가, 정심의 일인가? 퇴계는 심지병을 정심의 일로 여긴 것이 분명하다는 것이다.

341) 퇴계는 "一有之를 인용하여 칠정을 屬氣로 논증한 것이 어찌하여(何爲) 不相似이겠는가?",(상289) "분치·공구의 [칠정이] 쉽게 心害가 되는 것은 바로 기에 緣한 所發이기 때문이다",(상287) "[칠정은 境에 緣해 出한 뿐이다"(상22)라고 했다. 즉 칠정은 기 를 緣해서 발한 심의 病·害인데, 그대는 어찌하여 칠정이 그 '一有之해서는 안 되는 일'인 곧 심의 병·해가 아니라 하는가? 이에 고봉은 "어찌하여, 무슨 연유로(緣何)" 一有之를 正心事가 아닌 七情事로 여기십니까, 라고 반문한 것이다. 고봉은 "正心事 와 七情事는 불상사"(상125)라 했고, 반면 퇴계는 칠정사가 心之病의 일이라 했다. 그렇다면 心之病은 정심사가 아닌 칠정사인 가? 퇴계는 "一有之는 心之病일 뿐 正心事가 아니다"(상286)고 했다. 결국 퇴계는 주희의 "일유지"를 心之病으로 여겼고, 고봉이 이 뜻이다.

342) 퇴계는 "일유지이불능찰의 뜻은 곧 희노우구를 마음에 두지 말아야 하는 心之病을 설했을 뿐, 正心處를 說到함이 아니다"(상 286)고 했다. 즉 일유지는 칠정의 일이고, 칠정의 일은 心之病의 일이다. 그렇다면 퇴계가 말한 "心之病을 설해서 심을 바르게 하자는 일"은 『중용』 희노애락의 일인가? 즉 주희의 "일유지"는 正心事를 설함이 아닌가? 이에 고봉은 선생의 "心之病을 설해서 바르게 하자는 일" 이것이 바로 선생의 "正心之事"(상285)거늘 "무슨 연유로" "정심처를 설도한 게 아니라고" 다시 스스로의 말 을 부정하십니까, 라고 반문한 것이다.

343) 거울의 空, 저울의 平 비유는 『대학혹문』, 『어류』, 『문집』 등 곳곳에 보인다. "사람의 一心은 湛然의 虛明이 마치 거울의 空, 저울의 平과 같아서 一身의 주인으로 삼으니 진실로 그 眞體의 본연이다. …故로 그 未感의 때에는 至虛·至靜하니 이른바 鑑 空과 衡平의 體이다. …及其야 感物 즈음 그 應하는 바의 것이 또한 모두 中節하니 곧 鑑空과 衡平의 用이다. 流行·不滯하여 正大 光明하니 이것이 天下의 達道이다. 어찌 不得其正이 있으리오(人之一心, 湛然虛明, 如鑑之空, 如衡之平, 以爲一身之主者, 固其眞體之本然. …故其未感之時, 至虛至靜, 所謂鑑空·衡平之體. …及其物之際, 而所應者, 又皆中節, 則其鑑空·衡平之用, 流行不滯, 正大光明, 是乃所以爲天下之達道, 亦何不得其正之有哉)."(『대학혹문』하7, 534쪽) "惟誠其意, 眞個如鑑之空, 如衡之 平, 姸媸高下, 隨物定形, 而我無與焉, 這便是正心"(『어류』권16, 賀孫144, 537쪽. 『문집』권57, 「答陳安卿」3, 2739쪽. 『문집』권 67, 「舜典象刑說」, 3258쪽) 주희는 미감의 공·평을 심의 체, 감물의 중절을 공·평의 심의 용으로 삼고, 이 체용을 '得其正 (그 바름을 얻음)'이라 한다. 이 체용의 '正'을 얻기 위해 주희는 "일유지이불능찰" 공부를 제시한 것이며, 만약 일유·불능찰 하면 심은 '正心'을 얻지 못한 "부득기정"이 되고 만다. 미감의 때를 주희는 "物의 未感에는 心之體이니, 寂然不動하여 如鑑之 空, 如衡之平이다. …맹자의 소위 '平旦之氣'가 이곳이다"(『문집』권51, 「答黃子耕」7, 2379쪽)고 한다.

약 [선생님 주장과 같이 그 미발에] '마땅히 측은해서는 안 될 때 마음에 먼저 측은지심을 소유하고 있거나, 마땅히 수오해서는 안 될 때 마음에 먼저 수오지심을 소유하고 있어야 한다'(미발에 먼저 나의 사심을 품은 것임. 정심장 종지와 정 반대의 뜻임)[344]고 여기신다면 이 말씀이 오히려 마음이 "그 바름을 얻지 못함(不得其正)"이 되는 것입니다.(미발에 사단을 먼저 품으면 마음은 '거울의 空'이 되지 못해서 그 바름을 얻지 못한다는 것. 반대로 퇴계는 '미발에 사단을 품고 있어야 한다'고 주장한 것임)[345]

(77) 「定性書」所謂 "忘怒"云者, 乃指 '不中節'者而言, 引以云云, 亦不敢曉. 若以爲不然, 則『語類』所謂 "有件喜事, 不可因怒心來, 忘了所當喜處, 有件怒事, 不可因喜事來, 便忘了怒"者, 與 「定性書」所云, 未知果何如也. [件건; 건.(사건이나 일을 세는 양사. 앞에 수사인 一이 생략됨) 怒心來노심래; 자신의 노심. 외물과 관계없는 노심. 노심의 결과. 便忘了변망료; 즉시, 곧바로 잊어버리다.]

더구나 「정성서」의 이른바 "노를 잊어라(忘怒)"는 운운은 결국 '不中節'의 것[346]을 가리켜 말했음에도 불구하고 [칠정의 일로] 인용(「정성서」, 『중용』, 『대학』 등 종지가 전혀 다른 셋의 '노'를 퇴계는 각자 구분하지 않음)해서 운운하셨으니,[347] 이 또한 감히 이해하지 못하겠습니다.(퇴계의 논변은 3설의 각 종지가 구분되지 않고 혼란된 것임)[348] 만약 "그렇지 않다"고 여기신다면(만

---

344) 퇴계는 "어찌 심에 측은함이 있으면 곧 부득기정하고, 심에 수오함이 있으면 곧 부득기정이라 운운할 수 있겠는가?"(상287)라고 하는데, 이는 심에 측은·수오의 사단이 있으면 심은 '그 바름을 얻는다(得其正)' 함이다. 하지만 이는 「정심장」 종지와 정 반대의 뜻이며, 오히려 이러한 측은을 품으면 심체가 그 바름을 얻지 못한다 함이 「정심장」 종지이다.

345) 「정심장」의 종지는 심이 外感하기 전 먼저 그 심체에 어떤 감정도 '두거나 남겨서는' 안 된다 함이다. 두지 않으면 得其正이고, 두면 不得其正이다. 두면 體가 설 수 없고, 두지 않으면 體가 서서 그 應는 中節하여 用이 된다. 결국 두면 "欲이 動하고 情이 勝하여"(일유지 아래 주희주석) 부득기정이 된다. 그런데 퇴계는 반대로 심에 사단을 두면 得其正이고 칠정을 두면 不得其正이라 한다. 퇴계는 「정심장」의 心之病을 칠정이라 했고, 또 "기의 소발이므로 쉽게 악으로 흐르며, 사단의 리발이라면 이러한 병통이 없다"(상287)고 한다. 이에 고봉은 퇴계의 주장과 같이 측은지심을 먼저 소유하고 있으면 이 심은 부득기정이 된다고 한다. 주희는 미감의 心體에 그 희노우구를 "一有之하거나 혹은 不能察하면" 곧 心之病이 되어, 이로써 "그 用의 所行은 그 바름을 잃지 않을 수 없다"(일유지 아래 주희주석)고 한다.

346) 「定性書」 "忘怒" 앞 구는 다음과 같다. "성인의 희는 物로서의 當喜이며, 성인의 노는 物로서의 當怒이다. 따라서 성인의 희·노는 心에 얽매이지 않고 오히려 物에 얽매인다. 성인이 어찌 物에 應하지 않겠는가! 어떻게 外를 따름을 그르다 하고 內에서 求하는 것만 옳다 하겠는가! 지금 자기의 사사로움과 얕은 지혜를 쓴 희·노로 성인의 희·노의 正을 보려 한다면 어찌 하리오! 사람의 情은 용이하게 [외물에 정확히] 發하나, 제어가 어려운 것은 노가 심하다. 단지 노했을 때 급거 그 노를 잊어야 한다." 「정성서」의 "노"는 둘의 의미이다. 성인의 노는 "物來에 順應한 當怒"인 곧 중절의 노이다. 반면 "自私의 用智의 노"는 불중절의 노이다. "제어가 어려운 노"는 나의 사사로움 때문이다. 외물에 순응한 노가 아닌, 나만의 노이다. 때문에 "급거 忘"해야 한다. 나의 사사로운 노를 급거 "忘"해야만 "澄然히 無事할 수 있고" "이로써 물이 오면 當怒가 가능하다(以物之當怒)." 때문에 고봉은 이때의 노를 외물에 순응하지 못한 "불중절의 노"라 한 것이다. 이 사사로운 노를 잊어야만 "物來의 當怒"인 和를 이룰 수 있다. 이러한 "망노"의 노는 칠정의 "노"와 종지가 정 반대인데, 칠정의 노는 종지가 "중화"이기 때문이다.

347) 퇴계는 「定性書」 "忘怒"를 『중용』 "희노"의 일이라 하고, 또 이 희노를 『대학』 "正心"의 "분치의 노"로서 없애야 할 노라 했다. 그러나 「정성서」, 『중용』, 『대학, 정심장』의 이른바 "노"는 그 종지가 각자 전혀 다르다. 퇴계는 "칠정은 氣發이므로 [정성서에서] "怒를 잊고 理를 보라"고 운운했다"(상289)고 한다. 이 셋의 노를 상고하면, 「정심장」 "노"는 심의 정심을 위한 "두지 않아야 할" 노이다. 「정성서」 "忘怒"는 "사사로움과 얕은 지혜"를 쓴 불중절의 노이다. 『중용』 "노"는 "중·화"인 "도의 체용"(상94)의 노이다. 이 3者의 종지는 각자 전혀 다른데, 퇴계는 각각 분석하거나 구분하지 않은 것이다.

348) 「定性書」 "忘怒"는 "사사로이 얕은 지혜를 쓴 노"이며 이는 외물과 "순응"하지 못한 "불중절"의 노이다. 때문에 정명도는 "適道

약 「정성서」 '망노'를 『대학』 '일유지'라 하신다면. 퇴계의 논변임)349) 『어류』의 이른바 "한 건의 기뻐할 일이 있음에 [나의] 노한 마음으로 인하여 마땅히 그 [외물의] 기뻐해야 할 곳을 잊어서도 안 되고, 한 건의 노할 일이 있음에 [나의] 기쁜 일로 인하여 곧바로 그 [외물의] 노해야 할 곳을 잊어서도 안 된다"(정심의 일인데, 주희는 잊을 노와 잊지 말아야 할 노를 함께 논한 것임)350)고 한 것은 「정성서」에서 운운한 [망노]와 더불어 과연 어떻게 여기실지 모르겠습니다.(오히려 「정심장」 '一有之'와 「정성서」 '忘怒'가 상사라는 것)351)

(78)更望開示曲折. 何如? 區區不勝大願. [曲折곡절; 거기에 얽힌 사정. 자세한 내용. 區區구구; 저. 소인.]

[위와 같은 각자 다른 3설의 종지에 대해] 다시 그 자세한 곡절을 열어보시기 바랍니다.(「정성서」, 『중용』, 『대학』 등 3설의 각자 다른 "노"를 분석해서 구분해야 함) 어떻게 생각하십니까? 구구한 저로서는 크게 염원하는 마음 이기지 못할 따름입니다.352)

(79)末條.

伏詳. 此條誨諭說, 盡大升之病, 極其深痼處. 苟非先生愛人無己之盛德, 何以至此? 幸甚幸甚. 所當終身佩服, 不敢怱忘者也. 然亦有私懇, 不敢不布聞. 伏幸俯察, 何如?

[深痼심고; 고질병. 佩服패복; 탄복하다. 敬服하다. 경탄하다. 私懇사간; 사사로이 부탁함. 개인적으로 간

(도에 들어맞음)"를 위해 "급거 노를 잊으라"고 한 것이다. "性은 內外가 없다(性之無內外)." 내외가 없는 性의 定을 위해서는 그 "급거 忘怒"해야 한다. 이로써 "외물이 오면 순응(物來而順應)"하여 "그 情이 萬事에 順應"하는 중절인 性의 "當怒"가 된다. 따라서 "忘怒(잊어야 할 노)"가 곧 "중화"의 일이라 할 수는 없다.

349) 퇴계는 "그대는 正心의 일과 칠정은 불상사라 하지만, 사실은 그렇지 않다"(상125·285)고 한다. 즉 칠정의 노, 정심의 노, 정성서의 노 등은 모두 같은 "相似"(상289)이며, 그것은 "기발"이며 "쉽게 악으로 흐르는" "마음에 두어서는 안 될 心之病"이다.(상287) 이 논변은 각 설의 종지가 혼란된 것이다. 만약 '망노'와 '일유지'가 상사라면 그것은 아래 경우가 그렇다고 한다.

350) 『어류』권16, 「전7장, 釋正心·修身」, 賀孫145, 537쪽. 인용문 앞 구는 다음과 같다. "물음; 심에 好·樂한 바가 있으면 不得其正이라 했습니다. 답변; 심에 이 一事가 있음에 또 저 一事를 몰래 가지고 있어서는 안 된다. 만약 나의 기쁨 이 一事에 다시 一事가 있게 되면 곧바로 앞 一項은 내보내야 한다. 그래서 단지 平心으로 뒤 一項에 나아가 理會해야 하며, 또 앞의 기뻐하는 마음을 그 속에 담아 몰래 가지고 있어서는 안 된다. 한 건의 喜事가 있음에 노한 마음으로 인하여 마땅히 喜處할 바를 잊어서는 안 된다." 이는 심의 체용을 正하게 하기 위한, 즉 正心의 일이다. 주희는 두 가지 怒를 동시에 말했다. 자기의 "怒心"은 잊을 노이고, 외물의 "怒事"는 잊지 말아야 할 노이다. 만약 퇴계가 「정심장」 '一有之'를 「정성서」 "忘怒"(怒心)라 한 것이라면 이는 '相似'다. 둘 모두 두어서는 안 될 정이기 때문이다.

351) 「정성서」의 怒는 둘이다. "성인의 희·노"는 "그 정이 만사에 순응(其情順萬事)"한 중절의 "當怒"이다. 반면 "급거 그 노를 잊어라(遽忘其怒)"의 노는 "사사로이 지혜를 쓴(自私用智之喜怒)" 불중절의 노이다. 한편 「정심장」 "노(분치)"는 未感의 심에 먼저 "하나라도 소유하고 있으면 欲이 動하고 情이 勝해서 그 心之用의 所行이 그 바름을 잃음"의 노이다. 고봉은 "忘怒"와 "분치"의 노를 相似라 한다. 왜냐하면 노를 잊으면 "사물이 옴에 순응(物來而順應)"할 수 있고, 또 분치(怒)를 소유하지 않아서 "그 用의 소행이 바름을 얻을 수" 있기 때문이다. 단 망노(정성서)의 노는 旣發의 정의 불중절이고, 분치(정심장)의 노는 '미발'의 心의 體用에 병이 되어 正心을 이룰 수 없음, 이것이 서로 다르다. 반면 퇴계는 '망노'와 '칠정'을 상사로 여겼다.

352) 「정심장」 "怒"는 심의 未感에 "두지 말라" 함이고, 「정성서」 "忘怒"는 사사로이 지혜를 쓴 '불중절'의 노이며, 『중용』 "희노"는 중화인 '도 체용'의 노이다. 반면 퇴계는 「정성서」 "망노"와 「정심장」 "노"를 『중용』의 "희노"라 한다. 그러나 "망노"는 "희노"와 불상사이며, 오히려 "망노"는 「정심장」의 "노"와 상사라 하겠다. 이러한 대학, 중용, 정성서 3설의 종지와 주희의 설 등을 각각 고찰해서 구분해야 한다 함이다.

청함. 布聞포문; 저의 소견을 말씀드립니다. 알려 드립니다.]

"끝 조목"에 대해.

엎드려 상세히 하겠습니다.[353] 이 조항에서 회유하신 설(말씀)은 대승의 병통을 모두 지적하셨고 특히 그 깊은 고질병이 된 곳까지도 극진히 하셨습니다.(이 말조는 고봉의 고찰에 답변하지 않고, 오히려 선생으로서 고봉을 깊게 꾸짖은 조항임)[354] 진실로 '선생님의 남을 사랑하시는 무아의 성덕'(퇴계의 말인 '애인 무기의 성심'을 역인용한 것임)[355]이 아니었다면 어떻게 여기에 이르렀겠습니까? 매우 다행입니다. 마땅히 종신토록 깊이 간직할 할 바이며 또한 감히 총망히 잊지도 않겠습니다.(이 토론으로 고봉은 그동안 평소 의혹으로 여겼던 것을 밝히고 이로써 학문을 지속할 수 있었기 때문임. 고봉은 이로써 평생 스승으로 모심)[356] 그렇지만 또한 사사로운 간곡한 부탁의 말씀(퇴계는 선생으로서 『소학』'제자의 직분'으로 충고했음)까지 계셨으니 저로서도 감히 들은 바를 말씀드리지 않을 수 없겠습니다.[357] 굽어 살펴주시기를 바랍니다. 어떠실 지요.

(80) 大升前日之書, 引朱子 「與湖南諸公書」云云者, 正欲發明學者不可偏執一語之意耳. 固無 "未滿朱子所說"之意, 亦無 "指斥記者"之語, 不知先生何以有此教耶? 惶恐之懷, 無以仰喩. [偏執편집; 편견으로 고집함. 선유를 해석함에 한쪽으로 집착함. 何以하이; 어째서. 무엇 때

---

353) 당초 고봉의 제12절은 주희 "중용 미발·이발의 義",(상151) 이천 "심의 已發",(상152) 『어류』 "시리지발, 시기지발"(상154) 등 각 설에 대한 고찰이다. 주희는, 이천의 "심의 이발"은 이발이 아닌 맹자 "적자지심"(상152)이었고, 이천 스스로 "설의 잘못으로 여겨 未當이라 하고 바로 잡았음"(상152)을 상고했으며, 주희도 당초 "語意를 錯認했다"(상151)고 했다. 『어류』 "시리지발, 시기지발 또한 전후의 논과 비교해서 그 본의를 살펴야 하며, 따라서 리발·기발의 설은 전후 周該의 의미로 따라야지 각각의 발로 偏指 해석해서는 안 된다"(상154)고 했다.

354) 고봉의 제12절은 주희의 설에 대한 상고이다. 그런데 퇴계의 "말조"(상292)는 고봉이 상고한 주희의 설에 대한 답변이 아닌, 오히려 고봉의 학문 태도에 대해 깊게 충고한 것이다. 퇴계는 『어류』 기록인 "리지발·기지발"을 보한경에게만 은밀히 전해준 "단전밀부의 종지"(상293)라 하고 이를 고봉이 "指斥"(상294)했다고 하면서 선생의 지위에서 깊게 꾸짖었다. 고봉의 병통을 크게 세 가지로 꾸짖었다. "吾友는 황을 비판하기 위해 주자의 이 말을 배척했다."(상294) "吾友는 虛心·遜志의 병통이 있으며 이는 성현의 말씀을 구솔해 자기의 뜻에 따르려 하려는 폐단이다."(상295) "眞剛·眞勇은 령기 강설에 있지 않고, 改過에 不吝하며 聞義하면 卽服함에 있다."(상296)

355) 퇴계의 말인 "君友의 愛人 無己의 盛心을 입었다"(상297)를 "先生의 愛人 無己의 盛德이다"로 역인용한 것이다.

356) 고봉의 병통으로 지적한 "황을 비판하기 위해 주자의 설을 연루시킨 것"과 "성현의 말씀을 구솔하여 자기의 뜻에 따르게 하려는 폐단", 그리고 "진강과 진용은 령기 강설에 있지 않다는 것" 등에 대해 고봉은 이를 자신을 가르쳐주기 위한 퇴계의 "무아의 성덕"으로 여긴 것이다. 이러한 무아의 성덕에 대해 종신토록 경복할 것이며 또 잊지도 않겠다고 한 것이다. 고봉은 위에서도 "선생의 성덕으로 저는 구습을 씻고 각고면려하여 이로써 학문을 포기하지 않을 수 있을 것"(하3·5)이라 했다. 요컨대 퇴계의 지금 보내주신 논변으로 인해 결국 고봉은 그동안 의혹된 것을 밝혀 학문을 지속할 수 있었으니, 이를 경복하며 또 잊을 수 없는 일로 여긴 것이다. 실제로 고봉은 평생 마음을 다해 퇴계를 스승으로 모신다.

357) 퇴계는 말조에서 "吾友"(상294·295)라는 '개인적 사간의 표현'을 2회 사용해 "령기 강설하지 말고 의리를 들으면 곧바로 제자로서 복종해야 한다"(상296)는 『소학, 입교편』의 말로 훈계했다. 이는 주희의 설에 대한 고찰이 아닌 고봉에 대한 사간이다. "허심·손지의 병통이 있다." "성현의 말씀을 구솔해 자기의 뜻에 따르게 하는 폐단이다." "안자는 有하되 無한 듯하여 오직 의리의 무궁만 알고 物我의 사이를 보지 않았다."(모두 상295) "주선생은 자기의 말에 미안한 곳이 있으면 타인의 말을 즐겨 듣고 즉시 고쳤다."(상296) 이와 같이 퇴계는 주희의 고찰이 아닌 선생으로서 제자에게 훈계했는데, 이는 고봉 본의와 다르다. 고봉은 주희의 설을 잘못으로 여기지 않았거니와 오히려 주희의 설을 "마땅히 따르고, 준수하고, 지켜야 한다(當師, 當遵, 當守)"(상153·154)고 했다. 위에서 고봉은 "령기 강설을 펴지 않겠다"(하18·57)고 하면서 오히려 퇴계를 "강설 난통"(하72)이라 한다.

문에. 무슨 의도로. 惶恐황공; 당황하고 두려워함. 놀라 당황함. 懷회; 생각. 심회. 가슴. 無以무이; ~할 수가 없다. 뭐라 고지해야 할지 모르겠다. 喻유; 고지하다. 알리다.]

대승이 전일 글에서 주자의 「호남제공에게 준 편지」를 인용해 운운했던 이유는 바로 학자는 [선유의] 한마디 언어에서 그 '한쪽만 집착해' [이로써 전체를 포괄한 양 해석해서는] 안 된다는 뜻을 밝히고자 했을 뿐이었습니다.(주희도 당초 정자의 "심의 이발"을 '심 전체'로 파악했지만, 이후 이 말을 '구설의 잘못'으로 여김)358) 따라서 저는 진실로 "주자의 설을 만족하지 못하겠다"는 의도도 없었거니와 또 그 "기록자를 가리켜 배척한" 말도 없었거늘, 모르겠으나 선생님께서는 어째서 이 같은 하교(스승으로서의 충고의 말씀)가 있으셨을까요?359) 황공하고 놀란 심회 무엇으로 다시 고지해서 알려드려야 할지 모르겠습니다.(주희의 본의 및 고봉의 인용 의도와 전혀 상반되기 때문임)360)

(81)但其中 "偶發而偏指"之語, 似涉先生所訶者, 然此語, 乃對 "備陳周該"之語而發也, 非敢以 "未滿"而 "指斥之"也. [偶發우발; 한 짝씩 발언하다.(奇는 홀수, 偶는 짝수임. 즉 음·양, 리·기 각각의 발언의 뜻) 偏指편지; 각각 한쪽만 가리킴.(偶數인 음·양 각 한쪽만 가리킨 것을 말함) 備陳비진; 양쪽을 두루 갖추어 진술함. 周該주해; 상하를 두루 다함. 빠짐없이 포괄함.]

---

358) 퇴계는 "주자는 우리의 스승이고 또 천하 고금의 종사이니, 감히 자신을 믿지 말고 스승을 믿어야 한다"(상45)고 했는데, 고봉 역시 당연히 "그 말씀을 지킴"(상150)에 이견이 없다. 하지만 고봉 본의는 「호남제공서」를 인용해 "주자가 자신의 실수를 언급했고"(상151) 이천 또한 "설의 잘못으로 여겨 스스로 未當이라 하면서 다시 바로잡았음"(상152)을 고찰함으로써, 주희의 新說을 따름이 마땅하지 "선유의 舊說을 그대로 쓰자고 해서는 안 된다"(상156) 함에 있었다. 주희도 처음 心의 已發에서 먼저 察識함(장식 등 호남제공 본설)을 인정했지만, 이후 大悟(상151)한다. 결국 "모든 심을 말한 것(凡言心者)"(상152)이라 함은 미발 공부가 闕却("이발미발설" "缺却", "欠却")된다. 때문에 당초 "심은 이발임"을 이천도 이후 "營欲·知巧의 思가 없어서 中에서 未遠한" 것인 "赤子之心"(상152)으로 바로잡던 것이다.("이발미발설") 주희는 당초 "이발"을 "중용" "미발·이발"과 구별하지 못했고, 더구나 호남학인 '심 已發에서 먼저 察識함'을 이천의 이른바 "심 이발"로 착각해 "스스로 안정됨으로 여겼다(自以爲安矣)."("이발미발설") 이렇게 주희의 착각과 같이 후학이 주희설을 따르고자 할 때도 그 "한쪽의 偏으로 집착"(상154의 偏旨)해서 그것이 '전체의 설인 양 해석'해서는 안 된다는 뜻이었다. 심 공부는 "日用之際"의 미발과 "善觀者"인 이발 모두에서 이루어야 한다.

359) 퇴계는 말하기를 "공의 이 단락의 語意를 보니 마치 주자의 此說을 未滿足으로 여긴듯하다"고 하면서 "이 數句는 단전밀부의 늪이며 그 기록자도 보한경이다. 이 분은 실로 朱門의 一等人으로, 여기에서 失記했다면 어찌 보한경이라 하겠는가?"(상293)라고 했다. 그대는 주자를 "의혹하고 指斥한다."(상294) 하지만 고봉은 주희를 '未滿足'하고 '배척'하거나 혹은 기록자를 '의혹'하는 그런 '의도'조차도 없었다는 것이다. 당초 고봉의 반대는 「어류」 "시리지발, 시기지발"(상44)이 아닌, 퇴계의 "대거호언" 및 그 견해(퇴계의 "愚見" 상45)에 있었다. 퇴계는 "名言之際에 眇忽히 差가 있다면 先儒의 舊說을 쓰자"(상47)고 한다. 하지만 「호남제공서」 및 "이발미발설" 등에 의하면 주희도 자신의 설에 대해 "심·성의 名命이 未當·不當하다", "나의 소견이 치우쳤고 착오가 있었다(由所見之偏(所見一差)而然爾)"고 했고, 또 「중화구설서」에서 "名言之失"을 인정했으며, 그 "자신의 믿음(自信)"으로 인해 "자신을 그르쳤다(自誤)"고 자인했다는 점이다. 이점을 강조하고자 하는 것이지, 「어류」를 불만할 '의도'나 혹은 배척할 '말'도 없었다는 것이다.

360) 퇴계의 답변은 「호남제공서」를 인용한 고봉의 의도와 상반된다. 퇴계는 고봉이 주희의 설을 의혹해 "未當으로 여기고" 그 기록자까지 "배척했다"고 한다. 그런데 문제는 정자 및 주희는 자신의 설을 未當으로 자인하고 스스로 고쳤다는 점이다. 반면 퇴계는 주희를 믿고 지킨다 하면서 오히려 그 "언어(語)"(상154)로 지키거나 혹은 "자신의 우견을 믿고(方信愚見)"(상45) 주희의 설과 반대로 해석한다. 이는 주희가 「호남제공서」에서 밝힌 내용과 전혀 다르다. 왜냐하면 정·주는 '사맹을 해석한 것'에 불과하며, 또 「중용」 "미발·이발"설을 고찰하면서 자신의 未當을 직접 '고쳤기' 때문이다. 고봉도 "주자는 진실로 천하 고금의 종사이며 학자는 마땅히 그 말씀을 삼가 지켜야 한다"(상150)고 했다. 때문에 고봉은 "황공하고 놀란 심회 무엇으로 또다시 고지해서 알려 드려야 할지 모르겠다"고 한 것이다.

다만 그 가운데 "우발로서 한쪽으로 가리킴"(퇴계는 '우연히 발언한 치우친 언어이다'로 잘못 오해함)이라는 단어가 선생님의 꾸짖음과 연관된 것 같은데,(퇴계는 사맹 본설이 아닌, 어류의 '語'로 오히려 사맹 종지를 심각히 왜곡함)361) 그러나 이 말의 의미는 "전후를 갖추어 두루 포괄 해석해야 함"이라는 단어와 '상대'해서 발언한 것일 뿐,(사맹 본설의 종지를 각자 상대적인 리·기의 偏指로 해석해서는 안 된다는 뜻이었음)362) 감히 주자를 "만족하지 않았거나" 또는 기록자를 "지목하여 배척"했던 것이 아니었습니다.(사맹 종지를 각자 리 혹은 기 한쪽만으로 해석해서는 안 된다 함은, 주희를 배척한 말이 아니라는 것임)363)

(82)嘗觀『中庸或問』曰, "聖賢之言, 固有(고봉집 無는 오자)發端而未竟者, 學者尤當虛心悉意, 以審其歸, 未可執其一言而遽以爲定也." 此言豈不 "公且明"乎? 苟或不能虛心悉意, 而遽執一言, 以駕諸說, 則其 "驅率聖賢之言, 以從己意之弊", 必有不可勝言者矣. [未竟미경; 未完의. 완결하지 않은. 끝내지 않은. 虛心허심; 자신의 마음을 비움.(반면 퇴계는 고봉에게 허심을 요구함) 駕가; 걸게 하다. 조종하다. 驅구; 쫓아내다. 몰아내다.]

일찍이 살피건대, 주자는『중용혹문』의 ["심은 이발" 조항(「호남서」와 같은 내용임)에서] 말하기를 "성현의 말씀(言)에서 전체로 말하지 않은 그 발단만 있고(無는 오자이며, 有자임)364) 완전하게 끝내지 않은 것은, 학자는 더욱 허심으로 뜻을 다하여(虛心悉意) 이로써 그 귀결을 찾음이 마땅하지, 그 한마디 말씀만 집착해 급거 定論으로 삼아서는 안 된다"365)고

---

361) 고봉의 "偶發, 所偏指之語"(상154)에 대해 퇴계는 "[그대는 주희의] '理之發, 氣之發' 一語를 결국 偶發而偏指라 여겼다"(상232·292)고 했다. 즉 고봉의 "한쪽만의 치우쳐 지칭한 언어로 지킬 수 없다"에 대해 퇴계는 "그대는 주자의 언어(고봉은 '말씀'이라 함)를 偶然한 發語이거나(而) 혹은 치우친 말로 여겼다"로 오해하여 주자설을 '잘못된 설로 여겼다'고 비판했다. 다시 말해 고봉의 "一時 음·양과 같이 따로따로 한쪽만 가리킨 語로 해석해서 주자를 當守할 수는 없다"(상154)고 함을 퇴계는 "우연히 발언한 語이거나 혹은 이 말씀은 잘못 치우친 가리킴이라 그대는 말했다"로 오독한 것이다. 퇴계는 고봉이 '주자의 설을 따르지 않는다'고 비판하지만, 그러나 고봉은 어류설을 '퇴계와 같이 해석할 수는 없다'고 한 것이다. 왜냐하면 사맹이 본설이고, 어류는 해설이기 때문이다. 퇴계는 어류의 "언어(語)"로 사맹을 어겨서 사맹 및 주희 종지를 심각히 왜곡한 것이다.

362) 고봉은 "학자는 주자의 말씀(言)을 마땅히 삼가 지켜야(當守) 한다"(상150)고 했다. 단, "偶發·偏指의 語로 當守"(상154)해서는 안 된다. 고봉의 "우발·편지"는 어류의 설을 '이렇게 해석할 수 없다는 뜻으로, 이는 어류를 비판한 것이 아니다. 즉 "우발·편지의 語로 當守하고자" 해서는 안 되고, 다만 "前後로 備陳하여 周該한 바의 言(말씀)으로 當遵"(상154)해야 할 뿐이다. 왜냐하면 어류는 사맹을 '해석한 것'이기 때문이다. 만약 퇴계와 같이 리발·기발이라 하면 一時 각발의 偏이 되며, 이러한 偏指는 결코 사맹 본설의 종지일 수 없다. 퇴계는 고봉의 말을 '一時 한때의 우연한 발언'이라 잘못 오독한 것이다.

363) 퇴계는 "그대는 주자의 此說을 未滿足으로 여겼다", "기록자의 실수라면 어찌 보합인가 하겠는가?",(상293) "주자의 此語를 아울러 指斥했다"(상294)고 했다. 하지만 고봉은 어류를 불만족하고, 기록의 실수로 여기거나, 주자를 배척한 "말조차(語)"(하80)하지 않았다. 다만 이 설을 "비진·주해의 言(말씀)"이 아닌 "우발·편지의 語로 해석해서는 안 된다"(상154) 했을 뿐이다. 사맹을 리발, 기발로의 해석은 진실로 가능하다. 단『어류』는 사맹의 곡절(중화 및 확충이라는 종지)이 나타나 있지 않으며, 이를 주희가 "사단이 리발이므로 칠정이 기발이다"(상274)고 했다 할 수는 없다.

364) "固無發端"의 '無'는『중용혹문』원문은 "有"자이다.

365)『중용혹문』상,「程呂問答」18조항, 561쪽. 이 조항은 다음과 같이 시작된다. "질문; 程·呂문답은 어떠한가?(「與呂大臨論中書」,『이정집』605쪽에 '정여문답'이 있음) 답변; [정자의] 문집을 상고해 보면 이 글은 不完하다. 정자는 당초 '凡言心者'를 모두 已發을 가리켜 말했다'고 했는데 이후 글에서는 결국 스스로 '未當'으로 여겼다. 여씨의 질문도 자세하지는 않은데, 不完의 중에 이

합니다.(만약 "심 이발"을 전후를 포괄한 정론으로 삼으면 결국 '미발은 없음이 됨. 정자 종지는 오히려 '미발에 있기' 때문임)366) 이 말씀이 어찌 "공명 정대함"이 아닙니까?367) 만일 혹시 "허심으로 뜻을 다하지 못하고"(주희의 말임. 주희는 자신의 허심을 반성했고, 퇴계는 고봉에게 허심을 요구했음)368) 서둘러 "한마디 말씀"에 집착해 이로써 제설을 능가(조종)한다면,369) 이것이야말로 [선생님이 인용하신 주자의 말 그대로] "성현의 말씀을 몰아 자기의 뜻에 따르게 하려는 폐단이 되어"(퇴계는 사맹 본설을 자신의 리·기 일편으로 각자 나누었고, 그래서 주희 본의를 왜곡했기 때문임)370) 도리어 반드시 이루 말로 다할 수 없는 [폐단이] 있을 것입니다.(퇴계의 해석이 결국 사맹과 정주의 종지를 조종했다는 것임)371)

글도 없어져 버렸다. 그렇다면 이러한 말씀에서 未嘗이라 했다는 것을 학자들이 어떻게 알 수 있는가? 이로써 우리는 알 수 있다. 성현의 말씀에 …." '성현의 말씀'에 이하가 지금 인용문이다. 주희는 여기서 이천이 당초 "凡言心者, 皆指已發"이라 했던가 "스스로 未嘗으로 여겼고" "마침내 적자지심을 已發로 여겼다"고 고찰한다. 주희도 처음 이천의 이 말씀에 따라 심을 이발로 여기고 "스스로 안정됨으로 여겼다(自以爲安矣)"가 이후 자신의 "소견이 치우쳤고(所見之偏)" 또 호남학도 "動에 치우쳤음(偏於動)"을 깨닫고 결국 이천 "이발" 본지와 『중용』 "미발·이발" 취지로 귀결한다.(「이발미발설」) 이렇게 주희도 이천의 처음 말씀 그대로 믿었다가 이는 "단서만 발하고 완결은 하지 않은 것"("未完"의 것)으로 여겨 "與呂大臨論中書"를 "虛心悉意"로 살펴서 그 귀결을 찾은 끝에 결국 '이 말은 다만 '적자지심을 가리킨 말'(상152)일 뿐으로 고찰한다. 따라서 이렇게 "심은 이발"이라는 "한마디 말씀에 집착해서 급거 安定으로 삼는다면"(주희는 실제로 당초 '심 이발'을 "安"으로 삼고 또 "自信"했음. 「이발미발설」. 「중화구설서」) 성현의 종지에 어긋난다는 것을 고찰해 자세히 밝힌 글이 지금 「혹문」 "정여문답" 조항이다.

366) 인용문은 『중용혹문』 "喜怒哀樂之未發謂之中"의 "程·呂문답" 조항이다. 주희는 『정씨문집』권9 「與呂大臨論中書」(『이정집』605쪽)를 이 「혹문」에서 고찰한 것이다. 주희는 당초 "심 이발"을 "安으로 삼았다(自以爲安矣)"가 이후 "자신의 소견이 치우치고(所見之偏)" 또 "動에 치우쳤음(偏於動)"(모두 「이발미발설」)을 알고, 결국 "정자의 一言에 집착해 급거 전체의 定論으로 삼아서는 안 된다"고 한 것이다. 때문에 주희는 말한다. "未發之中은 본체가 自然하여 窮索할 수 없다. 단 當此之時에는 敬으로 持之해야 하니, 이러한 기상을 常存하게 해서 不失하면 이로부터 發한 것은 반드시 中節한다."(「이발미발설」) 이천의 종지는 오히려 '미발에 있다'는 것이다.

367) 주희는 "성현의 一言에 집착해서 이를 정론으로 삼아서는 안 된다"고 한다. 고봉은 이미 이러한 "至公至明의 정신을 後學은 當師해야 한다"(상153)고 했다. 이천은 자신의 "凡言心者, 皆指已發而言"을 설의 잘못으로 여겼고 때문에 또 스스로 未嘗으로 여겨 다시 바로잡았다."(상152) 이것이 정자의 "공명함"이다. 주희도 당초 이천의 "어의를 착인했음"(상151) 이어 주희는 "정자의 이미 고친 말만 집착해 諸설의 잘못으로 모두 의심하게 되고, 또 마침내 未嘗로 여겨 당초 所指의 특수함을 궁구하지 않아서도 안 된다"(상152)고 한다. 이것이 주희의 "지공지명"(상153)이다. 고봉도 말하여 "대인군자의 虛心 公正의 所爲는 끝까지 절차탁마로 至當의 귀결을 구하는 것"(하9·85)이라 한다. 따라서 "주자의 설을 믿기(信其師)"(상45·47) 위해서는 그 "언어(語로 當守"(상154)하기보다는 이러한 "지공지명의 말씀(言)을 當師, 當遵"(상153·154)해야 한다. 반면 퇴계는 고봉에게 "주자의 설을 만족하지 않았다", "주자까지도 부득불 배척했다"(상293·294)고 했다.

368) "不能虛心悉意"는 위 「혹문」을 인용한 것이며, 동시에 퇴계의 "不能虛心遜志"(상295)에 대한 반박이다. 퇴계는 "吾友의 용기는 감복하지만, 그러나 虛心遜志하지 못하는 병통은 없겠는가?"라고 했다. 그런데 「혹문」 "허심"은 주희 자신을 가리키나, 퇴계의 허심은 吾友인 고봉을 가리킨 "사사로운 훈계"(하79)다. 주희는 스스로 허심하지 못해 정자를 "착인했음"(상151)을 반성한 것인데, 퇴계는 고봉에게 '허심으로 겸손할 것'을 훈계한 것이다.

369) 위 『혹문』에서 주희는 "그 一言을 집착해 급거 安으로 삼아서는 안 된다"고 한다. 이는 주희 자신의 반성으로, 즉 주희는 이천의 "심 이발"의 一言에 집착해 심 전체의 "安"으로 여겼다.(「이발미발설」) 이후 이 一言은 "적자지심"을 가리킨 것이므로, "심은 모두 이발이다"는 一言으로 정자의 제설을 능가해서는 안 된다고 한 것이다. 따라서 『어류』 "리발·기발"의 뜻 역시 "소상히 하지 않아서는 안 된다."(상150) 칠정이 기발 일변일 수는 없다.

370) 퇴계는 "吾友의 虛心 遜志의 병통은 '성현의 言을 驅率해 자기의 뜻에 따르게 하려는'(주희의 말임) 폐단이다"(상295)고 하여 고봉에게 주희를 만족하지 않았음을 꾸짖었다. 그러나 고봉은 주희의 이 말을 다시 인용해, 퇴계의 꾸짖음이야말로 오히려 "성현의 말씀을 자기의 뜻에 따르게 하려는 폐단"(주희의 말임)이라 한다. 주희의 이른바 "폐단" 의미는 정자의 "심 이발" 일변에 대해 "그 소지의 특수한 점(적자지심)을 궁구하지 않고"(상152) 단지 종전 자신 및 장식과 같이 '심 전체의 이발'로 여겼다 함이다. 퇴계도 마찬가지로 "어류』 "리발·기발"을 전후 전체로 보지 않고 "一時 偏指의 語'(상154)로 해석했다. 이것이 곧 '주희의 설을 몰아 퇴계의 뜻에 따르게 한 폐단'이라는 것이다. 더구나 어류는 사맹 해석일 뿐이다. 주희가 만약 사맹의 종지를 리발·기발로 여긴 것이라면 결국 주희가 사맹을 구솔해서 자기의 뜻에 따르게 한 폐단이 되고 만다.

371) "성현의 一言에 집착해 급거 "安'으로 삼아" "이로써 제설을 능가한다면" 이것이야말로 퇴계가 인용한 주희의 표현 그대로 "聖賢之言을 驅率해 자기의 뜻에 따르게 하는 폐단"(상295)이라 할 것이며, 이 폐단은 "말로 표현할 수도 없다"는 것이다. 주희 또한 이천의 "심 이발"의 一言으로 제설을 능가하려 한 적이 있다. 그런데 퇴계는 『어류』 "시리지발, 시기지발" 一語로 사맹 종지 및 주희의

(83)抑 "單傳密付"之論, 似所未安. 朱子平生著書立言, 以詔後學, 煥然如日月行天, 使有

目者, 皆可觀, 豈有靳秘宗旨, 以付一人之理哉! 吾恐聖賢心事, 不如是之淺陋而隘也.

若果如是, 則所謂 "鴛鴦繡出從人看, 莫把金針度與人"者, 正不必訶也. [付부; 교부하다.

넘겨주다. 詔조; 가르쳐 지도하다. 靳근; 아까와 하다. 인색하다. 從人看종인간; 사람들에게 감상하기를

청하다. 金針금침; 바늘. 침. 秘訣(作詩의 비결을 말함) 度與人도여인; 다른 사람에게 가르쳐 주다.]

더구나 "홀로 은밀히 전해주었다(單傳密付)"(주희가 강력 비판한 불교 용어인데, 퇴계가 오히려

이 용어를 제시한 것임)[372]는 가르침 또한 미안한 듯합니다.[373] 주자가 평생 저서로 입언해서

후학들을 지도함에 그 빛남이 마치 해와 달이 하늘에 운행함과 같이 눈이 있는 자들로

하여금 모두 볼 수 있게 했거늘, 어찌 아깝다할 비밀스런 종지라 하여 한 사람에게만 은

밀히 넘겨주는 그럴 리가 있다 하겠는지요!(주희 스스로 "유자의 육경 이래 단전밀부는 결코 없다"고

하여 강력히 비판한 말임)[374] 저는 성현의 심사가 이처럼 천루하거나 좁다고 생각되지는 않습

니다. 과연 이와 같다면 이른바 "원앙의 수를 놓아 사람들에게 감상하기를 청하되, 바늘

(비결)을 잡고 다른 사람에게 가르쳐 주지는 마라"(육구연의 시로, 그가 禪家에 빠진 증거로 주희가

인용해 비판한 시임)[375] 하는 것도 반드시 꾸짖을 필요가 없을 겁니다.(주희는 詩作에서 미발·이

제설을 조종하려 한 것이다. 사맹 및 주희의 설은 이 의미만 있지 않으며, 더구나 퇴계는 어류 기록을 '각각 따로따로 리·기의 偏

指로 여겨서' 이것이 주희의 종지라 했다. 이것이야말로 성현의 一語를 '安'으로 삼아 諸說을 조종하려 함이다.

372) 퇴계는 "지금 이 一段의 간략의 語는 단전밀부의 종지로 그 기록자도 보한경이다"(상293)고 하여 "리발, 기발"은 주희가 보한경

에게 은밀히 홀로 전한 단전밀부라 했다.

373) '단전밀부'에 대한 주희의 비판은 다음과 같다. "논한 바 '렴계가 이정에게 전수하면서 말로 쉽게 다할 수 없어서, 그래서 「태극

도」를 단전밀부의 三昧가 있다고 여기고, 또 근세 학자들의 형상을 등지고 그림자만 좇거나 망령을 가리켜 진실로 여기는 폐단이

라 하셨다. …어찌 무슨 까닭으로 다하지 못한 말이라 여기고 이로써 학자들의 耳目을 어리석게 하여 반드시 그 단전밀부를 기다

린 이후에야 알 수 있다고 하는가? …그대의 말은 言外 別傳의 妄意일 뿐이다. …도체 정미의 妙와 성현 친절의 傳은 단전밀부를

기다리지 않아도 이미 心日의 사이에 了然하다(然論周程專受次第, 恐亦有未易言者, 而以「太極圖」爲有單傳密付之三昧, 則以近世

學者背形逐影, 指妄爲眞之弊也, …豈有故爲不盡之言, 以愚學者之耳目, 必俟其單傳密付而後可以得之哉? …而妄意乎言外之別傳耳 …

則道體精微之妙, 聖賢親切之傳, 不待單傳密付, 而已了然於心日之間矣)."(「문집」권59, 「答汪叔耕」2, 2814쪽) 왕숙경은 주돈이의 「

태극도」는 말로 다하지 못해 정자에게 홀로 전해준 '단전밀부'라 했다. 주희는 이 말을 강력 비판한 것이다.

374) "豈有…哉"는 퇴계의 "어떻게 보한경이라 하겠는가(何…哉!)"(상293)에 응한 답변이다. 고봉은 주희가 말한 "어찌 …반드시 단

전밀부를 기다린 이후에야 알 수 있다고 하는가(豈有…哉)?"(위 「답왕숙경」2)를 인용해서 반문한 것이다. 퇴계는 "어류」 기록을

보한경에게 은밀히 전한 "단전밀부'라 하지만 주희는 "단전밀부"는 불교의 "言外別傳"과 같다고 한다. "儒者에 六經과 孔孟 이

래 이러한 설은 없었다." "道는 지금 目前에 있으며 처음부터 은폐가 없다. 衆人은 沈溺膠擾하여 스스로 知覺하지 못한다. 때문

에 성인은 그 道體의 實과 발언한 語言文字 사이의 所見에 因하여 天下와 來世에 開悟게 하셨다. 그 反復으로 신신 당부함이

明白 切至하여 오직 사람들이 了解하지 못할까 걱정하셨거늘, 어찌 무슨 까닭으로 不盡之言을 했다하여 학자의 耳目을 어리석게

하고 반드시 그 단전밀부를 기다린 이후 터득할 수 있다 하는가?"(위 「답왕숙경」2, 같은 쪽) 단전밀부는 유자의 학문에는 결코

없다는 것이다.

375) 주희는 "이른바 '鴛鴦繡出從君看, 莫把金針度與人'이라 했으니, 그가 禪家를 自愛함이 이와 같다"(「어류」권104, 廣38, 3437쪽)고

한다. 그 이유를 이 시 앞줄에서 다음과 같이 말한다. "又曰; 子都(육구연)의 說話는 항상 兩頭는 明하나 中間은 暗하다. 或問;

暗은 무슨 뜻입니까? 曰; 이는 그가 저것을 說破(털어놓고 말함)하지 못한 곳인데, 그 설파하지 못한 이유는 그가 곧 禪이기 때

문이다." 즉 육구연이 털어놓고 말하지 못한 이유가 바로 그가 禪家를 自愛하기 때문이다. 육구연이 '作詩(금침)의 비결을 남에

게 가르쳐 줄 필요가 없다'고 한 것은 바로 그가 兩頭인 원인과 결과(인과)만 중시하여 그 中間이 작심할 때의 덕을 밝힘에 어두

웠고, 때문에 그는 선종을 털어놓고 비판하지 못했으며, 결국 이 시가 그 증거라는 것이다. 선종의 祖師는 그 중간에 대해서는

말하지 않고 곧바로 "一棒, 一喝"(「어류」, 같은 곳)을 제시한다. 정자는 "喪事는 사람이 면할 수 없는 곳이고, 酒는 사람이 곤액

을 당하는 곳이니, 공자는 '中間處'에서 마땅함을 얻었다"(「정씨유서」권7, 40조, 98쪽)고 한다. "從人看"은 「어류」는 "從君看"이

발의 '중덕'인 공부를 중시하는데, 육구연은 불교의 '인과'를 강조한다는 뜻)376)

(84) 且論曰, "使吾友平時, 看『語類』見此語, 則必不置疑於其間. 今旣以鄙說爲非, 而力
辨之, 而朱子此語, 乃某所宗本, 則不得不幷加指斥, 而後可以判鄙語之非, 而取信於
人. 故連累至此, 此固某僭援前說之罪."

게다가 가르쳐 주신 말씀에 "가령 우리 벗님께서 평시 『어류』를 검간하며 이 말을 보
았다면 반드시 그간에 의심을 두지 않았을 것이다. 하지만 지금은 기왕 황의 설을 그름
으로 여기고 이를 극력 분별(辯을 고봉이 辨자로 바꿈)하자니, 주자의 이 말(語)(言의 뜻임)377)이
결국 황이 宗本한 바이므로 아울러 배척(指斥)을 가하지 않을 수 없었을 것이며, 그런
연후에 내 말(語)의 그릇됨을 판별한다면 남에게도 신임을 얻을 수 있으리라 여긴 것이
다. 때문에 여기까지 연루시켰으니 이는 진실로 황이 참람히 주자의 설을 원용한 죄이
다"378)라고 하셨습니다.379)

(85) 大升之狂愚無知, 固宜有獲 "罪" 於先覺者. 然若以此而獲罪, 則亦有未敢甘心者也.
先生所論, 無乃責人太迫, 而待人不恕者乎? 亦近於意有不平, 而反爲 "至公" 之累也.
[狂愚광우; 방자하고 어리석음. 분별없이 미련함. 甘心감심; 기꺼이 원한다. 마음에서 달가워하다.(甘은
주로 부정적 의미로 쓰임) 無乃무내; 어떻게 (결국)~이 아니라 하겠는가. 平평; 평평함. 공평히 함.(虛心

고, 元好問(1190~1257)의 「論詩三首」 기록은 "鴛鴦繡了從敎看"이다.(『元好問全集』, 姚奠中 주편, 山西古籍出版社, 2004) 원호
문은 尙書左司員外郎, 翰林知制誥 등을 역임했고, 금・원대 시와 시론에서 일가를 이루었다.

376) 주희는 육구연의 시를 인용해 그가 선종에 빠졌음을 깊게 꾸짖었다. "상산"(육구연)의 학문은 바로 "순자"의 학이며, 순자의 잘못으
로 "李斯가 나와서 마침내 분서갱유에 이르렀다.(正如荀子, …敎得個李斯出來, 遂至焚書坑儒"(위 『어류』권104, 廣38, 같은 쪽) 육
구연은 兩頭는 밝고 中間은 어두운데, 그 중간이 오히려 성현(儒者)의 학문이다. 그런데 그 중간을 "남에게 가르쳐 주지는 말라"
고 한다. 이를 주희는 선종의 "일봉, 일갈"이라 함으로써 결국 선종은 성현의 '미발・이발의 중' 문제를 적시하지 못했다고 비판
한 것이다. 퇴계의 "단전밀부"는 선종의 말이며, 더구나 그 단전밀부는 미발・이발의 中德(중・화)을 존양・성찰 공부로 이루는 유
자의 학문과 거리가 멀다. 결국 퇴계의 설은 "對擧로서 상・하 '정해진 위치가 있음'과 같이 혼륜 관철이 없다"(하110)는 것이다.

377) 퇴계는 "시리지발, 시기지발"을 "語"라 하여 "言"과 구분하지 않으나 고봉은 이 둘을 구분한다. 고봉은 주희의 설을 "言(말씀)",
(상154) 퇴계는 "語"(상232)라 한다. 고봉도 여기서는 퇴계의 말을 직접 인용했기 때문에 구분하지 않은 것으로 보인다. 고봉은
"周該之言으로 當遵할 것인가, 아니면 偏指之語로 當守할 것인가?"(상154)라 하여 '언어(語)로 固守'할 게 아닌 '말씀(言)'으로 따
라야 한다고 한다.

378) 상294. 퇴계 본문 "力辯之"를 고봉은 "力辨之"로 고쳐 인용하는데, 이는 퇴계의 본문 내용으로 볼 때 '辯(논변)'보다는 '辨(판별,
분별)'자의 의미로 보았기 때문이다.

379) 그대는 다음과 같이 주자를 비판했다. "주자의 설을 만족하지 않음." "기록에 差悞가 있음."(모두 상293) "그대는 리지발・기지
발의 一語를 偶發而偏指로 여김."(상292) 그래서 그대는 "주자를 먼저 배척하고 이후 나를 비판하면 남에게 신임을 얻을 수 있
을 것"(상294)으로 생각했다. 결국 퇴계 자신은 잘못이 없는데, 잘못 없는 퇴계를 비판하기 위해 먼저 주희의 설을 배척했다는
것이다. 다시 말해 퇴계를 비판하기 위해 주희를 먼저 배척한 것, 즉 퇴계의 잘못을 증명하기 위해 주희를 끌어들였다는 것이다.
이는 그렇다고 할 수 없다. 왜냐하면 퇴계는 어류를 해석했고, 어류는 사맹을 해석했으며, 사맹이 사실 본설이기 때문이다. 고봉
은 반대로 주희가 아닌 퇴계의 해석을 잘못이라 한다. 주희가 사맹 본설을 각자 리・기의 偏指로만 여겼을 리 없다. "가령(使)"
(상294)이 성립되기 위해서는 고봉이 주희를 未滿, 差悞, 指斥이라 했어야 한다. 그러나 고봉은 "감히 未滿, 指斥한 적이
없다"(하81)고 하기 때문에 이 "가령"은 인정될 수 없다.

正氣의 正의 뜻임) 至公지공; 지극히 공정하여 사사로움이 없음.("至公至明"의 마음가짐)]

대승의 분별없고 어리석은 無知라면 진실로 先覺께 "죄"를 얻음도 마땅할 것입니다.
(퇴계는 "내가 주자를 원용한 죄"라고 하지만, 고봉은 반대로 퇴계가 잘못이며 주희를 잘못으로 여기지 않음)[380]
하지만 만약 이로써 죄를 얻는다면 저 또한 감히 마음으로 감복할 수 없습니다.(고봉은 주희를 비판하지 않고 "따르고 지키자"고 했기 때문임)[381] 선생님의 가르침[382]이야말로 오히려 남을 꾸짖음에(責人) 너무 박절하고 남을 대함에 있어서도 너그럽지(恕) 못한 것이 어찌 아니라 하겠습니까?(고봉은 단지 "마땅히 주자를 따르자"고 했을 뿐 주희를 비판한 적이 없기 때문임)[383] 이 또한 '뜻(意)을 평평히 하지 못함'[384]에 가까워 오히려 "지극히 공정함"[385]에 루가 되었다고 할 것입니다.(퇴계가 오히려 주희가 고찰한 "심 이발"을 "따를 수 없다"고 했기 때문임)[386]

---

380) 퇴계는 고봉이 주희를 指斥하게 한 동기가 자신이 "주자의 설을 원용한 죄"(상294)라고 했다. 이에 고봉은, "만약(若)" 이것이 '사실'이라면 "선각(퇴계)께 '죄'를 얻음도 마땅하다"고 한다. 그러나 이는 사실과 다르다. 고봉은 주희를 "감히 未滿, 指斥하지 않았다"(하81)고 한다. 錯認(상151)은 주의 자신의 말이고, "偏旨"(상154)는 주의의 言이 틀렸다 함이 아닌 퇴계의 해석이 偏이라 함이고, "指斥"은 퇴계의 말이며 고봉은 주희를 배척하지 않았다. 고봉은 '퇴계를 비판하기 위해 주희를 먼저 배척한 적이 없다. 만약 이러한 일이 사실이라면 이는 "분별없고 어리석은 무지"가 되어 고봉 자신의 "죄"가 될 것이다. 주희는 "學而時習之" 주석에서 "後覺者는 반드시 先覺의 所爲를 본받아"라고 한다.

381) 고봉은 주희를 指斥하거나 未滿으로 여기지도 않았다. 하지만 퇴계는 '그렇다'고 하면서 "이는 주자의 설을 원용한 자신의 죄"라고 했다. 그러나 퇴계가 "자신의 죄"라 한 것은 퇴계의 죄로 성립되지 못한다. 죄이기 위해서는 고봉이 그렇게 말했어야 하기 때문이다. 그러므로 고봉은 "감복할 수 없다"고 한 것이다.

382) 퇴계는 "吾友의 이러한 등은 어찌 虛心 遜志의 병통이 없다고 하겠는가? 이는 성현의 말씀을 驅率해서 자기의 뜻에 따르게 하려는 병폐이다"(상295)라고 했다. 이렇게 퇴계는 직접 '오우'라 하면서 고봉을 "가르친(論)" 것이다. 퇴계의 "발조" 모두는 주희에 대한 고찰이 아닌 '고봉에 대한 훈계'이다.

383) 퇴계가 말한 "어찌 虛心 遜志의 병통이 없겠는가?(得無…乎) 어떻게 성현의 말씀을 驅率하여 己意에 따르게 하려는 폐단이 아니라 하겠는가?(無乃…乎)"(상295)에 호응한 답변이다. 퇴계는 고봉에게 겸손할 것을 말하면서, 특히 "성현의 말씀을 몰아 자신의 뜻에 따르게 하려는 폐단"(주희의 말)이라 꾸짖었다. 그 이유는 고봉이 『어류』 기록을 "未滿", "差懼", "指斥"(상293·294)했기 때문이라는 것이다. 하지만 고봉은 이러한 "말(語)"조차 한 적이 없다고 한다. 이곳 "말조"는 주희에 대한 고찰이 아닌 고봉의 태도에 대한 훈계지만, 그러나 고봉으로서는 주희에 대한 상고 조항이다. 때문에 고봉은 퇴계의 표현을 인용해 "선생님의 가르침심이야말로 어떻게 責人에 太迫하고 待人에도 不恕하다 하지 않을 수 있겠습니까?"라고 오히려 반문한 것이다. 고봉으로서는 "정자의 이발"(상151)과 "주자의 말씀을 삼가 當守·當師·當遵해야 한다"(상150~154)고 했으므로 퇴계의 훈계를 받을 이유가 없다. '恕의 뜻은 "推己及物(자기를 미루어 상대에 미침)"(『논어, 里仁』15)이다. 한편 퇴계는 「천명도설, 후서」에서 客에게 말하기를 "吾子의 責人之道가 어찌 험하고 좁음은 없다 하겠는가(在吾之責人之道, 得無險且隘耶)"(『퇴계전서』2책 325쪽)라고 하여 이미 '責人' '得無'를 언급한바 있다.

384) "意에 불명이 있어서" 주희의 설을 왜곡 해석했다 함이다. 고봉은 "明道에는 私意가 없어야 한다",(하8) "虛心으로 悉意하지 못하고 급거 성현의 一言를 집착해 謗說로 능거한다면 이것이 곧 聖賢의 言을 驅率해 己意에 따르게 하는 폐단이다"(하82)고 하는데, 왜냐하면 퇴계가 어류 "리발, 기발"을 사맹 종지인 양 해석했기 때문이다. 고봉이 말한 "錯認語意", "偏旨之語"(상151·154) 등의 語意는 퇴계가 이해한 語意와 반대의 의미이다.

385) "至公"을 위해서는 먼저 그 "意를 평평히" 해야 한다. 정자는 "심 己發을 스스로 未當으로 여겨 적자지심으로 고쳤고", 주희는 "미당으로 고쳤다 해서 소지의 특수한 점을 不究해서는 안 된다"(상152)고 했으니, 이것이 정주의 "至公至明이다."(상153) 주희는 "성현의 말씀에 발단만 있고 未竟한 것은 학자가 虛心悉意로 그 귀결을 찾아야지 그 一言만 집착해서는 안 된다"했고 이것이 주희의 "公明함이다."(하82) 이것이 성현을 배우는 '爲學(뒷줄)의 근본이다. 반면 퇴계는 고봉이 상고한 주희의 "심 이발"에 대해 "따를 수 없다"(상232)고 했다.

386) "亦"은 앞 "소견을 펼치려 하시다가 오히려 正氣가 累가 되었음"(하11)을 다시 환기하기 위함이다. 퇴계는 리발·기발을 주희의 定論으로 여기지만 그러나 이 기록은 사맹의 언론을 해석한 것뿐이다. 주희는 결코 사맹 본설인 사실을 리발·기발 의미로만 해석할 수 없다. 그런데 퇴계는 리발·기발을 사맹 종지와 주희 정론으로 여긴 것(퇴계 본의는 "리기에 나아간 리발·기발이 사칠이다"로 어류를 왜곡하며, 고봉은 이 문제를 상상하지 못함. 고봉은 다만 리발·기발 편으로 해석한 것에 대해서만 비판함) 이것이 주희의 설을 몰아 퇴계의 뜻에 따르게 한 폐단이라는 것이다. 퇴계는 주희가 고증한 "정자의 심 이발"을 "따를 수 없다"(상232)고 했기 때문이다. 퇴계의 "공의 이 단락의 '語意'를 보면 주자의 此說을 未滿足으로 여긴 듯하다"(상293)고 할 때의 '어

(86) 凡人爲學, 雖有淺深, 然其心則固欲其皆入於善爾, 非欲自處於詭詐之地, 而外徼爲學之名也. 若爲學而先以此爲心, 則所謂爲學者, 果何心耶! 此雖世間反覆無狀之人, 亦有所不忍爲, 宜乎大升之所不敢甘心也. 伏乞更加諒察. 何如. 無任愧懼之至. [詭詐궤사: 거짓. 허위. 교활함. 徼요; 구하다. 反覆無狀반복무상; 변덕스럽다. 이랬다저랬다 하다. 諒察양찰; 생각하여 미루어 살핌. 無任무임; 감당할 수 없음. 愧懼괴구; 무안하고 두려워 어쩔 줄 모름.]

무릇 사람이 학문을 함에 있어 비록 깊고 얕음은 있겠지만 그러나 그 마음은 진실로 모두 선으로 들고자 할뿐 스스로 거짓과 속임의 경지를 자처(퇴계는 나를 비판하기 위해 주희를 배척했고, 그 배척으로 남에게 신임을 얻고자 한다고 했음)[387]하면서 밖으로 학문한다는 명예만 구하려고 학문하지는 않을 것입니다. 만일 학문을 한다면서 먼저 이것으로 마음을 삼는다면 이른바 학문을 한다고 함이 과연 무슨 마음이겠습니까?[388] 비록 세간의 변덕스런 사람이라 할지라도 또한 차마 그렇다 하지 못할 바이거늘, 대승이 감히 감복할 수 없음도 당연합니다.(주희를 배척하기 위한 목적이라면 이는 거짓 속임으로 주희를 배움이 된다는 것)[389] 엎드려 바라건대 [위의 말씀은] 다시 생각해서 살펴주시기를 바랍니다.[390] 어떠하실 지요. 무안하고 두려운 마음[391] 감당할 수 없습니다.

의는 퇴계의 주관적 意이다. 퇴계의 '意'는 고봉을 꾸짖은 주관적 意이고, 고봉의 '意'는 "虛心悉意·平氣"로서의 객관적 의미의 意이다. 주관적 意로 성현의 글을 보면 "至公에 루가 된다"고 함이 고봉의 지적이다. "意를 평평히 해야 함"은 『대학장구』 "誠意"의 意와 같다. "성의"함으로써 "正心"할 수 있고, 정심이 "심의 체용"이다.

387) "거짓과 속임의 경지를 자처"은 학자가 '이러한 지경을 자처하면서 學問하는 사람'이라 함이다. 이러한 학자는 없다. 왜냐하면 학문은 옳음을 추구하기 위함이기 때문이다. 학문하는 자가 이런 마음을 "자처"하면서 학문하는 사람을 없을 것이다. 퇴계는 "그대는 나의 설을 그릇됨으로 여기고, 그래서 주자의 설을 부득불 배척했으며, 이로써 남에게 신임을 얻을 것으로 여겼다"(상294. 하84)고 했다. 그러나 고봉은 옳음을 강구하기 위해 퇴계를 비평했을 뿐, 거짓된 마음을 '먼저 품고' 옳음을 추구한 것은 아니라는 것이다. 세간의 반복 무상한 사람이라 하더라도 스스로는 올바르다고 여기기 때문에 결국 잘못을 저지른다. 학문을 나쁜 것으로 여기면서 학문하는 사람은 없다. 정명도의 "惡 亦 不可不 性이다"에 대해 주희가 "본래 모두 선하나 악으로 흘렀을 뿐이다"(『문집』권67, 「明道論性說」, 3275쪽)고 한 것은 맹자 성선설을 말한 것으로, 학문의 욕구는 본래 있는 성선의 욕구라는 뜻이다. 학문의 욕구 이후 非學問으로 흐른다는 것이다.

388) "爲學의 마음", 즉 학문을 하고자 하는 마음은 곧 "모두 선으로 들고자 하는 마음"이다. 이미 학문의 마음이 들었다는 것은 곧 학문을 '좋아하는 마음'이 있기 때문이다. 이 마음은 "외부에서 들어오는 것이 아닌, 나의 고유함(非由外鑠我也, 我固有之也)"(「고자상」6)이다. 본래 있으므로 그 학문의 마음이 발동하는 것이다. 만약 남을 이기기 위함을 '먼저 품었다'면 이는 선에 들기 위한 학문이 될 수 없으며, 이는 이미 학문이라 할 수 없다.

389) 윗줄에서 "甘心할 수 없다" 했고, 여기까지가 그 감심할 수 없는 이유를 설명한 것이다. 학문하는 사람이 아닌 세간의 반복 무상한 사람이라 할지라도 이런 마음을 먼저 품지는 않을 것이다. 거짓 이후 선이 갑자기 생긴다고 할 수는 없기 때문이다. 퇴계는 "나의 설을 그름으로 여기자니 부득불 주자의 설까지 배척했고 이로써 남에게도 믿음을 취할 수 있다고 여겼다"고 했다. 고봉은 이러한 마음으로는 학문을 할 수 없다고 한다. 학문은 이미 좋아서 하는 마음이며 선에 들기 위한 학문일 뿐 스스로 거짓과 속임의 지경을 자처하면서 하고자 함이 아니다. 주희를 배척하기 위해서였다면 이는 '거짓 속임으로 주희를 배우고자 함이 될 것이다. 고봉이 감심하지 못하는 이유이다. 주희는 육구연에게 "世間에 이런 [몰상식한] 사람이 있어서 此語(육구연의 어)도 마땅하다 할까 두렵다. 희가 비록 無狀하나 스스로 살피건대 此語와는 不相似다"(『문집』권36, 「答陸子靜」5, 1575쪽)고 함으로써 근거 없이 상대를 모욕하는 육구연의 말을 그대로 인용해 혹독히 비난한다.

390) 인용한 퇴계의 "주자의 此語를 지척한 이후 闕語의 그릇됨을 판별한다면 남에게 심임을 얻으리라 여겼을 것이다"라는 말을 '다시 양찰해 주시라는 뜻이다.

391) "愧懼"는 편지 끝에 쓰는 겸사이다. 이런 말까지 언급함은 스스로를 돌아보더라도 부끄럽고 두려운 일이라는 뜻이다. 주희는 "심히 두려운 일이지만(深以愧懼) 부득불 盡言하지 않을 수 없었을 뿐이다"(『문집』권42, 「答胡廣仲」2, 1897쪽)고 한다.

(87) 後論 "후론"에 대해

"以虛爲理之說" "허를 리로 여김"의 설에 대하여.

誨諭曰, "論虛靈處, '以虛爲理'之說"云云, 所論至當, 無復改評矣. 但鄙書本文, 則以論 "理虛"爲一段, 論 "虛靈"爲一段, 各成界限, 今乃合而言之也. 然此則不必論也.

회유에서 말씀하신 "허령을 논한 곳에서 '허를 리로 여긴(以虛爲理)' 설"392)이라 운운하신 내용은 [선생님 말씀과는 오히려 정 반대로] 그 회유하신 바가 지극히 당연하며,(정주는 장재가 말한 "허"는 곧 '리의 의미'라 했기 때문임)393) 따라서 다시 고쳐 논평할 것은 없게 되었습니다.(퇴계 본의가 아님에도 이 말은 정주 본의가 되고 만 것임)394) 단, 저의 본문에서는 "리허"(추만의 설)를 논하여 한 단락으로, 또 "허령"(추만의 설)을 논하여 또 한 단락으로 각각 그 경계를 나누었는데, 지금 선생님께서는 결국 합해서 설명하셨습니다.(추만은 두 조항이고, 고봉도 둘로 나누어 논평했는데, 퇴계는 구분하지 않음. 추만을 해명하면서도 추만과 전혀 다름이 되고 만 것임)395) 그렇지만 이 문제에 대해 저는 기필코 또다시 논하지는 않겠습니다.(추만 문제는 이미 충분히 말씀드렸으므로 또다시 논할 수 없다는 것. 더 큰 문제는 추만이 아닌 퇴계의 아래와 같은 새로운 답변과 해명에 있었기 때문임)396)

---

392) 퇴계는 "허령을 논한 곳에서 '虛를 理로 여긴 설"(상300)이라 했다. 이는 「천명도설」제5절과 제6절의 각기 '전혀 다른' 2조를 하나로 합쳐 논한 것이다. 그러나 이 2조는 결코 합해서는 안 된다. 고봉은 "리허"(리)와 그리고 "허령"(심)이라 하여 나누어 논평했는데(상173) 퇴계는 "허리"로 합했고, 추만은 "허'의 의미도 아니다. 고봉은 제5절 "리는 본허"에서 "리는 실일 뿐 허라 할 수 없다"(상175) 했고, 제6절 "허령"에서 이는 明德인 "심 본체"(상177)라 했다. 어쨌든 고봉은 추만의 이 2조를 떠나 '허를 리로 여긴 것'은 당연하다고 한다.

393) 퇴계는 '허령을 논한 곳에서 '허를 리로 여긴 설'은 종본이 있다. 따라서 리·기로 分註한 잘못 때문에 '虛理'까지 잘못이라 할 수는 없다"(상300)고 했다. 즉 허령의 리·기 분주는 잘못이나, 단 허령의 "허는 리"이다. 하지만 "명덕"인 심 본체를 주희는 이미 "허령"(제6절)이라 주석했는데 이 본체를 허만 따로 분리해서 리라 할 수 있는가? 명덕의 본체는 리·기 둘로 나눌 수 없다. 한편 추만은 "리"(제5절)에 대해 "그 체는 本虛이다"(상174)고 했다. 추만은 큰 잘못은 아닌데, "리의 설"(상176)로서는 가능하기 때문이다. 주희는 "리는, 至虛之中이라 해도 至實로 실존한다",(상174) 고봉도 "리를 허라 할 수도 있다(若虛",(상174) "리에 대해 虛자를 쓸 수 있다(用虛字)"(하94)고 한다. 정자는 "장재의 허는 리의 뜻이다(是理)"(상175)고 한다. 문제는 허령(심 본체)의 허자만 따로 논한 퇴계에 있다. 퇴계는 '리'가 아닌 '허를 논한 것이다.

394) 「천명도설」제5절 "리의 體는 本虛이다"(상173·174)와 제6절 "심의 허령을 리·기에 분속함"(상173·181)의 두 조항을 퇴계는 구분하지 않는다. 퇴계는 "허령의 허를 리로 여길 수 있음(以虛爲理)"(상300)이라 하는데, 이는 추만의 "허령" 혹은 "심"을 논함인지, 추만의 이른바 "리"가 허인지, 장재의 "허"가 리인지도 불명하다. 퇴계는 '리허'와 '허리'도 구분하지 않는다. 어쨌든 "장재의 허를 정자는 리의 의미"라 했으니, 따라서 '허를 리로 여김'은 고봉 본의와 같음이 되고 만 것이다. 단, 퇴계는 "以虛爲理", "指虛爲理", "以虛言理"(상300·302)라 하지만 이는 퇴계의 본지는 아니다. 퇴계의 본의는 理而虛, 虛而理 또는 虛而實, 實而虛이다.

395) 고봉은 「천명도설」제5절과 제6절에 대해 "理虛, 無對'와 '心之虛靈, 分屬理氣'는 未安이다",(상173) "이 2조는 근세에 나온 논으로 성현의 본지가 아니다",(상173) "이 2조는 모두 世俗 口耳의 相傳한 설이다"(상182)라고 했다. 추만의 설인 "理虛體는 本虛임"(상174)은 제5절이고, "심의 허령을 리·기로 分註함"(상181)은 제6절이다. 고봉은 제5절에 대해 "리체를 허라 할 수 없다"(상174)고 비판했고, 제6절에 대해 "허령은 심 본체이고 허령지각이 체용을 겸한 것"(상177·178)이라 했다. 하지만 퇴계는 "論虛靈處, 以虛爲理"(상300)로 합해 논했다. 이는 추만의 "심의 허령"인 심체 논인지, 혹은 "리의 체"에 관한 논인지도 불명하다. 퇴계의 해명은 추만의 설과도 어긋난 것이다.

396) 고봉은 "리허" 조항에 대해 '理體를 허라 할 수 없다' 했고, "허령" 조항에 대해 '심의 본체를 리·기로 나눌 수는 없다'고 했다. 따라서 이 두 조항은 퇴계와 같이 합해서는 안 된다. 그렇지만 "이 일은 또다시 논하지는 않겠다." 앞서 이미 「고봉2서」에서 충분히 논평했기 때문이다. 그런데 또 다른 '더 큰' 문제가 「퇴계2서」에서 생겨나고 말았다. 퇴계가 여기서 추만을 변론하여 인용한 "정자왈", "장자왈", "주자왈" "꾸曰"(상303) 등 4조는 정·장·주 본지와 정 반대로 '치우치게 인용'되었고, 또 『중용』 "무성무취"(상305)의 인용도 자사 종지와 너무 다르기 때문이다. 즉 퇴계는 추만의 2조를 변론하면서 또 다른 새로운 중대한 문

(88)諭, 引 "朱子論無極而太極處" 一段而曰, "若此之言, 可謂四方八面, 周徧不倚, 攧撲不破矣", 此固切至之論. 而所引諸書, 頗有偏擧之弊, 恐非 '周徧之旨'也. [攧撲不破전박불파; 학설이 객관적 사실에 부합하여 절대 뒤엎을 수 없다. 만고불변의 학설이다. 때리고 넘어뜨려도 깨지지 않는 완전한 학설.]

회유에서, "주자가 '무극이태극'을 논한 곳" 1단락을 인용해서 이에 대해 말씀하기를 "이와 같은 말은 사방팔면으로 두루 보편해서 기댐도 없고 두들겨도 깨지지 않는 완전한 학설이다"[397]라고 하셨는데, 이 1조만은 진실로 간절하고 지당한 논입니다.(하지만 퇴계는 무극이태극을 '無而有, 虛而實'이라 하고 또 태극을 '理而虛, 虛而理'라 하는데, 이는 주희 본의와 전혀 다르며 심히 변질된 것임)[398] 그렇지만 [그 나머지 6개] 인용문은 모두 치우치게 거론한 폐단이며 '두루 보편한 종지'라 할 수 없습니다.("도"를 공자는 상·하로 설했고, 정주도 상·하로 해설했는데, 퇴계는 모두 상만 인용하고, 또 도라는 실체가 없이 虛而實이라 함)[399]

(89)謹按. 『易大傳』曰, "形而上者謂之道, 形而下者謂之器", 而程子曰, "唯此語, 截得上下最分明", 又曰, "須著如此說, 器亦道, 道亦器也", 斯豈非 "周徧不倚, 攧撲不破"者乎?
[謂之道위지도; 도라 이른다.(도를 謂之라 한 것. 形而上之謂가 아님. 공자는 도를 상·하로 설했다는 것) 須著수착; 마땅히 ~해야 한다. 당연히 ~하지 않으면 안 된다.(著은 着과 같고 須를 강조한 조사임)]

제가 발생했는데, 때문에 추만이 아닌 퇴계의 이 문제만 거론하겠다는 것이다.

397) 퇴계는 "주자가 '무극이태극'을 논한 곳"(상304)이라 하면서 주희의 "不言無極이면 太極이 同於一物하여 不足爲萬化之根하며, 不言太極이면 無極이 淪於空寂하여 不能爲萬化之根이다"를 인용했다. 또 퇴계는 이 설에 대해 "嗚呼라, 若此之言은 可謂四方八面으로 周徧不倚하여 攧撲不破이다"(상304)라고 했다.

398) 주희는 주돈이의 "무극이태극"을 "攧撲不破"라 한다. "무극이태극"이라 해야 태극이 一物에 동화(同)되거나, 무극도 空寂에 빠지는(淪) 폐단이 없어서 '전박불파'라 하겠다. 고봉도 이견이 전혀 없다. 문제는, 퇴계의 위 인용 이유는 "무극이태극" 종지를 해설하기 위함이 아니라는 점이다. 퇴계는, 장재의 허·태허에 대해 "虛而實"이라 하고, 무극이태극에 대해 "無而有"(상301)라 한다. 이 의미인 듯하나, 그런데 퇴계는 리·허·태극을 논함이 아닌, 리이허, 허이리, 허이실, 무이유(모두 오체가 없음)로 논한 것이다. 이는 주돈이의 무극이태극 혹은 주희의 논설도 아닌, 그 본설이 심히 변질된 것이다. 고봉의 虛·實과 無·有는 "天下之理"(상174)를 논함이지, 허·태허 혹은 虛而實 등을 논함이 아니다. 따라서 "간절하고 지당한 논"이라 함은 '주희의 설'에 대해서일 뿐, 허가 理이거나 혹은 리가 虛而實·無而有이거나 혹은 허이실 등에 대해 '지당'으로 인정한 것은 아니다.

399) 퇴계는 "정·장 이래 허를 리로 말했다(以虛論理)"(퇴계는 '허이면서 리'의 뜻이며, 장재는 결코 허를 리라 하지 않음)(상302)고 하면서 그 예로 "程子曰", "張子曰", "朱子曰", "又曰", "亦曰" 5개와 또 『주역』의 형이상", 『중용』의 무성무취" 2개를 인용했다.(상303~305) 고봉은 위에서 "亦曰"은 논평했고, 나머지 6개는 뒤에서 논평한다. 퇴계는 "정자왈; 道는 太虛이다", "주자왈; 虛는 혼연한 道理이다", "우왈; 太虛는 「太極圖」 上面의 一圓圈이다"(상303)라고 인용했다. 모두 정·주의 설이다. 과연 정주는 도·리를 허·태허라 했고, 또 리 혹은 허를 정주는 無而有, 虛而實이라 했는가? 고봉은 이미 「고봉2서」에서 태극의 리는 "실체"이며, 정자는 "허를 리로 여겼음"(상175)으로 충분히 반박했다. 그런데 이곳 퇴계의 7개 중 6개 인용문에서 또 다른 심각한 문제가 생겼다. 무극이태극을 주희는 전박불파라 했고 이는 "지당"(윗줄)하다. 문제는 그 외 6개 인용문은 결코 전박불파라 할 수 없다는 점이다. 6개 인용문은 "도", "도리", "태극" 등에 대한 정주의 해설이다. 정주는 공자의 "도"를 해명하면서 '공자는 형이상·하를 동시에 말해서' 치우침이 없게 했다고 한다. 형이상만 들면 "도"는 치우쳐서 전박불파일 수 없다. 도는 기질이 아니면 의착할 수 없기 때문이다. 반면 퇴계는 형이상만 들어 전박불파라 했고, 때문에 고봉은 "치우치게 거론한 폐단"이며 "두루 보편한 종지가 못된다"고 한 것이다. 퇴계는 주희의 '전박불파', '리의 실체', '리의 설명', '중용 무성무취' 등 각 설의 종지를 구분하지 않았고, 더구나 모두 리 혹은 도를 논함이 아닌 실체가 없는 理而虛·虛而理라 한 것이다.

삼가 [인용하신 정·장·주,『주역』,『중용』의 설을] 상고하겠습니다.400)『주역대전』에서 말하기를 "형이상자를 道라 이르고 형이하자를 器라 이른다"(「계사전」공자의 말)401)고 합니다. 이에 대해 정자는 말하기를 "오직 이렇게 말씀함이 상·하를 마름함에 가장 분명하다"(정호의 말임)402) 하고 또 말하기를 "마땅히 이와 같이 설해야 한다. 그렇지만 器 역시 道이고 道 역시 器이다"(정이의 말임. 반면 퇴계, 풍우란 등 지금 학자들도 모두 정호의 말이라 함)403)고 했으니, 이같이 설함이 어찌 "두루 보편하고 치우침이 없으며 두들겨도 깨지지 않는 완전한 학설"(퇴계가 인용한 주희의 말인데, 퇴계 자신은 정작 상만 偏해 인용함)이 아니라 했겠습니까?404)

(90)程子又曰, "離却陰陽則無道. 陰陽, 氣也, 形而下也, '道, 太虛也, 形而上也'", 朱子曰, "'形而上底虛, 渾是道理', 形而下底實, 便是器"者, 皆謂此也. 今乃獨遺下一截, 而偏

---

400) 퇴계는 정·장·주의 설 5개, 그리고『주역』과『중용』의 설 2개를 인용(상303~305)해서 이 모두는 "허를 리로 言했다"(허이며 리라는 뜻)(상302)고 했다. 그중 "무극이태극"은 위에서 논평했고, 나머지 6개를 상고하겠다는 것이다. 이 6개 모두 정·장·주 및『주역』,『중용』의 종지에 어긋나게 인용했다. 정·장·주 4개 인용문 모두는 "주편불의, 전박불파라 할 수 없다." 왜냐하면 "도"를 공자 및 정주는 상·하 周偏으로 논했는데, 퇴계는 상만 偏으로 인용했기 때문이다.『중용』"무성무취"는 '문왕의 덕을 찬탄'한 시이다. 이점을 아래에서 상고하겠다는 것이다.

401) 퇴계는 공자의 "형이상"에 대한 정주의 설 2개를 인용했다. "정자왈, 形而上也" "주자왈, 形而上底虛." 이는 "『大易』의 形而上"(상305)에 대한 정·주의 두 설이다.(『주역대전』22권,「계사상」제12장) 퇴계는 스스로 이를 "周偏不倚(상하 빠짐이 없어서 상 혹은 하에 기댐이 없음)"라 하면서도 정작 上만 '偏·倚(치우침)'로 들고 말았다. 상이 도이지만, 단 주편불의가 되기 위해서는 상하를 모두 들어야 한다. 도의 존재한 곳이 下의 器이기 때문이다. 이곳『대역』소주는 정자왈 6개, 장자왈 1개, 주자왈 4개, 남헌장씨왈 1개, 잠실진씨왈 1개가 수록되었다. 모두 공자는 도를 상·하로 말했는데, 단 정자는 도·기는 반드시 구분되어야 한다고 한 것이다. 이곳에 명도의 말인 "唯此語, 載得上下最分明"과 이천의 말인 "須著如此說"이 각각 3회씩 총6회 수록되었다.

402)『주역대전』, 같은 곳, 3번째 소주로 본문은 다음과 같다. "계사왈, 공자는 形而上者를 道라 이르고 形而下者를 器라 이른다 했다. 又曰; 공자는 '一陰一陽之謂道'라 했다. 음양은 形而下의 것이다. 그런데도 '曰道'라 한 것인데(而曰道者), 오직 이렇게 말씀함이 상·하를 마름함에 가장 분명하다."(원문은『정씨유서』권11, 明道先生語, 118쪽) 주희는 "形而上底虛, 渾是道理, 形而下底實, 便是器, 這箇分說得極精切, 故明道云, 唯此語載得上下最分明"이라 하여 정호의 '唯此語載得上下最分明'을 '這箇分說得極精切(이렇게 분설함이 가장 정밀하다)'(『대전』, 8번째 소주.『어류』권75, 淵105, 2571쪽)은 '最親切'의 뜻이라 한다. 반면 나흠순(정암)은 정호의 '曰道' '載得上下' '默識' 등을 '渾然一物'로 풀이하지만,(『곤지기』상, 11장) 그러나 정주의 '分說得' '曰道' '載得上下'는 '분별해야 함'의 뜻이다.

403)『주역대전』, 같은 곳, 2번째 소주.(원문은『정씨유서』권1, 4쪽.『근사록』권1,「道體」19) 주희는 "明道以爲須著如此說, 然器亦道, 道亦器也, 道未嘗離乎器, 道亦只是器之理"(『어류』권77, 淳29, 2614쪽)라 하여 '도를 밝힘(明道)'에는 반드시 이렇게 형이상과 하를 '나누어야' 한다고 하면서, "그렇지만(然)"(然자는 주희가 붙임) 氣亦道이고 道亦氣이며, 도는 기에서 분리되지 않는 단지 '器之理'라 풀이한다. 또 "故程子曰, 形而上者道, 形而下者器, 須著如此說, 然器亦道也, 道亦器也, 得此意而推之, 則庶乎其不偏矣"라 하여 도·기는 반드시 분리되나, 그렇지만 '기역도'라 해야 '치우치지 않는다(庶乎其不偏矣)'고 한다.(「태극도설해, 총론」77쪽) "伊川의 말(云)", "伊川見得"이라 함은『대전』같은 곳 10번째 소주임.(원문은『어류』권75, 賀孫110, 2572쪽) 반면 퇴계, 풍우란, 장대년, 노사광, 진래 등은 '정호의 말이라 하는데, 이는 위 인용문 '明道'를 인명으로 오인했기 때문이다.(『퇴계전서』2책,「非理氣爲一物辯證」331쪽. 풍우란『중국철학사』508쪽. 장대년『中國哲學大綱』上 161쪽. 노사광『중국철학사』송명편 257쪽. 진래『송명성리학』128쪽) 미·일 학자들도 모두 정호의 말로 본다. 주희의 "須著如此說, 方盡"(『어류』권4, 閎祖72, 204쪽)의 반대어는 "不須如此說",(권23, 卅祖100, 815쪽) "學者不須如此"(권104, 德明39, 3438쪽)임.

404) 퇴계는 정·주의 설에서 그 '형이상의 것' 한쪽만 인용해 이를 "周偏不倚, 攧撲不破"라 했다. 때문에 고봉은『주역, 계사』공자의 말을 상고하고, 그 공자의 말씀을 정호·정이는 '도'는 반드시 형이상·하를 함께 들어야 '주편'이 된다고 해석한 것이다. 또 한편 정호는 "唯此語載得上下最分明"이라 하고 정이도 "須著如此說"이라 하여 공자의 "形而上者謂之道, 形而下者謂之器"에 대해 이 말씀이야말로 '상·하를 가장 분명하게 나누었고' '마땅히 이렇게 살해야 도·기는 구분된다고 한 것이다. 이곳이 "孔子文章"인 이유는 소주에 의하면 둘이다. 하나는 "形而上者, 謂之道"와 같이 도를 '謂之(도를 설명함)'(형이상만 도라 하지 않았다는 것) 했다는 점, 또 하나는 "'一陰一陽之謂道'와 같이 음양이 형이하인데도 '曰道'라 한 점'(4번째와 3번째 소주)이다. 요컨대, 道는 형이상·하를 함께 설해야 "주편불, 전박불파"지만, 단 도·기, 상·하는 반드시 구분되어야 한다. 주희는 "伊川의 性卽理也, 橫渠의 心統性情 二句는 攧撲不破",(『어류』권5, 砥70, 229쪽) "伊川의 '性卽理也' 四字는 攧撲不破",(권59, 道夫46, 1889쪽) "무극이태극은 攧撲不破"(『문집』권36,「答陸子美」1, 1560쪽.「答陸子靜」5, 1574쪽)라고 한다.

擧上一截. 何耶(퇴계집 也)? [獨遺독유; 유독 버리다. 하나만 빠뜨리다. 偏擧편거; 한쪽만 들다. 치우치게 거론함.]

정자는 또 말하기를 "음양을 떠나면 도는 없다. 음양은 氣이며 형이하이고 '도는 태허이며 형이상이다'(퇴계의 인용구 1)"(정이의 설일 것임)[405] 하고,(정자는 '도는 음양을 떠날 수 없다'고 했는데, 퇴계는 상만 들었으므로 결국 "無道"가 됨)[406] 주자도 말하기를 "'형이상의 허는 혼연한 도리이고'(퇴계의 인용구 3) 형이하의 實은 器이다"[407]라고 함은 모두 이것(음양을 떠나면 도가 없다는 것)을 이른 것입니다.[408] [그럼에도 선생님께서는] 지금 결국 유독 형이하 1절은 빠뜨리고 형이상 1절만 '치우치게(偏)' 거론한 것은 왜입니까?(스스로 "周偏"이라 하면서 왜 정작 상의 偏만 인용하는가?)[409]

(91) 『中庸』言君子之德, "始(중용 본문은 復自 '下學・爲己・謹獨'之事, 推而言之, 以馴致乎 '篤恭而天下平'之盛. 又贊其妙, 至於 '無聲無臭'而後已焉", 則其 '言'固自有指. 而朱子亦曰, "'上天之載, 無聲無臭',(무성무취는 주희 본문은 없는데, 고봉이 아래 "설무"를 가리킨 의미로 찾아 넣음) 是就有中, 說無, '無極而太極', 是就無中, 說有", 則其 '意'自可見也. [馴致순치; 점차~에 다다르다. 차츰~에 이르러 말하다. 說無설무; 무로 설함.(실덕인 문왕 "덕"을 무성무취의 "無之"로 찬탄해서 '설'함) 自可見자가현; 스스로 그 말한 의미가 보임. 말의 본의가 왜곡되지 않고 저절로 보이게 됨.]

---

405) 『程氏粹言』권1.(『이정집』 1180쪽) 「수언」은 이정의 제자인 "楊時가 訂定했고, 이후 張栻이 編次하고 「河南程氏粹言序」를 썼다." (『이정집』 1167쪽) 장식은 서문에서 정이를 "夫子", 정호를 "夫子之兄"이라 칭한 것을 보면 주로 정이의 言으로 여겼음을 알 수 있다. 「수언」과 「유서」는 각각 장식과 주희의 편정이므로 그 시각이 서로 다를 수 있다.(주희의 「유서」・「후기」는 『이정집』 6쪽) 한편 같은 내용이 『정씨유서』권15에 있는데 "伊川先生語一(或云, 明道先生語)"로 되어 있다.(143쪽) "離了陰陽更無道, 所以陰陽者 是道也. 陰陽, 氣也. 氣是形而下者, 道是形而上者. 形而上者則是密也."(162쪽)

406) 정자의 설을 퇴계는 "道. 太虛也, 形而上也"(상303)라 하여 앞 "離却陰陽則無道. 陰陽, 氣也, 形而下也"를 생략 인용했다. 「계사전」 "형이상・하"를 정자도 상・하로 나누어 해설했다. 정자가 "도는 음양을 떠날 수 없다"고 하면서도 또 음양(기)과 도(태허) 둘로 '구분'한 것은 "상・하의 도・기"는 구분하지 않으면 안 되기 때문이다. 도가 기가 될 수 없고, 기가 도가 되어서도 안 된다. 단, 도의 형이상이라 해도 기인 형이하를 떠날 수 없다. 때문에 정이는 상・하를 "구분해야 한다"고 하면서도 또 "그렇지만 기역도, 도역기"라 한 것이다. 정호도 "그 截得이 上・下로 最分明"이라 하여 상・하를 나누어야만 '가장 분명하다'고 했지만, 상만 논하지는 않는다. 만약 퇴계와 같이 한쪽만 거론하면 이는 도가 "陰陽에서 離되어" 결국 "無道(陰陽을 離하면 無道임)"가 되고 만다. 이 말을 퇴계는 뺀 것이다.

407) 『주역대전』22권, 「계사상」12장, 8번째 소주.(원문은 『어류』권75, 淵105, 2571쪽) 『어류』 전문은 다음과 같다. "形是這形質. 以上便爲道, 以下便爲器, 這個分別得最親切. 故明道云, 惟此語截得上下最分明. 又日, 形以上底虛, 渾是道理, 形以下底實, 便是器" 이곳 "形以上, 形以下"의 以자는 인용문 而자와 뜻이 같으므로 『대전』 소주에서도 "而"자로 인용했다. 이렇게 공자가 '상・하의 도・기로 나눈 것'에 대해 주희는 "이 분별이 가장 친절하다"고 하고, 정호도 "오직 이 語와 같이 上・下로 截得함이 가장 分明하다"고 한다.

408) 이 2조를 거론한 것은 이 두 설을 퇴계가 인용했기 때문이다. 정자는 "음양을 떠나면 도는 없다"고 했다. "도・기"는 공자와 같이 '상・하로 설'해야 하지만, 단 하인 기를 떠나면 도는 설 곳이 없다. 퇴계의 문제는 "정자왈; 도는 형이상이다"와 "주자왈; 형이상의 허가 도리이다"(상303)를 인용해서 "주편불의, 전박불파"(상304)라고 한다는 점이다. 고봉은 "上의 偏만 들고 이를 "주편불의, 전박불파"라 할 수는 없다 한다.

409) 상・하의 상만으로는 "주편불의"라 할 수 없다. 그런데도 퇴계는 정이의 "道. 太虛也, 形而上也"와 주희의 "形而上底虛, 渾是道理"(상303)의 上만 인용해서 이를 "주편불의 전박불파"(상304)라 했고, 때문에 고봉은 "유독 下 일절은 빼고 上 일절만 '치우치게(偏)' 거론했다"고 비판한 것이다. 인용문 앞뒤에는 "無道" 및 "下"가 있기 때문이다.

『중용』 군자의 덕을 말한 '33장'(종장인 33장 끝에 퇴계가 인용한 『시경』 "無聲無臭"가 있음)410)에서 주자는 말하기를 "이 장은 처음 '下學·爲己·謹獨'의 일로부터 미루어 설명하여 점차 '篤恭而天下平'("천하평"은 『대학 경1장』 "명덕"의 일임)411)의 성대함에까지 다다랐고,412) 또 [끝에서] 그 덕(군자의 不顯之德)의 오묘함에 대해 찬탄하기를 '無聲無臭로다!'(퇴계의 인용구 5)로 형용함413)에 이른 이후 그쳤다"414)고 했으니, 그렇다면 그 '자사의 말씀'(言. 퇴계가 인용한 "무성무취")은 진실로 스스로 가리킨 것(군자의 '덕'의 實을 형용·찬탄한 것으로, '허'라 할 수 없다는 것)이 있습니다.415) 그러면서 주자는 또 말하기를 "'上天之載, 無聲無臭'는 有 중에 나아가 無를 설했고, '무극이태극'은 無 중에 나아가 有를 설했다"416)고 했으니 그렇다면 그 '자사의 의미'(意. 덕은 實이지만, 무성무취 등은

---

410) 『중용장구』 "卒章"(33장)이다. 주희는 32장을 "聖人之德"(『장구』32·33장. 『혹문』)이라 한다. 자사는 33장에서 그 "聖人之德"에 대해 『시경』 8시를 인용해서 이를 "君子之道", "君子"라 했다. 즉 33장의 시 8개는 "君子之德"인데 주희는 "聖人之德"으로 해설했다. 고봉도 33장을 "군자의 덕을 말했다"고 한다. 그런데 8번째 문왕시인 "無聲無臭"(상305)에 대해 퇴계는 "그대는 리를 虛가 아니라 했음"(상305) "그대는 虛字를 쓰지 않고자 함"(상306)이라 하여 그 무성무취는 "무이면서 유(無而有)"라 한다. 때문에 고봉은 자사가 인용한 문왕시 "무성무취"에 대해 "그 말씀(其言)"과 "그 의미(其意)"를 고찰한 것이다. 주희에 의하면 32장은 "至誠之道"인 "聖人天道의 極致"를 말했고 "여기에 또다시 더 가할 것은 없다." 그런데도 다시 33장이 있는 것은 그 『중용』 1편(전편)의 요점을 요약하고 또 최종 군자지덕의 "묘함을 찬탄(又贊其妙)"하여 끝맺기 위함이다. 군자의 덕은 "不顯惟德(不顯之德)"으로, 군자는 이 불현지덕을 "篤恭"함으로써 『대학』 "而天下平"을 이루니 이것이 "중용의 極功이다." 그 극공을 이루는 不顯之德과 篤恭而天下平에 다시 문왕시 "무성무취"를 인용해서 그 덕을 "形容"하고 "또 그 묘함을 찬탄(又贊其妙)"("贊夫不顯之德" 『혹문』)하여 『중용』을 종결했다는 것이다. 이 "덕"이 바로 『중용, 수장』의 "천지·만물을 位·育"한다.

411) 『중용, 종장』 '5시'의 "不顯惟德이니 …是故君子, 篤恭而天下平"를 주희는 "天下平之盛"이라 주석한다. 즉 '드러나지 아니한 덕'이 그렇다는 것. 이 덕이 바로 『대학 경1장』 "옛날 天下에 明德을 밝히고자 하는 자"와 "나라가 다스려진 이후 天下平이 된다"의 "명덕"으로서의 중용의 극공이다. 요컨대 대학 "명덕"이 곧 중용 극공인 "惟德"이며 이 '덕'이 천하평을 이루며 "천지 化育을 돕는다"(『중용』 22·32장)는 것이다.

412) 33장은 『시경』 "衣錦尙絅(비단옷을 홑옷으로 가렸도다)"으로 시작한다. 주희는 이에 대해 "下學立心의 始로부터 설명했고 그리고 下文에서 또 미루어 그 극에 이르렀다", "古之學者는 爲己니 故로 그 立心이 如此之"라 하고 이어 2번째 시 "溫雅"에 대해 "이는 군자의 謹獨의 일이다"라고 주석한다. 이것이 곧 '하학·위기·근독의 일'이다. 그리고 자사는 3·4·5번째 『시경』 시를 인용해서 "是故로 군자는 篤恭하여 天下가 平해진다"고 하는데, 이에 주희는 "이는 성인의 至德이 淵微하여 자연스레 應함이니, 중용의 極功이다"라고 주석하고, 또 "篤恭而天下平'의 성대함까지 馴致했다"고 한다. 요컨대 "天子(君子)의 不顯之德"(『장구』)이 이러한 '天下平'의 공효를 이룬다.

413) 33장, 6·7·8의 3시에 대해 주희는 이는 군자의 덕을 "形容했다"고 한다. 3시는 "予懷明德, 不大聲以色"(황의) "德輶如毛"(증민) "上天之載, 無聲無臭"(문왕)이다. 주희는 첫째 시를 "不顯之妙를 形容하기에 未足하다" 했고, 둘째 시를 "거의 形容할 수 있으나 역시 그 妙에서는 未盡하다"고 하면서, 셋째 시를 "오직 이 시만이 不顯·篤恭의 妙를 形容할 수 있다"고 주석했다. "명덕", "덕", "상천지재"는 군자의 '덕'이고, "불대", "여모", "무성무취"는 그 덕을 '형용·찬탄'한 것이다. 때문에 주희는 "또 그 묘를 찬탄해서 무성무취에 이른 이후 그쳤다"고 한다. 이는 그 實의 '허령'(상177. 심 본체임)의 명덕인 '有'를 먼저 말하고 이어 그 有를 '無'의 무성무취로 찬탄한 것이다.

414) 『중용장구』 33장, 주희주. "始"자는 본문은 "復(다시)"자이다. 復는 32장 주석 "聖人天道極致"를 잇는 말이고, 始는 33장 주석 "此 復自下學立心之始之"의 '始'자를 말하고자 함이다. 즉 33장은 처음(始) 하학·입심인 "衣錦尙絅"의 덕을 가리키지, 32장을 다시(復) 잇고자 함은 아니다. 때문에 고봉은 "復"자를 '始'자로 바꾼 것이다.

415) 자사는 『중용, 33장』에서 『시경』 "무성무취"를 인용해 "군자의 덕을 형용·찬탄"했다. 즉 문왕시 "무성무취"는 군자의 덕인 "不顯·篤恭의 묘를 형용·찬탄"한 것이다. 이를 고봉은 "자사의 그 말씀은 진실로 가리킨 것이 있다"고 한 것이다. 반면 퇴계는 무성무취를 "虛"라 하고, 또 그것은 "虛而實"일 뿐 "노장의 虛無"는 아니라고 한다.(상301·305·306·314) 그러나 고봉은 퇴계의 주장은 문왕시 무성무취 종지와도 맞지 않고, 그 實德이 허일 수도 없거니와, 하물며 虛而理라 할 수도 없다고 한다.

416) 『문집』권36, 「答陸子靜」5, 1574쪽. 주희 본문은 상천지재 뒤 '무성무취'가 생략되었으나 고봉은 주희의 "說無"를 가리킨 "무성무취"를 찾아 넣은 것이다. 왜냐하면 상천지재는 實의 덕이고, 찬탄인 무성무취는 無로서의 형용이기 때문이다. "설했다(說)"고 함은 덕과 찬탄으로 설했다 함이다. 실체가 있음으로서 그 설도 있다. 상천지재는 "실음(載)"의 實德으로서의 설이고, 무성무취는 "없음(曰無之)"(『장구』)으로서의 형용·찬탄의 설이다. 그러나 보통 학자들이 "語意를 錯認하고 偏見의 병통"이 생기는 이유는 "유로 설하면 實有라 하고, 무로 설하면 眞無로 여긴다"(「答陸子靜」4, 1569쪽)는 점이다. 하지만 유 혹은 무의 설은 덕 혹은 태극의 실체에 대한 '설명'일 뿐이며, "상천지재 무성무취"를 곧바로 유 혹은 무로 여겨서는 안 된다는 것이다.

'說'이라는 것)도 스스로 보일 수 있겠습니다.417)

(92)張子曰, "由太虛有天之名, 由氣化有道之名, '合虛與氣有性之名', 合性與知覺有心之
名", 其言之似有支節也. 然朱子於『中庸或問』, "以 '虛者仁之原', 爲未瑩", 而程子
亦曰, "橫渠 '淸虛一大'之說, 使人向別處走, 不若且只道敬", 則此等言句, 亦或容有
可思處也. 以此推之, 恐不可徒据 '虛'之一字, 而便欲著爲成說也. [其言之기언지; 그렇게
설명하다.(위『중용장구』에서는 其言(그 말씀)"이라 했음) 支節지절; 곁가지. 다른 이유. 未瑩미형; 맑지
못함. 투명하지 못함. 淸虛一大청허일대; 가장 깨끗한 허로서의 유일의 큰 것. 최고의 唯一者.(태허를 표
현한 것으로, 『어류』권99에서 "一大淸虛"로 인용함) 向別處走향별처주; 다른 곳을 향해 달아나다. 道敬
도경; 경으로 이끌어 말하다.(說敬의 뜻) 著爲저위; 저술로 드러내다.(추만「천명도설」을 가리킴. 상181)]

한편, 장자(장재)의 "'太虛'(퇴계의 인용구 1·2·4)로 말미암아 天이라는 이름이 있고, 氣化
로 말미암아 道라는 이름이 있고, '虛와 氣가 합하여 性이라는 이름이 있고',(퇴계의 인용구
2) 性과 知覺이 합하여 心이라는 이름이 있다"418)고 함은 그 설명에 [장재 나름의] 그럴
만한 이유가 있는 듯합니다.419) 그런데 주자는『중용혹문』에서 "'虛는 仁의 근원이다'라
는 語는 맑지 못하다"420)고 했고, 정자도 말하기를 "횡거(장재) '淸虛一大'(도체가 청허로서 일

---

417) 윗줄에서 "자사의 말씀은 가리킨 것이 있다"고 하여 무성무취의 가리킴을 "군자의 덕을 찬탄한 것"이라 했다. 이곳 "자사의 말
씀은 그 의미가 있다"고 함은 자사가 "무성무취"의 문왕시를 인용해서 군자의 '덕을 찬탄'한 것은 바로 그 무성무취가 '설'이라
함이다. 자사는 무성무취를 인용해 군자의 덕을 형용·찬탄했고, 따라서 이 무성무취는 군자의 실덕을 형용·찬탄하기 위한
"설"이다. 주희는 "무극이태극은 無形이나 有理를 설했다"(『어류』권94, 㝢8, 3116쪽)고 하여 '설'이라 한다. 즉 무극이태극은
"무 중에 나아가 유를 설했는데" 이는 태극의 實有를 '설함'이다. 주희는 인용문에 이어 말하기를 "만약 진실로 이해한다면 유로
설하든 무로 설하든 혹은 선·후로 설해도 해롭지 않다"(『문집』권36,「答陸子靜」5, 1574쪽)고 하는데, 즉 리·태극을 실유로,
혹은 찬탄으로, 혹은 허·무로 설해도 "曉得者에게는 병통이 없다."(상68) 단, 리는 "其體를 本虛"(상174)라 할 수는 없다. 주희
는 "極하여 무성무취에 이르렀지만 그러나 그것은 上天之載의 존재가 自有한데"(『어류』권64, 賀孫190, 2149쪽)고 하여 군자의
덕을 찬탄해서 무로 설했다 해도 그 덕은 '실유로 실존'한다고 한 것이다.

418)『정몽, 태화편1』11. 퇴계는 "程子曰; 도는 태허이다", "張子曰; 虛와 氣가 합하여 性이라는 이름이 있다", "朱子曰; 태허는 태극
도의 上面 一圓이다"(모두 상303)고 하여 장·정의 '태허'를 인용했다. 그중 "장자왈"의 설 전체를 인용해서 그 본의를 상고하
고, 아울러 정주가 장재의 설을 어떻게 평가했는가를 고찰하고자 함이다.

419) 장재가 이렇게 말한 나름의 이유가 있는 듯하다. 주희는 장재를 잘못으로 여기지는 않지만 그러나 문제는 있다는 것이다. 주희
는 "횡거의 천과 도는 總說이고 성과 심은 '人物上에 나아간 설이다"(『어류』권5, 㬅孫77, 230쪽) "'성과 지각이 합해 심의 이
름이 있다'고 함은 병통이 없을 수는 없는데 그것은 성 외에 별도로 하나의 지각이 있음과 같기 때문이다"(무명66, 227쪽) "허
는 리로 설해야 할 뿐이다. 횡거의 말은 未瑩處가 있다. 有心이면 스스로 有知覺한데 또 어찌 性과 知覺의 합이 있겠는가?"(권
60, 蓋卿54, 1944쪽) "횡거의 의미로 보면 허를 리로 삼아야 한다. 그러나 허를 리라 이를 수는 없다"(권74, 端蒙111, 2522쪽)
"횡거의 이른바 성은 천지지성·기질지성을 겸하여 말한 듯하다"(『문집』권61,「答林德久」6, 2945쪽)고 비판한다. 문제는 퇴계
가 장재의 허를 '虛而實', "虛는 無虛가 아님"(상301·302)이라 한다는 점이다. 주희는 장재의 허를 '리의 의미'로 해석하지만,
그러나 장재의 허는 支節이 있다. 때문에 고봉은 장재의 설에 대한 주희의 평가를 고찰하고자 한 것이다.

420)『중용혹문』상, 13장 "忠恕"를 해설한 곳에서 한 말이다.(575쪽) 주희 본문은 "張子…, 但 '虛者仁之原, 忠恕與仁俱生'之語 若未
瑩耳"이고, 장재 본문은 "虛者, 仁之原, 忠恕者, 與仁俱生"(『장재집』「語錄中」57)이다. 忠은 "자기를 다하는 마음이고" 恕는 "자
기를 미루어 남에게 미치는 것"(『중용장구』13장)이다. 충서는 심이고, 심의 리는 성이다. 따라서 허가 인의 근원이라 할 수는
없고, 또 충서는 인과 함께 생긴다고 할 수도 없다. 왜냐하면 심으로 보면 리가 인이고, 충서는 심의 마음가짐인 공부이기 때문
이다. "맑지 못하다(未瑩)"고 함은 말이 중복되고 어색하다는 뜻이다. 때문에 "虛者, 仁之原"을 주희는 "克己復體爲仁, 太極動而
生陽"(『어류』권99, 子蒙35, 3335쪽)의 의미라 하면서, 이를 반대로 해석해서 "허는 단지 無欲이다. 故로 허이다. 虛明·無欲은
이 仁이 말미암아 生한 바이다"(銖36, 같은 쪽)고 한다.

- 381 -

대함)421)의 설은 사람들에게 '별도의 곳을 향해 떠나가게 하니(向別處走)'(오히려 퇴계의 인용과 정 반대의 의미라는 것임. 퇴계의 허이실이 바로 정주가 비판한 횡거 향별처주의 가장 분명하지 못한 곳임)422) 다만 敬으로 이끌어 말함만 같지 못하다"(장재의 제자인 여대임에게 장재의 잘못을 지적한 말임)423)고 했으니, 이러한 등의 언구 또한 혹 생각해야 할 곳이 있겠습니다.(虛는 공부처이므로 敬으로 말해야 하고, 더구나 그 허는 形而下라는 뜻임)424) 이로써 미루어 본다면 한갓 '虛'라는 한 글자에 의거해 곧바로 [리에 대한] 완성된 설로 드러내고자 해서는 안 됩니다.(퇴계가 인용한 향별처주는 장재의 겸허실이며, 따라서 퇴계의 허이실이 곧 형이하인 기라는 것임)425)

(93) 朱子嘗論「太極圖」"主靜"之說曰, "靜字只好作敬字看. 若以爲虛靜, 則恐入釋老去", 此言固有味也. [主靜주정; 정이 주임. 정을 주로 한 공부.(미발은 靜, 공부는 敬임)]

주자는 일찍이 「태극도」"主靜"의 설(주돈이의 설인데, 주희는 다만 미발처일 뿐이라 논평함)426)

---

421) 장재의 "청허일대"에 대해 정자는 "만약 혹자와 같이 청허일대를 天道로 여긴다면 이는 器(형이하)로 말함이 되어 非道가 된다",(『유서』권11, 118쪽) "청허일대로 세워 만물의 근원으로 삼으면 未安이다",(『유서』권2상, 21쪽) "횡거는 사람들을 가르침에 世學·膠固라 했는데, 때문에 하나의 청허일대만 설했던 것이다"(『유서』권2상, 34쪽)라고 비판한다. 『張子語錄』에서도 "횡거의 청허일대는 치우쳤다",(「후록하」, 22조, 343쪽) 원문은 『어류』권99, 可學39, 3336쪽) "횡거 청허일대는 이천이 詰難했다"(24조, 343쪽)고 기록한다.

422) "向別處走"는 정자의 말인데 퇴계가 먼저 인용했다. "그대는 그 허가 空無에 떨어져 장차 不知者로 하여금 '別處를 向해 달려가게' 할까 우려했을 뿐이다."(상310) 퇴계는, 허는 空無가 아닌 '虛而實'(상314·301·302)이라 한다. 그렇다면 이는 정자의 '향별처주'와 반대의 의미가 되고 만다. 왜냐하면 정자는 허이실을 반대해서 '향별처주'라고 했기 때문이다. 주희는 "횡거 '청허일대'는 兼虛實의 뜻으로, 횡거는 형이상을 설하려 했다가 도리어 형이하를 이룬 것이니 이곳이 가장 不分明하다"(『어류』권99, 可學37, 3335쪽)고 극력 비판한다. 즉 "가장 분명하지 못한 곳"이 바로 '겸허실'인 허이실이다.(동현록에서는 "兼淸濁·虛實은 결국 神이라 할 수 있다"고 한다. 『이정집』, 21쪽) 고봉의 당초 질문은 '리체는 허라 할 수 없다'인데 퇴계는 '허이실'이라 한 것이다. 더구나 정자의 이른바 '향별처주'는 장재의 "청허일대"에 대한 비판일 뿐 리에 관한 것이 아니다. 때문에 그 "향별처주"를 상고해서 그 본의를 살피고자 한 것이다. 주희는 "이천은, '횡거의 말에 허물이 있는 것은 『정몽』이다', '청허일대를 만물의 근원으로 삼으면 未安이 있다고 했다"(『어류』권99, 人傑6, 3329쪽. 『이정집』, 21쪽)고 한다.

423) 정자 본문은 『유서』권2상, 138조, 34쪽이다.(「呂與叔 東見錄」) 呂大臨(1040~1092)은 자가 與叔이며, 스승 장재 사후 이정 문하에 들어왔다. 정이와 "심은 이발이다"(상152)를 토론한 주인공이다. 주희는 「태극도설해, 후기」, 79쪽(또 「문집」권31, 「答張敬夫」10, 1341쪽. 권42, 「答胡廣仲」2, 1897쪽)에서 약간 고쳐 인용했고, 이곳을 고봉이 인용한 것이다. 정자는 여대임에게 장재의 미진한 부분을 바로잡기 위해 이렇게 말했을 것이며, 특히 주희가 "東見錄"("여여숙이 관중으로부터 와서 이정을 初見했을 時", 『어류』권95, salvo123, 3216쪽)임을 강조한 이유이다. "程子云; 今只道敬"(『어류』권96, 可學40, 3244쪽) "淸虛一大, 恐人別處走, 今只說敬"(方53, 3106쪽) "濂溪靜一, 明道敬"(方子54, 같은 쪽) "程子云; 敬則自虛靜, 須是如此做工夫."(권94, 德明101, 3139쪽. 『이정집』, 157쪽) "敬則虛靜, 不可把虛靜喚作敬"(『어류』권74, 端蒙111, 2523쪽) "操約者, 敬而已矣."(『유서』권11, 107조, 126쪽) "誠者天之道, 敬者人事之本."(111조, 127쪽)

424) 『어류』권99에는 장재의 "虛者仁之原"(35·36)과 "淸虛一大"(36~43)에 대한 총 9개의 논평이 있다.(3335~36쪽) 요약하면 "허는 無欲이며, 故로 허이다. 虛明·無欲은 인이 由生한 바이다.(銖36) "허를 [리의] 實과 對로 말하면 도리어 형이상이 아님이 되고 만다"(같은 곳) "횡거는 본래 형이상을 설하고자 했으나 도리어 형이하를 이루었다"(可學37) "횡거 허허일대는 크게 하고자 하다가 도리어 작게 되고 말았다",(方40) "청허일대는 道體의 형용이 이와 같다 한다. 도를 兼虛實로 말한다면 허는 단지 一邊의 설이 되고 만다"(閼祖42)고 한다.

425) 추만은 「천명도설」에서 "理之爲理, 其體本虛, 虛故無對"(상174·176)라 했고 이에 고봉은 "리의 體를 本虛라 할 수 없다"(상174)고 한다. "허라는 한 글자에 의거했다"고 함은 추만의 "虛故無對, 無對故無加損"(상176)을 가리킨다. 고봉은 "리의 加損 없음이 어찌 '虛而無對 때문'이겠는가"(상176)라고 하여 "리의 체됨"(상174)과 리의 "가손 없음"(상176)은 "허 때문(虛故)"이 아니라고 이미 논평했다. "완성된 설로 드러내고자 해서는 안 된다"고 함은 추만의 이러한 其體本虛의 허를 '리체의 成說로 인정해서는 안 된다 함이다. 이 역시 「고봉2서」에서 이미 논평했다. 따라서 본 「고봉3서」는 장재의 "태허" "허" "청허일대" 및 퇴계가 인용한 "정자의 향별처주"의 의미를 고찰하고 또 정주의 비판을 인용함으로써 결국 퇴계의 인용문 및 "虛而實"은 바로 정주가 장재를 비판한 이른바 "겸허실" "향별처주" "형이하" "기"라고 비판한 것이다.

을 논해 말하기를 "靜자는 단지 敬자로 만들어 봄이 좋다. 만일 虛靜으로 [공부를] 삼는다면 釋·老에 빠져들 염려가 있다"(주정과 허정은 미발처로서, 단지 경 공부 결과라 한 것임. 경 공부가 동정을 포괄함)427)고 했으니, 이 말씀이 진실로 맛이 있습니다.(리체를 허로 말하면 허는 공부도 아니고 리도 아닌, 미발에 치우친 석노가 된다는 것임. 허정은 공부도 아니거니와 외물과의 교섭인 느낌이 빠지기 때문임)428)

(94) 愚意, 以爲不若用 '眞實無妄·中正精粹'等語, 以形容理字, 庶可不偏而無弊也. 若欲必用虛字, 亦當改之曰, "理之爲體", '至虛而實, 至無而有, 故其在人物, 無加無損而無不善.' 如此下語, 未知如何(퇴계집 何如)? 伏幸深留商量, 而更賜教焉.

저의 뜻으로는 '眞實無妄(참되고 실되어 거짓이 없음)'과 '中正精粹(치우침 없이 바르고 극히 순수함)' 등의 말을 써서 이렇게 '理자를 형용함'만 같지 못할 것이니, 이렇게 하면 거의 치우치지(偏) 않고 폐단도 없을 것으로 여겨집니다.(이러한 군자의 덕으로 리를 형용할 수 있음)429) 만일 반드시 '허'자를 써야 한다고 하신다면(퇴계는 리는 반드시 허자를 써야 한다고 했

---

426) 주돈이 「태극도설」 '主靜' 설이다. 주돈이는 "성인은 中正과 仁義를 定으로 삼고 '靜을 主로' 하여 人極을 세운다(聖人定之以中正仁義而主靜立人極焉)"고 하면서 그 主靜에 自註해서 "無欲故靜"이라 한다.(「태극도설해」, 75쪽) 주희는 "靜을 主로 하면 그 動으로 드러남도 중절하지 않음이 없을 것이다"(『문집』권67, 「태극설」, 3274쪽)고 한다. 주희는 無欲을 "欲加淸勝, 卽不能靜"(「도설해」, 74·75쪽, 「어류」권94, 德明99, 3139쪽. 「대학장구, 정심장」)이라 하여 情이 발하기 전의 일로 해독한다.("人生而靜, 只是情之未發"(『문집』권42, 「答胡黃仲」4, 1900쪽. "靜字乃指未感" 권43, 「答林擇之」21, 1981쪽) 또 주희는 "성인은 中正·仁義로 動靜·厭流하니 그 動은 반드시 靜을 主로하다",(「도설해」, 75쪽) "렴계의 主靜은 中正仁義에 나아가 말했다. 그런데 敬자 工夫는 동정에 관통한데 반드시 靜을 本으로 삼는다"(『문집』권32, 「答張欽夫」15, 1421쪽)고 한다. 왜냐하면 "主靜은 스스로 有動의 道理가 있으니, 이는 마치 먼저 沈默한 然後에 說話할 수 있음과 같다"(「어류」권94, 去偽91, 3137쪽)고 여기기 때문이다. 즉 주희는 렴계의 "주정"을 '미발 즈음'으로 해석했고, 때문에 이발이 없게 되고 工夫로 보아도 미발에 "치우쳤다"고 한 것이다. 결국 주희는 "사람이 그 심을 靜으로 안정되게 해야 하니, 스스로 주재해야 한다. 정자는 靜만으로 주관하면 사물과 서로 교섭할 수 없으므로 '敬'으로 설하여 말하기를 '경하면 스스로 虛靜이 된다'고 했다. 마땅히 이와 같이 工夫해야 한다"(德明101, 3139쪽)고 한다.

427) 『어류』권94, 季通·端蒙100, 3139쪽. 전문은 "濂溪言 '主靜', 靜字只好作敬字看, 故又言 '無欲故靜.' 若以爲虛靜, 則恐入釋老去"이다. 즉 "無欲"이라 自註로 볼 때 그 靜자의 의미는 '欲(情) 未發 즈음'을 가리켜 말했음이 분명하다는 것이다. 주희는 「이발미발설」에서 "靜이 근본이지만, 그러나 靜만 말하면 치우치니 그래서 정자는 敬工夫로 설했다"(『문집』권67, 3268쪽)고 한다. "정자는 사람들이 靜자의 뜻을 이해하지 못하고 '坐禪入定'과 같다고 여길까 염려했다."(賀孫103, 3140쪽) "靜으로 설하면 곧바로 석씨의 설에 빠진다. 靜자를 쓰지 말고 敬자를 써야 한다."(『정씨유서』권18, 35조, 189쪽) "敬하면 곧 虛靜한다. 虛靜을 敬이라 부를 수는 없다."(「어류」권74, 端蒙111, 2523쪽. 『정씨유서』권15, 105조, 157쪽) 허정은 경 공부의 결과 및 상태이기 때문이다.

428) 주돈이의 주정설은 "성인은 중정인의를 定으로 삼고 主靜으로 人極을 세운다"이다. 주희는 주정의 "靜만 주관하면 사물과의 교섭이 없게 된다. 경하면 스스로 허정이 되니, 이렇게 工夫해야 한다"(「어류」권94, 德明101)고 비판한다. 즉 미발·이발에서의 敬 공부로 고쳐야 한다. "心으로 言之하면 周流貫徹하여 工夫에 間斷이 없다. 단지 靜을 本으로 삼아야 할 뿐이다. 렴계 主靜이 이것이다. 단지 靜으로 말하면 치우치니, 때문에 정자는 敬으로 說했다."(「이발미발설」, 3268쪽) 주희는 주정을 工夫로 고쳐서 말한다. 만약 "허정으로 여긴다면" 그 허정은 심 공부가 아닌, 공부의 결과가 되고 만다. "인의중정을 定으로 삼음"도 허정과 인의중정을 定으로 삼을 수 있는 심 공부가 없다. 심 공부 결과가 허정의 상태다. 허정을 있게 한 것이 곧 경이다. 심의 靜·敬은 리가 아니다. 퇴계의 "리는 허임",(상305) "虛無 혹은 實有가 아님"(상302) 등은 렴계의 "주정" 정자의 "경"의 심 공부와 관계가 없다. 고봉의 "노불의 영역에 빠지게 함"(상182)은 공부처인 경을 말함이다. 반면 퇴계의 "노불의 영역에 빠질 것을 우려함"(상306)은 반드시 '허'자를 쓴 '虛而理'라 해야 한다 함이다. 이는 '표현'일 뿐 '공부처'도 아니다. 때문에 고봉은 주돈이와 장재의 "주정" "허" "허정" 등을 상고하고 정주의 설로 고찰해서 표현, 상태, 설, 공부 등으로 각각 분석한 것이다.

429) "理자를 형용함"은 리의 '실체'를 말함이 아니다. 추만은 "理之爲理, 其體本虛, 虛故無對"(상174)라 했는데 이는 리체를 곧 '허'라 한 것이다. 고봉이 "허이무대 역시 理字를 '說함'에 지나지 않는다"(상176)고 한 것은 '허를 쓸 수 있다' 함이다. 리체는 허는 아니나, 허로 '설'하고 '형용'할 수 있다. 그런데 퇴계는 "태극의 진실무망을 렴계는 '무극'이라 했고, 道·性·太極의 實에 대해 정

- 383 -

음)430) 저 역시 마땅히 이렇게 고치겠습니다.431) '理의 體됨(당초는 추만 본설인 '實'이나, 여기서는 '설명'으로 답변함)432)은 지극히 허하지만 실하고(至虛而實), 지극히 무하지만 유하다(至無而有).433) 때문에 인·물에 加도 없고 損도 없이 無不善하다.'(추만 「천명도설」을 고친 것임. 추만의 "리일의 체"는 허 때문이 아닌 진실무망의 무불선 때문이라는 것임)434) 이와 같이 下語한다면 모르겠으나 어떻겠습니까? 깊이 유념하시고 상량하시어 다시 가르쳐 주시기를 엎드려 바랍니다.435)

(95) "四端不中節之說" "사단 不中節"의 설에 대하여.436)

按. "四端不中節"之云, 乍看似可駭. 鄙意亦疑其未蒙印可, 今果然也. 然鄙說, 初亦

주는 '허'로 言之했다"(상312)고 했다. 이는 리의 '실체'라는 질문과 어긋난다. 문제는 '형용·설명'과 '실체'는 다르다는 점이다. 주희는 "인의예지는 진실무망이다"(「문집」권74, 「옥산강의」, 3588쪽)고 한다. 「중용장구」제20장에서 "誠者는 眞實無妄을 이르니 天理의 本然이다", "聖人의 德은 渾然天理로 진실무망하다", "所存·所發이 眞實而無妄이다"라고 하는데, 이는 성인의 덕인 진실무망이 천리의 본연과 심의 所存과 所發에 관통한다는 뜻이다. 주돈이의 "无妄則誠焉", 정자의 "无妄之謂誠", (「통서주」「家人暌復无妄」제32, 125쪽) "聖人定之以中正仁義", (「태극도설」, 75쪽) "聖人之道, 仁義中正而而矣", (「통서」「道第6」, 103쪽) 주희의 "其行之也中, 其處之也正, 其發之也仁, 其栽之也義. 蓋一動一靜, 莫不有以全夫太極之道, 而無所虧焉"(「圖說解」, 75쪽) 등은 모두 같은 뜻이다. 모두 성인의 덕과 리 전체를 형용·찬탄하고 설한 것으로, 먼저 실이 있음으로써 가능하다.

430) 고봉은 '理'는 "허라 할 수 없다"고 했다.(상175) 이에 퇴계는 "공은 허자의 폐단을 우려했으나, 황 또한 우려하기를 허자를 쓰지 않는다면"(상306)이라 하면서 「천명도설」을 고쳐서 "리하며 허하다. 故로 無對하고 無加損이다"(상325)고 하여 '理而虛'라고 했다. 이는 문답이 서로 어긋난 것이다. 고봉은 리의 '체'인데, 퇴계의 '리이허'는 실체(주어)가 없다. 퇴계의 "허이면서 실(虛而實)"(상314)일 뿐 "空無"(상310) "虛無"(상302)가 아니라고 한 '실', '언지(설명)', '형용' 등의 구분이 없다.

431) 퇴계의 "今當改之曰"(상325)에 대해 "亦當改之曰"로 답변한 것이다. 퇴계는 「천명도설」을 "지금(今)" 이렇게 고치겠다 하고, 고봉도 "또(亦)" 고쳐 제시하겠다고 함이다. 퇴·고 모두 「천명도설」 본문을 고친 것이다.

432) 추만의 '理之爲理, 其體本虛'를 '理之爲體'로 줄인 것이다. 理之爲理는 리가 중복된 표현이고, 理之爲體는 리 '전체'이다. 고봉은 리 전체를 설명·형용함에 '허자를 쓸 수 있다'고 한다. 퇴계도 "虛자와 實자를 함께 써야 한다"(상306)고 했다. 때문에 고봉도 당초 질문인 '實體'가 아닌 '설명'으로 답변한 것이다.

433) 퇴계는 "주자의 '虛中의 有實'은 虛實일 뿐 無虛가 아니고, '無中의 有有'는 無而有일 뿐 無無가 아니다", (상301) "우리의 허는 '虛而實'이고, 우리는 무는 '無而有'이다"(상314)고 했다. 이는 주희 본설 및 고봉 의도와 다르다. 주희의 "허 중에도 실로 존재함(虛中有實)"은 리 실체를 허로 설명·형용한다 해도 그 리는 '실체의 존재자'라는 뜻이며, 이는 결코 퇴계와 같이 허는 "허이면서 실(虛而實)"이라 함이 아니다. 고봉은 리체는 "至虛하지만 실하다"고 하여 虛를 써서 리체를 설명했다. 이는 그 리가 '허' 혹은 '虛而實'이거나, 허가 '허이실'이라 함이 아니다.

434) 「천명도설」 본문은 "理之爲理, 其體本虛, 虛故無對, 無加損在人在物, 固無加損而爲一焉"(상174·176. 「퇴계전서」3책, 142쪽)이다. 추만은 '리'가 '허하고 또 무대'하기 때문에 인·물에 가손이 없는 '一者'라 했다. 그런데 고봉은 인·물에 가손이 없는 이유는 허, 실, 무대 때문이 아닌 바로 '理一' 때문이라 한다. 리는 '진실무망'하고 "중정정수"하다. 이렇게 리를 '설명'할 수 있지만, 단 리는 실체이다. 실체 없음을 설명·형용할 수는 없다. "허자를 써야 한다"고 한다면 "至虛이나 實하다"로 '리'를 설명할 수 있다. 단 이는 설명·형용일 뿐 실체는 아니다. 至虛而實의 설이 "無不善"은 아니다. 설이 아닌 리가 무불선이다. 반면 퇴계는 고쳐서 "理而虛 때문에 無對하고 無可無損이다"(상325)고 하여 리의 무가손·무불선 이유를 '실이허'라 한다. 그렇다면 무불선(리)은 리 일자가 아님이 되고 만다. 추만은 '리一'의 一者라 함이고, 퇴계의 "허이실"은 리, 실, 설, 형용, 설명, 찬탄, 허, 一者 등의 구분이 없다.

435) '다시 가르쳐 달라'고 함은 「퇴계2서」에서 고친 "리이허하다. 고로 무대하고 무가손이다"(상325)를 다시 유념하여 생각해야 한다는 뜻이다. 고봉의 지적은 리의 실체인데, 퇴계의 답변은 리일이 아닌 "理而虛하므로 무가손"이라 했고, 이에 고봉은 리를 '허로 설명·형용'할 수 있다고 한다. 리일을 설명·형용하면 "진실무망·중정정수"라 할 수 있고, 또 반드시 虛자를 넣어야 한다면 "리의 체는 至虛이나 實하다. 때문에 리는 무가손·무불선이다"로 고쳤다.

436) "사단 불중절의 설"에 대해 고봉은 상170~172에서 논변했고, 퇴계는 상307~308에서 반박했다. 그런데 퇴·고의 변론은 서로 어긋난다. 고봉이 말한 사단 불중절은 "四端之情"이 아닌 "四端之發"인 곧 리가 乘氣로 發見하는, 유행 즈음'을 가리키지만,(상170·171) 반면 퇴계의 "사단 또한 불중절의 논이 있다고 함은 심히 새롭지만 그러나 또한 맹자 본지가 아니다"(상307)는 사단 지정을 가리킨 것이다. 퇴계는 '情'과 '發' 둘을 구분하지 않지만, 고봉은 '情'이 아닌 정의 '發處'로 논했다. 맹자 사단지정 종지를 불중절로 논할 수는 없다.

不謂 "孟子本旨" 如是也. 特以常人之情, 不能無如是者耳, 而其說亦有所從來也. [所從來소종래; 그 설이 나온 유래.(리·기 유래가 아닌 그 설의 유래) 亦역; 나 또한 그렇게 여기지 않음.(3회의 亦자는 모두 퇴계의 '亦'자를 부정하고 그 이유를 밝힌 것임. 1亦은 인가 받지 못하리라 예상한 것을, 2亦은 맹자의 본지에 대해, 3亦은 불중절 설의 소종래를 밝힌 것임)]

상고하겠습니다. "사단 불중절" 운운은 잠깐 보면 놀라실 듯했습니다.(이미 고봉은 '아마 괴이함으로 여기실 듯하다'고 했음)[437] 제 생각 또한 인가를 받지 못하리라 예상했는데, 과연 그러했습니다.[438] 저의 설 역시 "맹자의 본래 종지"(맹자 사단지정의 종지는 '확충'과 '성선'으로, 사단지발의 발처가 아님. 고봉은 맹자가 아닌, 주희의 설로 상고함)를 이렇다고 함이 아닙니다.[439] 단지 우리 일상을 사는 사람(성인이 아님. 단 맹자 종지도 일상인에서 논함)의 정은 이와 같음이 없지 않다고 한 것뿐입니다.[440] 하지만 그 설 역시 소종래(퇴계의 소종래는 리·기이고, 고봉은 리기가 아닌 주희의 설이 그 소종래임)[441]가 있습니다.

(96)"『語類』論孟子四端處一條"曰, "惻隱羞惡, 也有中節·不中節. 若不當惻隱而惻隱, 不當羞惡而羞惡, 便是不中節." 此乃就孟子所已言, 發明所未備, 極有意思, 不可不深

---

437) 고봉은 "四端之發에 불중절이 있다 하면 아마 선생께서는 괴이함으로 여기실 듯하다"(상172)고 했다.

438) 고봉의 예상과 같이 퇴계는 "사단지발에 불중절의 설이 있음"(상172)을 인가하지 않았다. 퇴계는 비난하기를 "심히 새롭지만 '역시' 맹자 本旨가 아니다. 맹자의 뜻은 단지 성이 本善이므로 정 '역시' 선하다는 뜻을 나타냈을 뿐이다."(상307) "그 수오하지 않아야 함에 수오하는 것은 기의 혼매가 그렇도록 시켰을 뿐이다. 어찌 이러한 僞說로 사단이라는 粹然한 天理의 發을 어지럽힐 수 있겠는가?"(상308)라고 했다. 이는 고봉의 논변 내용과 다르며, 또 맹자 본지라고 한 것도 아니다. 고봉은 맹자의 "사단지정"이 아닌 주희의 "사단지발의 불중절"이라 했다.(상170) 맹자의 종지는 성선이 먼저가 아닌 "그 정(其情)"이 먼저다. 논증은 성을 먼저 말하고, 정을 뒤로 말해서는 안 된다. 퇴계는 불중절의 설을 "참설"이라 하지만 이는 주희의 설이다. 또 "사단의 수연한 천리의 발"이라 하지만 그러나 맹자 종지는 "사단의 확충"(하133)과 "정의 善者를 척발함"(상147·170)이며 이는 정인 사단을 통해 '확충'과 '성선'을 논증한 것뿐이다.

439) 퇴계의 "사단에 불중절이 있다는 논은 '역시' 맹자의 本旨가 아니다"(상307)에 대한 답변이다. 당연히 사단 불중절의 논은 "역시" 맹자의 본 종지가 아니다. 맹자 四端之情(상160·170) 종지는 사단의 "확충"(「공손추상」)과 "그 정(其情)"을 통한 "성선"(「고자상」)의 논증이다. 고봉은 사단지정이 아닌 맹자가 말하지 않은 "四端之發"(상170)에 대해 논하고자 함이다. 때문에 "선생께서도 괴이함으로 여기실 것이다."(상172) "四端之發"은 外感에 의한 심의 '발처'이다. 즉 외부의 측은의 일에 吾心은 그 일에 外感하여 '심이 발하는 곳'이다.

440) 맹자는 사단을 불중절로 논하지 않았다. 맹자는 누구나 '측은이라는 정'이 있고, 또 그 정으로 '성선임'을 논증할 수 있다고 한 것뿐이다. 이는 주희가 심의 전체·체용을 인의예지와 사단, 성인의 심으로 논한 것과 같다. "心之爲物, 實土於身, 其體則有仁義禮智之性, 其用則有惻隱羞惡恭敬是非之情, 渾然在中, 隨感而應, 各有攸主, 而不可亂也."(『대학혹문』하2, 527쪽) "聖人之心, 未發則爲水鏡之體, 旣發則爲水鏡之用."(『중용혹문』상18, 561쪽) "此章所論, 人之性情, 心之體用, 本然全具, 而各有條理如此"(「공손추상」6) "惟聖人, 全體此心, 隨感而應"(같은 곳) "聖賢之心, 無所偏倚, 隨感而應"(「이루하」29) "寂感者, 此心之體用也"(『문집』권51, 「答董叔重」7, 2366쪽) 성인의 정은 外感에 있어 외물의 일을 그대로 비춤이 가능하고 심용으로 삼을 수 있지만, 일상인의 감응은 심의 가림이 없을 수 없다. "戒愼·恐懼"(『중용, 수장』)하지 못하기 때문이다. 가린 정을 심용으로 삼을 수는 없다. 더구나 발처로서의 감응을 곧바로 용이라 해서도 안 된다. 맹자의 측은은 심용일 뿐, 그 정의 발처를 말함이 아니다. 일상인은 그 발처에서 "기품 물욕의 가림이 없을 수 없다."(하29·97) 맹자는 일상인의 心(情)으로 확충·성선을 논했지만, 그 체용은 성인의 심으로 삼은 것이다.

441) 소종래의 설은 주희이다. 아래에서 "이 설은 맹자의 이미 말한 바에 나아가서 [주자가] 未備한 바를 發明한 것이다", "맹자는 사단으로 言之함에 무불선이라 했지만 그 세밀한 곳까지 說到하지는 않았다",(하96) "『어류』로 본다면 이렇게 句斷할 수는 없다"(하98)고 하여 사단 불중절의 설 "역시" 주희설이라 한다.

- 385 -

察也. 盖孟子發明性善之理, 而以四端言之, 其大槪雖曰 "無不善", 而亦未說到細密處也. [未說到미설도; 논설에 도달하지는 않음. 맹자는 거기까지 설하지 않음.(不曾說到와 같은 뜻. 긍정은 정자의 方始說到, 至說到)]

인용하신 "『주자어류』 맹자 사단을 논한 곳 그 한 조"(퇴계가 "리발·기발"을 인용한 「공손추상」 바로 그곳)[442]에서 주자는 말하기를 "측은 수오에도 중절·불중절이 있다. 만약 마땅히 측은해서는 안 되는데도 측은해 하거나 마땅히 수오해서는 안 되는데도 수오한다면, 이것이 곧 불중절이다"[443]라고 합니다. 이렇게 주자는 맹자가 이미 말한 바에 나아가서 그 [말하지 않은] 未備한 점까지도 밝혀냈던 것이니, 이런 극진한 의미가 있음도 깊이 살피지 않아서는 안 됩니다.[444] 맹자는 성선의 이치를 밝혀내기 위해 사단으로 설명(四端言之)하면서 [그 一情의 한 측면을 들어] 비록 "선하지 않음이 없다(無不善)"고 했지만,(「고자상」. 맹자의 2설 모두 정으로 발하는 즈음의 발처가 아닌, 정과 성의 설로서의 '言之인 설명'이라는 것임)[445] 그러나 또한 [그 사단에 대한] 자세하고 세밀한 곳까지 '설함에 이르지는 않았다(未說到)'는 것이 [주자의 해석]인 것입니다.(주희는 맹자설을 비판하면서 정자 기질지성의 성설이 정밀하고

442) 퇴계는 "『朱子語類』論孟子四端處未一條"(상44)라 했고, 고봉도 "『語類』論孟子四端處 一條"로 퇴계의 말을 그대로 인용한 것이다. 이렇게 그대로 인용해서, 바로 '그곳'에서 주희는 '사단 불중절의 설을 논했다'고 한 것이다. 이곳에는 "사단시리지발, 칠정시기지발"도 있지만 또 "사단 불중절"의 설도 있다. 이 조항 제목은 "公孫丑上之下"의 "人皆有不忍人之心章"이다. 不忍人之心章 기록은 10조부터 88조까지 총 78개이다. 주희는 이 장에서 '사단 불중절'을 논했다. 주희가 「고자상」 "性無善無不善章"(『어류』 권59, 1880쪽)으로 강의하지 않은 것은 「고자상」은 '성선장'이기 때문이다.

443) 『어류』 권53, 「人皆有不忍人之心章」, 淳36, 1762쪽. 이 장에서 불중절을 논한 곳을 요약하면 다음과 같다. "四端之發도 심히 不整齊의 處가 있으니, 惻隱處가 있고 合惻隱해야 한데도 不惻隱處도 있다. 齊宣王이 一牛는 不忍했지만 백성은 不愛했다."(夔孫64, 1771쪽) "마땅히 측은해야 할 일이 있는데 不惻隱하니, 이는 그 本心을 잃은 것으로 日用間의 工夫處이다."(廣65) "측은·수오·시비·사손은 日間에 時時로 發動하니, 단지 正과 不正이 있을 뿐이다."(方66) "측은에 합당해야 하지만 不惻隱하고, 수오에 합당해야 하지만 不羞惡한다."(節69, 1772쪽) 사단 불중절의 설은 다른 장에서도 보인다. "마땅히 측은해야 한데 羞惡하고, 마땅히 수오해야 한데 惻隱한다."(권95, 伯羽89, 3206쪽) "측은은 善이다. 그런데 측은하지 않아야 할 곳에서 측은하면 악이다. 剛으로 잇는 것은 선이나, 강으로 잇지 않아야 할 곳에서 剛으로 이어지면 악이다."(권97, 必大38, 3269쪽) "측은지심은 仁之端인 본선이나 過帶은 姑息에 이르고, '수오지심은 義之端인 본선이나 過하면 殘忍에 이른다."(文蔚39, 같은 쪽) "측은이 많으면 姑息과 나약에 흐르고, 수오가 많으면 마땅히 수오하지 않아야 할 곳에서도 수오함이 있게 된다."(권4, 均40, 193쪽)

444) 맹자는 「공손추상」에서 "나에게 사단이 있다는 것을 알고 모두 擴而充之해야 한다"고 한다. 나에게 이 사단이 있음을 알고 이를 "확충하면 四海도 보호할 수 있다." 이 말은 사해를 내가 반드시 보호할 수 있다 함이 아니다. "사해를 보호할 수 있다 함은, 이 마음의 국량을 充滿해야 한다는 뜻이다."(『어류』 권53, 賀孫59, 1769쪽) "자신 本然의 국량을 推廣 充滿하라 함은, 儒子 入井에 대해 곧바로 그렇게 해야 한다 함이 아니다."(時擧60, 같은 쪽) 확충·충만해야 한다고 한 것은 入井의 일을 목격하면 "사람은 모두 이 마음이 있다"는 뜻이지, 곧바로 이러한 측은 이외 다른 마음은 없다는 뜻이 아니다. 주희가 "학자는 反求로 默識해 확충해야 한다", "그 充과 不充은 나에게 달려있을 뿐이다"(집주)고 한 것은 중절하지 못함도 있기 때문이다. "사단도 利欲의 私에 蔽하면 始의 用工 또한 間斷을 未免한다"에 "그렇다"(『어류』 권53, 賀孫75, 1774쪽)고 함도 사단도 그 發處에서는 間斷이 있다 함이다.

445) 「공손추상」에서 "측은지심은 仁之端이다"와 "擴而充之"을 말했고, 「고자상」에서는 "性善"과 "측은지심은 仁이다"를 말했는데 주희는 "맹자는 才를 무불선으로 삼았다"고 한다. 모두 측은지심을 말했다. 다만 주희는 "여기서 端을 말하지 않은 것은, 저기는 확충하고자 함이고 여기는 用으로 그 本體를 드러냈다. 때문에 말에 不同이 있다"(「고자상」6)고 한다. 고봉의 "性善의 이치를 발명하기 위해 사단으로 言之했다"고 함은 사단이 '언지'라 함이다. 一情에 대한 언지는 사·칠 등 이외도 많지만, 다만 맹자는 그 일정을 측은으로 설해서 그 목적인 성선을 논증했다. 「고자상」의 측은지심을 "인"(用)으로 여긴 것이 이것이다. 이천도 "四端者는 善의 才이다. 맹자의 뜻은 性·情·才 三者를 모두 무불선으로 여긴 것"(『유서』 권19, 37조, 253쪽)이라 한다. 이천, 주희, 고봉은 「고자상」의 "그 情과 才"를 '인의 용'으로 여겨 무불선의 성선을 논증했다고 한다. 정주는 '端과 仁의 用'을 구별한 것이다.

온전함을 갖추었다고 함. 맹자는 '하늘의 달만 가리킨 것임)[446]

(97) 自古聖賢者少, 而愚不肖者多, 生知者少, 而學知困知者多, 苟非生知之聖, 其所發之 四端, 安能必保 "其粹然天理"乎? 亦恐不能無氣稟物欲之蔽也. 今乃不察乎此, 而徒 "以四端爲無不善", 而欲 "擴以充之", 則吾恐其 '明善'之未盡, 而 '力行'之或差也. [蔽 폐; 가림. 덮다.]

예로부터 聖賢자는 적고 愚·不肖자는 많으며, 生知자는 적고 學知·困知자는 많으니, 만일 生知의 성인이 아니라면 그 '所發의 사단'(사단지발)을 어떻게 반드시 "그 수연한 천리"로 보장할 수 있겠습니까?(성인이 아니면 외물의 측은과 나의 심의 합치는 보장하기 어려움)[447] 또한 기품 물욕의 가림이 없지는 않을 것입니다.(기가 아닌 나의 심 물욕 때문임. 퇴계와 같이 기의 혼매 때문이라 하면, 나의 공부가 빠짐)[448] 지금 결국 이곳(사단지발의 發處. 理發임)을 스스로 살피지 않으신 채 단지 "사단은 무불선이다"(나의 정은 성선이다. 이는 거짓임)로 여기고 또 이를 "확충(擴而充之)해야 한다"고 주장하신다면,(「공손추상」. '나의 측은은 성선이다'고 할 수는 없음)[449] 저는

---

446) 주희는 맹자 성선설을 다음과 같이 비판한다. "맹자는 그 發於性者로 專指해서 言之한 故로 '才를 無不善'으로 여겼다. 그런데 정자는 그 稟於氣者를 兼指해 言之했으니, 人之才는 진실로 昏明·强弱의 不同이 있다 한다. 事理로 考之하면 정자가 정밀하다."(「고자상」6) "맹자는 오로지 性을 言한 故로 性善으로 여겼고 才 또한 無不善이라 했다. 周子·程子·張子에 이르러 처음 氣上에서 說(方始說到)한 것이다. 要之는 마땅히 二者를 兼해 言之해야만 方備라는 점이다. 맹자는 氣上으로 說(不曾說到)하지 않았을 뿐이다."(「어류」권59, 廣41, 1884쪽) "孟子·韓子(한유)의 言은 氣를 不論했다. 不全의 所以다."(권53, 賀孫77, 1775쪽) 맹자 성선설은 '형이상의 성'의 선을 설하기 위해 오히려 정선으로 논증한 것이다. 맹자의 목적은 형이상의 성일 뿐, 그 정의 측은에 있지 않다. 즉 맹자는 '하늘의 달을 가리키기 위한 목적으로 정선을 말했을 뿐이며, 때문에 그 설은 불완하다. 반면 주·정·장·주 기질지성의 설은 氣上에서 설도했으므로 정밀하고 방비하고 온전하다. "未說到"(상286, 하75)는 위 "方始說到"와 "至說到, 苟能充之, 足以保四海"(권53, 時擧60, 1769쪽)의 부정이다. 요컨대 사단언지는 "성선" 논증과 "누구나 있으니 확충해야 함"만 논했을 뿐, 그 발처 즈음의 측면은 논하지 않았다. 이점 때문에 주희는 "사단 불중절"을 논한 것이다.

447) 퇴계는 "맹자의 뜻은 성이 本善이므로 情 역시 善하다는 뜻일 뿐이다. 어찌 이러한 '참설'로 사단의 粹然한 天理의 發을 어지럽힐 수 있겠는가?"(상307·308)라고 한다. 이 주장은 맹자 종지와 다르다. 1)맹자의 뜻은 사람은 누구나 사단이 있으므로 그 정을 '확충하라' 함이다. 2)성이 본선이므로 정이 선하다 함이 아닌 반대로 '정이 선하므로' 성이 선하다는 성선 논증이다. 3)불중절은 참설이 아닌 '주희의 설'이다. 4)수연한 천리의 발은 기가 어지럽히는 것이 아닌 '나의 공부' 문제일 뿐이다. 사단은 누구나 있다. 맹자 종지인 "확충"과 "성선" 논증은 정과 성의 '설'일 뿐, 사단만 천리 소발이라 함은 아니다. 퇴계와 같다면 누구나 외물의 측은과 吾心의 측은은 합치해야 한다. 하지만 이러한 일은 드물다. "所發의 사단"은 외물 측은의 일에 吾心이 감응하는 일이다. 즉 "사단지발"의 발처이다. 맹자는 외물의 측은과 吾心이 합치한 체용의 것으로 言之했을 뿐, 반드시 '외물과 吾心은 합치(중절)한다'고 한 것은 아니다. 『중용, 수장』 '愼獨'이 아니면 합일은 어렵다.

448) 고봉은 "善者는 천명의 본연이고, 惡者는 기품의 과불급이다",(상9) "불중절은 기품물욕의 所爲이니 이는 다시는 성의 본연이 아니다",(상64) "常人의 정은 기품물욕의 累가 없을 수 없고, 혹 天理가 발한다 해도 곧바로 기품물욕의 拘蔽가 되어 사단 불중절이 있게 된다",(하29) "혹 기품물욕의 拘蔽라 해도 리의 본체는 自若이나 그 發見는 眞·妄의 分이 있게 된다"(하120)고 한다. 기품물욕은 리기의 기가 아닌, 나의 공부 일이다. "物欲의 蔽之"(「공손추상」6)는 吾心의 일이다. 나의 기품물욕으로 가려져 나의 성발인 四端之發에 불중절이 있게 된다. "요순은 私欲의 가림이 없어서 그 성을 充한다."(「등문공상」1) 성인이 아니라면 기품물욕의 가림이 없을 수 없다. 四端之發 역시 외물 측은의 일에 대한 발이므로 나의 기품물욕의 영향을 받지 않을 수 없다. 주희의 "군자도 이롭게 하고자 하지 않음이 없다",(「양혜왕상」1) "인의는 利롭지 않음이 없다",(『유서』권19, 17조, 249쪽) "요순은 백성을 利롭게 함이 크다"(「태극도설, 후기」, 79쪽)고 함은 그 기품물욕이 리를 덮는 것이 아닌 내가 리를 덮는다는 뜻이다. 반면 퇴계는 "氣가 그렇게 시킨다"(상308)고 한다.

449) 맹자의 "擴而充之해야 한다"고 함은 누구나 사단의 정이 '있다(有)' 함이다. 누구나 있으므로 "확충"할 수 있고, 또 사단지정인 "그 정"으로 "성선"으로 논증했다. 사단도 "隨感而應(감하여 응함)", "隨見而發(보면 발함)", "隨處發見(장소에 따라 발현함)"이다.(모두 「공손추상」6) 그러나 외물과의 일치는 어렵다. "사람은 모두 이 '心'이 있으니, 오직 군자만이 능히 확충한다."(「공손추

- 387 -

그것으로는 '선을 밝히기'(「고자상」의 "성선"을 밝히기 위해서는 "그 정"을 통해야 함)에 미진하거니와 더구나 '힘써 행함'(「공손추상」의 "확충해야 함"과 「고자상」의 "성찰의 공부"를 필요로 함)에 있어서도 혹 차질이 빚어질지 두렵다고 말씀드리겠습니다.(나의 정을 성선·무불선으로 여기면 이는 외물·타인과의 감정 교류를 끊는 일이며, 그 끊음이 두렵다는 것임)[450]

(98)況如大升者, 在常人尤最下者, 氣質駁雜, 而物欲袞纏, 常於 "日用之間", 密察其所發之端, 則中節者少, 而不中節者多. 故前者敢以爲稟, 或意其幸有所契也. 今詳所論, 固爲至當, 然以『語類』觀之, 恐不可如是句斷也. 伏乞精察, 如何? [袞纏곤전; 무성하게 휘감다. 密察밀찰; 정밀히 살피다. 契계; 뜻이 상대와 통하다. 마음이 서로 부합하다. 句斷구단; 글귀를 단정하다. 주자의 글귀를 둘로 끊어 하나는 긍정하고 하나는 부정함.]

하물며 대승은 일상인 중 더욱 최하위의 자로 기질은 잡박하고 물욕은 무성히 얽혀있어,(지금 성정 토론은 위기지학인 자신 공부의 일이며, 그 절실함이 바로 기질이 잡박한 나의 문제라는 것임. 퇴계 자신을 스스로 비추어 보라는 간언임)[451] 평상시 "일상의 생활하는 사이(日用之間)"(이곳이 『중용』 종지임)[452]에서 [미발·이발의 공부 부족으로] 그 '所發의 단서'를 엄밀히 살펴보면 중절한 것은 적고 불중절한 것은 많습니다.(사단은 성정에 관한 '설'이며 그 '즈음의 공부'를 논한 것임. 중용 종지는 미발·이발 즈음의 '공부'임)[453] 그래서 지난번 감히 ['사단 불중절의 설'을] 여쭈어

상)6) 사단은 외물과의 교감의 일이며, 만약 이러한 교감의 일임을 살피지 않고 단지 '사단은 무불선이다'라고 하면 이는 그 교감의 일을 외면함이 되고 만다. 주희는 "성이 비록 本善이나 省察과 矯揉의 功이 없어서는 안 되니, 학자는 마땅히 깊이 살펴야 한다"(「고자상」6)고 한다.

450) "明善에 未盡할 것"이라 함은 "성선"(「고자상」)을 밝히기에 미진하다 함이다. "力行에 혹 차질이 있을 것"이라 함은 사단을 "확충"(「공손추상」)함에 차질이 있다는 뜻이다. 성선을 알기 위해서는 "그 정(其情)"(「고자상」)을 因해야 한다. 그리고 力行하기 위해서는 "나에게 사단이 있으니 모두 확충할 것을 알아야" 하며, 이로써 "不忍의 人之政을 행할 수 있고" 또 "그 所行도 不忍의 人之政이 된다"는 것이다.(「공손추상」) 주희는 "衆人도 不忍人之心이 있으나 物欲이 害之한다", "充之하지 못하면 비록 일의 至近이라 한지라도 능할 수 없다", "오직 군자만이 능히 擴而充之할 수 있는데, 充과 不充은 나에게 달려있다"(모두 「공손추상」6)고 한다. 반면 퇴계는 "성이 본선이므로 정 역시 선하다는 뜻이다", "그대는 수연한 천리의 발을 어지럽히려 한다"(상307·308)고 한다. 퇴계는 '성선의 논증'과 '확충해야 함'으로 논하지 않고 곧바로 "사단은 수연의 천리"라 한다. 만약 나 스스로 "성이므로 이를 확충해야 한다"고 한다면 이는 '정을 무불선의 성으로 여김'이 되며, 이는 외물·타인과의 '감정의 교류를 끊음'이 되고 만다. "人性은 모두 善"하지만 그러나 그것은 "明善으로 復其初"(「논어, 학이」) 해야 한다. 퇴계는 정 및 사단을 '공부처로 논하지 않는다.

451) 지금 토론은 성정에 관한 일이며, 그 성정의 즈음은 곧 나의 심 공부에 관한 것이다. 따라서 성정과 그 즈음을 논하기 위해서는 자신(爲己)을 돌아보아야 한다. 자신 이외 객관적 성정을 논할 수는 없기 때문이다. 과연 자신을 돌아보면 "기질의 잡박과 물욕"이 없는가? 나의 기질을 성선으로 여길 수 있는가? 『중용, 수장』에서 "은미함보다 더 드러남이 없고, 미세함보다 더 나타남이 없으니, 그러므로 군자는 홀로 있음을 삼간(愼獨)"고 한 것은 남들은 나의 마음을 보지 못하나 스스로는 잘 안다 함이다. 나를 돌아보면 남은 몰라도 나는 안다. 오히려 숨기려 하면 할수록 나는 더 잘 안다. 공부는 나의 일이다. 고봉의 이 말은 퇴계에게 스스로를 돌아보라는 간언이다.

452) "日用之間"은 일상생활인 '미발 즈음의 공부'를 말한 것으로 주희의 "日用之際, 欠却本領一段工夫", "缺却平日涵養一段功夫"의 '일용'과 같은 뜻이다.(모두 '이발미발설」) 즉 "일용지간"의 이 '즈음의 공부'는 일상생활에 있어 "思慮 未萌과 事物 未至의 時"이다. 이 즈음인 "희노애락 미발"에 함양 공부가 있어야만 "그 발은 모두 중절한다"는 것으로, 주희는 이 未發處인 日用之間의 공부가 『중용』 및 정자의 종지임을 고찰한 것이다.(모두 같은 곳) 위에서 인용한 『중용』 "신독"이 이곳이다.

453) 맹자의 "사단을 확충해야 한다", "그 정으로 성선을 논증할 수 있다"고 함은 모두 성과 정에 관한 '설'이다. 맹자는 "사단"이라는 '이발의 정'과, 이발의 "그 정(其情)"을 통해 "성선"을 논증한 것이다. 중용은 "미발"과 "신독" 및 "발" 즈음의 공부를 논했다.

서 혹 뜻이 서로 부합되는 바가 있게 되기를 바랐던 것입니다.(성인도 스스로 무불선이라 할 수는 없으며, 그렇다면 타인과의 교감을 끊음이 되고 만다는 것)[454] 지금 가르쳐 주신 바를 상세히 살펴보면 진실로 지극히 당연합니다만,(불중절 설이 맹자 본지가 아님은 지당함. 이것이 바로 맹자가 미진한 이유임)[455] 그러나 『주자어류』 해당조항으로 살펴보면 아마 이와 같이 주자의 글귀를 끊어 단정(이곳에 주희의 '사단 불중절 설'이 있음. 퇴계는 "참설이며, 후세에 전해줄 수 없는 설"이라 함)해서는 안 될듯합니다.[456] 엎드려 바라건대 정밀히 살피심이 어떻겠습니까?[457]

(99)"建圖·立說, 固當爲知者而作, 不當爲不知者而廢." "도형과 도설은 진실로 아는 자를 위해 그림이 마땅하지 모르는 자를 위해 폐지함은 마땅하지 않다" 함에 대하여.[458]

誨諭固當. 然嘗觀明道先生之言曰, "凡立言, 欲涵蓄意思, 不使知德者厭, 無德者惑", 此意亦不可不察也.

가르쳐주신 말씀도 진실로 당연합니다.(퇴계는 아는 자를 위해 그린다고 하면서, 추만 「천명도」 방위를 「하도·낙서」와 반대로 바꿈)[459] 그런데 일찍이 명도(정호)선생은 말씀하기를 "무릇 이론을

___

고봉의 "그 소발의 단서를 살펴보니 중절자는 적고 불중절자는 많다"고 함은 미발·이발 즈음의 자신의 공부를 살핀 것이다. 미발에는 존양해야 하며, 사단의 이발에도 살펴야 한다. 주희의 "오직 未發之前에 涵養[의 공부를] 하면 그 發處는 자연 中節者는 많고 不中節者는 적게 된다"(『문집』권43, 「答林擇之」22)고 함은 미발공부이다.

454) 미발 즈음의 "일용간"은 누구라도 "기질의 잡박"이 없다고 해서는 안 된다. 오히려 성인은 스스로 잡박을 인정함으로써 그것을 이겨내고, 이로써 외물과의 관계에서 중절을 이룰 수 있다. "지난번" 사단 불중절의 설을 여쭌 이유는 "生知의 성인이 아니라면 그 所發의 사단을 수연의 천리로 보장할 수 없기 때문"(하97)이다. 만약 "단지 사단을 무불선이라 여긴다면"(하97) 이는 자신의 공부가 없는 외물과의 교통을 끊음이 되고 만다. 이러한 뜻이 퇴계와 서로 부합되기를 바랐다. 자신의 "爲己"(『논어, 헌문』)를 돌아보아야만 이 토론은 가능하다. 자신을 무불선이라 해서는 토론의 결론을 도출할 수 없다. 퇴계는 주희의 불중절 설을 "참설"이라 하면서 그대는 "사단의 수연한 천리의 발을 어지럽혔다"(상308)고 했다.

455) 퇴계는 "사단 불중절은 맹자 본지가 아니며, 맹자의 뜻은 인의예지를 따라 발출한 것을 가리켰다"(상307)고 한다. 이 말은 지당하다. 맹자는 사단을 천리의 발로 여겼고, 사단 불중절을 논하지 않았다. 불중절은 주희의 설이다. 주희는 "맹자가 이미 한 말에 나아가서 그 미진한 바를 밝혔다."(하96) 왜냐하면 맹자는 미발공부 및 그 발처 공부가 아닌 "사단지정"(상170)으로만 논했기 때문이다. 이점이 맹자가 "說到하지 못한"(하96) '미진한' 이유이다.

456) 퇴계는 불중절 설을 "참설"이라 하면서 "이 같은 의론은 斯道를 발명함에 무익하고 後來에 傳示하기에 해롭다"고 한다.(상308) 하지만 "사단 불중절 설"은 『어류』의 「공손추상」 '사단조' 기록이며, 오히려 이곳에 "사단시리지발, 칠정시기지발"이 있다. 퇴계는 "스승을 믿어야 한다"(상45)고 하면서도 주희 본설을 "참설"로 부정한 것이다. 고봉은 주희의 불중절 설을 부정해서 "단번에 주자의 글귀를 끊어서는 안 된다"고 한 것이다.

457) 『어류』, 「공손추상」 사단조 기록인 주희의 "사단 불중절의 설"을 정밀히 고찰해야 한다 함이다. 왜냐하면 生知의 성인이 아니라면 外物의 측은과 吾心의 측은은 반드시 합일한다고 해서는 안 되기 때문이다.

458) 퇴계는 "건도·입설은 진실로 知者를 위해 지음이 마땅하며 不知者를 위해 폐지함은 마땅하지 않다. 만약 부지자를 위한 그 분석의 폐단을 우려했다면 「태극도」에서 태극의 원을 음양권 위에 따로 두지도 않았을 것"(상311)이라 한다. 퇴계의 분석은, "무극태극"은 합리기지만 리이고, "혼륜태극"(공자의 음양태극) 이하는 기·주기이다. 공자태극이 '기'가 되고 말 것이다. 고봉은 이 잘못을 더 이상 거론하지 않는다. 그런데 퇴계는 이미 1553년 「천명도설」, 후서에서 추만 「천명도」의 방위를 고치면서 「하도·낙서」의 방위와 반대로 바꾼 이유에 대해 스스로 밝혔다. "도형은 마땅히 아는 자를 위해 그려야 한다"고 함은 바로 그 「하·락」의 방위를 잘 아는 자를 위해 그려야 한다고 함과 같다. 그렇다면 퇴계는 「천명도」를 고치면서 왜 「하·락」과 반대로 방위를 바꿨는가? 퇴계는 결국 추만 원도와 반대로 바꾸고 "잘 아는 자를 위해 지었다"고 한 것이다.

459) "知者를 위해 지어야지 不知者를 위해 폐지할 수 없음"은 지당하다. 퇴계의 본의는 "분석의 폐단 때문에 건도·입설을 폐지해서

세움에 있어 생각을 함축시키고자 한다면, 덕을 아는 자를 지루하게 하거나 덕이 없는 자(고봉 자신을 無德者라 한 것임)에게도 '의혹'이 있게 해서는 안 된다"460)고 했으니, 이 뜻 역시 살피지 않을 수 없습니다.(무덕자인 고봉 자신은 '의혹'이 있다는 것임. 과연 천명과 중화의 덕을 들어낼 칠정이 '기'인가?)461)

(100)按,「天命圖」雖曰, "皆本聖賢之旨", 然細看其間, 不無支離破碎之病, 質以聖賢之旨, 亦多有所未合, 何也(퇴계집 耶)? 今亦未暇逐一條稟, 只以鄙意「擬定圖子」, 錄在左右(퇴계집 方), 仰祈裁正. 此事固知僭踰, 然鄙意所未安, 亦不敢不陳也. [支離破碎지리파쇄; 무질서하게 흩어지다. 擬定의정;「선천도」등과 비기어 방위를 정하다. 僭踰참유; 분에 넘치는 행위를 함.]

상고하겠습니다.462)「천명도」에 대해 비록 말씀하시기를 "모두 성현의 종지에 근본 했다"(퇴계가 지은「천명도설, 후서」의 말임)463)고 하셨지만, 그러나 그간을 자세히 살펴보면 지리하고 파쇄한 병통이 없지 않으며 그리고 '성현의 종지'로 질정해 보아도 역시 합치되지 못한 바가 많이 있음은 왜이겠습니까?464) 지금 또다시 그 해당 조항(「후서」해당 조항)을 따라 여쭐 겨를은 없습니다.465) 다만 저의 생각으로 '의정해 만든 도형'(「의정천명도」)을 왼쪽에 기록했

는 안 된다"(상311) 함이다. 문제는 퇴계의 분석은 렴계 무극이태극은 리, 공자태극은 기이다. 그런데 여기서 고봉은 또 퇴계「천명도」에 대해 새로 문제를 제기한 것이다. 왜냐하면 퇴계는「천명도」의 방위를 추만과 반대방향(「하도·낙서」와 반대방향)으로 바꾸고「천명도설, 후서」에서 그 이유를 자세히 밝혔기 때문이다.

460)『유서』권2상,「呂與叔東見, 二先生語」53조, 20쪽. 고봉은 정호의 말로 본다. 뒤 54조도 "명도(明)"의 語이다. 고봉은 스스로 "無德者"(위에서 "대승은 최하위자"라 했음)로 여기고, 무덕자인 자신에게도 "의혹(惑)"이 있어서는 안 된다고 한 것이다.

461) "知者를 위해 그리기" 위해서는 먼저 '그리는' 퇴계 스스로가 知者여야 한다. 고봉은 스스로 "무덕자"로 여기고 퇴계의 설을 "의혹(惑)"(앞 정호의 말)한다. 만약 "不知者를 위해 폐지할 수 없음"이 분석을 모르는 고봉을 가리킨다면 고봉이 不知者가 된다. 또 과연 천명 본도를 그린 추만은 부지자인가? 고봉이 말한 "曉不得者(잘 모르는 자)"(상68)는 문제없는 추만 본설을 "대거 호언"(상72)한 퇴계를 가리킨다. 또 퇴계는 추만의「천명도설」제5·6절인 "리의 실체" 및 "심의 허령" 2조를 구분하지 않고 "합해 논"(하87)했고 더욱이 퇴계 답변인 虛而理·虛而實 등은 '리인지, 심인지, 허인지도' 불명하다. 정호의 "德"은 심·성·정의 '덕'을 가리킨다. "중·화"는 미발·이발의 "성·정의 덕"(상80·94)인데 퇴계는 '氣'로 여긴다. 퇴계는 '不知者'의 '無德者'인 고봉에게 "의혹"이 없게 해야 한다. 천명과 중·화의 덕을 드러낼 칠정이 과연 '기'인가?

462) "상고하겠다"고 함은 추만「천명도」방위를 퇴계가 바꿨는데, 바꾼「천명신·구도」에 대해 성현의 설과 비교하겠다 함이다.「천명도설」의 "리허"와 "허령" 2조에 대해서는 위에서 논평했다.(하87~94) 단「천명도」에 대해서는 일찍이 서로 언급된 적이 없다. 아래에서 공자, 소옹, 주희의 설로 방위 문제를 상고한다.

463) 퇴계는「천명도설, 後叙」를 지어 추만「천명도」와「천명도설」을 퇴계가 새롭게 고친 내력과, 또「천명도」상하·좌우를 퇴계 자신이 반대로 바꾼 이유를 설명했다. "지금 도형은 朱子의 설을 用하고, 태극의 本圖에 據했으며, 중용의 大旨를 述했음에 不過하다."(『퇴계전서』2책, 322쪽) "당초 추만은 하·락의 例로 인하여 下로부터 시작했는데 이를 고쳐 렴계의 例를 따른 것은 황의 죄이다."(같은 곳, 323쪽) '렴계의 예로 따랐다'고 함은「태극도」는 무극이태극, 음양태극, 오행태극 순서로 上에서 下로 내려왔음을 말한다.「후서」는 "계축 납평절"(1553년 12월)에 지었고, 지금은 1561년 1월 16일이다. 추만(1543년 作)과 河西(1549년 作)의「천명도」는 "陰"과 "子"가 아래에 있는데, 퇴계가 이를 반대로 바꾼 것이다.

464) "지리·파쇄의 병통이 많고, 성현의 종지와도 不合한 이유"는 퇴계가 고친「천명도」는 성현의 방위를 따르지 않았기 때문이다. 퇴계는「천명구도·신도」에서 상하·남북·좌우를「하도」·「낙서」의 방위에 따르지 않았다. 따르지 않은 이유를 퇴계는「천명도설, 후서」에서 자세히 밝혔다. 즉, 이는 성현에 의거했으며 따라서 성현 종지와 다르지 않다. 고봉은 아래에서 "성현의 종지와 다른 이유"를 공자, 소자, 주자의 설로 고증한다.

으니 삼가 재정을 바랍니다.(「의정천명도」의 "성·심·정, 선·악, 의" 모두는 하나의 '천명의 리'임)466) 이러한 일은 진실로 "분에 넘치는 행위(僭踰)"(퇴계의 말임)인 줄은 알겠지만 그러나 제가 생각했던 미안한 바에 대해서도 또한 감히 진술하지 않을 수 없기 때문입니다.467)

(101) 且從古「圖·書」, 皆以 '上下'爲位, 而擬上於南, 擬下於北, 今此圖, 則乃以 '南北'爲位, 而擬北於上, 擬南於下, 此甚未喩. 『易大傳』曰, "天地定位", 而邵子曰, "乾坤定上下之位", 此乃 "天地自然之易", 正朱子所謂 "更不可易"者, 今而易之. 雖復費力分疏, 而亦恐其有所未合也. 如何如何? 伏幸重賜詳證(퇴계집 訂), 以開蔽惑, 何如? [且차; 게다가. 더욱이. 또한. 擬의; 본뜨다. 비기다. 分疏(疏)분소; 注를 나누어 소를 내다. 해명하다.(소는 注에 가한 注임)]

더욱이 예로부터 「도·서」(「하도」·「낙서」)는 모두 '상·하로 정위'를 삼고 이후 南에 上을 비기고 北에 下를 비기었는데도 지금 선생님의 도형(퇴계가 거꾸로 바꾼 「천명신·구도」)은 반대로 '남·북으로 정위'를 삼고 上에 北을 비기고 下에 南을 비기셨으니, 이것이 심히 이해되지 않습니다.(상하 정위가 북남 정위가 되어, 하가 天·乾·南이 되고 만 것임)468) 『주역대전』을 보면,

---

465) 퇴계는 「천명도설, 후서」에서 상하·남북·좌우의 방위를 바꾼 이유를 상세히 설명했다. 「퇴계2서」에서 "건도·입설에 있어 不知者를 위해 분석의 폐단을 우려할 필요는 없다"(상311)고 한 것은 「천명도」 방위를 고칠 의도가 전혀 없다는 뜻이다. 「도설, 후서」에서도 퇴계 스스로 밝혔듯이 방위문제는 당시에도 논란이 있었다. "이 도는 「태극도」를 모방했다." "이 도는 렴계의 구도에 의거했으니, 어찌 그 종지를 어기겠는가?"(『퇴계전서』2책, 323쪽) 하지만 고봉은 퇴계의 방위는 성현 종지에 합치되지 못한다고 한다. 때문에 그 「후서」 해당 조항에 따라 반론을 제기하고 싶으나 그렇게 하지 않겠다. 이는 사단칠정 문제는 아니며, 또한 방위 문제는 「의정천명도」로 고봉의 의견을 제시할 수 있기 때문이다. 아래 공자, 소자, 주자 등의 방위 상고는 「후서」 조항에 따라 논한 것은 아니다. 「후서」에서 방위에 관한 조항은 "客曰, 子謂此於太極圖"(322쪽)에서 "西北高東南下, 又何疑之有"(324쪽)까지로 그 분량이 적지 않다.

466) 고봉은 「의정천명도」에서 방위를 추만 본도로 돌아갔다. "天命"을 음양권에 두고, 上을 양에 下를 음에, 그리고 「태극도」와 같이 陰은 右에 陽을 左에, 心에 性情을 포괄시키고, 善을 심성정의와 같은 줄에 붙되 惡을 다른 줄로 뺐다. 성심정은 심은 성정을 포괄한다 함이고, 선을 성·심·정·意 줄에 둔 것은 미발·이발이며 선·악을 좌우에 둔 것은 대설이라 함이다. 선악을 원 밖에 둔 것은 이발하면 선·악으로 나뉜다는 의미이다. 원형이정, 자축인묘, 수목화금을 모두 뺀 것은 모두 중용 '천명의 리'가 아닌 '우주론'이기 때문이다. 주돈이의 「태극도」 10개 동그라미 모두는 하나의 '태극'이며, 따라서 「의정천명도」의 "성·심·정, 선·악, 의" 역시 모두 하나의 '천명의 리'이다. 퇴계는 천원·지방 사이에 "천명"을 두었는데, 고봉이 음양 안에 둔 것은 공자 "역유태극"을 렴계는 "음양태극"으로 여겼기 때문이다. 주희는 『논어』 "知天命" 주석에서 "천명은 天道 流行에 卽해서 物에 부여된 것이니, 사물의 소이와 당연의 故이기 때문이다"(「위정」4)고 한다. 천명은 '소이'(그러할 수 있음)와 '고'(이발로 현실에 드러난 것) 모두를 충족해야 한다. 추만이 칠정으로 천명을 그린 이유이다. 사단은 이발이다.

467) "분에 넘치는 행위(僭踰)"라는 말은 퇴계의 「천명도설, 후서」를 인용한 것이다. 즉 "객이 말하기를, 심하도다, 추만의 참유와 그대(퇴계)의 어리석고 망령됨이여(曰甚矣, 鄭生之僭踰, 而吾子之愚妄也)"(『퇴계전서』2책, 321쪽)에서 객의 꾸짖은 말과 같다. 객이 말하기를 "五星이 奎星에 모이자 周子는 應하여 圖와 說을 지었으니(建圖·說) 이로써 본다면 圖·書의 作은 모두 天意에서 나온 것으로 반드시 聖賢者의 作함이 있은 然後 비로소 시행되는 것이다. 저 鄭生은 何人인데 敢히 圖子를 만들었고 또 그대는 何人인데 敢히 나쁜 줄 알면서도 따라하는가?"(322쪽)라고 한다. 퇴계의 답변은 "이는 모두 성현의 종지에 근본했다"이고, 고봉의 답변은 "성현의 종지로 질정해 봐도 합치되지 못하는 이유는 무엇인가"이다. 그래서 고봉은 이 「의정친명도」를 그렸지만 이는 객의 말처럼 참람하다는 것을 알겠다. 그러나 나는 이미 "안정되지 않은 곳(미안)"을 말했으므로 또한 진술하지 않을 수 없게 되었다. 퇴계는 「후서」에서 그 위치의 합당함을 조목조목 논했으므로 고봉도 그 조항에 따라 진술해야 하겠으나, 그럴 겨를이 없다. 왜냐하면 지금 사단칠정에 관한 토론도 합의를 도출하지 못하기 때문이다.

468) 「도·서」는 상·하를 定位로 삼았는데, 퇴계 「천명도」는 남·북으로 정위를 삼았다. 그리고 「도·서」는 상을 남에 하를 북에 비기었는데, 퇴계는 북을 상에 남을 하에 비기었다. 즉 '상하' 정위를 퇴계는 반대로 '북남'으로 바꾸었다. 이로써 북상, 남하가

- 391 -

주자는 공자 「설괘전」을 인용해 말하기를 "하늘과 땅이 정해진 위치이다"469)라 했고, 소자(소옹)를 인용해 말하기를 "건과 곤으로 상·하 위치를 정한다"470)고 했으니, 이것이야말로 "천지자연의 역"(「선천도」)471)으로서 바로 주자의 이른바 "[상·하는] 다시 바뀔 수 없다"472)고 한 것인데도 지금 바꾸셨습니다.473) 비록 다시 힘을 다해 '분소(分疏)로서 해명한다'(퇴계 「천명도설, 후서」를 가리킴) 하더라도 역시 [천지자연의 역]에 부합하지 못한 바가 있을 것입니다.474) 어떠실 지요? 엎드려 바라옵건대 거듭 상세히 증명해 주시어 이로써 가려진 의혹을 열어주십시오.(추만 원도를 그대로 두어야 한다는 뜻임)475) 어떻게 생각하십니까?

(102)"俚俗相傳之語, 非出於胡氏" "이속에서 상전되는 말이 호씨에서 나온 것은 아니다"(분속은 호씨가 아닌 분명 '퇴계 자신의 설'이라 했음) 함에 대해476)

된 것이다. 그렇다면 이는 상하가 정위가 아닌 북남이 정위라 함이고, 더욱이 상이 아닌 하가 오히려 天·乾·南이 되고 만 것이다.

469) 『周易本義』「伏羲八卦方位」, 『주자전서』1책, 20쪽. 『易學啓蒙』권2, 『주자전서』1책, 238쪽. 『주역대전』首卷, 「복희팔괘방위지도」, 『주역』1책, 학민문화사, 72쪽. 주희는 여기서 "右說卦傳曰, 天地定位"라 한다. 즉 주희는 「설괘전」을 인용해 복희는 팔괘의 방위를 하늘은 상, 땅은 하로 定位를 삼았다고 한다.

470) 모두 위와 같은 책. 주희는 "邵子曰, 乾坤, 定上下之位, 坎離, 列左右之門"(『주자대전』1책, 239쪽. 『주역대전』수권, 73쪽)이라 하고, 또 "天地定位. 邵子曰, 乾南, 坤北, 離東, 坎西"(『주자대전』1책, 20쪽, 153쪽)라고 한다. 소옹은 건은 상, 곤은 하로 정위를 삼았다. 주희는 "易圖" 중 "복희역 4도는 先天之學", (위의 책, 20쪽) 문왕역 2도를 "後天之學", (22쪽)이라 한다.

471) 주희는 『주역본의·易圖』에서 말하기를 "천지자연의 역이 있고, 복희의 역이 있고, 문왕·주공의 역이 있고, 공자의 역이 있다. 복희 이상은 모두 문자가 없고, …문왕 이하에서 문자가 있다"(『주자전서』1책, 28쪽) 하고, 또 "복희의 4圖는 … '先天의 學'이다"(같은 책, 20쪽)고 한다. "천지자연의 역"은 「하도」·「낙서」와 복희역 4도를 포함한 문자가 없는 「선천도」를 말한다. 문왕역 2도는 "後天之學"(같은 책, 22쪽)이다.

472) 『주자어류』권65, 伏羲卦畫先天圖, 方子75, 2173쪽. "「선천도」는 다시 바뀔 수 없다. 復으로부터 乾까지가 陽이 되고, 姤로부터 坤까지가 陰이 된다. 건·곤으로 상하 위치를 정한다(先天圖更不可易. 自復至乾爲陽, 自姤至坤爲陰, 以乾坤定上下之位)." 「선천도」는 천지자연에 의거한 역도이므로 '다시 바꾸지 못한다'는 것이다.

473) 「하도」·「낙서」 및 복희역의 「선천도」는 上下로 定位를 삼고 상에 天·乾·南을 비기었다. 하지만 퇴계가 고친 「천명신·구도」는 南北으로 定位를 삼고 상에 地·坤·北을 비긴 것이다. 천지자연의 역인 「선천도」는 "천지를 정위"로 삼고 또 "건곤으로 상하의 위치를 정했다." 이를 주희는 "다시 바뀔 수 없다"고 했는데, 퇴계는 「천명도」에서 그 상하 정위를 남북 정위로 바꾸었고 또 하의 地·坤·北을 상으로 바꾼 것이다. 퇴계는 "사람이 보는 위치에 따라 다를 수 있다"(『퇴계전서』2책, 323쪽)고 하지만 그렇다면 이는 보는 사람의 위치에 따라 "천지자연의 易"의 천지 상하의 정위도 바뀔 수 있다는 뜻이 되고 만다. 고봉은 남북을 天地自然之易으로 삼을 수는 없다고 한 것이다.

474) 퇴계는 추만 「천명도해」를 추만과 함께 고쳐서 「천명도설」을 지었고, 또 「천명신·구도」 방위를 추만과 반대로 바꾸었으며, 스스로 해명해서 「천명도설, 후서」를 붙였다. 이 「후서」는 퇴계의 「신·구도」와 추·퇴 「천명도설」에 대한 分疏라 할 수 있다. 고봉은, 이렇게 「후서」를 지어 「도」와 「설」을 분소한다 하더라도 이는 천지자연의 역인 「선천도」와 부합할 수 없다고 한 것이다.

475) "거듭 상세히 증명해 주시라"고 함은 퇴계의 "성현의 종지에 의거했다"(하100)고 함에 대해 이는 『주역대전』과 소옹, 주희의 종지를 바꾼 것으로, 성현에 어긋난다 함이다. 또 "가려진 의혹을 열어주라"고 함은 퇴계가 말한 "당초 추만은 「하·락」의 예에 따라 下로부터 시작했는데 고쳐서 렴계의 예를 따른 것은 황의 죄이다"(『퇴계전서』2책, 323쪽)에서의 퇴계의 개정을 당초 추만의 본도 그대로 둘 것을 요구한 것이다.

476) 고봉이 "이속 상전의 語"와 "호씨설의 잘못"을 지적한 곳은 상162~168이다. 고봉은 사실의 리기 분속은 퇴계설이라 함이고, 퇴계 역시 그렇다 한다. 퇴계는 "사칠의 리·기 분속설은 일찍이 보지 못했다",(상321) "마음에서 사색 왕래한지 수 년 이후 결정했고, 주자설을 얻은 뒤 더욱 자신했으며" "이는 상습설이나 호씨에서 얻은 것은 아니다"(상322)고 한다. 고봉의 비판이 오히려 이점이다. 퇴계는 "이속 상전의 어"가 어떤 설인지, 또 "호씨의 폐단"이 무엇인지 밝히지 않지만, 고봉은 이속 상전의 어가 곧 퇴계의 설이라 했다. 스스로 리·기 분속이 퇴계 자신이라 했다면, 이속과 호씨는 분속설이 아니라는 뜻이다. 퇴계도 그렇다고 한다. 결국 문제는 호씨가 아닌 퇴계이다. 호씨는 다만 주희의 장구인 "所發 2자를 조합함"(상164)에 불과하기 때문이다.

誨諭亦當. 然亦有說焉. 大升懵陋寡與, 早歲雖嘗讀書作文, 然作爲科名利祿計耳, 固未嘗知有聖賢之學也. 二十歲後, 頗幸從遊於先生長者之後, 乃得粗聞其說, 而竊有志焉, 然其 "鹵莽滅裂"者, 亦甚矣. [懵陋몽루; 사리에 어둡고 고루함. 寡與과여; 교제하여 더불어 토론할 사람이 적다. 有志焉유지언; 여기에 뜻을 품다. 이곳에 뜻을 두다.(공자는 15세에 "志于學"이라 함) 鹵莽滅裂로망멸렬; 스스로 거칠고 우둔하다고 하는 마음가짐.(배우는 자의 겸사임)]

가르쳐주신 말씀 역시 마땅합니다.(퇴계 스스로 리·기 분속은 나의 설이며, 이속 및 호씨의 설이 아니라 했음)[477] 그렇지만 또한 [이속의 상전되는 분속]설도 그간 있어왔습니다.(분속설의 문제는 불선 이유를 '기 탓'으로 돌린다는 점이고, 이 인식은 이미 권근, 이언적 등으로 유행하던 설임)[478] 대승은 어리석고 고루해서 함께 학문을 토론할 사람도 적었고, 어려서부터 비록 일찍이 독서 작문했다고는 하지만 그러나 이는 과거를 보아 명예와 녹봉을 얻을 계획이었을 뿐, 진실로 일찍이 성현의 학문(정주의 신유학)이 있는 줄은 알지 못했습니다.(당시 깊게 유행하던 '리·기 분속설 유래'를 밝히기 위해 먼저 자신의 학문 배경을 말한 것임)[479] 20살 이후 다행히 선생과 장자들을 종유한 뒤에야 그 [성정에 대한] 설을 대충이나마 듣고 가만히 여기에 뜻을 품었지만,(퇴계는 "분속을 보지 못했다"고 하지만, 고봉은 20살 무렵부터 당시 당연한 듯 유행하던 '리·기 분속의 설'을 배웠다는 뜻임) 그러나 저의 "거칠고 우둔한 것"(『중용』20장 집주) 또한 매우 심했습니다.(성정의 설을 알고자 함이 중용의 말과 같이 "백배 천배" 간절한 욕망이었다는 뜻임)[480]

---

477) 퇴계는 "호씨설은 리·기의 分이 없고 또 사칠의 分理氣와도 다르며, 따라서 나의 분속설은 호씨 및 상습설에서 나온 것이 아니다"(상322~324)고 했다. 즉 퇴계 자신의 분속설은 호씨 및 이속에서 나오지 않았다. 그렇다면 퇴계의 "각각 [리·기의] 소종래가 있음"(상166·28·39)은 이속, 명공, 호씨설이 아니며, 퇴계도 '그렇다'고 한다.

478) 고봉은 "근세 명공들의 이속 상전의 語는 일종의 지절이 있다"(상162)고 하면서 "그 병근은 호씨에서 나온다"(상164)고 한다. 이에 퇴계는 "나는 그 상습설을 習聞하지 못했다"(상321)고 한다. 결국 명공, 상습, 호씨 등은 분속설이 아닌 오히려 자신이라 함이다. 퇴계의 분속설은 "리·기 소종래"(상167)이다. 그렇다면 퇴계 당시와 이전 분속설은 없는가? 퇴계는 "보지 못했다"고 하지만, 고봉은 이미 분속설의 유행한 예를 아래에서 증명한다. 문제의 분속설은 "성발·심발로 선을 나눈 것",(상164·165) "칠정은 發於氣라 한 것",(상165. 하103) "性先動·心先動"과 같은 "난데없는 황당한 설"(하107) 등이다. 이상의 문제는 그 불선 원인을 '심성정의 어긋남과 자기의 '존양·성찰'이 아닌, 심 혹은 '기 탓(상308)로 돌린다는 점이다.

479) 20세 이전까지는 "과거를 위함일 뿐 성현의 학문을 알지 못했다"고 함은 고봉의 '성정의 학'을 공부하게 된 내력을 밝히기 위함이다. 성정학은 기존 경학이 아닌 '정주 신유학'을 말한다. 퇴계는 "황은 산야의 박학으로 그 상습의 설을 習聞하지 못했는데, 왕년 국학에 있을 때 제생들의 所習을 보았다"(상321)고 하여 자신의 분속설은 그 상습설과 관계없고, 분속설은 『어류』를 보기 전 '이미 확정한 것'이며 "어류를 보고 더욱 자신한 것"(상322)이라 한다. 과연 퇴계는 당시 널리 유행하던 상습설에서 영향 받지 않았는가? 고봉은 그렇지 않다고 한다. 왜냐하면 당시 권근 등의 분속설이 깊게 유행했기 때문이다. 그것을 밝히기 위함이다.

480) 퇴계는 "그 상습의 설은 듣지 못했다"(상321)고 하면서 "지금 분속설은 본래 추만에서 나왔는데, 그 所從受를 알지 못했지만, 결국 수년이 지나 내가 定했고 주자의 설을 얻은 이후 自信했다"(상322)고 한다. 고봉은 20살 무렵부터 성정설을 들었고, 그 설은 거의 모두 분속설이었다고 한다. 처음 성정설을 배울 당시부터 그런 설이었고, 그 유행의 설을 배웠다는 것이다. 퇴계는 "마음에서 사색이 왕래한 끝에"(상322) 터득했다고 한다. 하지만 '스스로 터득'했다면 이는 사실 본설을 퇴계가 마음대로 리·기에 분속시킨 것이 되고 만다. 칠·사는 사맹 본설이고, 정주는 이를 '해설'한 것에 불과하기 때문이다. 주희는 『중용, 20장』끝에서 "지금 '로망멸렬'의 배움으로 혹은 실천하고 혹은 점차 노력하면서 스스로 不美의 자질을 변화시키다가 급기야 변화시키지 못함에 미치면 곧 말하기를 天質의 不美는 배움으로는 변화시킬 수 없다고 하니, 이는 不仁의 甚한이다"고 한다. 고봉도 그 "로망멸렬"로 성정설을 배우고자 하는 "有志"에 대한 "百之, 千之"(『중용』, 같은 곳)의 강한 열망이라 한 것이다.

(103)常疑性情之說, 而問之於人, 則皆擧胡氏之說以應之. 大升心以爲疑, 而問之曰, "情無不善, 四端固然, 若七情, 又何爲有不善耶?" 應之者曰, "七情, 乃發於氣耳." 大升尤以爲疑, 又從而再問之他人, 則其說皆然, 隨問輒然, 無復異趣 [尤우; 더욱더. 특히 더. 從而종이; 그것으로 하여. 그리하여.(뒤의 결과를 나타내기 위한 접속사) 輒然첩연; 곧바로 그러함. 無復무부; 다시는~이 없음.(실망, 낙담의 뜻임)]

당시 저는 항상 '성정의 설'에 대해 의심하여 사람들에게 질문했는데,481) 모두들 호씨의 설(불선은 性發이 아닌 心發 때문이라는 설)을 들어서 응답해 주었습니다.(정몽주로부터 호씨의 설을 정론의 정 들임)482) 그렇지만 대승은 여전히 마음의 의문으로 여겨 질문하기를 "정의 무불선은 사단이 진실로 그렇다 하더라도,(호씨설의 폐단임)483) 그 칠정은 [본래 선인데] 또 어째서 불선이 있다고 합니까?"(정의 칠사는 모두 성발인데 칠정에 불선이 있는 이유는 무엇인가)라고 물으면,484) 응답자는 말하기를 "칠정은 '發於氣'일 뿐이기 때문이다"(응자는 칠정의 '불선'을 사단의 '무불선'과 상대로 말하면서, 심은 리기의 합인데 그중 악은 심의 發於氣 때문이라는 곧 심의 '內在說'로 답변한 것임. 바로 퇴계설임)라고 일러주었습니다.485) 대승은 더욱더 이것(칠정의 불선은 流行의 과 불급 때문이 아닌 그 '기' 때문일까?)을 의심으로 여기며486) 또 다시 그것으로 하여 타인에게도

---

481) '성설'은 천명지성, 이목지성, 성선지성, 기질지성 등이며, '정설'은 희노의 중화,(칠정) 사단의 확충, 측은의 성선, 미발, 이발, 정 심장의 정 등이다. 이외도 무수하다. 고봉은 20살 이후 이러한 성정설을 배우기 시작했다. 그중 가장 의문인 것이 "사단 칠정의 설을 일찍이 장자에게 들었는데, 역시 리기에 분속해 운용했고, 고봉의 의문은 바로 이점이었다."(상163) 고봉은 이미 "대승의 평생 깊은 의심은 이 사칠론에 있었다"(『고봉집』3책, 3쪽)고 했다.

482) 고봉의 당시 의문은 심성정을 서로 연결된 "혼륜 관철"(하105·110)로 이해하지 않고, 오히려 '선·불선의 결과'에서 나누어 퇴계와 같이 "무불선, 유선악"(상1·4·5)이라 하는가에 있었다. 그 예가 호씨의 설이다. 호씨는 사칠을 직접 리·기에 분속하지는 않았지만 그러나 그 폐단이 결국 사칠 분속설로 흘렀다. 호씨는 "性發爲情을 無有不善"(상164)이라 하여 정을 '성발의 무불선'으로 여겼고, 또 "心發爲意하니 선도 있고 불선도 있다"(상164)고 하여 그 불선 원인을 '심발'이라 한다. 이렇게 그 발을 성·심 2발로 나누었고, 이를 무불선과 유불선이라 했다. 이색은 정몽주를 극찬하여 "그의 소론이 호병문과 들어맞지 않음이 없었다"고 하여 성균관 학관으로 임명하고, 이후 학자들은 '동방리학의 시조'로 삼았다.

483) 정은 무불선이라 할 수 없다. 성이 아니기 때문이다. 단, 고봉의 "정의 무불선은 사단이 진실로 그러함"은 "맹자의 소지는 발어리이며 무불선임을 言之한 것"(상63)일 뿐이다. 즉 맹자는 '정선으로 성선을 논증'하기 위함이다. 그런데 "학자들은 보통 정을 무불선으로 여겨 사단에 해당시키고, 오히려 칠정의 유불선을 발어기로 여기고 만다"(상165)는 것이다. 이러한 폐단을 든 이유는, 이 폐단이 곧 퇴계의 "사단의 발어리·무불선, 칠정의 발어기·유선악"(상4·1)과 같기 때문이다. 맹자는 一情인 '그 정'을 측은의 名으로 '言之(설명)'했을 뿐, 사단만 성발이라 함은 아니다.

484) 고봉의 질문은 '칠정은 왜 불선이 있는가'이다. "一情(칠정은 자사의 설임)의 유선악은 固然의 이치이다."(상3) 그렇다면 정(칠정)은 왜 불선이 있는가? 정자는 불선이 없다고 한다. "或問; 성은 선이고, 정은 불선인가? 子曰; 정은 性之動이니, 바름으로 귀결될 뿐이다. 어찌 불선으로 이름 붙이는가?"(『정씨수언』권2, 53조, 1257쪽) 호씨는 "무불선과 유불선을 성발과 심발"(상164)로 나누고 그 불선 이유를 '심발 때문'이라 한다. 퇴계 역시 "칠정의 발은 겸기인 故로 유선악"(상1)이라 하며, 호씨와 같다. 이러한 폐단을 고봉은 "정의 무불선을 사단에 해당시켜" "성발위정"(호씨)이라 하면 결국 "칠정의 有不善은 해당시킬 바가 없게"(모두 상164·165) 되었기 때문으로 진단한다. 불선 이유를 성과 다른 줄기인 '심 혹은 기'에 두었다는 것이다.

485) 고봉은 칠정의 불선 이유를 물었고, 응답자는 "발어기" 때문이라 했다. 이는 그 불선을 "유행 발현 즈음의 과불급"(상8)에서 찾지 않고 곧바로 심 합리기의 "발어기"로 답변한 것이다. 성발위정은 칠사가 모두 같고, 사맹은 一情에 대해 각자 칠·사로 '설'했을 뿐이다. 그러나 호씨는 주희의 "두 곳 所發"(상164)을 성발·심발로 나누어 각각 무불선과 유선악이라 했다. 이 폐단이 "발어기로 갈래지어서 설명(發於氣, 岐而言之)"(상165)하게 되었다. 이는 퇴계의 "심을 리기의 합"(상23·234·246)으로 여기고 칠정을 '기발'이라 함과 같다. 그렇다면 그 불선은 '심의 구조에 내재된 것'이라 함이 되고 만다. 그러나 심 未感인 "미발"에 먼저 불선이 있다 할 수는 없다.

486) "더 큰 의심으로 여긴 것"은 "발어기"이다. 호씨는 사칠의 발을 리발·기발이라 하거나 또 리·기로 분속하지 않고 다만 "심발

재차 질문해 보았지만 그 설들이 모두 그렇다 했고, 질문을 하는 대로 곧바로 그렇다고 하면서 실망스럽게도 다시는 다른 취지가 없었습니다.(왜 자신의 공부가 아닌, 오히려 심 혹은 기라는 '구조'에서 찾는가)[487]

(104)此固若可信也, 而鄙心未敢深以爲然, 時時讀聖賢之書, 以求其說. 則亦多有所未合者, 乃取『性理大全』論心·性·情處, 及『中庸』諸說, 反復參考, 則鄙心, 亦若有所得於其間者, 而前日之所聞, 尤覺未然也. [時時시시; 늘. 항상. 언제나.]

그러니 이는 진실로 믿어야 하겠지만,(기발로 불선의 생김이 천하 공론이라면)[488] 그러나 저의 마음에는 감히 깊이 그렇다고 여기지 못했고 그래서 늘 성현의 글을 읽으면서 그[칠정에 불선이 있는 이유의] 설을 구해보았습니다.[489] 여기서도 또 부합하지 못한 바가 있는 것은 결국 『성리대전』의 심·성·정을 논한 곳 및 『중용』의 여러 설들을 취해서 반복 참조하고 상고해 보니,[490] 저의 마음에도 또한 그간에 대해 터득한 바가 있는 듯했고, 그래서 전날 들은 바의 말들도 더욱 그렇지 않다는 것을 그때 당시 깨닫게 되었습니다.[491]

(105)前年在都下, 與鄭丈論此說, 鄭丈亦引胡氏語爲主. 大升以爲未然, 而引『中庸』諸說

은 불선이 있음"(상164)이라 했다. 심은 불선이 있음은 당연하다. 이렇게 호씨는 칠정을 기에 분속하거나 그 불선 이유를 발어기라 함이 아닌데, 퇴계의 경우 칠정의 불선을 자신의 공부로 논하지 않고 '심·기 때문'으로 여긴 점이다.

487) 고봉은 불선 이유를 "성발과 상대한 심발 때문"이라 함을 의혹했고, 더욱 의혹한 것은 "발어기 때문"이라 함이다. 그래서 또 다시 다른 사람에게도 질문했지만 다른 답변은 없고 모두 "발어기"라 했다. 퇴계의 "七情, 發於氣而有善惡"이 바로 이것이고 또 "七情之發, 兼氣故有善惡" 및 "七, 則氣發而理乘之" 역시 그 불선 이유를 겸기나 기발 때문이라 한 것이다.(상4·1·255) 호씨 및 추·퇴 모두 그 불선 이유를 심의 존양·성찰이 아닌 '발어기'라는 '심의 구조'로 논한 것이다. "無復"은 실망하고 낙담한 마음을 나타낸 것으로, 주희가 육구연에게 한 말인 "이제 다시는 必同을 바랄 수는 없겠다(無復可望於必同也)"(『문집』권36, 「答陸子靜」5, 1577쪽. 無復은 하110·128)와 같다. 고봉의 실망은 그 불선을 자신(爲己)의 공부가 아닌 '심·기라는 구조'에서 찾는다는 점이다.

488) 칠정의 불선은 "심발, 발어기"라는 심의 구조에서 나왔고, 이것이 "천하 공론"(상329)이라면 당연히 믿어야 하겠다. "자신을 믿지 말고 스승을 믿어야 함"(상45)도 당연하다. 그러나 사맹 칠·사는 사람 느낌에 대한 두 설일 뿐이다. 자사가 '본설'이고, 정주는 '해설'이다. 따라서 만약 칠정이라는 설을 거론한 이상, 천하 공론이라 해도 여기를 넘을 수 없다.

489) 모두 칠정의 불선 이유를 '발어기' 때문이라 했다. 모두 그렇다 하면 믿어야겠지만, 그러나 고봉은 믿을 수 없었다. 왜냐하면 자사 종지는 칠정 미발의 '中'과 중절의 '화'이기 때문이다. 그래서 고봉은 그 칠정에 '불선이 있다고 한 이유'의 설을 구해 보았다는 것이다. 불선 이유를 고봉은 "流行 發見之際에 과불급의 差"(상8)와 "氣稟 物欲의 所爲"(상64)라 하여 '공부'로 논한다.

490) 『성리대전』심·성·정을 논한 곳은 권29「性理1」부터 권34까지이다. 이는 『주자어류』권4~권6의 「성리1·2·3」과 같은 편차이다. 여기에는 程子부터 원대 西山眞氏(진덕수) 무렵의 설까지 수록되어 있으며, 단 모두 일관적이라 할 수는 없다. 명대 『성리대전』 편찬자는 심성정에 연관된 각설을 편집한 것에 불과하며, 정, 칠정, 불선에 대한 일관된 해석을 내놓은 것은 아니다. 『중용』의 제설은 『장구』, 「혹문」, 「연평설」, 「악기동정설」, 「이발미발설」, 「이천호학론」, 「정성서」 등이다.(상93~107) 주희가 제설을 집대성해서 일관되게 해석했다. 고봉은 이러한 제설로부터 정의 불선 이유를 고찰하고자 한 것이다.

491) 칠정의 불선 이유는 "發於氣" 때문이 아니며, 또 그 설이 호씨의 "심발의 유불선"에서 나왔음을 알았다 함이다. "터득함이 있었다"고 함은 당시 이러한 『중용』제설을 통해 칠정설 및 그 불선 이유를 생각할 수 있었으며, 이로써 지금 토론도 하게 되었다는 뜻이다.

以證之, 則鄭丈於其 '分別言之'者甚明, 而於其 '渾淪言之'者, 頗似未瑩. 於是, 乃知
是說者, 果 "出於胡氏", 而近世諸公之論, "多襲一軌"者, 亦出於是也.

지난해 서울에 있을 때492)도 정장(추만)과 더불어 이 [칠정 불선]의 설에 대해 논의한
바 있었는데, 정장 역시 호씨의 말을 인용하며 이를 '위주'로 하였습니다.(당시 추만에게 보낸
「추만서」에서 "천명도설의 '기질의 所發'이라 함은 퇴계의 소견과 동일하다"고 비판했는데, 이는 호씨설과 같은
것임)493) 그러나 대승은 그렇지 않다고 하면서 『중용』의 여러 설(중용이 바로 칠정설임)을 인
용하여 증거로 삼은 적이 있는데,494) 정장은 [사·칠의 선을] '분별하여 설명(分別言之)
한 것'에 대해서는 매우 분명히 했지만, '혼륜으로 설명(渾淪言之)한 것'(중용 제설)에 대해
서는 자못 투명하지 못한 듯했습니다.(고봉은 이를 퇴계의 영향으로 보고 추만에게 퇴계를 따르지 말
것을 강력히 요청함)495) 이에 저는 결국 이러한 설들이 과연 "호씨에서 나왔고", 그 근세 제
공들의 논의가 "한 궤도만을 답습한"(호씨를 답습한 추만·퇴계를 가리킴. 퇴계는 보지 못했다고
함)496) 것 또한 여기(호씨의 두 곳 "所發")에서 나왔음도 알 수 있었습니다.(고봉은 이를 "퇴계의
소견과 동일하다"고 함)497)

---

492) 고봉은 1558년 10월 문과 급제 후 퇴계를 만나고 11월 남행한다. 1559년 3월 5일 광주에서 안부편지를 썼으나 되돌아오고, 동
년 4월 초순 서울에 올라와 8월 14일 「고봉1서」를 쓰고 南歸(「고봉집」3책, 4·15쪽) 광주에서 1560년 8월 8일 「고봉2서」를,
1561년 1월 16일 광주에서 지금 「고봉3서」를 썼으며, 1562년 봄 다시 서울에 올라왔다. 「추만서」는 1560년 5월 15일이다. 「
고봉2서」 본서에서 "종전 서울에 있으면서 일찍이 박화숙과 더불어 추만을 陪席했다"(「고봉집」3책, 17쪽)로 보면 추만을 만나
직접 이 문제를 논의한 때는 「고봉2서」를 쓰기 전인 1559년 4월 초순부터 8월 14일 이전일 것이다. 59년 8월 15일 편지에서도
"추만장이라면 반드시 이 문제에 대해 응해 주리라 여겼는데 그 말은 세속의 常情에 불과할 뿐이었다"고 함은 이때 추만과 「천
명도·설」 및 칠정 불선의 문제를 논의했다는 뜻이다.

493) 고봉은 1559년 4월부터 8월까지 서울에 있었다. 이후 광주에서 1560년 8월 8일 「고봉2서」를 쓰기 이전, 5월 15일 「추만서」를
썼다. 여기서 「천명도설」제6절을 인용해서 "五常의 '所發'인 사단은 無有不善이고, 氣質의 '所發'인 칠정은 쉽게 邪惡으로 흐른
다"고 하셨으니 "이는 바로 퇴계의 소견과 同一하다"(하188)고 했다. 이곳 두 '所發'은 칠사의 선을 두 갈래로 논한 것으로, 이
는 호씨의 "두 곳 所發"(상164)과 다르지 않다 한다.

494) 추만은 "호씨를 위주" 했지만, 그러나 칠정설은 『중용』및 그 제설과 주희의 설을 위주"(하109·110) 해야 한다. 고봉은 「추만서」에
서 「중용혹문」을 인용하고 이어 "칠정이 어찌 '緣境而出'이며 '外感於形氣'이겠는가?"(하181)라고 하여 퇴계를 비판했다. 요컨대 칠정
은 발어기가 아니고, 그 불선도 심 所發 때문이며, 칠·사의 선은 상대적이지 않다는 것은 『중용』 제설을 보면 알 수 있다.

495) "리·기는 分",(상88) "본연지성과 기질지성은 分別言之"(상89. 하46)인데, 다만 발어리·발어기의 '分而言之'(상90)는 문제가
있다. 칠·사의 '別'(상3)은 당연하며 이는 "자사와 맹자의 '所就而言之'가 不同하기 때문"(상3)이다. "자사의 渾淪言之"(상63·
80, 하189)는 칠정이다. 문제는 퇴계가 사칠을 '상대'로 들고, 그 선도 리발·기발의 각자 다름으로 여긴다는 점이다. 이는 사맹
본설에 대한 해석이 아니다. "혼륜언지가 투명하지 못함"은 『중용』 제설에 밝지 못하다는 뜻이다. 추만의 1543년 「천명도」는
"칠정" 3회와 "존양·성찰"이 있을 뿐, 사단이 없다. 사단이 없으니 '칠사 대거'도 성립 불가다. 퇴계는 1553년 추만 「천명도」를
대폭 고치고 「천명도설 후서」까지 붙였다. 고봉은 「추만서」(1560) 첫머리에서 "존장(추만)께서 어류에 의거해 설을 펼친 것은
아마 반드시 퇴옹의 설을 바꿀 수 없는 정론으로 삼은 듯하다"(하178)고 하면서 이어 "퇴계선생왈" "우왈" "퇴계우왈" "퇴계왈"
이라 하여 퇴계의 설을 조목에 따라 강력 비판한다. 그 이유는 "반드시" 퇴계를 따라서는 '안 됨'을 요청한 것이다.

496) 고봉은 "근세 명공 거인들 중 이 학문을 하는 자 적지 않은데, 그 의론의 사이를 보면 一軌의 意를 다습하고 있다. 그 俚俗 相傳
의 譌는 일종의 支節이 있어서 그렇다"(상162)고 한다. 이때의 '일궤'는 호씨의 지절을, '이속 상전의 譌'는 호씨를 답습한 명공
및 추만·퇴계의 語를 가리킨다. 그런데 퇴계는 오히려 "명공 거인들의 이속 상전의 譌를 답습한 것이라 한다. 또 고봉이 비판한 "이 2조는
모두 세속 口耳 相傳의 설", "세속 비루의 견해"(상182)는 곧 추·퇴의 「천명도설」 '제5절과 제6절'을 가리킨 것이었다.

497) 호씨는 "성발·심발의 所發"(상164)이라 하여 그 선을 分別했고, 추만 「천명도설」도 "두 곳 소발"로 나누고 그 '선'도 다르다고
했다. 고봉은 이를 "퇴계의 소견과 동일한 기괄"이라 한다.(하188)

- 396 -

(106)頃來, 伏奉辯諭, 兼得『語類』所論, 可以盡祛前疑, 合爲一說, 而又取諸書參證之, 則亦覺其說似是緒言餘論, 發明所未備, 非可以專主者也. 故前日鄙書, 輒以爲禀焉, 今者遠辱回諭, 至詳且悉, 向來之疑, 頗覺釋然. 而其所疑世俗之論, "出於胡氏"者, 亦不敢自昧也. [頃來경래; 지난 번. 근래.(퇴계1서를 받을 때) 盡祛진거; 모두 털어버리다. 모두 정리해 내다.(祛는 祛와 같음. 의심을 사실로 확인하고 이를 정리할 수 있었다는 뜻) 合爲一說합위일설; 어류, 호씨, 퇴계의 설을 一說로 종합함. 其說기설; 어류와 퇴계의 대설. 緒言서언; 새롭게 단서나 발단을 드러내준 말.(기발이 그렇다는 것) 餘論여론; 미처 말하지 않은 논의. 그 나머지의 논의.(기발이 그렇다는 것) 未備미비; 어류의 갖추지 못함. 輒첩; 바로. 즉시. 向來향래; 여태까지. 줄곧. 頗파; 상당히. 매우. 釋然석연; 의심이 풀려 개운함. 自昧자매; 스스로 숨기다. 자신을 속이다.]

또 최근 논변(「퇴계1서」)하신 가르침을 받고 겸하여 『주자어류』로 논하신 바(氣之發이 주희에서 나왔다는 것)를 얻고 나서,[498] 저는 그때 비로소 전부터 줄곧 의심했던 것(칠정 불선설은 어디서 나왔는가?) 등을 모두 정리할 수 있게 되었으며,(어류를 오독함에서 퇴계의 설이 나왔음을 확인할 수 있었다는 것)[499] 그래서 [호씨의 所發설과 선생님의 분속설을] 합하여 하나의 설로 종합할 수 있었습니다.[500] 이렇게 하고 또다시 여러 책들을 취해서 참조하며 검증해 보았는데, 그 결과 역시 그 설(어류, 호씨, 퇴계의 설)은 흡사 '緒言'(성발, 심발, 기발로의 해석도 가능하다는 것)과 '餘論'(불선의 이유)으로 그동안 갖추지 못한 바를 새롭게 밝혀낸 듯하지만, 그러나 이것만 전적으로 주장(專主)할 수 없다는 것도 깨닫게 되었습니다.(어류의 설은 일편의 해석일 뿐, 사칠 모두는 아니라는 것)[501] 때문에 지난번 저의 글(「고봉2서」)에서 즉시 이 부분

---

498) 고봉은 의혹은 "칠정의 불선은 왜인가"에 있었고, 근세 제공들은 "發於氣 때문"이라 했으며,(하103) 이후 추만을 만나 물었지만 "호씨의 [所發]설을 爲主"(하105)로 했다. 「퇴계1서」도 "칠정은 發於氣일 뿐임",(상14. 하103) "칠정은 氣之發임"(상44)이라 했다. 이로써 고봉은 "추만이 어류에 의거한 것은 퇴옹의 설을 불가역으로 삼았기 때문"(하178)임을 알게 되었다 한다.

499) 고봉은 앞에서 "끝내 가려진 의혹을 거의 '정리(祛)'할 수 있었다"(상163)고 하면서 호씨의 폐단, 근세 제공들의 답습, 퇴계의 소종래설 등을 비판했다. 고봉의 의혹은 칠정의 불선 이유였다. 그런데 호씨는 "불선은 심발에 있음",(상164) 장자들도 "칠정은 發於氣라 함",(상165) 추만도 "칠정은 發於氣임",(상14) 퇴계도 주희를 인용해서 "칠정은 氣之發임"(상44)이라 했다. 결국 「퇴계1서」를 받고 비로소 퇴계의 그 '불선설'이 어디에서 나왔는지를 모두 정리할 수 있었다 한다.

500) 칠정의 불선 이유를 발어기로 여긴 설을 추적하던 중 어류를 인용한 설을 받고 비로소 "합하여 일설로 종합할 수 있었다." 왜냐하면 어류 "시기지발"을 퇴계는 리발·기발(대설)의 氣發로 인식했고 여기서 불선이 나온다 했기 때문이다. 이는 호씨의 "성발은 무불선, 심발은 유선악"과 장자들의 "발어기"와 같다. 퇴계는 "호씨는 리·기 分이 아니다"(상323)고 함으로써 오히려 어류를 분속·대설로 잘못 읽었다. 당시 "장자들도 리·기 분속 운운"(상163)했는데, 고봉은 결국 「퇴계1서」를 받고 그 폐단을 모두를 종합 정리할 수 있었다는 것이다.

501) 고봉은 "성정의 설은 선유의 論之에 진실로 餘蘊이 없지만"(상50. 하144) 그러나 "餘論이 있다면 相發할 수도 있을 것이다",(상83) "제가 주자의 5조를 인용한 것은 본성·기질의 설을 밝히고자 한 것으로 이른바 '餘論 相發'이라는 것이다"(하68)고 한다. 즉 선유의 논을 반대하지 않지만, 그러나 그 설들은 혹 한쪽만 논한 경우가 있다는 것이다. 한쪽도 가능하지만, 다만 '여론으로 상발할 것이 있다면 "후학은 그 소론의 상략에 따라 반복 궁구해서 吾心으로 自得을 구함이 옳지, 그 見成과 說話에 의거해서 대략 이해하고 그 이치의 참됨이 이와 같음에 불과하다고 해서는 안 된다."(상50) 성발, 심발, 기지발은 전혀 잘못이 아니다. 단, 사단이 성발이면 칠정도 성발이고, 칠정이 기발이면 사단도 기발이다. 성발, 심발, 발어기도 가능하나, 그러나 그 하나만 "오로지 주장(專主)"해서는 안 된다. 이외의 의미도 많기 때문이다. 그러나 호씨, 퇴계 등은 주희의 成說에 의거해서 마치 리발·기발이 사맹의 모두인양 인식했고, 또 정은 사실 둘만 있어서 마치 리·기로 대거할 수 있는 것처럼 여기고 말았다.

을 여쭈었던 것이며,(리발·기발도 가능하나, 정은 사칠 둘만 있는 것은 아님)502) 지금 멀리서 욕서
에 대해 회답하여 가르쳐 주신 글(양발과 분속설이 이속이 아닌 '자신의 설'이라는 퇴계2서)을 받아
보니 지극히 상세하고 게다가 또 자세히 설명을 다 해주심으로 인하여 여태까지 제가
의심했던 부분(리발·기발의 분속설은 사칠 한쪽일 뿐이며, 그 한쪽으로 서로 다툰다는 것)까지도 자못
석연히 깨달을 수 있었습니다.503) 이로써 당시 제가 의심했던 바의 세속의 논의(기발은
한쪽 논의일 뿐인데도, 이를 후학들이 모두 답습한다는 것)가 "호씨의 [폐단]에서 나왔다"는 것 또한
감히 스스로 숨길 수 없었던 것입니다.(호씨가 처음 선을 성발·심발로 나누었는데, 퇴계의 설이 바로
이와 같다는 것)504)

(107) 蓋鄭丈之說, 出於胡氏者, 大升所的知. 而近世諸公之論, 如此類者, 亦多有之, 不遡
其源而探其流, 不循其本而遂其末. 又有旁落側出之說, 如 "性先動·心先動"之云,
非常差謬不可諱也. 然則諸公, 雖或 "稱寃不已", 而亦恐其歸於無實妄訴之域也. 縱
言至此, 悚仄之深. 伏惟恕裁, 幸甚幸甚. [的知적지; 분명히 알다. 遡소; 물의 흐름을 거슬러
올라가다. 근원을 찾다. 循순; 인순하다. 알아보다. 旁落側出방락측출; 별개의 곳에서 나옴. 별안간 나
와서 그 난데를 알 수 없음. 無實妄訴무실망소; 두서없는 허망한 호소. 悚仄송측; 겁나고 불안함. 恕裁
서재; 재단함을 용서바람. 판단한 것을 양해바람.]

정장(추만)의 설이 호씨에서 나왔다는 것은 대승은 분명하게 알 수 있습니다.(퇴계도
율곡 등 제자들에게 호씨의 설을 인용하고 옳다 함)505) 근세 제공(권근, 이언적 등)들의 논 가운데

---

502) 한 예로 「퇴계1서」는 "외물이 옴에 쉽게 感하여 先動하니, 칠정이 그 묘맥이다"(상24. 하180)를 어류 "칠정은 氣之發"의 뜻이라
한다. 그러나 사단을 리발, 칠정을 기발, 심발, 발어기라 해도 잘못은 아니다. 문제는 사칠을 대거해서 각각 리발·기발로 이해
한 퇴계에 있다. 사맹도 사람 느낌에 관한 의견(言之, 언·론. 상3)일 뿐 기발 혹은 리발만 '오로지 가리킨' 것은 아니다.

503) 퇴계는 분속과 각발은 호씨와 이속에서 나온 것이 아닌 "마음으로 수 년 사색해 결정했고 주자설을 얻은 뒤 자신한 것"(상322)
이라 하면서 "호씨의 설은 [나의] 리·기 分과 다르다"(상323)고 답했다. 결국 퇴계가 리·기로 사칠을 나눈 것이다. 고봉의 의
혹은 리발·기발과 리·기 分으로 나누면 사맹 종지는 "서로 다투는 모양"(하13)이 되고 만다는 것이다. 고봉은 퇴계의 이러한
상세한 답변을 통해 오히려 당초 의혹했던 리발·기발로 여긴 그 유래를 석연히 깨달을 수 있었다 함이다.

504) 호씨는 "성발은 무불선, 심발은 유선악"(상164)이라 했고, 퇴계는 "리발·기발"이 곧 사·칠이라 한다. 고봉은 퇴계의 "리기 호
발"은 상상하지 못하지만, 다만 리·기의 분속은 가능하다고 한다. 오히려 사단은 기발, 칠정도 리발로 논할 수도 있다. 하지만
분속은 '치우친' 것이다. 모두 한쪽만 주장한 것이기 때문이다. 만약 사단만 리발이라 하면 칠정이 반발할 것이다. 또 칠정만 심
발이라 하면 사단은 심발이 아닌가? 이렇게 한쪽만 주장하면서 "이와 같음을 그치지 않는다면 끝내 평형을 이룰 수 없다."(하12)
一情에 대해 사맹은 칠·사로 언론했고, 사맹을 해설한 것은 주희이다. 만약 기발 뿐이라면 천명의 중화는 무언가?

505) 퇴계도 분명하게 그 분속은 相襲의 설에서 얻은 것이 아니고" "호씨도 性情·心意만 있을 뿐 리·기의 分이 아니다"(상322·323)
고 했다. 고봉이 "분명하게 알았다"고 단정한 이유는 「천명도설」제6절 "그 所發의 사단은 무불선이고, 그 所發의 칠정은 쉽게 악으
로 흐른다"(퇴계의 소견과 동일함. 하188)가 호씨의 所發 두 곳(상164)과 같기 때문이다. 퇴계는 리·기로의 分을 '자신의 설'이라
하는데, 고봉의 비판이 바로 이점이다. 과연 퇴계의 自說이라면 이는 사맹 본설과 주희의 해석을 따르지 않음이 되고 만다. 사맹은
一情에 의한 두 설이고, 주희도 사맹의 因說을 해설함에 불과할 뿐, 결코 대설이 아니다. 전년 추만에게 직접 물어본바 "호씨의 語를
인용 위주했다."(하105) 퇴계 역시 호씨의 語로 논한다. 율곡에게 보낸 問目에서 "性發爲情, 心發爲意라는 그대의 설은 옳고 의리가
정밀하다",(『퇴계전서』1책, 377쪽) 李宏仲 문목에서 "선유는 性發·心發로 分別言했으니, 이미 明白하여 의심할 곳이 없다", "선유
는 情은 自然 發出이기 때문에 性發이라 했고, 意는 이와 같이 主張하므로 心發이라 했다"(『퇴계전서』2책, 233쪽)고 한다.

도 이 같은 종류의 것들이 또한 많으니,506) 그 근원(사람 본연의 느낌)은 거슬러 오르지 않고 흐름(사맹 본설이 아닌 주희의 해석설)에서만 더듬으며,507) 그 근본(사맹의 본설 종지)은 알려고 하지 않고 말단(호씨의 해석설)만 좇고 있습니다.(사맹 및 정주의 종지는 고찰하지 않으며, 호씨 및 퇴계 등은 그 해석설에 근거해서 직접 성정을 논한다는 것)508) 또한 그 난데없는 설 중에는 가령 "性이 먼저 動한다, 心이 먼저 動한다"는 운운도 있으니,(이언적의 설이며, 고봉은 정철과 그 잘못을 논의함. 퇴계의 "先動"과 리발·기발 "호발설"도 '先'의 뜻임) 이런 심상치 않은 어긋난 오류들을 그냥 꺼려해서 덮어둘 수만은 없었기 때문입니다.509) 그러니 혹시 "제공들의 억울함이 여기에서 그치지 않는다고 호소할까 두렵다"510)라고 하실지라도 저 또한 그러한 잘못된 설들이야말로 '도리어 두서없는 허망한 호소의 영역에 귀착될까 두렵다'라고 말하겠습니다.511) 거리낌 없는 말이 여기까지 이르니 송구함이 심합니다.512) 엎드려 바라건대 이렇게 재단한 것(호씨, 권근, 이언적, 퇴계 등은 정주의 해석에서 성정의 실제와 즈음을 논함으로써 결국 그 말단만 좇는 난데없는 설이 되고 말았다는 것)을

---

506) 권근은 「心圖」에서 "理之源"과 "氣之源"으로 나누고 또 "性發爲情, 初無有不善", "心發爲意, 有善有惡"(「天人心性合一之圖」도 동일함)이라 한다. 이는 호씨설과 완전히 같다.(상164) 이언적의 설은 아래 "性先動, 心先動" 조항에서 볼 것. 고봉의 "勉齋黃氏의 '氣動而理隨之, 理動而理挾之'는 의심스럽다"(「答鄭哀侍」, 『고봉집』1책, 368쪽)고 함도 같은 의미이다.

507) "근원이 아닌 흐름만 더듬는다"고 함은 사람 본연의 느낌, 사맹 본설 등을 爲己인 성정의 자득으로 논하지 않고 주희의 "見成의 說話"(상50)에서 논한다 함이다. 사맹은 사람의 자연 감정을 칠·사로 설했다. 반면 퇴계는 직접 리발·기발로 논하는데 이는 『어류』 해석설 권위에 의존한 것이다. 즉 그 "흐름"인 해석설 그리고 그 '발처'로만 그 성정을 "더듬는다"는 비판이다. 고봉의 "그대(정철)는 '칠의 발은 正과 乖戾가 있으니 氣의 淸濁으로 因해서 그러한 것이다'라고 했다. 이것이 곧 偏主의 論의 뿌리이다"(『고봉집』1책, 「答鄭哀侍」, 368쪽)라는 비판은 곧 그 '설' 및 '이발처'로만 성정을 논했기 때문이다.

508) "근본을 알려고 하지 않는다"고 함은 사맹 및 정주는 一善, 一性, 一情을 논했는데, 반대로 퇴계는 사맹 및 정주의 설에서 性·情·善을 논하고 그것을 마치 리·기의 근원(소종래) 때문으로 여겼다 함이다. 호씨 또한 주희의 장구 "所發 두 곳"(상164)에서 性情·心意와 善을 논했고, 퇴계도 주희의 해석설에서 리기·선악을 논했다. "말단만 좇는다"고 함이 이것이다. 무불선과 유선악을 호씨와 같이 "성발·심발"이라 하거나, 혹은 퇴계와 같이 "리발·기발"이라 하면 이는 그 "말단"(정주의 해석) 및 '이발'에서만 '성정의 실제'를 논함이 되고 만다.

509) "性先動·心先動"은 고봉이 이언적의 설을 비판한 글에 나온다. "이공(李彦迪)은 宋圭菴(송인수. 김안국 문인)과 더불어 '心·性, 先動'의 설을 논했다. 나는 일찍이 그르다 했고, 이에 '心은 動이라 할 수 있으나 先字는 붙일 수 없다'고 하면서 주자의 설인 '動處는 심이고 動底는 성이다'를 인용해 밝혔다."(『고봉집』1책, 「答先生問目」, "이언적에 대하여", 364쪽. "問, 心之動 性之動 曰, 動處是心, 動底是性."(『어류』권5, 寓49, 223쪽. 義剛64, 226쪽)) "'心만이 오직 先動한다'는 설을 대승은 진실로 의심했는데, 이 문제는 일찍이 그대 예시(정철)와 더불어 강론했다. 보내주신 의견도 나의 뜻과 같으므로 지금은 다시 묻지 않겠다."(『고봉집』1책, 「答鄭哀侍」, 368쪽) 즉 '先'자는 잘못이다. 퇴계의 "七情之發은, 외물이 옴에 易感하고 '先動'하는 것은 形氣만 같음이 없다"(상24. 하180)에 대해 고봉은 "이 말씀은 칠정을 논함에 들어맞지 않는다. 왜냐하면 그 感物은 사단도 마찬가지이기 때문이다"(상108·109)고 했다. 이렇게 이언적과 퇴계는 '先'자를 써서 動·發을 말했고, 이는 호씨의 "性發爲情, 心發爲意" 폐단과 같다. 퇴계의 호발설인 "理發而氣隨之, 氣發而理乘之"(상255) 역시 '先'의 뜻이다. 퇴계의 "성선동, 심선동" 언급은 「퇴계전서」 「答金而精」에 보이며,(89·95쪽) 여기서도 퇴계는 "리발기수, 기발리승의 설은 心中에 나아간 리·기의 分이다"(89쪽)고 한다.

510) 퇴계는 "운봉선생 뿐만 아닌 근세 제공들 또한 반드시 억울함이 여기에 그치지 않을 것이다"(상324)고 하는데 왜냐하면 리·기 분속은 퇴계의 '自信'(상322)이기 때문이다. 이곳 고봉의 비판은 제공들인 이언적의 "先動", 권근의 "理之源·氣之源", 퇴계의 "리발기수, 기발리승"의 선후 호발설, "先動의 칠정" 등이다.

511) 퇴계의 "근세 제공들 또한 반드시 억울함이 여기에서 그치지 않는다고 호소할까 두렵다"(상324)의 '두렵다(恐)'에 대응한 답변이다. 고봉은 이언적의 "성선동·심선동", 퇴계의 "리발기수, 기발리승"의 선후 호발설 등은 "그 흐름만 탐색하고, 말단만 좇는 방략 측출의 설"이며, 따라서 제공들이 "억울해 할까 두렵다"고 한다 해도 오히려 그러한 "어긋난 오류(差謬)"(윗줄)가 더욱더 "두렵다"고 답변한 것이다.

512) 「고봉2서」의 "縱言이 及此하니 僭越이 深합니다"(상168)고 함은 퇴계의 리발·기발의 "소종래 설"(상166)에 대한 비판이다. 이곳 "縱言이 至此하니 悚仄이 深하다"고 함도 퇴계의 리발·기발의 先動설에 대한 비판이다.

헤아려 주신다면 매우 다행이겠습니다.513)

(108)右區區意見, 不敢有隱於左右. 謹已控瀝肺肝, 羅列而陳之疑, 伏惟先生, 幸以一字示
可否. 何如? 抑此間, 更有一言, 輒復仰瀆, 倂乞俯採. [控瀝공력; 거꾸로 매달아 모조리 털
어내다. 肺肝폐간; 폐와 간. 眞情. 간절한 마음. 一字일자; 한마디. 한 글자.(가·부를 말함) 仰瀆앙독;
부탁드리고자 합니다.(仰祈와 같음. 하118) 俯부; 부디~해 주십시오.]

이상으로 구구한 저의 의견을 좌우께 감히 숨기지 않았습니다. 저는 삼가 이미 저의
폐와 간을 공중에 매달았고 그래서 의심된 곳 모두를 나열해서 펼쳤으니, 엎드리건대 선
생님께서는 한 글자로 그 가부를 보여 주시기 바랍니다.(과연 칠정의 불선이 자신 때문이 아닌
기발 때문인가?)514) 어떻게 생각하십니까? 또, 그간 다시 드릴 한마디가 있어서 재차 부탁드
리오니 부디 아울러 채납해 주시기를 바랍니다.

(109)大抵性情之說, 以『中庸章句』,『或問』,「延平說」及「程子好學論」,「朱子性圖」,
「動靜說」,「答二胡書」爲主, 而參以『語類』之說, 自覺大小大分明.

대체로 성정의 설(사람은 성정이 있고, 사맹은 설이며, 그 해석이 정주임)에 관해서는 『중용장구』,
『중용혹문』,515)「연평설」516) 및「정자호학론」,517)「주자性圖」,518)「악기동정설」,519)「答

---

513) 고봉은 "호씨의 폐단이 학자들에게 별도의 의견을 낳게 했다"(상164)고 하면서 그 잘못된 예를 권근, 퇴계와 이언적의 "성선
동·심선동" 등을 들었다. 권근, 이언적, 퇴계 등은 사맹과 정주의 '설' 및 그 '발처'에서 곧바로 성정의 실제와 즈음을 논함으
로써 결국 "근본은 좇지 않고 그 흐름인 말단"에서 성정을 논했다. 때문에 고봉은 "난데없는 설"이라 한다. 이러한 지적을 잘
살펴야 한다는 것이다.

514) 고봉의 당초 의혹은 "칠정은 왜 불선이 있는가?"에 있었다. 그런데 응답자들은 "칠정은 發於氣 때문"이라 했고,(하103) 또 이언
적의 "성선동·심선동", 퇴계의 "리지발·기지발", "칠정의 先動", "리발기수, 기발리승" 역시 불선 이유를 氣發 때문이라 함이
다. 그러나 고봉은 불선은 정으로 발하여 "중절하지 못했을 때"(상159)의 일이며, 또 그 중절 여부를 "자신의 평일 함양 공부의
일"(상159)일 뿐이라 한다. "一字로 가부를 보여 달라"고 함은 곧 칠정의 불선 이유가 기발 때문이 아닌 '자신의 爲己 공부 때
문'으로 인정해야 한다 함이다. 불선은 나로 인한 것이다.

515) 주희의『중용장구』와『중용혹문』은 고봉이 앞에서 인용했다.(상94·95)『중용』은 "미발, 희노애락, 발, 중·화"(상93)를 말했고, 주희는
『장구』에서 "희노애락은 정이고, 미발은 성이다",(상94)『혹문』에서 "중은 성의 덕이고, 화는 정의 바름이다"(상95)라고 주석했다. 희노
는 情의 說이고, 그 희노의 설을 주희는 성정으로 해설했다. 천명지성, 희노, 중화 등은 모두 '치우침 없는' 혼륜으로 언지한 것이다.

516)「연평설」은 李侗(1093~1163, 호가 延平)의 설이다. 楊時 문하인 羅從彥의 제자이고 주희의 스승이다. 이동은 "맹자의 설은 자
사에서 나왔다"(상96·119)고 한다. 이는『중용』"中節의 和"가『맹자』"측은"과 동실이명의 善이라 함이다.(상130) 이동과 주
희의 문답을 날짜별로 주희가 정리한 것이「延平答問」이며, 즉「연평설」이다.(『주자전서』13책, 303쪽)

517)「정자호학론」(상103)도 앞에서 인용했다. 주희는 "이천「호학론」은「악기」의 설과 그 指意가 같고,「악기」動자와『중용』發자
는 다름이 없다"(상159)고 하며, 고봉도 "이천「호학론」, 주자「악기동정설」,『중용』의 종지는 서로 합치된다"(상97)고 한다. 퇴
계는 "先動者는 형기의 칠정"(상24)이라 함으로써 자사와 이천의 설을 따르지 않고 스스로 先動과 氣發로 새롭게 논했다.

518)『성리대전』권29의「朱子性圖」는『주자어류』권55(무명10, 1792쪽)에서 나왔다. 이「성도」를 인용해서 고봉은 "맹자 성선은 '無
不善'이고, 정선은 '發而中節', 無往不善'이며, 정의 악은 선에서 直下來한 것이 아닌 一邊에 치우쳐서 악이 된 것"(상169)임을 상
고했다. 맹자 "성선"과 중용 "중절자"의 선은 '一善'이라 함이다.

二胡書」[520]를 '위주'[521]로 하고, 다시 여기에다 『주자어류』의 설을 '참조'[522]한다면 저절로 그 대소와 대분의 분명함을 스스로 깨닫게 될 것입니다.(맹자설을 들지 않은 이유는 「천명도」는 중용설 위주의 미발·이발 공부를 논함이고, 사단 확충설은 이발이며 성선설은 공부처가 없기 때문임)[523]

(110) 而先生必欲主張分別之說, 不以諸說爲主, 而寧以 『語類』爲定, 至乃謂之 "單傳密付". 而其所以證之於「圖」, 覈之於辯者, 必用對說, 皆成兩片, 如陰陽剛柔之有對待, 上下四方之有定位, 無復渾淪貫徹之意. [寧녕; 이처럼. 이와 같은. 覈之핵지; 대조하는 행위. 따져서 확인하다. 兩片양편; 두 조각으로 나눔. 하나를 양편의 진영으로 쪼갬.(片은 그 한쪽을 가리킴) 貫徹관철; 서로 관통시키다.]

그럼에도 선생님께서는 [주자의 설을] 기필코 분별의 설로 주장[524]하고자 하여 [주자의] 여러 설들을 '위주'로 하지 않으셨고,[525] 그래서 결국 이처럼 『주자어류』 한 곳만을 정론(정론은 사·맹이며, 리발·기발 해석은 사맹의 곡절이 없음)으로 삼아 마침내 "한사람에게만 은밀히 전달하고 부탁한 것(單傳密付)"(주희가 극력 비판한 불교 선종의 말임)[526]이라 함에 이르렀습니다.

---

519) 주희는 「악기동정설」에서 "성의 欲이 곧 정이다"(상107)고 한다. 이 「동정설」은 고봉이 31세에 편록한 『주자문록』에서 「원형이정설」, 「인설」 다음 3번째로 넣었다.(『고봉전집』, 410쪽) 그만큼 주희 사상의 핵심으로 여긴 것이다.

520) 주희의 「답호광중」, 「답호백봉」 두 편지(상159·160)이다. 여기서 주희는 『중용』의 "희노", 「정자호학론」의 "칠정", 「악기」의 "未感"과 性之欲인 情, "動"과 "發", 『맹자』의 "性善"과 "可以爲善"의 情 등을 모두 총괄함으로써 결국 "善者는 혈맥 관통해서 일찍이 不同이 없음"(상160)을 고찰했다.

521) 고봉은 "추만도 호씨의 語를 인용해 爲主했다"(하105) 하고, 또 "선생(퇴계)께서는 주희의 諸說을 爲主 하지 않고 『어류』를 定說로 삼았다"(하10)고 비판한다.

522) 『주자어류』는 주희의 문인 97명이 기록한 주희 40세 이후의 어록이며, 총 140권이다. 고봉은 주희가 직접 저술한 책을 '위주'로 하고, 『어류』는 다만 '참조'라고 한다. 즉 『어류』 "사단시리지발, 칠정시기지발"을 정론으로 삼지 말고 다만 참조하라는 뜻이다. 이곳은 그 '곡절'(상58·60·91)이 나타나 있지 않기 때문이다.

523) 성정에 관한 위 8개 설은 모두 앞에서 거론했다. 모두 『중용, 수장』에 근거한 것이다. 맹자 설을 들지 않은 것은 연평의 "맹자는 자사에서 나왔다"와 "答二胡書"에서의 "四端之情은 『중용』 중절자"(상160)와 동실이명이기 때문이다. 주희는 "중용은 철두철미 謹獨공부이다"(『문집』권43, 「答林擇之」20, 1979쪽)고 하여 그 '미발 공부'에 중점을 두며, "희노애락" 앞자도 미발의 愼獨이다. 「천명도」는 『중용』 "천명"에서 나왔다. 주희 「이발미발설」의 주된 논의는 심(이발)의 미발공부이다. "미발에 氣象을 常存해서 不失하면 이로부터 발한 것은 반드시 중절한다."(3268쪽) 문제는 맹자 "확충"은 단서로서의 '이발'이며, 또 "성선"도 "그 정"을 통한 형이상의 '성' 논증이라는 점이다. 결국 확충설은 미발 공부가 없고, 성선설도 공부를 논함이 없으므로 주희는 "정자가 정밀하다"(「고자상」)고 한다. 고봉이 여기서 맹자설을 거론하지 않은 이유이다. 반면 퇴계는 「천명도」에 사단을 끌어와서 "칠정의 리를 사단이 점유"(하31)하게 하고 그래서 중용에 의거한 추만 「천명도」의 천명은 결국 '기'가 되고 만 것이다.

524) 고봉의 비판은 『어류』 "사단시리지발, 칠정시기지발"이 아니다. 문제는 사실을 "대거 호언"으로 해석한 퇴계에 있다. 사맹은 一情을 각각 "중·화"와 "확충·성선" 등으로 설했을 뿐 결코 상대로 여기지 않았다. 『어류』 역시 사맹을 "해석(是)"했을 뿐 결코 리발·기발의 一偏으로 여긴 것은 아니다.

525) 칠정 사단은 사맹 본설이고, 『어류』는 단지 해석일 뿐이다. 따라서 『어류』 "리발·기발"도 사맹 본설에 종속되며, "기발"이라 해도 그것은 "중화"를 포괄해야 한다. 고봉이 위에서 一를 고집하여 諸說을 능가해서는 안 된다(하82)고 함도 리발·기발은 사실 해석의 一偏일 뿐이기 때문이다. 주희가 사맹 본설을 "리발 한쪽 기발 한쪽"(一時, 偏陷, 상154)만의 의미로 서로 대립으로 해석했을 리 없다.

526) 퇴계는 "리지발·기지발은 보한경에게만 은밀히 전한 단전밀부의 종지이다"(상293)라고 한다. 이에 고봉은 "성현의 심사가 이처럼 천루하고 막히지는 않았을 것"(하83)이라 한다. 주희는 그 "단전밀부"는 불교 선종의 "言外別傳"이라 비판한다.(『문집』권59, 「答汪叔耕」2, 2814쪽)

(사맹 종지를 주희가 리발, 기발 '한쪽'으로 혹은 서로 '싸우도록' 밀부할 수는 없음)527) 더구나 주자가 말한 소이(왜 리발·기발이라 했는가?)528)에 대해 「천명도」를 통해 논증하거나 또는 논변을 통해 따 져야 할 것에 있어서는 반드시 '對說'을 사용해서 모두 양 편 두 진영을 이루도록 하셨고, (양 진영인 동인·서인으로 서로 싸우도록 해석함. 과연 서로 싸우도록 주희가 밀부한 것인가?)529) 그래서 그것 이 마치 음·양 강·유와 같은 對待(사칠이 마치 상대적 관계인 것 같이)가 있고 또 상하 사방의 고정된 위치가 있는 듯(사칠은 음·양의 대대, 상·하의 고정된 관계라 할 수는 없음) 여기시고는,530) 도무지 주자의 설에 대해 다시는 혼륜으로 관철시키려는 뜻이 없으셨습니다.(사맹의 종지는 진실로 소통과 창조적 화합인데, 왜 단지 어류 한곳만을 근거로 리발·기발로 각자 분열시키려 하는가?)531)

(111)此意未知果何如, 亦恐不無先入 "爲主"之累也. 伏幸窮索, 何如? 僭率之甚, 死罪死 罪. 大升謹稟. [窮索궁색; 궁구해 탐색하다.]

이렇게 사맹 및 주자의 설을 대설·대대의 양 편으로 가르신 선생님의 의도가 저로서는 과연 무엇을 말씀하려 하시는지는 모르겠으나,(칠사는 결코 상대·대립적 설일 수는 없기 때문임)532) 또한 선입견을 "위주"로 한(사맹에 관계없이 먼저 리·기 위주로 단정함) 얽매임이 없지 않다고 여겨

---

527) 사맹 사칠을 "시리지발, 시기지발"이라 함은 사칠을 해석한 것뿐이다. 사단은 리발이 당연하고, 칠정의 기발도 당연하다. 단 리 발 혹은 기발의 의미만 있는 것은 아니다. 따라서 어류 해석에 따르기 위해서는 주희의 제설을 살펴야 한다. 퇴계는 보한경의 기록을 "단전밀부"라 하고 리발·기발이 곧 사·칠이라 한다. 만약 "단전밀부"라 하면 주희가 사칠을 밀부한 것이 되고 만다. 더욱이 사맹 종지에 대해 주희가 리발 한쪽 기발 한쪽으로 서로 싸우도록 밀부할 수는 없는 일이다.

528) 어류는 왜 "시리지발, 시기지발"이라 했는지에 대한 그 "소이"(곡절)를 고찰해야 한다. 이로써 그 본의를 알 수 있다. 고봉은 「후설·총론」에 '사단시리지발'에 대해 "發於理而無不善", "擴以充之",(하133·147·149)라 하고, '칠정시기지발'에 대해 "그 정을 제약해야 함", "기질지성의 설과 같음", "쉽게 악으로 흐르므로 氣之發이라 함", "기의 所流에 리를 蔽하니 省察과 克治가 필요함"(하134·147·148·150)의 의미로 고찰한다.

529) "시리지발, 시기지발"을 학자는 자유롭게 해석할 수 있고 또 「천명도」에 나타낼 수도 있다. 그렇게 하기 위해서는 반드시 왜 그 렇게 사맹을 해석했는지의 소이를 고찰해야 한다. 어류 해석은 사실로 리발, 기발이라 함이고, 이는 당연하다. 문제는 주희는 대 설로 해석한 것인가? 천명·중화와 확충·성선은 대설일 수 없다. 퇴계는 이 해석설을 양 편 두 진영의 대립으로 여기고 서로 싸우도록 해석했다. 퇴계는 "주자는 사단도 非無氣나 리발이고, 칠정도 非無理나 기발이라 했다",(상243) "칠정을 사단과 상대한 다면",(상299) "칠정을 사단과 상대시켜 각각 分하면 칠정이 기에 속함은 사단이 리에 속함과 같다"(상254)고 한다. 때문에 고 봉은 "一情(一馬)을 리·기(兩人)의 동인·서인"으로 나누었으니 이는 서로 "다투는(所爭)" 모습 같다고 비판한다.(하13·15) 과 연 주희는 사칠을 동인·서인으로 '서로 싸우도록 밀부'해서 후세에 전해준 것인가?

530) 음양과 강유는 서로를 기다리는 대대적 관계이고, 상하 사방은 정해진 위치가 스스로 고정되어 있다. 음양은 상대가 없으면 서 지 못하고, 상하는 서로 바뀔 수 없다. 단 사칠은 이런 관계가 아니다. 시리지발·시기지발은 사맹에 대한 일편의 해석일 뿐, 주희도 사칠을 대대적 혹은 리발·기발의 고정된 의미로 해석할 수는 없다.

531) 주희는 사칠을 대설, 대대적 관계로 해석할 수 없다. 더구나 상하·사방의 바뀔 수 없는 관계라 할 수도 없다. 왜냐하면 사맹은 一情을 각각 칠·사로 설했을 뿐이며, 주희도 사맹 종지를 해석할 뿐이기 때문이다. 주희도 사칠이 '각각 발한다'고 새롭게 말할 수는 없다. 반면 퇴계는 사칠을 대거했고, 또 리가 발하고 기가 발한다고 한다. "혼륜 관철의 의도가 없다"고 함도 一情에 대한 사맹 두 설을 리발·기발로 분열시켰기 때문이다. 천명 및 성선은 인류의 공유라 함인데, 왜 하필 리·기 둘로 각자 나누어 서 로 분열시키려 하는가?

532) 사맹은 一情을 칠사로 "언·론"(상3)했고 이를 어류는 "시리지발, 시기지발"로 해석했다. 사맹은 一情을 떠날 수 없고 주희도 사 맹을 떠날 수 없다. 사맹 및 주희는 일정을 그 소지·목적으로 각자 언론하고 해석했을 뿐이다. 정은 칠사만 있지 않으며 그것 은 결코 대대·대설일 수 없다. 천명·중화와 확충·성선 종지가 어찌 상대·대립적 설이겠는가? 반면 퇴계는 대대·대설로 여 겨 서로 싸우도록 했으니, 그 의도를 고봉은 이해할 수 없다는 것이다.

집니다.533) 엎드리건대 [사맹의 종지에 대해 다시] 궁구하여 탐색해 보시기 바랍니다.(『천명도』는 천명이 미발·이발에 '치우침이 없어야 함. 퇴계는 여기에 이발의 사단을 들여와 천명을 '기'로 내몰고 맘)534) 어떠실 지요? 참람함의 심함이 죽을죄이며 죽을죄입니다. 대승은 삼가 여쭙니다.

(112) 此間, 有一後生從洛下遺書, 勸大升以 "姑停辯詰, 更以深思自得爲急務", 且曰, "紛
然往復之際, 意味氣象, 不無爲辭氣所害"云云. 此誠藥石之言, 於鄙心深有所感焉.
[姑停고정; 우선 멈추다. 辯詰변힐; 논쟁으로 따져 묻다. 氣象기상; 양상. 사태. 상황. 辭氣사기; 말투.
말의 기운. 주장을 내세움.]

그간 한 후생(정철을 말한 듯함)의 서울로부터 온 편지가 있었는데, 대승에게 권하기를 "우선 논쟁으로 힐문하는 것을 멈추고 다시 깊게 사려해서 자득함을 급선무로 삼아야 한다"고 하면서 또 말하기를 "잇달아 왕복하는 즈음 [그 심과 성정의] 의미와 기상이 '말의 기운(辭氣)'으로 인해 해치는 바가 되지 않을 수 없을 것이다"라고 운운했습니다.535) 이는 진실로 약석과 같은 말이거니와, [또 선생님의 충고하신 "어찌 입과 혀로서 다툴 문제이겠는가"(퇴계는 理而虛, 虛而實이라 하면서 토론을 부정했음)536)의 말씀을 듣고] 저의 마음에

---

533) 사맹 본설을 주희가 해설했고, 퇴계는 리발·기발로 分해다. 리발·기발의 分 해석도 잘못이 아니나, 分 해석은 사맹의 한 측면일 뿐이다. 퇴계가 "리기에 나아가서" 分한 것은 퇴계의 '리·기 위주'일 뿐, 사맹 종지와 관련이 없다. 모두 리·기로의 "先入爲主의 얽매임"이다. 왜냐하면 퇴계는 사맹보다 먼저 선입으로 그 '리기에 나아가서' 사칠을 말하기 때문이다. 이는 사맹과 주희의 '제설을 위주'하지 않은 것이다. 이렇게 사칠을 리·기 양편으로 分해서 서로 다투도록 한 퇴계의 의도를 고봉은 이해할 수 없다는 것이다. "爲主"라는 말도 퇴고가 서로 어긋난다. 퇴계의 "절대 一說로 爲主하지 않아야 함"(상31)의 위주는 리·기 및 리기혼륜이다. 반면 고봉의 "추만는 호씨의 語를 爲主로 했다",(하105) "성정의 설은 『중용장구』 및 『答二胡書』 등을 爲主하고 다만 『어류』는 참조해야 한다",(하108) "선생은 譜說을 爲主하지 않고 『어류』를 定論으로 삼았다",(하10) "선입의 言을 爲主하지 말아야 한다"(하12)고 함은 '설'이다. 반면 퇴계의 "사는 리 위주이고 칠은 기 위주이다",(상242) "칠정이 기에 속함는 사단이 리에 속함과 같다"(상254)고 함은 리 혹은 기 "위주"이다. 퇴계는 사맹의 설에 의거하지 않는다. 주희의 "好高로 意를 삼거나 先入을 爲主로 하지 말고 事理의 實을 熟察해야 한다"(『문집』권42, 「答胡廣仲」3, 1898쪽)고 함은 성정의 實은 "吾心으로 自得"(상50)해야 함의 뜻이다.

534) 사맹의 칠사 본설을 선입이나 위주에 얽매이지 말고 궁구로 탐색하라는 요구이다. 왜냐하면 사맹의 "언·론"과 어류 "시리지발, 시기지발"를 퇴계는 대거·대대의 양편으로 나누고 각자 리·기라 하기 때문이다. 그러나 사맹은 결코 사칠을 대거호언하지 않았고 더구나 자사의 중화를 '기'라 할 수는 없다. 추만 「천명도」는 중용 "천명"을 그린 것이며, 따라서 이 그림은 자사의 중화 및 미발·이발 공부가 위주 되어야 한다. 중용은 미발의 '신독' 공부를 위주한 것이며, 동시에 이발의 칠정에서도 '천명'을 드러내야 한다. 이로써 천명은 상하에 치우침이 없게 된다. 한편 맹자 "사단"은 '이발'이며, "성선"은 형이상의 '성' 논증일 뿐이다. 이러한 사단이 갑자기 「천명도」에 들어와 오히려 천명·중화의 칠정이 기로 내몰릴 수는 없는 일이다.

535) 고봉이 정철(1536~1593)에게 답한 문목에 이 문제에 관한 언급이 보인다. 요약하면 다음과 같다. "문; 七之發은 正과 乖戾가 있으니 이는 상대적인 氣의 淸濁에 因하여 그러한 것이다. 답; 이것이 곧 偏·主之論의 뿌리이다. 문; 性情之間은 至妙·至微하니 見聞으로 論할 바는 아니다. 답; 이는 儒家의 本色이 아니며, 그대의 語는 提撕處(토론의 학문 방법)가 없다. 문; 왕복 詞氣로 논하는 사이 心으로 이끌어 연구하지 않는다면 論를 主로 하여 實을 빠뜨리는(主論遺實) 병통을 면치 못할 것이다. 답; 과연 마땅하다. 문; 心만 오직 先動한다는 설은 의심스럽다. 답; 나의 뜻과 다르지 않다."(『고봉집』권3, 「答鄭哀侍」, 368쪽) 후생의 "논쟁으로 힐문하는 것을 멈추고 深思로 自得해야 한다"고 함은 정철의 "性情之間은 至妙·至微하니 見聞으로 논할 수 없다"와 같은 뜻이다. 또 후생의 "왕복하는 즈음 그 의미와 양상이 辭氣로 인해 해를 끼칠 것이다"고 함 또한 정철의 "詞氣보다는 心을 이끌어야 하며, 이는 論를 주로 하여 實을 빠뜨리는 병통이다"와 같은 뜻이다. 이 문목에서 "그대의 질문을 받고, …곧바로 남귀했다. …그런데 또 지금 편지를 받았다"로 보면 두 번의 문목이 있었다 함인데, 고봉은 이 두 문목을 요약해서 답변한 것으로 보인다.

536) 이곳은 퇴계의 "후론"(상297) 말미에 대한 답변이다. 후론에서의 퇴계의 언급이 '한 후생의 편지'와 서로 상통하므로 고봉은 이 후생을 언급한 것이다. 퇴계는 후론에서 말한다. "어찌 '口舌'로 다투겠는가."(상327) "道가 다르다면 많은 '말(言)'이 마침내 道

- 403 -

도 깊이 느낀 바가 있었습니다.537)

(113) 今奉誨諭, 亦欲從此規益, 姑停論難. 而反復更思, 則此段所論, 其大處已同, 而只小小節目未契. 若於此而遽止, 則恐終無以自信於性情之際, 故敢冒昧, 以畢其說焉. [規益규익; 권고하여 유익하게 함.]

이번 선생님의 [논란을 마쳐야 한다는] 가르침을 받고, 또 후생의 이 같은 권고에 따라 우선 논란을 멈추고자 하는 마음도 들었습니다.538) 그렇지만 반복해서 다시 생각해 보니, 이렇게 구체적으로 단락(「퇴계2서」의 35조항 및 후론)을 나누어 논했던 과정으로 인해 그 큰 줄거리(大節目)에서는 이미 정주와 같아졌고 단지 우리의 소소한 절목(小小餘論)에서만 합치되지 못했을 뿐입니다.539) 따라서 만약 여기에서 갑자기 그친다면 끝내 '성정의 즈음'에 대해 스스로의 믿음이 없어질까 두려웠으며 때문에 감히 몽매를 무릅쓰고라도 그 '[성정의] 설'에 대해 끝까지 답변했던 것입니다.(토론을 계속한 이유는 성정의 즈음 및 설에 대한 합의의 정립이 필요했기 때문임. 퇴계는 구설 및 토론으로 다툴 수 없다고 함)540)

(114) 抑程子所謂 "不有益于彼, 則有益于我者", 乃至公之論也. 固不可挾私避嫌, 而姑爲遷就其說也. 此意如何? 幸乞勘破, 大升又稟. [有益유익; 이익이 있다.(益은 윗줄 害의 반박임) 挾私협사; 사적인 마음을 품다.(私는 앞줄 公의 반대어) 避嫌피혐; 미움이나 의심스런 일은 일부러

를 해치게 될 것이다." "많은 '말(言)'이 여기까지 이르렀으니, 진실로 발명이 있기 보다는 도리어 헤치는 바가 있게 되지는 않을지 두렵다."(상328) 이와 같이 퇴계는 도를 발명함에 있어 토론으로서의 '口舌'과 '말'을 불신하고 "理而虛, 虛而實"(리 혹은 심도 아닌 '무엇'이 없음)(상301・302・305)이라 함으로써 언어로 다툴 수 없다고 한다.

537) 심과 성정의 기상이 辭氣로 인해 해를 끼침이 있음도 당연하다. 왜냐하면 성정이 단지 말(言・辭)로 밝혀지는 것은 아니기 때문이다. 하지만 성정의 實, 際, 意는 토론의 '설명(言之)'으로 밝혀지고 합의되어 객관적 학문이 될 수 있다. 성정은 사람마다 다르다. 이러한 다름을 학문으로 정립시키기 위해서는 토론이 필요하고, 토론으로 합의에 도달할 수 있다. 때문에 고봉은 "性情之實로서의 존양・성찰 공부"(상128)를 말하고, 또 "理氣・性情之際는 合而言之 및 別而言之할 수 있고, 그 意 또한 각기 所主가 있다"(상82)고 한 것이다.

538) 퇴계는 "이 일은 看理의 解吾處와 說理의 極至處에 도달해야 한다"(상326) "이 일을 어찌 구설로 다투겠는가?", "후세 주문공을 기다려야 한다"(상327) "심히 두려운 것은 그대의 切偲의 후의를 스스로 외면하는 일이다"(상330)라고 하여 이 논쟁을 마치고자 했다. 더구나 한 후생도 "논쟁으로 紛詰함을 우선 멈추고 深思・自得을 급선무로 삼아야 한다"고 했다. 그래서 멈추고자 한 마음도 든 것이다.

539) 고봉은 "선생의 변답 30여 조항에서, 已同者는 18조이고 未同者는 17조이니, 已同者는 정주의 大節目이고 未同者는 우리의 小小餘論이다. 따라서 已同으로 未同을 핵실하면 未同者도 同에 귀착될 것이다. 하물며 本同趣異한 趣異도 大義의 所在에 있어서는 同이다"(하6・7)라고 한다. 즉 未同者 17조는 우리의 소소여론이고 그 趣異도 대의에서는 同이라면, 그 나머지도 "서로 私意가 없는 것이라면 同에 귀결됨도 필연적"(하8)이라 함이다.

540) "성정의 즈음은 合而言之, 別而言之할 수도 있고 그 사・칠 또한 각기 所主가 있다."(상82) 성은 하나이므로 합이고 둘 이상으로 설하면 분별이며, 때문에 성의 본연・기품, 정의 사・칠로의 別而言之도 지당하다. 퇴계는 성정의 즈음을 서로 "관철시키려는 의도가 없었으므로"(하110) 고봉은 이 답변을 하게 되었다. 이는 성정의 즈음 및 그 설에 대해 공부하고 싶은 "뜻이 있었기(有志)(하102) 때문이다. 퇴계는 "후론" 끝에서 "그대의 切偲의 후의를 스스로 외면하는 것"(상330)이라 하여 이 토론을 마쳐야 한다고 했다. 그러나 고봉은 만약 여기서 급거 마친다면 사맹 및 정주의 설에 대한 믿음이 없어져서 끝내 성정의 즈음 및 설에 관한 학문을 포기함에 이를 것이다. 이것이 그동안 답변을 계속한 이유이다.

회피함. 遷就천취; 끌려가다. 자기를 굽혀 응하다. 영합하다. 勘破감파; 조사, 검토, 교감하여 깨뜨리다.

(破는 부정의 뜻으로, 시시하니 아끼지 말고 파기해 달라는 뜻)]

정자(정호)의 이른바 "저기에 유익이 있지 않더라도 나에게 유익은 있을 것이다"(왕안석의 토론 태도를 비판한 글)[541]라고 함(토론의 중요성)이 바로 지극히 공적인 논의입니다.[542] 진실로 사적인 마음을 품고 꺼리는 것을 일부러 피해서 '우선' 그들의 설(호씨설과 후생의 말 등)에 영합해서는 안 됩니다.(천하의 공리는 피아가 없으므로 토론이 가능하며, 토론으로 공리는 유행된다는 것)[543] 이러한 의미를 어떻게 생각하실 지요? 사실을 조사하여 [이런 설들을] 깨뜨려주시기를 바라면서, 대승은 또 여쭙겠습니다.

(115) 大升旣具此後，又從而反復之，則見得其間亦有說不盡處。盖自家道理，猶未能自信。故其於議論之際，亦不免避嫌遷就之私。此便是不忠不信之端，深可恐懼也。[從而종이; 이에 따라. 이것으로 하여.(由而와 같음) 避嫌遷就之私피험천취지사; 꺼리는 것은 피하고 좋은 것만 금방 동화되는 사사로움을 면치 못하는 것.(사람은 보통 그렇다는 것)]

대승이 이렇게 답변을 갖춘 후 또다시 반복 생각해 보니 그간(성정의 즈음과 설) 역시 '설'로서는 다할 수 없는 곳도 있음을 알게 되었습니다.[544] 이는 '자기 도리이므로 오히려 자신할 수 없다'는 것과 같습니다.(공리는 반드시 피아 사이에 있으며, 불교는 本心만 논했으므로 自私

---

541) 정호의 전문은 다음과 같다. "伯淳(정호)이 吳師禮와 함께 介甫(왕안석) 학문의 잘못된 곳을 말하였다. 사례에게 말하기를 '나를 위해서라도 개보에게 모두를 말해야 한다. 나 역시 감히 스스로를 옳다고 여길 수 없기 때문이다. 만약 어떤 설이 있다면 왕복 토론해야 한다. 천하의 公理는 彼我가 없다. 과연 밝게 분별할 수 있다면 介甫에게 유익함이 있지 않을지라도 반드시 나에게 유익함은 있을 것이다'라고 했다.(伯淳近與吳師禮談介甫之學錯處, 謂師禮曰, 爲我盡達諸介甫, 我亦未敢自以爲是。如有說, 顧往復. 此天下公理, 無彼我。果能明辨, 不有益於介甫, 則必有益於我)"『정씨유서』권1, 44조, 9쪽]

542) 지극한 공리는 피아가 없다. 피아가 없으므로 토론이 가능한 것이다. 토론하는 것은 스스로를 옳다고 여길 수 없기 때문이다. 그런데 상대에게 자신을 모두 밝히지 않는다면 그 공리는 밝혀지지 않는다. 토론으로 천하의 공리는 유행되며, 나만의 주장으로는 공리가 될 수 없다. 과연 이렇게 해서 밝게 분별할 수 있다면 저들이 아닌 나에게 반드시 유익이 있을 것이다. 따라서 후생의 말에 우선 영합하여 그만두기 보다는 토론을 통해 천하의 공리를 도출함이 중요하다. 한 후생은 "辭氣에 의해 害로운 바가 있을 것이다"라고 했지만, 토론은 유익하며 결국 토론을 통해 피아는 서로 만날 수 있다고 한 것이다. 퇴계가 토론을 마쳐야 한다고 했기 때문이다.

543) "천하의 공리는 피아가 없다."(정호) 때문에 설이 있다면 왕복 토론해야 한다. 토론을 통해 피아가 없는 천하의 공리는 드러나 유행될 수 있다. "사적인 마음"으로 공리는 유행될 수 없다. 그러므로 정호는 "설이 있다면 왕복 토론해야 한다"고 한 것이다. 토론을 하는 것은 "스스로를 옳다고 여길 수 없기" 때문이다. 공리는 피아가 없는 공유의 것이다. 따라서 만약 "사적인 마음을 품거나 그 꺼리는 것을 스스로 회피한다"면 공리는 소통·유행하지 못한다.『중용, 수장』"萬物育焉"의 창조적 소통도 物我의 "희·노"의 유행을 통해서이다. '우선'이라고 한 것은 후생의 "우선 논쟁으로 힘문하는 것을 정지하라는 권고"에 대한 답변이다. 즉 우선 정지하라는 후생의 권고를 오히려 퇴계에게 우선 정지해서는 안 된다고 권고한 것이다. "不言하면 어떻게 講究하겠는가?"(상183)의 뜻이다.

544) 성정의 즈음은 논설로서 논증하지 않을 수 없다. 때문에 고봉도 "몽매함을 무릅쓰고라도 그 설을 다했다."(하113) 지금까지 성정의 즈음을 논설로 표현하기는 했으나, 그간을 다시 살펴보니 설로서는 표현하지 못할 부분이 있음도 견득하게 되었다. 이는 후생의 지적과 같이 "잇달아 왕복하는 즈음 그 의미와 양상이 辭氣에 의해 해치는 바가 될 수도 있다"(하112)고 함과 같다. 논설은 그 실체와 즈음을 모두 반영하지 못한다. 아래 "辭가 意에 부합하지 않아 正說을 하기에 어려움이 있다"(하119)와 같다. 때문에 아래와 같이 '비유로 논설한 것이다.

가 되고 만 것임)545) [사적인 자기 도리이기] 때문에 그 [성정을] 의논하는 즈음에 있어서도 또한 꺼리는 것은 피하게 되고 편한 것만 쉽게 영합하는 사사로움을 면치 못하게 되는 것입니다.546) 이것이야말로 不忠과 不信의 단서이며, 결국 "심히 두려워할만한 것(深懼)"(퇴계의 이 말은 토론을 끝내자 함인데, 고봉은 반대로 자신을 이치로 여겨 토론을 거부함이 두렵다 한 것임)547)은 바로 이곳(자기 도리)입니다.548)

(116)伏惟先生, 剛健篤實, 輝光日新, 固非新學小生, 所能窺其涯涘者. 然比因往復之論, 恒切鑽仰之心, 則於其一二近似者, 或可隱度論也. [涯涘애사; 물가. 한계. 끝. 比비; 근래. 최근. 비유하다. 유추하다. 鑽仰之心찬앙지심; 깊이 가르쳐 주려는 마음.(仰은 仰卽의 뜻으로, 위에서 아래로의 명령을 뜻함) 可隱度가은탁; 희미하게나마 헤아림이 가능함.]

엎드려 생각건대 선생님께서는 剛健하고 篤實하시어 光輝가 날로 새로워지시니 진실로 신학의 소생으로서는 그 학문의 한계를 엿볼 수 있는 바는 아닐 것입니다. 그렇지만 근래 왕복한 논설로 유추해 본다면 항상 깊이 가르쳐 주시려는 마음이 간절하셨고, 그래서 저도 그 한두 가지 근사한 것에 대해서는 혹 희미하게나마 선생님의 학문을 헤아려

---

545) 설로서 다할 수 없는 이유는, 그 설을 하는 사람도 "자기의 도리"로 해야 하기 때문이다. 이는 위 정호의 말과 같다. 정호는 "나 역시 감히 스스로를 옳다고 여길 수 없다"고 하면서 그러므로 "나를 위해서라도 개보에게 모두 말해야 한다"고 한다. 이로써 "천하의 공리"는 소통되어 드러날 수 있다. 자신의 도리로서는 천하의 공리가 될 수 없다. 오직 "피아 없음"이 바로 천하의 공리이다. 때문에 토론하고 논쟁하는 것이다. 공리는 상대와의 관계에서 성립되며, 이는 성이 기질에 의착한 '기질지성'과 같은 의미이다. 주희는 "석씨는 천리를 보지 못하고 오로지 이 [本]心만이 主宰한다고 여겼기 때문에 自私에 흐름을 면치 못했다"(『문집』 권30, 「答張欽夫」2, 1314쪽) 하고, 정명도는 "성인은 公心이나, …불씨는 모두 자기의 사사로움(一己之私)이다"(『정씨유서』권14, 16조, 142쪽)고 하여 천리 본연은 吾心과 타자와의 관계에서 피어남으로 여겼다.

546) 토론은 "지극히 공적인 논의"(하114)이며 "유익함"이다. 반면 "사적인 마음을 품고"(하114) 토론을 꺼려한다면 이것이 곧 해로움이 된다. 성정을 설로서 다하지 못하는 이유는 사적인 "자기 도리"로 의논해야하기 때문이다. 그러므로 고봉은 "자기 도리이므로 자신할 수 없다"고 한 것이다. 사적인 자기 도리이기 때문에 그 성정을 의논하는 즈음 사사로움으로 빠지기 쉽다. 다시 말해 성정을 설함은 자기 도리로서 해야 하는데, 그렇기 때문에 결국 사사로움을 면치 못하는 경우가 생긴다. 반면 퇴계는 "志가 明道에 있고 양편이 私意가 없으면 반드시 同歸의 날이 있을 것이다"(상329)고 하여 사의가 없기 위해서는 오히려 '자신이 명도에 있어야' 한다고 한다. 그렇다면 이는 주희가 말한 "本心으로 主宰함"의 석씨가 되고 만다. 이는 고봉이 '자기 도리이므로 사의가 생긴다'는 것과 정 반대이다.

547) 퇴계는 "達理·好學의 군자가 아니면 능할 수 없다. '심히 두려운 것(深懼)'은 學退私勝한대도 망령되이 無益한 말을 하여 이로써 스스로 切偲의 후의를 외면하는 일이다"(상330)고 한다. 퇴계의 '深懼'는 토론을 더 이상 불가하다는 것과 그리고 이 토론은 達理가 아니면 안 된다 함이다. 반면 고봉의 深懼는 오히려 達理로서의 '자기 도리를 고집함'과 그리고 '토의를 거부하는' 자신의 마음이다. 이런 마음가짐이 곧 불충·불신의 단서라는 것이다.

548) 자기 도리이므로 사사로움을 면치 못한다. 때문에 토론을 통해 자기의 사사로움을 바로 잡는다면 천하의 공리는 유행될 수 있다. 자기 도리의 사사로움을 바로 잡기 위해서는 상대에게 나의 의견을 즉시 알려야 한다. 정호의 "나를 위해서라도 개보에게 모두 알려야 한다"고 함이 이것이다. 자기 도리를 고집함이 곧 불충·불신의 단서이다. 따라서 "두려운 것"은 그 불충·불신의 단서인 '자기 도리를 고집'하고 토론에 임하지 않는 태도이다. "자기를 다함을 '충'이라 하고 성실히 함을 '신'이라 한다(盡己謂忠, 以實謂信)." 나의 고집이 곧 불충·불신의 단서이다. "사람이 忠信이 없으면 일은 모두 無實이 되고", "忠信이 없으면 어찌 物이 있겠는가?"(『논어』, 학이』8) 吾心의 성은 외부와 연결된 하나이며, 정호 「정성서」가 이를 논한 것이다. "오직 좌우께 죄를 얻는 것, 이것이 두렵(懼)다."(하7) "나의 말이 率意 妄肆였다면 이는 진실로 恐懼라 할 것이다."(하65) 두려운 것은 토론을 거부하는 태도이다. 주희가 여조겸이 죽자 "나의 병통을 누가 훈계할 것이며, 나의 과실을 누가 일깨워 줄 것인가?"(『문집』권87, 「祭呂伯恭著作文」, 4080쪽)라고 탄식한 것은 곧 자기 도리를 두려워했기 때문이다.

논할 수 있을 듯합니다.549)

(117)竊觀誨論之說, 不無偏倚之弊. 此正坐太以理氣分說之失. 如第二條所謂 "人之一身,
理與氣合而生. 故二者互有發用, 而其發又相須也. 互發則各有所主可知, 相須則互
在其中可知"云云者. 實乃受病之原, 不可不深察也. [坐坐; ~때문에. ~로 인하여. 相須상수;
서로를 기다림. 서로를 반드시 필요로 함.]

가만히 회유의 설을 살펴보면 '치우치고 기운' 폐단이 없지 않습니다.550) 그것은 바로
사칠을 지나치게 리와 기로 '分說'(리·기 分은 당연하나, 단지 사칠을 리·기로 分함이 잘못임. 그런데
퇴계 본의는 아래와 같이 리·기 호발이 곧 사칠이라 함)한 실수로 인한 것입니다.551) 가령 제2조
의 이른바 "사람의 一身은 리와 기의 합으로 생겼다. 때문에 둘은 상호 發用이 있고 그
발은 또 相須(서로 필요로 함)한다. 互發이므로 각기 '所主'가 있음을 알 수 있고, 相須이므
로 그 가운데에 '互在'함도 알 수 있다"(퇴계의 이른바 리기 '호발설'임. 퇴계는 사칠을 해석함이 아닌,
리기에 나아가서 리·기가 호발한다고 한 것임)552)고 운운하셨습니다. 실로 이곳이 결국 병통을
받은 근원이니 저는 깊이 살피지 않을 수 없겠습니다.(퇴계는 心感, 미발의 在中, 성발, 사·칠의
言之 등을 각각 분석하지 않고, 자신의 리기 호발에 선유의 사칠을 종속시킨 것임)553)

---

549) 그동안 가르쳐준 논변으로 인해 퇴계의 설을 대충 알게 되었다. 그것은 첫째, 사칠을 "리·기에 분설한 실수"(아래)이다. 이는
큰 잘못이 아니다. 사단을 리, 칠정을 기로의 해석도 가능하기 때문이다. 문제는 둘째이다. 리기 "二者가 호발·상수한다." 이것
이 "실로 受病의 근원이다."(하117) 퇴계는 사칠을 리로해석한 것이 아닌 오히려 '리·기가 호발해서 사칠이 된다'고 한다.

550) 자사가 "희노애락"과 "중·화"로 言한 것은 '편의'가 없다. "희노애락"은 정은 '겸리기'라 함이므로 치우침이 없다. 주희의 "中者
는 치우침도 기댐도 없고 과불급 없음의 이름이다(中者, 不偏不倚·無過不及之名)", "치우치고 기댐바가 없기 때문에 중이라 한
다(無所偏倚故, 謂之中)"(「중용, 수장」)고 함은 미발·이발을 포함한 전체의 '중'이다. "無過不及하고 不偏不倚한 故로 謂之中이
다. 不中節이 없고 乖戾한 바가 없는 故로 謂之和이다."(「여호남제공론중화제1서」) 반면 퇴계의 칠정은 기에 치우쳤고, 사단은
리에 치우쳤다. 퇴계는 사칠을 각각 리·기에 "편중으로 실어서" 동인과 서인이 서로 "싸우는(爭)" 형국을 만들었다.(하15) 앞
"인용한 바의 여러 글은 偏擧의 폐단이 있다"(하88)고 한 역시 형이상·하를 함께 들지 않고 단지 상 한쪽만 들었기 때문이다.

551) 당연히 "리와 기는 分"(상88. 하45)이다. 그런데 성 및 정을 리기로 논할 때는 다르다. 천명지성과 기질지성은 一性의 別而言之
이고, 사·칠도 一情의 分別言之이다. 때문에 고봉은 사칠의 리·기 분설에 대해 다음과 같이 비판한다. "지나치게 리·기로 분
개해서 그 설이 一偏에 기울었다."(상92) "지나치게 리·기로 分說한 실수이다."(상144) "지나치게 리·기로 分說한 폐단이니,
前書에서도 여쭈었는데 여전히 다시 운운하셨다."(하64) 고봉은 이와 같이 이해하나, 퇴계 본의는 이와 전혀 다르다. 퇴계는 사
칠을 리·기로 분개함이 아닌, 반대로 "리기 소종래"인 리발·기발이 곧 사칠이라 함이다. 아래 "리기 호발설"은 곧 리기 '호발
로 사칠이 된다' 함이다.

552) 상246. 퇴계는 심, 성, 정, 발 등을 각각 분석해서 논하지 않는다. 퇴계의 "리·기 호발"로 사·칠이 된다고 함은 '一情(사람 본연
의 느낌)을 논하지 않은 것이다. 심은 외물에 감하면 미발의 性이 발하여, 정이 된다. 리기 호발은 성발이 아니다. 퇴계의 "상수"인
"互在其中의 혼륜"은 미발을 합리기로 여긴 것이다. 만약 '미발'이 리기 "혼륜언지"(상246)라면 '혼륜언지(설명)'가 발해서 정이 된
다는 이상한 말이 되고 만다. 퇴계의 "호발", "재중", "상수", "二者" 등은 모두 정주 용법과 전혀 다르다. 정주의 性發, 一情의 實,
칠·사의 설, 칠·사의 言之, 혼륜언지, 미발의 在中 등은 각자 소주·소지가 있다. 퇴계의 "리기 호발"은 이 모두를 거부하고 리기
가 직접 '선후로 호발'해서 사칠이 된다 함이다. 이는 성정의 즈음도 아니고, 사맹이 사람 본연의 느낌을 '칠사로 논설한 것과 다르
며, 정주가 칠사를 '리기로 해설'한 것과도 전혀 다르다. 퇴계는 선유의 칠사 본설을 자신의 리기 호발설에 종속시킨 것이다.

553) 퇴계는 리기는 호발·상수한데, 호발은 所主가 있고 상수는 互在라 한다. 이러한 리기 호발·상수는 성·정을 말함이 아니다.
'리기가 사칠로 발한다' 함이기 때문이다. 그 소주도 사맹 소지가 아닌 '리와 기'이다. 리·기가 소주라면 그것은 사칠의 중화와
확충을 소지라 함이 아니다. 사맹은 사람의 느낌을 칠사로 언론했을 뿐 '리기에 나아가서' 논한 것이 아니다. 이러한 "병통의 근

- 407 -

(118)夫理氣之際, 知之固難, 而言之亦難. 前賢尚以爲患, 況後學乎? 今欲粗述鄙見, 仰祈

鐫曉. [仰祈앙기; 우러러~(鐫曉)해주시기를 바람.(상급기관에 보내는 公文에 쓰이는 상용어. 하급기

관에 명령할 경우는 仰卽(즉시~할 것)) 鐫曉전효; 새겨 알다. 새겨서 이해하다. 이해하기를 바람.]

[선생님께서는 '看理', '說理', '達理'라 하셨고, 또 리·기의 '호발·상수'라 하셨지만]

(모두 정 이발에서 논한 것임. 주희는 이를 불교 "관심"이라 비판함)554) 그러나 리기의 즈음은 알기(知

之)도 진실로 어렵거니와 설명(言之)하는 것 또한 어렵습니다.(퇴계는 미발의 리기를 知한다 하

고, 또 미발을 리·기로 나누어 言之할 수 있다 했음)555) 전현(정자·주자)들도 오히려 근심으로 여겼

거늘 하물며 후학이겠습니까?556) 지금 저의 견해를 대략 기술하고자 하오니 새겨 이해

하시기를 우러러 바랍니다.

(119)而辭不契意, 難於正說出來, 姑以一事譬之. 譬如日之在空也. 其光景萬古常新, 雖雲

霧滃浡, 而其光景非有所損, 固自若也. 但爲雲霧所蔽, 故其陰晴之候, 有難齊者爾.

及其雲消霧卷, 則便得偏照下土, 而其光景, 非有所加, 亦自若也. 理之在氣, 亦猶是

焉. [在空재공; 공간에 있다. 하늘에 존재함.(空은 해가 있는 장소로, 在氣와 같음) 光景광경; 해가 빛

나는 상황.(리발의 유행을 말함) 滃浡옹발; 운무가 왕성하게 일어남. 自若자약; 외부 조건에 흔들리지

않음. 스스로 태연자약하다.(리발의 실체는 변치 않고 流行함을 말함)]

그런데 말(辭)이 뜻에 부합되지 않아557) 正說로 밝혀내기에 어려움이 있어 우선 하나

원"은 리·기의 分, 미발, 성발, 외감의 심, 성·정의 實, 본성·기질 및 사·칠 본설, 사·칠의 분별언지 등을 각각 분석하지

않음으로써 일어난 혼동과 혼란이다.

554) 퇴계의 "리기 합으로 生함", "互有發用하고 그 발은 또 相須함"은 이미 이발이다. 더구나 퇴계는 "호발과 상수임을 알 수 있다"

(하17)고 한다. "황은 가만히 말하겠다. 이는 看의 解吾處와 說理의 極至處에 도달해야 한다."(상326) "이것은 리에 통달한

(達理) 호학군자가 아니면 불능하다."(상329) 즉 기기가 직접 호발·상수하고 또 그 호발·상수는 看理, 說理, 達理의 호학 군자

라면 '알 수 있다.' 퇴계는 발 이전 '리기의 알'을 알았다 함인데, 그렇다면 정 미발에서 '심의 리기의 즈음'을 스스로 알았다는

것인가? 하지만 이미 발라 했다면 그 미발은 묵식만이 가능할 뿐, 직접 알 수는 없다. 주희는 이를 "관심"이라 비판한다.(『문

집』권67, 「觀心說」, 3278쪽) 왜냐하면 '안다(知), 본다(觀)' 함은 이미 '심'이어야 하기 때문이다.

555) 퇴계는 "호발이므로 各有所主를 알 수 있고 상수이므로 互在其中을 알 수 있다. 互在其中이므로 渾淪言之도 진실로 있고 各有

所主이므로 分別言之도 불가하지 않다"(상246. 하17)고 하여 리기의 즈음인 호발·상수의 리기를 '알 수 있고' 또 그 즈음을

리·기 분별로 각각 '설명(언지)'할 수도 있다고 한다. 즉 정의 미발은 리기이고, 이 즈음을 알 수도 있고, 또 리·기로 나누어

설명할 수도 있다. "看理, 說理, 達理의 호학 군자라면 알 수 있다." 이에 고봉은 리기의 즈음은 知之도 어렵고 言之도 어렵다고

한다. 왜냐하면 미발의 리기, 혹은 리는 정의 이발에서 묵식·유추로 알아야 하기 때문이다. 다만 아래와 같이 "기의 유행처에

서 驗得"(상139)이 가능할 뿐이다.

556) 정주가 논한 리·기의 '分과 본연·기품의 '分別言之'는 진실로 리기의 즈음을 言·言之한 것이 아니다. 퇴계의 리기의 즈음은

이미 발로서의 '리기 호발 상수의 즈음'이다. 이 즈음은 성정의 즈음도, 성의 본연·기품도, 정의 칠·사도 아니다. 정주는 심·

성·정은 각각 리·기, 본연·기품, 칠·사 등으로 언·언지할 수 있으나, 단 그 리기의 즈음은 알기도 어렵고 설명 또한 어렵

다 함이다. "다만 이곳(이발)에서 시비·진망을 분별해야 할 뿐"(상105·159)이다.

557) "辭不契意"는 고봉의 "不盡言意"(상184)으로 이는 「계사상」 "書不盡言, 言不盡意"과 같다. 때문에 리기의 즈음을 '비유'로 논하

겠다는 것이다.

의 일로 비유하겠습니다. 비유하면 마치 해(설이 아닌 실체의 리·성)가 하늘(공간·氣의 사실)에 떠 있는 것과 같습니다.(퇴계는 리기 호발이고, 고봉은 리의 실체가 기에서 발함임)558) 그 光景(빛은 리발의 유행임)은 만고에 '항상 새로우며(常新)',559) 비록 운무가 왕성하게 일어난다 해도 그 光景에 감소(損)된 바가 있지 않아 진실로 자약(리발의 유행에도 리 자신은 항상 태연자약)합니다.560) 단지 운무(인욕)에 가리면 이 때문에 흐리고 갠(선·악) 기후가 있게 되어 [그 광경도] 가지런하기에 어려운 것이 있을 뿐입니다.561) 급기야 구름이 사라지고 안개가 걷히면(인욕을 제거하면. 심 스스로 가림이 없으면) 해는 곧바로 두루 온 세상을 비추게(리발의 유행) 되는데, 그 光景은 증가(加)된 바가 있지 않은 스스로의 자약(리는 언제나 태연자약)일 뿐입니다.562) "리가 기에 있음(理之在氣)" 역시 이것(위 日之在空)과 같습니다.(기질 속의 성이라도 그것은 스스로 해로서의 자약의 리임. 이곳이 본연지성의 설보다 정밀함. 반면 퇴계는 리가 아닌 독기·주기라 함)563)

---

558) 앞 "在天, 在水의 月"(하44)은 천지지성과 기질지성의 '性說 비유'이고, 이곳 "日之在空"은 성의 천지·기질이 아닌 '리·기의 비유'이다. 日은 리이고 空은 기이다. 日이 空에 있어도 日과 空은 각자 二物이다. 그런데 性의 천지·기질은 二物이 아닌 "하나(一而己矣)"(하44)이다. "日之在空" 비유는 퇴계가 "리기 二者는 호발·상수한다"고 했기 때문이다. 호발·상수는 리·기 分의 實이 아닌 '리기의 관계·즈음'을 말함이다. 호발은 리·기가 상호 발한다 함으로, 즉 리도 발하고 기도 발한다. 하지만 고봉은 발하는 것은 리이고 발하는 장소는 기라고 한다. 해는 실체이며 만고불변이다. 고봉이 리의 體를 허, 설명, 형용, 감탄이 아닌 "實과 有"라 함이 이것이다.(상174)

559) 주희는 "'日月은 終古로 常見하며 그 光景도 常新하다'고 하셨으니, 그 이치는 진실로 이와 같다."(『문집』권47, 「答呂子約」7, 2172쪽) "오늘 지는 光復이 내일 다시 光으로 떠오른다 해서는 안 되니, 때문에 常見이며 常新이라 한다"(같은 곳) "'終古不易'과 '光景常新은 그 判別이 어떠한가? …종고불역은 體인데 다만 그 光景는 常新일 뿐이다. …그것은 頃刻이라도 쉼이 없다"(「答呂子約」9, 2178쪽)고 한다. 해는 어느 경우라도 항상 새로우며 변함이 없다.

560) 주희는 "희노애락 미발은 심의 미발일 뿐이며, 그 手足 운동은 스스로의 形體가 이와 같다. 그 형체의 운동은 자약이다,"(『어류』권62, 淳, 寓115, 2038쪽) "十月이 어찌 天地之心이 없겠는가? 천지지심의 유행은 단지 자약일 뿐이다"(淳132, 2043쪽)고 함은 미발에도 수족은 운동하며 그 리도 스스로 자약이라는 뜻이다. 또 "繼之의 것은 善이니, 道의 所出은 선이 아님이 없다. …道는 진실로 자약이다,"(『문집』권72, 「雜學辨」, 3466쪽) "심체는 渾然하여 內外·動靜·始終에도 틈이 없다. [소를] 보지 않았을 때도 이 심은 진실로 자약이며, 단지 未感으로 發하지 않았을 뿐이다"(『맹자혹문』권1, 6, 925쪽)의 자약도 변함없음의 뜻이다. "光景"은 해가 유행하는 상황인 '리의 작용'을 말한다. 日은 活物의 실체다. 日을 체용으로 나누면 日은 체이고 그 光은 용이다. 日은 실체로서 스스로 빛나며, 또 설명·찬탄할 수 있다. 스스로 만고에 새롭게 빛나서 만일 운무가 가린다 해도 그 실체는 가손 없는 자약이다. 추·퇴는 "理體는 本虛이기 때문에 加損이 없다"(상174·176) 함이고, 고봉은 "리의 體됨은 至虛지만 實이고, 故로 無加損하여 無不善하다"(하94)고 함이다. '리는 실체'인데, 고봉은 이를 '리 체용'으로 논한다. 그것은 퇴계가 "리기는 상호 發用한다"(상146)고 하기 때문이다. 고봉은 리·기의 호발이 아닌 단지 '리의 발용'일 뿐이라 한다. 왜냐하면 리의 실체가 아닌 기발, 찬탄, 설명, 즈음, 관계, 합리기가 직접 발할 수는 없기 때문이다. "性之欲"(상103)일 뿐이며 "惻隱할 수 있는 所以의 者는 理다."(상113·178) 칠사는 모두 리발이다. 기는 리가 발할 수 있는 장소이다. 리는 스스로 발하지만 다만 기의 공간에서 발할 수 있을 뿐이다.

561) "但爲雲霧所蔽"는 『대학장구』, 경1장』"但爲氣稟所拘, 人欲所蔽, 則有時而昏"과 같다. 이는 고봉의 "氣稟·物欲之蔽가 없지는 않을 것이니,"(하97) "발하여 불중절에 이른 것은 결국 기품·물욕의 所爲이다,"(상64) "천리가 막 발한다 해도 선회하여 기품·물욕의 拘·蔽한 바가 된다"(하29)와 같은 뜻이다. 흐림은 악이고 갬은 선이나 단, 흐리고 갬에도 리는 자약 그대로이다. 『장구』"때에 따라 昏이 있게 된다"의 昏(惡)은 바로 '인욕'으로 인한 것이지 "기의 발"로 인한 것이 아니다. 拘蔽는 氣(空)가 하는 것이 아니다.

562) 해를 가리는 것은 운무인 心의 물욕이다. 따라서 운무가 걷히면 그 해는 空·氣에서 본연 모습 그대로 자약으로 드러난다. 리는 물욕에 가려도 그 본연은 가손이 없다. 물욕 때문에 리는 일시 가릴 수 있지만 그 물욕을 제거하면 리는 본연 자약으로 스스로 항상 동정한다. 주희는 "用이 不妙하면 심에 가리게 되어 明도 遍照하지 못한다. '洗心'이라 함은 가림이 없는 光明을 이를 뿐 이보다 더 加益이 있는 것은 아니다"(『문집』권32, 「問張敬夫」5, 1395쪽)고 하여 그 리를 가리는 것은 나의 물욕이며, 이보다 더 큰 리는 존재하지 않는다고 한다.

563) "日之在空"은 "理之在氣"와 같다. 리와 기는 一物이 아니다. 리가 氣中에 있으면 기 안의 '리'가 되지만 여기서도 리·기는 不雜이다. "理之在氣"를 기질에서 논하면 '理在氣質'이 된다. 이는 기질지성의 설로서, 단 기질 안의 리라도 '성'이지 기가 아니다. 즉 "이른바 기질지성이라 함은 이 리가 '氣質之中에 墮在함' 뿐이다"(상89)의 '기질지성'의 설의 언지이다. 이 설이 본연지성 및 성선설 보다 더 정밀하다는 것이 정주의 논의이다. 반면 퇴계의 "理在氣中에도 分別言之"(상245·246)는 리·기의 '分'과 기질지성의 '言之'를 구분하지 않은 것이다. 퇴계는 기질지성을 독기·주기라 하고, 성의 리로 여기지 않는다.

(120)喜怒哀樂, 惻隱羞惡辭讓是非之理, "渾然在中"者, 乃其本體之眞. 而或爲氣稟物欲之所拘蔽, 則理之本體, 雖固自若, 而其發見者, 便有昏明眞妄之分焉. 若盡去氣稟物欲之累, 則其本體之流行, 豈不猶日之徧照下土乎? [在中재중; 중으로 있음.(不偏不倚의 상태. 미발에서 성의 體段을 형용하며, 중은 성의 덕임. 성 및 도리가 아닌 성의 상황·상태를 나타냄) 本體본체; 본연의 실체.(정의 미발·이발에 관통한 리 본연의 실체. 따라서 심·정의 유행과 발현에도 그 본체는 자약함) 拘蔽구폐; 리를 구속하고 가리다. 徧照편조; 빠짐없이 비춤.(리의 유행을 말함)]

희노애락과 측은·수오·사양·시비의 리564)가 "혼연히 中의 상황으로 있는" 것(渾然在中; 정 미발에 심의 성이 중의 상황으로 있음. 性의 德임. 정 미발에 심이 존양함. 이천의 말임)은 그 본체(리 본연의 실체)의 참됨(眞)입니다.565) 그런데 혹 기품·물욕에 구애되어 가리게 되면 리의 본체(실체)는 비록 진실로 자약하지만 그 발현한 것(발처가 아님)에는 곧바로 혼·명·진·망(明·眞은 리 본체의 형용임)의 나뉨(分)이 있게 됩니다.(정 이발에 심이 성찰함)566) 만약 기품·물욕의 얽매임을 모두 제거한다면 그 '본체의 유행'이 어찌 마치 해가 온 천하에 두루 비춤과 같다하지 않겠습니까?(미발·이발의 존양·성찰로 가능함. 이로써 리는 그대로 동정으로 유행함)567)

---

564) 심 未感의 즈음인 "희노애락 미발에도 心體는 流行하는데" 단 "事物과 思慮의 交가 아닐 뿐이다."(「이발미발설」 3267~8쪽) 이 심 미감의 즈음 먼저 情을 두거나 남겨서는 안 된다. 『대학, 정심장』 "欲이 動하고 情이 勝하여 그 用의 所行이 혹 그 正을 잃지 않을 수 없다"고 함이 이것이다. 이때 만약 "심이 主宰하지 못하면 情이 自動(『어류』권32, 「問張敬夫」6, 1395쪽)해서 외물과 불중절하고 만다. 이때는 "희노애락 미발"(『중용』)이며, 심으로 존양하여 '중의 덕'을 이루도록 해야 한다. 주희는 "미발은 성이고, 그 大本者는 천명지성이다"(상94)라고 주석한다. 때문에 고봉도 미발을 '리'라 한 것이다.

565) "方其의 미발은 혼연재중이며 無所偏倚하므로 中이라 이른다. 중은 性德의 상황으로, 道의 體이다."(상95) 이천은 "희노애락 未發은 在中의 義를 말함이다. 一箇 中字인데 다만 用이 부동하다"(『유서』권18, 82조, 200쪽) 하고, 이에 주희는 "용이 부동하다 함은 [이천의] '在中之義'와 '中之道'가 이것이다. 이른바 '재중지의'는 희노애락 未發로 혼연재중하여 亭亭當當하니 偏倚와 過不及處가 있지 않음이다"(『문집』권31, 「答張敬夫」9, 1338쪽)고 하여 "중"을 '미발·이발'의 순으로 해석한다. "혼연재중으로 物에 未感하니 기움과 치우침의 患이 있지 않고 또한 과불급의 差가 있지 않다. 그러므로 단지 中이라 名之했을 뿐이다."(『문집』권43, 「答林擇之」17, 1977쪽) "이천의 中·直·靜자는 '常體를 形容함에 나아갔다'고 함이 이것이다. 이 靜자는 未感의 本然을 말한 것으로, 이는 人生의 처음은 物의 未感의 것으로 一性의 眞으로 湛然일 뿐이다"(「答林擇之」21, 1981쪽)고 하는데, 즉 그 中과 靜을 성을 眞으로 형용함이라 한다. 따라서 「호학론」 "그 本은 眞이고 靜하니, 미발이다",(상159) "이천 「호학론」의 '其本眞而靜'의 眞·靜 두 자는 不同하다. 眞은 本體를 가리켜 말했고, 靜은 단지 그 처음 感物하지 않은 것일 뿐이다"(『문집』권42, 「答胡廣仲」4, 1900쪽)고 하는데, 이 眞은 성체가 참되다는 뜻으로 곧 미발의 성이다. 단 미발의 중은 심의 '존양'으로 이룰 수 있다.

566) 리 본체는 "기품·물욕에 가린다"(하97) 해서 변질되지 않는다. 마치 해가 구름에 가려도 해의 실체에 가손이 없음과 같다. '발처'는 성이고, '발현한 것'은 정이다. 심이 外感하면 곧바로 미발의 성이 動해서 정이 된다. "심의 感으로 中은 動한다."(상103) "감물로 동하여 정이 되면 시비진망은 여기서 나뉜다."(상159) 감물이 아닌 정이 自動한 것은 "그 處가 없이 發出한 것으로, 이는 먼저 마음에 두어서는 안 되는 정"(상123)이며 "정심의 일"(상125)일 뿐이다. 정으로 발현함은 "리약기강, 리무짐·기유적"(상8·171)으로 인해 "혼연진망"도 없을 수 없다. "진·망의 분별은 이곳이다."(상105) 이때 심이 '성찰'해야 한다.

567) 기품·물욕의 얽매임을 제거함은 심 功夫의 일이다. 工夫·功夫는 정의 미발과 이발에서 모두 해야 한다. 정의 미발·이발도 심으로 논해야 한다. 심 공부·주재 여하에 따라 그 중절 여부도 판가름 난다. "感物하는 것은 심이고, 그 動한 것은 情이다. 정은 성에 뿌리하며 심이 주재한다. 심이 주재하면 그 動도 中節하지 않음이 없으니 어찌 人欲이 있겠는가? 오직 심이 주재하지 못하면 情은 自動하여 이로써 물욕에 흘러 매번 그 正을 얻지 못하게 된다. 天理·人欲의 判과 중절·불중절의 分은 단지 심이 주재하는가 주재하지 못하는가에 달려있을 뿐 정의 병통이 아니다."(『문집』권32, 「問張敬夫」6, 1395쪽) 심의 주재 여하에 따라 선악이 나뉘고 그 정 때문은 아니다. 따라서 "未發의 前에는 敬(工夫)이니 존양의 實을 주재하고, 已發의 際에도 敬(功夫)이니 또 성찰의 間에 常行하며"(『문집』권32, 「答張欽夫」15, 1419쪽) 그렇지 못하면 그 발도 중절하지 못한다. 기품·물욕의 얽매임을 모두 제거하면 마치 해가 구름 속에서도 그대로 빛남과 같다. 리는 미발·이발에서도 본연과 유행의 실체 그대로 자약일 뿐이다.

(121)朱子曰, "氣則能凝結·造作, 理却無情意·無計度·無造作. 只此氣凝聚處, 理便在其中", 正謂此也. 今曰, "互有發用, 而其發又相須", 則理却是有情意·有計度·有造作矣. [能능; 할 수 있음.(배우지 않고도 능함) 無무; 끄떡없음. 변함없음.]

주자가 말한 "기는 능히 응결 조작하지만, 리는 오히려 [기의] 정의에도 변함없고 [기의] 계탁에도 변함없고 [기의] 조작에도 변함없다.(퇴계의 리·기 호발에 대해, 리는 발해서 드러나도 그 본체의 유행은 변함없는 자약이라 답변함)[568] 단지 이 기가 응결해 모인 곳에 리는 그 가운데 [변함없는 자약으로 유행하며] 존재할 뿐이다"[569]라고 함이 바로 이를 말합니다.(리가 기처럼 호발한다면 리는 기처럼 조작이 있게 됨. 리는 발하지만, 단 기처럼 조작이 있음이 아닌 언제나 자약일 뿐임)[570] 그런데도 지금 선생님께서는 "리기는 상호 발용이 있고 그 발은 또 서로를 필요로 한다"고 하셨으니,(만약 리기의 호발이라면 리의 불변은 기의 변질의 위치에 떨어지고 맘)[571] 그렇다면 리는 도리어 정의에도 [변함이] 있고 계탁에도 [변함이] 있고 조작에도 [변함이] 있게 됩니다.(리는 기처럼 발함이 아닌, 리발해서 기의 정의·계탁 속에 존재한다 해도 그 본체의 유행은 변질이 없는 자약일 뿐으로 답변한 것임)[572]

---

568) 주희는 "태극은 方所에도 변함없고, 形體에도 변함없고, 地位로 頓放할 수도 없다. 未發時로 言之하면 미발은 靜이다. 음양·동정은 모두 形而下者이다. 그러나 動 역시 태극의 동이고 靜 역시 태극의 정이다. 단 동정은 태극이 아닐 뿐이다"(『어류』권94, 昀19, 3120쪽)고 하여 태극은 어디에 있어도 변함이 없으며 동·정 역시 태극의 일이라 한다. 또 "周子의 이른바 '무극'은 無方所, 無形狀의 뜻으로, 無物의 前에도 있고 有物의 後에도 立하지 않음이 없다. 음양 外에도 있고 음양 中에서도 行하지 않음이 없다"(『문집』권36, 「答陸子靜」4, 1568쪽)고 하여 태극은 어디에서 행하든 자약이라 한다.

569) 『어류』권1, 僩13, 116쪽. 이 기록은 다음과 같이 시작한다. "혹자가 '먼저 리가 있고 뒤에 기가 있다'는 설에 대해 물었다. 답변; 이렇게 설할 필요 없다. …그러나 뜻으로 헤아려 보면 기는 이러한 리를 依傍(의지·의거·모방)하여 行한다고 하겠다. 기가 응취하면 리 역시 여기에 있다. 기는 능히 凝結·造作하지만 리는 도리어 무정의·무계탁·무조작이다. …리는 단지 하나의 淨潔·空闊의 世界로서 形象이 없을 뿐이며, 그것은 도리어 造作할 줄 모른다(他却不會造作). 기는 능히 生物을 醞醸(배양)하고 凝聚(조작)한다. 단 이 기가 있으면 리는 곧바로 그 가운데에 있을 뿐이다." 퇴계는 리기가 선후로 상호 발한다고 한다. 그런데 고봉은 리가 不發한다 함이 아니다. 이미 '발'이므로 미발이 아니다. 미발은 心感 이전이고, 已發은 심감이다. "리기 호발"은 이미 심감인 이발의 일이다. 이발이므로 이미 情인 기이고, 기는 발로서의 정의·조작이 있다. 호발이라면 리도 기와 같이 정의·조작이 있게 되는 것이다. "리는 변함없다"고 함은 기의 발에서도 변함없는 자약이라 한다. "운무가 옹발해도 그 자약은 가손이 없다."(하119) 즉 리는 기 등 어느 장소에 있든 자약이며 조작이 없다. 공자의 "태극"을 주돈이가 "무극"이라 한 이유이다.

570) 퇴계는 "사람의 一身은 리기의 합으로 생겼다. 때문에 二者는 互有發用하고 그 發은 또 相須한다"(상246)고 한다. 一心은 합리기이므로 따라서 리기가 상호 발한다는 것이다. 하지만 심 미감은 성일 뿐이며, 심감으로 性動·性發한다. 만약 리기 호발이라면, 미발에서 리기가 "一心을 나누어 점거해 상호 首從으로 번갈아 용사함"(하122)과 같음이 되고 만다. 『중용』은 "미발은 중이다"고 하며 '發'은 여기서 나온 말이다. 心感에 性動함이 發이다. 그런데 "호발"이라 함은 심감의 '성발처'가 아닌 리기 유행으로서의 '발현처'를 논함인 것이다. 따라서 리기 유행의 호발을 말한다면 결국 리는 기의 정의·조작과 같은 그러한 위치에 떨어지고 만다. 주희는 "태극은 兼動靜이라 말하는가? 曰; 兼動靜이 아니다. 태극은 동정이 있을 뿐이다",(『어류』권94, 무명30, 3124쪽) "動靜은 氣이다. 기왕 기가 있으면 리는 또 氣之中에 존재한다"(淳37, 3125쪽)고 하여 기의 동정 속에서 그 변함없음을 리라고 한다.

571) 발은 미발의 중·성이 외감으로 드러나는 일을 말한다. 그런데 퇴계는 "리기 二者는 互有發用하고 그 發은 또 相須한다"(상246)고 하여 리기가 '상호 발용'하고 그 리기의 '발'도 서로 필요로 한다고 했다. 이와 같다면 결국 리는 기와 다름이 없는 위치에 떨어지며, 따라서 그 리의 불변의 '자약'은 기와 구분이 없게 되고 만다.

572) 리는 실체이다. 리의 실체는 미발·이발에도 언제나 불변의 자약이다. 자약이라 함은 리가 기의 정의·계탁·조작의 가운데서도 불변으로 가손없이 유행한다는 뜻이다. 반면 퇴계는 리도 기와 같이 호발한다고 하는데, 그렇다면 리는 기와 같이 정의·계탁·조작의 변질이 있음이 되며, 결국 불선도 있게 된다. 퇴계는 "겸리기·유선악은 성 역시 그러하다"(상247)고 한다. 리가 기와 같이 계탁·조작이 있다면 그것은 가손과 변질을 인정함이 되고 만다.

(122)又似理氣二者, 如兩人然, 分據一心之內, 迭出用事, 而互爲首從也. [分據분거; 나누어 웅거함. 일심을 리·기가 나누어 점거함. 迭出질출; 번갈아서 나오다. 교대로 나오다. 用事용사; 리기가 일을 처리하다. 리기가 심의 일을 장악하다. 首從수종; 주모자와 공모자. 주인과 하인. 하나가 주도하면 다른 하나는 순종함.(심이 아닌 오히려 리·기가 수종이 되었다는 뜻)]

더구나 선생님께서는 리·기 둘의 것이 '마치 두 사람이 그런 것 같이'(마치 리·기 兩人이 일심의 一馬를 조종하는 것 같이) 一心의 안을 나누어 점거하게 하고 [리·기가] 서로 번갈아 用事를 내도록 하면서(심의 감촉이 아닌, 리기가 심을 지배해서 직접 번갈아 호발하게 함)573) 상호 한 쪽이 주도하면(首) 한쪽은 따르는(從) 관계와 같이 하셨다는 점입니다.(퇴계는 사람의 느낌을 논하거나 혹은 사칠을 해석한 것이 아닌, 먼저 그 발처에 나아가 리기가 번갈아 호발한다고 함. 이언적의 "先"자 도 이와 같음)574)

(123)此是道理築底處, 有不可以毫釐差者, 於此有差, 無所不差矣. 伏乞詳證何如? 大升 謹覆. 嘉靖辛酉正月旣望, 後學高峯奇大升, 頓首再拜謹上.

이곳 [미발의 중은] 도리의 기반이 세워진 곳이므로 호리의 차오도 있어서는 안 됩니다.(심발, 성발일 뿐, 결코 리기가 대신 호발할 수 없다는 것. 호리의 차는 노·불임) 이곳에서 차오가 있게 되면 차오나지 않는 곳이 없을 것입니다.(정주가 논한 핵심이 바로 이곳 미발처임. 퇴계는 이곳 미발 을 리기 호발로 여겼고, 그렇다면 미발의 中은 잡리기, 혹은 심을 대리해서 리기가 직접 호발함이 됨)575) 엎드

---

573) 퇴계는 一心은 리기의 합이므로 그 발은 "리와 기가 호발·상수한다"고 한다. 이를 고봉은 리·기 둘이 일심을 점거해서, 그 리·기가 번갈아 일심의 안에서 일을 스스로 내면서, 마치 리가 주도하면 기가 따르고 기가 주도하면 리가 또 따르는 관계와 같이 했다는 비판이다. "理發而氣隨之, 氣發而理乘之"(상255)가 이것이다. 이로써 일심이 외감으로 성발함이 아닌 리·기가 직접 일심을 점거해서 호발한다 함이 되고 말았다. 심의 외감으로 성발함이 아닌, 리·기가 스스로 호발로 용사함이 되고 만 것 이다. 기는 응결·조작의 일이고, 리는 이러한 응결·조작에서도 변함없는 자약일 뿐이다. 심·성·정, 칠·사 해석이 리기이 다. 심·정에 성의 리는 반드시 자존한다. 리기 호발은 "兩人이 一馬를 동시에 모는"(하13) 비유와 같다. 즉 리기 二者가 도리 어 一馬인 一心을 모는 것 같음이 되고 만 것이다.

574) "理發而氣隨之, 氣發而理乘之"(상255)는 심발이 아닌 리·기의 호발이다. 이를 고봉은 "리기가 一心의 안에 分據하여 번갈아서 用事를 내니 이는 상호 首從 관계와 같다"고 한 것이다. 리발에도 기가 따르고, 기발에도 리가 탄다고 함은 마치 一心의 안에 리기가 분거해 서로 상호 다투어 발하면서, 마치 주인과 종 혹은 종과 주인의 관계와 같이 되고 말았다. 一心의 未感·未發에서 리기가 발의 순서를 서로 다툴 수 있는가? 호발은 그 발처에서 리·기가 번갈아 수종으로 발한다 함인데, 그렇다면 이는 사맹의 칠사를 해석함이 아닌 칠사 이전 리기에 나아가 그 리·기의 발을 논함이 되고 만다. 칠사는 사람 느낌에 대한 사맹의 2설이며, 주희도 사맹을 해석한 것에 불과하다. 반면 퇴계는 리기가 수종으로 발한 것이 곧 사칠이라 함이다. 이언적의 "性先動·心先動" (하107)도 이러한 폐단이다.

575) "도리의 기반이 세워진 곳"은 심 미감인 '미발의 곳'이다. "이곳은 호리의 차도 있어서는 안 된다." 고봉은 "[미발의] 大本을 道 의 體"(상94·95)로서 "渾然在中인 [미발의] 中"(상95)이라 한다. 미발의 중은 "성덕의 상황"(상95)이다. 주희의 '이발미발설'은 이곳을 중심으로 논했다. "[이천의] 제설은 모두 思慮 未萌과 事物 未至의 時를 희노애락 미발로 여겼다. 當此의 時는 心體 流行 에 卽한 寂然不動의 處이며 천명지성의 體段이 갖추어져 있다."(3267쪽) "이곳은 日用之際의 本領工夫를 할 곳이다." "當此의 時에 敬을 유지하면 이로부터 發한 것은 반드시 중절한다." "平日 涵養의 一段 功夫할 곳이다."(모두 3268쪽) 또 『중용』은 철두철미 謹獨工夫를 설했으니 이른바 敬而無失과 平日涵養이다"(『문집』권43, 「答林擇之」20, 1979쪽)고 함은 '미발' 공부가 중요하다 함 이다. 정주의 성정설은 대부분 이곳이며, 주희가 호상학의 단예설을 비판한 이유이다. 퇴계는 이곳을 논하지 않았고, 또 미발·

려 바라옵건대 이곳을 상세히 논증하심이 어떻겠습니까?(퇴계는 이곳 리기 호발을 알 수 있다고 함. 만약 그렇다면 호리의 차인 불교 "관심"이 되고 맘)[576] 대승은 삼가 올립니다. 1561년 1월 16일, 후학 고봉 기대승 돈수재배하고 삼가 올립니다.

7

퇴계의 시; 나도 본래는 리기 합이니 논쟁은 불필요하네, 하하!![577]

(124)向者往復, 至滉而止, 惟(고봉집 猶)是未結公案. 其間, 亦有一二欲畢其愚者, 中復思之, 辨(고봉집 辯)析義理, 固當極其精博, 顧其所論, 條緖猥繁, 辭說汗漫, 或有鄙見包羅不周, 超詣未及處, 往往臨時搜採先儒之說, 以足已闕, 以爲報辨之說 [未結公案미결공안; 아직 결말짓지 못한 안건.(公案은 사회의 쟁점이 된 안건이나 송사에 계류 중인 사건을 말함) 欲畢욕필; 모두를 말하고자 하다. 辨析변석; 판별하고 분석함. 條緖조서; 조항의 단서. 조목별로 나열한 순서. 猥繁외번; 잡다하고 번잡함. 辭說사설; 글로 설함. 汗漫한만; 공허하다. 허황하고 아득히 넓은 모양. 包羅포라; 포괄하여 나열함. 망라하다. 不周불주; 두루하지 못함. 주도면밀하지 못함. 超詣초예; 조예가 깊다. 搜採수채; 채집하여 모아들이다. 報辨之說보변지설; 그대와 다르다는 것으로 회답하는 설.(辨은 판별, 분간, 구별의 뜻)]

지난번(「고봉3서」)까지 왕복하던 토론이 황에 이르러 그치고 말았으니(1년 6개월 뒤의 사칠 논변이며, 고봉의 거듭된 답변 요청이 있었음)[578] 이는 미결된 공안이라 할 것입니다. 그 사이 나

이발을 구분하지도 않고 "리기 호발"이라 한다. 리기 호발이라면 미발은 혼잡의 잡리기가 되거나, 혹은 심의 感物이 아닌 오히려 리기가 심의 느낌을 대신해서 상호 번갈아 발동함이 되고 만다.

576) 퇴계는 "리기의 선후 호발"이라 하면서 리기의 "各有所主와 互在其中을 알 수 있다"고 한다.(상246. 하117) 또 "看理에 解吾處에 도달해야 하고, 說理에도 極至處에 도달해야 한다"(상326)고 하면서 "이는 이치에 통달한 호학군자가 아니면 불능하다"(상329)고 한다. 그러나 고봉은 "리기의 즈음은 알기도 어렵거니와 설병 역시 어렵다"(하118)고 한다. 왜냐하면 "희노애락 已發之處에서 未發之理를 見得"(『중용혹문』상18, 563쪽)해야 하고 또 "기의 유행처인 已發之際에서 驗得"(상139)할 수밖에 없기 때문이다. 「이발미발설」의 "思慮의 未萌과 事物 未至의 時를 희노애락 미발"이라 함은 존양 공부처이다. 외부 사물을 생각하지도 이르지도 않았는데 먼저 이것을 안다고 해서는 안 된다. 『중용』 "미발"의 "신독"이 이곳이다. 고봉이 노불의 "호리의 차"(상52·66)라고 한 것도 이곳은 공부로 논해야 할 뿐, 알 수 있는 곳이 아니기 때문이다. 안다고 하면 곧바로 '심으로 심을 보는' 불교의 "관심"(『문집』권67, 「觀心說」, 3278쪽)이 되고 만다. '안다(知), 본다(觀)' 함은 이미 '심'이어야 하기 때문이다.

577) 『증보퇴계전서』 제목은 「與奇明彦」이고,(1책, 428쪽) 『고봉집』은 "明彦拜問, 奇正字寓所"이며,(57쪽) 리기왕복서 편자는 「退溪與高峯書」로 붙였다.

578) "지난번"은 「고봉3서」를 말한다. 고봉3서는 "신유 정월 기망(1561년 1월 16일)"인데 인편에 부친 날짜는 "4월 10일"이다.(『고봉집』3책, 46쪽) 지금(퇴계 62세)은 "임술 양월 기망(1562년 10월 16일)"(58쪽)이다. 따라서 지금 사칠 답서는 고봉3서를 부친 날로부터 약 1년 6개월 뒤가 된다. 『고봉집』에 의하면 그 사이 퇴계간 편지는 퇴계의 "1561년 5월 端陽 2일전",(이날 고봉3서 받음. 54쪽) 고봉의 "7월 21일",(54쪽) 퇴계의 "8월 4일",(57쪽) 고봉의 "11월15일"(57쪽) 등 합 4통이 있다. 고봉(36세)은 62년 5월 서울에 올라와 예문관검열 겸 춘추관서기관에 제수되었다가 10월 30일 쯤 휴가로 광주에 내려간다.(60쪽)

또한 한두 문제에 대해서는 어리석은 의견을 다 하고자 한 곳도 있었습니다.(「퇴계3서」일 것임. 그동안 고봉은 여러 차례 퇴계의 정론을 요구했고, 퇴계도 쓴 것이 있다고 했음)[579] 그런데 거듭 생각해 보니, 의리를 판별(辨)[580]하고 분석하는 일은 진실로 정밀과 해박을 극진히 해야 하는데도 그동안 나의 논한 바를 돌아보니 조서는 번잡했고 사설도 방만했으며, 혹 견해를 펼침에 주도면밀하지 못했거나 또한 조예가 미치지 못한 곳도 있었습니다.(고봉에게도 이와 똑 같은 비판을 했음. 만약 스스로의 자책이라면 아래 절구는 쓰지 말아야 함)[581] 그리고 왕왕 임시로 선유의 설을 채집하여 이로써 이미 빠진 부분을 채워서 그대와 다르다는 것을 알려주는 설로 삼기도 했습니다.(주희의 설이 정답이고, 우리의 토론은 무익하다는 뜻임. 퇴계는 사칠을 주희 설로 여기지만, 사맹 본설임)[582]

(125) 此與擧子入場見題, 獵故實, 以對逐條者, 何異? 假使如此得十分是當, 實於身已無一毫貼近, 只成閑爭競, 以犯聖門之大禁. 況未必眞, 能是當耶? 由是不復作意奉報如前之勇. 只因來誨, "兩人馱物"之喩, 戲成一絶, 今以溘呈. [擧子거자; 과거 응시자. 獵렵; 찾아다니다. 추적하다. 사냥하다. 故實고실; 역사 사실. 옛 사실. 逐條수조; 조항을 채우다. 답을 메

---

579) 「고봉3서」를 광주에서 61년 4월 10일 부쳤고,(46쪽) 퇴계는 도산에서 5월 받고 즉시 안부편지를 쓰면서 "사실에 관해서는 후일을 기다려 광주목사의 인편에 보내겠다"(53쪽)고 했다. 이에 고봉은 "61년 7월 21일" 편지에서 "우러러 여쭌 저의 설은 이미 보셨으리라 생각되오니 開論해주심이 어떻습니까? 기대하는 마음 가눌 수 없습니다",(54쪽) "또 여쭐 말씀은, 지난번 정자중에게 보낸 편지에 의하면 '闡說의 未曉處에 있어서는 이미 論述한 것이 있으나 바빠서 미처 등사해 부치지 못했다'고 운운하셨는데, 생각건대 자중도 반드시 좌우께 [그 등사하지 못한 논변에 대해 보여줄 것임] 여쭈었을 것인데, 어떠했는지요? 가르침을 내려주심이 어떠실 지요"(55쪽)라고 하여 사칠 논변을 거듭 재촉했다. 이로써 보면 퇴계는 이미 고봉3서에 대한 반론에 착수한 것으로 보이며, 그 반론이 바로 고봉에게 부치지 않은 「퇴계3서」일 것이다. 퇴계는 "61년 8월 4일" 편지에서 "이번 답서에서도 지난번 보내온 변론에 대한 회답을 하지 못하니 不敏과 逋慢의 죄 부끄럽습니다"(56쪽)라고 했다. 이에 고봉은 "61년 11월 15일" 편지에서 "삼가 바라옵건대 사단 칠정의 정론을 開示해 주심이 어떠실 지요?"(57쪽)라고 했다. 이와 같이 고봉은 사칠에 관한 답서를 거듭 재촉했고, 퇴계는 드디어 지금 '1562년 10월 16일' 답서를 쓴 것이다. 고봉의 마지막 재촉 11개월, 「고봉3서」이후 1년 6개월(쓴 날짜부터 1년 9개월) 만이다.

580) 『고봉전집』에는 '辭'으로, 『퇴계전서』에는 '辨'으로 되어있다. 문맥상 辨이 자연스러운데 아마 퇴계 스스로 오자로 여기고 뒤에 고친 듯하다. 辨析을 辭析의 뜻으로 말했다 할 수는 없기 때문이다. '辨'은 퇴계의 "剖析",(상39) "分別",(상14) 고봉의 "分析",(상43) "離析",(상69) "剖析"(하11)의 뜻과 같다.

581) 「퇴계2서」 본서에서 말하기를 "구구한 나의 2서를 보내지만, 단지 義旨가 膚淺(천박)하고 麤說이 汗漫(방만)하니 심히 부끄러운 것은 그대의 披閱을 枉煩(헛되이 번거롭게 함)히 하는 것이다"(「明彦拜問, 奇正字文右」, 38쪽)라고 했는데 이는 퇴계의 겸사이다. 왜냐하면 같은 편지에서 "吾友의 학문도 該博으로만 달리고 斂約에는 소홀했다", "그대는 지극히 親切하고 지극히 精劼히 해야 할 곳에 있어서는 마치 한 꺼풀의 膜子가 있어 분명하지 못한 곳이 있는 듯하다. 두 분(일재와 고봉)은 서로 닦기 바란다"(「答示論太極書書」, 모두 41쪽)고 하기 때문이다. 고봉은 이 두 충고에 각각 "감사하고 부끄러운 마음 무어라 말할 수 없다", "한 꺼풀이 아닌 몇 꺼풀인지 모르겠다"(「答卷未論太極書書」, 46·47쪽)고 답한다. 이와 같이 당초 '사설이 방만했다'고 함은 겸사이지만, 여기서는 조금 다른 의미이다. 퇴계는 그동안 사실 定論을 보여주지 않았고 그래서 거듭 재촉을 받았다. 퇴계는 이 재촉에 답변을 해야 한다. 하지만 퇴계1서 및 퇴계2서를 더 이상 고칠 수 없다. 그래서 자신의 설을 고봉에게 이해시키지 못한 일로 자책한 것이다. 따라서 퇴계의 "사설이 방만했다" 등의 말은 고봉에게 한 말인지 스스로의 자책인지가 모호하다. 자책이라면 퇴계는 아래 절구를 제시하지 않아야 한다. 고봉의 "깊은 憫然(실망)"(하128)이 바로 이점이다.

582) "선유의 설을 채집하여 고봉과 다르다는 것을 알렸다"고 함은 곧 선유로 보면 고봉의 설은 잘못이라 함이다. 왕왕 선유의 설을 찾아서 고봉의 조항을 비판하다 보니 결국 선유의 설은 그대로인데 그 비판의 말만 서로 다른 것이 되고 말았다. 그런데 반대로 보면 고봉의 경우도 마찬가지다. 고봉 또한 퇴계에 대해 선유의 설로 비판했다. 그렇다면 문제는 서로의 비판의 언쟁만 남는다. 때문에 퇴계는 아래에서 "서로 십분 타당하다 하더라도 사실에 있어서는 일호의 접근도 없고 성문의 대금만 범함이 된다"(하125)고 하면서 "절구"를 지어 이 논쟁의 무익함을 알린 것이다. 이 토론은 무익하다. 주희의 설이 정답이기 때문이다. 그렇다면 사맹의 칠사는 "리발·기발"(주희)의 "호발"(퇴계)인가? 문제는 칠사는 주희의 설이 아닌, 사맹의 본설이라는 점이다.

우다. 貼近첩근; 절실하다. 가까이 붙이다. 爭競쟁경; 다투다. 언쟁하다. 옥신각신하다. 奉報봉보; 받들어 회답하다. 浼報매정; 나의 보잘 것 없는 생각을 보여주다.]

이는 거자가 과장에 들어가 제목(사칠이 무언가?)을 보고는 옛 사실(그 답을 옛 선유에서 찾음)만 추적해서 답을 메우는 것과 무엇이 다르겠습니까?(퇴계는 '리기에 나아가' 답을 찾고자 하나, 사칠은 "확충"과 "중화"라는 종지를 상고해야 함)[583] 설사 이 같음이 십분 타당함을 얻었다 하더라도('십분 타당함을 얻기' 위해서는 사맹의 중화와 확충 본설을 상고해야 함) 실로 자신에 있어서는 이미 조금의 절실함도 없고(사맹이 미발의 중과 이발의 확충을 논한 이유는 '자신의 절실한 공부'를 위함임)[584] 단지 한가한 언쟁만을 이루어 이로써 聖門의 大禁을 범하는 일이 될 뿐입니다.(사칠 본설 상고는 '한가한 언쟁이거나 성문의 대금'이라 할 수 없음. 중화와 확충·성선의 고찰은 유학의 종지인 공부처를 밝히기 위함이며, 주희는 공자, 자사, 맹자의 도통을 논함. 누구나 사맹을 논할 수 있으며, '대금'의 일이 아님)[585] 하물며 그 참됨조차도 기필되지 못한다면 그 타당성이야 더 말할 나위 있겠습니까?(사맹의 '참됨'은 이발·미발의 공부이며, '타당성'은 중화와 확충의 공부 방법임. 학자는 그 참됨과 타당성을 고찰해서 자신의 공부 방법으로 삼음)[586] 이 때문에(퇴계는 본 사칠 토론을 언쟁으로 여기며, 타당하지 않은 일이라 한 것임) 다시 뜻을 내어 전날과 같은 용기로 회답하지 못했던 것입니다.(모두 허이실이므로 이를 따진다는 것은 성문의 대금을 범하는 일이라는 것)[587] 다만, 그동안 저는 공의 논변 중에서 "두 사람이 물건을 실은 비유"(퇴계의 이 비유는 一馬·一情인 사람의 자연 감정을 빼서, 결국 동인·서인의

---

583) 퇴계는 사칠 정답을 주희의 리기설 혹은 "리기에 나아가서" 찾고자 하나, 사칠 본설은 사맹이다. 자사는 "천명"의 "중화"를, 맹자는 사단의 "확충"과 성의 "성선"을 논설했다. 오히려 퇴계 자신이 주희의 리기, 혹은 거꾸로 "리기에 나아가" 사칠의 답을 메웠을 뿐, 이는 고봉의 고찰과 전혀 다르다.

584) 퇴계가 "십분 타당함을 얻기" 위해서는 주희의 리기가 아닌 사맹 본설을 상고해야 한다. 고봉의 칠사 종지의 상고는 이로써 자신의 '공부처'를 얻기 위함이다. 자사가 "희노애락 미발"을 논설한 이유는 "신독"의 미발존양 공부로 "중화"를 이루어 "천지 만물을 제자리에 세워(位) 창조적으로 육성(育)"하기 위함이고,(『중용, 수장』) 맹자가 "사람은 누구나 사단이 있으니 이를 확충하면 사해의 평화에 동참할 수 있다"(「공손추상」)고 한 것도 모두 스스로의 '공부'를 논함이다. 이를 "자신에게 절실함이 없는" 일이라 할 수는 없다.

585) 퇴계는 이 토론을 "언쟁이며, 성문의 대금을 범하는 일"로 여긴 것이다. 그러나 본 사칠 토론은 "언쟁"과 "대금"의 일이라 할 수는 없다. 자사의 "미발 공부" "중화의 덕" "화육을 이룰 수 있음" 등은 스스로의 공부의 일이며, 맹자의 "누구나 사단이 있으니 확충하면 사해를 보호할 수 있음", "그 정으로 성선을 논증할 수 있음" 등은 인류의 화합과 성선은 누구나 같음을 논함이다. 이러한 사맹의 상고를 언쟁이나 대금으로 여기면 학자는 이러한 사칠 종지를 공부해서는 안 된다는 말인가? 누구라도 사맹의 칠정과 사단을 언급할 수 있으며 이는 대금의 영역이라 할 수는 없다. 주희는 이 일을 고찰해서 공자, 자사, 맹자의 공부처로서의 도통으로 논변했다.

586) 그동안 우리의 토론을 "참됨과 그 타당성이 기필되지 못했다"고 한 것이다. 왜인가? 그대는 "일필 구설로 나를 끊어 버리고", 도무지 나의 "看理, 設理"(상326)의 설을 믿으려 하지 않기 때문이다.(상326) 그렇다면 과연 우리의 사맹 칠사 토론은 아무런 성과가 없었는가? 퇴계는 고봉 때문에 그렇다고 한다. 퇴계의 '이치'는 "사칠은 모두 겸리기 혼륜인데, 단 사단은 리, 칠정을 기"이며, 또 모두 "리이허·허이실"이다. 다시 말해 "사칠이 본래 겸리기의 혼륜임은 하늘과 사람의 원류 맥락이 진실로 그러하며"(상237) 공자 태극도 "허이실"일 뿐이다.(상301) 이것이 최종 이치이며, 따라서 우리의 그동안 논쟁은 "성문의 대금을 범하는 일"이다. 하지만 이는 자사 "천명·중화" 및 맹자 "확충·성선"의 종지 고찰이라 할 수 없다. 왜냐하면 천명이 '겸리기인데 기'일 수는 없고, 사단 혹은 태극이 '허이실'일 수는 없기 때문이다. 퇴계는 공자, 자사, 맹자 본설에서 그 '타당성'을 찾지 않고, 모두 자신의 "리기에 나아간" 선입의 리·기로 성현의 본설을 이끌어내 이를 크게 왜곡시킨 것이다.

587) 고봉의 수 차 재촉에도 그동안 "회답하지 않은" 이유는 우리의 토론은 "언쟁"이며, 그대의 "일필로 끊은" 반대로 인해 "그 타당성까지도 기필되지 못했기" 때문이다. 그렇다면 사맹의 사칠 소지는 "본래 혼륜이며 허이실"인가? 퇴계는 그렇다고 한다. 모든 만물 및 선유 본설도 본래 '虛而實'이므로, 우리의 토론은 "성문의 대금을 범하는 일일 뿐"이다.

- 415 -

리·기 다툼만 남고 맘. 오히려 고봉의 비판이 이점임)588)로 희롱삼아(戲; 앞은 고봉을 비판했고, 지금은 같다는 것임)589) '절구 한 수' 만을 지었을 뿐인데(퇴계3서를 쓰지 않았다 함인데, 그러나 다른 편지에서는 '쓴 것이 있다'고 했음) 지금으로서의 나의 결론을 대신하겠습니다.(명제는 없음)590)

(126)兩人駄物重輕爭, 商度低昂亦已平. 更剋乙邊歸盡甲, 幾時駄勢得勻停? 呵呵. 謹拜, 壬戌陽月旣望日, 滉白. [駄物태물; 물건(짐)을 싣다. 실은 물건. 商度상탁; 상량하고 헤아리다. 低昂저앙; 높고 낮음. 오르내림. 平평; 평평하다. 저울눈이 균형을 이루고 있음.(주리·주기도 본래 혼륜이라는 것임. 고봉의 "平"은 사맹 종지임. 하14) 剋극; 이기다. 駄勢태세; 물건을 실은 형세. 幾時기시; 언제. 어느 때. 勻停균정; 알맞다. 조화를 이루다. 呵呵가가; 하하.(웃음소리)]

두 사람 실은 물건으로 경중을 다투지만(퇴계의 다툼은 리·기, 고봉은 칠·사의 편중)591)
높낮음 헤아리니 역시 이미 평평하네(퇴계의 평평은 혼륜, 고봉은 사맹의 칠사)592)
을 쪽을 이겨 모두 갑으로 되돌린들(퇴계의 갑을은 리·기, 고봉은 사·맹)593)

---

588) 고봉 원문인 "一事로 비유(譬之)하면, 兩人이 一馬를 몰고 감에 그 所載가 있음"(하13·119)은 一事·一馬로서의 一情인 사람 본연의 자연감정이다. 반면 퇴계의 "兩人駄物之喻" 인용은 一馬(一情)가 없다. 없기 때문에 논쟁의 주체인 '나'(나의 느낌)가 빠진 것이다. 고봉으로 보면 "一馬(一情)"에 편중이 있는데 그것은 그 '일마'의 나의 자연느낌을 급히 리·기 둘로 갈랐기 때문이다. 만약 一馬가 없으면 논쟁인 사·칠만 남고 만다. 즉 기준이 없게 되어 그 "偏重"(하13. 고봉)과 "輕重"(하126. 퇴계)이 생긴 이유가 없게 된 것이다. 편중과 경중이 생긴 이유는 사단만 리, 칠정만 기에 실었기 때문이다. 이렇게 "爭"(하15)으로만 싸운다면 "끝내 후의 勢가 없게 되어 [사실 혹은 나의 마음이] 전복하게 될"(하13) 것이다. 즉 고봉이 비판한 "兩人인 리·기의 서로간의 다툼"만 남아, 결국 "동인과 서인의 싸움(爭)"(하13·15)만 남고 만 것이다.

589) 퇴계는 고봉 논변을 "迷藏之戲"(상262)라고 한다. 그것은 퇴계가 리발을 말하면 고봉은 기발이라 하고 또 기발이라 하면 리발이라 하니, 이는 한쪽이 숨으면 다른 한쪽이 찾는 서로 하나가 못되는 관계와 같기 때문이다. 퇴계 본설은 "겸리기의 혼륜은 사칠이 마찬가지인데 다만 리는 사단, 기는 칠정"이다. 이에 고봉은 "칠정은 혼륜일 뿐, 기가 아니다"고 한다. 결국 퇴계는 이를 "무익의 언쟁일 뿐"이라 한 것이다. 미장지희의 "戲놀이"는 그대가 나를 이해하지 못한다는 불평이고, 지금 '희롱삼아'의 "戲"는 '이미 평평하다'의 의미이다. 혼륜도 나는 이해하며, 따라서 우리의 논쟁은 "성문의 대금을 범하는 일"이므로 '여기서 그쳐야 한다'는 것이다.

590) "다만 절구 한 수만 지었을 뿐"이라 함은 「퇴계3서」를 쓰지 않았다 함이고, "지금 보낸다" 함은 이 편지를 쓰기 전 먼저 절구를 지어 놓았다는 뜻이다. 이 편지는 "1562년 10월 16일"이다. 그런데 고봉은 "61년 7월 21일" 편지에서 "또 여쭐 말씀은, 지난번 정자중에게 보낸 편지에 의하면 '謫覈의 未曉處에 있어서는 이미 論述한 것이 있으나 바빠서 미처 등사해 부치지 못했다'고 운운하셨는데, 생각건대 자중도 반드시 좌우께 [그 등사하지 못한 논변에 대해] 여쭈었을 것인데, 어떠했는지요? 가르침을 내려주심이 어떠실 지요"(55쪽)로 보면 이미 퇴계3서를 쓴 것으로 보인다. 윗글에서도 "나 또한 한 두 문제에 대해서는 어리석은 의견을 다하고자 한 곳이 있었다"(하124)고 하기 때문이다. 퇴계는 이 3서를 끝내 보내지 않은 것이다. 절구 명제는 없다. 한편 퇴계는 이 절구 아래에서 그동안 『주자대전』 등 여러 책을 보면서 이해되지 않은 문구 8개 조항을 "별지"(58쪽)로 묻고 있다.

591) 퇴계의 "실은 물건"은 '리·기'이다. 리·기에 사칠을 실은 것이다. 문제는 사칠은 새롭게 자의로 해석해서는 안 된다는 점이다. 사맹 본설에 의거해야 하기 때문이다. 따라서 "경중을 다툰다"고 함은 고봉으로 보면 그 경중 이유가 '사칠을 리·기에 "偏重"(하13)으로 실었기' 때문이다. 그렇다면 퇴계는 "그 실은 물건의 경중"을 그 사칠 본설에 알맞게 옮겨 실어야 한다. 사실에 리·기 편중이 있어서 "행로가 건들거린 것"(하13)이다. 반면 퇴계는 '리·기에 실음'이다. 리도 본래 겸리기, 겸리기도 기는 기, 리는 리이다.(상239·277) 만약 리기로 다툰다면 이 논쟁은 '리·기 대리전'이 되고 만다.

592) 고봉의 "저앙(높낮음)"(하13·14)은 편중의 결과이다. "편중"(하13) 때문에 저앙이 있다 함이다. 따라서 저앙이 없게 하기 위해서는 사칠을 리·기 편중으로 싣지 않아야 한다. 퇴계의 "저앙이 이미 평평하다"고 함은 사칠이 이미 평평하다는 것으로, 즉 주리·주기도 본래는 모두 혼륜이라 함이다. 문제는 지금 토론은 '사맹 본설'이라는 점이다. 사맹 종지는 "천명·중화"와 "확충·성선"이다. 이 종지가 혼륜이나 주리·주기일 수는 없다.

593) 누가 이기든 본래는 혼륜이다. 사단이 리라 해도 혼륜이고, 사칠이 혼륜이라 해도 주리·주기이다. 그렇다면 사맹 종지가 이러한가? 고봉의 질문인 "東人과 西人"(하13)의 다툼 이유는 칠사 편중 때문이다. 동인(리) 서인(기)으로 이미 치우침이 있다. 편중이 없다면 논란도 없을 것이다. 이미 편중이 있음을 서로 합의한다고 해결되는 것은 아니다. 퇴계는 "갑으로 모두 돌린다 해도" "이미 평평하다"고 한다. 그렇다면 반대로 사단이 주기일 수도 있는가? 고봉의 "동인·서인"은 사실의 '편중' 때문에 발생한 문

언제쯤 물건의 형세 조화될 수 있을까, 하하!!(물건의 조화는 '사맹 본설'로 찾아야 함. 반면 퇴계는 '리기로 논변'함)[594]

삼가 절하고, 1562년 10월 16일 황은 알립니다(白).

8

고봉의 사단칠정 후설과 총론[595]

(127)向來, 四七之說, 不揆鄙滯, 歷陳管見, 幾於傾倒無餘者, 惟欲仰承提誨, 以求眞是. 而其間, 或不能無異同之論. 蓋亦因其所見而發, 非敢故爲紛紛也. [向來향래; 줄곧. 지금까지. 종래로. 歷陳력진; 두루 진술하다. 낱낱이 드러내다. 管見관견; 나의 좁은 소견. 傾倒無餘경도무여; 나의 생각을 남김없이 말하다. 仰承提誨앙승제회; 이끌어주신 가르침을 받들다. 眞是진시; 참된 옳음. 故爲紛紛고위분분; 고의적으로 어지럽게 하다.]

…지금까지(그동안 "인심도심", "비은" 등 문제는 모두 인가 받았는데, 유독 "칠사" 문제만 서로 이동이 있다는 것임)[596]의 사칠설은 저의 고루함을 헤아리지 않고 관견을 진술하여 거의 남김

제일 뿐, '논쟁' 때문에 발생한 것은 아니다. 반면 퇴계는 "리발·기발의 分이 있으므로 사·칠 2名도 있다. 본래 다름이 없다면 무엇으로 다른 이름이 있겠는가?"(상268)고 하는데, 이는 '논쟁 때문에' 문제가 발생했다고 말함과 같다.

594) 고봉은 "실은(載)" 물건에 "편중이 있다"고 한다.(하13) 따라서 "물건의 형세가 조화될 수 있기" 위해서는 그 편중을 사맹 종지에 "맞게 추이"해야 하고 이로써 "저양의 근심"도 해결된다.(하14) 이에 퇴계는 "언제쯤 물건의 형세 조화 되겠는가"라고 하는데 이 말은 우리의 논쟁을 '그만두어야 함'의 의미이다. 왜냐하면 혼륜이라 해도 주기, 리·기라 해도 혼륜이기 때문이다. 이 말은 사칠이 아닌 리·기에 관한 것이다. 이와 같으므로 더 이상 논쟁하는 것은 "성문의 대금을 범하는 일"이다. 그렇다면 과연 논쟁을 그치면 편중이 조화되는가? 그렇지 않다. 언쟁과 편중은 다른 문제이기 때문이다. 언쟁은 결과이고 편중이 원인이므로, 결과에서 그만둔다고 원인이 해소되는 것은 아니다. 퇴계는 "물건의 형세"인 사맹 본설부터 먼저 상고해야 한다. 그렇지 않으면 문제는 해결될 수 없다. 주희의 "천하 사물의 리는 亭當均平하다",(『문집』권42, 「答胡廣仲」5, 1904쪽) "四方 八面이 모두 向背가 없이 一切 停勻하기 때문에 極이라 이른다"(권36, 「答陸子靜」4, 1567쪽)의 亭均과 停勻은 치우침 없는 상태를 말한다. 고봉은 칠사는 "사맹의 설명이 不同하다"(상3)고 한다. 이미 부동하므로 그 '부동을 찾음'(사맹 종지)이 바로 정균이다. 그러나 퇴계는 오히려 '합리기'(사칠 혼륜)가 정균이라 한 것이다.

595) 『양선생왕복서』 본제는 「先生前答上狀, 李知事宅」이다. 고봉은 이 편지 앞부분에서 "인심도심의 설은 인가 받았다", "허태휘와 노수신의 설은 잘못된 점이 매우 많다"(모두 100쪽) 등 몇 조항을 열거했다. 즉 『중용』 "비은"인 道의 無對를 형이상·하로 분속할 수 없는 것처럼(허태휘의 설) 후설·총론 또한 "숙맥처럼 분별이 쉬운"(100쪽) 일이다. 그리고 이어 본 별지인 「후설」과 「총론」까지 '아울러' 인가 받고자 한다. 가령 『대학』 "허령"은 명덕인 '심 본체'이므로 "리·기로 분속할 수 없음"(상177)과 "칠정의 중절인 無往不善의 선과 사단의 선은 같은가, 다른가?"(하58)와 같다. 당연히 명덕은 리·기로 나눌 수 없고, 천하의 선도 리·기 둘일 수 없다. 그럼에도 근세 제공들은 "性先動, 心先動"(이언적의 설. 하107) 등이라 하니, 이는 "한 글자로 가부의 결정이 가능한"(하108) 간단하고 쉬운 문제이다. 칠사도 一善·一性임이 당연하며, 그 가부의 결정은 매우 쉬운 문제다.

596) "向來"는 지금까지 우리의 칠사 토론은 완결되지 않았음을 말하고자 함이다. 본 편지 윗줄에서 "인심도심의 설은 비록 곡절로 깨우쳐 주심은 받지는 못했지만 그러나 이미 인가를 받았다"(100쪽)고 하면서, 또 "許太輝가 『중용』道의 '費隱'을 형이상·하로 분속한 잘못"(100쪽)을 비판하고 이는 "숙맥처럼 분별이 쉬운"(100쪽) 일이라 하여 퇴계에게 그 가부를 물었다. 이미 앞 편지에서 나흠순, 노수신, 이항의 인심도심설을 논박하여 퇴계에게 그 가부를 물었고,(「先生前上狀」, 1566년 5월 1일 별지. 93쪽)

없이597) 말씀드렸는데, 그것은 선생님의 가르침을 받들어 이로써 眞是(참된 옳음)를 구하고자 했기 때문이었습니다.598) 그렇지만 그간에는 혹 서로 이동의 의론이 없지 않습니다.599) 이 문제 또한("인심도심"과 중용 "비은" 등은 인가하셨으니, 지금 "칠사" 문제 또한)600) 저의 소견에 따라 말씀드렸을 뿐 감히 고의적으로 어지럽게 하고자 함은 아니었던 것입니다.(퇴계는 우리의 사칠 토론은 '미장지희'며 '언쟁'일 뿐이라 하지만, 고봉은 토론으로 '眞是를 구할 수 있다'는 것임)601)

(128)曾奉回諭絕句一首, 深用憫然, 意其無復有更稟之端. 故久不敢仰叩. [憫然망연; 낙심(실망)하여 멍한 모양. 無復무부; 이 이상~할 것이 없다. 더 이상 없다.(보통 나쁜 일을 가리킴) 有更稟之端유갱품지단; 다시 여쭐 수 있을만한 단서.(稟은 윗사람의 명령이나 지시를 부여 받음의 뜻) 仰叩앙고; 우러러 여쭙다.]

더불어 "인심도심은 리·기에 분속할 수 없음"(94쪽)은 곧 퇴계를 비판한 것이었다. 퇴계도 "보내온 내용은 타당하다"(「明彦拜復 奇正朗宅光州」, 1566년 6월 16일, 98쪽)고 인가했는데, 따라서 퇴계는 '인심도심을 리·기에 분속할 수 없음'을 자인한 셈이다. 이는 "도(비은)"가 상·하로 분속될 수 없음과 같은 매우 간단한 문제이다. 결국 문제는 퇴고 논쟁인 칠사만 남는다. 유독 '이 문제만 지금까지도 이동이 있다'는 것이다. 지금은 "1566년 7월 15일"(101쪽)이며, 앞서 퇴계는 1562년 10월 16일 "兩人駄物"의 절구를 보내 이 논쟁을 마치려 했다. 그간 무려 3년 9개월 동안 칠사 토론을 하지 않은 것이다. "절구" 이후 지금까지 고봉 10회, 퇴계 8회의 편지가 이미 오갔다.

597) 고봉은 퇴계가 "성정의 實과 성현의 言을 남김없이(無餘)"(하3) 말씀해 주셔서 우리의 왕복 토론은 이루어진 것이라 했다. "참된 옳음(眞是)"은 일방적일 수 없기 때문이다.

598) 우리의 칠사 토론은 "眞是"를 구하기 위함이다. 고봉은 지금 편지에서 "우리는 講究·辨明으로 眞是를 추구해서 한두 동지와 더불어 謹守하여 來哲을 기다림이 옳다. 이는 주자의 이른바 '후세에 반드시 보는 자가 있을 것이다'와 같은 것으로, 어찌 시끄러운 혐의를 피하여 논쟁(爭)하지 않아서야 되겠는가?"(100쪽)라고 했다. 또 "노수신은 『주자어류』와 『사서·오경』 輯註(소주)는 볼 필요 없다'고 하는데, 대승은 말이 경솔하고 학문이 천박하므로 감히 論辨하여 眞是로 돌릴 수 없으니 바라건대 선생께서 통렬히 剖析을 가하시어 학자들을 깨우쳐 주심이 어떠실지요?"(「先生前上狀」, 1566년 5월 초1일 별지, 95쪽)라고 했다. 고봉의 "眞是"는 토론해서 참됨을 밝히는 일이다. 반면 퇴계는 우리의 토론은 "이미 평평하니 따라서 언쟁으로 균정을 이룰 수는 없다"(하25·126)는 절구를 제시함으로써 우리의 토론은 언쟁일 뿐이라 했다.

599) 아직까지 칠사 토론은 완결되지 않았다. 퇴계는 3년 9개월 전 "兩人駄物" 절구를 보낸 이후 칠사 시비를 피했고, 따라서 그 이동의 의론은 여전히 남아 있다는 것이다. 퇴계는 절구를 보내면서 "단지 한가한 爭競으로 聖門의 大禁을 犯했으며, 하물며 참됨(眞)조차 기필되지 못하니!"(하25)라고 하여 우리는 한가한 언쟁일 뿐이라 하지만, 고봉은 "眞是를 구"하는 일이라 한다.

600) "이 문제 또한"이라 함은 본 편지 및 전 편지에서 언급한 여러 논제 외 '지금 칠사설'을 말한다. 앞줄에서도 퇴계에게 "인심도심의 설은 인가를 받았나",(100쪽) "중용 費隱을 형이상·하로 분속할 수 없음은 숙백의 분별처럼 쉽다"(100쪽)고 했다. 전 편지에서도 이항, 노수신의 잘못을 조목조목 열거했다. "노수신은 「곤지기」를 지은 나정암이 리기를 一物로 여기고 주자의 '所以然은 옳지 않다'고 한 것을 따랐다."(94쪽) "노수신은 정암을 따랐고, 이항은 정암까지 나무랐는데, 노수신은 굽히지 않았다."(94쪽) "노수신은 선도 악도 할 수 있기 때문에 위태하다 했다."(95쪽) "노수신은 『주자어류』와 『사서·오경』 소주는 볼 필요 없다 했다."(모두 1566년 5월 초1일 별지, 95쪽) 이에 퇴계는 "보내온 내용은 타당하다"(1566년 6월 16일, 98쪽)고 인가했다. 그렇다면 퇴계는 결국 "인심도심은 리·기에 분속할 수 없음"(94쪽) 등을 자인한 셈이다. 따라서 고봉은 "이 문제 또한"이라 함으로써 아직 인가받지 못한 '칠사 문제'를 다시 거론해서 아울러 인가받고자 함이다.

601) 소견을 남김없이 말씀드린 것은 토론함으로써 "眞是"를 구하고자 함이다. 참된 옳음은 일방적 선언으로 밝혀지는 것이 아닌 토론 속에서 피어난다. 리는 기질 속에 자존하며, 사람의 일이기 때문이다. "소견은 치우칠 수 있다(상49·75·129) 만일 苟同할 수 없겠다는 것이라면 끝까지 절차탁마로 至當의 귀결을 구해야 한다."(하9) 선유의 "이루어 놓은 說話만 보고 이치의 眞이 이와 같다고 해서는 안 된다."(상50) 자기의 소견을 자세히 밝히는 것은 "이기기 위함도 道를 헤아리지 않겠다는 것도"(하8) 고의적으로 어지럽히기 위함도 아닌 다만 서로 토론해서 참된 옳음을 찾기 위한 노력일 뿐이다. 반면 퇴계는 말하기를 첫째, 그대는 나의 설을 이해하지 못한다. 내가 힘써 리발을 말하면 그대는 기발이라 하니, 이는 미장지희와 같다.(상262) 둘째, "가을의 다툼"은 단지 우리의 언쟁일 뿐이다. 퇴계는 본 토론에 대해 "리를 봄에는 깨달은 곳에 도달해야 하고"(상326) "이치를 통달한 호학군자가 아니면 불능하다"(상329)고 하는데, 그렇다면 사맹 및 정주의 칠사 논변은 이치가 되고 만다.

- 418 -

그런데 일찍이 가르쳐주신 '절구 한 수'를 받고는 심히 망연 낙심하였는데 그것은 이 이상 다시 가르침을 주실 단서가 없다는 의미였기 때문입니다.[602] 그러므로 저도 오랫동안(3년 9개월간) 감히 우러러 여쭙지 못했던 것입니다.(퇴계가 그러하다 했으므로 고봉도 어쩔 수 없었다는 뜻임)[603]

(129)想先生閑中深玩, 必益精而益明, 也適因閑寂時復思索, 則頗見前日之說, 有所未究者. 故敢述「後說」一篇「總論」一篇, 欲以仰稟, 而無便未付(양선생왕복서附), 今併上呈. 伏幸鑑察, 何如? [深玩심완; 깊이 완상하다. 깊이 새겨보다. 也適야적; ~도 마침. 저도 물론. 倂병; 나란히. 함께. 아울러.(후설·총론 양편이 아닌, 양편과 비은설을 아울러 함께)]

그러다 생각해보니 선생님께서도 한가한 가운데 깊이 완색하시어 반드시 더욱 精明하셨으리라 여겨지고,(퇴계는 고봉3서 이후 5년 6개월여 동안 사칠 정론을 보이지 않음) 저도 마침 한적할 때를 만나(고봉은 이때 광주에 약 1년여 간 있었음)[604] 다시 사색해 보니 전일의 설에도 자못 궁구하지 못한 바(사·맹과 정·주의 종지에 대해 아직 궁구하지 못한 바)가 있는 것이 보였습니다.[605] 때문에 감히「후설」1편과「총론」1편을 기술(정론을 밝히기 위함이며, 답변을 바란 것은 아님. 퇴계는 이미 마칠 것을 선언했기 때문임)하여 우러러 여쭙고자 했으나 인편이 없어 부치지 못했는데,(그동안 한 달 건너 꾸준히 편지가 오갔으나, 다만 후설·총론을 부칠 믿을만한 인편이

---

602) 심히 낙심한 이유는 고봉의 뜻과 퇴계 절구의 의미는 서로 다르기 때문이다. 고봉의 뜻은 "가르침을 받들어 참된 옳음을 구하고자"(하127) 함이다. 고봉이 자신의 관견을 모두 밝힌 것은 토론을 위함이다. 참된 옳음은 일방의 선언으로는 불가하다. 옳음은 우리 모두의 공리이기 때문이다. "만약 苟同 못하겠다는 것이라면 끝까지 절차탁마로 至當의 귀결을 구해야 함"(하9)이 마땅하다. 그런데 퇴계의 절구인 "저앙은 없고, 갑을이 서로 언쟁한다면, 균정은 없을 것이다"고 함은 본 토론에 대해 이치인 "허이실"을 어지럽히는 언쟁으로 여긴 것이다. 앞으로 토론하지 않겠다 한다. 하지만 고봉은 그동안 인심도심 등의 설도 이미 인가받았거니와, 다만 퇴계와의 직접 토론인 '칠사 문제'만 인가받지 못했을 뿐이다. 고봉은 3년 9개월 전 절구를 받고 망연 낙심했던 이유를 회고함으로써 우리의 토론을 '망연으로 끝낼 수 없음'을 말한 것이다. "無復"는 "물어보면 곧바로 그렇다 하여 더 이상(無復 다른 취지가 없었다"(하103) "더 이상(無復 혼륜 관철의 뜻이 없었다",(하110) "더 이상(無復 必同을 바랄 수는 없겠다"(「문집」권36,「答陸子靜」5, 1577쪽)와 같은 '낙심'의 뜻이다.

603) "오랫동안 여쭙지 못했지만" 이 문제를 지금 비로소 여쭙겠다. 오랫동안 여쭙지 못한 이유는 퇴계가 이 토론을 언쟁으로 여겼기 때문이며, 결국 일방이 그러하므로 이쪽에서도 더 이상 진행할 수 없었던 것이다.

604) 고봉은 서울에서 1565년 5월 27일의 편지를 보내고,(91쪽) 동년 11월 휴가로 광주에 내려와(92쪽.「연보」12쪽) 이후 지금(1566.7.15)까지 8개월여 동안 병으로 서울에 가지 못했다. 1566년 5월 초1일 편지에서 "남으로 와서 1년이 다 되도록 嗣音하지 못했다"(93쪽)고 하고 별지에서 "인심도심의 설"(94쪽) 등의 가부를 물었다. 즉 65년 5월부터 66년 5월까지 편지를 쓰지 못했고, 지금은 광주에 있으므로 "마침 한적한 때를 만났다"고 한 것이다.「고봉3서」는 1561년 1월 16일이고, 퇴계의 절구는 1562년 10월 16일이다. 따라서 퇴계가 사칠 논변을 보내지 않은 기간은「고봉3서」이후 지금까지 약 '5년 6개월'이다.

605) 그간의 칠사설은 서로 "이동이 없지 않다."(하127) 퇴계는 끝내 고봉을 인가하지 않았고, 더구나 퇴계는 절구를 보내 이 논쟁을 그치기를 요구했다. 때문에 고봉은 최종적으로 자신의 설을 정리하고자 한 것이다. 이는 또다시 토론하고자 함은 아니다. 이미 그치기를 요구했기 때문이다. 따라서 고봉은 자신의 최종 정론을 밝힌 것뿐이며, 퇴계도 토론이 아닌 자신의 정론을 밝힐 수 있다. 고봉이 퇴계의 「심통성정도」를 논평하지 않은 이유이다. "궁구하지 못한 바가 있었다"고 한은 그간 토론에서는 사맹 칠·사 종지와 정주의 뜻을 더 명확히 궁구하지 못한 나머지도 있었다 함이다. 고봉의 그간 답변은 퇴계의 각 조항에 따른 논변 위주였기 때문이다.

없었던 것임)606) 지금 아울러 함께(허태휘의 비은설 등 다른 설과 함께 퇴계의 제자 자중을 통해) 올립니다.607) 엎드려 살펴주시기를 바랍니다. 어떠실 지요. [병인(1566년) 7월 15일, 후학 대승배상.]

후설; 칠정의 리를 사단이 빼앗았습니다(지금까지의 논변을 정리한 후설)608)

(130)四端七情之說, 前此認得 "七情之發而中節者, 與四端不異", 故有疑於 "理·氣之分屬." 以爲 "情之發也", "兼理氣·有善惡", 而四端, 則專指其 "發於理而無不善者言之", 七情, 則固指其 "兼理氣有善惡者言之"焉. [認得인득; 인식했다. 인식의 정도 不異불이; 다르지 않다.(중절자와 사단지정의 說이 不異가 아닌, 實인 성과 선이 不異라는 것) 言之언지; 설명하다. 논설하다.(사맹이 자신의 의미로 '논설했다'는 것. "情之發也"의 정은 사람의 자연 느낌으로 '언지'가 아닌 '言'임)]

사단 칠정의 '설'을 저는 전부터609) 줄곧 "칠정의(자사 七情之情의 설 중에서)610) 발하여

---

606) 퇴계의 절구를 받고 더 이상 토론은 불가하며 따라서 최종 후설과 총론을 쓰리라 생각했을 것이다. "일찍이 심히 망연했는데 그것은 더 이상 토론을 계속할 단서가 없다는 의미였기 때문이다"(하128)고 함은 퇴계의 답변을 더 이상 들을 수 없다고 여긴 것이다. "때문에 오래도록 감히 우러러 여쭙지 못했는데", "마침 한적한 때를 만나 다시 사색했다." 한적한 때는 1565년 11월 광주로 내려온 일이다. 66년 5월 1일 퇴계에게 "1년여 만에"(93쪽) 비로소 편지를 보내 "인심도심은 리·기로 분속할 수 없다"(94쪽)고 했다. 퇴계는 "타당하다"(98쪽. 한 달 전) 했고, 고봉은 "인가를 받았다"(100쪽. 본 편지)고 했다. 고봉은 인심도심 등을 먼저 인가 받았으니 아울러 칠사 문제도 인가받고자 한다. "[근래] 인편이 없었다"고 할 수는 없다. 인편이 없었던 것은 퇴계의 "6월 16일"(98쪽) 이후 한 달이며, 근래 퇴고 편지도 대부분 한 달 무렵으로 오갔다. 따라서 "인편을 얻기 어려웠다"(93쪽)고 함은 칠사 토론에 대한 "일 년이 되도록 사음하지 못함"(93쪽) 기간이라 하겠다. "인편이 없었다"(90쪽) 함이 한 달인 경우도 있다. 결국 앞 "다시 修書해서 어떤 사람에게 부치려 했으나 역시 그만 두었는데, 때마침" 믿을만한 퇴계의 제자인 "자중이 퇴계의 手柬을 가지고" 온 것이다.(99쪽) 따라서 인편이 없었던 것이 아닌 「후설·총론」을 부칠 '믿을만한' 인편이 없었던 것이다. 주희는 "인편이 없어서 즉시 답하지 못했다('無便, 不能卽報.' '久無便, 不得報')"(『문집』권36, 「答陸子靜」4, 1566쪽. 권58, 「答鄧衛老」2, 2797쪽)고 한다. 퇴계의 "우선 돌아가는 인편에 간단히 답장을 부친 후"(상224)의 便·報·付의 뜻과 같다.

607) "지금 아울러 함께 올린다"고 함은 이 편지 위에서 논한 "허태휘(허엽. 1517~1580, 자가 태휘, 호는 草堂. 화담의 제자로 허난설헌·허균의 부친이며, 황진이와 동일임. 퇴계에게도 수학함. 1559·60년 2회 성균관 대사성 역임, 62년 경연관 재직, 73년 다시 대사성을 지내며, 이후 동인 영수가 됨)는 중용의 도인 '費隱'을 형이상·하로 분속시켰는데, 나는 '道는 본디 형이상인데 또 어떻게 형이하로 분속할 수 있는가'라고 반박했다. 이것은 숙맥(콩과 보리)처럼 쉽게 분별할 수 있는 일이다"(100쪽)의 설과 아울러 부친다는 뜻이다. "도"를 형이하로 여길 수 없는 것처럼 칠정도 기에 분속할 수 없음은 숙맥과 같다. "인심도심의 [리·기 분속 불가도] 이미 인가"(100쪽)받았는데 이는 "비은"과 같은 간단한 문제며, 「후설·총론」도 모두 같은 의미라는 뜻이다. 두 편은 또다시 논쟁·토론을 하기 위함은 아니다. 퇴계가 "마쳐야 한다"고 했기 때문이다.

608) 퇴계는 그간의 칠사 토론을 "언쟁"(절구)으로 여겨 마치려 하자 고봉은 '그동안의 난제'를 열거하고 스스로 최종 정리하기 위해 「후설」이라 한 것이다. 지금까지의 난제는 "사칠의 리기 논변"(하141)이다. 아래 「총론」은 '주희의 본의'로 정리한 것이다. 「후설」로 본 난제는 크게 4가지로 요약된다. 1)처음부터 "不能無可疑者也"(하131)까지는 사칠을 리·기에 분속할 수 없는 이유이다. 2) "不可不察也"(하132~135)까지는 어류 '리발, 기발'의 뜻을 맹자의 擴而充之와 정자의 約其情이라는 공부의 의미로 해석하면 리·기분속도 의심할 것이 없지만 칠사의 名義는 각기 그 이유가 있다. 3) "此又不可不察也"(하136~137)까지는 칠정 中節者는 和·達道이므로 사단의 善과 다르지 않다. 4) "亦不能無失"(하138~141)까지는 기질지성은 본연의 성이 氣質之中에 타재하며, 기질지성의 善者가 바로 본연의 선이므로, 따라서 칠정의 화도 사단과 동실의 선이다. 마지막 "今敢撮而論之"(하142)는 위 4개 조항만 합치되면 그 나머지는 "必히으로 終歸될 것"이다. 역주자의 제목은 하131의 "칠정의 리 일변이 도리어 사단에게 所占됨"(하30)에 의거했다.

609) 주희는 자신의 설을 수정하고자 할 때 "前此認得"이라 한다. "중용 미발·이발의 義를 '前此'에는 此心의 流行의 體로 '認得'했었

(發 이후) 중절한 것은 사단(四端之情의 설의 선)과 다르지 않다"611)고 인식했고,(리·선은 같으나, 그 가리킨 名義는 '和'와 '확충·성선'으로 전혀 다름)612) 때문에 "리·기로의 분속"은 의혹이 있었습니다.613) 그동안 저는 "정(一情이며 칠정이 아님)의 발"은 "겸리기·유선악"인데,614) 다만 사단(맹자의 四端之情)은 그 "發於理이며 無不善의 것으로 專指해 言之했다"615)고 했고, 칠정(자사의 七情之情)은 진실로 그 "兼理氣와 有善惡의 것으로 指해 言之했다"616)고 했을 뿐입니다.(一情은 목적이 없는 '實'이고, 칠·사는 목적이 있는 '설의 언지'임)

(131)若 "以四端屬之理, 七情屬之氣, 則是七情理一邊, 反爲四端所占, 而有善惡云者, 似

다."(『문집』권64,「與湖南諸公論中和第一書」, 3130쪽. 권67,「已發未發說」, 3266쪽) 당초 이발을 심의 유행으로 여긴 설은 틀리지 않지만 다만 "심·성과 중용 미발·이발의 名命이 未當·不當했다"는 것이다. 왜냐하면 "日用에서의 미발 工夫"가 빠졌기 때문이다. 고봉도 이제까지의 자신의 칠사 논변을 잘못으로 여기지 않는다. 다만 "未詳·未盡"(하132)이 있을 뿐인데, 그것은 "사단의 확충"과 "정자의 그 정을 제약해 중에 합치하도록 함"(하133·134) 등을 논하지 못했다는 것이다.

610) "칠정에서의(七情之)"는 "七情之情"(하51)의 뜻이다. 고봉은 정과 칠정을 구별한다. 一情은 實이고, 자사의 칠정은 그 實을 言之한 설이다. 칠·사는 一情을 각각 둘로 언지한 '설'이나, 一情은 언지가 아닌 '實'이다. 자사는 사람 감정을 칠정으로 설명했을 뿐이다. 고봉은 "七情之"를 "發而中節者"(상5·54·96·98·121·130·160·169. 하24·26·27·58(之)·59·130(之)·136(之)·140(之)·146·149. 이외 색인 참조)와 구분하는데, 모두 '자사의 칠정 중에서'의 뜻이다. 칠정자는 유선·악유인데, 그중 중절자는 '선만 언지'한 것이다. 반면 퇴계의 "七情之發(칠정으로의 발)"(상1·24)은 '기의 발처'이다. 기발이 칠정이다. 이는 자사의 설인 "희노"에 관한 고찰이라 할 수 없다.

611) 고봉은 "四端之情과 發而中節者"(상160)는 동일한 一善이라고 한다. 단 "情上에서 세론하면 四端之發은 不中節者가 있음"(상170·172)의 사단지발은 사단지정이 아닌 '一情 중'에서의 다른 所指이다. 따라서 "맹자는 一情 중에 나아가서 善者로 언지함"(상147)의 '선자'는 맹자 所指인 사단지정이며, 불중절의 소지가 아니다. 즉 자사 칠정지정 중의 중절자(달도·화)와 맹자 사단지정은 그 종지는 전혀 다르나 그 善者는 같다 함이다.

612) 心은 외물에 感해야 정으로 발할 수 있다.(하145) 感於物로 인해서 정으로 발하므로 정은 겸리기이다. "四端之發"(상170)도 "感物者는 칠정과 다르지 않다."(상109) 그런데 一情의 겸리기는 심의 '감어물'을 가리키지만, 『중용』의 칠정은 그것이 겸리기임을 '言之'한 것이다. "발하여 중절한 것"의 '발하여'는 情之發로, '중절한 것'은 칠정지정 중의 중절자인 "화"를 가리킨다. 화는 중절자인 "達道"를 가리키지 확충·성선인 "四端之情"를 가리키지 않는다. 따라서 "다르지 않다"고 함은 '화'의 정과 '사단'의 정은 모두 "리·선으로서의 同實이나 異名"(상130. 하27)이라 함인데, 단 그 名義는 "和"와 "性"으로 전혀 다르다.

613) 고봉은 "사칠을 리·기에 분속하면 단지 칠정만 專指氣가 아닐 뿐이다."(상91·92) "사칠을 리·기에 분속해서 서로 상관없게 한다면 一偏에 기댄 것이다.",(상99) "천상의 달을 달에, 수중의 달을 물에 분속하면 그 설명이 치우친다"(하46)고 했다. 단 대강 사단은 리, 칠정의 기도 가능하고 반대로 사는 기, 칠은 리도 가능하다. 고봉의 지적은 "사칠을 대거 호언해서 사단을 리, 칠정을 기라 하면 칠정의 리를 사단이 점유하고 그래서 칠정이 出於氣가 된 것"(하30)의 의미이다. 왜냐하면 자사의 중절자와 맹자의 사단자는 모두 一理이기 때문이다. "사단지정과 칠정지정이라는 '名'과 '義'는 진실로 각기 所以然이 있다."(하135·151) 사는 성선·확충, 칠은 겸리기·중화를 가리킨다. 그런데 칠정의 겸리기·유선악 "중의 리·선"(상98. 하27·146)은 '화·달도'일 뿐, 성선을 가리키지 않는다. 고봉이 분속을 반대한 이유는 칠정의 中節者와 四端之情은 그 성·선이 "不異"이기 때문이다.

614) "情之發也"(하61)는 '一情으로서의 발처'이다. 주희는 "심의 感으로 성의 欲者가 出하니"(상103) "성의 欲이 이른바 情이며, 정의 感物而動은 자연의 理이다"(상107)고 한다. 정으로의 발은 하나이다. "사람의 정은 '하나이며(一也), 그 정의 겸리기·유선악임"(상3·63·76·77. 하146)에서의 一情은 목적이 없다. "就性上"(하46)의 一性과 같다. 이때의 일정은 칠사가 아닌 사맹 칠사의 근거이다. "情上에 나아간 均의 情(상170·147·148)의 一情이다. 이 일정을 사맹은 각자 소지·목적으로 언지했다. 즉 "사·맹의 [정에] 나아간 바에서의 言之者가 不同"(상3)이 이것이다. 반면 퇴계는 사칠을 혼륜의 겸리기·유선악이라 한다.(상239·260)

615) 맹자의 목적이 있는 "사단지정"이다. 고봉은 "四端之情은 발어리·무불선으로 專指해 언지한 것으로 맹자의 가리킴이다"(상63·147·170. 하146)고 한다. 이때의 사단지정은 「고자상」"性善"으로, 이제까지 고봉이 말한 사단이 바로 이곳이다. 아래는 「공손추상」의 사단인 "擴而充之"(하97)를 고찰한다.

616) 이곳은 자사의 목적이 있는 칠정지정이다. 고봉이 지금껏 논변한 정은 셋이다. 정, 칠정, 사단이다. 정은 칠·사로 언지하기 이전으로, 즉 '情上'의 전체인 均의 一情이다. 이 일정은 칠정, 사단, 정심장의 정 등을 모두 포괄한 것으로, 이외 무수히 설할 수 있다. 자사는 정상의 전체에서 이 '전체를 가리켜 언지'했고 이곳은 "중·화"도 포괄한다. 즉 "자사는 칠정을 겸리기·유선악으로 指해 言之함"(상63·80·147. 하26·30·59)은 자사의 언지이다. 따라서 언지 이전의 일정은 이후의 언지의 칠정과 다르다. 자사가 언지한 칠정은 '목적'이 있다.

但出於氣." 此於言語(퇴계집 語意)之間, 不能無可疑者也. [反반; 뒤엎다. 도리어. 거꾸로.]

그런데 만약 "[선생님처럼] 사단을 리에 분속시키고 칠정을 기에 분속시킨다면,617) 그렇다면 칠정(자사)의 리 일변을 거꾸로 사단(맹자)에게 **빼앗긴** 바가 되어,(자사에서 맹자의 도통이 어긋난 것. 결국 퇴계에 의해 추만 「천명도」 천명·중화의 도형은 곧바로 '기도'가 되고 만 것임)618) 그래서 [전현들이] '유선악' 운운한 것을 마치 단지 기에서 나오는 것처럼 바꾸셨다"(고봉이 앞에서 한 말을 다시 인용한 것임)619)는 뜻입니다. 이는 [추만이 아닌 선생님의] 언어 표현의 사이(퇴계가 분속으로 해석했음)에 의혹이 없을 수 없다는 것입니다.(고봉은 지금 '리·기 분속'을 불가로 이해하지만, 퇴계 본의는 분속이 아닌 반대로 '리·기의 선후 호발'임. 고봉은 이를 상상하지 못함)620)

(132)然以朱子所謂 "四端是理之發, 七情是氣之發"者, 參究反覆, 終覺有未合者. 因復思之, 乃知前日之說 考之有未詳, 而察之有未盡也. [參究참구; 따지고 살펴 묻다. 糾問하다. 反覆반복; 반복해 다시 생각하다. 因인; 의거하다. 근거하다.]

그런데(분속해서는 안 됨을 살펴보고)621) 이로써 주자의 이른바 "四端是理之發, 七情是氣之發"의 것에 대해서도 따지고 살펴서 다시 생각한622) 결과 끝내 [어류의 이 해석은 사맹

---

617) "오로지 불가한 것은 아니다."(하31) 사단은 리, 칠정의 기는 가능하고, 반대로 사는 기, 칠은 리도 가능하다. 단 정은 사·칠 둘만 있지 않다. 그런데 사칠을 리·기에 분속시키면 둘은 서로 상대가 되어 마치 사맹이 상대적으로 언론한 모양이 되고 만다. 더구나 칠사는 모두 一理와 一善인데, 리·기에 분속시키면 하나는 리 하나는 기가 되어 각자 한쪽으로 치우치고 만다는 것이다.

618) "칠정의 겸리기·유선악은 전현들의 정론이 있다."(하30) 자사의 천명·중화는 리이다. 그런데도 사단이라는 설 때문에 "왜 칠정이 갑자기 기 일변이 되어야 하는가?"(하62) 고봉은 이렇게 기 일변으로 여긴 이유를 진단한다. 즉 "사단이 칠정의 리를 빼앗았다"는 것이다. 칠정설 이후 사단설이 나왔는데(도통설) 나중에 나온 사단이 칠정의 리를 편취했다. 퇴계는 사단의 독리를 강조하기 위해 칠정을 사단과 대거 호언했고, 이로써 칠정이 갑자기 기로 바뀐 것이다. 더욱이 추만 「천명도」는 "천명의 중화" 및 "존양·성찰"의 공부를 드러낸 것이다. 자사의 종지이다. 그럼에도 불구하고 퇴계에 의해 「천명도」는 곧바로 '氣圖'가 되고 말았다. 렴계 「태극도」의 '10개 동그라미'가 모두 공자 "태극"인 것과 마찬가지로, 「태극도설」의 "태극유행"을 드러낸 추만 「천명도」 역시 반드시 '리'가 있음이 분명하다.

619) 고봉이 하30에서 한 말이다. 정의 발은 리동·성발이다. 그 성발인 "情上"(상147)에서 자사는 칠정으로 말했고, 前賢도 겸리기·유선악으로 언지했다. 맹자도 자사의 "情中"(상147)에서 리만 척발 지시해서 언지했다. 만약 각각 사단을 리, 칠정을 기에 분속시키면 뒤의 맹자가 자사의 리를 강제로 빼앗은 결과가 된다. 이로써 퇴계는 칠정의 중화를 "기에서 나온 것처럼" 만들고 말았다. 유선악은 잡선악이 아니다. 그 선은 사단의 선과 "不異"(하130)이나, 단 사맹의 "중·화"의 선과 "성선"의 선은 그 가리킴이 전혀 다르다. 그런데 퇴계는 사단만 리발이고 칠정은 氣出이라 하여 둘의 근원(리·기 소종래)이 다르다고 했다.

620) 고봉은 "이는(此於) 천명도에 나타냄에 미진할 뿐 오로지 불가하지 않다"(하31)고 한다. 「천명도」의 "천명"은 자사의 말이며 반드시 리이다. 반면 퇴계는 사칠을 '리·기 분속'으로 여겼다. "언어 표현의 사이에 의혹이 있다"고 함은 "리기발·기기발"이라는 '언어 사이'에 의혹을 둔 것이라 함이다. 언어의 사이가 바로 퇴계의 분속이다. 이렇게 분속함으로써 칠정의 리를 사단에게 빼앗겨서 그 선이 氣出이 되고 만 것이다. 이상이 고봉이 인식한 퇴계의 설이다. 하지만 퇴계 본설은 이와 정 반대다. 퇴계는 사칠을 리기에 분속한 것이 아닌, "리기에 나아가서"(상17·34) "리·기의 선후 호발"로 사칠이 된다고 한다. "리기 二者는 상호 발용한다."(상245) 즉 사단의 선은 칠정의 선과 리·기의 "소종래(리·기의 근원)가 다르다"(상28)는 것이다. 이는 사맹 본설을 해석함이 아니며, 고봉은 이러한 인식을 지금까지도 상상하지 못한다.

621) 위에서 고봉은 분속함으로써 야기된 두 가지 문제를 열거했다. 첫째, 분속으로 인해 칠정의 리·선이 사단의 리·선과 다르게 되었다. 둘째, 분속으로 인해 사단에게 칠정의 리를 빼앗겨서 칠정의 유선악이 마치 氣出이 되고 말았다. 모두 퇴계의 분속에서 생긴 문제이다.

622) 『어류』 "사단시리지발, 칠정시기지발"은 무엇을 말함인가? 즉 어류는 사맹 종지를 어떻게 해석했는가? 이것을 다시 살폈다는 것이

종지에] 합치되지 않은 부분도 있음을 깨닫게 되었습니다.(이 설은 사맹 사칠에 대한 아무런 정
보가 없고, 또 이곳 확충의 사단은 무불선으로 여길 수 없다는 점)[623] 또 여기에 의거해 다시 생각해
본 결과 결국 저의 전일의 설(위 인용설) 또한 [선유에 대한] 고증에 未詳이 있고 살핌에도
未盡이 있음을 알게 되었습니다.(어류 "리발"은 성선이 아닌 확충, "기발"은 자사가 아닌 「정자호학론」
의 의미로 해석 가능하다는 것)[624]

(133) 孟子 '論'四端, 以爲 "凡有四端於我者, 知皆擴而充之." 夫有是四端, 而欲其擴而充
之, 則 "四端是理之發"者, 是固然矣. [擴확; 미루어 넓히다(推廣). 확대하다. 充之충지; 채우다.
살찌게 하다.]

맹자는 사단을 '논'하여 "무릇 나에게 사단이 있음을 알고 모두 확충해야 한다"(「공손추
상」은 "端의 확충"일 뿐, 「고자상」의 "性善"이 아니라는 것)고 합니다.[625] 이렇게 나에게 있는 사단의
'단'을 확충하고자 했으니(맹자 확충장인 四端之發이며, 성선장인 四端之情이 아님) 그렇다면 『어류』
의 "四端是理之發"이라 함도 진실로 당연합니다.(누구나 "있음"을 모두 나의 "성"으로 삼아서는 안

다. 고봉은 그동안 "사단시리지발"을 "발어리, 무불선"으로 여겼는데 이를 다시 생각한 것이다. 왜냐하면 이곳은 『어류』의 「고자
상」 "성선" 조항이 아닌, 「공손추상」 "확충" 조항의 기록이기 때문이다. 또 고봉은 어류 "칠정시기지발"의 의미도 다시 살폈다.
자사의 "희노애락"은 "중·화"를 논했으므로 기발은 아니지만, 이미 드러난 정이므로 기발의 의미도 있다. 이를 살피고자 한다.

[623] "사단시리지발, 칠정시기지발"은 사맹 종지에 관한 아무런 정보가 없다. 리발, 기발 해석도 지당하다. 그런데 사맹의 종지·소지
는 무엇인가? 리발, 기발은 그 일편 해석에 불과하다. "끝내 합치하지 못한 것도 있다"고 함은 맹자 확충을 무불선으로 여겨서는
안 되기 때문이다. 또 '리발 무불선'은 맹자의 所指이지 발처가 아니다. 발처는 乘氣이므로 무불선으로 여길 수 없다. 또 칠정의
'유선악'은 자사 종지인 '중·화'의 '리'를 논함이 아니다. 사맹의 뜻은 심에서의 정이 어떤 역할을 하고 또 그 의미는 무엇인가
에 있다. 정의 "未發"과 "發"를 논한 자사의 뜻은 미발·이발에서의 '심의 역할'은 무엇이며 그 '중절의 화'는 심이 무엇을 '이룰
수 있는가'에 있다. 맹자 "四端之心" 역시 정을 '심'으로 논하여 심의 '확충'과 심의 '성선'을 논증한 것이다. 이렇게 사맹의 정
은 그 말하고자 한 목적의 종지가 있다. 그런데 어류의 리발, 기발은 이러한 사맹 종지가 드러났는가? 리발, 기발은 정으로서의
당연한 것이지 그 종지에 대한 해석은 아니다.

[624] 『어류』 "사단시리지발, 칠정시기지발"은 사맹에 관한 한편의 해석일 뿐이다. 그동안 고봉은 "중절자는 사단과 不異이다. 사단은
발어리·무불선을 專指로 言之한 것이고, 칠정은 겸리기·유선악을 指해 言之했다. 분속하면 칠정의 리를 사단이 빼앗아서 그
유선악이 氣出이 된다"(하130·131)고 했다. 이러한 그동안의 해설은 "고증의 未詳과 살핌의 未盡이 있다"는 것이다. 즉 그동안
자사·맹자와 정자·주희의 칠사설 종지를 모두 고증, 고찰하지 못했다. 사맹 칠사와 어류 리발·기발이 하나로 연관되기 위해
서는 아래와 같이 해석할 수도 있다. 그것은 "정자의 칠정"과 "맹자의 확충"이다. 이외 의미도 많으나 단 이것만으로 사맹의 종
지와 어류의 리발·기발을 서로 연관해 고찰하고자 한다. "시리지발"은 '발'을 논했으므로 「고자상」 "성선"이 아닌 「공손추상」
"확충"의 의미이다. 또 "시기지발"은 자사 "중·화"의 뜻 이외 「정자호학론」 "제약해야 함(約之)"의 의미로 해석할 수도 있다.

[625] 맹자는 정으로 사단을 "論"(상3)했다. 맹자는 一情을 자신의 목적에 알맞게 논설한 것이다. 그런데 "사단은 리의 발이다"라는 설
은 맹자 종지가 없는데, 칠정도 "중"의 리발이기 때문이다. 그렇다면 맹자 종지는 무엇이며 어류는 왜 "시리지발"이라 했는가?
만약 맹자 종지를 고찰하지 않고 리발이라 하면 이는 칠정 리발과 구별이 없게 되고 만다. 때문에 맹자 종지와 "是理之發"을
서로 연관시켜 고찰하고자 한 것이다. 맹자는 측은지심을 「공손추상」과 「고자상」 두 곳에서 논했다. 「고자상」 "성선"은 위에서
고찰했다. "사단은 발어리이며 무불선인 것으로 專指해 言之했다."(윗줄) 그런데 이는 "未詳과 未盡이 있다." 사단은 다른 의미
도 있다. 「공손추상」 사단은 「고자상」 측은과 그 소지가 다르다. "'凡有四端於我者, 知皆擴而充之矣'이니, 이는 마치 불이 처음
타오르고 샘물이 처음 나옴과 같다. 진실로 充之하면 족히 四海를 보호하고, 充之하지 못하면 父母도 섬길 수 없을 것이다."(「공
손추상」6) 주희는 "前篇(「공손추상」)은 이 四者를 仁義禮智의 端이 된다고 했다. 그런데 여기서 端을 말하지 않은 것은, 저기는
그 擴而充之 하고자 함이고 여기는 단지 [인의] 用에 因하여 이로써 그 本體를 드러냈을 뿐이다. 때문에 말에 不同이 있을 뿐이
다"(「고자상」6)라고 한다. 즉 「공손추상」 "惻隱之心은 仁之端也"는 仁의 端(情)으로 말했고, 「고자상」 "惻隱之心은 仁也"는 仁
(理)의 채용에서 그 用處(상160)로 말한 것이다. 「공손추상」은 인의 "단서가 있음을 알고 확충해야 한다"고 한다. 리발이 아니
면 확충해야 할 필요가 없으므로 리발이라 한 것이다.

됨. 다만 "있음"은 '리의 발이므로 확충하라'는 것임.)626)

(134)程子 '論'七情, 以爲 "情旣熾而益蕩, 其性鑿矣. 故覺者, 約其情, 使合於中." 夫以七
情之熾而益蕩, 而欲其約之以合於中, 則 "七情是氣之發"者, 不亦然乎? [旣기; 기왕. 벌
써. 그 후.(발이 아닌 발 이후 드러난 정) 熾치; 불길이 드세다. 치열하다. 人欲이 熾盛하다. 益蕩익탕;
더욱 끓다. 더욱 탕진되다. 約之약지; 제약하는 수양행위를 하다.(이천의 約을 約之로 해석한 것임)]

정자(이천)는 칠정을 '논'하여 "정은 기왕 불길로 드세면 더욱 탕진되어 그 성이 뚫린다.
때문에 깨달은 자는 그 정을 [心이] 제약해서 中에 합치하도록 한다"(「호학론」)627)고 합니
다. 이렇게 [기왕 발현한] 칠정이 불길로 드세면 더욱 탕진되므로 그것(칠정)을 제약하여
中에 합치되도록 하고자한다 했으니(어류 是氣之發은 '기왕 칠정으로 발현해서 불길로 드세진 이후'를
가리키며, 이천 「호학론」 및 주희 「악기동정설」에 '이런 의미도 있다'는 것임)628) 그렇다면 『어류』 "七情
是氣之發"(심이 情을 주재하지 못하면 인욕으로 흐르기 때문에 성찰해서 中에 합치하게 해야 함)의 것 또한
그렇다 해야 하지 않겠습니까?629)

---

626) 「공손추상」은 사단을 "확충해야 한다"고 한다. 고봉은 그동안 "사단지정"과 "사단지발"을 구분했다. "사단지정은 맹자 '可以爲
善'의 用處言之이다."(상160) "사단지정을 밸어리ㆍ무불선으로 삼은 것은 맹자 所指의 言이다."(상170) 이상은 사단지정이다.
"사단지발은 불중절이 있으니 진실로 모두 선이라 할 수 없다."(상170ㆍ172) "성인이 아니라면 그 所發의 사단은 천리를 보장
할 수 없다."(하97) "사단을 무불선으로 여겨 확충하려 하면 선을 밝힘에 未盡하고 力行에도 차오가 있을 것이다."(하97) 이곳은
사단지발이다. "고증과 살핌에 미상ㆍ미진이 있다"고 함은 '사단지발'이다. 성선의 무불선은 논중일 뿐 확충해야 한다고 해서는
안 된다. 나에게 "있는" 정을 "성"의 무불선으로 여길 수는 없다. 주희는 "그 情의 發로 인해서 성의 本然을 볼 수 있다"(「공손
추상」6)고 하는데 이곳이 바로 "所發의 四端"을 "擴而充之하라"(하97) 함이며 어류 "사단시리지발"의 의미이다. "총론"의 "학자
는 四端之發에 확충을 體認해야 함"(하149)이 이것이다. 반면 퇴계는 "사단지발은 순리이므로 무불선이다"(상1)고 했다.

627) 정이천 「호학론」은 퇴고가 앞에서 인용했다. 퇴계는 칠정을 "外物이 그 形에 觸하면 中에서 動하고 境에 緣하여 出할 뿐"(상22)
이라 했고, 고봉도 호학론인 "形이 旣生함에 外物이 그 形에 觸하면 中에서 動한다. 그 中이 動하여 七情이 出한다"(상103)를
인용했다. 퇴계는 '境에 緣하여 出한다'(이 말은 「호학론」에 없음)고 하여 칠정을 "氣之發"이라 했고, 반면 고봉은 '中이 動하여
出한다'고 하여 칠정은 "性之欲者의 出"(상103)의 "性之發"(상101)이라 했다. 고봉은 「호학론」 이어진 부분을 새로 인용하여 앞
"중에서 동한다"고 뒤 "정은 기왕 불길로 드세면 더욱 탕진되어"(「정씨문집」권8, 577쪽)로 둘로 구분한 것이다. 왜냐하면 '중에
서 동한다'고 함은 性出(정의 사실은 성출임)이지만, '기왕 드세짐'은 그 性出 이후 발현자의 일이기 때문이다. 따라서 앞 "중에
서 동함"을 생략하고 『어류』 "시기지발"은 곧 "기왕 드세짐"의 '기왕 발현자(旣發)'로 고찰한 것이다. 그동안 고봉은 자사는 "겸
리기ㆍ유선악을 指해 言之함"(하130)이라 했는데, 여기서는 「호학론」의 이발처가 주희의 "칠정시기지발"의 뜻과 부합한다고 한
것이다. "총론" "학자는 칠정지발에 省察 克治해야 함"(하150)도 같은 의미이다.

628) 고봉은 「호학론」 "七情出焉, 日喜怒哀樂愛惡欲, 情旣熾"를 '七情出'과 '情旣熾' 둘로 나누었다. '칠정출'은 "性之欲의 出"(상103)
인 發의 성출이다. 뒤 '情旣熾'도 앞과 같은 성출이지만, 그중 '旣熾'인 기왕 불길로 드센 정이다. 고봉은 이 '情旣熾'를 "七情之
熾"로 해설하여 기왕 발현해서 '불길로 드세진 칠정'의 의미라 한다. 또 '約其情'의 約을 '約之'라 하여 칠정을 '制約'하는 功夫
(約之)로 해설한다. 기왕 발현된 칠정을 심이 제약하여 "하늘이 내려준 中德(하143)에 합치되도록 공부해야 한다는 것이다. 旣
發에서의 約之이다. 한편 「중용, 수장」 "致中和" 주석인 "戒懼로 約之하고 至靜之中에 無所偏倚에 至하여 그 不失을 守해야 한
다"는 미발의 靜에 約之하면 그 發은 반드시 중절한다 함이다. 미발의 約之인데, 이는 「대학장구, 정심장」 "一有之而不能察, 則
欲動情勝"(상123)의 "欲ㆍ情과 같다. 미발에 人欲의 情이 動하면 "正心"을 이루지 못한다 함이다. 고봉은 앞에서 "動於中"을
"性之欲者出焉"(상103)으로 논하면서 "「호학론」과 「악기」의 설은 같다"(상97)고 했다. 주희도 "「악기」는 도리어 곧바로 好惡의
無節의 處로 말하여 "능히 反射하지 못하면 天理가 滅息된다"(「문집」권43, 「答林擇之」20, 1979쪽)로 한다. "천리가 멸식됨"은
「악기동절설」의 "人欲熾盛, 而天理滅息"의 의미이고, 따라서 「호학론」 "熾"는 곧 '熾盛과 '人欲'의 뜻임을 알 수 있다. 요컨대
"情旣熾"는 기왕의 칠정이고, 心이 그 "칠정을 제약하여 중에 합치하도록 해야 한다" 함이다.

629) 자사는 정 전체인 '겸리기ㆍ유선악으로 指해 言之했다."(하130) 자사는 "중"일 뿐 기발이라 하지 않았다. 그런데 어류는 왜 "시
기지발"이라 했을까? 이를 고봉은 이천 「호학론」으로 고찰한 것이다. 「호학론」에서 "情旣熾"를 논했고 이는 「악기」 "天理滅矣"

(135) 以是而觀之, 四端・七情之 "分屬理氣", 自不須疑. 而四端・七情之名義, 固各有所 以然, 不可不察也. [自不須자불수; 스스로 자명하므로~할 필요 없다.]

이렇게 본다면 사단[지발]과 칠정[지발]의 "리・기 분속"(사단의 已發을 '확충하라', 칠정의 既 發을 '제약하라'가 『어류』 리발・기발의 의미라는 것)은 자명하여 의혹할 필요가 없겠습니다.(자사 칠 정이 아닌, 이천 「호학론」의 칠정은 '제약하라'는 의미도 있으니, 기발이라 해도 가능하다는 것임)630) 그렇지 만 자사와 맹자가 언론한 사단[지정]과 칠정[지정]의 본래 '명칭(名)'과 '뜻(義)'은 진실로 각각 그렇게 말한 이유(종지・목적의 소이연)가 있으니,631) 이점은 살피지 않을 수 없다는 것 입니다.(사맹의 칠・사 종지는 "중화"와 "확충"으로 각자 다르므로 둘은 반드시 구분해야 함. 단, 2설 모두 본원 적 '인류의 창조적 소통'을 긍정함이니 따라서 '제약해야 한다'고 해서는 안 된다는 것)632)

(136) 然而 "七情之 '發而中節者', 則與四端初不異"也. 蓋七情雖 "屬於氣", 而 "理固自在 其中, 其 '發而中節者', 乃天命之性, 本然之體", 則豈可謂 "是氣之發", 而異於四端 耶? [自在자재; 스스로 존재함. 自若으로 존재함.]

와 「악기동정설」 "人欲熾盛, 天理滅息"의 의미와 같다. 이로써 "熾"는 "人欲熾盛"의 뜻임을 알 수 있으며, 既發의 인욕이다. 한 편 또 미발의 인욕도 있다. "人欲은 왜 있는가? 오직 心이 주재하지 못하면 情이 自動하여 인욕으로 흐르기"(『문집』권32, 「問張 敬夫」6, 1395쪽) 때문이다. 즉 미발에 심이 주재하지 못한, 즉 외물과 관계가 없는 情 自動이 곧 인욕이다. 주희는 "정의 병통이 아닌(非情能病之)"(「문장경부」6, 뒷줄) 심이 주재하지 못한 일이라 한다. 결국 "칠정시기지발"은 기로 기왕 발현한 칠정이 인욕 에 흐르므로 '심으로 살피고 제약해서 중덕에 합치하도록 해야 한다' 함이다. 이천은 자사의 희노에서, 그 정이 "인욕에 흐를 것" 을 염려했을 뿐 스스로 칠정의 설을 세우고자 함이 아니다. 『어류』는 그 칠정이 인욕에 흐를 것을 염려했기 때문에 "시기지발" 이라 한 것이다.

630) 『어류』 "사단시리지발, 칠정시기지발"은 사맹 정보는 없지만, 그러나 "발" 의미로 찾자면 그것은 사단의 '已發을 확충하라'와 이 천의 칠정의 '既發을 제약하라'로 이해할 수 있다. 발이므로 모두 이발이다. 리・기로의 "분속도 가능하다." 단, 그 분속이 리・ 기의 "대거 호언"이라는 뜻은 결코 아니다. 사맹 종지는 그것이 理發인가 氣發인가가 아닌 그 정에 대한 목적을 논함에 있다. 사람 느낌은 무엇을 하고, 또 어떻게 공부해야 하는가? 사맹은 사람 감정에 대한 그 의미를 추구해서 사・칠로 名을 붙인 것이 다. 그 의미・목적은 심의 존양・성찰로 가능할 뿐이다. 사맹의 說은 '사단지정'과 '칠정지정' 둘이다. 이러한 名은 그 종지가 분 명하다. 어류를 해석하기 위해서는 반드시 사맹의 언론에 나아가서 찾아야 한다. 만약 그 발처에서 사단의 리를 "확충해야 한다" 와 이천의 칠정을 "제약해야 한다"는 의미로 이해한다면 여기서는 리・기 분속을 의혹할 필요는 없다는 것이다.

631) 심은 外感의 정이 있다. 이 정을 자사는 "중화"로, 맹자는 "확충・성선"으로 논했다. 이로써 "희노애락"과 "측은지심"이라는 칠・사의 名이 나온 것이다. 즉 칠정지정과 사단지정이다. 그 명칭은 '중화'와 '확충・성선'을 논하기 위함이며, 반대로 성선의 칠정, 중화의 사단이라 할 수는 없다. 이렇게 그 "名・義"는 각자 종지가 분명하다. "사단지발의 확충, 칠정지발의 성찰도 사 칠의 名・義와 각기 소이연이다."(하149・150)

632) 사단지발과 칠정지발이 확충과 제약의 뜻이라면 리・기 분속도 가능하다. 단, 사맹이 각기 그렇게 말한 이유(소이연)로 보면 사 칠의 리・기 대거호언은 불가하다. 이곳은 사맹의 사단지정과 칠정지정의 名・義이다. 이 2설은 각각 "중화"와 "성선"이므로, 이 2설은 각자 구분해서 그 종지를 상고해야 한다. 단, 이 2설 모두는 인류의 '창조적 소통'과 '보편적 성선'을 논한 것이므로 따라서 중화 및 성선의 종지를 "제약해야 한다"로 풀어서는 안 된다. 왜냐하면 사맹은 사람의 본연 느낌의 '긍정'을 논했을 뿐, '제약해야 함'의 의미는 아니기 때문이다. 고봉의 "不可不察也"는 모두 8회이며, 모두 퇴계 설을 비판한 것이다. "彼此의 主意는 각기 所在가 있으니, 不可不察也"(상77)는 퇴계와 "所就以言之不同"의 용법이 서로 어긋났음의 비판이다. "도리어 正氣에 累가 된 것으로, 亦不可不察也"(하11)는 퇴계의 조열 비판이다. "대설・인설의 不同이 있으니, 不可不察也"(하49)는 대거・병첩의 비 판이다. "지극한 意思가 있으니, 不可不深察也"(하96)는 사단 불중절의 비판이다. "此意 또한 不可不察也"(하99)는 퇴계의 建 圖・立說의 관점을 정명도의 말을 인용해 비판한 것이다. "병통이 일어난 근원으로, 不可不深察也"(하117)는 호발・상수에 대 한 비판이다. 이곳 "각기 所以然이 있으니, 不可不察也"는 퇴계의 리발・기발은 주희의 리발, 기발과 다름을 비판한 것이다. 뒷줄 "이 또한 不可不察也"(하137)도 중용의 달도는 氣發이 될 수 없음의 비판이다.

그런데 "칠정[지정]에서 그 '발하여 중절한 것(發而中節者)'은 사단[의 선]과 애초 다름이 없습니다."(그 理·善은 진실로 하나라는 것)633) 칠정이 비록 "기에 속한다"634) 하더라도 "리는 진실로 그 가운데 自在하며,635) 그 '발하여 중절한 것(發而中節者)'은 바로 천명의 성이며 본연의 체입니다."(천명지성이 발해서 중절했고, 그 중절자 역시 천명지성임. 천명의 체용이 완성됨)636) 그렇다면 "是氣之發"(칠정은 기로서의 발현자임은 당연함)이라 함도 가능하겠지만 그렇다고 어찌 사단[의 선]과 다르다 할 수 있겠습니까?(그 종지는 전혀 다르나, 그 리·선은 동일함. 만약 다르다면 천명은 맹자에 의해 도통에서 제외되고, 사맹은 서로 교류하지 못함)637)

> (137)來書謂, "孟子之喜, 舜之怒, 孔子之哀與樂, 是氣之順理而發, 無一毫有碍", 及 "各有所從來"等語, 皆覺未安. 夫 "發皆中節謂之和", 而和即所謂 "達道"也. 若果如來說, 則 "達道"亦可謂 "是氣之發"乎? 此又不可不察也. [謂之위지; ~라고 부르다. 所謂소위; 부르는 것. 可謂가위; 부를 수 있다.]

보내주신 논변에서 이르기를 "맹자의 희, 순의 노, 공자의 애·락, 이것은(믿자는 고봉이 첨가) '기가 리를 순순히 하여 발한 것'(퇴계는 '氣之發'이라 한 것임)으로 一毫의 막힘도 있지 않다"638)고 하셨고 또 "각기 소종래가 있다"(퇴계는 '기발로서 근원이 다르다'고 한 것임)639)고 하

---

633) 본 「후론」 서두에서 한 말이며, 이 논쟁에서 수없이 강조한 말이다. 그런데 또다시 거론한 것은 윗줄에서 "확충하라"와 "제약하라"가 사칠의 리발·기발의 의미라면 그 분속은 "의혹할 필요 없다"고 했기 때문이다. 리발은 확충, 기발은 제약해야 한다. 단 리·선은 진실로 하나이다. 겸리기·유선악의 리·선은 반드시 사단과 똑같은 一理·一善이며, 다른 것은 그 宗旨와 所指와 名일 뿐이다.

634) 자사의 희노는 "기에 속"하며 또 "기 분속"도 가능하다.(하135) 칠정은 사람 느낌인 이발이므로 기에 속함은 당연하며, 또 이천의 "칠정을 제약하여 중에 합치하도록 해야 한다"(하134)로 보면 기에 분속할 수 있다. 그렇지만 자사 종지인 천명·중화로 보면 반드시 리를 논한 것이다.

635) 고봉은 "七情이 비록 기를 건넌 것 같지만 리 역시 그 가운데 自在한다"(상64) "리는 기 속에 존재한다",(하119. 상142) "기의 응취한 곳에 리는 곧 그 가운데 존재한다",(하121) "리는 기질 가운데에 타재한다"(하43)고 한다. 칠정을 설사 이천이 "제약해야 한다"고 했더라도 여기에 리는 스스로 自在한다. 때문에 "그 정을 제약하면 중에 합치될(合於中)"(하134) 수 있다.

636) 고봉의 "칠정이 비록 기를 건넌 것 같지만 그러나 리 역시 그 가운데 自在하며, 그 발하여 중절한 것은 天命之性이며 本然之體이다"(상64)를 다시 인용했다. 『중용』 "희노애락"의 "중절"者는 "천명지성"이 발한 것이다. 그 중절자는 곧 천명지성과 본연지체가 그렇게 "自若"으로 나타난 것이며, 본래 없었다면 나타날 수도 없다. "그 중절자는 發於理이며, 중절자인 무왕불선의 선은 사단의 선과 동일하다."(하58·17·146. 상98) 만약 그 중절자가 천명지성이 아니라면 '발하여 중절한 것'의 근거는 상실되고, 결국 "천명지성"과 그 "중절"자는 각자 '다른 일'과 '다른 발'이 되며, "道는 잠시도 離할 수 없음"에 위배되어 "非道"이고 만다. 그 중절자인 달도의 화는 곧 "도의 체용"(상94·95)이며, 이로써 천명지성이 체용으로 완성된다.

637) 칠정은 이발의 발현자로서 기임도 당연하다. 이천의 "제약하라"의 의미라면 칠정의 "기 분속"도 의혹되지 않는다. 단, 기에는 반드시 리가 자재하고, 리는 어디에 있어도 스스로 자약하여 변함이 없다. 칠정은 자사의 설이고, 사단은 맹자의 설이다. 사맹은 사람 느낌을 각자 다른 목적으로 설명했지만, 그 리·선은 하나이다. 따라서 칠정을 "시기지발"이라 해도 그 리·선이 사단과 다르다고 해서는 안 된다. 고봉은 "기의 과불급 없이 자연 발현한 것은 理之本體가 그러한 것",(상12) "중절의 무왕불선의 선과 四端之善은 같다",(하58) "中節者는 천명지성과 본연지체이니 맹자의 이른바 四端者와는 同實異名者이다"(상64)고 한다. 만약 그 선이 서로 다르다면 천명에 근거한 "천명도"는 유학의 선일 수 없고, 천명·중화는 기선이 되며, 또 맹자의 의해서 천명은 도통에서 제외되고 만다. 이로서 사맹은 서로 다른 근원(소종래)의 선이 되어 마음의 교류는 불가함이 되고 만다.

638) 상282의 설이다. 퇴계는 공자의 희·노·애·락에 대해 그 발을 "氣之順理而發"이라 했다. 즉 공자라 해도 그 칠정은 '氣之發'이다. 또 "常人의 희·애 역시 '是氣之順理而發'이다"(상282)고 하여 칠정은 모두 氣之發이라 함인데, 이곳 '順理而', '順理를 빼면

셨는데, 이러한 등의 말씀은 모두 未安으로 느껴집니다.(중용의 和·道가 어찌 기인가? 과연 대본·달도의 천명이 기에서 발했다는 말씀인가?)640) 『중용』에서 "발하여 모두 中節한 것을 '和'라 이른다"고 했는데 그 和가 곧 이른바 "達道"(주희는 화를 천명지성인 性之用, 달도를 道之用이라 함)입니다.641) 만약 과연 보내주신 설과 같다면 자사의 "達道"를 주자가 새롭게 "是氣之發"로 해석할 수 있겠습니까?(주희가 어떻게 중용 천명지성의 "도"를 '시기지발'이라 했겠는가? 위 허태휘를 비판한 비은의 "도"가 반드시 '氣가 아님'과 같음)642) 이 또한 살피지 않을 수 없겠습니다.643)

(138)朱子嘗曰, "論天地之性, 則專指理言, 論氣質之性, 則以理與氣雜而言之", 此正 '理發·氣發之論也 [言言; 언명.(성은 독리이므로 언지인 설명이 아닌 '言'이라 한 것임. 기도 설명이 아님)]

주자는 일찍이 말하기를 "천지지성의 논은 리만 專指해 言함이고, 기질지성의 논은 리와 기를 雜해서 言之함이다"(성설을 리기로 논하는 두 방식임)644)고 했으니, 이것이 바로 [어

퇴계 「천명도」의 "七情氣之發"이 된다. 퇴계 본문은 '是'자가 없는데 고봉이 새로 넣었다. 칠정자는 곧 '기의 발이다(是)'고 함이 더 명확한 표현이기 때문이다. "칠정"이라는 者는 '명칭'이지만, "시기지발"은 '설명(言之)'이며, 이 둘은 동일 개념이 아니다. 퇴계는 '기가 직접 발함'의 뜻이고, 고봉은 '기로서의 발현자'의 뜻이다.

639) 퇴계는 "二者(사칠)는 비록 리기를 벗어나지는 않지만 그 소종래에 因한다면 사는 리, 칠은 기이다"(상28) 했고, 또 "공문은 갖추지 않았고 자사도 그 全으로 말했다. 사의 소종래를 기왕 리라 했으니 칠의 소종래는 기가 아니면 무엇인가?"(상274)라고 했다. 사단의 소종래는 리가 분명하므로 칠정의 소종래는 기이다. 그 이유는 소종래인 그 리·기가 다르기 때문이다. 이는 그 가부 여하를 떠나 소종래라는 용어부터 고봉의 용법과 전혀 다르다. 퇴계의 소종래는 리·기이다. 때문에 고봉은 "같은 一語인데, 피차의 主意는 각기 다르다"(상77)고 하여 그 主意를 지적했다. 고봉의 소종래는 리·기가 아닌 '사·맹'이다. 퇴계의 위 논술과 같다면 공문의 자사는 퇴계의 소종래설을 따르지 않은 것이다.

640) "未安"은 그 설이 치우쳐서 '안정되지 않다' 함이다. 퇴계는 공자의 희·노·애·락의 소종래를 氣之發이라 한다. 그렇다면 과연 자사의 천명, 미발, 중화, 대본, 달도가 기이며, 기의 발인가? 퇴계는 자사의 '名·義'와 '說'로 해석하지 않고 스스로 칠정의 발처를 찾아 "모색(하63)했다. 즉 「어류」 "시기지발"을 중용설로 '해석·설명'하지 않은 것이다. 퇴계와 같다면 희노의 달도인 도의 용은 기에서 나온, 뿌리 없는 도(非道)가 되고 만다.

641) 『중용, 수장』은 "發而皆中節, 謂之和 …和也者, 天下之達道也"(상93)이다. 주희는 『장구』에서 中節한 것을 "情之正"이라 하고 "乖戾한 바가 없기 때문에 和라 이른다"고 하면서, "大本者는 天命之性이다. 天下之理가 모두 여기로 말미암아 나오니 道之體이고, 達道者는 성을 따름을 이르니 道之用이다"라고 한다.(상94) 따라서 和는 천하의 達道이며, 그 중절자인 達道의 소종래는 곧 大本인 "天命之性"이다. 또 주희는 "以其用而言之, 則曰和(용으로 설명하면 화임)"(「중용수장설」)라 하여 화를 天命之性의 작용이라 한다. 따라서 달도의 화는 천명지성의 작용인 도이며, 도는 결코 기가 발한 것이라 할 수 없다.

642) 「來書」 이하는 퇴계설의 모순을 강조하기 위해 일부러 '작은 글씨'로 앞뒤를 구별했다. 이 문제에 관해서는 이미 「고봉3서」에서 "기의 順理로 발하여 조금의 막힘도 없는 것, 이것이 곧 주자의 '시리지발'이다"(하63)고 하여 주희는 기발이 아닌 '순리의 리발'이라 했다고 한다. 작은 글씨로 강조한 이유는 '허태휘의 설과 비교하기 위함이다. 특히 이 부분을 잘 살피라는 뜻이다. "지난날 서울에 있을 때 허태휘를 만났는데, 그의 논설은 너무 많이 어그러져 이루 다 변박할 수도 없을 지경이었습니다. 심지어 그는 『중용』 '비은'을 형이상과 형이하로 분속시키기까지 하여 제가 강력히 변박했습니다. 『주역대전』에서 '형이상을 道라 하고 형이하를 器라 한다' 하고, 『중용』에서 '군자의 道는 費하고 隱하다'고 합니다. 도는 진실로 형이상인데 어찌 형이하의 것으로 분속하겠습니까? 이것은 숙맥처럼 쉽게 변별할 수 있는 문제입니다",(100쪽) "바라건대 통렬히 분석하시어 사실을 종식시키고 파행을 막는 계책으로 삼으십시오"라고 하면서, 이어 "감히 「후설」 1편과 「총론」 1편을 기술했는데, 지금 아울러 이 [비은]편과 함께 부치오니 살펴주십시오."(101쪽)라고 했다. 중용의 "달도"는 도의 용이므로 당연히 천명지성의 발이며, 당연히 '시리지발'이다. 마찬가지로 『중용』 "도"인 "비은"(「12장」)도 형이하가 될 수 없다. 어떻게 주희가 중용 "달도"를 '시기지발'이라 했겠는가?

643) "이 또한 불가불찰야"는 중절자의 중화는 사단의 선과 동일하고, 또 천명지성의 달도는 결코 기에서 발한 것이 될 수 없다는 비판이다. 글자를 작게 한 조항은 "허태휘의 비은을 상·하로 분속한 것"과 같다는 의미이고, 그래서 글자를 다시 본래대로 함으로써 앞 퇴계의 "중절자"(상136)와 지금 허태휘와 같은 "달도"(상137)를 모두 살피지 않을 수 없다 함이다. "비은"과 위 인용설은 모두 『중용』설이다.

644) 상60 주희의 설을 다시 인용했다. 성설을 리기로 논하는 방식이다. 천지지성은 리만 言함이고, 기질지성은 잡으로 言之했다.

류의] '리발, 기발의 논'(마찬가지로 정설을 리기로 논하는 두 방식. 퇴계가 먼저 인정한 것임. 어찌 주희가 자사 본설인 중화의 칠정을 '치우친 기'로 해석했겠는가?)입니다.645)

(139)大升曾引此語, 以爲 "是理之發者, 專指理言, 是氣之發者, 以理與氣雜而言之"者, 無甚碍理. 而不蒙察納, 無乃下語不著而然耶? 來辯(퇴계집 辨)所謂 "情之有四端・七情之分, 猶性之有本性・氣禀之異"者, 與鄙見似不異. 未知其何以不察, 以爲 "本同而趨異"耶? [無乃무내; 어찌~이 아니겠는가? 下語하어; 語로 설명한 것.('시리지발' 및 '전지리언' 등의 논) 不著불착; 논이 서로 맞지 않다. 논이 서로 부착되지 않다. 其何以기하이; 왜. 어째서. 그 무엇 때문에.(其는 어기를 강하게 한 것임)]

대승도 일찍이 이 語(논)를 인용해서 "是理之發은 리만 專指해 言함이고, 是氣之發은 리와 기를 雜해서 言之함이다"(리・기로 하어한 주희의 두 논을 고봉이 조합한 것임)646)라고 했는데 이는 이치에 심한 장애가 없습니다.(이 조합을 퇴계가 먼저 인정했기 때문임)647) 그런데도 선생님의 인가를 받지 못했는데,(퇴계는 본설인 사실과, 그 논인 리기를 구분하지 않음)648) 그것은 어찌 이러한 두 下語(논)가 부착되지 않아서 그런 것이 아니라 하겠습니까?(퇴계가 먼저 주희의 '두 조합'을 인용했고 이 두 조합이 부합된다면 문제는 스스로 해결된다는 것)649) 보내오신 논변의 이른바 "정

一性에 대해 리기로 논하면 주희와 같다. 성의 설인 성선지성, 천지지성, 천명지성, 본연지성 등은 모두 그 소지가 각자 다르다. "言은 리는 '설명'이 아니고, "言之"는 그 가리킴이 '기 속의 리'이기 때문이다.

645) 퇴계가 먼저 "정의 사・칠의 分은 성의 '본성・기품'의 異와 같다"(상21)고 했다. 때문에 고봉은 사칠의 리기 해석을 위해 주희의 본성・기품의 리기 해설의 예를 든 것이다. 주희에 의하면 "전지리언"과 "리여기잡이언지"이다.(상60) 즉 천지지성은 "專言", 기질지성은 "雜而言之"이다. 그렇다면 퇴계도 인정한 바와 같이 사칠 역시 이와 같아야 한다. 칠정의 기에는 반드시 "천명, 중화, 달도"의 리가 자재해야 하기 때문이다. 어류 "리발, 기발" 역시 이와 같이 해석해야 한다. 주희가 어찌 자사의 칠정을 단지 '치우친 기(偏氣)'라 했겠는가?

646) 상60의 말이다. 『어류』 "시리지발, 시기지발"은 사칠에 관한 리기로의 下語이다. 주희의 "전지리언, 리여기잡이언지"도 천지・기질지성에 관한 리기의 하어이다. 다른 하어도 가능하나, 주희는 단지 이렇게 하어했고, 이는 퇴계가 먼저 인정했다. 그렇다면 퇴계는 "기발"은 곧 주희의 "잡언지"의 하어 방식을 인정한 것인데, 이것이 바로 지금 토론 주제이다. 여기서 합치된다면 사칠의 '리기 분별' 토론은 문제가 해결된다. 그런데도 퇴계는 칠정을 "기발의 偏指"라 한다는 점이며, 때문에 고봉은 "출입이 있다"(상136)고 한 것이다.

647) 『어류』 "시기지발"은 下語의 논이다. 논이므로 "是"자를 쓴 것이다. 반면 퇴계의 "기발"은 논이 아닌, '발처'로서의 實이다. 칠정 해석을 위해서는 논해야 할 뿐, 기발의 實이라 해서는 안 된다. 그런데도 퇴계는 기질지성을 "기"라 하면서 그 칠정을 "기의 발"이라 한다는 점이다. 이는 자사의 칠정 '본설'은 물론이거니와 주희의 '下語로서의 해석설에도 맞지 않는다. 고봉은 이 문제를 상상하지 못한다.

648) 퇴계는 "본동이나 다름으로 나아갔다(추이)"(상230)고 했다. "추이"는 기질지성과 칠정은 기, 기발, 주기, 專氣라 함이다.(상243) 과연 주희의 논은 기발, 전기인가? "시기지발"은 논이므로 이는 자사 '본설'에서 어긋나지 않아야 한다. 더욱이 "기"는 '言', "시기지발"은 '言之'라 해야 한다. 언은 實이고, 언지는 설명이기 때문이다. 퇴계는 "기질지성은 기를 가리켜 언한 것"(상242)이라 하는데 이는 實의 언, 說의 언지를 구분하지 않은 것이다. 주희는 결코 자사의 칠정 본설을 '실로서의 기지발'이라 할 수 없다.

649) 퇴계에게 인가 받지 못한 이유는 무엇인가? 그 원인은 '기지발과 잡리기' 둘이 서로 부합하지 않아서이다. 퇴계는 "사・칠의 分은 본성・기품의 異와 같다"고 했다. 그렇다면 주희의 본성・기품의 異가 무엇인지를 고찰하면 문제는 스스로 해결된다. 주희는 기질지성을 잡리기의 '언지'라 했다. '논'이다. 그렇다면 "시기지발"도 논이 되어야 한다. 왜냐하면 "是氣之發"은 칠정 본설에 대한 '해석'이기 때문이다. 때문에 고봉은 위에서 "리기의 雜言之"라 한 것이다. 문제는 퇴계의 [각각 리・기로] 분별 언함](상245)은 '리・기의 언과 그 '설명인 언지'의 구분이 없다는 점이다. 퇴계의 "칠정은 기의 발이다"는 자사는 물론이거니와 주희도 이렇게 논할 수 없다.

에 사단·칠정의 分이 있음은 마치 성에 본성·기품의 다름이 있음과 같다"(칠정을 기질지성과 같다 하셨고, 성은 기가 아니다. 그렇다면 칠정에 리인 천명이 있음은 자명하지 않는가?)650)고 하신 말씀은 저의 견해와 다름이 없는 듯합니다.(이미 이렇게 말씀하셨으니 이는 고봉과 같음이 됨)651) 모르겠으나 그런데도 무엇 때문에 이것은 살피지 않으시고 "본동인데 다름으로 나아갔다"고 하십니까?(이미 '같음'이 되었는데, 왜 또 갑자기 '다르다'고 하십니까? 주희의 논을 따른다 하면서도 왜 또 '치우친 기'라 하여 주희를 거부하십니까?)652)

(140)夫所謂氣質之性, 以 "理與氣雜而言之"者, 蓋以本然之性, 墮在氣質之中, 故謂之(퇴계집 之 없음) "雜而言之." 然氣質之性之 '善者', 乃本然之性, 非別有一性也. 然則 鄙說, 謂 "七情之發而中節者, 與四端同實而異名"云者, 疑亦未害於理也.

이른바 기질지성을 "리와 기를 섞어서 言之했다"고 논한 것은 '본연의 성이 기질 가운데에 타재함'이기 때문에 "섞어 言之했다"고 합니다.(기질지성의 '성설' 논설임. 반면 퇴계의 "독기"는 '설'과 '실'을 구분하지 않음)653) 기질지성의 '善者'가 결국 본연의 '性'이므로 별도의 다른 성이 있는 게 아닙니다.(성설은 무수하지만 모두 一性·一善임)654) 따라서 저의 설인 "칠정의 발하여 '중절한 것'은 사단과 同實인데 異名이다"(이름은 "화"와 "사단"으로 다르지만, 선은 '實' 하나임)655)고 운운한 것 역시 이치에 해로움이 없는 듯합니다.(천명의 선과 사단의 선이 리·기 둘의

---

650) 퇴계는 "사·칠의 分은 본성·기품의 異와 같다"(상21) 했고, 고봉은 이를 상59에서 인용했다. 퇴계도 칠정의 리기 해석은 기질지성의 리기 해석과 같다고 한 것이다. 주희가 기질지성을 "리기 雜而言之"라 했음을 위와 같다. 잡이언지라고 한 것은 '기'가 아니라 함이다. 그렇다면 결국 칠정 해석이 '홀로 기'가 아님도 자명하지 않는가? 자사 칠정은 "천명·중화"가 있기 때문이다.

651) 고봉도 "이 말씀은 심히 마땅하며, 바로 주자의 말씀과 더불어 상호 발명한 것이다"(상59)고 했다. 그런데도 퇴계는 "기질지성은 잡리기라도 氣를 가리켜 언지함"(상242) "성이나 정도 [리·기로] 분별 언지할 수 있다"(상245)고 하니 이는 퇴계 자신의 "본성·기품의 異와 같다" 함을 스스로 어긴 것이다. 왜냐하면 기질지성의 논은 잡리기의 언지일 뿐 '기 홀로'(言)가 아니기 때문이다.

652) 퇴계의 "사·칠의 分은 본성·기품의 異와 같음"에 고봉은 동의하며 따라서 "서로의 견해에 다름이 없다." 그런데 퇴계의 "다름으로 나아감(추이)"(상230)은 기질지성은 "기", 칠정은 "기발"이다. 그렇다면 고봉의 "칠정은 기질지성의 언지와 같다"에 대해 "살피지 않으신 것"이다. 퇴계 스스로 '칠정의 리기는 기질지성의 리기와 같다' 했고 이는 주희 및 고봉과 같다. 그런데도 무슨 이유로 "다름으로 나아감"이라 하시는가? 이미 주희를 따른다 하고 왜 또 다시 "기질지성은 獨氣, 칠정도 專氣"를 주장하여 스스로 거부하는가? 언어에서도 문제다. 기질지성은 설이므로 言之이고, 기는 實의 언이다. 반면 퇴계는 기를 언이라 하고, 또 사칠을 別이 아닌 리·기의 分이라 한다.

653) 정·장의 이른바 기질지성의 설은 성을 "리기로 言之"함이다. 성은 實 하나인데, 기질지성의 설은 '리가 기에 있음'으로 논설한 것이다. 성의 설은 실체가 아닌, 언지로서의 설이다. "타재해 있음"을 가리키므로 "言之"로 표현한 것이며, 성의 실체(言)는 '언지'라 할 수 없다. 성은 설명(언지)의 존재는 아니기 때문이다. 따라서 기질지성은 성의 설이므로 '기'라는 '실체'가 아니다. 반면 퇴계의 기질지성의 "독기"(상35)라 함은 '설'과 '실'을 구분이 없다. 기질지성의 성설이 어찌 '기'이겠는가?

654) 성은 一性 하나이나, 그 性說은 여럿이다. 일성을 잡리기로 논하면 기질지성이고, 성선으로 논하면 성선지성이며, 천명으로 논하면 천명지성이고, 본래 그러한 변함없음으로 논하면 본연지성이다. 기질지성, 성선지성, 천명지성, 본연지성 등은 다만 一性에 대한 제설이며, 단 그 善者는 모두 一善이다. 따라서 기질지성의 善者는 성선지성의 善者와 동일하며 "따로 一性이 있지 않다."(하43) 달에 비유하면 "천상의 월과 수중의 월은 一月을 分別言之한 것뿐 별도의 一月로 있지 않다."(하46)

655) 고봉은 "중절者는 天命之性·本然之體이니 맹자의 이른바 四端者와는 同實이나 異名의 者이다"(상64)고 했다.(상130. 하24·27) 본 「후설」에서도 "중절자는 사단과 不異하다.(하130) "중절한 것은 天命之性·本然之體니 어찌 사단과 다르겠는가"(하136)라고 한다. 중절한 것은 천명지성이며, 천명지성의 작용이다. 따라서 천명지성은 성선지성과 별도의 다른 '성·선'이 아니다.

소종래로 다르다면, 자사와 맹자의 도통은 불가함)656)

(141)第於四端七情, 理氣之辯(퇴계집 辨), 不能斷置分明, 故其說頗倚於一偏, 而辭氣之
間, 亦不能無失. [第제; 그런데. 다만. 頗파; 자못. 심하게. 몹시. 辭氣사기; 말의 기운.]

사단 칠정에 관해 리·기로 각각 논변할 수는 있겠지만(이 후설 주제임. 사맹 본설을 리기로
논변 해석한 것은 정주임)657) [리·기로] 분명하게 끊어 배치할 수는 없습니다.(퇴계는 리·기로
끊어 배치했을 뿐만이 아닌, 리·기의 호발로 사칠이 된다 함. 고봉은 이점을 상상할 수 없음)658) 때문에
그 설이 심하게 '한편으로 치우치게(倚於一偏)' 되고 말았고659) 그래서 말의 기운 사이
에서도 또한 그 미끄러진 실수가 없을 수 없게 된 것입니다.(리·기 편중 상태에서 리·기의
"동인·서인"으로 나누어 서로 싸우는 형국임)660)

(142)今敢撮而論之, 仰稟, 批誨焉. 其他詞句之未當者, 今不暇一一剖析, 以祈鐫鑿. 亦以
大者旣同, 則其小者無俟於强詰, 而終歸於必同也. 伏乞明賜回諭, 幸甚幸甚. [撮而論

칠정 겸리기의 리는 천명지성의 중화이고, 사단도 리이므로, 이 둘의 리는 "同實"이다. 다만 "異名" 이유는 中節者의 정은 "화", 四端者의 정은 "측은지심"으로 다르기 때문이다. 반면 퇴계는 "사칠은 겸리기, 동실이명"(상238)이라 하는데 이는 논, 설, 명, 실을 구별하지 않은 것이다.

656) "이치에 해로움이 없기" 위해서는 칠정의 천명지성과 사단자는 一善과 一性이어야 한다. 리는 하나이지만 설은 "천명"과 "사단" 둘이다. 선은 하나라 해도 "중화"와 "화충"은 다르다. 만약 善과 性이 각자 다르다면 이는 '이치에 어긋남'이 되고 만다. 때문에 고봉은 중절자와 사단자는 선은 동실, 이름은 이명이라 한 것이다. 반면 퇴계는 "異名 이유는 실제로 리발·기발의 分 때문"(상264·268)이라 하는데, 그렇다면 異名 이유가 '리·기'가 되고, 이치도 둘이 되어 "道理는 無二致"(하8)에 어긋나고 만다.

657) 이제까지 위 「후설」은 모두 사칠을 리·기로 분속해 해석했을 때의 문제점을 열거했다. 본성·기품을 리기로 논함은 가능하고, 칠사 역시 리기로 논할 수 있다. 주희는 기질지성을 "리기잡"으로 천지지성을 "전리"로 논했고, 「어류」도 "사단시리지발, 칠정시 기지발"로 논했다. 문제는 칠·사는 사맹 본설이고, 주희는 이 본설을 리기로 해설했다는 점이다. 주희의 리기 해설을 따르기 위해서는 그것이 사맹 언론에 어긋나지 않아야 한다. 사맹의 "名·義"는 그 이유가 있고"(하135) 칠정의 "달도를 氣之發, 氣일 수는 없다."(하137) 이는 사칠을 리·기에 분속하면서 생긴 문제이다.

658) 칠사 본설을 퇴계는 리와 기로 분명하게 끊었다. 퇴계는 "사칠을 대거호언"(상6) "對擧 併疊"(상243·264)해서 각각 "리지발, 기지발"(상243)이라 하고 "사의 소종래는 리, 칠의 소종래는 기"(상274)라 한다. 문제는, 퇴계의 "리지발" 및 "소종래"는 사칠의 리·기 분속이 아닌, 반대로 리기가 스스로 발해서 사칠이 된다고 한다는 점이다. 퇴계는 기가 발해서 칠정이 된다고 하며, 그래서 "천명지성" "대본" "중화" "달도" 등을 모두 '기발의 독기'라 한다. 이는 분속도, 해설도 아닌, 퇴계 자신의 "소종래(근원)"로서의 "리기 선후 호발설"이다.

659) 고봉은 倚於一偏을 수차 지적했다. "지나치게 리·기로 分開해 設去하여 결국 專指氣라 한 까닭에 그 설이 매우 倚於一偏이 되었다."(상92) "四端者는 칠정 중의 리·善이다. 그런데도 사칠을 리·기에 분속해서 서로 상관없게 했으니 '倚於一偏'라 하겠다."(상98·99) "회유의 설은 偏倚의 폐단으로, 지나치게 리·기로 分說한 실수이다."(하117) 칠사는 사맹의 "名·義"(하135)이고, 정주가 리기 해설했다. 그런데 리기 해설을 위해서는 그 리기가 칠사 名義에 합치해야 한다. 어류 "시기지발"도 가능하나 칠정이 기의 의미만 있지 않다. "달도"는 기 혹은 기에서의 발이라 할 수 없다. 이상이 고봉이 생각하는 퇴계의 폐단인데, 그러나 퇴계 본의는 "리·기가 각자 호발해서 사칠이 된다" 함이다. 고봉은 이를 상상할 수 없다.

660) "辭氣之間"은 위 "사칠을 리·기에 분속하면 칠정의 리를 사단에게 빼앗기게 되어, 出於氣가 되었으니, 이는 言語之間에 의혹이 없을 수 없다"(하31)의 언어지간과 같은 의미이다. 또 "분연히 왕복하는 즈음 그 의미와 기상이 辭氣에 의해 해침이 될 것이다"(하112)와 "다만 저는 한갓 辭氣에 의해 도리의 방해됨이 없을까 두려워 떠는 것만은 아니다"(하17)의 사기와 같은 의미이다. 이와 같이 "미끄러진 실수"가 생긴 이유는 사칠을 리·기로 끊음으로써 "각각 한쪽으로 치우치게 되었기" 때문이다. 이를 "편중이 있다"(하13)고 한다. 이로써 사단의 리는 "동인", 칠정의 기는 "서인"으로 각자 나뉘어 서로 "저앙 경측을 다툼" 것이다.(하13~15)

之刴이론지; 요점을 간추려 결론으로 논하다. 詞句사구; 낱말과 글귀. 문구. 어귀. 鐫鑿전착; 끝가지 새겨 캐묻다. 본래의 의미를 파헤치다.]

지금까지 감히 중요한 것만 간추려 논해서 우러러 여쭈었으니,661) 비평하여 가르쳐 주십시오. 기타 어귀의 마땅치 못한 것(성·정에 대해 리기로 하어한 퇴계의 여러 논변)들에 대해서는 지금 일일이 분석하서서 그 본의에 대해 캐묻기를 기원할 겨를이 없습니다. 큰 것(사맹의 중화와 성선·확충, 정주의 리기 해설을 먼저 고찰해서 인정해야 함)에서 기왕 같다면 그 작은 것(우리의 소소한 리·기 분속 등의 여론)은 억지로 따짐을 기다릴 것도 없이 끝내 반드시 같음으로 귀결662)될 수 있기 때문입니다.(퇴계의 '리기 소종래의 호발설'은 사맹 본설과 전혀 다르므로, 사실은 "같음으로 귀결"될 수 있는 문제가 아님. 퇴계의 새로운 '창조설'이기 때문임) 엎드려 바라옵건대 밝게 가르쳐 회답해 주시면 매우 다행이겠습니다.

총론; 칠정·사단 두 설을 리기로 혼합해서는 안 됩니다(주희의 설로 정리한 총론)663)

(143)朱子曰, "人受天地之中以生, 其未感也, 純粹至善, 萬理具焉, 所謂性也. 然人有是性, 則卽有是形, 有是形, 則卽有是心, 而不能無感於物. 感於物而動, 則性之欲者出焉, 而善惡於是乎分矣. 性之欲, 卽所謂情也."[動동; 中에서 心의 性이 움직임.(發과 같은 뜻. 靜은 생각·느낌이 없는 일용의 이발심인데, 情으로는 미발임. 생각·느낌은 情의 이발임)]

---

661) 본 「후설」은 그동안 사칠을 리기로 논변함에 있어 문제된 몇 가지를 열거했다. 1)사칠을 리·기로 끊을 수는 없다. 2)어류 "사단시리지발"은 "공손추상" "확이충지"의 뜻이고, "칠정시기지발"은 "호학론" "合於中"의 뜻이다. 3)칠정 "중절자"인 '화'의 선은 四端의 선과 동일하고 '달도'는 '是氣之發'일 수 없다. 4)칠정 기발은 기질지성 下語인 잡리字 언지와 같다.

662) 고봉은 "已同者는 정주의 大節目이고, 未同者는 우리의 소소한 여론이다. 따라서 已同으로 그 未同을 따지면 未同者도 끝내 同歸할 것이다",(하6·8) "[사칠의 리·기] 편중을 해결하면 同歸할 것이다"(하14)고 한다. 우리의 토론은 사맹 본설과 정주 해설의 그 기본에 이견이 없어야 한다. 지금 토론은 선유 본설에 근거하기 때문이다. "큰 것이 같다면"은 칠정은 천명·중화의 겸리기, 사단은 확충·성선의 리이다. 이곳이 인정되면 칠정의 리, 사단의 기도 가능하다. 사맹 종지를 이해한다면 그것을 다시 리, 기, 겸리기 이외 무한히 논의될 수 있다. 문제는, 퇴계는 사맹 종지를 고찰하지 않고 먼저 "리기가 선후로 호발해서 사칠이 된다"고 한다는 점이다. 이는 리·기 분속 문제가 아닌, 사맹 및 정주 본설과 전혀 다른 새로운 '창조설'이다. 이러한 인식은 "동귀로 귀결"될 문제가 아닌데, 왜냐하면 호발설은 사맹도 상상할 수 없는 일이기 때문이다.

663) 본 「총론」은 주희의 3개 설을 인용해서 칠정과 사단의 의미를 요약하고자 함이다. 주희는 사람 느낌과 그 칠·사 2설을 어떻게 해석했는가. "주자왈"은 3개이다. 1) "주자왈; 사람은 천지의 中을 받아 生했다"로 보면 정은 겸리기·유선악임을 可知할 수 있고, 사단은 발어리이며 무불선임을 可知할 수 있다. 2) "주자又왈; 사단시리지발, 칠정시기지발"의 의미는 사단지발은 확충하라 함이고, 칠정지발은 省察 克治하라 함이다. 3) "주자왈; 진실로 相似處는 있다"고 하면서도 그 상사를 말하지 않은 것은 칠정 사단의 설은 '사맹이 각자 一義를 발명한 것'이기 때문이니, 따라서 이 2설을 병거해서 대설로 삼아서는 안 된다.

주자는 말하기를 "사람은 천지의 中(미발·이발의 중덕)을 받아 태어났고 그 '未感(심이 외물에 미감했을 때)'에는 순수 지선으로 萬理를 다 갖추었으니 이른바 性이다.(중용 미발설과 같음)[664] 그런데 사람이 이 성이 있으면 곧 이 형체가 있고, 이 형체가 있으면 곧 이 心이 있어서 感於物이 없을 수 없다. 感於物로 動하면 性之欲이라는 것이 나오는데,(理之發) 선악은 여기서 나뉜다. 性之欲이 곧 이른바 情이다"(「악기동정설」임)[665]라고 합니다.[666]

> (144)此數言者, 實釋「樂記」動·靜之義. 語雖約, 而理則該, 其於性情之說, 可謂竭盡
> 無餘蘊矣. 然其所謂 "情"者, 乃(퇴계집 乃 없음) "喜怒哀懼愛惡欲"之情也, 與
> 『中庸』所謂 "喜怒哀樂"者, 同一情.(퇴계집 也 있음) [竭盡갈진; 모두 다 포괄하다.]

이 몇 마디 말은 「樂記」 동·정의 뜻을 풀이한 것입니다.[667] 언어는 비록 요약 되었으나 이치는 다 갖추었으니, 성·정의 설에 있어 여온이 없이 모두를 다했다고 하겠습니다.(반면 퇴계는 '리·기의 선후 호발로 사·칠이 된다'고 함. 이는 위와 전혀 다른, 퇴계의 창조설임)[668] 그 이른바 "情"이 곧 "희노애구애오욕"의 정이며, 『중용』의 이른바 "희노애락"이라는 것과 동일한 정입니다.(같은 中의 發인데, 그 소지는 반대임. 중용은 미발의 '존양 공부처'이고, 악기는 이발의 '불중절처'로 논함)[669]

---

664) 이곳까지는 「악기」 "人生而靜, 天之性也"를 풀이한 것이다. "人生"을 주희는 '人은 天地의 中을 받아 生했다'고 하는데 이때의 천지의 중은 미발의 中德, 이발의 和德을 포괄한 '온전의 中'이다. "靜"은 '未感에서 순수지선의 萬理를 갖춘' 미발이다. 즉 미발의 中은 未感의 靜으로 순수지선의 萬理를 갖추었다. "天之性(하늘의 성)"이 '所謂性(이른바 성이다)'이다. 이때는 미발의 성이다. 주희는 "만약 靜字로 [성을] 形容한다면 도리어 性字는 치우친다"(『문집』권42, 「答胡廣仲 4. 1900쪽)고 하여 성은 이발까지 포괄해야 한다고 한다. 미발의 "이른바 性"이 감물하면 비로소 "이른바 情"이 된다. 정에도 성의 和德이 있으므로 이 성까지 포괄해 논해야 한다.

665) 앞서 고봉은 「악기」와 「악기동정설」을 함께 인용했다.(상107) 여기서는 주희의 「악기동정설」만 인용한 것이다.(『문집』권67, 「악기동정설」, 3263쪽) 다시 인용한 이유는 앞의 논쟁 중의 조항에 따른 반박이고, 여기는 주희의 성정설을 구체적으로 밝히기 위함이다. "이른바 성이다", "이른바 정이다"고 함이 성정의 설이다.

666) 이곳까지는 「악기」 "感於物而動, 性之欲也"를 풀이한 것이다. 성의 존재를 위해서는 형체가 있어야 한다. 형체가 있으면 심이 있고, 그 심은 외물과 감응한다. 심이 感物하면 中에서 성이 動하고, 性之欲은 이렇게 出한다. 선악은 이곳에서 비로소 나뉜다. 性之欲이라 함은 中의 혼연천리가 動·發함을 말하며, 천리가 동·발하면 이것이 이른바 정이다. 주희는 "[악기의] 感物而動, 性之欲이라 함은 그 感이 있음을 言한 것으로, 이것은 곧 理之發이다"(『문집』권42, 「答胡廣仲 5. 1901쪽)고 하여 정은 리발이라 한다. 불선은 리발 이후의 일이다.

667) 「악기」의 動·靜은 "人生而靜"의 靜과 "感於物而動"의 動을 말한다. 주희는 "靜"을 未感으로서의 性이 靜의 상태로 있다 하고, "動"을 심이 感物해서 性之欲이 出한 動으로서의 情이라 풀이했다. 주희는 "정자 「안자호학론」에 이러한 논이 극히 자세하다"(『문집』권42, 「答胡廣仲 5. 1901쪽)고 하는데, 「호학론」의 "外物觸其形, 而動於中矣"(상22·103)는 곧 「악기동정설」의 "性之欲이 이른바 情이다"와 같다 한다.

668) 주희의 성·정설은 「악기동정설」이 그 모두를 포괄 집약했다 한다. 「악기」, 『중용』, 「호학론」의 설은 성·정에 있어서 모두 같다.(상97) 「악기」는 情으로, 『중용』은 희노애락으로, 「호학론」은 희노애락애오욕으로 말했다. 그중 「악기동정설」이 성정의 설을 잘 요약했는데, 왜냐하면 「동정설」이 성정, 中, 未感, 동정 등을 함축적으로 제시하기 때문이다. 未感은 中의 靜이다. 이때는 순수지선으로 만리를 갖추었으니, 이른바 性이다. 感物하면 성이 中에서 動하는데, 이 動은 性之欲의 出이다. 이 성지욕者가 바로 정이다. 다시 말해 성은 中의 靜으로 있고, 感하여 그 성이 出하면 이것이 정이다. 다만 자사는 "희노애락"과 "중·화"로 언지했고, 정자는 "動於中"과 "約其情"으로 언지했으며, 말은 같지만 그 종지는 각자 다르다. 반면 퇴계는 이 즈음에 대해 "리·기가 선후로 호발하면 이것이 곧 사·칠이다"고 하는데, 이는 사맹 및 주희의 설과 다른, 새로운 창조설이다.

(145) 夫旣 "有是心, 而不能無感於物", 則情之兼理氣者, 可知也. "感於物而動, 而善惡於
　　　是乎分", 則情之有善惡者, 亦可知也.

기왕 "心이 있으니 感於物은 없을 수 없다"(「동정설」)고 했으니 그렇다면 정(자사의 칠정까
지 포괄해 논한 것임)은 '겸리기'임을 알 수 있습니다.[670] 또 "感於物로 動하면 선악은 여기
서 나뉜다"(「동정설」)고 했으니 이로써 정은 '유선악'임 또한 알 수 있습니다.(감물 즈음의 미
발·이발에서 근독과 존양·성찰 여하에 따라 정에서 선악으로 나뉨)[671]

(146) (퇴계집 而 있음) "喜怒哀樂, 發皆中節"者, 卽所謂理也善也. 而其發不中節者, 則乃
　　　由於氣稟之偏, 而有不善者矣. 若孟子之所謂 "四端"者, 則就情之 '兼理氣有善惡'上,
　　　剔出其 '發於理而無不善'者言之也. 蓋孟子發明 "性善"之理, 而以 "四端"爲言, 則
　　　其 "發於理而無不善"者, 又可知.

"희노애락의 발해서 모두 중절"(『중용』)한 것이 곧 이른바 리이며 선입니다.(천명지성의 작
용이며, 그 중절자는 천지 만물을 位育함)[672] 그런데 그 발하여 중절하지 못한 것은 결국 기품의
치우침으로 말미암아 불선이 있게 된 것입니다.[673] 맹자의 이른바 "사단"(전체인 一情의 '上'

---

669) 『예기』 「예운」은 "何謂人情, 喜怒哀懼愛惡欲, 七者, 弗學而能"이나, 고봉의 이곳은 「악기」의 동정을 논한다. 「호학론」은 "그
中이 動하여 칠정이 出하여 이를 희노애락애오욕이라 한다"(상159) 하고, 『중용』은 "희노애락 미발을 중이라 이르고 발하여 중
절한 것을 화라 이른다"(상1·93)고 한다. 이 7정은 그 中이 '動함인 곧 性發이며, 『중용』의 '발'인 "희노애락"의 4정과 동일한
정이다. 動한 7정, 發한 희노애락, 중절의 화, 이 모두는 성이 발동한 것으로, 즉 정이다. 단 그 가리킨 소지는 전혀 다르다. "중
용은 謹獨공부로서 平日涵養의 뜻이고, 악기는 도리어 곧바로 好惡 無節處에 이르러서 反躬하지 못하면 천리가 滅한다고 설했
다."(『문집』권43, 「答林擇之」20, 1979쪽) 이렇게 같은 성의 발인데 그 處의 소지는 오히려 반대다.
670) 一情은 '겸리기'임을 고찰한 것이다. 「악기」 "感於物而動"을 주희는 "심이 있으면 感於物은 없을 수 없다"고 한다. 感物은 심의
일이다. 심의 감물로 中으로 있는 性이 動하고, 성동하면 情이 된다. 감물이므로 氣이고, 성동이므로 기에는 理가 있다. 정이 겸
리기인 이유이다. 자사는 이러한 전체로 언지하고 희노애락이라 名한 것이다.
671) 一情은 '유선악'임을 고찰한 것이다. 「악기」 "感於物而動, 性之欲也"를 주희는 "感於物而動, 則性之欲者出焉, 而善惡於是乎分矣"
로 풀이해서 性出로 정이 되면 '여기서 선악이 나뉜다'고 한다. 심은 감어물이 없을 수 없다. 감어물로 정은 발하므로 정은 겸리
기이다. 감물로 정은 발하지만 그 발·동은 中으로 있는 성이다. 「호학론」은 "中에서 動하고, 그 中이 動해 칠정이 出한다"고
한다. 단 감어물의 미발과 이발에서 함양·성찰하지 못하면 그 발동은 정의 불선으로 흐른다. 주희는 "『중용』은 철두철미 謹獨
공부이다."(『문집』권43, 「答林擇之」20. 1979쪽) "[악기는] 未感物時 만약 無主宰면 그 靜이 안정되지 못하고 여기서 스스로 天
性을 어둡게 할 뿐이라 했다"(위와 같은 곳) "심이 주재하지 못하면 정이 自動하여 인욕으로 흐른다"(『문집』권32, 「問張敬夫」6.
1395쪽)고 한다. 심은 謹獨의 주체로서 감물 즈음을 主宰한다. 근독·주재 여하에 따라 그 발현의 정은 선·악으로 나뉜다.
672) "희노애락"이 리·선이라 함이 아닌, 그 "중절"자인 '화'가 리·선이다. 이 선은 천명지성의 작용이다. 자사의 희노애락은 정 전
체를 언지했고, 그 전체 중에서 중절자인 화가 곧 리·선이다. 이 선은 미발의 천명지성의 性이 出한 것이다. 자사의 희노애락은
미발의 중, 중절의 화, 천하의 달도까지 모두 말했다. 화, 달도는 희노애락을 因해서 드러난 것으로, 희노애락이 아니면 드러날
수 없다. 이 희노애락 중절의 화가 "천지와 만물을 位·育"한다. 이 중절자는 "가서 불선이 없는(無往而不善)"(상121·169) 情
善이다. 情善은 성선과 혈맥관통의 선이며, "사단은 칠정 중의 리·선과 동일한 선이다."(상98) "사단은 스스로 리·선이다. 그
것은 칠정 중의 중절자와 동실이나 이명이다."(하27) 성, 정, 칠정, 사단 등의 선은 모두 一善인데, 다만 사단, 성선, 달도의 화
등 가리킴이 다를 뿐이다. 성선은 "무불선"(상169)으로 표시된다.
673) 희노애락은 심감으로 성발하며, 심감은 외물과의 감촉을 말한다. 리는 외물과의 감촉인 乘氣로서 발·동한다. 원래 이렇게 발동하
지만, 미감과 이발의 처에서 심 공부가 없으면 즉시 불중절로 흐른다. "미발"에 심이 존양하고 "발"할 때 심이 성찰해야 한다. 불

에서 맹자는 리만 논한 것임)674)은 '정(一情인 느낌이며, 자사 칠정도 느낌에서의 別說임)의 겸리기·유선악 上에 나아가'675) 그 發於理이며 無不善의 것을 척출해 言之했습니다.(리기의 리 척출이 아닌, 일정인 사람 느낌에서의 리·선 척출임)676) 맹자는 "성선"의 리를 발명하면서 "사단"으로 말했으니, 그렇다면 그 사단은 "發於理이며 無不善"이라는 것을 또 알 수 있습니다.(맹자는 사람 본연의 느낌에서 그 선을 무불선으로 논한 것임)677)

(147) 朱子又曰, "四端是理之發, 七情是氣之發." 夫 "四端, 發於理而無不善", 謂 "是理 之發"者, 固可無(퇴계집 無可)疑矣. 七情, "兼理氣·有善惡", 則其所發, 雖 "不專 是氣", 而亦不無氣質之雜, 故謂 "是氣之發." 此正如 '氣質之性'之說也. [所發소발; 발한 바. 발한 것.(퇴계; 호발의 발처. 그렇다면 미발에 기가 포함됨)]

주자는 또 말하기를 "四端是理之發, 七情是氣之發"이라 합니다.678) "사단은 理於發이

선은 심 공부를 이루지 못해서, 기품의 치우침으로 불선으로 흐른 것이다. 결국 불선은 심의 일이며, 그 불선은 기품 때문이 아닌 그 '기품의 치우침'으로 인한다. "불중절의 것은 곧 一邊에 치우쳐서 악이 된 것"(상121)의 악은 미발의 "善中에서 直下한 것이 아니다."(상169) 선이 악이 되는 것이 아닌 '심의 치우침'에서 악으로 흐른다. 심의 존양·성찰 여하에 따라 선악으로 나뉜다.

674) 맹자는 "사람은 누구나 있음"으로 사단을 논했고, 그 발어리·무불선으로의 언지도 情(느낌)의 겸리기·유선악 "中"(상98·147·170)에서 '선을 척출 指示'(상10)한 것이다. 즉 사단은 리가 발했다 함이 아닌, 그 느낌 上(상147)에서 사단은 누구나 있음을 논하이고, 발어리 무불선은 그 겸리기·유선악 "中"에서 리·선만 골라낸 것이다. "情可以爲善"(「고자상」6, 상96)의 정선으로 "성선"을 논증했고, 다만 "惻隱之心"은 느낌 上에 '심'으로 논했을 뿐이다. 이는 "心統性情"(「공손추상」6)의 뜻으로, 맹자는 정을 '심 공부'로 논한 것이다.

675) 느낌(정)은 겸리기·유선악이다. 느낌을 자사는 "겸리기·유선악으로 언지했다." 맹자 사단도 "느낌 上에 나아가 언지한 것"이다. "上에 나아감"의 上은 一情 전체이다. 전체는 정으로 논할 수 있는 것 모두이다. "자사는 情上에 나아가 겸리기·유선악의 것으로 渾論言之했으니 이른바 道其全이다."(상3·147) "情上의 넓게 나아가 細論之하면 四端之發은 또한 불중절의 것이 있다"(상170)의 불중절도 정상에 포괄된다. 사람에게 심감의 정은 당연한 일이며, 여기에 사맹의 칠·사 別說이 있다.

676) 사람 느낌(정)은 리, 기, 선, 악이 있는데, 그중에서 맹자는 "발어리 무불선의 것을 척출 언지했다." "언지했다"고 함은 사단이 '설명'이라 함이다. 사람은 누구나 정이 있고, 그 정에서 맹자는 리의 무불선만 지시해서 언지한 것이다. "맹자의 論은 이른바 '剔撥出來'의 것"(상3)이라 함은 일정 중의 리·선을 지시한 것일 뿐, "칠정의 리 일변을 사단이 점유"(하30·131)해서 빼앗은 것은 아니다. 칠정도 기왕의 설이다. 자사의 설을 다시 새롭게 해석할 수는 없다. 자사의 "천명"을 맹자가 "확충"으로 변경시킨 것이 아니다. "이는 경을 새롭게 교묘히 한 폐단"(상180)이다. 반면 퇴계는 사람 느낌(정) 중의 리 척출이 아닌, 리기 중의 리 척출이라 한다. 리기의 리라면 본래는 혼잡(잡리기는 기임)인데 그중의 리가 되고 만다.

677) "맹자는 성선의 리를 발명하기 위해 인·의·예·지로 언지했고, 측은·수오·사양·시비는 단지 情의 善者로 언지했으니 이른바 척발출래이다."(상81) 즉 맹자는 情上에서 측은·수오로 이름 붙였고, 이는 一情(느낌)에서의 善者言之이다. 느낌을 측은·수오로 언지해 성선을 논증했다. "발어리·무불선"(상4)은 당초 퇴계의 설인데, 리기 중의 리발만 사단이라 하므로 문제가 된 것이다. 고봉은 정은 성발인데, 정은 감어물이므로 겸리기이며, 그중 자사는 겸리기로 언지한 것이라 한다. 따라서 고봉은 "사단은 그 '발어리·무불선'者를 專指해 언지했다",(하30. 상63) "중절자는 '발어리·무불선'으로, 사단의 [선과 같다]"(하149·147)고 한다. 사단과 중절자의 리·선은 동일한 하나이다. "총론"의 처음부터 이곳까지는 사람 느낌의 정(칠정 포함)은 '겸리기'와 '유선악'이라는 것, 사단은 '발어리·무불선'임을 고찰한 것이다.

678) 위에서는 정이 "겸리기, 유선악"임을 「악기동정설」, 「정자호학론」, 『중용』 등을 인용해 可知(하145)임을 고찰했고, 또 사단은 "발어리·무불선"임을 맹자 성선설을 인용해 可知(하146)임을 고찰했다. 여기서는 "어류" "사단시리지발, 칠정시기지발"의 뜻을 고찰하고자 한다. "어류"는 사맹의 사·칠 언론에 대한 해설일 뿐이다. 왜 사단을 "시리지발"이라 하고 칠정을 "시기지발"이라 했는가? 사단의 '시리지발' 해석은 의심 없이 당연하다. 또 칠정의 '시기지발' 해석도 기질의 잡이기 때문이다. 단 칠정의 중절자와 사단은 같은 一情, 一善, 一理이다. 정으로 누구나 같이 소통하기 때문이다. 그런데 맹자의 뜻은 '사단지발'을 체인 확충하고자 함이고, 자사의 뜻은 '칠정지발'을 성찰 극치하고자 함이다. 이것이 사칠을 시리지발, 시기지발로 해설한 의미이다. 이러한 해석이 가능하다. 단 어류 "是"자와 "發"자는 퇴계와 같이 '리가 발하고 기가 발한다'는 의미가 아닌, '이미 발(已發)'한 발현자를 "확충"하고 "성찰"해야 함으로 '해석(是)'할 수 있다는 것이다.

고 無不善"(퇴계의 하어임)679)이며 주자도 "是理之發"이라 했으니, 이는 진실로 의혹이 없습니다.(일정 中에서 맹자는 그 리의 단서를 척발해 논했고, 또 성선을 그 일정 上에서 척출 지시했는데, 이것이 어류의 해설임)680) [자사의] 칠정은 "겸리기·유선악"입니다.681) 그 발한 바("시기지발"은 이미 발한 바인 '소발'이라는 것임)는 비록 "오로지 기는 아니나"(퇴계가 오로지 기라 해서, 중화를 뺌) 또한 기질의 雜이 없을 수 없습니다.(잡이니 공부로 '제약해야 한다'는 것임)682) 때문에 주자는 "是氣之發"이라 합니다.(자사의 설을 어류에서 '해석'한 것으로, 이를 고봉은 기발이므로 '제약하라'는 의미로 해설함. 퇴계의 '호발 중의 기발'이라 함은 공부가 없음)683) 이는 바로 '기질지성의 설'과 같습니다.684)

(148)蓋 "性雖本善", 而墮於氣質, 則不無偏勝, 故謂之 "氣質之性". 七情雖兼理氣, 而 "理弱氣强, 管攝他不得", 而 "易流於惡", 故謂之 "氣之發"也. [偏勝편승; 성은 기의 탐이 있어야 함. 管攝他不得관섭타부득; 관리·관섭하지 못함.('타'자는 관섭의 어세를 강조)]

"성이 비록 본선이나"(주희가 "성선장"에서 맹자를 비판한 말임)685) 기질에 타재하므로 [기의]

---

679) 고봉은 "사단, 발어리이무불선"(상4·63)을 "「천명도」에서 보았다"(상188)고 하고 퇴계에게 확인을 요청했으나, 답변하지 않는다. 고봉도 "맹자는 리기 妙合之中에 나아가 그 '발어리이무불선'자를 專指해 언지했으니, 사단이 이것이다"(상63. 하130·146·147)라고 거듭 말했다.

680) 사단을 "발어리이무불선"(상4)으로 下語한 것은 퇴계이다. '발어리'는 정은 性之欲의 出이고, '무불선'은 성선을 가리키기 때문이다. 『어류』 "시리지발"은 사단은 '리의 발현자'라 함의 '해석'이다. 심은 본래 정이 있는데, 그 있는 정을 "사단"으로 名하고 說한 것이다. 맹자는 "사람은 누구나 이러한 리의 발현자가 있으니 이를 확충해 한다"(「공손추상」) 했고, 어류도 이렇게 '해석(是)' 것이다. 이에 고봉은 맹자는 사단은 "정 中에서 발어리를 들어 척발해서 언지함"(상147)이라 하고, 성선은 "정 上에서 발어리의 무불선을 척출 指示해서 언지한 것"(상10. 하146)이라 한다.

681) 정은 성발 하나이다. 성발인 一情을 사맹은 칠·사로 "언·론"(상3)했다. 기왕 발현한 정을 언론한 것이므로 칠사는 모두 기지만, 단 사맹 종지를 기라 할 수는 없다. 자사는 희노애락으로 "중화"를 논했다. 희노는 감물로 기왕 발현한 기이며 또 중화를 논했으므로 리·선이 있다. 이는 "情에 나아간 바의 言之"(상3)이다. 즉 자사는 一情에 나아가 그 정 전체를 논하여 "희노애락"으로 말씀한 것이다.

682) 정(느낌)은 感物者이므로 기지만, 단 자사 종지는 기가 아니다. 퇴계는 "오로지 기이다"(상243·251)고 하는데, 고봉은 "오로지 기라 할 수는 없다"(상60·91)고 한다. 자사는 천명·중화를 말씀했기 때문이다. "감물이기 때문에 겸리기이다."(하145) 자사는 心感인 감물까지 포괄해서 "그 전체로 말씀"(상3)한 것이다. "所發은 미발이 아닌 '이미 발 바'의 旣發者라는 뜻으로, 아래 어류 "是"자도 자사의 "희노"를 旣發의 발현자로 해석'했다는 의미이다. 고봉은 위에서 "칠정시기지발"에 대해 "제약해야 한다(約之)"(하134)로 해설했다.

683) 『어류』 "是氣之發"은 자사 칠정에 대한 '해석'이다. 그것은 기에서 발했다는 뜻, 사단이 리발이므로 칠정이 기발이라 함도 아니다. 자사 "희노"는 사단과 관계가 없고(하153) 또 기의 발이라는 뜻도 아닌, 다만 感物의 "발"과 "중·화"로 논했을 뿐이다. 감물은 외물에 대한 심의 느낌이고, "所發(발한 것)者는 감물로 인해 발한 정이다. 그 발현자는 기이며 때문에 "기질의 잡이 없을 수 없다." 이천은 "호학론"에서 "기왕 불길로 드센 정이며, 깨달은 자는 그 정을 제약해서 中에 합치하도록 해야 한다"(하134)고 한다. 퇴계의 호발 중의 "기의 발이다"고 함은 공부가 없으며, 공부가 없는 논의는 의미가 없다.

684) 성의 '설'인 기질지성은 "理與氣雜而言之"(상60)이다. 칠정도 정에 대한 一說이다. 자사의 설인 희노애락은 겸리기이다. 중화가 있기 때문이다. "시기지발"은 자사 칠정에 대한 해석이다. 고봉은 "후설"에서 "기질지성을 논하면 리기 雜而言之이니, 이는 어류 '기발' 논과 같다. 잡의 언지라 함은 성이 기질 중에 타재함을 이를 뿐이다. 기질지성의 善者는 본연의 성이고, 칠정 중절자도 四端者와 동실이명이니, 이는 이치에 해가 없다"(하138~140)고 한다.

685) "性雖本善"은 주희의 "性雖本善이나 省察·矯揉의 功이 없어서는 안 된다"(「고자상」6, "성선장")를 인용한 것이다. 주희는 '성찰과 교유의 功夫'가 아닌 일방적 형이상의 "무불선"(같은 곳)으로 논한 맹자 성선설을 비판했고, 때문에 雜氣質의 기질지성을 논한 "張子와 정자가 더 정밀하다(程子爲密)"(같은 곳)고 한다. 고봉도 "맹자가 성선의 리를 발명함에 비록 무불선이라 했지만 그러나 성인이 아니라면 기품 물욕의 가림이 없을 수는 없다. 또 사단을 단지 무불선으로 여기면 선을 밝힘에 미진하고 力行에도 차오가 있을 것이다"(하96·97)고 하여 심 공부는 이렇게 여겨서는 안 된다고 한다. 성은 심으로 논하고 논증해야 하기 때문이

- 435 -

편승이 없을 수 없습니다. 때문에 "기질지성"(공부로 성을 논해야 한다는 정주의 설)이라 이릅니다.[686] 칠정이 비록 겸리기이나,(언지임)[687] "리는 약하고 기는 강하여 [심이] 관리·관섭하지 못하게 되면"(심은 공부처이고, 정은 발용처임)[688] "쉽게 악으로 흐릅니다."(심의 주재 여부에 따라 선악으로 나뉨)[689] 때문에 '氣之發'(어류 "是"자를 빼서 言之가 아님. 악으로 흐름의 우려로, 발처의 공부임)이라 이릅니다.[690]

(149)然其 "發而中節"者, 乃 "發於理而無不善", 則 "與四端初不異也." 但四端只 "是理之發", 孟子之意, 正欲使人 "擴以(퇴계집 而)充之", 則學者於四端之發,(퇴계집 於四端之發 없음)[691] 可不體認以(퇴계집 而) "擴充之"乎? [擴充之확충지; 이발 사단을 확충하는 功夫를 하다.(之는 칠정인 위 '約之'와 아래 '克治之' 용법과 같음. 하134·150)]

다. 주희가 장재 "심통성정"(「공손추상」6)을 상찬한 이유이다.

686) 성은 하나이다. 기질지성의 설은 성이 기질에 타재해 존재함을 가리킨다. "리기 雜而言之"는 성이 기질에 '타재해 있다' 함이다. 주희는 "사람의 才(材質)는 진실로 昏明·強弱의 不同이 있으니 張子의 이른바 기질지성이 이것이다"(「고자상」6)고 하여 기질지성은 재질과 함께한 '성설'이라 한다. 왜 기질지성을 논했는가? "장자(장재)는 말하기를 '형 이후 기질지성이 있으니 선으로(공부로) 돌이키면 천지지성이 존재해 있다. 공부가 있으므로 기질지성(안일지성)만으로 군자는 성(무불선)이라 [독단]하지 않는다'고 한다. 성이 비록 본선이나 성찰 교육의 공부가 없어서는 안 되기"(위와 같은 곳) 때문이다. 기질지성이 성선설보다 "더 정밀"(같은 곳)한 이유이다. "성을 무불선으로 여긴 것"(하96)은 공부가 빠졌다. "단지 사단을 무불선으로 여기면 明善에 미진하고 力行에도 차오가 있을 것"(하97)이라 함도 이와 같다. 장재가 성을 무불선으로 독단하지 않은 이유는 그 기질지성을 통해 공부를 해야 하기 때문이며, 공부로 "배워서 선을 돌이키면 천지지성이 존재해 있다. 때문에 성을 설함에는 마땅히 겸기기질로 설해야 方備이다."(『어류』권4, 端蒙43, 195쪽) 성은 기질에 타재해야 하고, 타재해 있으므로 공부가 있고, 공부로 성선을 논해야 한다. 맹자는 공부를 말하지 않았으므로 미진이다.

687) "겸리기"는 자사 칠정설에 대한 언지이다. '감물'과 '중화'를 겸해서 언지한 것으로, 즉 설명이다. 고봉은 여기서 겸리기의 언지가 아닌, 감물 즈음 공부를 논하고자 함이다. 지금까지 왜 겸리기로 설명했는지는 논하지 않았다. 감물은 기이며, 성발이므로 리이다. 감물과 성발은 심이 주재하며, 심이 주재하지 못하면 악으로 흐른다. 주재하지 못하면 악으로 흐르므로 '기지발'이라 이른다. 기의 발현이므로 공부로 규제해야 한다. "후설" "그 정을 제약해서 中에 합치하도록 해야 함"(하134)이 이것이다.

688) "리약기강, 관섭타부득"(상171·8)은 심 공부처이다. "情은 發用處이며, 心은 管攝性情者이다."(『어류』권5, 端蒙73, 230쪽) "천명 유행에 主宰 管攝할 수 있음을 리라 한 것은 곧 그 心이다."(권95, 人傑28, 3188쪽) "인의예지와 측은수오는 심이 관섭한 것이다."(㿟30, 3189쪽) "심은 성을 주재하고 정을 행하니 …심이 功夫處"(권5, 端蒙75, 230쪽)이다. 반면 퇴계는 "리로 기를 제어해야 한다"(상289)고 하는데, 이는 심이 아닌 리가 상대적 나쁜 기를 통제해야 한다 함이다. 그렇다면 정의 칠사인 기는 심이 아님이 되고, 또 칠사는 나쁜 것이 되며, 심의 공부처도 없게 되고 만다.

689) 겸리기는 정의 전체로 논한 것이다. "'미발은 중이고, 발하여 중절한 것을 화'라 함은 곧 심의 功夫處이다."(『어류』권5, 端蒙75, 230쪽) "중"과 "중절의 화"는 저절로 되는 것은 아니다. "성인이 아니라면 그 所發의 단서는 기품 물욕의 가림이 없을 수 없다."(하97) 때문에 "중용은 철두철미 謹獨공부인데, 이는 평일 함양의 뜻"(『문집』34, 「答林擇之」20, 1979쪽)이다. 미발에 함양 工夫로 '중의 덕'을 이루면 이발에 중절이 가능하다. 성인이 아니라면 기품 물욕의 가림이 없을 수 없는 이유는 바로 리약기강 때문이다. 성인은 "관리·관섭하지 못해 쉽게 악으로 흐르는"(상8·171) 폐단이 없다. 리약기강을 심으로 극복하기 때문이다. 기질지성의 설이 성선설 보다 정밀한 이유도 기질의 공부로 성선을 알 수 있기 때문이다. 심이 주재하지 못하면 "或" "쉽게 악으로 흐른다."(퇴계의 말임. 상205·287. 고봉의 "或流於惡"은 하26) 주희는 "本皆善而流於惡耳",(『문집』권67, 「명도성선설」, 3275쪽) "惟心不宰而情自動, 是以流於人欲"(『문집』권32, 「問張敬夫」5, 1395쪽)이라 하여 악으로 흐르는 이유를 심의 주재여부로 논한다.

690) "쉽게 악으로 흐르기 때문에 '氣之發'이라 이른다"고 함은 칠정 전체의 설명(언지)이 아니다. 위 "기질의 잡이 없을 수 없으므로 어류는 '시기지발'이라 했다"(하147)고 함은 설명(언지)이다. 설명은 리, 기, 중, 화, 공부 등으로 논함이다. 기로만 설명할 수도 있다. "리약기강", "심이 관리·관섭을 못함", "쉽게 악으로 흐름" 등도 칠정에 대한 功夫處이다. 중화는 "도의 체용"(상94)일뿐 리약기강과 악으로의 흐름 등에 관한 우려가 아니다. 우려는 "리약기강하고 심이 관섭하지 못하면 쉽게 악으로 흐르는" 일이다. 그 우려 때문에 '기지발'이라 한다. 이는 심 '已發 功夫'를 논한 것으로, 기지발이므로 심으로 그것을 알고 功夫를 해야 한다는 것이다. 한편 "중용의 謹獨 工夫"는 미발에서 그 흐름을 미리 막기 위함이다. 근독하여 중절할 수 있게 하는 것이 '未發 工夫'이다. "시기지발"은 "그 정을 제약하여 中에 합치하도록"(하134) 하기 위한 '이발 功夫'이다. 반면 퇴계 「천명도」 '칠정기지발'은 호발의 '기가 칠정으로 발한다' 함이다.

691) "於四端之發"은 『퇴계집』에는 없다.(『퇴계전서』1책, 442쪽) 하지만 아랫줄 "則學者於七情之發"로 본다면 본래 있었을 것이다.

그런데 그 "발하여 중절한 것"은 결국 "발어리이며 무불선"(중절자인 천명의 작용은 리발이며 성선의 무불선과 동일의 선임)이니, 그러므로 "사단과 본래부터 다르지 않습니다."(리·선이 동일할 뿐, 명칭과 소지가 동일한 것은 아님)[692] 단, 『어류』에서 사단을 단지 "是理之發이다"고 했던 것은 맹자의 뜻이 그렇다는 것으로[693] 그것은 바로 사람들로 하여금 "넓혀 확충"하고자 함인 것입니다.(성선설이 아닌 '발현처'인 확충설이라는 것)[694] 그러므로 학자는 "사단지발"(성선의 사단지정이 아닌, 발현처임. 퇴계)에 있어 체인해서 "확충해야 한다(擴充之)"고 해야 하지 않겠습니까?(이발의 사단은 리발이니 확충공부를 해야 함. 미발의 존양공부가 아님)[695]

(150)七情, 兼有理氣之發, 而理之所發, 或不能以宰乎氣, 氣之所流, 亦反有以蔽乎理, 則
學者於七情之發, 可不省察以克治之乎? [省察성찰; 발처인 이발에서 살피다.(미발에서는 존양)
克治之극치지; 기의 흐름을 극복하여 다스리는 공부를 하다.(之가 공부를 가리킴)]

칠정은 '兼·有'한 리기의 발[현자]입니다.(겸리기·유선악의 의미를 해석하고자 함)[696] 그런데 '리의 발하는 바(所發)'에서 [심이] 혹 기를 주재하지 못하거나, 혹은 '기의 흐르는 바(所流)'에서 또한 [심이] 도리어 리를 가릴 수도 있습니다.(악으로 흐르는 두 경우임)[697] 그러므로

---

692) 고봉은 "발하여 중절한 것은 發於理이며, 중절한 無往不善의 선은 사단의 선과 같다"(상121·160·169. 하58)고 한다. 「후설」에서도 "칠정의 발하여 중절한 것은 사단의 선과 다름이 없다"(하130·136)고 하며, 이는 결코 사단 소지와 중절자 소지가 같다 함은 아니다. 사단 종지는 "확충·성선"이고, 중절자의 종지는 "화, 달도"이며 "천명지성"의 작용이다. 단 "그 善는 같다."(상160) 칠정 중절자의 '무왕불선'은 사단의 선과 "同實"(상130. 하24·27·140)이다. "四端者는 칠정 중의 리·선"(상98. 하146)과 같다.

693) 윗줄 "무불선"은 성선이다. 사단은 정이므로 무불선일 수는 없지만 맹자 종지는 성선이다. 『어류』에서 사단을 해석한 "是理之發"은 '리가 발현한 것'이라는 뜻으로, 이는 이발 발현자인 단서를 가리킨 것이며, 그 단서를 성선이라 할 수는 없다. 주희가 다만 "단지 리지발"이라 한 이유는 리의 발현자인 그 단서를 확충하라 함이다. 즉 '리의 발현자'라 함은 맹자의 뜻을 해설한 것으로, 이는 "공손추상" "확이충지"의 뜻이다. 확이충지는 "사단지정"(성선의 논증)이 아니다.(상170) 이는 퇴계와 같이 사단만 리발이라 함도 아니다.

694) 『어류』 "四端是理之發"이라 함은 『맹자, 공손추상』 "凡有四端於我者, 知皆擴而充之矣, 若火之始然"의 뜻이다. 이는 「고자상」 "성선"이 아니다. 확이충지를 주희는 "要推廣以充滿此心之量(이 심의 기량을 추광해서(以) 충만해야 한다)",(『어류』권53, 賀孫59, 1769쪽) "推廣而充滿其本然之量(그 본연의 기량을 추광하고(而) 충만해야 한다)"(『집주』)고 하여 '以'와 '而'를 같은 의미로 사용한다.

695) 퇴계는 "四端之發은 純理인 故로 無不善이다"(상1)고 하여 '사단지발'과 '사단지정'을 구별하지 않는다. 고봉은 "사단지정은 무불선",(상170) "사단지발은 擴充之"라고 한다. 맹자는 "사단은 나에게 있으니, 모두 확충해야 함을 안다면 마치 불이 처음 타오름과 같을 것이다"(「공손추상」)고 하는데, 이에 주희는 "사단은 나에게 있으며, 處를 따라 發見하니 모두 그 本然의 量을 推廣하고 充滿할 줄 알아야 한다(『집주』)고 한다. 나에게 사단이 있고, 이 "사단을 미루어 확충할 줄 알아야 하므로 시리지발이라 했다"(하133)는 것이다. 이와 같이 "시리지발"은 「공손추상」 "사단지발"이지 「고자상」 "사단지정"이 아니다. 「공손추상」은 "사람은 모두 차마 못하는 사람의 心이 있다", "모두 출척 측은지심이 있다", "사단은 나에게 있으니, 모두 확충해야 함을 알아야 한다"고 한다. 이는 나에게 '四端之情이 있다' 함이 아닌 '四端之發은 나에게 있다' 함이다. 맹자는 "만약 充之하지 못하면 부모조차도 섬기지 못할 것이다"고 하는데, 때문에 고봉은 "사단지발은 불중절도 있다"(상170)고 한 것이다.

696) 그동안 고봉은 "칠정을 겸리기·유선악"(하147)이라 했을 뿐 그 의미는 논하지 않았다. 위에서 사단지정은 "성선", 사단지발은 "확충해야 함"의 뜻이라 한다. 겸리기·유선악은 칠정지정의 언지로서 이는 "기질지성의 설과 같다."(하147) 자사는 "겸·유"(하61)로 언지했다. 왜 겸·유인가? 정은 "감물"이므로 겸리기이고, 정에서 선악이 "나뉘므로" 유선악이다.(하145) 겸·유는 언지이며 이유가 아니다. 그 이유를 칠정지발이라는 '발처'로 논하고자 함이다. 발처는 심발이며, 심이 주재한다. 때문에 '심'의 성찰과 극치라 한 것이다.

697) 칠정은 리·기를 겸한 발현자이다. 그런데 겸리기에서 왜 선악은 있는가? 이제까지의 겸리기는 언지일 뿐 왜 겸리기의 발은 "불선이 있는가"(하103)에 대해 고찰하지 않았다. 乘氣의 발이므로 불선이 있게 마련이다. "감물로 동하면 여기서 선악이 나뉜다"(하145)고 함은 '심의 주재'를 논하지 않았다. 감물의 동으로 즉시 선악이 나뉘는 것은 아니다. 심의 주재 여하로 선악이 나뉜다.

학자들은 "칠정지발"(칠정지정이 아님. 퇴계)[698]에 있어 성찰(이발에서 심이 성찰해야 함)하여 克治(이미 흐르는 바인 旣發에 있으므로 심이 극치해야 함)의 공부를 해야 하지 않겠습니까?[699]

(151)此又四端七情之名義, 各有所以然者, 學者苟能由是以求之, 則亦可以思過半矣.

이 또한 [그동안 토론되지 못했던] 사단과 칠정이라는 명칭(名)과 뜻(義)으로서 그 각각은 그럴만한 소이(그 2설의 근거)가 있는 것입니다.(퇴계의 "사단지발"은 확충, "칠정지발"은 성찰·극치 공부라는 것)[700] 학자들은 진실로 이로 말미암아 [칠·사 각각의 의미를 계속] 탐구해 나간다면 또한 과반은 사료할 수 있겠습니다.(이상 그간 토론의 주요 쟁점을 요약했지만, 그러나 『중용』 종지인 천명지성의 체용, 중화의 창조적 화육 등은 논의하지 못한 것임. 『맹자』 사단설과 성선설은 이외 수많은 다른 논의가 필요함)[701]

(152)且或 "問, 看得來, 如(퇴계집 如 빠짐)喜怒愛惡欲却似近仁義. 朱子曰, 固有相似處", 其曰, "固有相似處", 而不正言其 '相似', 則意固有在也. 今之論者, 多以 "喜怒

고봉은 이 경우를 두 가지로 구분한다. 선악 이유는 많은 논설이 가능하나, 겸리기라 했으므로 리·기로 구분한 것이다. 심의 감물로 리가 '발'하고 기는 '흐르는'데, 정의 선·악은 여기서 나뉜다. "리가 발하는 바"에 혹 심이 기를 주재하지 못하면 악으로 흐른다. 또 "기의 흐르는 바"에 심이 주재하지 못하면 리를 가려서 악이 생긴다. 이와 같이 理發과 氣流는 심의 주재 여하에 따라 선·악으로 나뉜다. 위 "쉽게 악으로 흐르기 때문에 '기지발'이라 한다"(하148)고 함은 기발인데, 여기서는 리발까지 논한 것이다. "聖人이 아니라면 그 所發의 사단은 氣稟 物欲의 蔽(가림)가 없지 않을 것"(하97)이라 함은 리발에도 기품의 가림이 있다 함이다.

698) 퇴계의 "七情之發은 兼氣인 故로 有善惡이다"(상1)고 함은 그 칠정지발의 유선악 이유는 리가 아닌 겸리기 때문이라 함이다. 하지만 칠정은 자사 본설이고, 그 유선악은 심의 존양·성찰의 일이다. 고봉은 그동안 칠정은 자사의 '칠정지정'이며, "칠정의 중절자는 사단의 선과 같다"(하130)고 했다. 그런데 이곳 "칠정지발"은 그동안 고봉의 설과 다르다. 그간 칠정지정을 겸리기·유선악이라 했는데, 이곳에서는 그 유선악 이유를 스스로 물은 것이다. 즉 칠정지발은 왜 유선악인가? 그것은 심이 理發·氣流를 주재하지 못해서이다. 아래 심의 성찰과 극치의 '이발공부'를 논한 이유이다.

699) 주희는 미발에는 존양, 이발에는 성찰이라 한다. 고봉도 이발의 칠정지발로 논하여 성찰이라 한 것이다. 고봉은 사단지정은 성선, 사단지발은 확충이라 했다. 확충은 심으로 논함이고, 마찬가지로 칠정지발도 심으로 논해야 한다. 즉 심의 "성찰"과 "극치"이다. 칠정지발은 이미 발인 "所發"이므로 존양이 아닌 "성찰" 공부이고, 이미 "흐르는 비(所流)"인 旣發이므로 능히 "극치" 공부를 해야 한다. 리의 所發과 기의 所流를 심에서 성찰 극치하지 못하면 악에 흐른다. 고봉은 "'인욕이 천리를 가린다'고 하신 말씀은 深察과 克治之 공부의 일이다"(상149)고 하여 已發·旣發로서의 인욕은 심찰·극치 공부의 일이라 한다.

700) 고봉은 앞 「후설」에서 『어류』 "사단시리지발, 칠정시기지발"에 대해 각각 "擴而充之"와 "約其情"으로 해석했지만, 단 "사실의 名·義는 진실로 각기 소이연이 있다"(하135)고 했다. 고봉은 사맹의 설을 주희와 이천의 해석으로 고찰했을 뿐, 이외도 살펴야 한다고 한 것이다. 이곳 "이 또한 사실의 名·義로서 각기 소이연이 있다"고 함은 퇴계의 "사단지발"(하149. 상1)과 "칠정지발"(하150. 상1)에 대한 각각의 名義이다. 이러한 명의도 있다는 것이다. "리의 所發에는 기를 주재해야 하고, 기의 所流에도 리를 가릴 수 있다." 리발과 기류는 "체인의 확충"과 "성찰의 극치"의 심 공부가 있어야 한다.(하149·150) 즉 사단지발 명의는 "體認하여 擴之"함이고, 칠정지발 명의는 "省察하고 克治之"함이다. "이 또한 각기 소이연"이라는 것이다. 이는 칠사 '발현처에서의 공부를 논함이다. 단, 『중용』 종지는 "미발"의 "신독", "천명" "중화" "화육" 등이다. 이는 「고봉1서」 등에서 수차 언급한 것이다.

701) "朱子又曰"(하147)부터 여기까지는 칠사에 대해 '주희가 리기로 해석'한 것과, 그리고 어류에서 논한 '리발·기발'의 의미를 고찰했다. 사단은 발어리이며 무불선이므로 시리지발은 당연하다. "시기지발"도 기질지성의 '기를 통해 성을 안다'는 의미라면 이 역시 지당하다. 그리고 "사단지발"은 체인 확충해야 하고, "칠정지발"은 성찰 극치해야 함이 그동안 고찰하지 않은 칠사의 名義이다. 사맹 칠사 명의는 이 이외에도 수많은 논의가 가능하다. 다만 위 논의로 또 다른 의미를 구한다면 사맹의 종지 과반은 사료할 수 있을 것이다. "과반"이라 함은 칠사 논의는 이것 뿐만은 아니라 함이다. 칠정의 "천명지성"의 체용, "천지 만물의 位·育" 등은 아직 토의되지 않았고, 사단·성선 역시 무수한 논의가 필요하다.

哀樂", 配 "仁義禮智", 未知於朱子之意, 果何如也? [且차; 게다가. 또한. 더욱이. 看得來간 득래; 질문자가 희노와 인의의 의미를 보건대.(사맹의 의미를 살펴보겠다는 뜻. 看來(보건대. 하74)에 得(~한 정도)의 강조를 붙인 것임. 앞뒤에 성현의 말이 있음) 欲却욕각; 희노라 하면.(却은 앞 희노를 강조한 조사임. 뒤 인의의 강조가 아님) 相似處상사처; 뜻이 서로 비슷한 곳. 配배; 짝하다. 나란히 들다. 배열하다.]

또 게다가, 『어류』 같은 곳 뒷줄에서 혹자는 "묻기를, 제가 헤아려 보건대[702] 자사 '희노애오욕'은 맹자 '仁義'의 뜻과 가까울 듯하다.(칠사를 앞 리발·기발 명제와 같이 리기로 서로 비슷하게 해석할 수 있는 것 아닌가?) 이에 주자는 말하기를, 진실로 서로 비슷한 곳(相似處)도 있긴 하겠다"(『어류』 "是氣之發"에 이어 붙은 말임. 리기로 비슷하게 해석할 수도 있겠다)[703]고 합니다. 여기서 주자는 "진실로 相似의 處도 있긴 하겠다"고 하면서도 오히려 그 '相似'(處가 아님)에 대해서는 직접 말하지 않는데,(사·맹 종지를 리기로 해석할 "곳"도 있겠지만, 칠사를 왜 "서로 비슷하게 이해하려 하는가"라고 한 것임. 즉 칠사는 성정·리기의 "상사처"도 있겠지만, 그 종지를 "상사"로 합쳐서는 안 된다는 것임)[704] 그렇다면 그 의도한 뜻이 진실로 있습니다.(상사가 없는데, 왜 질문자는 사맹을 근

---

702) "看得來"는 질문자가 성현의 말씀을 해석해서 자기의 의견을 밝히기 위함이다. 질문자는 "희노"는 "인의"의 "뜻(義)"(아래 하153)과 서로 "似近"이 있으며, 그래서 앞줄 "리발, 기발"과 같이 '서로 비슷하게 해석할 수 있지 않겠는가'라고 물었다. 이에 주희는 두 설은 "진실로 상사처도 있긴 하겠으나" 그러나 질문자와 같이 "근사"로 비슷하게 해석할 필요는 없다고 답변한 것이다. 즉, 앞줄 "시리지발, 시기지발"은 리와 기로 서로(相) 비슷하게 사실을 해석했고, 이에 질문자는 이렇게 "근사도 있는 것 아닌가"가 했고, 주희는 "진실로 상사처도 있긴 하겠다"고 한 것이다. 이는 질문자의 '사칠을 리기의 근사로 해석하는가'에 대해 주희는 오히려 '왜 서로 비슷한 곳으로 합하려 하는가'라고 답변한 것이다. "진실로(固)"라 함은 오히려 '근사인 상사로 해석하지 말 것'을 권유한 것이다. 주희는 질문자의 "근사"를 "상사처"라고 함으로써 오히려 '꼭 둘을 相似로 해석해야 할 필요는 없음'으로 여긴 것이다. 사맹 본설은 "근사, 혹은 상사처"가 없기 때문이다. 고봉이 "시기지발" 의미에 대해 "쉽게 악으로 흐르므로 기기발이라 함",(하148) "그 정을 제약해야 함",(하134) "기질의 잡이 없을 수 없으므로 시기지발이라 함",(하147) "칠정지발은 성찰·극치해야 함"(하150) 등으로 해석했다. 모두 칠정이 사단과 서로 연관되거나, 혹은 리기의 비슷한 곳, 혹은 대로로 해석한 것이 아니다. '看得來' '却' '相似'는 아래 예와 같다. "[질문]; 선생(주희)의 『집주』却은 南軒(장식) 등 제공들의 뜻과는 전연 不相似인 듯하다. [답변]; 나는 지난번까지는 欽夫(장식)의 설과 같았다. 그런데 看得來하니 文義『논어』 "극기복례"임. 장식은 이 설의 해석으로 스승 호굉에게 인정을 받고 호상학을 이음가 그렇지 않았다. 지금은 이천의 설에 따라 解却했다."(『어류』권41, 浩90, 1477쪽) "此 却은 已發時이다."(권53, 賜79, 1776쪽) "질문, 看來하니 '仁'자는 단지 渾淪의 道理일 뿐인 듯하다."(권6, 燾83, 155쪽) "看來孟子 此語."(권59, 偊21, 1879쪽) "看來此語."(권62, 鉽133, 2044쪽) '간래'는 모두 성현의 말씀을 해설하기 위함이다.

703) 퇴계는 "맹자 四端處의 末一條에서 바로 이 일을 논하고 있었다"(상44)고 하면서 "사단시리지발, 칠정시기지발"을 인용했다. 퇴계 언급과 같이 이곳은 "맹자 사단처의 확충"을 논한 곳이다. 그런데 퇴계는 그 뒷부분을 인용하지 않았고, 고봉은 그 뒷부분까지 인용하여 주희 본의를 고찰하고자 한 것이다. 전문은 다음과 같다. "四端是理之發, 七情是氣之發. 問, 看得來, 如喜怒愛惡欲却似近仁義. 曰, 固有相似處."(권53, 廣82, 1776쪽) 이곳은 『맹자, 공손추상』"人皆有不忍人之心章" 기록이며, 「고자상」"性善章"이 아니다. 때문에 고봉도 위에서 맹자 사단인 "시리지발"을 "확이충지"로 해석한 것이다. 고봉은 "희노"와 "인의" 두 설은 결코 합할 수 없고, 이 2설은 그 가리킨 종지가 전혀 다르다고 한다. 단, 이발인 '희노'와 성의 '사덕'은 성정 관계에서는 "상사처도 있다." 그러나 이 말은 의미 없는 말이다. "심을 包情性"(去偽83, 같은 쪽)으로 논하면 모든 '성·정' 및 '성·정의 설 등은 다 상사처가 있기 때문이다. 질문자는 칠사를 앞 명제와 같이 각자 리발·기발로 해석해서 '리기의 근사로 해석할 수 있겠는가'이고, 주희 답변은 "서로 비슷한 곳도 있긴 하겠다"는 총 5자이다.

704) 먼저 "사단시리지발, 칠정시기지발"이 있고, 이어 "희노는 인의와 似近"이라 질문한 것이다. 주희 답변은 "진실로 相似도 있겠다"의 '5자가 전부이며, 이는 자사 "희노~애락"과 맹자 "인의예지"(성의 사덕)에 대한 답변이다. 질문자는 자사와 맹자의 설을 '리기로 해석'한 것을 두고 "사근"이라 했다. 문제는 '리기로 해석'한 것을 질문자는 "사근"이라 한다는 점이다. 주희도 "상사처는 있다" 함인데 왜냐하면 두 설은 "진실로" 성정·리기로 해석할 수 있기 때문이다. 그러나 그 '성정·리기로의 해석'이 아닌, 과연 사맹 '본설'은 "상사처"가 있는가? 주희는 부정한 것이다. 때문에 고봉은 "상사에 대해 직접 말하지는 않았다"고 한다. 두 설이 "상사"가 있다면 '사맹 본설 종지가 서로 비슷한 곳이 있다는 말이 되고 만다. 그러나 사맹 종지는 전혀 "상사"가 없다. "시기지발"로 해석하면 "쉽게 악으로 흐름",(하148) "성찰로 극치해야 함",(하150) "그 정을 제약해야 함"(하134) 등이고, "시리지발"로 해석하면 "체인 확충해야 함" 등이다. 두 설은 성정·리기로는 "상사처"도 있겠지만, 그 종지를 "근사·상사"라 해석해서는

사라 해서 그 종지를 리기로 합치려 하는가?)705) 지금까지(려말·선초, 특히 권근부터 퇴계까지)의 논자들은 대부분 "희노애락"(『중용』의 중화설)을 "인의예지"(『맹자』의 확충과 성선설)와 나란히 짝으로 배열하는데,(둘은 서로 비슷한 설이 아니므로 대거 호언할 수는 없다는 것. 권근, 퇴계 등이 이렇게 짝의 유비로 배열함)706) 모르겠으나 주자의 의미로 본다면 과연 어떠해야 할까요?(주희는 결코 사맹 두 설을 대설로 해석하지 않음. 그런데 퇴계는 반대로 리발·기발의 호발을 사칠이라 하며, 고봉은 이를 상상하지 못함)707)

(153)盖七情·四端之說, 各是發明一義, 恐不可滾合爲一說. 此亦不可不知者也. [滾合곤합; 서로 전혀 다른 두 종지의 물줄기를 하나로 합쳐 이해함.(二說을 一說로 억지로 합함)]

"칠정과 사단"의 설은 각자 자신의 뜻(一義)으로 "발명"한 [두 설]이므로("칠·사"는 사람 느낌을 각자 전혀 다른 뜻으로 "발명"(상2)했고 두 설은 전혀 "상사가 없음." 따라서 사단이 리발이라 해서 칠정이 기발일 수는 없음)708) 그 큰 두 줄기의 종지를 하나의 설(一說)로 혼합 이해해서는 안 됩니다.(칠정이 기라 해서 사단이 리발일 수는 없으며, 또 리기의 근사로 배합해서도 안 됨. 퇴계가 배합해서 일설

안 된다. 다만 칠정의 '정'과 인의의 '사덕'은 합해서 논할 "곳"도 있는데, 이는 성정 관계에서의 상사일 뿐이다. "측은은 정의 善者 언지이며 이른바 척발출래이다. 자사와 맹자의 리기 성정의 즈음은 合而言之도 있고 別而言之도 있다."(상82) 그러나 천명·중화와, 확충·성선 논증의 2설을 서로 상사라 할 수는 없다.

705) 칠정과 사덕을 성정·리기로 보면 "진실로 상사처도 있겠다." 그러나 주희가 "그 상사를 말하지 않은 것은 진실로 의도가 있다." 그것은 사맹 본설 종지를 "상사처"로 논해서는 안 되기 때문이다. 만약 "상사"이기 위해서는 칠정을 확충·성선이라 하거나, 혹은 "성을 넷으로 쪼갠(四破)"(상79) 것과 "중화"의 일이 서로 관련이 있어야 한다. 그러나 이 2설은 서로 관련이 없다. 그런데도 질문자는 왜 2설을 나란히 들어 "근사"라 하는가? 왜 하필 칠·사만 나란히 들고 리기로 해석해서 그 종지를 합하려 하는가? 두 설은 각자 所主(상78·79·82)가 전혀 다르다. 때문에 주희는 "상사처는 있겠다"라 하면서도 곧바로 그 "상사에 대해 말하지 않은 것"이다.

706) 자사 "희노애락" 종지는 미발·이발 공부로 중화를 이룸이다. 맹자 "인의예지" 종지는 이발의 사단 확충과 성선 논증이다. 이 두 설은 서로 관련이 없으며, 따라서 단지 둘로만 대거해서 대설로 삼을 수는 없다. 일찍이 권근은 「천인심성합일지도」에서 사단과 칠정을 "理之源·氣之源"으로 유비로 배열했는데 이는 퇴계와 같이 사칠을 '리·기 대설'로 삼은 것이다. 유숭조의 "理發爲四端, 氣發爲七情"도 사칠 근원을 권근·퇴계와 같이 '리·기의 발'이라 한 것이다. 추만은 약간 다른데 "所發의 사단, 所發의 칠정"(하188)은 퇴계의 영향(하178)인 듯하나, 리·기 소종래를 사칠이라 한 것은 아니다. 문제는 퇴계는 "리·기의 선후 호발", "리·기의 대거호언", "사의 소종래가 리이므로 칠의 소종래는 기이다"(상274)고 하여 사맹 2설을 "짝으로 배열함"을 넘어, '리·기 소종래의 발로 여긴다는 점이다. 이는 사맹 해석이 아닌, 사맹 위에 자신의 소종래를 둔 것이다.

707) 칠사 본설은 결코 대설이 아니며, 리·기로의 대거호언, 혹은 상사로 해석해서도 안 된다. 여기까지가 고봉이 본 퇴계의 폐단이다. 그런데 고봉은 퇴계 논변 본의인 "리·기가 각각 호발해서 사·칠로 발한다" 함에 대해 전혀 상상하지 못한다. 사맹 본설은 사람 본연의 느낌에 나아가 각자의 목적으로 논설했고, 『어류』도 이 2설을 해석함에 불과하다. 다시 말해 사맹과 정주는 사람 감정을 논설함에 불과하다. 반면 퇴계는 리·기가 선후로 호발해서 사칠이 된다고 한다. 이는 사맹, 정주, 고봉으로서는 상상할 수 없는 일이다.

708) 고봉의 첫 논변 첫 글자는 "자사의 희노애락, 맹자의 측은은 선유 發明의 모두이다"(상2)이고, 여기서도 "칠정과 사단의 설은 각기 一義를 發明한 것"이라 하여 '사칠이 아닌 칠사'라 한 것이다. 이 언급으로 그동안의 논쟁을 총괄할 것이다. 사람 느낌에 대한 공자와 자사의 희노애락도 一說이고 맹자 사단도 一說이며, 각각은 그 종지의 "뜻(義)"이 전혀 다르다. 칠정이 기발이라 해서 사단이 리발일 수 없고 그 반대도 불가하다. 그런데도 어류는 "리발, 기발"이라 했는데 이를 고봉은 "주희는 상사를 말하지 않았다"고 한다. 리기로의 해석도 가능하나, 그러나 "사의 소종래가 리이니 칠의 소종래는 기이다"(상274)고 해서는 안 된다. 그럼에도 퇴계 등 학자들은 유독 사·칠 2說만 들어 대설로 삼고, 또 리·기 대설로 삼는다. 주희도 리기로 해석할 수는 있지만, 단 사맹 종지를 어겨서는 안 된다. 고봉은 "사단과 칠정이라는 名과 義는 진실로 각기 그 소이연이 있다"(하135·151)고 하여 단순히 리기로만 유비해서 해석해서는 안 된다고 한 것이다.

로 해석했기 때문임)[709] 이 역시 알지 못해서는 안 될 것입니다.(고봉은 칠사를 '리기 일설'로 묶어 해석해서는 안 된다 함인데, 퇴계는 이후 『성학십도』 등에서 계속 리기로 합해서 논변함)[710]

9

퇴계; 총설과 후설에 답함(1)(요약)[711]

(154) 「四端七情總說」·「後說」兩篇, 議論極明快, 無惹纏紛拏之病, 眼目儘正當, 能獨觀昭曠之原. 亦能辨舊見之差, 於毫忽之微頓改, 以從新意. 此尤人所難者, 甚善甚善.

[惹纏야전; 얽힘을 야기하다. 복잡함을 일으키다. 성가시게 굴다. 紛拏분나; 어지럽게 애먹이다. 어수선하게 물고 늘어지다. 儘진; 줄곧. 내내. 昭曠소광; 밝고 넓음. 명백하고 활달함. 差차; 어긋난 것. 틀리다. 差誤. 毫忽之微호홀지미; 매우 작은 미세함. 頓改돈개; 즉시 고치다. 정돈하여 바로잡다. 從新意종신의; 새로운 의미로 따르다. 새롭게 터득한 뜻에 종사함.(주희의 신의는 자신의 일임. 從은 得의 뜻인 듯함) 尤人우인; 뛰어난 사람. 특출한 인물.]

「사단칠정 총설」과 「후설」(「후설」과 「총론」을 말함) 두 편은 의론이 지극히 명쾌하여 복잡함을 야기하거나 어지럽게 애먹이는 병통이 없고, 안목이 줄곧 정당하여 능히 홀로 밝고 넓은 근원까지를 보았다 할 것입니다. 또한 능히 舊見의 차오까지 판별해 내셨고,(고봉은 결코

---

709) 사맹의 칠정설과 사단설은 각자 一義를 발명한 서로 전혀 다른 설이다. 때문에 자사의 소지로 맹자를 해석해서도 안 되지만 맹자의 설로 자사를 해석해서도 안 되며, 리기의 "근사, 상사"로 해석해서도 안 된다. 주희는 위 『어류』 '보광기록' 앞에서 "질문; 『대학』 '明明德'을 '맹자' '사단을 확충해야 한다'고 해도 될까요? 답변; 혼합해서는 안 된다(不昏着他)"(『어류』 권53, 節81, 1776쪽)고 한다. 그럼에도 『어류』는 사칠을 "리기의 근사"로 해석했고, 퇴계 역시 "리·기 대설"로 삼았다. "異中에서도 同이 있으므로 사칠은 渾淪言之이다. 同中에서도 異가 있으므로 主理·主氣의 不同이 있다."(상239) "사의 소종래가 리이니 칠의 소종래가 기가 아니면 무엇인가."(상274) 더구나 퇴계는 "분석을 미워하고 힘써 一說로 합하는 것은 곤륜탄조이다",(상43) "성현이 二者를 論及함에 어찌 滾合하여 一說(一物)로 여겼겠는가?"(상17·31)라고 하여 일설을 반대하면서도 스스로 칠사 각설을 구별하지 않고 리기 일설로 합해 논변한다. 근본 문제는 위 二者, 一說, 一物, 一義는 사칠인지 리기인지 사맹인지를 분간하지 않는다는 점인데, 고봉으로서는 상상불가이다.

710) 본 「총론」을 마지막으로 고봉은 더 이상 칠·사 견해를 내놓지 않는다. 「고봉3서」는 "61년 1월 15일"이고, 퇴계가 "절구"를 보내 토론을 마치려 한 것은 "62년 10월 16일"이며, 본 「총론」은 "66년 7월 15일"이다. 고봉3서 이후 5년 6개월 뒤 이 「후설, 총론」으로 자신의 견해를 최종 정리한 것이다. 더 이상 토론하지 않으려 한 것은 퇴계의 절구 영향도 있겠지만, 사맹의 칠·사에 대해 주희가 리기로 해석한 의미는 위에서 "過半"(하151)은 밝혔기 때문이다. 칠정은 천명, 신독, 중화, 제약함, 성찰·극치 등의 義가 있고, 사단은 확충, 성선, 성찰 등의 義가 있으며, 이렇게 칠사 名·義는 각각 소이연이 있다. 마지막 최종 문제는 사맹의 칠정설과 사단설 2설은 상대적 대설일 수 없고, 또 상사도 없으며, 리기 일설로 혼합 이해해서도 안 된다는 점이다. 결국 『어류』 "시리지발, 시기지발"은 사단이 리라 해서 칠정을 기라 함이 아니다. 그럼에도 퇴계는 칠사 2설을 "리기의 근사·상사"로 여겼는데, 이는 리기 일설로 여긴 근본적 잘못이다. 이곳 "칠정설, 사단설"이라 함은 자사가 먼저고 맹자가 뒤이기 때문이다. 이 문제를 고봉은 최종 지적했지만, 퇴계는 이후 『성학십도』 등에서 계속 리기로 묶어 해석한다.

711) 이 편지 본제는 「明彦拜復 奇檢詳侍史」로 "병인(1566) 윤10월 26일"이다.(『고봉집』3책, 103~5쪽) 고봉이 서울에서 부친 "1566 윤10월 11일" 편지에서 "전에 부친 圖說에 대해 간곡히 깨우쳐 주심이 어떠실 지요?"(103쪽)라고 하여 「후설·총론」에 대해 논평해 주기를 독촉했다. 퇴계는 이 독촉 편지를 "받고 즉시 답서를 써서"(105쪽) 보냈고, 이 안에 본 "요약"이 있다.

구견을 고치지 않음. 말 의미가 모호함)712) 그리고 매우 작고 미세한 부분까지도 즉시 고쳐서(頓改),(고봉은 추가해서 고찰·해석했을 뿐 '고친' 것이 전혀 없음)713) 이로써 새로운 의미(新意)에 종사하셨습니다.(주희는 스스로 '구견을 버림'을 신의라 하고, 퇴계는 '남을 따름(從)'을 신의라 함. 말이 모호함)714) 이는 뛰어난 사람이라 하더라도 어려운 바의 것이거늘 진정 매우 훌륭하고 훌륭합니다.(퇴계는 고봉을 '훌륭하다' 하면서도 여전히 사칠을 대설로 여기고 리기 1설로 혼합함. 위 말 모두는 의미가 불명함)715)

---

712) 윗줄 "그대의 의론은 명쾌하다", "안목이 정당하다", "홀로 소광의 근원을 보셨다"고 함은 고봉의 「후설」과 「총론」에 대한 논평이다. 따라서 "舊見의 差"도 고봉의 두 설에 대한 논평이다. 퇴계는 두 설을 평하면서 "구견의 차오를 능히 판별해 냈다"고 하는데, 그렇다면 그 구견은 누구의 구견인가? 고봉은 두 설에서 자신의 구견을 고치겠다고 한 적이 없고 다만 그동안의 설을 종합하고 또 빠진 점을 보완했을 뿐이다. 그렇다면 퇴계 자신의 구설의 차오를 판별해 주었다는 뜻일까? 만약 그렇다면 '또한 나의 구견'이라 해야 한다. 즉, 그대의 두 설은 병통이 없고 그 소광의 근원까지 보았다 할 것인데, 이에 더하여 '또한 나의 구견의 차오까지도 판별해 주셨다'는 의미가 되어야 한다. 뒤 "리도"와 "무극"에 대해 답변한 「明彦令前拜白, 奇承旨宅」(하199)에서의 "己見之差誤"과 "濯去舊見"(하201)은 퇴계 자신의 차오와 구견이다. 고봉의 두 설은 퇴계의 설에 대한 비판이며, 고봉 자신의 설에 대한 종합이다. 퇴계는 어류 '리발·기발' 의미를 고찰하지 못했고, 고봉이 주희의 의미로 고찰했다. 만약 퇴계의 말뜻이 그대는 '그대의 구견을 그대 스스로 능히 판별했다'는 의미라면 고봉의 두 설 이전 구설은 잘못이 있었다는 의미가 된다. 그러나 고봉은 두 설에서 결코 이렇게 말하지 않았다. 따라서 '그대는 그대의 구설을 고쳤다'라는 의미라면 고봉으로서는 수긍할 수 없는 것이다.

713) "호흡의 미세한 부분", "즉시 고쳤다"고 함 역시 누구의 설을 가리킨 것인지 불명하다. 만약 호흡의 미세함이 고봉의 설이라면 고봉은 그동안 토론의 미진한 부분을 두 설로 밝힌 것이므로, 따라서 퇴계의 말은 그렇다고 할 수 있다. 그런데 "즉시 고쳤다"고 함은 그렇지 않다. 고봉은 결코 자신의 설을 고치지 않았다. 반대로 그 "미세함"이 퇴계 자신의 설이라면 오히려 퇴계 자신의 설이 곧 "매우 작고 미세한" 훌륭한 설이라 함이 되고 만다. 이러한 훌륭한 미세한 설을 고봉이 "즉시 또 고쳐주었다"고 함이 된다. 즉 퇴계의 미세한 설을 즉시 고쳐주어서 다행이며 고맙다는 뜻이 되는데, 그렇다면 뒷줄 "뛰어난 사람이라도 어려운 일인데, 매우 훌륭하다"는 말과 어울리지 않는다. 왜냐하면 "매우 훌륭한 뛰어난 사람"이 되기 위해서는 먼저 퇴계 자신의 설이 '더 미세하고 훌륭한 설'이 되어야 하기 때문이다. 따라서 "미세함을 즉시 고침"의 표현은 명확하지 않다.

714) "從新意"의 표현도 위 경우와 같이 불명하다. 만약 '나의 신의를 따라주었다'는 뜻이라면 퇴계는 스스로 신의를 발표했어야 한다. 그러나 퇴계의 신의는 없다. 퇴계는 거듭 "주자의 본설로 대신하고 우리의 설은 버리자",(상47) "주자의 설을 썼으므로 [순리, 겸기는] 이미 버렸다"(상272)고 하기 때문이다. 고봉은 두 설에서 퇴계의 "리발이기수지, 기발이리승지"의 설은 논평하지 않고 호발의 잘못으로 비판했다. 그렇다면 "신의를 따랐다"고 함은 무엇일까? 만약 고봉이 '정주의 신의를 따랐다'고 한다면 정주의 설이 신의가 되어야 한다. 하지만 정주의 설은 정주 당시는 반드시 신의라 하겠지만, 지금으로서는 신의라 할 수 없다. 지금 토론은 기왕 정주의 설이기 때문이다. 만약 '지금 新說'로서의 새로운 의미(신의)라 한다면 정주 당시는 새롭지 않았다는 말인가? 퇴계의 "신의"는 아마 그대의 두 설은 그동안 우리의 토의되지 못했던 것을 '새롭게 밝혀낸 의미'일 것이다. 즉 그동안 토론에서 밝히지 못한 새로운 의미를 고봉이 밝혀냈다는 점에서 '정주의 신의를 從事했다'는 뜻일 것이다. 그렇다면 퇴계는 두 설을 완전히 인가해 줌이 된다. 고봉도 뒤에서 "인가를 받았다"(하160)고 한다. 퇴계의 "지금 고명의 가르침을 받아 나의 妄見을 버리게 되었고 그래서 新意를 得하고 新格을 長하게 되었으니 매우 다행이다"(하209)의 신의는 '나를 따름'이 아닌 반대로 '고봉에게 신의를 얻음(得新意)'의 뜻이다. 장재의 "義理有礙, 則濯去舊見, 以來新意(의리에 막힘이 있으면 구견을 깨끗이 제거해서 신의를 오게 해야 한다)"(『張子語錄』, 「語錄中」29. 신의는 28·31조도 있음. 321쪽)를 주희는 "이 말이 가장 좋다(此法最妙)"고 한다.(『문집』권47, 「答呂子約」26, 2204쪽) 주희는 "사람들은 대부분 그 구견을 연민하여 기꺼이 버리지 않는다"(『어류』권9, 夔孫49, 306쪽. 『문집』권48, 「答呂子約」10, 2225쪽) 하고 또 "新意만을 競生하려 한다면 이는 어떤 사람일까?"(『문집』권39, 「答王近思」3, 1760쪽)라고 한다. 주희는 구견을 버리고 자신이 터득한 새로운 뜻을 신의라고 말한다. 이는 자신이 성인의 경을 새롭게 해석했다 함이 아닌 경의 의미를 새롭게 알았다는 뜻이다. 즉 자신의 구견을 버렸다. 따라서 "從新意"는 뒤 '得新意(신의를 터득함)'가 되어야 한다. 퇴계의 "舊見을 濯去하여 新知를 發함"(『고봉집』3책, 39쪽. 하201)의 發新知와 같은 뜻이다. 모두 자신의 일로 말함이지, 고봉이 퇴계 혹은 주희를 '따라주었다'는 뜻이라고 할 수 없다.

715) "매우 훌륭하다"고 함은 「후설」·「총론」두 설을 말함이다. 만약 퇴계 자신의 설을 따라 주었기 때문에 매우 훌륭하다 함이라면 위 두 설 제시는 아무 의미가 없게 되며, 또 고봉의 두 설을 퇴계는 전혀 이해하지 못함이 된다. 실제로 퇴계의 다음 편지인 "희노애락을 인의예지와 배합함"(하157)은 고봉과 오히려 정 반대의 의미다. 왜냐하면 고봉은 희노와 인의의 배합을 말함이 아닌 희노(자사의 종지)와 인의(맹자)의 종지는 전혀 상관없는 설이라 함이기 때문이다. 만약 리발·기발을 따라 주어서 "매우 훌륭하다"고 함이라면 고봉의 두 설을 모두 '무용으로 여김'이 되며, "훌륭하다"는 칭찬 또한 '빈말'이 되고 만다. 고봉은 두 설에서 "시리지발, 시기지발"의 곡절과 또 '기지발'로 해석 가능한 이유를 비교적 매우 자세히 제시했다. 어류의 설을 이렇게 해석해야 한다는 것이다. 따라서 "매우 훌륭하다"고 함은 '퇴계의 설을 따라준 것'이 매우 훌륭하다고 할 수는 없다. 과연 퇴계는 고봉의 설을 '훌륭함'으로 인가해서 이것이 곧 정주의 新意라 하는가? 뒤의 답변으로 보면 그렇지 않다. 그렇다면 퇴계의 말뜻은 무엇인가? 1570년 「심통성정도」 및 그 「도설」에서도 퇴계는 여전히 사맹의 칠정, 사단, 인의예지에 관한 각각의 종지를 밝힘이 없이, 예전 그대로 리기 一說로 혼합한다. 고봉의 설이 "훌륭하다"면 이후 퇴계는 왜 두 설을 거부하고 여전히 사맹 종지를 대설과 리기 一說로 혼합하는가?

(155)所論鄙說中, "聖賢之喜怒哀樂", 及 "各有所從來"等說, 果似有 "未安." 敢不三
復致思於其間乎? 兼所示 "人心道心等說", 皆當反隅(왕복서 偶)以求敎, 今玆未
及, 侯子中西行日, 謹當一一. 丙寅, 閏十月, 二十六日, 滉頓. [三復삼복; 되풀이하
여 읽다. 몇 번이고 반복하다. 致思치사; 생각을 다하다. 反隅반우; 답변하여 반증함. 그대의 논변
에 답변함.]

비평해주신 나의 설 가운데 "성현(고봉은 '聖人'인 순임금, 공자임)의 희·노·애·락"716)과 "각각
[리·기의] 소종래가 있다"717)는 등의 설은 과연 "未安"(이 2설을 고봉이 '미안'이라 했음)이 있는 듯
합니다.(미안을 인정했다면 사칠 소종래는 리기가 아닌 사맹이어야 하고, 칠정의 천명 달도도 리발이어야 함)718) 감
히 그간을 반복으로 되풀이 하여 생각하지 않을 수 있겠습니까? 그리고 겸하여 보여주신 "인
심 도심 등의 설"(인심도심 설은 전 편지에서 이미 퇴계가 인가했고, 이를 토대로 고봉은 「후설·총론」을 쓴 것인
데, 퇴계는 또 인심도심을 거론한 것임)719)에 대해서는 모두 반우하여 가르침을 구해야 하겠으나 지
금은 언급하지 않고, 자중이 서행하는 날을 기다려 일일이 말씀드리겠습니다.(인심도심은 퇴계가
이미 인가했으므로 고봉은 「후설·총론」 두 설도 아울러 인가받기 위함인데, 퇴계는 다시 인심도심을 답변하겠다고 한
것임. 고봉의 질문은 "칠정의 천명, 달도, 대본, 성인의 리 본체가 어찌 기이며 기발입니까"를 물음)720) 1566년 윤

---

716) 고봉은 "맹자, 순, 공자의 희·노·애·락은 리 본체이다"(상115) 했고, 이에 퇴계는 "맹자, 순, 공자의 희·노·애·락은 '氣之
順理而發(氣之發의 뜻)이다"(상282. 하137)고 했다. 이에 고봉은 "칠정이 기에 속한다 할지라도 리는 그 가운데 自在한다. 그
중절자는 천명지성이다"(하136)고 하면서 "중절자는 和이며, 화는 達道의 도인데, 과연 주자가 도를 '시기지발'이라 했을까요?"
(하137)라고 했다. 이에 퇴계는 "미안"이라 한 것이다. 미안이라면 『중용』 "달도" 및 "비은"의 道는 단독의 '시기지발'이 아님을
인정한 것인가? 문제는, 고봉의 희노는 所發인 기왕의 '發見者'인데, 퇴계는 리기 호발처에서 '기가 직접 발한다'고 한 점이다.
대화가 심하게 어긋난 것이다. 또 고봉은 '聖人', 퇴계는 '聖賢'이다.

717) 퇴계는 "그 소종래를 因한다면 사는 리, 칠은 기이다",(상28) "사의 소종래가 리라면 칠의 소종래가 기가 아니면 무엇인가"(상
274)라고 한다. 이에 고봉은 「후설」에서 "그 '各有所從來'를 [리·기라 함은] 未安"이라 하면서 "공맹의 희노 및 달도가 기발(기
의 발현자)일 수 있겠는가?"라고 비판했다.(하137) 이에 퇴계도 "미안"이라 한 것이다. 그런데 고봉은 "사칠의 '各有所從來'라는
말씀은, 같은 一語지만 피차의 의미는 각기 다르다"(상77)고 하여 그 소종래라는 용법을 의혹했다. 과연 "미안"이라면 퇴계는
"각기 소종래가 있음"을 취소하겠다는 뜻인가? 그런데 고봉은 칠·사라는 名과 義의 소종래는 '사·맹'이며 사맹의 '본설'이고
사맹의 '언지'라고 한다. 반면 퇴계의 소종래는 '리기' 중의 리와 기이다.

718) 고봉은 「후설」에서 "성인의 희노애락을 氣之發이라 하거나, 또 각자 리·기의 소종래가 있다 하면 '모두 미안'이다"(하137)고 한다.
고봉의 '미안' 의미는 칠정의 화는 道이고, 또 칠사 소종래는 리·기가 아닌 사·맹일 뿐이다. 따라서 퇴계가 "미안이 있다"고 하기
위해서는 이 둘 문제를 해결해야 한다. 하지만 이후 퇴계의 「심통성정도·설」 등은 예전 그대로다. 퇴계의 "미안" 의미는 모호하다.

719) 「후설·총론」 '본서'에서 고봉은 말하기를 "인심 도심의 설은 비록 곡절의 깨우침은 받지 못했으나 또한 이미 인가를 받았다"(『고봉집』
3책, 100쪽)고 했다. 고봉은 노수신이 배소를 옮기는 길목을 기다려 직접 만났던 일을 언급하면서 그의 인심·도심설의 잘못을 자세히
인용해 비판했다.(93~95쪽) 이에 퇴계는 "지나는 길을 알고 길에서 그를 만났다 하니 나로 하여금 회상을 느끼게 한다"(97쪽)고 하면
서, "대체로 보내온 편지 내용은 타당하다. 지난해 마침 과회(노수신)의 인심도심 두 절구(「人心道心吟」의 시. 106쪽)를 보고 마음으로
심히 의심했는데, 지금 그대의 견해가 이와 같다는 것을 알았으니 바로 벗들의 큰 근심이다"(98쪽)고 했다. 결국 이미 이렇게 인심·도심
설을 인가받았기 때문에 "인가를 받았다"고만 언급하고 다른 문제를 제기했다. 「후설·총론」 '서론'에서 제기한 문제는 인심·도심이 아
닌, "허태휘는 『중용』의 道인 '바은'을 형이상·하에 분속시켰다. 과회(노수신)의 설도 태휘의 설과 같다 하니 장탄식이 나온다. 도는 본
디 형이상인데 또 어떻게 형이하로 분속시킬 수 있겠는가? 이는 숙맥처럼 쉽게 분별이 가능한 문제다"(100~101쪽)고 했다. 이렇게 말한
목적은 아울러 칠사의 「후설·총론」을 인가받기 위함이다. 칠정 천명의 화인 道之用이 어찌 기발이며 기란 말인가?

720) 퇴계는 아래 다음 편지에서 "인심도심에 대한 여러 사람들의 논설은 진실로 의심스럽다. 그래서 이일재의 설, 강이의 글, 나의
설 두 통을 보낸다"(하159)고 한다. 이에 고봉은 오히려 "사칠 후설·총론은 선생의 인가를 받았으니, 이보다 다행스러움이 어
디 있겠습니까? 다만 그 사이 상량해야 합당할 곳이 있습니다"(하160)고 하면서 이어 그 나머지(인심도심, 비은의 도 등의 설)에
대해서는 "진실로 선생께서 체납하시기를 바란 것은 아니었습니다. 그런데 외람되게도 부지런히 비평하시는 은혜를 받으니 매우

퇴계; 총설과 후설에 답함(2)(요약)722)

(156)前寄示四七兩說, 反復玩繹, 昔人所謂始參差而異序, 卒爛熳而 "同歸", 眞不虛也.
已於前書, 略道之, 非久想得淴聞, 其所未盡者今言之. [玩繹완역; 완상하여 의미를 탐구하
다. 參差참치; 들쑥날쑥함. 爛熳란만; 선명하고 아름답다. 눈부시다. 淴聞매문; 나의 소견.]

앞서 보내주신 사칠 두 설(「후설」과 「총론」)에 대해 반복해서 그 의미를 탐구해 보았습니
다. 옛사람의 이른바 처음에는 들쑥날쑥 달랐는데 마침내 선명하게 "같음으로 돌아왔다
(同歸)"(고봉은 결코 동귀로 여기지 않음. 고봉은 사칠에 편중이 없어야 동귀라 함인데, 퇴계는 호발의 리
발·기발이라 함. 대화가 심하게 어긋난 것임)723)고 함이 참으로 빈말이 아니었습니다. 이미
전서에서 대략 말씀드렸으나724) 오래지 않아 나의 글을 다시 생각해 보았는데, 그 미진

송구합니다"(하160)고 한다. 그 이유는 노수신의 '인심도심'과 허태휘의 '도를 형이하로 분속함' 등은 「후설·총론」에 관한 일이
아니기 때문이다. 고봉의 목적은 '후설·총론을 인가해 주기를 바람'에 있었을 뿐, 인심도심 등에 답변해 주기를 바란 것은 아니
다. 그런데도 퇴계는 인심도심의 설을 답변하겠다고 한 것이다. 고봉은 인심도심 등 문제를 묻고자 함은 아니다. 퇴계는 사·칠
문제조차도 "一字로 그 가부"(하108)를 결정짓지 못하기 때문이다. 칠정 천명지성의 작용인 화인 달도, 성인의 "희·노인 리 본
체"(상115·116)가 어떻게 기발이며 기란 말씀입니까?(하137) 이점이다. 요컨대 "도(리체)가 어찌 기에 분속 되겠는가"

721) 「후설」과 「총론」은 "1566년 7월 15일" 광주에서 보냈고, 퇴계는 "去秋(지난 가을)에 받았으나 병으로 회답을 지체했는데, 또다
시 자중이 공(고봉)의 서한을 가지고 온 것"(103쪽)이다. 그간 고봉은 두 설을 보내고 약 3개월 후 "前月 初間(10월 초)"(102쪽)
서울에 올라왔고, 이후 "동년 윤10월 11일" 편지에서 "전에 진달했던 저의 설(두 설)에 대해 간곡히 깨우쳐 주시기를 바랍니
다"(103쪽)고 하여 퇴계의 견해를 재차 촉구했다. 이에 퇴계는 이러한 재촉 편지를 받고 즉시 "동년 윤10월 26일" 같은 인편에
이 답변을 보낸 것이다. 따라서 본 편지는 고봉의 두 설을 받고 윤달을 낀 최소 3개월 후의 답서이다.

722) 본 편지 본제는 「明彦重答 寄舍人宅」으로 "병인(1566) 11월 초6일"이다.(『고봉집』3책, 105~6쪽) 퇴계는 고봉의 "1566년 윤10
월 11일"(103쪽) 편지를 받은 즉시 같은 인편에 위 답서(윤10월 26일)를 보냈는데, 이어 10일 후 지금 답변을 재차 써서 보낸
것이다. 그것은 위에서 "인심도심에 대한 언급은 뒤 자중의 서행 때 알리겠다"(하155)고 했기 때문인 듯하다. 자중이 10일후 마침
서울에 간듯하다. 여기서 "인심도심에 대한 여러 사람들의 논설은 의심스럽다. 그래서 일재의 설, 강의의 글, 나의 설 두 통을 보
낸다"(106쪽)고 하여 인심도심에 대해 새로 쓰지 않고 그동안의 글을 보내 답변에 대신한 것이다. 여기에 본 논변(요약)이 있다.

723) "옛사람의 이른바"의 출처는 제시하지 않는다. 퇴계는 "두 사람이 私意가 없다면 반드시 同歸의 날이 있을 것"(상329)이라 한다.
퇴계는 "不能從으로 同歸"(상233)한 17개 조항을 「퇴계2서」로 논변했다. 이에 고봉은 "明道 無私라면 끝내 同歸할 것"(하8)이라
하면서, 다만 "己同者(사맹과 주희의 설)로 그 未同者(우리의 토론)를 대조해 보면 그 未同者 17개도 끝내 同歸할 것"(하6)이라
한다. 고봉은 同歸 방법을 "兩人이 一馬에 실은 짐"을 비유로 설명한다. 一馬의 행로가 흔들리는 이유는 짐(사·칠)이 각자
'리·기에 편중'되었기 때문이다. 흔들리지 않게 하기 위해서는 그 짐을 사맹 종지에 알맞게 옮겨야 한다. 이렇게 하면 우리의
토론은 경측이 없어서 결국 "同歸"(하14)가 가능하다. 고봉은 「제1·2·3서」에서 사칠에 편중이 있어서 동귀하지 못한다고
한다. 「후설·총론」에서 칠사에 관한 이외 해석 방법을 제시했다. "시리지발"은 "체인 확충하라"이고, 또 "시기지발"은 "그 정을
제약하라", "省察 克治하라"의 의미이며, "쉽게 악으로 흐르므로 '기지발'이라 한다." 따라서 퇴계가 "선명히 동귀했다"고 하기
위해서는 어류 리발·기발을 '심 공부'로 해석한 고봉의 논변을 논평하고, 여기에 다른 여론이 있다면 제시할 수 있다. 하지만
이후 퇴계의 논변은 이와 다르다. 퇴계는 처음부터 지금까지도 사맹과 정주의 칠사설에 대해 '고찰하지 않았다. 사맹 및 정주는
사람 감정을 칠·사로 언지했을 뿐, 직접 리발·기발을 말한 것은 아니다. 반면 퇴계는 직접 리발·기발의 호발이라 한다.

724) 퇴계는 앞에서 "'성현(고봉은 '성인'임)의 희노애락' 및 '각기 소종래가 있다'는 등은 과연 미안이 있다"(하155)고 했다. "이미 전

한 바의 것725)을 지금 설명 드리겠습니다.

(157) 其 "以喜怒哀樂, 配仁義禮智", "固有相似"而未盡. 然向者「圖」中, 亦因其 "近似",
而聊試分書, 非以爲眞有定分配合, 如四德之與仁·義·禮·智也. [配배; 고봉: 희노와
인의는 둘의 짝으로 배열 해석할 수 없음. 서로 연관되게 해석할 수 없음. 퇴계: 배합할 수 있음. 2설을
섞어 해석할 수 있음. 定分配合정분배합; 희·노의 정해진 구분, 또는 희노·인의의 배합.(퇴계는 희
노·인의를 분·합으로 말하지만, 고봉은 칠·사 관계로 말한 것임) 聊료; 우선. 잠시. 分書분서; 나누
어 기록함.(分註, 分說의 뜻) 四德사덕; 성의 4덕.(性을 쪼개면 인·의·예·지. 情의 正 및 中節者의
덕은 和. 천지자연의 사덕은 원형이정. 희·노·애·락 각각은 유선악이며 덕이 아님)]

그 말씀에 "희노애락(중용설)을 인의예지(맹자설)에 배합"(고봉은 사맹 2설을 1설로 배열해 짝할
수 없다 함인데, 퇴계는 반대로 '희노와 인의'의 배합으로 답변함. 토론 언어가 어긋남)726)한다 함은 "진실
로 相似는 있으나"(고봉은 사칠 2설은 전혀 '상사가 없다' 함인데, 퇴계는 '상사가 있음'으로 인용한 한 것임.
토론 문자가 어긋난 것임)727) 미진합니다.(사맹을 해설한 주희의 설을 퇴계는 미진이라 한 것임. 퇴계의 자상
모순임)728) 그런데 지난번 「천명도」 가운데서도 역시 그 "近似"(고봉은 질문자의 "似近"를 주희

서에서 대략 말씀드렸다"고 함은 고봉의 의견에 동의하여 스스로 "미안이 있음"을 인정한 것이다. 즉 "마침내 선명으로 동귀했
다" 함이다. 하지만 "성인의 희노애락" 및 "소종래" 등은 고봉의 용법과 다르다. 만약 "선명으로 동귀한 것"이라면 이른바 그
'선명'은 무엇인가? 고봉의 '선명'은 사칠 본의에 동귀하는 일이지만, 퇴계의 경우는 그렇지 않다. 이후로도 퇴계는 사맹과 정주
의 설을 고찰하지 않고 곧바로 리발·기발이라 한다.

725) 「후설·총론」은 동귀했는데, 다만 앞 편지를 살펴보니 말하지 못한 미진함이 있다. 아래에 의하면 둘이다. 첫째, 희노애락과 인
의예지의 배합, 둘째, 사칠의 리기 분속은 末異도 있고 末異 없음도 있다. 그러나 퇴계의 '배합'과 '분속'이라는 말은 고봉 본의도
아니고, 용법도 다르다. 배합은 고봉이 강력 부인했던 문제이다.

726) 고봉의 "지금까지 논자들은 대부분 '희노애락의 자사설을 인의예지의 맹자설에 짝(配)'으로 배열해서 논한다"(하152)를 인용한
것이다. 고봉은 중용 칠정설과 맹자 4덕설은 그 종지가 전혀 다르므로 그 2설을 '짝으로 배열(配列)'해서 리기 1설의 합으로 논
해서는 '안 된다'고 한다. 주희는 결코 서로 다른 2설 종지를 1설로 배열·배합 해석하지는 않았다는 것이다. 그것은 퇴계가 서
로 연관지어 "합리기 중의 리발·기발"의 리기 배열·배합 1설로 해석했기 때문이다. 퇴계가 고봉의 말을 인용하기 위해서는
우선 고봉 본의가 무엇인지를 파악해야 한다. 그러나 퇴계의 配자는 고봉과 반대의 의미이다. 퇴계의 配자는 아래 "配合"하여
섞는다 함으로, 이는 고봉이 반대한 "一說로 곤합해서는 안 된다"(하153)와 정 반대의 뜻이다. 퇴계는 희노애락과 인의예지가
서로 配가 되거나 혹은 희노애락이 마치 인·의·예·지처럼 나누고 배합하는 것으로 이해한 것이다.

727) 고봉은 "자사설과 맹자설은 짝의 一說로 배열할 수 없음"(하152·153)이라 했다. 주희가 "상사처도 있긴 하겠다"(하152)고 한
본의는 사·칠 2설은 성정·리기로 보면 "상사처"도 있겠지만, 그 2설 종지를 '상사'로 여겨서는 안 된다는 뜻이다. 자사 종지
인 중화는 미발·이발공부이고, 맹자 종지는 이발 확충과 성선 논증이기 때문이다. 그런데 퇴계와 같이 "相似도 있다"고 인용한
다면 이는 사맹 2설이 반대로 '상사가 있음'이 되고 만다. 그렇다면 이는 고봉의 인용문과 반대의 뜻이 되고 만다. 고봉의 "그
상사를 말하지 않음"(하152) "각자 一義를 발명함" "일설로 곤합할 수 없음"(하153) 등은 전혀 '상사가 없다' 함이다. 그런데 퇴
계는 반대로 칠정설과 사단설은 '상사도 있다'고 이해한 것이다.

728) 퇴계는, "희노를 인의에 배합함"(고봉)은 "상사는 있으나"(주희) "미진"(퇴계)이라 해석한 것이다. 그렇다면 주희는 희노를 인의
에 '배합'할 수 있다 했는가? 또 주희는 그 둘의 배합에 대해 '상사'라 했는가? 고봉은 칠사 둘을 "짝으로 배열(대거)한 수 없다"
했고, 주희의 "상사처도 있긴 하겠다"를 고봉은 '상사는 없다'고 해석했다. 그런데 퇴계의 "미진"은 배열도 가능하고 또 상사도
있지만 미진이라 함이다. 미진이라 함은 "似近"도 있다 함이다. 이는 주희 및 고봉 본의와 전혀 다르다. 더구나 "未盡"이라 함은
주희 '상사처의 말도 미진이다는 뜻이 되고 만다. 이러한 퇴계의 인식은 고봉의 "배열할 수 없음", 주희는 "상사를 말하지 않
음", 퇴계의 "미진함"의 3者가 서로 연결되지 않는다. 一情에 대해, 사맹은 칠·사로 설했고, 주희는 사맹을 해석했고, 고봉은
주희의 해석으로 사맹을 고찰한 것인데, 퇴계는 이를 "미진"이라 한다. 한편 고봉의 「천명도」에서만 미진이다"(하31)의 미진은
사단을 천명지성의 희노에 대거(배합)해서는 '안 된다'는 뜻이다.

가 부정했다 함인데, 퇴계는 거꾸로 사맹 2설이 질문자의 '근사'라고 함)로 인하여 우선 시험 삼아 分書(分註, 分說)했을 뿐이고,(시험 삼아 리발·기발로 분주함. 말이 불명함)729) 참으로 그 정해진 나뉨(定分)과 배합(配合. 혼합, 혹은 배분)의 있음이 마치 사덕의 인·의·예·지와 같다고 여긴 것은 아니었습니다.(고봉은 칠·사는 '配' 관계가 아니라 함인데, 퇴계는 희·노·애·락의 '定分, 配合'으로 이해함. 이상 모두 문자 및 대화가 심하게 어긋남)730)

(158) 其言, "是理之發, 專指理言, 是氣之發者, 以理與氣雜而言之." 滉曾以此言, 爲 "本同·末異"者, 鄙見固同於此說, 所謂 "本同"也. 顧高明因此, 而遂謂 "四七必不可分屬理氣", 所謂 "末異"也. 苟向日明見崇論, 如今來兩說之通透脫灑, 又何 "末異"之有哉! [通透통투; 훤하게 꿰뚫다. 완전히 이해하다. 脫灑탈쇄; 깨끗하고 속됨이 없음.]

또 그 말씀에 "是理之發은 리만을 專指로 言했고, 是氣之發의 것은 리와 기를 雜으로 言之했다"(퇴계가 먼저 인정한 설임. 이는 사맹 본설에 대한 해석이며, 고봉은 칠정은 중화가 있으므로 겸리기라 함인데, 퇴계는 독기·주기라 주장함)731)고 하셨습니다. 황은 일찍이 이 말씀에 대해 "本同과 末異"(고봉은 이를 강력 비판하여 '末異의 기'라 하시면 주희를 따르지 않음이 된다고 했음)732)라고 했습니다. 나의 견해도 진실로 이 설(사칠을 해석한 주희의 두 설 조합)과 같

---

729) 혹자의 질문인 "희노·애오욕이라면 인의에 似近하겠지요?"(하152)를 인용한 것이다. 주희의 답변은 "진실로 相似處도 있긴 하겠다"이다. 이에 고봉은 "그 상사를 말하지 않았다"고 함으로써 주희는 사맹의 2설을 '상사가 없음'으로 여겼다고 한다. 왜냐하면 "칠정설, 사단설은 각기 一義를 발명한 것"(하153)이기 때문이다. 고봉의 비판은 "지금까지의 논자들은 희노를 인의로 쩍(대거)해서 배열하는데, 이는 주자의 뜻과 다르다"(하152)이다. 퇴계는 희노와 인의의 배합이 혹자와 같이 '근사'라 하는데, 이는 '혹자의 말과 같이 배합할 수 있다 함이 되고 만 것이다. 반면 주희와 고봉은 이미 '혹자의 사근'을 부정했다. 더욱이 "시험 삼아 分書했다"고 한다면 주희의 부정을 "미진"으로 여기고 또 시험 삼아 분주함이 되고 만다. 퇴계의 "리·기 分說"(상13)과 "分註"(상270)에 대해 고봉은 "리·기로 分說한 잘못이다",(상144. 하117) "이는 리·기 分說의 폐단이며, 전서에서도 여쭈었는데도 다시 운운하신 것이다"(하64)고 한다. 이렇게 고봉은 이미 분설·분주할 수 없다 했는데, 오히려 퇴계는 "잠시 시험 삼아 분서했을 뿐"이라 한다. 그렇다면 그동안 퇴계의 분설·분주는 혹자의 "근사"와 같이 결국 '잠시 시험 삼아' 임시로 분주했는가?

730) 퇴계는 첫째 "희노와 인의의 배합"(하157)을 말하고, 둘째 "희노의 배합은 사덕의 배합과 같지 않다"고 한다. 그런데 '희노와 인의의 배합'은 사맹 2설의 배합 문제이고, 또 '희노의 배합'은 자사 본설의 배합이라는 점이다. 고봉 본문은 "희노와 인의는 1설로 합치거나 나란히 배열할 수 없음"이다. 두 설은 종지가 다르므로 '나란히 리기'로 배열 해석해서는 안 된다는 것이다. 반면 퇴계는 첫째 '2설의 배합'이라 하고, 둘째 '희노애락도 인의예지와 같은 배합'으로 답변한 것이다. 퇴계는 희·노·애·락의 "定分 배합은 마치 인·의의 사덕과 같지 않다"고 한다. 4덕은 定分이 있을 수 있다. 맹자가 "인지단, 의지단"으로 각각 나누었기 때문이다. 그러나 자사는 일찍이 희노애락을 각각 定分으로 나눈 적이 없고 주희도 마찬가지다. 퇴계의 "배합(配合)"은 고봉의 "지금까지의 논자들은 대부분 희노(자사)를 인의(맹자)에 쩍(대거해서)해서 배열(配)한다"(하152)에서 나온 말이다. 이는 희노와 인의의 두 설은 "근사, 상사가 없다"는 뜻이다. 퇴계는 인의의 배합과 같이 '희노도 정분·배합이 있다'고 한다. 이는 희·노·애·락에 정분·배합이 있고 없고의 문제를 떠나, 고봉과의 토론 주제와 어긋난 것이다.

731) 하139, 상60. "주자는 천지지성은 전지리언이고, 기질지성은 리여기잡이언지"(하138)라 했고, 고봉은 "이 말을 인용해서"(하139) 시리지발은 전지리언이고 시기지발은 리여기잡이언지이며, "이 말은 장애가 없는데도 [퇴계의] 인가를 받지 못했다"(하139)고 했다. 칠정이 겸리기인 이유는 여기에는 천명·중화가 있기 때문이다. 퇴계가 먼저 "사·칠의 分은 본성·기품의 異와 같다"(상21. 하139)고 했다. 퇴계가 먼저 조합했고, 고봉도 이를 긍정한 것이므로 고봉으로서는 인가받지 못할 이유가 없다. 퇴계는 이 두 해석설의 조합을 인정하면서도 결국 자신은 "末異"라 하고, 그 末異를 "리·기 분속"이라 한다. 과연 칠정은 천명·중화가 없는 '독기·주기'인가?

732) 고봉은 「후설」에서 묻기를 "선생께서는 사·칠의 分은 본성·기품의 異와 같다 하셨는데, 이는 저의 의견과 같다. 그런데도 왜

으니, 이것이 나의 이른바 "本同"(퇴계의 本同은 리기에 나아가면 '사칠은 겸리기 혼륜'이라 함인데, 사맹과 주희는 이와 전혀 다름)입니다.733) 다만 고명께서는 이 설로 인하여(그러나 고봉은 '주희의 설로 인해' 불가라 말할 수 없음)734) 마침내 "사칠의 리·기 분속은 반드시 불가하다"(퇴계는 리기에 나아간 리·기 분속이고, 고봉은 사맹 본설에 나아간 리기 해석임. 고봉은 퇴계의 대거·호언을 불가라 함)735)고 하셨으니, 나는 이것을 이른바 "末異"(퇴계는 위 주희의 리기 해석과 다른, 자신의 주기를 末異라 한 것임)라고 했습니다.736) 그런데 진실로 그대의 지난날 명견·숭론(일찍이 그대는 「고봉1·2·3서」에서 주희의 해석설을 불가라 했다는 뜻임)이 지금 두 설의 통투·탈쇄와 같았다면(고봉의 두 설 주제는 퇴계의 '리·기의 대거·호언'을 강력 반대한 것임) 어찌 또 "末異"가 있다고 [내가] 말했겠습니까!(스스로는 '사칠 대설'과 '리기 호발' 및 '주리·주기'를 주장하면서 드디어 고봉이 긍정했다고 한다면 이는 고봉의 그간 '고찰 공로'를 가로챈 것이 됨)737)

本同인데 趨異라 하셨는가?"(하139)라고 했다. 일찍이 퇴계는 "전지리, 리여기잡"(주희의 해석설)을 "本同이나 趨異"(상230)라 했고 그 이유를 다음과 같이 말했다. "공은 사칠을 兼理氣이며 同實異名이므로 분속 불가라 하지만, 황은 二者의 혼륜은 인정하나 그 二者를 '리기에 나아가' 말하면 주리·주기의 不同으로 분속할 수 있다."(상238~9) 즉 "본동"은 '사칠 겸리기'이고, "추이"는 '리에 나아가면 주리, 기에 나아가면 주기"(상242)이다. 그렇다면 사맹 칠사는 '리기에 나아감'이고, 사단도 '본래 겸리기'인가? 고봉은 이 문제에 대해 "대승의 뜻을 끝내 선생께 펼칠 수가 없었다"(하25)고 하며 강력 항변했다. 퇴계의 "추이"는 주희와 다른 "리기에 就한 리·기"이다. 이는 사맹 '본설에 나아감'이 아닌, '리·기'를 논한 것이다.

733) 퇴계는 "리기에 나아가면 사칠도 본래 겸리기의 혼륜이나, 다만 리는 사단이고 기는 칠정이다"라고 하며, 이를 '본동'과 '말이'라고 한다. 하지만 고봉은 사칠을 함께 혼륜이라 하지 않았고, 또 "리기에 나아가" 이를 리·기 호발의 사칠이라 하지도 않았다. 이러한 논변은 사맹 및 주희와 '본동'이라 할 수 없다.

734) "이로 인하여 마침내 리·기로 분속할 수 없다 했음"은 고봉 본의와 전혀 다르다. 고봉은 주희의 해석설을 반대하지 않았고, 또 리기 분속을 불가라 함도 아니다. 고봉은 '주희의 설로 인하여' 불가라 할 수도 없다.

735) 고봉의 "분속 불가"(상91·99. 하25·30·46)는 퇴계 "대거·호언"의 비판일 뿐 주희의 리발·기발 해석을 불가라 함이 아니다. "리발, 기발은 불가하지 않다."(하31) 주희는 사칠을 리발·기발, 본성·기품을 리기로 해석했다. 따라서 퇴계의 "그대는 주희의 설을 인용해서 사칠의 리기 분속을 반드시 불가라 했다"고 함은 고봉의 말과 다르다. 퇴계는 스스로 사칠을 대거·호언하고, 리기로 사칠을 말하면서 주희를 인용한 것인데, 오히려 그 잘못만은 고봉에게 돌린 것이다. 만약 리기로 사칠을 말하고 또 리기로 사칠을 대거·호언하면서 주희를 인용한다면, 이는 퇴계 자신이 잘못이다. 사맹과 주희는 '리기에 나아가거나' 혹은 사칠을 '대설'로 삼지 않았다.

736) 그대는 사칠을 "리·기로 분속할 수 없다"고 했으니 이것이 "末異"이다. 이 말은 고봉과 다르다. 고봉은 칠정은 천명·중화가 있으므로 주희와 같이 "겸리기"라 한다. 반면 퇴계의 "말이"는 칠정을 '기'라 함이다. 그런데 고봉은 '칠정의 기'를 불가라 하지 않는다. 칠정은 기임이 분명하다. 단 퇴계와 같이 "대거 호언"해서 '사단이 리이므로 칠정을 기'라 할 수 없다는 것이다. 퇴계는 "칠정의 기는 마치 사단의 리와 같다. 그 [리·기] 所主에 따라 분속했을 뿐이다"(상254)고 하는데 이는 사맹을 해석한 주희를 따르지 않은 것이다.

737) 통투 탈쇄한 「후설」과 「총론」은 "末異가 없다." 왜냐하면 그대는 "분속 불가"를 두 설에서 드디어 '분속할 수 있음'으로 인정했기 때문이다. 고봉은 「후설」에서 "사칠의 리기 분속은 의심하지 않아도 된다"(하135)고 했다. '분속 가능' 이유는 사단의 "확충"과 칠정의 "제약해야 함"이 "시리지발, 시기지발"의 의미이며,(하33~4) 칠정은 "기질의 雜이 없을 수 없으므로 '시기지발'이라 하고,(하147) 사단지발은 체인 확충, 칠정지발은 성찰 극치"(하149·150)의 의미라 한다. 이는 고봉이 사맹과 주희 본설에 나아가서 그 의미를 고찰했을 뿐, 퇴계가 고찰한 것은 아니다. 고봉의 이러한 고찰은 퇴계의 "대거호언"과 "리기 호발"을 강력 반대한 것이다. 반대 이유는 대거호언하면 사칠이 상대설이 되고, 또 대설로서의 리발·기발이라 하면 칠정은 천명·중화가 빠진 '독기'가 되며, 더욱이 "리기 호발"이라 하면 칠사 본설 위에 퇴계의 리기가 먼저가 되기 때문이다. 고봉의 「후설·총론」은 퇴계를 동의한 것이 아닌, 그동안 토론되지 못했던 맹자, 정자, 주희의 소지를 보충해서 더 밝혔을 뿐이다. 이는 퇴계설과 전혀 다르다. 퇴계는 사맹 및 주희 설에 나아가 고찰하지 않고, 오히려 고봉의 고찰에 대해 '말이가 없다'고 한 것이다. 이러한 언급은 매우 불합리하다. 고봉을 인정하기 위해서는 먼저 고봉의 본의를 이해해야 한다. 가령 "이발의 단서를 확충해야 함" 旣發의 칠정을 제약해야 함" "다스려야 함" 등의 의미를 긍정해야 한다. 그렇지 않고 "이미 같아졌다"고 일방적으로 선언하면 이는 그간 고봉의 '고찰 공로'를 가로챈 것이 되고 만다. 다시 말해 자신의 종전 '사칠 대설'과 '리기 호발' 주장을 되풀이하면서 오히려 "이미 같다"고 한다면 이는 고봉의 논변 내용을 이유도 밝히지 않고 '빼앗은 것'이 되고 만다. 특히 본 토론은 추만 「천명도」에 관한 것으로, 만약 퇴계가 고봉을 인정하기 위해서는 "천명의 중화"를 '기'라 해서는 안 된다. 고봉은 아래 다음 편지에서 "사칠 두 설을 인가 하셨지만 그 사이 상량해야 합당할 곳이 많다"(하160)고 하면서, 이후 더 이상 답변하지 않는다.

(159)抑嘗欲謾取吾兩人往復論辨文字, 爲一册, 時自觀省, 以改瑕纇, 而間有收拾不上者
　　　爲恨. 其所謂 "絕句一首", 亦未記得, 後書謾及之, 若何. 人心道心, 諸人所論, 誠有
　　　可疑. 曾得李剛而所示李一齋說, 並剛而書, 鄙說二紙呈似, 試垂鑑裁, 因書誨及. 仍
　　　請勿涉人人覘覰, 恐或無事生事也. 丙寅至月初六日, 滉頓. [謾取만취; 예의 없이 함부로
　　　모음. 瑕纇하뢰; 하자. 결함. 흠. 鑑裁감재; 직접 보고 판단・결단하다. 仍請잉청; 거듭 요청・부탁하다.
　　　覘覰첨처; 훔쳐 엿보다. 엿보며 경시하다.]

　　　그동안 우리 두 사람이 왕복 토론한 문자를 모아 책으로 엮어 때때로 살피면서 그 잘
못된 점을 고치고자 하나 그간 수습 상재하지 못한 것이 있어 아쉽습니다.(그간 토론이 이제
완전히 끝났음을 알린 것임)[738] 이른바 "절구 한 수" 역시 기록해 두지 않았으니 다음 편지에서
모아 보내주심이 어떠실 지요.[739] 인심・도심에 대한 여러 사람들의 논설은 진실로 의심
스럽습니다.(고봉의 질문 요지는 인심도심의 리・기 분속 문제와 같이 추만 '천명도는 독기가 아님'을 최종 결
단해 주시라는 의미인데, 퇴계는 다시 인심도심을 거론한 것임)[740] 일찍이 이강이가 보내준 이일재의
설과, 아울러 강이의 글 및 나의 설 두 통을 보내니 보시고 가르쳐 주시기 바랍니다.(고봉
은 인심도심 및 '비은의 道를 리・기로 분속할 수 없음'과 같이 칠정의 '중화의 道도 기에 분속할 수 없음'을 인가
받고자 함인데, 퇴계는 이를 회피한 것임)[741] 그리고 청컨대 사람들에게 보이지 말아 주시기 바랍
니다. 혹 일 없는 중에 일이 생길까 두렵습니다.(노수신과 이항(일재)을 비판한 내용이기 때문으로

---

738) "우리 두 사람의 왕복 문자를 모아 책으로 만들고자 한다", "수습 상재하지 못한 것이 있다"고 함은 이 토론을 다시 하지 않겠
　　다는 뜻이다. 후설・총론은 "말이가 없기" 때문이다. 이 언급은 고봉의 후설・총론 내용과 다르다. 고봉의 두 설은 결코 퇴계의
　　대거・호언 등을 긍정한 것이 아니다.

739) "이른바 절구 한 수"는 고봉이 「후설・총론」 서두에서 말한 "일찍이 가르쳐 주신 '절구 한 수'를 받고 심히 망연 낙심했다"(하
　　128)에 대한 답변이다. 퇴계는 절구가 있는 편지를 보관하지 않았거나 혹은 절구 한 수만 기억하지 못한 것으로 보인다. 고봉은
　　다음 편지에서 "절구를 등사해 올립니다. 전후 문자를 모아 한권의 책으로 만드실 때 그 거취를 정하십시오."(하160)라고 한다.

740) 퇴계는 앞 편지에서 "겸하여 보여주신 인심도심의 설에 대해서는 모두 반우하여 가르침을 구해야 하겠으나 지금은 언급하지 않
　　고 자중이 서행할 때 일일이 말씀드리겠다"(하155)고 했는데, 여기서 그 인심도심에 대한 답변을 하고자 함이다. 하지만 고봉
　　요지는 "인심・도심은 리・기에 분속할 수 없다"(94쪽)와 "사람의 정은 본선인데도, 선악이 가하다고 한다면 본래 準則이 없어
　　서 無所不爲가 되고 만다"(95쪽)이다. 이 문제가 곧 추만 「천명도」 칠정의 '기발'과 '선악미정'과 같고, 따라서 천명도는 독기
　　혹은 미정일 수 없다 함이다. 이 문제를 '결단' 해 주라는 요청이었다.

741) 일제의 설, 강이의 글, 퇴계의 두 편, 총 4편이다. 아래 「別紙」와 「答友人論學書, 今奉寄存齋案下(우인에게 보낸 글을 고봉에게
　　부침)」가 퇴계의 두 편이다.(106・107쪽) 「별지」에서 "이일재가 일찍이 이강이에게 준 글에서 정암의 잘못을 논했는데, 강이가
　　그 글을 보내왔습니다"(107쪽)라고 함이 곧 일재의 설과 강이의 글이다. 이 두 편은 『고봉집』과 『퇴계집』에 실려 있지 않다.
　　고봉은 앞 편지에서 말하기를 "이일재는 노수신을 비판하면서 정암까지 나무랐는데, 노수신은 굽히지 않았습니다. 그러나 일재
　　의 논 역시 정주 본의를 상실했습니다"(94쪽)라 했고, 이에 퇴계는 "대체로 보내온 내용은 타당합니다. 지난번 우연히 노수신의
　　인심도심에 대한 두 절구를 보았는데, 바로 벗들의 큰 근심입니다"(98쪽)고 했고, 이에 고봉은 "인심도심의 설은 비록 곡절을
　　깨우쳐 주심은 받지 못했으나 또한 이미 인가를 받았습니다"(100쪽)라고 했다. 이렇게 고봉이 먼저 인심도심의 설을 '인가 받았
　　다'고 한 이유는 「후설・총론」에서 칠정사단의 설을 인가 받고자 함이다. 왜냐하면 고봉의 "인심도심은 리・기에 분속할 수 없
　　음",(94쪽) "선과 악을 할 수 있으므로 위태롭다 함"(95쪽) 등 문제가 바로 사칠의 리・기 분속 문제이기 때문이다. 그렇다면
　　인심도심 문제는 이미 인가 받은 것이다. 때문에 고봉은 다시 「후설・총론」 서문에서 "허태휘는 『중용』 道인 비은을 형이상과
　　하에 '분속시킨다'", "도는 형이상인데 어떻게 형이하로 '분속시킬 수 있겠는가'"(100쪽)라고 했는데, 고봉 본의는 '중화의 도도
　　기발・주기로 분속시킬 수 없음'을 인가받기 위함이었다. 퇴계는 이 문제는 거론하지 않고 또 "가르쳐 달라"고 한 것이다. 이는
　　고봉의 의도를 회피한 것이다.

보임. 결국 퇴계는 「천명도」 '중화의 기 분속 문제'를 답변하지 않은 것임)[742] 1566년 11월 6일, 황돈.

10

고봉; 도를 음미하심에 축원할 뿐입니다[743]

(160) 四七兩說, 乃蒙印可, 何幸如之. 但其間, 多有合商量處, 而不敢率爾仰扣, 擬俟後日或有些少見解也. 絶句謄上, 幸望褻取前後文字, 爲一書, 定其去取, 何如. 整菴書……大升前日所稟, 適因鄙意妄料, 敢質左右, 非固欲望先生之俯採也, 枉沐勤批, 悚仄之至. 此間所欲稟者, 非止一二, 冗迫不及盡. 只祝味道益懋, 爲時加愛. 丁卯正月二十四日, 後學大升拜. [仰扣앙구; 우러러 두드리다. 우러러 묻다. 擬俟의사; ~하는 대로 곧 제안하고자 한다. 些少사소; 조금쯤의. 대수롭지 않은. 褻取설취; 저의 예의 없는 설을 취함.(위 퇴계의 '謾取'와 짝한 말) 枉沐왕목; 외람되게도 ~을 입다. 나의 의도와 다른 ~을 받다. 冗迫용박; 번잡하고 급한 일.]

사칠 두 설은 결국 인가를 받았으니 어찌 다행이라 하지 않겠습니까.[744] 단, 그간에는 '상량해야 합당할 곳이 많이 있지만'(위 두 편지의 논변 문자 등은 고봉의 용법 및 본의와 전혀 다르기 때문임) 지금은 감히 경솔히 묻지 않고(칠정 배합 등은 새로운 문제이므로) 후일 혹 조그마한 견해라도 있게 된다면 곧 제안하고자 합니다.[745] 절구를 등사해 올립니다. 전후 문자를 모

---

742) 퇴계는 "절구"를 통해 이 논쟁을 마무리하고자 했고, 때문에 고봉도 "오랫동안 여쭙지 못했고",(하128) 마지막으로 「후설·총론」을 써서 그동안 미진했던 나머지 문제까지 스스로 정리했다. 퇴계도 윗줄에서 "그동안의 왕복 변론을 책으로 엮고 싶다"고 함으로써 이 토론은 이미 마무리되었음을 알렸다. 문제는, 고봉이 "인심도심"과 중용 "비은"의 '분속 문제'를 거론한 이유는 이것이 바로 '칠정의 기 분속'과 같기 때문이다. '비은(도)의 리·기 분속' 문제는 지금 토론 주제가 아니나, 단 그것은 "숙맥처럼 쉽게 분별이 가능함"(100쪽) 간단한 문제다. 마찬가지로 천명·중화가 어찌 기발, 독기, 주기, 기이겠는가? 인가받고자 한 것은 이것이다. "보이지 말라"고 함은 퇴계의 '별지 2통"(110쪽)이다. 1통은 노수신(과회)과 이항(일재)의 인심도심설에 대한 비판이고, 또 1통은 퇴계가 서울의 친구에게 보낸 나흠순 '곤지기' 등 여러 설에 대한 비판이다. 결국 퇴계는 고봉 의도와 다르게 '중화의 기 분속' 문제에 답변하지 않은 것이다. 때문에 고봉은 "대승이 전일 품달했던 바는 진실로 선생께서 체납하시기를 바란 것은 아니었지만, 외람되게도 부지런히 비평하시는 은혜를 받았으니 심히 송구하다"(하160)고 함으로써 퇴계의 내용을 거부한 것이다. 과연 추만 「천명도」에 사단을 들여와 오히려 칠정의 '천명·중화를 기로 분속'한 것은 가능한가. 고봉의 최종 질문은 이것이었다.

743) 본제는 「先生前上狀, 李知事宅」이다.(111쪽) 이 편지 속에 칠사 토론에 관한 고봉의 마지막 내용이 있다. 역자는 그중 두 곳을 요약했다. 이후 고봉은 퇴계와 더불어 칠사를 거론하지 않는다.

744) 퇴계는 앞에서 "사단칠정 총설·후설 두 편은 의론이 지극히 명쾌하다",(하154) "보내주신 사칠 두 설은 처음에는 들쑥날쑥 달랐는데 마침내 선명으로 동귀했다"(하156)고 했다. 고봉은 이를 '인가해 주었다'로 이해한 것이다.

745) 「후설·총론」에 답한 퇴계의 두 편지는 고봉 의도와 다르다. 퇴계가 언급한 "성현", "소종래",(하155) "配合",(하157) "분속 리기", "未異"(하158) 등은 고봉의 문자·용법과도 전혀 다르다. 때문에 "그간 상량할 곳이 많다"고 한 것이다. 고봉은 「후설·총론」에서 '칠정과 인의예지 2설은 나란히 대설로 유비해서는 안 된다'고 하여 그간 미진한 부분까지 최종 종합 정리했다. 특히 "인심도심", 중용 "비은의 도" 등을 '리기로 분속할 수 없음'을 논함으로써 결국 추만 「천명도」의 중화는 '기의 독기가 아님'으로 마무리 한 것이다. 고봉으로서는 더 이상 논의할 것이 없다. 그런데 퇴계의 답변은 또 다른 문제인 "배합" 등 고봉의 논변과 다른 "상량해야 할 곳"을 언급한 것이다. 때문에 "이 문제는 감히 경솔히 묻지 않겠다"고 한 것이다. 거부 의사이다.

아 책으로 엮으실 때 그 거취를 정하시기 바랍니다. 어떠하실 지요.746) 정암의 글은 …
대승이 전일 품달했던 바(인심·도심설)는 다만 저의 생각으로 함부로 헤아려 감히 좌우께
질정한 것일 뿐 진실로 선생님의 채납을 바란 것은 아니었습니다.(고봉 본의는 인심도심이 아
닌 칠사설 체납을 바랐다는 뜻임)747) 그런데 외람되게도 부지런히 비평하시는 은혜를 받았으니
심히 송구합니다.748) 이 사이 품달하고자 한 것이 한 둘이 아니지만 용박으로 인해 모두
말씀 올리지 못하고, 다만 도를 음미하심이 더욱 무성하시어 시대를 위해 애호하시기를
축원할 뿐입니다.(퇴계의 인심도심설은 답변하지 않겠다는 뜻임)749) 1567년 1월 24일, 후학 대승
배.(이곳까지가 퇴고 토론의 마지막임. 8년 19일의 기간임)750)

---

746) 퇴계는 "이른바 '절구 한 수'는 기록해 놓지 않았으니 다음 편지에서 보내 달라", "나는 우리의 왕복 토론 문자를 취해서 책을
만들고자 한다"(하159)고 했다. 이에 대한 답변이다. "거취를 정하시라"고 한 이유는 「후설·총론」 이후 퇴계 2통의 어투로 볼
때 이른바 '절구 한 수'는 취소해도 상관없겠다는 의미이다. 왜냐하면 퇴계는 이 시를 이미 잊었고 또 "末異는 없다"고 했기 때
문이다. 퇴계의 절구는 "一馬"(一情·느낌)가 없는 "동인·서인의 다툼"만 있다. 이점이 바로 고봉의 간절한 비판이었다. 퇴계의
설은 '자신 느낌'의 기준이 없고, 또 칠사 본설 내용을 고찰한 것도 아닌, 결국 리기 호발로서의 "동인·서인"의 리발·기발의
"다툼(爭)"(하125·126)만 있다. 이는 사·칠 내용에 대한 리·기의 대리 싸움이다.

747) "정암의 글" 이하는 정암의 인심도심설 등에 관한 언급이다. 고봉은 "이일재는 노수신을 비판하면서 정암까지 나무랐는데, 노수
신은 굽히지 않았습니다. 그러나 일재의 논 역시 정주의 본의를 상실하였습니다"(94쪽)고 했는데 이에 대한 논변이다. 이 사이
생략된 내용은 "정암서는 지난 가을 한번 열람하고서 그 병통에 대해 시비를 통렬히 분석할 생각을 했으나 아직 착수하지 못했
다. 1·2년 뒤도 늦지 않을 듯하다. 선생의 [인심도심] 설은 박화숙에게 보낸 글로 읽었다"(111~2쪽) 등이다. (고봉은 이때
퇴계에게 정암의 오류를 바로잡을 것을 요청했으나 아직 변론을 못하고 계시다 했고, 유희춘의 辨解는 보았다고 함.『고봉집』1
책, 350쪽) 고봉의 나정암 인심도심설 비판은『고봉집』1책, 「論困知記」, 229쪽. 己巳(1569)년 작. 유희춘의『미암일기』1569년
5월 23일 전후 참조) 따라서 "대승의 전일 품달은 선생의 채납을 바란 것은 아니었다"고 함의 본의는 인심도심의 체납을 바라
지 않았다 함이다. 고봉 의도는 '중화의 기 분속은 인심도심의 리기 분속 불가와 같이 "숙맥처럼" 간단한 문제이며, 결국 칠정
은 기발, 독기, 기가 될 수 없음을 이끌기 위한 의도였다.

748) "외람되게 송구하다"고 함은 퇴계의 두 통 비평은 고봉 본의와 다르다 함이다. 퇴계의 비평은 "인심·도심에 대한 이일재의 설,
강의의 글, 나의 설"(하159) 등이다. 이 문제가 아니라는 것이다.

749) 퇴계의 인심도심에 대한 의견은 답변하지 않겠다는 뜻이다. 앞줄에서 "정암 인심도심설의 병통은 그 시비를 통렬히 분석하고자
했으나 아직 착수하지 못했다. 1·2년 뒤도 늦지 않을 듯하다"(111쪽)고 했기 때문이다. "다만 축원할 뿐"이라 함은 퇴계의 인
심도심설은 스스로의 자득일 뿐 정주의 설과 교감해 보아야 한다는 의미이다. 이 의미가 아니라면 고봉의 인심도심설은 착수하
지 않았을 것이기 때문이다. 고봉의 인심도심에 대한 「論困知記」는 1569년 작이다.

750) 퇴계의 「사우간서」는 "1559년 1월 5일"이다. 윗줄 "인가를 받았다"고 함은 "1567년 1월 24일"이므로, 따라서 칠사 리기 왕복
토론은 '8년 19일' 기간이다. 이후 고봉의 칠사 논변은 없고, 다만 퇴계의 다음 편지에 "사칠설에 '상량해야 합당한 곳이 있다'
는 말씀은 조만간 밝게 논파해 주시면 다행이겠다"(115쪽)가 있다. 이후 퇴계는『성학십도』 중 「심통성정도」(1568년작)에서도
여전히 사칠을 '대거 호언'한다. 고봉은 「후설·총론」을 통해 자신의 설을 최종 종합 정리했고 또 퇴계도 마치고자 했으므로,
이후 퇴계의 「심통성정도」 등을 받고도 일체 논평하지 않는다. 다시 논쟁하면 같은 말이 또다시 중복되고 만다. 그동안 고봉의
요지는 "사칠을 리기로 해석함"(하141)은 정주의 뜻이지만, 다만 '리·기의 대거 호언은 불가함'이 그간 계속된 비판이었다.

논쟁이 끝나고

11

퇴계3서; 수중의 달은 가짜인 물입니다[751]

(161)先生旣答第二書明彦, 又以書來辯. 先生不復答, 只就書中批示數段. 今略節來書, 而
錄其批語. [批示비시; 하급기관에 서면으로 의견을 표시하다. 청원에 대해 지시를 내리는 것.]

선생께서 「퇴계2서」로 고봉에게 답변하자 또 금방 「고봉3서」가 왔다. 이에 선생께서
는 다시 답변하지 않으셨지만, 단 「고봉3서」 중의 몇 단락만 비평해 두셨던 것이다. 지
금 「고봉3서」를 요약해서 비평한 기록을 여기에 붙인다.(『퇴계집』 편자가 붙인 말임)[752]

(162)고봉의 논

孟子剔撥而主(고봉 指)理一邊時, 固可謂之主理而言矣. 若子思渾淪而兼理氣言時, 亦
可謂之主氣而言乎? 此實大升之所未能(고봉 敢)曉者, 伏乞更以指敎, 如何?(고봉 何如)

맹자가 척발해 리 일변을 가리킨(퇴계집 '主理'는 오자) 때는 진실로 主理라 하겠습니다. 하
지만 자사가 혼륜의 '겸리기'로 말씀한 때 역시 '主氣'라 할 수 있겠습니까? 이점이 실로
대승이 감히 이해할 수 없는 바이니, 엎드려 바라건대 다시 지적해 가르쳐주심이 어떠실
지요?(맹자 때문에 자사 중화의 칠정이 왜 갑자기 기발·주기라는 말씀인가?)[753]

---

751) 『퇴계전서』의 「答奇明彦. 論四端七情第三書」라는 제목은 퇴계가 붙인 것이 아니다.(1책 429쪽) 고봉에게 부치지 않았으므로 『
고봉집』에 실리지 않았다.

752) 이곳은 『퇴계전서』 편집자가 붙인 것이다. 기록년도는 없고, 편집순서는 「절구」 다음이다. 「퇴계2서」는 1560년 11월 5일이고,
「고봉3서」는 1561년 1월 6일(4월 10일 부침)인데, 이를 받은 즉시 1561년 5월 3일 잘 받았다는 답서를 썼다. 이에 고봉은
1661년 7월 21일 "저의 설에 대해 개유해 주심이 어떻겠습니까? 기대하는 마음 가눌 수 없습니다",(54쪽) "정자중에게 보낸 편
지에 '논술한 것이 있으나 바빠서 미처 등사하지 못했다'고 하셨으니, 가르쳐 주심이 어떠실 지요"(55쪽)라 하여 비평을 부탁했
다. 이에 퇴계는 1561년 8월 4일 "이번 답장에서도 그대의 변론에 회답을 하지 못하니 불민한 죄이다"(56쪽)고 했다. 또 고봉은
1561년 11월 15일 "삼가 바라건대 사단칠정의 정론을 개시해 주심이 어떠실 지요"(57쪽) 했고, 이에 퇴계는 1562년 10월 16일
"절구"에서 '우리의 논쟁은 다만 언쟁일 뿐'이라 했다. 아마 「퇴계3서」는 절구 이전에 썼을 것이다. 왜냐하면 「고봉3서」로부터
절구까지 1년 6개월 이상이 경과했고, 정자중에게도 "논술한 것이 있다"고 했기 때문이다. 퇴계는 「고봉3서」를 받고 본 논평을
대략 썼으나 부치지는 않았고, 고봉의 거듭된 비평 재촉을 받았지만, 다만 절구만 보냈을 것이다. 퇴계는 절구 앞줄에서 다음과
같이 말하기 때문이다. "그간 나 역시 한두 개 조목은 나의 의견을 드리고자 한 것도 있었다. 그렇지만 이는 선유의 설을 임시
채집해서 부족한 것을 메우는 것에 불과하니, 이는 거자가 과장에서 제목을 보고 옛 사실로만 답을 메우는 것과 같다."(하124·
125)

753) 하39. 자사와 맹자의 종지는 서로 상관이 없다. 맹자 종지인 "확충·성선"은 분명 주리이므로 어류도 "四端是理之發"로 해석해
서 "專指理言"으로 여겼다.(상60) 자사 종지인 "중·화"와 그 "희노애락"은 겸리기로서 치우침 없이 "그 전체를 말한 것(道其
全)"(상3)이다. 이것이 "사맹의 언론"이며 "선유가 발명한 모두"이다.(상2) 그런데 퇴계는 "맹자가 사단을 기왕 리라 했으니 자
사의 칠정이 기가 아니면 무엇인가"(상274)라고 한다. 이에 고봉은 "자사가 이미 겸리기로 言之했는데, 그런데 어떻게 맹자의
말 때문에 급거 氣 일변으로 바꾸는가? 이러한 의론은 급거 정론으로 삼을 수 없다"(하62)고 한다. 천명과 함께 논한 칠정을 맹
자의 설 때문에 갑자기 주기로 바꾼 이유를 고봉은 이해할 수 없다는 것이다.

(163)퇴계의 논변

> 旣曰 "渾淪言之", 安有主理·主氣之分? 由對擧·分別言時, 有此分耳. 亦如朱子謂 "性最難說, 要說同亦得, 要說異亦得", 又云, "謂之全亦可, 謂之偏亦可." [對擧대거; 상대적으로 거론함.(퇴계가 리·기로 대거한 것으로, 사맹은 결코 대거하지 않음) 分別분별; 나누고 분별함.(퇴계가 분별한 것으로, 사맹으로 논하지 않음)]

기왕 "혼륜으로 言之했다"고 했으니 여기서는 어찌 주리·주기의 나뉨이 있겠습니까?(퇴계의 혼륜은 칠정이 아닌 사칠이며, 사단도 본래 혼륜이라 함)[754] 다만 [사칠을] 대거하고 [리·기로] 분별해서 '말할 때'(퇴계의 새로운 논변이며, 사맹에 대한 해석이 아님. 자사는 이렇게 '言'하지 않았다 함으로, 스스로 모순임) 여기서 [리·기] 나뉨이 있을 뿐입니다.(퇴계의 '言'은 사칠혼륜, 호발의 주리·주기, 리·기 分의 독리·독기 등임)[755] 이는 주자의 "성은 가장 說하기 어려우니, 同으로 설해도 되고 異로 설해도 된다"(성의 異를 독기·주기라 함이며, 성이 기가 되고 만 것임)[756]와 또 "全도 可하지만 偏도 可하다"(주희의 全은 태극과 기질지성인데, 퇴계의 偏은 독기임. 기질지성을 독기라 한 것임)[757]와 같습니다.

---

754) 퇴계의 '혼륜언지'는 고봉과 다르다. 고봉은 자사가 칠정을 '언지한 것'이라 한다. '언지'는 기왕 그렇게 설명한 것을 말함이다. 기왕 자사는 사람 느낌을 칠정으로, 주희는 자사를 해석했다. 해석은 자사 본설에서 벗어날 수 없다. 반면 퇴계는 "사칠 二者는 혼륜언지"(상239)라 하고, 또 사맹의 설 이전 "리기에 나아감"이라 한다. 퇴계의 칠정 분류방식은 4종이다. "칠정도 리가 없지 않음"(상237)은 자사의 '소지'가 아니다. "사칠 二者는 혼륜언지"(상239)는 사칠은 본래 '혼륜'이다. "나아간 바에서 言하면 주기임"(상239)은 자사의 '주기' 칠정이다. "기에 나아가 言하면 오로지 기임"(상242)은 퇴계의 '독기' 칠정이다. 모두 자사 종지인 "중·화"를 논하지 않은 것이다.

755) 사칠은 본래 리기 혼륜이나, '사·칠을 대거'해서 '리·기 분별'로 '말할 때 비로소 리는 사단, 기는 칠정이다. 모두 사맹 소지·종지로 논함이 아니다. 퇴계의 "言" 방식은 사칠혼륜, 호발의 주리·주기, 리·기 분의 독리·독기 등이다. 자사는 주기로 "言"하지 않았다고 한다. 하지만 맹자는 자사와 대거해서 사단을 논하지 않았고, 리·기 대거로 논하지 않았거니와, 더욱이 퇴계는 이와 같이 '말할 수도 없다. 퇴계는 사맹 본설을 고찰하지 않고 직접 리·기로 대거한 것이다. "대거해서 분별로 言할 때"의 言은 사맹의 言이 아닌 퇴계의 言이다. 퇴계는 '스스로의 言'으로 사칠을 대거해서 리·기로 分한 것이다. 그러나 칠사는 사맹 "言·論"(상3)이고, 기왕의 "別"이다. 사맹의 언론이 가리킨 것은 "無不善者의 언지"와 "有善惡者의 언지"이다.(하130)

756) 『어류』권4, 蘷孫13, 185쪽. 본문은 다음과 같다. "질문; 혹자가 人·物의 성은 同이라 했다. …답변; 성은 매우 說하기 어렵다. 同으로 설해도 되고 異로 설해도 된다. 마치 구멍 속의 해와 같으니, 구멍의 해가 장·단 대·소는 不同하나 그러나 단지 모두 해일뿐이다.(或說, 人物性同. …又曰, 性最難說, 要說同亦得, 要說異亦得. 如隙中之日, 隙之長短大小自是不同, 然却只是此日)" 성은 해와 같아서 모두 하나이나, 성을 논함에는 同·異가 있다. 성은 본연지성, 기질지성, 천명지성, 성선지성 등의 설이 있다. 정도 동이가 있고, 칠·사는 그중 2설일 뿐이다. 문제는 이러한 동이의 性論 혹은 情論이 독기·주기인가? 성은 리이므로 당연히 주리이다. 기질지성도 성설이므로 기일 수 없고, 중·화도 결코 기가 아니다. 주희의 "단지 해일뿐"이라 함은 同異로 설해도 모두 리인 一性이라 함이다. 반면 퇴계는 성의 동이에서 '異'를 "독기·주기"라 한다.

757) 『어류』권4, 廣10, 184쪽. 본문은 다음과 같다. "질문; 물물마다 하나의 똑같은 태극을 갖춘다 했으니 이로써 리는 온전하지 않음이 없다 하겠지요? 답변; 온전하다 해도 可하고, 偏이라 해도 可하다. [태극을] 理로 言之하면 온전하지 않음이 없지만, 그러나 [태극을] 氣로 言之하면 偏이 없을 수 없다. 그러므로 여여숙은 '物의 성도 人의 성과 가까운 것이 있고, 人의 성도 物의 성과 가까운 것이 있다'고 했다.(又問, 物物具一太極, 則是理無不全也? 曰, 謂之全亦可, 謂之偏亦可. 以理言之, 則不全, 以氣言之, 則不能無偏. 故呂與叔謂物之性有近人之性者, 人之性有近物之性者)" 여기서 "偏도 可함"은 성을 기질로 논하면 '기질의 편으로도 논할 수 있음'의 뜻이지, 퇴계와 같이 '주기의 편으로 논할 수 있다'고 함은 아니다. 때문에 뒷줄 "氣로 언지하면 편이 없을 수 없다"고 하여 성은 '기의 편으로 언지할 수 없다고 한 것이다. 여여숙의 人性과 物性은 "가까움이 있다(有近)' 함은 성을 기질 속에 있는 기질지성으로 논할 수 있다 함이다. 반면 퇴계는 "全도 가하고 偏도 가하다"를 인용해 全은 혼륜(겸리기)이고 偏은 주리·주기(독리·독기)라 하며, 이는 오히려 偏의 리·기가 본연지성·기질지성이 되고, 또 태극을 겸리기라 함이다. 퇴계의 "혼륜 및 리·기"는 주희의 "全과 偏"의 뜻과 전혀 다르다.

(164)고봉의 논

> 朱子曰, "天地之性, 則太極本然之妙, 萬殊之一本也, 氣質之性, 則二氣交運而生, 一本而萬殊也." "氣質之性, 卽此理墮在氣質之中耳, 非別有一性也."

주자는 말하기를 "천지지성은 태극 본연의 묘함으로 만수의 일본(萬殊之一本)이고, 기질지성은 두 기(음양)가 교차 운행해 生함과 함께한 일본이며 만수(一本而萬殊)이다" 했고, 또 주자는 "기질지성은 이 '리'가 기질 가운데 타재함에서 말했을 뿐 별도의 一性이 있지 않다"고 합니다.(주희의 천지·기질지성의 설임. 퇴계는 주희 본설을 부정하고 "나와 다르다(趨異)"고 함)758)

(165)퇴계의 논변

> 前書, 引 "性"言者, 只爲在性猶可兼理氣說, 以明情豈可不分理氣之意耳, 非爲論性而言也. "理墮氣質以後事"以下, 固然, 當就此而論.

제가 전서(퇴계1·2서)에서 [선유의] "성"(성설)을 인용해 말했던 이유는,759) 성에 있어서도 오히려 兼理氣로 설함이 가하다면,(兼은 기질지성의 성설이며, 가능이 아님. 성은 곧 리일 뿐, 성이 겸기일 수는 없음)760) 정에 있어서도 어찌 리·기로의 分이 불가하겠는가의 뜻을 밝혔을 뿐,(리·기 分에 나아가면 사칠 2설도 리·기로 分할 수 있다는 것임)761) 저는 본래 성을 논하기 위해

---

758) 하43. 고봉이 주희 본설을 인용한 이유는 퇴계가 다음과 같이 말했기 때문이다. "천하에 기 없는 리는 없는데도 專理言이다. 기질지성도 비록 雜理氣이지만 기만 가리킨 것이다. 하나는 主理로서 리에 나아가 言했고, 하나는 主氣로서 기에 나아가 言했다."(상242) 즉 성은 본래 잡리기인데, 단 리·기에 나아가면 천지지성은 專理, 기질지성도 專氣이다. 이에 고봉은 주희의 두 성설을 인용한 것이다. 고봉은 천지지성과 기질지성은 一性에 대한 두 '설'이며 '언지'라 한다. 천지지성은 '태극 본연의 妙 측면'의 설이고, 기질지성은 '二氣가 交運하여 生한 측면'의 설이다. 하나는 때와 장소(천·지)를 가리지 않은 리만의 설이고, 하나는 때와 장소와 함께한 설이다. 천지지성은 만수의(之) 하나인 일본이고(萬殊之一本), 기질지성도 하나의 일본이나(而) 다만 기질과 함께한 만수(一本而萬殊)이다. 반면 퇴계는 성은 혼륜의 잡리기인데, 하나는 專理(혹은 주리), 하나는 專氣(주기)라 하여(상242. 하41) "本同이나 趨異(末異)"(상230)라 하고 "제1조"(상241)에서 고봉의 설을 논박했다.

759) 「퇴계1서」에서 "공자의 繼善 成性과 주자의 無極 太極은 리기 相循 중에 나아가 獨理를 말했고, 공자의 相近 相遠과 맹자의 耳目口鼻는 리기 相成 중에 나아가 獨氣를 말했다"(상34·35)고 한다. 「퇴계2서」에서도 "천하에 기 없는 리는 없는데도 專理言이다. 기질지성도 雜理氣이지만 기를 가리킨 것이다. 하나는 리에 나아간 主理이고, 하나는 기에 나아간 主氣이다"(상242)고 한다. 이렇게 '선유의 성설을 인용해 말한 이유는 정을 리·기로 分하기 위함이다. 즉 선유의 성설과 정설은 모두 원래는 겸리기의 혼륜이라는 것이다. 이와 같다면 퇴계는 선유의 '설'을 인용하고 그것을 해석한 것이 아닌, 오히려 퇴계 자신의 성 및 정을 논함이다. 고봉이 주희의 성론 2설을 인용했던 이유가 오히려 이전이었다.

760) 퇴계는 "천지지성이 專理인데, 여기에도 단지 리만 있지 않다. 천하에 기 없는 리는 없다. 그런데도 오히려 專理로 말했다. 기질지성도 雜理氣지만 氣를 가리켜 말했다"(상242)와 같이 본래 모두 겸리기인데 이를 리·기로 나누었다고 한다. 이는 선유의 성설을 해석함이 아닌, 퇴계 스스로의 리기이다. 겸리기는 기질지성의 설일 뿐, 가능하다 할 수는 없다. 성은 단지 리이며, 겸기는 기질지성의 성설일 뿐이다.

761) "성을 겸리기로 可說할 수 있고, 정도 리·기로 可分할 수 있다"고 함의 앞 '兼說'은 겸리기의 설인데 뒤 '分'은 리·기 分이다. 즉 겸은 說이고, 분은 설이 아니다. 따라서 설과 분은 말이 일치하지 않는다. 퇴계는 "가능하다(可)"고 하지만, 說은 可說일 수 없고, 分은 퇴계 자신의 可分의 추측일 뿐, 선유의 分이 아니다. 퇴계는 사실은 본래 리기혼륜이나, 리는 사단, 기는 칠정이라 한다. 사실이 혼륜이라면 그것은 누구의 설인가? 퇴계는 자사의 혼륜 소지와 맹자의 독리 소지를 고찰하지 않고, 자신의 리·기 分으로 사칠 본설을 강제로 分한 것이다.

한 말은 아니었습니다.(성이 리·기 分이므로 정도 리·기 分이라는 것임. 實과 說을 구분하지 않음)[762]
"리가 기질에 떨어진 이후의 일"(고봉의 이후는 정은 겸리기라 함인데, 퇴계는 겸리기 이후를 분의 리·
기라 한 것임) 이하라면 진실로 그러하며[763] 마땅히 여기(떨어진 이후의 이하)에 나아가 논해야
합니다.(자사의 겸리기 혼륜은 '분리기 이전'이고, 퇴계는 이후를 '리·기 분'이라 한 것임. 그렇다면 자사의 혼
륜이 오히려 퇴계의 소종래설을 따라야 함. 고봉의 경우 겸리기는 '說'일 뿐, 리·기 분의 '實'이 아님)[764]

(166)고봉의 논

> "天地之性", 譬則天上之月也, "氣質之性", 譬則水中之月也. 月雖若有在天·在水
> 之不同, 然其爲月, 則一而已矣. 今乃以爲天上之月, 是月, 水中之月, 是水, 則豈非
> 所謂不能無碍者乎?

"천지지성"을 비유하면 천상의 '달'이고, "기질지성"을 비유하면 수중에 있는 '달'입니
다.(하나의 달을 장소인 천상·수중의 둘로 설명함) 달이 비록 하늘과 물로 갈라져서 다름이 있는
듯하나, 그러나 달인 점에 있어서는 하나(모두 一性)일 뿐입니다. 그런데 지금 [선생님과
같이] 결국 천상의 달만 '달'이고 수중의 달은 '물'이라 한다면 어찌 심각한 차질이 아니
라 하겠습니까?(달은 실체이고, 천상·수중은 달의 두 설임. 물은 기질이지 달이 아님)[765]

---

762) 성도 리·기 分이 피하니 정도 리·기 分이 피하다. 모두 可分이다. 성이 리·기 分이 피한데 "정만 유독 各發에 나아가서 사칠
소종래로 分할 수 없겠는가? 성이 이미 가하므로 정도 리·기로 分할 수 있다."(상247) 이것이 사칠을 리·기로 분할 수 있는
근거이다. 그렇다면 선유는 성(성즉리)을 리·기로 分했는가? 그렇지 않다. 퇴계가 인용한 본성·기지지성 인용문은 공맹의 설이
며, 그 설은 고유의 종지가 있다. 그 종지를 리기로 해석할 수는 있지만, 퇴계와 같이 "리·기에 나아가서"(상34·35·37) 分할
수는 없다. 사칠도 사맹 종지가 있으며, 이러한 종지 안에서의 해석은 학자의 자유다. 퇴계는 이러한 '說'을 해석하지 않고 스스
로 '實'의 리·기로 선유의 본설을 分한 것이다.

763) 고봉은 "이른바 사·칠은 리가 기질에 떨어진(墮) 以後의 일로 마치 수중의 月光과 흡사하다"(하47)고 한다. 즉 리가 기에 타재
한 '이후'가 곧 정이며, 때문에 정은 겸리기이다. 반면 퇴계의 "떨어진 以後의 일 以下라면 진실로 그러하다"고 함은 겸리기의
혼륜은 이전인데, 고봉의 "이후"를 리·기 분의 사실이라 한 것이다. 다시 말해 퇴계는 고봉의 "이후의 혼륜의 겸리기"를 오히
려 '이전'으로 삼고, 자신의 '이후'를 "분리·기의 사실"로 삼은 것이다. 퇴계의 "자사와 정자의 칠정은 리기에 나아간 혼륜이다"
(상37)고 함은 리·기로 分하기 이전이다. 또 "자사는 소종래의 설을 쓰지 않았고, 맹자는 리만 척발했으니 따라서 칠정의 소종
래는 기가 아니면 무엇인가"(상274)는 자사는 '이전'이고 퇴계의 소종래는 '이후'이다. 또 "성이 기질에 있다 해도 그 각기 발함
에 나아가면 사칠의 소종래로 분할 수 있다"(상247)고 함의 소종래도 이후의 "리·기의 分"(상264)이다. 이렇게 "자사는 소종래
의 설을 쓰지 않았다"고 한다면 "자사의 희노애락"은 이전이다. 그렇다면 퇴계 자신의 '리·기의 分 이후'는 자사의 설이 아니
고, 그래서 자사는 자신의 分을 따르지 않은 설인 것이다. 문제는 고봉의 "떨어진 이후"는 정으로 이미 발한 것인데, 퇴계의 위
혼륜의 "겸리기"는 分하기 이전이라는 점이다. 이상의 극심한 혼란은 사람의 본연 느낌의 實, 선유의 여러 說 이러한 실과 설에
대한 리기로의 해석, 리·기의 實 등을 구분하지 않음으로써 일어난 현상이다.

764) "마땅히 여기에 就해서 논해야 한다"고 함은 위 "리가 기질에 떨어진 이후의 이하"인 "리·기 분의 사·칠"을 말한다. 고봉도
"사칠은 리가 기질에 떨어진 이후의 일"(하47)이라 하여 칠사를 '이후'로 논한다. 그런데 퇴계는 "자사와 정자의 칠정은 소종래
의 설을 쓰지 않았다"(상274)고 하여 자사와 정자를 '이전'이라 한다. 결국 퇴계는 자사의 칠정설을 스스로 인용하고도 자사를
따르지 않겠다고 선언한 것이다.

765) 하44. 천지지성과 기질지성은 모두 '설'이다. 이는 一性의 실체를 각각 둘로 분별한 설일 뿐이다. 모두 一月의 실체인데 하나는
천·지에서, 하나는 人·水에서 각각 분별로 설한 것이다. 一月의 실체 하나에 대한 설의 장소가 다를 뿐이다. 이외 여러 장소·목
적으로 무수히 설할 수 있다. 천명지성, 성선지성 역시 각각의 목적에 의한 두 설설이다. "다만 一性을 그 所在(처지)에 따라 分別
言之했을 뿐이다."(상89) 반면 퇴계는 천지지성을 실체의 '理·月'의 성, 기질지성을 가짜의 '氣·水'라 했기 때문에 문제가 된 것이다.

(167) 而況所謂 "四端七情"者, 乃 "理墮氣質"以後事, 恰似水中之月光. 而其光也, "七情" 則有明有暗, "四端"則特其明者. 而 "七情"之有明暗者, 固因水之淸濁, 而 "四端之 不中節"者, 則光雖明, 而未免有波浪之動者也. 伏乞將此道理, 更入思議. 何如?

더구나 이른바 "사단 칠정"이라는 것은 "리가 기질 속에 떨어진" 이후의 일(칠사는 성이 기질 속에 존재한 이후의 일임)이며, 이는 흡사 수중의 달빛(물은 기질, 달은 성, 달빛은 정)과 같습니다. 그 빛(느낌)에 있어,(첫째 '一情'이라는 것) "칠정"(둘째 자사의 설)은 곧 밝음도 있고 어둠도 있는데, "사단"(셋째 맹자의 설)은 곧 단지 그 밝은 것일 뿐입니다. 그런데 "칠정"(자사)에 밝음도 어둠도 있는 것은 진실로 '물(성이 아닌 기질)의 청탁'으로 인한 것이지만, "사단 불중절"의 것은 그 빛(정. 사단이 아님)은 비록 밝게 빛나나(정은 본선이라는 것) 이후 '파도의 움직임이 있음'을 면치 못한 것입니다.(기왕 정으로 밝으나, 여기에 다시 동요가 일어난 것임) 엎드려 비옵건대, 장차 이러한 도리로 다시 생각하여 논의해 주시기를 바랍니다. 어떠실 지요?766)

(168) 퇴계의 논변

"月落萬川, 處處皆圓"之說, 嘗見先儒有論其不可, 今不記得. 但就來喩而論之. 天 上・水中, 雖同是一月, 然天上眞形, 而水中特光影耳. 故天上指月, 則實得, 而水 中撈月, 則無得也. 誠使性在氣中, 如水中月影撈, 而無得. 則何以能 "明善"・"誠 身", 而復性之初乎? [撈로; 건지다. 떠 올리다. 明善명선; 선을 밝힘. 誠身성신; 몸(心)을 정성스럽게 함.]

"달이 萬川에 떨어져 곳곳마다 둥글다"는 설은 선유들이 그 불가함에 대해 논함이 있음을 보았는데 지금은 기억할 수 없습니다.(하지만 주희가 비유했음)767) 저는 다만 보내오신

---

766) 하47. 리・기의 "分", 천지지성과 기질지성의 "別而言之", 칠정 사단의 "月光", 칠정의 "明暗", 사단 불중절의 "波浪"(하45・46・47) 등의 관계를 위와 같이 "다시(更入)" 생각해 주시라 함이다. 「고봉2서」에서도 "四端之情"과 "四端之發"의 불중절(상170・172)에 대해 설명하면서 "앞으로 이러한 一說까지 논의해 주십시오"(상172)라고 했다. 왜냐하면 퇴계는 리기, 성정, 칠사, 사단불중절 등의 實과 說을 구별하지 않기 때문이다. 정의 칠・사는 수중의 달빛과 같다. 달빛을 셋으로 나누면 一情, 자사의 칠정, 맹자의 사단이다. 정은 실체이며, 칠・사는 사맹 본설이고, 사단 불중절은 주희의 논이다. 칠정의 선악 이유는 공부의 청탁 때문이다. 사단도 정으로 드러난 이후의 일이며 따라서 파도에 영향을 받지 않을 수 없다. 이러한 관계로 논의해야 한다. 반면 퇴계의 정, 사・칠, 사단불중절은 이와 다르다. 퇴계의 "사단도 기가 없지 않음", "칠정은 氣之發이며 專指氣임", "주자가 대거 병첩했음"(상243) "리기는 호발함", "사칠은 渾淪임",(상246) "사칠은 각기 발함"(상247) 등 모두는 사맹과 정주의 기왕 설의 소지가 아닌, 퇴계의 "가능"(하165)이다.

767) "月落萬川" 비유는 선유들이 不可라 한 논이 있음을 보았으나, 그 선유가 누군지 또 어느 문집에 있는지는 기억할 수 없지만 그 비유는 불가하다. 선유들이 일찍이 불가라 했는데도 왜 그대는 이러한 불교의 잘못된 비유로 우리 유학의 性을 논하려 하는가? 퇴계는 그 '선유'를 기억하지 못한다고 한다. 하지만 주희에게 이러한 논이 있다. 주희는 렴계가 「통서」「理性命章」에서 分이라 했는데, 이곳의 '分'은 月映萬川과 相似이다",(「어류」권94, 淳200, 3167쪽) "月은 在天 하나일 뿐이나 江湖에 散在하면 處에 따라 見하니 달이 分이라 할 수 없다"(謨203, 3168쪽)고 한다. 또 주희는 「理性命章」 주석에서 "萬物之中은 각기 一太極이

가르침에 나아가 논할 뿐이겠습니다. 천상이든 수중이든 비록 동일한 하나의 달(一月)이지만 그러나 천상은 진짜 형상(眞形)이고(진짜가 아닌, 진짜를 가리킨 '설'임) 수중은 단지 빛의 그림자(光影)일 뿐입니다.(기질지성과 사·칠을 '가짜' 성·빛이라 한 것임. 그러나 주희는 기질지성 발명을 유학의 본령으로 여김)768) 때문에 천상의 달을 가리키면 실체를 얻지만, 수중에서 달을 떠건지려 하면 얻을 수 없습니다.(주희는 반대로 수중·마음에서 공부를 해야 진짜 月·性을 건짐이 가능하다 한 것임)769) 진실로 성을 기 중에 있게(존재) 한다면 그것은 마치 수중에서 달그림자를 건지는 것과 같아서 얻을 수 없습니다.(성이 기 중에 존재함의 본지는 공부처임. 정자 기질지성이 정밀한 이유임)770) 그런데도 여기에서 어떻게 "明善"과 "誠身"(『중용 20장』의 공부처를 정면으로 부정한 것임)을 하여 성의 본초를 회복할 수 있겠습니까?(주희의 이곳 주석은 '擇善과 기질 공부로 성을 회복할 수 있음'으로 논함. 퇴계는 정 반대로 논함)771)

있다. 이 장은 「動靜16장」과 같다(『통서주』, 117쪽)고 한다. 즉 렴계의 "동정"은 「태극도설」 "太極動而生陽"과 같다. 때문에 주희는 "리는 동정이 있다(理有動靜). 리는 陰陽上에 搭在하니, 마치 사람이 말을 탄 것(人跨馬)과 相似하다"(권94, 謨41, 3126쪽)고 한다. 이와 같이 주희는 성명, 태극, 리를 불교의 월인만천에 유비했고, 또 萬川의 달의 "分"을 水가 아닌 태극과 '리의 동정'으로 말했다. 반면 퇴계는 萬川(水中)의 달(性)을 가짜인 '水'라 했다. 한편 고봉도 앞 '3서'에서 "月映空潭"(하55)으로 비유했다. 고봉이 주희의 "萬川"이 아닌 "空潭"이라 한 것은 萬川(千江)은 달이 드러나는 장소가 만, 천개가 되기 때문으로 보인다. 하늘의 一月은 '공담'(우리의 심)에서 확인 가능하다. 즉, 그 리는 천개 만개의 정에서 확인하는 것보다는 한곳 한사람의 정에서 확인할 수 있음이 그 비유로 더 유익하다.

768) 고봉은 "천지지성은 天地上에서의 총 '설'이고, 기질지성은 인물 稟受上에서의 '설'이다"(하44)고 하면서 "천상의 달과 수중의 달로 유비하면 다만 그것은 一月을 '그 所在에 따라 分別言之한 것'뿐이다"(상46)라고 한다. 즉 兩性은 서로도 分別言之이다. 퇴계도 "하나의 一月이다"고 인정하면서도 이어 "천상의 달은 眞形인 진짜이고 수중의 달은 光影인 그림자이다"고 한다. 이렇게 하나의 一月인데 그 하나는 가짜라고 한다면, 그렇다면 먼저 '一月'이라고 해서는 안 된다. 一月이 '진짜이며 가짜'라면 체용이 어긋난다. 고봉은 兩月은 一月에 대한 '설'이라 한다. 一月은 진짜 달인데, 양월은 진짜 달에 대한 두 설이다. 고봉의 '분별언지'가 이것이다. 만약 기질지성이 성이 아닌 그 성의 그림자일 뿐이라면, 공·맹, 장·정의 기질지성은 그림자인 허구를 논했는가? 정주는 기질지성의 설이 맹자 성선설보다 더 "정밀하다"고 하는데 그것은 여기에 '공부(功)'가 있기 때문이다.(「고자상」6) 주희도 기질지성의 발명으로 유학의 성설이 완전해 졌다고 한다. 一月은 천상·수중 둘이 될 수 없다. 설이 여럿일 뿐이다.

769) 천상은 진짜고 수중은 가짜다. 따라서 "천상을 [향해 내가] 指月하면 실체를 얻고, 수중을 [향해 내가] 撈月하면 얻지 못하므로" 따라서 수중의 가짜를 들어 올리려 해서는 안 된다. 하지만 고봉의 경우, 달을 가리키고 들어 올림은 내가 하는 일이다. 천상과 수중의 달은 내가 없으면 指·撈가 불가하다. 지·로하는 것은 나이다. "달은 一月 하나일 뿐"인데, 그 一月을 지·로하기 위해 "천상지월과 수중지월로 유비"(하44)해서 설했다. 즉 一月을 천상과 수중의 두 "所在"(하46)로 논한 것이다. 이는 說로서의 지·로이지 實의 一月이 아니다. 실의 일월은 나에게 존재하고, 천상·수중은 비유인 설이다. 지·로는 나에게 존재한 一月(一性)을 두 月로 別해 유비한 것에 불과하다. 그 유비는 바로 공부를 위함이다. 마음(천지)에 月(性)이 있는데, 그 '있음'은 천상의 언지이고 '마음에 있음'을 가리킨 것은 수중의 언지다. 정·주의 기질지성은 그 '가리킴의 공부'를 논함일 뿐, 필요 없음을 논한 것은 아니다. 주희의 "水中에 月이 존재하니, 이 水가 있어야만 天上의 月을 비출(映得) 수 있다. 만약 이 水가 없으면 끝내 이 月도 없다"(『어류』권60, 僩45, 1942쪽)고 함은 퇴계의 인식과 정 반대이다.

770) 수중의 달, 기질에 존재한 성은 달의 그림자와 성의 가짜를 건지는 것과 같아서 얻을 수 없다. 반면 고봉은 "천상의 달만 달이고 수중의 달은 물이라 해서는 안 된다"(하44)고 했는데, 퇴계는 반대로 수중의 달을 '물로 답변한 것이다. 정주 기질지성 종지는 퇴계와 정 반대의 뜻이다. 이른바 기질지성의 설은 성을 언지한 것으로, 그것은 결코 기질에 존재한 성을 '雜氣' 혹은 '가짜'로 논함이 아니다. 정주 기질지성의 설은 공부처이며, 때문에 "맹자보다 더 정밀하다"고 한다.

771) 퇴계는 기질지성은 가짜 성이므로 여기서는 明善과 誠身 공부가 불가하다고 하지만, 그러나 이는 주희의 설과 전혀 다르다. "明善"은 선을 밝히는 논의로서 맹자 성선설이 대표적이다. 주희는 성선설 주석에서 "맹자는 才를 無不善이라 했고 정자는 기품을 兼指해 언지했다. 정자가 정밀하다"(「고자상」6)고 한다. 즉 맹자의 性善之性보다는 정자의 기질지성이 明善에 더 정밀하다. "明善"과 "誠身"은 『중용 20장』 "誠身이 有道하니 善에 不明하면 身에도 不誠할 것이다"를 인용한 것으로 보인다. 자사는 "明善"을 사람이 밝혀야 함으로, 또 "誠身"을 자신의 공부로 말한다. 이 장 뒷줄 "誠者는 天의 道이고 誠之者는 人의 道이다", "博學之하고 審問之해야 한다", "배우지 않음이 있을지언정 배운다면 능하지 못하거든 놓지 말아야 한다"에서 주희는 "明이라는 것은 擇善의 공부이니" "이는 氣質을 變化시켜야 한다는 뜻이다"라고 주석한다. 주희는 기질지성으로 공부를 논한 것이다. "學而時習之" 주석에서도 "後覺者는 반드시 先覺의 하는 바를 본받으면 결국 明善하여 復其初가 可하다"고 하며 이는 모두 기질을 변화시켜 明善과 復其初가 가능하다 함이다. 또 『대학』 "명덕" 주석에서 "학자는 그 所發에 의해 밝혀서 復其初해야 한다"고 함도 그

(169)然此則就性而取比, 猶或彷彿. 若比於情, 則尤有所不然者. 蓋月之在水, 水靜則月亦靜, 水動則月亦動. 其於動也, 安流淸漾光景, 映徹者, 水月之動, 固無礙也. 其或水就下而奔流, 及爲風簸而蕩, 石激而躍, 則月爲之破碎, 閃颭凌亂滅沒, 而甚則逐至於無月矣. [彷彿방불; 마치~인듯하다. 유사하다. 淸漾청양; 맑음으로 가득하다. 映徹영철; 반사됨이 뚜렷하다. 無礙무애; 막힘이 없음. 奔流분류; 세차게 흐르다. 風簸풍파; 바람이 까불리다. 石激석격; 돌로 격발하다. 破碎파쇄; 산산조각 나다. 부서지다. 閃颭섬점; 물이 반사되어 반짝이는 모양. 凌亂능란; 혼란하다. 어수선하다. 滅沒멸몰; 깊숙이 들어가다. 잠기다.]

그런데 이것을 성에 나아가 [달에] 비유(성을 천상·수중의 달로 비유)를 취한다면 혹 거의 방불하다 할 수도 있습니다.(퇴계는 위에서 이 비유를 거부했음)[772] 그런데 정을 [달로] 비유한다면 더욱 그렇지 않을 것입니다.(고봉은 情을 月이 아닌 '月光'으로 비유함. 情은 性이 아니기 때문임)[773] 달(달빛임)이 물에 있음에(月之在水),[774] 물(물의 청탁임)이 고요하면 달(달빛임) 역시 고요하고 물이 움직이면 달 역시 움직입니다.(물에 따라 동정한다면 달은 '물의 혹'이 되고 맘)[775] 그 움직임에,(퇴계는 水의 動. 고봉은 月動의 光)[776] 편히 흐르며 맑은 광경이라면 그 반영됨도 뚜

심의 소발(感 미발의 심 已發)에서 명덕을 복기초해야 한다 함이다.

772) 고봉은 一性의 천지지성·기질지성을 一月의 천상의 '달과 수중의 '달로 유비했다.(하44) 이에 퇴계는 천상의 달은 진짜, 수중의 달은 가짜라 하여 고봉의 유비를 거부했다. 긍정했다면 위 논변은 하지 않았을 것이다. 그런데 왜 '성에 대한 천상·수중의 달 비유는 방불하다"고 하는가? 그것은 '수중의 달이 가짜 달이라 함의 비유가 방불하다 함이다. 만약 가짜라면 심의 달(人性)도 가짜가 되고 만다. 퇴계는 "거의 방불하다"고 하여 고봉의 유비를 긍정한 듯하지만, 그것은 '가짜를 긍정'한 것이다. 수중(人心)에서 달을 구해서는 안 된다 하기 때문이다.

773) 고봉은 水中之月을 '月의 說'이라 했고, 퇴계는 水中之月이 가짜라면 그 비유는 "방불하다"고 한다. 대화가 어긋난 것이다. 또 퇴계는 情을 月로 비유함을 "더욱 그렇지 않다"고 한다. 왜 '情의 月' 비유를 그렇지 않다 함인가? 퇴계는 아래에서 "물이 맑으면 月의 動도 막힘이 없다"고 하여 사단은 月이 완전히 드러난 경우라 하는데 그렇다면 이는 "그렇지 않다"고 말해서는 안 된다. 퇴계는 사단(情)을 무불선의 '성(月)'이라 하기 때문이다. 더구나 "정 비유는 그렇지 않다"고 함은 '情의 月' 비유가 그렇지 않다 함이다. 그렇다면 月 이외로 비유해야 할 것인데, 아래로 보면 여전히 月이다. 반면 고봉의 경우 月이 아닌 "月光"이다. 퇴계의 비유가 오히려 적절치 못한 이유이다. 性과 情, 月과 月光은 엄연히 다르다. 고봉은 月光을 月로 삼을 수 없다고 한다. "기를 성으로 삼을 수 없기"(상11) 때문이다. 고봉은 "사실은 水中의 月光과 흡사하다. 그 光에 있어 칠정은 明·暗이 있으나 사단은 단지 그 明일 뿐이다"(하47)라고 했다.

774) "달이 물에 존재함(月之在水)"은 고봉의 "성이 기질에 존재함(性在氣質)"(상89·90)과 같다. 고봉은 "리가 기질에 타재한 '이후의 일이 곧 사단과 칠정"(하47)이라 한다. 따라서 고봉의 경우 성은 "月", 정은 "月光"이며, 사실은 월광인 "明暗(칠)과 明(사)"의 비유이다. 퇴계는 성과 정, 그리고 정과 사·칠을 각각 구별하지 않는다.

775) 고봉의 '물과 달은 '기질과 성'이다. 퇴계도 '情의 비유이므로 水는 '수(기질)의 청탁, 月은 '월광'의 의미일 것이다. "水의 동정에 따라 月도 동정한다"고 함은 곧 '기질의 동정으로 성도 동정한다'고 함과 같다. 하지만 情은 月이 아니고, 칠사도 水가 아니다. 月의 동정은 성이고, 情은 月光이다. 月光을 月이라 할 수는 없다. 情은 性이 아님과 같다. 더구나 "水의 동정으로 月도 동정한다"고 한다면 이미 水는 月이 아니라 했거니와, 또한 수가 동정한다고 해서 수중의 가짜 월이 어떻게 동정한다 하겠는가? 수의 동정과 월의 동정은 다르다. 수는 氣이고 월은 理이다. 기에는 리가 있지만 기를 리라 할 수는 없다. 수의 동정에 따라 월도 동정한다면, 리는 기의 동정에 부가된 '혹'이 되어 리 자신의 동정이 없음이 되고 만다. 또 "水의 동정에 따라 월 역시 동정한다"고 한다면 나의 기질이 동정하면 나의 성도 동정한다 함이 되고, 나의 선악이 그 이치를 조종함이 되고 만다. 결국 퇴계는 스스로의 비판 그대로 "기를 성으로 논하고, 인욕을 천리로 여기는 폐단"(상43·171)이 된 것이다. 고봉은 정의 "明暗"은 물이 아닌 "물의 淸濁"(하47)으로 인한 것이라 한다. 사실의 明暗은 水와 水光 때문이 아닌, 水의 淸濁인 심 공부로 인한 것이다. 그 선악은 정(칠사) 때문이 아닌 '공부' 때문이다.

776) "그 동함(其於動也)"은 앞 '月이 있는 水의 動을 말한다. 즉 수의 동에 따른 月動이다. 그러나 고봉의 경우 動은 水中의 月動이고, 情은 "水中의 月光"(하47)이다. 즉 情은 水의 動이 아닌 月動의 光이다.

렷할 것이며, 물과 달(水動의 月인데, 고봉은 水中의 月光임)의 움직임도 진실로 막힘이 없을 것입니다.(퇴계는 이미 水月을 가짜라 했음. 그렇다면 '뚜렷한' 사단도 가짜가 됨)777) 그런데 혹 물이 아래로 나아감에 급히 흐르면서 급기야 바람에 까불려 흩어지고 돌맹이를 던져 튀어 오르게라도 하면, 그 달은 파쇄되고 흩어져 숨게 되며, 심하면 마침내 달이 없음에 이르게 될 것입니다.(그러나 물살의 영향을 받는 것은 '정'일 뿐 칠사 2설이 아님. 퇴계는 月과 月光, 그리고 月光인 사맹의 두 설을 구별하지 않음)778)

(170) 夫如是豈可曰, '水中之月, 有明有暗, 皆月之所爲, 而非水之所得與乎?' 滉故曰, 月之光景, 呈露於安流淸漾者, 雖指月而言其動, 而水動在其中矣. 若水因風簸石激, 而汨月無月者, 只當指水而言其動, 而其月之有無·明暗, 系水動之大小如何耳. [得與득여; 참여하게 되다. 교류할 수 있다. 汨月골월; 달이 물속에 매몰되다. 系계; 달려있다. 관련되다.]

이와 같은데도 어떻게 '水中의 달(月光임)에 明과 暗이 있음(月인 性은 暗이 없고, 월광에 있음)은 모두 달(성)이 하는 바이며 물(물의 청탁임)의 관여는 없다'고 할 수 있겠습니까?(퇴계는 水, 月, 명암, 月의 함, 水의 간여, 공부 등을 구분하지 않음. 수의 간여는 情이 아닌 기질지성의 논임)779) 그러므로 황은 말하겠습니다.(위에서 퇴계는 수중의 달을 '가짜'라 했음) 달의 光景에 있어, 편하고 맑은 흐름에서 드러난 경우,780) 이때 비록 달을 가리켜 그 달의 動(理發)을 말해도 '물의 動'(而氣隨之)도 그 가운데 있습니다.(호발 중 리발의 사단인데, 이는 맹자설을 해석함이 아닌 직접 호발로 말한

---

777) "水가 자연스럽게 흐르는 경우라면 그 水와 月의 動도 뚜렷할 것이다." 이는 아마 '水의 흐름에 水中의 月 혹은 月光이 뚜렷하다'라는 사단을 논한 듯하다. 그러나 사단은 水 혹은 水月의 動이라 할 수 없고, 또 사단은 情이므로 月光이라 해야 한다. 더구나 퇴계는 수중의 월을 '가짜'라고 했다.

778) "물의 흐름에 바람이나 돌의 영향을 심하게 받게 되면 그 달은 숨거나 혹은 없어지게 될 것이다." 물의 청탁으로 월(월광)은 뚜렷하기도 혹은 숨기도 한다. "편히 흐르면" 달(월광)이 잘 보이니 사단이고, "급히 흐르면" 달(월광)이 보이지 않으니 칠정이다. (퇴계는 수중의 달은 가짜라 하니, 월광인 사칠도 가짜임) 고봉은 이와 다르다. 칠·사는 기왕 정(월광)으로 발현된 것을 언지한 사맹 본설이다. 칠정은 一情의 月光 중 기왕 명·암이 '있음'이고, 사단은 그중 明의 '指'이다. 따라서 "편하거나 급한 흐름에서 사·칠이 드러나거나 숨는다"고 해서는 안 된다. 왜냐하면 발현된 一情에서 칠사는 그 설이기 때문이다. 一情의 '月光'이 물살의 영향을 받을 뿐, 기왕의 '설'인 칠사가 물살의 영향을 받는다고 할 수는 없다. 물살의 영향을 받는 것은 발로서의 情이고, 칠사는 사맹의 목적으로서의 설이다. 퇴계는 발의 정, 설의 칠·사를 구별하지 않는다.

779) 요약하면 "水中의 月은 明暗이 있는데, 그것은 水의 영향 때문이다." 하지만 이 논은 수중의 월, 수중의 월광, 월광의 명암, 달이 하는 바, 물의 간여, 공부 등을 각각 분석하거나 구분하지 않은 것이다. "水中之月"은 기질지성의 '설'이다. 月을 水中에서 논했기 때문이다. "수중지월"은 情인 월광과 다르다. 월광은 월이 아니나, 월을 가리킨 설이 사단이다. 월광에 명암이 있음은 "월이 하는" 것이 아닌 "水(공부)의 청탁으로 인"(하167)한 것이다. 월광의 "명암이 월이 한다"고 할 수 없다. 성이 명암을 만든다고 할 수는 없기 때문이다. "물의 간여"가 있다고 해서 월이 변질되는 것은 아니다. "물의 간여"는 기질지성의 논일 뿐이다. 月은 성이므로 暗이 없다. 단 水(기)에 의해 月(성)이 가릴 수 있다. 또 性發(月光)이 기품(水)으로 인해 명암이 생기는 것도 아니다. 기품은 월·월광을 드러내 준다. 월광의 명암은 吾心의 공부로 인함이다. 퇴계는 아마 '수중의 月光에 명암이 있음은 水의 청탁으로 인해 그러한 것이다'라는 뜻으로 말했을 것이다.

780) "달의 광경이 맑은 물에서 드러난 것"이라 함은 '물속의 달이 막힘없이 외부에 그대로 반영된 것'을 말한다. '성의 드러남'을 논한 것으로, 즉 월광인 사단을 논함이다. 그러나 퇴계는 이미 물속의 달을 '가짜'라 했다. 물속의 달은 이미 가짜이므로, 설사 맑은 물에서 드러난다 해도 그 月은 진짜가 아니다.

것임. 위에서는 수중의 달을 가짜라 했으므로 사단도 가짜임. 고봉; 리가 없다가 발처에서 갑자기 생기는가?)[781]

만약 물의 바람과 돌멩이의 격발로 인해 달이 매몰되어 無月이 된 경우,(기발에서 無理인 경우의 칠정임. 그렇다면 천명이 없게 됨)[782] 이때 단지 물만 가리켜(水만 가리킬 경우의 기발이라는 것) 그 물의 動(氣發)을 말할 수 있는데(역시 자사를 해석함이 아닌 직접 水의 發을 말한 것임. 고봉; 천명·중화는 기발에서 갑자기 생멸된다 할 수는 없음)[783] 따라서 그 '달의 有無와 明暗'(而理乘之. 성의 실체인 有는 실존자임. 성은 暗이 없음)은 곧 水動의 大小여하에 달려있을 뿐이라 하겠습니다.(결국 칠정의 천명·중화는 기에 붙은 혹이 되어 기에 의해 생멸된 것임. 모두 공부가 빠짐)[784]

(171)고봉의 논

敢問, 喜怒哀樂之發而中節者, 爲發於理耶, 爲發於氣耶? 而發而中節, 無往不善之善, 與四端之善, 同歟, 異歟?

감히 묻겠습니다. 희노애락의 발하여 '중절한 것'(천명의 용, 달도인 和)은 發於理입니까, 發於氣입니까? 그리고 발하여 중절한 '무왕불선의 선'(주희의 「성도」)과 '사단의 선'은 같습니까, 다릅니까?(어찌 리 및 선이 둘이란 말인가?)[785]

---

781) "달을 가리켜 그 동을 말해도 수동도 그 가운데 있다"고 한은 "理發而氣隨之"(상255)의 사단이다. 수중에서도 그 월동에는 수동이 있다는 것이다. 리기 선후 호발에서의 주리의 발이다. 하지만 퇴계는 이미 수중의 월을 가짜라 했다. 만약 수중에서 "리가 발"한다면 그 리가 원래 없었는데 갑자기 발처에서 생기는가? 때문에 고봉은 묻는다. "원래 리가 없다가 마주치는 곳에서 감동할 수는 없다."(상108)

782) 수중의 달은 물살의 영향을 받고, 이때 "물살의 거센 영향으로 인해 無月이 된" 경우이다. 즉 수동의 거센 물살 영향으로 無月이 된 경우, 이는 칠정의 '독기'이다. 고봉의 비유는 이와 다르다. 고봉은 정은 리발인데, 리가 기를 타고 발해서 정이 되었고, 이때 그 전체 겸리기의 言之가 곧 칠정이다. 자사는 칠정을 '乘氣의 감물'과 '중화'를 함께 말했다. 반면 퇴계는 '자사의 설'로 해석하지 않고 곧바로 '호발의 발처'에서 기발의 '무월'을 논한 것이다. 결국 칠정은 "미발의 천명" 및 이발의 "화"도 없게 되고 만 것이다.

783) "水만 가리켜 수의 동을 말할 수 있음"은 칠정의 "氣發而理乘之"(상255)의 '기발' 경우이다. 즉 '칠정기지발'이다. 역시 자사 칠정설을 해석한 것이 아닌, 호발처의 기발로 말한 것이다. 퇴계는 기발의 無月이라 하지만, 그러나 정호는 "惡 역시 性이라 하지 않을 수 없다"(『정씨유서』권1, 56조, 10쪽)고 한다. 리는 있지 않은 곳이 없고 심지어 악에도 있으며, 악도 본래 성이다. 자사는 칠정으로 천명·중화를 논했으며, 이 중화의 월광은 기발에서 갑자기 생성되고 멸실되는 것이 아니다.

784) "月의 유무와 명암은 水動의 대소 여하에 달려있다." 즉 칠정은 氣發이며, "氣發而理乘之"의 '理乘之'는 결국 "水動의 대소 여부에 달려있다." 그렇다면 기발인데, 리는 어디에서 나와서 그 기를 타고 있는가? 리동·리발은 氣動의 '間'(상108)에서 나오는가? 또 水動에 따라 月(성리)의 존재(실체)는 생멸하는가? 자사는 "천명" "희노의 미발"이라 한다. 반면 퇴계는 기발은 칠정인데, 그 水의 기발에 '水의 리도 타지만, 그 리는 水에 따라 생멸된다고 한 것이다. 하지만 性(月)의 存·有·實은 기에 타재한다 해도 스스로의 자존자이다. 그리고 月光(情)의 명암은 水가 아닌 "水의 청탁"(하47)에 의해 가릴 수 있지만, 가린다 해서 그 月(月光)이 기에 의해 혹은 리 스스로 생멸되지는 않는다. 해는 구름에 가려도 實存의 자약이다.(하119) 맹자는 사람은 누구나 '月光'(측은지심)이 있다고 한다. "중화"는 천명의 성이며 氣動의 대소에 의해 변질되는 것은 아니다. 만약 퇴계와 같다면 중화는 리가 아닌 氣出이 되고, 그래서 기에 붙은 부속품의 혹이 되고, 다시 기에 의해 소멸되고 만다. 결국 중화는 천명으로서의 "위·육"의 근거를 잃고 만 것이다. 퇴계의 리발·기발은 자신의 성 혹은 공부를 논하지 않은 것이다.

785) 하58. 칠정은 자사의 言之(설)이지 정의 發處가 아니다. 칠정의 중절자는 무왕불선이라 칭한다. 성은 하나지만 그 논·설은 각자 다르다. 선도 하나지만 논·설이 다르다. 정도 성발 하나인데 칠·사 名은 사맹이 붙었다. 『중용』은 "중은 천하의 大本이고 화는 천하의 達道이다."(『중용장구』"大本者는 天命之性이니 天下之理가 모두 이(천명)를 말미암아 나온다"(상94)고 함은 곧 "희노"는 대본인 천명지성에서 나왔다 함이다. 고봉은 "和의 達道가 기발인가?"(하137)라고 물었다. 주희는 "四端之情과 發而中節者는 맹자의 '可以爲善者'이다. 성정이 비록 미발·이발의 不同은 있으나 그 善者는 혈맥 관통해 처음부터 不同이 없다. 중절

- 463 -

(172)퇴계의 논변

雖 "發於氣", 而 "理乘之"爲主, 故其善, 同也.

비록 "發於氣"라 하더라도 "理乘之"가 주가 됩니다.(칠정을 주기·주리 둘로 나누고, 주리도 氣出이라 함. 그렇다면 리는 기에서 갑자기 생긴 것임)[786] 때문에 그 선도 같습니다.(천명·달도는 사단과 선이 같은 주리인데, 그러나 혈맥의 피는 기발이라 한 것임)[787]

(173)고봉의 논

且 "四則, 理發而氣隨之, 七則, 氣發而理乘之"兩句, 亦甚精密. 然鄙意以謂(고봉爲)此二箇意思, 七情則, 兼有, 而四端則, 只有理發一邊. 大升欲改之曰, "情之發也, 或理動而氣俱, 或氣感而理乘." 如此下語, 未知於先生意如何?

게다가 "사는 리발이나 기가 따르고, 칠은 기발이나 리가 탄다"(호발의 발처로서, 사맹 종지인 성선, 중화가 빠짐)라는 두 구절 또한 매우 정밀합니다.[788] 그러나 저의 뜻으로 이 둘의 의미(사·맹의 소지)를 살펴보면 '칠정은 겸[리기] 유[선악]이나, 사단은 단지 리발 한 쪽이 있을 뿐이다'라고 먼저 말씀드리겠습니다.(사맹 소지로 먼저 해석한 것임)[789] 이 두 구절을 대

자는 無往不善이다"(상160) 하고 고봉도 "주자는 「성도」에서 선 아랫줄에 '무왕불선'이라 한다"(상169)고 한다. 반면 퇴계는 중절의 선과 사단의 선에 대해 "그 발은 혈맥이 다르다", "리발·기발의 分이 있다", "칠의 소종래는 기이다", "성인의 희노애락도 氣의 順理의 발이며, 순전일 수 없다"고 한다.

786) 퇴계는 칠정을 차례로 "發於氣"(상3) "겸기",(상1) "氣之發"(상44)이라 했다가 이후 "氣發而理乘之"(상255)의 "주기"(상281)라 하여 '기의 발임'을 고수한 것이다. 그런데 여기서는 다시 "발어기라 해도 리가 탄 주리"도 있다고 한다. 즉 칠정은 '기발의 主氣'도 있고 '리승지의 主理'도 있다. 단 理乘之의 주리도 그 근원은 '氣'이다. 따라서 중화는 기발이며, 기에서 생겨난 주리이다. 그렇다면 천명의 중화는 기에서 갑자기 '근거 없이' 생긴 것이며, 기에 부속된 리라고 할 수 밖에 없다. 퇴계는 "성인의 희노도 그 소종래는 氣"(상282)라 하지만, 고봉은 "和인 달도가 어찌 氣發이리오?"라고 반문한다.(하137) 퇴계는 중화(주리)도 사단의 리발과는 혈맥의 피가 전혀 다르다고 한 것이다.

787) "칠정은 기발의 주기인데, 리승지의 주리도 있다. 주리의 선은 사단과 같다." 단 그 혈맥의 피는 '기'이다. 즉 "천명·달도·화"는 기발이지만 선은 사단과 같다. 고봉은 "발하여 중절한 和·達道의 선인 무왕불선은 사단의 선과 같은가, 다른가?"를 물었고, 퇴계는 "같다"고 답한다. 이렇게 칠정의 "發於氣而理乘之"에서 理乘之는 '主理'라면, 그렇다면 반대로 사단의 "理發而氣隨之는 主理임"(상281)에서 '氣隨之'도 결국 '주기'가 되고 만다. 결국 사단의 "氣隨之"는 主氣, 칠정의 "理乘之"는 主理, 그래서 사단도 주리·주기, 칠정도 주기·주리가 있다 함이다. 단 칠정의 혈맥은 기, 사단의 혈맥은 리이다. 이렇게 같은 주리라도 혈맥의 피는 기발과 리발로 철저히 가른 것이다. 즉 같은 선이라 해도 그 혈맥은 칠정의 피와 사단의 피가 각자 다르다. 그래서 "성인이라도 칠정은 純粹이 아니다."(상282) 때문에 고봉은 "동인·서인의 싸움과 같다"(하13) "이렇게 양편 대설로 만들어 상하·사방의 정해진 위치로 나누었으니, 무슨 말씀인지 모르겠다"(하110)고 한다.

788) 「악기」 感物而動(상107)에 근거해서 '감물을 기발'이고 '동을 리발'이라 해석한다면 "매우 정밀하다"고 할 수도 있다. 이는 사람의 심성정을 리기로 해석한 것이다. 반면 퇴계는 리·기가 선후로 호발해서 사·칠이 된다고 하는데, 이는 사람 마음도 아니고 사맹의 본설을 리기로 해석한 것도 아니다. 더욱이 '리발기수, 기발리승'은 사맹 종지인 '중화'와 '확충' 등이 없으며, 그 종지가 없다면 반대로 '사단의 기발리승'도 가능함이 되고 만다.

789) 고봉은 아래의 설을 말하기 전 먼저 '사맹의 리기 소지를 분명히 하고자' 한 것이다. 퇴계의 "리·기 호발"은 사칠의 '발처'를 말함이지 '사맹 소지'가 아니다. 때문에 고봉은 먼저 사맹이 언론한 소지를 먼저 리기로 해석하고, 이어 '정의 발처'를 「악기」 "感物而動"에 근거해 퇴계와 같이 둘로 나누고자 한 것이다.

승이 고친다면(소지가 아닌 발처로 고친다면) '정으로의 發에는, 혹 理動에 기가 함께하고, 혹 氣感에 리가 탄다'고 하고자 합니다.(「악기」의 情을 발처에서 논한 것으로, 칠사를 구별하지 않음)[790] 이와 같이 下語한다면 또 선생님의 의견은 어떠실지 모르겠습니다.(퇴계는 자신의 호발에 下語했고, 고봉은 악기의 설에 下語함)[791]

(174)"氣之順理而發, 無一毫有碍"者, 便 "是理之發" 矣. 若欲外此, 而更求 '理之發', 則吾恐其揣摩摸索, 愈甚而愈不可得矣. 此正太以理氣分說之弊, 前書亦以爲稟, 而猶復云云.(고봉 焉 있음) 苟曰未然, 則朱子所謂 "陰陽五行錯綜, 不失端緖, 便是理"者, 亦不可從也.

"기가 리를 순순히(順理) 하여 발함에 [리가] 한 티끌의 장애도 없는 것,"(퇴계의 기발설임) 이것이 바로 [어류의] "是理之發"입니다.(장애가 없는 '옳음'을 리발로 여긴 것임)[792] 만약 이를 외면하고 다시 '리지발'을 구하려 하신다면,(퇴계는 리지발을 사단에서 구함이 아닌, 소종래의 '리에 나아가' 구함) 제가 보기에 아마 헤아리고 모색함이 심하면 심할수록 더욱 터득하지 못하리라 여겨집니다.(도리는 기인 정에서 공부로 찾아야 한다는 것. 기질지성이 정밀한 이유임)[793] 위 5개 조항은 바로 [리기 소종래로 올라가서] 지나치게 리·기로 분설한 폐단이며, 이 문제는 이미 전서(「고봉1·2서」)에서 또한 여쭈었습니다만 여전히 답서(「퇴계2서」)에서 다시 반복으로 운운하고 계십니다.[794] 만일 그렇지 않다고 하신다면 주자의 이른바 "음양오행이 종

---

790) 고봉도 정의 발처에서 "感物而動"으로 퇴계의 설을 고치고자 한 것이다. 情은 「악기」의 "性之欲"(상107)이며, "性之欲이 出하면 情이 된다."(상103) 고봉이 고친 "情之發也"(하130)는 '一情의 발은 性之欲'이라 함이다. 理動과 氣感은 심으로서의 하나의 일이다. 그런데도 둘로 나눈 것은 이렇게 '둘로 설명'할 수도 있기 때문이다. 퇴계의 문제는 사·칠을 각각 리발·기발로 나눈 점이다. 이에 고봉은 一情의 발처를 "理動"과 "氣感"으로 논함이 가능하다고 한다. "혹 理動에 氣가 함께한다"고 함은 리발에서의 乘氣의 의미이다. "혹 氣感에 리가 탄다"의 氣感은 心感이다. 이는 칠사가 아닌, 정의 발처를 이렇게 둘로 논할 수 있다 함이다. 반면 퇴계는 '정의 발'을 논하지 않고 곧바로 리발·기발이 곧 사·칠이라 했다.

791) 하61. "下語"는 "情之發也" 아래에 붙인 고봉의 설명이다. 퇴계도 "리발이기수지, 기발이리승지"로 하여했다. 퇴계의 하어는 사맹 고찰이 아닌 스스로의 호발의 하어이다. 반면 고봉의 경우 「악기」에 의거한 하어이다. 고봉의 논은 둘이다. 하나는 사맹 칠·사 소지는 '겸리기'와 '리발 일변'이라 함이고, 하나는 一情의 발은 '理動 혹은 氣感'이 가능하다 함이다.

792) 『어류』 "四端是理之發"은 당연하다. 사단은 리에 발했고, 발해서 한 티끌의 막힘도 없으므로 '확충하라'고 한 것이다. 퇴계의 "氣發而理乘之"는 氣의 順理이며, 이곳에서 리의 묵식이 가능하다. 때문에 퇴계가 말한 "기가 順理로 발함에 한 티끌의 막힘도 없는 것"(상282) 이것이 바로 "四端是理之發"이다. 사단의 단서도 기의 순리에서 논한 것이다. 고봉은 "리가 기를 벗어나지 않고 기의 과불급 없이 자연 발현한 것, 이것이 바로 리 본체의 그러함"(상12)이라 하고, 또 사단도 "기의 順理出來에 반등의 失이 없는 것"(상113)이라 한다. 반면 퇴계가 성인의 칠정도 "기의 발"이라 한 것은 자사와 주희의 설을 해석함이 아닌, 호발에서의 기의 발처를 논한 것이다.

793) 퇴계는 리를 "리기 호발에 나아가서" 구했다. 퇴계는 "그 발은 각기 혈맥이 있다", "그 근원은 실로 리·기의 분이 있다", "실로 리발·기발의 분이 있다", "사실 소종래는 리·기이다", "성인의 칠정도 기의 順理의 발이다"(모두 하57)고 하여 근원(소종래)의 리·기에 나아가서 사칠의 리를 구했다. 또 "맹자의 所指는 乘氣處에 있지 않고 단지 純理의 發處에 있다"(상258)고 하여 근원의 발처를 논한다. 그러나 고봉은 이러한 방법은, 리를 구하려 하면 할수록 구할 수 없다고 한다. 리를 심인 정이 아닌, 직접 발 이전 근원의 리·기에 나아가기 때문이다. 설사 구한다고 해도 이는 발처 혹은 리·기에 국한된 작은 리일 뿐이거니와, 발처로 나아가서 구할 수도 없다. 주희가 맹자 성선지성 보다 "기질지성이 더 정밀하다"(맹자 "성선장" 주석)고 한 이유는 여기에 공부처가 있기 때문이다.

794) 퇴계의 "각기 혈맥이 있다", "리발·기발의 分이 있다", "사칠 소종래는 각각 리·기이다"(모두 하57) 등은 사맹 사칠이 아닌 그 근원의 리·기이다. 고봉은 "이는 지나치게 리·기로 분개하고 分說한 실수이다"(상144·92)고 한다. 고봉은 사맹 사칠을

- 465 -

횡으로 뒤섞였으되 그 端緖(條緖의 뜻)를 잃지 않음이 바로 리이다"라는 것 역시 따를 수 없음이 되고 맙니다.(퇴계의 호발은 미발 및 발처에 국한된 작은 리이며, 심 및 정이 결여되어 주희가 말한 '방종 잡박 불순의 리'리가 되고 맘)[795]

(175)퇴계의 논변

"道卽器, 器卽道", "冲漠之中, 萬象已具", 非實以道爲器. "卽物而理不外是", 非實以物爲理也. [冲漠충막; 마음이 고요하며 맑음.]

"道卽器이고 器卽道이다"(이천 원문은 "器亦道, 道亦器"로, 인용 오류임)[796]와 "충막의 중에도 만상은 이미 갖추었다"(상·하에서 상인 微者만 치우치게 인용했음)[797]고 함은 실로 '道를 器로 여긴 것'이 아닙니다.(이천의 道亦器를 부정한 것임. 이천은 도를 기로 여긴 것임)[798] "物에 卽했으되 理는 여기서 벗어나지 않는다"(퇴계는 리기 불잡·불리 중 불리로 인용함. 치우친 거론임)[799]고 함은

리·기로 분설, 분개, 분속할 수 없다 함이 아닌, 사칠을 "대거·호언"할 수 없다 함이다. 이 문제가 고봉1·2서의 비판 요지이다. 그 중에서도 가장 엇갈린 부분이 인용한 5개 조항이다. 때문에 고봉은 이 5개 조항 서두에서 "이것이 바로 가르쳐준 말씀의 緊要處이고, 바로 우리 의론의 盤錯處이다"(하57)고 한다. 그러나 「퇴계2서」는 이 주장을 반복했는데, 그중 가장 핵심이 "대거·호언"으로 분설, 분개, 분속한 곳이며, 그 결론이 바로 "四則理發而氣隨之, 七則氣發而理乘之"이다.

795) 하63·64. 고봉은 "理 本體는 기의 流行處에서 驗得함에 불과하며,"(상139) "道體의 本然도 氣上에서 識取한 것"(상141)이라 한다. 리 본체·도체는 단지 기의 유행처인 정을 통해 험득해야 할 뿐이다. 만약 퇴계와 같이 "形氣인 氣發의 묘맥"(상202)과 "인의예지의 단서"(상201)로의 각발이라 하면 결국 "發於理는 기에서 드러날 수 없고 또 發於氣도 리 없음이 되고 만다"(상144)는 것이다. 고봉은 "기에서의 막힘없음의 것이 '시리기발이다"(하63)로 맹자를 해석했는데, 퇴계는 오히려 사맹을 고찰하지 않고 단지 '리·기의 호발을 말한 것이다. 이는 현실의 리가 결여된, 그래서 주희가 말한 "선이 없는, 방종 잡박 불순의 리"(하63, 주석 참조)라고 할 수 있다. 모두 심성정이 없는 가상이기 때문이다.

796) 고봉은 주희를 인용해 "이천은 말하기를 '마땅히 이렇게 설해야 한다. 그렇지만 器亦道이고 道亦器이다'고 한다"(하89)고 했다. 즉 「계사」 "형이상자를 道라 이르고 형이하자를 器라 이른다"에 대해 이천은 공자의 "이 말씀이야말로 상·하를 가장 분명하게 마름했고 또 마땅히 이렇게 설해야 한다"(하89)고 한다. 그렇지만 이어 말하기를 "그렇지만 器亦道이고 道亦器이다"고 한 것은 道·器가 둘로 나뉘어서는 안 되기 때문이다. 이에 주희는 "道는 器를 떠나서는 안 되며, 도는 단지 器之理일 뿐이다",(『어류』권 77, 淳29, 2614쪽) "이와 같이 말해야 치우치지 않는다(庶乎其不偏矣)"(「태극도설해, 총론」 77쪽)고 한다. 공자가 道·器를 형이상·하라 한 것은 형이상만 도라 함이 아니다. 이천은 형이상도 도이지만 형이하의 器도 도이므로 "기 역시 도"라 함으로써 도는 기를 떠나 성립될 수 없다고 한 것이다. 퇴계가 이천의 이 조항을 인용한 이유는 리기는 '서로 떨어질 수 없음'을 논하고자 함이다. 인용 오류를 떠나, 고봉의 논은 '사칠의 리·기 분속은 치우침일 뿐, 理氣 혹은 道器에 관한 일도 아니다.

797) "冲漠之中, 萬象已具"는 이천의 "冲漠無联, 萬象森然已具"의 말이다. 주희는 "태극은 형이상의 道이고, 음양은 형이하의 器이다. 그 著者로부터 觀之하면 동정은 同時가 아니고 음양은 同位가 아니지만 태극은 어디라도 존재하지 않음이 없다. 그 微者로부터 觀之하면 충막 무짐한데 동정 음양의 리는 이미 그 中에 모두 갖추었다"(「태극도설해」, 72쪽)고 한다. 또 "정자의 體用一源은, 至微의 리로 言하면 충막 무짐하지만 萬象은 昭然히 이미 갖추었고, 정자의 顯微無間은, 至著의 象으로 言하면 卽事 卽物에도 이 리는 존재하지 않음이 없다"(같은 책, 78쪽)고 한다. 이렇게 인용구 이천의 "충막무짐, 만상이구"의 가리킴은 著者와 微者 중 미자이다. 그 미자라 해도 동정의 리는 이미 갖추고 있다 함으로 이는 著者의 동정을 가리킴이 아니다. 따라서 퇴계는 형이상·하의 상만 가리킨 것으로, 치우친 거론이다. 더구나 앞 이천의 "器亦道, 道亦器"는 도기를 '구분하지 않음'에 대한 설이고, 이 "충막무짐"은 저자·미자 중의 微者일 뿐이다. 퇴계는 이를 구분하지 않는다.

798) 이천의 "道亦器"는 도·기는 떨어질 수 없는 '도 역시 기'라 함이다. 퇴계의 "도를 기로 여긴 것이 아니다(非以道爲器)"고 함은 이천이 '道를 器로 여기지 않았다' 함인데, 그러나 반대로 이천의 이 말은 '도역기'이다. 주희는 "器亦道, 道亦器라 함은 分別은 있으나 不相離라는 뜻이다"(『어류』권75, 誤106, 2571쪽)고 하여 '도를 기로 여기고' 서로 떨어질 수 없다고 한 것이다. 퇴계는 이천의 "충막무짐"에 대해 "이는 道를 器로 여긴 것이 아니다"라 하지만, 그러나 충막무짐과 도·기는 각각 다른 설이다. 충막무짐은 저자·미자 중의 미자일 뿐이다. 미자는 '理'와 '象' 중 리를 말한 것뿐 理가 곧 象이라는 뜻이 아니다. 더구나 이 설은 '사단(情)이 곧 리(性)'라 함이거나, 혹은 '사단은 충막무짐'이라 함도 아니다.

799) 퇴계는 이 설의 출처를 밝히지 않으나, 앞 "形而上者謂之道, 形而下者謂之器", "기역도, 도역기", "충막무짐, 만상이구"와 관계된

실로 物을 理로 여긴 것이 아닙니다.(위 器亦道는 물을 리로 여긴 설임. 사맹 칠사설은 도역기로 해석할 수 없고, 또 서로 관계도 없음)[800]

(176)고봉의 논

> 大升謂, "泛論則無不可"者, 以其 "因說"者而言之也, "著圖則有未安"者, 以其 "對說"者而言之也. 若必以對說者而言之, 則雖 "用朱子(고봉 朱夫子)本說", 恐未免錯認之病也.

대승은 말하겠습니다. 제가 "넓게 논하면 불가함이 없다"(칠·사는 각자 다른 2설이며, 각각 리와 기로 해석해도 불가하지 않음)고 했던 것은 [주자와 추만이 사맹의 설을] "인설"로 해석했기 때문이고,(사람 느낌에 '因'해서 사맹과 같이 다르게 '설'함은 당연함)[801] 단 "「천명도」에 드러냄에는 미안이 있다"(천명도는 중용설이므로 이를 사단과 '대설'로 여겨, 중화를 급거 '기'로 바꿀 수는 없음)고 했던 이유는 [선생님께서 오히려 천명설과 확충설을] "대설"로 해석하셨기 때문입니다.[802] 만약 [이렇게 천명과 확충을] 반드시 대설로 해석하신다면, 그렇다면 비록 "주자

설로 인용했다. "物에 나아가도 리는 여기서 벗어나지 않는다"고 함은 리는 어디에도 자존한다는 의미이다. 이 말은 주의의 "形而上者는 理를 가리켜 말했고, 形而下者는 事를 가리켜 말했다. 事事物物은 모두 그 理가 있다. 事物은 볼 수 있으나 그 理는 알기 어렵다. 卽卽物物에서 此理는 볼 수 있다"(『어류』권75, 謨109, 2572쪽)라는 논에서 나왔을 것이다. 하지만 이 말은 앞 설과 연관된 내용이라 할 수 없다. 왜냐하면 형이상·하는 도·기를 '둘로 나눈' 설이고, 도역기는 도·기는 '不離'라 하며, 충막무짐은 태극의 著者·微者 중의 '미자'일 뿐이고, "리는 물에서 벗어나지 않음"은 '리'에 관한 설이기 때문이다. 퇴계가 이 설을 인용한 이유는 '리기는 떨어질 수 없는(不離) 혼륜'이라 한다. 퇴계 본의는 리가 物에서 '벗어날 수 없다'는 不離이다. 고봉도 당연으로 여긴다. "리기가 物에 있음의 混淪에도 二物이 각자 一物됨에 해롭지 않다."(하45) 리가 기에 있어도 리는 리 기는 기다. 그런데 이미 고봉은 퇴계가 형이상만 들고 "전박불파"라 한 것에 대해 "왜 下 일절은 빼고 偏舉해서 전박불파라 하는가?"(하89·90)라고 비판했다. 이곳도 "物에 卽"한 곳만 들었으므로 여전히 物에 치우친 거론이다.

800) "物을 理로 여긴 것은 아니다(非以物爲理)"고 함은 理가 物에 있다 해도 物은 理일 수 없다 한다. 이 말은 당연하지만, 그러나 위 "道亦器"와 어긋난다. 정이천은 道를 器라 했는데 이는 器로서 道가 체현되므로 기는 곧 도라는 뜻이다. 마찬가지로 物은 리가 아니지만 그러나 物로 인해 리는 드러나므로, 물을 리라 함도 가능하다. 이는 사단을 리의 무불선이라 함과 같다. 사단은 정인 氣(器)지만 맹자는 리로 여겼다. "도역기", "충막에도 만상은 있음", "리는 물에서 벗어나지 않음"에서의 器, 萬象, 物은 道·理가 器에 있으며, 도 역시 기라는 뜻으로, 따라서 器·物을 道·理라 함이 가능하다. 다만 기·물이 곧 道·理는 아닐 뿐이다. 그런데 퇴계의 이곳 논의는 '리기 관계'를 논한 것으로, 사실의 리기 분속과 서로 관련이 없다. 칠사는 정이며, 정은 氣이다. 칠사의 리·기 분속과 해석 문제가 이 논쟁 주제이다. 칠사는 기이며 또 리이지만, 그러나 칠사는 다만 사맹 본설일 뿐이다. 이 본설은 위 도역기 등으로 해석할 게 아닌, 사맹 종지로 해석해야 할 문제이다.

801) 고봉은 '발어리, 발어기'에 대해 "범론하면 불가함이 없다"(상69) 했고, 이는 어류 "시리지발, 시기지발"과 같다. 사맹 본설은 사람 본연의 느낌에 因한 각자 2설일 뿐이다. 性, 情, 善, 發 등은 하나이며, 느낌에 因하면 칠사 이외의 설도 매우 많다. 하나에 因한 것이므로 "因說"이다. 인설로 논하면 "兩發"은 一發이며 "二善"도 一善이다.(상72) 고봉은 '分發' 및 '分置'를 불가로 여기지 않는다.(상69) 반면 퇴계의 "범론해서 二發로 分해도 가하고, 「천명도」에서 二置로 分해도 가하다"(상270)고 함은 고봉 질문과 어긋난다. 왜냐하면 고봉의 二發과 二置는 分說인 '說'이고, 퇴계는 리·기 '分'이기 때문이다. 一發, 一善을 "인설"로 보면 3발, 4발, 5치, 6치라 해도 가능한데, 단 "曉得할 때"(상68)만 가능하다. 느낌에 대한 각자의 설과 해석은 무한한 자유이기 때문이다. 고봉의 "범론"과 "인설"은 오히려 "사칠 대거"를 비판한 것이다. 사맹이 사칠을 "대거"했을 리 없다.

802) 고봉은 "「천명도」에 드러내서 사·칠을 각각 리·기에 분치하고 二者로 분화되어 '발어리·발어기'라 하면 남을 오인케 함이 심할 것이다"(상69~71)고 한다. 사맹 본설을 "대거·호언"으로 여긴 것은 추만이 아닌 퇴계이다. 퇴계가 『어류』에 대해 "주자가 칠정을 兼指理로 여겼다면 주자는 '理之發'과 더불어 對擧·幷擧하지도 않았을 것이다"(상243. 하48)라고 하기 때문이다. 그러나 천명의 희노와 확충의 사단은 대설일 수 없다. 퇴계는 사맹 본설을 대거 호언했고, 오히려 리기에 나아가 리·기로 사칠을 호언했다. 이로써 자사의 중화는 맹자의 사단 때문에 급거 '기발의 기'가 되고 만 것이다. 퇴계의 "사단, 발어리이무불선, 칠정, 발어기이유선악,"(상4) "사단지발, 칠정지발"(상1·5·71) 등은 어류를 보기 전 이미 대거·병첩한 것이다.

의 본설을 썼다"(고봉은 어류를 '만약 朱夫子의 본설이라도'라고 함. 그러나 사실은 사맹의 본설이고, 어류는 해석설임)고 하실지라도 [선생님께서는] "잘못 오인한 병통"(잘못 없는 주희설을 퇴계가 잘못 오인한 것임. 맹자가 어찌 자사를 상대적으로 여겼겠는가?)을 면치 못합니다.803)

(177)퇴계의 논변

以 "氣順理而發", 爲 "理之發", 則是未免 '認氣爲理'之病. 若以爲不然, 則上何以云云?

"氣가 順理로 발"한 것을 "理之發"로 여긴다면,(퇴계는 리를 정인 기에서 찾지 않고, 직접 발처에 나아가서 반드시 리·기의 '피가 다르다'고 한 것임)804) 그렇다면 이는 '기를 인식하여 리로 여긴' 병통을 면치 못합니다.(퇴계는 사맹과 주희 본설을 해석하지 않고 직접 '기는 반드시 리의 피일 수 없다'고 한 것임)805) 만약 그렇지 않다면 위에서 [주자는] 왜 그렇게 [리발·기발의 대설로] 운운 했겠습니까?(주자는 반드시 리·기 分에 나아가 각자 리·기의 피가 다르다 했다는 것. 퇴계는 사맹 종지인 '중화, 성선, 확충'으로 논하지 않음)806)

---

803) 하67. 퇴계는 "사맹 언·론"(상3)에 대해 『어류』를 보기 전 이미 "대거·호언"(상6)했다. 이후 어류를 보고 "주자의 설로 대신하고 우리의 설은 버리자,"(상47) "지금 「천명도」에서는 주자의 설만 쓰고 나의 설은 버렸다"(상272)고 한다. 문제는, 칠사는 사맹 본설이며, 어류는 단지 그 해석일 뿐이라는 점이다. 고봉은 이에 "주부자의 본설을 썼다 하더라도 잘못이다"고 하는데, 이는 어류가 잘못이 아닌 '퇴계의 인식'이 잘못이라 함이다. 사맹 본설은 대설일 수 없거니와, 주희로서도 사칠을 대설로 해석할 수는 없다. 때문에 고봉은 "曉不得者로 하여금 도리어 '病'을 생기게 할까 두렵다"(상68)고 했고, 퇴계도 "어찌 不知者들이 錯認할까 걱정하여 當理의 言을 폐하겠는가?"(상272)라고 하여 주희의 리발·기발은 '當理의 言'이라 한다. 하지만 어류를 "당리의 언"이라 해서는 안 된다. "리발, 기발"은 하나의 해석방법에 불과하기 때문이다. 퇴계는 "「천명도」에 주자의 설을 쓰자"(상272)고 하지만, 이는 퇴계의 인식 문제일 뿐 주희의 잘못이 아니다. 왜냐하면 우리의 "宗師"(상45)인 "朱夫子"께서 '자사와 맹자의 도통'을 어기고 맹자 "확충"을 자사 '천명·중화'와 상대적으로 여겼다고 할 수는 없기 때문이다.

804) 퇴계는 칠정을 "氣之順理而發"(상282)라 하여 그 천명 중화인 도의 체용까지 철두철미 '피가 다른 氣發'로 여긴 것이다. 그러나 고봉은 "선생님의 '氣之順理而發, 無一毫有碍'의 것이 바로 주희의 '是理之發'이다"(하63)고 한다. 이에 퇴계는 기발인 칠정의 피는 반드시 리발인 사단의 피가 될 수 없다고 한 것이다. 이 답변은 고봉의 질문과 다르다. 고봉의 질문은 '기가 리를 순수히 해서 아무런 막힘도 없는 것', 이것이 바로 어류에서 맹자를 해석한 "사단시리지발"이라는 뜻이었다. 고봉은 이어 "만약 여기를 벗어나서 다시 理之發을 구하신다면 아마 모색하면 모색할수록 더욱 찾지 못할 것이다"(하63)고 한다. "사단시리지발"은 리가 정으로 발하여 '나타난 것'을 논함이다. 반면 퇴계는 '리·기에 나아가서' 그 리가 발한 것을 사단이라 한다. 그러나 "성선"은 '그 情'으로 논증함이고, "확충"은 정의 '기'에는 반드시 '리의 단서가 있다' 함이다.

805) "그대는 왜 기발을 리발이라 하는가?" 하지만 고봉의 질문은 이와 다르다. 성은 하나이고 정도 하나이며, 따라서 발도 하나이다. 성은 乘氣로 발하며, 발한 것은 정이다. 이에 퇴계는 리·기는 分이기 때문에 기발과 리발은 반드시 다른데도 "그대는 기를 리로 여긴다"고 한다. 반면 고봉은 '리는 乘氣로 발'하므로 기를 통해서 '리를 험득할 수밖에 없다고 한다. 더구나 어류 "시리지발"은 맹자에 대한 해석일 뿐, 곧바로 리의 발을 말함이 아니다. 퇴계는 직접 '리가 발한다'고 하지만 이는 맹자와 주희의 설을 해석함이 아니며, 더욱이 퇴계는 '리발'을 선언할 수 없다. 퇴계의 "기가 순리로 발함에 조금의 막힘도 없는 것"(상282. 하63)의 '없음'은 기왕 발한 정을 말함이지, 발처가 아니다.

806) 만약 "기를 리로 여긴 것"이라면 주희도 "시리지발, 시기지발"이라 하지 않았을 것이다. 주희는 기를 리로 여기지 않았기 때문에 리발·기발이라 했다는 것이다. 그렇다면 주희는 진정 '리·기에 나아가서' 그 리·기로 사칠을 대거호언하고 리발·기발이라 했는가? 사맹 본설은 대설이 아니며, 주희는 단지 사맹 본설을 리발, 기발로 해석했을 뿐이다. 고봉은 "자사의 중화설이 왜 맹자의 말 때문에 급거 기 일변이 되어야 하는가?"(하62)라고 반문한다. 퇴계는 무슨 의도로 사맹 본설과 주희 해석을 따르지 않고 오히려 스스로 "리기에 나아가" 리·기로 사칠을 대거해서 반드시 '리·기의 피'가 다르다고 강력히 주장하는가?

- 468 -

12

추만에게 답함; 퇴옹의 설을 따르시면 안 됩니다[807]

(178)退溪先生四七辯, 反復發明多矣. 然愚意亦不能無惑焉. 尊丈只据『語類』以爲說, 想
必以退翁之說, 爲不可易也. 不敢苟同, 聊達管見. [想必상필; 반드시~로 사료됨. 苟同구동;
분별없이 맞장구치다. 사통하다. 聊료; 잠시. 우선.]

퇴계 선생의 사칠변(사맹 본설에 관한 퇴계의 논변)[808]은 반복으로 발명한 것이 많습니다.
그렇지만 저의 뜻으로 살펴보면 또한 의혹이 없지 않습니다.[809] 존장(추만)께서 단지 『주
자어류』에 의거해서 설을 펼치신 것은 필시 퇴옹의 설을 바꿀 수 없는 정론으로 여겼기
때문이라 사료됩니다.(퇴계를 따르지 말 것을 권고한 것임. 추만 본도는 사단, 발 등의 대거호언이 없기 때
문임)[810] 그러나 감히 동의할 수 없어서 잠시 저의 좁은 소견을 말씀드릴까 합니다.[811]

(179)『語類』曰, "四端是理之發, 七情是氣之發", 雖泛言如此, 而其間儘有曲折, 不可不察
也. 退溪先生曰, "情之有四端・七情之別, 猶性之有本性・氣稟之異也." 此言甚當,
正是朱子之意. 但其下云云, 頗覺未安. [儘진; 줄곧. 계속된. 曲折곡절; 그에 얽힌 사정. 그렇게
설한 이유.]

---

807) 이 논변 제목을 고봉집 편자는 「高峯答秋巒書」로 붙였다. 추만에게 보낸 본지의 별지인데, 본지는 남아 있지 않다. 「퇴계1서」
(1559.10.24)는 당시 보내지 못하고 겨울을 지나 "1560년 2월 5일" 편지와 함께 子中을 통해 서울의 추만에게 봉하지 않은 채
먼저 보이고,(『고봉집』3책, 13・14쪽) 이후 광주로 보냈다. 고봉은 서울서 내려온 친구 편에 "4월 15일 받았다."(15쪽) 이 논변
은 고봉이 "1560년 5월 15일" 추만에게 쓴 것으로, 끝에서 "[퇴계1서의] 조항에 따라 상세히 논변할 것인데, 지금은 대략 여쭈
었다"(하191)고 한다.

808) "퇴계의 사칠변"이라 함은 사맹과 주희의 설에 관해 퇴계가 해석한 '사단 칠정에 대한 그 논변'이라 함이다. 칠・사의 설은 사맹
"언・론"(상3)이며, 이 언・론에 주희는 많은 해석을 펼쳤다. 『어류』 "시리지발, 시기지발"도 그 해석 중의 하나이다.

809) 「고봉2서」의 "선생의 설은, 성정 리기의 즈음에 대해 상세함을 다했다고 하겠다. 그런데 그중 의혹이 없지 않은 것은 의리는 궁
구하기 어렵고 사람의 소견은 혹 이동이 있어서 그렇다고 하겠다"(상48・49)와 같은 뜻이다. 사칠을 리기로 해석하는 것은 학자
의 자유이며, 또 다른 방법으로 해석할 수도 있다. 어류의 해석은 사맹의 종지 모두일 수 없고, 학자의 소견도 다를 수 있다.
사맹 종지가 단지 리기 의미만 있지는 않다.

810) 추만이 퇴계를 만난 이후 추만 본설이 정 반대로 바뀐 것은 필시 퇴계의 설을 "바뀔 수 없는 정론"으로 여겼기 때문일 것이다.
『어류』는 "사단시리지발, 칠정시기지발"이며, 잘못이 없다. 문제는 퇴계의 사칠 "대거호언"(하6)에 있다. 퇴계가 고치기 이전 추
만의 1543년 작 「천명도」는 '발' 및 '사단'이 없으므로, 본질적으로 대거호언은 불가하다. 퇴계의 「천명도설, 후서」는 1553년 작
이고 이때 추만의 상하, 좌우를 반대로 바꿨고, 퇴계는 스스로 "황의 죄"라 했으며 이때 비로소 "사단"이 있다. 때문에 고봉은
퇴계 이전의 본도로 돌아갈 것을 권고한 것이다.

811) "우선, 잠시"라 함은 이후 자세히 밝히겠다는 뜻이다. 뒤에서 "각 조항에 따라 여쭈어야 하겠지만 지금은 대략 말씀드렸다"(상
191)고 한다. 이렇게 「고봉2서」(1560.8.8)를 쓰기 전 먼저 추만에게 논변한 것은 『어류』와 퇴계의 설을 정론으로 삼아서는 안
됨을 말하기 위해서이다.

『어류』에서 "사단시리지발, 칠정시기지발"이라 하여 비록 이렇게 넓게 말하기는 했지만, 그러나 그간에는 곡절이 있으니 살피지 않을 수 없습니다.(사맹 종지는 반드시 어류 이상의 의미가 있다는 것임)[812] 퇴계선생은 말하기를 "정에 사단·칠정의 別(퇴계의 分을 別로 바꿈)이 있음은 마치 성에 본성·기품의 異가 있음과 같다"고 했습니다.[813] 이 말씀은 매우 당연하며, 바로 주자의 뜻입니다.(그 리기로의 하어가 같다 함일 뿐, 칠정과 기질지성의 의미까지 같다 함은 아님)[814] 다만 그 아래에서 운운하신 말씀은 자못 미안으로 느껴집니다.(이 말 이외는 모두 치우친 것이라는 뜻임)[815]

(180)以七情爲 "外物觸其形而動於中, 緣境而出焉." 又曰, "外物之來, 易感而先動者, 莫如形氣, 而七者其苗脉也." 此兩條恐與前賢之論不同. [苗脉묘맥; 싹과 줄기.]

[퇴계는] 칠정에 대해 "외물이 그 形에 접촉하면 中에서 動하고(「정자호학론」의 설) 境을 緣由하여 나온다"(퇴계의 설)[816] 하고, 또 말하기를 "외물이 옴에 쉽게 感하여 先動하는(「악기」의 설에 '易·先'자를 붙인 것임) 것은 형기만한 같음이 없으니, 일곱의 것이 그 묘맥이다"(퇴계의 설)[817]라고 합니다. 이 두 조항은 '前賢들의 논'(정자의 「호학론」, 「악기」, 주희의 「동정설」)과

---

812) 「고봉2서」의 "주자의 시기지발'은 專指氣가 아니니, 이른바 곡절이 없을 수 없다",(상60·58·91·92) "선생(퇴계)의 主於理, 主於氣는 그 대강은 동의하나 곡절은 동의할 수 없다. 주자의 말씀을 선생의 뜻으로 풀이하면 直截하여 이해하기 쉽지만, 대승의 견해로 논증해 보면 주자의 말씀은 곡절이 있어서 [선생의 해석은 통하기 어렵다"(상65·66)와 같다. 이른바 '곡절이 있다' 함은 사맹 및 주희가 설한 그 내용을 고찰해야 한다 함이다. 어류의 리발·기발은 잘못이 없다. 단 사맹 언·론은 그 리·기 이상의 의미가 있고, 더구나 리발·기발은 사맹의 일부 해석일 뿐이며, 사맹은 결코 '대설로 호언'하지 않았다.

813) 퇴계는 "정에 사·칠의 分이 있음은 마치 성에 본성·기품의 異와 같다. 성을 리·기로 分할 수 있는데 정에 있어서만 유독 리·기로 分할 수 없겠는가?"(상21)라고 한다. 고봉은 '分'을 바꾸어 '別'로 바꾸었다. 리·기는 分이지만, 본성·기품은 別의 說이며, 칠·사도 別의 설이다.(상88·89·3·82) 본성·기품과 칠·사는 수많은 성·정설 중의 별칭이다. 사맹과 주희는 性 및 情을 둘로 分한 것이 아닌 一性과 一情을 논하여 別稱했을 뿐이다. 이는 리·기의 分과 전혀 다르다. 고봉은 성의 본성·기품의 別이 정의 사·칠의 別과 같음으로 인정한 것이 아닌 그 下語인 "專理와 理與氣雜"(상60)이 같다 함이다.

814) 「고봉2서」에서 "이 말씀은 매우 당연하며, 바로 주자의 말과 더불어 상호 발명했으니 愚意 역시 그렇다"(상59)고 한다. 이렇게 본성·기품의 別은 사단·칠정의 異와 같음을 인정한 이유는 본성·기품에 대한 下語인 "전리, 리여기잡"이 사·칠의 "전리, 리여기잡"의 下語와 같기 때문이다. 고봉이 인정한 것은 그 하어일 뿐 그 본성·기품이 곧 사·칠의 설과 같다 함은 아니다. 칠·사는 사맹의 情설이고 본성·기품은 정주의 性설이다.

815) 주희는 "천지지성은 專指理言, 기질지성은 理與氣雜而言之"라고 했는데 이를 고봉은 사·칠의 "전지리언과 리여기잡이언지"와 같다 한 것이다.(상60) 그런데 퇴계는 그 아래에서 "칠정은 境에 緣由해 出한다", "七情之發은 쉽게 感해서 先動하니, 즉 形氣이다"(상22·24)고 하는데, 이것이 未安이라 함이다. 천지지성과 기질지성은 성설 중 두 설이고, 칠사 역시 여러 정설 중 두 설이다. 성은 성즉리 하나이고, 정도 성발 하나이다. 그 성발의 一情을 사맹은 각자 다르게 설했고, 따라서 칠정만 형기의 出이라 해서는 안 된다. 자사의 설로 해석해야 할 뿐이다.

816) 상22. "外物觸其形而動於中"은 「호학론」의 설이고,(상103) "緣境而出焉"은 퇴계의 논이다. 퇴계는 칠정은 형기에서 出한다 하고, 또 七情之發을 四端之發과 상대해서 '氣의 發'이라 한다. 이에 고봉은 칠정이 "비록 境을 緣由하여 出한 듯하나, 실은 中을 由하여 出한다"(상103)고 한다. 고봉은 칠정도 사단과 같이 성발이라 한다. 왜냐하면 "動於中"은 心感을 말함이며, 心感으로 性之欲이 出하면 이것이 곧 情이기 때문이다.(상103)

817) 상24. 퇴계의 "易感而先動者"는 「악기」 "感於物而動"(상107)에서 나온 말이다. 퇴계는 칠정은 형기의 발이고, 형기의 묘맥이라 하면서, 칠정은 '쉽게(易) 감하고 先動한다고 하여 易·先자를 새로 붙인 것이다. 리기 선후 호발설과 같다. 그런데 「악기」는 "物에 感하여 動하는 것은 性의 欲"이라 하고, 주희는 「악기동정설」에서 "性之欲이 이른바 情이다"고 하며,(상107) 고봉도 "그 感物者는 사단과 칠정이 같다"(상109)고 한다. 즉 감물은 심의 感이며, 그 心感으로 성의 욕이 나오므로, 따라서 칠정은 성의

다릅니다.(전현들은 性動, 性發, 中出이라 함)[818]

(181) 『中庸或問』日, “天命之性, 萬物(원문 理)具焉, 喜怒哀樂, 各有攸當. 方其未發, 渾
然在中, 無所偏倚, 故謂之中. 及其發而皆得其當, 無所乖戾, 故謂之和.” 然則所謂
七情者, 豈但 “緣境而出”, 而謂之 “外感於形氣”哉!

『중용혹문』(주희의 칠정론임)에서 말하기를 “천명의 성은 萬理를 갖추었고, 희노애락은
각기 마땅한 바가 있다. 그 미발에 [성은] 혼연의 中으로 있으니, [이때] 편의한 바가 없
으므로 중이라 이른다. 급기야 발해서 모두 그 마땅함을 얻으니, [이때] 괴려한 바가 없
으므로 화라 이른다”(천명지성의 중·화가 곧 리라는 것임)[819]고 합니다. 그렇다면 이른바 칠정
이라는 것이 어찌 단지 “境을 緣由하여 出한다”고 하겠으며 또 어찌 단지 “形氣에서 外
感한다”고 하겠습니까!(천명지성의 중화를 단지 외부 느낌에서 발출한다 할 수는 없음)[820]

(182) 退翁又日, “四端, 皆善也. 故日, ‘無四者之心, 非人也’, 而 ‘乃若其情, 則可以爲善
矣.’ 七情, 善惡未定也. 故 ‘一有之而不能察,’ 則 ‘心不得其正.’ 必 ‘發而中節’, 然後
乃謂之 ‘和’”, 此亦未安.

퇴옹은 또 말하기를 “사단은 모두 선하다.(퇴계) 때문에 ‘이 넷의 마음이 없으면 사람이
아니며’(『맹자, 공손추상』) 결국 ‘그 정으로 선을 삼을 수 있다.’(『맹자, 고자상』)[821] 칠정은 선악

발이다.

818) 퇴계는 칠정을 “外物이 그 形에 觸한다”,(상22) “易感으로 先動하는 것은 形氣이고 칠정은 그 묘맥이다”(상24)고 한다. 이에 고
봉은 “外物觸其形”은 정자 「호학론」 중의 말임을 고찰하고,(상103) 또 퇴계의 “易感而先動者”를 「악기」는 “感於物而動, 性之欲
也”(상107)라 하며, 주희도 「악기동정설」에서 感物로 動하는 것은 “性之欲이니 이른바 情이다”(상107)고 한다. 따라서 퇴계의
두 논은 정자 및 주희의 설과 다르다. 퇴계의 端, 發, 動, 中, 出 등의 용어는 선유 용법과 다르다. “端”은 『맹자』, “發·中”은
『중용』, “動·出”은 「호학론」과 「악기동정설」인데, 모두 性動, 性動, 中出의 뜻이다.

819) 상95. ‘方其’의 미발일 때 천명지성은 혼연한 재중의 중으로 있고, ‘及其’야 발해서 그 마땅함을 얻은 것은 천명지성의 화이다.
따라서 칠정은 단지 形氣의 發만은 아니고, 또 그 발현자인 화의 달도는 곧 리이다. 『혹문』 이어진 논을 보면 “중은 狀性의 덕
이고 도의 체이다. 화는 드러난 情의 바름이며 도의 용이다. 이는 聖愚에 가손이 없다”(상95)고 한다. 칠정은 천명지성의 중·화
가 있다. 따라서 그 발을 단지 先動의 형기라 할 수는 없다. 『혹문』 원문은 “萬理具焉”인데 이곳은 “萬物具焉”이다. 천명지성은
‘만물에 모두 갖추어 있다’ 해도 뜻은 통한다.

820) 퇴계는 칠정에 대해 “何從而發乎”라 하면서 “緣境而出焉”이라 하고,(상22) 또 “七情之發”이라 하면서 “易感而先動者, 莫如形氣”
(상24)라 하고 이어 “外感은 形氣인데 그 발이 리 본체가 되겠는가?”(상25)라고 한다. 고봉은 이상을 “정자와 주희의 논과 다르
다” 하고 먼저 『중용혹문』을 인용해 반박한 것이다. “천명지성의 중·화”가 “단지 외부 느낌”에서 생성되어 발출한다 할 수는
없다. 퇴계의 “연경이출”과 “外感은 形氣이다”는 「정자호학론」 “외물이 그 형기에 접촉하면”(상103)과 「악기」 “感物而動”(상
107)을 고친 것이다. 때문에 「고봉2서」에서 정자와 주희 본설로 고찰한다. 본 「추만서」는 고봉2서를 쓰기 전이며 아직 자세히
고증하지는 않는다.

821) “사단은 모두 선하다”는 퇴계의 설이고, “이 넷의 마음이 없으면 사람이 아니다”는 「공손추상」 사단설이며, “그 정을 선으로 삼
을 수 있다”는 「고자상」 성선설이다. 이 3개의 설은 그 의미가 각자 전혀 다르다. 맹자는 ‘성’을 선하다 하면서 “그 정(其情)”으

미정이다.(퇴계) 때문에 '하나라도 두거나 능히 살피지 못하면'(『대학, 정심장』) 심은 '그 바름을 얻지 못하므로'(『대학, 정심』) 반드시 '발하여 중절'한 연후(퇴계)에 결국 '화'(『중용, 수장』)라 이른다"(퇴계는 공손추상, 고자상, 정심장, 중용 종지를 각자 분석하지 않고, 마구 혼합한 것임)822)고 하셨으니, 이 역시 미안합니다.

(183)盖七情本亦善也. "發而中節", 則無往而不善, 發不中節, 然後惡矣. 今乃以爲 "善惡未定", 而 "必發而中節, 然後乃謂之和", 則是七情者, 乃無用之長物, 而性外有物矣, 烏可哉?

칠정도 본래 선합니다.823) "발하여 중절했다면 곧 '無往不善'(가서 불선이 없는 선. 情善을 형용)이며,"(이천, 주희)824) 발하여 중절하지 못한 '연후' 악이 됩니다.825) 그런데 지금 결국

로 "알 수 있다(可知)"(「고자상」)고 한다. 주희는 "공손추상은 端을 말했고, 고자상은 端을 말하지 않았다. 앞은 확충하고자 함이고, 여기서는 仁의 用으로 그 본체를 드러냈는데, 때문에 말이 부동하다"(「고자상」6)고 한다. '端'이 선임도 당연하다. 그러나 "사단은 선이다"고 하기 위해서는 정 중의 '선 일변'으로 가리켜 말해야 한다. 왜냐하면 사단은 정이며, 기왕 발현한 '것'이기 때문이다. 하지만 퇴계는 사단을 곧바로 선이라 하여 情善과 仁善을 분별하지 않는다. "없으면 사람이 아니다"(「공손추상」)고 함은 사단이라는 '정의 표출'은 반드시 있다 함이다. "어린아이의 우물에 빠지려는 일에 울컥 측은지심의 선의 감정이 발하는 것"은 누구나 있다. 入井 사태로 인해 端이 드러나는 것은 내 마음의 성 때문이다. 다만 "그 정의 발로 인해 성의 '本然'을 견득·묵식할 수 있을"(「공손추상」) 뿐이다.

822) 상26·27. "칠정 선악미정"은 퇴계의 설이고, "일유지이불능찰"은 주희 『대학, 정심장』의 설이며, "심은 그 바름을 얻지 못함"은 『대학, 정심』의 설이고, "발하여 중절한 것을 화라 이름"은 『중용, 수장』의 설이다. 퇴계는 이 모두를 모두 선악미정이라 한 것이다. 하지만 "일유지"와 "부득기정"은 중용 칠정의 설이 아니고, "발이중절, 위지화"는 그 선악미정이 화로 변환되었다 할 수는 없다. 퇴계는 "하나라도(一)'의 '하나'를 칠정이라 하고, 그 칠정은 선악미정(혹은 쉽게 악으로 흐름)이므로 마음에 두어서는 안 된다고 한다. 하지만 "일유지" 종지는 퇴계의 해석과 반대다. 주희는 이 4정은 "心之用으로서 없을 수 없다"(「정심장」. 상124) 하고, 다만 "이 장의 종지는 그 心을 거울의 空, 저울의 平과 같이 하면 感物 즈음 應하이 모두 중절할 수 있음"(하76)의 뜻이라 한다. 『대학, 정심』에서 "이른바 修身이 그 心을 正함에 있다고 함은 心에 忿懥한 바가 있으면 그 正을 얻지 못한다"고 하는데, 이는 이 4정(분치 등)을 미발에 하나라도 두면 마음의 '鑑空·衡平'의 至虛至靜(虛明)이 될 수 없다 함이다. 따라서 「정심장」 4정은 『중용』 "희노" 종지와 전혀 다르므로 고봉은 "칠정의 일과 不相似"(상125)라고 한다. "發而中節然後, 乃謂之和"는 『중용』 "發而皆中節, 謂之和'를 인용한 것이다. 퇴계는 칠정은 선악미정이므로 중용에서도 "중절한 것만 화라 했다"고 하지만 이곳도 중용 종지와 전혀 다르다. 주희가 "희노애락의 발이 아니면 그 중절여부도 볼 수 없다(盖非喜怒哀樂之發, 則無以見其中節與否)"(「문집」권42, 「答胡廣仲」5, 1901쪽)고 한 것은 칠정이 아니면 달도의 화도 드러날 수 없기 때문이다. 만약 미정이므로 그 "중절한 연후 화라 했다"고 하면 결국 칠정은 "쓸데없이 자란 무용지물"(상122)이 되고 만다. 칠정이 아니면 중절의 화도 그 근거를 잃는다.

823) 자사는 "발하여 중절한 것을 화라 한다" 하고, 주희는 "중화는 도의 체용"(상95)이라 한다. 고봉은 "겸리기·유선악"이라 했는데, 퇴계는 겸리기·유선악이므로 선악미정이라 하고 때문에 "발하여 중절한 연후 화(善)라 한다"고 하며 그 이유는 "氣가 緣由한 所發"(상287)이기 때문이다. 그러나 고봉은 정은 성발이며, 칠정은 선도 악도 있는데, 다만 그 악은 정이 "일변에 치우친 것"(상121)뿐이라 한다. 발해서 일변에 치우쳐 악으로 흐른 것인데, 자사는 그 악까지 포괄해 설명한 것이다. 따라서 칠정도 본선이다. 주희는 "그 처음은 선만 있고 악은 없고, 천명만 있고 인욕은 없다"(「문집」권42, 「答胡廣仲3, 1898쪽) 하고, 이천도 "정은 불선인가'의 질문에 "情은 성의 動이니, 요점은 바름으로 귀결될 뿐이다. 또 어떻게 불선이라 이름 붙이겠는가?"(『程氏粹言』권2, 1257쪽)라고 한다. 주희는 "심이 주재하면 그 動은 중절하지 않음이 없으니, 어찌 인욕이 있겠는가? 오직 심이 주재하지 못하면 정은 스스로 動하여 이로써 人欲으로 흐른다", "정의 병통이 아니다", "정의 動에서 급거 人欲이 있겠는가?"(모두 「문집」권32, 「問張敬夫」6, 1395쪽)라고 하여 정의 불선은 정 잘못이 아닌 심의 주재 여부라고 한다. 퇴계는 "善惡未定也"를 "本善而易流於惡(본선이나 쉽게 악으로 흐른다)"(상205)로 고치지만 중화의 덕과 도의 체용설이 '악으로의 흐름'에 관한 논이라고 할 수는 없다.

824) 칠정의 발하여 중절한 선은 '無往不善'이다. 무왕불선의 선은 사단과 같은 선이나, 종지는 다르다. 이천은 "發而中節, 則無往而不善. 凡言善惡, 皆先善而後惡"(『정씨유서』권22상, 292쪽)이라 하고, 주희도 「性圖」에서 "성은 '무불선', 發而中節은 '무왕불선'이다. 다만 불선은 일변에 치우쳐서 악이 되었을 뿐이다(偏於一邊)"고 한다.(상169) 心感으로 발한 것이 정이다. 발은 성의 욕구이므로 본선이다. 정에 불선이 있음은 심이 외물의 상황을 사실 그대로 반영하지 못했기 때문이다. 심에 악이 있음은 당연하다.

"선악미정"으로 여기셨고826) 그래서 "반드시 발하여 중절한 연후에야 결국 화라 이른다" 고 하셨으니,827) 그렇다면 칠정이라는 것은 결국 쓸데없이 자란 物이 되고(중절 이후 화이므로, 따라서 그 이전은 선악미정의 의미 없는 무용의 칠정인 것임. 결국 자사의 "발"의 칠정은 쓸데없이 자란 것임) 또 性 이외의 物이 있게 되니, 어찌 가하다 하겠습니까?(만약 미정이라면 중·화의 道와 천지만물의 位·育은 그 미정의 쓸데없음에서 갑자기 생성됨이 됨)828)

(184) 蓋七情中善者, 乃理之發, 而與四端同實而異名者也. 今乃不察, 而專以理·氣分之, 是性中有二善也. [分之분지; 하나의 선을 리·기로 나누는 행위를 함.]

칠정 중의 선한 것(유선·악 중의 선)이 바로 理之發이며,(리의 발현자. 리의 발처가 아님)829) 이는 사단의 선과는 同實이나 異名인 것입니다.(선은 하나의 實인데 이름은 전혀 다름)830) 지금 결국 이것을 살피지 않고 오로지 하나는 리, 하나는 기로 나눈다면 性 중에는 두 종류의 선이 있게 되고 맙니다.(공자, 자사, 맹자의 도통이 異性일 수는 없음)831)

---

825) 정호와 주희는 "선악은 모두 天理이다. 악이라 이르는 것도 본래 악이 아니다. 단지 과불급으로 이와 같음이 있을 뿐이다. 천하는 性 외의 物이 없다. 본래 모두 선하지만 악으로 흐를 뿐이다"(『정씨유서』권2상, 11조, 14쪽. 『문집』권67, 「明道論性說」, 3275쪽. 『어류』권95, 偶42, 3195쪽)라 하고, 주희도 "희노애락 미발을 어찌 불선이라 하리오. 발하여 중절했다면 즉 무왕이불선이다. 發하여 不中節한 然後에 不善이 되니, 그러므로 선악을 말할 때는 먼저 선이고 이후 악이라 한다"(『맹자, 등문공상』)고 한다. 고봉도 "오직 발하여 불중절하면 이는 일변에 치우쳐 악이 되었을 뿐이다"(상121)고 한다.

826) 미발에 불선이 있다고 할 수 없다. 성선은 『역전』 "잇는 것이 선이다(繼之者善)"에 의해 情善으로 이어진다. "도는 잠시도 떨어지지 아니하며(道也者, 不可須臾離也)",(『중용, 수장』) 따라서 선은 정을 이어주며 道는 있지 않은 곳이 없다. 그 動·發에 미정이 있다면 측은의 사단도 드러날 수 없다.

827) 퇴계는 칠정은 선악미정이므로 마음에 두어서는 안 된다고 하면서, 때문에 자사는 '발하여 중절한 연후 화라 이른다'고 했다고 한다. 즉 선악미정의 칠정은 중절을 거친 뒤에야 화이고, 그 화는 사단의 순선과는 소종래부터 다르다. 만약 그렇다면 『중용』 "중절한 것을 화라 이른다"도 선악미정이 중절해서 화가 되고 만다. 칠정은 본선인데 그 중화의 덕을 이룸으로써 만물의 "位·育"이 가능하다. 위·육은 칠정의 선으로 가능하다.

828) "선악미정"이라면 그 미정이 결국 "화"인 도의 용이 되며, 또 미정으로부터 "천지 만물을 位·育"하는 것이 된다. 미정이 화·달도로 변환될 수는 없다. 만약 칠정은 선악미정이므로, 마음에 하나라도 두어서는 안 되며, 두면 마음은 바름을 얻을 수 없고, 마음의 해가 되며, 중절한 이후에야 화가 된다면, "그렇다면 칠정은 저추장스럽게 자란 쓸모없음이 심한 것"(상122)이 되며 "또 성 이외의 物(情)이 있게" 되고 만다. 이로써 『역전』 "잇는 것이 선이다(繼之者善)"의 善과 『중용』 "도는 잠시도 떨어지지 않음(道也者, 不可須臾離也)"의 情善은 결국 두 개의 善이 되어, 無性의 정도 있게 된다. 그러나 칠정은 심의 外感으로 性發한 것이고, 마음의 용이며, 心用은 자연의 본래 있음이다.(상107) 만약 칠정이 형기의 소위라면 그 형기와 성·정은 서로 간여 없음이 되며,(상117) "중화"인 "도"도 "可離(서로 분리됨)"가 되고 만다.(상94)

829) 정에 악이 있음은 그 정이 불선으로 흘렀기 때문이다. 칠정을 '유선·악이라 한 것은 악까지 포괄해서 치우침 없이 언지한 것이다. 정은 본선이며, 자사의 칠정이 본선이 아니라면 화를 논할 수도 없다. 본선이나 악으로 흐른 것뿐이다. 유선·악의 선이 바로 그 본선이고 화이며 달도이다. 그 善은 천명의 성발인데, 자사는 미발과 발을 "中·和"로 언지했다. 고봉의 "리지발"은 퇴계의 '리가 발함'이 아닌, '리 발현자'이다. 희노는 기왕 자사의 목적이 있는 말씀이므로 그것을 직접 리의 발이라 말할 수는 없다.

830) 칠정의 '善者는 리의 發見者이다. 성도 하나고, 선도 하나다. 따라서 정 유선악의 선도 하나고, 칠정 유선악의 선도 하나며, 사단의 선도 유선악 중의 선과 동일한 一善이다. 칠정의 선은 중화의 선이며, 사단은 사람 느낌의 善者만 척출 지시한 것이다. 이를 고봉은 "사단은 칠정 중의 '중절자'와 同實(선이 같음)이다"(상130)고 한다. 단 자사는 "화" 맹자는 "확충·성선"이라는 이름은 전혀 다르나, 그 善의 實은 하나일 뿐이다.

831) 칠정 중의 善者는 리발이고 리의 발현자이며 사단의 선과 동실이다. 선은 하나이며 사단의 선도 예외일 수 없다. 하나인 리발의 一善을 자사는 희노의 중화로 맹자는 측은으로 설했다. 만약 리발·기발이라 하면 칠정의 선은 리발이 아님이 되고 만다. 리발이 아니라면 결국 리발과 다른 또 하나의 성이 있게 된다. 그렇다면 자사와 맹자는 異性을 논함이 되고, 결국 道統이 아님이 되고 만다. 공자, 자사, 맹자의 성이 異性일 수는 없다.

(185)且所謂 "本性"者, 是 "剔出而言性之本", 孟子言 "性", 是也. 所謂 "氣質之性"者, 是兼理氣而言之, 孔子所謂 "性相近", 是也. 以此觀之, 則四端七情, 雖可以理氣分之, 而亦豈可如是離析哉! 庚申五月十五日, 後學奇大升. [離析리석; 뿔뿔이 흩어지다. 분열되다.]

이른바 "본성"(본연지성, 천명지성, 성선지성 등)이라는 것은 "척출해서 성의 근본을 言"했으니 맹자가 말한 "성"이 이것입니다.[832] 이른바 "기질지성"이라는 것은 겸리기로 言之했으니, 공자의 이른바 "性相近"이 이것입니다.(공자의 성을 퇴계는 달이 아닌 가짜인 水라 함)[833] 이로써 살펴보면 사단 칠정을 비록 리·기로 나누어 해석함도 가능하겠으나,(전리·겸기로, 혹은 리발·기발로의 해석은 진실로 가능함)[834] 그러나 어떻게 이와 같이 분리해서 쪼갤 수 있단 말입니까?(공자의 性, 천명의 道가 어찌 氣란 말입니까?)[835] 1560년 5월 15일, 후학 기대승.(퇴계를 따라서는 안 된다는 강력한 권고의 편지임. 「천명도」에 사단을 들여와 중용 칠정을 기발로 바꾼 것은 본말이 전도되었으며, 퇴계가 이와 같이 바꾼 것임)[836]

---

832) 퇴계의 "본성·기품의 異와 같다"의 본성은 본연지성이다. 본연지성은 천지지성, 천명지성, 성선지성 등의 설과 같은, 즉 성이 기질에 있는 중 그 본원만 '척출해 言'한 것이다. 성은 기에서 '논(言之)'해야 하나, 단 여기서 그 본원만 척출해 '言'한 것이다. "맹자의 성"은 「고자상」 "今日 性善"이다. 주희는 집주에서 "맹자는 그 發於性者를 專指해 言했다. 그러므로 才을 無不善으로 여겼다. 정자는 그 稟於氣者를 兼指해 言했으니 정자가 더 정밀하다"고 하는데 성은 才인 기질에 존재해야 하기 때문이다. 기질에 있지만 기에 섞이는 것은 아니다. 성이 기에 있지만, 그 근본만 척출해 言하면 이것이 맹자의 "성"이다. 주희는 "孟子是剔出而言性之本"(「어류」권4, 道夫48, 196쪽. 상10·86·166)이라 한다. "언지"는 설이고, "언"은 성의 실체는 '설'이 아니기 때문이다.

833) 「논어, 양화」2. "공자는 말하기를, 성은 서로 가깝지만 습관(공부)에서 멀어진다"(상133)의 '性相近'의 성이다. 주희는 집주에서 "이곳의 이른바 성은 기질을 겸해 언지한 것이다"(상133) "정자는 말하기를, 이는 기질지성을 말하며 性之本을 말함은 아니다. 그 本을 말한다면 곧 '性卽是理, 理無不善'이니, 맹자 '性善'이 이것이다"고 한다. 단 "천지지성은 기질 속에 존재해 있을(天地之性, 存焉) 뿐이다."(「고자상」6) "비록 기질의 불선이라도 성의 본성에는 해로움이 없다(雖有不善, 而不害性之本善)."(같은 곳) 기질로 인한 불선이라 해도 성·선은 변함이 없다는 것이다. 기질지성은 성의 本을 말함은 아니지만 '성'이 기질에 타재한 상황을 언지한 것이므로 "성이 爲主이다."(상133) 주희는 맹자 성선지성은 "不備"이고 정자의 기질지성(공자의 성)은 "爲密"이라 한다.(「고자상」6) 반면 퇴계는 겸리기가 아닌 "獨氣" 라 하고 달그림자인 "水"일 뿐이라 하면서, 달이 아니라고 한다.

834) 사단의 하어인 專理는 본연지성의 하어인 "專指而言"(상60)과 같고, 칠정의 하어인 雜理氣는 기질지성의 하어인 "理與氣雜而言之"(상60)와 같다. 퇴계도 "사칠의 分(別의 뜻)은 본성·기품의 異와 같다"(상21. 하179)고 했다. 본연지성과 기질지성, 칠정과 사단은 모두 설이다. 설은 그렇게 말할 수 있는 '논'이 있어야 한다. 정장의 이른바 '기질지성'은 성은 기에 의착해야 함으로 논한 것이다. 정장은 성을 겸리기로 논했다. "희노애락"은 자사의 설이며, 발은 심감·승기로 인하므로 칠정은 겸리기이다. 「어류」는 사칠을 "시리지발, 시기지발"로 해석했다. 칠정도 정인 기이므로 '氣之發로 해석함도 당연하다. 단, 이 해석은 종지·곡절이 빠졌다.

835) 여기까지 「퇴계1서」에 대한 비판이다. 퇴계는 「사우간서」 및 「퇴계1서」에서 사칠을 대거호언해서 사단을 理發의 理로, 칠정을 氣發·兼氣의 氣라 했다. 그 근거가 어류 "사단시리지발, 칠정시기지발"이다. 퇴계는 어류를 보기 전부터 사칠을 "대거호언"(상6)했고, 때문에 고봉은 첫 번째 편지 첫 서두에서 "자사왈, 맹자왈은 사맹의 言·論"(상2·3)이므로 우리 토론은 여기에 근거해야 한다고 한다. 칠사는 一情에 대한 사맹 언론에 불과하다. 그 언론을 어류는 리발·기발로 해석했을 뿐인데, 퇴계는 곧바로 리·기로 대거호언해서 리발·기발이 곧 사칠이라고 한 것이다. "사단발어리, 칠정발어기"도 잘못이 아닌데(상68·69) 문제는 대거호언한 퇴계에 있다. 고봉은 만약 "사단을 發於理, 칠정을 發於氣라 하면 [리·기로] 분리하고 쪼갬(離析)이 지나치게 심하다. 후학들이 사칠을 리·기 둘로 나누어 논하게 된다면 그 그르침이 심할 것이다"(상69·70)고 한다. 사맹은 칠사를 대거·호언하지 않았고, 공자의 "성"과 자사의 "천명지성, 중화의 道"는 진실로 氣일 수 없다.

836) 「퇴계1서」는 1559년 10월 24일이다. 그런데 이 논변은 다시 도산에 돌아오고, 1560년 2월 5일 재차 보낸 것을 고봉은 4월 15일 광주에서 받았다.(「고봉집」3책, 15쪽) 고봉은 1560년 5월 15일 추만에게 이 논변을 먼저 쓰고, 이후 「고봉2서」를 8월 8일 썼다. 이렇게 먼저 「추만서」를 쓴 이유는 퇴계의 설은 문제가 매우 많으며, 그 불가함을 추만에게 먼저 말하기 위함이다. 추만이 「천명도」 원작자이며, 또 추만 본설은 매우 훌륭한 부분이 있기 때문이다. 「중용」 "천명"에 근거한 본도의 「천명도」는 퇴계를

(186) 又, 退溪曰, "安有外感則形氣, 而其發爲理之本體耶?", 此亦未安. 孟子之喜而不寐,
　　　喜也, 舜之誅四凶, 怒也, 此豈非理之本體耶? 盖退溪專以七情爲形氣所感, 故有此病.

또 말씀드리겠습니다. 퇴계는 말씀하기를 "외감이 있음은 형기인데 어찌 그 발을 리
의 본체라 하겠는가?"라고 하는데, 이 또한 미안합니다.(퇴계에 의해 추만 천명도인 리 본체의 도
형은 기발의 기도가 되고 만 것임)[837] 맹자의 기뻐서 잠 못 이룸은 '희'이고, 순의 四凶을 죽임
은 '노'이니, 이것이 어찌 리 본체가 아닙니까?[838] 퇴계는 칠정을 오로지 형기의 所感으
로 여겼기 때문에 이러한 병통이 있게 된 것입니다.(희노는 在中의 천명지성의 발임. 퇴계는 추만
천명도에 사단을 들여옴으로써 결국 천명의 칠정을 기발로 내쫓고 만 것임)[839]

(187) "喜怒"雖形氣所感, 而所以 "喜怒"者, 性也. 四端亦形氣所感. 赤子入井之事感, 則
　　　仁之理便應, 而惻隱之心, 於是乎形, 豈非形氣所感乎? 盖雖外邊所感, 而中間實有
　　　是理, 便相契合. 故謂之 '性發爲情爾. [契合계합; 서로 부합하다. 외부와 합치하다.]

"희·노"가 비록 형기의 소감이지만 "희"하고 "노"할 수 있는 소이의 것은 성입니다.
(一情은 모두 형기의 소감인데, 그 소감은 곧 천명과 재중의 성의 존재가 있기 때문임)[840] 사단 역시 형기

　　결코 따라서는 안 된다는 강력한 권고이다. 「천명도」에 사단을 들여와서 오히려 천명의 칠정을 기발로 내몬 것은 본말이 전도된
　　것으로, 퇴계가 새롭게 사단을 들여와 대거호언해서 이와 같이 바꾼 것이다.

837) 추만 「천명도」는 천명의 중화를 칠정으로 드러낸 도형이다. 그런데도 퇴계는 「퇴계1서」에서 "在中에는 純理인데 才發한다고
　　雜氣가 되겠으며, 外感이라면 形氣인데 그 發을 理의 本體라 하겠는가"(상25)라고 한다. 즉 사단은 在中의 순리가 발하고, 칠
　　정은 외감으로 인한 형기의 발이다. 만약 그렇다면 반대로 "측은"은 형기의 외감이 없고, "희노"는 재중의 순리의 발이 아닌가?
　　이 문제 때문에 고봉은 『중용』, 『중용장구』, 『중용혹문』, 『장구소주』 등을 상고할 수밖에 없었던 것이다.(상93~96) 왜냐하면
　　『중용』 및 그 제설에서는 "희노"를 在中, 大本, 천명지성, 순수지선의 발이며 또 "중·화"를 도의 체용이라 하기 때문이다. 천
　　명지성, 순수지선, 중, 천하의 대본, 달도, 화, 도, 도의 체용, 성정의 덕 등이 과연 기, 주기, 기발인가? 더구나 "외감·형기"는
　　「호학론」, 「악기」, 「악기동절설」 등의 논으로 이는 "『중용』 종지와 합치한다."(상97) 고봉은 「악기」 "感於物而動, 性之欲也"(상
　　107)는 '心之感'이며 "심의 감으로 性之欲者가 出하니 이것이 이른바 情이다"(상103)라 하고, "그 感物者는 사실이 다름이 없
　　음"(상109)을 고찰한다.

838) 퇴계는 "외감은 형기이므로 리 본체가 아니다"(상25)고 한다. 리 본체인 사단은 외감의 형기의 발이 아니라는 것이다. 그렇다면
　　사단은 정이 아니며, 사단은 형기의 외감으로 인한 발이 아닌가? 순과 공자의 희·노도 정이며, 이는 외감으로 발한 것이다. 정
　　은 형기의 所感인 心의 感物로 인한 性發의 것이다. 맹자는 정의 겸리기 중에서 리만 척출해 언지했다. 즉 맹자는 형기의 소감
　　으로 발한 정 중에서 리 본체만 '가리킨' 것이다. 자사는 미발의 성과 형기의 소감인 이발의 칠정으로 그 '전체를 언지'했다.

839) 퇴계의 병통은 칠정만 형기의 所感으로 여긴 곳에 있다. 형기의 소감은 사단도 마찬가지이다. 심의 외감으로 정이 되고, 정의
　　칠사는 그 소지의 언지가 달라서 異名도 있는 것이다. 정은 하나인데, 칠정은 정 전체를 언지한 것이고, 측은은 그 전체 중 리
　　본체만 척발 언지한 것이다. 칠정 역시 리 본체가 있으니 "순과 공자의 희·노가 리 본체이며, 일상인의 부모를 보고 흔연히 기
　　뻐함도 그 리 본체이다."(상115·116) 공자와 일반인은 리의 선이 같으므로 서로 소통한다. 자사는 중·화를 희노로 논했고 또
　　"在中을 천명지성, 순수지선"(상95. 상111)이라 했으니, 따라서 자사와 주희는 七情之發을 '천리의 발로 여긴 것이다. 추만 「천
　　명도」는 본디 렴계 「태극도」의 "태극의 작용"을 드러낸 도형인데, 여기에 퇴계가 개입함으로써 "천리"를 밝힐 칠정을 급거 '기
　　발의 기'로 돌리고 만 것이다. 고봉이 먼저 추만에게 이 논변을 보낸 이유가 바로 이점이다.

840) 형기의 所感은 心之感을 말한다. 그 소감인 심감으로 성이 발하면 곧바로 정이 된다. 심감으로 성발하면 희·노가 되는데, 희노
　　는 희노할 수 있는 소이의 성이 있다. 고봉은 "그 中(미발·이발)의 사이 실로 이 리가 있어서 外邊의 所感이 곧바로 契合하는
　　것이지, 그 中의 사이에 본래 리가 없다가 외물이 올 때 이때 비로소 리가 끼어들어 感하고 動하는 것은 아니다"(상108)고 한다.

- 475 -

의 소감입니다. 어린아이의 우물에 빠지려는 '일에 감하면' 인의 리가 곧바로 응하여 측은지심이 여기에서 드러나니, 이것이 어찌 형기의 소감이 아닙니까?841) 비록 외변의 소감이라 하더라도 '中'의 사이에는 실로 이 理가 있어서 곧바로 서로 부합합니다.(리의 존재가 스스로 있어서 서로 계합함)842) 때문에 '性發爲情(성은 발하면 정이다)'이라 이를 뿐입니다.(모두 一情인데, 이를 說하고 言之한 것이 칠·사임. 칠사의 설은 인류의 동일한 천명과 성선·확충을 논한 것임)843)

(188)「天命圖說」第六節曰, "所謂五常者, 純善而無惡, 故其所發之四端, 亦'無有不善.' 所謂氣質者, 非本然之性, 故其所發之七情, '易流於邪惡.' 然則性情之名雖一, 而性情之用, 則不得不異矣." 此正與退溪所見, 同一機括, 未知兩先生, 何以作如此見解耶? [機括기괄; 같은 기계속의 중요부분. 사물의 핵심.]

「천명도설」제6절에서 말하기를 "이른바 五常(인의예지신)이라는 것은 순선 무악이다. 때문에 그 所發의 사단 역시 '無有不善'이다.844) 이른바 기질(기질지성)이라는 것은 본연지성이 아니다. 때문에 그 所發의 칠정은 '쉽게 사악으로 흐른다.'(성의 두 '說'에서 사칠의 '발처'를 말한 것임. '설'이 사칠로 발함이 되고 만 것임)845) 그러므로 성·정의 名(名이 아닌 실체이며, 본성·기질지성·사·칠

자사는 칠정의 발을 "천명"과 "미발의 중"으로 논한 것이다. 반면 퇴계는 칠정을 형기의 소감이므로 리 본체가 될 수 없다고 한다. 그렇다면 칠정만 형기의 소감이고 사단은 소감이 아님이 되고 만다.

841) 심이 형기에 소감하면 심의 성이라는 존재가 발하여 정이 된다. 정은 심의 소감으로 성발한 것을 말하므로, 따라서 사단 역시 그 소감으로 성이 드러난 것이다. '측은지심'의 심은 곧 정이다. 맹자는 정을 심으로 말하는데 "심은 성정을 통솔함"(「공손추상」6)으로서의 '공부'이기 때문이다. 주희는 "횡거 心統性情설이 이 토론에 큰 공이 있다. 맹자 '惻隱之心, 仁之端也'에서 인은 성이고 측은은 정이다. 이는 情上에서 심을 見得한 것이다"(「어류」권5, 佩65, 226쪽)고 한다. "우물에 빠지려는 일"은 형기이고 "감하는 것"은 심이며, "응하는 것"은 인의 리이고, "드러난 것"은 측은지심의 정이다. 따라서 사단 역시 형기에 대한 심의 소감으로, 성이 응해서 측은지심의 정으로 드러난 것이다. 퇴계는 칠정만 형기의 소감이라 한다.

842) 외변에 感하는 것은 심이다. 심이 외변의 형기에 감하면 성이 발하고, 발하면 곧 정이다. 고봉은 그 '中'(미발·이발의 중)의 사이에 실로 이 理가 있기 때문에 心感은 외변과 곧바로 계합한다"(상108)고 한다. 심에 리의 존재가 없고 외변과 느끼는 사이에서 이때 비로소 리가 생성된다고 할 수는 없다. 즉 외감 즈음 이때 비로소 리가 생겨나서 서로 부합하는 것은 아니며, 그 부합할 수 있는 소이의 리가 여기에 있기 때문에 서로 계합한다. 리가 아니면 계합도 불가하다.

843) 정은 성발이고, 발하면 정이다. 이 정을 자사는 "희노애락" 맹자는 "측은지심"이라 했고, 이는 기왕 발한 一情에 대한 二名이다. 정은 외물에 의한 심감으로 성발한 것이므로 따라서 "성이 발하여 정이 된다"고 한다. 다만 사맹은 이 一情을 칠·사로 說하고 名하고 言之했을 뿐이다. 자사는 천명과 중화로 인류의 창조적 "화육"을 논했고, 맹자는 "성선은 누구나 동일하다" 하고 또 사단으로 "사해의 보호"를 논했다.

844) 오상인 무불선의 발이므로 그 소발인 사단 역시 무불선이다. 즉 사단은 오상의 발이므로 무불선이다. 이 논변은 문제가 있다. 5상의 소발이 왜 4단인가? 인의예지신이 직접 발할 수 있는가? 사단인 정을 무불선이라 할 수 있는가? 오상은 仁義禮智信이며 이는 맹자 인의예지에 신을 더한 것이다. 인의예지의 단서가 사단이나, 그러나 發이라 할 수는 없다. 또 본연지성은 성에 대한 說이므로, 설이 발한다 할 수는 없다. 사단은 정이므로 '무왕불선'일 뿐 성의 '무불선'이라 할 수는 없다. 무불선이라 하면 정을 성으로 여김이 되고 만다. 정으로 성선을 논증할 수 있을 뿐이다.

845) "기질은 본연지성이 아님"은 기질지성은 본연지성이 아니라 함인데, 이 말은 의미가 없다. 또 "본연지성이 아니므로 그 소발의 칠정은 사악에 흐른다"고 함은 본연지성의 설과 칠정이라는 설을 구분하지 않은 것이다. 설에서 설이 발할 수는 없다. 기질지성의 성설은 一性이 '기질에 있음'으로 言之함이고, 본연지성은 성이 기질에 있음에서 단지 그 '리만 척출'해 言한 것이다. 두 성설의 분별은 당연하다. 기질지성의 '설의 소발'이 칠정의 '설로 발한다'고 할 수는 없다. 이러한 논설이 퇴계의 소견과 같다는 것이다. 칠정은 기왕 자사의 言·說이며, 여기에는 중·화가 있다. 이러한 기왕의 설인 희노가 "쉽게 사악에 빠진다"고 할 수도 없다. 사악으로 빠지는 이유는 기질 때문이 아닌 공부(미발·이발 즈음의 존양·성찰) 때문이다. 이상은 정, 칠·사, 성발처, 심 등을 분별

등의 설이 名임. 名은 매우 많음)은 비록 하나지만,846) 성·정의 用(中·仁은 체이고, 화·측은 用이며, 성·정은 實이고, 본연·기질과 사·칠 등은 說의 名임)은 다르지 않을 수 없다"(사·칠을 대거 호언한 것임. 추만「천명도해」에는 이상의 설이 없음)847)고 하셨습니다. 이것은 바로 퇴계의 소견과 동일한 기괄이니, 모르겠으나 두 분 선생님께서는 어찌해서 이 같은 견해를 가지셨습니까?(수많은 성설 및 정설 중에서 왜 하필 본성·기품 및 사·칠 2설로만 대거 호언하는가? 추만과 퇴계는 선유의 성설을 소발로 여긴 것으로, 이는 성·정의 實과 성설 및 정설의 名을 구별하지 않은 것임. 모두 퇴계가 고친 것으로 보임)848)

(189)『語類』曰, "四端是理之發", 是專指本然之情, 此正孟子剔撥, 而獨言善一邊
也. 固可謂 '理之發'也. "七情是氣之發", 是兼指稟生以後, 此正子思渾淪言之
也. 非專以七情爲 "氣之所發"而理無與也. [稟生품생; 기로 품부되어 생긴 것. 기에 리
가 품부되어 있는 형태. 渾淪혼륜; 정으로 정의할 수 있는 정의 완전한 상태. 所發소발; 성이 정
으로 발하는 바.]

『어류』"사단, 시리지발"이라 함은 본연의 정만 '專指'한 것으로 이것이 바로 맹자의 '척발'이며 선 일변만 '獨言'(實善의 言임)한 것입니다.(고봉은 맹자 소지를 셋으로 해설한 것임)849) 그러니 진실로 '理之發'(是로서의 해석이 아닌, 맹자 사단은 리발이 당연하다는 것임)이라 하겠습니다.

하지 않고 곧바로 그 '설'에서 칠사의 소발을 논했다. 이곳은 퇴계가 고친 설로 보이며, 추만「천명도해」는 이 설이 없다.

846) "성·정의 名은 하나이다"고 함은 性의 名과 情의 名은 하나라 함이다. 하지만 심·성·정은 實일 뿐 名이라 할 수 없다. 名 이전 實體이다. 實이 있고 이후 名있다. 심은 活物이고, 성은 무불선의 實體이며, 정은 심의 외감으로 나타난 느낌의 實物이다. 성·정은 名이 아니며, 그 성·정에 대한 여러 '說'이 곧 名이다. 칠·사, 본연지성·기질지성 등이 명칭이다. 인의예지와 중화 등은 성정의 덕과 도의 체용이다.(상95) "名은 하나이다"도 문제다. 實은 하나이나, 그 名은 여럿이다. 가령 나는 하나인 實인데 여기에는 김00, 아버지, 남편, 선생, 아저씨, 과장 등 別名이 있다. 정도 하나인 實이나 칠·사 등 異의 別名이 있다.

847)「천명도설」"제6절 論人心之具"의 논인데,(『퇴계전서』3책, 143쪽) 추만 본설인「천명도해」에는 없다. 이 앞줄이 고봉이 비판한 "故吾人之心, 虛 '理而且靈 '氣', 爲理氣之舍"(상181)의 허령을 리·기에 분속한 설이다. 과연 "성정의 名은 하나이나, 성정의 用은 다르다"고 한다면 名이 체이며, 또 用이 체와 다를 수 있는가? 본연·기질지성이 용인가? 이곳은 성을 본연지성·기질지성 둘로 나누고 그 둘의 소발의 용을 사·칠로 여긴 것이다. 성·정 혹은 본성·기품의 용을 사·칠로 삼을 수는 없다. 성·정은 實이고, 본성·기품 및 사·칠은 說이며 名일뿐이다. 설·명은 각자 가리킴이 전혀 다르지만, 實은 하나다. 주희는 中을 도의 체, 和를 도의 용이라 하고, 또 인과 측은을 심의 체·용이라 한다.

848) 추만과 퇴계는「천명도」에서 "사단, 發於理而無不善, 칠정, 發於氣而有善惡"(상4)이라 했고, 이후 퇴계는「사우간서」에서 "사단지발, 純理故無不善, 칠정지발, 兼氣故有善惡"으로 고쳤다.(상1·5) 또 『퇴계1서』에서 "성선지성, 천명지성은 순선무악이고, 기질지성은 성의 본연이 아니다",(상18·19) "측은·수오는 인·의의 성에서 발하고, 반면 칠정은 형기에서 外觸하므로 그 발은 리의 본체가 아니다"(상22·25)고 했다. 이는「천명도설」"오상인 본연지성의 소발은 사단의 무불선이고, 기질지성은 본연지성이 아니므로 그 소발의 칠정은 쉽게 사악으로 흐른다"고 함과 그 기괄이 같다는 것이다. 추만과 퇴계는 본연지성과 기질지성 2설을 一性의 實과 구별하지 않았고, 사칠이 마치 그 본연·기질지성의 소발인 것처럼 여긴 것이다.「천명도설」이곳은 추만 본설을 퇴계가 고치거나 새롭게 넣은 것으로 보인다.

849) 맹자 "사단"을『어류』"사단시리지발"에 의거해서 本然之情의 專指, 剔撥, 선 一邊의 獨言 등 셋으로 해설한 것이다. 사단은 전지, 척발, 선일변이며 이는 "시리지발"임이 당연하다. 단 칠정도 '理之發'이다. 어류 "시리지발"은 맹자 "확충·성선"에 대한 일부 해석일 뿐이며, 의미는 없다. 맹자 소지는 이것만 있지 않다. 맹자는 측은으로 "성선"의 논증, 사단의 "확충" 등을 설했고, 따라서 리발 의미만 있지 않다. 확충·성선은 본연지정의 선 일변을 가리켰고, 어류는 이를 "시리지발"로 해석했다. "독언했다"의 '言'은 선은 설명이 아니기 때문이다. 정의 유선악은 言之지만, 실체인 리·성·정·선은 언지가 아닌 言이다. 맹자는 人心에 있는 선으로 성선을 논증했으니 "'情可以爲善'의 선 일변의 剔出"(상166·160)이 이것이다. 이는 정의 선 일변을 獨言한 것이다.

(어류의 해석이 아니라도 그 리발은 당연함)850) 또 "칠정, 시기지발"이라 함은 품생 이후까지 '兼指'(이전과 이후를 겸지한 것)한 것으로 이것이 바로 '자사의 渾淪 言之'입니다.(자사의 종지에 따라 어류의 설을 해석한 것임. 어류도 자사를 해석한 것임)851) 그러니 칠정을 오로지 "기의 所發"(위 도설에서 기질지성의 소발로 여김)로 여겨 리의 관여가 없다고 해서는 안 됩니다.(자사는 중·화로 논했으니 어류 '시기지발'은 당연히 리의 관여가 있음)852)

(190)孔子曰, "性相近也, 習相遠也," 註曰, "此所謂性, 兼氣質而言之. 盖雖曰 "氣質", 而 性固自在其中, 非判然爲二物也. 七情亦然, 雖曰 "氣之發", 而其發而中節者, 乃 '理 之發'也. 不可謂 "外感於形氣, 而非理之本體也." [判然판연; 둘로 나누어진 상태. 하나를 둘 로 쪼갠 것.]

공자의 "성은 서로 가까우나 습관이 서로 멀게 한다"(공자의 기질지성)에 대해 주자는 주 석하기를 "이곳의 이른바 성은 기질을 겸해" 言之했다고 합니다.(주희의 言자를 '言之'로 바꾼 것임)853) 비록 "기질[지성]"이라 해도 성은 진실로 그 가운데 自在하며,854) 그러므로 [본 연지성과는] 판연한 二物이라 할 수 없습니다.(리·기는 결단코 二物이나, 기질지성과 본연지성은 二 物이 아님)855) 칠정 역시 그러합니다.856) 비록 "氣之發"(퇴계)이라 했다 해도 그 발하여 중

---

850) 사단을 어류는 "시리지발"로 해석했고, 고봉도 "진실로 리지발이다"고 한다. 여기서 "是"자를 뺀 것은 어류의 해석(是)이 아니라도 그 리발은 당연하다 함이다. "시리지발"로 해석했지만 이곳은 맹자 종지에 대한 곡절이 없다. 그 종지인 "확충·성선"의 의미는 리발임이 지당하다. 단 칠정 역시 '리지발'이다. 맹자의 소지는 전지, 척발, 선 일변 등이라 하겠고 그 이상의 해석도 무강하다.

851) 『어류』 "칠정시기지발"을 고봉은 품생 이후까지의 兼指, 자사의 渾淪言之로 해설한 것이다. "품생 이후까지의 겸지"라 함은 "情 論은, 본성이 기질에 타재한 연후 정이 되니 故로 겸리기·유선악이다"(상90)의 뜻이다. 이전은 미발인 "중"이고, 발 이후의 중 절자는 "화"이다. 칠정은 "感於物이므로 겸리기이고, 感於物로 성이 動하면 선악은 여기서 나뉘니 유선악이다."(하145) 자사는 이러한 전체로 언지했으니 곧 "혼륜언지"이다. 칠정은 心感으로 발한 정의 설이므로 따라서 어류 "시기지발" 해석도 당연하다. 단 이 해석은 자사의 소지 중 일부일 뿐이다. 미발의 "중"과 이발의 "화" 등도 있기 때문이다. 주희도 자사의 설을 넘어 해석할 수는 없다. 고봉도 자사에 따라 겸리기의 혼륜언지로 해설했다.

852) 위 「천명도설」에서 "기질(기질지성)은 본연지성이 아니므로 그 所發의 칠정은 쉽게 사악으로 흐른다" 했고, 고봉은 이를 "퇴계 의 소견과 동일하다"(하188)고 한다. 추만과 퇴계는 기질지성의 설에서 칠정의 소발을 말했고 이는 '說'과 '發'의 구분이 없다. 칠정은 기질지성의 소발이라 할 수 없고, 또 "화, 달도"를 '기지발' 및 '발어기'라 할 수도 없다. 이렇게 해석하면 "천명, 中, 대 본"은 氣가 되며, 氣發해서 "화, 달도"가 되고 만다. 칠정은 정인 기이며 '발현자'이다. 단 '發見者'로 논할 때만 기는 가능하다. 정은 心感으로 발하므로 기가 관여되고 또 心感으로 性發하므로 "리의 관여가 없다 해서는 안 된다." 추만과 퇴계는 발, 소발, 정, 칠정, 기질, 기질지성 등의 용어를 분석해서 사용하지 않는다. 발은 소발과 다르고, 정도 칠정과 다르며, 기질은 성이 아니다.

853) 『논어집주』양화편2. "此所謂性, 兼氣質而言之者也." 고봉은 이를 상133에서 인용했고 여기서도 "겸기질"까지만 취하고 "而言"을 바꾸어 "以言之"라 한다. 기질지성에 대한 설명인 '겸리기'는 言이라 할 수 없기 때문이다. 이곳 "而言之"를 이후 「고봉2서」에서 "以言之"(상133)로 고친 이유도 以言之가 더 명확한 표현이기 때문이다. 주희는 공자는 "겸기질로 말씀했다" 하고, 고봉은 "겸 기질로 언지했다"로 표현한 것이다. 고봉은 심, 리, 기, 성, 정 등은 言이라 한다. 공자는 성을 기질지성으로 논했을 뿐이다.

854) "기질" 속에 성은 반드시 自在한다. 성 없는 物은 없기 때문이다. 더구나 공자의 "기질지성"은 성설이다. 성이기 때문에 만약 "기질"로 말씀했다 해도 '主性'인 것이다. 위 「천명도설」에서 "이른바 氣質은 본연지성이 아니다"고 하는데 이때의 기질은 기질 지성이다. 그러나 설사 기질지성이 아닌 "기질"이라 해도 여기에는 성이 自在한다. 성 없는 기질은 없고 성 외의 물도 없다.

855) '기질' 속에 성은 자재한다. 리·기는 결단코 二物이지만, 그러나 "사물에 있을 때는 분개할 수 없다."(상7) 기질은 기와 다르다. 기질은 이미 氣가 質化된 事物化 된 것이다. 사물에는 반드시 리가 있다. 성도 사물 속의 성이며, 사물이 없으면 성은 의착하지 못한다. 단 본연의 성은 理로서의 '실체'(言)와 說로서의 '言之'가 있다. 실체의 본성은 '리를 專指한 言'이지만, 설의 본연지성은

- 478 -

절한 것은 곧 "理之發"입니다.(칠정은 기지만, 중절자인 천명의 和와 道의 用은 리의 발현자임)[857] 따라서 "형기에서 외감했으니 리의 본체가 아니다"(퇴계는 중·화를 기의 발로 여기고 道의 체용으로 통합하지 않음. 중용서문 "도통"설에 위배됨)고 해서는 안 됩니다.[858]

(191)言性則無有不善矣, 情則有善·惡, 此乃自然之理也. 今乃以爲 "發於理而無不善, 發於氣而有善惡", 則是理中但有善, 氣中有善惡, 而七情爲性外之物, 而性外有善矣. 此是道理大節目, 伏乞精察, 何如? 從當逐段詳稟, 今且草草仰扣爾. [大節目대절목; 일의 핵심. 도통의 관건. 도리에 있어서의 종지. 且차; 잠깐. 잠시. 대충. 대략.]

성을 言하면 '無有不善'이고 정은 곧 '有善·惡'이니 이는 자연의 이치입니다.(정은 불선이 있음을 스스로 인정해야 토론이 가능함. 논자 자신을 돌아보라는 간언임)[859] 그런데도 지금 결국 "發於理而無不善"이고 "發於氣而有善惡"이라 하셨으니,(퇴계는 정을 무불선이라 한 것임. 퇴계가 개입된 「천명도」 사칠설임)[860] 그렇다면 리만 단지 선이 있고, 기에는 또 다른 선악이 있게 되어,

---

'言之'이다. 리·기로 말하면 "기는 기, 리는 리"(상84)이며 "리·기는 각자 一物"(상88·89)이다. 그런데 "기질지성과 맹자의 성은 不可離"이다.(상86) 성은 理 하나이기 때문이다. 고봉은 본연지성과 기질지성은 二性이 될 수 없다고 한 것이다.

856) 자사의 "희노애락"도 기이다. 느낌이기 때문이다. 단 기에는 성이 자재한다. 자사는 "천명지성", "미발의 中", "중절의 和, 達道" 등을 말했다. 따라서 겸리기인데, 이 겸리기의 리는 기에 혼합된 雜가 아니다. 리(성)는 스스로 자약하다. 칠·사 두 선은 二物이 아니다. 그 종지는 각각 다르나, 선은 하나일 뿐이다.

857) 퇴계는 칠·사를 "기지발·리지발"이라 한다. 설사 주희가 칠정을 '기지발'이라 했다 해도 그 和를 기가 발한 것, 기라 할 수는 없다. 칠정은 발현자로서의 기지만, 여기에는 반드시 리가 자재한다. 어류 "시기지발"로 인용하지 않은 것은 '是'자는 자사에 대한 해석이기 때문이다. 윗줄 "'시기지발'은 兼指이며 자사의 혼륜언지이다"(하89)의 指之는 해석이다. 어류 해석이 아닌, 설사 칠정을 '기의 발현자'라 해도 그 중절자인 천명의 리가 허공에서 갑자기 생겼다고 할 수는 없다. "그 中의 사이에 실로 이 理가 있고, 때문에 외변에서 所感하면 곧바로 서로 계합한다. 본래 이 리가 없다가 외물이 옴에 이때 짝하면서 感하고 動한다 할 수는 없다."(상108) "희노가 비록 형기의 소감이지만 그러나 희노할 수 있는 소이의 것은 성이다."(하187) "성발위정"이 이것이다.(상187) 만약 "화, 달도"가 기발이라면 그 "미발의 中"은 기가 되고 만다. "달도" "道의 用"(상95)을 기가 발한 것이라 할 수는 없다.

858) 퇴계는 "외감은 형기이거늘 어찌 그 발을 리 본체라 하겠는가"(상25. 하186)라고 한다. 이 논설의 문제는 위에서 밝혔다. 퇴계의 '외감·형기', '발', '리 본체'라는 말은 서로 연계되지 않는다. "외감·형기"는 「호학론」, 「악기」, 「악기동정설」 등의 말이며 이는 "『중용』 종지와 합치한다."(상97) 그리고 "발" "리 본체"는 『중용』, 『중용장구』, 『중용혹문』의 설이다. 『중용』 및 그 제설은 칠정을 천명지성, 순수지선, 중, 천하의 대본, 발, 달도, 화, 도, 도의 체용, 성정의 덕 등으로 논했다. 이것이 어찌 '기가 발한 것'이며, 리의 본체가 아니라 하겠는가. 반면 퇴계는 칠정은 외감으로 인한 형기의 발이라 한다. 이는 「중용장구서」 "도통"설에 위배된다. 주희는 칠정의 중화를 "도의 체용"(상95)으로 논한다.

859) 성은 무불선, 정은 선도 있고 악도 있다. 성은 기질에 타재해도 리의 무불선이며, 사람의 정은 선과 악이 있음, 이것은 "자연의 이치"이다. 사단은 정일 뿐 성의 무불선으로 여길 수 없다. 퇴계의 사단 무불선은 자연의 이치라 할 수 없으며, 이는 자신의 느낌을 이치로 여긴 것과 같다. 만약 이치로 여긴다면 외물과의 心感도 논할 필요가 없다. 정이 이치라면, 외감도 리 뿐일 것이기 때문이다. 『중용』에서 "중절"만 "화"라 한 것은 불중절의 정도 있기 때문이다. 「고봉1서」는 "未發은 성, 已發은 정이다. 성은 무불선, 정은 유선악이니 이는 固然의 이치이다"(상3)고 한다. 정을 무불선이라 함은 나 자신의 불선을 스스로 부정한 것이다. 이는 거짓이다. 때문에 고봉이 "대승자는 일상일 중 최하위의 자로, 기질은 잡박하고 물욕이 무성히 얽혀 있어, …때문에 지난번 감히 여쭈어서 행여 서로 계합함이 있게 되기를 바랐다"(하98)고 한 것은, 퇴계 스스로를 돌아보라는 간언이다.

860) 퇴계가 개입된 「천명도」의 설로 보인다. 고봉은 이 설을 「고봉1서」 서두에서 인용했다.(상4) 또 「고봉2서」에서도 "대승이 일찍이 「천명도」에서 보았는데 상세히 기억나지는 않으나,"(상188) "추만은 이 인용의 설을 親見했으나 이에 대해 질책하지 않았다"(상189)고 한다. 추만이 친견했다는 편지가 지금 "1560년 5월 15일"이다. '질책하지 않은' 이유는 이 설이 「천명도」에 실제 있었기 때문이다. 이 설의 여부를 고봉은 묻지만 퇴계는 끝내 말하지 않는다. 사단이 "發於理而無不善者를 가리켜 言한 것"(상63)은 당연하며, 칠정의 "發於氣而有善惡" 역시 잘못이 아니다. 칠사를 이렇게 논할 수 있다. 문제는 사칠을 "대거 호언(상6)한 퇴계에 있다. 더구나 하나는 리발의 선, 하나는 기발의 선일 수 없거니와, 또 사맹의 宗旨·所指가 리·기 의미만 있지 않다.

- 479 -

(理善과 또 氣善의 2善이 되어 소통 불가가 됨. 정은 소통의 일임)[861] 그래서 "칠정"(『중용』칠정설)은 성 외의 物이 되었고 또 성 외의 善이 있게 되고 만 것입니다.(도통의 중·화를 기발로 여겼고, 천명지성을 기선으로 여기고 만 것임)[862] 이는 도리에 있어 핵심 된 종지의 일이니(천명·중화를 기발로 여기면 사맹 도통이 어긋난다는 것. 퇴계가 추만 「천명도」에 사단을 끌어와 결국 '氣圖'로 만든 것임)[863] 엎드려 바라옵건대 정밀하게 살피심이 어떠실 지요? 마땅히 단락(「퇴계1서」의 단락)에 맞추어 상세히 여쭈어야 하겠으나 지금은 잠깐 말씀드렸을 뿐입니다.(「고봉2서」를 써서 퇴계의 병통을 지적하겠다는 약속임. 퇴계가 추만 「천명도」를 6년 전 대폭 고쳤고, 그 고친 내용의 잘못이 「퇴계1서」에 고스란히 드러나 있기 때문임)[864]

---

861) "발어리이무불선"이라 하면 정은 리의 성선이 되고, 또 "발어기이유선악"이라 하면 리발과 다른 기발의 다른 선이 되고 만다. 결국 리선과 기선 둘이 되어 리기·성정이 一善으로서의 소통과 통합의 불가가 되고 만다. 정은 소통·교감의 일이기 때문이다. 둘의 선이 각각 피(혈맥)가 다르다 할 수는 없다. 만약 "발어리이므로 무불선"이라 하면 그 무불선은 정선의 척발이 아님이 되고, "발어기이므로 유선악"이라 하면 그 유선악의 선은 理出이 아님이 되고 만다.

862) 단지 "발어기"라면 칠정은 性出이 아닌, 性外의 物이 된다. 또 칠정의 선이 氣出이라면 性外 또 다른 선이 있게 된다. 사맹은 一善을 각자 목적으로 논했을 뿐이다. 그런데 퇴계는 칠정을 자사로 논하지 않고 단지 기발이라 하여 여러 문제가 생긴 것이다. "而(또, 그래서)"는 "發於氣而有善惡"의 而자를 인용한 것으로, '발어기'라 하면 칠은 性外의 物이 되고, 또 性外의 善이 된다. 이로써 칠정의 선인 천명의 중화는 기발이 되었고, 그리고 그 유선악의 선은 천명지성의 선이 아님이 되고 만 것이다.

863) "道理의 대절목"이라 함은 一情, 一善, 一理로 도리를 논해야 한다 함이다. "道理가 천지간에 있음에 본래 二致 없음이 성현의 의론이다."(하8) 사맹도 당연히 一理, 一善을 논했을 뿐이다. 칠정의 선이 氣出일 수는 없다. 고봉의 "이는 대절목이니 여기에서 不同하면 기타의 동이 득실도 논할 필요가 없다. 반드시 이곳을 명변 독신해야 한다",(상61) "己同者는 모두 대절목의 종지이며, 未同者는 [우리의] 소소한 여론이다"(하6·113·142) 등의 대절목도 사맹 종지를 말함이다. 사맹은 一情을 칠·사로 설했고 모두 동일한 一善일 뿐이다. 반면 퇴계는 추만 「천명도」에 己發·旣發 단서인 사단을 끌어와 오히려 미발·이발의 "천명"을 그린 추만 본도를 기발의 '氣圖'로 만들고 만 것이다.

864) 본 "1560년 5월 15일"의 「추만서」를 퇴계는 초가을쯤 받았다. 퇴계는 동년 "9월 1일" 편지에서 "今秋(음력 7월 이후)에 子中이 서울로부터 下鄕하여 吾友의 「與鄭秋巒書」를 보았다. 거기서 비설을 논박한 몇 단락이 있었는데, 여기에는 그동안 나도 自覺한 것이 있다. 그런데 그 끝에서 운운하기를 '마땅히 그 조항에 따라 분석해서 알려주겠다'(고봉2서를 쓰겠다 했다는 뜻)고 하셨는데, 이로부터 承獲을 갈망한 것이 여러 날이었다"(『고봉집』3책, 33쪽)고 한다. 즉 「추만서」를 초가을 먼저 받고, 또 이후 「고봉2서」(8월 8일)도 받았음을 알린 것이다. 「고봉2서」는 추만에게 「퇴계1서」를 논박하는 글을 쓸 것을 약속한 지 '2달 23일' 만에 탈고한 것이다. 일찍이 추만은 「천명도」를 1543년 완성했고, 퇴계는 1553년 「천명도설 후서」 무렵 대폭 고쳤으며, 그리고 그 고친 병통이 1559년 10월 「퇴계1서」에 고스란히 드러났다. 때문에 고봉은 추만에게 이 「퇴계1서」를 위에서 대강 논하면서 이후 "단락에 맞추어 상세히" 논평하겠다고 한 것이다.

13

고봉; 리도, 무극설을 논함[865]

(192)物格. 물격에 대한 해설

「戊申封事」 "理到之言", "發微不可見"條下『通書註』, "隨其所寓而理無不到." 『大
學或問』·『註』, '無一毫不到處', 以此等言句, 反覆求之, 則理 "諧(詣의 오자)其極",
及 "極處, 無不到"者, 如鄙意釋之, 固無不可也. [詣예; 이르다. 다다르다.]

주자는 「무신봉사」에서 "理到之言"[866]이라 했고, 또 주돈이의 『통서』 "發微不可
見"[867]의 주석인 『통서註』[868] 및 『주자어류』에서 "그 거주하는 바에 따라 리는 도달하
지 않음이 없다"(感으로서의 用處이며, 성인의 묘용임)[869]고 합니다. 또 『대학혹문』 및 『註』(『대학

---

865) 퇴고 칠사 토론은 '1567년 1월' 고봉의 "상량해야 할 곳이 많다"(하160)는 답변을 끝으로 모두 종결됐다. 따라서 지금 논변은
칠사가 아닌, 새로운 "리도", "물격", "태극의 동정" 등에 관한 것이다. 퇴계는 아래 '1570년 10월 15일' "가르쳐 보여주신 바의
理到·無極 등의 말씀을 통해 저의 지난날의 설이 그릇되었음을 깨달았다",(하199) "지난날 서울에 있을 때 공에게 理到 등에
대해 가르침을 받았다"(하200)로 답변하는데, 그 먼저의 고봉 논변이 지금 이곳과 아래 "태극 동정"(하195) 등이다. 퇴계와 고
봉은 68년 3월부터 69년 3월 초까지 1년간 함께 서울에 머물면서 위 문제에 대해 토론한 것이다. 본 논변은 『고봉집』권3, 「答
退溪先生問目」이다.(『고봉집』1책, 356쪽) 즉 '퇴계의 문목에 답하겠다' 함인데, 먼저 '문목의 물음'이 있었기 때문이다. 퇴계가
먼저 문제를 제기했는지, 혹은 고봉이 먼저 제기해서 이후 퇴계의 의견이 있었는지는 불명이다. 퇴계가 물은 목록은 고봉집, 퇴
계집 모두 기록이 없고, 고봉의 이 답변만 있다. 이 「문목」은 "物格", "無極", "朱子大典", "深衣幅巾問目" 등 4개 조항이다. 퇴
계는 "無極의 설과 物格의 설은 모두 후일을 기다려 回報하겠습니다."(1569년 6월 9일. 『고봉집』3책, 170쪽) 고봉의 "無極에
대한 선생님의 해석은 저의 생각에는 심히 未安합니다. 마침 考得한 임천오씨의 一篇 文字를 등사해 올리오니 양찰하시기 바랍
니다. 또 죄송한 말씀 올립니다. 物格의 설에 대하여 한가로운 사이에 자세히 살펴보심이 어떠하실 지요"(1569년 윤6월 8일.
175쪽)와, 퇴계의 "그 전에 주신 편지에서 말씀하신 無極 등의 持論에 대해서도 회답을 드리지 못했으니, 遲慢함이 심합니
다"(1570년 1월 24일. 195쪽) 등이 그간 토론에 대한 대화이다.

866) 주희는 「무신봉사」 끝에서 "嗚呼! 此眞可謂 '理到之言', 惜乎其未有以聞於陛下者(오호라! 정호의 이 말이 참으로 '리도의 말'이라
하겠습니다. 애석하게도 그 말이 폐하께 들리지 못함이 있는 듯합니다)"(『문집』권11, 611쪽)라고 했음을 말한다. 즉 '리도지언'
은 리가 物과 더불어 '완전을 이룬' 거짓 없는 말이라는 뜻이다. 한편 육자미에게 보낸 편지에서도 "理到之言, 不可不服也(만일
마땅하지 않음으로 여기신다면 저를 아프게 지적해 주시고 또 분석하고 쪼개서 가르침 주기기를 간절히 바란다. 리도의 말씀이
라면 복종하지 않을 수 없겠다)"(『문집』권36, 「答陸子美」1, 1562쪽)고 한다. 주희 "리도"의 뜻은 그 나타난 말이 '틀림없다' 함
이다. 그것은 "物格"의 뜻인 "物理의 極處에 無不到한 것(物格者, 物理之極處, 無不到也)"(『대학장구』 "물격" 조항 주석)과 같으
며, 즉 나의 격물이 사물의 리와 완전히 융석해서 물격으로 하나가 된 상태를 말함이다. 주희는 "격물"에 관해 "格은 至, 物은
事와 같다. 이는 사물의 리를 窮至하여 그 極處에 이르지 않음이 없고자 함(欲)이다"(위와 같은 곳)고 하여 격물을 나의 '欲'이라
한다. "물격"은 나의 欲이 결국 사물의 리와 '무불도'하여 간격 없음이다.

867) "發微不可見"은 주돈이 『통서』의 말이다. "發微不可見, 充周不可窮之謂神(발이 미묘해서 볼 수 없고, 충만하고 두루하여 궁구할
수 없음을 神이라 이른다)"(『通書』「誠幾德」제3. 『주자전서』13책, 101쪽) 주희는 『근사록』에서 맨 앞 '태극도설' 다음 조에 이
설을 실었는데, 태극의 채용과 동정을 밝히기 위함이다. "誠"이 體인 靜, "발미불가견"이 用인 動이라 한다.

868) 『통서』 "發微不可見"에 관해 주희는 "發之微妙, 而不可見 …則聖人之妙用, 而不可知者也(발이 미묘하여 보기가 어렵다. 이는 성
인의 묘용이어서 알기 어렵다 함이다)"라고 주석한다. 성인의 묘용으로, 발한 것이 미묘해서 보기가 어렵다. 물격도 미묘해서 알
기 어려운데, 주희는 물격을 성인의 묘용이라 한다. 『通書注』는 주돈이 『통서』에 대한 주희의 주석서이다.

869) "발미불가견" 조항에 대한 『어류』 기록은 총 3개이다. "그 '發'했으나 '微'묘해서 보기 어려움을 말한다. '發不可見'은 이 理가 이
와 같다 함이다."(『어류』권94, 端蒙153, 3153쪽) "發은 動이고 微는 幽의 뜻이다. 그것은 '不疾而速(억지로 질주하지 않아도 빠름.
역전)'을 말함이다. 이는 一念이 바야흐로 싹텄고 至理가 이미 갖추어졌는데 미묘해서 보기 어렵다 함이다. … '不行而至(억지로
행하지 않아도 다다름. 역전)'이다. 蓋隨其所寓, 而理無不到.(端蒙154) '발미불가견 … 타인은 헤아리기 어려움을 나타낸 것뿐
이다.'(蔥孫151) 주돈이는 '발미불가견'을 "神"이라 한다.(『통서, 誠幾德』제3) 주희는 "感而遂通者가 神이다"(『통서, 聖』제4)를 인

장구집주』)에서도 '한 털끝만큼도 [리는] 도달하지 않음이 없는 곳(無不到處)'으로 말했습니다.(이상이 고봉의 '리도' 해설임)870) 이러한 등의 언구로 반복해 구해보면 결국 '리'는 "그 극처의 다다름"(『대학혹문』)871) 및 "[리는] 극처에 다다르지 않음이 없음"(『대학장구집주』)872) 이라 했으니, 이와 같이 저의 뜻으로 해석(고봉의 '리도' 해석으로, 모두 感物 이후 物格이며 용처임)해도 진실로 불가함은 없다 하겠습니다.873)

(193) 無極. 무극에 대한 해설

「答陸子靜」書, "無極而太極, 猶曰, 莫之爲而爲, 莫之致而至, 又如曰, 無爲之爲, 皆語勢之當然, 非謂別有一物也." '極'字與 '無爲'同看, 則其釋之也, 亦可知矣. [語勢之當然어세지당연; 말이 당연함. 無爲무위; 변함없음. 작위가 없는 자연임. 변질이 없음.]

주자는 「답육자정」서에서 "무극이태극은, 그것은 마치 '함이 없으면서도 함'과 '궁구함이 없으면서도 다다름'과 같고 또 마치 '변함이 없는 함'과 같으니, 이 모두는 어세의 당연함874)으로 [태극이] 별도의 一物로 있음을 이른 것은 아니다"(주돈이의 무극이태극은 태극이

___

용해서 "知覺이 神이다. 手를 觸하면 手가 아픔을 알고, 足을 觸하면 足이 아픔을 아니, 이것이 바로 神이다"(淳155, 3154쪽)고 하며, "발"과 "신"을 感, 遂通者, 知覺 등으로 논한다. 단 성인의 묘용이므로 보기 어렵다. 이는 장재의 "一故神, …此所謂感而遂通, 不行而至, 不疾而速也"(『근사록』「도체」49조항)와 같고, 모두 "계사상" "唯神也, 故不疾而速, 不行而至"에 대한 해설이다.

870) 아래 『대학혹문』"詣其極"과 "장구집주" "極處無不到"를 보더라도 주희는 "물격"의 의미를 '일호라도 [물에 리는] 다다르지 않음이 없는 곳(無不到處)'으로 해석했다 한다. 이렇게 고봉이 "無不到處"로 해석한 것은 『혹문』"詣其極"과 "집주" "物理之極處, 無不到也"와 같이 物・理의 "극"과 "극처"라 했기 때문이다. "物格・知至"는 物理와 나의 知가 "知至"한 것으로 "物格而后知至"(『장구』)이다. 리는 物의 극처에 이르러 도달하지 않음이 없다. 때문에 「보망장」에서도 "衆物의 표리・정조는 無不到하니, 이를 物格이라 이른다"고 한 것이다.

871) 『대학혹문』상7 "물격" 조항에서 "物格이라 함은 事物의 理는 각기 그 極의 다다름에 남음이 없음을 이른다. 理가 物에 있음에 기왕 그 極의 다다름에 남음이 없다면, 知가 我에 있음 역시 그 다다른 바에 따라 다하지 않음이 없음인 것이다(物格者, 事物之理, 各有以詣其極而無餘之謂也, 理之在物者, 旣詣其極而無餘, 則知之在我者, 亦隨所詣而無不盡矣)"고 한다.(『주자전서』6책, 512쪽) 즉 "詣其極"(3회)은 사물의 리는 '그 物의 극처에 다다른' 것으로, 그 기왕의 물의 극처에 리는 남김없이 다해서 나머지가 없음이다. 결국 나에게 있는 知도 그 '다다름(所詣)'에 따라 모두를 다하지 않음이 없음이다. 이는 "物格而后知至"를 해설한 것으로, 이것이 바로 "理到"이며 '理의 無不到處'이다.

872) 『장구집주』에서 주희는 "격물"에 대해 "窮至事物之理, 欲其極處無不到也(事物의 리를 窮至하여 그 極處는 도달하지 않음이 없게 '하고자' 함)"라 하고, "물격"에 대해 "物理之極處는 無不到라 한다. 따라서 고봉은 "理到"는 바로 "物理의 극처는 도달하지 않음이 없음"을 말한다고 해설한 것이다. 리는 物의 極處 어디에도 있지 않음이 없고, 결국 나의 궁리에 따라 리는 物에 다다르지 않음이 없음, 이것이 바로 '物格'이며 '理到'이다.

873) 고봉은 위에서 "물격"을 해설해서 "無一毫不到處(한 털끝만큼도 물에 도달하지 않음이 없는 곳)"라 했다. 리는 사물에 있지 않은 곳이 없고, 이 리가 무불도 한 '곳'이 바로 주희의 '理到'이다. 리도인 物格은 리는 사물에 있지만 알기는 어렵다. 성인의 묘용이기 때문이다. 그래서 주돈이는 "발미불가견"이라 했고 주희도 "그 거주하는 바에 따라 리는 도달하지 않음이 없다"고 했는데, 알기는 어렵다. 요컨대 물격은, 리는 사물에 있고 나의 궁리에 극처는 도달하지 않음이 없이 서로 합치해서 '치우침 없는 완전함'을 말한 것으로, 즉 "리도"이다. 모두 感物 이후 物格으로 논한 것이다.

874) "어세의 당연함"은 그 말이 치우침 없이 자연스럽다 함이다. 장재의 다음의 말과 같다. "하나이므로 神이다. 사람의 몸에 비유하면 四體는 모두 一物이며, 故로 감촉하면 깨닫지 않음이 없으니 이는 心을 여기에 이르도록 기다린 而後에 깨닫는 것이 아님과 같다. 이것이 주역 '感而遂通'이니, 즉 주역의 '일부러 행하지 않아도 이르고(不行而至)' '억지로 질주하지 않아도 빠르다(不疾而速)' 함이다."(『근사록』권1, 「도체」49. 『장재집』「횡거역설, 계사상』) 사람 마음이 외물에 감촉해서 느끼고 깨닫는 것은 억지 행위가 아닌 마음의 자연스런 현상이다. 느껴서 외물과의 감통이 불가한 사람은 없을 것이기 때문이다. 이는 고봉의 "人生에 있어 감물로 성의 욕구가 나오는 것은 理之發이며, 이는 自然之理이다"(상107)와 같다. 장재의 설은 「계사상」제10장 "易无思也, 无爲

- 482 -

유무에 관통함의 의미일 뿐, 무 혹은 유로 말함이 아니라는 것)[875]고 합니다. 즉, 주자는 '極'(태극·무극의 극자)자를 '無爲(변함없음)'와 같은 뜻이라 했는데 그렇다면 그 해설의 의미 역시 알 수 있겠습니다.(태극·무극의 극자를 無爲로 풀면 '변함없으면서도 큰 변함'의 뜻이 됨)[876]

(194)『朱子大全』四十四卷, 「答蔡季通」曰, "須看得玲瓏透脫, 不相防礙, 方是物格之驗也." "玲瓏透脫"之云, 正與 '融釋脫落'之意無異. 幸更留心玩索, 何如? [玲瓏透脫영롱투탈; 구슬이 맑아서 속이 완전히 훤하게 보임. 融釋脫落융석탈락; 완전히 해결되어 문제가 모두 떨어져 나간 것. 완전히 알아서 모르는 것이 탈락됨.]

『주자대전』권44 「답채계통」에서 말하기를 "마땅히 영롱하고 투탈하게 보아야만 [리가] 서로 방애됨이 없을 것이며 그래야만 물격을 징험할 수 있다"(고봉은 위에서 "리도"로 해설)[877]고 합니다. "영롱하고 투탈하게 해야 한다"는 운운은 바로 '융석 탈락'의 의미와 다름이 없습니다.(영롱 투탈, 융석 탈락이 바로 "물격, 리도"의 뜻임)[878] 바라건대 다시 유념하여 생

也, 寂然不動, 感而遂通"과 "唯神也, 故不疾而速, 不行而至"의 주석이다.

875) 『문집』권36, 「答陸子靜」5, 1574쪽. 주희는 自註하여 "지난번 欽夫(장식)에게 이 설이 있음을 보았다"고 하여 장식의 설이라 한다. 즉 장식의 "莫之爲而爲", "莫之致而至", "無爲之爲"의 설을 인용해서 이 말은 "당연하다"고 한 것이다. "無爲"는 억지가 아닌, 당연·자연의 일이다. 주희는 이어 말하기를 "[렴계] 무극이태극"의 뜻은 "皇極·民極·屋極 같은 方所·形象의 있음이 아닌 단지 此理의 至極으로 있다는 뜻일 뿐이다"고 하면서 이어 『중용』 "'上天之載, [無聲無臭]'는 有 중에 나아가 無를 설했고, '無極而太極'은 無 중에 나아가 有를 설했다.(하91) 만약 이 의미를 見得한다면 有로 설하든 無로 설하든, 或先 或後라 해도 모두 妨礙가 없을 것이다"라고 한다. "무극이태극"은 '함이 없으면서 함', '궁구함이 없으면서 다다름'과 같으며, 이는 방소·형상과 같이 고정된 物로 있다 함이 아니다. 따라서 태극을, 무극의 無로 설하든 태극의 有로 설하든, 혹은 반대로 무극을 有로 태극을 無로 논해도 모두 가능하다. 공자의 "태극"을 주돈이가 "무극이태극"이라 한 이유이다. 이 설은 육구연이 '極자를 '中'으로 풀이했기 때문이다.(위 『답육자정』5, 앞줄) 주희의 "至極"은 『주역, 계사상』 "천하의 至變"(변화가 다함이 없음)과 통한다. 모두 억지가 아닌 자연스런 사람 마음의 일이라 한다.

876) 주희는 "무극이태극"을 "莫之爲而爲" "無爲而爲"라고 한 장식의 설을 "語勢의 當然"이라 한다. 주돈이의 "무극이태극"의 뜻은 '無爲이면서 爲이다'라 함이며, 태극·무극의 극자는 '무위(변함없음)'의 뜻이다. 즉 극자를 무위로 풀이하면 '無無爲' '太無爲'가 되고 이로써 공자의 "태극"은 '변함이 없을 수 없으면서도 큰 변함없음'의 의미인 "변함이 없으면서도 변함(無爲而爲)"이 된다. 변함없으면서도 큰 변함이다. 태극은 리이며, 리는 실체이다. 그런데 이 실체를 단지 '사실(有)로만 논하면 치우치고 만다. '有'는 방소·형상의 氣이기 때문이다. 태극의 말하기 어려움이 이정이다. 태극은 "無物의 前에도 있지만 有物의 後에도 立한다. 음양의 外에도 있고 음양 가운데서도 行한다. 이렇게 全體에 通貫해서 不在함이 없고 聲臭·影響도 없으므로 이를 렴계는 '무극이라 했다."(『문집』권36, 「答陸子靜」4, 1568쪽) 주희는 주돈이 『통서』의 "誠은 無爲이다"(『근사록』권1, 「道體」2)에 대해 "實理의 스스로 그러함이니, 어찌 작위가 있으리오(何爲之有) 즉 태극이다"(『通書注』, 「誠幾德」제3. 100쪽)고 하여 리의 태극은 實理로서 스스로 그러하여 작위 없음을 이른다 한다. 이러한 해설은 『주역, 계사상』10장 "易은 无思이며, 无爲이다"에 근거한 것이다.

877) 『문집』권44, 「答蔡季通」12, 2007쪽. 물격의 징험은 곧 영롱 투탈하게 보아서 주객이 서로 방애됨이 없을 때 비로소 가능하다. 주희는 바로 앞줄에서 "대저 世間의 萬事는 그 사이 義理가 精妙하여 無窮하니 모두 一言으로 쉽게 그 始終을 단정해서는 안 된다. 마땅히 영롱하고 투탈하게 보아야만…"이라 하는데 이는 세간 만사에 의리가 있다 함이며 이러한 의리를 보는 것은 바로 나이다. 내가 세간의 의리를 영롱 투탈로 봄으로써 물격의 징험이 가능하니, 만약 내가 그 의리를 쉽게 단정해서 말한다면 이는 그 의리의 정묘 무궁을 보지 못함이 된다. 내가 그 의리를 막은 것이지 세간에 의리가 없어서가 아니다. 리는 "그 거주하는 바에 따라 다르지 않음이 없고", "일호라도 다르지 않는 곳이 없다." 이것이 "리도"이다. 단 "발이 미묘해서 보기가 어려우니"(모두 하192) 마땅히 영롱 투탈하게 봄으로써 물격의 징험이 가능하다는 것이다.

878) 세간의 만사는 의리가 있으므로, 그 만사의 리를 "영롱·투탈"하게 보아서 나의 知와 서로 방애가 없다면 이로써 물격을 징험할 수 있다. 주희는 『대학혹문』하4 에서 이동의 말을 인용해 "그 리를 궁구함에 이 一事의 융석·탈락을 기다린 연후에야 순환 차례에 조금의 진전이 있게 된다(以究其理, 待此一事融釋脫落, 然後循序少進)"(532쪽) 하고, 또 "옛날 이 선생(이동)의 '文字를 理會함'에는 마땅히 一件을 融釋한 후 다시 一件을 理會해야 한다'는 설을 보았는데, 融釋이라는 두 글자가 극히 좋다. 이는 이천의 이른바 '今日 一件을 格하고 明日 또 일건을 격하여 格이 많은 후에 스스로 脫然한 貫通處가 있을 것'이라 함과 같다"(『어류』권

- 483 -

각해 보심이 어떠실 지요?(퇴계의 "무극"과 "물격" 해석에 대한 답변인 듯함)

고봉; 태극이 스스로 동정함을 논함[879]

(195)臨川吳氏曰, "太極無動靜, 動靜者氣機也. 氣機一動, 則太極亦動, 氣機一靜, 則太極亦靜. 故朱子釋「太極圖」曰, '太極之有動靜, 是天命之流行也', 此是爲周子分解. 太極不當言動靜, 以天命之有流行, 故只得以動靜言也."

임천오씨(오징)[880]는 말하기를 "태극은 動靜이 없다. 동정이라 함은 氣의 機能이다. 기의 기능이 한 번 動하면 태극 역시 動하고, 기의 기능이 한 번 靜하면 태극 역시 靜한다. 때문에 주자는 「태극도」(「태극도설」임)를 해설해 말하기를 '태극은 동정이 있으니 이는 천명의 유행이다'(오징은 주희의 설을 거꾸로 '천명의 기가 유행하므로 태극은 동정이 있다'로 해석한 것임. 퇴계의 '사람이 말을 타고 감과 같음')[881]고 하는데 이것은 周子(렴계)의 설을 둘로 나누어 해석한 것이다.(태극과 동을 둘로 나누어 태극의 無動과 천명유행의 有動으로 분석함. 퇴계는 오히려 천명을 '기'로 여김)[882] 태극은 마땅히 동정으로 말할 수 없다. 천명의 유행이 있기 때문[883]에 단지 [태극

<hr>

104, 大雅7, 3428쪽)고 한다. 요컨대 '영롱 투탈'은 이동이 말한 "융석 탈락"과 이천이 말한 "격물이 쌓인 연후의 탈연한 관통처"의 의미와 같다. 영롱 투탈은 物·我에 공존한 一理가 막힘없이 드러난 모습이다. 때문에 고봉은 물격에 관해 "한 털 끗만큼도 다다르지 않음이 없는 곳"이라 한다. 물격의 징험은 바로 '이곳'이며, 이것이 곧 "리도"이다.

879) 위는 "퇴계선생의 문목에 답함"이고,(356쪽) 지금은 "선생의 문목에 답함(答先生問目)"(『고봉집』1책, 357쪽)이다. "선생"은 '퇴계'이다. 그 내용에서 "心形"조항의 "退溪는 天命圖를 고쳤다", "퇴계가 글을 지어 그 그릇됨을 논변했다"와 "握手"조항의 "나의 악수설은 金而精이 빌려갔다"에서 퇴계와 김이정을 직접 칭한 것으로 볼 때 퇴계의 문목에 답한 것인데, 김이정에게도 동시에 보낸 것이라 하겠다. 고봉은 말하기를 "無極에 대한 선생님의 해석은 저의 생각에는 심히 未安합니다. 마침 考得한 임천오씨의 一篇文字를 등사해 올리오니 양찰하시기 바랍니다"(1569년 윤6월 8일. 『고봉집』3책, 175쪽)고 하는데, 즉 먼저 "물격, 리도"를 보내고 이후 지금 "임천오씨를 인용한 태극동정" 등을 보낸 것이다. 퇴계는 이 두 문목을 받고 아래 "리도" "리용" 등으로 답변한다. 고봉은 퇴계에게 호칭에 대해 말하기를 "孔子는 범칭이고, 先生자는 후학이 先覺을 宗師하는 칭호이다. 대승은 [선생의] 문하에 있으니 선생으로 칭하는 것이 禮에 합당하다"(192쪽)고 하면서 "후학대승"이라 한다. 答先生問目은 "德興家廟", "握手", "心形", "算學", "臨川吳氏曰", "臨川吳氏論" 등 총 15조항이다. 역자는 그중 "임천오씨왈"과 "임천오씨론" 2조를 편역했다.

880) 吳澄(1249~1333) 원대 유학자로 자는 幼淸이고 草蘆선생으로 불렸다. 임천은 본관이다. 주희를 배웠고 주희 육구연의 절충을 주장했다. 19세에 『道統』을 지어 주희 이후의 도통을 자임했다. 저작으로는 『五經纂言』, 『草蘆精語』, 『道德經註』 등이 있다.

881) 주희는 주돈이의 「태극도설」을 해설해서 「太極圖說解」를 썼다. 주희가 「태극도」를 풀이한 것은 「圖解」이다. 주희의 이른바 "太極之有動靜"은 「태극도설」 "太極動而生陽" 아래 붙인 주석으로 이는 「태극도설해」이며, 「도해」와 다르다. "太極動而生陽" 아래에 주희는 "太極之有動靜, 是天命之流行也, 所謂 '一陰一陽之謂道'"로 주석했다.(『주자전서』13책, 72쪽) 즉 태극은 동정이 있는데 '이것이(是)' 바로 천명의 유행이라 한다. 그런데 오징은 반대로 '천명의 유행'으로 '태극의 동정을 삼은 것'으로 해석했다. 즉 천명의 유행이 있으므로 결국 태극도 동정이 있다. 유행이 먼저고, 그 유행으로 주희는 '태극은 동정이 있다고 했다'는 것이다. 따라서 태극은 본래 동정이 없다. 오징의 이러한 해석은 주희의 문장을 거꾸로 이해한 것으로, 즉 '天命之有流行, 是太極之動靜也'로 해설하여 주희의 "是(이것이~이다)"자를 태극 자신의 동정이 아닌 반대로 천명의 유행으로 태극은 동정을 얻는다고 한 것이다. 아랫줄 "以天命之有流行, 得以動靜"이 그 증거다. 즉 천명의 유행이 있으므로 이것을(是) 태극의 동정으로 삼았다. 하지만 주희의 "是"자는 태극의 동정이고, 태극의 동정이 바로 천명의 유행이라 한다. 오징의 잘못이 곧 퇴계와 같다. 퇴계는 "리는 기를 타고 행한다(사람은 말을 타고 출입함)"(상259) 했고, 때문에 고봉은 이렇게 반박한 것이다.

은] 동정을 얻는다고 말할 수 있을 뿐이다"(퇴계가 천명의 리를 사단에 상대한 '기'라 했기 때문임.
이미 퇴고 사칠 토론은 끝났으므로 간접적으로 든 것인데, 이는 허태휘가 '도를 형이하에 분속시킴'과 같은 문제
임)884)라고 합니다.

(196) 今詳此說, 質之以周子·朱子之說, 太似不同. 太極無動靜, 則動靜之理, 屬之何耶? 天
命之流行, 非太極之動靜乎? 其下又曰, "所乘之氣機, 有動靜, 而太極本然之妙, 無
動靜"云云. 然則氣機自能動靜, 而太極無與耶? 然則太極亦贅矣. 氣機之所以動靜,
豈非太極之動靜也? 若曰 "太極無動靜," 則 "天命之流行"者, 出於氣機之爲乎?

　　지금 이 설을 자세히 살펴보고, 이로써 周子와 朱子의 설로 질정해 보면 너무도 큰 차
이가 나는 듯합니다.885) 태극이 동정이 없다면 그 동정의 리를 과연 어디에 소속시키겠
습니까?886) 천명의 유행이 태극의 동정이 아니란 말입니까?(오징은 태극의 체용을 모두 없애고,

---

882) "렴계의 설을 나누어 해설(分解)했다"고 함은 렴계의 "太極動"을 주희는 각각 유행이 없는 '태극'과 유행이 있는 '동정' 둘로 분
해했다 함이다. 즉 렴계의 "太極動"을 주희는 "太極之有動靜, 是天命之流行也"로 주석했는데, 이를 오징은 주희가 '태극'과 '유행'
으로 "나누어 분해했다"고 해석한 것이다. 태극은 동정이 없으나 천명은 유행이 있으므로, 동정이 없는 '태극'과 동정이 있는 '유
행' 둘로 분해했다. 하지만 주희 주석은 이와 다르다. 주희는 태극의 동정과 천명의 유행을 공자의 "一陰一陽之謂道"인 道로
해설했기 때문이다. 동정은 유행의 기이지만 공자는 '曰道'라 했다. 도는 一陰一陽之으로 드러나기 때문이다. 태극은 스스로 동정
이 있고 이것이 곧 천명의 유행이니 이는 一陰一陽之의 道이다. 따라서 분해해서 유행만 동정이라 할 수는 없고, 더구나 천명이
기가 될 수는 없다. 이는 퇴계의 "공자의 道·器인 '형이상·하' 중 上만 든 偏擧의 폐단"(하88·90)과 같다. 또 퇴계는 중용
천명을 '기'로 여기는데 이는 지금 오징의 폐단과 같다.
883) 주희의 "太極之有動靜"을 바꾸어 "천명의 유행이 있다(以天命之有流行)"고 한 것이다. 즉 "태극은 동정이 있다"를 반대로 "천명
의 유행이 있기 때문"으로 바꾼 것이다. 결국 유행만 있고 태극은 동정이 없게 된 것이다. 주희는 태극은 동정이 "있다(有)"고
했는데, 오징은 유행이 "있음(有)"으로 바꾸고 천명만 유행이 있다고 한다. 그러나 주희는 태극은 스스로 동정이 있는데 그 동정
이 '바로(是)' 천명의 유행이라 함이다.
884) 『성리대전』권1, 「태극도설」 "太極動而生陽"에 대한 소주 마지막 임천오씨의 설이며, 명대에 붙여 넣었다.(『성리대전』1책, 115
쪽) 명 영락13년 호광 등 학자들은 이때까지의 설들을 모아 『성리대전』을 편찬했다. 본 「답선생문목」 「노과회」 조항에 의하면
"盧丈(노수신)은 『사서오경輯註』 및 『성리대전』은 永樂 때 館閣의 諸儒들이 편찬한 것이다. 영락제는 임금을 簒弑했으므로 족히
볼 것이 없다고 했다"고 했으나, 고봉은 이를 비판하여 "영락의 제유들은 취할 바 없겠지만, 程朱의 微言이 그 가운데 있다"고
하여 무시해서는 안 된다고 한다.(『고봉집』1책, 361쪽) 즉 대전을 편찬한 것이 문제가 아닌 비판할 것은 각 학자의 설이다. 고
봉은 그 소주에 실린 오징의 설을 혹독히 비판할 뿐이다. 오징은 "천명의 유행에 따라 태극은 동정을 얻는다"고 한다. 그러나
고봉은 "천명의 유행은 태극의 동정일 뿐"(아랫줄)이라 한다. 추만은 중용 '천명'에 근거해 '미발·이발의 '천명도」를 그렸는데,
퇴계는 여기에 맹자 '이발의 사단'을 끌어와 천명을 '기'라 했고, 때문에 고봉은 오징의 폐단을 예로 든 것이다. 단 사칠 토론은
이미 끝났으므로 고봉은 이를 간접적으로 든 것이다. 이는 고봉의 「후설·총론」 서론에서 "허태휘는 중용의 도인 '費隱'을 형이
상·하로 분속시킨다. 道는 본디 형이상인데 또 어찌 형이하로 분속하겠는가? 이것은 숙맥처럼 쉽게 분별할 수 있다"(하129 주
석참조)와 같은 의미이며, 간언이다.
885) 周子의 설은 「태극도설」이고, 朱子의 설은 「태극도설해」이다. 주돈이의 "太極動"을 주희는 "太極之有動靜, 是天命之流行也"로
주석했고, 주희의 설을 오징은 반대로 "以天命之有流行, 得以動靜"(하195)으로 해석했다. 오징은 "태극동"인 태극의 有動靜을
오히려 "以天命之有流行(천명에 유행이 있기 때문)"의 '有'로 해석했는데, 이는 주돈이와 주희의 태극동정의 '有'와 명백히 어긋
난다. 왜냐하면 주희의 '是天命之流行'이 곧 '태극동정의 有'이기 때문이다. 오징은 주희의 "[是]之流行(이것이 유행임)"을 "[以有
流行(유행이 있기 때문임)"으로 바꾼 것인데, 이는 원인(以)이 유행(氣)의 有이고 결과(是)가 태극(理)이 되어, 그 뜻이 주희와 정
반대가 되고 만 것이다.
886) "태극은 동정이 있음(太極之有動靜)"(주희)은 '태극이 바로 동정이다'고 함은 아니다. 동정은 氣이다. 태극은 리이므로 이것이 곧
동정은 아니지만, 그러나 동정은 그 리가 '있기(有)' 때문에 동정을 한다. 만약 동정에 리가 없으면 동정은 스스로 홀로 남게 된
다. 동정에 있어 그 길을 잃지 않은 것은 동정에는 리가 있기 때문이다. 길을 잃은 동정은 동정이라 할 수 없다. 소멸되기 때문
이다. 따라서 만약 태극이 동정이 없다면 결국 동정도 없게 되고, 동정의 리도 소속시킬 곳이 없게 되고 만다. 하물며 태극의
리가 기에 붙은 "혹"이겠는가?

이발 동정의 기로 태극의 용을 논함)[887] 그 아래에서 오씨는 또 말하기를 "태운 바의 氣機는 동정이 있지만 태극 본연의 묘는 동정이 없다"(퇴계의 '사람이 승마로 行함'과 같음)[888]라고 운운합니다. 그렇다면 氣機만 스스로 능히 동정하고 태극은 관여함이 없다는 것일까요?(馬의 동정 때문에 人의 동정이 있다고 할 수는 없다는 것임)[889] 그렇다면 태극은 군더더기의 필요 없는 혹 덩이가 되고 맙니다.(사람은 그 流行·馬에 부속된 혹인가?)[890] 氣機의 동정할 수 있는 所以가 어찌 태극의 동정이 아닙니까?[891] 만약 "태극이 동정이 없다"면 그렇다면 "천명의 유행하는 것"(주희)은 氣機의 행위에서 나온다는 것일까요?(천명의 유행인 태극은 동정의 氣에서 생성된 것인가? 퇴계는 천명지성인 중·화를 氣發이라 하고, 또 미발의 천명을 논하지 않음. 고봉은 그 유행에서 리가 급거 생성되지는 않는다고 함)[892]

---

887) 주희는 "태극은 동정이 있으니 이것이 바로 천명의 유행이다"라고 한다. 천명의 유행이 바로 태극의 동정이다. 태극은 동정이 있음.(태극의 용) 이것이 바로 천명의 유행이다. 천명지성은 發해서 천명으로 유행한다. 하지만 오징은 반대로 천명의 유행(기의 용)이 있기 때문에 결국 태극도 동정을 얻는다고 했다. 그렇다면 중용 '미발'의 태극(체)도 없게 되고 만다.

888) 오징의 설은 다음으로 이어진다. "또 주자는 말하기를 '태극은 本然의 妙이며 동정은 탈 바의 機이다'(「태극도설해」)라고 한다. 機는 마치 노아(쇠뇌의 발사 장치)와 같다. 노현(활줄)은 이 機를 타는 것이니, 이는 마치 乘馬의 '乘'자와 같다. 機가 動하면 弦이 發하고 機가 靜하면 弦도 不發한다. 氣가 動하면 태극 또한 동하고 氣가 靜하면 태극 또한 정한다. 태극이 이 氣를 탐은 마치 弩弦이 機를 탐과 같다. 때문에 주자는 '동정은 탈 바의 機이다'라고 한 것이다. 그러므로 타는 바의 氣機는 동정이 있지만 태극 본연의 묘는 동정이 없다(又曰, '太極者, 本然之妙也, 動靜者, 所乘之機也.' 機猶弩牙. 弩弦乘此機, 如乘馬之乘. 機動則弦發, 機靜則弦不發. 氣動則太極亦動, 氣靜則太極亦靜. 太極之乘此氣, 猶弩弦之乘機也, 故曰, '動靜者所乘之機' 謂其所乘之氣機有動靜, 而太極本然之妙無動靜也)." 오징은 태극과 기기를 둘로 나누고 이 둘을 마치 움직임이 없는 활이라는 기계와 움직임이 있는 현(줄)의 관계와 같다고 한다. 하지만 주희는 "태극의 동정이 있음"이 곧 "태극 본연의 묘"라고 한다. 태극 본연의 묘가 바로 태극의 동정이다. 태극동정이 곧 "천명의 유행"이지, 오징과 같이 천명의 유행을 기기라고 한 것은 아니다. 오징의 설은 퇴계의 "리가 기를 타고 감"과 "以人乘馬(사람이 말을 탐)"(상259)와 같다.

889) 오징과 같이 "기기만 동정이 있고 태극의 묘는 동정이 없다"고 한다면 동정의 기기만 스스로 동정이 되고 만다. 그래서 그 동정에 있어 태극은 관여함이 없게 되는 것이다. 만약 태극이 동정이 없다면, 기기의 동정은 그 스스로 능히 동정이 있어서 그렇다는 말인가? 다시 말해 기기의 동정은 기기 자신의 동정인가, 아니면 그 동정의 소이가 있어서인가? 고봉은 기기 동정의 소이가 곧 태극이라 함이며, 태극이 동정이 있으므로 동정이 있다고 한다. 퇴계는 "사람은 승마로 행한다"고 하는데 그렇다면 사람은 스스로 行할 수 없는가? 고봉은 승마로 '사람'이 행한다고 한다. 만약 사람이 스스로 행할 수 없다면 결국 승마에 종속된 사람일 수밖에 없다. 태극이 있음으로써 동정이 가능할 뿐, 태극이 없는 동정은 불가하다. 동정 때문에 사람이라는 태극이 있다고 할 수는 없다는 것이다.

890) 만약 기기만 동정이 있다면 태극은 기기에 붙은 혹이 되고 만다. 즉 기기의 동정에 태극의 관여가 없는 것이라면 태극은 쓸데없는 무용지물이 되고 만다는 것이다. 주희는 "태극에 동정이 있으니 이는 천명의 유행이다"고 하여 천명의 유행이 곧 태극의 동정이라 한다. 그런데 만약 기기가 능히 스스로 동정하며 이로써 태극이 그 유행을 얻는다면 결국 태극은 기기에 붙은 무용지물의 기기의 혹이 되고 만다. 퇴계는 "사람은 말을 타고 간다"고 하는데 그렇다면 사람은 스스로 가지 못하는 말 위에 붙은 혹인가? 주희는 "'태극의 동정이 있음'은 流行으로 말한 것이다. 만약 '태극이 곧 동정이다'고 하면 형이상·하를 나눌 수 없음이 되어 공자의 '易有太極'은 쓸데없는(贅) 말이 되고 만다"(『문집』권45, 「答楊子直」1, 2072쪽)고 한다.

891) 기기의 동정 이유는 "태극이 있기(有太極)" 때문이다. 태극의 동정이 있는 것, 이것이 곧 천명의 유행이다. 따라서 천명의 유행은 바로 태극의 동정인 것이다. 오징은 "기기는 동정이 있지만 태극은 동정이 없다"고 한다. 그러나 고봉은 기기의 동정이야말로 동정의 소이인 "태극이 있기" 때문이라고 한다. 그 소이인 태극이 없으면 동정의 기기는 그 근거를 잃고 변질·소멸될 수밖에 없다.

892) 주희는 "태극의 동정이 있음이 바로 천명의 유행이니 이른바 '一陰一陽之謂道'와 같다"고 한다. 천명의 유행이 곧 태극의 동정이다. 태극이 동정이 있어서 천명의 유행도 있는 것이다. 一陰一陽之를 도라 함이 바로 천명의 유행이다. 도는 천명의 유행이다. 반면 오징은 "태극은 동정이 없다"고 했으니 그렇다면 도와 천명의 유행인 태극이 '기기에서 나온 것'이 되고 만다는 비판이다. 퇴계가 『중용』 '천명지성'인 중·화의 칠정을 "氣之發"이며 "氣發而理乘之"(상255)라 했기 때문이다. 오징과 퇴계는 천명의 "미발"을 논하지 않고 이발의 기로 태극을 논한 것이며, 퇴계는 기발을 천명이라 한 것이다. 때문에 고봉은 "그 중의 사이에 실로 이 리가 있기 때문에 그 외감에서 서로 계합하는 것이지, 본래 이 리가 없다가 그 마주치는 곳에서 감동하는 것은 아니다"(상108)고 한다.

(197)太極無朕, 其動靜雖不可見, 而因陰陽之動靜, 以求其所以然, 則太極之有動靜可知矣. 今日 "無動靜", 欲以極贊太極之妙, 而反失其眞也. 此說出『性理大全』「太極圖」, "太極動而生陽" 註. "天原發微", 及『周易』「乾卦」註中, 吳氏之說, 皆有可疑者. 俟更考極論之.

　　태극은 조짐조차 없어서 그 동정을 비록 볼 수 없으나, 그러나 음양의 동정으로 인해서 그 소이연을 구하면 그렇다면 태극은 동정이 있다는 것을 알 수 있습니다.893) 그런데도 지금 "동정이 없다"고 했으니, 이는 태극의 묘함을 극찬하려 하다가 도리어 그 참됨을 잃은 것입니다.(퇴계도 주어가 없이 理而虛, 虛而實, 無而有라 함. 하지만 모두 기임. 주희는 이를 방종, 잡박, 불순의 리라 비판함)894) 이 설은『성리대전』「태극도」의 "태극동이생양" 주석에 나옵니다.895) 그리고 "천원발미" 및『주역』「건괘」주석 가운데 오씨의 설도 모두 의심할 수 있는 것입니다. 다시 고증하시어 극론해 주시기를 기다리겠습니다.896)

　　(198)臨川吳氏, 論 "太極無動靜." 임천오씨의 "태극은 동정이 없음"에 대해 논함.
　　　　『語類』曰, "理無形, 而氣却有迹. 氣旣有動靜, 則所載之理, 亦安得謂之無動靜. 又擧『通書』「動靜篇」云, 動而無靜, 靜而無動, 物也. 動而無動, 靜而無靜, 神也. 動而無動, 靜而無靜, 非不動不靜也. 物則不通, 神妙萬物." 此語極分曉, 可破吳氏無動靜之說, 故錄之.

---

893) 태극의 동정을 아는 방법은 음양 동정을 통해서이다. 때문에 주희는 "태극의 동정이 있음은 이는 천명의 유행이다"고 하면서 "공자의 이른바 '一陰一陽之謂道'가 이것"이라고 한다.(「태극도설해」) 주희는 "태극은 동정을 함유한다. 自註: 本體로 말했음. 태극은 동정이 있다. 自註: 流行으로 말했음"(『문집』권45, 「答楊子直」1, 2072쪽)이라 한다. 천명의 유행이 곧 태극의 동정이다. 천명의 유행과 一陰一陽之의 도를 통해서 태극은 동정이 있음을 알 수 있다. 공자의 "易有太極"(위「답양자직」, 뒷줄)은 역이 곧 태극이라 함이 아닌 '역에는 반드시 태극이 있다' 함이다. 동정은 그 동정의 소이연이 있고, 그 소이연이 곧 태극이다. 반면 오징은 동정 유행의 소이연을 찾지 않고 동정의 기기만 논한 것이다. 퇴계도 칠정의 소이연인 천명지성을 찾지 않고, 기발이라 한다.

894) 오징의 "태극은 동정이 없다"고 함은 동정의 기기와 태극을 각각 구분하기 위함이다. 태극을 동정이 있다고 하면 태극은 氣가 되기 때문이다. 오징은 주희 주석인 "太極之有動靜, 是天命之流行也"를 오히려 "주희는 렴계의 설을 分解한 것이다. 태극은 마땅히 동정으로 말할 수 없다. 천명의 유행이 있기 때문에 단지 태극은 동정을 얻는다고 말할 수 있을 뿐이다"(하195)고 한다. 이 해석의 문제는 주희의 "太極之有動靜(태극은 동정이 있음)"을 "以天命之有流行故(천명에 유행이 있기 때문)"로 바꾼 데에서 발생한다. 이렇게 바꾼 이유는 태극을 기가 아닌 "묘로 극찬하고자 함"이다. "太極之妙"로 극찬하기 위해 기・동정이 없다 했고, 이로써 반대로 "태극의 참됨을 잃고 만 것"이다. 만약 태극이 무동정이라면 태극은 실체가 없게 되어 결국 기에 붙은 혹과 같은 무용지물이 되고 만다. 이는 퇴계의 "허이면서 리(虛而理)"(상302)와 같다. 주희는 "횡거 '청허일대'는 兼虛實의 뜻으로, 횡거는 형이상을 설하려 했다가 도리어 형이하를 이룬 것이니 이곳이 가장 不分明하다"(『어류』권99, 可學37, 3335쪽, 하92) 하고, 또 호굉의 '성설'을 "高遠이 極해서 성이 방종하고 잡박 불순이 되어" 결국 "實의 도리가 없는 空虛의 物을 이룬 것"은 "미발의 性이 이발의 善과 섞일 것을 두려워했기"(『문집』권46, 「答胡伯逢」4, 2151쪽) 때문이라 비판한다. 퇴계는 理而虛, 實而虛, 虛而無라 하여 '실체 없음'으로 논한다.

895)『성리대전』에 「태극도」가 있고, 아래에 「태극도설」이라는 이름이 없이 곧바로 "무극이태극"이라 한다. 때문에 고봉은 "「태극도」 '太極動而生陽'의 주석"이라 한 것이다.

896)『周易傳義大全』권1 「건괘」에 "임천오씨"의 설 10여 개가 붙어 있다. 아마 퇴계는 이곳 오징의 설을 인용해서 "천원발미" 등의 논을 폈을 것으로 보이나, 퇴계의 기록은 없다.

『주자어류』에 의하면 "'리는 形이 없으나 기는 形迹이 있다. 기가 기왕 動靜이 있다면, 그렇다면 그 실린 바의 리 역시 어찌 動靜이 없다고 하겠는가?'[897]라 하고, 또『통서』「동정편」을 들어 말하기를 '動인데 無靜하고 靜인데 無動함은 物이다. 動인데 無動하고 靜인데 無靜함은 神이다. 動인데 無動하고 靜인데 無靜하다 함은 不動 不靜이라 함이 아니다. 物은 不通이지만 神妙는 만물에 통한다'(주희가 주돈이의 설을 인용한 것임. 神인 리는 만물·동정에 체용으로 관통해서 '변함없다'는 것임)라고 한다"[898]고 합니다. 이 말씀이 매우 분명하게 밝힌 것이니, 이로써 오씨의 無動靜의 설을 깨뜨릴 수 있기 때문에 기록해서 올립니다.

14

퇴계; 리도와 무극설에 답함[899]

(199)而精錄示, 所敎示 "理到·無極" 等語, 方覺昨非. 所得數語, 錄在別紙, 令照幸甚. 庚午陽月十五日, 滉頓.

김이정에게 기록해 보여주시고 저에게도 가르쳐 보여주신 바의 "리도, 무극" 등의 말씀(1569년 3월 이전 1년여 고봉과 서울에 함께 머물면서 이 문제를 직접 토론했고, 이후에도 편지로 몇 번의 토론이 오갔음)[900]을 통해 비로소 '저의 지난날 설'이 그릇되었음을 깨달았습니다.

---

897) 『어류』권5, 賀孫20, 218쪽. 리는 형적이 없다. 단 기의 동정으로 볼 때 리가 동정이 있음을 알 수 있다. 동정의 소이연이 리이기 때문이다. 기의 동정을 통해 리는 동정 있음을 '볼 수 있다'는 것이다. 고봉은 "리는 無朕하나 기는 跡이 있다. 리의 본체는 기의 流行處에서 驗得할 수 있다"(상8·139)고 한다. 주희의 "태극의 동정 있음이 바로 천명의 유행이다"(하195)이 이것이다.

898) 위 어류에 이어진 글로, 주희가 주돈이의『통서』를 인용해 한 말이다.(원문은『통서』「動靜第16」.『주자전서』13책, 112쪽) 주돈이는 이 "신묘만물"에 이어 "水陰根陽, 火陽根陰(주희주; 所謂神妙萬物者如此) 五行陰陽, 陰陽太極(주희주; 以神妙萬物之體而言也) 四時運行, 萬物終始.(주희주; 以神妙萬物之用而言也)"라 했고 주희는 괄호와 같이 주석한다. 즉 태극의 신묘만물을 체용으로 논한 것이다. 이 조항『어류』기록에 의하면 "소위 神이라 했는데, 이 神이 곧 理이다(神卽此理也)",(『어류』권94, 寓185, 3161쪽) "動而無動, 靜而無靜, 非不動不靜이라 했는데, 이는 형이상의 理를 말함이다", "리의 동정으로 말하면 靜中有動, 動中有靜은 그 체이며, 靜而能動, 動而能靜은 그 용이다"(같은 곳, 端蒙181, 3160쪽)고 하여 神을 理, 리의 동정의 체용으로 논한다. 요컨대 리는 만물에 동정으로 신묘하며 언제나 '변함없는' 자약이다.

899)『퇴계집』은「答奇明彦」이고,(『증보퇴계전서』1책, 464쪽)『고봉집』은「明彦令前拜白 奇承旨宅」이다.(『국역고봉집』3책, 210쪽)

900) 고봉이「答退溪先生問目」에서 밝힌 조목은 "物格", "無極", "朱子大典" 등 총 4개 조항이고,「答先生問目」에서 밝힌 조목은 "心形", "算學", "臨川吳氏는 태극은 동정이 없다고 함" 등 총 15개 조항이다.(『국역고봉집』1책, 356~357쪽) 퇴계가 물은 목록 기록은 없다. 물격이 곧 '리도' 조항이다. 이 문목을 받고 퇴계는 "無極과 物格의 설은 모두 후일을 기다려 回報하겠습니다"(1569년 6월 9일.『고봉집』3책, 170쪽) 하고, 고봉은 "無極에 대한 선생님의 해석은 저의 생각에 심히 未安합니다. 마침 考得한 임천오씨의 一篇 文字를 등사해 올리오니 양찰하시기 바랍니다. 또 죄송한 말씀 올립니다. 物格의 설에 대해 한가로운 사이에 자세히 살펴보심이 어떠하실 지요",(1569년 윤6월 8일. 175쪽) 퇴계의 "그 전에 주신 편지에 말씀하신 無極 등의 持論에 대해서도

(그동안 퇴계 자신의 리도·무극의 설이 있었기 때문임)901) 가르쳐주신 바의 여러 말씀에 대한 답변은 아래 '별지'에 기록했으니, 밝혀주시면 매우 다행이겠습니다. 1570년 10월 15일, 황돈.

[別紙] 별지

(200)"物格"與 "物理之極處, 無不到"之說, 謹聞命矣. 前此, 滉所以堅執誤說者, 只知守朱子 "理無情意·無計度·無造作"之說, 以爲我可以窮到 "物理之極處", 理豈能自至於極處? 故硬把 "物格"之格, "無不到"之到, 皆作 '己格·己到'看. 往在都中, 雖蒙提諭 "理到"之說, 亦嘗反復細思, 猶未解惑. [窮到궁도; 궁구하여 그 극에 도달함.(格物·窮理의 격·궁과 物格·無不到의 격·도를 합해서 논한 것으로, 퇴계의 모순임) 硬把경파; 무리하게 붙잡다. 억지로 틀어쥐다.]

"물격"과 "물리의 극처는(가, 퇴계) 無不到함"의 설에 대해 가르침을 들었습니다.(고봉이 제시한 '리도설'에 대해 답변하고자 함)902) 전에 황이 잘못된 설을 고집했던 이유는 단지 주자의 "리는 무정의, 무계탁, 무조작이다"는 설을 지킬 줄만 알고,(주희의 無는 '없음'이 아닌 "自若"의 '변함없음'의 뜻이며, 또 이 설은 물격·리도 및 能動·自到의 설과 관계없음)903) 이로써 내가 "물리의 극

회답을 드리지 못했으니, 遲慢함이 심합니다"(1570년 1월 24일. 195쪽)라고 했다. 그리고 비로소 퇴계는 본 "가르쳐 보여주신 理到·無極 등의 말씀을 통해 저의 지난날 설이 그릇되었음을 깨달았다"의 답변을 보낸 것이다. 아래 "지난날 서울에 있을 때 공에게 '리도의 설'에 대해 가르침을 받았다"(하200)로 보면 그동안 이 문제에 대한 토론이 진행됐고, 고봉의 거듭된 답변 요청이 있었음을 알 수 있다. 퇴·고는 서울에서 68년 3월부터 69년 3월까지 1년여 기간 같이 머물렀다. 퇴계는 먼저 "리도"에 대해, 이어 "무극"에 대해 답변한다.

901) "지난날의 설이 그릇되었음을 깨달았다"고 함은 그동안 퇴계의 리도·무극의 설이 있었음을 말한다. 있었으므로 고봉은 자신의 의견을 퇴계에게 「문목」으로 제시한 것이다. 고봉은 여기서 "물격", "리도", "무극", "오씨의 태극은 동정이 없음" 등 조항에 대해 답변했다. "물격"과 "리도"에 대해서는 「무신봉사」, 『통서주』, 「대학혹문」, 「대학집주」, 『주자어류』 등으로 고찰했고, "무극"에 대해서는 「답육자정서」, 「답채계통」으로, "오씨의 태극은 동정이 없음"에 대해서는 『주자어류』와 『통서, 동정편』 등을 고찰해서 비판했다. 퇴계의 답변은 그중 "리도"와 "무극" 2개 조항이다. 아래 "物格"(하200) 및 "좌우께서 상고한 주선생의 말씀 및 리도처 3·4개 조항을 받은 후 결국 나의 견해에 차오가 있음을 알았다"(하201)고 함이 '리도' 조항이고, "무극이태극에 대한 공의 해석을 보고 근래 또 나의 오류를 알게 되었다"(하210)고 함이 '무극' 조항이다.

902) "물격"과 "물리지극처 무불도"는 같은 설이다. 고봉은 「문목」 "물격" 조항에서 "理到", "理無不到", "理詣其極", "極處無不到" 등을 고찰해서 물격이 곧 리도라고 했다.(하192) 주희는 『장구』, 「혹문」, 「어류」에서 '리도'라는 말은 직접 하지 않았다. "리도"는 고봉이 「문목」에서 제시한 것이다. 퇴계는 먼저 그동안 물격의 설을 잘못 이해한 점을 말하고, 이어 자신의 리도설을 제시하고자 한다. 그러나 퇴계의 물격은 고봉의 고찰과 다르다. 고봉의 이른바 "물격"은 物에서, 이른바 "리도"는 理로 논한 것이다. 물에 '리가 있음'이 물격이고, 그러한 '상태'가 리도이다. 주희는 「보망장」에서 "衆物의 표리·정조 '는' 무불도함이 …물격이다"했고, 그리고 고봉은 「문목」에서 "일호라도 [理는 物에] 不到함이 없는 곳이 리도이다"(하192)고 한다. 『장구』에서도 物格을 "物理之極處, 無不到也"("물격"조항. 하192)라고 하는데, 즉 물리의 극처 '는' 도달하지 않음이 없음이 곧 "리도"이다. 이는 격물을 논한 "窮至事物之理, 欲其極處無不到也(사물의 리를 窮至하여 그 極處는 無不到하고자 함)"(『장구』 "古之欲" 조항)의 결과이다. 격물로 결국 물격이 된 것이다. 반면 퇴계는 "물리의 극처 '가' 무불도 한 것"(하207)이라 하여 '리가 自到함'이라 해석한다. 이는 물격의 뜻이라 할 수 없다. 물격은 물·리가 혼용하여 간격 없이 '리 본모습 그대로 드러난 것'(리도)을 말한다.

903) 주희의 "理却無情意, 無計度, 無造作"(하121)이다. 퇴계가 이 설을 인용한 이유는 理到·理動을 말하기 위함이다. 즉 리는 무정의, 무조작이 아닌 반대로 有情意, 有造作으로 能到·能動한다 함이다. 하지만 주희와 고봉 본의는 이와 다르다. 고봉의 경우 리는 "본체의 유행이 마치 해가 下土에 두루 비춤과 같음"(하120)의 뜻으로 곧 "해가 萬古에 항상 새롭다"(하119) 함이다. 즉 무

- 489 -

처"에 '窮到'하는 것이지('窮'과 '到'는 서로 모순됨)[904] 리가 어떻게 능히 "극처"(퇴계의 극처는 物·理의 합치가 아닌, 외부의 리임)에서 '自至'(또는 아래 '到'라 해야 함)하겠는가, 라고 여겼기 때문이었습니다.(당초는 '리가 自至·自到할 수 없음'인데, 지금은 리가 자도함)[905] 그러므로 "물격"의 '格'자와 "무불도"의 '到'자만 억지로 틀어쥐고서 모두 '내가 格하고' '내가 到한다'는 뜻으로 여겼던 것입니다.(주희의 격·도는 물격·리도의 일이며, 궁리·격물의 일이 아님. 언어 모순이고 용어 혼란임)[906] 지난날(지난 1년 간) 서울에 있을 때[907] 비록 공에게 "리도"의 설에 대해 가르침을 받았고, 저 또한 일찍이 반복으로 자세히 생각해 보았으나 오히려 의혹은 풀리지 않았던 것입니다.[908]

정의, 무조작의 뜻은 리는 만고에 변함없는 "自若"(하120)이라 한다. 더구나 "리 무조작"은 "물격·리도"의 의미도 아니다. 물격·리도는 '나의 지식(吾之知識)' 일이고, 무조작은 '리의 변함없음'의 뜻으로, 둘의 일은 전혀 다르다.

904) "窮"은 格物·窮理의 '물·리를 궁구함'을 말한다. 이는 「보망장」 "在卽物而窮其理也(物에 나아가 그 理를 궁구해야 함)의 격물이다. "到"는 物格·無不到의 '다다름'을 말한다. 이는 「보망장」 "衆物之表裏精粗, 無不到(모든 物의 표리 정조에 다다르지 않음이 없음)"의 물격이다. 문제는 퇴계는 그 격물과 물격을 하나의 문장에 동시에 써서 "窮到"라 한 점이다. 그렇다면 '궁구함'과 '다다름'이 선후가 없게 되고 만다. 따라서 이는 격물·궁리의 '格·窮'(혹은 아래의 '窮至'하207)이라 하거나 혹은 아래 물격·무불도의 '格·到'(하200)라 해야 한다. 주희의 "用力의 오래됨에 이르면 一旦에 활연 관통할 수 있음"(「보망장」)은 '窮'해서 결국 '到'한다 함이다. 到는 물격·리도를 말한다. 반면 퇴계의 "내가 물리의 극처에 궁도할 수 있다(可以窮到)"고 함은 '가능함(可窮)'과 그 결과로서의 '極處의 到'가 동시의 일이 된 것이다. 물론 격물과 물격은 '吾心의 全體大用'이다. 그러나 "리에 있어서의 미궁이 있는데도(於理有未窮)" "物의 表裏精粗는 無不到한다"고 할 수는 없다. 중간에 "窮之, 以求(궁구하고 구해야 함)"가 생략되었기 때문이다. (모두 「보망장」) 아마 아래 격물을 논한 "窮至"(하207)의 뜻인 것으로 보인다.

905) 『장구』 "極處"는 "物格者, 物理之極處, 無不到也"의 물격의 일이다. 때문에 고봉도 「문목」에서 "리도", "극처무불도"(하192)라 하여 물격·리도로 논한 것이다. 물격은 "리는 물에 다다르지 않은 곳이 없음"의 理到의 일이다. 퇴계의 "극처"는 이와 다르다. 퇴계의 "리가 극처에서 自至할 수 있음"은 외부의 리의 일일 뿐, 물격인 물리의 극처의 일이 아니다. 퇴계는 처음 '리가 그 極處에서 自至할 수 없음'으로 여겼는데, 이후 '리가 스스로 그 극처에서 自至한다는 것을 알았다'고 한다. 즉 리가 나에게 自動·自至·自到한다 함이다. 이는 주희의 격물·물격과, 고봉의 리도 의미와 완전히 다르다. 주희가 격물을 "格, 至也, 物, 事也, 窮至事物之理"(「경1장」 '古之欲' 조항)라고 한 것은 吾心이 '사물의 리를 窮至하고자 함'의 일이다. 반면 퇴계는 吾心으로 리가 '自至(스스로 다가옴)'한다 함이다. 그렇다면 퇴계의 의미는 자신과 반대로 '격물의 自至'가 아닌 '물격의 自到'가 되어야 한다. 아래에서 모두 "자도"라 하기 때문이다. 그러나 自到 또한 물격의 뜻과 다르다. 물격은 혼융·혼연·합치의 뜻이기 때문이다.

906) "물격"에 대해 주희는 「경1장」에서 "物格者, 物理之極處, 無不到(물격은 '물리의 극처는 달성되지 않음이 없음'의 뜻이다)"의 '物理의 극처(합치)'로 주석했다. 퇴계는 物格의 '格'자와 無不到의 '到'자를 내가 格하고 내가 到함으로 여긴다. 그러나 "내가 격하고 도한다"의 '나'는 격물이고, '격도'는 물격이다. 퇴계의 이 말은 언어모순이다. 주희는 물격을 '물·리가 극처에서 합치해서 남김이 없음'으로 해설한다. '格'은 경문 "物格"의 일이고, '到'는 주석인 "無不到"의 일일 뿐, 퇴계의 "내가 격하고 내가 도한다"는 의미가 아니다. 용어의 혼란이다. "당초 이렇게 해석했다"고 하기 위해서는 그 해석 여하를 떠나 퇴계의 용어가 주희의 용법과 일치해야 한다. "물격"은, 그 물을 窮至(궁구)해서 결국 '극처에서 물·리는 합치'하여 "吾心의 所知는 無不盡함(완결됨)"이 된 극처의 '곳'이다. 이는 격물·궁리 결과 吾心의 知가 사물의 리와 합치하여 無不到했다 함이지, "내가 궁구함(격물)"이거나 혹은 리가 스스로 나에게 "自到(다가옴)"함의 일도 아니다.

907) 고봉의 1568년 2월 12일 편지에서 "임금께서 선생을 보고 싶어 함",(『고봉집』3책, 137쪽) "선생께서 진실로 나오셔서 우리 임금께 한 마디 말씀",(같은 쪽) "봄이 다 가기 전에 올라오시어 恩命에 사례하고 아울러 경연에서 성학을 계도하여"(138쪽)라고 하여 퇴계에게 서울에 올라오기를 극력 요청했다. 이에 퇴계는 "康陵(명종능)에 차향사로 다녀오고 싶다"(138쪽)고 답한다. 이후 고봉의 1569년 3월 15일 편지에서 "江上의 이별이 꿈결처럼 아득하니",(159쪽) "지금쯤 고향 가까이 가셨을 것이니"(같은 쪽)라는 언급으로 볼 때, 대략 68년 3월부터 69년 3월 10일 무렵까지 퇴계는 서울에 있었고, 이 기간 「성학십도」를 판각했다. 그 이전, 고봉의 1567년 9월 초8일의 편지 "선생께서 짐을 꾸려 동쪽으로 떠나셨다"(122쪽)에 의하면 퇴계는 명종 승하 무렵에도 고봉과 서울에 있었다.

908) 지난 1969년 3월 도산으로 오기 전 서울에서 고봉과 "리도의 설"에 대해 토론했다는 뜻이다. 퇴계의 리도설에 대한 이전 기록은 없다. 고봉은 위 「문목으로 답함」과 같이 퇴계의 리도와 물격 등에 대해 논변했고, 또 몇 차례 퇴계의 답변을 요구했다. 퇴계는 지금 이 논변을 보낸 것이다. 퇴계는 이 답변 이전에는 格·到를 "내가 격하고 내가 도하는 것"으로 해석했다고 한다. 이렇게 해석했지만 답변은 보내지 않았다. 드디어 퇴계는 "리가 自到한다"고 하여 고봉의 설을 긍정한다 한 것인데, 하지만 고봉의 의미는 이와 전혀 다르다.

(201)近金而精傳示, 左右所考出朱先生語, 及 "理到"處, 三四條然後, 乃始恐怕己見之差誤. 於是盡底裏濯去舊見, 虛心細意. 先尋箇理所以能自到者如何.

그런데 근래 김이정에게 전달해 보여준, 좌우께서 상고해 낸 바의 주선생의 말씀 및 "理到"처 3·4개 조항을 받아본 뒤에야 결국 비로소 나의 견해에 차오가 있음에 대해 두려워했습니다.(고봉의 리도는 나의 궁리로 사물의 리와 '혼융·융석해서 완전한 리'를 이룬 것인데, 퇴계는 외부 사물의 '리가 나에게 다가옴'의 의미임)909) 이에 그동안의 구견을 모두 씻어 버리고 다시 허심으로 자세히 생각해 보았던 것입니다.910) 그리고 먼저 '理가 능히 自到할 수 있는 所以의 것'(리가 나에게 어떻게 다가오는가?)이 무엇일까에 대해 찾아보았습니다.(주희의 리도 해설에 근거함이 아닌, 직접 리가 나에게 自到·自動하는 원인·이유를 말하고자 함)911)

(202)蓋先生說, 見於「補亡章」·『或問』中者, 闡發此義, 如日星之明. 顧滉雖常有味其言, 而不能會通於此耳.

선생(주자)이 설한「보망장」과『혹문』가운데를 보면 이 뜻을 천명하고 밝혀낸 것이 마치 日星처럼 밝습니다.(리도설은『통서주』와『혹문』등에 대한 고봉의 고찰임.「보망장」은 리도를 논하지 않음)912) 황은 비록 항상 그 말씀을 의미 있게 여겼으나 다만 여기(리의 自到)에 대해서는

---

909) 서울에서 1년여 있을 때는 "내가 格·到함"으로 여겼는데, 요즘 비로소 "리가 自用·自到함"을 알았다 함이다. 위에서 "물격과 무불도(리도)의 설에 대해 가르침을 들었다", "공께 리도설에 대해 가르침을 받았다", 여기서도 "좌우께서 상고한 리도처 3·4개 조항을 보고 나의 견해에 차오가 있음을 두려워 했다"고 한 것이다. 리도처 3·4개 조항은 문목에서「무신봉사」의 "理到之言",『통서주』의 "理無不到",『대학혹문』의 "理詣其極",『장구』의 "極處無不到",『주자어류』의 "理無不到",『답채계통』의 "物格之驗" 등의 설이다. 이 설을 받은 이후 그동안 "내가 격한다" "내가 도한다"를 비로소 리가 스스로 "自到할 수 있다"로 바꾼 것이다. 하지만 이는 고봉의 위 고찰과 전혀 다르다. 고봉의 "리도"는 나의 격물궁리로 인해서 사물의 리와 서로 혼융·융석해서 '완전을 이룬 리'의 의미이다. 즉 완전함을 이룬 '거짓 없음'이다. 이는 외부의 리가 '나에게 스스로 다가옴'의 의미가 아니다.

910) 퇴계의 이른바 "舊見"은 '물격의 格자와 무불도의 到자를 모두 '내가 格하고 내가 到함'(하200)이다. 그리고 고치기를 "나의 궁구한 바를 따라 리가 到함"(하207)이며 이것이 "리의 至神의 用"(하208)이다. 퇴계는 당초 '내가 格·到함'을 부정하고, 결국 '나의 궁구에 리가 自到함'이 새로운 新意라고 한다. 하지만 경문 "물격"은 '나의 궁구'라는 의미가 아닌 '궁구 결과인 혼융'의 뜻이고, 주희의 "리도" 역시 물격인 '물·리 혼융'의 뜻이다. 반면 퇴계의 신의인 "리가 자도함"은 격물·궁구 및 그 결과인 물격·무불도에 대한 선후 구분이 없다. 또 '경문인 격물·물격과 '주석'인 궁리·무불도의 선후 구별도 없다.

911) "리가 自到할 수 있는 소이"라 함은 자도하는 조건·이유를 말함이다. 리는 어떻게 나에게 自到하는가? 당초는 "내가 격·도함"이고, 이후 고봉의 "리도"설을 보고 비로소 "리 자도의 소이를 찾아보았다." 퇴계의 "新意"이다. 그렇다면 퇴계는 주희와 고봉의 '물격·리도'설을 따른 것인가? "그 소이를 찾아보았다"고 함은 고봉의 해설에 동의하겠다 함이 아닌 직접 '자도 이유'를 찾겠다 함이다. 리는 自到하는데 그 이유는 무엇인가? 결국 퇴계는『대학장구』의 설에 의거하겠다 함이 아니다. 한편 고봉은 "물격·리도"를 "물리의 극처는 달성되지 않음이 없음"(하192)으로 인용하여 '물리의 극처'로 논했다. 즉 '나와 물리의 완전함'이다. 주희는 "物格·知至"를 "知所止(지가 그친 것)"(물격 조항)라 해서 '나의 知와 물의 리가 관통된 것'이라 해설한다. 반면 퇴계의 "능히 자도함"은 리가 自動해서 '吾心의 극처에 스스로 도달함'이다. 이는 퇴계의 신의 여하를 떠나 주희의 "물격" 주석과 다르다. 주희는 경문 "물격"을 해설했을 뿐 리의 자도를 논하지 않았다.

912) 고봉은「문목」에서 "리도"를 논했다. 주희는「무신봉사」에서 "리도"라 했고, 또『통서주』"理無不到",『대학혹문』"理詣其極",『장구』"極處無不到",『주자어류』"理無不到",『답채계통』"物格之驗" 등도 모두 리도설이다.(하92·194) 주희는 리도에 대해 직접 설하지는 않았지만, 단 그 설을 고찰해 보면 리도를 위와 같이 논했다는 것이다. 고봉은「보망장」을 인용해서 리도설을 논하지는 않았다. 왜냐하면「보망장」은 "衆物之表裏精粗, 無不到"의 衆物이라 했을 뿐 衆理의 理라 하지는 않았기 때문이다.

회통하지 못했을 뿐입니다.(아래에서 퇴계는 오히려 「보망장」은 고찰하지 않고 또 『혹문』도 의혹하면서, 리도설에 대해 『어류』와 『장구』를 인용함. 앞뒤 논변 문자가 일치하지 않음)913)

(203)其說曰, "人之所以爲學, 心與理而已(주희 원문 矣 있음). 心雖主乎一身, 而其體之虛靈, 足以管乎天下之理. 理雖散在萬物, 而其用之微妙, 實不外(원문 乎 있음)一人之心, 初不可以內外精粗而論也."

그 설(『대학혹문』)에서 말하기를 "사람이 학문을 하는 所以는 심과 리일 뿐이다. 심이 비록 一身을 주재하지만 그 [심]체의 허령(리)이야말로 족히 천하의 리에 관섭(관통)된다. 리가 비록 만물에 흩어져 있으나 그 [리]용의 미묘는 실로 한 사람의 심에서 벗어나지 않는다. 따라서 [심 혹은 리는] 처음부터 내·외 정·조로 논해서는 안 된다"(주희는 심리와 물리를 함께 논해야 물격·리도라 함인데, 퇴계는 정 반대로 리만 논하고자 함. 주희 본문을 전혀 다르게 해석함)914)고 합니다.

(204)其小註, "或問, 用之微妙, 是心之用否?(생략된 글자 많음) 朱子曰, 理必有用, 何必又說, 是心之用乎?(원문 乎 없음) (원문 夫 있음)心之體, 具乎是理, (원문 而 있음)理則無所不該, 而無一物之(원문 之 없음)不在, 然其用, 實不外乎人心. 盖理雖在物, 而用實在心也."

그 小註(소주가 아닌 위 『혹문』에 대한 질문임. 『어류』 본문이며 소주가 아님)에서 "혹자가(질문이 아닌

---

913) 항상 「보망장」 및 『대학혹문』을 보면서 有味로 여겼지만 그러나 그 리도의 뜻에 대해서는 회통하지는 못했다 함이다. 고봉의 리도에 관한 『대학혹문』의 고찰은 "詣其極(그 극에 다다름)"(하192)이다. 즉 "物格者, 事物之理, 各有以詣其極而無餘之謂也"이다. 고봉은 "극"을 상고해서 주희는 "극처로 말했다"고 한다. 리를 사물의 극처에서 논했으니, 이것이 리도이다. 그런데 「보망장」과 『혹문』은 오히려 리도에 대한 언급이 없다. 『혹문』은 다만 "사물지리" "예기극"일 뿐이다. 따라서 "주희의 말씀을 의미 있게 여겼다"고 함은 무엇을 가리키는지 불명하다. 고봉의 경우 "물·리의 극처"이며 이를 리도라 했다. 이곳이 『혹문』에 대한 답변이라면 퇴계는 이 "예기극"에 대해 논해야 하나 이를 고찰하지 않고, 오히려 아래에서는 『혹문』을 "의혹"(하204~5)한다. 더구나 아래에서 "리도"에 관해 『어류』와 『장구』를 들어 고찰하면서도 정작 「보망장」은 예로 들지 않는다. 앞뒤 논변 문자가 일치하지 않은 것이다.

914) 『대학혹문』하2, 528쪽. 이 설은 혹자(自問)에 대한 답변이다. 물음은 다음과 같다. "曰, 然則子之爲學, 不求諸心, 而求諸迹, 不求之內, 而求之外, 吾恐聖賢之學, 不如是之淺近而支離也(그렇다면 그대의 학문은 심에서 구하지 않고 흔적에서 구하고, 내에서 구하지 않고 외에서 구한다는 뜻이니, 나는 성현의 학문이 이렇게 천근·지리하다고 생각하지는 않는다)" 혹자는 주희의 격물·물격은 심이 아닌 '물의 흔적'에서 구한다고 의혹했다. 이에 주희는 심의 밖에서 구한다 함이 아닌 "知"에 있어 我와 리의 "渾然一致"가 곧 물격이며, 또 심에서만 구하면 "일종의 황홀(노장)과 근세의 佛學(禪)"이 되고 만다고 한다.(『혹문』 끝부분) 심의 허령은 천하의 리와 하나이고, 리의 미묘는 일심에서 不外한다. 따라서 심 혹은 리를 내·외로 논해서는 안 된다. 심·리, 피·아를 내외로 논하면 물격을 이룰 수 없다. 이어 주희는 말한다. "然或不知此心之靈, 而無以存之, 則昏昧雜擾, 而無以窮衆理之妙. 不知衆理之妙, 而無以窮之, 則偏狹固滯, 而無以盡此心之全(그런데도 혹 心의 靈을 不知하여 存함이 없으면 혼매·잡요해져서 중리의 妙를 窮하지 못하게 된다. 衆理의 妙를 不知해서 窮함이 없으면 편협·고체해져서 此心의 全을 盡할 수 없게 된다)" 심은 리가 있고, 이는 衆理의 리와 동일하다. 衆理의 妙를 알아야만 心의 全을 盡할 수 있다. 따라서 혹자의 의혹과 같이 심 혹은 리를 내·외로 구분한 것이 아니다. 반면 퇴계는 거꾸로 리만 논한다. 이는 주희의 리도·물격의 뜻과 정 반대이다. 리만 말하면 "물격·리도"가 될 수 없다. 老莊·佛學은 '리' 혹은 '심'만 논함이고, 혹자는 '외물'만 논한다 함인데, 퇴계는 또 '외물의 리'만 논한 것이다.

『혹문』이라는 책임)915) '용의 미묘("用之微妙"는 위『혹문』본문으로, 질문에 없는 문자를 새로 넣음)는 심의 용이 아닌지요?' 라고 문자(질문 문자를 고쳤음. 퇴계의 고친 인용문은 미묘 중의 심용만 논했으므로, 심리·내외의 슴이 아닌 반대로 內의 불학이 되고 만 것임)916) 주자는 말하기를 '리는 반드시 용이 있거늘 하필 또다시 설해서 심의 용이라 해야 할까?(주희는 一理의 묘용으로 논하면 심도 포괄해서 내외가 없게 된다고 한 것. 심용만이라면 불학이라 한 것임)917) 심의 체(허령)는 리를 갖추었고, 리는 어디든 포괄하지 않은 바가 없으며, 一物(심도 物임)이라도 不在함이 없다.918) 따라서 그 용(리의 묘용)도 실로 人心에서 벗어나지 않는다.(주희는 理用은 인심 밖에서 볼 수는 없다 함인데, 퇴계는 거꾸로 리가 밖에서 스스로 自用·自到한다고 해석함)919) 왜냐하면 리는 비록 [萬]物에 공통으로 존재한다 해도 그 [리의 묘]용은 실로 심에 있기 때문이다"(『어류』의 문자를 다수 생략하고, 빼거나 새로 넣고, 책 이름도 왜곡함. 주희는 '심·리의 묘용'인데, 퇴계는 거꾸로 '理 홀로의 自用·自到'로 해석함)920)라고 합니다.

---

915) 『어류』본문은 "問, 或問云, 心雖主乎一身"(권18, 燾97, 627쪽)이다. 즉 "묻겠습니다.『대학혹문』에서 운운하시기를"이다. 따라서 퇴계와 같이 '혹자가 묻기를'이 아니다. "묻겠습니다. 선생께서는『혹문』에서 '심이 비록 一身을 주재하지만 …그 [리]用의 微妙는 一人의 심을 不外한다'고 운운하셨습니다." 따라서 퇴계가 인용한 "혹문"은 '小註'도 아니고 또 '혹자의 질문'도 아닌, 책 이름이다. "小註"는『주자어류』, "혹문"은『대학혹문』의 인용 오류이다.

916) 『어류』본문은 "혹문』에서 선생은 '그 用의 微妙는 一人의 심을 不外한다고 운운하셨습니다. 모르겠으나 이 用은 심의 용이 아닌지요?"이다. 주희는 "혹문』에서 "리는 비록 만물에 散在하나 그 용의 미묘는 一人의 心에서 不外한다"(하203)고 했다. 인심에 리가 있고 외물에도 리가 있고, 중리는 심리와 동일한 一理일 뿐이므로 결국 心의 허령과 외물의 리는 둘일 수 없다. 따라서 용의 미묘도 심에서 不外한다. 그런데 질문자는 오히려 "이것은 심의 용을 말함인가"라고 물었다. 그렇다면 질문자는 心用만 물은 것으로, 심·리를 겸해서 물은 것이 아니다. 다시 말해 주희는 이미 심·리를 혼융일치로 논했는데, 질문자는 또 심용만으로 물은 것이다. 때문에 주희는 심용이 아닌 一理로 논해야 한다고 답변한다. 심만으로 논하면 "內外·精粗"가 아닌 "일종의 황홀(노자)과 근세의 불학"인 內의 참선이 되기 때문이다.(『혹문』) 더욱 문제는 퇴계는 주희의 위 본문인 '용의 미묘'와 질문자의 "心之用"을 섞어서 인용한 점이다. 주희의 "미묘"는 심·물의 '슴'이고, 반면 질문자의 "心之用"은 內의 심 '일편'이다. 이미 합이므로 일편이 아니다. 퇴계와 같이 '미묘가 곧 心之用인가'로 인용하면 결국 '슴이 內인가?'가 되어, 주희가 '심자용을 반박한 것'과 정 반대의 의미가 되고 만다.

917) 주희의 "리는 반드시 용이 있다"고 함은 리는 心理와 物理가 하나의 一理이므로, 그 一理는 心·物에 혼연 관통의 '묘용'을 말한 것이다. 따라서 혼연 관통한 하나의 일리의 묘용을 또다시 단지 心用으로 논하면 이는 心用의 內에 리가 국한되고 만다. 心之用이라 하면 物理는 결국 心外가 되어 물격·리도가 불가능하기 때문이다. 위『혹문』의 "내 혹은 외로 논해서는 안 된다"(하203)고 함이 이것이다.

918) 심에는 반드시 리가 있다. 리는 一物도 부재함이 없기 때문이다. 리는 어디든 모두 포괄하는, 즉 어디에 있어도 하나의 리이다. 심의 리라도 그것은 어디든 부재가 없는 하나의 一理이므로, 따라서 心用만으로 논해서는 안 된다. 심용이라 하면 '어디든 부재가 없는 一理'가 아닌 심용 일편에 한정되어 "내외 없음"이 되지 못하기 때문이다. 심리와 물리는 一理로서 내외가 없으므로, 물격·리도도 가능하다.

919) 『혹문』 "그 용의 미묘도 실로 一人의 심을 벗어나지는 않는다" 함은 곧 리용은 심·물(萬理)의 리가 합치한 "혼연일치"로서의 묘용이며, 따라서 리의 묘용은 심리도 포괄하므로 인심을 벗어나지 않는다 함이다. 이곳『어류』를 인용해서 "그 용도 실로 인심에서 不外한다"고 함 역시 심리는 만물의 리와 동일한 一理이며, 결국 리용은 심리를 포괄하므로 인심에서 不外한다 함이다. 『어류』 뒷줄 "요컨대, 리는 在物과 在吾身에 있어 단지 一般일 뿐"(燾97, 628쪽)이므로 리용은 인심을 불외한다. 반면 퇴계는 아래에서 "리는 自用하고 自到한다"고 한다. 그렇다면 리는 인심을 떠나 심 밖에서, 리만 스스로 自用·自到함이 되고 만다.

920) 주희는『혹문』에서 "理雖散在萬物, 而其用之微妙, 實不外乎一人之心"(하203)이라 했고, 또『어류』에서 "理雖在物, 而用則實在心也"라 했다. 심은 리가 있고 이 心理는 만물에 산재한 리와 동일한 一理인데, 단 그 리용은 심리와 함께한 吾心으로 볼 수밖에 없다. 반면 퇴계는 리가 스스로 自用·自到해서 '심으로 다가온다'고 하는데, 이는 주희의 리용·리도의 뜻과 다르다. 리 자도라 하면 결국 心外의 리가 되고 만다.『어류』원문은 다음과 같다. "不知用是心之用否? 日, 理als有用, 何必又說是心之用. 夫心之體具乎是理, 而理則無所不該, 而無一物不在, 然其用實不外乎人心. 蓋理雖在物, 而用實在心也"(권18, 燾97, 628쪽)

- 493 -

(205)其曰, "理在萬物, 而其用實不外一人之心", 則疑. 若理不能自用, 必有待於人心, 似不
可以自到爲言. [自用자용; 외부 리의 작용. 리가 홀로 작용함.(주희; 심·리의 묘용) 自到자도; 리 스
스로 도달함. 리 자신이 다가옴.(到는 격물의 결과이며, 때문에 스스로 능히 도달한다고 할 수는 없음)]

이곳 주자의 "리는 만물에 [散]在하며 그 용[의 미묘]도 실로 한 사람의 심을 벗어나지
않는다"(『혹문』과 『어류』를 섞어서 인용함. 주희는 心理와 物理는 一理인데, 단 그 묘용은 심으로 볼 수밖에
없다 함)고 함은 의혹이 있습니다.(주희의 『혹문』·『어류』를 부정하고 心外의 理만 논하고자 한 것
임)[921] 만약 리가 능히 自用할 수 없고 반드시 인심의 기다림(주희는 心理·物理의 묘용이므로,
심에서 不外한다 했음)이 있어야 한다고 한다면, 그렇다면 리를 自到라고 말해서는 안 됩니
다.(퇴계는 心外에서 리는 홀로 自用·自到한다 함. 用·到는 주희의 어법과도 다름)[922]

(206)然而又 "曰, 理必有用, 何必又說, 是心之用乎?",(원문 乎 없음) 則其用, 雖不外乎
人心, 而其所以爲用之妙, 實是理之發見者. 隨人心所至, 而 "無所不到", "無所不
盡." 但恐吾之格物有未至, 不患理不能自到也. [能自到능자도; 능히 스스로 도달함. 스스로
다가옴.(能은 가능이고, 到는 물격의 결과임. 따라서 가능과 물격인 결과는 설이 서로 다름. 리가 '능히
자도한다'면 심·물은 내·외가 되고 맘)]

그런데 또 말(『어류』)하기를 "리(심을 포괄한 一理임)는 반드시 용이 있는데 하필 또다시 설
해서 심의 용이라 해야 할까?"(주희는 一理는 심도 포괄하므로 內의 심용만으로 논할 수 없다 함인데,
퇴계는 거꾸로 外의 리용만으로 이해함. 乎의 물음표는 퇴계가 붙이고 '심용이 아님'으로 해독함)라고 하는

---

921) 위 『혹문』 "理雖散在萬物, 而其用之微妙, 實不外乎一人之心"(하203)과 『어류』 "而無一物不在, 然其用實不外乎人心. 蓋理雖在物,
而用實在心也"(하204)를 요약해서 "理在萬物, 而其用實不外一人之心"으로 인용한 것이다. 이어진 『어류』 뒷줄에서 "리는 천지
만물 사이에 두루 있으나 심이 管之한다. 심이 管之하므로 그 용도 실로 此心에서 不外한다. 따라서 리의 體는 在物이라도 그
用은 在心이다. 요점은 리는 在物과 在吾身에 있어 단지 一般일 뿐이다"(628쪽)고 한다. 즉 리는 심을 포함한 만물에 산재하며
그 리의 미묘도 인심에서 不外한다. 왜냐하면 萬理와 心理는 동일한 一理이며, 그 용도 心의 管之(주체. 공부)가 아니면 볼 수
없기 때문이다. 반면 퇴계는 『혹문』과 『어류』에서 몇 차례 강조한 이 설을 "의혹이 있다"고 한 것이다. 퇴계는 리가 心外에서
능히 自用·自到한다고 한다. 自用이라면 그 리용은 인심을 떠난 外理가 되고 만다. 결국 『혹문』과 『어류』에서 위와 같이 논한
"물격"의 "혼연일치"와 반대의 뜻이 되고 만 것이다.
922) 퇴계는 "리가 인심을 기다린 이후에야 自用한다고 하면, 그렇다면 리는 自用·自到라 할 수 없을 것"이라 한다. 주희의 "물격·리
도"설을 이와 같이 이해하고, 이러한 주희의 설은 '문제가 있다'고 한 것이다. 왜냐하면 리는 스스로 자용·자도할 수 있는데도
주희는 '인심의 기다림 이후'에야 비로소 자용·자도할 수 있다고 했기 때문이다. 퇴계는 인심의 기다림이 없어도 리는 자용·자
도한다고 한다. 이는 주희의 "물격" 주석 내용과 전혀 다르다. 주희의 "不外(벗어날 수 없음)"는 만리의 묘용은 '심의 궁구로 볼
수 있다 함이고, 퇴계의 "自用"은 심의 궁구와 관련없는 리 자용이다. 주희는 혹자의 질문에, 먼저 "人之所以爲學(사람이 배우는
대상)"이라 하면서 위와 같이 논했다.(『혹문』) 따라서 "學"이 없으면 理用도 없다. 주희의 "리용"은 궁구로서의 심리와 만리의 합
치이다. 만약 퇴계와 같이 리 홀로의 자용·자도라면 리는 吾身·吾心을 떠남이 되어, 천하의 리와 오심의 리는 서로 각각이 되고
만다. 때문에 『혹문』 아랫줄에서 심 및 리는 "內外 精粗로 논할 수 없고" 떠나면 外 혹은 內만의 "幽深 恍惚(노자)과 近世 佛學"
이 된다고 비판한 것이다. 자용·자도라면 [심·물의 리용의 미묘](『어류』)도 "심체의 허령(리)"을 떠난 心外의 리가 되고 만다.
이는 주희의 격물·궁리 및 "물격·리도"의 뜻과 어긋나며, 더구나 퇴계의 用·到 또한 주희의 어법과 다르다.

데,923) 그렇다면 그 용은 비록 인심을 벗어나지는 않는다 해도 그 '용의 묘'(묘는 이미 리용임)가 될 수 있는 소이는 실로 '리의 發見者'(묘의 소이를 '발현자'라 할 수는 없음. 발현자는 용임. 퇴계는 『중용』 "발"인 성정과 『대학』 "知"인 격물·물격을 섞어서 분간하지 않음)입니다.924) 인심이 이르는 바에 따라 [리는] "도달하지 아니함이 없고",(물격의 일임. 인심이 '이르게 하는' 일과 다름)925) 또 [리는] "다하지 아니함이 없습니다."(물격이 아닌 知至의 일임)926) 다만 나의 格物이 이르지(至) 못함이 있을까를 걱정할(恐) 뿐,(格과 至는 동의어임)927) 理가 능히 自到하지 못할까를 근심할 필요는 없는 것입니다.(격물·궁리 여하로 理到가 있을 뿐, 심·물을 떠난 自到는 불가. 퇴계와 같다면 리는 心外가 됨. 격물 못할까를 항상 공부로 근심해야 함. 리 자도라면 노자가 됨)928)

---

923) 『어류』 "是心之用(또다시 심용을 말하는가)"을 퇴계는 "是心之用乎(심용이겠는가)"로 인용했다. 心之用이 아닌 理之用이라 함이다. 주희가 "하필 또 설해서 이를 다시 心之用이라 해야 할까"라고 한 이유는 이미 앞에서 "그 [리]용의 微妙"라 했기 때문이다. 즉 앞 "리용의 미묘"는 萬理와 吾心의 리가 "혼연일치"의 一理이므로, 따라서 주희는 앞에서 심리와 만리의 묘용·미묘를 이미 논한 것이다. 때문에 또다시 심지용이라 하면 그것은 만리를 포괄할 수 없거니와 또 앞의 묘용과 중복된다는 것이다. 반면 퇴계는 주희의 설을 인용해서 "리지용이 있는데, 또 하필 심지용으로 설해야 할까"로 인용함으로써, 리는 용이 있으니 '심지용은 논할 필요 없음의 의미로 해독한 것이다. 이 인식은 주희의 뜻과 전혀 다르다. 주희의 이른바 '용의 미묘'는 리 단독의 自用이 아니다. 이는 심(內)의 묘용 혹은 물(外)의 묘용도 아닌 바로 심리와 물리가 합치한 '一理로서의 미묘'이다. 그런데 질문자는 "「혹문」에서 운운하신 그 '용'을 심지용이라 해석해도 되는가?"라 했고, 이에 주희는 "왜 또다시 이를 心之用이라 다시 말하는가"라고 하여, 만약 심지용만 말하면 萬理가 심(內)에 '치우친 것'이 된다고 반문한 것이다. 이렇게 논하면 심리와 물리는 내·외가 되고 만다. 주희는 심지용을 부정한 것이 아니다. 리용의 미묘는 심에서 不外하기 때문이다. 만약 퇴계와 같이 心之用이 아닌 리만 홀로 "능히 자용·자도한다"(하205)고 하면 이는 주희와 정 반대의 의미가 된다.

924) 주희는 "用의 微妙도 一人之心에서 不外한다"(「혹문」·「어류」)고 한다. 그런데 퇴계는 "용의 묘의 소이를 곧 리의 發見者"라고 한다. 하지만 [리]용의 묘"는 이미 리용이다. 아마 물격의 소이를 격물이라 한 듯하다. 더구나 '리묘의 소이를 리의 發見者'라 하면, 발현자인 용이 소이가 되고 만다. 발현자는 용이며, 따라서 발현자를 소이라 할 수는 없다. 한편 "격물·물격"은 吾之知와 "知之至"의 "知識"론이다.(「보망장」·「경1장」) 즉 "나의 知識을 推極하여" "事物의 리를 窮至함"과 "物格知至로 知所止함"의 일이다.(「경1장」) 한편 "發"은 『중용』 성정설이다. 즉 情의 "발"을 통한 "중·화의 道를 논함"(「수장」)의 일이다. 『대학장구』의 지식론과, 『중용장구』는 함양공부로서의 도의 소통론은 종지가 전혀 다른데 퇴계는 이 둘을 분간하지 않은 것이다.

925) 『대학장구』에서 "物格者, 物理之極處, 無不到也"(경1장. 하200)라 하며, 따라서 퇴계의 "無所不到"도 물격의 일이다. 주희는 격물을 "欲其極處無不到(그 극처에 다다르지 않음이 없게 '하고자'함)"라 하고, 물격을 "極處無不到也(극처에 다다르지 않음이 없게 '된' 것)"(경1장)라고 한다. 반면 퇴계는 "인심이 이르는 바에 따라 [리는 無所不到한다"의 '自到'라 하는데, 그렇다면 이는 내가 "사물의 리를 窮至"(경1장)하지 않아도 리는 自用·自到한다는 말인가? 주희는 격물을 "그 극처에 無不到하고자 함"의 '欲'이라 하기 때문이다. "人心所至" 또한 주희 문자와 다른데, 주희의 "至"는 "知至(吾知의 盡함)"(경1장)의 일이다. 더구나 주희는 "人心"(「혹문」)을 심에 '존재한 리'로 논했을 뿐, 사람 마음이 '리를 이르게(至)' 함으로 논한 것은 아니다. 격물은 궁리인 "知識"의 일이다.

926) 『대학장구』에서 "知至者, 吾心之所知, 無不盡也"(경1장)라 하며, 따라서 퇴계의 "無所不盡"은 知至이다. 즉 이곳은 물격이 아닌 "知至(앎을 다함)"를 논함이다. 경문은 "物格而后知至(물이 격해진 이후 知가 다함)"의 '지'인데 퇴계는 "理到"인 물격의 '리'로 인용한다. 경문 "致知, 在格物(앎을 이룸은 격물 여하에 달려있음)"에 대해 주희는 "吾의 知識을 推極하여 그 所知를 無不盡하고자 함"이라 하고, 그 결과인 "而後"가 곧 "吾心의 所知인 無不盡"의 "知至(앎을 다함)"이다. 물격으로 지지를 이루지만, 物格은 "無不到"의 일이고, 知至는 "無不盡(앎을 모두 다함)의 일이다.

927) "나의 격물이 未至함이 있을까 걱정한다"고 함은 내가 "사물의 리를 窮至함"(경1장)에 그 궁리를 못할까 걱정한다 함이다. 경문 "格物(물을 궁구함)"에 대해 주희는 "格, 至也, 物, 猶事也"라고 하여 격물을 '至·事(일에 나아가 궁구함)로 주석했다. 따라서 퇴계의 "格物의 未至가 있음"에서 격물의 '格'과 미지의 '至'는 동의어이다. 주희는 '格物(窮·至)로 "그 극처에 無不到하고자 한다"(경1장)고 한다.

928) 物에는 리가 있고, 나는 知가 있다. 吾心은 리가 있으니, "나의 知를 致하고자 하면 그 물에 卽하여 리를 궁구"해야 한다. 그래서 "用力으로 활연관통하면 衆物의 표리 정조는 無不到하게 된다." 격물하여 물격에 이르는 길은 "用力"을 필요하며, 이로써 "知至"가 된다. 知는 바로 "吾知"이며, "물격을 이루면 이것이 곧 知之至(앎을 이룬 것)"이다.(모두 「보망장」) 결국 나의 理와 천하의 物理가 "渾然一致"(「혹문」. 「태극도설해」, 77쪽)된 것이 곧 물격·리도이다. 만약 퇴계와 같이 "리 자도"라 하면 이는 심과 衆理의 '혼연일치'가 아닌 반대로 리는 '外'가 되어 노자가 되고 만다. 또 "능히 자도함"의 能은 도달 '가능'이고, '到'는 달성된 장소(處)인 일치된 곳이다. 그 장소로서의 결과는 '能'자를 쓸 수 없다. 또 만약 "리가 자도 못할까 근심하지 않는다"고 말한다면 내가 격물·궁리하지 않아도 리는 스스로 자용·자도라 함이 되고 만다. "用力"이 없이 "到"할 수는 없다.

(207)然則, 方其言 "格物"(고봉집 物格)也, 則固是言我 "窮至" "物理之極處", 及其言 "物格"也, 則豈不可謂 "物理之極處", 隨吾所窮而 "無不到"乎?

그렇다면 그 "격물"을 말한다면 곧 진실로 내가 "物理의 極處"(물격·리도를 이룬 '곳'임. 격물이 아님)를 "窮至함"(격물·궁리 하고자 함임)을 말한 것이지만,(주희; 사물의 리를 격물·窮至하여 그 極處에 물격·무불도 하고자 함. 퇴계는 선·후를 혼용하고, 後를 先으로 여겨서 非道가 된 것임)929) 급기야 "물격"을 말한다면 곧 어찌 "물리의 극처"(극처는 혼연일치의 장소이며, 결과임)가 내가 궁구한 바에 따라 [스스로 나에게] "無不到함"(주희; 물리의 극처는 무불도한 것. 나에게 到한다 함이 아닌 到한 '곳'임)을 이름이 아니라 하겠습니까?(퇴계는 物·我의 리를 구분하고, 外의 리가 內에 自到함으로 해독함. 그렇다면 內인 我理는 없음이 됨. 주희의 물격은 혼연일치의 '곳'을 논한 것임)930)

(208)是知 "無情意·造作"者, 此理本然之體也, 其 "隨寓發(고봉집 發 없음)見而無不到"者, 此理至神之用也. 向也, 但有見於本體之(고봉집 之 없음)無爲, 而不知妙用之能顯行, 殆若認理爲死物, 其去道不亦遠甚矣乎?

이로써 "정의·조작이 없음"(주희; 정의·조작에도 리는 항상 변함없음. 미발에도 변함없는데, 이곳은 이발의 용으로 말함. 퇴계와 같다면 自用의 근거가 없게 됨)의 것은 '리 본연의 체'(주희는 체가 아닌 용으로 논함)이고,931) 그 "거주함에 따라 발현하여 도달하지(다다르지) 않음이 없음"(주희; 거주하는

---

929) 퇴계의 "我窮至物理之極處"는 주희의 '격물'과 '물격'의 설을 구분 없이 혼용한 것이다. 주희는 격물을 "窮至事物之理, 欲其極處無不到也"의 '하고자 함(欲)'이라 하고, 물격의 "物理之極處, 無不到也"(「경1장」)는 그 '결과'이다. 즉 窮至는 '격물'이고, 物理之極處는 '물격의 곳'이다. 반면 퇴계는 窮至의 '욕'과 極處의 '결과'를 혼합해서 격물과 물격의 일을 구분하지 않는다. 만약 "極處를 窮至함"이라 하면 이는 결과인 '물격을 궁구함'이 되고 만다. 퇴계의 이곳은 리도를 논하기 위함이다. 리도(물격)를 논하기 위해 먼저 격물을 말한 것인데도 격물의 일을 오히려 물격의 설로 인용한 것이다. 격물인 "物에 卽해 그 理를 궁구함"(「보망장」)의 '卽物은 사물의 리이다. 주희는 物理를 궁구해서 결국 물격을 이루고자 했을 뿐, 반대로 물격 '以後' 격물이 된다 함이 아니다. 「경1장」의 "先後를 알면 도에 가까울 것(知所先後, 則近道矣)"으로 보면 격물 "而后" 물격이고 "物格而后知至"라 함인데, 퇴계의 인용문은 그 "先後"를 어긴 것이다.

930) 퇴계는 물격을 "物理之極處가 隨吾所窮에 따라 而無不到함"이라 하여 그 '리의 極處가 나에게 到한다'고 한다. 이는 주희의 "物理之極處는 無不到也" 사이에 "隨吾所窮"을 넣어 독해한 것이다. 즉 "물의 극처에 있는 '리가' 내가 궁구함에 따라 '나에게' 自到한다"고 해석한 것이다. 윗줄 "自到 못할까 근심할 필요없다"고 함은 '리' 스스로 능히 자도한다 함이다. 나의 궁구에 따라 外의 理가 능히 스스로 자도한다. 이는 주희의 주석 내용과 전혀 다르다. 격물 이전 我理와 外理는 둘이지만, 물격은 이미 '만난 곳'인 극처의 一理이다. 만약 外의 리가 자도한다면, 內의 吾는 리가 없음이 되고 만다. 주희의 "무불도"는 外理와 我理의 "豁然貫通의 渾然一致"(「혹문」, 528쪽)를 말한다. 我理와 物理는 완전히 같은 一理이다. 때문에 주희는 격물에 대해 "吾知를 致하고자 함", "나의 知의 리를 窮之함"이라 하고, 물격에 대해 "衆物의 표리 정조는 무불도한 것", "吾心의 全體大用이 無不明함, 이것이 物格이며 知之至임"(모두 「보망장」)이라 한다. 따라서 物格은 外의 리가 內인 吾心으로 自到함의 뜻이 아닌, 吾理와 物理의 "渾然一致"의 "處"로 말한 것이다. 處는 궁리 결과이다. 그 결과가 궁리에 따라 또다시 外에서 다가올 수는 없다.

931) 고봉이 인용한 "기는 능히 응결 조작하지만 이때도 리는 도리어 정의, 계탁, 조작에도 변함없다. 기가 응결해 모인 곳에 리는 단지 그 가운데 변함없는 자약일 뿐이다"(하121)고 함은 리의 체가 아닌 '용'으로 말한 것이다. 리는 이발에도 자약이지만, 미발에도 자약이다. 리는 情意·造作의 기에 있어도 변함없는 단지 자약일 뿐이다. 고봉의 "그 發見者", "下土의 偏照", "기의 응취처", "本體의 流行"(하120) 등은 모두 "기에 있는 리(理之在氣)"(하119)의 기의 응취처에서 본체의 유행처(용)를 말한 것이다. 반면 퇴계는 이를 인용해서 "리 본연의 체를 말한 것"이라 하고 또 "死物"이라 한다. 즉 리 "본연"(本然의 연은 이미 '그러함'으로

- 496 -

바에 따라 리는 다다르지 않음이 없음. 고봉이 理到說로 고증함. 주돈이의 "미묘해서 보기가 어려움"의 주희 해설임)의 것은 '리의 至神의 용'임을 알 수 있습니다.(用의 근거를 自用이라 할 수는 없음)932) 지난번에는 단지 본체의 無爲(퇴계; 함이 없음. 고봉; 변함없음)만 보고 妙用이 능히 顯行한다는 것을 알지 못했습니다.(무위가 현행한다고 하면 체용이 맞지 않음. 묘용은 체용의 용이 아닌, 혼연 전체의 묘용임)933) 이는 자못 리를 인식하기를 死物로 여김과 같으니,(리체는 무위의 死物이고, 리용은 死物이 아니라는 것임. 여전히 체용이 맞지 않음)934) 그 도를 떠남(슴으로 논해야 道이며, 격물·물격은 道로 논할 수 없음)935)이 또한 심히 멀다 하지 않겠습니까?(주희의 理到는 心·物에서 떠나서는 안 된다 함인데, 퇴계는 거꾸로 理만 논하여 자도라 함. 또 리체가 無爲라면 노자의 '有生於無'가 되고 맘)936)

서 死物이 아님)의 체는 "無爲"의 "無造作"이라는 것이다. 그러나 체가 무위의 死物이라면 自用·流行도 불가하다. 주희의 "응결·조작의 때에도 변함없다"고 함은 응결·조작의 때 혹은 그 미발이라 해도 리는 스스로 자약일 뿐이라 함이다.

932) 퇴계의 "隨寓發見而無不到"는 고봉이 「문목」에서 인용한 「어류」 "隨其所寓而理無不到"(하192)의 리도를 말한 듯하다. 고봉의 "리도"는 '물과 더불어 완전을 이룬 리'의 뜻이다. 이는 "물격"인 心理와 物理가 그 극처에서 완전히 융석해서 하나가 된 상태'를 이른 것으로, 즉 심리와 물리의 "활연관통의 혼연일치"(「혼문」)한 곳이다. 반면 퇴계의 "거주에 따라 발현해서 도달하지 않음이 없음"은 '리가 스스로 發見해서 나에게 自到한다'는 의미이다. 즉 리의 自用이라 함이다. 이와 같다면 吾理와는 다른 外理가 스스로 自用·自發해서 나에게 自到함이 되고 만다. 이는 주희의 "물격"과 고봉의 "리도"의 뜻과 다르다. 더구나 리체를 "정의·계탁이 없는 "無爲'라 하고, 또 리용을 "自用이 있다"고 하면 결국 '없음(無)이 발해서 있음(有)'이 되는 "有生於無"(노자)가 되고 만다. 또 자용의 소이를 자용 자신이라 할 수도 없다. 퇴계는 윗줄에서 "用之妙의 소이는 리의 發見者"(하206)라고 하는데 그렇다면 리용의 소이가 반대로 발현자인 용이 되고 만다. 고봉은 본 「문목」에서 "氣機 동정의 소이는 태극"이라 하면서 "태극의 동정은 氣機에서 나올 수는 없다"(하196)고 한다.

933) "리 본체는 무위이고, 리 묘용은 현행한다." "지난번에는 단지 리 본체의 무위만 알았다." 문제는, 리 本然의 체는 무위(함이 없음)인가? 또 주희의 "정의·조작이 없음(변함없음)"은 리 본체를 말함인가? "리 묘용"은 리의 실체·본연의 '然'이 아닌가? 주희는 "無極而太極은 莫之爲而爲"라 하고 또 "무극·태극의 極자를 無爲"라 한다.(「문목」, 하193) "極"자를 '無爲(변함없음)'로 풀면 '無無爲' '太無爲'가 되어 공자의 "태극'은 '변함이 없을 수 없으면서도 큰 변함없음'의 "無爲而爲(변함이 없으면서도 변함)"의 뜻이 된다. 주희의 "무위"는 '변함없음'의 뜻이다. 고봉은 "임천오씨는 태극의 묘함을 극찬하려다 오히려 그 참됨을 잃고 말았다"(「문목」, 하197)고 하는데 그것은 리의 태극은 實理로서의 有爲여야 하기 때문이다. 만약 "무위(死物)가 현행한다"고 하면 '체의 無爲가 용의 爲'가 되어 체용이 어긋난다. '할 수 있음의 체'가 '함의 용'이 되어야 하기 때문이다. 주희의 "묘용"은 체용의 용이 아닌 「보망장」 "全體大用", 「통서주」 "실리"(전체)의 "묘용"이다. 위 至神의 용'도 체용의 용이 아닌, 전체의 묘용이다.

934) 주희의 "리의 무정의, 무조작, 무계탁"을 "리 본연의 체의 無爲"로 해독하고 "리를 死物로 여겼다"고 한 것이다. 리체는 무위의 사물이고 리용은 사물이 아니다. 과연 리체의 본연(본래 그러함)이 無爲이며 死物인가? 윗줄 "정의·조작이 없음은 리 본연의 체"이며 "지난번 단지 본체의 무위만 보았다"고 함은 지금도 리체는 무위인 死物인데, 다만 "至神의 용"이 "능히 현행한다" 함이다. 자신의 용은 活物이며, 리체는 여전히 死物이다. 주희는 리의 무위를 死物이 아닌 '함이 없으면서도 함'으로 해설한다. 고봉의 "자약"은 리 "본체(전체)의 유행"(하120)이다. 또 "태극은 스스로 동정이 있다"(하196) 하고, 또 "태극의 묘함"(하197)은 태극 전체일 뿐 태극의 용이라 함도 아니다. 주희의 "무위" 및 "무정의" 등은 死物 혹은 活物이라 함이 아닌, '변함없음'의 의미이다. 무위의 체와 현행의 용은 체용이 들어맞지 않는다.

935) 『맹자』의 "孟子曰, 仁也者, 人也, 合而言之, 道也(仁과 人을 합해 설명해야 道이다)" 집주에 "仁은 理이고 人은 物이다. 仁의 理와 人의 身을 슴으로 言之해야만 이른바 道이다. 중용 '率性之謂道'가 이것이다"(「진심하」16)고 한다. 또 "物은 本末이 있고 事는 先後가 있으니, 선후를 알아야만 道에 가까울 것이다"라 하고 "致知는 格物에 있다"고 하는데,(『대학, 경1장』) 이는 격물 "而后" 물격이라 함으로, 즉 "先後"이다. 하지만 퇴계는 "리도"를 理의 自用·自到로 여겨 物과 슴으로 논하지 않았고, 또 "물리의 극처가 나의 窮에 따라 무불도한다"고 함으로써 물리의 극처인 물격을 오히려 격물보다 先으로 여겼다. 모두 선후를 잃은 것이다. 주희는 心·物의 합을 道라 하며, 리도·물격을 "物理의 극처" "衆物의 표리정조"라 하여 物과 슴으로 논한다. 따라서 퇴계와 같이 '물과 슴'이 아닌 단지 '리의 체용'이라 하면 이는 '道라 할 수 없다. 특히 주희는 "대학의 이른바 '知至·格物者는 깨달음에 들어감(悟入)이 아니다"(『문집』권41, 「答程允夫」8, 1879쪽)고 하는데, 퇴계는 오히려 道로 논한다.

936) 퇴계가 인용한 『대학혹문』에 의하면 "사람이 學하는 소이는 심과 리일 뿐이다. 심체의 허령은 천하의 리에 관섭된다. 리가 비록 만물에 산재하나 그 용의 미묘는 一人의 심을 벗어나지 않는다. 따라서 [리는] 내·외 정·조로 논해서는 안 된다"(하203)고 한다. 리는 내·외로 논해서는 안 된다. 내·외로 논하면 衆理의 妙가 될 수 없고, 리 혹은 심만으로 논하면 老(리만의)나 佛(심만의)이 되며, 심을 떠나면 도가 없다. 반면 퇴계는 리만 논하고, 리의 自用·自到라 한다. 그렇다면 퇴계 스스로 심의 허령(리)을 떠나고, 슴의 도를 떠나서 리만 논함이 되어, 결국 리체인 "무정의 무조작"의 "無爲"에서 리용인 "묘용의 현행"이 되어 『노자』의 "무에서 유가 나옴(有生於無)"이 되고 만다. 퇴계는 "리체를 本虛"(상174·305)라 한다.

(209)今賴高明提誨之勤得去妄見, 而得新意長新格, 深以爲幸. [新意신의; 새로운 의미. 新格신격; 새로이 알게 된 것.(격은 物格의 격과 같이 그 결과를 가리킴)]

지금 고명의 이끌어 가르쳐주신 근면함에 의뢰하여 나의 망견을 버리게 되었고 그래서 新意를 얻고 新格도 장진하게 되었으니('新'이기 위해서는 먼저 주희 인용문에서 어긋나지 않아야 함. 퇴계는 고봉과 주희의 리도설을 그 본의와 다르게 이해하고, 결국 자신의 신의인 리 자도설로 고봉 본설을 가로챈 것임)937) 매우 다행이라 하겠습니다.

(210)"無極而太極", 此一段釋語, 近亦方知愚見之誤. 盖前來, 不屑徧考諸儒說. 只循己見, 以極字直作理字看. 妄謂當其說 "無極"時, 但謂 '無是形耳, 豈 '無是理'之謂乎? 故一向以諸君之釋爲非, 曾得寫寄吳草廬說, 亦不甚虛心細看. [寫寄사기; 오징의 설을 베껴 써서 부침.]

"무극이태극"에 대한 공의 이 일단의 해석을 보고 근래에야 또 나의 견해에 오류가 있음을 알게 되었습니다.(주희와 고봉은 무극·태극의 극자를 '훈고'가 아닌 공자 태극의 '변함없는 변함의 義'로 고찰함)938) 저는 전부터 제유의 설(고봉은 주희를 들었는데, 퇴계는 오히려 아래 황간과 오징임. 고봉은 위 「문목」에서 오징을 강력 비판했음)939)을 두루 고찰하기를 달가워하지 않고 단지 나의 견해만을 좇아 그 '極'(무극의 극자)자를 곧바로 '理'자로 여겼습니다.('無極'을 '無理'로 여겼다는 것임. 그러나 고봉은 무극·태극의 '極'자를 훈고가 아닌 공자 '태극의 義'로 고찰함)940) 그리고는 망령되이 그

---

937) "新意를 得하고 新格을 長하게 됨"은 "고명의 가르침을 받아 나의 妄見을 버리게 되었기" 때문이다. 고명의 가르침은 "리도설"이다. 퇴계의 "舊見"은 "물격의 格자와 무불도의 到자를 모두 내가 格하고 내가 到함으로 여김"이다. "망견·구견"은 내가 격·도함이고,(주희는 불학이라 함) "新意의 得"은 리체(전체)가 아닌 리 스스로의 "自用·自到"이다.(주희는 노자라 함) 퇴계는 리도설을 받고, 당초 '내가 格·到함'을 부정하고 결국 '나의 궁구에 따라 리가 스스로 無不到함'이라는 새로운 新意·新格을 得·長한 것이다. 하지만 고봉 리도설 본의는 이와 전혀 다르다. 만약 퇴계가 "新"자를 쓰기 위해서는 먼저 주희를 인용한 인용문에 어긋나지 않아야 한다. 퇴계는 고봉과 주희의 리도설을 자신의 리 자도설로 여겨 이를 신의·신격이라 한 것이며, 결국 고봉 본설을 자신의 신설로 가로챈 것이다. 고봉은 "이 설은 공자의 經을 新·巧한 폐단이며, 정주의 설로 格해도 不合하다"(상180)고 하는데 이는 성인의 '經'를 그 종지와 다르게 새롭게 해석해서는 안 된다 함이다. 퇴계의 "新格"은 '새롭게 궁구함'인지 혹은 '새로운 물격의 격'의 뜻인지, 또 다른 새로움인지도 불명하다.

938) 고봉은 「문목」에서 주돈이의 "무극이태극"에 대해 주희의 '答陸子靜'을 인용해 "극자는 무위(변함없음)의 뜻과 같다"고 하면서 "그 해석의 의미 역시 알 수 있다"고 했다.(하193) 즉 무극이태극의 極자를 '무위'로 풀면 공자의 "태극"은 '변함없으면서도 큰 변함'의 뜻이 된다. 무극이태극은 '변함없는 변함'의 의미이며 따라서 공자의 "태극"은 유·무 한쪽으로 논해서는 안 된다 함이 주돈이의 뜻이다. 이에 퇴계는 '그대의 무극이태극의 해석을 보고 나의 오류를 알았다'고 한 것이다. 퇴계의 당초 오류는 "무극"의 極자를 理라 하고 '無理'로 여겼다. 그 가부 여하를 떠나 이는 고봉의 지적과 다르다. 고봉은 무극·태극의 극자를 해석한 것인데, 퇴계는 무극의 극자만 훈고한다. 그러나 주희는 육구연의 "극자를 中자로"의 훈고를 비판한다. 고봉은 극자를 공자 태극의 '義'로 고찰한 것이다. 주돈이의 "무극"은 공자 "태극"의 '본의'에 종속되어야 하기 때문이다.

939) 고봉이 「문목」에서 "물격", "무극", "태극동정"을 고찰한 것은 주희의 「무신봉사」, 『통서주』, 「대학혹문」, 「답육자정」, 「답채계통」, 『주자어류』 등이다.(하192·193·194·198) 모두 주희의 설이다. 다만 오징의 "태극 무동정설"을 비판하기 위해 오징의 설을 든 것뿐이다.(하195~197) 이와 같이 「문목」 인용문은 제유의 설이 아니다. 하지만 퇴계는 아래에서 "황면재(황간)와 오초려(오징)"(설은 제시하지 않음)를 들고(하211) 주희가 아닌 오히려 '제유의 설을 고찰하지 못했다'고 자책한 것이다.

940) "당시 極자를 理자로 보았음"의 極자는 무극, 태극, 극처 중 어느 극자인지 불명하나, 아래로 보면 "무극"의 극자이다. 아마 고봉의 「문목」 제목이 "무극"이어서인 듯하다. 고봉은 「문목」 "무극" 조항에서 무극·태극의 "극자는 無爲(변함없음)의 뜻"(하

"무극"(그러나 아래 황간은 공자 '태극'의 극자임)을 설할 때 단지 '형이 없음(無形)'을 이를 뿐 어찌 '리의 없음(無理)'을 이르는 것이겠는가, 라고 여겼던 것입니다.(당초 '無理'로 여겼으나 無形‧비유로 고쳤다는 것으로, 글자의 훈고임. 퇴계는 주희와 고봉이 논한 '태극' 고찰을 한마디도 언급하지 않고 오히려 새롭게 황간의 '비유'를 따름. 대화가 어긋남)941) 때문에 줄곧 제군들의 해석을 그르다고 여겼는데,(제군들의 어떤 설인지가 없음. 윗줄에서는 '나의 견해의 오류'라 함) 일찍이 공께서 베껴 보내준 오초려(오징)의 설(고봉은 퇴계를 비판하기 위해 '무극' 및 오징의 '태극 무동정'의 설을 든 것임)을 받고서도 역시 허심으로 자세히 보지도 않았던 것입니다.(퇴계는 아래에서 오징의 설을 제시하지 않고 오히려 칭찬함)942)

(211) 其後, 累蒙左右及他朋友警發之敎, 乃始歷檢諸先儒說. 其中如黃勉齋說, 最爲詳盡. 而其曰, "後之讀者, 不知極字但取譬, 而遽以理言. 故不惟理不可無, 於周子 '無極之語, 有所難通.'" 其言, 似若先知滉有今日之惑, 而提耳敎之也.

그 후 거듭 좌우 및 다른 붕우들의 경계의 가르침을 받고 비로소 여러 선유의 설을 두루 검토해 보았습니다.(고봉은 주희를 고찰했는데, 퇴계는 아래 황간으로 논증함) 그중 황면재(황간)의 설(고봉은 이미 정철에게 황간의 설을 비판함)943)이 가장 상세함을 다했다고 하겠습니다. 면재

---

193)이라 하고, 또 "태극무동정" 조항에서 "태극은 동정이 있음(太極之有動靜)", "태극의 묘(太極之妙)"라 한다.(하197) 모두 주희의 '설'이다. 퇴계는 "극자는 리자"라고 한다. 하지만 주희와 고봉은 극자만 따로 훈고하지 않고 단지 무극‧태극의 극자를 "無爲(변함없음)"로 풀면 이른바 "무극이태극"은 '변함없으면서도 큰 변함'의 의미라 했을 뿐이다. 즉 "무극이태극"을 공자 '태극'의 義에 따라 해설한 것이다. 퇴계의 윗줄 "무극이태극"과 아래 "무극을 설할 때"는 모두 공자의 "태극" 해석이 아니다. 주희의 "極자의 得名은 樞極의 義를 取한 것"(『문집』권45, 「答楊子直」1, 2071쪽)이라 함은 훈고가 아니다.

941) 주돈이의 "무극"에 대해 종전에는 '無理'로 여겼으나 이후 '그대의 해석을 보고 無形일 뿐 無理는 아니다'로 고쳤다는 것이다. 無極을 無理라 할 수는 없다. 無極의 극자를 理라 하면 '無理이면서 太極임'이 되고 만다. 퇴계는 '렴계의 무극'을 당초 無理라 했는데 이후 '無形이며 비유이다'로 고친 것이다. 그것은 황면재가 "극자는 비유를 취한 것임을 알지 못하고 급거 理로 말한다"(하211)고 했기 때문이다. 그렇다면 퇴계는 황간 '비유설'을 따랐을 뿐 고봉의 주희 고찰은 살피지 않은 것이다. 퇴계는 "그대의 일단의 해석을 보고"라 하면서도 왜 고봉의 고찰 내용은 한마디도 언급하거나 인용하지 않는 것일까? 만약 고봉의 고찰이 의미가 있는 것이라면 그것을 언급해서 자신의 의견을 밝혀야 한다. 과연 퇴계는 주희의 고찰을 인정한 상태에서 황간의 설을 제시한 것일까? 그렇지 않으면 대화가 어긋나거나 혹은 자신의 일방적 주장이 되고 만다. 더욱 문제는 고봉은 태극을 무극으로 해석하지도 않았거니와, 황간 역시 무극이 아닌 공자 '태극'의 극자를 훈고했다는 점이다. 황간의 "급거 리로 말하면 렴계의 무극도 통하기 어렵다"(하211)고 함은 무극이 아닌 태극의 극자이다.

942) 퇴계는 "제군들의 해석"이라 하지만 그 제군들의 설은 밝히지 않는다. 윗줄에서는 "나의 견해의 잘못"이라 했고 그 잘못을 "무극의 극자를 리자로 여긴 점"이라 했는데 그렇다면 제군들도 이와 같은지를 밝혀야 한다. 더구나 "오초려의 설을 받았다"고 하나 그 오징설의 어느 부분인지, 또 그 가부를 제시하지 않는다. 고봉은 「문목」에서 오징의 "太極無動靜"(하195‧198)의 설을 들어 강력 비판하면서, 아울러 퇴계를 비판했다. 이는 "무극이태극"이 아닌, 태극의 본의이다. 고봉은 일찍이 "無極에 대한 선생의 해석은 저의 뜻으로 보면 심히 未安으로 여겨집니다. 마침 考得한 임천오씨의 一篇 文字를 등사해 올리오니 鑑察하시기 바랍니다"(『고봉집』3책, 1569년 윤6월 8일. 175쪽)로 볼 때 고봉은 이때 오징과 퇴계 무극설의 부당함을 논증한 듯하다. 이후 퇴계는 "무극 등의 持論에 대해서는 회답을 드리지 못했으니, 포만이 심합니다"(195쪽)라 하고, 이후 본 답변을 한 것이다. 그렇다면 퇴계는 오징 무극설의 어느 부분을 반대하고 찬성하는가? 그 무극설은 무엇이 옳고 그른가? 퇴계는 아래에서 황면재의 "극자의 비유"를 긍정하지만, 오징의 설은 인용하지 않고 오히려 오징의 말을 칭찬한다.

943) 黃榦(1152~1221) 호가 勉齋이다. 주희 사위로 『주자행장』을 썼다. 고봉은 황간의 설을 비판한 적이 있다. 정철에게 보낸 편지에서 "'氣動而理隨之, 理動而氣挾之'의 설은 면재황씨에서 나온 것이나, 이 일은 의심할 만하다. 마땅히 체인으로 끝까지 밝혀서 그 여하를 살펴야지, 급거 옳고 그름으로 의론해서는 안 된다"(「答鄭袞侍」, 『고봉집』1책, 368쪽)고 한다. 황간의 설은 "及其

- 499 -

는 말하기를(『성리대전』) "훗날의 독자들은 '極'(황간은 태극, 퇴계는 무극)자가 단지 '비유'만 취했다는 것을 알지 못하고 급거 '리'로 말한다.(주희는 '극'자를 비유·훈고가 아닌 '至極'의 義로 풀이함)[944] 때문에 리를 無라 해도 불가하지는 않겠지만,(퇴계는 여전히 무극의 極자를 無로 훈고한 것임) 다만 [극자를 理라 하면] 周子의 '무극'의 말씀에 대해서도 통하기 어려운 바가 있다"[945]라고 합니다.(퇴계는 위에서 無極의 無理를 비판해서 '비유'라 했는데, 여기서는 "무극도 통하기 어렵다"고 한 것임. 이는 황간의 '태극의 극자 훈고'와 퇴계 자신의 '무극의 극자 훈고'를 구분하지 않음으로써 발생한 혼란임) 이 말이 마치 황의 금일의 의혹이 있을 것을 미리 알고 '귀를 당겨서 가르쳐준 것'(이 말은 오징의 "鍵耳而誨之"와 같은 뜻인데, 퇴계는 이미 '선가의 말'이라 배척했으면서도 오히려 '가르쳐줌'으로 인용한 것으로, 자상모순임)[946]만 같습니다.(고봉은 오징과 황간을 예로 들어 퇴계를 비판한 것인데, 퇴계는 고봉에게 가르침을 받았다 하면서도 오히려 오징과 황간을 칭찬함)

感物而動, 則或氣動而理造之, 或理動而氣挾之. 由是至善之理, 聽命於氣, 善惡由之而判矣(급기야 感物로 動하면 혹 氣動에 理가 따르고 혹 理動에 氣가 협조하게 된다. 이렇게 至善의 理도 氣에 聽命하니 善惡도 이렇게 해서 나뉘게 된다)"(『성리대전』권31, 「기질지성」, 2068쪽)이다. 이 설이 퇴계 호발설과 다른 점은, 혹·혹이 있고, 칠·사가 없다. 고봉은 이 설을 "급거 옳고 그름으로 논해서는 안 된다"고 한다. 정철에게 말한 "[그대는 '칠정의 발은 正과 乖戾가 있으니 이는 기의 淸濁으로 인해 그러하다'고 했으니, 이것이 바로 偏主로 논한 뿌리이다"(같은 쪽)와 같이 선악은 '기'의 청탁에 의한 것이 아닌, 자신의 존양·성찰로 인한 일이기 때문이다. 황간의 "氣動, 理動"의 문제는 動이 兩端이 되었다는 점이다. 그래서 고봉은 "理動, 氣感"(하61)이라 하여 一情의 발을 심감의 성발로 논한 것이다. 고봉은 "도리는 무궁하니, 一時의 소견으로 千古의 논을 단정할 수는 없다"(정철, 윗줄)고 하여 황간과 정철을 비판했는데, 이는 본 논쟁의 중심에 있던 퇴계를 두고 한 말이다.

944) 주희는 "성인은 그 至極을 究竟하여, 名으로 名할 수 없어서 단지 太極이라 했을 뿐이다. …極자를 가리켜 '中'(육구연의 훈고임)으로 訓之한 것은 아니니, 極자는 至極일 뿐이다. …一切 停止하니 故로 極이라 했을 뿐이다. …後人도 그 處를 가리켜서 中으로 言之했을 뿐, 그 義를 中으로 訓할 수 있다고 한 것은 아니다. …태극은 단지 此理의 至極이므로 極이라 했을 뿐이다"(『문집』권36, 「答陸子靜」5, 1567쪽)고 한다. 주희는 렴계의 "무극"을 '비유'로 논한 것이 아닌 공자 "태극"의 '義로 고찰했고, 황간도 "무극"이 아닌 "태극"에 대해 논했을 뿐이다.

945) 퇴계는 황간의 설 앞부분을 생략 인용했다. 전문은 다음과 같다. "後之讀者, 字義不明, 而以中訓極, 已爲失之. 然又不知極字但爲取喩, 而遽以理言. 故不惟理不可無, 於周子無極之語, 有所難通. 且太極之爲至理, 其辭已足. 而加以無極, 則誠以於贅者矣. 因見象山論無極書, 正應不能察此(뒷날 독자들은 字義에 밝지 못하다. 中으로 極을 '訓詁'하면 이미 그 본의를 잃는다. 그런데 또 극자가 단지 비유를 취했다는 것을 알지 못하고 급거 리로 말한다. 때문에 리를 무라 해도 불가하지는 않겠지만, 다만 [극자를 리라 하면] 周子의 '무극'의 말씀에도 통하기 어려운 바가 있다. 게다가 태극의 至理됨은 그 말이 이미 족하다. 그런데도 무극이라는 말을 더했다면, 그렇다면 무극은 진실로 쓸데없는 혹 같은 것이 되고 만다. 이러한 논은 육상산의 무극의 글에 보이는데, 상산은 이 의미를 살피지 못한 것이다)"(『성리대전』권1, 「태극도」, 84쪽) 그 앞줄은 다음과 같다. "又曰, 太極本無極也, 蓋謂之極, 則有方所形狀矣. 故又反而言之, 謂之無極云耳, 本非有極之實(렴계는 또 태극본무극이라 했다. 그것은 극이라 한다면 방소와 형상이 있게 되어, [형상이 없기] 때문에 돌이켜 설명해서 무극이라 했을 뿐이니, 이는 본디 [태극의 극이] 有極의 실이라 함이 아니다다. 요컨대 황간에 의하면, 태극의 極자를 육구연과 같이 中으로 훈고해서도 안 되지만 또 理로 말해서도 안 된다. 태극의 극(퇴계는 무극의 극)을 리라 하면 주렴계의 무극은 통하기 어렵다. 왜냐하면 극이 이미 至理이므로 그 무극은 쓸데없는 말이 되기 때문이다. 그러므로 황간은 태극의 극자를 리가 아닌 비유라 했고, '極은 형상의 실이 아니므로 무극이라 했다는 것이다. 이는 황간의 설 가부 여하를 떠나, 황간은 오히려 무극의 극이 아닌 태극의 극자를 논한 것이다. 반면 퇴계는 무극의 극자라 하는데, 그렇다면 이는 황간과 반대로 무극의 극자가 비유가 되고 만다. 황간의 잘못은 공자 "태극"을 '의리학'으로 풀지 않고 극자를 字義로 훈고함에 있고, 퇴계는 또다시 황간의 훈고 여하를 떠나 렴계 "무극"의 본의가 아닌 그 무극의 극자까지 훈고한 점이다.

946) "提耳敎之"는 퇴계의 「白沙詩敎辨」에서 "오초려 또한 말하기를 '귀에 대고 가르치면 일자무식의 범부에게도 신묘에 들게 할 수 있다'고 했다. 황은 말하겠다. 초려의 이 말 역시 선가 돈오의 기틀이니, 聖門에는 이러한 법이 없다(吳草廬亦云, '鍵耳而誨之, 可使不識一字之凡夫, 立造神妙.' 滉按, 草廬此言, 亦禪家頓悟之機, 聖門無此法)"(『퇴계전서』2책, 332쪽)의 오징의 말과 같다. 퇴계 스스로도 이미 오징의 이 말을 선가의 돈오로 배척한 것이다. 또 퇴계는 백사(陳獻章, 1428~1500)에 대해 「白沙詩敎傳習錄抄傳因書其後」에서도 "모두 禪學이다"(같은 책, 335쪽)라고 비판한다. 오징과 백사 모두 선가라 함인데, 또 퇴계는 이를 "귀를 당겨 가르쳐 주었다"로 인용한 것이다. 퇴계의 자상모순이다. 또 고봉은 일찍이 황간의 설을 의혹했는데, 퇴계는 황간의 "비유설"을 들어 칭찬한다. 과연 퇴계는 고봉이 인용해 고찰한 주희의 태극설을 인정한 것인가? 왜 주희설 고찰은 한마디 언급도 없이, 고봉이 비판한 오징과 황간만을 오히려 인용해서 긍정하는가?

15

고봉; 물격과 무극 등의 훈고에 답함(요약)[947]

(212)"物格"‧"無極"等訓, 乃蒙俯察, 平日繳紛往復者, 竟歸一致, 平生之幸, 孰大於是, 非特手舞足蹈之爲樂也. 庚午十一月十五日, 後學大升拜上.

　"물격", "무극" 등을 '훈고'하셔서('자의의 훈고일 뿐'이라는 비판임)[948] 결국 굽어 살펴주심을 받았으니, 평일 분분하게 왕복하던 사안들이 마침내 일치함으로 귀결되었다고 하겠습니다. 평생 이보다 더한 다행이 무엇이겠습니까. 비단 손발이 춤추고 구르는 즐거움이 될 뿐만이 아닙니다. 1570년 11월 15일, 후학 대승배상.(이곳 날짜 및 아래 순서는 퇴계의 논변순서를 그대로 따른 것으로, 고봉의 간곡한 거부의 간언임)[949]

(213)"物格"‧"理到之說", 伏蒙詳諭, 忻幸不可言.

　"물격", "리도의 설"에 대해서도 엎드려 상세한 가르침을 받았습니다.(퇴계의 설을 긍정한 것이 아닌, '또 다른 가르침을 주셨다'는 의미임. 간언임)[950] 기쁘고 다행스런 마음 말로 다 표현할 수 없습니다.

---

947) 『고봉집』 제목은 「先生前上狀, 判府事宅」이다.(『국역고봉집』3책, 220쪽) 퇴계의 「明彦令前拜白, 奇承旨宅」(1570.10.15) "리도‧무극설"에 대한 답변이다.(3책, 211쪽. 하199) 퇴계 논변을 "11월 1일"까지는 받지 못했고,(217쪽) 본 답변(11월 15일)에서 말하기를 "얼마 전(11월 1일자) 기거를 묻는 한 통의 서장을 올리고 난 뒤 갑자기 무안 사람이 와서 전해준 10월 15일자 글을 받았다"(220쪽)고 하므로 따라서 퇴계의 위 논변을 고봉은 최소 11월 1일부터 지금 11월 15일 이전 받은 것이다. 본 답변은 네 부분이다. 1) "理到, 無極 等語"에 대한 "理到, 無極 等訓", 2) "物格, 物理之極處 無不到의 설"에 대한 "物格, 理到의 설", 3) "至神之用, 本體之無爲"에 대한 "無爲之體, 至神之用等語", 4) "무극이태극, 此一段釋"에 대한 "無極之釋"이다. 모두 퇴계의 語, 說, 釋 등 순서 형식에 '정확히' 맞춘 답변임을 알 수 있다.

948) 퇴계의 논변은 "理到, 無極 等語"(하199)이고, 본 답변은 "理到, 無極 等訓"이다. 等語를 等訓으로 답변한 것이다. 고봉의 "물격"과 "리도"는 字意의 훈고가 아니다. 고봉은 「문목」 "물격" 조항에서 주희의 "理到", "理無不到", "理詣其極", "極處無不到"(모두 하192) 등을 고찰해서 물격이 곧 리도라 했고, 또 "무극" 조항에서 "무극이태극"을 "莫之爲而爲", "無爲而爲"(모두 하193)라 한 주희의 설을 인용해 공자 "태극"은 '無爲이면서 爲이다'라고 해설했다. 고봉은 물격‧리도를 자의로 훈고하지는 않았다. 그러나 퇴계가 황간의 '字義不明, 而以中訓極'을 인용해(퇴계는 이 말은 생략함) "훗날 독자들은 極자가 단지 비유를 취했다는 것을 알지 못한다"(하211)고 하여 字義로써 극자를 훈고한 것이다. 또 퇴계는 "物格의 격자와 無不到의 도를 내가 격하고 내가 도한다"(하200)고 함으로써 황간과 같이 자의로 훈고했다. 때문에 고봉은 "훈고하셨다"로 답변한 것이다.

949) 퇴계는 「리도와 무극설에 답함」 논변에서 먼저 "理到, 無極等語"라 하고 "답변은 아래 별지에 기록했다"고 하면서 이어 "庚午陽月十五日, 滉頓(1570년 10월 15일, 황돈)"이라 하여 날짜를 아래 답변보다 먼저 썼다.(모두 하199) 고봉도 이 순서에 그대로 따라 답변한 것이다. 다시 말해 퇴계의 논변 순서는 먼저 "理到, 無極 等語"가 있고, 아래 "별지"보다 먼저 "10월 15일, 황돈"이라 했다. 그리고 아래 별지 본문에 "物格과 無不到의 說"이 있고(하200) 마지막이 "無極, 一段釋等語"이다.(하210) 이렇게 퇴계의 순서에 '정확히' 따른 것은 마지막 고봉의 간언이다. 미언으로 퇴계의 설을 간곡히 거부한 것이다.

950) 퇴계는 '날짜' 아래 '별지' 서두에서 "物格, 與物理之極處, 無不到之說"(하200)이라 했는데 이는 주희의 물격설과 고봉의 리도설에 대한 답변이다. 퇴계는 이어 "理到之說" 및 "理到處"라 하며(하200‧201) 이 역시 고봉의 리도설에 대한 답변이다. 퇴계는 "물격"의 뜻을 당초 "내가 格한다"(하200)로 이해했고 이후 "리가 스스로 自到한다"(하206‧207)로 바꿨는데 이는 경문 "물격" 의미와 반대며(물격은 격물 결과임) 또 "스스로 도달해 옴(自到)"이라 하면 외물의 치우친 리만 스스로 나에게 다가온다 함이

(214)所辨 "無爲之軆", "至神之用"等語, 闡發幽微, 尤極精密. 反覆玩味, 若承面誨, 欽服
尤深. 但細觀其間, 恐有 '道理不自在之累', 未知如何. 伏希鑑諒. [希鑑諒희감량; 이렇게
말씀드린 뜻을 헤아리시기 바랍니다. 모쪼록 양해해 주시기 바랍니다.]

　　나눠 논변하신 "無爲之軆"와 "至神之用"(퇴계는 본체의 무위는 '死物', 지신의 용은 '妙用'이라 하면
서 '용의 리가 나에게 다가온다'고 함. 이와 같다면 체용이 어긋남)951) 등의 말씀(語)도 그윽하고 미묘
함까지 열어 밝히셨으니 극히 정밀하다 할 것입니다.(본체는 무위인데, 작용이 '나에게 다가옴'은
고봉의 '물격·리도' 고찰과 전혀 다름. 때문에 고봉은 '새롭게 주장한 설'로 여긴 것임)952) 반복으로 완미해
보니 마치 면대해서 가르침을 받는 듯 공경스런 마음 더욱 깊습니다. 단, 그간을 자세히
살피건대 '도리의 自在하지 못한 루'(퇴계; 정의·조작이 없음은 체의 死物이나, 단 '용이 나에게 다가오
지 않는다'면 도에 어긋남. 고봉은 이를 도도 어긋나고 리도 어긋난다고 답변한 것임)953)가 있는 듯합니다.
모르겠으나 어떠실 지요. 엎드리건대 저의 뜻을 헤아리시기 바랍니다.

　　되고 만다. 이는 고봉 의미와 전혀 다르다. 고봉의 물격은 격물 결과로서의 무불도이며, 즉 '완전한 리'로서의 리도이다. 따라서
고봉이 "상세한 가르침을 받았다"고 한 것은 결코 퇴계의 설을 긍정한 것이 아닌, '또 다른 가르침을 주셨다'의 의미이다. 이는
고봉의 「문목」 내용과 다르기 때문에 다만 또다시 다른 "가르침을 주셨음"의 의미로 간언한 것이다. 고봉의 "無不到", "物格",
"理到"의 뜻은 내가 사물의 리를 궁구하여 그 '극처에 무불도'하면 "吾心의 所知도 無不盡해서"(모두 "물격"에 대한 주희 주석)
결국 '리도(완전한 리)를 이룬다' 함이다.

951) 퇴계는 "무정의·무조작은 리 본연의 체이고, 발현해서 무불도하는 것은 리의 至神의 용이다. 지난번에는 단지 본체의 無爲만
보고 妙用의 현행을 알지 못했다. 이는 리를 死物로 여긴 것이니, 道를 떠남이 멀다"(하208)고 했다. 즉 리체는 無爲의 死物이
고, 리용은 리가 스스로 自用·自到한다. 결국 체는 무위, 용은 自用이 되어, 체는 死物인데 용에서만 스스로 자용한다는 의미가
되고 만다. 또 문제는 퇴계의 "무정의", "발현", "무불도" 등 인용문은 주희 및 고봉 본의와 전혀 다르다는 점이다. 주희 "무정
의"의 무는 리는 流行에서도 '변함없음'의 리용일 뿐 리체가 아니며, 리가 스스로 "발현"해서 "다가오는(到)" 것이라면 '심은 리
가 없음'이 되며, "무불도" 또한 物格일 뿐 리만의 理用이 아니다. 퇴계는 주희와 고봉의 논설을 인용하지만, 그 용법 및 뜻은
전혀 다르다.

952) 고봉이 「문목」에서 제시한 것은 리의 체용이 아니다. 고봉은 "물격·리도" 설을 제시해서, 물격은 "물리의 극처에 無不到함"(하
192)의 의미로 곧 "영롱하고 투탈하게 봄으로써 물격을 징험할 수 있으니"(하194) 이것이 곧 "리도"라 한다. 반면 퇴계는 이
"리도"를 인용해서 리가 나에게 스스로 '자도·자용해서 다가온다'고 주장한다. 그러나 고봉의 물격·리도는 心理와 物理
가 하나로 합치한 "활연관통의 혼연일치"(「대학혹문」하2) 의미이다. 만약 물격·리도를 리로만 논하면 노자가 되고 만다. 따라
서 고봉의 "지극히 정밀하다"는 논평은 고봉의 설을 퇴계가 인가해 주었다 함이 아닌, 스스로 "자득하셨다"(상62)는 부정적 자
득의 의미이다. 퇴계는 주희의 "물격"과 고봉의 "리도설"을 인용해서 자신의 '새로운 설'을 주장한 것이며, 때문에 고봉은 "미묘
함으로 열어 밝히셨다"고 한 것이다.

953) 퇴계는 "정의·조작이 없음은 체인 死物이고, 리가 나에게 도달해 다가옴은 지신의 용이며, 만약 본체의 사물인 무위만 보고 묘
용이 현행함을 알지 못한다면, 도를 떠남이 멀다"(하208)고 한다. 왜냐하면 리체가 死物이라 해도 그 작용에서는 '리가 스스로
나에게 다가오기' 때문이다. 즉 理體는 情意가 없는 무위의 死物이나, 理用은 스스로 自用·自到한다. 만약 그렇다면 체는 無인
데, 용은 有가 되고 만다. 무·유를 체용으로 삼을 수는 없다. "도리의 自在하지 못한 루가 있다"고 함은 도와 리가 스스로 설
수 없는, 서지 못하는 자리에 있다 함이다. 리의 체용은 물격·리도설과 다르다. 고봉은 주희의 물격설을 인용해서 주희의 리도
를 상고했는데 곧 "隨其所寓而理無不到", "詣其極", "極處無不到"(하192) 등이다. 이곳 寓, 極, 極處 등은 物理의 혼융처이다. 이
러한 혼융처가 바로 '리의 완전함'인 이른바 "리도"이다. 주희는 도를 정의·조작의 작용으로 논했고, 고봉은 리도를 "물리의 극
처"에서 논했다. 반면 퇴계는 리의 체용을 '死物과 현행'으로 여겨 체용을 어긋나게 논했고, 외물의 리가 나에게 다가온다고 함
으로써 나의 리와 외물의 리를 둘로 여겼으며, 또한 나의 리를 논하지 못했고, 또 외물에서 '다가오는 리'라 함으로써 궁리 결과
로서의 리가 아닌 외부의 偏理를 논한 것이다.

(215)"無極之釋", 併蒙印可, 深幸深幸. 勉齋說, 果尤分明確實也.

"무극의 해석"(고봉은 무극·태극의 극자를 '無爲而爲'라 하고 주희는 '至極의 뜻'이라 하여 공자 "태극"을 의리학으로 해설했는데, 퇴계는 무극의 극자만 훈고함. 이 인용문 역시 고봉의 풍간임)954)까지 아울러 인가를 받았으니(인가 받았다 함이지, 퇴계의 훈고가 옳다 함은 아님)955) 매우 다행입니다. 면재의 설(태극의 극자가 '비유'라는 설. 퇴계가 말한 무극의 극이 아님)도 과연 더욱 분명하고 확실했습니다.956)

---

954) 고봉은 "무극이태극은 '함이 없으면서도 함(莫之爲而爲)'의 뜻"이라 하면서 "무극·태극의 극자는 無爲(변함없음)의 뜻"이라 한다.(하193) 즉 공자 "태극"은 '변함없으면서도 변함'의 지극의 뜻으로, 한쪽의 一物로 있음이 아닌 有無에 관통한다 함이다. 주돈이, 주희, 고봉은 태극을 훈고가 아닌 '義(의리학)'으로 해석한 것이다. 반면 퇴계는 "[무극의] 극자를 당초 理로 보고 무극을 '無理'로 해석(釋)"(하210)했고, 이후 "[무극의] 극자는 '비유'일 뿐"(하211)이라 한다. 그러나 만약 무극의 극자가 비유라면 무극은 '변함없음의 뜻'이 아닌 비유의 '실체 없음'(혹은 감탄, 깨달음의 불교)이 되고 만다. 고봉은 무극태극의 극자를 '字意로 훈고'한 것이 아니다. 따라서 고봉이 여기서 태극이 아닌 "무극의 해석"이라 한 것은, 이는 퇴계 자신의 '무극의 극자에 대한 훈고'의 의미일 뿐, 고봉의 뜻과 다르다는 것으로 '풍간'한 것이다. 주희는 "[렴계] 무극이태극"의 뜻은 "皇極·民極·屋極과 같이 方所·形象의 있음이 아닌 단지 此理의 至極만 있다는 뜻일 뿐이다"(『문집』권36, 「答陸子靜」5, 1574쪽)고 하는데, 이는 字意의 훈고가 아니다.

955) 고봉은 「문목」에서 "무극이태극"에 대해 "[무극·태극의] 극자는 無爲의 뜻과 같다"고 하면서 "그 해석의 의미를 알 수 있다"고 한다.(하193) 이에 퇴계는 "그대의 무극이태극 해석을 보고 나의 오류를 알았다"고 하면서 "무극의 극자는 理자가 아닌 단지 '비유'일 뿐"이라 한다.(하211) 이에 대한 고봉의 답변이다. 그런데 퇴계의 "무극의 극자는 리가 아닌 단지 비유일 뿐이므로, 이미 고쳤다"고 함은 고봉의 고찰과 전혀 다르다. 고봉의 무극이태극은 '변함없음으로서의 변함(無爲而爲)'과 '至極의 뜻'이며, 이는 공자 "태극"의 '義(의리학)'에 대한 고찰이다. 무극의 극자는 비유라 할 수 없다. 따라서 "인가를 받았다"고 함도 '선생이 답변해 주셨다'는 의미일 뿐, 결코 퇴계의 '훈고적' 해석을 긍정한 것은 아니다.

956) "면재의 설도 분명하고 확실하다"고 함은 퇴계의 설이 아니다. 퇴계는 면재(황간)의 설을 인용해 "무극의 극자는 비유일 뿐"(하211)이라 했다. 무극의 극자를 리로 여기면 '無理'가 되는데, 이후 황간을 보니 '리'가 아닌 "비유"라고 했다. 그러나 황간은 무극의 극자가 아닌, 태극의 극자를 비유라 했을 뿐이다. 문제는 황간의 설도 고봉이 제기한 "무극·태극의 극자는 無爲·至極의 뜻이다"(하193)는 해석과 다르다는 점이다. 고봉은 공자 "태극"을 "爲함이 없어도 爲이고, 致함이 없어도 至하며, 無爲의 爲이다"(하193)의 뜻이라 한다. 따라서 "면재의 설도 분명하고 확실하다"의 본의는 황간을 긍정한 것이 아닌, 퇴계를 긍정하기를 회피한 것이다. 이상이 퇴계의 마지막 논변인 "물격 및 무극 해석"에 대한 최종 답변이며, 고봉이 의도적으로 퇴계의 논변 순서(날짜까지도)에 정확히 맞춘 이유는 결코 긍정될 수 없음에 대한 미언의 간언이다. 이로써 퇴·고 토론은 최종 마무리되었다. 퇴계의 최초 편지 「기선달」(1558년 11월)로부터 고봉의 본 답변(1570년 11월 15일)까지 만 '12년' 기간이다. 단, 퇴계의 "11월 17일" 편지인 퇴계 자신의 "심통성정도 개작" 문제와 "물격설, 무극이태극설이 아마 실전된 듯하므로 다시 보낸다"(『고봉집』3책, 218쪽)가 『고봉집』에 실려있다. 고봉은 이 편지를 퇴계 서거(12월 8일) 무렵 받았을 것이다.

도형 6개와 해설

1. 주돈이의 「태극도」

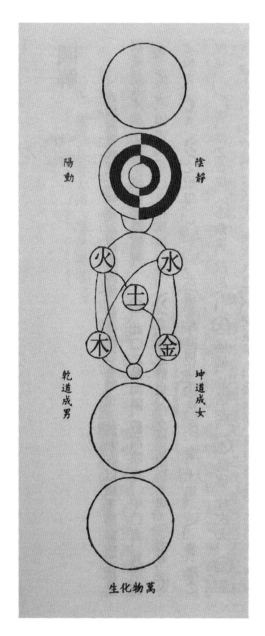

한·중·미·일 학자들은 이 그림을 '우주론적 도식'이라 주장하나, 이는 매우 심각한 착질이다. 이 도형은 리 본체론적 一者로서, 즉 공자 "역유태극"인 '태극에 대한 해설'이다. 상원은 태극의 변함없음이고, 차원은 체용 중 본체이며, 그 아래 8개 원이 작용이다. 주희는 "기를 리(태극)의 작용으로 삼을 수 없다" 하므로 음양 이하 9개 원은 기가 아니다. 추만은 8번째 "묘합태극"을 「천명도」로 드러냈는데, 즉 「태극도설해」 "태극의 동정이 천명의 유행이다"(하195)에 근거해서 '태극 자신의 유행'을 도출한 것이다. 추만은 공자, 안자, 자사, 주돈이, 이정의 도통을 「천명도」로 계승했다. 추만이 안자호학인 "희노애락애오욕"(상159)을 3회 넣은 것은 『중용수장』 미발·이발 "존양·성찰" 공부이다. 중국은 이 「태극도」 전통이 끊겼다. 컬럼비아대학 진영첩은 "한국은 중용 전통이 없으며 그들의 몇 백 년의 사칠 논쟁은 우리 중국의 리학 전통과 거리가 멀다"(『주자신탐색』)고 단언하는데, 우리나라 유학자들이 이 모욕적 언사에 답변을 못하는 이유는 퇴계가 무단으로 고친 '사단 위주'의 「천명도」가 곧 『예기, 예운』의 "희노애구"(상22)이기 때문이다.

2. 추만의 「천명도」

추만이 1543년 완성해서 발표한 「천명도」 본도이다. 여기에 『중용, 수장』의 "천명" "칠정"(3회) "존양·성찰"을 넣었는데 이는 주희 「태극도설해」의 "태극의 동정은 천명의 유행이다"(하195)를 드러내기 위함이다. 주희의 문제는, "천명의 유행"에서 정작 가장 중요한 핵심인 '칠정 공부'가 빠졌다는 점이다. 칠정이 빠지면 태극의 동정(작용)은 불가능하다. 칠정은 『중용』 및 이천의 「안자호학론」 "희노애락애오욕"(상159)과 명도의 「정성서」 "성인의 희노"를 말함으로, 이것이 주희의 이른바 "도통"이다. 퇴계는 이 도형을 10년 뒤 1553년 급거 '리발의 사단도'로 바꾸어, 천명과 태극의 작용을 드러낼 칠정을 '기발'로 바꾸고 만다. 더욱 큰 문제는 "리·기 호발로 사·칠이 나온다"(상246) 함인데 이는 공맹, 자사, 정자, 주희, 추만, 고봉도 '전혀' 상상 불가이다. 또 추만 본도는 사단이 없으므로 '사칠의 리·기 대설'도 성립될 수 없다. 이 도형은 근래 성균관대 유정동 교수에 의해 고려대도서관에서 발굴된 것으로, 드디어 퇴계가 어디를 고쳤는지가 드러난 것이다.

추만의 원본 천명도

3. 「주자성도」

1) 『주자어류』본   2) 『성리대전』본   3) 고봉의 해설

惡。惡不可謂從善中直下來，只是不能善，則偏於一邊爲惡。

性善。性無不善。善。發而中節，無往不善。

性善不性無善善惡惡是不能善則偏於一邊爲惡惡不可謂從善中直下來只善無往不善善發而中節

性善．性無不善．善．發而中節，無往不善．

惡．惡不可謂從善中直下來，只是不能善，則偏於一邊爲惡．

퇴계가 계속 "사단은 무불선"(상1·4·171·272)이라 하여 '정선과 성선'을 구별하지 않자 고봉은 이 도형을 제시한 것이다.(상169) 퇴계의 주장은 아래 권근의 「천인심성합일도」와 완전히 일치하며, 이는 원나라 유학자 호병문의 『대학, 경1장』 소주에서 나온 것이다.(상

- 506 -

164) 고봉의 해설로 보면 위『주자어류』와『성리대전』2본은 모두 잘못임을 알 수 있다. 『주자어류』는 "성선"과 "악"을 나란히 병렬했고, 『성리대전』은 "성선" 아래에 "선"과 "악"을 병렬한 것은 잘못이 없으나 "성선" 아래로 "선"을 '直下'하지 않았다. 고봉은 "성 선" 아래에 "直下"로 "선"을, "악"을 "성선" 줄기의 아래에서 옆으로 치우치게 그렸다. 주희 본의가 이것일 것이다. 퇴계와 권근, 호병문 등은 정의 "선"을 성선인 "무불선"이라 하여 '성선'과 '정선'을 구별하지 못했다. 지금 주희의 도형에 의하면 성선은 "무불선", 정선은 "무왕불선"이다. 추만의 「천명도」와 고봉의 「의정천명도」는 이점을 반드시 명확 히 한다.

4. 하서 김인후의 「천명도」

추만이 「천명도」를 그려(1543) 하서에게 보여주
자 하서도 이 「천명도」를 그렸다.(1549) 하서는 추
만 본도를 손대지 않고, 자신의 도형을 따로 그렸는
데 그래야만 원도가 보존되기 때문이다. 주희는 호
굉의 『지언』에 불만이 있었지만 고치지는 않고 그
옆에 각주로 "희주"라고만 표시한다. 이로써 본설
은 보존된다. 반면 퇴계는 추만의 본도를 고치고
그 원본을 없애버렸다. 합작도가 되고 만 것이다.
고봉이 퇴계에게 "사단의 무불선, 칠정의 유선악"
(상188)이 누구 의견이냐고 묻지만, 퇴계는 답변하
지 않는다. 하서의 특징은 2가지로 요약된다. 1)추
만의 칠정 셋 중 둘을 빼고 『중용』 "중·화"로 대

김인후의 천명도

신함. 2)존양·성찰, 信, 意, 敬을 빼고 『중용』 "과·불급, 幾"로 대신함. 하서는 이 도형이 '중용도'임을 강조한 것이다.

5. 이황의 「천명도」

퇴계는 추만 「천명도」 본도(1543)를 고쳤는데,(1553) 지금 이 도형은 고봉과의 토론 중 에 1559년 다시 고친 것으로, 추만 본도와 상하·좌우 등 전체 방위가 서로 정 반대이다. 본질적 변화는 여기에 '사단'을 들여와 칠정과 대설을 이룬, 즉 사칠의 "리·기 대설"이다.

퇴계가 고친 천명도

큰 문제는, 이 도형은 자사와 맹자의 사·칠을 해설함이 아닌, "리기의 호발로 사칠이 나온다"(상246)는 인식이다. 이는 『주자어류』해석설과도 전혀 다르다. 또 추만이 논한 성정의 발 즈음 '공부'가 빠졌다. 퇴계는 말한다. "사단은 리발 한쪽이 분명하니 따라서 칠정이 기발이 아니면 무엇인가."(상274) 이에 고봉은 "칠정의 리를 사단이 탈취해 버렸다"(하30·131)고 비판한다. 결국 추만「천명도」의 미발·이발 공부는 급거 '이발의 사단 위주'의 치우침으로 바뀌어, 중용 천명은 '기발로 추방'되고 만 것이다.

6. 권근의「천인심성합일지도」

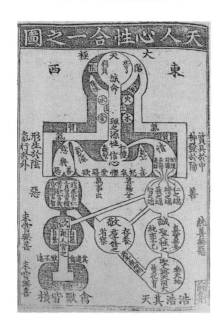

권근은 이 도형을 주돈이의「태극도」와 주희의 『중용장구』를 합해서 그렸다고 한다. 상원이 "태극"이고, 그 사이가 "천명"이다. "천명"의 통로는 "理之源"인데 이를 "情"의 "측은·사양·수오·시비"라 한다. 왼쪽 "기질"의 통로는 "氣之源"과 "意"인데 이를 "희노애구애오욕"과 "선·악"이라 한다. "양동·음정" "오행" 등은「태극도」및 추만「천명도」와 정 반대방향이며, 퇴계「천명도」와 동일하다. 퇴계는 이 그림을 "보지 못했다"(상321)고 하나 대부분 퇴계의 리·기 호발설과 일치한다. 또 권근의「심도」"性發爲情은 情의 無有不善", "心發爲意는 意의 有善·有惡"과도 같은데 이는 원나라 유학자 호병문에서 나온 것으로(상164) 퇴계도 이 설을 적극 긍정한다. 그러나 고봉은 호병문의 폐단에서 우리나라 유학자들의 병통으로 연결된다고 비판한다.

색인(인명, 도서명, 용어)

인명

孔門(상79. 상274) 孔穎達(상235) 孔子(상34. 상35. 상79. 상115. 상211. 상212. 상282. 하185. 하190) 近世名公(諸公)(상41. 상162. 상164. 상173. 상320. 상324. 하105. 하107) 金而精(하201) 羅整庵(상41. 상145. 상218. 상309. 하160) 老佛(석·노)(상182. 상306. 하93) 老莊(상305) 孟子(상2. 상3. 상5. 상10. 상18. 상23. 상44. 상55. 상63. 상64. 상79. 상81. 상86. 상96. 상115. 상119. 상134. 상135. 상147. 상160. 상166. 상170. 상196. 상212. 상221. 상231. 상251. 상257. 상274. 상275. 상277. 상278. 상282. 상307. 하39. 하54. 하55. 하57. 하68. 하69. 하95. 하96. 하133. 하146. 하149. 하162. 하185. 하186. 하189) 輔漢卿(상293) 北溪陳氏(상179) 西山(상151) 先生(상49. 상62. 상66. 상75. 상129. 상146. 상154. 상157. 상161. 상168. 상182. 상183. 상187. 하9. 하11. 하12. 하17. 하19. 하25. 하36. 하51. 하56. 하60. 하61. 하68. 하72. 하80. 하81. 하85. 하108. 하110. 하116. 하129. 하160. 하173. 하178. 하179. 하188. 하212) 邵子(소강절)(하101) 舜(상115. 상282. 하137) 顔子(상295) 延平李氏(상96. 상98. 상119. 상229. 하109) 吾友(상294. 상295. 하84) 玉溪盧氏(상180) 陸子靜(하193) 李剛而(하158) 伊川(상86. 상97. 상98. 상231. 상275. 상277. 하68. 하66) 一齋(이항)(하159) 臨川吳氏(오징·草廬)(하195. 하197. 하198. 하210) 子思(상2. 상3. 상18. 상37. 상63. 상80. 상96. 상98. 상114. 상119. 상136. 상147. 상185. 상196. 상214. 상265. 상274. 하39. 하62. 하162. 하189) 子思孟子(사·맹)(상3. 상19. 상42. 상78. 상87. 상197. 상219. 상247) 張南軒(상151) 張子(橫渠)(상55. 상303. 하92) 鄭生(추만·靜而)(상14. 상45. 상68. 상189. 상192. 상222. 상298. 상322. 하105. 하107. 하178) 程子(이천·명도)(상37. 상51. 상121. 상134. 상139. 상151. 상152. 상159. 상160. 상175. 상214. 상302. 상303. 하89. 하90. 하99. 하114. 하134)

程·張(상20. 상51. 상86. 상87. 상198. 상229. 상302. 상305. 상312) 程·朱(상180. 상293. 상305) 周子(렴계)(상34. 상211. 상305. 상311. 상312. 상313. 하196. 하210) 朱子(상11. 상24. 상41. 상45. 상47. 상51. 상53. 상59. 상60. 상66. 상67. 상68. 상79. 상84. 상88. 상97. 상98. 상101. 상107. 상112. 상113. 상135. 상142. 상150. 상151. 상174. 상177. 상222. 상223. 상229. 상231. 상243. 상253. 상257. 상262. 상272. 상275. 상276. 상277. 상292. 상293. 상293. 상294. 상296. 상299. 상303. 상304. 상312. 상313. 상322. 상324. 상327. 하43. 하49. 하64. 하67. 하68. 하80. 하80. 하83. 하84. 하88. 하90. 하92. 하93. 하101. 하121. 하132. 하138. 하143. 하147. 하163. 하164. 하174. 하176. 하179. 하195. 하196. 하200. 하201. 하202) 陳器之(잠실)(상79. 상229) 蔡季通(하194) 胡廣仲(상159. 상299. 하109) 胡伯逢(상160. 상164. 상299) 胡氏(雲峯胡氏)(상164. 상168. 상323. 상324. 하102. 하103. 하105. 하106. 하107) 黃勉齋(하210. 하214) 後世朱文公(상327. 하60)

도서명

論語(상133) 論語集註(상141) 大學(상123. 상164. 하73) 大學集註(하192) 大學輯註(상179) 大學或問(하192. 하202) 圖(상68. 상69. 상72) 圖·書(하101) 圖說(상73) 補亡章(하202) 說(천명도설)(상156. 상181) 性理大全(상169. 하104. 하197) 樂記(상107. 상159. 상253. 하144) 樂記動靜說(상97. 상229. 하109) 顔子(程子)好學論(상97. 상103. 상159. 상229. 하109) 與湖南諸公書(상151. 하80) 章句(상123. 상180. 하72. 하73. 하76) 定性書(상288. 하77) 正心章(상286) 周易(大易)(상305. 하89. 하101. 하197) 朱子大全(상158. 하194) 朱子語類(상44. 상54. 상58. 상135. 상221. 상229. 상294. 하74. 하77. 하84. 하96. 하98. 하105. 하109. 하110. 하178. 하179. 하189. 하198) 朱子性圖(상169. 상299. 하109) 中庸(상93. 상97. 상151. 상159. 상229. 상305. 하91. 하104. 하105. 하144) 中庸章句(상67. 상94. 상229. 하59. 하109) 中庸或問(或問) 天命圖(圖)(상14. 상68. 상69. 상72. 상

용어

贊(하197) 極處(하192. 하200. 하207) 謹獨(하91) 近似(似近)(하152. 하157) 氣感而理乘(하61. 하173) 旣發(상96. 상111. 상230. 상256) 氣發(상113. 하57. 하63. 하137. 하174. 하177) 氣發而理乘之(상255. 상281. 하61. 하172. 하173) 氣象(상295) 器亦[卽]道·道亦[卽]器(하89. 하175) 氣一邊(하62) 記者(상293. 하80) 氣自氣·性自性(상84. 상276. 상277. 하70) 氣質之性(상20. 상60. 상86. 상87. 상89. 상198. 상230. 상241. 상242. 상247. 하31. 하41. 하43. 하44. 하51. 하138. 하140. 하147. 하148. 하164. 하166. 하185) 氣稟物欲(상64. 상229. 하29. 하97. 하120) 氣化(하92)

나; 南北(하101) 乃若其情, 可以爲善(상26. 상96. 상118. 상160. 상166. 상204. 하182)

다; 端緒(상23. 상104. 상201. 하64. 하174) 單傳密付(상293. 하83. 하110) 達道(상93. 상94. 상95. 하137) 達理(상329) 當師(상153) 當守(상154) 當遵(상154) 大綱(상65. 상144. 하31) 對擧·互言(倂疊)(상6. 상72. 상243. 상264. 상299. 하30. 하48. 하163) 對待(하49. 하110) 對說(하49. 하67. 하110. 하176) 對作(하51) 大節目(상61. 하6. 하191) 道敬(하92) 道其全(상3. 상80. 상274. 하62) 道之用(상94. 상95) 道之體(상95) 篤恭(하91) 獨[言]氣(상35. 상132. 상135. 상212. 상228. 상256) 獨理(상34. 상211) 動於中(상22. 상62. 상103. 상125. 상159. 상200. 상202. 하180) 同歸(하14. 하33. 하156) 同實·異名(상64. 상130. 상231. 상238. 상267. 하24. 하25. 하27. 하140. 하184) 同異(상61. 하12. 하34) 東人·西人(하13) 動靜(하144. 하195. 하196. 하197. 하198)

라; 逞氣疆說(상296. 하57. 하72) 儱侗恍惚(상176) 流於惡(상287. 하26. 하148. 하188) 理氣分開(分別)(상92. 상264. 상323. 하21. 하42. 하184. 하185) 理氣分說(상13. 상144. 상191. 상64. 하117. 하174) 理氣之際

상283. 하183) 無月(하169. 하170) 無爲之爲(하193. 하208. 하213) 無二[異]致(하8) 無朕[無形]·有迹(상8. 상40. 상139. 하197. 하198) 無位眞人·谷神酋長(상306) 無而有(상301. 상314) 無情意·無計度(하121. 하200. 하208) 無寸(상79) 無偏(상32) 無虛(상301. 상302) 問目(하192. 하195) 物格(하192. 하194. 하200. 하207. 하212. 하213) 物欲(하98) 未感(상159. 하143) 未竟(하82) 未當(상127. 상132. 상152. 하142) 未滿(상293. 하81) 微妙(하203. 하204) 未發(상3. 상11. 상44. 상93. 상94. 상95. 상96. 상101. 상111. 상121. 상159. 상160. 상160. 상182. 상221. 하181) 未發·已發(상151. 상160. 상258) 未備(하106) 未詳(하132) 未嘗不善(하26) 未說到(하75. 하96) 未安(상5. 상52. 상71. 상91. 상114. 상155. 상173. 상230. 상244. 상291. 상293. 상296. 하16. 하18. 하21. 하67. 하83. 하100. 하137. 하155. 하176. 하179. 하182. 하186) 未然(상135. 상181. 상265. 하64. 하104. 하105. 하174) 迷藏之戱(상262. 하56) 未中節(상122) 未知(하188) 未盡(상157. 하97. 하132. 하156. 하157) 未合(상30. 상208. 하104. 하132) 未瑩(상279. 하92. 하105)

바; 樸學(상321) 反覆無狀(하86) 發端(하82) 發微不可見(하192) 發於氣而有善惡(상4. 상188. 하191) 發於理·發於氣(상14. 상68. 상69. 상72. 상90. 상143. 상144. 상165. 상188. 상192. 상251. 상269. 하55. 하58. 하59. 하103. 하171. 하172) 發於理而無不善(상4. 상63. 상170. 상188. 하130. 하146. 하147. 하149. 하191) 發於性(상167) 發而中節(상2. 상5. 상27. 상54. 상64. 상93. 상94. 상96. 상98. 상121. 상122. 상130. 상160. 상169. 상205. 상283. 하24. 하26. 하27. 하58. 하59. 하130. 하136. 하137. 하140. 하146. 하149. 하171. 하182. 하183. 하190) 發出(하74) 發見(상8. 상12. 상40. 상90. 상116. 상139. 상140. 상142. 상143. 상144. 상171. 상217. 상227. 하54. 하120. 하206. 하208) 泛論(言)(상231. 상260. 상269. 상270. 하67. 하176. 하179) 凡言心(상151. 상152) 本同·無異(상225. 상229. 상233. 상235. 하32. 하33. 하35) 本

言(상19. 상98. 상197. 하83. 하99)

자; 自家道理(하115) 自覺(상291. 상317) 自到(하201. 하205. 하206) 自得
(상50. 상62. 하21. 하112) 自相矛盾(상42. 상148. 상172. 상219) 自信
(상45. 상157. 상222. 상322. 하113. 하115) 自若(하119. 하120) 自然
(固然)之理(상3. 상107. 하191) 自誤(상156) 自用(하205. 하208) 自任
(하9) 雜氣(상19. 상62. 상197. 상203. 상230. 상241. 상242. 하26. 하
28. 하41) 雜而言之(상60. 상92. 하138. 상139. 하140. 하147. 하158)
才發(纔發)(상25. 상54. 상62. 상111. 상166. 상203. 하28. 하29) 在中
(상23. 상25. 상62. 상111. 상201. 상203. 하28) 爭(하15. 하125. 하
126) 攧撲不破(상304. 하88. 하89) 前書(상190. 상227. 하24. 하26. 하
64. 하165. 하174) 前說(상5. 상64. 상129. 상224. 상284. 하84) 赤子
(상109. 상152. 하187) 專指氣(상60. 상91. 상92. 상97. 상132. 상228.
상230. 상241. 상243. 하41. 하66. 하147) 專指理(상60. 상111. 상230.
상241. 상242. 하41. 하138. 하158) 絶句(하128. 하159. 하160) 截得
上下最分明(하89) 靜(하93) 情可以爲善(내약기정, 가이위선) 正氣(하11)
情旣熾(하134) 定論(하30. 하63. 하82. 하110) 情上(상147. 상170) 正
心(상125. 상285. 상286. 하75) 情中(상147) 提耳敎之(하211) 條列(상
226. 하16. 하32. 하66) 存省(상128. 상290. 상291. 하65) 宗本(상294.
하84) 宗師(상45. 상150. 상222) 終不能從(상225. 상232. 상233. 하32.
하33. 하35. 하68) 從違(상154. 하34. 하60) 宗旨(상240. 하83. 旨는 아
래) 主理·主氣(상23. 상62. 상65. 상201. 상212. 상239. 상242. 상281.
하39. 하162. 하163) 主性(상133) 朱子性圖(상169) 主靜(하93) 周徧不
倚(상304. 하88. 하89) 中間(상108) 中出(상103. 상228) 中和(상27. 상
37. 상80. 상93. 상94. 상95. 상136. 상205. 상214. 상265. 하181) 指
(상130. 하39. 하56. 하62. 하69. 하77) 旨(상30. 상97. 상126. 상208.
상235. 상293. 하2. 하55. 하76. 하88. 하100. 宗旨는 위) 知(상1. 상12.
상32. 상36. 상43. 상74. 상148. 상161. 상210. 상213. 상224. 상236.

김동원

김동원은 1962년 전남 광주에서 출생했다. 조선시대부터 내려오던 마지막 전통서당인 고부실서당에서 서암 김희진 선생께 한학을, 이후 대학에서 중어중문학을 수학했다. 성균관대 유학대학원에서 '퇴계 사단칠정론의 미학적 해석'(1998)이라는 석사논문을 썼다. 우리나라 성-정에 관한 이론사는 과연 지금의 철학 혹은 미학에 어떻게 접목되는가에 관심을 두고 있다. 1991~93년 제1회 현대한국화협회공모전(대상), 대한민국미술대전, 중앙미술대전 등에서 입상했다.

최초의 주석 칠정사단론
이황과 기대승의 대토론

초판인쇄 2019년 11월 18일
초판발행 2019년 11월 18일

지은이 김동원
펴낸이 채종준
펴낸곳 한국학술정보㈜
주소 경기도 파주시 회동길 230(문발동)
전화 031) 908-3181(대표)
팩스 031) 908-3189
홈페이지 http://ebook.kstudy.com
전자우편 출판사업부 publish@kstudy.com
등록 제일산-115호(2000. 6. 19)

ISBN 978-89-268-9718-8 93150